D1727695

Henry Nitschke **Die Spionageabwehr der DDR**

Henry Nitschke, Jahrgang 1961, ist Diplomkriminalist. Der unter Pseudonym publizierende Experte für die Geschichte von Nachrichtendiensten berät heute unter anderem Firmen in Fragen der Sicherheit und des Geheimnisschutzes. Er ist Verfasser mehrerer Sachbücher und Artikel.

Henry Nitschke

Die Spionageabwehr der DDR

Mittel und Methoden gegen Angriffe westlicher Geheimdienste

edition berolina

ISBN 978-3-95841-092-3
1. Auflage
© 2018 by BEBUG mbH / edition berolina, Berlin
Umschlaggestaltung: BEBUG mbh, Berlin
Druck und Bindung: GGP Media GmbH, Pößneck

eb edition berolina

Alexanderstraße 1
10178 Berlin
Tel. 01805/30 99 99
FAX 01805/35 35 42
(0,14 €/Min., Mobil max. 0,42 €/Min.)

www.buchredaktion.de

Inhalt

Einleitung

DAS ZWEITÄLTESTE GEWERBE DER WELT – DIE SPIONAGE

Das heimliche Auskundschaften von Informationen aus einem oder über einen anderen Staat hat eine lange Tradition. Seit es die Aufteilung der Erde in Territorien gibt, beschäftigen sich die Menschen damit, Pläne und Absichten ihrer Nachbarn in Erfahrung zu bringen. Eine ebenso lange Tradition haben die entsprechenden Gegenmaßnahmen. Der Schutz des eigenen Staatsgebiets vor Spionageaktivitäten ausländischer Organisationen und deren Helfershelfer im eigenen Land ist ein legitimes Mittel zur Gewährleistung der inneren Sicherheit und zur Aufrechterhaltung der Funktionsfähigkeit des Staates. Dieses Recht hat auch die Deutsche Demokratische Republik (DDR) als Staat für sich wahrgenommen. Zur Gewährleistung der staatlichen Sicherheit wurde das Ministerium für Staatssicherheit (MfS) geschaffen. Dazu hatte die Volkskammer der DDR am 8. Februar 1950 das »Gesetz über die Bildung eines Ministeriums für Staatssicherheit« beschlossen, das am 21. Februar 1950 in Kraft trat.

Das vorliegende Werk setzt sich mit der historischen Epoche, die man als den »Kalten Krieg« bezeichnet, auseinander. Sie begann Ende der 1940er und endete Anfang der 1990er Jahre. Der Historiker Enrico Heitzer schreibt dazu: »Deutschland war nach dem Zerfall der Anti-Hitler-Koalition zum Austragungsraum der scharfen Systemkonferenz zwischen einem westlichen Lager unter US-amerikanischer Hegemonie und einem sowjetisch dominierten kommunistischen Block geworden. Dieser ›kalte Krieg‹ wurde auf vielen Ebenen und mit verschiedenen Kampfweisen ausgetragen.«[1]

Dazu zählten auch die Spionage und deren Abwehr. Der Kalte Krieg war maßgeblich geprägt von Aufklärungs- und Abwehraktivitäten der Nachrichtendienste in Ost wie in West. Das gilt insbesondere für das Territorium der beiden deutschen Staaten und schwerpunktmäßig für Ost- und Westberlin.

Helmut Roewer, Stefan Schäfer und Matthias Uhl bemerken: »Der Kalte Krieg ist eine unablässige Abfolge von militärischen Beinahezusammenstößen, begleitet von aggressiven geheimdienstlichen Maßnahmen, die neben der wechselseitigen Spionage durchaus Elemente der Systemdestabilisierung enthalten. (…) Neben den staatlichen Geheimdiensten beteiligten sich, zumeist auf deren Kosten, eine Vielzahl von Organisationen an diesem Geschäft, so zum Beispiel die KgU, der UFJ sowie die Ostbüros der westdeutschen Parteien und Gewerkschaften.«[2]

Die DDR, die sich an der Nahtstelle zweier sich feindlich gegenüberstehender Systeme befand, war von Beginn an intensiven Ausspähungsaktivitäten der westlichen Geheimdienste ausgesetzt. Diese nachrichtendienstlichen Angriffe steigerten sich bis in die Hochphase des Kalten Krieges kontinuierlich und verloren in der Phase vermeintlicher Entspannung nicht an Bedeutung.

Gegen die DDR und die auf ihrem Territorium dislozierten Truppen der Gruppe der Sowjetischen Streitkräfte in Deutschland (GSSD) konzentrierten sich

---

1   Enrico Heitzer: *Die Kampfgruppe gegen Unmenschlichkeit (KgU). Widerstand und Spionage im Kalten Krieg 1948–1959.* Köln 2015, S. 10.

2   Helmut Roewer, Stefan Schäfer, Matthias Uhl: *Lexikon der Geheimdienste im 20. Jahrhundert.* München 2003, S. 228.

vor allem Aktivitäten der bundesdeutschen und der amerikanischen Geheimdienste. Aber auch britische, französische und Dienste anderer Staaten waren gegen die DDR tätig. Darauf reagierte das MfS entsprechend, um diesen Spionageaktivitäten wirkungsvoll zu begegnen. Wolfgang Schwanitz, langjähriger Angehöriger der Berliner Spionageabwehr und Stellvertreter des Ministers für Staatssicherheit, schreibt: »In keinem Land war die Sicherheit des Staates so unmittelbar verknüpft mit seiner Existenz wie in der DDR. Der Schutz dieser DDR unter den Bedingungen des gnadenlos geführten Kalten Krieges, der in einen heißen überzugehen drohte, war eine Bedingung für den Frieden in Europa. Die DDR musste aufgrund ihrer Bedrohungslage ihrer Sicherheit einen höheren Rang einräumen als andere Staaten, sie war zu besonderen Staatsschutzmaßnahmen regelrecht gezwungen. Diese Tatsachen beeinflussten und bestimmten maßgeblich Inhalt, Umfang, Mittel und Methoden der Abwehrarbeit des MfS.«[3]

Der ehemalige Leiter der Hauptabteilung II (HA II), der Spionageabwehr des MfS, Günther Kratsch, äußerte sich zur Legitimität der Abwehrmaßnahmen in einem Interview wie folgt: »Ob es uns gefällt oder nicht, jeder souveräne Staat hat das Recht, Aufklärungs- und Abwehrdienste zu unterhalten. Spionage und Gegenspionage sind seit langem eine besondere Art internationaler Beziehungen. Man kann die Arbeit von Nachrichtendiensten nicht in Gut und Böse einteilen, allenfalls in erfolgreich und erfolglos.«[4]

---

3 Wolfgang Schwanitz: »Sicherung der DDR als Beitrag zur Sicherung des Friedens in Europa«. In: Klaus Eichner, Gotthold Schramm (Hrsg.): *Spionage für den Frieden. Eine Konferenz in Berlin am 7. Mai 2004. Alle Referate und Beiträge.* Berlin 2004, S. 89.

4 »Der ehemalige Chef der Spionageabwehr im Kreuzverhör«. In: *Neue Berliner Illustrierte* (NBI) 33/1990, S. 26.

Über das MfS sind schon unzählige Bücher zu allen möglichen Themen geschrieben worden. Auffällig jedoch ist, dass die Spionageabwehr, gemessen am Gesamtaufkommen und ihrer Bedeutung, dabei spürbar unterrepräsentiert ist. Das Thema ist wissenschaftlich bisher lediglich 1998 von Hanna Labrenz-Weiß von der Behörde des Bundesbeauftragten für die Unterlagen des Staatssicherheitsdienstes der ehemaligen Deutschen Demokratischen Republik (BStU) als Teilprojekt *Hauptabteilung II: Spionageabwehr* im Rahmen des MfS-Handbuchs *Anatomie der Staatssicherheit* bearbeitet worden.[5] Über den Bundesnachrichtendienst (BND) und seine Militärspionage sowie damit verbundene Berührungspunkte zur Spionageabwehr des MfS legten Armin Wagner und Matthias Uhl 2007 das Buch *BND contra Sowjetarmee. Westdeutsche Militärspionage in der DDR* vor.[6]

Im Jahr 2016 erschien das Werk *Geheimdienstkrieg in Deutschland. Die Konfrontation von DDR-Staatssicherheit und Organisation Gehlen 1953*. Das Buch ist der Band 3 zur Erforschung der Geschichte des BND und wurde von Ronny Heidenreich, Daniela Münkel und Elke Stadelmann-Wenz verfasst.[7]

Als Insider der Staatssicherheit schrieben im Jahr 2002 Günter Möller und Wolfgang Stuchly im ersten Band des zweibändigen Sachbuchs *Die Sicherheit. Zur Ab-*

---

5 Hanna Labrenz-Weiß: *Hauptabteilung II: Spionageabwehr*. In: BStU: *Anatomie der Staatssicherheit. Geschichte – Struktur – Methoden* (MfS-Handbuch III/7). Berlin 1998.

6 Armin Wagner, Matthias Uhl: *BND contra Sowjetarmee. Westdeutsche Militärspionage in der DDR*. Berlin 2007.

7 Ronny Heidenreich, Daniela Münkel, Elke Stadelmann-Wenz: *Geheimdienstkrieg in Deutschland. Die Konfrontation von DDR-Staatssicherheit und Organisation Gehlen 1953*. Berlin 2016.

wehrarbeit des MfS den Beitrag »Zur Spionageabwehr (HA II im MfS/Abt. II der BV)«.[8]

Auf der Basis von Erinnerungen hat der ehemalige Mitarbeiter der Spionageabwehr Helmut Wagner im Jahr 2000 das Buch *Schöne Grüße aus Pullach* verfasst, welches sich mit der Spionage des BND gegen die DDR auseinandersetzt[9], und bereits 1997 beschrieb Hans Hesse in einem schmalen Band mit dem Titel *Ich war beim MfS* seine persönlichen Erinnerungen[10]. Ansonsten wird das Thema in verschiedenen Publikationen mehr oder weniger angerissen.[11]

Ein umfassendes Gesamtwerk zur DDR-Spionageabwehr gibt es also bisher nicht. Auch dieses Projekt, konzipiert in zwei Bänden, erhebt keinen Anspruch darauf, die Thematik in allen Facetten darzustellen. Dieses

---

8   Günter Möller, Wolfgang Stuchly: »Zur Spionageabwehr (HA II im MfS/Abt. II der BV)«. In: Reinhard Grimmer, Werner Irmler, Willi Opitz, Wolfgang Schwanitz (Hrsg.): *Die Sicherheit. Zur Abwehrarbeit des MfS*, Bd. 1. Berlin 2012.

9   Helmut Wagner: *Schöne Grüße aus Pullach. Operationen des BND gegen die DDR.* Berlin 2000.

10   Hans Hesse: *Ich war beim MfS.* Berlin 1997.

11   So unter anderem bei: Josef Schwarz: *Bis zum bitteren Ende. 35 Jahre im Dienst des Ministeriums für Staatssicherheit. Eine DDR-Biographie.* Schkeuditz 1994. Hannes Sieberer, Herbert Kierstein: *Verheizt und vergessen. Ein US-Agent und die DDR-Spionageabwehr.* Berlin 2005. Herbert Kierstein (Hrsg.): *Heiße Schlachten im Kalten Krieg. Unbekannte Fälle und Fakten.* Berlin 2007. Verschiedene Zeitzeugen berichten auch in den Erinnerungsbänden von: Wolfgang Schwanitz, Reinhard Grimmer (Hrsg.): *Unbequeme Zeitzeugen. Erinnerungen von MfS-Angehörigen.* Berlin 2014. Und: Dies. (Hrsg.): *Wir geben keine Ruhe. Unbequeme Zeitzeugen II.* Berlin 2015. Als enttarnter Doppelagent des Verfassungsschutzes berichtet Peter Felten: *Doppelagent im Kalten Krieg. Träumer im Traumland DDR. Innenansichten zweier Stasi-Knaste.* Autobiographie. Aachen 2014.

Werk versteht sich als die Darstellung der Geschichte einer Institution und verzichtet auf Wertungen und Bewertungen. Das Ziel besteht darin, die Arbeitsweise der westlichen Geheimdienste bei der Spionage gegen die DDR sowie die Systematik der Abwehrmaßnahmen der Staatssicherheit detailliert aufzuzeigen. Dabei geht es insbesondere um Arbeits- und Denkweisen, Strukturen und Schwerpunkte sowie Mittel und Methoden der DDR-Spionageabwehr. Umfassend erläutert wird beispielsweise, wie Ersthinweise auf eine mögliche Spionagetätigkeit erarbeitet und die betreffenden Personen bei entsprechender Bestätigung durch die Staatssicherheit »operativ bearbeitet«[12] wurden. Darüber hinaus wird detailliert berichtet, wie andere Diensteinheiten, so die Postkontrolle, die Funkabwehr/Funkaufklärung und die Passkontrolle, die Spionageabwehr bei der Fahndung nach Spionen maßgeblich unterstützten. Ein weiterer Teil des Buches widmet sich der inneren Sicherheit im MfS. Das Werk ist also weit weg von spektakulären Agentengeschichten. Vielmehr berichtet es über die oftmals kleinteilige und akribische Tätigkeit der MfS-Angehörigen, denen es oblag, die Angriffe westlicher Geheimdienste zu erkennen, diese aufzuklären und die beteiligten Agenturen zu paralysieren. Damit soll für die Geschichtsforschung ein Beitrag geleistet werden für das, was ihre Aufgabe ist: das Streben nach Erkenntnis und Wahrheit.

Während sich der vorliegende Band im Schwerpunkt den Grundlagen der Spionageabwehr widmet, ist ein zweiter Band angedacht, der sich mit den verschiede-

---

12 Bezeichnung aller Aktivitäten und Maßnahmen der Tätigkeit mit nachrichtendienstlichen Mitteln und Methoden in Bezug auf Personen oder zur Klärung von Sachverhalten, die unter anderem eine Operative Personenkontrolle (OPK) oder einen Operativen Vorgang (OV) umfassen konnten.

nen Säulen der Abwehrarbeit beschäftigen soll. Das waren insbesondere die Militärspionageabwehr, die Abwehr von politischer und ökonomischer Spionage, die Spionageabwehr im Verkehrswesen (Schiene, Straße, Schifffahrt), die äußere Abwehr und die Sicherung von ausländischen diplomatischen Vertretungen. Aber auch Fragen der Abwehrarbeit zu in der DDR lebenden Ausländern sowie akkreditierten Journalisten und Korrespondenten sollen dort thematisiert werden. Und letztlich soll dieser Band auch die umfassenden Maßnahmen aufzeigen, die mit der Umsetzung der Dienstanweisung 1/87 (Komplexe Spionageabwehr) im Zusammenhang standen, um die Spionageabwehr effektiver und komplexer zu gestalten.

Ich möchte allen Menschen herzlich danken, die zur Entstehung dieses Werkes beigetragen haben. Mein besonderer Dank gilt den zuarbeitenden Angehörigen der Behörde des BStU für die großzügige Bereitstellung der Archivalien und den ehemaligen Angehörigen der Linie II des MfS, die mit ihren Erinnerungen und Hinweisen wesentlichen Anteil an der erfolgreichen Realisierung dieses Projekts haben.

Henry Nitschke

1. Kapitel

BEGRIFFE UND RECHTLICHE GRUNDLAGEN DER TÄTIGKEIT DER SPIONAGEABWEHR

Die Bezeichnung »Spionageabwehr« setzt sich aus den Begriffen »Spionage« und »Abwehr« zusammen. Wie das MfS Spionage (S.) und Abwehrarbeit (A.) definierte, sei hier dargelegt, um Inhalt und Bandbreite des zu behandelnden Themenkomplexes verstehen zu können.

Spionage

»Staatsverbrechen gemäß §§ 97 und 98 StGB.
Bestandteil des Systems der Feindtätigkeit gegen die DDR und andere sozialistische Staaten. S. wird zum Nachteil der Interessen der DDR für eine fremde Macht, deren Einrichtungen oder Vertreter oder einen Geheimdienst oder für ausländische Organisationen sowie deren Helfer durch Sammeln, Verraten, Ausliefern oder in sonstiger Weise Zugänglichmachen geheimzuhaltender Nachrichten oder Gegenstände begangen.
S. wird vor allem durch folgende Merkmale gekennzeichnet:
• Sie ist ein wesentliches Mittel der Gestaltung und Realisierung der aggressiven Politik des Imperialismus und beeinflusst in zunehmendem Maße die Entschei-

dungsfindung der Regierungen imperialistischer Staaten, insbesondere durch die Manipulierung derartiger Entscheidungen. Die imperialistischen Staaten üben deshalb bei der Organisierung und Lenkung der S. einen entscheidenden, koordinierenden Einfluss aus. Die Spionagetätigkeit imperialistischer Geheimdienste wird zunehmend im Rahmen der NATO koordiniert, um deren aggressive Strategie durchzusetzen.

- Sie richtet sich in erster Linie gegen die innere und äußere Sicherheit der DDR, gegen die sozialistische Staatengemeinschaft, aber auch gegen die nationalen Befreiungsbewegungen sowie gegen alle progressiven Bewegungen in kapitalistischen Ländern.

- Sie dient den imperialistischen Hauptmächten dazu, die gesellschaftliche Entwicklung in den sozialistischen Ländern zu unterwandern, zu hemmen, und zu stören sowie die Einheit und Geschlossenheit der sozialistischen Staatengemeinschaft zu spalten, um Voraussetzungen zu schaffen zur Durchsetzung taktischer Varianten ihres Kampfes gegen die DDR und andere Länder der sozialistischen Staatengemeinschaft sowie zur Erreichung ihres illusionären strategischen Zieles, den realen Sozialismus insgesamt zu beseitigen.

- Sie ist als wesentlicher Bestandteil subversiver Tätigkeiten zugleich Voraussetzung und Ausgangspunkt zur Organisierung, Durchführung und Eskalierung weiterer subversiver Handlungen, insbesondere im Rahmen der von außen inspirierten und organisierten politischen Untergrundtätigkeit einschließlich Staatsverbrechen.

- Sie ist eine der wesentlichsten Aufgaben der imperialistischen Geheimdienste, die weitestgehend das gesamte gesellschaftliche Leben in den kapitalistischen Ländern durchdringen und in umfassender Weise die verschiedensten staatlichen, gesellschaftlichen und anderen Organisationen, Einrichtungen, Institutionen u. ä. zur Durchführung der Spionage ausnutzen.

- Sie ist ausgerichtet auf das Erlangen von Staats- und anderen Dienstgeheimnissen. Besondere Bedeutung wird der Sammlung von Informationen über die Verteidigungskraft der sozialistischen Gemeinschaft, ihre Streitkräfte, über neue Methoden zum Schutz der Bevölkerung und der Truppen vor nuklearen, biologischen und chemischen Waffen, über Objekte für vorrangige Kernwaffenschläge für den Fall eines Krieges beigemessen. Dies geschieht im Interesse der reaktionärsten Kreise der in der NATO vereinigten imperialistischen Staaten. Sie haben die Hoffnung auf die Herbeiführung einer militärischen Überlegenheit noch nicht aufgegeben und versuchen, durch Spionage einen geeigneten Zeitpunkt für eine bewaffnete Auseinandersetzung auszuspähen. Von hohem Interesse sind des Weiteren Informationen aus dem Bereich der Wirtschaft, insbesondere der Verteidigungsindustrie, der Grundstoff- und der verarbeitenden Industrie, über bestehende, im Bau befindliche und über geplante Industriebetriebe, über die Förderung von Bodenschätzen, über Stand- und Entwicklungsperspektiven der Energiewirtschaft, des Transport-, Verkehrs- und Nachrichtenwesens, der Landwirtschaft und Nahrungsgüterindustrie, des Handels und des Kredit- und Finanzwesens sowie aus den Bereichen Wissenschaft und Technik.
- Sie richtet sich komplex gegen die politischen, ökonomischen und militärischen Bereiche der sozialistischen Gesellschafts- und Staatsordnung und wird in Abhängigkeit von den strategischen und taktischen Plänen und Absichten des Imperialismus vor allem gegen ausgewählte Schwerpunkte dieser Bereiche begangen.

- Zur Realisierung der sich ausweitenden Zielstellungen der S. werden vielfältige und raffinierte Mittel und Methoden, die in zunehmenden Maße getarnt sind, angewendet, wie Einsatz von geworbenen Spionen zur Eigenerkundung und Abschöpfung von Geheimnisträgern und anderen Personen, subversiver Missbrauch des Status von Diplomaten und Korrespondenten, Organisierung eines umfassenden Befragungswesens im nichtsozialistischen Ausland, Auswertung offizieller Publikationen, Einsatz von Flugkörpern, Ausnutzung funktechnischer und elektronischer Systeme vom eigenen Territorium aus u. a. m.«[13]

Die strafrechtliche Grundlage für die Tätigkeit der MfS-Spionageabwehr bildete im Strafgesetzbuch der DDR vom 12. Januar 1968 und in den Strafrechtsänderungsgesetzen von 1974, 1977, 1979 und 1987 der Abschnitt »Landesverrat« im 2. Kapitel (»Besonderer Teil«) mit der Überschrift »Verbrechen gegen die Deutsche Demokratische Republik«.
Der Landesverrat umfasste die Delikte:
- Spionage (§§ 97[14], 98[15] StGB),

---

13 Zitiert nach: Siegfried Suckut (Hrsg.): *Das Wörterbuch der Staatssicherheit. Definitionen zur »politisch-operativen Arbeit«.* Berlin 1996, S. 336 ff.

14 »§ 97. Spionage. (1) Wer Nachrichten oder Gegenstände, die geheimzuhalten sind, zum Nachteil der Interessen der Deutschen Demokratischen Republik für eine fremde Macht, deren Einrichtungen oder Vertreter oder für einen Geheimdienst oder für ausländische Organisationen sowie deren Helfer sammelt, an sie verrät, ihnen ausliefert oder in sonstiger Weise zugänglich macht, wird mit Freiheitsstrafe nicht unter fünf Jahren bestraft.«

15 »§ 98. Wer sich von den im § 97 Absatz 1 genannten Stellen oder Personen zum Zwecke der Sammlung, des Verrats oder der Auslieferung von geheimzuhaltenden Nachrichten zum Nachteil der

- Landesverräterische Nachrichtenübermittlung (§ 99[16] StGB),
- Landesverräterische Agententätigkeit (§ 100[17] StGB).

Bis 1968 waren die §§ 14, 15 des Strafrechtsergänzungsgesetzes vom 11. Dezember 1957 die strafrechtliche Grundlage für die Bekämpfung von Spionageverbrechen.

Abwehrarbeit

»Gesamtheit der vorbeugenden, schadensverhütenden, offensiven schwerpunktbezogenen, komplexen und koordinierten offiziellen und inoffiziellen politisch-operativen Tätigkeit der operativen Linien[18] und Dienstein-

---

Interessen der Deutschen Demokratischen Republik anwerben lässt, wird ebenfalls wegen Spionage bestraft.«

16 »§ 99. Landesverräterische Nachrichtenübermittlung. (1) Wer der Geheimhaltung nicht unterliegende Nachrichten zum Nachteil der Interessen der Deutschen Demokratischen Republik an die im § 97 genannten Stellen oder Personen übergibt, für diese Nachrichten sammelt oder ihnen zugänglich macht, wird mit Freiheitsstrafe von zwei bis zu zwölf Jahren bestraft. (2) Vorbereitung und Versuch sind strafbar.«

17 »§ 100. Landesverräterische Agententätigkeit. (1) Wer zu den im § 97 genannten Stellen oder Personen Verbindung aufnimmt oder sich zur Mitarbeit anbietet oder diese Stellen oder Personen in sonstiger Weise unterstützt, um die Interessen der Deutschen Demokratischen Republik zu schädigen, wird mit Freiheitsstrafe von einem Jahr bis zu zehn Jahren bestraft. (2) Vorbereitung und Versuch sind strafbar.« (StGB der DDR, Staatsverlag der DDR, Berlin 1988, S. 34)

18 Im MfS existierte das Linienprinzip als Gerüst des Organisationsaufbaus. Danach wurden bestimmte Aufgabenbereiche auf zentraler Ebene und Bezirksebene von Struktureinheiten mit

heiten des MfS zum Schutze des Friedens, der Sicherung und Stärkung der DDR und ihrer Bürger vor allen Angriffen des Feindes innerhalb und außerhalb der DDR sowie zur Gewährleistung des sozialistischen Aufbaus, insbesondere der Hauptaufgabe in ihrer Einheit von Wirtschafts- und Sozialpolitik, der Festigung der sozialistischen Staatengemeinschaft unter Führung der UdSSR auf der Grundlage und in Durchsetzung der Beschlüsse der Partei- und Staatsführung, der Weisungen und Befehle des Ministers, in engem Zusammenwirken mit den anderen Schutz- und Sicherheitsorganen, Staatsorganen, Organisationen und Einrichtungen der DDR, sozialistischer und anderer Staaten. Sie ist integrierter Bestandteil des Gesamtsystems des Schutzes und der Sicherheit der DDR und des Sozialismus.

Die politisch-operative A. dient vor allem:

- der Durchsetzung der Sicherheitspolitik der Partei, der Gewährleistung der staatlichen Sicherheit der DDR, dem Schutze des Sozialismus, der Verteidigung der Arbeiter-und-Bauern-Macht und der Sicherung des Friedens und damit verbundener Sicherheitserfordernisse,
- der rechtzeitigen und allseitigen Aufdeckung und Aufklärung sowie Durchkreuzung der gegen die DDR gerichteten Pläne, Programme, Absichten, Machen-

---

fachlicher Zuständigkeit, beispielsweise Linie II Spionageabwehr, wahrgenommen. Die auf Linie nachgeordneten Abteilungen der Bezirksverwaltungen wurden von den jeweiligen zentralen Diensteinheiten im Ministerium fachlich angeleitet, waren aber weisungsgemäß nach dem Territorialprinzip dem Leiter der Bezirksverwaltung oder einem seiner Stellvertreter Operativ unterstellt. Auf Ebene der Kreise waren die Linien nicht mehr vollständig vorhanden. Je nach regionaler Bedeutung des Aufgabenbereichs gab es jedoch auch in den Kreisdienststellen entsprechende Fachreferate, Arbeitsgruppen oder Linienoffiziere.

schaften, Maßnahmen und Umtriebe des Gegners auf dem Gebiet der Störtätigkeit gegen die sozialistische Volkswirtschaft, der politisch-ideologischen Diversion, der Kontaktpolitik und Kontakttätigkeit, der Organisierung und Inspirierung politischer Untergrundtätigkeit, der Schaffung einer sogenannten inneren Opposition, der Organisierung und Inspirierung von Bürgern der DDR zum ungesetzlichen Verlassen der Republik, des staatsfeindlichen Menschenhandels, terroristischer Angriffe und anderer Staatsverbrechen, der geheimdienstlichen Tätigkeit mittels Spionage, insbesondere der Militär- und Wirtschaftsspionage sowie der Schaffung von feindlichen Stützpunkten und Agenturen, einschließlich des Missbrauchs von Bürgern gegen die DDR,

- der Aufdeckung der Ursachen und begünstigenden Bedingungen für Staatsverbrechen und Verbrechen der allgemeinen Kriminalität sowie anderer gesellschaftsgefährdender bzw. gesellschaftswidriger Erscheinungen in der DDR und deren Überwindung, der Festigung der sozialistischen Gesetzlichkeit, Rechtssicherheit und Rechtsordnung, vor allem der Ordnung, Disziplin und Sicherheit in allen gesellschaftlichen Bereichen, der Wahrung der Geheimhaltung und des Geheimnisschutzes einschließlich der Erhöhung des Niveaus der Konspiration und revolutionären Wachsamkeit,

- der Unterstützung der marxistisch-leninistischen Partei und ihrer Organe sowie der Staatsorgane, Organisationen und Einrichtungen in der DDR und ihre Tätigkeit beim weiteren Aufbau der entwickelten sozialistischen Gesellschaft in der DDR durch die vorbeugende und offensive Bekämpfung des Feindes innerhalb und außerhalb der Deutschen Demokratischen Republik.

Entscheidende Voraussetzungen für die wirksame A. sind:

- die ständige Qualifizierung der wissenschaftlichen Führungs- und Leitungstätigkeit zur Erfüllung der sich aus der gesellschaftlichen Entwicklung und dem Klassenkampf ergebenden Sicherungsaufgaben sowie zur Herausarbeitung der Schwerpunkte der politisch-operativen A. durch die qualifizierte Einschätzung der operativen Lagebedingungen, der politisch-operativen Situation, der Hauptangriffsrichtungen des Feindes, seiner Aktivitäten einschließlich der Wirksamkeit der Feindtätigkeit in allen Sicherungsbereichen,
- die vertrauensvolle offizielle und inoffizielle Zusammenarbeit mit den Werktätigen und ihre differenzierte Einbeziehung in die Lösung der Aufgaben der A., insbesondere die Erhöhung der Wirksamkeit und Effektivität in der Arbeit mit der operativen Basis und des zielgerichteten Einsatzes der IM zur Arbeit am Feind,
- das gezielte und schöpferische Zusammenwirken mit den anderen Schutz- und Sicherheitsorganen, staatlichen und wirtschaftsleitenden Organen, Organisationen und Einrichtungen bei der vorbeugenden und offensiven A.,
- der effektive Einsatz und die Anwendung aller politisch-operativen Mittel und Methoden zur erfolgreichen Bekämpfung des Feindes.«[19]

Spionageabwehr war im MfS ein Prozess, der sich nicht ausschließlich auf das Territorium der DDR konzentrierte. Dazu heißt es: »Es war notwendig, offensiv in die Konspiration der Gegner einzudringen, ihre Absichten rechtzeitig zu erkennen, die feindlichen Pläne dort zu

---

19 Zitiert nach: Siegfried Suckut: *Das Wörterbuch der Staatssicherheit*, S. 37 ff.

erkunden, wo sie geschmiedet werden, eine wirksame Abwehr zu gewährleisten und feindliche Kräfte im Innern aufzuspüren und unschädlich zu machen.«[20]

Die bundesdeutschen Nachrichtendienste sowie die auf dem Territorium der BRD und Westberlins dislozierten Nachrichtendienste der Westalliierten wurden durch die Linie II und die Hauptverwaltung Aufklärung (HV A) im Rahmen der äußeren Abwehr intensiv und mit beachtlichem Erfolg bearbeitet.

Rund 80 Prozent aller durch das MfS enttarnten Spione waren für bundesdeutsche Nachrichtendienste tätig, wobei der Bundesnachrichtendienst und dessen Vorläufer, die Organisation Gehlen, den Schwerpunkt darstellten. Die Spionage der westlichen Geheimdienste war auf die Informationsbeschaffung zu militärischen, politischen und ökonomischen Fragen ausgerichtet. Hierbei waren vor dem Hintergrund des Kalten Krieges militärische Ziele auf dem Territorium der DDR erstrangig. Die Spionage richtete sich dabei auf die Gruppe der Sowjetischen Streitkräfte in Deutschland (GSSD) und die Nationale Volksarmee (NVA). Aber auch das MfS selbst war stets Hauptangriffsziel der westlichen Geheimdienste. Die Schaffung einer Innenquelle war auch hier die Hohe Schule der Geheimdienstarbeit.

Die Spionageabwehr war Aufgabe aller Abwehrlinien unter Federführung der Linie II. Abwehrlinien waren neben der Linie II:
• die Linie I (Abwehr in der NVA und den Grenztruppen der DDR),

---

20 MfS: Material für die Öffentlichkeitsarbeit. Die Tätigkeit des MfS gegen äußere und innere Feinde der DDR. Berlin, Dezember 1987, S. 11 (Archiv des Verfassers).

23

- die Linie VI (Sicherung des Reiseverkehrs/Abwehr innerhalb der Zollverwaltung der DDR),
- die Linie VII (Abwehr im Ministerium des Innern und seiner Organe),
- die Linie XI (Abwehr im Chiffrierwesen der DDR),
- die Linie XVIII (Abwehr in den Bereichen Volkswirtschaft und Wissenschaft),
- die Linie XIX (Abwehr im Verkehrs- sowie im Post- und Fernmeldewesen, abwehrmäßige Sicherung der Militärtransporte auf der Schiene),
- die Linie XX (Abwehr in den Bereichen Staatsapparat, Blockparteien, Gesundheitswesen, Kirche, Sport und Kultur).

Die juristischen Grundlagen für die Tätigkeit des MfS waren unter anderem:
- das Gesetz über die Bildung eines Ministeriums für Staatssicherheit vom 8. Februar 1950[21],
- das Statut des Staatssekretariats für Staatssicherheit[22] vom 15. Oktober 1953, erlassen vom Ministerpräsidenten der DDR,
- die Verfassung der DDR,
- die Verteidigungsgesetze vom 20. September 1961 sowie vom 13. Oktober 1978,
- das Statut des Ministeriums für Staatssicherheit vom 30. Juli 1969, erlassen vom Vorsitzenden des Nationalen Verteidigungsrats der DDR auf der Grundlage des

---

21 Im § 1 dieses Gesetzes heißt es: »Die bisher dem Ministerium des Innern unterstellte Hauptverwaltung zum Schutze der Volkswirtschaft wird zu einem selbständigen Ministerium für Staatssicherheit umgebildet.«

22 Vom 23. Juli 1953 bis zum 24. November 1955 hatte die Staatssicherheit den Status eines Staatssekretariats im Ministerium des Innern der DDR.

Artikels 7 der Verfassung der DDR[23],

- das Gesetz über die Aufgaben und Befugnisse der Deutschen Volkspolizei vom 11. Juni 1968[24],
- die Strafprozessordnung der DDR von 1968, die im § 88 das MfS als Untersuchungsorgan aufführte,
- die Beschlüsse des Staatsrats und des Nationalen Verteidigungsrats der DDR.

---

23 Hier heißt es im § 1: »(1) Das Ministerium für Staatssicherheit (MfS) ist ein Organ des Ministerrates. Es gewährleistet als Sicherheits- und Rechtspflegeorgan die staatliche Sicherheit der Deutschen Demokratischen Republik. (…) (3) Die Tätigkeit des MfS konzentriert sich auf die Aufdeckung und Abwehr zur Entlarvung und Verhinderung feindlicher Pläne und Absichten der aggressiven imperialistischen Kräfte …« Im § 2 ist definiert: »Die Hauptaufgabe des MfS zum Schutze der Souveränität, bei der allseitigen politischen, ökonomischen und kulturellen Stärkung der Deutschen Demokratischen Republik, der Sicherung der sozialistischen Errungenschaften und der Staatsgrenze mit spezifischen Mitteln und Methoden besteht darin: a) feindliche Agenturen zu zerschlagen, Geheimdienstzentralen zu zersetzen und andere politisch-operative Maßnahmen gegen die Zentren des Feindes durchzuführen und ihre geheimen subversiven Pläne und Absichten, ihre konspirative Tätigkeit, insbesondere gegen die Deutsche Demokratische Republik und andere sozialistische Länder, offensiv aufzudecken …« Zitiert nach: Roger Engelmann, Frank Joestel: *Grundsatzdokumente des Ministeriums für Staatssicherheit*. In: BStU: *Anatomie der Staatssicherheit. Geschichte – Struktur – Methoden* (MfS-Handbuch). Berlin 2004, S. 183 f.

24 Im Gesetz über die Aufgaben und Befugnisse der Deutschen Volkspolizei war im § 20 Absatz 2 festgelegt, dass die Angehörigen des MfS ermächtigt sind, die in diesem Gesetz geregelten Befugnisse wahrzunehmen. Vgl: MfS-Hochschule: Zur Wahrnehmung der im Gesetz über die Aufgaben und Befugnisse der Deutschen Volkspolizei geregelten Befugnisse durch die Angehörigen des Ministeriums für Staatssicherheit. Potsdam 1985. BStU, Bibliothek, St 736.

2. Kapitel

VERANTWORTUNGS- UND AUFGABENBEREICHE DER LINIE II DES MfS

Die Spionageabwehr war, wie bereits erwähnt, wesentliche Aufgabe aller Abwehrlinien des MfS unter Federführung der Linie II.

Karl Wilhelm Fricke umreißt die Tätigkeit der Spionageabwehr wie folgt: »Die Hauptabteilung II war für die allgemeine Spionageabwehr auf politischem, wirtschaftlichem und militärischem Gebiet sowie für Gegenspionage zuständig, für die Bekämpfung gegnerischer Nachrichtendienste, ferner für die Überwachung ausländischer Botschaften und Vertretungen in der DDR sowie für die innere Sicherung des MfS, eine Aufgabe, die auch die Bearbeitung von Verratsfällen im MfS einschloss.«[25]

Willi Opitz beschreibt die Verantwortungs- und Aufgabenbereiche der Linie II im Sachbuch *Die Sicherheit* im Detail folgendermaßen:

- »Federführung bei der Organisation der Abwehr von Spionageangriffen gegen die DDR in Zusammenarbeit mit den anderen Abwehrdiensteinheiten und den zuständigen Diensteinheiten der Aufklärung (HV A) des MfS;

---

25 Karl Wilhelm Fricke: »Organisation und Tätigkeit der DDR-Nachrichtendienste«. In: Wolfgang Krieger, Jürgen Weber (Hrsg.): *Spionage für den Frieden? Nachrichtendienste in Deutschland während des Kalten Krieges.* München und Landsberg am Lech 1997, S. 217.

- Spionageabwehr, Aufdeckung und Abwehr geheimdienstlicher Angriffe gegen die DDR auf politischem, ökonomischem und militärischem Gebiet;
- zentrale Erfassung und Auswertung der Informationen über westliche Geheimdienste zur einheitlichen Orientierung und Qualifizierung der gesamten Spionageabwehr;
- Aufklärung und Bearbeitung agenturführender Dienststellen, von Mitarbeitern und Agenten westlicher Geheimdienste in der BRD und Westberlin (äußere Abwehr);
- gezielte Fahndungen in den nachrichtendienstlichen Verbindungswegen der Geheimdienste zur Identifizierung personeller Stützpunkte in der DDR;
- Außenabsicherung militärischer Objekte und Anlagen der Sowjetarmee in der DDR (in Abstimmung mit der sowjetischen Militärabwehr), der NVA und des MdI/DVP (in Abstimmung mit der HA I bzw. der HA VII) sowie von militärischen Bewegungen, Militärtransporten/Verladungen (in Abstimmung mit der HA XIX), Organisierung der dazu erforderlichen Maßnahmen in direkter Zusammenarbeit mit den territorial zuständigen Diensteinheiten (BV und KD);
- Sicherung ausländischer diplomatischer Vertretungen, deren Personale und Gäste sowie der Büros ausländischer Publikationsorgane in der DDR, deren ständig akkreditierten Korrespondenten, Reisekorrespondenten und Mitarbeiter, Unterbindung des Missbrauchs als ›legale Basen‹ der Geheimdienste sowie für andere gegen die DDR gerichtete Handlungen;
- Sicherung des Ministeriums für Auswärtige Angelegenheiten (MfAA) der DDR und seiner Einrichtungen sowie von Auslandsvertretungen der DDR in sozialistischen Staaten;
- Abwehrarbeit unter ständig oder zeitweilig in der

DDR lebenden Ausländern in Zusammenarbeit mit den objektmäßig bzw. territorial zuständigen Diensteinheiten;

- Sicherung von hauptamtlichen und inoffiziellen Mitarbeitern sowie von Objekten und Einrichtungen des MfS zur Verhinderung des Eindringens westlicher Geheimdienste in die Konspiration des MfS.«[26]

---

26 Willi Opitz: »Verantwortungs- und Aufgabenbereiche von Diensteinheiten der Abwehr. Kurzcharakteristik«. In: Reinhard Grimmer, Werner Irmler, Willi Opitz, Wolfgang Schwanitz (Hrsg.): *Die Sicherheit. Zur Abwehrarbeit des MfS*, Bd. 1. Berlin 2012, S. 415 f.

3. Kapitel

STRUKTUREN DER LINIE II – BEZEICHNUNGEN UND VERANTWORTLICHKEITEN

Ministerium für Staatssicherheit – Abteilung IV

Innerhalb des MfS existierte das sogenannte Linienprinzip als Grundprinzip des Organisationsaufbaus. Danach wurden bestimmte Aufgabenbereiche auf zentraler Ebene und Bezirksebene von Struktureinheiten mit fachlicher Zuständigkeit (zum Beispiel Linie II: Spionageabwehr) wahrgenommen. Die der Linie nachgeordneten Diensteinheiten der Bezirksverwaltungen (BV) wurden von den entsprechenden zentralen Diensteinheiten im Ministerium fachlich angeleitet, sie waren aber weisungsmäßig gemäß dem Territorialprinzip dem Leiter der BV oder einem seiner Stellvertreter Operativ unterstellt. Auf der Ebene der Kreisdienststellen (KD) bildeten sich die Linien nicht mehr vollständig ab. Je nach Bedeutung gab es in den KD Fachreferate der Linie II, Arbeitsgruppen oder Linienoffiziere für Spionageabwehr.[27]

---

27 Vgl.: Siegfried Suckut in: Roger Engelmann et al.: *Das MfS-Lexikon. Begriffe, Personen und Strukturen der Staatssicherheit der DDR.* Berlin 2011, S. 203.

Die Linie II des MfS existierte zu Beginn der 1950er Jahre nicht unter dieser Bezeichnung. Von 1950 bis zum November des Jahres 1953 firmierten die mit der Spionageabwehr beauftragten Diensteinheiten unter den Bezeichnungen »Abteilung IV« und »Abteilung IV a«.

Aufgaben der Abteilung IV waren unter anderem folgende:

- Spionageabwehr, einschließlich Aufdeckung und Verhinderung von Wirtschaftsspionage (Produktionskapazitäten, Belegschaftsstärken, Produktionszweige) sowie Militärspionage (Flugplätze, Truppenbewegungen, Bewaffnung, Polizeieinheiten, kasernierte Einheiten),
- Anlegen und Führen von Sachakten als Gruppen- oder Einzelvorgänge zu amerikanischen, englischen, französischen und deutschen Geheimdiensten (Erfassung von Personen, Objekten, Arbeitsweisen, Verbindungen, Angaben zum technischen Apparat sowie bisherigen Festnahmen),
- Bearbeitung und Überwachung ehemaliger Fremdenlegionäre, die in die DDR zurückkehrten (Anfang der 1950er Jahre vorwiegend aus Indochina),
- Bearbeitung von Grenzgängern, die im Verdacht einer Agententätigkeit standen,
- Bearbeitung der Gesellschaft für Auslandsverbindungen,
- Überprüfung der von der Abteilung M (Postkontrolle) zugestellten Materialien auf Hinweise zu feindlichen Agenturen,
- Einsatz von geheimen Mitarbeitern, vor allem in der Bundesrepublik und Westberlin, zum Eindringen in die gegen die DDR agierenden Geheimdienste und Medien (beispielsweise RIAS).

Die Abteilung IV gliederte sich zunächst in die Referate A–D, anschließend in die Nummern 1–4. Bearbeitet wurden die Geheimdienste der USA, Großbritanniens, Frankreichs und der Bundesrepublik Deutschland. Dazu

kam 1953 das Referat IV/5, verantwortlich für die Bearbeitung bestimmter Gruppen von Ausländern und
Westdeutschen sowie der Gesellschaft für Auslandsverbindungen.[28]
Leiter der Abteilung IV waren:
- 05/1950–11/1950 Kommandeur Werner Kukelski[29]
- 12/1950–04/1952 Kommandeur Paul Rumpelt[30]
- 04/1952–11/1953 Oberst Rolf Markert[31].

---

28 Vgl.: Roland Wiedmann: *Die Diensteinheiten des MfS 1950–1989.*
    Eine organisatorische Übersicht. In: BStU: *Anatomie der Staats-
    sicherheit. Geschichte – Struktur – Methoden* (MfS-Handbuch).
    Berlin 2008, S. 42 f.

29 Werner Kukelski wurde am 14. Juli 1920 in Berlin geboren und
    trat 1932 in den Kommunistischen Jugendverband Deutschlands
    ein. Seit 1945/46 war er Mitglied der KPD bzw. der SED. 1946
    erfolgte die Einstellung bei der Polizei Merseburg, 1948 wurde
    er Leiter der Kriminalpolizei in Torgau. Im Jahr 1949 erfolgte
    die Einstellung bei der Hauptverwaltung zum Schutz der Volks-
    wirtschaft. Seit 1950 war Kukelski beim MfS als stellvertretender
    Leiter der Abt. IV bzw. zeitweilig als deren Leiter tätig. 1953 wur-
    de er Abteilungsleiter in der HA II, danach hatte er verschiedene
    andere Funktionen im MfS. 1977 erfolgte seine Entlassung aus
    dem Dienst des MfS. Er verstarb 1995.

30 Paul Rumpelt wurde am 5. Oktober 1909 in Riesa geboren und
    trat 1933 in die KPD ein. 1933 und 1934 befand er sich im Kon-
    zentrationslager (KZ) bzw. im Gefängnis. Von 1935 bis 1945 war
    er als Schlosser tätig. 1945/46 war er Mitglied der KPD bzw. der
    SED. Ebenfalls 1946 erfolgte die Einstellung bei der Polizei in
    Großenhain, später war er Revierleiter und Leiter der Schutzpo-
    lizei in Riesa. 1949 wurde er kommissarischer Leiter der VP in
    Dippoldiswalde, dann Leiter der Schutzpolizei und Leiter der VP
    Marienberg. Von Oktober 1949 bis Oktober 1950 absolvierte er ei-
    nen Lehrgang in der UdSSR. Seine Einstellung in das MfS erfolgte
    im Dezember 1950 als Leiter der Abt. IV des MfS Berlin. 1952 bis
    1961 hatte er verschiedene Funktionen im MfS. Er verstarb 1961.

31 Rolf Markert wurde am 24. Januar 1914 in Werdau als Helmut
    Thiemann geboren. 1928 trat er dem Kommunistischen Jugendver-
    band Deutschlands bei. 1931 war er als Ofenbauer in Swerdlowsk

In den Länderverwaltungen für Staatssicherheit sowie in den Bezirksverwaltungen, die seit 1952 existierten, waren ebenfalls Abteilungen IV vorhanden. Auch hier waren vier Referate aktiv, die auf der amerikanischen, britischen, französischen und westdeutschen Linie tätig waren.

Im Februar 1953 hatte die Abteilung IV im MfS 32 operative Mitarbeiter, in den Abteilungen IV der Bezirksverwaltungen gab es insgesamt 124.[32] In den Kreisdienststellen waren 1953 einzelne Mitarbeiter auf der Linie IV tätig.

---

tätig, 1932/33 wurde er Gewerkschaftsmitarbeiter und Kandidat der KPdSU, 1934 erfolgte der Besuch der Schule der Kommunistischen Jugendinternationale in der Sowjetunion. 1934 kehrte er nach Deutschland zurück, arbeitete illegal und wurde verhaftet: 1935 Zuchthaus Luckau, 1937 KZ Esterwegen/KZ Aschendorfer Moor, 1938–1945 KZ Buchenwald. Er war KPD- und Mitglied der illegalen Parteiorganisation und im Abwehrapparat tätig sowie 1943–1945 Mitglied der militärpolitischen Leitung. 1945 erfolgte seine Einstellung bei der Polizei als Leiter der Personalabteilung im Polizeipräsidium Chemnitz, 1946 seine Verwendung als Leiter der Personalabteilung in der Landespolizeibehörde Sachsen. 1948 wechselte er zur Kriminalpolizei, wurde Leiter des Dezernats K 5 des LKA Sachsen. 1949 wechselte er zur Hauptverwaltung zum Schutz der Volkswirtschaft, dem Vorläufer des MfS. 1951 wurde er Leiter der Länderverwaltung des MfS Brandenburg und 1952 Leiter der Abt. IV des MfS Berlin. Ab 1953 war er als Leiter der BV Dresden eingesetzt. 1981 schied Rolf Markert aus dem Dienst des MfS aus. Er verstarb 1995.

32 Vgl.: Attestierungslisten vom 11. Februar 1953, BStU ZA DSt 100863.

Struktur der
Hauptabteilung II (HA II)

Die HA II, eine Bezeichnung, die bis zur Auflösung des MfS/AfNS Bestand hatte, entstand am 25. November 1953 als Ergebnis der Fusion der Abteilungen II (Spionage) und IV (Spionageabwehr).[33] Die HA II gliederte sich zunächst in folgende Abteilungen:
- Abteilung 1 (amerikanische Linie),
- Abteilung 2 (englische Linie),
- Abteilung 3 (französische Linie),
- Abteilung 4 (westdeutsche Linie).
Geleitet wurde die HA II von Josef Kiefel[34].

In den 1950er Jahren erfolgte eine Erweiterung und Spezifizierung der HA II. Im Jahr 1957 stellte sich die Struktur wie folgt dar:

---

33 Vgl.: Hanna Labrenz-Weiß: *Hauptabteilung II: Spionageabwehr*, S. 35.

34 Josef Kiefel wurde 1909 im bayerischen Gotzing geboren und trat 1928 in den Rotfrontkämpferbund ein. Im Jahr 1929 trat er der KPD bei und emigrierte 1931 in die UdSSR. Dort war er in Kasan tätig, bis er 1942 Rotarmist wurde. Von 1942 bis 1944 befand er sich auf einem Sonderlehrgang, um dann als Partisan und Aufklärer innerhalb der Gruppe »Andreas Hofer« gegen Nazideutschland in Polen zu kämpfen. Dabei wurde er mehrfach verwundet. Im Juli 1946 kehrte Kiefel nach Deutschland zurück und war zunächst als SED-Funktionär tätig. 1947 wurde er bei der Polizei eingestellt, 1949 war er als Leiter des Dezernats K 5 im LKA Sachsen-Anhalt eingesetzt. Anschließend fand er als stellvertretender Leiter der Verwaltung zum Schutz der Volkswirtschaft Brandenburg Verwendung. 1950 wurde Kiefel Leiter der Abt. IV a im MfS und 1952 Leiter der Abt. II. Von 1953 bis 1960 leitete er die HA II, danach erfolgte sein Einsatz als Leiter der Abt. XXI (Innere Sicherheit). 1970 schied Kiefel aus dem Dienst des MfS aus. Er verstarb 1988.

Josef Kiefel (rechts) mit den MfS-Generalen Gerhard
Neiber (links) und Karl Zukunft (Mitte) bei einer
Auszeichnungsveranstaltung im Jahr 1984

- Abteilung 1 (amerikanische Geheimdienste),
- Abteilung 2 (englischer Geheimdienst),
- Abteilung 3 (französischer Geheimdienst),
- Abteilung 4 (westdeutsche Geheimdienste),
- Abteilung 5 (sozialistische Staaten, Emigrantenorganisationen),
- Abteilung 6 (Studenten in sozialistischen Staaten),
- Referat Funk,
- Sonderreferat 1 (operative Dokumente),
- Sonderreferat 2 (Auswertung, Sekretariat der HA, konspirative Objekte),
- Sonderreferat 3 (aktive Maßnahmen),
- Sonderreferat 4 (Sicherung Sondergebiet Karlshorst).[35]

Im Jahr 1958 erfolgte bei den »westdeutschen Geheimdiensten« eine Untergliederung in die Strukturelemente:

- Abteilung 4 (Bundesnachrichtendienst) und

---

35 Vgl.: Strukturschema 1957, BStU ZA MfS HA II Nr. 18538, Bl. 3.

- Abteilung 4 a (Verfassungsschutz).[36]

Im Jahr 1960 übernahm Werner Grünert[37] die Leitung der HA II. Strukturell erfolgten zu Beginn der 1960er Jahre nur geringfügige Veränderungen im Vergleich zur Struktur von 1957. Beispielsweise wurden die Referate 5 und 6 zusammengelegt. Die HA II gliederte sich 1962 wie folgt:

- Abteilung 1 (amerikanische Geheimdienste),
- Abteilung 2 (englischer Geheimdienst),
- Abteilung 3 (französischer Geheimdienst),
- Abteilung 4 (Bundesnachrichtendienst),
- Abteilung 4 a (Verfassungsschutz),
- Abteilung 5 (Emigrantenorganisationen, Absicherung der DDR-Studenten in der UdSSR),
- Arbeitsgruppe Auswertung,
- Operativgruppe Karlshorst,
- Referat E (operative Technik),
- Referat Funk,

---

36 Vgl.: Ebd.

37 Werner Grünert wurde 1924 im vogtländischen Bobenneukirchen geboren. Er gehörte nicht mehr der Generation von Kommunisten an, die im Kommunistischen Jugendverband Deutschlands organisiert oder Mitglieder der KPD waren. Auch befand er sich nicht im aktiven Widerstand gegen das Naziregime. Ab 1942 diente Grünert in der Wehrmacht, 1945 erlernte er den Beruf des Klempners und trat 1947 in die SED ein. Ebenfalls 1947 erfolgte seine Einstellung bei der K 5 in Oelsnitz, und 1949 wurde er in die Verwaltung zum Schutz der Volkswirtschaft Sachsen versetzt. Von dort erfolgte 1950 seine Übernahme in die Länderverwaltung Sachsen des MfS, kurze Zeit darauf wurde er zur Abt. IV des MfS nach Berlin versetzt. 1953 wurde Grünert Abteilungsleiter in der HA II. 1958 erfolgte sein Einsatz als stellvertretender Leiter der HA II, 1960 wurde er Leiter der HA II, die er bis 1976 führte. Danach erfolgte sein Einsatz als Offizier für Sonderaufgaben beim 1. Stellvertreter des Ministers bzw. in der HA Kader und Schulung. 1983 schied Grünert aus dem MfS aus. Er verstarb im Jahr 2012.

- Sekretariat,
- Arbeitsgruppe Sonderaufgaben.[38]

Die HA II hatte 1962 einen Personalbestand von 187 Mitarbeitern.[39]

Im Jahr 1963 wurde der HA II die Verantwortung für die Organisierung und Durchführung der Abwehrarbeit gegen das Personal der drei westlichen Militärverbindungsmissionen übertragen. Dazu wurde in der HA II die Abteilung 6 gebildet. Die Unterstellung der Abteilung 6 unter die HA II erfolgte im Februar 1963, währte aber nur ein Jahr und endete im Februar 1964 auf Befehl des Ministers für Staatssicherheit.[40]

Wesentliche Strukturveränderungen erfolgten innerhalb der HA II im Jahr 1964. Erwähnt werden müssen die Veränderungen bei der Bearbeitung der westlichen Geheimdienste. So wurden Bereiche zur offensiven und zur inneren Abwehr ausländischer Geheimdienste geschaffen, und die strukturelle Fokussierung auf die amerikanischen Geheimdienste beziehungsweise den englischen und den französischen Dienst entfiel. Bei den westdeutschen Geheimdiensten wurde diese allerdings beibehalten. Auch die Bedeutung der Fahndung und der Auswertung wuchs, was sich in der Schaffung eines Strukturelements der Fahndung und der Beförderung der Auswertung von der Arbeitsgruppe zur Abteilung darstellt. Die HA II gliederte sich 1964 wie folgt:

---

38 Vgl.: Hanna Labrenz-Weiß: *Hauptabteilung II: Spionageabwehr*, S. 44.

39 Vgl.: Ebd., S. 31.

40 Vgl.: Ausgewählte Probleme der wichtigsten Etappen der Entwicklung der Abteilung 5 der Hauptabteilung VIII (politisch-operative Abwehrarbeit gegen die feindlichen Aktivitäten des Personals der westlichen MVM). Potsdam 1975. Eingesehen in der Normannenstraße | Mediathek.

- Abteilung 1 (offensive Abwehr ausländischer Geheimdienste),
- Abteilung 2 (offensive Abwehr BND/BfV),
- Abteilung 3 (innere Abwehr ausländischer Geheimdienste),
- Abteilung 4 (innere Abwehr BND/BfV),
- Abteilung 5 (Absicherung der Studenten in der UdSSR),
- Abteilung 6 (Fahndung),
- Abteilung 7 (Auswertung),
- Referat E (operative Technik),
- Sekretariat,
- Operativgruppe Karlshorst,
- Referat A.[41]

Im Jahr 1976 wurde Günther Kratsch neuer Hauptabteilungsleiter und löste Werner Grünert in dieser Funktion ab.

Im Verlauf der 1970er Jahre hatte es in der Struktur der HA II wesentliche Veränderungen gegeben. So gab die HA II die Kernkompetenz im Bereich der Äußeren Abwehr an die HV A ab und erhielt dafür umfangreiche Aufgaben bei der Sicherung diplomatischer Vertretungen in der DDR, die sich durch die internationale Anerkennung der DDR ergeben hatten. Mit dem Befehl 14/73 des Ministers für Staatssicherheit wurde innerhalb der HV A ein neues Strukturelement, die Abteilung IX (HV A IX), geschaffen. Arbeitsgegenstand der HV A IX war die Äußere Abwehr, auch als »Gegenspionage« bezeichnet, wobei sich die HV A IX auf die Bearbeitung der Geheimdienstzentralen konzentrierte und sich die Linie II den Dienststellen des BND außerhalb der Zentrale widmete. Des Weiteren oblag der HA II die Bearbeitung der Ab-

---

41 Vgl.: Hanna Labrenz-Weiß: *Hauptabteilung II: Spionageabwehr*, S. 46.

teilung 3 des Bundesamts für Verfassungsschutz (BfV).[42] Diese Abteilung war für den Bereich des Linksextremismus verantwortlich und gliederte sich in die Referatsgruppen III A (Auswertung), III B (Beschaffung) und III C (Neue Linke Auswertung und Beschaffung). Diesen Bereich der Bearbeitung des BfV der HA II zu übertragen, ist nachvollziehbar, denn in der HA II (und davor im Büro der Leitung II (BdL II)) erfolgte die Bekämpfung von Angriffen gegen im Verantwortungsbereich zu sichernde Personen, Objekte und Beziehungen sowie die abwehrmäßige Bearbeitung internationaler Beziehungen der Sozialistischen Einheitspartei Deutschlands (SED) und des Freien Deutschen Gewerkschaftsbunds (FDGB) zu ausgewählten Parteien und Organisationen im Operationsgebiet[43], beispielsweise zur Deutschen Kommunistischen Partei (DKP) und anderen, die im Fokus des Verfassungsschutzes standen. Heinz Geyer, der erste Leiter der HV A IX, schreibt zur Gründung dieser Abteilung: »Mitarbeiter des sowjetischen KGB hatten uns oft gefragt, warum die Bearbeitung westlicher Geheimdienste und die elektronische Funkaufklärung zur Abwehr gehörten. Anfang 1973 trug Markus Wolf dieses Problem dem Minister vor. Nach einigen Monaten fiel die Entscheidung: Die Bearbeitung westlicher Geheimdienste wurde in die HV A übernommen, die Funkaufklärung blieb bei der Abwehr.«[44] Innerhalb der Abwehr war diese Entscheidung nicht unumstritten.

---

42 Vgl.: Ebd., S. 49.

43 Der Begriff »Operationsgebiet« stand für die westlichen Länder, in denen das MfS nachrichtendienstlich aktiv war. Schwerpunkte waren dabei die Bundesrepublik Deutschland und Westberlin, aber auch andere westliche oder neutrale Staaten wurden als »Operationsgebiet« bezeichnet.

44 Heinz Geyer: *Zeitzeichen. 40 Jahre in Spionageabwehr und Aufklärung.* Berlin 2007, S. 82.

Ministerrat der　　　　　　　　　　Berlin, den 23. 4. 19..
Deutschen Demokratischen Republik
Ministerium für Staatssicherheit
Der Minister

Geheime Verschl...
...　Nr. ...

... Ausfertigungen
22... Änderungen ... Blatt

B e f e h l - Nr.　　14 /73

Die bisher von der Hauptabteilung II bzw. den ...eilungen II
der Bezirksverwaltungen wahrgenommenen Aufga... der Bearbeitung
feindlicher Zentren im Operationsgebiet ent...echend der Richtlinie 2/68 werden mit Wirkung vom　2.5. 1.. von der Hauptverwaltung A bzw. den Abteilungen XV der ...rksverwaltungen
übernommen.

Zur Erfüllung dieser Aufgaben und zur ...rung der Auslandsvertretungen der DDR im nichtsozialistis...n Ausland ist in der
Hauptverwaltung A eine neue, selbst...ge Abteilung (Abteilung IX)
zu bilden.

Als Leiter der Abteilung IX der H...ptverwaltung A wird Genosse

Oberst　　G e y...,　Heinz
geb. ...　30. 4. 1929

eingesetzt.

Der Leiter der Hauptverw...ng A hat in Verbindung mit dem
Leiter der Hauptabteilu... Kader und Schulung den Stellenplan
für die Abteilung IX d... Hauptverwaltung A zu erarbeiten,
gleichzeitig den Stel...plan für die Abteilungen XV der Bezirksverwaltungen neu fe...legen und mir zur Bestätigung vorzulegen.

Der Leiter der Hau...verwaltung B hat die materielle und finanzielle
Sicherstellung d... Abteilung IX der Hauptverwaltung A zu gewährleisten.

Für alle oper...ven Fragen, die sich aus der Übernahme der Aufgabenstellung...urch die Hauptverwaltung A ergeben, ist durch
den Leiter ... Hauptverwaltung A und den Leiter der
Hauptabtei...g II ein gemeinsamer Maßnahmeplan zu erarbeiten,
um eine ...ungsgemäße und systematische Übergabe zu gewährleisten.
Dieser ...an ist mir bis zum　1.7.　1973 vorzulegen.

Mielke

Generaloberst

**Der Befehl 14/73 des Ministers für Staatssicherheit
der DDR, Erich Mielke, zur Schaffung der Abteilung IX
innerhalb der Hauptverwaltung Aufklärung (HV A IX)**

Im Zuge der internationalen Anerkennung der DDR
wuchsen die Aufgaben der Spionageabwehr, was sich
auch in der Struktur deutlich erkennbar machte. Es
entstanden neue Abteilungen, und der Personalbestand
wuchs entsprechend an. An neuen Aufgaben waren zum

Beispiel der Schutz von in der DDR ansässigen diplomatischen Vertretungen gegen terroristische Anschläge und Gewaltakte, aber auch die Abwehr von Spionageangriffen aus diesen diplomatischen Vertretungen heraus zu verzeichnen. Dem MfS war natürlich bereits im Vorfeld klar, dass aus diesen Vertretungen heraus legal abgedeckte Residenturen[45] agierten. Dazu kamen die Sicherung und Aufklärung der Tätigkeit von westlichen Journalisten und Korrespondenten sowie letztlich die Sicherung von diplomatischen Einrichtungen der UdSSR in der DDR. Dass das MfS schließlich die Sicherung der Botschaft der UdSSR übernahm, ging auf den Wunsch der sowjetischen Seite zurück.

Konkret machten sich die Veränderungen mit der Bildung folgender Abteilungen strukturell bemerkbar:

- HA II/13 (Westliche Journalisten/Korrespondenten),
- HA II/17 (Beobachtung),
- HA II/18 (Terrorabwehr),
- HA II/6 (Spionageabwehr in politischen und ausgewählten ökonomischen Bereichen),
- HA II/20 (Schutz und Sicherung diplomatischer Einrichtungen der UdSSR).

---

45 Stützpunkte gegnerischer Geheimdienste in der DDR in Einrichtungen des jeweiligen Heimatlands, beispielsweise in Botschaften und Konsulaten. Neben der (eingeschränkten) Führung von Agenturen waren sie auf den Gebieten der Gesprächsaufklärung/Gesprächsabschöpfung und der offenen Informationsbeschaffung tätig.

**Dokument zur Übernahme der Verantwortlichkeiten zum
Schutz der diplomatischen Einrichtungen der UdSSR
durch die HA II des MfS**

Aber auch zu Beginn und in der Mitte der 1980er Jahre ergaben sich Strukturveränderungen innerhalb der
HA II. Erwähnt seien die Bildung der:
- HA II/19 (Sicherung der SED-Auslandsverbindun-
  gen – nach Auflösung des BdL II),
- HA II/1 (innere Sicherheit – nach Auflösung der Abteilung XXI),
- HA II/21 (Abwehrarbeit an Dienstobjekten und Einrichtungen des MfS),
- AGK (Koordinierung der Vorgangsarbeit/Erfassung
  von Doppelagenten).

Im Februar 1988 gliederte sich die HA II wie folgt und hatte im Einzelnen nachstehende Aufgabenstellungen zu realisieren[46]:

Dem **Leiter der HA II, Generalleutnant Dr. Günther Kratsch**, waren folgende Strukturelemente unterstellt:

Parteiorganisation (PO II)

1. Sekretär: Oberst Lehmann, H.
2. Sekretär: Oberstleutnant Ssymank
Sekretär für Agitation und Propaganda: Hauptmann Leichsenring

Stab (HA II/Stab)

Leiter: Major Uhlig
Stellvertreter: n. n.
Aufgabenstellung:
- Vorbereitung und Realisierung von spezifischen operativen und technischen Ziel- und Aufgabenstellungen sowie Erarbeitung von Führungs- und Leitungsdokumenten für den Leiter der HA II,
- Gewährleistung der Zusammenarbeit mit anderen Diensteinheiten des MfS zur Um- und Durchsetzung zentraler operativer Interessen der HA II und Interessen anderer operativer Diensteinheiten in der HA II,
- Planung, Koordinierung und Realisierung operativer Aktionen und Einsätze,
- Einleitung der erforderlichen Maßnahmen zu eingegangenen Meldungen,
- Vorbereitung und Realisierung administrativer proto-

---

46 Vgl.: Struktur- und Stellenplan der HA II vom 26. September 1988, BStU ZA MfS HA II Nr. 28540, Bl. 11–54; Organigramm der HA II vom Februar 1988, BStU ZA MfS HA II Nr. 30620, Bl. 3; diverse Telefonverzeichnisse und Zimmerbelegungspläne, BStU ZA MfS HA II Nr. 30628; zur AG K, BStU ZA MfS HA II Nr. 30627, Bl. 1 ff.

kollarischer Aufgaben,
- Realisierung der Arbeitsprozesse des Hauptsekretariats, der VS-Hauptstelle sowie der Dokumentenstelle, Gewährleistung der Sicherstellung und Kontrolle der Finanz- und Haushaltsfragen der HA II

Referat 1
Unterstellung: Leiter des Stabes
Leiter: Major Karraß
Aufgabenstellung:
- Wahrnehmung zentraler administrativer Aufgaben der HA II in Zusammenarbeit mit anderen Diensteinheiten des MfS,
- Hauptsekretariat (zentraler Postein- und -ausgang, Kurierdienst),
- VS-Hauptstelle,
- Dokumentenstelle

Referat 2
Unterstellung: Stellvertreter des Leiters
Leiter: Major Wählte
Aufgabenstellung:
- Einleitung der erforderlichen Maßnahmen zu eingegangenen Meldungen sowie deren Darstellung in Rapportberichten und Lagefilmen,
- Bearbeitung von Fahndungsmaßnahmen der Linie VI[47],
- Einleitung von Maßnahmen im Zusammenhang mit dem Schutz und der Kontrolle von diplomatischen Einrichtungen, einschließlich der Bearbeitung von Zuführungen an diesen Objekten,

---

47 Die Linie VI war für die Passkontrolle und Fahndung an den Grenzübergangsstellen sowie die Sicherung des Tourismus und der Interhotels verantwortlich.

- Unterstützung der operativen Abteilungen/Arbeits-
gruppen der HA II in der IM- und Vorgangsarbeit
(Gewährleistung des Kommunikationssystems),
- Wahrnehmung der Aufgaben als Funktionalorgan der
Leiter von Operativen Einsatzstäben (OES) der HA II,
- Wahrnehmung der Aufgaben zur Realisierung der
Ordnung Nr. 5/87 des Leiters der HA II (Innere Ord-
nung und Sicherheit)

Arbeitsgruppe Finanzen
Leiter: Oberstleutnant Heyer
Aufgabenstellung:
- Sicherstellung der finanziellen und materiellen Mittel
der HA II,
- Ausgabe finanzieller Mittel,
- Nachweisführung materieller Werte

Auswertungs- und Kontrollgruppe (HA II/AKG)
Leiter: Oberst Buchholz
Stellvertreter: Oberstleutnant Dr. Neubert
Stellvertreter: Oberstleutnant Gäbel
Aufgabenstellung:
- Vorbereitung der aktuellen und vorausschauenden
Einschätzung der operativen Lage für den Gesamt-
verantwortungsbereich der HA II sowie von Entschei-
dungen, Orientierungen und dienstlichen Bestim-
mungen, einschließlich von Materialien für Dienstbe-
sprechungen, Dienstkonferenzen und Vorträgen, für
den Leiter der HA II,
- Gewährleistung der einheitlichen Gestaltung und
ständigen Qualifizierung der Auswertungs- und
Informationstätigkeit, der Planung der operativen
Arbeit, der Überprüfungs- und Kontrolltätigkeit, der
Öffentlichkeitsarbeit und der Schulungstätigkeit im
Gesamtverantwortungsbereich der HA II,

- Realisierung der Auswertungs-, Informations- und analytischen Tätigkeit zu Angriffen westlicher Geheimdienste sowie deren legaler Basen und Positionen gegen die DDR und andere sozialistische Staaten in Durchsetzung der Dienstanweisung »Spionageabwehr« sowie »Abwehrarbeit bevorrechteter Personen und Korrespondenten« des Ministers für Staatssicherheit,
- Organisation der Bereitstellung, Aufarbeitung, Erfassung, Indexierung, Speicherung und Aktualisierung operativ bedeutsamer Informationen in Durchsetzung des Befehls 11/79 sowie der Dienstanweisung Nr. 1/80 des Ministers für Staatssicherheit

Arbeitsbereich 1

Unterstellung: Stellvertreter des Leiters (B)

Aufgabenstellung:
- Gewährleistung der Einschätzung der operativen Lage, der Planungs-, Kontroll-, Vortrags- und Schulungstätigkeit, der Öffentlichkeits- und Traditionsarbeit im Gesamtverantwortungsbereich der HA II,
- Erarbeitung von Grundsatzdokumenten,
- Führung der Dokumentation zu verdichteten Informationen

Arbeitsbereich 2

Unterstellung: Stellvertreter des Leiters (A)

Aufgabenstellung:
- Zentralisierte Auswertung der HA II zu Zentralen und Dienststellen, zum Personalbestand, zu Plänen, Absichten und Maßnahmen sowie Mitteln und Methoden westlicher Geheimdienste,
- Auswertung operativ bedeutsamer und verdichteter Informationen zu legalen Basen ausländischer Geheimdienste in der DDR sowie zu deren Kontaktpartnern und Verbindungspersonen,

- Materialablage der AKG zu operativ bedeutsamen Informationen

Arbeitsbereich 3
Unterstellung: Leiter der AKG
Aufgabenstellung:
- Indexierung und Recherche operativ bedeutsamer Informationen zu Personen, Sachverhalten, Hinweisen und Merkmalen bezogen auf zentral geführte Datenbänke (ZPDB, System),
- Planung, Leitung und Projektierung der EDV-Anwendung in der HA II,
- Organisation der Nutzung der Personendatenbank der DDR,
- Führung des Schriftenspeichers der Linie Spionageabwehr

Arbeitsbereich 4
Unterstellung: Leiter der AKG
Aufgabenstellung:
- Organisation der Bereitstellung und Aufbereitung operativ bedeutsamer Informationen für den Leiter der HA II, seine Stellvertreter, die Leiter der operativen Abteilungen/Arbeitsgruppen der HA II, andere Arbeitsbereiche der AKG, andere Diensteinheiten des MfS sowie zentral geführte Datenbänke,
- Führung der zentralen VSH[48]- und Diplomatenkartei

---

48 Vorverdichtungs-, Such- und Hinweiskartei. Die Vorverdichtungs-, Such- und Hinweiskartei diente in den operativen Diensteinheiten der Such- und Vergleichsarbeit zu Personen, der Sicherstellung der Informationsflüsse an andere Diensteinheiten sowie der Zusammenführung von Informationen zu Personen. Die VSH-Kartei enthielt zunächst alle Informationen zu Personen, die aufgrund ihrer eher geringen Bedeutsamkeit noch nicht in Kerblochkarteien aufgenommen wurden und zu

der HA II,

- Vervielfältigung und Mikroverfilmung operativer Informationen im Gesamtverantwortungsbereich der HA II

Arbeitsgruppe des Leiters (HA II/AGL)

Leiter: Oberstleutnant Sonntag
Stellvertreter: Hauptmann Salewsky
Aufgabenstellung:

- Planung und Erarbeitung von organisatorischen, operativen und technischen Grundlagen zur Überführung der Diensteinheit vom Frieden in den Verteidigungszustand,
- Schulung und Ausbildung des Mitarbeiterbestands zur Gewährleistung der Einsatzbereitschaft unter allen Lagebedingungen

Arbeitsgruppe Koordinierung (HA II/AGK)

Leiter: Oberstleutnant Mauersberger
Stellvertreter: Oberstleutnant Heinert
Aufgabenstellung:

- Zentrale Koordinierung und Abstimmung von spezifischen operativ bedeutsamen Aufgaben und Maßnahmen im Rahmen der komplexen Spionageabwehr auf der Grundlage der Dienstanweisung (DA) Nr. 1/87 des Ministers für Staatssicherheit sowie diesbezügliche Unterstützung anderer Diensteinheiten des MfS

Referat 1

Unterstellung: Leiter der Arbeitsgruppe
Leiter: Major Fritz
Aufgabenstellung:

- Spezifische operativ-technische Überprüfungsmaß-

---

denen vorerst keine aktive Erfassung in der Abt. XII erfolgte.

nahmen zur Gewährleistung der Sicherheit des IM-Netzes des MfS und zur Erhöhung der Effektivität bei der Bearbeitung und beim Abschluss von Operativen Vorgängen (OV)

<u>Referat 2</u>
Unterstellung: Stellvertreter des Leiters der Arbeitsgruppe
Leiter: Major Lehmann, R.-M.
Aufgabenstellung:
- Identifizierung von Agenturen und Zielpersonen westlicher Geheimdienste,
- Zentrale Koordinierung der OV-Bearbeitung,
- Spezifische Kontrolle von Verbindungssystemen westlicher Geheimdienste

Exkurs
Es gab innerhalb der HA II Bestrebungen, die Arbeitsgruppe Koordinierung in eine Abteilung Koordinierung mit folgender Struktur umzuwandeln:
- Abteilungsleiter: Oberstleutnant Mauersberger,
- Stellvertretender Abteilungsleiter: Oberstleutnant Heinert,
- Offizier für Sonderaufgaben: Oberstleutnant Hergt (IMB-Arbeit US und andere imperialistische Geheimdienste),
- Offizier für Sonderaufgaben: Oberstleutnant Beck (spezifisch-operative Überprüfung, IMB-Ausbildung, subjektives Porträt).
Dem Abteilungsleiter Mauersberger sollten nachgeordnet sein:
- das Referat 3 (Funk), Referatsleiter: Major Reichenbach,
- das Referat 4 (Auswertung), Leiter: n. b.
Dem Stellvertretenden Abteilungsleiter Heinert sollte das

- Referat 2 (Identifizierung), Referatsleiter: Major Lehmann,

nachgeordnet werden.

Dem Offizier für Sonderaufgaben, Oberstleutnant Beck, sollte das

- Referat 1 (spezifisch-operative Überprüfung, IMB-Ausbildung, subjektives Porträt), Referatsleiter: Major Fritz,

nachgeordnet sein.

Abteilung 10 (HA II/10)

Leiter: Oberst Brückner
Stellvertreter: Oberstleutnant Ittershagen
Stellvertreter: Oberstleutnant Gottschling
Aufgabenstellung:

- Führung der Operativgruppen, Koordinierungsoffiziere und Offiziere im besonderen Einsatz der HA II in den sozialistischen Staaten,
- Politisch-operative Sicherung der Auslandsvertretungen und Auslandskollektive der DDR in sozialistischen Staaten (UdSSR, VR Polen, Ungarische VR, ČSSR, VR Bulgarien, Vietnam, Kampuchea, Laos, Mongolische VR und Koreanische Demokratische VR),
- Organisation und Realisierung der Zusammenarbeit mit den Bruderorganen auf der Linie Spionageabwehr,
- Politisch-operative Bearbeitung beziehungsweise Sicherung der Auslandsvertretungen der operativ interessierenden und sozialistischen Staaten in der Hauptstadt der DDR

Referat 1

Unterstellung: Leiter der Abteilung
Leiter: Major Krusch
Aufgabenstellung:

- Sicherstellung der Arbeit der Operativgruppe der HA II in Moskau und Warschau,

- Sicherung der Auslandsvertretungen der VR Polen in der DDR

Referat 2
Unterstellung: Stellvertreter des Leiters (A)
Leiter: Major Kästner
Aufgabenstellung:
- Sicherstellung der Arbeit der Mitarbeiter der HA II in den Operativgruppen des MfS in der ČSSR, der Ungarischen VR und der VR Bulgarien,
- Sicherung der Auslandsvertretungen der DDR in Vietnam, Kampuchea, Laos, in der Mongolischen VR und der Koreanischen Demokratischen VR,
- Sicherung der Auslandsvertretungen der ČSSR, der Ungarischen VR und der VR Bulgarien in der DDR

Referat 3
Unterstellung: Stellvertreter des Leiters (A)
Leiter: Major Gribat
Aufgabenstellung:
- Operative Bearbeitung beziehungsweise Sicherung der Auslandsvertretungen der VR China, Vietnam, Kampuchea, Laos, der Mongolischen VR, der Sozialistischen Föderativen Republik Jugoslawien, der Koreanischen Demokratischen VR, der Sozialistischen Republik Rumänien und Albaniens in der DDR

Referat 4
Unterstellung: Leiter der Abteilung
Leiter: Major Bühner
Aufgabenstellung:
- Realisierung aller Auswertungs- und Informationsprozesse,
- Gewährleistung der Bearbeitung aller Unterstützungsersuchen der Bruderorgane auf der Linie Spionageabwehr

Operativgruppe des MfS in der UdSSR
Unterstellung: Leiter der Abteilung
Leiter: Oberstleutnant Wenzel
Aufgabenstellung:
- Sicherung der Auslandsvertretung und der Auslands-
kollektive der DDR in der UdSSR

Operativgruppe des MfS in der VR Polen
Unterstellung: Leiter der Abteilung
Leiter: Oberstleutnant Wilkes
Aufgabenstellung:
- Sicherung der Auslandsvertretung und der Auslands-
kollektive der DDR in der VR Polen

Exkurs
Die Operativgruppen des MfS in der UdSSR bezie-
hungsweise in Polen wurden von Offizieren der HA II
geleitet. Die Federführung in den Operativgruppen des
MfS in der UVR, der ČSSR und in der VRB oblag der
HA VI. Hier waren seit September 1986 folgende Koor-
dinierungsoffiziere der HA II eingesetzt:
- Oberst Heckerodt in der UVR,
- Oberstleutnant Fleischmann in der ČSSR,
- Oberstleutnant Fiedler in der VRB.

Dem **1. Stellvertreter des Leiters der HA II, Generalmajor Lohse,** waren folgende Strukturelemente unterstellt:

Abteilung 2 (HA II/2)
Leiter: Oberst Schierhorn
Stellvertreter: Oberstleutnant Thümer
Aufgabenstellung:
- Operative Bearbeitung agenturführender Dienststel-
len der Geheimdienste der Bundesrepublik Deutsch-

land und Durchführung weiterer offensiver Maßnahmen im Operationsgebiet

Referat 1
Unterstellung: Leiter der Abteilung
Leiter: Oberstleutnant Wenzel
Aufgabenstellung:
- Operative Bearbeitung agenturführender Dienststellen des Bundesnachrichtendienstes im Operationsgebiet

Referat 2
Unterstellung: Stellvertreter des Leiters der Abteilung
Leiter: Hauptmann Faust
Aufgabenstellung:
- Operative Bearbeitung agenturführender Dienststellen des Bundesamts für Verfassungsschutz im Operationsgebiet

Referat 3
Unterstellung: Stellvertreter des Leiters der Abteilung
Leiter: Major Rieß
Aufgabenstellung:
- Werbung von IM im Operationsgebiet entsprechend den operativen Schwerpunkten

Referat 4
Unterstellung: Leiter der Abteilung
Leiter: Major Ribbecke
Aufgabenstellung:
- Ermittlung, Beobachtung und Realisierung von spezifischen Aufgaben im Operationsgebiet

Abteilung 4 (HA II/4)
Leiter: Oberstleutnant Bartl
Stellvertreter: Oberstleutnant Holletz

Stellvertreter: Oberstleutnant Kanngießer
Aufgabenstellung:
- Wahrnehmung der Federführung der Militärspionageabwehr auf der Grundlage der Dienstanweisung 1/87 des Ministers für Staatssicherheit in Koordinierung mit den Abteilungen II der Bezirksverwaltungen bei der Vorgangsbearbeitung sowie der Organisierung der Außensicherung militärischer Objekte,
- Zusammenarbeit mit der Verwaltung der Sonderabteilungen des Komitees für Staatssicherheit (KfS) der UdSSR bei der GSSD

Referat 1
Unterstellung: Stellvertreter des Leiters der Abteilung
Leiter: Mälitz
Aufgabenstellung:
- Vorgangsbearbeitung und IM-Arbeit sowie Zusammenarbeit mit den Bezirksverwaltungen Schwerin, Rostock, Neubrandenburg, Potsdam und Magdeburg

Referat 2
Unterstellung: Stellvertreter des Leiters der Abteilung
Leiter: Preusche
Aufgabenstellung:
- Vorgangsbearbeitung und IM-Arbeit sowie Zusammenarbeit mit den Bezirksverwaltungen Berlin, Frankfurt/Oder, Cottbus, Dresden und Leipzig

Referat 3
Unterstellung: Stellvertreter des Leiters der Abteilung
Leiter: n. b.
Aufgabenstellung:
- Vorgangsbearbeitung und IM-Arbeit sowie Zusammenarbeit mit den Bezirksverwaltungen Gera, Karl-Marx-Stadt, Erfurt, Suhl und Halle

Referat 4
Unterstellung: Leiter der Abteilung
Leiter: Wellschmied
Aufgabenstellung:
- Koordinierung der Vorgangsbearbeitung und IM-Arbeit mit über die territoriale Zuständigkeit der Bezirksverwaltungen hinausreichendem Charakter sowie Abwehr technischer Aufklärungssysteme

Referat 5
Unterstellung: Stellvertreter des Leiters der Abteilung
Leiter: Beil
Aufgabenstellung:
- Beobachtungs- und Beweisführungsmaßnahmen im Rahmen der Militärspionageabwehr

Referat 6
Unterstellung: Leiter der Abteilung
Leiter: Geißler
Aufgabenstellung:
- Sicherung des Bereichs »Filigran«[49] sowie von Führungspunkten des MfS

Referat 7
Unterstellung: Leiter der Abteilung
Leiter: Mucke
Aufgabenstellung:
- Auswertung und Information, Analytik und Speicherarbeit

---

49 Hinter der MfS-internen Bezeichnung »Filigran« verbarg sich der Bunkerkomplex 5000 des Nationalen Verteidigungsrats (NVR) in Prenden.

Abteilung 5 (HA II/5)

Leiter: Oberstleutnant Schliebe
Stellvertreter: Oberstleutnant Kühn
Aufgabenstellung:

- Wahrnehmung der Federführung bei der Organisierung der operativen Fahndung zu den postalischen Verbindungssystemen westlicher Geheimdienste sowie Realisierung weiterer spezifischer Fahndungsaufgaben im Rahmen der durch die Dienstanweisung 1/87 des Ministers für Staatssicherheit übertragenen Aufgaben zur Aufdeckung, Bekämpfung und vorbeugenden Verhinderung geheimdienstlicher Spionageangriffe,
- Realisierung spezifischer Fahndungsaufgaben zu geheimdienstlichen Operationen von Kurieren westlicher Geheimdienste auf dem Territorium der DDR in enger Zusammenarbeit mit der HA VI und der Abteilung M[50] des MfS Berlin,
- Gewährleistung der fahndungsorientierenden und vorgangsbezogenen Zusammenarbeit mit der Abteilung M des MfS, dem Operativ-Technischen Sektor (OTS) und mit den Abteilungen II der Bezirksverwaltungen

Referat 1

Unterstellung: Leiter der Abteilung
Leiter: Brandt
Aufgabenstellung:

- Zielgerichtete Bearbeitung der aus spezifischen Fahndungsmaßnahmen entwickelten operativen Ausgangsmaterialien zur Aufspürung und Identifizierung von Agenturen westlicher Geheimdienste,
- Bearbeitung von Spionagevorgängen, Realisierung von

---

50 Die Linie M war verantwortlich für die Postkontrolle.

Beweisführungsmaßnahmen sowie Schaffung und Einsatz von IM zur fahndungsbezogenen Beobachtung/ Ermittlung im Operationsgebiet sowie für Blickfeldmaßnahmen gegenüber westlichen Geheimdiensten,
- Anleitung und Unterstützung der Abteilungen II der Bezirksverwaltungen bei der Entwicklung und Bearbeitung von Fahndungsvorgängen

Referat 2
Unterstellung: Stellvertreter des Leiters der Abteilung
Leiter: Krajewski
Aufgabenstellung:
- analog Referat 1

Abteilung 12 (HA II/12)
Leiter: Oberstleutnant Oertel, R.
Stellvertreter: Oberstleutnant Lehmann, P.
Aufgabenstellung:
- Operative Bearbeitung, Kontrolle und Sicherung der Ständigen Vertretung (StV) der BRD in der DDR

Referat 1
Unterstellung: Leiter der Abteilung
Leiter: Major Beyer
Aufgabenstellung:
- Bearbeitung und Kontrolle personeller Schwerpunkte von drei Abteilungen der StV,
- Schaffung und Betreuung operativer Stützpunkte zur Realisierung spezifischer Maßnahmen zur Wohnkonzentration »Boulevard« der StV

Referat 2
Unterstellung: Stellvertreter des Leiters der Abteilung
Leiter: Major Lehmann
Aufgabenstellung:

- Sicherung und Kontrolle der StV im Zusammenwirken mit dem Wachkommando Missionsschutz (WKM) der Deutschen Volkspolizei,
- Inoffizielle Absicherung des Kaderbestands der zuständigen Wache des WKM und des Anwohnerbereichs der StV,
- Schaffung, Betreuung und Arbeit mit operativen Stützpunkten zur Kontrolle/Dokumentation von Aktivitäten der Mitarbeiter der StV und anderen bedeutsamen Sachverhalten

Referat 3
Unterstellung: Leiter der Abteilung
Leiter: Hauptmann Gebhardt
Aufgabenstellung:
- Bearbeitung und Kontrolle personeller Schwerpunkte von zwei Abteilungen der StV,
- Schaffung und Betreuung operativer Stützpunkte zur Realisierung spezifischer Maßnahmen zur Residenz und Wohnkonzentration »Nordring« der StV

Referat 4
Unterstellung: Leiter der Abteilung
Leiter: Major Rademacher
Aufgabenstellung:
- Analytik, Kontaktbearbeitung, Speicherarbeit, Informationsbeziehungen

Dem **Stellvertreter des Leiters der HA II, Oberst Schenk**, waren folgende Strukturelemente unterstellt:

Abteilung 3 (HA II/3)
Leiter: Oberstleutnant Dr. Häseler
Stellvertreter: Oberstleutnant Müller, H.-D.
Aufgabenstellung:

- Aufdeckung und Bekämpfung der durch die Geheimdienste der USA und der Botschaft der USA in der DDR organisierten Angriffe gegen die DDR und andere sozialistische Staaten,
- Durchsetzung der Federführung gemäß der Dienstanweisung 1/87 des Ministers für Staatssicherheit bei der Organisierung der komplexen Spionageabwehr auf der Linie USA-Geheimdienste,
- Gewährleistung von Schutz und Sicherheit der Botschaft der USA in der DDR im engen Zusammenwirken mit dem WKM der Deutschen Volkspolizei

Referat 1
Unterstellung: Leiter der Abteilung
Leiter: Hauptmann Hellmich
Aufgabenstellung:
- Bearbeitung der Geheimdienstresidentur in der Botschaft der USA sowie der Aktivitäten der Westberliner USA-Geheimdienstresidentur auf dem Territorium der DDR

Referat 2
Unterstellung: Stellvertreter des Leiters der Abteilung
Leiter: Major Sattler
Aufgabenstellung:
- Bekämpfung und Dokumentierung der Kontakttätigkeit der USA-Geheimdienste sowie der USA-Botschaft in der DDR,
- Bekämpfung der durch die USA-Botschaft vorgetragenen Aktivitäten, die diplomatischen und bilateralen Verträgen widersprachen

Referat 3
Unterstellung: Leiter der Abteilung
Leiter: Hauptmann Zech

Aufgabenstellung:

- Bearbeitung ausgewählter agentursteuernder Dienst-stellen der USA-Geheimdienste in Westberlin,
- Vorgangsbearbeitung

Referat 4

Unterstellung: Stellvertreter des Leiters der Abteilung
Leiter: Major Dahle
Aufgabenstellung:

- Gewährleistung von Schutz und Sicherheit der Bot-schaft der USA in der DDR im engen Zusammenwir-ken mit dem WKM der Deutschen Volkspolizei,
- Kontrolle des Besucherverkehrs zur Botschaft der USA in der DDR

Referat 5

Unterstellung: Stellvertreter des Leiters der Abteilung
Leiter: n. b.
Aufgabenstellung:

- Realisierung mobiler und stützpunktbezogener Beob-achtungsmaßnahmen sowie Durchführung operativer Ermittlungen,
- Lagezentrum der Abteilung

Referat 6

Unterstellung: Leiter der Abteilung
Leiter: Major Reimann
Aufgabenstellung:

- Erfassung, Auswertung und analytische Aufberei-tung operativ bedeutsamer Informationen gemäß Dienstanweisung Nr. 1/80 des Ministers für Staats-sicherheit zur Gewährleistung der ständig aktuellen Lageeinschätzung im Verantwortungsbereich

Abteilung 9 (HA II/9)

Leiter: Oberstleutnant Scholz

Stellvertreter: Hauptmann Wendt

Aufgabenstellung:

- Schwerpunktmäßige Aufklärung und Bekämpfung der von den Geheimdiensten Großbritanniens und Frankreichs sowie weiteren europäischen NATO- und anderen kapitalistischen Staaten sowie der von legalen Basen dieser Staaten ausgehenden geheimdienstlichen und anderen subversiven Aktivitäten gegen die DDR

Referat 1

Unterstellung: Leiter der Abteilung

Leiter: Hauptmann Römisch

Aufgabenstellung:

- Bearbeitung der von britischen Geheimdiensten sowie von der britischen Botschaft in der DDR ausgehenden subversiven und anderen feindlichen Handlungen gegen die DDR

Referat 2

Unterstellung: Stellvertreter des Leiters der Abteilung

Leiter: Major Wohlfahrt

Aufgabenstellung:

- Bearbeitung der von französischen Geheimdiensten, der französischen Botschaft und dem Kulturzentrum Frankreichs in der DDR ausgehenden subversiven und anderen feindlichen Handlungen gegen die DDR

Referat 3

Unterstellung: Stellvertreter des Leiters der Abteilung

Leiter: Major Wernitz

Aufgabenstellung:

- Beherrschung der Gesamtlage zu den Botschaften

westeuropäischer Staaten in der DDR (außer BRD) sowie schwerpunktmäßige Aufklärung und Bearbeitung ausgewählter bevorrechteter Personen

Referat 4

Unterstellung: Leiter der Abteilung
Leiter: Major Geffke
Aufgabenstellung:
- Analytik, Information und Auswertung,
- Speicherarbeit

Abteilung 15 (HA II/15)

Leiter: Oberstleutnant Dr. Stuchly
Stellvertreter: Hauptmann Ernst
Aufgabenstellung:
- Operative Sicherung und Kontrolle von Botschaften nichtsozialistischer außereuropäischer Staaten (außer USA) und Büros nationaler Befreiungsorganisationen in der DDR

Referat 1

Unterstellung: Stellvertreter des Leiters der Abteilung
Leiter: Major Benker
Aufgabenstellung:
- Operative Sicherung und Kontrolle von Botschaften arabischer und lateinamerikanischer Staaten, einschließlich Japan und der PLO (*Palestine Liberation Organization*),
- Planung und Realisierung von Aktionen sowie Vorbereitung des Einsatzes operativer Technik,
- Betreuung operativer Stützpunkte und Objekte

Referat 2

Unterstellung: Leiter der Abteilung
Leiter: Major Schlemmer
Aufgabenstellung:

- Operative Sicherung und Kontrolle von Botschaften afrikanischer und asiatischer Staaten sowie der Büros des ANC (*African National Congress*) und der SWAPO (*South-West Africa People's Organisation*)

Referat 3
Unterstellung: Leiter der Abteilung
Leiter: Major Ulrich
Aufgabenstellung:
- Auswertung/Information, Analytik,
- Speicherarbeit

Arbeitsgruppe Ausländer (HA II/AGA)
Leiter: Oberstleutnant Wiegand
Stellvertreter: Oberstleutnant Risse
Aufgabenstellung:
- Operative Sicherung, Kontrolle und Bearbeitung von Ausländern gemäß Befehl Nr. 3/81 des MfS

Referat 1
Unterstellung: Stellvertreter des Leiters der Arbeitsgruppe
Leiter: n. b.
Aufgabenstellung:
- Aufklärung und Bekämpfung des Feindmissbrauchs von Ausländern aus NSW-Staaten (Nichtsozialistisches Wirtschaftsgebiet) in der DDR und im Operationsgebiet

Referat 2
Unterstellung: Leiter der Arbeitsgruppe
Leiter: n. b.
Aufgabenstellung:
- Aufklärung und Bekämpfung des Feindmissbrauchs von Ausländern aus sozialistischen Staaten und Entwicklungsländern in der DDR sowie Emigrantenorganisationen im Operationsgebiet

<u>Referat 3</u>
Unterstellung: Leiter der Arbeitsgruppe
Leiter: n. b.
Aufgabenstellung:
- Aufklärung und Eindringen in ausländerbezogene Feindobjekte und Organisationen im Operationsgebiet,
- Schaffung und Einsatz von IM-, Ermittler- und Beobachtergruppen im Operationsgebiet

<u>Referat 4</u>
Unterstellung: Leiter der Arbeitsgruppe
Leiter: n. b.
Aufgabenstellung:
- Auswertung/Information, Analytik, Speicherarbeit und Koordinierung,
- Gewährleistung der zentralen Übersicht, Auskunftsfähigkeit sowie Lageverfolgung und Lageeinschätzung zum Ausländeraufenthalt

Dem **Stellvertreter des Leiters der HA II, Oberst D. Oertel**, waren folgende Strukturelemente unterstellt:

Abteilung 1 (HA II/1)
Leiter: Oberstleutnant Porstein
Stellvertreter: Hauptmann Pollähne
Aufgabenstellung:
- Rechtzeitiges Erkennen, Aufklärung, vorbeugende Verhinderung und wirksame Bekämpfung aller subversiver Aktivitäten des Feindes gegen Angehörige und ehemalige Angehörige des MfS sowie deren Verwandten und engen Bekannten,
- Vorbeugende Abwehr aller Angriffe gegen das inoffizielle Netz,
- Umfassende Aufklärung und Verhinderung feindlicher

Handlungen gegen Angehörige und Einrichtungen der Dienststelle des KfS im Sondergebiet Berlin-Karlshorst,
- Operative Durchdringung und Sicherung des Lehr- und technischen Personals, der internationalen Beziehungen sowie aller Einrichtungen der Sektion Kriminalistik der Humboldt-Universität zu Berlin

Referat 1
Unterstellung: Leiter der Abteilung
Leiter: n. b.
Aufgabenstellung:
- Abwehr von Feindangriffen auf die inoffizielle Basis des MfS und anderer Schutz- und Sicherheitsorgane der DDR

Referat 2
Unterstellung: Leiter der Abteilung
Leiter: n. b.
Aufgabenstellung:
- Gewährleistung der inneren Sicherheit im MfS Berlin sowie operative Sicherung der Sektion Kriminalistik der Humboldt-Universität zu Berlin

Referat 3
Unterstellung: Stellvertreter des Leiters der Abteilung
Leiter: n. b.
Aufgabenstellung:
- Anleitung und Unterstützung der Bezirksverwaltungen und des Wachregiments »Feliks E. Dzierżyński« bei der Gewährleistung der inneren Sicherheit im MfS

Referat 4
Unterstellung: Stellvertreter des Leiters der Abteilung
Leiter: Major Heller

Aufgabenstellung:
- Operative Sicherung der Dienststelle des KfS in Berlin-Karlshorst

Referat 5
Unterstellung: Stellvertreter des Leiters der Abteilung
Leiter: n. b.
Aufgabenstellung:
- Realisierung operativ-technischer Maßnahmen sowie von Beobachtungs- und Ermittlungsaufgaben im Rahmen von OV,
- Führung der HIM-Gruppe (Gruppe der Hauptamtlichen Inoffiziellen Mitarbeiter)

Referat 6
Unterstellung: Leiter der Abteilung
Leiter: n. b.
Aufgabenstellung:
- Auswertung/Information, Analytik,
- Speicherarbeit

Abteilung 8 (HA II/8)
Leiter: Oberstleutnant Laetsch
Stellvertreter: Oberstleutnant Just
Aufgabenstellung:
- Planung und Realisierung der sicherstellenden Erfordernisse zur Unterstützung und Gewährleistung der operativen und operativ-technischen Ziel- und Aufgabenstellungen der HA II

Referat 1
Unterstellung: Stellvertreter des Leiters der Abteilung
Leiter: n. b.
Aufgabenstellung:
- Führung und Leitung von Mitarbeitern, HIM und

Unteroffizieren auf Zeit zur Realisierung von Aufgaben in konspirativen Objekten der HA II

Referat 2
Unterstellung: Leiter der Abteilung
Leiter: n. b.
Aufgabenstellung:
- Planung und Nachweisführung aller materiellen Bestände der HA II,
- Realisierung von Versorgungsaufgaben für alle konspirativen Objekte und Dienstobjekte der HA II,
- Realisierung aller Zwischenlagerungsprozesse für die HA II,
- Bewirtschaftung des Dienstobjekts Malchow der HA II

Referat 3
Unterstellung: Leiter der Abteilung
Leiter: n. b.
Aufgabenstellung:
- Realisierung von Instandhaltungs- und Instandsetzungsmaßnahmen in/an Dienstobjekten, konspirativen Objekten und konspirativen Wohnungen der HA II

Referat 4
Unterstellung: Leiter der Abteilung
Leiter: n. b.
Aufgabenstellung:
- Planung, Nachweisführung und Kontrolle des Bestands und des Einsatzes von Personenkraftwagen, Nutzkraftwagen und Krädern der HA II,
- Organisierung der Arbeitskontakte zur Abteilung Kfz-Dienste der Verwaltung Rückwärtige Dienste des MfS,
- Realisierung des Reparaturprogramms für Pkw von HIM und verdienten IM,

- Wartung und Pflege der spezifischen Einsatz-Kfz des Leiters der HA II

Abteilung 11 (HA II/11)
Leiter: Oberstleutnant Jacob
Stellvertreter: Oberstleutnant Fröhlich
Aufgabenstellung:
- Gewährleistung des Schutzes und der Sicherheit der diplomatischen Missionen vor terroristischen und anderen Gewaltakten,
- Abwehr gegnerischer Angriffe gegen den Personalbestand des WKM der Deutschen Volkspolizei,
- Allseitige Informationsgewinnung zur Bekämpfung subversiver und krimineller Handlungen durch bevorrechtete Personen,
- Enges Zusammenwirken mit der Protokollabteilung des Ministeriums für Auswärtige Angelegenheiten, dem Zollamt Berlin I sowie der Arbeitsgruppe Ausländer des Präsidiums der Volkspolizei Berlin

Referat 1
Unterstellung: Stellvertreter des Leiters der Abteilung
Leiter: Hauptmann Schumann
Aufgabenstellung:
- Schutz und Sicherheit der diplomatischen Missionen,
- Abwehr im WKM der Deutschen Volkspolizei

Referat 2
Unterstellung: Leiter der Abteilung
Leiter: Hauptmann Bräunling
Aufgabenstellung:
- Sicherung von Protokollveranstaltungen, Exkursionen sowie Realisierung anderer Sicherungseinsätze,
- Zusammenwirken mit der Protokollabteilung des Ministeriums für Auswärtige Angelegenheiten, dem

Zollamt Berlin I sowie der Arbeitsgruppe Ausländer des Präsidiums der Volkspolizei Berlin

Abteilung 14 (HA II/14)

Leiter: Oberstleutnant Primus
Stellvertreter: Oberstleutnant Karraß, M.
Stellvertreter: Oberstleutnant Krüger, M.
Aufgabenstellung:
- Abwehrmäßige Sicherung des Ministeriums für Auswärtige Angelegenheiten (MfAA) und seine Nachfolgeeinrichtungen sowie Durchführung von Sicherheitsüberprüfungen zu den Kadern des MfAA, einschließlich zu Reise- und Auslandskadern

Referat 1

Unterstellung: Stellvertreter des Leiters der Abteilung
Leiter: Major Zaschke
Aufgabenstellung:
- Abwehrmäßige Sicherung von Struktureinheiten des MfAA, insbesondere des Ministerbüros, der Hauptabteilungen Grundsatzfragen/Planung, Konsular, Presse, Verwaltung/Finanzen sowie der Abteilungen BRD und USA und des Instituts für Sprachintensivausbildung

Referat 2

Unterstellung: Stellvertreter des Leiters der Abteilung
Leiter: Hauptmann Haller
Aufgabenstellung:
- Abwehrmäßige Sicherung von Struktureinheiten des MfAA, insbesondere der Hauptabteilungen Kader und Schulung, Information, Rechts- und Vertragswesen sowie der Abteilungen der Bereiche sozialistischer und nichteuropäischer kapitalistischer Länder

Referat 3
Unterstellung: Leiter der Abteilung
Leiter: Major Schumann, H.-J.
Aufgabenstellung:
- Abwehrmäßige Sicherung der Nachfolgeeinrichtungen des MfAA, insbesondere des Dienstleistungsamts für Ausländische Vertretungen, des Versina[51] sowie der Poliklinik und der Klinik für Diplomaten, der Schule für ausländische Vertretungen sowie des Naherholungsobjekts und Gästehauses des MfAA

Referat 4
Unterstellung: Leiter der Abteilung
Leiter: Major Nitz
Aufgabenstellung:
- Durchführung von Sicherheitsüberprüfungen zu Kadern des MfAA beziehungsweise Personen, die im MfAA oder Nachfolgeeinrichtungen, einschließlich in Auslandsvertretungen, eingesetzt werden sollten

Referat 5
Unterstellung: Leiter der Abteilung
Leiter: Major Herrmann
Aufgabenstellung:
- Auswertung/Information, Analytik,
- Speicherarbeit

Abteilung 18 (HA II/18)
Leiter: Oberstleutnant Dr. Hempel
Stellvertreter: Major Böttcher
Aufgabenstellung:
- Realisierung spezifischer operativer Einsätze im Ver-

---

51 Einkaufsstätte für Diplomaten.

antwortungsbereich der HA II, vorrangig zum Schutz von Vertretern anderer Staaten und bevorrechteter Personen vor terroristischen Angriffen und anderen Gewaltakten

Referat 1
Unterstellung: Stellvertreter des Leiters der Abteilung
Leiter: n. b.
Aufgabenstellung:
• Terrorabwehr Operationsgebiet,
• Sonderfahndungen

Referat 2
Unterstellung: Stellvertreter des Leiters der Abteilung
Leiter: n. b.
Aufgabenstellung:
• Bekämpfung von Gewalttätern (DDR)

Referat 3
Unterstellung: Leiter der Abteilung
Leiter: n. b.
Aufgabenstellung:
• Bekämpfung von militantem politischem Untergrund

Referat 4
Unterstellung: Leiter der Abteilung
Leiter: n. b.
Aufgabenstellung:
• Sicherung von Konzentrationsräumen von Ausländern und Diplomaten

Referat 5
Unterstellung: Leiter der Abteilung
Leiter: n. b.
Aufgabenstellung:

- Aufklärung und Bearbeitung von illegalen Dienstleistungen für Botschaften und Diplomaten

Abteilung 20 (HA II/20)
Leiter: Oberst Kaulfuß
Stellvertreter: Oberstleutnant Proft
Stellvertreter: Major Piontek
Aufgabenstellung:
- Gewährleistung des Schutzes und der Sicherheit der Botschaft der UdSSR und des Hauses der Sowjetischen Wissenschaft und Kultur (HdSWK),
- Schutz und operative Kontrolle im Interhotel *Unter den Linden*,
- Operative Kontrolle, Beobachtung und Identifizierung des Personenverkehrs zu Botschaften von NATO-Staaten im Sicherungsbereich Berlin-Mitte

Referat 1
Unterstellung: Stellvertreter des Leiters (A)
Leiter: Oberleutnant Hässelbarth
Aufgabenstellung:
- Gewährleistung des Schutzes und der Sicherheit der Botschaft der UdSSR und des Hauses der Sowjetischen Wissenschaft und Kultur

Referat 2
Unterstellung: Stellvertreter des Leiters (A)
Leiter: Oberleutnant Warnke
Aufgabenstellung:
- Gewährleistung des Schutzes und der operativen Kontrolle im Interhotel *Unter den Linden*

Referat 3
Unterstellung: Leiter der Abteilung
Leiter: Hauptmann Achner

73

Aufgabenstellung:
- Realisierung operativer Grundprozesse, insbesondere IM- und Vorgangsarbeit, im Rahmen des Verantwortungsbereichs der Abteilung

Referat 4
Unterstellung: Stellvertreter des Leiters (A)
Leiter: Oberleutnant Deierlein
Aufgabenstellung:
- Operative Kontrolle, Beobachtung und Identifizierung des Personenverkehrs zu Botschaften von NATO-Staaten im Sicherungsbereich Berlin-Mitte

Referat 5
Unterstellung: Stellvertreter des Leiters (B)
Leiter: Major Löschinger
Aufgabenstellung:
- Gewährleistung der für die Lösung der Aufgaben der Angehörigen der Abteilung erforderlichen Ausbildung und Schulung sowie der notwendigen Bewaffnung,
- Sicherung von ausgewählten Dienstobjekten der Abteilung

Referat 6
Unterstellung: Stellvertreter des Leiters (B)
Leiter: Oberleutnant Schünemann
Aufgabenstellung:
- Realisierung sicherstellender Aufgaben im Bereich der Abteilung, insbesondere materielle Planung, Kfz-Einsatz, Versorgung und Objektverwaltung

Abteilung 21 (HA II/21)
Leiter: Oberstleutnant Neubert, H.
Stellvertreter: Oberstleutnant Brauer
Stellvertreter: Oberleutnant Ostburg

Aufgabenstellung:
- Operative Außensicherung von Dienstobjekten des MfS Berlin,
- Operative Abwehrarbeit in den dem MfS nachgeordneten Betrieben und Institutionen, einschließlich zu MfS-fremden Personen, die in MfS-Objekten tätig werden sollten,
- Sicherung von MfS-Wohnkonzentrationen in Berlin

Referat 1
Unterstellung: Stellvertreter des Leiters der Abteilung
Leiter: Major Falkenhain
Aufgabenstellung:
- Operative Abwehrarbeit am Zentralen Dienstobjekt des MfS Berlin, einschließlich der Anwohnerbereiche

Referat 2
Unterstellung: Stellvertreter des Leiters der Abteilung
Leiter: n. b.
Aufgabenstellung:
- Operative Abwehrarbeit an MfS-Dienstobjekten und Wohnkonzentrationen in Berlin-Hohenschönhausen, Dienstobjekten der HA III, der Verwaltung Rückwärtige Dienste sowie des Zentralen Medizinischen Dienstes,
- Abwehrarbeit hinsichtlich der Aktivitäten der Militärinspektionen der USA, Frankreichs und Großbritanniens gegen Objekte des MfS in Berlin

Referat 3
Unterstellung: Stellvertreter des Leiters der Abteilung
Leiter: Major Barz
Aufgabenstellung:
- Operative Abwehrarbeit im Baubetrieb des MfS – VEB Spezialhochbau Berlin

<u>Referat 4</u>
Unterstellung: Leiter der Abteilung
Leiter: Major Wentzke
Aufgabenstellung:
- Operative Abwehrarbeit im Institut für Technische Untersuchungen sowie zu Dienstobjekten der HA III, der Verwaltung Rückwärtige Dienste und weiteren Objekten zentraler Diensteinheiten sowie zum Wohngebiet für leitende Angehörige des MfS

<u>Referat 5</u>
Unterstellung: Stellvertreter des Leiters der Abteilung
Leiter: Major Kislat
Aufgabenstellung:
- Operative Abwehrarbeit unter den im MfS eingesetzten Arbeitskräften aus Schwerpunktbetrieben, die als Nachauftragnehmer für Dienstleistungen galten,
- Sicherheitsüberprüfungen zu MfS-fremden Personen, die in MfS-Objekten tätig wurden,
- Operative Abwehrarbeit im VEB Raumkunst

<u>Referat 6</u>
Unterstellung: Leiter der Abteilung
Leiter: n. b.
Aufgabenstellung:
- Auswertung/Information, Analytik,
- Speicherarbeit,
- Realisierung von Koordinierungsaufgaben mit den Bezirksverwaltungen

Dem **Stellvertreter des Leiters der HA II, Oberst Dr. Hillenhagen**, waren folgende Strukturelemente unterstellt:

Abteilung 6 (HA II/6)

Leiter: Major Neuberger
Stellvertreter: Major Träger
Aufgabenstellung:

- Vorbeugende Verhinderung, Aufdeckung und Bekämpfung von Spionageangriffen westlicher Geheimdienste gegen politische sowie ausgewählte ökonomische Bereiche und Wissenschaftseinrichtungen der DDR gemäß Weisung des Ministers für Staatssicherheit beziehungsweise des Leiters der HA II

Referat 1

Unterstellung: Leiter der Abteilung
Leiter: n. b.
Aufgabenstellung:

- Aufklärung und Abwehr der von westlichen Geheimdiensten ausgehenden Spionageangriffe auf politische Bereiche der DDR in enger Zusammenarbeit mit zentralen Abwehrdiensteinheiten des MfS

Referat 2

Unterstellung: Stellvertreter des Leiters der Abteilung
Leiter: n. b.
Aufgabenstellung:

- Aufklärung und Abwehr der von westlichen Geheimdiensten ausgehenden Spionageangriffe auf politische Bereiche der DDR in enger Zusammenarbeit mit zentralen Abwehrdiensteinheiten des MfS

Referat 3

Unterstellung: Stellvertreter des Leiters der Abteilung
Leiter: n. b.
Aufgabenstellung:

- Aufklärung und Abwehr der von westlichen Geheimdiensten ausgehenden Spionageangriffe auf ausge-

wählte ökonomische Bereiche und Wissenschaftseinrichtungen der DDR in enger Zusammenarbeit mit
zentralen Abwehrdiensteinheiten des MfS

Referat 4
Unterstellung: Leiter der Abteilung
Leiter: n. b.
Aufgabenstellung:
• Operative Bearbeitung von Personen aus dem Bereich
  der gegnerischen Ostforschung, die im Verdacht der
  Steuerung durch westliche Geheimdienste standen, in
  enger Zusammenarbeit mit der HV A

Referat 5
Unterstellung: Stellvertreter des Leiters der Abteilung
Leiter: n. b.
Aufgabenstellung:
• Operative Bearbeitung ehemaliger hochgradiger Ge-
  heimnisträger der DDR, die nach Verratshandlungen
  (Republikflucht) im Verdacht standen, mit westlichen
  Geheimdiensten zusammenzuarbeiten, sowie Kon-
  trolle ihrer Rückverbindungen in die DDR

Referat 6
Unterstellung: Leiter der Abteilung
Leiter: n. b.
Aufgabenstellung:
• Auswertung, Speicherung und analytische Aufberei-
  tung operativ bedeutsamer Informationen

Abteilung 13 (HA II/13)
Leiter: Oberst Schaffer
Stellvertreter: Oberstleutnant Ternies
Stellvertreter: Oberstleutnant Spalteholz
Aufgabenstellung:

- Aufklärung, Kontrolle, Bearbeitung und vorbeugende Verhinderung geheimdienstlicher sowie sonstiger subversiver Aktivitäten von ausländischen Korrespondenten/Journalisten und deren Kontaktpartner sowie solcher Angriffe gegen die Sicherungsobjekte Internationales Pressezentrum und Auslandspresseagentur *Panorama*,
- Vorgangs- und personenbezogene Arbeit in das Operationsgebiet zum inoffiziellen Eindringen in die zentralen Medien und deren Einrichtungen,
- Stabsmäßige Vorbereitung und Durchführung von Aktionen und Einsätzen im zentralen und territorialen Maßstab bei pressepolitischen Höhepunkten

Referat 1
Unterstellung: Stellvertreter des Leiters der Abteilung
Leiter: Major Heise
Aufgabenstellung:
- Aufklärung, Kontrolle und Bearbeitung ausländischer Korrespondenten, vor allem aus NATO-Staaten (außer BRD und Westberlin), sowie deren Kontaktpartner,
- Maßnahmen zur Abwehr feindlicher, insbesondere geheimdienstlicher, Angriffe gegen Korrespondenten aus Entwicklungsländern

Referat 2
Unterstellung: Leiter der Abteilung
Leiter: Major Menge
Aufgabenstellung:
- Operative Bearbeitung der akkreditierten ständigen - und Reisekorrespondenten aus der BRD und Westberlin sowie deren Kontaktpartner in der DDR

Referat 3
Unterstellung: Stellvertreter des Leiters der Abteilung
Leiter: Hauptmann Töpelt
Aufgabenstellung:
- Entwicklung und Führung von Werbevorgängen für die Arbeit im Operationsgebiet,
- Operative Ermittlungen und Beobachtungen im Operationsgebiet

Referat 4
Unterstellung: Stellvertreter des Leiters der Abteilung
Leiter: Major Damm
Aufgabenstellung:
- Vorbeugende Sicherung und Bearbeitung der Mitarbeiter sowie Gewährleistung von Schutz und Sicherheit der Objekte Internationales Pressezentrum, Auslandspresseagentur *Panorama* sowie in Koordinierung mit der HA II/14 der Abteilung Journalistische Beziehungen im MfAA,
- Koordinierung geplanter journalistischer Vorhaben in Zusammenarbeit mit den Abteilungen II der Bezirksverwaltungen sowie im Zusammenwirken mit den zuständigen staatlichen Stellen,
- Vorbereitung, Durchführung und operative Nutzung von Aktionen und Einsätzen

Referat 5
Unterstellung: Leiter der Abteilung
Leiter: Major Kessel
Aufgabenstellung:
- Auswertung/Information, Analytik,
- Speicherarbeit

Abteilung 16 (HA II/16)
Leiter: Major Fröhlich

Stellvertreter: Oberstleutnant Brutke
Stellvertreter: Oberstleutnant Klauer
Aufgabenstellung:

- Realisierung operativ-technischer Maßnahmen im Rahmen der operativen Vorgangsbearbeitung und Durchführung technischer Sicherungsaufgaben,
- Entwicklung, Modifizierung und Einsatz spezifischer Spionageabwehrtechnik,
- Planung und Koordinierung der Zusammenarbeit mit anderen operativ-technischen Diensteinheiten des MfS

Referat 1
Unterstellung: Stellvertreter des Leiters der Abteilung
Leiter: Bärisch
Aufgabenstellung:

- Einsatz operativ-technischer Mittel und Methoden im Rahmen der operativen Vorgangs- und Sicherungsarbeit der HA II

Referat 2
Unterstellung: Stellvertreter des Leiters der Abteilung
Leiter: Pohle
Aufgabenstellung:

- Einsatz operativer Schließtechnik und Realisierung spezifischer operativ-technischer Maßnahmen

Referat 3
Unterstellung: Leiter der Abteilung
Leiter: Pergande
Aufgabenstellung:

- Planung und materiell-technische Sicherstellung,
- Bearbeitung von Problemen des Verbindungswesens,
- Absicherung des grenzüberschreitenden Verkehrs

Referat 4
Unterstellung: Leiter der Abteilung
Leiter: Hoppe
Aufgabenstellung:
- Entwicklung und Einsatz linienspezifischer Spionage-abwehrtechnik,
- Operativ-technische sowie operative Auswertung und Information

Referat 5
Unterstellung: Stellvertreter des Leiters der Abteilung
Leiter: Schrenker
Aufgabenstellung:
- Anwendung operativer Mechanik und technologi-scher Verfahren,
- Realisierung der Aufgaben im Fotolabor

Abteilung 17 (HA II/17)
Leiter: Oberst Hesselbarth
Stellvertreter: Haferkorn
Stellvertreter: Major Schreiber
Aufgabenstellung:
- Durchführung spezifischer operativer Beobachtungs-maßnahmen im Rahmen der Bearbeitung von Spio-nagevorgängen sowie zur Kontrolle und Bearbeitung von Residenturen westlicher Geheimdienste

Referat 1
Unterstellung: Leiter der Abteilung
Leiter: n. b.
Aufgabenstellung:
- Realisierung von Beobachtungsmaßnahmen, insbe-sondere zu Operativen Vorgängen der Militärspiona-geabwehr

<u>Referat 2</u>
Unterstellung: Stellvertreter des Leiters der Abteilung
Leiter: n. b.
Aufgabenstellung:
- Spezifische Beobachtungsmaßnahmen unter Einsatz
operativer Technik

<u>Referat 3</u>
Unterstellung: Stellvertreter des Leiters der Abteilung
Leiter: n. b.
Aufgabenstellung:
- Realisierung von Beobachtungsmaßnahmen zu Spio-
nagevorgängen, insbesondere gegen bevorrechtete
Personen

Abteilung 19 (HA II/19)
Leiter: Oberst Bauer
Stellvertreter: Oberstleutnant Kasel
Stellvertreter: Oberstleutnant Otto
Aufgabenstellung:
- Bekämpfung von Angriffen der politischen und öko-
nomischen Spionage gegen im Verantwortungsbe-
reich zu sichernde Personen, Objekte und Beziehun-
gen sowie abwehrmäßige Bearbeitung internationaler
Beziehungen der SED und des FDGB zu ausgewählten
Parteien und Organisationen im Operationsgebiet,
- Sicherung illegal kämpfender kommunistischer - und
Arbeiterparteien mit Einrichtungen/Büros in der DDR

<u>Referat 1</u>
Unterstellung: Leiter der Abteilung
Leiter: n. b.
Aufgabenstellung:
- Bekämpfung von Angriffen der politischen und öko-
nomischen Spionage,

- Abwehrmäßige Sicherung der SED-DKP-Beziehungen

Referat 2
Unterstellung: Stellvertreter des Leiters der Abteilung
Leiter: n. b.
Aufgabenstellung:
- Bekämpfung von Angriffen der politischen Spionage,
- Abwehrmäßige Sicherung der SED-SEW-Beziehungen (Sozialistische Einheitspartei Westberlins)

Referat 3
Unterstellung: Stellvertreter des Leiters der Abteilung
Leiter: n. b.
Aufgabenstellung:
- Abwehrmäßige Sicherung von Bereichen des ZK der SED, Abteilungen 70 und 72, der FDGB-Westarbeit, Einrichtung »International e. V.«

Referat 4
Unterstellung: Leiter der Abteilung
Leiter: n. b.
Aufgabenstellung:
- Operative Sicherung des spezifischen grenzüberschreitenden Verkehrs des ZK der SED, Abteilungen 70, 72 und IV, sowie des FDGB-Bundesvorstands und der SED-Bezirksleitung Berlin

Referat 5
Unterstellung: Leiter der Abteilung
Leiter: n. b.
Aufgabenstellung:
- Operative Sicherung und Unterstützung illegal kämpfender kommunistischer - und Arbeiterparteien mit Einrichtungen in der DDR

Referat 6
Unterstellung: Leiter der Abteilung
Leiter: n. b.
Aufgabenstellung:
• Auswertung/Information, Analytik,
• Speicherarbeit

Die **Anzahl und Verteilung der Planstellen der HA II**
nach Kategorien stellte sich 1988 wie folgt dar[52]:

Struktureinheit	BU/Fä/BO	BU/Fä/BO-UMA	BO-OibE	HIM	ZB	UaZ	Gesamt
Leiter der HA	6		7				13
1. Stellvertreter	2						2
Stellvertreter	2						2
Stellvertreter	2						2
Stellvertreter	2						2
Stab	30						30
pers. Referent Leiter	1						1
AKG	73						73
AGL	8						8
AGK	16			5			21
PO-Leitung	5						5
Abteilung 1	43			18			61
Abteilung 2	40			17			57
Abteilung 3	49			5			54
Abteilung 4	51						51
Abteilung 5	23						23
Abteilung 6	41			1			42
Abteilung 8	94			30		12	136
Abteilung 9	30			5			35
Abteilung 10	66		18				84
Abteilung 11	16		5				21
Abteilung 12	31			8			39
Abteilung 13	41		24				65
Abteilung 14	36		66	3			105

---

52 Vgl.: Übersicht über die Verteilung der Planstellen nach Kate-
gorien auf die Abteilungen, selbständigen Referate, KD/OD und
Gleichgestellte im Struktur- und Stellenplan der HA II vom 26.
September 1988, BStU ZA MfS HA II Nr. 28540, Bl. 9 f.

Abteilung 15	30		2				32
Abteilung 16	40			6			46
Abteilung 17	60			6			66
Abteilung 18	39						39
Abteilung 19	41			2			43
Abteilung 20	181			3			184
Abteilung 21	42		1	3			46
AGA	34			2			36
Gesamt	**1175**		**123**	**114**		**12**	**1424**

Der **Mitarbeiterbestand der HA II** entwickelte sich von 1954 bis 1989 wie folgt[53]:

Jahr	1954	1955	1956	1957	1958	1959	1960	1961	1
Mitarbeiter	156	205	204	163	195	189	164	164	1

Jahr	1963	1964	1965	1966	1967	1968	1969	1970	1
Mitarbeiter	k. A.	199	198	204	203	214	213	216	2

Jahr	1972	1973	1974	1975	1976	1977	1978	1979	1
Mitarbeiter	225	251	286	326	441	560	693	757	9

Jahr	1981	1982	1983	1984	1985	1986	1987	1988	1
Mitarb.	1.180	1.074	1.124	1.159	1.216	1.405	1.415	1.419	1.

Eine deutliche Steigerung der Zahl der Mitarbeiter ist in den 1970er und 1980er Jahren aufgrund der Übertragung neuer und vielfältiger Aufgaben an die Spionageabwehr zu verzeichnen.

Ein langjähriger Mitarbeiter der HA II kommentiert die Entwicklung der Anzahl der Abteilungen und Mitarbeiter kritisch. Bezogen auf seinen Dienstantritt 1954 schreibt er: »Das gesamte damalige SfS [Staatssekretariat für Staatssicherheit, Anm. d. Verf.] mit seiner Leitung

---

53 Vgl.: Hanna Labrenz-Weiß: *Hauptabteilung II: Spionageabwehr*, S. 31.

und allen seinen Abteilungen – lediglich ausgenommen die Aufklärung – hatte in dem Altbau in Berlin-Lichtenberg, Magdalenen-, Ecke Normannenstraße Platz, also in einem Gebäude, circa 100 mal 100 Meter im Geviert, vier Stockwerke hoch. Die Spionageabwehr hatte auf einer Etage Platz. Sogar diese belegte sie nicht ganz. 1989 reichte dieses ganze Gebäude für die Hauptabteilung II lange nicht mehr aus. (...) Die HA II war inzwischen kräftig gewachsen. So wie sich das ganze Ministerium gleich einem Hefeteig aufblähte, geschah dies auch mit der Spionageabwehr, hier getragen von der Sicherung und Bearbeitung der diplomatischen Vertretungen. Unter dem Strich eine schlechte Bilanz: Entspannungspolitik und friedliche Koexistenz machten Fortschritte, die DDR hatte ihre internationale Position stabilisiert – aber der Sicherheitsapparat wächst. Jedenfalls gab es nun schon rund zwanzig Abteilungen in der HA II, plus diverse Arbeitsgruppen. Da waren vier Fachabteilungen, länderbezogen verantwortlich für die diplomatischen Vertretungen, eine Abteilung zur Bearbeitung der ausländischen Korrespondenten, eine Abteilung für Sicherungsaufgaben im gesamten Bereich, Partner des Wachkommandos Missionsschutz der VP und der Protokollabteilung im Außenministerium, eine weitere Abteilung zur Bearbeitung des Außenministeriums als Objekt (das hatte zehn Jahre vorher in der HA XX ein einzelner Mitarbeiter gemacht), eine Abteilung für das Dienstleistungsamt für die diplomatischen Vertretungen (DAV), eine Abteilung mit Spezialkräften für Sicherungseinsätze bei Vorkommnissen an Botschaften[54],

---

54 Der Autor hatte mit Günther Kratsch am 19. November 2002 dazu ein Gespräch in Eichwalde. Kratsch meinte, dass er unmittelbar einsatzbereite Terrorabwehrkräfte vor Ort benötigte. Bei Terror und operativ bedeutsamen Gewaltakten hätte die Alarmierung und das Eintreffen von Spezialkräften der AGM/S

eine Abteilung für Beobachtungsaufgaben und eine Abteilung mit uniformierten Kräften für die Außensicherung der sowjetischen Botschaft[55] (an Stelle der sonst üblichen Volkspolizisten).

Auf dem Gebiet der klassischen Spionagevorgänge gab es eine Abteilung Militärspionage mit spezieller Ausrichtung auf die Außensicherung der sowjetischen Militärobjekte in der DDR, eine Abteilung politische Spionage, die verdächtige Personen in wichtigen Positionen von Partei, Staat und Wirtschaft bearbeitete und eine ganze Abteilung, die Verdachtsmomente gegen Mitarbeiter des MfS zu untersuchen hatte. Die Kontrolle des eigenen Apparats, der eben nicht mehr die kleine verschworene Gemeinschaft der fünfziger Jahre war und deshalb Schwachpunkte besaß, hatte eine solche Dimension erreicht.

Dazu kam ein beachtlicher administrativer Apparat: Unter der Überschrift ›Auswertung und Information‹ waren in einer zentralen Abteilung und je einem Referat in den Einzelabteilungen viele Mitarbeiter damit beschäftigt, jede Information zu erfassen, Karteien und Dateien über Personen, Objekte und Sachverhalte zu führen, Analysen zu machen, Zeitungen und Zeitschriften auszuwerten usw., usw. Für den Leiter ist natürlich ein solches Instrument, das ihm Informationen aufbereitet und Entscheidungen vorbereitet, unerlässlich. Völlig berechtigt ist auch die zentrale Auswertung aller Erkenntnisse über die einzelnen Geheimdienste. Jeder war also mit einer solchen Abteilung einverstanden. (...) Natürlich gab es eine ganze Verwaltungsabteilung für

---

von außerhalb Berlins zu viel Zeit in Anspruch genommen.

55 Hierzu äußerte Günther Kratsch, dass der Wunsch durch Sicherung von Kräften des MfS von der sowjetischen Seite vorgetragen worden war.

die gesamte materielle Sicherstellung, Häuser und Grundstücke der konspirativen Objekte, Fahrzeugpark, Büroeinrichtung, Finanzen, Wohnungswesen für die Mitarbeiter etc.

Später kamen dann noch weitere Abteilungen dazu: für operative Aufgaben im Zusammenhang mit der DKP und der Westarbeit der SED, für die Absicherung des Baukombinats des MfS und eine Arbeitsgruppe Ausländer für zentral interessierende operative Ausländerprobleme. Mit der Zuspitzung der Lage in Polen wurde eine Arbeitsgruppe mit Einsatzkräften in Polen geschaffen, die für die schnelle und genaue Informierung des Ministers zu sorgen hatte. Später wurde daraus eine Abteilung für internationale Aufgaben, die auch die Operativgruppe in Moskau und Mitarbeiter in Prag, Budapest und Sofia führte und für die Sicherung der DDR-Botschaften in den sozialistischen Ländern zuständig war.

Die skizzenhafte Aufzählung zeigt, welches Imperium der Leiter der Hauptabteilung II zu regieren hatte. Deshalb brauchte er einen Stab als zusätzliches Gremium für Planung und Koordinierung.«[56]

---

56 Vgl.: G. F.: *So war das – 36 Jahre im operativen Dienst des MfS.* Unveröffentlichtes Manuskript, 1996, S. 41 f. (Archiv des Verfassers).

Günther Kratsch – vom Mitarbeiter zum langjährigen Leiter der HA II

Günther Kratsch[57] wurde am 21. Oktober 1930 in Monstab, Kreis Altenburg, geboren. Von 1937 bis 1945 besuchte er die Volksschule in Monstab beziehungsweise Zechau, daran anschließend lernte er bei der Eisenwarenhandlung Hesse in Meuselwitz bis 1948 den Beruf des Verkäufers. Von 1946 bis 1950 war er im FDGB aktiv, unter anderem als 2. BGL-Vorsitzender der Konsumgenossenschaft Meuselwitz. Im Jahr 1949 trat er der Freien Deutschen Jugend (FDJ) bei und war 1950 1. Sekretär einer FDJ-Betriebsgruppe sowie Mitglied des FDJ-Ortsvorstands Meuselwitz.

Seine Einstellung in das MfS erfolgte am 10. Januar 1951 in der Dienststelle Altenburg der Länderverwaltung Thüringen mit dem Dienstgrad »Meister« als operativer Mitarbeiter.

Am 16. Juni 1951 erfolgte die Delegierung als Kursant zum Lehrgang für operative Mitarbeiter an die Schule des MfS in Potsdam-Golm. Diesen Lehrgang besuchte Kratsch bis zum 3. Februar 1952.

Seit dem 4. Februar 1952 war VP-Kommissar Kratsch im MfS, Abteilung II, Referat 2 als Sachbearbeiter tätig. Sein Abteilungsleiter Josef Kiefel sah in ihm einen ehrlichen, treuen und parteiverbundenen Genossen und schrieb in der Beurteilung vom 25. Februar 1953: »K. ist auf Grund seiner guten geistigen Veranlagung und leichten Auffassungsgabe in der Lage, selbständig zu arbeiten.«

Das Dienststellen-Attestierungsblatt von 1955 gibt

---

57 Die Angaben entstammen, wenn nicht anders angegeben, der Personalakte von Günther Kratsch, BStU ZA MfS KS 8333/90.

Auskunft über die Entwicklung des Leutnants Günther Kratsch. In der bis dahin geleisteten Arbeit zeigte der Offizier eine gute Disziplin und offenbarte alle Voraussetzungen zu einer guten operativen Arbeit. Allerdings wurde ihm auch »unkonzentrierte und wenig zielstrebige Arbeit« attestiert. Kritisch wurde auch bemerkt, es fehle ihm »die notwendige und laufende Initiative, die Agentur ständig zu erweitern«, womit die Werbung inoffizieller Kräfte gemeint war.

Die Arbeit mit den vorhandenen Agenturen wurde regelmäßig und korrekt realisiert. Eigene konspirative Wohnungen schuf Kratsch bis dahin nicht, setzte sich jedoch maßgeblich für alle Vorbereitungsarbeiten zum Kauf eines Objekts ein. Leutnant Kratsch, so wird ihm bescheinigt, »ist laufend bestrebt, die Konspiration zu wahren«.

Am 6. September 1957 erging von der HA II/1 an die HA Kader und Schulung der Vorschlag, den Leutnant Kratsch als Referatsleiter einzustufen. Darin wurde bemerkt, dass Kratsch seit längerer Zeit als Hauptsachbearbeiter mit der Funktion des stellvertretenden Referatsleiters betraut ist. Seit der Versetzung des eigentlichen Referatsleiters leitete er das Referat A in der HA II/1. Günther Kratsch hatte in der Vergangenheit unter Beweis gestellt, dass er in der Lage ist, seine Mitarbeiter richtig anzuleiten und zu kontrollieren. Erste Führungsqualitäten machten sich bemerkbar. Seit dem er das genannte Referat leitete, war ein gewisser Fortschritt in der Bearbeitung der Spionageschulen zu verzeichnen. Seine persönliche Arbeit mit Geheimen Informatoren und Geheimen Mitarbeitern wurde als gut eingeschätzt.

Am 20. Januar 1958 wurde gemäß Attestationsblatt vorgeschlagen, »den Genossen Kratsch zum 8. Jahrestag des Ministeriums für Staatssicherheit zum Oberleutnant zu befördern«. Seit dem 8. Februar 1958 war Kratsch dann Oberleutnant.

In einer Beurteilung vom 23. Februar 1959 lobte ihn der Leiter der HA II/1, indem er schrieb: »Seine eigene Arbeit mit inoffiziellen Mitarbeitern ist gut. Er hat selbst gute Werbungen in Westdeutschland durchgeführt und steuert einen sehr wichtigen GM, der an einem Zentralvorgang arbeitet mit über 20 Teilvorgängen.«

Am 4. August 1960 erging vom Leiter der HA II, Major Grünert, der Vorschlag, Kratsch als Abteilungsleiter einzustufen. In der vom Stellvertreter des Ministers, Generalmajor Beater, bestätigten Begründung heißt es: »Gen. Kratsch hat in seiner vergangenen Arbeit als stellv. Leiter und Parteisekretär der Hauptabteilung II/1 das ihm anvertraute Kollektiv gut angeleitet und selbst vorbildliche operative Arbeitsergebnisse erzielt. Ab Februar 1960 wurde er als kommissarischer Leiter der Hauptabteilung II/4 eingesetzt. In dem vergangenen halben Jahr seiner Tätigkeit zeigte sich, dass er politisch-operativ dieser Aufgabe gewachsen ist. Trotz der schwierigen Kadersituation in dieser Abteilung ist es ihm gelungen, das Niveau der operativen Arbeit zu heben, und es wurden bereits wesentliche Ergebnisse in der operativen Arbeit erzielt.«

Am 16. September 1960 vermerkte Hauptmann Grunert von der HA Kader und Schulung: »Gen. Kr. untersteht der Nomenklatur. Er hat sich zum Leiter der Abt. 4 der HA II entwickelt. Nach Überprüfung der P-Unterlagen steht dem Einsatz in eine nächsthöhere leitende Dienststellung nichts im Wege.«

Von 1960 bis 1965 absolvierte Kratsch an der Hochschule des MfS ein Fernstudium, das er mit dem Staatsexamen abschloss. Aus diesem Grund wurde ihm am 1. Oktober 1965 der akademische Grad »Diplomjurist« zuerkannt.[58]

---

58 Das Thema der Diplomarbeit lautet: »Die Vorbereitung und Durchführung der Werbung von Perspektivkadern im Operationsgebiet und einige sich daraus ergebende Schlussfolgerungen für die Führungs- und Leitungstätigkeit der Linie II/2«.

Am 29. Dezember 1960 erging von Hauptmann Emilius der Vorschlag, Kratsch zum Hauptmann zu befördern, was zum 8. Februar 1961 erfolgte.

Der Leiter der HA II, in Vertretung Emilius, beurteilte Kratsch im Jahr 1963 wieder und kam zu der Einschätzung:

»Gen. Hptm. Kratsch besitzt gute operative Erfahrungen, die er sich während seiner Tätigkeit in der Hauptabteilung II/1 und nicht zuletzt als Abteilungsleiter der HA II/4 angeeignet hat.

Der Gen. Hptm. Kratsch hat es als Leiter einer Diensteinheit verstanden, das ihm anvertraute Kollektiv erfolgreich an die Bearbeitung der feindlichen Agenturen heranzuführen. Die Qualität der Arbeit kommt insbesondere in dem offensiven Charakter und dem schnellen Reagieren auf neue Arbeitsmethoden des Gegners zum Ausdruck. Es wurden kadermäßige und operative Voraussetzungen geschaffen, um erfolgversprechend die Zentralen des Gegners zu bearbeiten. Seine operative Einflussnahme auf die Bezirke hat die Arbeit auf ein höheres Niveau gebracht.«

Und Emilius schlussfolgerte letztlich treffend: »Gen. Kratsch ist in seinem Wesen nach mehr Praktiker als Theoretiker.« Diese Einschätzung wird von langjährigen Mitarbeitern der HA II geteilt.

Kratsch selbst schildert in seinen Erinnerungen eine interessante Episode aus dieser Zeit, die seinen Werdegang hätte beeinflussen können:

»Die für die Spionageabwehr der DDR entstandene günstige Lage zur konkreten Planung offensiver Maßnahmen gegen die westlichen Geheimdienste, insbesondere des BND, wurde in der damaligen Leitung ausführlich beraten. Richtig wurde von allen Abteilungsleitern die Anhäufung von Kompromaten[59] zu einzelnen Mitarbeitern gegnerischer Geheimdienste eingeschätzt und Vorschläge für eine effektive Auswertung der kompakten Hinweise unterbreitet. Diese Vorschläge mündeten alle in eine zu verändernde Struktur der Spionageabwehr hin. Alle waren dafür, eine Struktureinheit aus ausgewählten Spezialisten zu schaffen. An diese neue Struktureinheit sollten die ›reifen‹ Vorgänge mit den dazugehörigen Doppelagenten übergeben werden; einschließlich der Vorgänge aus den Bezirksverwaltungen. Von diesen ausgewählten Spezialisten sollten dann Finalmaßnahmen zur Werbung von hauptamtlichen BND-Mitarbeitern und Mitarbeitern anderer Geheimdienste eingeleitet und durchgeführt werden. In der

---

59 Kompromate waren Sachverhalte aus dem Leben einer Person, die im Widerspruch zu gesellschaftlichen (juristischen, moralischen) Normen und Anschauungen standen und die bei ihrem Bekanntwerden zu rechtlichen oder disziplinarischen Sanktionen, Prestigeverlusten, zur öffentlichen Bloßstellung oder zur Gefährdung des Rufes im Bekannten- und Umgangskreis führten und aufgrund dessen bei der betreffenden Person das innere Bedürfnis entstand bzw. geweckt werden konnte, die daraus resultierenden negativen Folgen von sich abzuwenden bzw. eingetretenen Schaden wiedergutzumachen. Bei der Gewinnung neuer IM unter Nutzung von Kompromaten wurden die bestehenden oder hervorgerufenen Rückversicherungs- und Wiedergutmachungsbestrebungen genutzt. Kompromittierende Sachverhalte konnten nicht geahndete Gesetzesverstöße, Übertretung moralischer Normen, Verletzung von Pflichten, Begünstigung von Fehlverhalten und Schädigung sowie die Verheimlichung belastender persönlicher Verbindungen sein. Die Wirkung des Kompromats für die Bereitschaft zur Zusammenarbeit mit dem MfS war in der Regel zeitlich begrenzt. Deshalb musste in der Zusammenarbeit mit IM, die auf der Grundlage von Rückversicherungs- und Wiedergutmachungsbestrebungen geworben wurden, allmählich an dessen Stelle eine andere Motivation zur inoffiziellen Zusammenarbeit treten.

Beratung stimmte ich, wie jeder andere Abteilungsleiter, dem ausdiskutierten Vorschlag zu.

Das war von mir unaufrichtig gegenüber den Beratungsteilnehmern. Nach der Beratung machte ich mir meine Gedanken. Ich hatte mir vorgenommen, Spionageabwehr im klassischen Sinne zu betreiben, vor allem mit Maßnahmen, die gegenüber den betroffenen Menschen nach dem Grundsatz der Verhältnismäßigkeit der dabei angewandten Mittel zu verantworten waren. Zweifellos ein Grundsatz, der in einem Geheimdienst, wo alles vom Klassenstandpunkt aus zu beurteilen ist, nicht immer durchsetzbar war. Meinem Grundsatz wollte ich aber so lange wie möglich treu bleiben. Obwohl ich bei der Aufgabenerfüllung der neuen Struktureinheit bestimmte Ausuferungen unserer Arbeitspraktiken befürchtete, äußerte ich mich nicht dazu. Ich meldete auftragsgemäß zwei Spezialisten für die neue Truppe.

Es war unmittelbar vor einer feierlichen Dienstversammlung, als ich zum Leiter der Spionageabwehr gerufen wurde. Am Tisch saß bereits der mir bekannte sowjetische Verbindungsoffizier zur HA II, ein Oberst des KGB Karlshorst. Mein Chef sagte, dass der 1. Stellvertreter des Ministers, dem die Spionageabwehr zu dieser Zeit unterstand, dem Vorschlag der Bildung einer speziellen Arbeitsgruppe zugestimmt hat und ich als Leiter bestimmt wurde. In dieser Funktion werde ich dem Leiter der Spionageabwehr direkt unterstellt.

Undiszipliniert fiel ich dem Leiter in seine Worte und sagte kurz und bündig, dass ich für diese neue Aufgabe nicht zur Verfügung stehe. Es entstand eine unangenehme Stille. Ich entschuldigte mich für mein Verhalten in der Grundsatzberatung und begründete meine Ablehnung. Ich wollte erstens keine Sondervollmachten innerhalb der Spionageabwehr, zweitens war ich gegen Maßnahmen, die ich innerlich nicht nachvollziehen kann, und drittens will ich nicht unter Sonderdruck arbeiten, der in der Regel nicht zu verantwortende Maßnahmen regelrecht provoziert.

Mit der Bemerkung, dass er als Leiter der HA II über mein Verhalten und meine Ablehnung zur Einhaltung eines Kaderbeschlusses nachdenken müsse, wurde ich aus dieser Besprechung entlassen. Ich rechnete mit dem Schlimmsten und bereitete meine Frau auf meine Entlassung vor.

In der HA breitete sich meine Ablehnung für die neue Funktion schnell aus. Zu meinem Verhalten, das viele nicht erwartet hatten, gab es geteilte Meinung. Jeder war nun neugierig, was mit dem Leiter der HA II/4 geschehen wird. Auch zu meiner Überraschung geschah nichts. Die geplante neue Struktureinheit wurde nicht gebildet. Manche Kollegen betrachteten mich aber jetzt mit anderen Augen. So oder so.«[60]

Am 27. Dezember 1963 erging durch den Leiter der HA II, Oberstleutnant Grünert, der Vorschlag, Kratsch zum Major zu befördern. In der Begründung formulierte Grünert: »Die Arbeit wurde zielstrebig in abwehrmäßiger und offensiver Hinsicht organisiert. In den letzten Jahren wurde ein beachtlicher Teil der Agenturbasis des BND unschädlich gemacht. Gen. Hptm. Kratsch ist als Leiter selbst operativ tätig.« Der letzte Satz bestätigt, dass Kratsch als Abteilungsleiter Geheime Mitarbeiter persönlich führte. Am 7. Dezember 1965 wurde Günther Kratsch Leiter der HA II/2.

Am 29. Dezember 1967 erging durch den Leiter der HA II, Oberst Grünert, der Vorschlag, Kratsch zum Oberstleutnant zu befördern. In der Begründung hielt Grünert fest: »Er hat es verstanden, die ihm anvertraute

---

60 Günther Kratsch: *Erinnerungen*. Unveröffentlichtes Manuskript (Archiv des Verfassers).

Diensteinheit im Laufe der Jahre zu einem guten Kollektiv zu entwickeln. Die immer komplizierter werdende politisch-operative Arbeit im Operationsgebiet hat diese Tatsache schon mehrfach bewiesen.« Und auch hier ist vermerkt, dass »Gen. Major Kratsch selbst operativ tätig« ist. Die Beförderung zum Oberstleutnant erfolgte am 8. Februar 1968.

Am 5. Oktober 1970 wurde Günther Kratsch mit dem Vaterländischen Verdienstorden in Silber ausgezeichnet, ohne zuvor die Stufe Bronze verliehen bekommen zu haben. Der Vorschlag zu dieser Auszeichnung wurde durch Generalmajor Grünert wie folgt begründet: »Gen. Oberstltn. Kratsch leistet mit seinem Kollektiv eine erfolgreiche Arbeit bei der unmittelbaren Bekämpfung der westdeutschen Geheimdienste im Operationsgebiet. Er versteht es, die ihm unterstellten Mitarbeiter zu schöpferischen Leistungen zu mobilisieren und zu inspirieren. Er entwickelt dabei Eigeninitiative und leistet selbst eine vorbildliche eigene operative Arbeit. Besonders im Zeitraum des vergangenen Jahres hat es Gen. Oberstltn. Kratsch verstanden, mit neuen, klugen und kühnen Maßnahmen feindliche Stützpunkte aus dem Operationsgebiet aufzuspüren und zu entlarven. Dabei hat er in vorbildlicher Weise eine Reihe inoffizieller Mitarbeiter zu kühnen und unserem Organ treu ergebenen Patrioten entwickelt. Durch diese äußerst wertvollen operativen Erfolge können auch zukünftig für weitere Diensteinheiten des MfS eine Reihe von Maßnahmen zum Schutze und zur Sicherheit der DDR gegen feindliche Agenturen eingeleitet werden.«

Es lohnt, an dieser Stelle eine tiefergehende Betrachtung vorzunehmen, um zu verstehen, was sich hinter dem Lobeslied von Hauptabteilungsleiter Grünert verbirgt. Im Januar 1969 bot sich an der Grenze der westdeutsche Geheimdienstler und MAD-Major Joachim Krase dem MfS an, Kratsch persönlich wurde mit der Führung des Selbstanbieters (IM »Fiedler«) beauftragt. »Fiedler« entwickelte sich zur Spitzenquelle. Und auch die »Residentur Mitte« der HA II/2 entfaltete in diesem Zeitraum Wirkung. Dem IM »Günter« gelang es, eine Frau »Vera« unter falscher Flagge anzuwerben und diese ab Juli 1968 als Schreibkraft bei der MAD-Gruppe II in Hannover zu platzieren. Damit verfügte die HA II/2 unter der Verantwortung von Kratsch über zwei Objektquellen beim MAD.

In der Beurteilung vom 6. August 1970 ist vermerkt, dass Kratsch »aufgrund seiner guten Leistungen in die Kaderreserve für die Dienststellung eines Stellvertreters des Leiters der Hauptabteilung aufgenommen« worden war.

Am 1. Juni 1973 erging von Generalmajor Grünert der Vorschlag, Günther Kratsch mit Wirkung vom 1. September 1973 von seiner derzeitigen Funktion zu entbinden und ihn kommissarisch mit der Wahrnehmung der Funktion eines Stellvertreters des Leiters der HA II zu betrauen. Grünert begründete seinen Vorschlag wie folgt: »Auf Grund der der Hauptabteilung II übertragenen neuen und spezifischen Aufgaben zur Sicherung und Bearbeitung der diplomatischen und ihnen gleichgestellten Vertretungen in der DDR sowie damit verbundener Absicherungsaufgaben wurde Genosse Oberstltn. Kratsch im Januar 1973 mit dem Aufbau und der Leitung dieses in der Hauptabteilung II neu zu bildenden Bereichs beauftragt.« Grünerts Vorschlag wurde vom 1. Stellvertreter des Ministers, Bruno Beater, bestätigt, und auch das Kaderorgan stimmte dem am 18. Juni 1973 zu.

Mit der neuen Dienststellung war auch die Beförderung zum Oberst in greifbare Nähe gerückt. Der entsprechende Vorschlag dazu erging am 12. November 1973. In der Begründung ist aufgeführt: »Gen. Oberstltn. Kratsch hat es in seinem neuen Aufgabenbereich verstanden, die ihm unterstellten Leiter zielstrebig und differenziert anzuleiten, sie auf die Schwerpunktprobleme zu orientieren und zur Erfüllung der gestellten Aufgaben zu mobilisieren.« Kratsch wurde am 1. Februar 1974 entsprechend zum Oberst befördert.

Und Kratsch kletterte die Karriereleiter weiter aufwärts. Als zu Beginn des Jahres 1976 festgestellt wurde, dass der Leiter der HA II, Generalmajor Grünert, nur noch bedingt einsetzbar ist, machte sich die Regelung seiner Nachfolge erforderlich. In Abstimmung mit dem 1. Stellvertreter des Ministers, Generalleutnant Beater, erfolgte der Vorschlag, Grünert von seiner Funktion zu entbinden und ihn mit Sonderaufgaben zu betrauen. Ausgehend vom Entwicklungsstand und den Fähigkeiten Kratschs, erging der Vorschlag, ihn mit der Leitung der HA II zu beauftragen. Die entsprechenden Vorabsprachen hatte Bruno Beater mit dem langjährigen Stellvertreter des Leiters der HA II, Rudolf Emilius, geführt. Oberst Emilius hatte von sich aus in einer Aussprache darum ersucht, ihn aufgrund seiner Gesundheit und seines Alters nicht mit der vollen Wahrnehmung der Verantwortung zu beauftragen.

Oberst Kratsch wurde am 15. Februar 1976 als beauftragter Leiter der HA II eingesetzt.

Am 11. Mai 1977 wurde Günther Kratsch der akademische Grad eines Doktors der Rechtswissenschaft verliehen.[61]

---

61 Kratsch wurde zusammen mit vier anderen Offizieren promoviert. Das Thema der Promotionsarbeit lautet: »Die sich aus der außenpolitischen Strategie und Taktik der sozialistischen Staatengemeinschaft ergebenden politisch-operativen Aufgaben zum Schutz diplomatischer Vertretungen und bevorrechteter Personen anderer Staaten in der DDR. Grundlagen und Lösungswege zur Aufklärung und Bearbeitung von subversiven

Am 4. April 1977 stimmte der 1. Sekretär der SED-Kreis-
leitung im MfS, Generalmajor Heidenreich, dem Vorschlag zu, Kratsch als Leiter der HA II einzusetzen. Zum
vollwertigen Leiter der HA II wurde Oberst Kratsch am
1. Oktober 1977 ernannt.

Anlässlich des 28. Jahrestags der Bildung des MfS wurde
Kratsch am 15. Februar 1978 zum Generalmajor ernannt.

Sieben Jahre später, aus Anlass des 35. Jahrestags des
MfS, wurde Generalmajor Kratsch am 1. Februar 1985
zum Generalleutnant befördert.

Kratsch blieb Leiter der HA II bis zum 6. Dezember
1989. Ihm folgte kurzzeitig sein 1. Stellvertreter, Generalmajor Wolfgang Lohse.

Günther Kratsch erhielt folgende Auszeichnungen
(Auswahl):

Verleihungsdatum	Auszeichnung
8. Februar 1966	Verdienstmedaille der NVA in Gold
8. Februar 1970	Offiziersdolch mit Gravur
5. Oktober 1970	Vaterländischer Verdienstorden in Silber
7. Oktober 1976	Kampforden in Gold
7. Oktober 1979	Vaterländischer Verdienstorden in Gold
8. Februar 1980	Orden Roter Stern (UdSSR)
21. Oktober 1980	Ehrenmitarbeiter der Staatssicherheit der UdSSR
21. Oktober 1980	Verdienter Mitarbeiter der Staatssicherheit (DDR)
17. September 1982	Scharnhorst-Orden
8. Februar 1985	Rotbannerorden (UdSSR)

Ein langjähriger Mitarbeiter der HA II schätzt Kratsch
durchaus kritisch ein, indem er schreibt:
»Ich kenne ihn seit 1954. Da war er Leutnant und

Missbrauchshandlungen durch bevorrechtete Personen nichtsozialistischer und politisch-operativ interessierender Staaten«.

Hauptsachbearbeiter in der Abteilung I, als ich dort anfing, praktisch einer von uns, der sich in täglicher Kleinarbeit beweisen musste, ohne Protektion durch Herkunft und Gönner. Durch Klugheit und Bescheidenheit war er geachtet und durch Erfolge, die er hatte, weil er mitten im Leben stand. So stieg er auf, normal, Schritt für Schritt, und als er 1976 Hauptabteilungsleiter wurde,

Günther Kratsch, Leiter der HA II 1976–1989

freuten sich die meisten, dass ein Mann mit gesundem Menschenverstand die Spionageabwehr leitete. Aber auch ihn formte die Umgebung. Wie andere, die über so viele Menschen und so große Werte zu verfügen hatten und vor allem täglich nur noch von Menschen umgeben sind, die ihn ständig loben, um seine Gunst buhlen und kein kritisches Wort mehr sagen, wurde auch er selbstherrlich und unnahbar und hatte seine Staarallüren. Sachliche Entscheidungen wurden immer mehr von Prestigedenken ersetzt, seinen persönlichen Einfluss auszudehnen, zu repräsentieren und in der Führungselite mitzuhalten. Er ging zur Jagd, hatte sein eigenes Jagdrevier. Er musste ja mit dem Minister Jägerlatein reden können.

Ich bin sicher, dass er sich nie persönlich bereicherte. Alles ging korrekt zu. Er konnte auch weiter jovial zu seinen Mitarbeitern auftreten, aber wer ging noch zu ihm, wenn er Sorgen hatte, wen fragte er danach. Natürlich kann er nicht mit allen reden, dafür hat er seine Leute, hieß es.«[62]

Struktur und Mitarbeiter der Spionageabwehr auf der Ebene Bezirksverwaltung für Staatssicherheit

Die Strukturelemente der Zentrale fanden sich größtenteils gemäß dem Linienprinzip auch in den Bezirksverwaltungen (BV) wieder.

Eine **Abteilung II der BV** konnte sich in den 1980er Jahren wie folgt gliedern:

Leitung
Leiter
Stellvertreter des Leiters der Abteilung (A)
Stellvertreter des Leiters der Abteilung (B)

Referat 1
Aufgabenstellung:
• Abwehr von Angriffen gegen das IM-Netz,
• Bearbeitung ausgewählter Probleme der inneren Sicherheit,
• Aufklärung/Bearbeitung von Auslandsdelegaten,
• Sicherung der MfS-Objekte

---

62 Vgl.: G. F.: *So war das – 36 Jahre im operativen Dienst des MfS*, S. 44 (Archiv des Verfassers).

Referat 2
Aufgabenstellung:
- Äußere Abwehr im und nach dem Operationsgebiet (Bearbeitung ausgewählter Objekte des Verfassungsschutzes, des Bundesnachrichtendienstes und anderer westlicher Geheimdienste)

Referat 3
Aufgabenstellung:
- Operative Bearbeitung von Diplomaten und Korrespondenten

Referat 4
Aufgabenstellung:
- Militärspionageabwehr

Referat 5
Aufgabenstellung:
- Operative Bearbeitung von Ausländern und Auslandsverbindungen

Referat 6
Aufgabenstellung:
- Abwehr politischer und ökonomischer Spionage

Referat 7 (auch als Referat A/I bezeichnet)
Aufgabenstellung:
- Auswertung und Information

In der **BV Potsdam** stellte sich die Kadersituation in der Abteilung II 1989 wie folgt dar (ohne OibE und HIM)[63]:

---

63 Es können hier geringe Abweichungen zu den vorher genannten Aufgaben der Referate auftreten.

Leitung

Leiter der Abteilung: Oberstleutnant Rolf Mai
Stellvertreter des Leiters der Abteilung (A): Oberstleutnant F.-U. Schmidt
Stellvertreter des Leiters der Abteilung (B): Major Otto Wulff
Koordinierungsoffizier: Major Uwe Lahme
Sekretärin des Leiters
Sekretärin der Abteilung
Facharbeiter für Schreibtechnik
Facharbeiter für Schreibtechnik
Facharbeiter für Schreibtechnik
Kraftfahrer
Objektverwalter konspiratives Objekt
Gebäudereiniger

Referat 1

Leiter: Major Dietmar Cikrit
Stellvertreter: Oberleutnant Dietmar Schlangen
5 IM-führende Mitarbeiter
1 Mitarbeiter operative Kartei/Auskunft

Referat 2

Leiter: Major Werner Lerbs
Stellvertreter: n. n.
7 IM-führende Mitarbeiter

Referat 3

Leiter: Major Wilfried Madaus
Stellvertreter (beauftragt): Major Bodo Neuendorf
6 IM-führende Mitarbeiter

Referat 4

Leiter: Major Günter Lembcke
Stellvertreter: Major Dietmar Selle

11 operative Mitarbeiter
2 operative Mitarbeiter Dienststellung/Schriftenfahndung

Referat 5
Leiter: Major Horst Gräber
Stellvertreter: (Stelle im Stellenplan nicht vorhanden)
4 IM-führende Mitarbeiter

Referat 6
Leiter: Major Reinhard Bialloblotzky
Stellvertreter: (Stelle im Stellenplan nicht vorhanden)
5 IM-führende Mitarbeiter

Referat A/I
Leiter: Major Ralf Albrich
Stellvertreter: Major Bernd Liermann
Offizier für Auswertung/Information
4 operative Auswerter
2 Mitarbeiter operative Kartei/Auskunft[64]

Die bezirklichen Leiter der Abteilungen II waren in den 1980er Jahren:

BV	Leiter Abt. II
Berlin	Oberstleutnant Gerhard Heinert Oberstleutnant Günter Bobzin
Rostock	Oberstleutnant Werner Röbke
Schwerin	Oberstleutnant Peter Müller
Neubrandenburg	Oberstleutnant Dieter Korf
Potsdam	Oberstleutnant Rolf Mai, davor Oberstleutnant Kurt Teschner

---

64 Vgl.: BV Potsdam Leiter: Stellenbesetzungsnachweis der Bezirksverwaltung Potsdam, Abteilung II, vom 27. Juni 1989. Eingesehen in der Normannenstraße | Mediathek.

Frankfurt/Oder	Oberstleutnant Eberhard Ehrig
Cottbus	Oberstleutnant Fritz Koallick Oberstleutnant Horst Knuth
Magdeburg	Oberst Paul Hippler
Halle	Oberstleutnant Karl-Heinz Kittler, davor Oberstleutnant Golleng
Erfurt	Oberstleutnant Zdenko Maresch
Gera	Oberstleutnant Michael Trostorff
Suhl	Oberstleutnant Horst Liborius
Dresden	Oberstleutnant Klaus Förster Hauptmann Jochen Schmidt
Leipzig	Oberst Karl Schönley
Karl-Marx-Stadt	Oberstleutnant Dietmar Ullmann

Der **Mitarbeiterbestand in den Abteilungen II der Bezirksverwaltungen und der Verwaltung »Wismut«** entwickelte sich von 1972 bis 1980 wie folgt[65]:

BV	1972	1973	1974	1975	1976	1977	1978	1979	1980
Rostock	26	24	25	27	28	32	32	33	32
Schwerin	24	22	25	23	21	23	25	29	31
Neubrandenburg	25	28	26	23	26	27	30	32	32
Potsdam	28	36	31	31	32	36	35	38	37
Frankfurt/Oder	32	30	33	36	37	38	38	42	45
Cottbus	27	27	31	31	29	31	32	30	32
Magdeburg	45	40	43	43	44	42	39	46	42
Halle	35	34	38	35	35	38	40	44	40
Erfurt	24	26	22	25	29	30	32	41	41
Gera	24	22	27	26	27	25	24	26	27
Suhl	19	21	17	18	20	20	20	20	25
Dresden	26	49	28	26	22	30	29	31	35
Leipzig	28	29	32	34	37	36	36	36	38
Karl-Marx-Stadt	30	34	30	32	30	31	36	36	31
Berlin	36	32	34	32	35	37	37	41	41
Verwaltung »W«	16	-	13	14	20	16	17	16	17
BV gesamt	**445**	**454**	**455**	**456**	**472**	**492**	**502**	**541**	**546**

65 Vgl.: Hanna Labrenz-Weiß: *Hauptabteilung II: Spionageabwehr*, S. 31.

Der **Mitarbeiterbestand in den Abteilungen II der Bezirksverwaltungen** entwickelte sich von 1981 bis 1989 wie folgt[66]:

BV	1981	1982	1983	1984	1985	1986	1987	1988	1989
Rostock	39	23	46	50	54	59	58	56	60
Schwerin	31	36	37	36	37	38	41	52	48
Neubrandenburg	36	37	42	40	39	46	48	48	54
Potsdam	41	47	54	63	77	88	82	70	74
Frankfurt/Oder	50	57	59	52	56	66	63	64	66
Cottbus	40	49	49	53	51	77	71	75	77
Magdeburg	43	54	55	52	54	56	57	58	62
Halle	58	57	56	58	58	78	82	71	74
Erfurt	46	53	53	56	57	78	75	73	76
Gera	29	29	31	31	28	41	41	43	42
Suhl	26	28	32	33	33	34	41	44	42
Dresden	43	40	44	48	48	58	58	58	56
Leipzig	44	50	50	49	52	66	61	65	63
Karl-Marx-Stadt	42	46	45	46	50	52	54	49	50
Berlin	47	50	52	52	52	83	86	73	90
Verwaltung »W«	-	-	-	-	-	-	-	-	-
BV gesamt	**615**	**656**	**705**	**719**	**746**	**920**	**918**	**899**	**934**

Insbesondere für die 1980er Jahre ist ein deutlicher Anstieg der Mitarbeiter zu verzeichnen. Äußerst kritisch bewertete dies ein langjähriger Referatsleiter der Abteilung II der BV Potsdam. Er schreibt:
»In den 80er Jahren kam es zu einem Aufblähen des Sicherheitsapparates durch eine kampagnenhafte Einstellung meistens junger, für die operative Arbeit wenig qualifizierter, häufig ungeeigneter und ungereifter Mitarbeiter, die in keinem Verhältnis zur tatsächlichen politischen und Sicherheitslage stand, aber dafür die Personalkosten des schon großen Sicherheitsapparates der DDR enorm erhöhte, die operativ-fachliche Arbeit

---

66 Vgl.: Ebd.

immer mehr verwässerte und letztendlich die Bevölkerung der DDR verunsicherte und verängstigte.

Die wenigen erfahrenen Praktiker, vor allem Referatsleiter, waren vorrangig nur noch mit der Einarbeitung, Schulung, Kontrolle der neueingestellten Mitarbeiter beschäftigt. Die eigentliche politische Arbeit wurde zwangsläufig immer mehr vernachlässigt, und es kam zu einer Überforderung dieser Kräfte, da sie ja auch die Hauptlast der komplizierten Vorgangs- und IM-Arbeit bewältigen mussten. Die meisten Leitungskader hatten sich ja schon seit längerer Zeit von der Basisarbeit verabschiedet.

Von dieser Aufblähung des Apparates war auch die Abteilung II in einem nicht unerheblichen Maße betroffen. Dies führte natürlich nicht zur Verbesserung der Arbeit, sondern bewirkte genau das Gegenteil. Man war immer mehr mit sich selbst beschäftigt und benötigte immer mehr Zeit für das Ausfüllen neu erfundener Statistiken, Formbögen, immer längerer Berichterstattungen und vor allem nervender Formulierungsdebatten sowie sich häufender Kontrollen. Einher ging ein Klima des Misstrauens, der Verunsicherung, der Schönfärberei, der Verfälschung von Arbeitsergebnissen und eines zunehmenden Drucks auf den Mitarbeiterbestand. Neben dem sich ständig beschleunigenden allgemeinen Niedergangsprozess der Gesellschaft der DDR in den 80er Jahren trug auch der Einsatz fachlich eigentlich schon gescheiterter und teilweise im Sinne der Spionageabwehr unerfahrener und teilweise auch unfähiger sowie charakterlich-moralisch ungeeigneter neuer Leiter in der Abteilung II in der zweiten Hälfte der 80er Jahre mit ihrem destruktiven, verunsichernden und das Arbeitsklima belastenden Leitungsmethoden dazu bei, dass die Spionageabwehr des Bezirkes Potsdam im Wesentlichen nicht nur gelähmt, sondern in Teilbereichen fast arbeitsunfähig wurde und kaum noch operative Wirkung erzielte.«[67]

Struktur der Spionageabwehr auf der Ebene Kreisdienststelle für Staatssicherheit

In den Kreisdienststellen (KD) gab es keine einheitlichen Strukturen auf der Linie II. Die KD strukturierten sich nach dem Schwerpunktprinzip. Ein solcher, für eine KD typischer Schwerpunktbereich konnten bedeutsame militärische Objekte, insbesondere Objekte mit moderner Kampftechnik, oder Übungs- und Erprobungsgebiete sein.[68]

Im Jahr 1975 ging man in der **KD Jessen** hinsichtlich der vorhandenen militärischen Objekte davon aus, dass eine Arbeitsgruppe »Spionageabwehr und Militärsicherung« in der Struktur

- 1 Arbeitsgruppenleiter
- 2 Hauptsachbearbeiter

diese Aufgaben erfüllen konnte. Perspektivisch sollte

67 Horst More: *Die Abwehr von Spionageangriffen der Geheimdienste der Nato-Staaten gegen die Deutsche Demokratische Republik – dargestellt aus der Sicht eines Mitarbeiters des Bereiches Spionageabwehr der Bezirksverwaltung für Staatssicherheit Potsdam.* Unveröffentlichtes Manuskript, Potsdam 1994, Bl. 30 f.

68 Vgl.: Siegfried Gehlert, Heinz Janzen, Manfred Hempel, Karl Fischer: Forschungsergebnisse zum Thema: »Die weitere Qualifizierung und Vervollkommnung der politisch-operativen Arbeit der Kreisdienststellen«, Bd. 1. MfS JHS 21931, Bl. 59.

mit einem neuen Objekt der NVA ein Sachbearbeiter hinzukommen.[69]

In der **KD Eberswalde**[70] existierte zunächst auch eine Arbeitsgruppe »Spionageabwehr«, diese wurde umgruppiert und arbeitete dann als Referat bis zum 30. April 1985 in der Stärke 1 zu 3:
- Unterstellung: Stellvertreter des Leiters der KD
- Leiter: Hauptmann Stockfisch
- IM-führender Mitarbeiter: Unterleutnant Schulz
- IM-führender Mitarbeiter: Unterleutnant Hohmann
- IM-führender Mitarbeiter: Leutnant Angres

Aufgabenstellung:
- Organisierung der Außensicherung militärischer Objekte und Bewegungen der GSSD im Kreis Eberswalde,
- Schutz führender Repräsentanten der DDR und ihrer ausländischen Gäste,
- Sicherung bevorrechteter Personen/Korrespondenten aus dem Nichtsozialistischen Ausland (NSA) im Verantwortungsbereich.

Ab dem 1. Mai 1985 war das Referat »Spionageabwehr« der KD Eberswalde mit erweiterter Aufgabenstellung in der Stärke 1 zu 5 tätig:
- Unterstellung: Stellvertreter des Leiters der KD
- Leiter: Hauptmann Stockfisch
- IM-führender Mitarbeiter: Oberleutnant Angres
- IM-führender Mitarbeiter: Leutnant Hohmann
- IM-führender Mitarbeiter: Leutnant Schulz

---

69 Vgl.: Bringfried Wielsch: Diplomarbeit zum Thema: »Probleme der zweckmäßigen Organisationsstruktur der Kreisdienststellen der Kategorie III im Bezirk Cottbus, dargestellt an der Kreisdienststelle Jessen«. BStU MfS JHS MF VVS 001-374/75, Bl. 23.

70 Im territorialen Verantwortungsbereich der KD Eberswalde befand sich der Stab der 20. Gardearmee der Sowjetarmee.

- IM-führender Mitarbeiter: Hauptmann Bartsch
- IM-führender Mitarbeiter: Hauptmann Bode

Aufgabenstellung:

- Organisierung der Außensicherung militärischer Objekte und Bewegungen der GSSD im Kreis Eberswalde,
- Schutz führender Repräsentanten der DDR und ihrer ausländischen Gäste,
- Sicherung bevorrechteter Personen/Korrespondenten aus dem NSA im Verantwortungsbereich,
- Organisierung der operativen Beobachtung und der Abwehrarbeit an der Protokoll- und Transitstrecke (Autobahn sowie Fernverkehrsstraßen 167 und 198),
- Abwehrarbeit gegen die drei westlichen Militärverbindungsmissionen,
- Organisierung der Abwehrarbeit in der Deutschen Volkspolizei, der Zivilverteidigung und im Deutschen Roten Kreuz.[71]

In kleineren KD ohne militärische Schwerpunktobjekte waren einzelne Mitarbeiter auf der Linie II vorhanden. In der KD Pritzwalk beispielsweise war ein solcher Linienoffizier tätig.[72]

---

71 Vgl.: Jürgen Stockfisch: Diplomarbeit zum Thema: »Zur Funktion und Arbeitsweise eines Referatsleiters (dargestellt an einem Referatsleiter der Linie II einer KD)«. BStU MfS JHS 20924, Bl. 6, 53 und 59.

72 Vgl.: BV Potsdam Leiter: Stellenbesetzungsnachweis der Bezirksverwaltung Potsdam, Kreisdienststelle Pritzwalk, vom 27. Juni 1989. Eingesehen in der Normannenstraße | Mediathek.

4. Kapitel

DIE NACHRICHTENDIENSTLICHEN HAUPTGEGNER DER DDR-SPIONAGEABWEHR

Die Dienste der USA

Günther Kratsch äußerte sich in einem Interview von 1990 dazu, welche gegnerischen Nachrichtendienste besonders aktiv gegen die DDR tätig waren: »Gegen die DDR arbeiteten vor allem die USA und die Bundesrepublik, aber auch andere NATO-Staaten.« Auf die Frage, ob er das nicht etwas genauer sagen könne, antwortete Kratsch: »Von den USA die CIA, der INSCOM, der Nachrichtendienst der US-Army, der INR, der Dienst des State Departements, in gewissem Umfang auch die DIA, bei der die Informationen der Armeedienste analysiert werden. Bei der Bundesrepublik hatten wir es besonders mit dem BND, aber auch mit dem Verfassungsschutz und in einem bestimmten Umfang mit dem MAD zu tun, bei letzterem ging es besonders um Countermans, um Doppelagenten.«[73]

CIA
Die CIA (*Central Intelligence Agency*), zu Deutsch »Zentrale Geheimdienstbehörde«, ist der Auslandsnachrichtendienst der Vereinigten Staaten von Amerika. Die

---

73 In: NBI 34/1990, S. 59.

CIA ging im September 1947 aus dem OSS (*Office of Strategic Service*), dem ersten strategischen und taktischen Geheimdienst der USA, hervor. Die Zentrale der CIA befindet sich in Langley (Virginia), in der Nähe der US-Hauptstadt Washington, D.C. Nach dem Lehrbuch *Imperialistische Geheimdienste*, herausgegeben 1988 von der Juristischen Hochschule des MfS, gliederte sich die CIA wie folgt[74]:

An der Spitze standen der CIA-Direktor und der Stellvertretende CIA-Direktor. Bei der Führungsetage waren weiterhin der Rechtsberater, der Generalinspekteur, der Rechnungsprüfer, das Büro für den Kadereinsatz und der Bereich Öffentliche Angelegenheiten angesiedelt. Dem CIA-Direktor waren weiterhin vier Direktoren, welche die entsprechenden Direktorate leiteten, unterstellt. Bei den Direktoraten handelte es sich um:
• Direktorat A: Operationen,
• Direktorat B: Wissenschaft und Technologie,
• Direktorat C: Auswertung,
• Direktorat D: Verwaltung.

Das <u>Direktorat A</u> gliederte sich in die Bereiche:
• Stab für Auslandsaufklärung,
• Stab für verdeckte Aktionen,
• Stab D,
• Stab für Spionageabwehr,
• Stab für allgemeine Abdeckung,
• Stab für Bewertung, Pläne und Entwürfe,
• Abteilung Ostblock,
• Abteilung Europa,
• Abteilung westliche Hemisphäre,

---

74 Vgl.: Lehrbuch: *Die imperialistischen Geheimdienste in der Gegenwart.* Juristische Hochschule Potsdam, 1988, S. 50 ff.

- Abteilung Ostasien,
- Abteilung Naher Osten,
- Abteilung Afrika,
- Abteilung Spezialoperationen,
- Abteilung Ausländische Kräfte,
- Abteilung Nationale Sammlung.

Das <u>Direktorat B</u> gliederte sich wie folgt:
- Büro für Forschung und Entwicklung,
- Büro für Entwicklung und Technik,
- Informationsdienst für ausländische Rundfunk- und TV-Sendungen,
- Büro für technischen Service,
- Nationales Zentrum für fotografische Interpretation.

Das <u>Direktorat C</u> gliederte sich in:
- Büro für Sowjetische Analysen,
- Büro für Europäische Analysen,
- Büro für Nahöstliche und Südasiatische Analysen,
- Büro für Ostasiatische Analysen,
- Büro für Afrikanische und Lateinamerikanische Analysen,
- Büro zur Einschätzung des Technologietransfers,
- Stab für Einschätzung und Sammlungsanforderungen,
- Hauptrevisionsstelle,
- Büro für Leitung und Dienste,
- Büro für Wissenschafts- und Waffenforschung,
- Büro für globale Angelegenheiten,
- Büro für Gesamtbildanalyse,
- Büro für gegenwärtige Produktion und Analytische Unterstützung,
- Zentrale Aktenführung,
- Stab für Unterstützung von Analysen und Leitung,
- Spezialassistent für nukleare Produktion,
- Spezialassistent für Fragen der GD-Gemeinde.

Das <u>Direktorat D</u> gliederte sich in die Bereiche:
- Medizinischer Dienst,
- Büro für Sicherheit,
- Büro für Aus- und Weiterbildung,
- Finanzbüro,
- Büro für Logistik,
- Informationsdienst,
- Büro für Informationstechnologie,
- Büro für Kommunikation,
- Personalbüro.

Die CIA unterhielt auf dem Territorium der Bundesrepublik Deutschland eine Reihe von Dienststellen.
Julius Mader schreibt von nahezu 200 Dienststellen in
über 75 Orten.[75] Zuerst ist hier die Residentur an der
Botschaft der USA in Bonn aufzuführen. In Frankfurt
am Main gab es drei CIA-Dienststellen, unter militärischer (Rhein-Main Air Base, »Abrams Building«) sowie
unter diplomatischer Abdeckung (Generalkonsulat). In
Oberursel (Taunus) befand sich das »Camp King«, und
in Stuttgart-Vaihingen residierte die CIA unter militärischer Abdeckung. Weitere CIA-Dienststellen befanden
sich in München (Königinstraße 5), Bremen (Präsi-
dent-Kennedy-Platz 1), Düsseldorf (Cecilienallee 5)
und Hamburg (Alsterufer 27) unter diplomatischer
Abdeckung (Generalkonsulat).[76] In Westberlin waren
CIA-Dienststellen in der Clayallee 170–172 (diplomatische Abdeckung, US-Mission) und in der Saargemün-
der Straße 6 a (militärische Abdeckung).

---

75 Vgl.: Julius Mader: *CIA in Europa. Wesen und verbrecherisches
    Wirken des Geheimdienstes der USA*. Reihe: Militärpolitik ak-
    tuell. Militärverlag der Deutschen Demokratischen Republik,
    Berlin 1982, S. 26.

76 Vgl.: Ebd., S. 27.

Seit 1973 unterhielt die CIA auch eine legale Residentur in der Botschaft der USA in der Ostberliner Neustädtischen Kirchstraße 4–5. Hier waren Mitarbeiter der CIA unter diplomatischer Abdeckung tätig. Nach Einschätzungen ehemaliger Mitarbeiter der HA II waren besonders die CIA-Gruppen im Generalkonsulat Hamburg und der US-Mission in Westberlin gegen die DDR tätig. Die Anzahl der Mitarbeiter an der CIA-Residentur in Bonn beziffern sie mit 120.[77]

INSCOM

Ein US-Dienst, der schwerpunktmäßig auf dem Gebiet der Militärspionage gegen die DDR aktiv war, ist der INSCOM (*Intelligence and Security Commmand*), zu Deutsch »Zentraler Geheimdienst der Landstreitkräfte«. Bis 1976 existierten Vorläuferorganisationen unter der Bezeichnung MI (*Military Intelligence*), ASA (*Army Security Agency*/Fernmeldeaufklärungsdienst) und Spionageabwehrstrukturen. Ab dem 1. Januar 1977 wurden die Strukturen zusammengeführt und der INSCOM geschaffen. Diese Zusammenführung erfolgte nach Einschätzung der HA II mit dem Ziel einer konzentrierten Gewinnung von Spionageinformationen sowie zur Gewährleistung einer schnelleren Überführung des gesamten Geheimdienstapparats der US-Landstreitkräfte auf die Erfordernisse einer Kriegsstruktur. Die Umstrukturierung zum INSCOM war weltweit angelegt. Für den europäischen Raum war charakteristisch, dass zunächst die bekannten Struktureinheiten mit ihren Bezeichnungen beibehalten wurden, allerdings jetzt als Geheimdienstzweig von INSCOM agierten. Dem MfS lagen Erkenntnisse vor, dass der Prozess der Konzentration geheimdienstlicher Kräfte, Mittel und Methoden im

---

77 Günter Möller, Wolfgang Stuchly in: *Die Sicherheit*, S. 441.

Bereich der Landstreitkräfte der USA Mitte der 1980er Jahre am weitesten fortgeschritten war.

Die bedeutendsten INSCOM-Dienststellen für die Aufklärungs- und Abwehrarbeit der Linie II waren:

- agenturische Dienststellen,
- Befragungsdienststellen,
- Dienststellen, die Abwehraufgaben im Bereich der USA-Landstreitkräfte zu erfüllen hatten.

Die INSCOM-Zentrale für Deutschland befand sich in Heidelberg. Ausgangsbasen von INSCOM für Spionageangriffe gegen die DDR existierten in München, Frankfurt am Main, Augsburg und Westberlin.

INSCOM-Befragungsstellen befanden sich in München, Oberursel und Westberlin mit entsprechenden Außenstellen in den Notaufnahmelagern Berlin-Marienfelde, Zirndorf bei Nürnberg, Gießen und Friedland.

INSCOM war intensiv bestrebt, ständig neue Agenturen in der DDR zu schaffen, und führte die Zusammenarbeit mit solchen Agenten weiter, zu denen bereits über einen ungewöhnlich langen Zeitraum Verbindung bestand.

Stützpunkte, von denen aus INSCOM Fernmeldeaufklärung in Deutschland betrieb, befanden sich unter anderem auf dem Westberliner Teufelsberg (neben INSCOM insbesondere auch von anderen Diensten genutzt), in Augsburg, Bad Aibling und auf dem Harzer Wurmberg.

DIA

Gegen die DDR war auch der Geheimdienst DIA (*Defense Intelligence Agency*), 1961 geschaffen, tätig. Diese Aufklärungsverwaltung des Verteidigungsministeriums hatte seinen Sitz im Gebäude des Verteidigungsministeriums.

Generalleutnant Günther Kratsch referierte auf einer

Dienstkonferenz der HA II im November 1987 hinsichtlich der DIA:

»Die generelle Aufgabenstellung der DIA besteht in:

- der operativen Führung und Koordinierung der Tätigkeit aller vorrangig gegen die UdSSR und anderen sozialistischen Staaten arbeitenden Dienststellen der Militäraufklärung
- der Auswertung und Analyse der eingegangenen Aufklärungsergebnisse aller militärischen Geheimdienste für die höchste militärische Führung der USA (Verteidigungsminister, Komitee der Stabschefs der Waffengattungen)
- der zentralen Erfassung aller Aufklärungsaufgaben und der von der Aufklärung der Streitkräfte erarbeiteten Informationen
- der Übergabe bedeutsamer Aufklärungsergebnisse an den Direktor der CIA
- der zentralen Führung der Apparate der Militärattachés der USA
- der Organisierung der Zusammenarbeit der militärischen Aufklärungsdienste mit anderen Geheimdiensten der USA und Aufklärungsdiensten der NATO-Länder.

In die Aufklärungshandlungen der DIA sind die Aktivitäten der Militärverbindungsmissionen und Militärinspektionen der USA in den Bezirken und der Hauptstadt der DDR einzuordnen.«[78]

Für die Bearbeitung der Militärverbindungsmissionen

---

78 Referat des Leiters der Hauptabteilung II auf der Dienstkonferenz am 25. November 1987 zu wesentlichen Aufgabenstellungen und Orientierungen für die Diensteinheiten der Linie II zur konsequenten Durchsetzung der durch Genossen Minister auf der Kreisparteiaktivtagung am 1. Oktober 1987 gemäß den veränderten Lagebedingungen gestellten grundsätzlichen politisch-operativen Aufgaben. BStU ZA MfS HA II Nr. 3702, Bl. 68.

(MVM) und Militärinspektionen (MI) war die HA
VIII/5 verantwortlich. Diese Diensteinheit hatte ihren
Sitz in Potsdam. Es gab von Zeit zu Zeit Überlegungen
im MfS, diese Diensteinheit wieder der HA II zu un-
terstellen. Das war bereits einmal von Februar 1963 bis
Februar 1964 der Fall.[79]

Die DIA strukturierte sich Mitte der 1980er Jahre folgendermaßen[80]:
Der Direktor war Generalleutnant James A. Williams.
Ihm folgten der Vizedirektor und der Stabschef. In der
Führungsebene war auch der »Stellvertreter für Allgemeines Aufklärungsprogramm« angesiedelt. Ihm waren der Generalinspektor und der Chefberater sowie
der »Stab für Allgemeines Aufklärungsprogramm« unterstellt. Dieser Stab bestand aus dem Sicherheitsbüro
und leitenden Offizieren aller fünf selbständigen Abteilungen der DIA. Das Sicherheitsbüro nahm Aufgaben
der Gegenspionage, Terrorismusbekämpfung und der
Sicherheit (Sicherheitsabteilung, Sicherheitspolitik)
wahr. Weiterhin bestand die DIA aus den folgenden
fünf Direktoraten:
• Direktorat A: Personelle und materielle Unterstützung,
• Direktorat B: Unterstützung des Komitees der vereinten Stabschefs,
• Direktorat C: Operationsführung,
• Direktorat D: Aufklärung und Äußere Angelegenheiten,

---

79 Vgl.: Ausgewählte Probleme der wichtigsten Etappen der
   Entwicklung der Abteilung 5 der Hauptabteilung VIII (politisch-operative Abwehrarbeit gegen die feindlichen Aktivitäten
   des Personals der westlichen MVM). Potsdam 1975. Eingesehen
   in der Normannenstraße | Mediathek.
80 Vgl.: Lehrbuch: *Die imperialistischen Geheimdienste in der Gegenwart*, S. 56–59.

- Direktorat E: Auslandsaufklärung.

Zum Direktorat A gehörten nachfolgend aufgeführte Strukturelemente:
- Direktorat für Aufklärungssysteme,
- Direktorat für technische Unterstützung,
- Direktorat für DIA-Systeme,
- Personalabteilung,
- Direktorat für Kommunikation.

Das Direktorat B bestand aus dem:
- Direktorat für die Unterstützung der Aufklärungsabteilung des Komitees der vereinten Stabschefs,
- Direktorat für laufende Aufklärung,
- Direktorat für Operationen der nationalen Militäraufklärung,
- Direktorat für Frühwarnung, bestehend aus der Abteilung für Operationen zur Frühwarnung, Abteilung für Entwicklung der Vervollkommnung und der Elektronischen Aufklärung.

Das Direktorat C gliederte sich in:
- Direktorat für Beschaffungsoperationen mit den Abteilungen Laufende Operationen und Informationsbedarf/Auswertung. Weiterhin gehörten zu diesem Direktorat die Bereiche Aufklärung durch menschliche Quellen, Bildaufklärung und Fernmelde-/Elektronische Aufklärung.
- Direktorat für Attaché-Operationen und Ausbildung. Zu diesem Direktorat gehörten weiterhin die Schule der DIA, das System der Militärattachés der USA und Abteilungen für West/Südeuropa, Asien/Pazifik, Ost/Zentraleuropa, Lateinamerika, Mittlerer Osten/Afrika und Logistik.
- Direktorat für Planung und Politik, bestehend aus

dem Büro für nationale Aufklärung und dem Büro für technische Aufklärung.

Das Direktorat D bestand aus den folgenden Struktureinheiten:
- Stab,
- Abteilung zur Unterstützung militärischer Operationen,
- Abteilung für öffentliche Angelegenheiten,
- Abteilung für Auslandsverbindungen,
- Abteilung für die Unterstützung internationaler Verhandlungen (strategische Verhandlungen und regionale/spezielle Verhandlungen).

Das Direktorat E gliederte sich in folgende Strukturelemente:
- Direktorat für Einschätzungen/Analysen,
- Direktorat für wissenschaftlich-technische Aufklärung, bestehend aus den Abteilungen für Kernenergie, Waffen und Systeme, Verteidigungsstrategie, Befehle und Kontrolle, Forschung und Technik,
- Direktorat für Forschung,
- Aufklärungsoffiziere für Verteidigung für: Ostasien und Pazifik, Lateinamerika, Mittlerer Osten und Südasien, Europa und UdSSR/politische und militärische Angelegenheiten, Afrika, allgemeine Einsatzkräfte, strategische Programme, Abrüstungsverhandlungen und DIA-Kommentare.

INR
Der Leiter der HA II legte zum INR (*Bureau of Intelligence and Research*), zu Deutsch »Büro für Aufklärung und Forschung«, dar:
»Sein Sitz ist im Gebäude des Außenministeriums der

USA. Mit der Auflösung des Amtes für strategische Dienste (OSS), dem Vorläufer der CIA, wurden eine Reihe Forschungs-, Aufklärungs- und Analysefunktionen an das Außenministerium übertragen. Der zur Lösung dieser Aufgaben im Außenministerium geschaffene Dienst trägt seit 1957 den jetzigen Namen.

Die generelle Aufgabenstellung des INR als eigenständiges Organ im Außenministerium besteht in der Erarbeitung Analyse von Aufklärungsinformationen in Bezug auf die Außenpolitik der USA. Im Mittelpunkt dabei stehen die Beobachtung der politischen Lage in einzelnen Regionen und Ländern der Welt sowie die Analyse solcher Probleme, die angeblich die Interessen der nationalen Sicherheit der USA berühren. Darüber hinaus fungiert das INR als Hauptbindeglied zwischen dem Außenministerium und den zentralen Geheimdiensten der USA.

Der Direktor dieses Geheimdienstes, gegenwärtig Morton Abramowitz, ist im Rang einem stellvertretenden Außenminister gleichgestellt. Er wird durch vier stellvertretende Direktoren unterstützt, die unmittelbar die 16 Ämter des INR anleiten. Folgende ausgewählte Struktureinheiten und Aufgabenstellungen sollen den auch gegen die sozialistische Staatengemeinschaft gerichteten Charakter dieses USA-Geheimdienstes verdeutlichen:

• Das ›Amt für die Analyse der Sowjetunion und Osteuropa‹ ist eins von insgesamt sechs geografischen Ämtern. Diese haben die Analyse von Entwicklungen und Problemen in den Regionen der Welt, die gegenwärtig oder künftig von Bedeutung für die politische Entscheidung der USA seien, zu sichern. Das bedeutet, dass neben den regulären politischen Bereichen für bestimmte Regionen der Welt im USA-Außenministerium auch eigenständige regionale Bereiche im Geheimdienst des Außenministeriums existieren.

• Eine weitere Struktureinheit ist das ›Amt für Spionageverbindungen‹, vermutlich der eigentliche operative Beschaffungsbereich des INR. Dieser Bereich arbeitet mit den Geheimdienstmitarbeitern zusammen, die, wie der Feind es selbst bezeichnet, mit der Sammlung von Informationen durch ›menschliche Quellen‹ beschäftigt ist. Im Klartext heißt das: Durch diese Struktureinheit werden sowohl die in die DDR einreisenden als auch an der USA-Botschaft in der DDR abgedeckt tätigen INR-Mitarbeiter gesteuert und hinsichtlich der durch sie zu realisierenden Eigenaufklärung sowie der Nutzung von Abschöpf- und Einflusskontakten angeleitet. Die Quellen des INR sind also nicht im klassischen Sinne geworbene und bezahlte Agenturen. Eine zweite Aufgabe, die das ›Amt für Spionageverbindungen‹ zu lösen hat, besteht darin, Vorhaben für sogenannte spezielle politische, verdeckte Aktivitäten zu koordinieren. Hier wird durch den Geheimdienst des Außenministeriums offensichtlich in enger Zusammenarbeit mit der CIA konterrevolutionäre Tätigkeit in aller Welt organisiert und angeleitet.«[81]

Schwerpunktmäßig standen CIA und INSCOM im Blickfeld der Spionageabwehr, dagegen weniger INR und DIA. Neben dem Geheimdienst der Landstreitkräfte INSCOM verfügten auch die Luftstreitkräfte und die Marine über Geheimdienste.

Der Geheimdienst der Luftstreitkräfte, *Air Force Intelligence Agency* (AFIA), hatte Dienststellen in Wiesbaden (Zentrale für Deutschland), München, Bitburg und Westberlin.

Der Marinegeheimdienst bezeichnet sich als *Naval*

---

81 Referat des Leiters der Hauptabteilung II auf der Dienstkonferenz am 25. November 1987, BStU ZA MfS HA II Nr. 3702, Bl. 69 f.

Intelligence Command (NIC). Seine Europa-Zentrale befand sich in London, auf dem Territorium der Bundesrepublik befanden sich Dienststellen in Westberlin und München.

Zuletzt gilt es, den zentralen Geheimdienst für Fernmelde- und elektronische Aufklärung, *National Security Agency* (NSA), zu erwähnen. Die NSA ist insbesondere in letzter Zeit bekannt geworden. Sie soll hier nicht näher betrachtet werden, da sie aufgrund ihrer funkelektronischen Spionage nicht zu den Schwerpunkten der Linie II gehörte. Mit der NSA beschäftigte sich erfolgreich die HV A IX.[82] Allein die Aufzählung und Beschreibung der nachrichtendienstlichen Strukturen der Vereinigten Staaten von Amerika macht deutlich, über welche gewaltigen Potentiale die USA in dieser Hinsicht verfügen.

Die Nachrichtendienste der Bundesrepublik Deutschland

Bei den Nachrichtendiensten der Bundesrepublik Deutschland handelt es sich um den Bundesnachrichtendienst (BND), vormals Organisation Gehlen (OG), das Bundesamt für Verfassungsschutz (BfV), die Landesämter für Verfassungsschutz (LfV) und den Militärischen Abschirmdienst (MAD).

Ihren Hauptgegner hatte die Spionageabwehr des MfS im Bundesnachrichtendienst und dessen Vorgängerorganisation, der Organisation Gehlen. Von der OG und

---

82 Mit diesem speziellen Thema beschäftigt sich Klaus Eichner in seinem Buch: *Imperium ohne Rätsel. Was bereits die DDR-Aufklärung über die NSA wusste.* Berlin 2014.

dem BND gingen die meisten nachrichtendienstlichen Aktionen gegen die DDR aus.

OG/BND

Der BND ist der Auslandsnachrichtendienst der Bundesrepublik Deutschland. Der bundesdeutsche Politologe und Journalist Thomas Walde schreibt über den BND 1971:

»Die generelle Funktionsbestimmung des BND lautet: ›Der Bundesnachrichtendienst sammelt und bearbeitet im Interesse der Sicherheit unseres Landes und im Auftrag der Bundesregierung im Ausland Nachrichten, die aus anderen Informationsquellen nicht zur Verfügung stehen und deshalb als Beurteilungselemente für die Entscheidungen der Regierung unentbehrlich sind.‹ Bundesminister Ehmke umriss den generellen Auftrag und die Funktionsbestimmung des BND: ›Der Bundesnachrichtendienst hat ... den Auftrag, mit nachrichtendienstlichen Mitteln Informationen aus dem Ausland zu gewinnen, sie auszuwerten und die so gewonnenen Erkenntnisse der Bundesregierung zur Verfügung zu stellen. Er ist als geheimer Auslandsnachrichtendienst für zivile und militärische Auslandsaufklärung verantwortlich.‹ Der Bereich Beschaffung wird in den BND-Statuten näher bestimmt: ›Beschaffung von Informationen militärischen, wirtschaftlichen und rüstungstechnischen sowie politischen Inhalts mit nachrichtendienstlichen Mitteln aus dem Ausland.‹ Die Objekte der geheim-nachrichtendienstlichen Aufklärung im Ausland hat der ehemalige BND-Angehörige, Generalmajor a. D. Erich Dethleffsen, in einem Zielkatalog zusammengestellt:

- Im Bereich der Außenpolitik: langfristige außenpolitische Planung, taktische Mittel zum Erreichen der Ziele, sich abzeichnende neue Tendenzen, Abschluss von Geheimverträgen, Führungsstruktur und -stil, für die Außenpolitik verantwortliche Personen und ihre Charaktereigenschaften.

- Im Bereich der Militärpolitik: Potential, Planung, Gliederung, Dislozierung, Bewaffnung, Ausbildung, Kampfwert, übernationale Pakte, Normierungen, Waffenverkäufe an Drittländer, Stützpunkte und Versorgungsbasen im Ausland.
- Im Bereich subversiver Tätigkeit: Einmischung in gesellschaftspolitische Vorgänge anderer Länder, psychologische Kampfführung.
- Im wirtschaftlichen Bereich: Industrieelle Kapazität, Energiequellen, Rohstoffvorkommen, Verkehrslage (Straße, Bahn, Pipeline, Schiff), Landwirtschaft, Handelsbeziehungen, Marktveränderungen, Jahrespläne, wirtschaftliche Zusammenschlüsse, Entwicklungshilfe.
- Im Bereich Technik: Naturwissenschaftlich-technische Forschung und Entwicklung, insbesondere im nuklearen Bereich und solche Entwicklungen, die zu einer Veränderung des Kräftegleichgewichts der Weltmächte führen.
- Im Bereich der Innenpolitik: Verhältnis Regierung/Volk, politische Parteien, Opposition, Veränderungen der gesellschaftlichen Struktur, psychologische Lage.«[83]

Die Prioritäten des BND bei der Informationsgewinnung stellen Zolling und Höhne ebenfalls 1971 unmissverständlich dar: »In Wahrheit soll der BND über den Osten sachlich und genau berichten. Blötz [damaliger BND-Vizepräsident, Anm. d. Verf.] und Meier [BND-Deckname

---

83 Thomas Walde: *ND-Report. Die Rolle der geheimen Nachrichtendienste im Regierungssystem der Bundesrepublik Deutschland.* München 1971, S. 81 f.

›Manthey‹ und Leiter der Abt. I, Anm. d. Verf.] machten immer wieder klar, dass Kanzleramts-Minister Ehmke dem BND den Auftrag erteilt habe, die Ost-Berichterstattung auf einen Höchststand der Leistungsfähigkeit zu bringen; gerade die neue Ostpolitik der Bundesregierung [unter Bundeskanzler Willy Brandt, Anm. d. Verf.] benötige genaue Kenntnisse über interne Vorgänge in den sozialistischen Ländern. Ehmke: ›Ich brauche DDR, DDR, DDR.‹«[84] Damit war eine klare Marschrichtung für den BND vorgegeben, auf die sich die Spionageabwehr des MfS einstellte und reagierte.

Das MfS betrachtete den BND 1987 folgendermaßen: »Mit dem Bundesnachrichtendienst der BRD steht den sozialistischen Schutz- und Sicherheitsorganen ein ernst zu nehmender Gegner gegenüber. Durch ihn wird alles versucht, um an Geheimnisse und andere relevante Informationen aus allen gesellschaftlichen Teilbereichen zu gelangen. Neben den klassischen Formen der Spionagetätigkeit kommt auch der Informationserlangung durch den Einsatz technischer Mittel ein entsprechender Stellenwert zu. Ebenso werden offene Materialien kontinuierlich ausgewertet. Mit der Zunahme des Reiseverkehrs wächst die Bedeutung der ›Abschöpfung‹ von Reisenden aus der DDR.«[85]

Die OG, als Vorläufer des BND, rekrutierte sich nach dem Ende des Zweiten Weltkriegs aus ehemaligen Militärs der Generalstabsabteilung »Fremde Heere Ost des OKH«[86], des Amtes Ausland/Abwehr des OKW,

---

84 Hermann Zolling, Heinz Höhne: *Pullach intern. General Gehlen und die Geschichte des Bundesnachrichtendienstes.* Hamburg 1971, S. 338.

85 MfS, Presseabteilung: »Der Bundesnachrichtendienst der BRD«, Juni 1987, S. 44 (Archiv des Verfassers).

86 Vgl. zu FHO: Magnus Pahl: *Fremde Heere Ost. Hitlers militärische Feindaufklärung.* Berlin 2012.

Angehörigen verschiedener Wehrmachtsverbände aus Heer, Marine und Luftwaffe sowie Angehörigen nationalsozialistischer Polizei- und Geheimdienstapparate (Sicherheitsdienst der SS, Geheime Staatspolizei, Geheime Feldpolizei).

Dazu schreibt Christoph Rass in seiner Studie *Das Sozialprofil des Bundesnachrichtendienstes*:

»Will man den Bundesnachrichtendienst als geprägt durch bestimmte Institutionen des NS-Staates sehen, so muss man ihn in seiner Gründungsphase als eng mit der Wehrmacht verbunden auffassen. Der Anteil der Exsoldaten am ND-Personal von den späten 1940ern bis zum Ende der 1950er-Jahre, der hohe Anteil an Offizieren und die Positionierung von Wehrmachtsveteranen im Nachrichtendienst können tatsächlich als wichtiges Charakteristikum der ersten Jahre aufgefasst werden. (...) Je höher aber Stellung und Dienstgrad, desto länger hielt sich die ursprüngliche Prägung. Denn Personen aus der Gründergeneration stiegen als Erste in die Leitungsebene auf und blieben dort teilweise bis in die 1970er- und 1980er-Jahre. (...) Als die Org. Gehlen ihre Arbeit aufnahm, hatte jeder Deutsche, der für die Tätigkeit beim Nachrichtendienst infrage kam, seine eigene Geschichte mit dem Dritten Reich. Auf der Ebene der politischen Formationen des NS-Staates spiegelte die Org. Gehlen – mit den Verzerrungen, die aus wechselseitigen Präferenzen resultierten – die deutsche Nachkriegsgesellschaft. Ein hoher Anteil vormaliger NSDAP-Mitglieder am Personal muss in den ersten Jahrzehnten nach 1945 bei einer sich vornehmlich aus der Mittelschicht rekrutierenden Organisation daher kaum verwundern. In Summe aber stellt das große Gewicht der Mitarbeiterinnen und Mitarbeiter, die über Sozialisation, politische Orientierung oder gar Handlungsträgerschaft in Institutionen des NS-Staates mit dem Dritten Reich verbunden waren und zugleich dem Nachrichtendienst von seiner Gründung bis weit in die Nachkriegszeit sein Gesicht gaben, durchaus die Frage, welche Auswirkungen dieses Sozialprofil auf die Entwicklung dieser besonderen Behörde hatte. Weder Personalstruktur noch Mission riefen den Nachrichtendienst zu der kritischen Auseinandersetzung mit der unmittelbaren Vergangenheit auf, die gerade in seinem Kontext notwendig gewesen wäre. Damit erging es der Org. Gehlen und BND indes nicht anders als der Mehrzahl der bundesrepublikanischen Institutionen in der Ära Adenauer.

Dies wiegt umso schwerer, als sich im Personal des Nachrichtendienstes Mitarbeiter – und vereinzelt auch Mitarbeiterinnen – sammelten, die im inneren Kreis des NS-Regimes tätig gewesen und mit nicht geringer Wahrscheinlichkeit auch Mitwisser oder Mittäter seiner Verbrechen gewesen waren. Veteranen des RSHA oder des SD und der Gestapo, der Waffen-SS oder von Wehrmachtsteilen, die besonderen Anteil am Vernichtungskrieg hatten, gehörten ebenso zur Normalität des Nachrichtendienstes im Betrachtungszeitraum wie Personal aus der Besatzungsverwaltung aus den Reichsministerien – insbesondere auch mit solchen mit besonderer Bedeutung für die NS-Politik –, aus volkstumspolitischen oder geheimdienstähnlichen Dienststellen des Dritten Reiches oder aus dem breiten Feld nachgeordneter Verwaltungen, die alle an der Umsetzung von NS-Politik ihren Anteil gehabt hatten. Obgleich in absoluten Zahlen nur in kleinen Gruppen präsent, waren in relativer Perspektive dabei Organisationen wie die Gestapo im Vergleich etwa zur Wehrmacht überrepräsentiert.«[87]

---

87 Christoph Rass: *Das Sozialprofil des Bundesnachrichtendienstes. Von den Anfängen bis 1968.* Berlin 2016, S. 281 f.

Generalmajor Reinhard Gehlen fasste in den letzten Kriegswochen den Entschluss, sich und seine Mitarbeiter, sowie in Stahlkisten verpackte Karteien und operative Dokumente, den Amerikanern anzubieten. Diese nahmen nach anfänglichem Zögern an, erkannten sie doch, dass sich gegen den Osten ein neues Feindbild entwickeln würde, und genau dazu konnte man den ehemaligen Wehrmachtsgeneral und seine Mitarbeiter von »Fremde Heere Ost« gut gebrauchen. Die Organisation Gehlen wurde zum Sammelbecken für viele ehemalige Nazis, unter Duldung der Amerikaner. *Der Spiegel* schreibt dazu: »›Wir wussten, was wir taten‹, sagte der ehemalige CIA-Russland-Experte Harry Rositzke. ›Es war unbedingt notwendig, dass wir jeden Schweinehund verwendeten. Hauptsache, er war Antikommunist.‹«[88]

Und so überrascht es nicht, dass bei der OG Personen Dienst versahen wie der ehemalige SS-Obersturmbannführer und Angehörige des RSHA, Dr. Emil Augsburg, oder der ehemalige Chef der Geheimen Feldpolizei (GFP), SS-Standartenführer Wilhelm Krichbaum. Aber auch ehemalige Offiziere des Oberkommandos der Wehrmacht/Amt Abwehr wie Oscar Reile, Hermann Baun und Hans Dingler seien genannt. Aus der Generalstabsabteilung »Fremde Heere Ost« kamen neben Reinhard Gehlen auch sein späterer Nachfolger Gerhard Wessel oder ehemalige Offiziere wie Heinz Danko Herre und Karl Otto von Czernicki.[89]

Im Gehlen-Apparat waren auch erheblich belastete NS-Verbrecher, wie der ehemalige SS-Sturmbann-

---

88 Georg Bönisch und Axel Frohn: »BND. ›Schweinehunde‹ willkommen«. In: *Der Spiegel* 13/2006.

89 Vgl.: »Duell im Dunkeln – Spionage und Gegenspionage im geteilten Deutschland«. Broschüre IK-KORR, Berlin 1994, S. 28 ff.

führer Erich Deppner, tätig. Deppner war während des Krieges im Bereich des Befehlshabers des SD und der Sicherheitspolizei in den Niederlanden aktiv. In der Gehlen-Organisation agierte er in der GV-G, die mit der Spionage gegen die DDR beauftragt war. Zu Deppner heißt es: »Im Juli 1942 wurde Deppner im Rahmen der Deportation von niederländischen Juden in das Vernichtungslager Auschwitz mit dem Ausbau des Konzentrationslagers Westerbork beauftragt.«[90] Deppner wurde nach dem Krieg angeklagt und freigesprochen, musste aber aus dem BND ausscheiden und erhielt von dort 1964 eine Abfindung von 20.000 DM.[91] Aus nachrichtendienstlicher Sicht ist die Rekrutierung dieser Personen nachvollziehbar, waren sie doch mit dem Spionagegeschäft beziehungsweise der Sammlung und Auswertung von Informationen bestens vertraut und besaßen diesbezüglich Erfahrungen. Moralische Bedenken gegen den Einsatz dieser Personen gab es in der Nachkriegszeit kaum. Bis 1950 wurde die Organisation Gehlen mit Hilfe der CIA aufgebaut und unter Regie und im Auftrag der Amerikaner tätig. Von Beginn an betrieb die OG eine intensive Spionagetätigkeit gegen die Sowjetische Besatzungszone beziehungsweise gegen die spätere DDR. Die DDR war das Schwerpunkt-Operationsgebiet der OG/des BND und blieb es bis 1990.

Am 1. April 1956 wurde aus der Organisation Gehlen der Bundesnachrichtendienst. Nun war Pullach eine Bundesbehörde mit direkter Unterstellung unter das Bundeskanzleramt.

---

90 Magnus Pahl et al.: *Achtung Spione! Geheimdienste in Deutschland von 1945 bis 1956.* Ausstellungskatalog Militärhistorisches Museum, Dresden 2016, S. 217.

91 Vgl.: Ebd., S. 219.

Viele Dienststellen, Mitarbeiter, Quellen und Operationen des BND waren der Spionageabwehr des MfS bekannt. Ein ehemaliger Mitarbeiter der Spionageabwehr dazu: »Zum Zeitpunkt der Auflösung des MfS/AfNS waren den Diensteinheiten des MfS circa 500 Agenten des BND in ihrer weltweiten Dislozierung namentlich bekannt. Davon war rund ein Drittel gegen die DDR und sowjetische Einrichtungen in der DDR tätig. Die Feinstruktur der Zentrale des BND mit Personalstärken, Definition der Aufgabenbereiche und Angriffsrichtungen lag vor. Rund 2.000 der im BND und in seinen Dienststellen unter Decknamen operierenden hauptamtlichen Mitarbeiter waren mit Klarnamen, Anschriften, zum Teil mit Angaben über weitere Familienangehörige bekannt. 109 Dienststellen des BND in der BRD und Westberlin waren enttarnt. Die personelle Besetzung von 58 Auslandsresidenturen – darunter die Geheimdienstresidenturen in diplomatischen Vertretungen – wurde regelmäßig aktualisiert. Genaue Kenntnisse hatten die zuständigen Diensteinheiten des MfS über die Dislozierung, die Struktur, technische Ausrüstung und den Wirkungsgrad der Dienststellen zur Fernmelde- und elektronischen Spionage auf dem Territorium der BRD und Westberlins.«[92]

Dem MfS bot sich Mitte der 1980er Jahre folgendes Bild zur Struktur der Zentrale des BND[93]:
An der Spitze des Dienstes standen der Präsident und der Vizepräsident des BND. Danach gliederte sich der BND in die Struktureinheiten:

---

92 Mitteilung eines ehemaligen Mitarbeiters der HA II (Archiv des Verfassers).

93 Vgl.: Lehrbuch: *Die imperialistischen Geheimdienste in der Gegenwart*, S. 48 f.

- Abteilung 1: Operative Aufklärung,
- Abteilung 2: Technische Aufklärung,
- Abteilung 3: Auswertung,
- Abteilung 4: Stabsabteilung,
- Abteilung 5: Zentrale Sicherheit/Abwehrlage,
- Abteilung 6: Zentrale Aufgaben,
- Schule des BND.

Die Abteilung 1 gliederte sich in die Unterabteilungen (UA):
- Sozialistische Staaten,
- Westliche und Dritte Staaten,
- Rezeptive Beschaffung,
- Gegenspionage.

Die Abteilung 2 bestand aus den Unterabteilungen:
- Nachrichtengewinnung aus Politik, Wirtschaft, Militär, Wissenschaft und Technik,
- Technische Unterstützung, Nachrichtentechnik.

Die Abteilung 3 war in folgende Unterabteilungen gegliedert:
- Politik,
- Militär,
- Wirtschaft,
- Technik und Wissenschaft.

Die Abteilung 4 war gegliedert in die Unterabteilungen:
- Organisation,
- Personal- und Sozialwesen,
- Verwaltung und Recht.

Die Abteilung 5 bestand aus den Unterabteilungen:
- Sicherheit,
- Technische Sicherheit,
- Grundsatz.

Die <u>Abteilung 6</u> war in die Unterabteilungen:
- Datenverarbeitung,
- Zentralstelle für Chiffrierwesen,
- Technische Unterstützung, insbesondere für agenturische Tätigkeit,

und in die Strukturelemente:
- Führungsunterstützung,
- Sonderaufgaben,
- Außenstelle für kommerzielle Normierung

gegliedert.

Die Zentrale des BND in Pullach

Der BND verfügte auf dem Territorium der BRD und Westberlins über eine Vielzahl von operativen Außenstellen beziehungsweise Dienststellen. Gegen die DDR waren unter anderem folgende Dienststellen tätig:

1. BND-Dienststelle 11 D, Hamburg, Eiffestraße 398 (BND-Deckbezeichnung »Amt für See- und Schifffahrtswesen«). Diese Dienststelle entsprach dem Referat Marine der Abteilung 1 (Operative Aufklärung) der BND-Zentrale und verfügte über 30 bis 40 Mitarbeiter. Die Dienststelle betrieb umfangreiche militärische und ökonomische Spionage, insbesondere gegen die UdSSR, Polen und die DDR. Bei der Militärspionage standen Objekte und Bewegungen der Seestreitkräfte der Warschauer Vertragsstaaten in der Ostsee und auf ökonomischem Gebiet Werften, Hafenanlagen, Schifffahrt sowie Industriebetriebe und Organisationen aus maritimen Bereichen der sozialistischen Ostseeanliegerstaaten im Mittelpunkt. Bei der Schaffung von Spionen nutzte diese Dienststelle einen relativ feststehenden Personenkreis aus Bundesbürgern und der genannten sozialistischen Staaten, die in den aufgeführten maritimen Zielbereichen tätig beziehungsweise wohnhaft waren oder Informationen aus diesen Bereichen beschaffen konnten. Die Hamburger BND-Dienststelle wurde hinsichtlich der nachrichtendienstlichen Ausrüstung ihrer Agenturen als besonders variabel eingeschätzt. Sie setzte Neuheiten beziehungsweise Besonderheiten ein, beispielsweise neue Codesysteme.

2. BND-Dienststelle 12 D, Bremen, Grüner Weg 26 (MfS-Bezeichnung »Ring«, BND-Deckbezeichnung »Bundesministerium für Verkehr, Abteilung Seeverkehr/Dokumentenstelle«). Diese Dienststelle entsprach dem Referat DDR-Nord/Militär in der Abteilung 1 (Operative Aufklärung) der BND-Zentrale und verfügte vermutlich über 30 bis 40 Mitarbeiter. Diese

Dienststelle trat seit Mitte der 1970er Jahre wiederholt durch großangelegte Werbeaktionen, zuletzt gegen DDR-Kraftfahrer, in Erscheinung.

3. BND-Dienststelle 12 C, München, Karl-Theodor-Straße 50 (MfS-Bezeichnung »Isarsalon«, BND-Deckbezeichnung »Technische Untersuchungsstelle für Fertigungsverfahren«). Diese Dienststelle verkörperte das Referat DDR-Süd/Militär in der Abteilung 1 (Operative Aufklärung) der BND-Zentrale und hatte wie die Bremer Dienststelle circa 30 bis 40 Mitarbeiter. Die Dienststelle München klärte in Übereinstimmung mit der Referatsbezeichnung das Territorium DDR-Süd schwerpunktmäßig sowie das in den Südbezirken der DDR dislozierte Militär auf. Nach Erkenntnissen der HA II nahm neben der Eigenerkundung die gezielte Abschöpfung von DDR-Bürgern beziehungsweise DDR-Kontaktpartnern einen hohen Stellenwert im Vorgehen dieser Dienststelle ein. Diese Bürger der DDR wurden schrittweise durch Agenturen aus der BRD in die Spionagetätigkeit einbezogen und geworben.

Die genannten BND-Dienststellen in Bremen und München brachten DDR- und BRD-Bürger zum Einsatz, wobei Personen mit dienstlich kommerziellen, privaten und touristischen Reisemöglichkeiten im Mittelpunkt standen. Obwohl die Agenturen beider Dienststellen als Militärspione geworben und als solche vordergründig beauftragt wurden, hatte in den 1980er Jahren die Informationsbeschaffung auf ökonomischem und politischem Gebiet – also der komplexe Charakter der Auftragserteilung – zugenommen.

4. BND-Dienststelle Köln. Ergebnisse erfolgter Vorgangsabschlüsse ließen bei der DDR-Spionageabwehr den Schluss zu, dass es sich bei dieser Dienststelle um

das Referat Polen der Abteilung 1 (Operative Aufklärung) der BND-Zentrale handelte. Bei den der HA II Mitte der 1980er Jahre bekanntgewordenen Spionen dieser Dienststelle handelte es sich um Bundesbürger, die aus kommerziellen Gründen regelmäßig nach Polen reisten. Ihre Auftragsstruktur beinhaltete die gezielte Informationsbeschaffung auf militärischem, politischem und ökonomischem Gebiet. Neben der komplexen Spionagetätigkeit gegen die VR Polen hatten sie den Auftrag, vor allem bei ihren Fahrten auf den Transitstrecken der DDR, aber auch bei privaten Aufenthalten in der DDR, vor allem Militärtransporte und Manöverhandlungen der GSSD und der NVA sowie Baumaßnahmen an den Transitstrecken zu erkunden.[94]

In Westberlin befanden sich unter anderem folgende Dienststellen des BND:

- »Villa« in der Westberliner Gabrielenstraße (»Arbeitsgruppe für Vergleichsuntersuchungen in Rationalisierungsfragen«),
- »Tempel« in der Westberliner Rankestraße, bearbeitet durch die Abteilung II der BV Berlin im OV »Tempel«,
- »Schloss« in der Westberliner Calandrellistraße, bearbeitet durch die Abteilung II der BV Berlin im OV »Schloss«,
- »Camp« im Notaufnahmelager Marienfelde.

Nach Lehmann und Reum (1972) waren »operative Dienststellen des BND gegliedert in:

---

94 Vgl.: Erkenntnisse zu Zentren und Ausgangsbasen imperialistischer Geheimdienste auf dem Gebiet der Militärspionageabwehr, BStU ZA MfS HA II Nr. 32925, Bl. 165 ff., sowie Horst More: *Die Abwehr von Spionageangriffen der Geheimdienste der Nato-Staaten gegen die Deutsche Demokratische Republik*, Bl. 22 f.

- Dienststellen (vor der Legalisierung des BND 1956 Generalvertretungen),
- Zweigstellen (vor der Legalisierung des BND 1956 Bezirks- und Untervertretungen) und
- Filialen.

Im BND-Jargon und nach westlichen Veröffentlichungen werden sie auch als Haupt-, Außen-, und Nebenstellen bezeichnet. Nach westlichen Darstellungen sollen sich circa 100 solcher Außenstellen auf dem Territorium Westdeutschlands befinden.«[95]

BfV/LfV

Das Bundesamt für Verfassungsschutz sowie die Landesämter für Verfassungsschutz waren als Abwehrbehörden ebenfalls nachrichtendienstlich gegen die DDR aktiv.

Ein Jahr nach der Gründung der Bundesrepublik Deutschland wurde durch das Gesetz über die Zusammenarbeit des Bundes und der Länder in Angelegenheiten des Verfassungsschutzes vom 27. September 1950 der erste offiziell tätige Geheimdienst der Bundesrepublik, gegliedert in das BfV und die LfV, geschaffen. Der erste Präsident des BfV war Dr. Otto John, der aktiv gegen den Nationalsozialismus tätig war und zum erweiterten Kreis der Hitler-Attentäter vom 20. Juli 1944 gehörte. Otto John galt als Gewährsmann der Briten, dort befand er sich ab November 1944 auch im Exil. John kehrte nach dem Krieg nach Deutschland zurück und wurde im Dezember 1950 der erste Präsident des BfV.

Am 20. Juli 1954, dem zehnten Jahrestag des Hitlerat-

---

95 Horst Lehmann, Günter Reum: Diplomarbeit zum Thema: »Die Beobachtung – eine spezifische Methode der politisch-operativen Bearbeitung von Dienststellen und Mitarbeitern des BND«. BStU JHS MF GVS 160-75/72, Bl. 25.

tentats, trat Otto John als Präsident des BfV nach Ostberlin über und informierte die Residentur des KfS in
Berlin-Karlshorst über Interna. Des Weiteren trat John
am 11. August 1954 auf einer weltweit beachteten, internationalen Pressekonferenz auf und erläuterte dort
seine Gründe für den Übertritt in den Osten. Ein pro-
tokollarischer Auszug der Pressekonferenz ist in der Publikation *Ich wählte Deutschland* wiedergegeben. Dort
äußerte John: »Die Überlegungen, die mich veranlasst
haben, in die DDR zu gehen, haben mich schon eine
ganze Zeitlang beschäftigt. Aber zunächst wusste ich
aus der Entwicklung keinen anderen Ausweg, als abzu-
warten und festzustellen, ob es wirklich nicht genügend
antinazistische Kräfte gibt, mit denen man in der Bundesrepublik aktiv zusammenarbeiten kann. (...)«[96]
Allerdings verblieb John nicht lange in der DDR. Im
Dezember 1955 flüchtete Otto John im Auto eines dä-
nischen Journalisten in den Westen zurück. Die Motive
seines Handelns sind bis heute ungeklärt und nebulös.
Der Historiker Bernd Stöver schreibt dazu: »Bis heute
ist die Frage, ob John freiwillig ging oder aber verschleppt wurde, nicht mit letzter Sicherheit zu klären.
Die Quellen lassen eher auf eine eigene Entscheidung
Johns schließen – John selbst blieb bis zu seinem Tod
1997 bei der Version, entführt worden zu sein.«[97] Nach
Rückkehr in die Bundesrepublik wurde John zu vier
Jahren Zuchthaus verurteilt.
Auch in der Gründergeneration des BfV gab es et-
liche Mitarbeiter mit einer braunen Vergangenheit.

---

96 Dr. Otto John: *Ich wählte Deutschland*. Ausschuss für Deutsche
    Einheit, Berlin 1954, S. 17.

97 Bernd Stöver: »Otto John (1909–1997). Ein Widerstandskämp-
    fer als Verfassungsschutzchef«. In: Dieter Krüger, Armin Wagner
    (Hrsg.): Konspiration als Beruf. Deutsche Geheimdienstchefs im
    Kalten Krieg. Berlin 2003, S. 160.

Der ehemalige SS-Hauptsturmführer Richard Gerken, ehemals im RSHA tätig, brachte es bis zum Leitenden Regierungsdirektor und fungierte als Abteilungsleiter Beschaffung im BfV. Kurt Lischka, ehemals SS-Obersturmbannführer, fand ebenfalls eine Anstellung beim BfV. In Frankreich wurde er in Abwesenheit wegen Massenmords verurteilt. Auch Johannes Strübing, mit BfV-Arbeitsnamen »Stahlmann«, ein ehemaliger Gestapo-Angehöriger, war im BfV aktiv. Er erwarb sich bei der Liquidierung der »Roten Kapelle«, einer sowjetischen Kundschafter-Organisation, unrühmliche Verdienste. Strübing musste später wegen seiner NS-Belastung das BfV verlassen.[98]

Rass gelangt zu der Einschätzung: »Das Bundesamt für Verfassungsschutz entwickelte in seiner Frühzeit eine Fassade, die sensibel mit NS-Belastung umging, und ein Backoffice, das von vormaligen Gestaposchergen wimmelte.«[99]

Dem Bundesamt nachgeordnet waren seit 1957 Bundesnachrichtenstellen (BUNAST) und die Küstennachrichtenstellen (KÜNAST), die in der Folge aber wieder aufgelöst wurden. Dazu schreibt Schumann: »1968 wurden im Zusammenhang mit der Zentralisierung des Bundesamtes für Verfassungsschutz und dem Streben nach einer höheren Effektivierung der Arbeit die BUNAST-Dienststellen aufgelöst, dem BfV Köln direkt unterstellt und in die Abteilung III (Linksradikalismus) eingegliedert. Die BUNAST-Dienststellen hatten bis zu ihrer Auflösung Spionageaufgaben auf politischem Gebiet gegen die DDR

---

98 Vgl.: »Duell im Dunkeln – Spionage und Gegenspionage im geteilten Deutschland«, S. 28 ff.

99 Christoph Rass: *Das Sozialprofil des Bundesnachrichtendienstes*, S. 347.

betrieben. Ziel ihrer Spionagetätigkeit war insbesondere die ›gesamtdeutsche‹ Arbeit der SED und der Gewerkschaft.«[100] Nach Schumann existierten Bundesnachrichtenstellen in Westberlin, Lübeck und Kassel.[101]

Der langjährige Verfassungsschützer Hans Josef Horchem weist der BUNAST NS (Bundesnachrichtenstelle Niedersachsen) als Aufgabe »die Beschaffung von Nachrichten aus der DDR« zu.[102]

Die KÜNAST war etwa 1957 auf Wunsch der Alliierten vom BfV gegründet worden, die einen Gesprächspartner bei der Koordinierung der Abwehr von nachrichtendienstlichen Angriffen von See her benötigten. Insbesondere aber die Briten lehnten es ab, mit allen vier Küstenanrainerländern (Schleswig-Holstein, Hamburg, Bremen, Niedersachsen) zu verhandeln. Bei der Ausübung dieser Tätigkeit wurde die KÜNAST verfassungsschutzintern als »geheime Hafenpolizei« verspottet. Die KÜNAST (mit Außenstellen in Bremen und Kiel) residierte unter der Legende »Institut für Nautik« in Hamburg-Alsterdorf, Mayenweg 77 b.[103]

Im Lehrbuch *Imperialistische Geheimdienste* wird die Struktur des BfV wie folgt dargestellt[104]:

---

100 Joachim Schumann: »Erarbeitung eines Entwurfs zur Chronik der Hauptabteilung II für die 3. Entwicklungsetappe 1960–1969«. BStU JHS 21287, Bl. 94.

101 Vgl.: Ebd., Bl. 29.

102 Hans Josef Horchem: *Auch Spione werden pensioniert.* Herford 1993, S. 46.

103 Vgl.: Hansjoachim Tiedge: Dissertation zum Thema: »Die Abwehrarbeit der Ämter für Verfassungsschutz in der Bundesrepublik Deutschland«. Berlin 1988, S. 42 und 155 (Archiv des Verfassers).

104 Vgl.: Lehrbuch: *Die imperialistischen Geheimdienste in der Gegenwart*, S. 62 f.

Die Führung des BfV bestand aus dem Präsidenten und dem Vizepräsidenten. Auf der Führungsebene waren eine Vorprüfstelle für Haushaltsangelegenheiten, eine Fachprüfstelle für die Effizienz der Fachabteilungen und das Referat S, verantwortlich für die Sicherheit des Amtes, angesiedelt.

Des Weiteren bestand das BfV Mitte der 1980er Jahre aus den Struktureinheiten:

- Abteilung Z: Allgemeine Verwaltung,
- Abteilung I: Zentrale Fachfragen, Informationssystem,
- Abteilung II, Rechtsextremismus,
- Abteilung III: Linksextremismus,
- Abteilung IV: Spionageabwehr,
- Abteilung V: Geheim- und Sabotageschutz,
- Abteilung VI: Sicherheitsgefährdende Bestrebungen von Ausländern,
- Abteilung VII: Terrorismus,
- Schule für Verfassungsschutz.

Bei der Abteilung Z waren die Referatsgruppen Z I (Personal und Justitiar), Z II (Haushalt, Technik, Innerer Dienst) und Z III (Observation) angesiedelt.

Zur Abteilung I gehörten die Referatsgruppen I G (Grundsatzfragen, Verbindung zu befreundeten Diensten) und I D (Dateiwesen).

In den Bereich der Abteilung II gehörten die Referatsgruppen II A (Auswertung) und II B (Beschaffung).

Der Abteilung III waren die Referatsgruppen III A (Auswertung), III B (Beschaffung) und III C (Neue Linke, Auswertung/Beschaffung) zugeordnet.

Zur Abteilung IV gehörten die Referatsgruppen IV A (Grundsatzfragen, Methodik, Berichtswesen, Suchoperationen, Ermittlungen), IV B (Nachrichtendienste DDR), IV C (Nachrichtendienste außer DDR und UdSSR) und IV D (Nachrichtendienste UdSSR, Funk).

Bei der Abteilung V waren folgende Referatsgruppen angesiedelt: Referatsgruppe V B (Überprüfungen für Behörden, allgemeine Grundsatzfragen), Referatsgruppe V W (Überprüfungen für die Wirtschaft, Sicherheitsermittlungen) und Referatsgruppe V M (Materieller Geheimschutz).

Der Abteilung VI gehörten die Referatsgruppen VI A (Auswertung) und VI B (Beschaffung) an.

Die Abteilung VII gliederte sich in die Referatsgruppen VII A (Auswertung) und VII B (Beschaffung).

Von besonderem Interesse für das MfS war die Abteilung IV und hier insbesondere die Referatsgruppe IV B. Als glücklicher Umstand erwies sich hierbei für die Staatssicherheit, dass der Referatsgruppenleiter IV B, Regierungsdirektor Hansjoachim Tiedge, im August 1985 aus persönlichen Gründen in die DDR überlief und sein gesamtes Wissen an das MfS preisgab.[105] Weiterhin verfügte die HV A des MfS seit 1981 mit Klaus Kuron (»Berger«) über eine sehr wichtige Quelle in der Referatsgruppe IV B. Tiedge und Kuron wurden von der HV A betreut, von ihren Informationen profitierte aber auch die Linie II.

---

105 Tiedge promovierte an der Humboldt-Universität zu Berlin im Jahr 1988. Das Thema seiner Dissertation A lautet: »Die Abwehrarbeit der Ämter für Verfassungsschutz in der Bundesrepublik Deutschland«. Die Dissertation B zum Thema »Gegenoperationen – ihre Führung, Steuerung und Beendigung« war angedacht, daher wurde dieses Thema in der Dissertation A nicht abgehandelt. Aufgrund der Ereignisse in der DDR 1989/90 hat Tiedge diese Dissertation nicht mehr angefertigt. Aus wissenschaftlicher Sicht ist dies nicht schwerwiegend, da sich Hillenhagen, Seidel und Engelmann bereits 1987 diesem Thema intensiv auf 190 Seiten in ihrer Dissertation »Die Qualifizierung der politisch-operativen Arbeit des MfS zur Bekämpfung der Doppelagententätigkeit des Verfassungsschutzes der BRD« gewidmet hatten. Dazu nutzten sie auch das Wissen Tiedges.

Umfangreichen Zugang hatte das MfS auch zu Interna aus den Landesämtern für Verfassungsschutz. Die HV A verfügte beispielsweise über IM in den LfV Hessen (»Bodva«) und Niedersachsen (»Maurer« und »Gräber«). Eine sehr aktive Rolle bei der Bearbeitung des LfV Berlin spielte die Abteilung II der Bezirksverwaltung für Staatssicherheit Berlin, die für Maßnahmen gegen das Landesamt für Verfassungsschutz in Westberlin zuständig war. Das Amt und seine Mitarbeiter standen unter intensiver Kontrolle, unter anderem durch HIM-Beobachter, die von Ostberlin aus im Westteil der Stadt eingesetzt waren.

Aus dem LfV Berlin lief am 6. April 1982 der Regierungsamtmann Gerhard Krützfeld in die DDR über. Als Krützfeld sein Ansinnen unauffällig dem Passkontrolleur an der Grenzübergangsstelle (GÜSt) Friedrichstraße mitteilte, leitete dieser eine Überprüfung ein und stellte fest, dass der Verfassungsschützer für die HA II erfasst war. So gelangte er im Gegensatz zu Tiedge nicht zur HV A. Die Maßnahmen im Fall Krützfeld liefen unter der Deckbezeichnung »Wechsler«. Er wurde in einem Konspirativen Objekt im Norden Berlins untergebracht, detailliert befragt und auf ein Leben in der DDR vorbereitet. Nach Abschluss der Maßnahmen wurde er mit neuer Identität im Bezirk Erfurt angesiedelt. Er führte dort erfolgreich ein Geschäft und wurde durch die HA II weiter betreut. Wissenschaftlich ist Krützfeld nicht in Erscheinung getreten, auch wurde sein Überlaufen nicht medienwirksam propagiert. Selbst im MfS wurde der Seitenwechsel nur einer kleinen Anzahl von Mitarbeitern bekannt. Nur einmal musste die Staatssicherheit eingreifen, nämlich als Krützfeld als Stadtverordneter kandidieren wollte. Das musste ihm zu seiner eigenen Sicherheit ausgeredet werden.

Die Informationen, die »Wechsler« der HA II offenbarte, kamen auch der Abteilung II der BV Berlin zugute. Die Berliner II verfügte unter anderem über zwei Ordner mit Unterlagen zum Verfassungsschutz. Der erste Ordner enthielt Informationen über:

- das NADIS[106],
- die Zusammenarbeit mit den Alliierten,
- den Wissensstand des LfV über das MfS,
- Falloperationen mit Fallbezeichnungen des MfS.

Der zweite Ordner enthielt Einzelberichte über das Personal des Berliner LfV. Für jeden von »Wechsler« benannten Verfassungsschützer war ein Blatt enthalten mit allen bekannten Informationen über die dienstliche Tätigkeit, Kontakte zu Kollegen und mit allgemeinen Punkten (Charakter, Hobby, Ehe usw.). Die Berichte aus dem ersten Ordner hatten auf Beteiligte aus der Ostberliner Spionageabwehr »einen qualitativ sehr guten Eindruck« gemacht.[107]

MAD

Der Militärische Abschirmdienst (MAD) war ebenfalls nachrichtendienstlich gegen die DDR tätig. Hierbei muss allerdings betont werden, dass dies ausschließlich im Rahmen von Gegenoperationen der Fall war. Der MAD ging aus der Anfang der 1950er Jahre geschaffe-

---

106 Das Nachrichtendienstliche Informationssystem (NADIS) ist ein nichtöffentliches automatisiertes Datenverbundsystem der Verfassungsschutzbehörden des Bundes (BfV) und der Länder (LfV). Im Gegensatz zu den meisten elektronischen Informationssystemen handelt es sich beim NADIS um eine Hinweiskartei, gespeichert werden lediglich Name, Geburtstag, Geburtsort und Wohnsitz von Personen sowie Aktenzeichen als Hinweis auf Fundstellen und Vorgänge, in denen Erkenntnisse über die betreffenden Personen festgehalten sind.

107 Mitteilung eines ehemaligen Mitarbeiters der Abteilung II der BV Berlin (Archiv des Verfassers).

nen »Sicherungsgruppe des Amtes Blank« hervor. Im Juni 1955 wurde aus dem »Amt Blank« das Bundesministerium der Verteidigung, und 1956 wurde der MAD gebildet. Die Gründergeneration des Amtes Blank beziehungsweise des MAD setzte sich aus ehemaligen Offizieren der Wehrmacht zusammen. Flottillenadmiral a. D. Elmar Schmähling, von 1982 bis 1983 Kommandeur des MAD, bezeichnete den Dienst als »eine Art Spezialverfassungsschutz, bezogen auf die Bundeswehr«[108].

Weiterhin äußerte sich Flottillenadmiral a. D. Schmähling zur Aufgabe des MAD wie folgt: »Der Auftrag des MAD war die Abwehr von sogenannter politischer und nachrichtendienstlicher Sicherheitsgefährdung, also Abwehr von Zersetzung, Spionage und Sabotage, die entweder gegen Personen, also Soldaten oder zivile Mitarbeiter, oder gegen Dienststellen der Bundeswehr gerichtet waren. Der Dienst umfasste ungefähr, das schwankte, 1.800 bis 2.000 Mitarbeiter. Der MAD ist regional gegliedert, die Zentrale ist das MAD-Amt, zu meiner Zeit das Amt für Sicherheit der Bundeswehr in Köln.«[109]

Zwischen dem MAD und dem BND gab es beispielsweise eine Zusammenarbeit dahingehend, dass Erkenntnisse, die der MAD zum Beispiel durch Reisen von Soldaten in die DDR gewonnen hatte, umgehend an den BND weitergegeben wurden.[110]

In den 1980er Jahren bestand folgende Struktur hinsichtlich des Amtes für den Militärischen Abschirmdienst:

---

108 Vgl.: »Duell im Dunkeln – Spionage und Gegenspionage im geteilten Deutschland«, S. 6.

109 Ebd.

110 Vgl.: Gerd-Helmut Komossa: *Die deutsche Karte. Das verdeckte Spiel der geheimen Dienste. Ein Amtschef des MAD berichtet.* Graz 2007, S. 131.

An der Spitze standen der Amtschef, der Ständige Vertreter des Amtschefs und der Chef des Stabes.

Dem Amt waren folgende Abteilungen nachgeordnet:

- Abteilung Zentrale Aufgaben,
- Abteilung I: Personelle Sicherheit,
- Abteilung II: Abwehr verfassungsfeindlicher Kräfte,
- Abteilung III: Abwehr gegnerischer Nachrichtendienste,
- Abteilung IV: Technische Unterstützung.

Territorial gliederte sich der MAD folgendermaßen:

- MAD-Gruppe I Kiel, mit den MAD-Stellen: 11 Hamburg, 12 Lübeck, 13 Flensburg und 14 Kiel,
- MAD-Gruppe II Hannover, mit den MAD-Stellen: 21 Bremen, 22 Wilhelmshaven, 23 Osnabrück, 24 Lüneburg, 25 Hannover und 26 Hannover,
- MAD-Gruppe III Düsseldorf, mit den MAD-Stellen: 31 Münster, 32 Augustdorf, 33 Iserlohn, 34 Düsseldorf und 35 Düsseldorf,
- MAD-Gruppe IV Mainz, mit den MAD-Stellen: 41 Koblenz, 42 Kassel, 43 Saarbrücken und 44 Mainz,
- MAD-Gruppe V Stuttgart, mit den MAD-Stellen: 51 Karlsruhe, 52 Sigmaringen und 53 Stuttgart,
- MAD-Gruppe VI München, mit den MAD-Stellen: 61 Würzburg, 62 Amberg, 63 München, 64 München und 65 München,
- MAD-Gruppe S Bonn.

Die HA II des MfS hatte im MAD eine Top-Quelle. Seit 1969 war Oberst Joachim Krase, der bis 1984 zum Stellvertretenden Amtschef des MAD aufstieg, IM des MfS. Der Politikwissenschaftler Dr. Bodo Wegmann kommt bezüglich der Spionageabwehr des MAD zu folgender Einschätzung: »So war insbesondere die Spionageabwehr des MAD erheblich eingeschränkt. Denn der Leiter ihrer entsprechenden Abteilung, der zugleich

Vizechef des Amtes war, arbeitete seit etwa 1969 als IM ›Fiedler‹ für die HA II.«[111]

Der MAD arbeitete vorwiegend mit Countermen gegen das MfS, vor allem aber gegen die Verwaltung Aufklärung des Ministeriums für Nationale Verteidigung (MfNV). Hierbei erkannte der MAD oder es offenbarten sich ihm gegenüber Personen, die vom MfS oder der Verwaltung Aufklärung des MfNV für eine nachrichtendienstliche Zusammenarbeit gewonnen wurden. Der MAD überwarb diese Personen und führte mit ihnen Gegenoperationen durch, die dann wiederum durch den IM »Fiedler« oder andere operative Maßnahmen der Staatssicherheit bekannt wurden. Stuchly und Möller gelangen zu der Einschätzung: »In diesen 16 Jahren [Zeit der Zusammenarbeit des IM ›Fiedler‹ mit der HA II des MfS, Anm. d. Verf.] wurden zahlreiche Gegenoperationen und die dabei beteiligten Doppelagenten, weitere V-Leute und Informationen zu den Partnerbeziehungen bekannt, womit die Wirksamkeit des MAD erheblich eingeschränkt werden konnte. Es bestand ein relativ kompletter Überblick, wer ehrlich mit dem MfS bzw. mit dem MfNV zusammenarbeitete bzw. wer als Doppelagent tätig war. Es wurden Mitarbeiter des MAD sowie Mittel und Methoden bekannt und nutzbar gemacht. Es konnte aber auch festgestellt werden, dass der MAD selbst keine aktiven Spionagehandlungen gegen die DDR durchführte, abgesehen von den Gegenoperationen mit DDR-Agenten.«[112]

MfS-intern heißt es in einem Dokument: »Vom Militärischen Abschirmdienst (MAD) und vom Amt für

---

111 Bodo Wegmann: *Die Militäraufklärung der NVA. Die zentrale Organisation der militärischen Aufklärung der Streitkräfte der Deutschen Demokratischen Republik.* Berlin 2006, S. 539.

112 Günter Möller, Wolfgang Stuchly in: *Die Sicherheit,* S. 470.

Nachrichtenwesen der Bundeswehr (ANBw) liegen bisher [1986, Anm. d. Verf.] keine Erkenntnisse über eine gezielte militärische Informationsbeschaffung mittels Agentursteuerung vor.«[113]

Abschließend noch einige Zahlen dazu, in welcher Quantität ausländische Geheimdienste gegen beziehungsweise in der DDR tätig waren.

Helmut Wagner schreibt dazu: »Im Dezember 1989 waren Vertreter von über 30 Geheimdiensten auf dem Territorium der DDR tätig, darunter der israelische Geheimdienst Mossad mit einer Dienststelle in Westberlin, der iranische und der irakische Geheimdienst, der italienische und der griechische Geheimdienst, der spanische und der libysche Geheimdienst, der ägyptische und der südafrikanische Geheimdienst. Viele dieser Geheimdienste bekämpften sich hier auch untereinander.«[114]

Quantitativ spionierte ein ganzes Heer von Agenten gegen das militärische, wirtschaftliche und politische Potential der DDR. Günther Kratsch gab in einem Interview bekannt, dass circa 5.000 Spione westlicher Geheimdienste durch das MfS enttarnt wurden.[115]

Als die DDR-Spionageabwehr im Zuge der gesellschaftlichen Veränderungen in der DDR ihre Tätigkeit einstellte, wurde in 258 Fällen noch ermittelt.[116]

---

113 Erkenntnisse zu Zentren und Ausgangsbasen imperialistischer Geheimdienste auf dem Gebiet der Militärspionageabwehr, BStU ZA MfS HA II Nr. 32925, Bl. 165.

114 Helmut Wagner: *Schöne Grüße aus Pullach. Operationen des BND gegen die DDR.* Berlin 2001, S. 159.

115 »Zwei Todfeinde an einem Tisch«. In: *Stern* 42/1994, S. 124.

116 Vgl.: NBI 35/1990, S. 59.

5. Kapitel

DIE ARBEITSWEISE WESTLICHER GEHEIMDIENSTE GEGEN DIE DDR

Grundsätzliches und Grundmethoden

Wer die Mittel und Methoden der Spionageabwehr des MfS analysieren und beurteilen will, muss zwingend jene Vorgänge betrachten, mit denen die westlichen Dienste gegen die DDR operierten. Um in den Besitz von in der Regel geheim gehaltenen Informationen aus der DDR zu kommen, bedienten sich die Geheimdienste verschiedener Kräfte, Mittel und Methoden, welche im engen wechselseitigen Zusammenhang standen, sich gegenseitig bedingten, ergänzten und auch beeinflussten. In ihrer Gesamtheit stellten sie das System der Informationsgewinnung der westlichen Geheimdienste dar. Zu den wesentlichsten Bestandteilen dieses Systems gehörten:

- Der geworbene Spion als in der Regel wichtigste Informationsquelle.
- Die systematische analytische Auswertung aller zur Verfügung stehenden oder beschafften offiziellen und halboffiziellen Dokumentationen und Publikationen über das Zielland (Presseorgane, Zeitungen/ Zeitschriften, Rundfunk- und Fernsehsendungen, Handbücher, Stadtpläne, Telefon- und Adressbücher, aber auch technische Literatur, wissenschaftliche Ma-

nuskripte, Untersuchungen und Analysen, statistische Erhebungen usw.).

- Die umfassende Nutzung des in den westlichen Ländern existierenden Kontroll-, Überwachungs- und Befragungssystems. In der Bundesrepublik existierten nach Erkenntnissen des MfS mehr als 15 Haupt- und Nebenstellen des Befragungswesens, die als offizielle Behörden der Bundesregierung mit Mitarbeitern der Geheimdienste besetzt waren.

- Die Auswertung der Berichte und Informationen, die von Mitarbeitern diplomatischer und anderer Vertretungen, von ständig akkreditierten - oder Reisekorrespondenten unter Nutzung vielfältiger Kontakt- und Informationsmöglichkeiten erarbeitet und auf verschiedenen Wegen den Geheimdiensten zugeleitet wurden.

- Die Auswertung der Spionageergebnisse der westlichen MVM und MI, die sie bei ihren Fahrten durch die DDR beziehungsweise innerhalb Ostberlins sowie durch ihre Kontakttätigkeit gewannen.

- Die Informationsgewinnung durch den Einsatz elektronischer, funktechnischer, optischer, akustischer und anderer Systeme unter Nutzung der jeweils neuesten wissenschaftlich-technischen Erkenntnisse.[117]

Das Kernstück in diesem System der Informationsgewinnung waren die geworbenen und zum Einsatz gebrachten Spione. Bei diesen Agenturen handelte es sich »um Bürger der imperialistischen Hauptmächte, anderer nichtsozialistischer Staaten und sogenannter Entwicklungsländer,

---

117 Vgl.: MfS: Selbststudienmaterial für hauptamtliche Inoffizielle Mitarbeiter. Thema: »Die Rolle der imperialistischen Geheimdienste im Kampf gegen die DDR und andere sozialistische Staaten. Einige Vorgehensweisen bei der Organisierung der Spionagetätigkeit«. MfS JHS Z. Tgb.-Nr.: 145/85, Bl. 31 ff.

aber auch um Bürger sozialistischer Staaten«[118]. Die dominierende Stellung der geworbenen Spione im System der Informationsgewinnung ergab sich nicht aus dem quantitativen Anteil am Gesamtaufkommen. Nach Erkenntnissen des MfS betrug dieser nur etwa 20 Prozent. Die Bedeutung des geworbenen Spions für die westlichen Geheimdienste ergab sich aus den folgenden Faktoren:

• Die für die Geheimdienste wichtigsten Informationen, vor allem die personell, organisatorisch und technisch geschützten Staatsgeheimnisse, konnten in der Regel ausschließlich durch Menschen beschafft werden, die Zugang, Einblick oder anderweitig Kenntnis von ihrem Inhalt hatten.

• Die speziellen Interessen der Geheimdienste, möglichst früh über Pläne, Absichten und Maßnahmen in den Zielländern oder Zielbereichen der Spionage informiert zu sein und Kenntnis von Ursachen, Hintergründen und Zusammenhängen zu erhalten, ließen sich im Allgemeinen nur lückenhaft und mit erheblichen Unsicherheitsfaktoren durch andere Informationsquellen realisieren. Die erläuternde und kommentierende Berichterstattung des Spions wurde damit für den Geheimdienst unersetzlich.

• Die Nutzung anderer Informationsquellen und die Auswertung der so gewonnenen Informationen, beispielsweise aus Publikationen, ließ die Geheimdienste vielfach erst die Informationslücken und den Informationsbedarf erkennen, der häufig nur durch den zielgerichteten Einsatz von Spionen realisiert werden konnte.

• Der geworbene Spion, als gesellschaftliches Wesen, mit seinen vielfältigen Kommunikationsbeziehungen

---

118 Ebd., Bl. 33.

zu seiner Umwelt war für die westlichen Geheimdienste in der Regel universell und disponibel einsetzbar, konnte unverzüglich auf bestimmte Erscheinungen und Ereignisse reagieren, der Situation entsprechend wirksam werden, subjektive Stimmungen, Vorstellungen und Meinungen erfassen und beurteilen und nicht zuletzt Augenblicksituationen für die Informationsgewinnung gezielt nutzen. Darüber hinaus konnte er als Bürger des Ziellands auch dann noch nachrichtendienstlich tätig sein, wenn beispielsweise in »Spannungssituationen« andere Informationsquellen (Befragungswesen, MVM/MI, Reise- und Kontaktmöglichkeiten der Diplomaten und Korrespondenten) ausfielen oder stark eingeschränkt waren.

Die genannten Faktoren begründen die Stellung des Spions gewissermaßen als Kernstück der Informationsbeschaffung der Geheimdienste, wobei Bedeutung und Wert des einzelnen Agenten für die Geheimdienste stark differenziert waren. Er wurde primär von seiner beruflichen oder gesellschaftlichen Tätigkeit und Stellung, seinen räumlichen und zeitlichen Möglichkeiten und Bedingungen sowie den damit verbundenen Voraussetzungen, geheime Informationen zu beschaffen, bestimmt. Trotz aller Technik, beispielsweise mittels Satelliten oder speziell ausgerüsteter Spionageflugzeuge, konnten die Geheimdienste zur Realisierung ihrer Aufgaben nicht auf den Einsatz geworbener Agenturen verzichten.

Aus diesem Grund, aber auch durch die Tätigkeit der Abwehrorgane sozialistischer Staaten sowie der Tatsache, dass geschaffene Spionagestützpunkte mit der Zeit einem gewissen Verschleiß unterlagen, zum Beispiel durch das Alter des Agenten, oder es waren objektiv keine Möglichkeiten (mehr) vorhanden, die geforderten Informationen zu erbringen, waren die Geheimdienste ständig bemüht, Personen zur Spionagetätigkeit zu werben.[119]

Agenturische Tätigkeit

Ausgehend von der Stellung der Agenten als Hauptkräfte im Geheimdienstinstrumentarium kam der agenturischen Tätigkeit als eine der geheimdienstlichen Grundmethoden besondere Bedeutung zu. Aus der Sicht des MfS umfasste die agenturische Tätigkeit der westlichen Geheimdienste »die Gesamtheit der Kräfte, Mittel und Methoden, um Personen zu werben, sie im Rahmen der verschiedenen Haupteinsatzrichtungen zur Realisierung der Funktionen einzusetzen und eine stabile Verbindung zu ihnen aufrechtzuerhalten«[120].

Zu den wichtigsten Bestandteilen der agenturischen Tätigkeit westlicher Geheimdienste gehörten die:

1. Suche, Auswahl, Aufklärung und Werbung von Personen für eine Agententätigkeit,

2. Ausbildung und Instruktion von Agenten,

3. Organisation eines wechselseitigen Verbindungssystems zwischen Geheimdiensten und Spionen,

4. Überprüfung von Agenten auf Ehrlichkeit und Zuverlässigkeit,

5. materielle Vergütung der Spionagetätigkeit,

6. Beendigung der Zusammenarbeit zwischen Geheimdiensten und Agenturen.[121]

Geheimdienstliche Agenten waren nach Auffassung

---

119 Vgl.: Ebd., Bl. 33 ff.

120 Lehrbuch: *Die imperialistischen Geheimdienste in der Gegenwart*, S. 147.

121 Vgl.: Ebd., S. 147 f.

des MfS »Personen, die von imperialistischen Geheimdiensten unter Ausnutzung verschiedener Motive und mittels unterschiedlicher Vorgehensweisen angeworben wurden und in deren Auftrag unter Anwendung vorwiegend konspirativer Mittel und Methoden differenziert zur Realisierung der Geheimdienstfunktionen tätig werden. Es handelt sich dabei um Kräfte, die nicht zum hauptamtlichen Personalbestand gehören.«[122]

Kategorien von Agenten
Agenten zur Informationsbeschaffung
Der Schwerpunkt dieser Ausarbeitung beschäftigt sich mit den Agenten und hierbei insbesondere mit denen, die die von den Geheimdiensten gewünschten Informationen beschaffen sollten beziehungsweise im Verbindungssystem eingesetzt waren. Die wichtigste Agentenkategorie der westlichen Geheimdienste war der klassische Spion. Vor allem Spione (Quellen) erbrachten für die Geheimdienste den qualitativ entscheidenden Anteil der zu gewinnenden Informationen. Darüber hinaus wurden durch die Geheimdienste zunehmend alle Agenten differenziert nach Erfordernissen, Möglichkeiten und Fähigkeiten zur Gewinnung von Spionageinformationen mit eingesetzt. Spione wurden in der Regel entsprechend den objektiven Bedingungen (Arbeits-, Wohn- und Freizeitbereich, gesellschaftliche Stellung), unter denen sie im Auftrag der Geheimdienste Spionage betrieben, in verschiedene Arten eingeteilt. Aufgrund ihrer konkreten Vorgehensweise zur Erlangung von Spionageinformationen unterschieden bestimmte Geheimdienste zwischen folgenden Arten von Spionen:
• Die Innenquelle war eine operative Quelle, die auf-

---

122 Ebd., S. 117.

grund ihrer Funktion ständigen, unmittelbaren Zugang zu Informationen eines Zielobjekts hatte.

- Die Außenquelle war eine operative Quelle ohne die Zugangsmöglichkeiten einer Innenquelle. Sie hat die Information durch Gesprächsaufklärung oder Beobachtung vorwiegend im fremden Machtbereich zu beschaffen.

- Der Gesprächsaufklärer war eine Quelle, die geheime Informationen durch Abschöpfung gewann. Es wurde unterschieden in:
    - stationärer Gesprächsaufklärer (betrieb Abschöpfung im Zielland bei längerem Aufenthalt),
    - reisender Gesprächsaufklärer (betrieb Abschöpfung im Zielland bei kurzfristigem Aufenthalt oder auf der Durchreise),
    - sonstiger Gesprächsaufklärer (betrieb Abschöpfung außerhalb des Ziellands).

- Der Beobachter gewann Erkenntnisse durch Beobachtung. Es wurde unterschieden in:
    - stationärer Beobachter (hatte die Möglichkeit zur Beobachtung im Zielland bei längerem Aufenthalt),
    - reisender Beobachter (hatte die Möglichkeit zur Beobachtung im Zielland bei nur kurzfristigem Aufenthalt).[123]

BND-intern war die Quelle eine »ND-Person, die Nachrichten beschafft. Letztbekannte Person (aufklärender V-Mann, nachrichtenbeschaffender Gewährsmann oder Agent) oder Institution, die als Ursprung einer Nachricht bezeichnet werden kann.«[124]

---

123 Vgl.: Ebd., S. 126 f.

124 Bodo Hechelhammer: Mitteilungen der Forschungs- und Arbeitsgruppe »Geschichte des BND« (MFGBND): *Nachrichtendienstliche Begriffsbestimmungen der »Organisation Gehlen« und des*

Die Tätigkeit der Spione war unabhängig von der jeweils konkreten Art gleichermaßen darauf gerichtet, für den auftraggebenden Geheimdienst vorwiegend geheim zu haltende Informationen und Gegenstände aus den Zielländern zu beschaffen. Sie bedienten sich sowohl der Methode der Eigenerkundung als auch der Abschöpfung und brachten dazu in Einzelfällen auch technische Hilfsmittel zum Einsatz.

Eine spezifische Art des Spions war der Doppelagent (»Counterman«). Er war Agent eines westlichen Geheimdienstes, der unter Vortäuschung einer inoffiziellen Zusammenarbeit mit dem MfS Aufgaben seines Auftraggebers gegen das MfS realisierte.

Agenten zur Realisierung von Aufgaben zur Erweiterung des Agentennetzes

Agenten, die vorwiegend Aufgaben zur Erweiterung des Agentennetzes zu lösen hatten, waren Tipper, Forscher, Zuführer und Werber.

Der Tipper war ein Agent, der infolge seiner objektiven und subjektiven Möglichkeiten sowie Fähigkeiten von den Geheimdiensten zielgerichtet zur Suche und Auswahl geheimdienstlich geeigneter Personen genutzt wurde. Tipper wurden differenziert in die Aufklärung und Werbung der von ihnen getippten Personen einbezogen. Der Begriff »Tipper« wurde hauptsächlich beim BND, in seiner Auslegung aber auch von anderen Geheimdiensten verwandt.[125] BND-intern war der Tipper eine »Person, die aufgrund ihrer Stellung Einblick in einen bestimmten Menschenkreis besitzt und aus diesem Anschriften von Personen vermitteln kann, die den Be-

---

frühen Bundesnachrichtendienstes. MFGBND (2012) Nr. 4, S. 29.

125 Vgl.: Lehrbuch: *Die imperialistischen Geheimdienste in der Gegenwart*, S. 135.

darfswünschen des ND entsprechen. Ein Tipper muss nicht notwendigerweise eine Kenntnis über die wahre Verwendungsabsicht der von ihm genannten Personen besitzen.«[126]

Eine deutliche Abgrenzung der Tipper von anderen Agentenkategorien ist kaum möglich. Als Tipper konnten auch zuverlässige Kuriere, Werber, Zuführer und andere Agentenkategorien eingesetzt werden.[127] Beim BfV beispielsweise wurden auch die Geheimdienstmitarbeiter als Tipper bezeichnet, die den grenzüberschreitenden Reiseverkehr zum Erkennen von IM des MfS visuell kontrollierten.

Der Forscher war ein Agent, der geheimdienstlich getippte Personen zielgerichtet beobachtete, überprüfte und hinsichtlich ihrer Eignung als Agent einschätzte. Auch hier handelte es sich um eine Agentenkategorie, deren Funktion vielfach von anderen Agentenkategorien im Rahmen der Arbeitsteilung wahrgenommen wurde.

Der Zuführer war ein Agent, der aufgrund seiner beruflichen oder gesellschaftlichen Stellung beziehungsweise des persönlichen Vertrauensverhältnisses zu anderen Personen diese meist zum Zweck der Anwerbung mit einem Vertreter westlicher Geheimdienste in Verbindung brachte. Er konnte auch als Anbahner bezeichnet werden.

Der Werber verkörperte den Typus Agent, der einmalig oder mehrfach zum Zweck der Anwerbung von Personen durch den Geheimdienst eingesetzt wurde. Die Anwerbung erfolgte auf der Grundlage von überprüften Informationen zu getippten und aufgeklärten Zielper-

---

126 Bodo Hechelhammer: MFGBND (2012) Nr. 4, S. 34.

127 Vgl.: Lehrbuch: *Die imperialistischen Geheimdienste in der Gegenwart*, S. 135 f.

sonen der Dienste sowohl im Ausgangs- als auch im Zielland beziehungsweise in Drittstaaten. Werbeoperationen wurden aber auch von hauptamtlichen Geheimdienstlern realisiert. Dabei handelte es sich zum Teil um auf Werbungen spezialisierte Geheimdienstmitarbeiter, die in speziellen Struktureinheiten tätig sein konnten. Sie wurden ebenfalls als Werber bezeichnet.[128] BND-intern war der Werber eine »Person, die die endgültige Verpflichtung einer für die Mitarbeit im ND vorgesehenen Person unmittelbar vorbereitet und vornimmt«[129].

Agenten zur Aufrechterhaltung konspirativer Verbindungen

Agenten, die überwiegend zur Aufrechterhaltung der konspirativen Verbindungen innerhalb der Agentennetze oder zwischen diesen und den Zentren der Geheimdienste unter den verschiedensten Realisierungsbedingungen zum Einsatz kamen, waren Instrukteure, Kuriere, Funker, Inhaber von Deckadressen/Kurierstellen, Decktelefonen, konspirativen Wohnungen sowie geheimdienstlichen Anlaufstellen.

Der Instrukteur war ein Geheimdienstagent, der im Auftrag und stellvertretend für einen Geheimdienstmitarbeiter die persönliche Verbindung in der Regel mit einem Agenten im Zielland aufrechterhielt. Er war über den Agenten und dessen geheimdienstliche Möglichkeit zur Realisierung des Auftrags im erforderlichen Maß informiert. Seine Hauptaufgabe bestand darin, auf der Grundlage schriftlicher Unterlagen sowie mündlicher Unterweisungen des Geheimdienstes, aber auch auf der Grundlage eigener Erkenntnisse, Fähigkeiten und Erfahrungen die Ausbildung, Instruktion und Anleitung

---

128 Vgl.: Ebd., S. 136.

129 Bodo Hechelhammer: MFGBND (2012) Nr. 4, S. 37.

des Agenten vorzunehmen. Damit nahm der Instrukteur eine Schlüsselstellung im Verbindungswesen ein. In
der Praxis der nachrichtendienstlichen Tätigkeit übernahm der Instrukteur oftmals gleichzeitig Aufgaben des
Kuriers. Dies wurde dann als Instrukteur-Kurier-Ver-
bindung bezeichnet. In solchen Fällen wurden durch
den Instrukteur zum Beispiel Aufträge erteilt, Hinweise
zu ihrer Realisierung gegeben, nachrichtendienstliche
Hilfsmittel und materielle Vergütungen übergeben,
schriftliche und/oder mündliche Berichte entgegengenommen sowie im Rahmen festgelegter Kompetenzen
Entscheidungen getroffen. Dabei trat vielfach in Erscheinung, dass der Instrukteur zuvor als Werber des
Agenten und darüber hinaus gleichzeitig als Spion tätig
gewesen war.

Bei dem Kurier handelte es sich um einen Agenten,
der im Auftrag eines Geheimdienstmitarbeiters direkt
(persönlich) oder indirekt (unpersönlich, das heißt,
der Kurier konnte, musste aber den Spion nicht persönlich mit Klaranamen und Anschrift kennen) die
Verbindung mit den Spionen im Zielland der Geheimdiensttätigkeit zu dem Zweck unterhielt, nachrichtendienstliche Hilfsmittel, schriftliche Instruktionen und
materielle Vergütungen zu übergeben beziehungsweise
Informationen/Materialien und anderes entgegenzunehmen. Im Unterschied zum Instrukteur beschränkte sich die Funktion des Kuriers in der Regel auf das
Übergeben beziehungsweise Übernehmen geheimdienstlicher Materialien. Der Kurier wurde darüber
hinaus auch zum Übersenden von Briefen beziehungsweise zum Führen von Telefongesprächen im Zielland
sowie zur Aufklärung der dortigen Regimeverhältnisse, zur Beschaffung geheimdienstlich nutzbarer Mittel
(neueste Formulare und Stempel bei der Grenzpassage,
Dinge des Alltags zur Fertigung von Containern) des

Ziellands eingesetzt.[130] BND-intern war der Kurier schlicht eine »mit der Überbringung von ND-Material beauftragte ND-Person«[131].

Der Funker (»Agentenfunker«) war ein Agent, der mittels Funk die ihm von anderen Agenturen übergebenen Informationen an die Zentrale übermittelte und in der Regel auf dem gleichen Weg Anweisungen erhielt und weitergab.

Eine spezielle Art von Funker war der sogenannte »Schweigefunker« oder »E-Fall-Funker« beziehungsweise auch »Einsatzfunker«. Diese speziell ausgebildeten und mit entsprechenden Hilfsmitteln ausgerüsteten Agenten in den Zielländern der Geheimdienste sollten vor allem zur Aufrechterhaltung der Verbindung unter erschwerten Bedingungen wie im Krisen- oder Kriegsfall zum Einsatz kommen beziehungsweise sollten erst dann durch die Geheimdienste aktiviert werden. Darüber hinaus wurden aber auch andere Agenten, insbesondere Spione, mit speziellen Funksende- und -empfangsgeräten ausgerüstet, um selbst gesammelte Informationen an den Geheimdienst zu übermitteln beziehungsweise von diesem Anweisungen per Funk zu erhalten. Diese Agenten wurden entsprechend ihrer Haupteinsatzrichtung, beispielsweise als Spione, die mit besonderen Verbindungsmitteln ausgerüstet sind, aber nicht als Funker bezeichnet.[132] BND-intern war der Funker »jede in der Durchgabe von Nachrichten mit drahtlosen Mitteln ausgebildete Person«[133]. Es wur-

---

130 Vgl.: Lehrbuch: *Die imperialistischen Geheimdienste in der Gegenwart*, S. 137 f.

131 Bodo Hechelhammer: MFGBND (2012) Nr. 4, S. 23.

132 Vgl.: Lehrbuch: *Die imperialistischen Geheimdienste in der Gegenwart*, S. 139.

133 Bodo Hechelhammer: MFGBND (2012) Nr. 4, S. 16.

de unter anderem unterschieden in Führungsfunker, Funkmelder und Außenfunker im Feindgebiet (Afu). Afu wurden unter anderem nach dem Auftrag geordnet als Schweigefunker, Routinefunker oder Vorwarnfunker bezeichnet.[134] Die OG realisierte aber auch sogenannte Drahtschleusen als geheime Telefonverbindungen zwischen Ost und West.[135]

Der Deckadressen-Inhaber war ein Agent, der seine offizielle Anschrift dem Geheimdienst zur Verfügung stellte. An die Deckadresse konnten Informationen auf postalischem Weg geschickt werden, ohne dass der Geheimdienst als eigentlicher Informationsempfänger in Erscheinung trat. Der Inhaber der Deckadresse leitete die für den Geheimdienst bestimmten Informationen (in Form von Postsendungen) entsprechend getroffener Vereinbarungen weiter. In der Praxis wurden häufig auch Deckadressen verwandt, die keine Anwerbung von Personen erforderten.

Bei dem Decktelefon-Inhaber handelte es sich um einen Agenten, der seinen offiziellen Telefonanschluss dem Geheimdienst zur Verfügung stellte. Das Decktelefon diente der Übermittlung von Informationen unter anderem zu Treffvereinbarungen sowie der Weiterleitung von (unter Umständen chiffrierten) Sofortinformationen.

---

134 Vgl.: Ebd. sowie S. 9.

135 Vgl.: Ronny Heidenreich et al.: *Geheimdienstkrieg in Deutschland*, S. 110 f. Hier wird die Einrichtung einer Drahtschleuse zwischen Ost- und Westberlin wie folgt beschrieben: »Die von Pullach genehmigte Planung sah vor, in einer durch die Sektorengrenze geteilten Kleingartenanlage auf dem Grund des Heidekampgrabens, der an dieser Stelle die Sektorengrenze zwischen Neukölln und Treptow bildete, ein mehrere Meter langes Kabel zu verlegen. Die ›Sprechstellen‹ sollten in beiderseits der Grenze gelegenen Schrebergärten untergebracht werden ...« Die Autoren berichten von einer ähnlichen Aktion durch den Teltowkanal.

Telefonische Mitteilungen wurden vom Anschlussinhaber entgegengenommen und in individuell festgelegter Weise an den Geheimdienst weitergeleitet. Zu diesem Zweck wurden auch konspirative Telefonanschlüsse der agenturführenden Dienststellen in Verbindung mit automatischen Anrufbeantwortern genutzt.

Der Inhaber einer konspirativen Wohnung oder eines konspirativen Objekts war ein Agent, der dem Geheimdienst Zimmer, Wohnung, Gebäude/Gebäudeteil oder Grundstück zur Verfügung stellte. Dies diente der konspirativen Treffdurchführung mit den oder als konspiratives Quartier für die Agenten. Die Legendierung erfolgte unter Beachtung der Lage, Umgebung, Ausgestaltung und der Art und Weise der Verwaltung der betreffenden Räumlichkeiten/Einrichtungen. Inhaber von Treffwohnungen und -objekten konnten auch entsprechend abgedeckte hauptamtliche Geheimdienstmitarbeiter sein. Darüber hinaus wurden zur Treffdurchführung in beträchtlichem Umfang Hotels, Gaststätten und Fahrzeuge genutzt.

Der Inhaber einer geheimdienstlichen Anlaufstelle war ein Agent, der genutzt wurde, um anderen Agenten beispielsweise Treffvereinbarungen zu ermöglichen, die unterbrochene Verbindung wieder aufzunehmen, Materialien zu hinterlegen beziehungsweise von dort abzuholen. Dies erfolgte vielfach unter Verwendung von Losungsworten und anderen Erkennungszeichen. Anlaufstellen dienten als Bestandteil des Verbindungssystems wesentlich der Tarnung und Absicherung der Geheimdienstarbeit. Außerdem gab es als geheimdienstliche Anlaufstellen auch vom Geheimdienst festgelegte Orte, Einrichtungen beziehungsweise legendiert genutzte Personen, die im Rahmen des Verbindungssystems verwendet wurden.[136]

---

136 Vgl.: Lehrbuch: *Die imperialistischen Geheimdienste in der Gegenwart*, S. 139 ff.

BND-intern wurde eine solche Anlauf-/Kurierstelle als »im eigenen Machtbereich eingerichtete, mit ND-Personen besetzte Stelle, bei der Kuriere ND-Material zur Weiterleitung abliefern und empfangen« definiert.[137]

Suche, Auswahl, Aufklärung von Werbekandidaten durch westliche Geheimdienste

Die Suche, Auswahl und Aufklärung von Personen sowie deren Werbung, also insgesamt die Schaffung neuer Agenten, stellte einen ständigen Prozess dar. Er umfasste vielfältige Aktivitäten der Geheimdienste sowohl in der Phase der Vorbereitung der Werbung – mit den Etappen Suche, Auswahl und Aufklärung von Werbekandidaten – als auch in der Phase der Durchführung der Werbung – mit den Etappen: Annäherung an den Werbekandidaten und schließlich dessen unmittelbare Werbung. Die Grenzen zwischen diesen beiden Phasen sowie den einzelnen Etappen verliefen fließend.[138]

Erfahrungen des MfS besagten, dass der Werbungsprozess unterschiedlich lang sein konnte. Er reichte von der Wahrnehmung einer für den Geheimdienst günstig erscheinenden Augenblickssituation, beispielsweise der kurzfristigen und befristeten Einreise eines DDR-Bürgers in ein nichtsozialistisches Land, bis zur Jahre währenden Vorbereitung einer der Zielstellung entsprechenden Werbekombination. Beispielsweise versuchten Geheimdienste, Mitarbeiter des DDR-Staatsapparats unter Nutzung kompromittierender Fakten für eine Zusammenarbeit zu gewinnen.[139]

---

137 Bodo Hechelhammer: MFGBND (2012) Nr. 4, S. 23.

138 Vgl.: Lehrbuch: *Die imperialistischen Geheimdienste in der Gegenwart*, S. 149.

139 Vgl.: Wolfgang Stuchly, Heinz Primus: Diplomarbeit zum Thema: »Die Arbeitsweise der imperialistischen Geheimdienste bei

Für die gezielte Suche und Auswahl von Werbekandidaten nutzen die westlichen Geheimdienste alle ihnen zur Verfügung stehenden Informationsquellen, wie:

- das vorhandene Agenturnetz in der gesamten Breite,
- geheimdienstinterne und andere Informationsspeicher,
- die offiziellen Kontakte der Geheimdienste, besonders die Nutzung der Möglichkeiten der durch staatliche Stellen durchgeführten Überwachungs- und Kontrollmaßnahmen, speziell im Zusammenhang mit dem grenzüberschreitenden Verkehr nach und aus sozialistischen Staaten,
- die geheimdienstliche Überwachung und Kontrolle (beispielsweise die des Post- und Telefonverkehrs in das beziehungsweise aus dem Ausland, vorrangig sozialistischer Staaten, die funkelektronische Überwachung und das Befragungswesen),
- die Kontakt- und Abschöpfmöglichkeiten der bevorrechteten Personen (insbesondere abgedeckt tätige Geheimdienstmitarbeiter) sowie akkreditierten Korrespondenten und Journalisten,
- Aussagen von Überläufern aus den Schutz- und Sicherheitsorganen sowie anderer Personen, die die DDR verließen,
- Materialien von Partnerdiensten,
- die Auswertung offener Quellen (Zeitungen, Fachzeitschriften, Rundfunk- und Fernsehsendungen), aus denen Informationen zu potentiellen Werbekandidaten gewonnen werden konnten.[140]

Die Suche und Auswahl des Werbekandidaten durch die

---

der Organisierung der Spionagetätigkeit gegen die DDR«. 1976, MfS JHS MF VVS 1-352/75, Bl. 18.

140 Vgl.: Lehrbuch: *Die imperialistischen Geheimdienste in der Gegenwart*, S. 149 f.

westlichen Geheimdienste erfolgte selbstverständlich nicht planlos, sondern war einer Reihe von subjektiven und objektiven Kriterien und Gesichtspunkten untergeordnet. Die wesentlichsten Kriterien für die Suche und Auswahl von Werbekandidaten waren:

1. Der Werbekandidat musste als geworbener Spion in der Lage sein, im Rahmen der Hauptangriffsrichtung des jeweiligen Geheimdienstes, des Geheimdienstzweigs beziehungsweise der konkreten operativen Dienststelle und den damit verbundenen nachrichtendienstlichen Aufgaben tätig zu sein oder zu werden. Den jeweiligen konkreten operativen Dienststellen, die letztendlich auch die spätere Werbung vollzogen, wurden von den einzelnen Geheimdiensten beziehungsweise Geheimdienstzweigen spezielle sachliche und territoriale nachrichtendienstliche Aufgaben übertragen, die zwangsläufig auch auf die Suche und Auswahl von Werbekandidaten Einfluss hatten. Dabei gab es durchaus Überschneidungen und Interessenkonflikte, aber auch einen gegenseitigen Informationsaustausch, zumal diverse Filtrierungsaufgaben zentral gesteuert wurden.

2. Die Geheimdienste mussten zumindest elementare Möglichkeiten und Voraussetzungen haben, den Kandidaten tatsächlich werben und nach der Werbung die konspirative Verbindung zu ihm aufrechterhalten zu können. Der Sinn aller Aktivitäten bei der Suche und Auswahl von Kandidaten bestand letztlich darin, aus dem bekannt gewordenen Personenkreis neue Spione zu werben, die interessierende Informationen beschaffen oder anderweitig in die Spionagetätigkeit einbezogen werden konnten (Werber, Kurier, Deckadresse usw.). Dabei war es völlig unerheblich, auf welcher Grundlage die Werbung und unter Nutzung welcher Bedingungen und Umstände die Organisierung des Verbindungswesens vonstattenging.

3. Die Persönlichkeitsstruktur des Werbekandidaten, die Charaktereigenschaften, der Intelligenzgrad sowie bestimmte Fähigkeiten und Fertigkeiten mussten geeignet sein, die von den Geheimdiensten übertragenen Aufgaben erfüllen sowie »ehrlich« und »zuverlässig« im Sinne der westlichen Geheimdienste arbeiten zu können. Zweifellos waren die Persönlichkeitsanforderungen vom Niveau her und in ihrer Ausgeprägtheit sehr differenziert zu betrachten und standen im unmittelbaren Zusammenhang mit der konkreten geheimdienstlichen Aufgabenstellung. Elementare subjektive Voraussetzungen für die Durchführung der Spionage gegen die DDR mussten beim Kandidaten vorhanden sein. Die Praxis des MfS zeigte, dass sich die westlichen Geheimdienste von bereits geworbenen Spionen, die in subjektiver Hinsicht nicht ein Minimum an Voraussetzungen mitbrachten (oder vortäuschten – IMB) bald wieder trennten.

Die genannten Kriterien stellten eine Einheit dar, sie wurden von einzelnen Geheimdienstmitarbeitern häufig im konkreten Fall falsch eingeschätzt oder aus unterschiedlichen Motiven, beispielsweise Erfolgsstreben, auch manipuliert.[141]

Darüber hinaus gab es eine Reihe weiterer Aspekte, die von den Geheimdiensten als günstige Ansatzpunkte für eine Annäherung an den Werbekandidaten und den Vollzug der Werbung beurteilt und genutzt wurden. Sie bildeten oftmals den Kern des Motivationsgefüges eines Werbekandidaten, als Agent tätig zu werden. Zum Teil schufen oder stimulierten die Geheimdienste aber auch derartige Ansatzpunkte bei den Zielpersonen durch die Nutzung verschiedener Einflussmöglichkeiten (beispielsweise bereits vorhandene Agenturen im Umgangskreis oder durch Kontakte zu bevorrechteten Personen).

---

141 Vgl.: Wolfgang Stuchly, Heinz Primus: Diplomarbeit 1976, Bl. 28 ff.

Zu solchen Ansatzpunkten zählten die Geheimdienste insbesondere:

- eine negative Einstellung zum Sozialismus oder eine primär prowestliche Einstellung,
- erkannte Absichten von Bürgern der Zielländer, ihr Land zu verlassen, und die damit verbundene Suche nach Unterstützung für die Realisierung dieser Absichten beziehungsweise günstige Ausgangsbedingungen für die Schaffung einer neuen Existenz im NSA,
- übersteigerte materielle Interessen und solche negativen Charaktereigenschaften wie Bestechlichkeit, Bereitschaft zu spekulativen Geschäften aller Art, aufwendiger Lebensstil, der die realen Möglichkeiten überstieg, Verschuldungen usw.,
- Straftaten und andere Rechtsverletzungen beim Aufenthalt im Ausland (Kaufhausdiebstahl, Verkehrsdelikte),
- Verärgerung, Enttäuschung, Hass (beispielsweise ausgelöst durch vermeintlich oder tatsächlich ungerechtfertigte disziplinarische Bestrafung, Abberufung, Funktionsentzug, Versetzung, Entlassung oder anderweitige Sanktionen wegen begangener Verstöße und Vergehen),
- übertriebener Ehrgeiz (reale oder eingebildete Zurücksetzungen in der beruflichen Entwicklung) sowie übersteigerter Drang nach persönlicher Anerkennung,
- offiziell nicht bekannte Verfehlungen, verschwiegene beziehungsweise nichtgenehmigte Kontakte in das NSA, abartige Veranlagungen, Triebhandlungen und Leidenschaften von Personen, die bei Bekanntwerden eine kompromittierende Wirkung oder weitergehende Sanktionen nach sich ziehen könnten,
- stark ausgeprägte sexuelle Bindungen und Hörigkeiten.

Die objektiven Anforderungen und die Ansatzpunkte bildeten bei der Suche und Auswahl von Werbekandidaten eine Einheit. Sie waren neben den konkreten Angriffsschwerpunkten und den Realisierungsbedingungen die wesentlichen Ausgangsgrößen zur Bestimmung von Zielgruppen und Zielpersonen zur Werbung.[142]

Während bis zur Grenzschließung am 13. August 1961 Massenwerbungen von DDR-Bürgern oder ehemaligen DDR-Bürgern zu verzeichnen waren, machte sich danach die Tendenz feststellbar, dass die westlichen Geheimdienste in zunehmendem Maße die personelle Basis in ihren eigenen Ländern zur Realisierung ihrer Ziele nutzten. Dieser Tendenz lagen folgende Ursachen zugrunde:

- Es war für die Geheimdienste unter den Bedingungen nach dem 13. August 1961 wesentlich schwerer geworden, in den interessierenden Bereichen sowie unter den bevorzugten Zielgruppen in der DDR Personen für eine nachrichtendienstliche Tätigkeit zu gewinnen. Das bedurfte in der Regel gründlicher Vorbereitung und gewissenhafter Auswahl.

- Die neuen Lagebedingungen, besonders die im Reiseverkehr, ermöglichten den westlichen Geheimdiensten in weit größerem Umfang, geworbene Spione aus dem Kreis ihrer Staatsbürger zur Durchführung von Spionagehandlungen, auch zur Vorbereitung und Durchführung gezielter Werbeoperationen unter DDR-Bürgern, einzusetzen.

- Die Geheimdienste hatten die wissenschaftlich-technischen und institutionellen Quellen zur Informationsbeschaffung erheblich ausgebaut und versuchten

---

142 Vgl.: Lehrbuch: *Die imperialistischen Geheimdienste in der Gegenwart*, S. 151 f.

damit, Informationsverluste durch fehlende Spione in der DDR auszugleichen beziehungsweise vorhandene Informationen zu ergänzen.

Unter diesen Gesichtspunkten können folgende Personengruppen genannt werden, die besonders im Blickpunkt der Geheimdienste bezüglich Suche, Auswahl und Werbung von Agenten standen.

<u>Bürger nichtsozialistischer Staaten</u>
1. Personen mit beruflichen, gesellschaftlichen oder privaten Kontakten in die DDR oder andere sozialistische Staaten. Dazu zählten vor allem Angehörige der Wirtschaftsunternehmen und Beauftragte anderer Institutionen, die im Rahmen der kommerziellen, wissenschaftlich-technischen, politischen, kulturellen und anderen Verbindungen in die DDR einreisten beziehungsweise dorthin feste Kontakte unterhielten. Des Weiteren gehörten hierzu die Personen, die Verwandte oder Bekannte unter DDR-Bürgern hatten, mit denen sie in Verbindung standen beziehungsweise Kontakt aufnehmen konnten. Die Werbung solcher Personen erfolgte im Allgemeinen mit folgenden Zielsetzungen:

- Informationsbeschaffung durch Eigenerkundung und Abschöpfung (Legenden waren zum Beispiel früherer Kriegskamerad, ehemaliger Arbeitskollege usw.),
- Aufklärung und Werbung der DDR-Kontaktpartner,
- Übernahme von Aufgaben im Verbindungssystem.
- Personen, die ständig am Transitverkehr durch die DDR (Straße und Bahn) teilnahmen oder teilnehmen konnten. Dazu zählten vor allem Berufskraftfahrer, aber auch Studenten und andere Personen mit entsprechenden zeitlichen oder beruflichen Möglichkeiten. Die Werbung erfolgte mit dem Ziel:
  - Aufklärung militärischer Objekte und Bewegungen an oder auf den Transitstrecken,

- Erkundung der Regimefragen an den DDR-Grenzübergangsstellen sowie der Kontrollmaßnahmen auf den Transitstrecken.

2. Personen aus dem Kreis der aus der DDR übergesiedelten Bürger. Das Ziel der Werbung bestand vor allem in der:

- Rückschleusung als Rückkehrer und dem Einsatz in der DDR,
- Teilnahme an der Vorbereitung und Durchführung von Werbungen aus dem Kreis der Rückverbindungen in die DDR.

3. Personen aus dem Kreis der Diplomaten und Korrespondenten sowie Mitarbeiter anderer Vertretungen oder Organisationen in der DDR. Dabei griffen die Geheimdienste der westlichen Hauptländer häufig auf derartige Personen aus kleineren Ländern oder jungen Nationalstaaten zurück, die freundschaftliche Verbindungen zur DDR unterhielten und die vermeintlich nicht besonders stark im Blickfeld der DDR-Sicherheitsorgane standen. Das Ziel der Werbung umfasste die gesamte Breite der geheimdienstlichen Aktivitäten.

4. In der BRD, Westberlin oder zeitweilig in der DDR lebende Ausländer anderer nichtsozialistischer Staaten. Dazu zählten vor allem Personen aus jungen Nationalstaaten und kleiner westlicher Länder (Gastarbeiter). Die Werbung erfolgte mit folgenden Zielsetzungen:

- Informationsbeschaffung durch Eigenerkundung oder Abschöpfung,
- Kontaktaufnahme zu und Werbung von DDR-Bürgerinnen in interessanten Positionen (Sekretärinnen in zentralen staatlichen Organen, Dolmetscherinnen usw.),
- Übernahme von Aufgaben im Verbindungssystem,
- Einsatz im Heimatland.

5. Personen, die Kontaktaufnahmen oder Werbungen

des MfS beziehungsweise anderer sozialistischer Sicherheitsorgane gegenüber gegnerischen Geheimdienst- und Abwehrorganen preisgaben (Selbststeller) oder die nach Auffassung der Geheimdienste im Blickfeld der Werbetätigkeit des MfS oder anderer sozialistischer Sicherheitsorgane stehen konnten. Die Zielstellung der Werbung beziehungsweise Überwerbung bestand vor allem in:

- dem Eindringen in die Konspiration des MfS (Pläne, Methoden, Verbindungssystem, Aufklärung der Mitarbeiter),
- der Anschleusung weiterer Agenten an das MfS,
- der Desinformation,
- der publizistischen Auswertung.

Bürger der DDR

1. Personen mit beruflichen, gesellschaftlichen oder privaten Verbindungen in das NSA. Ausgangspunkt waren hierbei die Kriterien und Gesichtspunkte der Suche und Auswahl von Webekandidaten der Geheimdienste. Dazu zählten vor allem:

- Mitarbeiter von DDR-Vertretungen und Organisationen im NSA (beispielsweise wurde die »Operative Personenforschung« zu Ostblockdiplomaten der Hauptauftrag der BND-Residenten im Ausland)[143],

---

143 Dazu ein ehemaliger BND-Angehöriger: »Erst Richard Meier [Leiter der Abt. I im BND, Anm. d. Verf.] machte diesem Unfug ein Ende, stellte richtig, dass unsere Residenten in erster Linie Vertreter des BND im Ausland seien und es zu ihrer vornehmsten Pflicht gehörte, Ostblockkontakte nicht zu meiden, sondern zu suchen. ›Operative Personenforschung‹ der Ostblockdiplomaten wurde der Hauptauftrag der Residenten im Ausland, d. h. Klärung der persönlichen Befindlichkeit und des Umfeldes von Angehörigen des Ostblocks, um deren nachrichtendienstliche Ansprechbarkeit beurteilen zu können. In ›Monatsberichten‹, später ›Vierteljahresberichten‹, verlangte Richard Meier von

- Personen aus dem NSW-Reisekaderstamm der DDR, besonders aus wirtschaftsleitenden Organen sowie analogen Einrichtungen,
- DDR-Teilnehmer an internationalen Konferenzen, Tagungen, Seminaren usw., vor allem dann, wenn sie im NSA stattfanden,
- DDR-Auslandskorrespondenten,
- DDR-Bürger aus dem Kreis der Verhandlungspartner wirtschaftsleitender Organe, von Betrieben, Institutionen und Einrichtungen mit analogen Stellen aus dem NSA,
- Bürger der DDR, die verwandtschaftliche oder freundschaftliche Verbindungen in das NSA unterhielten und zu den Zielgruppen der Werbeaktivitäten gehörten.

Die Zielsetzung der Werbung umfasste die gesamte Breite der Aktivitäten, primär aber die Informationsgewinnung durch Eigenerkundung und Abschöpfung.

2. Personen, die in militärischen Schwerpunktbereichen arbeiteten oder wohnten. Das betraf vor allem:
- Angehörige oder Zivilbeschäftigte der bewaffneten Organe der DDR,
- Mitarbeiter in Betrieben, Organen und Einrichtungen, die unmittelbar mit den bewaffneten Kräften der DDR oder der Sowjetarmee zusammenarbeiteten

---

seinen Residenten genaue Darstellung aller gehabten Ostblockkontakte und ausführliche Beurteilung und Charakterisierung der Gesprächspartner. Eine weltweite ›Tip-Aufbereitung‹ für die operative Speerspitze des BND, die Anbahnung oder Rekrutierung von Agenten durch mobile Anbahner-Teams hatte begonnen. Die Stagnation nach durch Mauerbau und effektive Abwehr des MfS – aber auch durch eigene organisatorische Einengung der Anbahnungstätigkeit nur auf den Boden der Bundesrepublik – war durch Meiers Initiative überwunden.« Waldemar Markwardt: *Erlebter BND. Kritisches Plädoyer eines Insiders.* Berlin 1996, S. 285 f.

(Dienstleistungen, Deutsche Reichsbahn, staatliche Forstwirtschaftsbetriebe),

- Personen, die an wichtigen militärischen Objekten, Anlagen, Geländen, Magistralen des Militärverkehrs wohnten oder Möglichkeiten der Kontrolle hatten, einschließlich der Objekte und Einrichtungen des MfS.

Dabei standen schwer zugängliche Objekte und Anlagen sowie solche in ständigen Sperrgebieten für die westlichen MVM im Blickpunkt.

3. Personen, die in technisch-organisatorischen Funktionen, vor allem zentraler staatlicher oder gesellschaftlicher Organe und Einrichtungen tätig waren und dadurch Zugang zu geheim zu haltenden Informationen und Sachen hatten (informelle Knotenpunkte). Dazu gehörten vor allem Sekretärinnen, Telefonistinnen, Dolmetscher, Mitarbeiter von Kopiereinrichtungen usw. Das Ziel der Werbung war eindeutig auf die Informationsgewinnung, vor allem durch Beschaffung von Dokumenten (Durchschläge/Kopien), sowie Informationsabschöpfung ausgerichtet. Verschiedentlich wurden in solchen Fällen auch technische Hilfsmittel zur Informationsbeschaffung eingesetzt (Kleinstfotoapparate, Kleingeräte zur Aufzeichnung von Gesprächen und Telefonaten).

4. Personen, die sich in der Ausbildung befanden oder eine langfristige Qualifizierung absolvierten und von denen die Geheimdienste erwarteten, dass sie perspektivisch in der für eine Spionagetätigkeit besonders günstigen Position eingesetzt werden konnten. Hierzu zählten vor allem Studenten (Auslandsstudenten, Fernstudenten) in besonders interessierenden Studienrichtungen (Diplomatenlaufbahn, Auslandskader, Staatsapparat usw.). Die Geheimdienste betrachteten materielle Aufwendungen in der Ausbildungszeit als besonders wirk-

sam und waren bemüht, auf die weitere Entwicklung des Perspektivspions regulierend Einfluss zu nehmen. Das Ziel der Werbung war auf den künftigen Einsatz dieser Personen ausgerichtet.

5. Personen aus dem Kreis der in der DDR ständig wohnenden Bürger nichtsozialistischer Länder. Die Geheimdienste der jeweiligen Staaten sahen hier besonders günstige politische und psychologische Ansatzpunkte für eine Werbung. Außerdem begünstigten die Reisemöglichkeiten derartiger Personen in das NSA die Bedingungen für eine Werbung und spätere Spionagetätigkeit (persönliche Treffs, Einsatz als Kurier/ Instrukteur usw.). Bei der Werbung solcher Kandidaten wurde im MfS auch von Aktivitäten der Geheimdienste über diplomatische und konsularische Vertretungen dieser Länder in der DDR beziehungsweise staatlicher Einrichtungen (Meldebehörden, Betreuungsinstitutionen usw.) in den einzelnen Ländern selbst ausgegangen. Das Ziel der Werbung umfasste die gesamte Breite der Spionagetätigkeit (Informationsgewinnung, Einsatz als Werber oder im Verbindungssystem).

6. Personen aus dem Kreis der Rentnerreisenden (Alters-/Invalidenrentner) und Reisenden in dringenden Familienangelegenheiten. Die Geheimdienste waren sich der relativen Begrenztheit der Werbe- und Einsatzmöglichkeiten solcher Personen bewusst und legten dementsprechende Maßstäbe bei der Auswahl an. Aber immerhin konnten

• das Vorhandensein einer stabilen Verbindung im NSA,
• die ehemalige berufliche Tätigkeit und die eventuell noch existierenden Verbindungen dorthin, besonders wenn die Personen erst kurzzeitig Rentner waren oder
• der konkrete Wohnort (militärische Schwerpunktbereiche) und andere Objekte sowie subjektive Faktoren für die Geheimdienste Werbeanlässe sein.

7. Personen, von denen die Geheimdienste Kenntnisse oder Vermutungen hatten, dass sie zur inoffiziellen Basis des MfS oder anderer Sicherheitsorgane gehörten. Die Überwerbung oder Werbung dieser Personen sollte einer zielgerichteten Bearbeitung des MfS oder anderer Sicherheitsorgane dienen.

8. Personen, die aufgrund ihrer verwandtschaftlichen, engen freundschaftlichen oder sonstigen Verbindungen zu leitenden Funktionären des Partei- und Staatsapparats über besonders günstige Abschöpfungsmöglichkeiten verfügten. Es handelte sich dabei vor allem um Partner aus der Freizeit- und Intimsphäre solcher Funktionäre oder leitender Mitarbeiter staatlicher oder gesellschaftlicher Organe, die auf diesem indirekten Weg Informationen beschaffen sollten, weil von den Geheimdiensten direkte Werbeaktivitäten in Richtung der Funktionäre aussichtslos, wenig erfolgversprechend oder als zu aufwendig eingeschätzt wurden. Obwohl die Abschöpfung eine generelle Erscheinungsform der Spionage darstellte, gab es auch Werbeaktivitäten, die primär dieser Zielstellung untergeordnet waren.[144]

Um eine endgültige Auswahl von Werbekandidaten vornehmen und Vorbereitungen für die Werbung treffen zu können, benötigten die Geheimdienste Informationen, die ihnen weitere Erkenntnisse zur Person, deren konkreten Möglichkeiten und Motive vermittelten. Die Aufklärung des Werbekandidaten wurde im Zusammenhang mit den anderen Phasen des Prozesses der Werbung gesehen, da sie im Prinzip mit der Erstinformation zu einer Person begann und über die Werbung

---

144 Vgl.: Wolfgang Stuchly, Heinz Primus: Diplomarbeit 1976, Bl. 33–40.

hinaus bis in die spätere Zusammenarbeit des Agenten mit dem Geheimdienst reichte.

Es gab jedoch auch konkrete Mittel, die speziell der Aufklärung der Person des Werbekandidaten dienten. Dabei war nicht zu übersehen, dass der Umfang und die Vollständigkeit der Aufklärung von Kandidaten im direkten Verhältnis zu ihrer zukünftigen Bedeutung für den jeweiligen Geheimdienst standen, obwohl es zwischen den Geheimdiensten, ihren einzelnen Zweigen, Dienststellen und Mitarbeitern Unterschiede in der Vorgehensweise gab.

Über ausreichende Informationen zu verfügen, wurde von den Geheimdiensten als besondere Voraussetzung für einen Werbeerfolg und speziell auch für die inhaltliche Ausgestaltung des Werbegesprächs angesehen. Sofern die Werbung des Kandidaten auf DDR-Territorium erfolgen sollte, stellten die Aufklärungsergebnisse gleichzeitig einen bedeutsamen Sicherheitsfaktor für den eingesetzten Werber dar. Die wesentlichsten Mittel und Methoden der Aufklärung von Werbekandidaten waren:

1. Die bereits genannten Informationsquellen der Geheimdienste für die Suche und Auswahl des Werbekandidaten, soweit sie auch zur weiteren Vervollständigung des Persönlichkeitsbilds über den dadurch bekannt gewordenen Kandidaten eingesetzt werden konnten, das heißt

- die offiziellen Kontakte der Geheimdienste,
- das agenturische Netz im eigenen Land,
- das Befragungssystem,
- die Post- und Telefonkontrolle (jetzt als Individualkontrolle),
- bereits geworbene Spione in der DDR,
- Diplomaten, Korrespondenten und Mitarbeiter anderer Vertretungen in der DDR,

- Auswertung der Presse und anderer Publikationen. Vielfach waren diese Quellen, die Erstinformationen zu Personen erbrachten, auch für die weitere Aufklärung ausgewählter Werbekandidaten geeignet.

2. Darüber hinaus nutzten die Geheimdienste auch spezielle Mittel und Methoden zur weiteren Aufklärung der Werbekandidaten. Dazu zählten vor allem:

- die zahlreichen Informationsspeicher der Geheimdienste oder bei anderen Staatsorganen (zum Beispiel das NADIS),

- die eigene Ermittlungstätigkeit der Geheimdienste beziehungsweise spezieller Mitarbeiter, im Tätigkeits-, Wohn- und Freizeitbereich des Werbekandidaten (die Möglichkeiten der Geheimdienste zur Aufklärung der Kandidaten waren nach Ansicht des MfS bei Ausnutzung des jeweiligen Kontroll- und Überwachungssystems in den einzelnen Ländern nahezu unbeschränkt),

- der Einsatz spezieller Agenten im eigenen Land oder von Spionen in der DDR, die als Ermittler fungierten und nicht mit der Quelle der Erstinformation identisch waren,

- der Einsatz geworbener Spione aus dem Kreis der NSA-Verwandten oder -Bekannten der Werbekandidaten in der DDR, die meist auch später die Werbung realisieren sollten,

- die in der Regel langfristig und kräfteaufwendig organisierte Observation von Werbekandidaten im NSA zur Aufklärung ihrer Verhaltensweisen und Verbindungen (die Observation nahm eine besondere Stellung ein und kam sowohl in der Vorgangsbearbeitung als auch bei der Aufklärung von Werbekandidaten zum Einsatz, die jeweiligen Observationskommandos waren technisch ausgerüstet und umfassten nicht selten fünf Kfz und bis zu zwanzig Mitarbeiter),

- das Führen von Kontaktgesprächen mit dem Werbekandidaten unter einer geeigneten Legende durch Geheimdienstmitarbeiter (das MfS stellte Legenden wie Meinungsforschungsinstitute, Betreuungsdienststellen für Besucher aus der DDR, statistische Erfassungsämter usw. fest), sie verschafften sich damit ein unmittelbares Bild vom Kandidaten, ohne ihre eigentliche Absicht zu offenbaren.

Die genannten Mittel und Methoden der Aufklärung von Werbekandidaten wurden von den Geheimdiensten vielfach komplex eingesetzt, um ein umfassendes Persönlichkeitsbild zu erhalten. Es liegt auf der Hand, dass sich den westlichen Nachrichtendiensten in ihren eigenen Ländern oder überhaupt im NSA dafür bedeutend größere Möglichkeiten boten als beispielsweise in der DDR.[145]

Die wesentlichsten Arten und Methoden der Werbung von Spionen durch westliche Geheimdienste

Auf der Grundlage der Aufklärungsergebnisse waren die Geheimdienste bemüht, die Art der Werbung sowie das konkrete methodische Vorgehen bei der Werbung der Kandidaten festzulegen. Im Ergebnis der Arbeit des MfS konnten folgende hauptsächliche Arten der Werbung durch die westlichen Geheimdienste erkannt werden:

1. Werbung unter Nutzung ausgeprägter materieller Interessen beim Werbekandidaten. Diese Art der Werbung von Spionen war weit verbreitet und fand bei einer beachtlichen Zahl von Kandidaten, auch aus der DDR, Resonanz. Bei der übergroßen Mehrheit der DDR-Bürger, die für westliche Geheimdienste spionierten, waren die materiellen Interessen die entscheidende Triebkraft und Motivation. Die Höhe und der Umfang der finanziellen oder anderweitig materiellen Angebote der Diens-

---

145 Vgl.: Ebd., Bl. 41 ff.

te waren abhängig von der Bedeutung des Werbekandidaten für die Geheimdienste und den vorgesehenen Einsatzrichtungen, nahmen aber zum Teil beachtliche Ausmaße an. Das betraf vor allem die CIA sowie den BND. Wenn die Geheimdienste bei der Aufklärung des Kandidaten eine ausgeprägte materielle Empfänglichkeit festgestellt hatten, steuerten sie in der Regel bei der Werbung auch direkt ihr nachrichtendienstliches Ziel an und betrachteten die Werbung wie einen Vertragsabschluss über ein vereinbartes Geschäft.

2. Werbung unter Anwendung von Druck, Nötigung oder Erpressung auf den Werbekandidaten durch die Geheimdienste, um dessen Bereitschaft, als Spion tätig zu sein, zu erzwingen[146]. Diese Art der Werbung fand in der Regel dann Anwendung, wenn andere Arten vom Geheimdienst als nicht oder wenig erfolgreich angesehen wurden. Das betraf vor allem DDR-Bürger mit positiver Grundhaltung zu ihrem Land und da wiederum besonders Werbekandidaten aus dem Kreis der NSW-Reisekader. Die Dienste studierten sehr genau, welche bisher nicht bekannten Vorkommnisse und Verhaltensweisen unter Berücksichtigung der Persönlichkeit und der Stellung des Werbekandidaten beim Bekanntwerden eine tatsächlich kompromittierende Wirkung und andere bedeutende Nachteile für ihn haben konnten. Es kam auch vor, dass derartige kompromittierende Fakten als Bestandteil einer Werbekombination von den Diensten selbst geschaffen worden waren. Die Verwicklung in spekulative Geschäfte oder andere kriminelle Delikte

---

146 Dazu schreibt der langjährige BND-Angehörige Waldemar Markwardt: »Selbstverständlich war und ist Nötigung ein Mittel, das in allen Geheimdiensten der Welt zum Einsatz kommt. Daher auch eigentlich selbstverständlich, dass auch die westlichen Geheimdienste sich dieses Mittels bedient haben und auch bedienen.« Waldemar Markwardt: *Erlebter BND*, S. 209.

sowie bekannt gewordene sexuelle Abnormitäten gehörten zum Repertoire von Druckmitteln der Dienste
gegenüber Werbekandidaten. Den Geheimdiensten war
ferner bekannt, dass Vorkommnisse und Unregelmäßigkeiten mit DDR-Bürgern im NSA in der Regel zum
Abberufungen und Reisesperren für diese Reisekader
durch die zuständigen staatlichen Organe der DDR
führten. Der bei vielen Reisekadern unterschiedlich
motivierte Drang, NSW-Reisekader zu bleiben, schaffte
dann solche Konfliktsituationen und die »Bereitschaft«,
sich für eine Zusammenarbeit mit den Geheimdiensten
bereit zu erklären.

3. Werbung auf der Grundlage der Gegnerschaft zur
DDR und dem Sozialismus beim Werbekandidaten.
Diese Art der Werbung fand bei den Geheimdiensten
vor allem bei solchen Werbekandidaten Anwendung,
die eine ausgeprägte negative Einstellung gegenüber der
DDR besaßen, die durch ihr Leben in der Zeit des Nationalsozialismus faschistisch geprägt waren, die durch
Enteignung in der DDR materielle und soziale Verluste
erlitten hatten oder die von den Staatsorganen der DDR
wegen Straftaten und Verfehlungen bereits zur Verantwortung gezogen wurden. Hierzu waren nach dem Verständnis des MfS auch ein großer Teil der DDR-Bürger
zu zählen, die aus negativer Einstellung zur DDR diese
verlassen wollten und dahingehende Hilfsangebote der
Geheimdienste unter der Bedingung vorher als Agent
tätig zu werden, annahmen. Es ist nachvollziehbar, dass
Personen mit einer derartigen Einstellung für eine Anwerbung durch die Dienste besonders zugänglich waren
und auch in der darauf folgenden Zusammenarbeit besonders aktiv in Erscheinung traten.

Zusammenfassend lässt sich hinsichtlich der Arten der
Werbung feststellen, dass in der Regel keine Werbung
völlig isoliert von den anderen Arten stattfand, sondern

stets übergreifende Elemente anderer Art mitwirkten. Die Unterteilung in einzelne Arten der Werbung sollte die von den Geheimdiensten primär festgelegte Richtung bei der Werbung von Agenten deutlich werden lassen. Innerhalb der einzelnen Arten der Werbung war beim Vorgehen der Geheimdienste zu unterscheiden zwischen:

- der Werbung durch unmittelbares und direktes Ansprechen des Kandidaten im Rahmen eines Werbegespräches, wobei sich der Werber als Mitarbeiter oder Agent eines Geheimdienstes zu erkennen gab und
- der Werbung durch das zielgerichtete allmähliche Einbeziehen des Kandidaten in die geheimdienstliche Tätigkeit des entsprechenden Dienstes, das allmähliche Einbeziehen erfolgte in der Regel zunächst noch unter Legende und umfasste vor allem
  - die systematische politisch-ideologische Einwirkung im Sinne der Geheimdienste,
  - die zielgerichtete Informationsabschöpfung zu interessierenden Problemen,
  - die kontinuierliche, sich steigernde materielle Vergütung für die Realisierung von »Gefälligkeiten«.

Die Periode der allmählichen Einbeziehung diente vor allem dem Test der Agenten hinsichtlich der Eignung für künftige Spionageaufträge oder anderer nachrichtendienstlicher Aktivitäten, seiner zunehmenden Kompromittierung und dem Gewöhnen an eine aktive und kontinuierliche Zusammenarbeit.

Diese Periode konnte unterschiedlich lang sein, die Offenbarung der Mitarbeiter, einem Geheimdienst anzugehören sowie die mündliche oder schriftliche Verpflichtung zur Zusammenarbeit waren dann meist reine Formsache.

Bei günstigen Bedingungen, vom Spion Informationen

zu gewinnen und regelmäßig Treffs mit ihm durchführen zu können, unterließen die Dienste teilweise eine völlige Offenbarung und überließen dem Spion die Beurteilung der Situation, ein Umstand, der für die Qualifizierung der subjektiven Seite des Tatbestandes der Spionage (§ 97 StGB der DDR) Bedeutung haben konnte. Dieses Vorgehen fand vor allem bei DDR-Bürgern aus dem Kreis der NSW-Reisekader Anwendung.

Bei der Annäherung an und Werbung von Kandidaten durch die Dienste konnten durch die Spionageabwehr des MfS verschiedene Methoden erkannt werden, die mit den jeweiligen Aufklärungsergebnissen, der festgelegten Art der Werbung und den konkreten Bedingungen, von Raum und Zeit, für eine Werbung im Zusammenhang standen.

Die Werbung von Spionen im nichtsozialistischen Ausland, speziell in Westberlin, war unter den Bedingungen der offenen Grenze vor dem 13. August 1961 die Hauptmethode der Schaffung neuer Spionagestützpunkte in der DDR. Mit der Auswertung der Ergebnisse in den Befragungsstellen sowie der Nutzung der Rückverbindungen zahlreicher ehemaliger DDR-Bürger stand den westlichen Geheimdiensten eine bedeutende Werbebasis zur Verfügung. Darüber hinaus arbeiteten Tausende DDR-Bürger in Westberlin oder hielten sich dort zeitweilig auf, was den Geheimdiensten weitere Werbemöglichkeiten bot.

Nach einer Zeit der Umstellung und Anpassung an die veränderten Lagebedingungen gingen die Dienste immer mehr dazu über, Werbungen auf DDR-Territorium durchzuführen und sich auf den Kreis der NSW-Reisekader zu konzentrieren, die auch nach dem 13. August 1961 Reisen in das NSA durchführen konnten. Im Zuge der Normalisierung der Beziehungen der Staaten unterschiedlicher Gesellschaftsordnung in Europa, die unter anderem auch in den abgeschlossenen Verträgen zwischen der DDR und der BRD beziehungsweise Westberlin sowie in den Schlussdokumenten der Konferenz für Sicherheit und Zusammenarbeit in Europa ihren Niederschlag fanden, entstanden neuerlich veränderte Lagebedingungen, auf die sich die westlichen Geheimdienste relativ schnell eingestellt hatten.

Bezogen auf die Werbetätigkeit bedeutete das vor allem die umfassende Nutzung der erweiterten Beziehungen und Verbindungen der DDR auf politischem, ökonomischem, wissenschaftlich-technischem und kulturellem Gebiet zu nichtsozialistischen Staaten und die erweiterten Reisemöglichkeiten durch die Geheimdienste.

Werbeaktivitäten der westlichen Geheimdienste waren unter diesen Bedingungen für das MfS in voller Breite sowohl in nichtsozialistischen Ländern als auch auf DDR-Territorium erkennbar, wobei sich die Werbetätigkeit insgesamt betrachtet qualifiziert hatte.

Methoden der Werbung im nichtsozialistischen Ausland
Auf die Methoden Werbung von Bürgern der jeweiligen nichtsozialistischen Länder durch die entsprechenden Dienste beziehungsweise der Anwerbung von Kandidaten dieser Geheimdienste in der Bundesrepublik und Westberlin, soll hier nicht näher eingegangen werden. Die Geheimdienste nutzten hier ihre institutionellen und organisatorischen Bedingungen, um Bürger ihrer Länder für eine Zusammenarbeit zu gewinnen. Die Werbung erfolgte in der Regel auf direktem Weg durch den jeweiligen Geheimdienstmitarbeiter, häufig ging dem allerdings ein erstes Kontaktgespräch unter Legende voraus.

Für die Werbung von Bürgern der DDR im nichtsozialistischen Ausland, speziell in der Bundesrepublik und Westberlin, waren einige Methoden charakteristisch:

- Unter dem Kreis der West-Verhandlungspartner von DDR-Reisekadern befanden sich abgedeckt operierende Geheimdienstmitarbeiter oder Agenten, die bei günstigen Gelegenheiten das Werbegespräch führten beziehungsweise dem Kandidaten dem Geheimdienstmitarbeiter zuführten.

- Die DDR-Bürger, die in nichtsozialistische Länder einreisten, wurden den Geheimdienstmitarbeitern von den Grenzkontroll- und Zollorganen avisiert. Im Hotel oder anderen Unterkünften beziehungsweise Aufenthaltsorten nahmen die Geheimdienstmitarbeiter direkten Kontakt mit dem Ziel der Werbung auf.

- Die DDR-Werbekandidaten wurden bei der Einreise in ein nichtsozialistisches Land in der Regel sofort observiert. Unter den Angehörigen der Observationskommandos befand sich ein sogenannter Anbahner, der bei günstigen Gelegenheiten Kontakt zum Kandidaten herstellte, die Werbung vollzog oder die Zuführung realisierte.

- Verwandte, Bekannte, darunter auch ehemalige Arbeitskollegen, die die DDR verlassen hatten und die bereits Kontakt zum Geheimdienst unterhielten, führten den DDR-Werbekandidaten dem Geheimdienstmitarbeiter zu. Aus psychologischen Erwägungen nahmen solche Personen zum Teil auch am Werbungsgespräch teil.

- Geschaffene oder ausgenutzte Anlässe, wie zum Beispiel Diebstahl in einem Kaufhaus, Zeuge eines Verkehrsunfalls, Fahndungsmaßnahmen zu gesuchten Personen und andere, dienten als Vorwand, um zur »Klärung der Angelegenheit« Befragungen durchzuführen, die in einem Werbegespräch mündeten.

- Bei den für die Geheimdienste besonders bedeutungsvollen Kandidaten aus der DDR, wo ein Werbeerfolg fraglich erschien, wurden Werbekombinationen durchgeführt. Sie waren häufig mit der Anschleusung von Agenten an die Kandidaten verbunden, die dann »kriminell in Erscheinung traten«, wobei der Werbekandidat als Kontaktpartner in die »Untersuchung« einbezogen und in diesem Zusammenhang geworben werden sollte. Werbekombinationen liefen in der Regel über einen längeren Zeitraum, oft wurden sie mit der Werbung unter Anwendung von Druck oder Erpressung verbunden. Nicht selten spielten dabei Alkohol, Frauen, Diebstahl von Reisedokumenten usw. eine auslösende Rolle.[147]

Methoden der Werbung in der DDR

Während die Werbungen im nichtsozialistischen Ausland in der Regel von Geheimdienstmitarbeitern selbst realisiert wurden, bedienten sich die Dienste bei Werbungen auf dem Territorium der DDR im Allgemeinen sogenannter »Stellvertreter«, das heißt vorher geworbener Agenten, die aufgrund ihrer spezifischen Möglichkeiten als Werber fungierten. Davon ausgehend, waren folgende Methoden charakteristisch:

• Anwerbung von Bürgern der DDR durch Verwandte oder gute Bekannte, die im nichtsozialistischen Ausland, namentlich in der Bundesrepublik oder Westberlin, wohnhaft waren, vorher von den Geheimdiensten geworben und ausgebildet wurden und besuchsweise in die DDR einreisten. Zielpersonen der Werbung waren in der Regel Bürger der DDR ohne Reisemöglichkeiten in das NSA. Die Geheimdienste kalkulierten bei dieser Methode ein, dass das Risiko einer Festnahme des Werbers verhältnismäßig gering war, da die DDR-Verbindungen, selbst bei einer Ab-

---

147 Vgl.: Wolfgang Stuchly, Heinz Primus: Diplomarbeit 1976, Bl. 44–50.

lehnung der Zusammenarbeit, ihre Verwandten oder guten Bekannten kaum dem MfS preisgeben würden. Verschiedentlich nutzten einreisende Werber bei der offiziellen Beantragung der Einreise nicht die Adresse des eigentlichen Werbekandidaten, um dessen persönlichen Westkontakt zu verschleiern, sondern reisten – bei Vorhandensein – zu einer anderen DDR-Verbindung und nahmen von dort aus persönlichen Kontakt zum Kandidaten auf. Vielfach wurden auch persönliche Zusammenkünfte in Ostberlin, zur Messe in Leipzig oder zu anderen Anlässen vereinbart, wobei dann die Werbung erfolgte. Oft schleusten derartige Werber bereits schriftliche Instruktionen und Aufträge sowie Spionagehilfsmittel in Containern versteckt, mit ein und übergaben diese bei erfolgreicher Werbung dem Agenten. In solchen Fällen übernahmen die Werber gleichzeitig die Unterweisung und Schulung der neugeworbenen Spione und damit die Funktion eines Instrukteurs.

- Anwerbung von DDR-Bürgern durch Kontaktpartner (beispielsweise Firmenvertreter) aus nichtsozialistischen Ländern, die aus beruflichen Gründen und als geworbene Agenten in die DDR einreisten. Die Werbegespräche fanden unter Ausnutzung günstiger Bedingungen in der beruflichen oder privaten Umgebung des Werbekandidaten statt. Es gibt Beispiele, wo DDR-Bürger in ihrem eigenen Dienstzimmer beziehungsweise im Verhandlungsraum auf diese Weise als Spione geworben worden waren. In der Regel wurden solche Werbungen langfristig vorbereitet, um Risiken weitgehend auszuschließen. Typisch für diese Methode war das teilweise Verwischen der Grenzen zwischen den Interessen der Geheimdienste und der jeweiligen Konzerne, Wirtschaftsunternehmen oder anderen Institutionen. Damit verbunden gingen die

Aufträge oft über die Spionage hinaus und umfassten auch Erscheinungsformen der wirtschaftlichen Störtätigkeit gegen die DDR. Hohe materielle Angebote und Stellenangebote für eine künftige Tätigkeit in Konzernen und Unternehmen bildeten oft die Werbegrundlage.

- Werbung von DDR-Bürgern durch bereits als Spione westlicher Geheimdienste tätige Bürger der DDR. Die Anwendung dieser Methode führte in der Regel zur Bildung einer Spionagegruppe. Die elementare Form dieser Methode war die weitverbreitete Praxis, die jeweiligen Ehepartner der Spione in die Tätigkeit einzubeziehen und arbeitsteilig mit ihnen zusammenzuwirken. Als Werbekandidaten kamen fast nur Verwandte oder sehr enge Bekannte der jeweiligen Agenten infrage. Ausgeprägter war diese Methode der Gruppenbildung über den Rahmen des Ehepartners hinaus, vor allem bei Militärspionen in der DDR, wo mehrere Spione Informationen sammelten, die Verbindung zum Geheimdienst aber nur über einen Spion (meist den Werber) unterhalten wurde.

- Werbung – vor allem von DDR-Bürgerinnen – durch einreisende oder in der DDR wohnhafte, von den Geheimdiensten geworbene ausländische Staatsbürger, besonders aus arabischen, afrikanischen, südeuropäischen nichtsozialistischen Staaten. Das auftragsgemäße Vortäuschen eines stabilen Liebesverhältnisses verbunden mit Geschenken (Westartikel, Kosmetika usw.) schafften vielfach die Voraussetzungen für die Werbebereitschaft der ausgewählten Kandidatinnen. Bemerkenswerterweise waren dabei weder eine teils bestehende und nach außen harmonische Ehe, die Vertrauensstellung in einem staatlichen Organ noch die Mitgliedschaft in der SED Hinderungsgründe für solche Kontakte.

- Werbung von Bürgern der DDR durch Diplomaten und Korrespondenten, die in der DDR akkreditiert und gleichzeitig Mitarbeiter oder geworbene Agenten der Geheimdienste ihrer Länder waren. Die Erkenntnisse des MfS zur Kontakttätigkeit und Informationsabschöpfung durch solche Personenkreise in der DDR, deuteten auf weitgehende nachrichtendienstliche Aktivitäten hin, die auch direkte Werbungen mit einschließen konnten. Relevant war auch die Stellvertreterfunktion von Diplomaten und Korrespondenten aus kleinen Ländern oder jungen Nationalstaaten, die von den Geheimdiensten der westlichen Hauptstaaten genutzt wurden.

- Werbung von Bürgern der DDR durch dem DDR-Bürger unbekannte Werber westlicher Geheimdienste. Es handelte sich hierbei um geschulte und speziell ausgebildete Agenten, die die Funktion eines Werbers und Instrukteurs nicht nur in diesem einen konkreten Fall ausführten. In der Regel beriefen sie sich beim Werbegespräch auf Verwandte und Bekannte (darunter oft Personen, die die DDR verlassen hatten) des Kandidaten im nichtsozialistischen Ausland, besonders in der Bundesrepublik und Westberlin, die eine Zusammenarbeit mit dem jeweiligen Geheimdienst angeblich begrüßen und unterstützen würden. Vielfach legten die Werber Briefe und Fotos dieser Verbindungen vor, die als Legitimation dienen, gleichzeitig aber die Entscheidung des Kandidaten beeinflussen sollten. Werbungen dieser Art wurden fast durchweg in Ostberlin durchgeführt, um dem Werber eine schnelle Rückzugsmöglichkeit nach Westberlin zu geben, da das Risiko einer Festnahme (Kandidat war möglicherweise IM, Anzeige, Ablehnung) relativ hoch war.

- Unpersönliche Werbung von DDR-Bürgern durch westliche Geheimdienste. Bei dieser Methode wurde das Risiko, einen Werber auf DDR-Territorium einzusetzen, völlig ausgeschaltet. Es handelte sich hier um eine schriftliche Aufforderung der Geheimdienstmitarbeiter oder deren Beauftragte, eine Zusammenarbeit mit dem Geheimdienst sowie der Realisierung von Spionage zuzustimmen. In den bekannt gewordenen Fällen wurde in den Schreiben auf Verwandte und Bekannte des Kandidaten im nichtsozialistischen Ausland Bezug genommen oder die Werbebriefe waren von diesen Personen persönlich geschrieben worden. Derartige schriftliche Werbeanträge wurden

- durch unbekannte Kuriere der Dienste direkt in die Hausbriefkästen gesteckt,
- durch unbekannte Kuriere der Geheimdienste in der DDR in Postbriefkästen geworfen (Umgehen der Postkontrolle),
- durch Kontaktpartner im nichtsozialistischen Ausland postalisch übermittelt.

Je nach Übermittlungsweg und den konkreten Umständen war der schriftliche Text offen, verschleiert oder als Geheimschrift enthalten. Der Text konnte beispielsweise folgende Formulierungen enthalten: »Behandele den nächsten Brief mit Wasserdampf!«, oder: »Bügle den nächsten Brief mit einem Bügeleisen!«, oder: »Schau Dir den zweiten Gegenstand des Inhaltsverzeichnisses eines demnächst bei Dir eintreffenden Paketes genau an!«

Es handelte sich dann hierbei um Anleitungen zur Entwicklung von Geheimschrift oder um Hinweise auf Container, in denen sich entsprechende Unterlagen befanden. Nach grundsätzlicher Zustimmung des Kandidaten wurden weitere Vereinbarungen zur nachrichtendienstlichen Ausrüstung des Spions getroffen. Die Methode der unpersönlichen Werbung war nicht

weit verbreitet.[148] Auch hier ein Beispiel aus der Praxis, welches die Systematik anschaulich erläutert. Der Österreicher Hannes Sieberer beschreibt seine Werbung durch einen amerikanischen Geheimdienst, mit dem Ziel, Verwandte in der DDR anzuwerben. Alles begann harmlos, Sieberer sammelte US-Militaria und schrieb das US-Militär in der Münchner McGraw-Kaserne mit der Bitte um Unterstützung an. Das amerikanische Militär lehnte Sieberers Wunsch postalisch ab und entwickelte eine andere Idee, die Sieberer wie folgt beschreibt: »Es war im Juni. Ich war auf dem Nachhauseweg von der Schule. Plötzlich sprach mich jemand an. Der gutgekleidete Herr gab sich sehr kultiviert. Ich hätte, sagte er, nach München geschrieben. Sein Akzent ließ unschwer erkennen, dass er kein Europäer war. Die Vermutung wurde durch seine Erklärung bestätigt: Mein Brief sei an seine Dienststelle weitergeleitet worden. Die befände sich in Frankfurt am Main, es sei eine Basis der Central Intelligence Agency. Er hatte den Auftrag bekommen, mit mir ein Gespräch zu führen. (…) Das Angebot blieb auf Nachfrage vage. Ich war zwar phantasiebegabt, konnte mir aber nicht vorstellen, worin die Mitwirkung eines Schülers [!] an einem Geheimdienst bestehen sollte. Bei allem Selbstbewusstsein: Ich wähnte mich als Jugendlicher kaum für einen Geheimdienstjob qualifiziert. Mr. Unbekannt antwortete kryptisch. Die CIA denkt und plant langfristig.«[149]
Sieberer erhielt einen Fragebogen und sollte diesen an eine bestimmte Adresse ausgefüllt übersenden. Das tat er nach hinreichender Überlegung drei Monate später.

---

148 Vgl.: Wolfgang Stuchly, Heinz Primus: Diplomarbeit 1976, Bl. 50–54.

149 Hannes Sieberer, Herbert Kierstein: *Verheizt und vergessen. Ein US-Agent und die DDR-Spionageabwehr*. Berlin 2005, S. 15 f.

Anschließend geschah lange Zeit nichts, Sieberer machte Abitur, studierte und bekam wie folgt wieder Kontakt zu den Amerikanern:

»Im Oktober 1975 begegnete mir in München Ben Davies. Der etwa 60jährige Amerikaner arbeitete als Zivilangestellter bei der U.S.-Army und, wie es der Zufall wollte, ausgerechnet in der Mac Graw-Kaserne. Das war das Stichwort, um mich der einige Jahre zurückliegenden Begebenheit zu erinnern. Ich erzählte sie Ben, weil ich annahm, er könne mir, quasi postum, erklären, was der Hintergrund sein könnte.

Er bat mich um die Adresse in Frankfurt, an die ich seinerzeit meinen Brief geschickt hatte, und versprach, sich darum zu kümmern. Schließlich arbeitete er bei einer Einheit des Military Intelligence (MI), dem militärischen Geheimdienst, und hatte entsprechende Kontakte.«[150]

Nach einiger Zeit erhielt Sieberer eine Einladung zum MI nach München und erhielt die Mitteilung, dass die Recherche in Frankfurt ergebnislos verlaufen sei. Sieberer beschreibt sein Gespräch mit Ben Davies folgendermaßen: »Wir sprachen über Gott und die Welt. Heute würde ich meinen: Ich wurde nachrichtendienstlich abgeschöpft, und zugleich lotete Ben unauffällig meine ideologische Standfestigkeit inklusive meiner Haltung zu den USA aus. Meine Familiengeschichte schien ihn besonders zu interessieren. Und auch der Umstand, dass etliche Verwandte in der DDR lebten und die Verbindung zu ihnen gepflegt wurde.«[151]

In der Folge wurde Sieberer an seinen neuen Kontaktpartner, den US-Geheimdienstler Jim, übergeben. Sieberer beschreibt die weitere Entwicklung:

---

150 Ebd., S. 18.
151 Ebd., S. 19.

»Wir trafen uns alle drei Wochen in der Münchner Innenstadt. Mal sahen wir uns in einem Restaurant, mal in einem Hotel, aber nie in der McGraw-Kaserne. Jim meinte, die militärischen Einrichtungen der USA und ihre diplomatischen Vertretungen würden von den östlichen Geheimdiensten observiert. Sukzessive hörte ich von den Dingen, auf die Geheimdienstmitarbeiter achten mussten. Man kann es mit dem Wissen von heute auch deutlicher benennen: Ich wurde nicht nur in Jims Konspiration eingebunden, sondern auch über deren Regeln und Grundsätze unterrichtet. Ich absolvierte den Grundkurs. Danach kam, ebenfalls nicht bewusst wahrgenommen, Phase II – nämlich die Erörterung (und vor allem Beantwortung) der Frage: Was kann der einzelne, was kann ich, der Österreicher, Hannes Sieberer, tun, dass Frieden bleibt und die Pläne der Sowjets durchkreuzt werden?

Das A und O wäre die Beschaffung von Nachrichten. Deshalb heißen ja die Nachrichtendienste auch Nachrichtendienste. Man müsse alles wissen, was hinter dem Eisernen Vorhang geschähe. Vor allem natürlich auf militärischem Gebiet. Und hier interessieren besonders die sowjetischen Streitkräfte in der DDR, die strategische Speerspitze gegen den Westen. Ich sei Sportfunktionär und hätte zudem auch noch Verwandte im Osten, die zur Tarnung von Reisen genutzt werden könnten.

›Und die Russen haben keine Spionageabwehr?‹, fragte ich. Jim lenkte ein. Ich müsse ja nicht in die Kasernen. Es gehe um Mosaiksteinchen, um Details, die in die Gesamtanalyse und Auswertung einflössen. Die reichte von Informationen über die Versorgungslage der Bevölkerung bis hin zu Beobachtungen des Grenzregimes der DDR. Und die Fakten kämen aus sehr unterschiedlichen Quellen. Erst die Summe mache das Bild. An seiner Erarbeitung seien die westlichen Dienste gemeinschaftlich beteiligt. Sie tauschen Informationen und Erkenntnisse aus. An einem solchen Gemeinschaftswerk könnte ich also mitwirken. Ich willigte grundsätzlich ein.«[152]

In der Folgezeit unterschrieb Hannes Sieberer im Zimmer eines Münchner Hotels eine Verpflichtungserklärung für den amerikanischen Geheimdienst und erhielt den Decknamen »Kurt Klepp«. Zudem wurde er nachrichtendienstlich ausgebildet, und es erfolgten Überprüfungen am Polygraphen. Als dies erfolgreich absolviert worden war, widmete man sich den DDR-Verwandten in Rostock. Sieberer schreibt dazu:

»Die angespannte Versorgungslage war auch stets Gegenstand der Gespräche, wenn wir in Rostock zu Besuch waren. Ein weitläufiger Verwandter gehörte zwar der Regierungspartei, der Sozialistischen Einheitspartei Deutschlands (SED) an, doch auch er sparte nie an Kritik. Er monierte vieles am politischen und wirtschaftlichen System der DDR und den daraus resultierenden Folgen.

Ich berichtete darüber, nachdem ich wieder zurückgekehrt war. Denn nach jeder Reise gab es eine intensive Befragung durch meine Führungsoffiziere. Der Nachrichtendienst interessierte sich auffällig für solche Berichte, zumal dieser Verwandte in einem offenkundig volkswirtschaftlich strategisch bedeutenden Betrieb arbeitete: in der Rostocker Warnow-Werft. Außerdem unternahm er regelmäßig Dienstreisen ins Land. Meine Chefs meinten, eine solche Person böte die besten Voraussetzungen, um als Agent vor Ort zu arbeiten.

Mitte 1977 lieferte ich die erste Einschätzung zu diesem entfernten Verwandten, die für seine Anwerbung maßgeblich war. Der Mann war nach seiner Anwerbung unter dem Decknamen ›Max‹ als Spion tätig.

---

152 Ebd., S. 20 f.

Die Anwerbung eines Agenten im Lande des Gegners, vor allem innerhalb der Staaten des Warschauer Paktes, galt (und gilt) als schwierige und riskante Aufgabe, eine Art Königsdisziplin der operativen Tätigkeit, da die eigene Deckung partiell aufgegeben werden muss. Es ist aber auch ein langwieriger Prozess, da die Person genauestens analysiert (»aufgeklärt«) und prognostisch eingeschätzt werden muss. Erst wenn man sich ziemlich sicher sein kann, dass eine Ablehnung eher unwahrscheinlich ist, tritt man an die Person heran.

Zwischen August und Dezember 1977 intensivierte ich aus eben diesem Grunde meine Kontakte. Wir waren in Rostock und Warnemünde unterwegs. Ich musste sein Umfeld und seinen Charakter näher unter die Lupe nehmen und diverse Fragen klären: War er anfällig für Geld, Frauen, Alkohol? War er verlässlich und seelisch stabil? Welchen Ruf genoss er in seiner Umgebung?

Alles sprach für ihn. Nichts deutete darauf hin, dass ›Max‹ in unserem Sinne ein unsicherer Kantonist sein würde. Daraufhin bekam ich den Auftrag, ihm ein Angebot zu machen. Ich reiste vom 29. April bis 2. Mai 1978 in die DDR und ließ bei ›Max‹ die Katze aus dem Sack.

Er sollte gegen ordentliche Bezahlung Informationen sammeln und diese an uns, also an den US-Nachrichtendienst weiterleiten.

›Max‹ gab sich keineswegs überrascht. Er habe so etwas geahnt, sagte er. Mein Interesse an seinem Lebenswandel und seinen Ansichten, an seiner beruflichen Tätigkeit und den damit verbundenen Verpflichtungen wäre nicht zu übersehen gewesen. Damit war die erste Hürde genommen, er hatte nicht abgelehnt.«[153]

Der gesamte Werbeprozess und dabei vor allem die Pha-

---

153 Ebd., S. 26 f.

se der Annäherung an den/die Kandidaten bildete in der Tätigkeit der Geheimdienste ein schwaches Kettenglied, dem besondere Aufmerksamkeit seitens der Staatssicherheit gewidmet wurde, um bereits vorbeugend die Werbeaktivitäten erkennen zu können.

Dies hatte vor allem folgende Ursachen:

1. In der Phase der Annäherung und Werbung mussten die Geheimdienste aktive Handlungen mit dem Kandidaten selbst unternehmen, die möglicherweise erkannt werden konnten. Mit dem Kandidaten musste individuell ein Werbegespräch geführt werden, er musste dazu zeitweilig von seiner Umgebung isoliert werden. Das brachte für die Geheimdienste, beispielsweise bei Reisekadern im nichtsozialistischen Ausland, die meist nicht allein reisten und oft zusammen waren, Probleme mit sich.

2. Die Geheimdienste mussten stets damit rechnen, bei ihren Werbeabsichten auf IM des MfS oder anderer Sicherheitsorgane zu stoßen, die auf solche Situationen vorbereitet waren, sich dementsprechend verhielten und die Bereitschaft zur Zusammenarbeit lediglich vortäuschten, um weitere Pläne, Absichten und Maßnahmen der Geheimdienste zu erkennen. Das geschah umso mehr, als die Struktur des IM-Systems weitgehend den Zielgruppen gegnerischer Werbeaktivitäten angepasst wurde. Außerdem mussten die westlichen Dienste damit rechnen, dass die Werbekandidaten zwar formell ihre Zustimmung erteilten, anschließend aber die Sicherheitsorgane der DDR informierten, die daraufhin entsprechende Gegenmaßnahmen einleiteten.

3. Eine Werbung stellte für den Kandidaten einen bedeutenden Eingriff in sein persönliches Leben dar, was zwangsläufig, wenn auch unterschiedlich ausgeprägt, psychologische Wirkungen und Reaktionen auslöste. Gleichzeitig hatten neugeworbene Agenten keine oder

nur geringe Erfahrungen in der nachrichtendienstlichen Tätigkeit, die mit einem Werbegespräch oder weiteren Zusammenkünften nicht unmittelbar vermittelt werden konnten. Darum bestand für die Geheimdienste stets die Gefahr, dass sich neugeworbene Agenten gerade nach erfolgter Werbung unzweckmäßig oder widerspruchsvoll verhielten, was vom MfS registriert und verfolgt werden konnte.[154]

Ausbildung und Instruktion sowie materielle Vergütung und Überprüfung der Agenten
Allgemeines

Die westlichen Geheimdienste waren bemüht, die neugeworbenen Agenten entsprechend der Zielstellung der Werbung und der vorgesehenen Einsatzrichtung umgehend mit den Grundregeln der Konspiration sowie den erforderlichen Mitteln und Methoden vertraut zu machen, um sie möglichst zeitnah einsetzen zu können.

Im Allgemeinen hatten neugeworbene Agenten keine oder lediglich geringe Erfahrungen und teilweise illusionäre Vorstellungen von geheimdienstlicher Agententätigkeit. Insofern war gerade die Periode nach der erfolgten Werbung und des Beginns der aktiven nachrichtendienstlichen Zusammenarbeit für die Dienste ein besonders neuralgischer Zeitabschnitt, der für die Spione zahlreiche Gefahrenmomente und Sicherheitsrisiken barg. Andererseits boten sich gerade in diesem Zeitabschnitt für die Spionageabwehr des MfS günstige Möglichkeiten, um aus dem Studium des widerspruchsvollen und unzweckmäßigen Verhaltens Rückschlüsse auf (neu-) geworbene Agenten zu ziehen.

Unabhängig von der besonderen Bedeutung für die erste

---

154 Vgl.: Wolfgang Stuchly, Heinz Primus: Diplomarbeit 1976, Bl. 56 f.

Phase der Zusammenarbeit mit neugeworbenen Agenten waren Ausbildung, Instruktion und Überprüfung ständige Bestandteile der Zusammenarbeit zwischen Geheimdiensten und Spionen. Die Notwendigkeit der ständigen Ausbildung, Instruktion und Überprüfung ergab sich für die Dienste aus ihrer geheimdienstlichen Zielstellung.

Die westlichen Geheimdienste waren von vornherein an der Herstellung und ununterbrochenen Gewährleistung einer hohen Effektivität der Tätigkeit ihrer Agenten interessiert. Darum mussten die Spione wissen, was die Dienste im Einzelnen von ihnen wollten und wie sie die gestellten Aufgaben realisieren sollten. Obwohl sich die Auftragserteilung im Allgemeinen im Rahmen der bereits vor und mit der Werbung festgelegten Haupteinsatzrichtung bewegte, stellte sich dennoch die Frage des jeweiligen methodischen Herangehens an den konkreten Auftrag der Geheimdienste für die Agenten stets neu. Das betraf sowohl die Entgegennahme und Realisierung der einzelnen Aufträge als auch die Art und Weise der Übermittlung der Ergebnisse der Auftragsrealisierung an die Dienste.

Die Geheimdienste waren bemüht, die von ihnen geworbenen Agenten fest an sich zu binden. Unabhängig davon, auf welcher Grundlage die Werbung erfolgte, versuchten sie im Prozess der Zusammenarbeit bei den Spionen eine politische Motivation für ihre Tätigkeit zu entwickeln beziehungsweise diese zu festigen sowie feste materielle Bindungen herzustellen. Den Agenten sollte das »Warum« und »Wofür« ihrer Spionagetätigkeit begründet werden, sie sollten sich an die materiellen Zuwendungen gewöhnen und diese mit der Zeit als unentbehrlich betrachten. Zudem waren die Dienste bemüht, einerseits die geworbenen Spione im Interesse der Realisierung ihrer Ziele und Absichten langfristig zu erhalten und vor dem Erkennen durch das MfS beziehungsweise anderer sozialistischer Sicherheitsorgane zu schützen, andererseits aber auch gleichzeitig zu verhindern, dass IM des MfS in ihr konspirativ arbeitendes Netz eindrangen und damit die von ihnen praktizierten Methoden und eingesetzten Mittel erkannten.

Der Umfang, die inhaltliche Gestaltung sowie die konkreten Formen der Ausbildung und Instruktion, die Höhe der materiellen Vergütung und die jeweiligen Methoden der Überprüfung der Agenten waren von folgenden Faktoren abhängig:

- Der konkreten Einsatzrichtung sowie der Bedeutung des Spions für den jeweiligen Geheimdienst. Es ist nachvollziehbar, dass zwischen Agenten, die schwerpunktmäßig militärische Objekte aufklärten, und solchen in wissenschaftlich-technischen Einrichtungen Unterschiede bestanden. Analog verhielt es sich bei Spionen, die auf den DDR-Transitstrecken eingesetzt wurden oder als Werber beziehungsweise Instrukteure in der DDR fungierten.
- Den konkreten Bedingungen, unter denen der Spion für den jeweiligen Geheimdienst tätig war. Es ist nachzuvollziehen, dass die Bedingungen der Ausbildung, der Instruktion, der materiellen Vergütung und Überprüfung durch die Geheimdienste
  - für Spione, die Bürger des jeweiligen Staates oder anderer nichtsozialistischer Länder waren und ständig dort wohnten,
  - für Spione aus dem Kreis der DDR-Reisekader, die mehr oder weniger oft Reisen in das NSA durchführten und damit persönliche Treffmöglichkeiten mit dem jeweiligen Agentenführer hatten oder
  - für Spione aus dem Kreis der DDR-Bürger ohne Reisemöglichkeiten in das NSA recht unterschiedlich waren.

- Dem konkreten Geheimdienst, Geheimdienstzweig, der Dienststelle sowie dem jeweiligen Mitarbeiter eines Dienstes, für den der Agent tätig war. Erkenntnisse und Erfahrungen aus der Praxis der DDR-Spionageabwehr machten deutlich, dass hierbei zwischen einzelnen Geheimdiensten aber auch regional zwischen einzelnen Dienststellen und Mitarbeitern große Unterschiede bestanden hatten. Während ganz allgemein der BND sowie die amerikanischen Dienste diesen Problemen große Aufmerksamkeit widmeten und umfangreiche mündliche und schriftliche Instruktionen erteilten beziehungsweise übergaben, waren beispielsweise beim BfV oder dem französischen Geheimdienst dahingehende Aktivitäten nicht in dem Maße ausgeprägt, wobei aber auch die Bedeutung des Agenten, seine Einsatzrichtung und seine Arbeitsbedingungen eine große Rolle spielten.

Insgesamt stellte die DDR-Spionageabwehr bereits Anfang der 1970er Jahre fest, dass die Geheimdienste die Ausbildung und Instruktion der Spione generell erheblich qualifiziert hatten, erkannte Pannen und Arbeitsmethoden des MfS einer gründlichen Auswertung unterzogen und die konsequente Beachtung aller Sicherheitshinweise der Geheimdienste durch die Spione in allen Richtungen (allgemeines Verhalten bei der unmittelbaren Informationsgewinnung sowie im Verbindungssystem) das MfS vor Probleme stellte.

Andererseits zeigten die Erfahrungen der Abwehrarbeit, dass sich die Agenten oftmals nicht an die Anweisungen und Instruktionen der Dienste hielten. Bequemlichkeit und Routine führten nicht selten zur groben Missachtung der vorgegebenen Sicherheitsrichtlinien durch die Spione, was der MfS-Spionageabwehr bedeutungsvolle Ansatzpunkte und Ausgangsinformationen bot, westliche

Spionagestützpunkte zu erkennen und auszuschalten.[155]

Hauptrichtungen der Ausbildung und Instruktion von Spionen der westlichen Geheimdienste

Die Hauptrichtungen der Ausbildung und Instruktion von Spionen durch westliche Geheimdienste waren eine ständige Einheit im Prozess der Zusammenarbeit. Sie stellten einen Komplex mündlicher und schriftlicher Instruktionen der Geheimdienste gegenüber den Agenten dar, dessen konkrete Ausgestaltung von den genannten Zielsetzungen und Faktoren bestimmt und beeinflusst wurde. Obwohl das persönliche Gespräch sowie die unmittelbare Unterweisung der Agenten durch die Geheimdienstmitarbeiter während der Treffs die wirkungsvollste Form der Ausbildung und Instruktion darstellten, kamen auch schriftliche Anweisungen der Dienste an Spione in der DDR zur Anwendung. Derartige, oft sehr umfangreiche, schriftliche Anweisungen erhielten vor allem Agenten in der DDR, die über keine Reisemöglichkeiten in das NSA verfügten oder Reisekader, die nur selten Dienstreisen nach dort durchführen konnten. Den Spionen wurden in der Regel gleich zu Beginn ihrer Tätigkeit schriftliche Unterlagen als Grundsatzdokumente für die Ausbildung und Instruktion übergeben, die alle wesentlichen Fragen der geheimdienstlichen Tätigkeit berührten. Das umfasste allgemeine Verhaltensweisen, Spionageschwerpunkte, Methoden der Informationsgewinnung, Verbindungs- und Chiffrierwesen sowie Benutzung technischer Hilfsmittel. Diese Grundsatzdokumente wurden meist in kleinformatiger, handlicher und übersichtlicher Form übergeben, teilweise ließen sich einzelne Abschnitte bei Bedarf auswechseln und durch neueste schriftliche Instruktionen ergänzen.

---

155 Vgl.: Ebd., Bl. 58–61.

Am meisten ausgeprägt war diese Methode der Ausbildung und Instruktion bei Spionen des BND und der US-Geheimdienste, die zur Aufklärung und Kontrolle militärischer Objekte, Anlagen und Bewegungen eingesetzt wurden, was unmissverständlich mit der Standardisierbarkeit derartiger Informationen im Zusammenhang stand. Hier umfassten solche Grundsatzanweisungen oftmals 70 bis 90 Seiten. Vom BND wurden diese aufgrund ihrer äußeren Form als »Ringbuch« bezeichnet.[156]

Das MfS ging davon aus, dass eine durchschnittlich intelligente Person ohne irgendwelche nachrichtendienstlichen Voraussetzungen auf der Grundlage eines solchen »Ringbuchs« zu einem perfekt arbeitenden Agenten ausgebildet werden konnte. Der BND ging allerdings noch weiter, und so schreibt Markwardt zu einem Außenbeobachter an einem Flugplatz:

»Aber: – der Mensch, der das hätte tun können war einfach ›zu blöd‹, Mikosz – wie ich ihn nennen möchte – konnte auch nur mit Mühe lesen und kaum schreiben. Enttäuscht befragte ich ihn, so gut ich konnte, über den letzten Stand der Belegung. Anhand meines Bildmaterials konnte er sogar die Flugzeugtypen identifizieren und über die Hoheitszeichen auch sowjetische von ungarischen Kampfflugzeugen unterscheiden. Als ich aber meiner vorgesetzten Dienststelle meldete, dass ich nach erfolgter und negativ ausgefallener Ausforschung der Zielperson die Aktion wegen Aussichtslosigkeit abzubrechen gedachte, bekam ich einen Rüffel und den Auftrag, auf jeden Fall eine Werbung durchzuführen, da so eine Gelegenheit wohl kaum bald wiederkäme. Auch wenn ein komplizierter Führungsweg und ebensolcher Meldeweg mit technischen Mitteln aufgrund der mä-

---

156 Vgl.: Ebd., Bl. 62, 64.

ßigen Intelligenz der Zielperson nicht zu verwirklichen war, so sollte doch der Versuch gemacht werden, sie wenigstens einmal im Monat mit primitiveren Mitteln melden zu lassen. Mein Einwand, dass ich mich schwer dazu verstehen könnte, einen solch harmlosen Menschen Gefahren auszusetzen, die für ihn tödlich ausgehen könnten, wurde ebenfalls beiseite gewischt und mir angedeutet, dass ich doch etwas mehr Vertrauen zur Phantasie der den Auftrag erteilenden Fachstelle haben sollte.«[157]

Die Spezifik der Spionageangriffe gegen spezielle politische, ökonomische oder wissenschaftlich-technische Bereiche zwang die Geheimdienste im Allgemeinen zu individuelleren Methoden der Ausbildung und Instruktion.

Folgende Hauptrichtungen der Ausbildung und Instruktion stellte die DDR-Spionageabwehr fest:

Die politische Einwirkung der Geheimdienstmitarbeiter auf die Agenten. Wie bereits vor und während der Werbung versuchten die Dienste auch im Prozess der Zusammenarbeit zielgerichtet auf das Bewusstsein ihrer Agenten Einfluss zu nehmen. Am wirkungsvollsten war diese Einwirkung zweifellos beim persönlichen Treff zwischen Agentenführer und Spion, dabei konnte der Geheimdienstmitarbeiter dem Agenten unmittelbar politische Zusammenhänge in seinem Sinn erläutern und psychologisch direkt auf ihn einwirken. Die Agentenführer passten sich dabei der Persönlichkeit des Agenten an, gaben sich tolerant und waren variabel. Wenn keine persönlichen Treffmöglichkeiten vorhanden waren, erfolgte die politische Einflussnahme auf anderen Verbindungswegen (Instrukteur, postalisch oder über Funk), aber auch durch schriftliche Anweisungen und

---

157 Waldemar Markwardt: *Erlebter BND*, S. 190 f.

Instruktionen. In einer schriftlichen Anweisung des BND an zwei als Duo arbeitende Spione in der DDR heißt es beispielsweise:

»Liebe Freunde!
Leider können wir uns nicht zusammensetzen und unsere Probleme gemeinsam durchsprechen. Ich nutze daher diese Gelegenheit, Ihnen Dank für Ihr Vertrauen und Ihre Bereitschaft sowie Anerkennung für Ihre bisherige Arbeit auszusprechen.
Seien Sie gewiss, dass Ihre Arbeit für uns ein wertvoller Beitrag für eine bessere Zukunft ist und Sie eine gute und richtige Sache vertreten.«[158]

In einer analogen Anweisung eines US-Geheimdienstes wird die Spionage wie folgt begründet:

»Die Sowjetunion unterhält heutzutage in Ostdeutschland die größte Besatzungsmacht der Geschichte. Diese gewaltige Streitmacht unterstützt die sogenannte DDR, die ohne sie stürzen würde, wenn sie jemals zurückgezogen würde. Diese Streitmacht stellt eine Bedrohung des Friedens in Europa dar. Ein großer Teil der Planung, die im Westen durchgeführt wird, ist unmittelbar von rechtzeitigen und genauen Auskünften über die sowjetischen Streitkräfte abhängig, und so ist dies folgerichtig ein Gebiet, in dem jedermann wichtige und wertvolle Beiträge leisten kann.«[159]

Die Ausbildung und Instruktion der Agenten zum allgemeinen Verhalten. Die Dienste maßen diesem Komplex eine große Bedeutung bei, um zu verhindern, dass die Spione durch äußeres Fehlverhalten in ihrer beruflichen, gesellschaftlichen oder privaten Umgebung die Aufmerksamkeit des MfS auf sich lenkten. Die Regeln des konspirativen Verhaltens wurden den Spionen be-

---

158 Wolfgang Stuchly, Heinz Primus: Diplomarbeit 1976, Bl. 65.
159 Ebd.

reits bei der Werbung mündlich oder schriftlich übermittelt und auch in der weiteren Zusammenarbeit auf
den verschiedensten Wegen wiederholt und eindring-
lich nahegelegt. Neben dem Ziel, einmal geworbene
Quellen zu erhalten, verfolgten die Dienste gleichzeitig
einen moralischen Zweck. Ihren Agenten sollte aufgezeigt werden, dass die Geheimdienstmitarbeiter vor
allem um die Sicherheit bemüht waren und sie sich in
jedem Fall auf sie verlassen konnten. Der folgende Teil
einer Grundsatzanweisung des BND an einen Agenten
in der DDR soll diese Hauptrichtung der Ausbildung
und Instruktion deutlich machen:

»Ratschläge zu Ihrer persönlichen Sicherheit
Zu Ihrer persönlichen Sicherheit und zum Wohle Ihrer
Angehörigen ist es notwendig, dass Sie Ihre Tätigkeit für
uns gegenüber jedermann geheim halten können und
bei keinem Menschen auch nur ein Verdacht entsteht.
Dies ist überhaupt die wichtigste Voraussetzung für eine
wirkungsvolle Mitarbeit. Wir haben daher eine Reihe
von Ratschlägen zusammengestellt, die Ihnen zeigen
sollen, worauf es ankommt.
Grundsätze:
1. Wenn Sie die Mitarbeit beginnen, soll sich Ihr äußerli-
cher Lebensrhythmus nicht ändern, behalten Sie die Ihrer
Umwelt bereits bekannten Lebensgewohnheiten bei.
2. Verhalten Sie sich stets so, dass Sie Ihrer Umwelt weder negativ noch positiv auffallen; im breiten Strom der
Menge unauffällig mitschwimmen!
3. Schweigen Sie ›eisern‹ über Ihre geheimen Aufgaben
und Tätigkeiten! Auch der beste Freund könnte ungewollt mal einen Fehler machen, der die Aufmerksamkeit
auf Sie lenkt.
4. Meiden Sie übermäßigen Alkoholgenuss!
5. Lassen Sie sich niemals provozieren! Der Feind tritt
oft in der Maske des ›Regimegegners‹ auf.

6. Gegenüber Organen des Staates und der Partei zeigen Sie sich ruhig und gelassen. Bekämpfen Sie jede Nervosität und Unsicherheit, auch in überraschenden Situationen.

7. Überlegen Sie stets vor jeder Handlung, die Sie für uns tun wollen, was will ich wie durchführen und wie begründe ich es. Bei unvermuteten Zwischenfällen werden Sie dann in aller Ruhe Rede und Antwort stehen können.

8. Ihre geheimen Unterlagen müssen immer so versteckt sein, dass Ihre Wohnung auch einer gründlichen Haussuchung standhält.

9. Studieren Sie immer wieder die technischen Hinweise und Anleitungen zur schriftlichen Berichterstattung und für den Funkverkehr, auch wenn Sie glauben, alles perfekt zu beherrschen. Verfallen Sie nie in lässige Routine.

10. Teilen Sie uns auf Ihrem geheimen Briefwege sofort mit, wenn Ihnen gegenüber verdächtiges Verhalten Ihrer Mitmenschen festgestellt wird.

Ergänzend zu diesen kurz gefassten Grundsätzen geben wir Ihnen noch ausführliche Hinweise für Ihr richtiges Verhalten im Alltag und in speziellen Situationen:

A) <u>Verhalten gegenüber Familienangehörigen, Freunden und Nachbarn (zu Grundsatz 1–5)</u>

a) Vermeiden Sie alles, was Neid und Missgunst Ihrer Mitmenschen wecken könnte. Dazu gehört auch der Besitz und das Verzehren von Gegenständen und Genussmitteln aus dem Westen vor den Augen der ›lieben‹ Nachbarn. Bereits durch solche Kleinigkeiten kann aus Missgunst Argwohn werden und später ein Tip für den SSD.

b) Bei Geldausgaben und Anschaffungen überlegen, wie Zuwendungen von uns unauffällig in den Familienhaushaltsplan eingebaut werden können, Herkunft von

Paketen und Geld muss plausibel erklärbar sein! Wenn Ihre Frau nicht eingeweiht ist, müssen Sie ihr gegenüber die Herkunft glaubhaft verschleiern; die Begründung ›im Toto gewonnen‹ ist schlecht, weil dies leicht nachgeprüft werden kann.

c) Meiden Sie zu engen Kontakt mit Personen, die als politische Gegner des SED-Regimes bekannt sind. Zu leicht könnten Sie sonst in das Blickfeld des SSD geraten.

d) Beachten Sie, dass von Ihnen als verdächtig eingeschätzte Personen Ihres Bekanntenkreises Spitzel sein können; dies kommt öfter vor als man denkt. Bei Gesprächen in einem größeren Personenkreis halten Sie sich zurück und lassen Sie sich nicht zu verfänglichen politischen Äußerungen provozieren.

B) Verhalten gegenüber Partei- und Staatsorganen (zu Grundsatz 6)

a) Geben Sie sich im Verkehr mit den Organen des Staates, der Partei und den Massenorganisationen so ungezwungen und natürlich wie möglich. Verfallen Sie aber nicht in den Fehler, plötzlich auf ›linientreu‹ zu machen, obwohl bekannt ist, dass Sie bisher den Maßnahmen des SED-Regimes skeptisch gegenüber standen! Wenn Sie sich zögernd ›überzeugen‹ lassen, wird man Ihnen den ›Gesinnungswandel‹ eher abnehmen.

b) Es kann passieren, dass Sie wegen einer völlig unpolitischen Angelegenheit vor einer staatlichen Stelle erscheinen müssen, zum Beispiel als Zeuge zu einem Verkehrsunfall. Seien Sie auch dann auf der Hut! Wägen Sie Ihre Aussagen sorgfältig ab, besonders die zu Ihrer Person. Widersprüche könnten Nachforschungen auslösen, die – zunächst in einer ganz anderen Richtung gezielt – schließlich auf Ihre Geheimtätigkeit stoßen.«[160]
Ausbildung und Instruktion zur Durchführung der Spi-

---

160 Ebd., Bl. 66 f.

onage entsprechend der festgelegten Einsatzrichtung. Die Ausbildung und Instruktion in dieser Richtung war weitgehend von der konkreten Einsatzrichtung, der Stellung und den jeweiligen Möglichkeiten des Agenten abhängig.

Bei der Mehrzahl der Spione, die gegen ökonomische oder politische Bereiche der DDR zum Einsatz kamen, bewegte sich die Auftragserteilung im Rahmen der normalen beruflichen oder gesellschaftlichen Tätigkeiten der Agenten beziehungsweise deren Möglichkeiten zur gezielten Informationsabschöpfung.

Zu vielen von den Geheimdiensten geforderten Informationen hatte der Spion direkt oder indirekt Zugang, über viele Probleme und Zusammenhänge war er informiert und konnte darüber mündlich oder schriftlich berichten.

Der Schwerpunkt der Ausbildung und Instruktion konzentrierte sich hier vor allem auf die konspirative Beschaffung und Dokumentation wichtiger Originalunterlagen, das methodische Vorgehen bei der Informationsabschöpfung sowie das allgemeine Verhalten auf der Arbeitsstelle, wie der nachfolgende Auszug aus einer Anweisung des BND deutlich macht:

»a) Obwohl wir sehr an Dokumenten interessiert sind, lassen Sie sich bei der Beschaffung derartiger Materialien Zeit. Uns interessierende Vorgänge möglichst erst nach Abzeichnung aller eingeschalteter Bearbeiter einsehen, fotografieren oder abschreiben (je nach Auftrag). Abgelegte Vorgänge werden meist nicht so schnell vermisst.

b) Überlegen Sie stets genau, wo und wie Sie die Angaben, die Sie an uns weitergeben wollen, am ungefährlichsten bekommen beziehungsweise aus dem Objekt herausbringen können. Oft ist das Einprägen des Wesentlichen in das Gedächtnis der zuverlässigste Weg zur Erfüllung des Auftrages.

c) Vermeiden Sie das ›Ausfragen‹ von Kollegen über Dinge, die Sie beruflich nichts angehen. Besser und unauffälliger ist es, wenn Sie die uns interessierenden Nachrichten auf dem ›indirekten Wege‹ von Ihren Kollegen erfahren (reden lassen!).

d) Besondere Wachsamkeit ist bei Gesprächen über Politik im Kollegenkreis geboten. Gerade in den Betrieben wimmelt es von Spitzeln. Weichen Sie jeder Provokation aus; zeigen Sie aber nie, dass Sie eine Provokation erkannt haben.

e) Falls man von Ihnen verlangt, als Spitzel im Betrieb zu fungieren, wird Ihnen schließlich nichts anderes übrigbleiben, als auf diese Forderung (nach einigem Sträuben) einzugehen. Hüten Sie sich aber davor, Ihre Arbeitskollegen zu denunzieren. Am einfachsten sind zunächst neutrale Berichte, mit denen der SSD oder ein anderer Auftraggeber praktisch nichts anfangen kann. Sicher können wir Ihnen von Fall zu Fall einen brauchbaren Rat geben, wenn Sie uns bereits von der ersten Ansprache durch die Organe der Staatssicherheit umgehend Mitteilung machen.«[161]

Bei Spionen, die zur Aufklärung militärischer Objekte, Anlagen und Bewegungen eingesetzt wurden, war die Ausbildung und Instruktion im Allgemeinen umfangreicher. Die Ursachen lagen vor allem darin begründet, dass die Spione die vorgeschriebenen militärischen Objekte und Anlagen in mehr oder weniger großer Entfernung regelmäßig aufsuchten, Beobachtungen durchführten und die so getroffenen Feststellungen nach geheimdienstlichen Gesichtspunkten identifizieren und klassifizieren mussten.

Die Ausbildung und Instruktion umfasste also neben den Verhaltensregeln beim Anlaufen der Objekte gleich-

---

161 Ebd., Bl. 68.

zeitig spezifische inhaltliche Probleme, deren Mitteilung durch den Agenten für die korrekte Bewertung der Information durch den Geheimdienst unumgänglich war.

Zur Identifizierung festgestellter militärischer Einheiten und Waffensysteme übergaben die Geheimdienste den Agenten sogenannte Uniform- und Waffentafeln, in denen charakteristische oder unterscheidende Merkmale hervorgehoben waren. Vielfach waren die auf den Tafeln bezeichneten Waffensysteme, Geräte, Uniformen usw. noch mit einer Kurzbezeichnung (Buchstaben oder Zahlen) versehen. Sie dienten damit zugleich als textverkürzende Codetafeln für die schriftliche Berichterstattung.

Für das Verhalten beim Aufsuchen militärischer Objekte gab der BND einem seiner Agenten beispielsweise folgende schriftliche Instruktion:

»Zur Erfüllung Ihrer geheimen Aufgaben ist es erforderlich, dass Sie von Zeit zu Zeit, je nach Auftrag, an bestimmte Objekte heranmüssen, um die Belegung, das Verhalten der Truppe oder objektgebundene Fahrzeuge feststellen zu können. Hierzu folgende Hinweise:

a) Handelt es sich um Objekte, an denen Sie nicht täglich auf dem Wege von und zur Arbeit vorbeikommen, müssen sie eine stichhaltige Begründung für Ihre Anwesenheit in der Nähe des Objektes zur Hand haben!

b) Bedenken Sie, dass die einzelnen Objekte durch getarnte (nicht zu erkennende) Sicherer sowohl im Objekt (mit Blick nach außen) als auch außerhalb des Objektes (zur Beobachtung der Umgebung des Objektes) abgeschirmt sein können. Innen- und Außensicherer stehen häufig über Telefon oder Funk miteinander in Verbindung. Gehen Sie also nicht zu dicht an ein Objekt heran. Oft lassen sich auch aus größerer Entfernung wesentliche Beobachtungen durchführen. Als Einzelgänger machen Sie sich in der Nähe der Objekte wesentlich eher verdächtig, als zu zweit oder zu mehreren Personen. Wenn möglich, nutzen Sie zur Überwachung eines bestimmten Objektes einen Spaziergang mit Ihrer Frau oder Ihrer Familie. Vielleicht haben Sie Verwandte oder Bekannte oder auch ein Geschäft, in dem Sie guter Kunde sind, in der Nähe des Objektes, wo Sie zwanglose Besuche machen können (gute Begründung bei unliebsamen Fragen).

c) Führen Sie Ihre Beobachtungen im vorgeschriebenen Zeitraum unregelmäßig durch.

d) Vorsicht bei der Aufklärung mit einem Kraftfahrzeug! Die Fahrzeugnummer erleichtert Ihre Identifizierung.

e) Denken Sie auch daran, nicht ständig in der gleichen Kleidung in der Nähe eines bestimmten Objektes zu erscheinen.

f) Benehmen Sie sich während der Aufklärung am Objekt sowie auf dem Wege dorthin und in die Wohnung zurück nicht zu geheimnisvoll. Der zu routinierte Versuch, irgendwelche ›Bewacher‹ durch ›Hakenschlagen‹ abzuschütteln, kann Sie in den Augen von Fachleuten verdächtig machen!

g) Auch eine noch so günstige Gelegenheit für wichtige Beobachtungen darf Sie nicht dazu verleiten, ihre eigene Deckung zu vernachlässigen. Viel sehen ohne selbst gesehen zu werden.

h) Keine handschriftlichen Aufzeichnungen in der Nähe der Objekte machen!«[162]

In ähnlicher Weise wurden auch die Spione aus dem Kreis der Bürger nichtsozialistischer Staaten, die als Besucher in die DDR einreisten oder als Reisende auf den Transitwegen durch die DDR fuhren und dabei Militärspionage betrieben, während persönlicher Treffs mit dem Geheimdienstmitarbeiter mündlich anhand von Fotoalben ausgebildet und instruiert.

Ausbildung und Instruktion der Spione zum metho-

---

162 Ebd., Bl. 76 f.

dischen Vorgehen bei der Spionagetätigkeit sowie dem Abfassen von Spionageberichten. Obwohl Ausbildung und Instruktion in dieser Richtung von der jeweiligen Einsatzrichtung sowie den konkreten Möglichkeiten des Agenten abhängig waren, gab es doch eine Vielzahl von Gemeinsamkeiten, wie die Auszüge aus einer BND-Anweisung deutlich machen:

»Meldungsgewinnung und -abfassung

I. Zur Meldungsgewinnung gehören die eigene Beobachtung, das gehörte oder mitgehörte Gespräch und das Gerücht.

1. Zunächst die Annäherungsmöglichkeiten zum Objekt erkunden sowie An- und Abmarschwege dorthin untersuchen.

2. Einsichtmöglichkeiten suchen. Am besten eignen sich solche Beobachtungspunkte, die aus geeigneter Entfernung einen guten Einblick in das Objekt gewähren. (Dies können zum Beispiel erhöhte Standorte, Anhöhen, Brücken oder Aussichtstürme sein, aber auch Verkehrsmittel, die am Objekt vorbeifahren). Ist eine Einblicksmöglichkeit aus geeigneter Entfernung nicht gegeben, so muss das Objekt unter Wahrung aller Sicherheitsgrundsätze direkt angelaufen werden.

3. Steht ein Beobachtungsstandpunkt fest, muss dieser mitgeteilt werden.

4. Bei eigener Beobachtung (EB) folgende Einzelheiten im Gedächtnis behalten:

- Ort des Geschehens,
- Zeit und Dauer des Ablaufs,
- Art und Anzahl der beobachteten Soldaten, Waffen, Geräte und Fahrzeuge,
- Tätigkeit der Truppe,
- Umfang, Fahrtrichtung und überwiegende Zusammensetzung der beobachteten Fahrzeugkolonne oder des Transports.

5. Bei geführten Gesprächen: möglichst viele Einzelheiten im Gedächtnis behalten

- Angaben über die Person des Gesprächspartners (Name, Wohnort und Wohnung, Alter, Beruf) und seine Glaubwürdigkeit,
- Inhalt des Gesprächs.

6. Bei mitgehörten Gesprächen: möglichst viele Einzelheiten im Gedächtnis behalten

- wann und wo gehört,
- wer waren die Gesprächspartner und wie ist die Glaubwürdigkeit (wenn Anhaltspunkte dafür vorhanden),
- Inhalt des Gesprächs.

7. Bei Gerüchten:

- wann, wo und von wem gehört (einmalig, mehrmals),
- Inhalt des Gerüchtes.

II. Meldungsabfassung

1. Zu einer vollständigen Meldung gehört immer die Beantwortung folgender Fragen:

a) Wie wurde etwas festgestellt?

durch eigene Beobachtung? durch geführtes oder mitgehörtes Gespräch? durch ein Gerücht?

b) Wann wurde der Vorgang beobachtet?

Tag und Uhrzeit der Beobachtung? Wie lange dauerte der Vorgang?

c) Wo wurde der Vorgang beobachtet?

Ort und Richtung der Beobachtung

d) Wer oder was wurde beobachtet?

(Tafeln benutzen)

e) Wie verhält sich die beobachtete Sache oder Person? (Tätigkeit, Zustand).«[163]

Die Ausbildung und Instruktion der Agenten zu diesen Fragen diente vordergründig dem Ziel, sie auf die

---

163 Ebd., Bl. 78 f.

relevanten Informationsinteressen zu orientieren und zu gewährleisten, dass eine Information vollständig und damit für den Geheimdienst auswertbar war. Diese Forderung war für die Dienste bei Informationen über militärische Objekte und Bewegungen von besonderer Bedeutung, weil notwendige Rückfragen ihre Aktualität stark beeinträchtigten und die Informationen damit weitgehend wertlos werden ließen.

Ausbildung und Instruktion der Spione zur selbständigen Reaktion in möglichen politischen und militärischen Krisensituationen. Im Prinzip erhielten alle Spione der westlichen Geheimdienste, unabhängig von ihrer konkreten Einsatzrichtung, den generellen Auftrag, über alle erkennbaren Anzeichen für außergewöhnliche Situationen und Vorgänge auf schnellstem Wege zu berichten. Vom BND wurden solche Situationen als »Spannungszeiten« und die festgestellten Anzeichen dafür als »Spannungsmerkmale«, vom US-Geheimdienst als »besondere Ereignisse« bezeichnet. Was die Agenten darunter zu verstehen hatten, wird aus folgendem Auszug aus einer Anweisung des BND deutlich:

»Spannungsmerkmale sind alle Ereignisse militärischer und politischer Art, die aus dem alltäglichen Rahmen fallen und die

a) Aktionen des Regimes darstellen können, z. B. damals der Mauerbau am 13.8.61, Sperrungen von Straßen und Gebieten, Masseneinziehung von Reservisten, usw. und

b) Reaktionen auf innen- oder außenpolitische Geschehnisse sein können, z. B. großangelegte Manöver und Störflüge in den Luftkorridoren, Hubschrauberflüge der NVA an der Zonengrenze, Schikanen auf den Zufahrtsstraßen nach West-Berlin usw.

c) Verhalten der Bevölkerung und Auswirkungen. Zu unterscheiden sind hierbei folgende Maßnahmen:

• auf militärischem Gebiet

- in politischer Hinsicht und
- auf dem wirtschaftlichen Sektor.

Was ist darunter zu verstehen und was ist zu tun?

Zunächst einmal die Aktionen des Regimes. Sie kommen für den Außenstehenden meist unvorbereitet, manchmal sind sie vorauszusehen, häufig aber sind sie erkennbar an den Maßnahmen, die auf den oben erwähnten Gebieten getroffen werden.

Die Reaktionen sind fast immer zu erwarten, wenn sie auch in ihrer Art nicht vorauszusehen sind. Auch sie sind für den Außenstehenden immer an den Maßnahmen erkennbar. Sie können aber auch ausbleiben, weil das Regime keine Veranlassung sieht, etwas zu tun oder es ihm nicht ins Konzept passt, irgendwelche Maßnahmen zu treffen.

Beides ist unbedingt zu melden: Sowohl die erkannten Maßnahmen als auch das Ausbleiben.

Das Verhalten der Bevölkerung und die Auswirkungen von Maßnahmen oder Ereignissen sind für jeden Außenstehenden, also auch für Sie greifbar zu erkennen, weil Sie ja mitten im Geschehen stehen. Auch hier kann bei irgendwelchen innen- und außenpolitischen Ereignissen etwas geschehen, aber auch ausbleiben.

Beides ist ebenfalls unbedingt zu melden!

Es ist nun nicht Ihre Aufgabe, Geschehnisse oder Ereignisse in ihrer möglichen Bedeutung als Spannungsmerkmale zu erkennen! Sie sollen vielmehr alle Ereignisse, gleich ob auf militärischem, wirtschaftlichem oder politischem Gebiet, die nicht alltäglich sind, sofort melden!

Merken Sie sich daher für alle Zeit:

1. Sofortige Meldung aller aus dem alltäglichen Rahmen fallender Ereignisse militärischer oder ziviler Art.

2. Sofortige Meldung aller Ereignisse oder ihr Ausbleiben bei politischen Geschehnissen (z. B. bei Tod, Ab-

setzung führender Politiker des In- und Auslandes, bei Zuspitzung in Krisenherden – BERLIN, Südost-Asien, Mittelamerika usw. – Bundestagssitzungen oder ähnliche polit. Veranstaltungen in West-BERLIN, größere Zwischenfälle an der Zonengrenze, in der DDR oder in West-BERLIN, Störmanöver in Luftkorridoren, auf den Zufahrtswegen und Eisenbahnstrecken nach West-BERLIN usw.).

3. Sofortige Meldung, wenn getroffene Maßnahmen des Regimes oder der Sowjets aufgehoben werden.

Sie müssen bei allen drei Punkten selbständig reagieren und von sich aus berichten; aber auch, wenn Sie per Funk dazu aufgefordert werden.«[164]

Analoge Instruktionen übergab auch der US-Geheimdienst seinen Agenten. Beide Geheimdienste führten in den Anweisungen einen Katalog von Maßnahmen, Erscheinungen und Reaktionen, die als »Spannungsmerkmale« zu bewerten waren.

Ausbildung und Instruktion der Spione für eine angenommene Bearbeitung oder bei Durchführung strafprozessualer Maßnahmen durch das MfS. Die Ausbildung und Instruktion in dieser Richtung war im Allgemeinen nicht sehr breit angelegt, was seine Ursache offensichtlich darin hatte, dass die Dienste ihre Agenten rein psychisch nicht belasten wollten und dafür umso stärker auf prophylaktische Sicherheitsmaßnahmen orientierten. Die Geheimdienste gingen meist davon aus, dass lediglich ein vorübergehender Gefahrenzustand eintreten kann, der entweder vom Agenten selbst festgestellt oder von der Zentrale mitgeteilt wird. Die Instruktionen reduzierten sich darum vorrangig auf Handlungen des Spions in einer Gefahrensituation, wie der folgende Auszug aus einer BND-Anweisung aufzeigt:

---

164 Ebd., Bl. 80 f.

»Wenn Sie die Arbeit aus von Ihnen wahrgenommenen Belastungen der Sicherheitslage einstellen müssen, so bringen Sie Ihre gesamten geheimen Unterlagen und Geräte in das vorbereitete Fernversteck.

Schreiben Sie regelmäßig weiter an T. [eine Verwandte des Spions in der Bundesrepublik, Anm. d. Verf.] und schildern Sie Ihre persönliche Situation. Wir halten mit ihr Kontakt. Denken Sie aber daran, dass sie nicht eingeweiht ist!

Bei unmittelbarer Gefahr berichten Sie – wenn möglich – sofort per GT-Brief [Geheimtextbrief, Anm. d. Verf.] und teilen Sie ihre Maßnahmen mit. Wenn die Lage es ermöglicht, sofort alle Unterlagen und Geräte ins Fernversteck bringen. (Denken Sie daran, dass alles gut luft- und wasserdicht verpackt sein muss und halten Sie Plastikbeutel für solch einen Fall bereit.)

Ist eine Benachrichtigung und Auslagerung nicht mehr möglich, so verbrennen Sie alle Unterlagen und vernichten und beseitigen Sie die Geräte gründlich. Schreiben Sie an T. einen Brief und wünschen Sie sich einen Stoff für einen Anzug. Dadurch erfahren wir von Ihrer Maßnahme. Ist die Gefahr vorüber, machen Sie Ihren Wunsch wieder rückgängig. Sie erhalten dann auf dem vereinbarten Wege eine Anweisung zum weiteren Verhalten.

Wenn eine Arbeitseinstellung über Funk angeordnet wird, so geben wir Ihnen genaue Verhaltensanweisungen.«[165]

Häufig wurden von den Geheimdiensten mit den Agenten auch andere Vereinbarungen getroffen, beispielsweise ein bestimmtes Postkartenmotiv oder eine konkrete Briefmarkenanordnung beziehungsweise andere äußere Merkmale, die gegenseitig eine Gefahrensituation sig-

---

165 Ebd., Bl. 83.

nalisierten und entsprechende, meist festgelegte, Reaktionen auslösten.

Gelegentlich orientierten die Dienste ihre Agenten, bei einer erfolgten Festnahme, die Möglichkeit einer Überwerbung durch das MfS im Blick zu behalten und sich auf entsprechende Angebote einzulassen. Für einen solchen Fall gab es meist festgelegte Vereinbarungen dahingehend, dass ein Spion, der überworben wurde und den Kontakt zu seinem Dienst nun im Auftrag und unter Kontrolle des MfS hielt, zum Beispiel ein verändertes Schriftbild des Datums, der Anrede oder der Unterschrift in seiner postalischen Korrespondenz zur Anwendung brachte. In einer dahingehenden Anweisung des US-Geheimdienstes heißt es dazu:

»Sicherheitszeichen (SZ) sind kleine, aber lebenswichtige Tipps, die in allen GS-Korrespondenzen [Geheimschriftkorrespondenzen, Anm. d. Verf.] von Ihnen im GS-Text [Geheimschrifttext, Anm. d. Verf.] sowie im Deckbrief [Tarntext, Anm. d. Verf.] eingebaut werden müssen. Sie dienen der Warnung über Feindkontrolle, d. h., falls Sie aus irgendwelchen Gründen in Feindeshand geraten sollten und unter Druck weiterkorrespondieren müssen, können Sie diese Feindkontrollwarnung auslösen. Diese Einrichtung mag makaber erscheinen, ist aber nötig, wir können erst helfen, wenn wir über Feindkontrolle informiert sind.«[166]

Die oben beschriebene Nichtbelastung der Agenten aus psychischen Gründen mit einer MfS-Konfrontation beschreibt US-Spion Sieberer wie folgt:

»Die Führungsoffiziere, angefangen bei Jim, redeten meine diesbezüglichen Sorgen klein. Das Risiko der Enttarnung war nach ihrer Ansicht überschaubar. Es könne sein, dass man entdeckt wird. Das ist aber eher

---

166 Ebd., Bl. 84.

unwahrscheinlich. Das sagten sie wohl nicht nur aus psychologischen Gründen. Sie fühlten sich der Spionageabwehr der DDR überlegen. Technisch sowieso, mental auch. Wir kämpften für Frieden, Freiheit und Demokratie. Recht und Gerechtigkeit waren mit uns. Wie sollte uns da die Geheimpolizei einer Diktatur das Wasser reichen können? Das war keine Konkurrenz. Natürlich sah ich das auch so. Aber Idealismus macht nicht automatisch blind und unvorsichtig. Darum fragte ich beharrlich nach: Was passiert im Falle eines Falles?

Bei einer Gefangennahme würde ich gegen einen in den USA (oder in einem anderen westlichen Land) inhaftierten Ostagenten ausgetauscht werden, hieß es dann. In zwei Wochen bis drei Monaten wäre man wieder draußen. Kein Problem. Unterdessen würde man sich um meine Angehörigen kümmern und alle Dinge veranlassen, die notwendig wären. Kurz, ich würde vielleicht für einige Zeit aus dem Verkehr gezogen werden, doch es liefe weiter wie gehabt. Ich würde keine Nachteile oder gar Schäden erleiden.

Ich fragte zaghaft nach, wie viele Ostagenten denn auf unserer Seite einsäßen, also ob auch genügend Tauschmaterial vorhanden sei. Jim erklärte kategorisch: ausreichend.

Das war, wie ich Jahre später erfahren musste, glatt gelogen. Damals fand ich die Zusagen der Amerikaner überzeugend und auch ausreichend. Sie räumten alle kritischen Bedenken aus. Die Sicherheitsgarantien und Haftungserklärungen wurden vor jeder Dienstfahrt in die DDR und nach Polen erneuert und bekräftigt. So reiste ich denn derart geschützt und seelisch gestärkt durch den Eisernen Vorhang hinüber.«[167]

---

167 Hannes Sieberer, Herbert Kierstein: *Verheizt und vergessen*, S. 24 f.

Auch der US-Spion Eberhard Fätkenheuer, der für einen US-Geheimdienst als »Helmut Prantl« Militärspionage betrieb und von der HA II im OV »Pfeil« bearbeitet wurde, erinnert sich an den von den Amerikanern verbreiteten Optimismus. Sein US-Instrukteur Charli vermittelte ihm: »Das ist eine ganz sichere Sache, praktisch ist es so gut wie unmöglich, dass man dir auf die Schliche kommt.«[168]

Die hauptsächlichsten Formen der Ausbildung und Instruktion der Agenten durch die Geheimdienste waren:

- Lehrgänge oder Spezialschulungen in Geheimdienstobjekten. Diese Form ist relativ selten angewandt worden, da sie oft die zeitlichen und räumlichen Möglichkeiten der Spione überstieg. Sie hatte aber eine Bedeutung bei Agenten, die auf eine Einschleusung in die DDR als Rückkehrer oder Zuziehende vorbereitet wurden.
- Ausbildung und Instruktion während der persönlichen Treffs im NSA oder bei Instrukteurtreffs in der DDR. Es handelte sich dabei um die am meisten verbreitete und wirksamste Form, da die direkte Einwirkung und die Beantwortung unklarer Fragen sofort möglich war. Vielfach erfolgten Ausbildung und Instruktion auf der Grundlage schriftlicher Anweisungen sowie nachrichtendienstlicher Hilfsmittel, die dem Agenten danach übergeben wurden.
- Ausbildung und Instruktion mittels schriftlicher Anweisungen, die den Agenturen während persönlicher Treffs, durch Instrukteure oder Kuriere, über Tote Briefkästen oder postalisch übermittelt worden waren.

168 Eberhard Fätkenheuer: *Die Brücke in die Freiheit. Ein ehemaliger CIA-Agent offenbart seine Lebensgeschichte.* Uckerland 2011, S. 63.

- Ausbildung und Instruktion durch Funksendungen der Geheimdienstzentralen an die Spione. Diese Form der Ausbildung und Instruktion, die objektiv in Umfang und Detailliertheit eingeschränkt war, spielte vor allem eine regulierende Rolle. Sie konnte kurzfristig, schnell und relativ gefahrlos Anweisungen modifizieren, Aufträge erteilen und notwendige Instruktionen an den Agenten übermitteln.

Wie der ganze Komplex der Ausbildung und Instruktion, so wurden auch deren Formen als sich gegenseitig bedingende und ergänzende nachrichtendienstliche Einheit betrachtet.

Die materielle Vergütung der Spionagetätigkeit

Ausgehend von der Tatsache, dass bei zahlreichen Spionen die Grundmotivation für die Agententätigkeit materielle Interessen darstellten, kam nach Ansicht der Staatssicherheit der kontinuierlichen materiellen Vergütung durch die Dienste eine grundlegende Bedeutung zu. Die Geheimdienste betrachteten die materielle Vergütung als bedeutenden stimulierenden Faktor und Regulator, um Intensität und Effektivität der Tätigkeit der Agenten durch Stimulation zu erhöhen. Darüber hinaus bewerteten sie die Höhe sowie die konkreten Formen der materiellen Vergütung als Mittel, um auf die Spione Einfluss zu nehmen und stärkere Bindungen und Abhängigkeiten der Agenten zu den Diensten herzustellen. Die Geheimdienstmitarbeiter stuften die Agenturen entsprechend ihrer Möglichkeiten, Aktivitäten und Perspektiven für die Spionage im Allgemeinen mit einem Grundsold ein. Dieser Grundsold war vielfach nicht konstant, sondern wurde bei erweiterten Spionagemöglichkeiten, dem Erschließen zusätzlicher Quellen oder kontinuierlicher besonderer Aktivitäten des Spions erhöht, bei eingeschränkten Möglichkeiten

(Arbeitspausen oder nachlassende Aktivität) reduziert. Die Berechnungsmaßstäbe für diesen Grundsold waren bei einzelnen Geheimdiensten – bei angenommenen Möglichkeiten der Agenturen – unterschiedlich. Darüber hinaus hatten insbesondere der BND und die US-Dienste ein gestaffeltes »Prämiensystem«, womit besondere Leistungen oder Anlässe zusätzlich honoriert wurden. Derartige Prämien wurden unter anderem gezahlt, wenn

• geforderte Informationen zum richtigen Zeitpunkt und in der entsprechenden Qualität eintrafen, die auf zusätzliche Initiativen des Spions hindeuteten,

• der Agent in Kenntnis der Informationsinteressen der Dienste sich bietende zusätzliche Spionagemöglichkeiten eigeninitiativ nutzte,

• die Informationen als besonders wertvoll und zeitgemäß bewertet wurden,

• eine im Interesse der Geheimdienste liegende spezielle Aufgabe übernommen oder die Bereitschaft dazu erklärt worden war (beispielsweise die Bereitschaftserklärung einer Agentur, ein Funkgerät zu übernehmen und diesen Verbindungsweg künftig zu nutzen),

• der Agent Geburts- oder Hochzeitstag hatte, Fest- beziehungsweise Feiertage bevorstanden oder Jahrestage der Zusammenarbeit mit dem Geheimdienst anstanden.

Der angedachte psychologische Effekt lag hierbei auf der Hand, er vermittelte den Anschein enger persönlicher Bindungen, selbst dann, wenn sich Agentenführer und Spion noch nie persönlich gesehen hatten.

Es ist nachvollziehbar, dass dieses »Prämiensystem« auf ausgeprägt materiell interessierte Agenturen eine besonders stimulierende Wirkung hinsichtlich ihrer Aktivitäten haben konnte. Es bot dem MfS allerdings in einem solchen Fall auch Ansatzmöglichkeiten, da dadurch Spione mitunter risikobereiter und unvorsichtiger agierten.

Formen der materiellen Vergütung waren:

1. Einrichtung von Konten für die Agenten im NSA. Oftmals erhielten Spione für ihre Tätigkeit nicht den vollen Geldbetrag (Grundsold und Prämie) ausgehändigt. Ein Teil wurde auf einem, bei den Geheimdiensten angelegten Konto deponiert, welches mit zunehmend langer Tätigkeit des Agenten einen beachtlichen Umfang annehmen konnte. Den damit verbundenen Effekt bewertete das MfS dahingehend, dass Spione fester an den Dienst gebunden wurden, da dieser über die Termine und die Höhe der Auszahlung verfügte und eine unbegründete Einstellung der Tätigkeit durch den Spion in der Regel den Verlust des Kontos zur Folge hatte. Der Effekt konnte erhöht werden, indem der Agent von Zeit zu Zeit Kenntnis vom aktuellen Kontostand erhielt. Im Prinzip standen den Agenturen oder ihren Verwandten bei Reisen in das NSA Beträge dieser Konten zur Verfügung. Allerdings durften sie nicht durch unerklärlich hohe Geldbeträge auffallen.

Die Dienste betonten die Bedeutung dieser Konten gegenüber den Agenturen im Zusammenhang mit der Zeit nach dem eventuellen Verlassen der DDR oder der Nutzung im Rentenalter. Darüber hinaus erfolgte die Begründung der Konteneinrichtung mit Sicherheitsvorkehrungen, um dem Spion nicht zu hohe Geldbeträge in bar auszuhändigen, was bei unbedachten Ausgaben Gefahrenmomente in sich barg.

2. Auszahlung von Geldbeträgen an die Spione. Ein Teil ihrer Zuwendungen wurden den Agenten in entsprechenden Zeitabständen in Form von Geld während persönlicher Treffs im nichtsozialistischen Ausland übergeben oder über andere Verbindungswege zugestellt. Bei persönlichen Treffs erhielten die Agenturen

224

vielfach auch Geld in DM, Dollar oder der jeweiligen Landeswährung, das zum dortigen Verbrauch bestimmt war. Innerhalb der DDR wurde Westwährung nur in Ausnahmefällen und bei stichhaltiger Legende ausgehändigt. Ein in DDR-Währung übergebener Geldbetrag wurde nach dem jeweiligen Kurs berechnet. Verschiedentlich versuchten die Dienste, der finanziellen Vergütung eine sekundäre Rolle zuzuweisen und das politische Motiv der Spionagetätigkeit zu betonen.

3. Übergabe von Wertgegenständen als Geldäquivalent an die Agenten. Darunter fielen vor allem Schmuck, kleine Goldbarren, Uhren, Münzen usw. Damit sollte dem Spion das Gefühl vermittelt werden, bleibende Werte zu besitzen.

4. Übersendung sogenannter Versorgungspakete an die Agenten. Es handelte sich dabei um normale Paketsendungen mit den verschiedensten Artikeln, meist unter Berücksichtigung der speziellen Wünsche der Agenturen, unter strikter Einhaltung der gültigen Zollbestimmungen. Die Dienste reduzierten diese Form der materiellen Vergütung in der Regel auf solche Agenten in der DDR, die tatsächlich Westkontakte unterhielten. Die Geheimdienstmitarbeiter nahmen in der Regel zu diesen Agenturen direkt oder unter Legende (ehemaliger Kriegskamerad, Verpflichtungen aus der Vergangenheit usw.) Kontakt auf, übergaben diesen in größeren Abständen Geld und klammerten auf diese Weise die Paketsendungen aus dem eigentlichen nachrichtendienstlichen Verbindungssystem aus.[169] In einer Instruktion des BND heißt es dahingehend:

»Pakete an Sie schicken wir nur in größeren Abständen, denn Nachforschungen des Gegners könnten ergeben,

---

169 Vgl.: Wolfgang Stuchly, Heinz Primus: Diplomarbeit 1976, Bl. 87–91.

dass der Absender wirtschaftlich nicht in der Lage ist, regelmäßig Pakete zu versenden, die einem größeren Wert entsprechen. Ich hoffe, dass Sie diese Notwendigkeit einsehen. Wünsche von Ihnen erfüllen wir im gegebenen Maße gern, aber manchmal ist es doch wohl besser, auf dieses oder jenes zu verzichten, als aufzufallen und peinlichen Befragungen ausgesetzt zu werden, die sich möglicherweise verhängnisvoll auswirken könnten.«[170]
Damit gaben die Dienste dieser Form der materiellen Vergütung einen völlig individuellen Charakter, um möglichst keine Ansatzpunkte für eine zielgerichtete Fahndungsarbeit des MfS zu liefern.

Überprüfung der Agenten durch die Geheimdienste auf Ehrlichkeit und Zuverlässigkeit

Die Überprüfung der Agenturen auf Ehrlichkeit und Zuverlässigkeit im Sinne der Geheimdienste war ein ständiger Prozess, der im Prinzip bereits bei der Aufklärung und Werbung des Kandidaten begann. Die Dienste waren sich bewusst, dass sich unter den von ihnen geworbenen Agenturen

• schon aufgrund der Auswahlgesichtspunkte käufliche Personen und professionelle Nachrichtenhändler sowie
• IM des MfS oder anderer Sicherheitsorgane

befinden konnten, die aus völlig unterschiedlichen Motiven unehrlich mit ihnen zusammenarbeiteten.

Derartige unehrliche beziehungsweise unzuverlässige Elemente im konspirativen Netz zu erkennen und geeignete Gegenmaßnahmen einzuleiten, war das Hauptziel des Geheimdienstes bei der Überprüfung. Ein weiterer Aspekt bestand darin, eine mögliche Bearbeitung der Agenten durch das MfS so früh wie möglich zu erkennen, um auch hier Maßnahmen einleiten zu können,

---

170 Ebd., Bl. 91.

zumal von den Geheimdiensten auch stets eine Überwerbung durch das MfS in Erwägung gezogen wurde.

Neben mehr oder weniger ständigen und routinemäßigen Überprüfungsmaßnahmen bei allen Agenten, erhielt die Überprüfung bei Verdachtshinweisen unmittelbar einen konkreten und zielgerichteten Charakter. In den meisten Fällen bemerkten die Agenturen Überprüfungsmaßnahmen durch ihre Dienste selbst nicht.

Die wesentlichsten Überprüfungsmaßnahmen der Geheimdienste stellten dar:

- Rückwirkende Feststellung unter welchen Umständen und über welche Personen der Agent in das Blickfeld des Dienstes gekommen war, verbunden mit entsprechenden Überprüfungen in den jeweiligen Informationsspeichern der Geheimdienste und anderer staatlicher Behörden.

- Erteilen von Überprüfungsaufträgen an die Spione zu Problemen, über die die Dienste umfassend und aktuell informiert waren.

- Analyse der mündlichen und schriftlichen Berichterstattung des Agenten über einen längeren Zeitraum, um dadurch möglicherweise vorhandene Unregelmäßigkeiten und Widersprüche (beispielsweise den Zeitpunkt der Überwerbung) feststellen zu können.

- Vergleich der vom Spion gelieferten Informationen mit denen anderer Quellen in der gleichen Einsatzrichtung (andere Agenturen, MVM, Diplomaten, Befragungssystem, Publikationen, Erkenntnisse der technischen Aufklärung).

- Aufmerksames Studium des Agenten beim persönlichen Treff, besonders bei der Berichterstattung (wiederholende Fragestellungen), bei der Auftragsentgegennahme (beispielsweise bei besonders schwierigen, real nicht erfüllbaren Aufträgen), bei einer vorgetäuschten zeitweiligen Abwesenheit des Agentenführers (Einsicht in dessen Unterlagen?), beim in Aussicht stellen spezieller Mittel und Methoden im Verbindungssystem (Ankündigung von Instrukteur- oder Kuriertreffs, Hinweise auf das Anlegen von TBK) oder bei persönlichen Gesprächsterminen durch den oder die Geheimdienstmitarbeiter.

- Aufmerksame und ständige Kontrolle sowie Überprüfung der nachrichtendienstlichen Postverbindungswege des Agenten zum Geheimdienst nach Spuren der Öffnung.

- Observation der Agenturen vor und nach der Durchführung persönlicher Treffs im NSA. Dabei wollten die Dienste nicht nur das Verhalten ihres Agenten, sondern auch eine mögliche Beobachtung durch das MfS feststellen. Das MfS ging davon aus, dass westliche Dienste in Einzelfällen auch Observationen auf DDR-Territorium durchführten. Das betraf vor allem folgende Situationen:

  - Rückkehr vom Treff im NSA, ob möglicherweise ein Treff oder Telefonat mit einem Mitarbeiter des MfS erfolgte,
  - Reaktion vor und nach den vereinbarten Instrukteur-/Kuriertreffs in der DDR,
  - Kontrolle der Leerung von TBK durch den Spion in dem angewiesenen Zeitraum.

- Anschleusung von Agenten oder Ermittlungsaufträge an andere Spione in der DDR als Überprüfungsmaßnahme gegenüber dem Spion, auch unter Anwendung von Provokationen.

- Durchführung von Überprüfungskombinationen mit dem Agenten durch die Dienste. Die einzelnen Elemente der Kombination setzten sich meist aus den genannten Methoden der Überprüfung zusammen und waren räumlich/zeitlich aufeinander abgestimmt.

Neben den genannten Überprüfungsmaßnahmen kamen auch spezielle medizinisch-technische Methoden zum Einsatz.

Hierzu gehörte der Polygraph – auch als Lügendetektor bekannt –, dessen Funktion auf der Erkenntnis beruhte, dass alle ablaufenden psychischen Prozesse eng mit physiologischen Vorgängen im menschlichen Körper zusammenhängen und beispielsweise unter bestimmtem psychologischen Einfluss eine Veränderung der Atemfrequenz, des Pulsschlags, des Blutdrucks sowie Schweißausbruch eintraten. Diese physiologischen Reaktionen des Körpers wurden durch den Polygraphen gemessen, der aus drei Hauptteilen bestand:

• der Pneumograph (registrierte die Atemfrequenz),
• der Kardiograph (maß den Puls und den Blutdruck),
• der Gavlanomter (stellte die Veränderungen des Widerstands der Haut fest).

Der zu testende Agent wurde einem vorbereiteten Frage-Antwort-Programm unterzogen, wobei dessen Körperreaktionen mittels der genannten technischen Gerätschaften kontrolliert und registriert wurden. Die entsprechenden Tests mussten nicht zwangsläufig in einem Geheimdienstobjekt durchgeführt werden, denn es existierten auch transportable Geräte, die zum Beispiel in Hotelzimmern zur Anwendung kommen konnten.

Das genannte Verfahren wurde von den US-Diensten zur regelmäßigen Überprüfung seiner Agenturen eingesetzt, sofern sie im NSA wohnhaft waren oder Reisemöglichkeiten nach dort hatten. Trotz der Mängel und Unzulänglichkeiten, die Gerät und Verfahren aufwiesen, warnte das MfS davor, die Ergebnisse zu unterschätzen.

Der Test wurde in der Regel mit einem Gespräch zu persönlichen Problemen zwischen Polygrapher und Agenten begonnen, währenddessen der Polygrapher seine Untersuchungstaktik festlegte. Nach Gesprächsbeendigung wurde der Agent an das Gerät angeschlossen und der Fragenkomplex abgehandelt. Dieser setzte sich meist zusammen aus:

- Fragen zur Persönlichkeit,
- Fragen zur politischen Entwicklung,
- Fragen zur geheimdienstlichen Tätigkeit,

wobei bedeutsame mit unbedeutenden Fragen vermischt wurden. Die Fragestellung erfolgte in der Alternativform, der Spion musste also lediglich mit ja oder nein antworten. Nach Abhandlung der Fragen, die in der Regel in unterschiedlicher Reihenfolge wiederholt wurden, wurde dem Agenten meist das Überprüfungsergebnis mitgeteilt, wobei der Geheimdienstmitarbeiter aus taktischen Erwägungen das Ergebnis kaschieren konnte, was in der Praxis auch realisiert worden war.

Ohne die Gefährlichkeit der Überprüfungen mittels Polygraphen einzuschränken, wurde sie andererseits nicht überschätzt. Dem MfS lagen umfangreiche Erkenntnisse vor, die es in die Lage versetzten, bei Notwendigkeit, die IM auf derartige Situationen vorzubereiten und die Wirksamkeit dieser Überprüfungsmaßnahme weitgehend einzuschränken.[171]

US-Agent Sieberer erinnert sich an die Tests mit dem Polygraphen:

»Die Unterweisungen erfolgten bei Bedarf, die Überprüfungen am Polygraphen, dem sogenannten Lügendetektor, hingegen regelmäßig. Zweimal im Jahr ließ ich mich an die Maschine klemmen. Führungsoffiziere und alle Mitarbeiter ›on the field‹ waren dazu verpflichtet. Das von US-Wissenschaftlern entwickelte Gerät hatte die Größe eines Aktenkoffers, mit dem die Testperson mit verschiedenen Kabeln verbunden wurde. Es wurden Fragen gestellt und dabei Puls und Lungenfrequenz sowie Schweißabsonderungen an den

---

171 Vgl.: Ebd., Bl. 92–99.

Fingern und andere körperliche Reaktionen gemessen. Diese wurden automatisch aufgezeichnet. Stahlfedern ratschten übers Papier und zeichneten Diagramme, die beweisen sollten, dass der Delinquent die Wahrheit sagte – oder eben log.

Für den Test wurden einzelne Fragen, meist zehn, zusammengestellt und gemeinsam mit den Mitarbeitern die Antworten zu den Fragen im Voraus festgehalten. Einige Fragen dienten der Kontrolle und wurden so formuliert, dass die Antwort vom Gerät als ›Lüge‹ erkannt werden konnte. Das waren Fragen wie: ›Haben Sie jemals einen Strafzettel wegen Falschparkens erhalten?‹, oder: ›Sind Sie jemals zu schnell gefahren?‹ Bei beiden Fragen hätte die wahrheitsgemäße Antwort natürlich ja lauten müssen, beim Test allerdings wurden sie mit nein beantwortet. Es sind Fragen gestellt worden, die vereinbart waren, die Reihenfolge der gestellten Fragen war dagegen willkürlich.

Hätte man bei einer bestimmten Frage die Absicht verfolgt, die Unwahrheit zu sagen, so wusste man natürlich nicht, zu welchem Zeitpunkt diese spezielle Frage gestellt werden würde. Man hätte vermutlich nervös reagiert, was der Polygraph registriert hätte. Auf dem Papier wäre eine ›Teufelsnase‹ die Folge gewesen. Eine Standardfrage lautete, ob man Kontakt mit einem östlichen Geheimdienst unterhalte, was natürlich verneint wurde.

Ich hatte mit dem Lügendetektor nur einmal Probleme, als ich Medikamente wegen einer Erkältung zu mir genommen hatte. Vor einem Test sollten weder Medizin noch Alkohol eingenommen werden, was ich nicht gewusst hatte. Mein Test wurde nach etwa zwei Stunden wiederholt und brachte das zufriedenstellende Ergebnis.

Mit dem Lügendetektor hoffte man, Doppelagenten zu entdecken, mithin die eigenen Reihen sauber zu halten.

Ich glaube, dass die damit gewonnene Sicherheit nur eine relative war.«[172]

Neben dem Polygraphen wurde das Gerät »Dektor PSE-1« für weitere medizinisch-technische Überprüfungsmaßnahmen verwendet. Vereinfacht erklärt, wertete dieses Gerät aufgezeichnete Toninformationen im Infra-Schallbereich (nichthörbarer Teil der Stimme) aus. Es war wissenschaftlich erwiesen, dass sich Erregungszustände in diesem Stimmbereich zeigten. Mit dem Gerät PSE-1 konnten die Dienste prüfen, ob Agenturen bei einzelnen gezielten Fragen, die beispielsweise geschickt in ein Treffgespräch eingebaut und aufgezeichnet wurden, unter Stresseinwirkung antworteten. Nach Erkenntnissen des MfS hatten die Aussagen des PSE-1 eine relativ hohe Wahrscheinlichkeit. Die Wirksamkeit des Geräts ergab sich aus folgenden Faktoren:

- Zur Stimmaufzeichnung wurde ein hochwertiges Tonbandgerät eingesetzt.
- Das Gerät PSE-1 selbst wurde im Aufzeichnungsbereich nicht eingesetzt, die Auswertung der Tonbandaufzeichnung erfolgte separat im Nachhinein.
- Die Überprüfung erfolgte für den Agenten unbemerkt.
- Die Testfragen ließen sich unauffällig in den normalen Gesprächsablauf einfügen.
- Die relevanten Fragen ließen sich mit Hilfe des PSE-1 aus dem übrigen Text herausfiltern und unter Einsatz verschiedener Varianten, die das Gerät zuließ, analysieren.

Die Staatssicherheit ging davon aus, dass im Rahmen der spezifischen Überprüfungsmaßnahmen stets mit einem gekoppelten Einsatz von Polygraph und PSE-1 gerechnet werden musste. Bei einer derartigen kombi-

---

172 Hannes Sieberer, Herbert Kierstein: *Verheizt und vergessen*, S. 22 f.

nierten Anwendung gestatteten die dabei gewonnenen Aussagen den Geheimdiensten Schlussfolgerungen hinsichtlich der Ehrlichkeit der überprüften Agenturen, die der Wahrheit sehr nahe kamen.[173]

Wenn die Geheimdienste negative oder unklare Ergebnisse der gesamten Überprüfungsmaßnahmen diagnostizierten, zogen sie in der Regel Konsequenzen in folgende Richtungen:

1. Abschaltung der Agenturen oder Unterbrechung der Zusammenarbeit mit ihnen. Diese Regelung wurde vor allem dann getroffen, wenn die Dienste Verdachtsmomente und Anzeichen einer gegnerischen Bearbeitung des Spions festgestellt hatten.

Während die Abschaltung allgemein die vollständige Einstellung der Spionagetätigkeit und damit die Vernichtung aller schriftlichen Unterlagen und nachrichtendienstlichen Hilfsmittel nach sich zog, wurden die Agenten bei der Unterbrechung der Tätigkeit meist aufgefordert, die Arbeit bis auf Widerruf einzustellen und die nachrichtendienstlichen Unterlagen und Hilfsmittel in ein Fernversteck auszulagern beziehungsweise ganz oder teilweise zu vernichten. Die Grenzen zwischen Abschaltung und Unterbrechung waren oft fließend und für den Agenten meist schwer einzuschätzen.

Nicht selten konnte die Spionageabwehr des MfS beobachten, dass mit vor Jahren abgeschalteten Agenturen wieder Verbindung aufgenommen wurde. Mit der Abschaltung wurde den entsprechenden Spionen häufig eine größere Geldsumme übergeben, oder es konnte ein übermittelter Hinweis erfolgen, dass bei NSA-Reisen Geldbeträge vom eingerichteten Konto zur Verfügung gestellt werden.

---

173 Vgl.: Wolfgang Stuchly, Heinz Primus: Diplomarbeit 1976, Bl. 99 ff.

In manchen Fällen war die Abschaltung mit einer schriftlichen Entpflichtungserklärung verbunden.

2. Überwerbung von als IM des MfS oder anderer sozialistischer Sicherheitsorgane erkannter Agenturen durch die westlichen Geheimdienste. Ausgangspunkt für eine Überwerbung konnten sowohl eindeutige Beweise aus Überprüfungen und anschließenden Vernehmungen als auch die Preisgabe durch übergelaufene IM sein. Mit der Überwerbung durch die Dienste änderte sich die Hauptangriffsrichtung der Spione. Im Mittelpunkt stand jetzt die zielgerichtete Bearbeitung des MfS. Die ursprüngliche Einsatzrichtung wurde allerdings schon aus Konspirationsgründen gegenüber dem MfS beibehalten, oft sogar intensiviert (Demonstration des Vertrauensverhältnisses, was der IM angeblich beim Geheimdienst hatte), die selbst gesammelten oder vom MfS übergebenen Informationen wurden weiter entgegengenommen, es wurde davon ausgegangen, dass es sich im Interesse des IM um »echte Informationen« handelte.

3. Ausnutzung erkannter IM des MfS unter den Agenten zur Desinformation. Derartigen IM (und damit auch deren Führungsoffizieren) sollte die Vorstellung gelassen werden, dass sie echte Verbindungen zu den westlichen Geheimdiensten unterhielten. Im Allgemeinen erfolgte hier keine Überwerbung, sondern die Dienste versuchten, die Abwehrarbeit des MfS, insbesondere sie Fahndungsarbeit nach unbekannten Spionen, zu desorientieren. Dies erfolgte oft recht geschickt und hatte nicht selten auch einen bestimmten Erfolg.

4. Weiterführung erkannter IM des MfS unter den Spionen als Informationslieferanten in der festgelegten Einsatzrichtung. Diese Methodik fand vor allem dann Anwendung, wenn die Dienste davon ausgehen konnten, dass das vom MfS zur Verfügung gestellte Spielmaterial

für sie dennoch einen Informationswert hatte, weil das MfS, im Interesse des IM kein oder lediglich im geringen Umfang desinformierendes Material übergeben konnte. Dem IM und damit dem MfS wurde suggeriert, eine echte Verbindung zum Geheimdienst zu unterhalten, es erfolgte keine Überwerbung.

5. Festnahme und Inhaftierung erkannter IM des MfS oder anderweitig unehrlicher Spione. Diese Art von Konsequenz aus einem für den Agenten negativen Überprüfungsergebnis fand durch die Dienste relativ selten Anwendung und wenn, dann meist nur bei Staatsbürgern der jeweils eigenen Staaten. Die Geheimdienste waren offensichtlich nicht daran interessiert, im Zuge der offiziellen Untersuchung, die von ihnen praktizierten Mittel und Methoden publik werden zu lassen. Bei professionellen Nachrichtenhändlern oder käuflichen Personen aus ihren eigenen Staaten konnte es zu strafrechtlichen Sanktionen kommen.

Die Methoden der Überprüfung der Spione durch die Geheimdienste wurden im Verlauf des Kalten Krieges erheblich qualifiziert und waren durch die Agenten kaum wahrnehmbar, wenn es sich, wie beim Polygraphen, nicht um offene Überprüfungsmaßnahmen handelte. Analog verhielt es sich oft mit den von den Diensten aus den Überprüfungsmaßnahmen gezogenen Schlussfolgerungen und daraufhin einsetzenden Gegenmaßnahmen.

Die Kenntnis über die im Rahmen der Überprüfung der Spione von den Geheimdiensten angewandten Mittel und Methoden hatte speziell für die Organisierung einer zielgerichteten Blickfeldarbeit und das Führen von Inoffiziellen Mitarbeitern mit Feindverbindung durch das MfS eine grundsätzliche Bedeutung.[174]

---

174 Vgl.: Ebd., Bl. 101–104.

Verbindungssystem zwischen Geheimdienst und Agenten

Bedeutung für die Organisierung der Spionagetätigkeit
»Das geheimdienstliche Verbindungssystem umfasst die Gesamtheit der Kräfte, Mittel und Methoden, die zwischen Geheimdienstmitarbeitern und Agenten zur Aufrechterhaltung einer stabilen und sicheren Verbindung, zur Übermittlung von Informationen und Gegenständen, eingesetzt und angewendet werden«[175], definierte das MfS. Stuchly und Primus bringen in ihrer Diplomarbeit zum Ausdruck: »Das Verbindungssystem der imperialistischen Geheimdienste umfasst alle Vereinbarungen, Maßnahmen und darauf beruhende Verhaltensweisen, die von den Geheimdienstmitarbeitern einerseits und ihren Agenturen andererseits getroffen werden, um eine ständige, möglichst stabile und sichere Verbindung zwischen den Geheimdiensten und ihren Agenten herzustellen und aufrechtzuerhalten.«[176]
Das Verbindungssystem war im Rahmen der Tätigkeit der westlichen Geheimdienste gegen die DDR wesentlicher Bestandteil für die gesamte nachrichtendienstliche Zusammenarbeit mit ihren Agenturen nach ihrer Anwerbung. Jegliche Spionagetätigkeit hätte ohne das Verbindungssystem ihren Sinn verloren.
Die Grundarten des Verbindungssystems waren:
• der persönliche Treff,
• die persönliche Instrukteur-/Kurierverbindung,
• die unpersönliche Kurierverbindung (Verbindung über stationäre oder mobile TBK),

---

175 Lehrbuch: *Die imperialistischen Geheimdienste in der Gegenwart*, S. 183.

176 Wolfgang Stuchly, Heinz Primus: Diplomarbeit 1976, Bl. 131.

- die Postverbindung,
- die Funkverbindung.

Davon abgeleitet wurden diese Grundarten des Verbindungssystems unterteilt in:

1. Persönliche Verbindungswege:
- persönlicher Treff,
- persönliche Instrukteur-/Kurierverbindung,

die stets mit dem Einsatz von Personen verbunden waren, die einen direkten Kontakt zum Agenten unterhielten.

2. Unpersönliche Verbindungswege:
- Postverbindung,
- Funkverbindung,
- unpersönliche Kurierverbindung (Verbindung über stationäre oder mobile TBK),

in denen die eingesetzten Personen keinen Kontakt zum Agenten unterhielten.

Nach Erkenntnissen der HA II wurde unter Berücksichtigung der politischen Situation ab den 1970er Jahren, vor allem unter Betrachtung der erweiterten Möglichkeiten und Bedingungen des Reiseverkehrs, bei den Geheimdiensten eine stärkere Orientierung auf persönliche Verbindungswege festgestellt.

Aus verschiedenen Gründen wurden die bei den persönlichen Zusammenkünften zwischen Agentenführern beziehungsweise Instrukteuren und Spionen vereinbarten oder in schriftlichen Anweisungen dem Spion dargelegten vielfältigen Möglichkeiten der gegenseitigen Aufrechterhaltung der Verbindung nicht in Gänze zum jeweils aktuellen Zeitpunkt auch tatsächlich praktiziert. Die weitgefasste Ausbildung und Instruktion der Agenturen durch die Dienste zu diesem Komplex sollte sicherstellen, dass bei unerwartet veränderten Lagebedingungen und Situationen jederzeit die Anwendung angepasster Mittel und Methoden möglich war und es nicht zum Abbruch der Verbindung kam.

Darum unterschieden die Geheimdienste – insbesondere der BND – zwischen sogenannten Haupt- und Nebenverbindungswegen und innerhalb der Grundarten des Verbindungssystems zwischen Haupt-, Neben- und Reserveverfahren oder -verbindungen.

In schriftlichen Anweisungen wurden diese Methoden und ihre mögliche Anwendung den Agenturen erläutert, deren praktische Realisierung entweder vom Geheimdienst angewiesen (beispielsweise durch Funk) oder durch die entstandene politische/militärische Situation ausgelöst wurde.[177] Dazu drei Auszüge aus BND-Anweisungen:

»... Sollte es einmal notwendig sein, Sie mit einem Kurier in Verbindung zu bringen, so tritt ... in Kraft ...«

»... Bei Ausfall des Funkweges erhalten Sie – falls erforderlich – Mitteilungen von uns über ...«

»... Sollte einmal unsere Verbindung reißen, d. h., sollten Sie mich oder ich Sie auf keinem Wege mehr erreichen, so wird ... ausgelöst ...«[178]

Daraus wurde für die DDR-Spionageabwehr deutlich, dass die westlichen Dienste aus der auch für sie überraschend veränderten Situation nach dem 13. August 1961 Lehren gezogen hatten. In der Organisierung des Verbindungssystems durch die Geheimdienste offenbarte sich dem MfS ein grundsätzlicher Widerspruch.

Einerseits waren die Dienste im Interesse der Sicherung ihrer Agenturen bemüht, das Verbindungssystem insgesamt in seinen einzelnen Bestandteilen zu qualifizieren sowie konspirativer zu gestalten und dadurch vor Fahndungsmaßnahmen abzuschirmen.

---

177 Vgl.: Ebd., Bl. 131 f.
178 Ebd., Bl. 222.

Andererseits wurde damit die Lösung der mit dem Verbindungssystem in Zusammenhang stehenden Aufgaben für den Spion komplizierter und zeitaufwendiger, was unter Berücksichtigung der Einstellung vieler Agenten (Bequemlichkeit, primär materielle Interessen usw.) die Möglichkeiten Fehler zu begehen erhöhte. Dabei war allerdings zu berücksichtigen, dass die Dienste mit einem Teil ihrer Agenturen keine Möglichkeit hatten, persönliche Treffs durchzuführen und die Ausbildung/Instruktion zum Verbindungssystem ausschließlich auf der Grundlage schriftlicher Anweisungen erfolgen musste.

Ausgehend von dieser Situation waren bei den Geheimdiensten zwei Tendenzen erkennbar:

1. Sie waren bemüht, die Ehepartner oder enge Verwandte der Agenten in die nachrichtendienstliche Tätigkeit einzubeziehen, um arbeitsteilig die Aufgaben der Informationsgewinnung und des Verbindungssystems zu bewältigen. Zum Beispiel machte ein Werbekandidat des BND, der mit dem Ziel der Kontrolle militärischer Eisenbahntransporte geworben werden sollte, nach kurzer Erläuterung der Verfahrensweise im Verbindungssystem, seine Bereitschaft zur Spionage davon abhängig, dass die Fragen des Verbindungssystems nicht von ihm realisiert werden mussten. Im Interesse der Werbung des Spions bezog der BND den Schwager und dessen Ehefrau in die Spionagetätigkeit ein, die fortan die Aufrechterhaltung des wechselseitigen Verbindungssystems realisierten.

2. Sie suchten nach Wegen, um unter Beibehaltung einer hohen Konspiration die einzelnen Methoden des Verbindungssystems wieder zu vereinfachen und damit für den Agenten weniger aufwendig zu gestalten.

Aus der generellen Feststellung zur Bedeutung des Verbindungssystems im Rahmen der Arbeitsweise der westlichen Geheimdienste zog die Spionageabwehr des MfS die Konsequenz, die IM sowie andere Mittel und Methoden schwerpunktmäßig auf die Erkundung des Verbindungssystems zu konzentrieren, um durch eine qualifizierte Abwehrarbeit in die Konspiration der westlichen Dienste einzudringen und dadurch Agenturen, die gegen die DDR tätig waren, rechtzeitig zu erkennen und unwirksam zu machen. Darum war es insbesondere für die Linie II von besonderer Bedeutung zu wissen, welche Faktoren und Bedingungen die inhaltliche Gestaltung und den Umfang des Verbindungssystems beeinflussten.

Unter Betrachtung der Faktoren, die die Ausgestaltung des Verbindungswesens beeinflussten, stellte die Staatssicherheit fest, dass das wechselseitige Verbindungssystem zwischen den Geheimdiensten und ihren Agenturen ein besonders schwaches Kettenglied der gesamten Arbeitsweise darstellte. Diese Feststellung hatte vor allem folgende Ursachen:

1. Von den Verbindungspartnern mussten aktive und objektiv wahrnehmbare Handlungen vollzogen werden (Schreiben und Einwerfen eines Spionagebriefes, Empfang einer Funksendung, Zusammentreffen mit dem Geheimdienstmitarbeiter oder Instrukteur usw.).

2. Bei einigen Verbindungswegen waren dritte Personen in die Verbindung zwischengeschaltet worden (beispielsweise Kuriere) oder die wechselseitig übermittelten Informationen befanden sich außerhalb der Kontrollmöglichkeiten der Geheimdienste und Agenten (zum Beispiel bei der Post- oder Funkverbindung oder bei der Ablage im TBK).

Ohne Zweifel stellten diese Tatsachen Risiken für das Verbindungssystem dar. Die Verbindungswege führten in jedem Fall über die Grenzen des jeweiligen Ziellands der Spionage, die generell in besonderem Maße gesichert waren, was Gefahrenmomente für das Verbindungssystem der Dienste mit sich brachte.

Die inhaltliche Ausgestaltung und der Umfang des Ausbaus des Verbindungssystems durch die Geheimdienste wurden durch eine Reihe objektiver und subjektiver Faktoren beeinflusst. Solche Faktoren konnten sein:

- Die nationale und internationale Situation sowie die damit oftmals verbundenen Veränderungen in den Regimeverhältnissen, beispielsweise die Einschränkung persönlicher Treffmöglichkeiten in Westberlin nach dem 13. August 1961 oder ein spontan steigender Informationsbedarf in Spannungszeiten und die damit im Zusammenhang stehende Forderung einer schnellstmöglichen Informationsübermittlung an die Zentrale.

- Der Stand und die Qualität der Abwehrarbeit des Sicherheitsorgans im Zielland der Spionage sowie der Umfang der Kenntnisse der Geheimdienste über die Mittel und Methoden der Sicherheitsorgane sozialistischer Staaten. Die Annahme des BND, dass Postkarten aus der DDR in die BRD unverdächtiger erschienen, veranlasste die Pullacher dazu, diesen Verbindungsweg zeitweilig als Hauptverbindungsweg zur Übermittlung von Nachrichten der Spione in der DDR einzusetzen.

- Der Entwicklungsstand und der Grad der Ausnutzung von Erkenntnissen aus Wissenschaft und Technik für die inhaltliche Gestaltung des Verbindungssystems einerseits und die Organisierung der Abwehrarbeit andererseits, zum Beispiel Geheimschreibmittel und Möglichkeiten ihrer Enttarnung oder Chiffriermethoden und Möglichkeiten der EDV zum Dechiffrieren.

- Die Einsatzrichtung der Agenturen für die Geheimdienste, beispielsweise wurde der Wert einer Information über militärische Bewegungen in einem bestimmten Gebiet der DDR primär von ihrer Aktualität bestimmt, was zwangsläufig die konkrete inhaltliche Gestaltung des Verbindungssystems (Nutzung eines schnellen Verbindungsweges wie die Funkverbindung) beeinflusste.

- Die Bedeutung der Agentur für den Dienst, seine individuellen Voraussetzungen, Möglichkeiten, Fähigkeiten und Erfahrungen.
- Die Dauer der Zusammenarbeit des Spions mit dem und der Grad der Zuverlässigkeit des Agenten für den Geheimdienst. Diese Faktoren konnten die Ausgestaltung des Verbindungssystems in zwei Richtungen beeinflussen. Einerseits erhielten in der Regel nur überprüfte und erfahrene Agenten hochwertige konspirative Mittel und Methoden, andererseits bewegten sich die Mittel und Methoden bei langjährigen Agenturen vielfach, auch kombiniert und variiert, in dem der Staatssicherheit bereits bekannten Rahmen. Die Dienste wollten offensichtlich in solchen Fällen verschlissenen Spionen keine prinzipiell neuartigen Mittel und Methoden zur Verfügung stellen.
- Der jeweilige Geheimdienst, Geheimdienstzweig, die konkrete Dienststelle sowie die persönlichen Ansichten, Erfahrungen und Kenntnisse des Agentenführers, mit dem der Agent die nachrichtendienstliche Verbindung unterhielt. Die Unterschiede innerhalb der einzelnen Verbindungswege waren bei den einzelnen westlichen Geheimdiensten beträchtlich, zum Beispiel die Relation zwischen Umfang des Chiffrierens von Informationen und der Nutzung entsprechender Geheimschreibverfahren. Aber auch innerhalb der einzelnen Dienste und Geheimdienstzweige variierten und kombinierten die einzelnen Dienststellen Mittel und Methoden des Verbindungssystems auf der Grundlage zentraler Orientierungen. Beispielsweise benutzte nach

Erkenntnissen des MfS nur eine Dienststelle des BND rollende TBK oder nur eine CIA-Dienststelle künstliche Steine als Container für TBK.

Ausgehend von der Rolle und der Stellung des Verbindungssystems in der gesamten Arbeitsweise der westlichen Geheimdienste, wurden in diesem Bereich innerhalb der relativ konstanten Grundarten stets Veränderungen, Variationen und Kombinationen einzelner Methoden und Mittel durch das MfS in Rechnung gestellt. Bei der Organisierung der Abwehrarbeit, besonders der Vorgangsbearbeitung, setzte die Linie II deshalb hohe Maßstäbe an Konspiration und Sachkenntnis, um die Dienste nicht zu ständigen Veränderungen ihrer Mittel und Methoden im Verbindungssystem zu veranlassen, was zwangsläufig Probleme in der Organisierung der Fahndungsarbeit nach sich gezogen hätte.[179]

Der persönliche Treff zwischen Mitarbeitern oder Residenten der Geheimdienste und ihren Agenturen

Die westlichen Geheimdienste maßen der Durchführung persönlicher Treffs mit ihren Spionen eine grundsätzliche Bedeutung bei. Die Treffs waren aus Sicht der Staatssicherheit die »wirksamste Grundart des Verbindungssystems«[180].

Der BND definierte den Treff als »eine unter Berücksichtigung der ND-Grundsätze vereinbarte und durchgeführte Zusammenkunft von Personen«[181].

Stuchly und Primus sahen in dem persönlichen Treff »eine konspirative Zusammenkunft zwischen Mitarbeiter oder Residenten eines imperialistischen Geheimdienstes und dem Agenten mit dem Ziel

---

179 Vgl.: Ebd., Bl. 133–137.

180 Ebd., Bl. 138.

181 Bodo Hechelhammer: MFGBND (2012) Nr. 4, S. 34.

- der Ausbildung und Instruktion des Spions,
- der Entgegennahme der mündlichen oder schriftlichen Informationen des Spions,
- der Übergabe nachrichtendienstlicher Hilfsmittel und materieller Vergütungen an den Spion und
- der Überprüfung des Spions.«[182]

Der persönliche Treff wurde von dem zuständigen Verbindungsführer des Geheimdienstes durchgeführt, der sowohl offizieller Mitarbeiter des Dienstes als auch Resident sein konnte.

Der Resident war Geheimdienstmitarbeiter, der für die Führung von Agenturen in anderen Ländern eingesetzt wurde. Hierbei erfolgte die Unterscheidung in legale Residenten (ein als Diplomat getarnter Angehöriger des Geheimdienstes) oder illegale Residenten (ein in das Zielland seiner Tätigkeit eingeschleuster Geheimdienstmitarbeiter ohne offiziellen Status als bevorrechtete Person).[183]

Aufgrund der Bedeutung des persönlichen Treffs unternahmen die westlichen Dienste erhebliche Anstrengungen, um Voraussetzungen für persönliche Treffs zu schaffen. Die grundsätzliche Bedeutung der Durchführung von Treffs der Geheimdienstmitarbeiter mit den für sie tätigen Agenturen ergab sich vor allem aus folgenden Umständen und Bedingungen:

1. Die Geheimdienstler hatten die Möglichkeit, unmittelbar und direkt auf den Agenten einzuwirken und dabei psychologische und emotionale Aspekte auszunutzen, beispielsweise materielle Vergütungen übergeben. Sie konnten alle persönlichen Probleme des Spions im gegenseitigen Gespräch klären sowie auf die Individualität und Mentalität der jeweiligen Agentur eingehen.

---

182 Wolfgang Stuchly, Heinz Primus: Diplomarbeit 1976, Bl. 138.

183 Vgl.: Ebd.

2. Die Ausbildung und Instruktion zum konspirativen Verhalten, zur Auftragsdurchführung und zum Verbindungssystem erfolgte unmittelbar und damit in einer höheren Qualität. Auftretende Fragen konnten unmittelbar vor Ort geklärt werden.

3. Es bestand die Möglichkeit, erforderliche nachrichtendienstliche Mittel direkt zu übergeben oder zumindest eine fachgerechte Ausbildung und Instruktion ihrer Handhabung vorzunehmen.

4. Die Agenturen hatten die Möglichkeit, ausführlich über die Auftragsdurchführung zu berichten, konnten Material direkt übergeben und Rückfragen sofort beantworten.

5. Die Geheimdienstmitarbeiter konnten die Spione genauestens studieren, ihre Reaktionen in bestimmten Situationen unmittelbar registrieren und konkrete Überprüfungsmaßnahmen realisieren.[184]

Die genannten Bedingungen und Umstände prädestinierten den persönlichen Treff zum bedeutendsten Verbindungsweg zwischen den Diensten und ihren Agenturen. Aber auch dieser war – wie alle anderen Verbindungen – mit aktiven und damit erkennbaren Handlungen beider Seiten verbunden, und bei einem Teil der Spione war er nicht oder nur in größeren Abständen realisierbar.

Der persönliche Treff im nichtsozialistischen Ausland
Unter den Bedingungen der offenen Grenze zu Westberlin vor dem 13. August 1961 war der persönliche Treff im Westteil Berlins für die Mehrzahl der Agenturen in der DDR der hauptsächliche und teilweise einzige Verbindungsweg zu den Geheimdiensten. Die

---

184 Vgl.: Lehrbuch: *Die imperialistischen Geheimdienste in der Gegenwart*, S. 188 f.

Treffs fanden in der Regel im 4-Wochen-Rhythmus in konspirativen Quartieren, Gaststätten oder im Fahrzeug des Geheimdienstmitarbeiters statt. Verschiedentlich wurden aber bereits zu diesem Zeitpunkt systematisch andere Verbindungswege aufgebaut, um einen schnelleren Informationsfluss und eine stabile Verbindung zu gewährleisten.

Mit der Grenzschließung am 13. August 1961 veränderte sich schlagartig die Situation und damit entfiel für die Dienste die Möglichkeit, mit den Spionen aus der DDR persönliche Treffs in Westberlin durchzuführen. Nach der Schließung der Grenze wurden von den westlichen Geheimdiensten – soweit bei den jeweiligen Agenten vorhanden oder von den Diensten für notwendig erachtet – folgende Möglichkeiten für die Durchführung persönlicher Treffs im NSA genutzt:

- Dienstreisen zu kommerziellen Veranstaltungen, wissenschaftlichen Tagungen, internationalen Veranstaltungen oder im Rahmen von Dienstleistungen (Mitropa, Reichsbahn, Güterkraftverkehr usw.),
- Privatreisen in das NSA. Das betraf vor allem:
  - Reisemöglichkeiten für Alters- und Invalidenrentner,
  - Reisemöglichkeiten in dringenden Familienangelegenheiten,
  - Reisemöglichkeiten für in der DDR wohnhafte Ausländer aus nichtsozialistischen Ländern.

Vom MfS in Erwägung gezogen wurden auch Aus- und Rückschleusungen bedeutender Agenturen in der DDR durch die Geheimdienste zur Durchführung persönlicher Treffs im NSA.

Bei Stuchly und Primus heißt es dazu: »Es handelt sich hier um eine relativ selten bekanntgewordene Methode speziell der US-Geheimdienste CIA und MI. Die Schleusung erfolgt meist auf der Grundlage veränderter,

nachgeahmter oder fingierter Personal- und Reisedoku-
mente. Es müssen aber auch die Benutzung von Diplo-
matenfahrzeugen und Grenzschleusen[185] (zum Beispiel
spezieller Transitverkehr durch die DDR) in Rechnung
gestellt werden. Die Schleusungen werden in der Regel
in Richtung Westberlin, zum Teil aber auch während
Touristenreisen nach dem sozialistischen Ausland, in
benachbarte kapitalistische Länder durchgeführt. Obwohl den Spionen gegenüber meist anders motiviert,
sind die eigentlichen Anlässe solcher Schleusungsope-
rationen durch die US-Geheimdienste in der Regel
geplante Polygraph-Überprüfungen. Die betreffenden
Spione werden auf die geplante Schleusung aus der
DDR durch schriftliche Instruktionen und Funksprüche
intensiv vorbereitet.«[186] Die folgenden Auszüge aus einer schriftlichen Instruktion der CIA zeigen die gründliche Vorbereitung der zeitweiligen Ausschleusung eines
Agenten aus der DDR zur persönlichen Treffdurchführung auf:

»Lieber Freund!

In diesem Paket finden Sie alles, was sie für eine Reise
nach Westberlin benötigen. Endlich kann ich Ihnen eine
absolut sichere Möglichkeit mitteilen, um eine persönli-

---

185 Beispielsweise berichtet Schlomann von einer Grenzschleuse der
   Amerikaner, indem er schreibt: »Im April 1969, wahrscheinlich
   auch noch später, besaß der US-Geheimdienst nachweisbar eine
   Schleuse in Form eines geheimen Tunnels unter der Sektorengrenze Berlins, durch die seine Agenten unbemerkt von West
   nach Ost und umgekehrt gelangen konnten!« Friedrich-Wilhelm Schlomann: *Was wußte der Westen. Die Spionage des CIA,
   des britischen SIS, des französischen DGSE und des BND gegen
   den Sowjetblock von 1945 bis 1990. Die westalliierten Militärverbindungsmissionen in Potsdam.* Aachen 2009, S. 25. Leider bleibt
   Schlomann den Nachweis für die Schleuse und die konkrete
   Örtlichkeit schuldig.

186 Wolfgang Stuchly, Heinz Primus: Diplomarbeit 1976, Bl. 142 f.

che Unterredung in Westberlin durchführen zu können. Selbstverständlich sind auch alle Vorkehrungen für eine ebenso sichere Rückkehr nach Ost-Berlin getroffen worden.

Die für diese Reise unentbehrlichen Dinge sind der Bundespersonalausweis, die Tagesaufenthaltsgenehmigung (nur für heute gültig), der Wechselschein, die S-Bahnfahrkarte für die Fahrt nach West-Berlin. Des Weiteren befinden sich in dem Päckchen verschiedene Etikette (für Ihre Kleidungsstücke) und verschiedener Kleinkram aus Hannover für Ihre Legende als westdeutscher Bürger ...

Höchstwahrscheinlich wird es nicht erforderlich sein, dass Sie all diese Hinweise für Ihre Legende auch benutzen müssen. Wenn Sie es aber machen müssen, dann tun Sie es ruhig und gelassen ...

Wenn Sie meinen Rat genauestens befolgen, d. h. wortwörtlich, wird ihnen nichts zustoßen. Ihre Dokumentation ist vollauf in Ordnung. Folgen Sie diesem Plan wortwörtlich – gar keine Abweichung ...

Ihre Tagesaufenthaltsgenehmigung ist nur bis 24.00 Uhr heute gültig. Sie haben genügend Zeit, meine Instruktionen zu durchlesen und auswendig zu lernen. Nur nachdem Sie deren sicher sind, gehen Sie zum S-Bahnhof Friedrichstraße. Ich werde am beschriebenen Ort auf Sie warten ...«[187] Diese ausführliche CIA-Instruktion an den Agenten in der DDR nahm im Einzelnen zu folgenden Problemen Stellung:

1. Angaben zur Person, der Arbeitsstelle und der Wohngegend jener Person, auf deren bundesdeutschen Ausweis der Spion nach Westberlin geschleust werden sollte.
2. Legenden für die Reise von der Bundesrepublik nach Westberlin und die Einreise nach Ostberlin.

---

187 Ebd., Bl. 225 f.

3. Erläuterungen zu den Bedingungen der Einreise vom Westteil in den Ostteil der Stadt sowie der Ausreise nach Westberlin.

4. Vereinbarungen über den Treffort und die Treffzeit in Westberlin.[188]

Für die konkrete Organisierung der persönlichen Treffs durch die Geheimdienste im NSA sind folgende Faktoren hervorzuheben, die zwar oft nicht in dieser Vollständigkeit von allen Diensten und bei allen Agenturen Anwendung fanden, sich aber dennoch im einzelnen Fall mehr oder weniger widerspiegelten.

- Die Spione wurden ausgefordert, rechtzeitig auf postalischem Weg Reisetermin und Zielorte mitzuteilen. Dies erfolgte unter anderem als:
- Geheimschriftsendung an Deckadressen,
- Merkmalpostsendung an Deckadressen ohne Geheimschrift in verschleierter Form (zum Beispiel angegebenes Datum plus 30 Tage),
- normale Postsendung an Verwandte oder Bekannte, über die die Dienste dann Kenntnis erhielten.
- Die Agenten wurden beauftragt, wichtige Informationen (Fotonegative von Originaldokumenten, Zahlenmaterial usw.) für den Transport, die Übergabe sowie zur Berichterstattung vorzubereiten. Zu diesem Zweck verfügten sie zum Teil über spezielle Transportcontainer (Akten- oder Brieftaschen, Reisenecessaires, präparierte Bekleidungsstücke usw.), Schreibgeräte (Kugelschreiber, dessen Plastehülle bei eingezogener Mine als Geheimschreibmittel verwendet werden konnte) oder wasserlösliches Spezialpapier und austauschbare Notizbücher für Spionageinformationen.
- Die Agenturen waren im Besitz von Telefonnummern beziehungsweise Deckadressen (beispielsweise

---

188 Vgl.: Ebd.

Postschließfächer), die nur im nichtsozialistischen Ausland Verwendung finden durften, um Ankunft, Aufenthaltsort und -dauer mitteilen und Treffs vereinbaren zu können.

- Für Treffvereinbarung und persönliche Kontaktaufnahme wurden durch die Dienste meist eine Reihe von Sicherheitsvorkehrungen getroffen, wie:
  - chiffrierte schriftliche oder mündliche Treffvereinbarung,
  - verschiedene Ausweichtreffzeiten,
  - Vereinbarung von Sicht- und Vortreffs, um festgestellte Beobachtungen des MfS signalisieren zu können,
  - Absicherung der vereinbarten Treffpunkte durch andere Geheimdienstmitarbeiter,
  - getrenntes Aufsuchen der Trefforte,
  - gemeinsame Autofahrten (zum Beispiel auch im Taxi) zum Treffort,
  - erste persönliche Kontaktaufnahme (zum Beispiel nur im Dunkeln).

Ein CIA-Agent aus der DDR erhielt folgende schriftliche Instruktion zur Kontaktaufnahme mit dem Geheimdienstmitarbeiter vor einem persönlichen Treff in Finnland:

»Ab 6. April werde ich viermal pro Tag um 13, 17, 19 und 21.00 Uhr auf Dich warten. Der Treffpunkt ist das Mannerheim-Denkmal (Pferd und Reiter), das sich vor dem Hauptpostamt (Ecke Mannerheimvaegen und Postgatan) befindet. Ehe Du aber zu Fuß zum Denkmal gehst, mache Folgendes.

20 Minuten vor der Treffstunde fange an, einen Stadtbummel zu machen. Achte stets auf mögliche Beschattung. Genau um die erste passende Treffstunde stehe unter der großen Uhr innerhalb der großen Halle des Bahnhofes. Genau nach fünf Minuten Stehen, bummele

durch die Seitentür (Richtung Mannerheimvaegen) und dann weiter zum Postamt und Denkmal.

Beim Denkmal warte 10 Minuten. Wenn ich nicht komme, geh weg und komm erst bei nächstmöglicher Treffstunde zurück. Falls Du während des Bummels glaubst, dass Du unter Beschattung bist, nimm eine Zeitung aus der Tasche und halte sie stets in der Hand bis zum Denkmal. Das ist das Zeichen, dass wir aus Sicherheitsgründen unseren ersten Treff bis zur nächsten Gelegenheit verschieben müssen. Nehme aber jedes Mal die selbe Vorsichtsmaßregel (Stadtbummel, fünf Minuten im Bahnhof stehen usw.)«[189]

- Hinsichtlich der Länder, wo persönliche Treffs durchgeführt werden konnten, machten die Dienste teilweise Einschränkungen. So wurden neben sozialistischen Staaten auch verschiedene arabische und lateinamerikanische Länder als ungeeignet betrachtet, während zum Beispiel die Bundesrepublik, Westberlin, die Schweiz, Österreich, Dänemark sowie die Benelux-Länder als besonders günstige Treffländer angesehen wurden. England wurde von den nichtenglischen Geheimdiensten insofern als ungünstig bewertet, als andere Nachrichtendienste die Durchführung geheimdienstlicher Operationen auf britischem Territorium »anmelden« mussten.

- Als konkrete Trefforte wurden konspirative Objekte, Wohnungen, Hotelzimmer, Gaststätten, Pensionen und Kraftfahrzeuge genutzt. Die Dienste bevorzugten dabei oft teure Hotels oder Gaststätten, weil sie die Gefahr als gering ansahen, dort auf andere DDR-Bürger zu treffen. Vereinzelt fanden auch Treffs in Kleinbussen statt, die mit umfangreicher Technik ausgestattet waren (Tonbänder, Fototechnik, Sprechfunk und

---

189 Ebd. Bl. 226 f.

dergleichen). Letzteres wurde nach Erkenntnissen des MfS vor allem durch das BfV und das LfV Berlin bei Treffs in der Bundesrepublik und Westberlin praktiziert.

- Da DDR-Reisekader oftmals nicht allein in das NSA fuhren, maßen die Dienste der Abwesenheitslegende für die Zeit der Treffdurchführung hohe Bedeutung bei. Diese war stark den konkreten Interessen und Neigungen des Reisekaders angepasst. Als Legende wurden oft einfache und glaubwürdige Begründungen wie Einkauf, Kino, Besuch von Sportveranstaltungen oder Gaststättenbesuche genutzt.

Bei Agenten in der DDR, die über keine NSA-Reisemöglichkeiten verfügten, suchten die Geheimdienste zum Teil nach Ersatzmöglichkeiten für persönliche Treffs, indem Verwandte oder enge Bekannte des Spions mit Reisemöglichkeiten einbezogen wurden. Erfolgte die Einbeziehung in Kenntnis der geheimdienstlichen Tätigkeit des Spions, erhielt dieser Verbindungsweg den Charakter einer Instrukteur-/Kurierverbindung. Teilweise wurden diese Verwandte oder Bekannten »blind« genutzt, da die Geheimdienstmitarbeiter lediglich ein aktuelles Bild zur persönlichen Situation des Spions erhalten wollten, was durch unpersönliche Verbindungswege nur bedingt möglich war. Die Geheimdienstler nahmen dann zu diesen Personen unter einer mit dem Spion vereinbarten Legende Kontakt auf und ließen sich entsprechend berichten.[190]

Der persönliche Treff in sozialistischen Ländern
Dieser Verbindungsweg wurde nach Erkenntnissen der Spionageabwehr des MfS im Allgemeinen seltener praktiziert, da er für die westlichen Dienste mit erheblichen

---

190 Vgl.: Ebd., Bl. 143 ff.

Risiken verbunden war. Unter Berücksichtigung der politischen Anerkennung der DDR ab den 1970er Jahren und den damit verbundenen Veränderungen durch die Tätigkeit zahlreicher bevorrechteter Personen aus dem nichtsozialistischen Ausland sowie den erweiterten Einreisemöglichkeiten in die DDR, ging die Staatssicherheit davon aus, dass legale oder illegale Residenten der Geheimdienste persönliche Treffs in der DDR oder anderen sozialistischen Ländern durchführen würden. Als Methoden der Treffdurchführung sind in diesem Zusammenhang zu nennen:

- Die Nutzung offizieller Kontakte der legalen Residenten entsprechend ihrer offiziellen Funktion in der jeweiligen Vertretung ihres Landes in der DDR oder anderen sozialistischen Ländern zu den Agenturen
- Die Nutzung gesellschaftlicher Anlässe (Empfänge, Vorträge usw.) im diplomatischen Bereich, an denen Resident und Agent teilnahmen

Die Abdeckung illegaler Residenten als Verhandlungspartner bei kommerziellen Verhandlungen in der DDR, wobei sich unter den DDR-Gesprächsteilnehmern der Spion befand. In der Regel war in solchen Fällen der Resident auch der Werber des Spions, und die Treffs fanden sowohl in der DDR beziehungsweise anderen sozialistischen Staaten als auch im NSA statt.

Insgesamt betrachtet, waren die Möglichkeiten für die Geheimdienstmitarbeiter, als legale oder illegale Residenten, persönliche Treffs mit Agenturen in der DDR oder anderen sozialistischen Staaten zu realisieren, verglichen mit persönlichen Treffs im NSA, erheblich eingeschränkt.[191]

---

191 Vgl.: Ebd., Bl. 146 f.

Die persönliche Instrukteur-/Kurierverbindung zwischen den Geheimdiensten und den Spionen

Eine besondere Stellung der Treffs unter Agenten nahmen solche im Rahmen einer Instrukteur-/Kurierverbindung ein. Unter Berücksichtigung der größeren Effektivität direkter persönlicher Verbindungsarten nutzten die Geheimdienste die vorhandenen oder sich bietenden Voraussetzungen zum Aufbau von Instrukteur-/Kurierverbindungen. Günstige Voraussetzungen ergaben sich vor allem dann, wenn die Werbung einer Agentur im Zielland von einer Person vorgenommen worden war, die weiter als Instrukteur oder Kurier für diese eingesetzt werden konnte, auch unabhängig von der Tatsache, dass ein Werber mit der ersten Ausbildung und Instruktion des Agenten, nach dessen grundsätzlicher Bereitschaftserklärung zur Zusammenarbeit mit dem Geheimdienst und der Übergabe von Hilfsmitteln an diesen, bereits Aufgaben des Instrukteurs beziehungsweise Kuriers wahrgenommen hatte.[192]

Die DDR-Spionageabwehr hatte erkannt, dass mit den erweiterten Einreisemöglichkeiten in die DDR die Tendenz des Einsatzes von Instrukteuren und Kurieren als Verbindungsglieder zu den Spionen in der DDR zugenommen hatte.

Zu den Begrifflichkeiten aus der Sicht des MfS:

»Instrukteure sind geworbene Agenten imperialistischer Geheimdienste, die im Auftrag und stellvertretend für die Geheimdienstmitarbeiter die persönliche Verbindung mit Spionen im Zielland der Spionage aufrechterhalten. Sie sind über die Person des Spions und dessen nachrichtendienstliche Möglichkeiten umfassend informiert und führen auf der Grundlage schrift-

---

192 Vgl.: Lehrbuch: *Die imperialistischen Geheimdienste in der Gegenwart*, S. 198.

licher Unterlagen oder mündlicher Unterweisungen der Geheimdienste sowie eigener Erkenntnisse, Fähigkeiten und Erfahrungen die Ausbildung und Instruktion der Spione durch. Sie erteilen Aufträge, nehmen die schriftliche oder mündliche Berichterstattung des Spions entgegen, übergeben nachrichtendienstliche Hilfsmittel und materielle Vergütungen, treffen im Rahmen ihrer Kompetenzen Entscheidungen und nehmen somit eine Schlüsselstellung im Verbindungssystem ein. Damit geht die Funktion eines Kuriers in die Funktion eines Instrukteurs auf.«[193]

»Kuriere sind geworbene Agenten imperialistischer Geheimdienste, die im Auftrage der Geheimdienstmitarbeiter direkt, persönlich oder indirekt, unpersönlich die Verbindung mit Spionen im Zielland der Spionage mit dem Ziel unterhalten, nachrichtendienstliche Hilfsmittel, schriftliche Instruktionen und materielle Vergütungen zu übergeben beziehungsweise Informationen entgegenzunehmen. Im Unterschied zum Instrukteur, beschränkt sich die Funktion des Kuriers in der Regel auf das Übergeben beziehungsweise Übernehmen nachrichtendienstlicher Materialien.«[194]

In der Praxis vermochte die Spionageabwehr zwischen beiden Funktionen oftmals nicht zu trennen, weshalb auch zusammenfassend von einer Instrukteur-/Kurierverbindung gesprochen wurde.

Die Bedeutung der persönlichen Instrukteur-/Kurierverbindung für die Geheimdienste bestand, unter Berücksichtigung der graduellen Unterschiede, vor allem in folgenden Merkmalen dieses Verbindungsweges:

1. Zumindest in einem begrenzten Umfang löste der Instrukteur als »Stellvertreter« des Verbindungsführers

---

193 Wolfgang Stuchly, Heinz Primus: Diplomarbeit 1976, Bl. 148 ff.
194 Ebd., Bl. 150.

alle die Aufgaben und Zielstellungen, die dieser oder der Resident eines Geheimdienstes bei persönlichen Treffs mit dem Agenten durchzuführen hatte. Inwieweit dies dem jeweiligen Instrukteur gelang, hing vor allem von dessen Ausbildung und Instruktion, seinen Kenntnissen, Fähigkeiten und Erfahrungen sowie seinen individuellen Bindungen zum Vorgangsführer und zum Agenten ab.

2. Von grundsätzlicher Bedeutung war die Instrukteurverbindung vor allem in der ersten Phase nach erfolgter Werbung des Agenten in der DDR, der keine oder sehr beschränkte Reisemöglichkeiten in das NSA hatte. Obwohl die schriftlichen Unterlagen in Struktur, Übersichtlichkeit und Aussage durchaus geeignet waren, die Agentur zu ihrer Tätigkeit zu befähigen, hatte die Fülle der Probleme, Verhaltensnormen und Verfahrensweisen nicht selten eine schockierende Wirkung auf den neugeworbenen Agenten. Eine mündliche Instruktion und die Beantwortung offener Fragen durch den Instrukteur sollte diese Schockwirkung überwinden helfen und den Spion möglichst unverzüglich einsatzbereit machen.

3. Instrukteure konnten an Ort und Stelle eine neu entstandene Situation im Leben des Spions oder in seiner geheimdienstlichen Tätigkeit einschätzen und auf der Grundlage der von den Diensten gegebenen Richtlinien Entscheidungen treffen. Solche Situationen konnten sich durch berufliche Veränderungen, Eheprobleme, die Einbeziehung des Ehepartners oder dem aus unterschiedlichen Gründen erfolgten Ausfall der unpersönlichen Verbindungswege des Agenten ergeben. Der Instrukteur regelte hier unmittelbar Probleme der geheimdienstlichen Tätigkeit des Agenten, die auf unpersönlichem Wege nur bedingt oder weniger wirksam geklärt werden konnten.

Eine besondere Bedeutung gewann die persönliche Instrukteur-/Kurierverbindung für Agenturen in der DDR, die keine Reisemöglichkeiten in das NSA hatten aber für die Geheimdienste wichtige Dokumentationen (Kopien) beschaffen konnten und für deren Übermittlung unpersönliche Verbindungswege nur bedingt oder begrenzt geeignet waren. Das galt gleichermaßen auch für Spione in entsprechenden Positionen in der DDR, zum Beispiel auch in den bewaffneten Organen der DDR, wo unpersönliche Verbindungswege als nicht zumutbare zeitliche Belastung (beispielsweise Chiffrieren), als für die Informationslieferung wenig geeignete Wege (zum Beispiel die mündliche Erläuterung bestimmter Zusammenhänge) oder im konkreten Fall als zu riskant beurteilt wurden.

Unabhängig von der Bedeutung hatte die persönliche Instrukteur-/Kurierverbindung auch wesentliche Nachteile. Der Instrukteur war hinsichtlich seiner Ausbildung, Erfahrung und Entscheidungsbefugnis kein vollwertiger Ersatz für den Verbindungsführer und einem persönlichen Treff mit diesem. Außerdem waren die Dienste gezwungen, dritte Personen in die Verbindung zu den Agenten zu installieren, deren Handlungen für die Spionageabwehr der DDR erkennbar waren und dadurch einen mehr oder weniger großen Unsicherheitsfaktor darstellen konnten. Die Durchführung persönlicher Instrukteur-/Kuriertreffs mit Spionen in der DDR war ferner den dortigen Bedingungen unterworfen und damit den Kontroll- und Überwachungsmöglichkeiten in der DDR ausgesetzt, was zum Beispiel beim Transport nachrichtendienstlicher Hilfsmittel durch Instrukteure/ Kuriere Risiken in sich barg.

Als Instrukteure oder persönliche Kuriere wurden durch die Dienste vor allem nachfolgend aufgeführte Personenkreise eingesetzt:

1. Personen aus dem Kreis der Bürger nichtsozialisti-

scher Staaten als Hauptform der persönlichen Instruk-
teur-/Kurierverbindung in die DDR:

- Verwandte und Bekannte des Spions, meist solche, die
bereits die Anwerbung vorgenommen oder den Kandidaten zugeführt hatten. Die Dienste glaubten damit
das Risiko bei der Einbeziehung einer dritten Person
in das Verbindungssystem minimieren zu können.

- Ausländische Kontaktpartner aus der beruflichen oder
gesellschaftlichen Tätigkeit der Agenten in der DDR.
Ihr Einsatz erfolgte ebenfalls vorrangig dann, wenn
sie die vorangegangene Werbung selbst durchgeführt
hatten oder daran beteiligt waren. Als risikominimie-
renden Faktor betrachteten die Dienste besonders den
Umfang der Kompromittierung des Agenten sowie
den Charakter der persönlichen Beziehungen zwischen Instrukteur und Agenten.

2. Personen aus dem Kreis in der DDR wohnhafter beziehungsweise zeitweilig wohnhafter Bürger mit Reisemöglichkeiten in das NSA:

- Verwandte oder nahe Bekannte der Agenturen, die
Reisekader, Ausländer, Alters- oder Invalidenrentner
waren und damit über entsprechende Möglichkeiten
der persönlichen Treffdurchführung mit den Geheimdienstmitarbeitern verfügten.

- Kontaktpartner aus der beruflichen, gesellschaftlichen
oder privaten Sphäre des Spions, die als Diplomaten,
Korrespondenten, Studenten oder anderen Gründen
in der DDR tätig und zeitweilig wohnhaft waren. Zu
beachten war auch die »Stellvertreterrolle« von Personen aus kleineren und befreundeten sozialistischen
Ländern, beispielsweise aus der arabischen Welt.
Auch hier waren Werber und Instrukteure/Kuriere in
der Regel identisch.

3. Einsatz von bis dahin der Agentur in der DDR nicht
bekannten Personen als Instrukteure oder Kuriere.

Dabei konnte es sich sowohl um Bürger nichtsozialistischer Staaten als auch um Personen handeln, die ständig oder zeitweilig in der DDR wohnhaft waren. Dieser Verbindungsweg wurde insgesamt weniger praktiziert und war vielfach mit einer Reihe spezieller Merkmale und Bedingungen verbunden. Dies waren:

- Der Spion musste beim Geheimdienst ein entsprechendes Vertrauen besitzen.
- Für die Organisierung dieses Verbindungswegs musste eine dringende Notwendigkeit bestehen, die durch andere Möglichkeiten und Wege nicht realisiert werden konnte (keine NSA-Verbindungen, Gefahrensituationen usw.).
- Solche Treffs fanden oft unter erhöhten Sicherheitsvorkehrungen in Ostberlin statt (Rückzugslegende, schnelle Rückkehr nach Westberlin möglich).
- Die Treffs reduzierten sich meist auf die Übergabe oder Übernahme von Informationen, mit kurzgehaltenen mündlichen Instruktionen (also primär Kuriercharakter), die Treffdauer war in der Regel eng begrenzt.
- Oftmals reisten derartige Instrukteure/Kuriere mit veränderten, nachgeahmten oder fingierten Personal- und Reisedokumenten in die DDR ein.
- Die Instrukteure/Kuriere waren meist nur in begrenztem Umfang über die Person des Agenten und seine nachrichtendienstlichen Möglichkeiten unterrichtet.
- Für die persönliche Kontaktaufnahme zwischen dem Instrukteur/Kurier und dem Spion waren spezielle Kennzeichen, Losungen usw. vereinbart.[195]

Eine größere Bedeutung hatte dieser Verbindungsweg allerdings als Reserve-, Ersatz- oder Ausweichverbindungsmittel in besonderen Situationen, wie es aus den

---

195 Vgl.: Ebd., Bl. 150 ff. und 161.

folgenden Auszügen von BND-Anweisungen deutlich wird:

»… Sollte es einmal notwendig sein, Sie mit einem Kurier zu kontaktieren, so tritt der ›Treff mit Unbekannt‹ in Kraft. Er wird im Allgemeinen über Funk bekanntgegeben oder durch postalische Anweisung ausgelöst. Laufen Sie den vereinbarten Treffpunkt immer unter Berücksichtigung aller Sicherheitsregeln an. D. h., achten Sie auf eine evtl. Beschattung. Sollten Sie diese feststellen, so dürfen Sie auf keinen Fall den Treff wahrnehmen! Gehen Sie erst unmittelbar vor der festgelegten Treffzeit zum Treffpunkt, nehmen Sie den vorgeschriebenen Standort erst dann ein, wenn die Uhrzeit punktgenau die Treffzeit anzeigt (Uhrzeit = Normalzeit nach Bahnhofsuhr), achten Sie genau auf das Erkennungszeichen, antworten Sie im vorgeschriebenem Wortlaut, gehen Sie mit dem Unbekannten sofort weg, wenn die Erkennung vollzogen ist, bleiben Sie mit ihm nur so lange zusammen, bis das dienstliche Gespräch beendet ist, stellen Sie keine überflüssigen Fragen, warten Sie nicht länger als zwei Minuten am Treffpunkt, achten Sie auch während des Zusammenseins und nach der Verabschiedung auf evtl. Beschattung. Der Unbekannte ist unser Vertrauensmann, von dem Sie nichts zu befürchten haben …«

»… Sollte einmal unsere Verbindung reißen, d. h., sollten Sie mich oder ich Sie auf keinem Wege mehr erreichen, so wird der automatische Treff ausgelöst. Sie müssen dann ebenfalls unter Beachtung aller oben aufgeführten Regeln zur festgelegten Zeit – also jeden 2. Sonntag in den Monaten Februar, Juni und November des Jahres um 19.30 Uhr am festgelegten Ort sein, bis die Verbindung wieder hergestellt ist …«[196]

Dass es bei solchen Kuriereinsätzen, zumal wenn sie

---

196 Ebd., Bl. 161 f.

schlecht vorbereitet waren, zu Problemen kommen konnte, beschreibt Stiller hinsichtlich der Ausschleusung seiner Geliebten und deren Sohn: »Der BND-Kurier, ein CSU-treuer Journalist, der regelmäßig den Ostblock bereiste, war mit zwei falschen Pässen und schicker Kleidung für die neuen Bundesbürger nach Warschau gereist, wo er alles in einem Schließfach deponieren sollte. Doch nach der Einreise musste er feststellen, dass seine eigenen Einreisepapiere ganz anders aussahen als jene, die ihm der BND für Helga und ihren Sohn mitgegeben hatte. Die Einreisestempelungen stimmten nicht, es fehlten die für Touristen obligatorischen Hotelstempel und die Umtauschbescheinigungen des staatlichen Reisebüros ORBIS. Damit konnten die beiden nur auffliegen. Er entschied eigenständig, die schlecht gefälschten Dokumente zu vernichten und schleunigst zurückzureisen.«[197]

Gelegentlich nutzen die Geheimdienste auch bestehende verwandtschaftliche oder enge freundschaftliche Verbindungen zwischen Spionen und Personen mit Reisemöglichkeiten vom oder in das NSA »blind« für eine Kuriertätigkeit dieser Personen. Die »Kuriere« waren über den geheimdienstlichen Hintergrund im Unklaren und wurden vom Agentenführer im Westen oder vom Spion in der DDR um Gefälligkeiten gebeten. Das konnte die Mitnahme von Briefen oder die Übergabe von Päckchen betreffen. Oftmals wurde dieser Gefälligkeit eine gewisse Vertraulichkeit zugeordnet, beispielsweise spektakuläre Geschäfte, um den nachrichtendienstlichen Hintergrund zu verschleiern, den »blinden« Kurier aber dennoch zu konspirativem Verhalten zu veranlassen. Die DDR-Spionageabwehr war dahingehend

---

197 Werner Stiller: *Der Agent. Mein Leben in drei Geheimdiensten.* Berlin 2010, S. 121.

sensibilisiert, dass das »blinde« ausnutzen allerdings auch Bestandteil einer Legende zur besseren Sicherung und Abdeckung eines »echten« Kuriers sein konnte.

Eine weitere spezielle Bedeutung hätte die Instrukteur-/Kurierverbindung unter den Bedingungen des sogenannten »E-Falles« haben können. Eigens für solche Fälle ausgebildete Funker (»Schweigefunker«, »E-Fall-Funker«, »Einsatzfunker«) hätten über Kuriere oder Agenten in der DDR Informationen zugestellt bekommen, die dann per Funk an die entsprechenden Geheimdienstzentralen im Westen übermittelt werden sollten.

Die konkreten Trefforte für persönliche Instrukteur-/Kuriertreffs waren dem jeweiligen Verhältnis zwischen beiden Treffpartnern angepasst. Als Trefforte wurden schwerpunktmäßig genutzt:

• Wohnungen der Spione,
• Arbeitsstelle der Spione,
• Zusammenkünfte in Ostberlin,
• Zusammenkünfte zur Leipziger Messe oder ähnlichen Veranstaltungen,
• Touristenreisen in das sozialistische Ausland,
• Parkplätze an den Transitstrecken in der DDR.

Auch hier stellte das MfS häufig fest, dass der aus dem NSA einreisende Instrukteur oder Kurier (Verwandter oder Bekannter) als eigentliches Besuchsziel in der DDR nicht die Adresse des Spions benutzte, sondern innerhalb der DDR Reisen zur Durchführung eines Treffs mit dem Spion vornahm.

Die nachrichtendienstlichen Hilfsmittel wurden von den Instrukteuren oder Kurieren in der Regel in den verschiedenartigsten Containern in die DDR eingeschleust. Analog verhielt es sich mit dem Ausschleusen der von den Spionen beschafften Informationen. Es kam gelegentlich auch vor, dass der Instrukteur/Kurier und der Spion gemeinsam einen vorher von einem anderen Kurier angelegten TBK leerten.[198]

Ein zu seinen Verwandten in die DDR einreisender Kurier des BND nutzte dieses Kinderfahrrad als Container für geheimdienstliche Informationen.

---

198 Vgl.: Wolfgang Stuchly, Heinz Primus: Diplomarbeit 1976, Bl. 162 f.

Die postalische Verbindung zwischen Geheimdiensten und Spionen

»Die postalische Verbindung zwischen Geheimdiensten und Agenten ist eine unpersönliche Verbindungsart zum Zwecke der ein- oder wechselseitigen Übermittlung geheimer Informationen und Gegenständen unter Missbrauch legaler Verbindungsmittel und der Beförderungsleistungen öffentlicher Postverwaltungen«[199], heißt es im Lehrbuch *Imperialistische Geheimdienste*.

Die postalische Verbindung war aus Sicht der Staatssicherheit ein bedeutsames und dynamisches Element innerhalb der Grundarten des Verbindungssystems westlicher Geheimdienste. Die Mehrzahl der Agenturen, insbesondere in den Zielländern der Spionage, war unabhängig von anderen Möglichkeiten der Aufrechterhaltung der Verbindung zum Geheimdienst mit geheimdienstlich-postalischen Verbindungsmitteln ausgestattet, die oftmals auf den Spion zugeschnitten und von den zu realisierenden Aufgaben abhängig waren. Die gebräuchlichsten geheimdienstlich-postalischen Verbindungsmittel waren Postsendungen, das heißt Briefe, Karten sowie Streifband- beziehungsweise Drucksachensendungen. Andere Postsendungsarten wie Päckchen, Pakete oder Telegramme spielten bei der Aufrechterhaltung nachrichtendienstlicher Informationsbeziehungen eine untergeordnete Rolle, was ihre Verwendung aber grundsätzlich nicht ausschloss.

Die grundsätzliche Bedeutung der postalischen Verbindung für die Dienste lag vor allem in der Möglichkeit, offizielle postalische Verbindungsmittel relativ unkompliziert, entsprechend der vielfältigen Möglichkeiten, in komplexer und differenzierter Art und Weise für eine

---

199 Lehrbuch: *Die imperialistischen Geheimdienste in der Gegenwart*, S. 204.

effektive Tarnung zu nutzen. Die postalische Verbindung war in Friedenszeiten nicht nur ein beständiger, weitgehend unabhängiger und relativ schneller, sondern auch ein verhältnismäßig sicherer Verbindungsweg, insbesondere für Agenturen im Zielland, die nicht über Reisemöglichkeiten verfügten. Sie diente aber auch zur Aufrechterhaltung der Verbindung zwischen den in der Regel in größeren Abständen stattfindenden persönlichen Treffs von Geheimdienstmitarbeitern mit Spionen, denen NSA-Reisen möglich waren. Beim Ausfall anderer Verbindungsarten, zum Beispiel der Kurier-/Instrukteurverbindung oder Funkverbindung, war die postalische Verbindung oftmals die einzig mögliche Art der Aufrechterhaltung der Verbindung zwischen den Diensten und ihren Agenturen. Innerhalb dieser Verbindungsart erfolgte die Unterscheidung in:

- der postalischen Verbindung vom Spion zum Geheimdienst,
- der postalischen Verbindung vom Geheimdienst zum Spion.

Mit der postalischen Verbindung vom Spion zum Geheimdienst konnten beispielsweise Spionageinformationen, Informationen zur persönlichen Situation des Agenten und Anfragen übermittelt werden. Sie war weiterhin geeignet:

- zur Vereinbarung persönlicher Treffs im NSA oder von Zusammenkünften mit Instrukteuren/Kurieren im Zielland oder in anderen sozialistischen Staaten,
- für die Bestätigung des Empfangs von Funksendungen,
- für die Information über die Leerung von TBK,
- für die Meldung der ordnungsgemäßen Rückkehr vom persönlichen Treff,
- für die Übermittlung sogenannter Lebenszeichen (zwischen Geheimdiensten und Spionen vereinbarte

Informationen, beispielsweise bestimmte Portkarten-motive, womit der Spion in periodischen Abständen mitteilte, dass seine Einsatzbereitschaft gewährleistet war. Sie fanden vor allem bei Agenturen Verwendung, die nur unregelmäßig Kontakt zum Dienst hatten, für besondere Aufgaben vorgesehen waren, beispielsweise Schweigefunker, oder zu denen aus verschiedenen Gründen die Verbindung zeitweilig unterbrochen wurde),

- zur Überprüfung der Agenten beziehungsweise ihrer Sicherheit (Zu diesem Zweck wurden von den Diensten Testsendungen auf den Weg gebracht. Von einem Mitarbeiter beziehungsweise einem Instrukteur/Kurier, der in das Zielland einreiste, wurde eine Postsendung an eine Deckadresse gesandt. Das Ziel bestand darin, Öffnungs- und Bearbeitungsspuren festzustellen, die Rückschlüsse auf die Sicherheit der Verbindung beziehungsweise der Ehrlichkeit der im Zielland tätigen Agenturen zuließen und Ansatzpunkte für weitergehende Überprüfungen sein konnten.),
- für die Signalisierung einer Überwerbung.

Von den Geheimdiensten zu den Spionen bestanden die Aufgaben beziehungsweise Möglichkeiten der postalischen Verbindung in:

- der Übermittlung von Anweisungen, Instruktionen und Aufträgen,
- der Übersendung von Hilfsmitteln, zum Beispiel in Paketen versteckt (schwerpunktmäßig vom 13. August 1961 bis Ende der 1960er Jahre praktizierte Methode, danach verlor sie an Bedeutung),
- der Mitteilung der Lagebeschreibung von TBK,
- der Übermittlung materieller Vergütungen in Form sogenannter Versorgungspakete,
- der Übermittlung von Warnmeldungen zur sofortigen Einleitung von Sicherheitsmaßnahmen (Auslagerung

der nachrichtendienstlichen Hilfsmittel und Unterlagen in Fernverstecke),
- der Vereinbarung von Treffs.

Das Bestreben der Dienste, Qualität und Sicherheit genutzter geheimdienstlich-postalischer Verbindungsmittel zu verbessern beziehungsweise den konkreten Bedingungen und Umständen, unter denen sie zur Anwendung kamen, anzupassen, widerspiegelte sich in verschiedenen Tendenzen.

Einerseits erfolgte eine konsequente Regulierung der Anzahl von Postsendungen und die Erweiterung der Zeiträume zwischen den Sendungen eines Spions an die Zentrale. Der BND bezeichnete dies als »Vergrößerung des Meldetakts«, was insbesondere für die Militärspionage bedeutsam war. Der Meldetakt beim BND betrug durchschnittlich vier, mitunter auch sechs Wochen. Bei den US-Diensten konnte er bis zu einem Jahr und länger sein (Kombination zwischen mündlicher und schriftlicher Berichterstattung zum Beispiel bei Auslands- und Reisekadern.) Mitunter erfolgte eine weisungsmäßige Verkürzung des »Meldetakts«. Das war insbesondere bei besonderen militärischen Aktivitäten der Fall (auf 14 Tage) oder aus eigner Initiative des Spions, um möglichst größere materielle Vergütungen zu erhalten.

Andererseits war ein ständiges Bemühen der Dienste zur weiteren Konspirierung der geheimdienstlich-postalischen Verbindungsmittel durch das MfS feststellbar. Zu diesem Zweck wurden die genutzten Mittel und Methoden auf der Grundlage neuester Erkenntnisse von Wissenschaft und Technik verändert (zum Beispiel Geheimschreibverfahren sowie dazu benutzte Substanzen) und vielfältig kombiniert (Geheimschrift mit Chiffrierverfahren). Die Agenturen erhielten ständig Hinweise, die zum Teil recht umfangreichen Sicherheitsrichtlinien und damit die Konspiration exakt einzuhalten.

Die Anzahl der den einzelnen Agenten übergebenen Deckadressen war unterschiedlich und deren Benutzung erfolgte im periodischen Wechsel. Darüber hinaus wurde weitgehend auf Postsendungen von den Geheimdiensten zu den Agenturen verzichtet beziehungsweise es wurde in diesen relativ selten praktizierten Fällen ein Einwurf von Postsendungen unter Umgehung des grenzüberschreitenden Postverkehrs in Briefkästen der Zielländer angestrebt.

Die im postalischen Verbindungssystem meist in Erscheinung tretenden Informationsträger waren die Geheimschriften, die Geheimfotos (Mikrate)[200], die Kennzeichen (Ansichts- und Bildpostkarten) sowie die Einbauschriften. Zum Teil wurden diese Informationsträger zusätzlich getarnt (Geheimschriften durch Tarntext) beziehungsweise versteckt (Mikrate unter Briefmarken).

Einbauschriften (spezielles stenografisches Verfahren) gehörten zu jenen speziellen Informationsträgern, die keiner zusätzlichen Tarnung beziehungsweise Verstecken bedurften. Ihre Anfertigung war bereits auf eine Tarnung ausgerichtet.

Gebräuchlichste Informationsträgermaterialien für die genannten Informationsträger waren die für Briefe, Postkarten, Drucksachen beziehungsweise Streifbandsendungen verwendete Materialien. Auf der Grundlage der Ausbildung und Instruktion sowie zuvor getroffener spezieller Vereinbarungen waren die Agenturen in der Lage, anhand von bestimmten Kennwerten, Unterschriften, Postkartenmotiven, der Anordnung der Briefmarken und vieles anderes mehr eine geheimdienstliche

---

200 Bei Mikraten wurden Fotografien fototechnisch verkleinert (1 zu 50 bis 1 zu 300) und zum Teil gebleicht. Die äußerst geringe Größe der Mikrate bot vielfältige Tarnungsmöglichkeiten, sie waren in der Regel nicht ohne optische Hilfsmittel feststellbar.

Postsendung als solche zu erkennen und den Inhalt der geheimen Information zu erfassen, die Geheimfotos zu finden oder die Geheimschrift mit den jeweiligen Verfahren sichtbar zu machen und, wenn der Geheimtext chiffriert war, diesen mit den vorhandenen Unterlagen zu dechiffrieren. Die Postsendungen der Dienste an die Agenten wurden sowohl vom Ausland (teilweise unter Einbeziehung von Verwandten/Bekannten im NSA) als auch im Zielland, also in der DDR selbst, zum Versand gebracht.

Da die Spione in der Regel objektiv nicht über die Gesamtheit der Möglichkeiten verfügten wie die Geheimdienste unterschied sich die Vorgehensweise bei der Nutzung postalischer Verbindungsmittel durch die Agenturen teilweise von denen ihrer Auftraggeber. Dazu gehörten von den Geheimdiensten vorgeschriebene Briefe und Karten, die dem Spion zur Verfügung gestellt wurden und die er zur Übersendung geheimer Informationen, unter Verwendung von Geheimschriften, bestimmten Kennzeichen und dem Anbringen von Merkmalen, beispielsweise zur Bestätigung bestimmter Aktivitäten, wie Leeren eines TBK, Rückkehr vom persönlichen Treff, Lebenszeichen usw. nutzte. Der angestrebte Effekt dieser Methode bestand darin, die individuelle Handschrift des Spions als mögliches Identifizierungsmerkmal aus der postalischen Verbindung zu verhindern, um einen den Anforderungen entsprechend logisch aufgebauten, auf mehrere Postsendungen abgestimmten Tarntext vorzugeben. Zum Teil wurden den Agenturen auferlegt, einen bestimmten zeitlichen Schreibrhythmus einzuhalten, da auch das Datum bereits durch den Geheimdienst vorgeschrieben war. In den meisten Fällen wurde jedoch das Datum durch die Spione nachgetragen. Zu diesem Zweck erhielten sie Zahlenschablonen oder Zahlenleisten und Kugelschreiber mit gleicher Schreibsubstanz, wie die zur Anfertigung des vorgeschriebenen Briefes genutzte, um möglichst keine Fahndungsmerkmale zu verursachen. Vielfach wurde das Datum – vom Dienst zur Laufzeitkontrolle des Briefes genutzt – dem Geheimschrifttext vorangestellt oder auch gänzlich weggelassen. Agenturen, die mit vorgeschriebenen Briefen und Karten arbeiteten, erhielten davon in der Regel über TBK oder durch Kurier/Instrukteur eine größere Anzahl (12bis 20 Stück). Einer Deckadresse, es wurden in der Regel mehrere genutzt, waren dabei immer Briefe mit gleichem Schriftbild und gleichem Deckabsender zugeordnet. Während der BND über viele Jahre konstant mit vorgeschriebenen Briefen arbeitete, war bei den US-Geheimdiensten ein zeitweiliger Methodenwechsel durch das MfS festgestellt worden.

Für wichtige Meldungen außerhalb der festgelegten Reihenfolge wurden Briefe und Karten mit zeitlich unverfänglichen Texten genutzt.

Auch vom Spion selbst geschriebene Briefe oder Karten an Deckaderessen im NSA kamen zum Einsatz. Dabei wurden ebenfalls Geheimschriften, Einbauschriften und (selten) Geheimfotos sowie Kennzeichen genutzt. Der vom Agenten verfasste Brief- oder Kartentext konnte zwei Funktionen haben:

1. Er diente als Tarntext für eine Postsendung und sollte das Vorhandensein geheimer Informationen in Form von Geheimschriften oder Geheimfotos abdecken. Tarntexte sollten eine inhaltliche Logik erkennen lassen, ohne die kleinsten Anhaltspunkte auf den wahren Verfasser zu geben.

2. Er war ein direkter Bestandteil der geheimen Informationsübermittlung an die Geheimdienste, die in Form von Einbauschriften erfolgte. Die Anforderungen an den vom Spion verfassten Text wurden hier primär von der zu übermittelnden Geheiminformation bestimmt,

er musste aber gleichzeitig dem Grundanliegen eines Tarntextes Rechnung tragen.

Eine besondere Stellung bei der Informationsübermittlung des Spions nahmen Signalkarten ein. Dabei handelte es sich um Ansichts- oder Bildpostkarten, die als Träger vereinbarter Signale dienten und an Deckadressen im NSA gesandt wurden. Diese Methode war für den Agenten kaum risikobehaftet. Sie wurde vorwiegend von Agenturen mit Reisemöglichkeiten in das NSA zur Vereinbarung persönlicher Treffs genutzt. Für solche Spione konnte dies das einzige postalische Verbindungsmittel sein. Ansichts- und Bildpostkarten wurden fast ausschließlich als Träger von Signalen genutzt. Meist handelte es sich dabei um selbstgefertigte Kartensendungen des Agenten, vereinzelt wurden auch vom Geheimdienst übergebene Karten genutzt. Alle durch Agenturen an die Geheimdienstzentrale geschickten Karten wiesen keine Absenderangaben auf. Wie bei der geheimdienstlichen Briefsendung wurden vom BND auch für Signalkarten nicht existierende Anschriften als Deckadressen genutzt. Durch die US-Geheimdienste wiederum wurden meist existente Deckadressen verwendet, die in Einzelfällen beim Aufenthalt des Spions im NSA auch als Decktelefon fungierten. Die durch die Agenturen an die Geheimdienstzentrale übermittelten Signale konnten folgenden Informationsgehalt haben:

- Treffankündigung bei Reisen in das NSA,
- Bestätigung des einseitigen Funkempfangs,
- persönliche beziehungsweise berufliche Probleme,
- erfolgte TBK-Leerung,
- Lebenszeichen,
- Mitteilung einer Sicherheitsgefährdung,
- gleichzeitiger Einwurf mit Briefsendung zur Feststellung der Laufzeit und des Erkennens von Kontrollhandlungen,

- Probleme mit geheimdienstlichen Hilfsmitteln (schlechter Funkempfang, Geheimschreibmittel aufgebraucht).

Die Möglichkeiten für eine Signalgebung mittels Ansichts- und Bildpostkarten waren äußerst vielseitig und individuell zwischen Vorgangsführer und Spion vereinbart. Sie konnte erfolgen durch:

- das Kartenmotiv (Häuser, Türme, Wälder, Flüsse),
- die Textformulierungen,
- die Kartenunterschriften,
- das Datum im Kartenkopf oder Kartentext,
- das unterschiedliche Schriftsystem zwischen Empfänger und Kartentext,
- ein bestimmtes Aufkleben der Briefmarke,
- das Datum unter der Briefmarke,
- die Gestaltung der Anschrift des Empfängers.[201]

Die Anwendung von Geheimschriftverfahren[202]

Die Anfertigung von Geheimschriften auf Postsendungen zur Übermittlung geheimer Informationen durch die Agenturen an die Dienste erfolgte auf der Grundlage verschiedener Geheimschriftverfahren und unter Nutzung verschiedener Geheimschreibmittel. Die wesentlichsten, von den Diensten genutzten Geheimschriftverfahren, waren:

1. Das Direktschreibverfahren. Es basierte auf der Anwendung von Geheimtinten, von metallischen oder speziell präparierten Stiften beziehungsweise anderen zum Schreiben geeigneten Gegenständen. Das Schreiben erfolgte mittels üblicher Schreibgräte. Beim Schreibvorgang wurde das Geheimschreibmittel direkt auf das Informationsträgermaterial unsichtbar übertragen.

---

201 Lehrbuch: *Die imperialistischen Geheimdienste in der Gegenwart*, S. 203–212.

202 Synonym: Geheimschreibverfahren.

2. Das Druckschreibverfahren. Es basierte auf der Anwendung präparierter Träger (Geheimschrift-Kopierpapiere), von Metallfolie oder von anderen Materialien, die wie gewöhnliches Kohle- oder Blaupapier gehandhabt wurden. Beim Durchschreiben wurde das Geheimschreibmittel vom präparierten Trägermaterial auf das Informationsträgermaterial unsichtbar übertragen.

3. Das Kontaktverfahren. Die geheime Information wurde zunächst unter Verwendung des Direktschreibverfahrens beziehungsweise des Druckschreibverfahrens auf einem Trägermaterial (zum Beispiel Papierbogen) aufgebracht. Danach wurde dieses mit einem weiteren Trägermaterial (vorbereiteter Briefbogen beziehungsweise Karte) in Kontakt gebracht, wobei sich die Geheimschreibsubstanz auf das Informationsträgermaterial unsichtbar übertrug.

Die Spione wurden durch die Geheimdienste angewiesen, bei allen Tätigkeiten, die zur Anfertigung von Geheimschriften dienten, äußerst sorgfältig zu arbeiten und die getroffenen Sicherheitsmaßnahmen genauestens einzuhalten. Das betraf beispielsweise beim Durchschreibverfahren die Benutzung einer harten Unterlage oder einer Glasplatte, um möglicherweise nachlesbare Blindeindrücke auf dem Briefpapier zu vermeiden. Die durch die verschiedensten Geheimschriftverfahren anzufertigenden Geheimschriften auf Postsendungen wurden in der Regel auf der Rückseite des mit einem Tarntext beschriebenen Blattes und quer zu ihm geschrieben. Zur Sichtbarmachung von Geheimschriften wurden spezielle chemische und physikalische Verfahren angewandt.[203]

---

203 Vgl.: Lehrbuch: *Die imperialistischen Geheimdienste in der Gegenwart*, S. 213 f.

Die Anwendung von Chiffrierverfahren

Im Interesse einer größtmöglichen Konspiration bei der Übermittlung geheim zu haltender Informationen nutzen die Geheimdienste im Rahmen der postalischen Verbindung auch verschiedene Chiffrierverfahren, das heißt unterschiedliche Methoden zur Verschlüsselung und Entschlüsselung von Informationen.

»Die Chiffrierung (Verschlüsselung) ist die Umwandlung von Klartext in Geheimtext durch die Anwendung eines Chiffrierverfahrens. Der umgekehrte Vorgang wird als Dechiffrierung (Entschlüsselung) bezeichnet.«[204]

Das Chiffrieren konnte in Abhängigkeit vom benutzten Verfahren maschinell oder manuell erfolgen. Die Spione chiffrierten ihre Informationen, die sie an die Dienste übermittelten, in der Regel manuell. Von den Geheimdienstzentralen und ihren Außenstellen wurden im Allgemeinen elektronische Chiffriergeräte aber auch manuelle Chiffrierverfahren benutzt. Die wichtigsten Verfahren für die manuelle Chiffrierung, die die Dienste nutzten, waren irreguläre Ziffernadditionsverfahren, Codeverfahren und Verschleierungsverfahren.

Das irreguläre Ziffernadditionsverfahren als Hauptverfahren bot für die damit chiffrierten Informationen absolute Sicherheit. Grundlage dieses Verfahrens war die kryptologische Verknüpfungsformel »A–Z=Ć mod. 10«, wobei »A« die irreguläre Ziffernadditionsreihe (auf Schlüsselrollen oder -blöcken zu je 5 Zifferngruppen pro Zeile), »Z« den Zwischentext und »C« den Geheimtext darstellten. Der gesamte Klartext wurde mittels Substitutionstafel (BND: DEIN STAR; US-Dienste: ANREIS) in den Zwischentext umgesetzt (verschlüsselt), der mittels Additionsreihe überschlüsselt wurde, indem

---

204 Ebd., S. 215.

die entstandenen Zifferngruppen (»A« und »Z«) untereinander geschrieben und voneinander ohne Beachtung
der Zehner (mod. 10) subtrahiert wurden, wobei der
Geheimtext (»C«) entstand.

Voraussetzung für dieses Chiffrierverfahren war, dass
die Chiffrierunterlagen in doppelter Ausführung existierten (beim Geheimdienst und beim Spion). Während
die Ziffernzwischentexte auf der Substitutionstafel
konstant waren, änderten sich die Additionsreihen auf
Schlüsselrolle/-block von Informationsübermittlung zu
Informationsübermittlung (variabel).

Codeverfahren wurden von den westlichen Geheimdiensten in verschiedenen Varianten genutzt. Einerseits
erfolgte die Nutzung des Codeverfahrens in Verbindung mit dem irregulären Ziffernadditionsverfahren.
Zu diesem Zweck wurden beispielsweise militärische
und geografische Angaben, Objekte der Volkswirtschaft
und Angaben zum Verbindungssystem durch Kennwörter oder Codegruppen ersetzt, in den Klartext an
entsprechender Stelle eingefügt, mit der Substitutionstafel in »Z« umgesetzt und dann, wie oben beschrieben,
überschlüsselt. Andererseits wurden mit dem Codeverfahren die betreffenden Angaben in Kennwörter oder
Codegruppen umgesetzt und in unverfänglichen Texten
per Brief oder Postkarte übermittelt beziehungsweise
nach einer bestimmten Vorschrift in solche Brieftexte
eingebaut (Codegruppen) beziehungsweise mit Geheimschreibmittel schriftlich fixiert.

Verschleierungsverfahren dagegen waren Chiffrierverfahren, die lediglich ein unmittelbares Mitlesen (Mit-
verstehen) Unbefugter verhindern sollten. Durch das
Absenden von Ansichtskarten mit einem vereinbarten
Motiv, durch die Form der Anbringung beziehungsweise die Anzahl der Briefmarken, durch die Anwendung
eines bestimmten Schreibmittels, durch die Schreib-

weise des Datums oder durch bestimmte Kennwörter im Text wurden so vorher vereinbarte Informationen übermittelt.[205]

Die Nutzung von Deckadressen und Deckabsendern

Spione benutzten zur Übermittlung geheimer Informationen mittels geheimdienstlich-postalischer Verbindungsmittel aus Sicherheitsgründen in der Regel Deckadressen und Deckabsender. Dies waren existente oder nicht existente Anschriften, die für eine postalische Übermittlung geheimer Informationen von Spionen genutzt wurden.

Oftmals wurde einer Deckadresse auch ein ständiger Deckabsender zugeordnet, um den Effekt einer ständigen, stabilen privaten Postverbindung zwischen beiden Partnern zu suggerieren. Diese Absicht unterstützend, wurden alle Tarntexte inhaltlich möglichst logisch aufgebaut und in der Fortsetzung aufeinander abgestimmt. Dies war bei den von den Diensten vorgeschriebenen Briefen ohnehin weitestgehend gewährleistet. Wenn vorgeschriebene Briefe nicht verwendet wurden, erhielten die Agenturen zum unauffälligen Tarntextaufbau vom Geheimdienst in der Regel ein Minimum an überprüfbaren echten Informationen über die Inhaber von Deckadressen (zur Person selbst, im Haushalt lebende Angehörige, sonstige Lebensumstände) mitgeteilt. Der von einem Spion zu einer Deckadresse mittels geheimdienstlicher Postsendungen unterhaltene Verbindungsweg wurde als Brieflinie bezeichnet. Bei den geheimdienstlichen Postsendungen war zwischen verschiedenen Arten von Deckadressen zu unterscheiden:

1. Existierende Anschriften, deren Inhaber von den Diensten geworben waren und die ihnen die einge-

205 Vgl.: Ebd., S. 214–218.

troffenen Postsendungen übergaben, beispielsweise persönlich oder in Form der Weiterleitung an Postschließfächer. Wenn nicht schon die Deckabsender den Charakter der Postsendung erkennen ließen, so gab es häufig zusätzliche Absprachen, die dem Inhaber einer Deckadresse klar machten, dass es sich im jeweiligen Fall um eine Postsendung handelte, die dem Geheimdienst zu übergeben ist. Dies konnte in Form der besonderen Schreibweise des Vornamens, der Briefmarkenanordnung usw. erfolgen.

2. Existierende Anschriften, die unter einer Legende einbezogen wurden und vom nachrichtendienstlichen Inhalt der Postsendung keine Kenntnis hatten. Solche Legenden waren nach Erkenntnissen des MfS zum Beispiel: eigentlicher Empfänger der Postsendung sei ein ehemaliger DDR-Bürger und wurde in der DDR verfolgt oder flüchtete aus der DDR und könne deshalb die Sendung nicht unter seinem Namen annehmen.

3. Postschließfächer, die jedoch oftmals nur als Deckadresse für Postsendungen, die im NSA aufgegeben wurden, Verwendung fanden.

4. Fiktive Anschriften, die insbesondere vom BND als Deckadressen genutzt wurden. Dabei existierte lediglich die Anschrift, nicht aber der Name und es wurde das bei der Post übliche Nachsendeverfahren genutzt, das heißt, die Postsendung wurde den Geheimdiensten zugänglich gemacht, indem eine Weiterleitung an Postfächer oder entsprechende Adressen erfolgte.

5. Durch die Anwendung spezieller Fahndungstechniken seitens der Geheimdienste waren als Deckadressen sowohl real existierende als auch fiktive Anschriften/ Absender im Verbindungssystem nutzbar.

Die Agenturen erhielten oftmals gleichzeitig mehrere Deckadressen beziehungsweise Brieflinien, die jeweils im Wechsel zu benutzen waren. Vielfach befanden sich auch Deckadressen beziehungsweise vorgesehene Postsendungen in Reserve, die erst nach Weisung durch die Geheimdienste vom Spion benutzt werden durften. Teilweise wurden einzelne Deckadressen beziehungsweise Brieflinien nur für spezielle Informationen verwendet, zum Beispiel nur zur Berichterstattung über besondere Ereignisse. Somit wurde den Diensten schon dadurch der Gegenstand der Information signalisiert.

Der Zeitraum der Nutzung einer Deckadresse beziehungsweise Brieflinie war bei den einzelnen Geheimdiensten von unterschiedlicher Dauer. Kriterien konnten der Meldetakt oder die Anzahl der übergebenen Deckadressen sein. Anlässe für den Wechsel der Deckadresse konnten sein:

- zeitlich lange und häufige Nutzung,
- verlorengegangene Postsendungen,
- Erschöpfung des Vorrats an vorgeschriebenen Briefen oder Karten,
- der Verdacht, dass dem MfS eine Anschrift als Deckadresse bekannt war oder Postsendungen als nachrichtendienstliche erkannt worden sind (erhebliche Laufzeitüberschreitungen oder angenommene/erkannte Öffnungsspuren).

Die genutzten Deckabsender existierten in der Regel, um einer eventuellen Überprüfung standzuhalten. Sie wurden entweder von den Geheimdiensten pro Deckadresse zugewiesen oder waren bereits auf den Postsendungen vorgeschrieben beziehungsweise die Spione wurden aufgefordert, echte Absender, die keinerlei Rückschlüsse auf ihre Person zuließen, zu ermitteln und zu benutzen. Häufig dienten dazu Telefonbücher als Grundlage der Auswahl.[206]

---

206 Vgl.: Ebd., S. 218–221.

Die Funkverbindung zwischen Geheimdiensten und Spionen

Die Funkverbindung zwischen den Zentralen der westlichen Geheimdienste und ihren Agenturen in der DDR hatte aus mehreren Gründen für die Aufrechterhaltung der Verbindung eine grundsätzliche Bedeutung. Diese Bedeutung resultierte aus folgenden Faktoren:

1. Die Funkverbindung stellten einen äußerst schnellen Verbindungsweg zwischen Diensten und Spionen dar, so dass unter Berücksichtigung der jeweiligen Sende- und Empfangszeiten kurzfristig Informationen übermittelt werden konnten. Dieser Umstand hatte für bestimmte politische Situationen, beispielsweise Spannungszeiten, in der Zusammenarbeit (möglicherweise zur Nutzung als Warnsystem) eine besondere Bedeutung.

2. Die Funkverbindung konnte unabhängig von den Grenzkontrollmaßnahmen oder anderen Überwachungsmaßnahmen (abgesehen von technischen Störmaßnahmen der Frequenzen) hergestellt und unterhalten werden, ein Merkmal dass vor allem nach der Grenzschließung 1961 durch den Wegfall der persönlichen Treffmöglichkeiten für die Mehrzahl der Agenten in der DDR voll wirksam wurde.

3. Die Funkverbindung war damit ein Verbindungsweg, der bei Ausfall anderer Verbindungswege in außergewöhnlichen Situationen aufrechterhalten werden konnte.

4. Die Funkverbindung war relativ konspirativ sowie verhältnismäßig wenig arbeitsaufwendig für den Spion und erforderte darüber hinaus von ihm keine umfassende funktechnische Qualifizierung.

5. Die dynamische wissenschaftlich-technische Entwicklung auf funktechnischem und elektronischem Gebiet hatte die Einsatzmöglichkeiten der Funkverbindung für das nachrichtendienstliche Verbindungssys-

tem erheblich erweitert, so dass hier ständig mit neuen Mitteln und Methoden gerechnet werden musste.

Die Funkverbindung hatte aber, wie alle anderen Verbindungswege auch, einige Nachteile:

- Funksendungen wurden von den jeweiligen Überwachungsorganen ebenfalls empfangen und bei entsprechenden Voraussetzungen teilweise auch lokalisiert.

- Das Absetzen und Empfangen von Funksendungen war mit aktiven Handlungen des Agenten verbunden, die bei einer gezielten Bearbeitung wahrgenommen werden konnten. Außerdem war der Besitz von Funksende- beziehungsweise -empfangsgeräten sowie des Zubehörs eindeutiger Beweis für eine geheimdienstliche Tätigkeit.

- Die Funkverbindung war nicht selten atmosphärischen Störungen ausgesetzt oder von konkreten geografischen Bedingungen abhängig.

- Die Funkverbindung setzte dem Umfang der auf diese Weise übermittelten Informationen gewisse Grenzen.

Unabhängig davon hatte die Funkverbindung von Beginn an ihren festen Platz im Verbindungssystem westlicher Geheimdienste zu ihren Agenturen in der DDR und man war schon in der Frühphase des Kalten Krieges bestrebt, dieses Kommunikationsmittel auszubauen. Die konkrete Ausgestaltung und der Umfang der Anwendung waren bei den einzelnen Geheimdiensten und Geheimdienstzweigen unterschiedlich ausgeprägt. Die Dienste waren bemüht, durch verschiedene Maßnahmen die Risikofaktoren der Funkverbindung auszuschließen oder zu minimieren.

Zur Klärung der Begrifflichkeiten:

Die Funkverbindung zwischen Geheimdiensten und Spionen war ein unpersönlicher Verbindungsweg mittels Funksende- beziehungsweise Funkempfangsgeräten.

Die Funkverbindung trat in der geheimdienstlichen Tätigkeit in folgenden Formen in Erscheinung:

1. einseitige Funkverbindung von oder zu den Geheimdiensten,
2. zweiseitige Funkverbindung,
3. Funkverkehr zwischen den Geheimdiensten und den Spionen.

Die einseitige Funkverbindung diente zur Übermittlung von Informationen auf dem Funkweg in jeweils einer Richtung. Es wurde unterschieden zwischen:

• Funksendungen westlicher Geheimdienste an Agenten in der DDR sowie
• Funksendungen der Agenturen aus der DDR an die westlichen Geheimdienste.

Derartige Funksendungen waren in beiden Richtungen als Blindfunklinien eingerichtet. Zu festgelegten Zeiten wurden Funksprüche durch die Sendezentralen der Geheimdienste an die Agenten oder Funksprüche der Agenturen an die Dienste gesendet, ohne dass der jeweilige Empfänger den Funkempfang unmittelbar bestätigen konnte. Es wurde also »blind gesendet«.

Von einer zweiseitigen Funkverbindung eines Agenten wurde dann gesprochen, wenn er im Rahmen des Verbindungssystems Funksprüche der Geheimdienste (als Blindfunksendung) empfangen und unabhängig davon auch Funksprüche an die Dienste (ebenfalls als Blindfunksendung) absetzen konnte. Es handelte sich also um zwei unabhängig voneinander wirksam werdende Blindfunklinien, die der Agent einerseits zum Empfang und andererseits zum Senden benutzen konnte.

Der Funkverkehr im Gegensatz dazu war die wechselseitige Gesprächsführung (das Korrespondieren) der beiden Partner während einer laufenden Funksendung beziehungsweise die Steuerung der Funksendung eines Agenten durch die Funkzentrale des Geheimdienstes.

Die Steuerung umfasste hier die Zuweisung der entsprechenden Frequenz, auf der der Agent zur vorgegebenen Zeit mittels Schnellgebeeinrichtung[207] den vorbereiteten Funkspruch absetzten sollte, die Aufforderung, eine nicht oder nicht vollständig empfangene Sendung auf gleicher oder anderer Frequenz zu wiederholen und die Bestätigung des ordnungsgemäßen Empfangs innerhalb der laufenden Sendezeit. In diesen Fällen konnte also nicht von einer Blindfunksendung gesprochen werden.

Die Funksendungen der Geheimdienste an die Agenturen in der DDR wurden in den Betriebsarten

- Telefonie (Sprechfunk) oder
- Telegrafie (Morsezeichen),

die Funksendungen der Agenten in der DDR an die Geheimdienste im Westen und Sendungen im Rahmen des Funkverkehrs wurden in der Regel ausschließlich in der Betriebsart

- Telegrafie

gesendet beziehungsweise empfangen.

Im Rahmen des Verbindungssystems zwischen Geheimdiensten und Agenten fand vor allem die einseitige Funkverbindung der Dienste zu den Spionen Anwendung. Diese hatte vor allem die Aufgabe, kurzfristig notwendige Anweisungen, Aufträge, Hinweise oder Bestätigungen zu übermitteln, die für die unmittelbare Zusammenarbeit bedeutungsvoll waren oder die einen aktuellen, teilweise situationsbedingten, Informati-

---

207 Schnellgebeeinrichtungen waren Geräte, mit denen ein chiffrierter Text zum Beispiel auf ein mit dem Sender gekoppeltes Tonbandgerät aufgenommen und beim Senden mit einer höheren Geschwindigkeit abgespielt wurden. Zur Ausrüstung von Spionen wurden unter Nutzung der Hochtechnologie durch die Geheimdienste auch automatische Kleinstchiffriergeräte hergestellt, die in der Regel mit Schnellgebeeinrichtung und Sender gekoppelt waren.

onsbedarf der Geheimdienste decken sollten. Vielfach wurden durch die Funksprüche der Dienste schriftliche Anweisungen ergänzt, spezielle Festlegungen im Rahmen des Verbindungssystems getroffen oder bestimmte Aktivitäten ausgelöst. Dies konnten sein:

- die Anweisung zur Kontrolle bestimmter militärischer Objekte und Anlagen oder zur sofortigen Berichterstattung über Spannungsmerkmale beziehungsweise besondere Ereignisse,
- die Bestätigung eingetroffener nachrichtendienstlicher Postsendungen, oftmals verbunden mit kritischen Hinweisen zu festgestellten Fehlern oder Unzulänglichkeiten,
- die Bekanntgabe der Örtlichkeit eines TBK, der für den Agenten bestimmt war, die Mitteilung einer neuen Deckadresse für den Spion beziehungsweise Vereinbarungen für einen anstehenden Treff,
- die Weisung, nachrichtendienstliche Hilfsmittel unverzüglich auszulagern oder andere Sofortmaßnahmen für die eigene Sicherheit einzuleiten.

Summa summarum hatte die einseitige Funkverbindung der Dienste zu ihren Agenturen in der DDR eine in besonderem Maße regulierende Funktion. Parallel dazu, nahmen die Geheimdienste mit der Funkverbindung auch stimulierenden und persönlich bindenden Einfluss auf die Agenten. Dies zeigte sich insbesondere in solchen Funkspruchinhalten wie:

- »Jetzt kommt es auf dich an, uns umgehend zu informieren«
- »Dein Kontostand beträgt ... DM«
- »Zum Geburtstag alle guten Wünsche, auf weitere erfolgreiche Zusammenarbeit«.

Die Geheimdienste sendeten von ihren jeweiligen Funkzentralen zu festgelegten Zeiten, auf im Allgemeinen feststehenden Frequenzen im Kurzwellenbereich chiffrierte Funksprüche an ihren Agenturen. Der inhaltliche und formelle Aufbau der Funksendungen war bei den einzelnen Diensten unterschiedlich, reduzierte sich aber letztlich auf folgende, für den Agenten akustisch wahrnehmbare Bestandteile:

- Die jeweiligen Funkzentralen sendeten ein allgemeines, für alle Agenten gültiges oder ein individuell für den konkreten Spion als Kennmelodie, Kennnummer oder Kennwort vereinbartes Sendezeichen in der Betriebsart Telefonie oder Telegrafie. Die in der Regel fünf bis zehn Minuten lang gesendeten Sendezeichen hatten vorrangig den Zweck, die Empfangsgeräte der Agenturen auf den optimalen Empfang einstellen zu können.

- Nach dem Sendezeichen oder bereits mit dem Nennzeichen wurden die Agenten mit Rufnummern, Kennnummern oder Kennworten aufgerufen, die einen Funkspruch erhielten und sich auf den Empfang vorbereiten sollten.

- Gleichzeitig mit dem individuellen Anruf wurde den Spionen mitgeteilt, auf wie viel Sendegruppen (5er-Zahlengruppen) sie sich bei den folgenden Sendungen vorbereiten mussten.

- Danach erfolgte die Sendung der eigentlichen geheimen Information für den Agenten. In der Betriebsart Telefonie in der Form gesprochener 5er-Zahlengruppen, beginnend mit den sogenannten Kenngruppen, die für die Agenten aus den individuellen Chiffrierunterlagen ablesbar waren und anzeigten, ab wo diese Unterlagen zum Dechiffrieren des Funkspruchs zu benutzen sind. In der Betriebsart Telegrafie in Form gemorster 5er-Zahlengruppen nach dem gleichen Prinzip wie oben beschrieben. Damit wird deutlich, dass ein Spion, der Funksprüche in der Betriebsart Telegrafie empfing, lediglich die Morsezeichen der Ziffern 0 bis 9 beherrschen musste. Die 5er-Zahlen-

gruppen wurden jeweils zweimal hintereinander gesendet (gesprochen oder gemorst) oder der Spruch
wurde insgesamt wiederholt.

- Mit der Durchgabe des Wortes »Ende« oder einer
bestimmten gemorsten Ziffernfolge war die einseitige
Funksendung der Geheimdienste für den jeweiligen
Agenten beendet. Die Agenturen hatten in der Regel die Möglichkeit, auf der Grundlage individuell
festgelegter Sendepläne an verschiedenen folgenden
Tagen und zu verschiedenen Zeiten auf der gleichen
Frequenz oder anderen Frequenzen die Funksendung
als Wiederholung zu hören.

Nachdem der Funkspruch empfangen und die durchgegebenen Zahlengruppen aufgeschrieben waren, musste
die geheime Information dechiffriert werden. Dies erfolgte mittels individueller Chiffrierunterlagen.

Die Spione erhielten für die einseitige Funkverbindung
von den Geheimdiensten gesonderte Chiffrierunterlagen (Blöcke, Folien, Filmrollen, Papierstreifen usw.).
Auch hier erteilten die Dienste stets die Weisung, benutzte Chiffrierunterlagen nach dem Dechiffrieren des
Funkspruches unverzüglich zu vernichten, um bei einer
eventuellen Festnahme dem MfS keine Möglichkeit zu
geben, Funksprüche an den Agenten im Nachhinein zu
dekryptieren.

Für den Empfang der Funksprüche nutzten die Agenten
verschiedene Empfangsgeräte. Die Funksendungen der
Dienste konnten auf folgende Art und Weise empfangen
werden:

1. Mittels handelsüblicher Radiogeräte (einschließlich
Kofferradios), auf denen die entsprechenden Frequenzen im Kurzwellenbereich vorhanden waren. Obwohl
entsprechende Geräte aus DDR-Produktion bevorzugt
wurden, kamen gelegentlich auch Geräte westlicher Produktion zum Einsatz.

2. Mittels Konverter, die von den Diensten in unterschiedlichen Ausführungen an die Spione übergeben wurden. Der Kurzwellen-Konverter war ein Vorsatzgerät für einen normalen Mittelwellensuper. Die Mittelwelle (konstant 1.500 KHz) wurde als Zwischenfrequenz benutzt und ermöglichte somit den Empfang der Funksendungen. Die Feineinstellung erfolgte sowohl am Konverter als auch am Radio.

3. Mittels spezieller, von den Geheimdiensten gelieferter Funkempfangsgeräte verschiedener Bauart auf Batteriebasis. Neben der erheblich verbesserten Empfangsqualität hatten solche Geräte weitere Vorteile, so die kleinen Ausmaße und die Unabhängigkeit vom Stromnetz, womit sie disponibel einsetzbar waren. In der Regel übergaben die Dienste den Agenten auch spezielle Hörmuscheln, um den Empfang der Funksendung akustisch nach außen abzuschirmen.

Die einseitige Funkverbindung der Agenturen zu den Diensten diente zur schnellen Übermittlung von Informationen aus dem Einsatzland, vor allem auf dem militärischen Sektor und da besonders in möglichen Spannungszeiten oder – vom Standpunkt der Geheimdienste perspektivisch angelegt – im sogenannten E-Fall. Dies hatte seine Ursache darin,

- dass Informationen zu militärischen Erscheinungen und Bewegungen, vor allem in politischen oder militärischen Krisensituationen, nur dann bedeutsam sein konnten, wenn sie aktuell waren und kurzfristig an die Dienste übermittelt werden konnten,
- dass Informationen aus militärischen Bereichen eindeutig kategorisierbar beziehungsweise standardisierbar und somit auch besonders geeignet waren, nach halbautomatischen Funksendeverfahren an die Geheimdienste übersendet zu werden. (Die Breite und Spezifik aus politischen oder ökonomischen Berei-

chen schränkten die Einsatzmöglichkeiten der Funkverbindung zu den Geheimdiensten von vornherein erheblich ein.)

Folgerichtig lagen dem MfS Erkenntnisse über die Funkverbindung zu den Geheimdiensten, vor allem von Militärspionen beziehungsweise solchen Agenturen vor, die im sogenannten E-Fall als Funker oder Funkmeldekopf tätig werden sollten (Schweigefunker/E-Fall-Funker). Dieser Verbindungsweg war nach Erkenntnissen der Staatssicherheit nicht übermäßig breit ausgebaut worden. Es wurde aber als gesichert angenommen, dass eine Anzahl von Agenten Funksendegeräte ausgelagert hatten und auf Weisung der Dienste auch einsetzten konnten. Verschiedentlich wurden solche Agenturen aufgefordert, in größeren abständen Probesendungen durchzuführen.[208]

Schon 1950, nach Beginn des Koreakriegs, nahm die CIA Einfluss auf den Gehlen-Apparat dahingehend, dass dieser »auch nach dem Ausbruch eines militärischen Konfliktes in Deutschland den Informationsfluss in den Westen aufrechterhalten müsse.«[209] Zu den wichtigsten Aufgaben der OG gehörten seinerzeit die Entwicklung von Maßnahmen für den E-Fall und den A-Fall (Abriegelung Westberlins). Insbesondere ging es um die Sicherstellung der Kommunikationswege von den Spionen an den Geheimdienst sowie die Gewinnung von Agenturen, die auch nach Kriegsausbruch Informationen liefern konnten.

Im Buch *Geheimdienstkrieg in Deutschland* heißt es dazu: »Mit Blick auf die Kommunikationswege zeigte

---

208 Vgl.: Wolfgang Stuchly, Heinz Primus: Diplomarbeit 1976, Bl. 179–186, 189, 191, 199.

209 Ronny Heidenreich et al.: *Geheimdienstkrieg in Deutschland*, S. 42.

man sich in Pullach im Frühjahr 1953 zuversichtlich, dass bei den Außenorganisationen seit langem alles getan sei, um einer Abriegelung Westberlins begegnen zu können. Die Schließung der Sektorengrenzen während des Volksaufstandes vom 17. Juni 1953 bewies aber, dass diese Einschätzung falsch war: Die Organisation Gehlen war bis zur Aufhebung des Ausnahmezustandes für mehrere Tage von ihren V-Leuten und damit von Informationen aus der DDR abgeschnitten. (...) Das Funknetz der Organisation Gehlen wuchs bis 1953 zu beachtlicher Größe: Insgesamt waren während des Volksaufstandes 24 Funker einsatzbereit, weitere 40 befanden sich in Vorbereitung.«[210]

Die einseitige Funkverbindung der Agenten zu den Geheimdiensten war ebenfalls als Blindfunklinie eingerichtet, das heißt, die Agenturen setzten zu den vorgeschriebenen Zeiten auf den vorgegebenen Frequenzen ihre Funksprüche ab, ohne eine unmittelbare Bestätigung über den vollständigen und ordnungsgemäßen Empfang der Sendung im Verlauf der Sendezeit von den Diensten zu erhalten.

Zum Funkverkehr zwischen den Spionen und den Diensten:

Im Hinblick auf die Bedeutung und die hauptsächlichen Einsatzrichtungen dieses Verbindungsweges gab es keinerlei Unterschiede zum einseitigen Funkverkehr der Agenten zu den Geheimdiensten. Ausgehend von der Begriffsbestimmung des Funkverkehrs hatten hier beide Partner (Agent und Geheimdienst) im Verlauf der Sendung wechselseitigen Funkkontakt, es handelte sich also nicht um eine Blindsendung. Die Funkverbindung der Dienste zu den Agenten wurde über eine sogenannte Steuerzentrale aufrechterhalten.

---

210 Ebd., S. 43.

Das gesamte Verfahren dieses Funkverkehrs erscheint zunächst kompliziert und war für die Agenten zweifellos aufwendig und gegebenenfalls nicht einfach nachvollziehbar (je nach dem Stand des technischen Verständnisses). Es hatte aber den Vorteil, dass der Spion sofort davon Kenntnis erhielt, ob seine Sendung empfangen wurde.

Unabhängig von dieser Methode des Funkverkehrs, die primär für Sendungen der Spione eingerichtet war und von den Geheimdiensten lediglich gesteuert wurde, erhielten derartige Agenten auch Funksendungen von den Geheimdiensten im Rahmen der einseitigen Funkverbindung zum Spion (Blindfunklinie).[211]

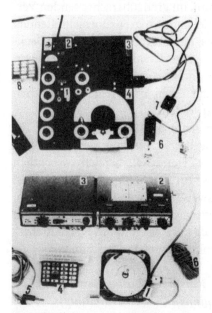

Von BND-Spionen verwendete Funk- und Empfangsgeräte

---

211 Vgl.: Wolfgang Stuchly, Heinz Primus: Diplomarbeit 1976, Bl. 199, 202.

Die Telefonverbindung

Die telefonische Verbindung spielte im Rahmen des Verbindungssystems eine wichtige Rolle. Oftmals kam sie in Kombination mit anderen Verbindungsarten zur Anwendung. Die besondere Bedeutung der Telefonverbindung lag darin begründet, dass über sie in vielfältiger Art und Weise relativ kurzfristig eine Verbindung zwischen Geheimdienst und Agent beziehungsweise zwischen Agenten hergestellt werden konnte, ohne dass persönliche Kontakte zwischen den Genannten notwendig waren. Die Verbindungsaufnahme war sowohl vom Geheimdienst zum Agenten als auch umgekehrt möglich. Daraus folgten prinzipielle Nutzungsmöglichkeiten im eigenen Territorium, im grenzüberschreitenden Verkehr aber auch im Zielland. Im grenzüberschreitenden Verkehr erfolgte dies unter Einbeziehung von Decktelefonen. Zu diesem Zweck wurden den Agenturen entsprechende Telefonnummern übergeben, die keine Schlussfolgerungen auf einen nachrichtendienstlichen Hintergrund zulassen sollten.

Insgesamt betrachtet hatte die Telefonverbindung für die Aufrechterhaltung der Verbindung der Dienste zu Agenten im eigenen Herrschaftsbereich wesentlich mehr Bedeutung als zu/von Spionen im jeweiligen Zielland beziehungsweise in Drittstaaten. Spione im Zielland erhielten oftmals nur Telefonnummern vom Geheimdienst, um sich bei Reisen in das NSA kurzfristig mit diesen in Verbindung setzten zu können.[212]

Die unpersönliche Kurierverbindung zwischen Geheimdiensten und Spionen (TBK-Verbindung)

Die unpersönliche Kurierverbindung war eine spezi-

---

212 Vgl.: Lehrbuch: *Die imperialistischen Geheimdienste in der Gegenwart*, S. 224.

fische Form der Kurierverbindung, bei der Spion und Kurier lediglich indirekten, nicht persönlichen Kontakt unterhielten und sich in der Regel gegenseitig auch nicht kannten. Die verbreitetste Form der unpersönlichen Kurierverbindung war die Verbindung über den sogenannten »Toten Briefkasten« (TBK). Unpersönliche Kurierverbindungen konnten

- sowohl von den Geheimdiensten zu den Agenturen in der DDR
- als auch von den Agenten in der DDR zu den Geheimdiensten

unterhalten werden.

Der TBK war ein im Auftrag des Geheimdienstes konspirativ angelegtes Versteck im jeweiligen Zielland der Spionage. Er diente als unpersönlicher Verbindungsweg zwischen Geheimdienst und Spion im Zielland. Er wurde zur Übermittlung schriftlicher Instruktionen, Anweisungen und Aufträgen, nachrichtendienstlicher Hilfsmittel und materieller Vergütungen an den Spion beziehungsweise zur Entgegennahme von Spionageinformationen vom Spion genutzt. Die TBK wurden in der Regel durch speziell ausgebildete, das besondere Vertrauen der Geheimdienste genießende Kuriere angelegt und befüllt beziehungsweise geleert.

Die Bedeutung der unpersönlichen Kurierverbindung für die Dienste und insbesondere die TBK-Verbindung, wurde differenziert beurteilt, weil die einzelnen Wege (zum Beispiel vom Geheimdienst zum Agenten und umgekehrt) und Formen mit unterschiedlich hohen Sicherheitsrisiken verbunden waren. Generell schätze die DDR-Spionageabwehr ein, dass die unpersönliche Kurierverbindung zur Erhöhung der Konspiration im Verbindungssystem beitrug, weil der Kurier den Spion nicht kennenlernte und – von einigen spezifischen Punkten abgesehen (beispielsweise beim Posteinwurf in der DDR) – auch keine Rückschlüsse auf die Person des Spions ziehen konnte. Ähnlich verhielt es sich umgekehrt, obwohl hier der Kurier der Zuverlässigkeit des Spions voll ausgesetzt war, was zwangsläufig ein hohes Sicherheitsrisiko für die Geheimdienste darstellte. (Wäre dem MfS durch einen Spion die konkrete Örtlichkeit eines TBK bekannt geworden, hätte dies mit Sicherheit zur Festnahme des Kuriers geführt.)

Aus diesem Grund war die Hauptform der unpersönlichen Kurierverbindung über TBK die Übermittlung von Informationen und Materialien der Dienste an den Agenten in der DDR, obwohl auch dieser Weg zwei Risiken in sich barg:

1. die Materialien mussten über die Grenze in die DDR eingeschleust werden und

2. die Materialien befanden sich für einen unterschiedlich langen Zeitraum außerhalb der Kontrolle durch die Geheimdienste und konnten zufällig gefunden werden.

Charakteristisch für die unpersönliche Kurierverbindung war der Umstand, dass sie im Prinzip bezüglich der Mitteilung zur TBK-Belegung/Entleerung immer mit einem anderen Verbindungsweg gekoppelt sein musste (zum Beispiel Postverbindung oder Funk), was die Bedeutung der einzelnen Verbindungswege als System deutlich macht.

Eine TBK-Verbindung vom Geheimdienst erhielten vor allem die Agenturen in der DDR,

• die keine Möglichkeit hatten, persönliche Treffs im NSA zu realisieren,

• die über keine solchen verwandtschaftlichen oder engen freundschaftlichen Verbindungen im NSA verfügten, die von den Diensten als Instrukteure oder Kuriere genutzt werden konnten.

Die Dienste nutzten die TBK-Verbindung zum Agenten verschiedentlich aber auch dann, wenn solche Verbindungen vorhanden waren. Sie wollten dann die vom Treff zurückkehrenden Agenten beziehungsweise die im Rahmen der persönlichen Verbindung einreisenden Instrukteure oder Kuriere nicht dem Risiko des Transportes umfangreicher Materialien aussetzen, für deren Einschleusung keine genügenden Voraussetzungen vorhanden waren (etwa Spezialcontainer in Kraftfahrzeugen).

Die Organisierung der TBK-Verbindung zu Agenturen in der DDR gestaltete sich in der Regel folgendermaßen:

1. Unbekannte Kuriere der Geheimdienste reisten in die DDR ein und schleusten dabei die schriftlichen Instruktionen, Anweisungen und Aufträge, nachrichtendienstliche Hilfsmittel und materielle Vergütungen für die Spione in einem Container ein. Als potentielle Kuriere wurden im MfS auch Angehörige der westlichen Militärverbindungsmissionen oder in der DDR akkreditierte Korrespondenten und Diplomaten betrachtet.

2. Die Kuriere legten die Materialien an einem bereits zuvor aufgeklärten und vom jeweiligen Dienst bestätigten beziehungsweise im Verlauf des DDR-Aufenthalts ausgewählten Ablageort ab. Der Ablageort wurde so gewählt, dass er spezifische Merkmale aufwies, die eine exakte Beschreibung und das spätere eindeutige Auffinden durch den Spion ermöglichten.

3. Hinweise aus der Fahndungsarbeit des MfS besagten, dass verschiedentlich Kuriere während eines Aufenthaltes in der DDR für mehrere Agenturen einer Geheimdienststelle TBK anlegten beziehungsweise füllten.

4. Nach Rückkehr des Kuriers aus der DDR und der Berichterstattung an den Geheimdienstmitarbeiter wurde eine Meldung für den Spion in der DDR vorbereitet und übermittelt. Meist erfolgte die Benachrichtigung des Spions zum konkreten TBK-Ablageort über Funk, teilweise aber auch über die Postverbindung (Geheimschrift, eventuell Skizze). Derartige Postsendungen

wurden oft erst in der DDR in den Postverkehr gebracht. Dies geschah in der Absicht, die Postkontrolle zu umgehen. Der Briefeinwurf erfolgte entweder in einen Briefkasten der Deutschen Post oder direkt in den Hausbriefkasten des Spions.

Benachrichtigungen zu TBK konnten aber auch während persönlicher Treffs oder im Rahmen von Instrukteur-/Kuriertreffs erfolgen.

5. Der Zeitraum zwischen dem Anlegen der TBK durch Kuriere und der Benachrichtigung des Agenten konnte unterschiedlich lang sein. Teilweise betrug dieser Zeitraum bis zu drei Wochen. Obwohl die Dienste einerseits an einer möglichst geringen Lagerzeit des Materials im TBK interessiert waren, wollten sie andererseits die Fahndungsmöglichkeiten des MfS nach unbekannten Kurieren durch die Verzögerung des Zeitraumes und damit der Erweiterung des dafür infrage kommenden, in der Regel von Westberlin in die DDR eingereisten Personenkreises einschränken und erschweren.

6. Im Allgemeinen wurde ein TBK für einen Spion in der DDR nur einmalig benutzt. Die Erfahrungen des MfS besagten, dass die Dienste für eine bestimmte Gruppe von Agenturen in der DDR meist nur die selben Kuriere einsetzten, die die Agenten in der Regel einmal im Jahr über TBK versorgten.

7. Die Mehrzahl der von den Kurieren angelegten TBK befand sich im freien Gelände. Als Ablageorte wurden insbesondere genutzt:

- Wald- und Parkgelände in Ostberlin (Vielzahl von Einreisen aus Westberlin, dadurch schien ein »mitschwimmen« im Besucherstrom sowie eine schnelle Ein- und Ausreise möglich) sowie in Leipzig (günstige Voraussetzungen durch die Gegebenheiten der Messe),
- an den Transitstrecken durch die DDR (Kuriere als Transitreisende),

- in der Wohnumgebung des Spions (hier konnte sich der Agent unverdächtig bewegen).

Zum Großteil wurden die in einer Plastverpackung luft- und wasserdicht eingeschweißten oder in Containern enthaltenen Materialien an markanten Punkten vergraben. Solche Punkte konnten auffällige Bäume, Leitungsmasten, Kilometersteine, Bänke, Treppen, Mauern, Zäune usw. sein, die sich nach der Lagebeschreibung des TBK auch eindeutig finden ließen.

Gelegentlich wurden aber auch geschlossene Räume (beispielsweise Museen, Toiletten in Gaststätten, Gepäckschließfächer auf Bahnhöfen) als Ablageorte für TBK genutzt. Die Materialablage in Gepäckschließfächern wurde verschiedentlich vom BND praktiziert. Diese Methode war entweder mit der persönlichen Instrukteur-/Kurierverbindung kombiniert, wobei die Übergabe des Schlüssels erfolgte oder es handelte sich um eine Art »doppelte« TBK-Verbindung, wo der Schlüssel an einem anderen Ort abgelegt wurde, beispielsweise in Telefonzellen. Das Problem für den BND bestand darin, den Agenten in der maximalen Gepäcklagerzeit von 24 beziehungsweise 48 Stunden die Möglichkeit zur Kenntnisnahme des Ablageorts mittels Funk, zur Übernahme des Schlüssels und zum Leeren des Gepäckschließfaches zu verschaffen.

8. Die zur Anwendung kommenden Container hatten oftmals eine dreifache Funktion zu erfüllen. Sie dienten:

- der konspirativen Einschleusung der zur Übergabe an den Agenten über TBK vorgesehenen Materialien,
- zur konspirativen Aufbewahrung der Materialien im TBK und schützten sie somit bis zu einem gewissen Grad vor unbefugtem Zugriff,
- zur Aufbewahrung dieser Materialien beim Spion selbst (Nahversteck).

9. Normalerweise konnten aus den schriftlichen Unter-

lagen, selbst wenn sie zufällig gefunden werden sollten, keine unmittelbaren Rückschlüsse auf den Spion als Empfänger gezogen werden. Dekonspirierende Angaben zur Person des Agenten wurden meist chiffriert oder gänzlich unterlassen.

10. Die Benachrichtigung der Agenturen über den Ablageort eines TBK war oftmals mit speziellen Anweisungen verbunden. Dies konnten zum Beispiel sein:

- Ablageort am Tage feststellen und im Dunkeln leeren,
- erfolgreiche Leerung des TBK durch Postkarte (Postkartenmerkmale) an Deckadresse signalisieren.

Die TBK-Verbindung vom Spion in der DDR zum Geheimdienst im NSA war dagegen vergleichsweise selten. Aufgrund des hohen Sicherheitsrisikos für einen Kurier, der in der DDR einen vom Spion angelegten TBK leeren sollte, fand dieser davor häufiger praktizierte Verbindungsweg bereits in den 1970er Jahren im Allgemeinen keine beziehungsweise nur noch selten Anwendung. Die Dienste zogen meist eine andere Verbindungsart, beispielsweise die persönliche Kurierverbindung, diesem Verbindungsweg vor. Unter Berücksichtigung der geheimdienstlichen Interessen an kopierten Dokumenten oder Materialproben usw. stellte das MfS bei Spionen, die für die Beschaffung derartiger Informationen Möglichkeiten, aber keine Verbindungswege besaßen, die Nutzung dieses Weges dennoch in Rechnung. Kriterien für die Realisierung der TBK-Verbindung zu den Geheimdiensten waren vor allem:

- die Zuverlässigkeit des Spions,
- die Bedeutung der vom Agenten beschafften Informationen für den Geheimdienst (möglicherweise auch in Verbindung mit dem Zeitfaktor),
- die Unmöglichkeit, diese Materialien auf einem anderen Verbindungsweg dem Dienst zukommen zu lassen.

Für die Wahl dieser Verbindungsart konnten auch

- die exponierte Stellung der Agentur in der DDR, die persönliche Kontakte zu Bürgern nichtsozialistischer Länder als unzweckmäßig erscheinen ließen, beziehungsweise
- die besondere Bedeutung des Spions für den Geheimdienst, der mit dem Einsatz eines persönlichen Kuriers einer Gefahr ausgesetzt sein konnte oder von sich aus einen persönlichen Verbindungsweg ablehnte,

bestimmend sein.

Als Kuriere wurden hierbei nach Erkenntnissen des MfS ausgebildete und zuverlässige Agenten aber auch Personen aus dem Kreis der akkreditierten Diplomaten und Korrespondenten eingesetzt.

Bei der Verwendung dieses Verbindungsweges wurden die Ablageorte im Allgemeinen vom Verbindungsführer festgelegt und dem Spion mitgeteilt. Teilweise wurden allerdings auch Vorschläge des Spions akzeptiert und berücksichtigt. Unter Realisierung umfangreicher Sicherheitsvorkehrungen, zum Beispiel durch Beobachtung eines anderen Agenten oder Geheimdienstmitarbeiters, wurden die TBK von den eingesetzten Kurieren geleert. Eine Bedeutung hätte diese Verbindungsart auch für den E-Fall haben können. Die Spione hätten in einem solchen Fall dann ihre Informationen in vorher festgelegten TBK abgelegt, die von Kurieren geleert und einem Funker zur Übermittlung an den Geheimdienst übergeben worden wären.

Eine spezifische Form der TBK-Verbindung war der »rollende TBK«, auch als »stiller Kurier« bezeichnet. Es handelte sich hierbei um eine TBK-Verbindung, die unter völliger Ausschaltung eines Kuriers realisiert wurde und in der Regel gleichzeitig in beiden Richtungen Verwendung fand. Unter Ausnutzung ständig pendelnder Eisenbahn-, Kraftfahrzeug- oder Schiffsverbindungen der DDR und nichtsozialistischen Staaten wurden TBK an den genannten Verkehrsträgern installiert oder angebracht. Bevorzugte Methoden waren das Anlegen von Verstecken in den Aborten internationaler Reisezüge oder das – auch möglicherweise für den Fahrzeugführer unbemerkte – Anbringen von Haftcontainern an oder in Verkehrsmitteln. Derartige TBK konnten jeweils vom Geheimdienstmitarbeiter beziehungsweise vom Spion direkt befüllt oder geleert werden. Es handelte sich dabei um einen relativ schnellen Informationsaustausch, der je nach Bedarf gleichzeitig oder nacheinander in beide Richtungen durchgeführt werden konnte. Im Unterschied zu normalen TBK-Verbindungen, deren Ablageorte ständig gewechselt werden konnten und die in beide Richtungen unabhängig voneinander liefen, wurden hier ständig die gleichen Verstecke mit äußerst raffiniert angelegten Container genutzt.

Die Benachrichtigung durch den Dienst an den Spion, wenn der TBK gefüllt war (beispielsweise Uhrzeiten der Reisezüge, Ankunft auf bestimmten DDR-Bahnhöfen, Nummer des Eisenbahnwaggons, oder Lage der Toilette) erfolgte fast durchweg über die einseitige Funkverbindung. Zu den angegebenen Zeiten fuhr der Agent von einem DDR-Bahnhof eine bestimmte Strecke mit der Bahn mit und leerte beziehungsweise füllte während seines Aufenthaltes auf der Zugtoilette den TBK. Dem Geheimdienstmitarbeiter war die genaue Lage des TBK bekannt, so dass dieser bei Rückkehr des Reisezugs unkompliziert von ihm geleert werden konnte.

Die Spione bekamen für das Füllen beziehungsweise Leeren des TBK entsprechende Sicherheitshinweise. Die doch relativ begrenzten Möglichkeiten dieser Methode aber auch die räumlichen Grenzen der verwendeten Container, so konnte beispielsweise auf diese Weise ein Funkgerät kaum verbracht werden, ließen diesen Verbindungsweg nicht wesentlich zur Anwendung kommen beziehungsweise machten sich zusätzliche Verbindungswege erforderlich.

Als weitere Möglichkeit zur Übergabe von Informationen durch Spione in der DDR auf unpersönlichem Weg kam die Nutzung eines Kraftfahrzeuges als Ablageort infrage. Bei dieser Methode reiste ein dem Spion unbekannter Kurier mit dem Kfz in die DDR (in der Regel nur nach Ostberlin) ein und parkte dieses Fahrzeug unverschlossen an einem bestimmten Punkt. Zuvor wurde der Agent vom Geheimdienst per Funk oder vom Kurier selbst telefonisch über den Standort des Fahrzeuges informiert und aufgefordert, die von ihm vorbereiteten Materialien darin abzulegen und danach umgehend den Standort zu verlassen. Der Kurier bestieg dann unmittelbar danach seinen Wagen, verstaute die darin abgelegten Materialien (beispielsweise in einem Cotainer) und fuhr nach Westberlin zurück. Allerdings barg diese Methode in besonderem Maße Risiken in sich und war oftmals mit einer zumindest teilweise notwendigen Dekonspiration beider Seiten verbunden (Kfz-Kennzeichen, Anruf). Sie bot dem Geheimdienst allerdings zumindest folgende entgegenkommende Momente:

- In einem relativ kurzen Zeitraum ließen sich das Verhalten des Spions und die Umgebung des Parkorts durch gedeckte Beobachtung kontrollieren.
- Der Kurier hatte jederzeit die Möglichkeit, zu behaupten, von den in seinem Wagen abgelegten Materialien keine Kenntnis zu haben.

Letztlich hatten allerdings auch die Geheimdienste die Möglichkeit der Nutzung einer unpersönlichen Kurierverbindung zum Spion durch:

- das Einwerfen von Postsendungen für den Spion in Postkästen innerhalb der DDR, um einer vermuteten

Kontrolle des grenzüberschreitenden Postverkehrs zu entgehen,
- den Einwurf von Sendungen der Dienste in den Hausbriefkasten des Agenten,
- die fernmündliche Kontaktaufnahme und Information über Aufträge oder Anweisungen der Dienste.

Diese Methoden waren allerdings stets mit einer Dekonspiration des Spions gegenüber dem Kurier verbunden (Kenntnis der Adresse, des Namens, der Telefonnummer), obwohl auch hier die verschiedenartigsten Legenden zur Anwendung kamen. Bei diesem Verbindungsweg ging das MfS insbesondere von Aktivitäten legaler und illegaler Residenten aus.[213]

213 Vgl.: Wolfgang Stuchly, Heinz Primus: Diplomarbeit 1976, Bl. 164, 166 f., 172–178.

6. Kapitel

MITTEL UND METHODEN DER ABWEHRARBEIT DES MfS GEGEN WESTLICHE GEHEIMDIENSTE

Die folgenden Kapitel beschäftigen sich ausführlich mit den Mitteln und Methoden des MfS, mit denen den Handlungen der westlichen Geheimdienste begegnet wurde und die deren Spionagetätigkeit paralysieren sollten. Im Mittelpunkt stehen dabei die IM, die auch in den operativen Säulen der Personenkontrolle und der Vorgangsbearbeitung eine elementare Rolle spielten, denn kein technisches Mittel vermag eine am richtigen Ort platzierte Quelle zu ersetzen. Da die westlichen Dienste mit konspirativen Mitteln gegen die DDR operierten, spielten diese auch in der Tätigkeit der Spionageabwehr eine wesentliche Rolle.

Inoffizielle Mitarbeiter (IM) und Offiziere im besonderen Einsatz (OibE)

Wesentliche IM-Kategorien und Zahlen
Der Minister für Staatssicherheit, Armeegeneral Erich Mielke, bezeichnete die Inoffiziellen Mitarbeiter als

»Hauptwaffe im Kampf gegen den Feind«[214]. Hardi Anders und Willi Opitz charakterisieren den Schwerpunkt der IM-Tätigkeit, indem sie schreiben: »Die Zusammenarbeit mit Inoffiziellen Mitarbeitern war darauf ausgerichtet, die staatliche Sicherheit und die sozialistische Entwicklung der DDR vor den Anschlägen äußerer und innerer Feinde zuverlässig zu schützen …«[215]

Jens Gieseke definiert den Begriff »IM« nüchtern wie folgt: »Als inoffizielle Mitarbeiter galten Personen, die mit der Staatssicherheit eine in der Regel schriftliche Verpflichtung getroffen hatten, konspirativ, das heißt verdeckt und geheim, für sie zu arbeiten. Ihre Tätigkeit sollte aus MfS-Sicht dazu dienen, Informationen zu sammeln, die ›Feindbekämpfung‹ zu unterstützen, Einfluss auf gesellschaftliche Entwicklungen zu nehmen oder durch logistische Hilfe diese Funktionen zu unterstützen.«[216]

Der Begriff »Inoffizieller Mitarbeiter« wurde im Zusammenhang mit der RL 1/68 offiziell eingeführt, davor aber bereits verwendet. In der Vorgänger-Richtlinie, der RL 1/58, wurden die Inoffiziellen Mitarbeiter noch als Geheime Informatoren (GI), Geheime Hauptinformatoren (GHI) beziehungsweise Geheime Mitarbeiter (GM) bezeichnet.

Bei Geheimen Informatoren handelte es sich um Personen, die aufgrund guter Möglichkeiten, die sich aus

---

214 Helmut Müller-Enbergs (Hrsg.): *Inoffizielle Mitarbeiter des Ministeriums für Staatssicherheit. Richtlinien und Durchführungsbestimmungen.* Berlin 1996, S. 305.

215 Willi Opitz, Hardi Anders: »Die Zusammenarbeit mit Inoffiziellen Mitarbeitern (IM)«. In: Reinhard Grimmer, Werner Irmler, Willi Opitz, Wolfgang Schwanitz (Hrsg.): *Die Sicherheit. Zur Abwehrarbeit des MfS*, Bd. 1. Berlin 2012, S. 332.

216 Jens Gieseke: *Der Mielke-Konzern. Die Geschichte der Stasi 1945–1990.* Stuttgart/München 2016, S. 110.

ihren Kenntnissen, Fähigkeiten sowie ihrer gesellschaftlichen Stellung ergaben, in der Lage waren, den Organen des MfS die sie interessierenden Angaben zu beschaffen. Die Anforderungen an den GI im Einzelnen waren entsprechend der konkreten Situation unterschiedlich. Die GI sollten in der Regel folgende Eigenschaften besitzen:

- unbedingte Ehrlichkeit und Aufrichtigkeit gegenüber dem MfS,
- Entschlossenheit, Mut und Ausdauer sowie nützliche Eigeninitiative bei der Erfüllung der Aufgaben,
- Sorgfalt, Genauigkeit und Disziplin bei der Aufgabenerfüllung sowie Klugheit, Menschenkenntnis, Selbstbeherrschung und konspirative Fähigkeiten,
- patriotische, loyale oder pflichtbewusste Einstellung zur DDR.

GI wurden unter anderem zur Sicherung wichtiger Objekte und Einrichtungen sowie zur Feststellung der Anzeichen einer feindlichen Tätigkeit und verdächtiger Personen eingesetzt.[217]

Geheime Hauptinformatoren waren Personen, die in der Regel in der bisherigen inoffiziellen Zusammenarbeit mit dem MfS ihre besondere Qualifikation und ihre unbedingte Zuverlässigkeit bewiesen hatten und aufgrund ihrer beruflichen und politischen Stellung in der Lage waren, konspirative Verbindungen zu mehreren GI aufrechtzuerhalten und diese im Auftrag des Führungsoffiziers anzuleiten und zu erziehen. Der GHI wurde dadurch charakterisiert, dass er im Auftrag des Führungsoffiziers die konspirative Verbindung zu mehreren GI aufrechterhielt. Durch den Einsatz der GHI konnte das Netz der inoffiziellen Kräfte erweitert, qualifiziert und eine konspirative Zusammenarbeit gewährleistet

---

217 Vgl.: Helmut Müller-Enbergs (Hrsg.): *Inoffizielle Mitarbeiter des Ministeriums für Staatssicherheit*, S. 199 f.

werden. An den GHI waren hohe Anforderungen zu stellen. Er musste

- klassenbewusst und der DDR treu ergeben sowie in der Zusammenarbeit mit dem MfS äußerst zuverlässig sein,
- über ein bestimmtes Maß an Allgemeinbildung und politischem Wissen verfügen (das Niveau des GHI musste immer höher sein als das seiner GI),
- eine gute Auffassungsgabe und ein gutes Gedächtnis besitzen,
- Eigeninitiative entwickeln können und über ein gutes Einschätzungsvermögen verfügen.

Der GHI selbst durfte keine Verpflichtungen von GI durchführen. Er sollte allerdings dem Führungsoffizier Hinweise auf neue Werbungskandidaten geben. Die GI wurden dem GHI vom Führungsoffizier übergeben.[218]
Geheime Mitarbeiter waren von der Staatssicherheit geworbene Personen, die aufgrund ihrer Eigenschaften und Verbindungen die Möglichkeit hatten, in bestimmte Personenkreise oder Dienststellen einzudringen, beziehungsweise infolge bestehender Verbindungen zu feindlich tätigen Personen oder Dienststellen in der Lage waren, den Organen des MfS besonders wertvolle Angaben zu beschaffen. Ein GM wurde dadurch charakterisiert, dass er aufgrund seiner Möglichkeiten, Fähigkeiten und Veranlagung in bestimmte feindliche Personenkreise oder Dienststellen eindringen konnte beziehungsweise bereits über Verbindungen zu diesen Kreisen verfügte. Er musste bestimmten Anforderungen gerecht werden, die ihn beim Gegner interessant erscheinen ließen. Solche Anforderungen konnten beispielsweise sein:

- die Herkunft,
- eine spezielle Vergangenheit,

---

218 Vgl.: Ebd., S. 200 f.

- interessante Verbindungen,
- eine besondere gesellschaftliche Stellung,
- Kenntnisse auf einem speziellen wissenschaftlichen oder technischen Gebiet.[219]

In der RL 1/68 waren die Begrifflichkeiten GI, GHI und GM nicht mehr vorhanden. Sie wurden durch verschiedene IM-Kategorien ersetzt. Hier sind als wesentliche IM-Kategorien die IMS, IMV, IMF, IME, IMK und FIM zu nennen. Neu waren auch die GMS.

Bei IMS handelte es sich um Inoffizielle Mitarbeiter, die zur Sicherung gesellschaftlicher Bereiche und Objekte eingesetzt waren, also IM zur Sicherung von Bereichen oder Objekten der Volkswirtschaft, des Verkehrswesens, der Landesverteidigung, staatlicher Verwaltungen, die Angriffen des Gegners besonders ausgesetzt waren oder sein konnten. IMS waren Personen, die aufgrund ihrer gesellschaftlichen Stellung oder beruflichen Position beziehungsweise ihrer operativ interessanten Verbindungen und des daraus resultierenden Einflusses und Einblicks in der Lage waren,

- Feststellungen zu treffen, die auf Anzeichen oder andere Verdachtsmomente einer feindlichen Tätigkeit schließen ließen,
- zur zielgerichteten Feststellung beziehungsweise Überprüfung von Hinweisen, Anzeichen oder anderen Verdachtsmomenten einer feindlichen Tätigkeit durch Erfüllung übertragener Aufgaben beitrugen,
- bestehende oder entstehende Bedingungen, Umstände oder ähnliche Faktoren, die eine feindliche Tätigkeit begünstigten beziehungsweise andere gesellschaftsschädigende Auswirkungen haben konnten, zu erkennen und an ihrer Überwindung auftragsgemäß mitzuwirken,

219 Vgl.: Ebd., S. 202.

- Personen festzustellen, zu charakterisieren oder unter Kontrolle zu halten beziehungsweise zu solchen Personen oder Personenkreisen Verbindung herzustellen, die für die operative Arbeit des MfS von Interesse waren.

IMV waren Inoffizielle Mitarbeiter, die unmittelbar an der Bearbeitung und Entlarvung von im Verdacht der Feindtätigkeit stehenden Personen beteiligt waren. IMV waren solche IM, die bestehende oder zu schaffende Möglichkeiten maximal ausnutzten und in der Lage waren, Hinweise auf feindliche Tätigkeit durch operative Maßnahmen zu klären. Ihr Einsatz erfolgte hauptsächlich zur

- direkten Bearbeitung verdächtiger Personen, die in Vorlaufakten-Operativ beziehungsweise in OV erfasst waren,
- Kontrolle und Überprüfung von der Feindtätigkeit verdächtiger Personen und Gruppierungen,
- Aufklärung verdächtiger Personen am Arbeitsplatz, am Wohnort und im Freizeitbereich für die Erlangung eines umfassenden Persönlichkeitsbildes,
- Durchführung von Ermittlungen und Beobachtungen zur Feststellung von Verbindungen, Bewegungen und Verhaltensweisen,
- Erarbeitung und Feststellung weiterer Anzeichen und Sicherung von Beweisen für eine feindliche Tätigkeit.

Bei IMF handelte es sich um Inoffizielle Mitarbeiter der inneren Abwehr mit Feindverbindungen im Operationsgebiet. IMF waren solche Inoffiziellen Mitarbeiter der inneren Abwehr, die Verbindungen zu westlichen Geheimdiensten, anderen feindlichen Organisationen, Gruppen oder Personen im Operationsgebiet beziehungsweise deren Verbindungen in die DDR hatten oder die Möglichkeit besaßen, begabt und fähig waren, derartige Verbindungen herzustellen. Sie wurden vor-

306

rangig zum Eindringen in die Konspiration – besonders in das Verbindungssystem der westlichen Geheimdienste – eingesetzt sowie zum Aufspüren ihrer Agenturen in der DDR und der rechtzeitigen Aufdeckung ihrer Pläne, Absichten, Mittel und Methoden. Hierzu zählten IM, die auftragsgemäß

- nachrichtendienstliche Verbindungen zu westlichen Geheimdiensten beziehungsweise anderen feindlich tätigen Organisationen, Gruppen oder Personen im Operationsgebiet unterhielten,
- unter Ausnutzung bestehender oder geschaffener persönlicher Verbindungen zu Mitarbeitern, Residenten, Agenten oder anderen feindlich tätigen Personen im Operationsgebiet beziehungsweise deren Verbindungen in der DDR zu deren Aufklärung und Bearbeitung eingesetzt waren.

IME waren Inoffizielle Mitarbeiter im besonderen Einsatz. Sie waren IM, die aufgrund ihrer Fähigkeiten und Voraussetzungen sowie den vorhandenen oder zu schaffenden Möglichkeiten kurzfristig oder für einen längeren Zeitraum außerhalb ihres sonstigen Tätigkeitsbereiches zur Lösung spezieller operativer Aufgaben eingesetzt wurden.

Zur Erfüllung ihrer Aufgaben konnten sie bei Notwendigkeit im Auftrag des MfS vorübergehend oder dauernd ein anderes, gegebenenfalls legendiertes, Arbeitsverhältnis eingehen. IME konnten, wenn es die Lösung der speziellen Aufgabe erforderte, mit der Führung anderer IM oder GMS beauftragt werden.

Bei IMK handelte es sich um Inoffizielle Mitarbeiter zur Sicherung der Konspiration und des Verbindungswesens. Zur Sicherung der Konspiration und des Verbindungswesens in der operativen Arbeit wurden tätig:

- IM als Besitzer oder Verwalter konspirativer Wohnungen (IMK/KW). Dies waren IM, die dem MfS ihre oder von ihnen verwaltete Zimmer, Wohnungen, Büros oder Objekte zur Durchführung von Treffs der Führungsoffiziere mit ihren IM beziehungsweise zur Lösung anderer operativer Maßnahmen zur Verfügung stellten. Den Inhabern oder Verwaltern von KW oblagen außerdem die Durchführung erforderlicher und festgelegter Betreuungs- und Sicherungsaufgaben.

- IM als Deckadresse oder Decktelefon (IMK/DA/DT). Hierbei handelte es sich um IM, die dem MfS zur Aufrechterhaltung der konspirativen Verbindung zwischen Führungsoffizieren und anderen IM ihre offizielle Anschrift als Deckadresse beziehungsweise den Telefonanschluss als Decktelefon zur Verfügung stellten, Mitteilungen entgegennahmen und in der festgelegten Weise dem operativen Mitarbeiter übergaben.

FIM waren Inoffizielle Mitarbeiter, die mit der Führung anderer IM oder GMS beauftragt waren. Sie verfügten in der Regel über Erfahrungen in der operativen Arbeit und besaßen die Befähigung/Eignung im Auftrag des MfS, unter Anleitung und Kontrolle des Führungsoffiziers, ihnen übergebene IM oder GMS zu führen. Sie hatten insbesondere die Aufgabe,

- im Rahmen des ihnen gestellten Auftrags initiativreich und verantwortungsbewusst die Sicherheit des Bereichs/Objekts zu gewährleisten,

- ihre IM/GMS zweckmäßig einzusetzen und deren Tätigkeit anzuleiten und zu kontrollieren,

- selbst und durch ihre IM/GMS das Wissen von Personen aus ihrem Zuständigkeitsbereich im operativen Interesse abzuschöpfen und mit geeigneten Personen an der Überwindung von Missständen, begünstigenden Bedingungen und anderem zu arbeiten, ohne dass diese Personen Kenntnis über die bestehende Verbindung zum MfS erhielten,

- die Erziehung und Qualifizierung ihrer IM den Erfordernissen entsprechend durchzuführen,

die Verbindung zum Führungsoffizier zu halten.[220]

Bei GMS handelte es sich um Gesellschaftliche Mitarbeiter für Sicherheit. Sie waren staatsbewusste Bürger, die sich zu einer zeitweiligen oder ständigen Zusammenarbeit mit dem MfS bereit erklärt hatten und an der Lösung operativer Aufgaben beteiligt waren. GMS unterschieden sich von den IM hauptsächlich durch

- den unterschiedlichen Grad der Einbeziehung in die konspirativen Methoden und der konspirativen Zusammenarbeit mit dem MfS,
- den vorrangigen Einsatz für Sicherungsaufgaben im und zur Deckung des Informationsbedarfs aus dem Arbeits-, Wohn- und Interessenbereich,
- in der Regel möglichst offensives Auftreten in ihrem Wirkungsbereich zur Beseitigung und Überwindung von Mängeln und Missständen,
- in der Regel progressives Auftreten in der Öffentlichkeit.

Sie wurden unter anderem in folgenden Bereichen tätig:

- Mitwirkung bei Sicherungsaufgaben in Bereichen und Objekten der Volkswirtschaft, des Verkehrs- und Nachrichtenwesens, der staatlichen Verwaltungen, gesellschaftlichen Organisationen, der Landesverteidigung und anderes mehr,
- Unterstützung bei der Feststellung von Bewegungen der westlichen MVM und MI sowie anderer festgelegter Personenkreise,
- Übernahme von Aufträgen zur zeitweiligen oder ständigen Überwachung von Personen und Kraftfahrzeugen aus der BRD und Westberlin sowie anderen NSW-Staaten im Wohn- und Freizeitbereich,

---

220 Vgl.: Ebd., S. 258–261.

- Unterstützung bei der wissenschaftlichen Beurteilung von Erscheinungen, Sachverhalten und Umständen, die den Verdacht feindlicher Tätigkeit oder schwerwiegender anderer gesellschaftsschädigender Handlungen begründeten.

Die Führung von GMS konnte entsprechend der Bedeutung der zu lösenden Aufgaben durch operative Mitarbeiter, OibE, IME oder FIM erfolgen.[221]

Gemäß der RL 1/79 verfügte die Linie II des MfS über verschiedene Kategorien von IM, deren Funktionen anhand dieser Richtlinie im folgendem erläutert werden.

Inoffizielle Mitarbeiter zur politisch-operativen Durchdringung und Sicherung des Verantwortungsbereiches (IMS) waren IM, die wesentliche Beiträge zur allseitigen Gewährleistung der inneren Sicherheit im Verantwortungsbereich leisteten, in hohem Maße vorbeugend und schadensverhütend wirkten und mithalfen, neue Sicherheitserfordernisse rechtzeitig zu erkennen und durchzusetzen. Ihre Arbeit musste der umfassenden, sicheren Einschätzung und Beherrschung der politisch-operativen Lage im Verantwortungsbereich und der Weiterführung des Klärungsprozesses »Wer ist wer?«[222] dienen. IMS waren einzusetzen zum:

---

221 Vgl.: Ebd., S. 248 ff. und 254.

222 Die Klärung der Frage »Wer ist wer?« war eine ständige Ziel- und Aufgabenstellung sowie Ergebnis der Arbeit aller Linien und Diensteinheiten. Sie wurde in Abhängigkeit der Lage stets neu gestellt. Die Klärung der Frage »Wer ist wer?« bedeutete aus der Sicht der Staatssicherheit auf den konkreten Verantwortungsbereich bezogen, eine Antwort darauf zu geben, wer Feind war, wer eine feindliche Haltung einnahm, wer aufgrund des Wirkens feindlicher Kräfte und anderer Einflüsse zum Feind werden konnte, wer den Feindeinflüssen unterlag und sich dadurch missbrauchen lassen würde, wer eine schwankende Position einnahm und auf wen sich der Staat jederzeit verlassen und zuverlässig stützen konnte.

- Erarbeiten von Informationen, um jene Bereiche, Prozesse, Personen und Personenkreise im Verantwortungsbereich zu erkennen und zu sichern, die für die allseitige Erfüllung der sicherheitspolitischen Aufgaben von besonderer Bedeutung waren, insbesondere in den politisch-operativen Schwerpunktbereichen,
- Erarbeiten und Klären von Hinweisen auf feindlich-negative Handlungen beziehungsweise operativ-bedeutsamen Anhaltspunkten entsprechend der RL 1/71[223] beziehungsweise zum Erarbeiten von Ausgangsmaterialien für Operative Vorgänge entsprechend der RL 1/76[224],
- Feststellen und Aufklären von Gefahren, operativ-bedeutsamen Vorkommnissen und Sachverhalten, damit im Zusammenhang stehenden Personen sowie der Entstehungsursachen für schädigende Ereignisse,
- Durchführen von Teilaufgaben in der Bearbeitung Operativer Vorgänge,
- Erarbeiten von Hinweisen zu Personen beziehungsweise Personenkreisen, auf die sich der Feind konzentriert und über die er seine Pläne, Absichten und Maßnahmen durchzusetzen versuchte (Zielgruppen), sowie zu Möglichkeiten des Gegners, auf diese Personen beziehungsweise Personenkreise Einfluss zu nehmen und wirksam zu werden,
- Realisieren politisch-operativer Sicherungsmaßnahmen wie Sicherheitsüberprüfungen, Kontrollmaßnahmen zur Sicherung operativ-bedeutsamer und interessierender Personen,
- Mitwirken bei Aktionen und Einsätzen,
- Feststellen und Aufklären von operativ-bedeutsamen

---

223 Die RL 1/71 regelte die Operative Personenkontrolle (OPK).

224 Die RL 1/76 regelte die Entwicklung und Bearbeitung Operativer Vorgänge (OV).

Verletzungen der Gesetzlichkeit, Sicherheit, Ordnung und Disziplin, Erkennen und Beseitigen begünstigender Bedingungen und Umstände sowie Einleiten und Realisieren weiterer vorbeugender und schadensverhütender Maßnahmen,

- Lösen von Teilaufgaben der operativen Fahndung, Ermittlung und Beobachtung,
- Erarbeiten von Hinweisen auf weitere politisch-operativ nutzbare Kontakte, Verbindungen und Möglichkeiten für die vorgangs- und personenbezogene Arbeit im und nach dem Operationsgebiet.[225]

Bei Inoffiziellen Mitarbeitern für einen besonderen Einsatz (IME) handelte es sich um IM, die zur Lösung spezieller politisch-operativer Aufgaben eingesetzt wurden. Dazu gehörten vor allem:

- IM in verantwortlichen Positionen in staatlichen und wirtschaftsleitenden Organen, Betrieben, Kombinaten und Einrichtungen sowie gesellschaftlichen Organisationen, die zur Herausarbeitung und Durchsetzung bedeutsamer Sicherheitserfordernisse, zum Erarbeiten operativ-bedeutsamer Informationen über die Lage im Verantwortungsbereich sowie zur Legendierung operativer Kräfte, Mittel und Methoden des MfS wirksam wurden (IM in Schlüsselpositionen),
- IM, die aufgrund ihrer politisch-operativen Erfahrungen und fachspezifischen Kenntnisse vorwiegend eingesetzt wurden zum Einschätzen und Begutachten komplizierter Sachverhalte, zum Erarbeiten und Beurteilen von Beweisen, zur Klärung der Ursachen operativ-bedeutsamer Vorkommnisse, des Umfangs der schädigenden Auswirkungen, des Kausalzusam-

---

225 Vgl.: Helmut Müller-Enbergs (Hrsg.): *Inoffizielle Mitarbeiter des Ministeriums für Staatssicherheit*, S. 314–315.

menhanges zwischen Handlungen und Folgen, der Qualifikation Verdächtiger (Experten-IM),

- IM, die ausschließlich oder überwiegend zur Durchführung operativer Beobachtungen und Ermittlungen eingesetzt wurden (IM-Beobachter und IM-Ermittler).[226]

Inoffizielle Mitarbeiter der Abwehr mit Feindverbindung beziehungsweise zur unmittelbaren Bearbeitung im Verdacht der Feindtätigkeit stehender Personen (IMB) waren IM, die unmittelbar und direkt an feindlich tätigen Personen oder im Verdacht der Feindtätigkeit stehenden Personen arbeiteten, deren Vertrauen besaßen, in ihre Konspiration eingedrungen waren und auf dieser Grundlage Kenntnis von den Plänen, Absichten, Maßnahmen, Mittel und Methoden erhielten, operativ-bedeutsame Informationen und Beweise erarbeiteten sowie andere Aufgaben zur Bekämpfung subversiver Tätigkeit sowie zum Zurückdrängen der sie begünstigenden Bedingungen und Umstände lösten. Der Einsatz von IMB erfolgte vorrangig:

- zum Eindringen in die Konspiration feindlicher Stellen und Kräfte sowie
- zur unmittelbaren Bearbeitung im Verdacht der Feindtätigkeit stehender Personen.

Durch das Eindringen in die Konspiration des Gegners sollte unter anderem zu erreicht werden:

- die Aufklärung der Angriffsrichtungen des Gegners sowie seiner Mittel und Methoden,
- die Aufklärung des Vorgehens des Feindes bei der Schaffung von Stützpunkten und Agenturen,
- die Aufdeckung des gegnerischen Verbindungssystems, dessen Funktionsweise, einschließlich der angewandten technischen Mittel,

---

226 Vgl.: Ebd., S. 320.

- das Erkennen, Identifizieren und Aufklären von Mitarbeitern feindlicher Stellen sowie die offensive Bearbeitung erkannter Mitarbeiter im Operationsgebiet,
- die Aufdeckung und Aufklärung der unter Missbrauch legaler Positionen in der DDR betriebenen subversiven Tätigkeit,
- die Durchführung operativer Spiele[227] und anderer Maßnahmen zur Desinformation, Zersetzung und Zerschlagung des Gegners.

Durch die unmittelbare Bearbeitung im Verdacht der Feindtätigkeit stehender Personen war unter anderem zu erreichen:

- das Erarbeiten von operativ-bedeutsamen Informationen und Beweisen zu den objektiven und subjektiven Tatbestandsmerkmalen sowie zur allseitigen tatbestandsbezogenen Aufklärung der Täterpersönlichkeit mit dem Ziel des Nachweises des dringenden Verdachts von Straftaten, insbesondere von Staatsverbrechen,
- die Einleitung und Realisierung vorbeugender und schadensverhütender Maßnahmen unter Ausnutzung der vertraulichen Beziehungen zum Verdächtigen,

---

227 Ein operatives Spiel war die zweckmäßige und zielstrebige Organisation und Durchführung einer konkreten operativen Aufgabe über einen längeren Zeitraum zur Bekämpfung der Feindtätigkeit westlicher Geheimdienste. Der offensive Charakter und die konkrete Zielstellung wurden durch die Ausnutzung der gegebenen natürlichen Bedingungen und der bewussten Schaffung von zweckmäßigen Umständen erreicht. Der Geheimdienst wurde durch die »ehrliche« Arbeit seiner Quelle mit dem MfS bewusst getäuscht und unter Ausnutzung seines Vertrauensverhältnisses zu seiner »Quelle« zu solchen gewünschten Maßnahmen veranlasst, die der konkreten Zielstellung der operativen Aufgaben dienten. Zielstellungen des MfS konnten das Eindringen in den Geheimdienst sowie das Aufdecken einer staatsfeindlichen Tätigkeit sein.

• die Aufklärung feindlicher Stellen und Kräfte.[228]

Bei Inoffiziellen Mitarbeitern zur Sicherung der Konspiration und des Verbindungswesens (IMK) handelte es sich um IM, die zur Sicherung der Konspiration und des Verbindungswesens ihre oder von ihnen verwaltete

• Zimmer oder Wohnungen (IMK/KW-Konspirative Wohnung) oder
• Objekte (IMK/KO-Konspiratives Objekt)

der Staatssicherheit zur Durchführung von Treffs zwischen IM und Führungsoffizieren zur Verfügung stellten.

Das waren weiterhin IM, die dem MfS zur Aufrechterhaltung der konspirativen Verbindung mit anderen IM

• ihre offizielle Anschrift (IMK/DA-Deckadresse) zur Verfügung stellten,
• den Telefonanschluss (IMK/DT-Decktelefon) zur Verfügung stellten, Mitteilungen entgegennahmen und in festgelegter Weise dem operativen Mitarbeiter übergaben beziehungsweise
• andere Aufgaben zur Gewährleistung und Unterstützung der Konspiration (IMK/S-Sicherung der Konspiration) übernahmen. IKM/S waren IM, die ständig oder zeitweilig in die Lösung operativer oder operativ-technischer Aufgaben zur Sicherung der Konspiration einbezogen wurden.[229]

Hauptamtliche Inoffizielle Mitarbeiter (HIM) standen in einem besonderen Dienstverhältnis zum MfS, das durch die abgegebene Verpflichtung zur inoffiziellen Zusammenarbeit und die abgeschlossene Vereinbarung zur hauptamtlichen inoffiziellen Zusammenarbeit begründet sowie wesentlich durch die Erfordernisse der

---

228 Vgl.: Helmut Müller-Enbergs (Hrsg.): *Inoffizielle Mitarbeiter des Ministeriums für Staatssicherheit*, S. 316–318.

229 Vgl.: Ebd., S. 321.

konspirativen Tätigkeit und deren dauerhafte Legendierung mittels Scheinarbeitsverhältnis[230] beziehungsweise Scheindienstverhältnis legendiert wurde. Das besondere Dienstverhältnis der HIM zum MfS war kein Dienstverhältnis im Sinne des Wehrdienstgesetzes und auch kein Arbeitsrechtsverhältnis im Sinne des Arbeitsgesetzbuchs. HIM waren ausschließlich unmittelbar zur Lösung politisch-operativer Aufgaben des MfS einzusetzen und grundsätzlich nur in den nachfolgend genannten generellen Einsatzrichtungen, wenn:

- die vorgesehenen Aufgaben unter Wahrung der Konspiration und Geheimhaltung oder aus Gründen der Gewährleistung der inneren Sicherheit nicht durch Angehörige einschließlich OibE und U-Mitarbeiter sowie Zivilbeschäftigte des MfS gelöst werden konnten,
- das vorhandene Potential geeigneter Kräfte nur durch den Einsatz als HIM erschlossen werden konnte und
- der mit dem Einsatz von HIM zu erwartende Nutzen die damit verbundenen personellen, materiellen und finanziellen Aufwendungen rechtfertigte.

---

230 Ein Scheinarbeitsverhältnis war ein nicht existierendes, konspirativ abgedecktes und überprüfbares Arbeitsverhältnis hauptamtlicher IM, das der Legendierung ihrer konspirativen Tätigkeit gegenüber der Öffentlichkeit und dem Gegner diente. Die Legendierung musste so erfolgen, dass selbst bei Überprüfungen durch gegnerische Geheimdienste die Sicherheit und Konspiration des HIM voll gewährleistet war. Die Schaffung, Überprüfung und Stabilisierung von Scheinarbeitsverhältnissen war eine komplizierte Aufgabe, bei deren Realisierung in der Praxis eine Reihe von Problemen auftraten. Sie lagen vor allem im Finden geeigneter Betriebe, Einrichtungen oder Organisationen sowie Personen, die das Scheinarbeitsverhältnis dauerhaft abdecken konnten, im Geheimhalten der tatsächlichen Tätigkeit des HIM gegenüber Freunden, Nachbarn und anderen Außenstehenden, im Schutz des Scheinarbeitsverhältnisses vor Überprüfungshandlungen und anderen Gefährdungssituationen.

Generelle Einsatzrichtungen der HIM waren:

- direkte und unmittelbare operative Bearbeitung von im Verdacht der Feindtätigkeit stehenden Personen und Personengruppen, operative Kontrolle von Personen, zu denen bedeutsame Anhaltspunkte vorlagen beziehungsweise operative Kontrolle feindlich-negativer Personen und Personengruppen (Einsatz des HIM in der Funktion als IMB),
- Lösung von Aufgaben im Rahmen der Arbeit im und nach dem Operationsgebiet,
- Führung anderer IM und GMS als Hauptamtlicher Führungs-IM (HFIM),
- Durchführung operativer Ermittlungen,
- Betreuung und Bewirtschaftung von konspirativen Objekten und konspirativen Wohnungen.

HIM mit gleicher Aufgabenstellung konnten, wenn es zur Lösung der Aufgaben erforderlich war oder dadurch ihre Führung effektiver gewährleistet wurde, nach gründlicher Prüfung der Notwendigkeit und Zweckmäßigkeit bei konsequenter Gewährleistung der Konspiration und Sicherheit zeitweilig oder ständig als Gruppen zusammengefasst in konspirativen Objekten und Wohnungen untergebracht und geführt werden.[231]

Die Zusammenführung von HIM auf der Linie II erfolgte in der Praxis in Form von HIM-Beobachtergruppen. Die HA II verfügte 1989 über 114 HIM.[232] Die HIM-Stellensituation in den Abteilungen II der BV wies zu Ende der 1980er Jahre erhebliche Unterschiede auf. Verursacht wurde diese Situation vor allem durch ein unterschiedliches Herangehen an die Durchsetzung der 2. Durchführungsbestimmung der RL 1/79 über die Arbeit mit HIM.

---

231 Vgl.: Helmut Müller-Enbergs (Hrsg.): *Inoffizielle Mitarbeiter des Ministeriums für Staatssicherheit*, S. 430–435.

232 Hanna Labrenz-Weiß: *Hauptabteilung II: Spionageabwehr*, S. 27.

Konkret bedeutete dies:

- HIM Planstellen wurden zumeist in Planstellen für Berufsoffiziere/Berufsunteroffiziere umgewandelt,
- drei Abteilungen II von Bezirksverwaltungen wandelten HIM-Planstellen in Planstellen für U-Mitarbeiter um,
- nur fünf Abteilungen II von Bezirksverwaltungen planten noch mehr als zwei HIM-Planstellen, zwei Abteilungen II von Bezirksverwaltungen beseitigten HIM-Planstellen gänzlich.

Die Leitung der HA II vertrat die Auffassung, dass die sich abzeichnenden Disproportionen im Stellenplangefüge der Abteilungen II/BV abgebaut werden mussten. Dabei war in Rechnung zu stellen, dass jede Abteilung II/BV für die von ihr zu erfüllenden Aufgaben eine bestimmte Anzahl von HIM in der generellen Einsatzrichtung »Lösung von Aufgaben im Rahmen der Arbeit im und nach dem Operationsgebiet« benötigte. Was HIM betraf, die als Beobachter vor allem auf der Arbeitslinie II/4 (Militärspionageabwehr) eingesetzt waren, vertrat der Leiter der HA II folgende Auffassung:

- es war zu jedem HIM zu prüfen, ob dieser als Mitarbeiter in das MfS eingestellt werden konnte beziehungsweise wollte,
- es war zu prüfen, von welchen HIM sich das MfS trennen musste,
- es war zu prüfen, welche HIM anderen Diensteinheiten übergeben werden konnten,
- es war zu prüfen, auf welche HIM nicht verzichtet werden konnte.

Im Ergebnis dieser nochmaligen Überprüfungen war genauestens abzuklären, ob alle operativen Aufgabenstellungen der Militärspionageabwehr zukünftig vollinhaltlich durch Berufsoffiziere realisiert werden konnten. Der Leiter der HA II ging davon aus, dass sich HIM-Beobachter in der operativen Arbeit vielfach bewährt hatten und Bewährtes nicht ohne weiteres generell beseitigt werden konnte. Kratsch wollte sich dahingehend mit anderen verantwortlichen Leitern abstimmen und dem Minister für Staatssicherheit entsprechende Vorschläge für die Linie II unterbreiten.[233]

Hier machte sich für die HA II nachteilig bemerkbar, dass die Abteilungen II/BV fest in die Struktur der Bezirksverwaltungen integriert waren und deren Struktur- und Stellenpläne von den Leitern der Bezirksverwaltungen bestätigt wurden. Da die Leiter der Bezirksverwaltungen dem Minister für Staatssicherheit unterstanden, konnte auch nur er entsprechende Änderungen befehlen.

Was den Einsatz von U-Mitarbeitern[234] als Beobachter betraf, so lehnte der Leiter der HA II dies in Übereinstimmung mit der HA Kader und Schulung ab, da der Aufwand zur Abdeckung des U-Mitarbeiter-Bestands unvertretbar hoch war und die operative Aufgabenstellung der Linie II einen derartigen Status nicht unbedingt erforderte.[235]

---

233 Vgl.: Referat des Leiters der Hauptabteilung II auf der Dienstkonferenz vom 8. April 1987, BStU MfS HA II Nr. 4865, S. 192 f.

234 U-Mitarbeiter (UMA bzw. Unbekannte Mitarbeiter) waren Berufssoldaten des MfS, die aufgrund der durch sie zu lösenden speziellen Aufgaben besonderen Anforderungen zur Gewährleistung der Konspiration und Geheimhaltung unterlagen. Ihre Zugehörigkeit zur Staatssicherheit war außerhalb des MfS sowie gegenüber anderen Angehörigen des MfS dauerhaft zu legendieren, wenn erforderlich durch ein Scheinarbeits- bzw. -dienstverhältnis. Zur Gewährleistung der Konspiration der UMA war es ihnen in der Regel nicht gestattet, offizielle bzw. in der Öffentlichkeit als solche bekannte Objekte und Einrichtungen des MfS zu betreten und als Angehörige des MfS aufzutreten oder offiziell als solche zu handeln. UMA realisierten zumeist besonders schutzwürdige Observations- und Ermittlungsaufgaben.

235 Vgl.: Referat des Leiters der Hauptabteilung II auf der Dienst-

IM-Bestand

Verlässliche Zahlen zum IM-Bestand der HA II gibt es bis zum heutigen Zeitpunkt nur wenige. Müller-Enbergs und Herbstritt geben den Gesamtbestand der HA II für das Jahr 1971 mit 1.346 IM an, davon 140 im Operationsgebiet. Darin waren allerdings auch IM mit logistischen beziehungsweise unterstützenden Funktionen, wie die Inhaber von konspirativen Wohnungen und GMS enthalten.[236] Der Leiter der HA II äußerte auf einer Dienstkonferenz bezogen auf das Jahr 1987 allgemein: »Wir verfügen über eine beachtliche Anzahl von IM, die wertvolle Informationen zur aktuellen Einschätzung und Beherrschung der politisch-operativen Lage erarbeiteten und unverzüglich an uns übermittelten.«[237] Um auf das Jahr 1971 zurückzukommen: In diesem Jahr verfügte zum Beispiel die Abteilung II der BV Frankfurt/Oder über einen IM-Bestand von 266 IM, ebenfalls einschließlich GMS und IM in unterstützenden Funktionen.[238]

Für die Abteilungen II der Bezirksverwaltungen sind für die 1980er Jahre nachfolgend aufgeführte IM-Zahlen überliefert[239]:

---

konferenz vom 8. April 1987, BStU MfS HA II Nr. 4865, S. 193.

236 Helmut Müller-Enbergs: *Inoffizielle Mitarbeiter des Ministeriums für Staatssicherheit. Teil 3: Statistiken*. Berlin 2008, S. 254 und Georg Herbstritt: *Bundesbürger im Dienst der DDR-Spionage. Eine analytische Studie*. Göttingen 2007, S. 73.

237 Vgl.: Rededisposition des Leiters der HA II für die Dienstkonferenz mit den Leitern der Abteilungen/Arbeitsgruppen der Hauptabteilung II am 10. Februar 1988, BStU ZA MfS HA II Nr. 3861, Bl. 16.

238 Helmut Müller-Enbergs: *Inoffizielle Mitarbeiter des Ministeriums für Staatssicherheit. Teil 3: Statistiken*, S. 422.

239 Vgl.: Ebd., S. 372–844. Es wurde sich bei der Auswahl auf das

	Jahr	IMS	IMB	IME	FIM	IMK/KW/KO	IMK/DA/DT	GMS	Summe
...lin	1985	161	27	36	1	86	52	0	363
...tbus	n. b.	n. b.	n. b.	n. b.	n. b.	n. b.	n. b.	n. b.	n. b.
...sden	1987	123	20	12	3	64	25	n. b.	247
...urt	1982	96	7	14	3	50	8	66	244
...nkfurt/O	1985	194	19	19	7	73	68	12	392
...a	1987	72	8	12	1	44	7	11	155
...le	1987	158	7	28	2	42	35	20	292
...M-Stadt	1981	n. b.	n. b.	n. b.	n. b.	n. b.	n. b.	n. b.	220
...pzig	1987	126	24	12	1	65	15	56	299
...gdeburg	n. b.	n. b.	n. b.	n. b.	n. b.	n. b.	n. b.	n. b.	n. b.
...ubrandenburg	1987	88	7	17	0	53	23	14	202
...sdam	1987	144	21	16	1	gesamt 99		n. b.	281
...stock	1987	130	17	14	3	61	13	12	250
...werin	n. b.	n. b.	n. b.	n. b.	n. b.	n. b.	n. b.	n. b.	n. b.
...al	1985	128	6	22	2	gesamt 102		14	274

Umfangreich erschlossenes Zahlenmaterial von 1953
bis 1989 liegt über die Abteilung II der BV Frankfurt/
Oder vor.[240] Dieses soll hier aufgeführt werden, da es
aussagekräftig die quantitative Entwicklung des IM-Bestandes im genannten Zeitraum aufzeigt. Die Aufteilung
der Tabellen erfolgte nach den jeweiligen IM-Kategori-
en für den entsprechenden Zeitraum.

Jahr 1987 konzentriert. Wo dies nicht möglich war, wurde auf
das naheliegendste Jahr ausgewichen. Einige Abteilungen II/BV
fassten die Zahlen für IMK/KW/KO und IMK DA/DT zusammen. Aus der Abt. II/BV Karl-Marx-Stadt ist für die 1980er Jahre
lediglich eine Gesamtzahl von 1981 überliefert. Für die Abteilungen II der BV Cottbus, Magdeburg und Schwerin existiert
kein Zahlenmaterial.

240 Vgl.: Ebd., S. 420–423.

Zeitpunkt	GI	GM	GHI	KW	DA	Summe
01.10.1953	1	2		1		4
31.12.1953	11	14		7		32
30.06.1954	29	17		10		56
31.12.1954	24	10		15		49
30.06.1955	39	13	1	22		75
31.12.1955	37	10	1	20		68
30.06.1956	44	8	2	21		75
31.12.1956	48	12	3	14		77
30.06.1957	54	19	7	29		109
31.12.1957	56	21	8	35		120
30.06.1958	72	20	6	37		135
31.12.1958	79	19	6	40		144
30.06.1959	86	19	7	36		148
31.12.1959	92	30	7	48		177
30.06.1960	97	31	9	54		191
31.12.1960	104	34	10	64		212
30.06.1961	99	36	7	62		204
31.12.1961	85	33	6	64		188
30.06.1962	76	31	5	62		174
31.12.1962	59	30	3	55		147
30.06.1963	58	38	1	54		151
31.12.1963	57	37	2	50		146
30.06.1964	56	37	1	52	23	169
31.12.1964	61	40	1	50	23	175
30.06.1965	65	42	1	55	26	189
31.12.1965	67	54	0	62	28	211
30.06.1966	68	55	0	68	31	222
31.12.1966	69	56	1	69	34	229
30.06.1967	66	56	1	71	37	231
31.12.1967	68	60	1	71	38	238
30.06.1968	66	58	1	66	39	230

Zeitpunkt	IMS	IMV	IMF	IME	FIM	KW	DA	GMS	Summe
31.12.1968	78	40	3	13	1	68	42	12	257
30.06.1969	80	41	4	13	3	74	42	12	268
31.12.1969	80	42	4	17	3	70	44	11	271
30.06.1970	80	40	4	19	4	74	46	13	280
31.12.1970	72	41	4	20	4	67	36	11	255
30.06.1971	79	47	4	19	4	68	47	11	279
31.12.1971	74	39	3	20	4	54	59	13	266
30.06.1972	75	42	3	23	4	60	63	14	284
31.12.1972	79	41	2	22	4	62	65	15	290
31.12.1973	70	44	2	26	3	64	59	16	284
30.06.1974	75	46	3	30	3	65	63	18	303
31.12.1974	81	45	2	29	3	65	65	20	310
30.06.1975	76	41	1	27	3	68	59	24	299
31.12.1975	66	41	1	22	4	71	58	22	285
30.06.1976	108	36	2	16	4	75	54	21	316
31.12.1976	127	44	2	18	3	67	46	20	327
30.06.1977	132	47	2	18	3	70	46	19	337
31.12.1977	132	52	2	21	5	73	43	19	347
30.06.1978	137	57	2	21	5	75	45	19	361
31.12.1978	132	55	3	21	6	75	49	21	362
30.06.1979	133	53	4	24	9	78	51	24	376
31.12.1979	140	56	5	23	10	79	51	24	388

Zeitpunkt	IMS	IMB	IME	FIM	IMK/ KW/ KO	IMK/ DA/ DT	GMS	Summe
30.06.1980	192	8	15	12	gesamt 124		14	365
31.12.1980	198	9	13	12	gesamt 120		12	364
31.12.1981	220	10	15	14	gesamt 128		12	399
30.06.1982	236	11	14	18	gesamt 131		14	424

31.12.1982	252	13	17	17	gesamt 143		13	455
30.06.1983	263	18	15	15	gesamt 144		13	468
31.12.1983	243	17	17	11	76	64	18	446
30.06.1984	235	23	19	10	73	68	16	444
31.12.1984	196	19	18	9	70	69	13	394
30.06.1985	197	19	19	8	73	67	13	396
31.12.1985	194	19	19	7	73	68	12	392
30.06.1986	202	20	20	7	76	71	10	406
31.12.1986	203	21	19	7	78	71	9	408
30.06.1987	214	22	19	7	77	75	10	424
31.12.1987	226	22	19	6	79	73	9	434
30.06.1988	231	24	20	6	76	74	11	442
31.12.1988	238	22	19	8	78	74	12	451
30.06.1989	239	26	20	7	77	75	10	454
30.10.1989	236	27	21	6	78	73	11	452

Offiziere im besonderen Einsatz

OibE waren Angehörige des MfS, die im Interesse der der Staatssicherheit übertragenen Verantwortung zur umfassenden Gewährleistung der staatlichen Sicherheit auf den Gebieten der Abwehr und der Aufklärung unter Legendierung ihres Dienstverhältnisses mit dem MfS auf der Grundlage eines Arbeits- oder Dienstverhältnisses in sicherheitspolitisch bedeutsamen Positionen im Staatsapparat, der Volkswirtschaft oder in anderen Bereichen des gesellschaftlichen Lebens (Einsatzobjekte) eingesetzt waren.

Über den Einsatz von Angehörigen des MfS als OibE war ausgehend von der Herausarbeitung der Sicherheitserfordernisse und der Bestimmung der operativen Schwerpunkte, der Einschätzung der vorhandenen Kräfte sowie der zur Verfügung stehenden Mittel und Methoden zu entscheiden. Der Einsatz von OibE konnte insbesondere erfolgen

• zur Erarbeitung von Informationen, um jene Bereiche, Prozesse, Personen und Personenkreise im Verantwortungsbereich zu erkennen und zu sichern, die für die allseitige Erfüllung der sicherheitspolitischen Aufgaben von besonderer Bedeutung waren,

- zur ständigen Koordinierung und Abstimmung von Maßnahmen sowie Sicherung störungsfreier Informationsbeziehungen zwischen dem Einsatzobjekt und dem MfS,
- zur Realisierung von Sicherungs- und Kontrollmaßnahmen im Zusammenhang mit bedeutsamen Prozessen und Personen sowie weiterer sicherheitspolitischer Einzelaufgaben, die nicht direkt in Verantwortung der Staatssicherheit übernommen wurden/ werden konnten,
- zur Lösung sicherheitspolitischer Aufgaben und Aufklärung gegnerischer Pläne sowie Absichten im Zusammenhang mit außenpolitischen beziehungsweise wirtschaftlichen Beziehungen und Aufgaben,
- zur vorbeugenden Sicherung wichtiger Bereiche und Arbeitsgebiete, in denen besondere Geheimhaltungs- und Sicherheitsvorschriften galten.

Die Anwendung aller mit dem Einsatz von Offizieren im besonderen Einsatz verbundenen Maßnahmen, Mittel und Methoden hatte unter strengster Beachtung der Prinzipien der Geheimhaltung und Konspiration zu erfolgen.[241]

Die Leiter der OibE-führenden Diensteinheiten hatten zur Sicherung des konspirativen und wirkungsvollen Einsatzes dieser Offiziere in den Einsatzobjekten die Erarbeitung einer lebensnahen, auf die konkrete Aufgabe und Persönlichkeit des OibE abgestimmten Einsatzlegende zu gewährleisten, sie mit ihm zu beraten

---

241 Vgl.: MfS, Der Minister: Ordnung Nr. 6/86 über die Arbeit mit Offizieren im besonderen Einsatz des Ministeriums für Staatssicherheit vom 17. März 1986. BStU, ohne Signatur, Bl. 3 f.

beziehungsweise ihn in die Ausarbeitung einzubeziehen sowie die Anwendung der Legende durchzusetzen. Zur Einsatzlegende gehörten:

- die vorbereitende Abstimmung zur Planung und Zuweisung einer Planstelle im Einsatzobjekt, sofern dieses nach einem staatlich zu bestätigenden Stellenplan arbeitete,
- die Abstimmung auf entsprechender Ebene zur Sicherung der Einstellung des OibE auf die beabsichtigte Stelle im Einsatzobjekt beziehungsweise eine solche Ausgestaltung der Personalunterlagen des OibE, die dessen Einstellung auch ohne Absprachen mit hoher Wahrscheinlichkeit sicherte,
- die Erarbeitung von Personaldokumenten des OibE (Personalakte), die seine Zugehörigkeit zum MfS durch glaubhaften Nachweis anderer Tätigkeiten vollständig oder teilweise verdeckte,
- die Ausstellung eines zweiten Versicherungsnachweises mit Angaben, die mit den Personalunterlagen identisch waren,
- die Beschaffung von Dokumenten, Ausweisen, Registrierkarten und Ähnliches als Nachweis der Zugehörigkeit zur Gewerkschaft und zu Massenorganisationen, ebenfalls in Übereinstimmung mit den Personalunterlagen.[242]

Die Ausstellung und Beschaffung von Ausweisen und anderen Dokumenten zur Abdeckung des Einsatzes war mit dem Koordinierungsorgan der HA Kader und Schulung abzusprechen. Die Ausstattung der OibE mit Ausweisen, Berechtigungen und anderen Dokumenten, die Rückschlüsse auf ihr Dienstverhältnis zur Staatssicherheit zuließen, war im Interesse der Geheimhaltung und Konspiration nicht zulässig. Die Ausstattung von OibE

---

242 Vgl.: Ebd., Bl. 9 f.

der HA II mit Dienst- und Objektausweisen des MfS in begründeten Ausnahmefällen hatte der Leiter der HA II beim Leiter der HA Kader und Schulung zu beantragen. Der Leiter der HA Kader und Schulung hatte die Anträge zu prüfen, unter Berücksichtigung der Nomenklatur mit dem zuständigen Stellvertreter des Ministers beziehungsweise dem Leiter der Arbeitsgruppe des Ministers abzustimmen und zu entscheiden.[243]

Die OibE hatten in Abstimmung mit der für das Dienstobjekt zuständigen Diensteinheit ihre Arbeit so zu planen und durchzuführen, dass durch ihre Tätigkeit die staatlichen Leiter bei der Wahrnehmung der ihnen übertragenen Verantwortung für die Gewährleistung von Ordnung und Sicherheit sowie des Geheimnisschutzes wirksam unterstützt und die Sicherheitsinteressen des MfS durchgesetzt wurden.[244]

Die HA II verfügte 1988 über insgesamt 123 Offiziere im besonderen Einsatz.[245] Beispielweise waren OibE für die HA II/13 tätig. Hier erfolgte ihr Einsatz unter anderem in der Abteilung Journalistische Beziehungen des MfAA sowie im Internationalen Pressezentrum. Im IPZ waren die OibE für die Gewährleistung der Sicherheit und für die Realisierung operativ-technischer Maßnahmen verantwortlich.[246]

Für die HA II/14 waren ebenfalls OibE im MfAA tätig. Hier erfolgte ihr Einsatz in der Abteilung Schutz und Si-

---

243 Vgl.: Ebd., Bl. 10 f.

244 Vgl.: Ebd., Bl. 13.

245 Vgl.: Übersicht über die Verteilung der Planstellen nach Kategorien auf die Abteilungen, selbständigen Referate, KD/OD und Gleichgestellte im Struktur- und Stellenplan der HA II vom 26. September 1988, BStU ZA MfS HA II Nr. 28540, Bl. 9 f.

246 Vgl.: HA II/13: Jahresarbeitsplan 1989. BStU ZA MfS HA II Nr. 20862, Bl. 151 f.

cherheit sowie in der Hauptabteilung Kader und Schulung. Weitere OibE der HA II/14 waren im Zentrum für Auslandsverbindungen sowie im Dienstleistungsamt für Ausländische Vertretungen installiert.[247]

In ausgewählten Abteilungen II der Bezirksverwaltungen waren ebenfalls OibE tätig. Sie waren beispielsweise in den Räten der Bezirke eingesetzt. Für die Abteilung II der BV Dresden war ein Major als »Mitarbeiter für journalistische Arbeit« beim Rat des Bezirkes Dresden abgedeckt.[248] Sein Aufgabengebiet als OibE der Spionageabwehr stand im Zusammenhang mit der Tätigkeit von akkreditierten ausländischen Journalisten und Korrespondenten im Bezirk Dresden. Kratsch kritisierte den zu geringen OibE-Einsatz in den Bezirken, indem er bemerkte: »In einigen Abteilungen II der Bezirksverwaltungen sollte nochmals über den Einsatz eines OibE in einer Schlüsselposition des Rates des Bezirkes nachgedacht werden. Die nur in 6 Bezirken vorgesehenen Planstellen für OibE entsprechen unserer Auffassung nach nicht den gegenwärtigen und künftigen Erfordernissen der Arbeitslinie II/13.«[249]

Die IMB-Arbeit der Linie II

Die IMB mit Verbindungen zu westlichen Geheimdiensten galten als eine der wichtigsten Waffen des MfS zur rechtzeitigen und umfassenden Aufklärung und Vereitelung der Pläne, Absichten und Maßnahmen des

---

247 Vgl.: HA II/14: Jahresarbeitsplan 1989. BStU ZA MfS HA II Nr. 20863, Bl. 23 f.

248 Vgl. MfS-Bezirksverwaltung Dresden – eine erste Analyse, Bürgerkomitee Bautzner Straße e.V., Dresden 1992, S. 63.

249 Referat des Leiters der Hauptabteilung II auf der Dienstkonferenz vom 8. April 1987, BStU MfS HA II Nr. 4865, S. 194.

Gegners.[250] Damit waren sie wesentlicher Bestandteil der Abwehrarbeit des MfS.

Der zielgerichtete Einsatz von IMB ermöglichte die Erarbeitung aktueller operativ-bedeutsamer Informationen über Pläne, Absichten, Kräfte, Mittel und Methoden der westlichen Geheimdienste auf deren Grundlage wirksame Abwehrmaßnahmen des MfS realisiert wurden.

Die Linie II benötigte zur Realisierung ihrer operativen Zielstellungen disponibel einsetzbare, profilierte, ehrliche und überprüfte IMB, die in der Lage waren:

- offensiv gegen den Gegner zu arbeiten,
- konsequent und systematisch die operativen Zielstellungen zu verwirklichen,
- die Pläne, Absichten und Maßnahmen der westlichen Geheimdienste rechtzeitig in Erfahrung zu bringen.[251]

Für die Schaffung von IMB mit Verbindung zu westlichen Geheimdiensten, die derartigen Kriterien entsprachen, wurden die vielfältigsten Möglichkeiten in der operativen Praxis genutzt. In Abhängigkeit der konkreten Lage maß die Spionageabwehr sowohl kurzfristig als auch langfristig angelegten operativen Spielen ihre spezifische Bedeutung bei. In jedem Fall musste als generelle Voraussetzung dafür die jeweils zu erreichende Zielstellung gründlich durchdacht und das Vorgehen so exakt wie möglich konzipiert werden. Das galt für die Schaffung von IMB unter Nutzung von Anbahnungen westlicher Geheimdienste (hier ging die Initiative von den westlichen Diensten aus) genauso wie für gezielte

---

250 Vgl.: Peter Brosch: Diplomarbeit zum Thema: »Erfahrungen und Probleme aus der Arbeit mit IM zur Durchsetzung der Dienstanweisung 1/87 des Genossen Minister (›Komplexe Spionageabwehr‹) im Verantwortungsbereich einer Bezirksverwaltung«. BStU, MfS JHS, 21562, Bl. 17.

251 Vgl.: Referat des Leiters der Hauptabteilung II auf der Dienstkonferenz vom 8. April 1987, BStU MfS HA II Nr. 4865, Bl. 62 f.

operative Maßnahmen mit IM (hier ging die Initiative vom MfS aus) zur Bekämpfung westlicher Geheimdienste.

Im Streben nach Verwirklichung dieser Zielstellung durfte die Spionageabwehr allerdings Feindverbindungen nicht um jeden Preis und prinzipienlos aufbauen. Nicht jede Diensteinheit konnte nach »Gutdünken« IMB mit Feinverbindungen zu westlichen Geheimdiensten schaffen und führen. Eine solche Praxis schadete mehr, als sie nutzte. Kräfte wurden möglicherweise ohne Notwendigkeit gebunden, eine Vielzahl von Informationen floss ungesteuert ab und die westlichen Dienste konnten die Arbeit des MfS ungehindert analysieren. Aufwand und Nutzen standen bei einer solchen Vorgehendweise im Gegensatz.[252]

Gemäß der DA 1/87[253] war der Leiter der HA II für die zentrale Führung der Arbeit mit IMB, die Verbindungen zu westlichen Geheimdiensten unterhielten sowie für die Gewährleistung der ständigen zentralen Übersicht über wesentliche Inhalte und Ergebnisse verantwortlich. Dahingehend wurde er durch seine Arbeitsgruppe Koordinierung unterstützt. Die zentrale Führung wurde als notwendig erachtet, um die Sicherheit der IMB und ihren variablen auf einen hohen Nutzeffekt ausgerichteten Einsatz sicherzustellen. Fragen, wie:

- »Zu welchen Geheimdienststellen waren vorrangig IMB zu schaffen?«,
- »Waren die an den Gegner abfließenden Informationen widerspruchsfrei zu den von anderen IMB bereits gemachten Angaben?«,

---

252 Vgl.: Ebd., Bl. 63 f.

253 Dienstanweisung 1/87 zur Gewährleistung des komplexen Vorgehens bei der Abwehr geheimdienstlicher Angriffe gegen politische, ökonomische und militärische Bereiche.

- »Welche IMB mussten ihre Verbindungen zu westlichen Geheimdiensten aufgrund aktueller Lageentwicklungen abbrechen?«,

konnten nur aus zentraler Sicht beantwortet werden. Bei der Schaffung von IMB mit Verbindung zu den Geheimdiensten durch die Abteilungen II der BV und anderer Abwehrlinien musste gemeinsam mit der HA II im Vorfeld geprüft werden, welche reale Perspektive der IMB-Kandidat hatte. Die Strategie der Spionageabwehr bestand darin, möglichst qualitativ hochwertige IMB mit hohem Nutzen zu schaffen. Es kam nicht darauf an, möglichst viele IMB zu schaffen.

Bei der Auswahl und Suche solcher IMB-Kandidaten war die Orientierung auf solche Personen notwendig, die über eine für die westlichen Geheimdienste interessante berufliche/gesellschaftliche Tätigkeit, Verbindungen, Einflussmöglichkeiten oder Wohnlage verfügten beziehungsweise eine persönliche Verbindung zu einem Geheimdienstmitarbeiter (Verwandte, Bekannte, Hobbyfreunde) hatten oder im Umfeld eines Geheimdienstmitarbeiters (Arbeits- Wohn- und Freizeitbereich) angesiedelt waren. Weitere Anforderungen bestanden hinsichtlich der disponiblen Einsetzbarkeit, der überprüften Ehrlichkeit, Zuverlässigkeit und einer festen Bindung an das MfS sowie der notwendigen Fähigkeit zur konspirativen Arbeit.

Ein Hauptweg zur Schaffung von IMB mit Verbindungen zu westlichen Geheimdiensten bestand in der Erhöhung der Quantität und Qualität der Blickfeldarbeit.[254] Die Blickfeldarbeit war eine ständige Arbeitsmethode, die konzeptionell und langfristig angelegt war. Zur Realisierung dieser Aufgabenstellung wurden nur ausgewählte, überprüfte, zuverlässige und erfahrene IM ein-

---

254 Vgl.: Peter Brosch: Diplomarbeit, Bl. 17 ff.

gesetzt. Sie war eine offensive Methode zielgerichteter Führung ausgewählter und qualifizierter IM durch die Linie II, um sie in das Blickfeld hauptamtlicher Mitarbeiter und Agenturen westlicher Geheimdienste, mit der Zielstellung der Werbung als Agent eines Dienstes zu bringen. Über folgende Mittel und Wege wurden IM in das Blickfeld westlicher Geheimdienste gebracht:

- über bereits vorhandene IMB,
- durch Anschleusung an erkannte Geheimdienstmitarbeiter und Agenten im Operationsgebiet und erkannte Spione in der DDR,
- unter Nutzung der umfangreichen Kontakttätigkeit bevorrechteter Personen (Diplomaten) und akkreditierter Korrespondenten und Journalisten,
- durch Ausnutzung offizieller Kontakte westlicher Geheimdienste im jeweiligen Operationsgebiet,
- unter Nutzung des umfangreichen Befragungssystems der westlichen Geheimdienste in der Bundesrepublik und Westberlin,
- durch Nutzung der Presse im Westen und in der DDR,
- unter Nutzung der von den westlichen Diensten praktizierten Post- und Telefonkontrolle im Operationsgebiet.[255]

In einigen Diensteinheiten, beispielsweise in der Abteilung II der BV Schwerin, wurde die Blickfeldarbeit kritisch betrachtet. Sie galt als Maßnahme mit hohem Kräfte- und Zeitaufwand und verhältnismäßig geringem Nutzen. Den westlichen Diensten stand ein großes Potential möglicher Werbekandidaten zur Verfügung. Daher war die Reaktion auf eine vom MfS realisierte Blickfeldmaßnahme oftmals nur gering, schätzte man

---

255 Vgl.: Horst More: *Die Abwehr von Spionageangriffen der Geheimdienste der Nato-Staaten gegen die Deutsche Demokratische Republik*, Bl. 11 f.

in der BV Schwerin ein. Um mit dieser Methode erfolgreicher zu sein, sollten auf der Grundlage der Erschließung und Nutzung aller Potenzen des gesamten Verantwortungsbereiches die Blickfeldmaßnahmen unter
straffer Führung der Abteilung II/BV Schwerin in einer
weitaus größeren Breite zu realisieret und zwingender
gestaltet werden. Bei der Entwicklung und Anwendung
der operativen Legenden und Kombinationen sollte verstärkt darauf Einfluss genommen werden, dass sie die
Kontaktaktivitäten des IM gut verschleiern, mehrmalige
Kontaktversuche ermöglichten und lebensnah waren.[256]
Wie unterschiedlich die Blickfeldarbeit durch die Spionageabwehr realisiert wurde und dass sie durchaus erfolgreich sein konnte, verdeutlichen folgende Beispiele.
Blickfeldmaßnahmen wurden zum Beispiel in Zusammenarbeit zwischen der HA II/3 sowie den Bezirksverwaltungen und Kreisdienststellen gegen amerikanische
Geheimdienste, realisiert. Die IM »Bernd Renne« und
»Helmut« der Abteilung II/BV Rostock sowie der IM
»Schulz«, KD Gransee, realisierten umfangreiche Blickfeldmaßnahmen gegen den US-Geheimdienst im Operationsgebiet, mit dem Ziel der Herstellung einer Feindverbindung.[257]
Im Rahmen des OV »Forscher« brachte die HA II/10
den IMB »Müller« in das Blickfeld der CIA. Im Jahr
1986 registrierte die DDR-Spionageabwehr, dass alle
zu ihm durchgeführten Überprüfungsmaßnahmen der
CIA erfolgreich abgeschlossen waren und der IMB dadurch seine Beziehungen zur CIA weiter festigen konnte. Im Rahmen seiner »Zusammenarbeit« mit der CIA
erlangte der IMB »Müller« ergänzende Informationen

---

256 Vgl.: Peter Brosch: Diplomarbeit, Bl. 19 f.

257 Vgl.: HA II/3: Planorientierung 1984 für die Abteilungen II der
Bezirksverwaltungen. BStU ZA MfS HA II Nr. 30319, Bl. 48.

zum Persönlichkeitsbild sowie zu den nachrichtendienstlichen Mitteln und Methoden des ihn steuernden
amerikanischen Geheimdienstmitarbeiters. Der IMB
erlangte umfangreiche Erkenntnisse zu den politischen
Informationsinteressen der CIA.[258]
Und auch die AGA der HA II setzte sich für das Jahr
1989 die Erhöhung des Niveaus der Blickfeldarbeit zur
Schaffung neuer Feindverbindungen, insbesondere zu
westlichen Geheimdiensten, zum Ziel. Dabei waren
12 laufende beziehungsweise komplizierte Blickfeldmaßnahmen mit IM sowie operative Kombinationen[259] zum Gegner der Schwerpunkt. So wurde zum
Beispiel der IMB »Willi«, ein Franzose mit ständigem
DDR-Aufenthalt, in Zusammenarbeit zwischen der
AGA und der Abteilung II/BV Erfurt eingesetzt. Das
Ziel bestand in der Realisierung offensiver Blickfeld-
prozesse unter Nutzung bedeutsamer Anhaltspunkte,
die der IMB für den französischen Geheimdienst bot,

---

258 Vgl.: HA II/10: Quartalsbilanz I/86. BStU ZA MfS HA II/10 Nr.
62, Bl. 197.

259 Eine operative Kombination war eine Methode, die sich als ein
Komplex sich bedingender und ergänzender sowie aufeinander
abgestimmter Maßnahmen darstellte, mit dem Ziel, bei Wahrung der Konspiration der Absichten, Maßnahmen, Kräfte,
Mittel und Methoden des MfS bestimmte Personen zwingend
zu solchen Reaktionen zu veranlassen, die die Lösung operativer
Aufgaben ermöglichten oder dafür günstige Voraussetzungen
schufen. Um die Reaktion offensiv, unter Einhaltung der Konspiration, auszulösen bzw. um zu erreichen, dass bestimmte Reaktionen nicht erfolgten, waren geeignete Legenden notwendig.
Hauptbestandteil der Kombination war der legendierte Einsatz
erfahrener, zuverlässiger und geeigneter IM. Kombinationen
waren weitgehend auf realen, vorgefundenen Umständen und
Bedingungen aufzubauen. Voraussetzung für die Ausarbeitung
von Kombinationen war das Vorliegen ausreichender und qualifizierter Informationen über den Sachverhalt bzw. die Zielperson.

mit dem Ziel der Herstellung einer Feindverbindung bei einem mehrwöchigen Frankreich-Aufenthalt.[260]
Die Abteilung II/BV Berlin sah einen Ansatz für ihre Blickfeldarbeit in IM an militärischen Objekten. Im Ergebnis einer Analyse von IM mit Wochenendgrundstücken an militärischen Objekten wurden zu ausgewählten IM mit anderen Diensteinheiten Festlegungen zur Blickfeldarbeit getroffen. Man nutzte bei der Berliner II allerdings auch die Verbindungen der Abteilung XX/1 und der KD zu den befreundeten Parteien. Hier wurde die Suche, Auswahl und Aufklärung geeigneter Kandidaten durchgeführt.[261]
Ein anderer Hauptweg zur Schaffung von IMB mit Verbindungen zu westlichen Geheimdiensten bestand in der zielgerichteten Werbung geeigneter Personen aus dem Umfeld der Geheimdienststellen beziehungsweise Geheimdienstmitarbeiter.
Als eine erfolgversprechende Methode bot sich die qualifizierte Arbeit mit Perspektiv-IM an. Dazu sollten junge perspektivvolle IM aus dem Operationsgebiet gewonnen werden, die in jenen Bereichen tätig waren, aus denen die westlichen Geheimdienste ihren Nachwuchs gewannen. Um den Sicherheitsüberprüfungen der Dienste standzuhalten, sollten diese Kandidaten keine Kontakte in sozialistische Staaten unterhalten, über eine gute Bildung verfügen und einer systemtragenden Partei angehören.[262] Die IMB-Arbeit in Richtung Schaffung von Verbindungen zu den Ge-

260 Vgl.: Jahresarbeitsplan der AG Ausländer zu den Schwerpunkten 1989 in der politisch-operativen Arbeit und ihrer Leitung, BStU ZA MfS HA II Nr. 26605, Bl. 135 und 137.

261 Vgl.: BV Berlin, Abt. II: Jahresarbeitsplan 1989. BStU ZA MfS HA II Nr. 33017, Bl. 11 f.

262 Vgl.: Peter Brosch: Diplomarbeit, Bl. 20.

heimdiensten soll an den folgenden Beispielen der Abteilung II/BV Berlin aufgezeigt werden.

Im OV »Hubert«, der sich gegen das LfV Berlin richtete, wurde der Verfassungsschützer »Zögling« aufgeklärt. Das Ziel bestand darin, Voraussetzungen für die Abschöpfung beziehungsweise einer Werbekombination zu schaffen. Dazu wollte die Berliner II zu einer Person »Lisa« Kontakt aufnehmen.[263] Eine Werbung beziehungsweise Abschöpfung konnte letztlich nicht realisiert werden.

Im OV »Brot« der Abteilung II/BV Berlin wurde durch ein IM-Ehepaar (IMB »Glas1« und »IMB Glas 2«) ein Westberliner Ehepaar (»Brot« und »Brötchen«) bearbeitet, welches im LfV Berlin tätig war. Das in Ilmenau lebende IM-Ehepaar verpflichtete sich 1968 zur Zusammenarbeit mit dem MfS und war bis 1989 aktiv. In dieser Zeit reiste das Paar insgesamt 22 Mal nach Westberlin beziehungsweise in die Bundesrepublik.

Ausgangspunkt waren der Staatssicherheit bekannte Briefkontakte des Ilmenauer Paares zu einem Mitarbeiter (»Brot«) des Berliner LfV und dessen Frau (»Brötchen«). Die IM und der Landesverfassungsschützer kannten sich von Kind an und gingen gemeinsam in Löwenberg zur Schule. Aber »Brot« war nicht der einzige für das MfS interessante Kontakt des IM-Paares. Vielmehr waren auch andere Jugendfreunde von Interesse, so eine Angehörige des MAD und ein Mitarbeiter des Bundesamtes für Verfassungsschutz, Deckname »Tief«.

Durch die Frühinvalidisierung des IM »Glas« im Jahr 1972, konnte das IM-Ehepaar die persönlichen Beziehungen zu den Verfassungsschützern ausbauen und regelmäßig in den Westen reisen, um sie abzuschöpfen.

---

263 Vgl.: BV Berlin, Abt. II: Jahresarbeitsplan 1989. BStU ZA MfS HA II Nr. 33017, Bl. 15.

In die Tätigkeit für die Abteilung II/BV Berlin waren auch die Tochter des Paares und deren Mann (IMB-Paar »Imker«) eingebunden, beide lebten in Ostberlin. Das IMB-Paar »Imker« war in die Abschöpfung des BfV-Mitarbeiters »Tief« involviert. Mutter und Tochter (IMB »Glas« und IMB »Imker«) wurden durch das MfS erfolgreich in das Blickfeld des Verfassungsschutzes gebracht und durch das BfV angeworben. Beide waren über einen langen Zeitraum als IMB des MfS zum Einsatz, beim Verfassungsschutz wurden sie unter den Decknamen »Ilmer« und »Linser« geführt und erhielten von dort finanzielle Zuwendungen.

Über die abgeschöpften Verfassungsschützer erhielt die Abteilung II der BV Berlin eine Vielzahl von Informationen aus den dienstlichen Bereichen der Zielpersonen. Da »Brot« und »Tief« die Sicherheitserfordernisse hinsichtlich ihrer beruflichen Tätigkeit lax handhaben und vertrauensselig waren, hatten es die IMB bei der Abschöpfung recht einfach. Auch nach dem Ausscheiden der Verfassungsschützer waren ihre Informationen für das MfS von Interesse, ließen jedoch in ihrer Wertigkeit mit zunehmender Zeitdauer nach.[264]

Im OV »Journalisten« setzte die Berliner II die IMB »Hans« und »Iris« gegen den BND ein. Ihr Einsatz erfolgte im Rahmen der Abschöpfung des BND-Angehörigen »Förster« zu Plänen und Absichten sowie angewandter Mittel und Methoden des BND gegen die DDR. Durch Reisen in dringenden Familienangelegenheiten des IMB »Hans« nach Westberlin und der Realisierung von Treffs mit »Förster« sollten die Informationen erarbeitet werden. »Förster« sollte bei seinen Westberlin-Aufenthalten durch eine HIM-Beobachtergruppe

---

264 Mitteilung eines ehemaligen Mitarbeiters der Spionageabwehr der BV Berlin.

der Berliner II unter Kontrolle gehalten werden, um so weitere Agenten und BND-Mitarbeiter zu erkennen.

Des Weiteren sollte die umfassende Aufklärung und Kontrolle von »Försters« vermutlicher Agentin »Wirtin« erfolgen, um ihre Verbindungen und Beziehungen in die DDR sowie ihre Spionagemöglichkeiten zu erkennen.[265]

Eine Berliner Besonderheit war die Feststellung, dass sich Verfassungsschützer aus dem Westteil der Stadt im Vorfeld von anstehenden Urlauben ihre Pkw in die Bundesrepublik überführen ließen, da sie die Transitstrecke aus Sicherheitsgründen nicht befahren durften. Hier sah die Abteilung II der BV Berlin einen Ansatzpunkt. Bei der Aufklärung einer Mitarbeiterin des LfV stellte die Spionageabwehr der BV Berlin fest, dass eine gewisser Herr M. häufig als Überführer agierte und die Transitstrecken benutzte. Zu M. gab es Hinweise, dass er sich angeblich nicht immer gesetzeskonform verhalten hatte. Das wollte man nutzen. Die der Berliner II bekanntgewordenen Fahrzeuge der Verfassungsschützer sowie die Überführer wurden zur Fahndung an den Grenzübergangsstellen ausgeschrieben, um die Reisebewegungen in der DDR unter Kontrolle halten zu können. Infolge dieser Fahndung erhielt die Berliner II unmittelbar nach Einreise Kenntnis vom Sachverhalt. Im Fall M. machte man sich intensive Gedanken und es existierte ein entsprechendes operatives Konzept, um ihn zu werben. Nun passiert allerdings etwas, was nicht vorauszusehen war. M. reiste über einen längeren Zeitraum nicht mehr in die DDR ein. Erst am 7. Oktober 1989 wurde er erstmals wieder festgestellt. Zwei Mitarbeiter der Berliner II sprachen M. an, dieser zeigte sich im Gespräch ko-

---

265 Vgl.: BV Berlin, Abt. II: Jahresarbeitsplan 1989. BStU ZA MfS HA II Nr. 33017, Bl. 13.

operativ und man vereinbarte einen neuen Trefftermin an der Transitstrecke. Allerdings offenbarte sich M. unmittelbar den Sicherheitsbehörden, was das MfS aus der Presse erfuhr. Die Staatssicherheit hatte zu diesem Zeitpunkt allerdings schon andere Probleme.[266]

Ein weiterer Hauptweg bestand in der Nutzung dem MfS rechtzeitig bekannt gewordener Anwerbungsversuche der westlichen Geheimdienste (außerhalb der Blickfeldarbeit). Dieser Weg war oftmals beschwerlich und konnte mit Komplikationen verbunden sein. Ein Vergleich zwischen den zentralen Erkenntnissen der Staatssicherheit zum Vorgehen der Geheimdienste mit dem geringen festgestellten oder gemeldeten Anteil von Bürgern im Verantwortungsbereich der BV Schwerin beispielsweise, ließ auf eine hohe Dunkelziffer schließen. Die Hauptursache für diesen aus Sicht der Staatssicherheit unbefriedigenden Zustand bestand darin, dass die von den Diensten angesprochenen DDR-Bürger durch die Geheimdienstmitarbeiter dahingehend eingeschüchtert wurden, den Kontakt zu melden. Die betroffenen DDR-Bürger hatten oftmals aber auch nicht genügend Vertrauen zum MfS und befürchteten persönliche Nachteile hinsichtlich der Genehmigung weiterer Westreisen oder der beruflichen Entwicklung.

Eine bessere Erschließung dieses effektiven Weges zur Schaffung von IMB mit Verbindungen zu westlichen Geheimdiensten erforderte vom MfS insgesamt eine wirksamere und individuellere Einflussnahme auf die in das NSW reisenden DDR-Bürger, um deren Vertrauen zu gewinnen, ihre Mitteilungsbereitschaft zu erhöhen und zweckentsprechende Verhaltensrichtlinien für eine mögliche Ansprache durch die Dienste festzule-

---

266 Mitteilung eines ehemaligen Mitarbeiters der Spionageabwehr an den Verfasser.

gen.[267] More gelangt bezüglich der IMB zu folgender Einschätzung: »Mit IM/Feindverbindung wurde durch den Bereich Spionageabwehr des MfS eine erfolgreiche Arbeit im Kampf gegen NATO-Geheimdienste geleistet. So wurden mit IM/Feindverbindung bedeutungsvolle Informationen zu Zentralen, Dienststellen, Mitarbeitern, Agenten, Arbeitsmethoden, Plänen und Absichten sowie angewandten Mitteln und Methoden von NATO-Geheimdiensten, anderer feindlicher Zentren, Organisationen und Kräften erarbeitet, die dann Grundlage für zielgerichtete Abwehrmaßnahmen des MfS waren.«[268]

Die Erarbeitung von Ersthinweisen in Richtung Spionage

Operative Ersthinweise in Richtung Spionage waren bedeutsame Informationen zu Personen und/oder Sachverhalten, die für sich oder in Verbindung mit anderen (beispielsweise zu Persönlichkeitsmerkmalen, die Ansatzpunkte für eine Werbung durch westliche Geheimdienste darstellten) erstmalig auf
• eine geheimdienstliche Informationsbeschaffung,
• eine geheimdienstliche Kontaktierung,
• eine geheimdienstliche Verbindungshaltung sowie auf
• andere, mit einer Spionagetätigkeit in Verbindung zu

---

267 Vgl.: Peter Brosch: Diplomarbeit, Bl. 20 f.

268 Vgl.: Horst More: *Die Abwehr von Spionageangriffen der Geheimdienste der Nato-Staaten gegen die Deutsche Demokratische Republik*, Bl. 11.

bringende Handlungen, Verhaltensweisen und Umstände hinwiesen.

Die Bedeutsamkeit der vorliegenden Informationen wurde wesentlich mitbestimmt durch die Übereinstimmung des Informationsgehaltes mit den Erkenntnissen der Spionageabwehr zu den Angriffsrichtungen und Arbeitsweisen westlicher Geheimdienste bei ihren agenturisch vorgetragenen Spionageangriffen.

Operative Ersthinweise in Richtung Spionage erforderten in jedem Fall eine Überprüfung sowie eine operative und strafrechtliche Einschätzung aus der Sicht der Spionageabwehr und bei ihrer weiteren Klärung die Berücksichtigung besonderer Anforderungen, die sich aus der Spezifik von Spionagehandlungen ergaben. Im Ergebnis der Überprüfung und Einschätzung des dem Ersthinweis in Richtung Spionage zugrunde liegenden Informationsgehaltes und seiner Ergänzung entstanden in der Regel Ausgangsmaterialien für Operative Vorgänge. Bei Vorliegen der entsprechenden Voraussetzungen konnten Ersthinweise in Richtung Spionage bereits die Qualität eines operativen Anhaltspunktes beziehungsweise eines Verdachtes besitzen und somit

- die Einleitung einer Operativen Personenkontrolle beziehungsweise das
- Anlegen eines Operativen Vorgangs in Richtung Spionage

begründen. Ausschlaggebend für den angestrebten Erfolg des Erkennens und Paralysierens von Spionen war nach Auffassung der Staatssicherheit die konsequente Gewährleistung von Geheimhaltung und Konspiration bereits in der Phase der Erarbeitung von Ersthinweisen in Richtung Spionage sowie die rechtzeitige Einbeziehung von Spezialisten der eigenen Diensteinheit und bei Vorliegen der entsprechenden Qualität des Ersthinweises von Angehörigen der Linie II zur Klärung derselben.

Ersthinweise in Richtung Spionage resultierten vor allem aus:

- Informationen von IM,
- Informationen von staatlichen und gesellschaftlichen Organen, Institutionen und Einrichtungen, insbesondere über das zielgerichtete operative Zusammenwirken,
- Informationen von namentlich bekannten oder anonymen Einzelpersonen,
- der analytischen Vergleichs- und Verdichtungsarbeit der Diensteinheiten des MfS, insbesondere der Auswertungs- und Informationsorgane,
- Informationen der Sicherheitsorgane anderer sozialistischer Staaten,
- den Ergebnissen operativer Fahndungsmaßnahmen, insbesondere der Linien VI, M, III und 26.

Darüber hinaus konnten Ersthinweise in Richtung Spionage auch bei der Realisierung von OPK (beispielsweise bei der Durchführung von OPK, die auf die vorbeugende Sicherung von Personen in sicherheitspolitisch bedeutsamen Positionen ausgerichtet waren) beziehungsweise bei der Bearbeitung von OV mit verschiedensten Bearbeitungsrichtungen herausgearbeitet werden.

Grundsätzlich mussten alle Ersthinweise in Richtung Spionage zügig und offensiv geklärt werden. Bedeutsame Informationen, die den Anforderungen an Ersthinweise in Richtung Spionage noch nicht entsprachen, mussten für ein spätere Vergleichs- und Verdichtungsarbeit (beispielsweise im Zusammenhang mit neu erarbeiteten Informationen anderer Diensteinheiten) zugriffsbereit in den Speichern der entsprechenden Diensteinheiten erfasst werden. Mit Ersthinweisen in Richtung Spionage konnten alle Diensteinheiten des MfS konfrontiert werden. Sie entstanden bei der Sicherung der unterschiedlichsten Verantwortungsbereiche und waren nicht auf besonders spionagegefährdete Bereiche begrenzt. Um aber Informationen, die in Realisierung der verschiedensten Aufgabenstellungen (zum Beispiel bei Sicherheitsüberprüfungen) erarbeitet wurden, als Ersthinweis in Richtung Spionage und in diesem Sinne als bedeutsam zu erkennen und bewerten zu können, mussten auch operative Mitarbeiter des MfS, deren Einsatzrichtung vornehmlich nicht die Spionageabwehr war, diese Thematik beherrschen. Denn erst wenn ein Ersthinweis in Richtung Spionage als solcher erkannt wurde, konnte über die Einbeziehung von Spezialisten deren Einschätzung und zielstrebige, der Spezifik von Spionagedelikten Rechnung tragende Klärung eingeleitet werden.[269]

Nicht immer wurden im MfS solche Ersthinweise mit der gegebenen Konsequenz verfolgt, was auch das Verhalten von Vorgesetzten einschloss. Einem jungen Offizier einer Kreisdienststelle im Bezirk Neubrandenburg wurde beispielsweise die Sicherung eines Kraftverkehrsbetriebes übertragen, der auch Transportaufträge in die Bundesrepublik durchführte. Eines Tages wurde der Offizier durch einen Kraftfahrer angesprochen, der ihm mitteilte, vom BND zur Zusammenarbeit angesprochen worden zu sein. Der unerfahrene Leutnant machte noch am gleichen Tag eine entsprechende Meldung beim KD-Leiter. Der Bericht wurde vom Kreisdienststellenleiter als Hirngespinst abgetan und landete unbeachtet in einer Akte. Wochen später meldete sich der Fahrer wiederholt beim Leutnant der KD und berichtete erneut von Aktivitäten des BND. Wieder wurde der Bericht durch den KD-Leiter für unmöglich

---

269 Vgl.: Juristische Hochschule Potsdam, Sektion Politisch-Operative Spezialdisziplin, Lehrstuhl V: Studienmaterial zu ausgewählten Problemen der Erarbeitung von operativen Ersthinweisen in Richtung Spionage. Potsdam 1984, BStU-Bibliothek, ST 636, S. 5–8.

gehalten. Jahrelang waren in dieser Kreisdienststelle keinerlei geheimdienstliche Aktivitäten zu verzeichnen gewesen und nun kommt ein junger Offizier und meldet innerhalb einer kurzen Zeitspanne zwei BND-Kontakte eines Fernfahrers. Da der Leutnant sich von seinem Kreisdienststellenleiter nicht ernst genommen fühlte, fuhr er ohne Wissen seiner Vorgesetzten zur Bezirksverwaltung. Dort war allerdings der fachlich zuständige Stellvertreter Operativ nicht anwesend und so landete sein Bericht wieder ungelesen in den Akten. Durch technische Maßnahmen der Spezialfunkdienste des MfS konnte allerdings der meldende Kraftfahrer später durch die HA II als Zielperson des BND identifiziert werden. Als alle Beteiligten dann die Situation erfasst hatten, fanden sich die Berichte des jungen Mitarbeiters.[270]

Ein Ausgangspunkt für die Erarbeitung von Ersthinweisen in Richtung Spionage war die Bestimmung konkreter Personenkreise und Personen, die in der Hauptangriffsrichtung der westlichen Geheimdienste lagen.

Aus der Sicht der Spionageabwehr musste bei der Sicherung der Verantwortungsbereiche, insbesondere bei der Herausarbeitung, Bestimmung und Sicherung beziehungsweise der Bearbeitung von Schwerpunktbereichen und Schwerpunkten davon ausgegangen werden, dass die westlichen Dienste auf die Werbung hochqualifizierter Quellen in entscheidenden politischen, ökonomischen und militärischen Organen und Einrichtungen der DDR orientiert waren. Im Mittelpunkt des Spionageinteresses standen:

- Objekte, Bereiche, Prozesse und Personenkreise, die für die Gewährleistung der Landesverteidigung in der DDR entscheidend waren. Das bezog sich neben dem

---

270 Mitteilung eines ehemaligen Mitarbeiters der HA II (Archiv des Verfassers).

Kernstück der Landesverteidigung, den Streitkräften und ihren Führungsorganen, verstärkt auch auf die wissenschaftlich-technische und materielle Sicherstellung (Forschung, Entwicklung und Produktion) der Landesverteidigung.

- Objekte beziehungsweise Bereiche, in denen für die Entwicklung in der DDR die grundsätzlichen Entscheidungen getroffen beziehungsweise erarbeitet wurden. Das schloss insbesondere spezifische Fragen der Integration in den RGW, der Beziehungen zu kapitalistischen Staaten, vor allem zur BRD, aber auch solche Fragen wie das Verhältnis Staat-Kirche ein.

- Objekte und Bereiche, in denen die entwicklungsbestimmenden Prozesse der wirtschaftlichen und wissenschaftlich-technischen Basis entwickelt und realisiert wurden.

- Objekte, Bereiche, Prozesse und Personenkreise, die für die Gewährleistung der inneren Sicherheit der DDR von ausschlaggebender Bedeutung waren. Das betraf insbesondere das MfS und seine inoffizielle Basis.

Aufbauend auf diese Hauptrichtungen des gegnerischen Spionageinteresses ließen sich als wesentliche Zielgruppen für Anwerbungsaktivitäten bestimmen:

- Geheimnisträger aus dem Partei- und Staatsapparat, aus den Bereichen der Wirtschaft, der Landesverteidigung, der Wissenschaft, der Kultur und des Sports, die sich aus den unterschiedlichsten Gründen zeitweilig im nichtsozialistischen Ausland aufhielten, also vor allem Reisekader.

- Auslandskader, die über einen längeren Zeitraum im nichtsozialistischen Ausland tätig waren, insbesondere in den Auslandsvertretungen der DDR, in internationalen Organisationen sowie auf der Grundlage kommerzieller oder anderer Vereinbarungen.

- DDR-Bürger, die bedeutsamen Geheimnisträgern

stabile Verbindungen besaßen beziehungsweise in der Lage waren, diese stabilen Verbindungen herzustellen.

- DDR-Bürger, die Reisemöglichkeiten in das Operationsgebiet oder stabile Verbindungen dorthin hatten.
- DDR-Bürger, die im grenzüberschreitenden Verkehr in das Operationsgebiet tätig waren.
- DDR-Bürger, die berufsbedingt umfangreiche Reisemöglichkeiten in der DDR besaßen, beziehungsweise die Anwohner, Anlieger oder Zivilbeschäftigte in Objekten der bewaffneten Organe der DDR und der GSSD waren.

Diese Zielgruppen der westlichen Geheimdienste zur Schaffung von Spionagestützpunkten in der DDR zeichneten sich durch

- objektive Spionagemöglichkeiten zur Erfüllung der vorhandenen Spionageinteressen und/oder durch
- günstige objektive Bedingungen für eine Kontaktierung und spätere geheimdienstliche Anwerbung sowie Verbindungshaltung

aus. Eng damit verbunden nutzten die westlichen Geheimdienste als Ausgangspunkt für eine Anwerbung von DDR-Bürgern eine breite Palette subjektiv bedingter Ansatzpunkte bis hin zur Verwendung zielgerichtet geschaffener Kompromate.

Die gezielte Suche nach objektiven Ersthinweisen in Richtung Spionage musste der Vielfalt sowie der Variabilität und Anpassungsfähigkeit der durch die Dienste bei ihren Spionageaktivitäten zum Einsatz gebrachten Kräfte, Mittel und Methoden entsprechen.

Spionage objektivierte sich durch erforderliche Handlungen des Spions und des ihn steuernden Geheimdienstes. Sie war also grundsätzlich erkennbar. Diese Überzeugung musste das initiativreiche und schöpferische Handeln der operativen Mitarbeiter und Leiter bei der Sicherung spionagegefährdeter Objekte, Bereiche,

Prozesse, Personenkreise und Personen prägen und mobilisieren.

Entscheidend für die Fähigkeit der IM und der Führungsoffiziere selbständig Informationen als bedeutsam für die Spionageabwehr, als Ersthinweis in Richtung Spionage zu erkennen, war die konkrete Kenntnis über Erscheinungsformen und Erkennungsmerkmale der Spionage beziehungsweise des Spions gegen den konkreten Verantwortungsbereich, mit denen sie bei der Erfüllung ihrer Aufgaben und Aufträge, aber auch im Arbeits- und Freizeitbereich konfrontiert werden konnten.

Im Folgenden sollen einige solcher Erscheinungsformen oder Merkmalskomplexe dargestellt werden. Es galt aber grundsätzlich als falsch, derartige Erscheinungsformen und Merkmalskomplexe als starres Raster anzuwenden, denn sie konnten immer nur Hilfsmittel bei der Suche sein. Einem vollständigen Raster standen die große Vielfalt der zu sichernden Objekte, Bereiche, Prozesse, Personenkreise und Personen sowie die Dynamik ihrer Entwicklung und die hohe Differenziertheit des Erscheinungsbildes der Spionage und des Spions sowie seiner Flexibilität entgegen.

Ein erster, für die Suche nach Ersthinweisen in Richtung Spionage relevanter Merkmalskomplex umfasste Informationen zu möglichen Ansatzpunkten für eine Anwerbung durch westliche Geheimdienste.

Solche Informationen wiesen für sich noch nicht auf Erscheinungsformen einer Spionagetätigkeit hin. Da sie aber im Zusammenhang mit anderen Informationen für deren Qualifizierung zum operativen Ersthinweis in Richtung Spionage oder zur Einschätzung ihrer konkreten Bedeutsamkeit von beachtlichem Wert sein konnten, werden sie hier als gesonderter Komplex behandelt. Auf der Grundlage objektiv vorhandener Spionagemöglichkeiten (direkte oder indirekte Zugriffsmöglichkeiten auf geheim zu haltende Informationen) von Personenkreisen oder Personen aus dem Verantwortungsbereich ging es hierbei um

- subjektiv bedingte Ansatzpunkte für ihre Anwerbbarkeit durch Geheimdienste sowie um
- günstige Möglichkeiten der Aufklärung, Annäherung, Anwerbung und späteren Verbindungshaltung.

Bei der Suche nach subjektiv bedingten Ansatzpunkten, die den Diensten eine gezielte Abschöpfung oder Anwerbung als günstig und realisierbar erscheinen ließen, orientierten sie sich vor allem auf folgende Bereiche:

- Politische Einstellungen und Haltungen. Die Geheimdienste stützten sich dabei auf erkennbare ideologische Erscheinungen, die sich in ungefestigten und schwankenden bis hin zu feindlichen Positionen äußern konnten. Die Bereitschaft zum Verlassen der DDR konnte ebenfalls relevant sein. Darüber hinaus nutzten die Dienste religiöse Bindungen oder das Vortäuschen positiver Grundgedanken (vor allem durch Leitungskader), um karrieristische oder andere Motivationen abzudecken.
- Charakterliche Eigenschaften wie übertriebenes Besitzstreben beziehungsweise starke materielle Interessiertheit, Bestechlichkeit, übersteigerter Geltungsdrang, übertriebenes streben nach Anerkennung, Willensschwäche und starkes Anlehnungsbedürfnis, leichte Führ- und Steuerbarkeit usw.
- Individuelle Verhaltensweisen, die als günstige Faktoren für eine Annäherung eingeschätzt wurden, wie Alkoholmissbrauch, Betreiben aufwändiger Hobbys, aufwändiger Lebensstil, außereheliche Beziehungen, Partnerbeziehungen oder andere enge persönliche Verbindungen zu Personen aus dem kapitalistischen Ausland oder zu Personen mit einer negativen Einstellung zur DDR.

- Die Entwicklung und die Stellung von Erscheinungen der Persönlichkeit, wie zum Beispiel Verschuldungen oder andere erhebliche finanzielle Schwierigkeiten, Ärger mit Vorgesetzten oder staatlichen/gesellschaftlichen Organen aber auch solche, die als Kompromat genutzt werden konnten, wie beispielsweise nicht publik gewordene Rechtsverletzungen, sexuelle Abartigkeiten, moralisches Fehlverhalten, verschwiegene Westkontakte von Personen, denen solche Verbindungen untersagt waren usw.

In der Tätigkeit des MfS fand Beachtung, dass die durch die Dienste nutzbaren subjektiv bedingten Ansatzpunkte in ihrer konkreten, persönlichkeitsbezogenen Ausprägung sehr vielgestaltig sein konnten, oft in Kombination zu verzeichnen waren und selten in der hier dargestellten verallgemeinerten Form in Erscheinung traten.

Als günstige Möglichkeiten der Aufklärung, Annäherung, Werbung und zur späteren Verbindungshaltung nutzten die Geheimdienste vor allem zeitweilige Aufenthalte von DDR-Bürgern im westlichen Ausland. Das betraf Personen, die

- aus beruflichen beziehungsweise gesellschaftlichen Gründen in das NSA reisten beziehungsweise dort tätig waren (Auslands- und Reisekader),
- im grenzüberschreitenden Verkehr beschäftigt waren,
- aus privaten Gründen in das NSA reisten (Rentner, Reisende in dringenden Familienangelegenheiten usw.)

Darüber hinaus nutzten die Dienste insbesondere die umfangreichen Verbindungen von Bürgern der DDR zu

- engen Verwandten und Bekannten aus dem NSA,
- legalen Basen/Positionen des Westens auf dem Territorium der DDR (Botschaften usw).

Ein zweiter Merkmalskomplex umfasste Informationen

zu einer möglichen geheimdienstlichen Kontaktierung. Dieser Komplex war vorrangig bei der Durchdringung von Personenkreisen und Personen von Bedeutung, denen Kontakte und Verbindungen zu Bürgern aus dem NSA untersagt beziehungsweise deren Kontakte meldepflichtig waren. Im Prozess der Annäherung der Dienste mittels ihrer Agenturen beziehungsweise durch Geheimdienstmitarbeiter direkt zur Vorbereitung und Durchführung einer Anwerbung, war diese Phase der Kontaktierung besonders geeignet für das Erkennen von Spionagehandlungen bereits in der Vorbereitungsphase. Die Erfahrungen des MfS besagten, dass die Dienste, angefangen vom Bekanntwerden über die Aufklärung und Kontaktierung, bis hin zur Anwerbung von Bürgern der DDR zur Spionage in vielen Fällen deren Verwandte beziehungsweise enge Bekannte im Operationsgebiet nutzten. Unter Beachtung des auch den Geheimdiensten bekannten Umstandes, dass bestimmten Personen (Angehörige der Schutz- und Sicherheitsorgane, Beschäftigte in sicherheitspolitisch bedeutsamen Bereichen, Geheimnisträger) Kontakte in das NSA in der Regel nicht gestattet waren, ging die Staatssicherheit davon aus, dass die Dienste zur Aufklärung und Kontaktierung vor allem die Westverbindungen von Verwandten und Bekannten dieser Personen aus der DDR nutzten. Folgerichtig beachtete das MfS vor allem auch die Kontakte/ Verbindungen von Verwandten und engeren Bekannten in das NSA unter dem Gesichtspunkt einer möglichen nachrichtendienstlichen Nutzung.

Da an die Überprüfung eines jeden gemeldeten oder festgestellten Kontaktes nicht mit dem gleichen Aufwand herangegangen werden konnte, war eine Differenzierung unbedingt erforderlich. Auch diese Differenzierungshinweise waren, wie die Merkmalskomplexe insgesamt, kein Dogma, sondern eine Orientierung für die Organisierung einer zweckmäßigen Abwehrarbeit. Im Folgenden einige Differenzierungshinweise, die in ihrer Verknüpfung entscheidend für die Bewertung eines Kontaktes als Ersthinweis in Richtung Spionage beziehungsweise für die Bestimmung von Art und Umfang der operativen Maßnahmen für die zweifelsfreie Klärung des Charakters dieses Kontaktes sein konnten.

1. Differenzierung der betroffenen DDR-Bürger

- Gehörte diese Person zu einem Schwerpunktbereich der Spionageabwehr?
- Welche konkreten Spionagemöglichkeiten hatte die Person?
- Welche subjektiv bedingten Ansatzpunkte hatte die Person für einen Geheimdienst?

2. Differenzierung nach Kontaktpersonen aus dem NSA

- Gehörten sie zu den aus Sicht der Spionageabwehr bedeutsamen Personenkreisen beziehungsweise Personen?
    - Angestellte, Beamte staatlicher Einrichtungen und Institutionen, insbesondere Militär und Polizei,
    - Mitarbeiter von Ostforschungsinstituten,
    - ehemalige Bürger der DDR, insbesondere solche, die die DDR nach Haftverbüßung oder ohne Genehmigung verlassen hatten,
    - Personen, die bereits beim MfS erfasst waren,
    - Personen, die häufig in die DDR aus touristischen und privaten Gründen einreisten,
- In welchem Verhältnis stand der DDR-Bürger zu diesen Personen (Verwandtschaft, Freundschaft, nicht feststellbar), welche konkreten Bindungen bestanden (ließen sie sich aus dem Kontaktablauf ableiten?)

3. Differenzierung nach der Art des Kontaktes, ihn begleitender Umstände und des Vorhabens danach

- Wann und wo fand der Kontakt statt?

- Von wem ging die Initiative aus?
- Wie wurde sich verhalten (Wurde etwas übergeben/ übernommen oder geschrieben usw.?)
- Wurde der Kontakt konspiriert (Mit welchen Mitteln und Methoden, aus welchem plausiblen Motiv heraus?)
- Wurde der Kontakt pflichtgemäß gemeldet (Wurde anderen Personen gegenüber davon gesprochen?)
- Waren Verhaltensänderungen nach dem Kontakt feststellbar (vorher nicht vorhandene Neugier, Absicherungsverhalten)?

Kontakte, die vorschriftsgemäß gemeldet wurden, durften nicht unüberprüft bleiben. Eine Kontaktierung zur Vorbereitung einer Anwerbung durch einen westlichen Geheimdienst musste als solche vom meldenden Bürger der DDR nicht zwangsläufig erkannt worden sein, so dass ihre Meldung nicht automatisch den geheimdienstlichen Hintergrund ausschloss. Auf der anderen Seite musste nicht jeder mit großem Aufwand konspirierte Kontakt notwendigerweise einen nachrichtendienstlichen Charakter tragen. Das Motiv für die Konspirierung, so die Erfahrungen der Staatssicherheit, basierte in vielen Fällen auf Bedenken vor möglichen disziplinarrechtlichen und anderen Konsequenzen bei illegalen Kontakten.

Eng mit der nachrichtendienstlichen Kontaktierung war ein dritter Merkmalskomplex verbunden, der Informationen zu einem möglichen geheimdienstlichen Verbindungssystem zum Gegenstand hatte.

Als personenbezogene Hinweise auf ein mögliches geheimdienstliches Verbindungssystem konnten insbesondere folgende Informationen gewertet werden:

- Kontakte zu Personen aus dem NSA unter konspirativen Bedingungen im sozialistischen Ausland sowie auf DDR-Territorium,

- Besitz von technischen Geräten und anderen im Handel erwerbbaren Gegenständen, die als nachrichtendienstliche Hilfsmittel im Verbindungswesen einsetzbar waren und nach Erkenntnissen des MfS auch eingesetzt wurden (nur in Verbindung mit anderen Hinweisen, beispielsweise entsprechende Rundfunkempfänger, Zusatzbauteile und Kopfhörer, die zum Rundspruchdienst-Empfang[271] geeignet beziehungsweise notwendig waren),
- unmotiviert erscheinende Briefeinwürfe außerhalb des normalen Arbeits- und Freizeitbereiches (besonders bedeutsam im Wiederholungsfall),
- ungewöhnliche Absicherung der Wohnung, bestimmter Teile der Wohnung oder anderer Räumlichkeiten wie Anbauten, Keller usw.,
- Anzeichen auf eine Absicherung zu Zeiten erhöhter Möglichkeiten zur geheimdienstlichen Informationsbeschaffung (zum Beispiel bei Umrüstung militärischer Verbände/Truppenteilen, Vorbereitungsphasen wichtiger politischer/ökonomischer Entscheidungen),

---

271 Der Rundspruchdienst war eine spezifische Form der Funkverbindung, bei der einseitig die Geheimdienstzentrale sendete und der Agent ohne sofortige Empfangsbestätigung (Blindfunklinie) die Sendung mit einem Radioempfangsgerät mit oder ohne spezielle Hilfsmittel (Kurzwellenempfangsgerät, Kurzwellenkonverter) aufnahm. Ausgehend von der Charakteristik seiner einseitigen Funksendungen an Spione, bezeichnete der BND derartige Sendungen als Rundspruchdienst. Zu vorgegebenen Zeiten und auf konstanten Frequenzen im Kurzwellenbereich erhielten mehrere Agenten des BND unter Nennung ihrer RSD-Nummer hintereinander chiffrierte Funksprüche übermittelt. Die Rufnummern wurden vor der eigentlichen Spruchdurchgabe einzeln aufgerufen. Im Unterschied dazu sendeten andere westliche Geheimdienste an Agenturen in der DDR zu ebenfalls vorgegebenen konkreten Zeiten und auf festgelegten Frequenzen Sprüche für jeweils nur einen Agenten.

bei bestimmten Verhaltensweisen (beispielsweise bei Spaziergängen, beim Aufsuchen bestimmter Personen/Örtlichkeiten, bei der Nutzung öffentlicher Verkehrsmittel) oder gegenüber neu in den engeren Arbeits- oder Freizeitbereich eintretenden Personen. In diesem Zusammenhang mussten auch Informationen über den Einsatz nachrichtendienstlicher Hilfsmittel wie

- Chiffrierunterlagen,
- Geheimschreibmittel,
- vorgeschriebene Briefe,
- Briefe mit fingierten Absendern und Ähnliches

gesehen werden, die in jedem Fall als operativer Ersthinweis in Richtung Spionage gewertet werden mussten. Das MfS ging davon aus, dass in sicherheitspolitisch bedeutsamen Bereichen tätige Agenturen, vor allem wenn sie wichtige Positionen einnahmen beziehungsweise für den Geheimdienst besonders bedeutsame Informationen erarbeiten konnten, unter Umständen andere Personen in ihre Spionagetätigkeit einbezogen, durch die dann sämtlichen Handlungen der Verbindungshaltung zu westlichen Geheimdiensten realisiert wurden. Die Erfahrungen der HA II besagten, dass die Dienste dazu vorwiegend Verwandte nutzten, zu denen ein enges und vertrauliches Verhältnis bestand. Folgerichtig wurden diese von der Staatssicherheit bei der gezielten Suche nach einem geheimdienstlichen Verbindungssystem mit einbezogen.

Ein vierter Merkmalskomplex umfasste Informationen zu einer möglichen geheimdienstlichen Informationsbeschaffung. Eine Besonderheit der Spionageabwehrarbeit unter Personen, die in spionagegefährdeten Objekten und Bereichen tätig oder wohnhaft beziehungsweise die in spionagegefährdeten Prozessen tätig waren, bestand darin, dass diese Personen täglich mit den für die

Geheimdienste interessanten Geheimnissen umgingen beziehungsweise in anderer Weise mit ihnen konfrontiert wurden und demzufolge bei ihrer Spionagetätigkeit kaum besondere Aktivitäten zur Informationsbeschaffung unternehmen mussten. Das betraf insbesondere Geheimnisträger.

Bei diesen Personen war es vor allem immer dann möglich Hinweise auf eine eventuelle nachrichtendienstliche Informationsbeschaffung zu erkennen/zu erarbeiten, wenn die ihnen objektiv gegebenen Möglichkeiten zur Informationsgewinnung aus den verschiedensten Gründen, beispielsweise Übernahme einer anderen Aufgabe/Funktion, Krankheit und Ähnliches, eingeengt oder zum Teil auch beseitigt wurden beziehungsweise wenn kurzfristig andere oder zusätzliche Möglichkeiten und Aufträge zur Informationsbeschaffung bestanden. Bedeutsam konnten in diesem Zusammenhang solche Verhaltensweisen sein wie:

- unmotiviert erscheinende Herstellung von Verbindungen zu Mitarbeitern anderer Arbeits- beziehungsweise Dienstbereiche, insbesondere dann, wenn solche vorher trotz objektiver Möglichkeit nicht bestanden hatten,

- Bestreben zum Verbleib in einem Tätigkeitsbereich beziehungsweise nach Übernahme einer Tätigkeit in einem anderen, aus Sicht der Spionageabwehr bedeutsamen Bereich, wenn dies im Widerspruch zur vorhandenen Qualifikation, festgestellten Persönlichkeitseigenschaften, Verdienstmöglichkeiten und anderem stand.

Bedeutsam konnten darüber hinaus auch Verhaltensweisen dieser Personen sein wie:

- die Anfertigung von Abschriften und anderen Aufzeichnungen von beziehungsweise zu geheim zu haltenden Informationen beziehungsweise

- die zeitweilige Mitnahme von Arbeitsunterlagen mit vertraulichen beziehungsweise geheimen Charakter in den Wohn- und Freizeitbereich.

Da die westlichen Geheimdienste oftmals nicht die Möglichkeit besaßen, direkt agenturisch in die sie interessierenden Personenkreise, insbesondere Geheimnisträger, einzudringen[272], mussten sie auch Personen aus der Peripherie nutzen, um über diese zu den sie interessierenden Informationen zu gelangen. Dazu mussten diese Personen aktive Handlungen in Form geheimdienstlicher Abschöpfung oder Eigenerkundung vollziehen, die festgestellt und als Hinweis auf eine eventuelle nachrichtendienstliche Informationsbeschaffung gewertet werden konnten. Um eine realistische Wertung vornehmen zu können, waren vor allem die Motive für Handlungen und Verhaltensweisen einzuschätzen beziehungsweise zu überprüfen. Solche Handlungen und Verhaltensweisen konnten sein:

- Auffallendes Interesse für geheim zu haltende Informationen aus anderen, insbesondere operativen Schwerpunktbereichen, vor allem dann, wenn sie keinen Bezug zur eigenen Arbeitsaufgabe hatten.
- Streben nach Kontakten und Verbindungen zu Geheimnisträgern aus spionagerelevanten Bereichen.
- Versuche, in Arbeitsbereiche/Funktionen zu gelangen, die grundsätzlichen oder umfassenderen Zugang zu geheim zu haltenden Informationen gewährten. Das war vor allem dann bedeutsam, wenn dafür keine zwingenden dienstlichen beziehungsweise persönlichen Gründe erkennbar waren.

---

272 Waldemar Markwardt: *Erlebter BND*, S. 120: »Viel schmerzlicher war die Erkenntnis, dass die Zielpersonen geheimdienstlicher Anbahnung im Ostblock, die ja Träger möglichst weitgehender Staatsgeheimnisse sein sollten, sich fast durchweg mit dem herrschenden System identifizierten.«

- Auffallender Arbeitseifer, Arbeit nach Dienstschluss, Überstunden, die im Widerspruch zur sonstigen Arbeitseinstellung der Person standen, insbesondere bei zeitweilig besonders spionagerelevanten dienstlichen Aufgaben beziehungsweise Arbeiten.
- Unmotiviert erscheinendes Inkaufnehmen persönlicher Erschwernisse in Verbindung mit der Übernahme neuer Funktionen beziehungsweise Arbeitsaufgaben, die in spionagerelevanten Bereichen lagen.

Über das bisher Dargestellte hinaus konnten sich weitere zu beachtende Informationen hinsichtlich einer möglichen Spionagetätigkeit aus Handlungen und Verhaltensweisen ergeben, die aus den Instruktionen der Geheimdienste, der materiellen Vergütung und der hohen psychischen und zum Teil auch physischen Belastung von Spionen resultierten. Derartige Informationen konnten operativ festgestellte Widersprüche zwischen demonstrierten Verhaltensweisen sowohl im Arbeits- als auch im Freizeitbereich und tatsächlichen inneren Einstellungen beinhalten. In diesem Zusammenhang fanden auch Ursachen und Motive in der Vergangenheit aufgetretener grundsätzlicher Verhaltensänderungen Beachtung und wurden entsprechend geprüft. Im Zusammenhang mit anderen Informationen konnten dies darüber hinaus festgestellte Widersprüche zwischen Lebensstandard und -gewohnheiten sowie dem realen Einkommen oder der Erhalt von Geld und materiellen Werten mit unklarer Herkunft sein.

Weitere Informationen konnten aus der hohen physischen und psychischen Belastung des Spions resultieren, die sich in feststellbaren Handlungen und Verhaltensweisen zeigten, wie unter anderem in:

- dienstlich oder persönlich unmotiviert erscheinender Nervosität,
- übertriebenen Handlungen zur Absicherung,

- ungewöhnlich korrektem Verhalten (im Widerspruch zum bisherigen Verhalten beziehungsweise zu festgestellten Einstellungen und Haltungen),
- Angst und übermäßiger Nervosität bei Kontakten mit den Sicherheitsorganen,
- dem Abbruch privater Kontakte und Gewohnheiten ohne erkennbares Motiv bis hin zu
- Selbsttötungen ohne erkennbares Motiv.

Von wenigen Ausnahmen abgesehen, waren alle in den Merkmalskomplexen aufgeführten Informationen als Einzelinformationen in der Regel kein Ersthinweis in Richtung Spionage. Erst in ihrer Verknüpfung, oftmals im Zusammenhang mit der gezielten Suche nach weiteren Informationen zur Person, stieg die Wahrscheinlichkeit einen operativen Ersthinweis in Richtung Spionage erarbeitet zu haben. In den meisten Fällen führte erst die Erfassung und Speicherung derartiger, den Merkmalskomplexen zugeordneten Erscheinungen und ihre Zusammenführung in den entsprechenden Auswertungsorganen zur Erarbeitung von operativen Ersthinweisen in Richtung Spionage.[273]

Überprüfung von Ersthinweisen und ihre weitere Verdichtung

Die objektive Erkennbarkeit von Spionen ergab sich unter anderem aus folgenden Faktoren:

---

273 Vgl.: Juristische Hochschule Potsdam, Sektion Politisch-Operative Spezialdisziplin, Lehrstuhl V: Studienmaterial zu ausgewählten Problemen der Erarbeitung von operativen Ersthinweisen in Richtung Spionage. Potsdam 1984, BStU-Bibliothek, ST 636, S. 10–26.

1. Jeder Spion musste, um seinen Spionageauftrag realisieren zu können, wirksam werden, das heißt, er musste handeln.

Seine einzelnen Handlungen waren objektiv feststellbar. Dies traf sowohl auf das Sammeln von Informationen in der Form der Eigenerkundung beziehungsweise Abschöpfung zu, wozu er sich in der Regel dem Zielobjekt/der Zielperson nähern musste, als auch das Ausliefern, in dem er die gesammelten Informationen in irgendeiner Weise, sei es beim Treff, über TBK oder auf postalischem Weg, übergeben musste. Das vom Spion in vielfältiger Art erforderliche Handeln sollte von der vom Auftraggeber bezweckten Ziel- und Aufgabenstellung her und im Interesse des Schutzes nicht als solches erkennbar sein. Um das zu erreichen, mussten für manche derartige Handlungen, zum Beispiel Aufenthaltsort und Zeitpunkt, Interesse des Spions an dem zu erkundenden speziellen Entwicklungsstand und anderes mehr, erst glaubhafte Vorwände geschaffen werden, was längst nicht in jedem Fall möglich war oder für den Geheimdienst beziehungsweise Spion selbst zeit- und kraftaufwendig gewesen wäre.

Der bestehende und sich vergrößernde Widerspruch zwischen dem ständig wachsenden Informationsbedarf beim Geheimdienst und den elementar erforderlichen Sicherheitsvorkehrungen beim eingesetzten Spion ließ sich kaum lösen. Das zunehmende Risiko wurde, so die Erkenntnisse Staatssicherheit, rigoros seitens der Auftraggeber im Interesse der geheimdienstlichen Bedarfsdeckung an Informationen einkalkuliert.

2. Spionage wurde vom Spion in der Regel als Dauerdelikt durchgeführt. Der Umstand, dass die Spionage im Regelfall durch sich wiederholende Handlungen charakterisiert war und derartige Handlungsabläufe über Wochen und Monate durch das MfS erfasst, dokumentiert und analysiert, also miteinander vergleichbar waren, trug

oftmals entscheidend dazu bei, die vorhandene Spionage-version zu stützen. Wiederkehrende Handlungen führten so nicht selten zum Ausschluss anderer denkbarer Erklärungen und ließen berechtigte Zweifel an anfänglich stichhaltigen Legenden aufkommen.

Die objektive Erkennbarkeit resultierte folglich mit aus einer relativen Beständigkeit der Arbeitsweise der Geheimdienste. Diese relative Beständigkeit ergab sich zum einen aus der konkreten historischen Entwicklung des Geheimdienstorgans, seiner Strukturiertheit und Interessenlage, zum anderen aber auch aus der Grundmethodik der Arbeitsweise und der ihr innewohnenden Eigenheiten. Je detaillierter die einzelnen Elemente der Arbeitsweise, zum Beispiel der Zielgruppen, durch die Staatssicherheit erforscht werden konnten, um so zielgerichteter und rechtzeitiger konnten die konspirativ tätigen Spione erkannt werden und zwar unabhängig von eventuellen Fehlern, die ihnen bei der Umsetzung ihrer Aufträge unterliefen oder nicht.

Da aber Spione monatlich mehrere Stunden, manchmal auch Tage für den Geheimdienst arbeiteten, war nicht ausgeschlossen, dass ihnen im Laufe der Zeit Fehler unterliefen, die zur Beschleunigung ihrer Entdeckung beitragen konnten. Dies waren zum einen Fehler, die im Zusammenhang mit den Persönlichkeitseigenschaften des Spions (Selbstsicherheit, Faulheit, Egoismus) begründet waren und wo der Spion bewusst gegen die Instruktionen des Dienstes handelte oder in fahrlässiger Weise eventuelle Folgen in Kauf nahm. Innerhalb des MfS sah man es als nicht vertretbar an, in der Praxis nur auf mögliche Fehler des Spions zu warten und darauf zu hoffen, dass ihm diese unterlaufen.

3. Ein Spion, vor allem dann, wenn er von einem Geheimdienst angeworben wurde, ist ein integrierter Bestandteil des Systems.

Die Tätigkeit, der Tatkomplex des Spions war nie auf die Person des Spions allein begrenzt. Seine Handlung war immer ein Teilstück einer zentralen Steuerung.

Die Aktionsziele, Aufgaben, Mittel und Methoden unterlagen Veränderungen, die der Spion selbst nicht oder nur bedingt beeinflussen konnte. Innerhalb des Geheimdienstes gab es einen begrenzten Personalbestand, der von der Existenz der Agentur Kenntnis hatte, auf deren Einstellung und Auffassung der Spion aber weder Einfluss ausüben konnte, noch verfügte er über ein Mitspracherecht hinsichtlich seiner Verwendung im Zusammenhang mit der unmittelbaren Spionagetätigkeit. Aus diesen Faktoren ergab sich, dass Spione nicht nur an ihren Handlungen, sondern auch an den Handlungen all der Personen erkannt werden konnten, die mit der Tätigkeit der Agenturen überhaupt zu tun hatten. Das schloss die Notwendigkeit ein, sich bietende Möglichkeiten im und nach dem Operationsgebiet, schwerpunktmäßig in der Bundesrepublik und Westberlin, zum Erkennen der Spione zu nutzen.

4. Grundlagen und Voraussetzungen des MfS zum Erkennen von Spionen.

Das MfS verfügte über alle kadermäßigen, technischen, materiellen und sonstigen Voraussetzungen zum rechtzeitigen Erkennen und Paralysieren von Spionen. Es gelang dem MfS im Laufe seiner Existenz zunehmend besser, die gegen die DDR gerichteten Spionagehandlungen, trotz zunehmend verfeinerter Vorgehensweisen, rechtzeitig abzuwehren. Dies war dem MfS nach eigener Einschätzung nicht zuletzt möglich dank klug geführter wissenschaftlicher Leitungsprozesse, eines zweckmäßigen Kräfte- und Mittelansatzes, der Schaffung weiterer operativ-technischer Voraussetzungen sowie eines ausgeprägten Willens der operativen Mitarbeiter.

Die gewissenhafte und zielgerichtete Überprüfung von bedeutsamen Ausgangsinformationen trug wesentlich mit zur Erhöhung der Effektivität bei der Erarbeitung von Ausgangsmaterialien für Operative Vorgänge (§§ 97–100 StGB) bei. Bei der Überprüfung ging es primär bei gleichzeitiger Kontrolle des Wahrheitsgehaltes um die Erfassung und Vervollständigung des Informationsgehaltes. Mit der Überprüfung sollte also die weitere Bearbeitungswürdigkeit festgestellt werden.

Die Erhöhung der Qualität des Überprüfungsprozesses konnte bereits entscheidend mit zu einer Verbesserung des Verhältnisses von Aufwand und Nutzen im Prozess der Erarbeitung operativer Ausgangsmaterialien für OV in Richtung Spionage beitragen. Aus der Spezifik des Landesverrates ergaben sich zwei Grundanforderungen an den Überprüfungs- und Verdichtungsprozess.

Erstens musste bereits bei der Durchführung aller Überprüfungsmaßnahmen von Beginn an ein hohes Maß an Geheimhaltung und Konspiration gewährleistet sein. Informationen, die auf einen Straftatbestand des Landesverrates hinwiesen, schlossen in sich die Erkenntnis ein, dass, sofern es sich um ein derartiges Verbrechen handelte, die Person geheimdienstlich geschult und angeleitet sein konnte, mit einer Enttarnung rechnen musste und deshalb sehr misstrauisch war.

Zweitens musste jede Überprüfungshandlung sorgfältig dokumentiert werden, da Überprüfungsergebnisse zu einem späteren Zeitpunkt beweiserheblich sein konnten. Die Überprüfung der vorliegenden bedeutsamen Ausgangsinformationen war möglichst aktuell und ohne Zeitverlust durchzuführen, um einerseits Informationsverluste zu vermeiden und andererseits die weiteren Bearbeitungsmöglichkeiten voll zu gewährleisten. Das Überprüfungsstadium bildete das Fundament für perspektivvolle operative Ausgangsmaterialien. Gegenstand der Überprüfung waren der Informationsgehalt der vorliegenden bedeutsamen Information sowie die Quelle der Information.

Die Vervollständigung der Information sollte bereits bei der Entgegennahme beginnen. Sie war in der Regel Voraussetzung für eine zielgerichtete Überprüfung der Ausgangsinformation auf ihren Wahrheitsgehalt und die genaue Bestimmung ihrer Bedeutsamkeit. Damit schuf die Vervollständigung der Information wesentliche Voraussetzungen für die weitere Verdichtung. Die Vervollständigung und Überprüfung war im Wesentlichen auf drei Wegen möglich, die sowohl für sich als auch miteinander kombiniert angewandt werden konnten. Dies waren die Nutzung:

- der Quelle der Information selbst,
- anderer offizieller und inoffizieller Quellen,
- der Speicher des MfS sowie anderer Organe und Einrichtungen.

Zur Nutzung der Informationsquelle selbst muss an dieser Stelle betont werden, dass bereits die Qualität der Treffdurchführung mit IM beziehungsweise der Gesprächsführung mit offiziellen Quellen im Moment der Informationsübergabe eine entscheidende Rolle für die Erhöhung der Effektivität des Überprüfungs- und Verdichtungsprozesses spielte.

Der Führungsoffizier musste sofort, wenn die Kenntnisse der Quelle noch frisch waren, im Gespräch eine weitestgehende Vollständigkeit der Information erreichen. Mit fortschreitendem Zeitverlust wurde eine Vervollständigung der Information immer aufwendiger, schwerer realisierbar und wirkte sich somit hemmend auf eine Effektivitätssteigerung aus. Ähnlichen Anforderungen unterlagen die Mitarbeiter beziehungsweise Referatsleiter, die aufgrund ihrer Funktion beziehungsweise ihrer Arbeitsaufgabe, Informationen von offiziellen Quellen entgegennahmen (Diensthabende/Verbindungsoffizie-re).

Mit der Vervollständigung der Information sollte erreicht werden:

1. Die Vervollständigung der Personalien namentlich bekannter Personen und Angaben zu Personen, die namentlich nicht bekannt waren, um ihre zweifelsfreie Identifizierung zu ermöglichen und die Existenz dieser Personen überprüfen zu können.

2. Die Ergänzung und Präzisierung der Angaben zum Sachverhalt und die genaue Trennung des tatsächlich von der Quelle Wahrgenommenen, von Meinungen, Einschätzungen beziehungsweise Interpretationen zum genannten Sachverhalt.

3. Das Herausarbeiten von Ansatzpunkten für einen Vergleich unter Nutzung des Wissens der Staatssicherheit über die Arbeitsweise der westlichen Dienste und eine weitergehende Verdichtung der bedeutsamen Ausgangsinformation.

Der Führungsoffizier beziehungsweise der Referatsleiter musste in der Lage sein schnell zu erkennen, wo die Ausgangsinformation zu vervollständigen war und sich entscheiden, auf welchem der genannten Wege die Vervollständigung am effektivsten realisiert werden konnte. Im Prozess der Vervollständigung der Personalien und der zweifelsfreien Identifizierung von Bürgern der DDR wurde über die Nutzung der Quelle hinaus zweckmäßigerweise als erstes die VSH-Kartei[274] der eigenen Dienst-

---

274 Die Vorverdichtungs-, Such- und Hinweiskartei diente in den operativen Diensteinheiten der Such- und Vergleichsarbeit zu Personen, der Sicherstellung der Informationsflüsse an andere Diensteinheiten sowie der Zusammenführung von Informationen zu Personen. Die VSH-Kartei enthielt zunächst alle Informationen zu Personen, die aufgrund ihrer eher geringen Bedeutsamkeit noch nicht in Kerblochkarteien aufgenommen

einheit beziehungsweise der zuständigen KD genutzt. Gleichzeitig erfolgte in der Regel die Überprüfung in der Kreismeldekartei des zuständigen VPKA.

Gingen aus der Erstinformation Hinweise auf eine Arbeitsstelle hervor, für die eine Fachabteilung der BV verantwortlich war, wurde die Überprüfung in der Regel in der VSH-Kartei dieser Fachabteilung durchgeführt.

Waren die Personen aus einer relevanten Information namentlich bekannt, mussten Überprüfungshandlungen hinsichtlich der zweifelsfreien Identität erfolgen. Es konnte beispielsweise ungewollt zu einer Verwechslung der Person gekommen sein oder bewusst eine falsche Person einer bestimmten Handlung verdächtigt werden. Deshalb war eine alibimäßige Überprüfung der benannten Person eine der ersten Aufgaben. Die Überprüfung erfolgte in der Regel auf der Arbeitsstelle beziehungsweise im Wohngebiet durch die Nutzung inoffizieller und offizieller Quellen. Am Ende musste zweifelfrei feststehen, dass es sich um die in der Information namentlich genannte Person handelte und dass die tatsächlich tätig gewordene Person identifiziert wurde. Das schloss aus, dass ein unvertretbarer Aufwand an weiteren Maßnahmen folgte, der sich im Nachhinein als unnötig erwies.

In einer Vielzahl von Erstinformationen benannte die Quelle konkret die verdächtig gewordene Person oder gab Hinweise, wie etwaige Tätigkeit, Betrieb oder Wohnsitz, die eine Identitätsfeststellung ermöglichten.

Diese Hinweise waren unbedingt dahingehend zu vervollständigen, woher die Quelle diese Kenntnis hatte. Das konnten beispielsweise frühere gemeinsame Arbeitsstellen, gemeinsame Zugehörigkeit zu Parteien, Organisationen oder Vereinigungen sein aber auch

---

wurden und zu denen vorerst keine aktive Erfassung in der Abt. XII erfolgte.

Hinweise von anderen Personen. Daraus ließen sich Schlussfolgerungen zur weiteren alibimäßigen Überprüfung beziehungsweise Identifizierung namentlich unbekannter Personen ziehen.

Bei der Vervollständigung der Personalien und zweifelsfreien Identifizierung von Personen aus der Bundesrepublik und Westberlin sowie dem übrigen NSW wurde ebenfalls zuerst die VSH-Kartei der eigenen Diensteinheit beziehungsweise der KD genutzt, in deren Territorium die Einreise beziehungsweise die entsprechende Handlung erfolgte. Gleichzeitig konnte dabei der Einreiseantrag im VPKA ausgewertet werden. Wurde mittels Formblatt 70 (F 70 = Auskunftsersuchen Person an die HA VI) in der HA VI/Abteilung Speicherführung eine Überprüfung durchgeführt, konnten zur Vervollständigung der Personalien bereits im Sinne einer Informationsverdichtung die Reisetätigkeit für den festgelegten oder darüber hinaus beantragten Zeitraum beziehungsweise über eventuelle weitere Reiseziele/ Gastgeber der zu überprüfenden Person in Erfahrung gebracht werden.

Bei Erstinformationen, wo lediglich das polizeiliche Kennzeichen des Kfz bekannt war, erfolgte zur Vervollständigung der Information bei DDR-Kfz eine Überprüfung in der Zulassungsstelle des zuständigen VPKA. Handelte es sich um Fahrzeuge volkseigener Betriebe, Organisationen und Einrichtungen erfolgten die Überprüfungsmaßnahmen aktuell, um zweifelsfrei den Nutzer zum Zeitpunkt der Feststellung zu personifizieren. In der Regel sollten zwar dort Fahrtenbücher geführt werden aber erfahrungsgemäß wurden insbesondere Pkw an einem Tag von mehreren Personen genutzt und in den Fahrtenbüchern bestand kein konkreter Nachweis, wer, wann, wohin fuhr. In solchen Fällen bestand tatsächlich nur bei aktuellen Überprüfungen unter entsprechender Legende die Möglichkeit, den Fahrzeugnutzer zu einem bestimmten Zeitpunkt zu ermitteln. Handelte es sich um ein Fahrzeug aus der Bundesrepublik, Westberlin oder dem anderen NSA, ließen sich folgende Möglichkeiten nutzen:

- Überprüfung in der Kfz-Kartei-West der KD, in deren Territorium das Fahrzeug aufgefallen war,
- Überprüfung in der Kfz-Kartei-West der Abteilung II, in deren Territorium das Fahrzeug aufgefallen war,
- Überprüfung in der HA VI/Abteilung Speicherführung.

Es musste durch die Mitarbeiter des MfS beachtet werden, dass bei der Nutzung der beiden erstgenannten Speicher ein positives Überprüfungsergebnis nur dann eintreten konnte, wenn das Kraftfahrzeug bereits einmal operativ festgestellt oder aufgefallen war, da nur in diesen Fällen eine Speicherung erfolgte. Dazu kam, dass häufig aus dem Speicher lediglich die Anzahl und das Geschlecht der Insassen des erfassten Kfz zum Zeitpunkt der Feststellung oder der Handlung hervorgingen, nicht aber deren Personalien. Die Überprüfung in der Abteilung Speicherführung der HA VI führte im Regelfall zu einem positiven Überprüfungsergebnis. Allerdings war die Zeitdauer der Überprüfung hierbei recht hoch.

In besonders dringenden Fällen sollte die Abteilung II der jeweiligen BV über die Kfz-Kennzeichen und den wesentlichen Sachverhalt informiert werden. Abhängig von der Bedeutsamkeit des Sachverhaltes konnte sie über die HA II/4 den Überprüfungszeitraum wesentlich verkürzen.

Bei der Personifizierung von Fahrzeuginsassen waren einige Besonderheiten zu beachten. Es musste immer davon ausgegangen werden, dass unabhängig davon, ob es sich um ein DDR-Kfz oder ein Fahrzeug aus der Bundesrepublik, Westberlin oder dem übrigen NSW handelte, der Kfz-Halter beziehungsweise Kfz-Nutzer zum Zeitpunkt der Feststellung nicht identisch sein mussten. Eine Voraussetzung zur Identifizierung war, dass die Quelle der Information den Benutzer so weit wie möglich beschreiben konnte. Es musste dann die Möglichkeit geprüft werden, ob die Quelle durch eine Bildvorlage die entsprechende Person identifizieren konnte.

Die Auskunft der HA VI/Abteilung Speicherführung beinhaltete nur die Personalien der Personen, die mit dem Fahrzeug in die DDR eingereist sind. Diese mussten, wie bereits erläutert, nicht identisch sein mit denen, die Gegenstand des Ersthinweises waren. Das gleiche traf für die Kfz-Speicher-West der Kreisdienststellen beziehungsweise der Abteilungen II der Bezirksverwaltungen zu.

Mit der Überprüfung der DDR-Kfz in der verantwortlichen Zulassungsstelle konnten ebenfalls lediglich die Personalien des Halters ermittelt werden. Allerdings konnten diese Informationen wesentlich zur Identifizierung der Personen beitragen, die Gegenstand des Ersthinweises waren. In der überwiegenden Mehrzahl ließ sich die Feststellung der Identität nur durch den Einsatz von IM und offizieller Quellen realisieren. Das traf insbesondere auf die Informationen zu, aus denen zur Person nur eine Personenbeschreibung hervorging. Hier war ein hohes Maß an Einschätzungsvermögen notwendig, um unter Beachtung der Bedeutsamkeit sowie des Verhältnisses von Aufwand und Nutzen richtig zu entscheiden, ob eine Speicherung oder eine Verdichtung des Ersthinweises, die sich dann in der Regel sehr aufwendig gestaltete, erfolgte.

Überprüfungen in den Speichern anderer Organe mussten zur Verschleierung der tatsächlichen Absichten der Staatssicherheit immer umfassend legendiert und konspiriert durchgeführt werden. Bewährt hatten sich dabei solche Methoden, dass der bearbeitende oder für den Verantwortungsbereich zuständige Mitarbeiter des MfS selbständig, ohne Beisein fremder Personen, in die relevanten Karteien und Unterlagen Einsicht nahm. Auch die Methode der konspirativen fototechnischen Sicherung aus den Karteien oder Unterlagen heraus hatte sich im Sinne der Staatssicherheit bewährt. Dort, wo im Beisein von Personen, die nicht Mitarbeiter des MfS waren, Unterlagen eingesehen oder ausgeliehen wurden, geschah dies so, dass keine näheren Rückschlüsse auf die konkret interessierende Person gezogen werden konnten.

Erfolgten die Vervollständigung der Personalien und die zweifelsfreie Identifizierung der Personen, war zunächst deren Überprüfung in der Abteilung XII zu veranlassen, um festzustellen, ob die Person bereits im MfS erfasst war. Bei aktiver Erfassung wurden in der Regel alle Informationen an die zuständige Diensteinheit abgegeben beziehungsweise die weitere Verdichtung und eventuelle spätere Bearbeitung abgestimmt.

Mit der Ergänzung und Präzisierung der Angaben zum Sachverhalt sollten präventiv Informationsverluste auf ein Minimum beschränkt werden. Eine Reihe von Details einer Information konnten später im Verlaufe der Bearbeitung von großer Bedeutung sein und sogar beweiserheblich werden. Diese Details waren nur durch sofortiges Abfragen der Quelle noch relativ leicht zu erarbeiten. Zu einem späteren Zeitpunkt war dies oft nicht mehr beziehungsweise nicht mit der notwendigen Genauigkeit und Sicherheit möglich. Ein anderer Aspekt war der, dass bestimmte, in der Ausgangsinformation nicht enthaltene, weil von der Quelle nicht als wichtig erachtete Details, die Wertigkeit erheblich beeinflussen konnten. Durch die weitestgehende Ergänzung und

Präzisierung des Sachverhaltes konnte so unter Umständen ein erheblicher Arbeitsaufwand eingespart, die Verdichtung zügig vorangetrieben und eine eventuelle spätere Bearbeitung beschleunigt werden.

Darüber hinaus konnten natürlich auch mit Hilfe solcher Details Ansatzpunkte für einen weiteren Vergleich auf der Basis des Wissens der Staatssicherheit über die Arbeitsweise der westlichen Dienste (und für eine weitergehende Verdichtung) herausgearbeitet werden, die für die Einschätzung der Bedeutsamkeit der Ausgangsinformation und die Entscheidung über das weitere Vorgehen von Bedeutung waren. Solche Details konnten sein:

- Von wo aus genau hat die Quelle ihre Feststellung getroffen?
- Wie waren die Bedingungen zum Zeitpunkt der Feststellung (Wetter, Sicht, Verkehr usw.)?
- Welche weiteren Personen konnten zum Sachverhalt Auskunft geben?
- Ganz konkrete Handlungsabläufe.
- Wer hat wo im Fahrzeug gesessen?
- Von wem ging die Initiative bei einem Kontakt aus?

Mit Hilfe der Ergänzung und Präzisierung der Angaben zum Sachverhalt sollte auch eine genaue Trennung von tatsächlich Wahrgenommenem und lediglich in eine Handlung Hineininterpretiertem erreicht werden. Ein Beispiel:

In einer Quelleninformation hieß es: »Die Person interessierte sich für ...«

Dies stellte eine subjektive Einschätzung der Quelle dar. Hier hätten solche Details herausgearbeitet werden müssen:

- Wie zeigte sich das festgestellte Interesse (welche konkreten Handlungen)?
- Wie verhielten sich andere Personen in der gleichen

Situation (beispielsweise im Rahmen der Außensicherung militärischer Objekte bei Aktivitäten militärischer Einheiten)?
- Gab es Anhaltspunkte, dass sich die Person zwingend so verhalten musste?

Die Einschätzung der Quelle selbst wurde durch das MfS in zwei Hauptrichtungen geführt.

Zum Ersten waren Glaubwürdigkeit und Zuverlässigkeit der Quelle zu prüfen. Zum Zweiten ging es um die Feststellung, inwieweit die Quelle im Überprüfungs- und Verdichtungsprozess weiter eingesetzt werden konnte.

Bei Vorliegen einer relevanten Ausgangsinformation ging es zunächst darum, die Glaubwürdigkeit und Zuverlässigkeit der Quelle zu überprüfen. Das war sowohl bei IM als auch bei offiziellen Quellen unerlässlich, insbesondere unter dem Gesichtspunkt, dass verschiedene Ursachen für eine Fehlinformation verantwortlich sein konnten. Die große Mehrzahl der IM aller Diensteinheiten berichtete aufgrund ihrer freiwillig eingegangenen Verpflichtung zur Zusammenarbeit mit der Staatssicherheit ehrlich und zuverlässig. Es war also bei einer exakten Zusammenarbeit mit den IM nicht grundsätzlich erneut deren Zuverlässigkeit festzustellen. Fehlinformationen konnten aber auch bei IM durch subjektive Fehlleistungen wie Irrtum oder Täuschung vorkommen. Deshalb durfte auf keinen Fall von der erwiesenen Ehrlichkeit und Zuverlässigkeit eines IM automatisch auf den Wahrheitsgehalt der vorliegenden Information geschlossen werden. Unbedingt war in diesem Zusammenhang zu prüfen, ob der IM unmittelbar diese Information selbst erlangt beziehungsweise erarbeitet hatte oder ob er über dritte Personen zu diesem Hinweis gekommen war. Dabei musste geklärt werden, wer diese Personen waren, um bewusste Fehlinformationen auszuschließen beziehungsweise diese Personen in die weitere Klärung einzubeziehen. Auf diesem Weg konnten Entstellungen oder Verdrehungen verhindert und gleichzeitig Informationsverluste weitgehend vermieden werden. Dabei hatten grundsätzlich alle Überprüfungsmaßnahmen im angemessenen Verhältnis zur Wertigkeit der Ausgangsinformation zu stehen.

Offizielle Quellen informierten die Staatssicherheit aus verschiedensten Motiven über interessante Sachverhalte. Das konnten einerseits ideologische Motive sein, andererseits aber auch solche wie Prahlsucht, Neugierde über die Arbeitsweise des MfS oder gar die Verschleierung eigener strafbarer Handlungen. Selbst von westlichen Diensten organisierte Desinformation konnte nicht ausgeschlossen werden. Für die Feststellung der Ehrlichkeit und Glaubwürdigkeit kam erschwerend hinzu, dass diese Quellen in der Regel nicht wie beispielsweise die IM der Staatssicherheit aus längerer Zusammenarbeit bekannt und bereits auf Ehrlichkeit und Zuverlässigkeit überprüft waren. Daraus ergaben sich höhere Anforderungen an die Überprüfung der Glaubwürdigkeit und Zuverlässigkeit der offiziellen Quelle.

Zu beachten hatten die Mitarbeiter ebenfalls, dass es sich um eine gezielte Blickfeldarbeit der gegnerischen Geheimdienste handeln konnte. Deshalb wurde die gründliche Prüfung, wie die Quelle in den Besitz der Ausgangsinformation gekommen war, als unerlässlich betrachtet. Es war auch wichtig, die Motive der offiziellen Quellen festzustellen und zu dokumentieren, da dies im Prozess der weiteren Verdichtung bis hin zur vorgangsmäßigen Bearbeitung eine erhebliche Rolle spielen konnte.

In der Zusammenarbeit mit der Quelle der vorliegenden Erstinformation hatte der verantwortliche Mitarbeiter grundsätzlich zu prüfen, inwieweit diese in der Lage war, das MfS bei der weiteren Überprüfung und Verdichtung zu unterstützen. Um den Erfolg einer eventuellen Bearbeitung der in den Ausgangsinformationen genannten Personen nicht von Beginn an zu gefährden, wurde die offizielle Quelle in der Regel zum Schweigen über die von ihr gegebenen Hinweise verpflichtet.

In den Diensteinheiten des MfS existierten eine Vielzahl von Einzelinformationen, die, wie bereits erläutert, einer Überprüfung und Klärung bedurften. Jedoch verfügten nicht alle operativ eingesetzten Mitarbeiter und Referatsleiter über solche langjährigen Erfahrungen und Fähigkeiten auf dem Gebiet der Spionageabwehr, die sie in die Lage versetzten, die Ausgangsinformationen in ihrer Gesamtheit richtig zu erfassen und objektiv einzuschätzen. In der Praxis der Staatssicherheit wurde deshalb verschiedentlich, um subjektive Erwägungen möglichst auszuschalten, so verfahren, dass vorliegende einzelne Ausgangsinformationen durch verschiedene Mitarbeiter des Referats getrennt eingeschätzt und bewertet wurden. Damit konnte die Gefahr des Subjektivismus in der Bewertung reduziert und die Ergebnisse objektiviert werden. Das MfS stand seinerzeit vor der Aufgabe, auf diesem Gebiet zu gesicherten Kriterien der Objektivierung zu kommen, um auf der Basis eines objektiven Bewertungsmaßstabes, weitgehend frei von subjektive Einflüssen, eine wissenschaftlich fundierte Differenzierung vorzunehmen. In der Planorientierung für 1984 war zum Beispiel verankert, unbedingt zu gewährleisten, dass bedeutsame Informationen, die im Bereich der Militärspionageabwehr erarbeitet worden waren, auf der Grundlage einheitlicher Kriterien aufbereitet, erfasst und gesichert wurden. Dazu waren die Möglichkeiten der Zentralen Personendatenbank[275]

---

275 Bei der ZPDB des MfS handelte es sich um einen zentralen personen-, sach- und objektbezogenen Datenspeicher mit In-

zu nutzen, Informationen entsprechend zentralen und territorialen Erfordernissen zusammenzuführen, zu verdichten und bereitzustellen.

Unter Berücksichtigung gesicherter Erkenntnisse über die Arbeitsweise westlicher Geheimdienste auf dem Gebiet der Militärspionage sowie gesammelter Erfahrungen der Staatssicherheit bei der Außensicherung militärischer Objekte sollen die Bewertungskriterien näher erläutert werden:

1. Bewertungskriterium: Wiederholtes Erscheinen an einem militärischen Objekt

Diesem Bewertungskriterium lagen gesicherte Erkenntnisse über die Tätigkeit der westlichen Geheimdienste zugrunde. Die von ihnen geworbenen und zum Einsatz gebrachten Agenturen (Personen aus der DDR) hatten mindestens ein, meist jedoch mehrere Militärobjekte regelmäßig zu kontrollieren. Die Dienste erwarteten von ihren Agenten kontinuierlich Informationen zu den jeweiligen Militärobjekten, militärischen Bewegungen usw.

Das setzte voraus, dass die Spione wiederholt, relativ regelmäßig die betreffenden militärischen Objekte anliefen, begingen beziehungsweise befuhren, um die erforderlichen Informationen zu erhalten. Die Betonung liegt hier auf »relativ regelmäßig«, da kein absolut re-

---

formationen, die nach Personenkategorien, Sachverhalten sowie Hinweis- und Merkmalskategorien in einem Rahmenkatalog präzise definiert waren und bis zur Einführung der ZPDB zum großen Teil nicht oder nur mit manuellen Verfahren dezentral erfasst wurden. Im November 1989 waren in der ZPDB bereits Daten von über 1,32 Millionen Menschen gespeichert. Vgl.: Philipp Springer: »Das Gedächtnis der Staatssicherheit«. In: Karsten Jedlitschka, Philipp Springer (Hrsg.): *Das Gedächtnis der Staatssicherheit. Die Kartei- und Archivabteilung des MfS.* Göttingen 2015, S. 127.

gelmäßiger Rhythmus des Erscheinens an militärischen Objekten erfolgte, ein solcher durch die Dienste auch nicht vorgesehen und vom Spion selbst, im Interesse seiner Sicherheit nicht eingehalten wurde.

Andererseits konnte und musste im Interesse einer objektiven und sinnvollen Differenzierung dieser Zeitraum der Aktivität am Objekt durch den Agenten nach unten hin begrenzt werden. Dabei ging die Staatssicherheit davon aus, dass ein Spion – der ausgebildet/geschult wurde durch den Geheimdienst sowie mit Abwehr- und Sicherungsmaßnahmen an den Militärobjekten durch das MfS rechnete – nicht jeden Tag, jeden zweiten oder dritten Tag am Objekt erschien. Eine solche Verhaltensweise hätte ihn schnell in das Blickfeld der Spionageabwehr gebracht und seine Gefahr des Entdecktwerdens wesentlich erhöht.

Aus Sicht des MfS erschien aus diesen Gründen als Bewertungskriterium das wiederholte Erscheinen am Objekt ab zehn Tage aufzunehmen, um zunächst auf dieser Grundlage die Vielzahl der Einzelinformationen zu differenzieren. Dabei bestand die Möglichkeit, dass der Zeitraum bis zum wiederholten Erscheinen am Militärobjekt länger wurde. Das konnte beispielsweise darauf zurückzuführen sein, dass die Agentur entsprechend ihrer Auftragsstruktur mehrere Objekte zu kontrollieren hatte und sich somit objektiv die Zeiträume des Erscheinens an der militärischen Liegenschaft verlängerten. Weiterhin bestand die Möglichkeit, dass der Agent anfangs im Abstand mehrerer Wochen und Monate am betreffenden Objekt erschien, dort erste Feststellungen, zum Beispiel über bauliche Veränderungen in der Kaserne oder neue Technik registrierte und dann in der Folge die Zeitabstände zwischen den Aktivitäten kürzer wurden, um auftragsgemäß mehr Informationen über das interessierende Militärobjekt zu erarbeiten.

Diese vielfältigen Möglichkeiten beim wiederholten Erscheinen am Objekt fanden bei der Einschätzung und Bewertung der Information entsprechende Beachtung. Dabei waren die konkreten Zeitpunkte des wiederholten Erscheinens am Objekt ebenfalls von Bedeutung. So war es relevant, wann eine Person wiederholt immer in solchen Zeiträumen wie

- dem sich jährlich wiederholenden Truppenaustausch der GSSD,
- vor, während oder nach militärischen Manövern,
- vor und während des Transports militärischer Technik, von Spezialeinheiten zu militärischen Übungen (beispielsweise dem Raketenschießen von NVA-Einheiten in der Sowjetunion) beziehungsweise während und nach Rückkehr dieser von den Übungen

an den betreffenden Militärobjekten in Erscheinung trat. Weiterhin waren bei der Bewertung des wiederholten Erscheinens an Militärobjekten die gezeigten konkreten Verhaltensweisen sowie alle Hinweise auf sich wiederholende gleiche Verhaltensweisen während des Aufenthaltes am Objekt bedeutsam.

Informationen, die sich in die Bewertungskriterien nicht einordnen ließen, beispielsweise Informationen zu Personen, die man mit oder ohne Kraftfahrzeug in kürzeren Zeitabständen als zehn Tagen wiederholt am Militärobjekt registrierte, wurden nach Einschätzung und Bewertung nicht vernichtet. Diese Informationen verblieben in den Speichern Kfz- und Personenfotokartei, ohne dass dazu in dieser Phase weitere Maßnahmen durchgeführt wurden.

Damit war gewährleistet, dass diese Informationen zu einem späteren Zeitpunkt, zum Beispiel nach Bekanntwerden weiterer bedeutsamer Hinweise zu den betreffenden Personen, mit diesen im Zusammenhang gesehen einer erneuten Einschätzung und Bewertung zugeführt werden konnten, in deren Ergebnis dann Entscheidungen über weitere Maßnahmen getroffen wurden.

Bereits im Ergebnis der Einschätzung und Bewertung der Einzelinformationen nach dem Kriterium des wiederholten des Erscheinens am Objekt wurde eine angestrebte Differenzierung der Information entsprechend der Bedeutsamkeit möglich. Auf der Grundlage dieses Bewertungskriteriums sowie der nachfolgenden Kriterien erfolgte die Einschätzung und Bewertung aller Informationen, die im Rahmen der Maßnahmen zur Außensicherung militärischer Objekte während der zeitlich naheliegendsten Sicherungsaktion erarbeitet wurden.

2. Bewertungskriterium: Das Erscheinen von Personen mit und ohne Kraftfahrzeug an zwei oder mehreren Militärobjekten

Diesem Bewertungskriterium lagen ebenfalls gesicherte Erkenntnisse über die Arbeitsweise westlicher Geheimdienste zugrunde. Nachweislich hatten die meisten enttarnten Militärspione mehrere Objekte zu kontrollieren und Informationen über diese zu erarbeiten. Dabei ging es nicht ausschließlich um militärische Objekte, die im Territorium/Wohnbereich (Kreis/Bezirk) der betreffenden Agentur lagen. Einige Spione, besonders die der amerikanischer Dienste, hatten mehrere Militärobjekte zu betreuen, die territorial sehr unterschiedlich und in einem Umkreis von bis 100 km Entfernung von ihrem Wohnort lagen.

So ist es zu erklären, wie bereits in den Ausführungen zum 1. Bewertungskriterium erläutert, dass ein wiederholtes Erscheinen an den einzelnen vom Agenten zu betreuenden Militärobjekten zeitlich gesehen weit auseinanderliegen konnte und dafür kein fester Rhythmus definierbar war. Ein Spion, meist berufstätig, mit

Familie, persönlichen Verpflichtungen und Interessen war objektiv kaum in der Lage, mehrere zu kontrollierende Objekte in regelmäßigen, kurzen Zeitabständen anzulaufen.

Eine erfolgversprechende Anwendung dieses Bewertungskriteriums bei der Einschätzung von aus der Außensicherung militärischer Objekte erarbeiteter Informationen setzte einen möglichst lückenlosen und effektiven Informationsfluss/-austausch zwischen

- den Kreisdienststellen innerhalb des Bezirks,
- den Kreisdienststellen zur Fachabteilung II der Bezirksverwaltung und
- den Abteilungen II angrenzender Bezirksverwaltungen sowie zur Hauptabteilung II

voraus.

Im Prozess der operativen Arbeit musste gewährleistet sein, dass alle derartigen Informationen zu der Diensteinheit beziehungsweise dem Mitarbeiter gelangten, der in der Lage war, die Information einzuschätzen und zu bewerten sowie diese darüber hinaus in Beziehungen zu setzen, um notwendige Zusammenhänge zu erkennen und herauszuarbeiten.

Für die Praxis bedeutete dies, alle Informationen zu Personen, die mit oder ohne Kraftfahrzeug an militärischen Objekten in Erscheinung traten, den territorialen Diensteinheiten zur Speicherung, Einschätzung und weiteren Verdichtung zu übergeben, in deren Verantwortungsbereich die betreffende Person wohnhaft war. Für diese Diensteinheiten boten sich die günstigsten Möglichkeiten, auch unter Beachtung des Zeitfaktors und der Wahrung der Konspiration, zur Realisierung erster Maßnahmen hinsichtlich Überprüfung und Verdichtung der Informationen bis hin zur Erarbeitung von Ersthinweisen zu spionageverdächtigen Personen.

Nach erfolgter Qualifizierung operativer Ersthinweise

zu Ausgangsmaterialien erfolgte eine abgestimmte und koordinierte Bearbeitung der betreffenden Materialien durch die entsprechende territoriale Diensteinheit mit der oder durch Abteilung II der BV.

3. Bewertungskriterium: Bedeutsame Verhaltensweisen beim Erscheinen am militärischen Objekt

Die Einschätzung unter Anwendung dieses Bewertungskriteriums setzte die Vollständigkeit, Exaktheit und Eindeutigkeit aller zu bewertenden Einzelinformationen voraus. Diesem Bewertungskriterium lag die Erkenntnis zugrunde, dass der Spion bei seinem Aufenthalt am Militärobjekt handeln musste. Das Betraf Handlungen der Spione in der Phase der Annäherung an das Militärobjekt, an Einsichtsschwerpunkten sowie der Phase der Entfernung vom Objekt. Derartige Handlungen, Verhaltensweisen und Bewegungsabläufe waren feststellbar, konnten dokumentiert werden und stellten wesentliche Größen für die Bewertung der Information dar.

Bei der Einschätzung und Bewertung der Einzelinformationen waren ausgehend von deren Inhalt insbesondere Hinweise und Anhaltspunkte zu nachfolgenden Verhaltensweisen herauszuarbeiten beziehungsweise für die Bewertung bedeutsam:

- Umfahren und Umgehen des beziehungsweise der Militärobjekte. Feststellung, ob die betreffende Person mehrere Einsichtsschwerpunkte an einem beziehungsweise mehreren territorial günstig gelegenen Militärobjekten passiert hatte.

- Vorbeifahrt am Militärobjekt, passieren des Einsichtsschwerpunktes und nach kurzer Zeit in die gleiche Richtung zurück. Es war bedeutsam, wenn Personen mit Kfz das Militärobjekt sowie vorhandene Einsichtsstellen in einer Richtung passierten und – ohne objektiv zum Wenden in der Nähe des Objektes veranlasst zu sein (beispielsweise durch Straßensperren oder schlechte Wegstrecke) – kurze Zeit danach in gleicher Fahrtrichtung zurück das Militärobjekt erneut passierten.

- Verringerung der Geschwindigkeit des Fahrzeugs beim Passieren des oder der Einsichtsschwerpunkte an militärischen Objekten. Dabei war der gesamte Bewegungsablauf beziehungsweise die Fahrt zu analysieren, um objektiv und eindeutig herauszuarbeiten, dass die Geschwindigkeit am Einsichtsschwerpunkt verringert wurde, möglicherweise konnten dazu noch andere Verhaltensweisen festgestellt werden.

- Personen mit Fahrzeugen fuhren Umwege zum/am Militärobjekt beziehungsweise benutzten schlechte, kaum befahrbare Wege beim Erscheinen am Objekt. Solche Verhaltensweisen waren ebenfalls bedeutsam, besonders dann, wenn sich dadurch für die betreffende Person günstige Einsichtsmöglichkeiten in das Objekt beziehungsweise in bestimmte Abschnitte schaffen ließen oder wenn zum Beispiel nur durch ein solches Verhalten Einsicht in einen bestimmten Bereich, der aus geheimdienstlicher Sicht interessant schien, möglich war.

- Blickwendungen zum Militärobjekt/Blick in das Militärobjekt an den Einsichtsschwerpunkten. Dabei war stets der gesamte Bewegungsablauf zu analysieren, das heißt die Phasen der Annäherung, an den Einsichtsschwerpunkt, im Einsichtsbereich und des Abgangs vom Objekt, um herausarbeiten zu können, dass die Person beispielsweise nur am Einsichtsschwerpunkt eindeutig in das Objekt gesehen hatte und Interesse zeigte, während dies in den anderen Abschnitten nicht erkennbar war.

- Die unmittelbaren Verhaltensweisen von Personen, die zu Fuß an Militärobjekten in Erscheinung traten.

Hierbei war ebenfalls vom gesamten Bewegungsablauf der Person auszugehen. Es waren die einzelnen Handlungen, wie Blickwendungen zum Objekt, Stehenbleiben, Verhaltensweisen am Einsichtsschwerpunkt, Verhalten in anderen Bereichen, Reaktionen auf militärische Aktivitäten usw. zu erfassen und entsprechend zu bewerten. Als günstig für die Bewertung unmittelbarer Verhaltensweisen von Personen am Objekt hatte sich bewährt, wenn zu diesen Personen durch die zur Sicherung eingesetzten Kräfte des MfS konspirative Fotodokumentationen und Skizzen über den exakten Bewegungsablauf gefertigt wurden.

- Unmittelbares Verhalten der Person beim Verlassen der Umgebung des Militärobjektes und bei der nachfolgenden operativen Beobachtung. Auch bei der Identifizierung am Objekt in Erscheinung getretener Personen durch anschließende Beobachtung vom Objekt bis zum Betreten der Wohnung ließen sich aus den gezeigten Verhaltensweisen und Handlungen der Person für die Bewertung wichtige Informationen und Anhaltspunkte gewinnen. So konnten beispielsweise Kontrollhandlungen der Person zur Feststellung einer Observation, das Aufsuchen der eigenen Wohnung über Umwege sowie andere Verhaltensweisen wichtige Anhaltspunkte zu möglichen geheimdienstlichen Instruktionen sein.

4. Bewertungskriterium: Objekt/Umweltverhältnisse zum Zeitpunkt des Tätigwerdens am Objekt

Mit diesem Bewertungskriterium wurden jene Verhältnisse erfasst, wie Witterungs-, Straßen-, Sicht- und Lichtverhältnisse, Situation am/im Militärobjekt zum Zeitpunkt des Aufenthalts und anders mehr, die zu den drei bisher genannten Bewertungskriterien jeweils ins Verhältnis zu setzen waren. Die mit diesen Bewertungskriterien erfassten Verhältnisse waren darüber hinaus auch für den Prozess der unmittelbaren Durchführung der Sicherungsmaßnahmen am Objekt bedeutsam. So waren beispielsweise die konkrete Situation am/im Militärobjekt sowie die Witterungs- und Sichtverhältnisse neben den unmittelbaren Verhaltensweisen einer Person am Einsichtsschwerpunkt des Objektes wesentliche Faktoren für die Entscheidung zur Identifizierung dieser Person und das Einleiten dazu erforderlicher Maßnahmen.

Diese Bewertungskriterien durften in der Anwendung nicht verselbständigt und als einzige, absolute Maßnahmen betrachtet werden. Sie waren vielmehr in ihrer Einheit und Komplexität zu sehen und bei der Einschätzung/Bewertung der Einzelinformationen dementsprechend anzuwenden. Dabei war in der Praxis dem Prozesscharakter, einer kontinuierlichen Eischätzung und operativen Bewertung aller durch die Außensicherung militärischer Objekte erarbeiteter Informationen zu aufgefallenen Personen mit und ohne Kraftfahrzeug entsprechende Bedeutung beizumessen.

Im Ergebnis der dargestellten Prozesse erfolgte eine Differenzierung aller Informationen in folgende zwei Kategorien:

1. Alle Informationen, die durch die analytische Vergleichs- und Verdichtungsarbeit als Ersthinweise qualifiziert werden konnten. Zu diesen Informationen/Ersthinweisen erfolgte die Durchführung weiterführender operativer Maßnahmen.

2. Alle Informationen, die nicht die entsprechende Wertigkeit aufwiesen beziehungsweise deren Bedeutsamkeit nicht umfassend genug und eindeutig eingeschätzt werden konnte. Diese Informationen verblieben in den entsprechenden Speichern – es erfolgten vorerst keine aktiven Maßnahmen zur weiteren Bearbeitung.

Mit dieser Differenzierung war der Prozess der Erarbeitung operativer Ersthinweise zunächst abgeschlossen und es waren jetzt weiterführende Maßnahmen zur Qualifizierung der Ersthinweise beziehungsweise zu deren Klärung zu realisieren.

Eine Einschätzung des Informationsgehaltes wurde dauerhaft während der Vervollständigung und Überprüfung der neu gewonnenen Informationen realisiert. Nachdem die Ausgangsinformation ergänzt, präzisiert und auf ihren Wahrheitsgehalt überprüft war, wurde die Gesamtheit der Information entsprechend ihrer Wertigkeit, auf der Grundlage einer gewissenhaften Einschätzung nach dem Schwerpunktprinzip, eingeordnet. Darauf baute die nachfolgende Entscheidung auf, wie weiter verfahren werden sollte. Bereits mit der richtigen Einschätzung der vorliegenden Informationen wurde wesentlich über die Effektivität der Überprüfungs- und Verdichtungsarbeit bis hin zur operativen Bearbeitung von Agenturen westlicher Geheimdienste entschieden.

Die Einschätzung der komplettierten und überprüften Information ging unter Beachtung der Tatsache, dass es sich dabei um Hinweise in Richtung Landes- beziehungsweise Geheimnisverrat handelte, insbesondere in folgende Richtungen:

- Gab es Ansatzpunkte, die einzelnen Methoden der Arbeitsweise des Gegners bei der Spionage glichen oder ähnelten?
- Waren die in dem Ersthinweis genannten beziehungsweise im Laufe der Überprüfung und Vervollständigung herausgearbeiteten Personen den Zielgruppen der westlichen Dienste zuzuordnen?
- Waren die oben genannten Personen objektiv und subjektiv in der Lage, geheimdienstlich tätig zu werden beziehungsweise ein Geheimnisverratsdelikt zu begehen?

- Welche Aussagen zu Motiven und Zielen von festgestellten Handlungen waren möglich?
- Wurden bei der Durchführung von Handlungen Mittel und Methoden angewandt, die geheimdienstlichen Charakter trugen?

Im Interesse der Wahrung der Objektivität, waren alle Fakten, sowohl in belastender als auch in entlastender Hinsicht, zu analysieren.

Hervorzuheben ist in diesem Zusammenhang, dass eine Einengung auf einzelne Straftatbestände in diesem Stadium unzulässig war. Im Ergebnis der Einschätzung des Informationsgehaltes gab es im Wesentlichen zwei Entscheidungsmöglichkeiten:

1. Im Prozess der Überprüfung hatten sich die Hinweise nicht bestätigt und es ergaben sich auch keine neuen Anhaltspunkte für eine weitere Bearbeitung. Das Material wurde nicht weiter bearbeitet, jedoch in der VSH-Kartei der Diensteinheit gespeichert, um später wieder jeder Zeit zugänglich zu sein. Diese Form der Entscheidung betraf die überwiegende Zahl der Erstinformationen.

2. Im Prozess der Überprüfung ergaben sich neue Anhaltspunkte, die eine weitere Verdichtung mit Hilfe inoffizieller und offizieller Quellen erforderlich machten. In diesem Fall wurden weitere Maßnahmen zur Verdichtung der bedeutsamen Ersthinweise eingeleitet.

Im Prozess der Überprüfung konnte in Ausnahmefällen bereits ein solcher Stand erreicht worden sein, dass das Anlegen einer OPK oder eines OV gerechtfertigt war.

Das Ziel der Verdichtung operativ relevanter Ersthinweise bestand in der Entwicklung perspektivvoller Ausgangsmaterialien für OV. Dabei betrachtete es die Staatssicherheit als eine vorrangige Aufgabe, sich auch im Prozess der Verdichtung von den im entsprechenden Verantwortungsbereich erkannten Schwerpunktbereichen und Schwerpunkten der Arbeit leiten zu lassen

In der ersten Phase waren (wenn nicht bereits vorhanden) bedeutsame Anhaltspunkte herauszuarbeiten, die auf eine mögliche Verletzung von Straftatbeständen des Landesverrats hinwiesen und das Einleiten einer OPK begründeten. Hierbei ging es noch nicht um die Begründung des Verdachts der Begehung einer Straftat des Landesverrats nach seinen konkreten objektiven und subjektiven Tatbestandsmerkmalen. Enthielt der überprüfte Ersthinweis bereits bedeutsame Anhaltspunkte, entfiel diese erste Phase der Verdichtung.

In der zweiten Phase ging es dann primär um die Erarbeitung des Verdachts der Begehung von Verbrechen des Landesverrats als Voraussetzung für das Anlegen eines OV. Beide Phasen waren eng miteinander verbunden und hatten in der Praxis fließende Grenzen, teilweise fielen sie auch zusammen.

Bei der Festlegung der Maßnahmen zur weiteren Verdichtung des Ersthinweises waren folgende Fragen zu berücksichtigen:

- Welche Kräfte und Mittel standen im eigenen Verantwortungsbereich für die weitere Bearbeitung des vorliegenden Hinweises zur Verfügung?
- Mit welchen anderen Diensteinheiten war zur Klärung des Hinweises zusammenzuarbeiten beziehungsweise mit welchen staatlichen Organisationen und Einrichtungen musste zusammengewirkt werden?
- Welche bereits laufenden oder geplanten Maßnahmen konnten zur Verdichtung des Ersthinweises genutzt werden, beispielsweise Komplexeinsätze zur Außensicherung militärischer Objekte?

Grundsätzlich war zu beachten, dass in der Regel eine größere Zahl von Ersthinweisen zur gleichen Zeit im Prozess der Verdichtung stand und über diese Tätigkeit hinaus durch die Mitarbeiter noch eine breite Palette anderer Aufgaben realisiert werden musste. Darauf wurden die Anzahl und die Art der Maßnahmen abgestimmt, die zur Verdichtung eines konkreten Ersthinweises notwendig waren. Leitgedanke war dabei, nicht so viel wie möglich, sondern so viel wie nötig zu veranlassen. Die erwähnte erste Phase der Verdichtung diente insbesondere der weiteren Schwerpunktbestimmung im Prozess der Schaffung von Ausgangsmaterialien für OV in Richtung Landesverrat.

Der Informationsbedarf musste im gesamten Verdichtungsprozess darauf orientiert sein, solche bedeutsamen Anhaltspunkte herauszuarbeiten, deren Klärung die Begründung des Verdachts der Begehung von Landesverratsverbrechen ermöglichte. Dabei war entsprechend der Erkenntnisse zu beachten, dass die Maßnahmen der gegnerischen Geheimdienste eine zunehmende Komplexität aufwiesen und die Maßnahmen zur Überprüfung und Verdichtung ebenfalls unter Berücksichtigung dieses komplexen Charakters festgelegt wurden.

In der ersten Phase der Verdichtung ging es um die Herausarbeitung von bedeutsamen Anhaltspunkten, wie sie in der OPK-Richtlinie gefordert wurden. Eine erste Möglichkeit war das Zusammenführen von Informationen zur Person, die bereits in den verschiedensten Speichern inner- und außerhalb der Staatssicherheit vorhanden waren. Weiterhin war es notwendig, die Verbindungen und Kontakte der interessierenden Person herauszuarbeiten. Dabei waren insbesondere die Speicher der HA VI/Abteilung Speicherführung (wenn nicht bereits im Prozess der Überprüfung geschehen) sowie der Abteilung M abzufragen. Alle neu erarbeiteten Personen waren dann zumindest in der VSH-Kartei der zuständigen Diensteinheit und der Abteilung XII zu überprüfen.

Weiterhin waren Informationen zur Person aus dem Arbeits- Wohn- und Freizeitbereich zu erarbeiten. Dazu wurden die vorhandenen IM genutzt, die in diesen Bereichen disloziert waren. Darüber hinaus konnten durch den verantwortlichen Mitarbeiter selbst Ermittlungen durchgeführt und auch offizielle Quellen unter Wahrung der Konspiration einbezogen werden. Beim Einsatz offizieller Quellen war stets davon auszugehen, dass die in der Erstinformation genannte Person geheimdienstlich geworben worden sein konnte. Darum musste genau überlegt werden, welche Informationen die offizielle Quelle erhalten musste, um den Auftrag erfüllen zu können. Der Einsatz offizieller Quellen war in Abhängigkeit von der konkreten Information zu sehen und erfolgte in der Regel zur Bestätigung inoffizieller Informationen sowie zur Beschaffung offizieller Dokumente oder Unterlagen, zur Sicherung der Beweislage, zur Beseitigung begünstigender Umstände aber auch zur Absicherung von Aktionen und Einsätzen des MfS hinsichtlich Überprüfung und Dokumentierung bestimmter Sachverhalte. Gleichfalls konnten sie als Gutachter oder Sachverständige zum Einsatz gelangen. Bei der Auswahl offizieller Quellen wurde Wert darauf gelegt, dass sie aufgrund ihrer beruflichen oder gesellschaftlichen Tätigkeit sowie ihrer Qualifikation umfassend und in hoher Qualität die notwendigen Informationen geben konnten.

Eine wesentliche offensive Maßnahmen zur Verdichtung war die Speicherung der notwendigen Angaben zu bearbeiteten Personen in den unterschiedlichen Speichern des MfS zum Zwecke der Gewinnung neuer Informationen. Es wurde dabei von den Speichern der eigenen Diensteinheit ausgegangen. Dazu wurden die VSH-Kartei, unter Umständen die Fotokartei sowie die Kfz-Karteien DDR und West genutzt. Außerdem wurde die bearbeitete Person einschließlich ihrer Verbindungen weiterhin mittels F 402[276] in die VSH-Kartei der territorial zuständigen Diensteinheit, der objektmäßig zuständigen Fachabteilung (wie zum Beispiel die Abteilungen XVIII, XIX, XX der BV) eingelegt. Darüber hinaus wurden die zentralen Speicher der Staatssicherheit genutzt.

Durch das Einlegen in die genannten Speicher war gewährleistet, dass der zuständige Mitarbeiter allseitig über die neu eingehenden Informationen zur interessierenden Person in Kenntnis gesetzt wurde. Diese Informationen konnten entsprechend der Art der Speicher auf seine vermutlichen Aktivitäten zur Erlangung von geheim zu haltenden Informationen, auf das Verbindungswesen und auf die Persönlichkeit hinweisen beziehungsweise darüber bedeutsame Auskünfte geben. Gegenstand der zweiten Phase der Verdichtung war die Klärung der bedeutsamen Anhaltspunkte, die bis dahin erarbeitet werden konnten sowie die weitere Erarbeitung und Klärung solcher Anhaltspunkte mit dem Ziel, den Verdacht der Begehung von Landesverratsverbrechen nachzuweisen. An zentraler Stelle stand in diesem Prozess der Einsatz der inoffiziellen Basis. Darüber hinaus gewann hier die zielgerichtete Zusammenarbeit mit anderen Diensteinheiten des MfS und mit offiziellen Quellen an Bedeutung. Diese zweite Phase war, wie bereits

---

276 Formblatt 402 (Hinweiskarte). Eine F 402 zu einer für eine Diensteinheit in der Abt. XII aktiv erfassten Person wurde den Diensteinheiten zugeleitet, die für den Wohnort (territoriale Diensteinheit) oder die Arbeitsstätte (entsprechende Fachabteilung) der Person zuständig waren. Die F 402 wurde von der empfangenden Diensteinheit in deren VSH-Kartei eingeordnet. Fielen Informationen zur betreffenden Person an, wurden sie auf Anforderung der zuständigen Diensteinheit übergeben. Die F 402 enthielt die Personengrunddaten, die anfordernde Diensteinheit bzw. den zuständigen Mitarbeiter, allerdings keine Angabe zur Erfassungsart.

erläutert, eng mit der ersten verbunden und wurde durch diese wesentlich vorbereitet. Die hauptsächliche Methode der Verdichtung war in dieser Phase die Durchführung von OPK. Diese waren einzuleiten, wenn bedeutsame Anhaltspunkte vorlagen, die eine gezielte Kontrolle von Personen begründeten und erforderten. Bedeutsame Anhaltspunkte lagen vor, wenn im Ergebnis der operativen und rechtlichen Bewertung von überprüften und in der Regel bereits verdichteten Informationen auf feindliche Handlungen bekannter Personen beziehungsweise deren Missbrauch durch den Gegner geschlussfolgert werden konnte. Die in der OPK-Richtlinie geforderten Informationen lagen als Ersthinweise vor. Diese wurden, wie bis hierher geschildert, überprüft und in der ersten Phase verdichtet. Bei der Einschätzung dieser Informationen ging es nicht um die Begründung des Verdachts der Begehung von Landesverratsverbrechen. Dies war ja letztlich das Ziel der OPK selbst.

Die Einschätzung musste über einen Vergleich der herausgearbeiteten Informationen mit dem Wissen der Staatssicherheit zur Arbeitsweise der westlichen Geheimdienste bei der Vorbereitung und Durchführung von Spionagehandlungen, den Vergleich mit den Zielgruppen des Gegners den Schluss zulassen, dass landesverräterische Handlungen begangen wurden. Dabei war immer davon auszugehen, dass die westlichen Dienste auch neue Mittel und Methoden anwendeten und ihre Zielgruppen Veränderungen unterlagen.

Die Hauptkräfte im Prozess der Überprüfung und Verdichtung von Ersthinweisen waren die IM. Sie waren einzusetzen zur Erarbeitung und beweiskräftigen Dokumentierung von bedeutsamen Informationen, die

- wichtige Anhaltspunkte darstellten (insbesondere im Überprüfungsprozess sowie in der ersten Phase der Verdichtung),

- zur Klärung bedeutsamer Anhaltspunkte führten (insbesondere im Rahmen der OPK) und
- zu weiteren Erkenntnissen zu Personen und zum Sachverhalt führten.

Dies waren insbesondere Informationen zu Handlungen und zum Verhalten der Personen in den Arbeits-, Wohn- und Freizeitbereichen, zum Umfang und Charakter bedeutsamer Verbindungen und Kontakte, zur Entwicklung der Persönlichkeit und ihrer wahren politischen Einstellung.

Die Auswahl der IM richtete sich nach den vorliegenden bedeutsamen Anhaltspunkten, die es zu klären galt. Dabei war die Zahl der einzusetzenden IM so gering wie möglich zu halten, um weitestgehend eine Dekonspiration zu verhindern. Zweckmäßig war eine Überprüfung dahingehend, ob die Quelle der Erstinformation zur Klärung der Anhaltspunkte nutzbar war. War dies nicht der Fall, war die vorhandene IM-Basis dahingehend zu prüfen, ob sie zur weiteren Verdichtung beziehungsweise Klärung bedeutsamer Anhaltspunkte eingesetzt werden konnte. Das betraf vor allem solche IM, die bereits zur Lösung von Teilaufgaben eingesetzt waren. Nur wenn auch dies zu keinem Ergebnis führte, war die Suche, Auswahl und Werbung eines neuen IM zu realisieren. Dies erfolgte in der Regel erst in einem fortgeschrittenen Stadium der OPK.

An die IM waren bestimmte Anforderungen zu stellen. Diese richteten sich nach der konkreten Einsatzrichtung
- Erarbeitung von Informationen an der Peripherie oder
- direkte Tätigkeit an der interessierenden beziehungsweise unter OPK stehenden Person.

IM, die an der Peripherie tätig waren, durften lediglich das über Person und Sachverhalt erfahren, was zur Realisierung ihrer konkreten Aufgabe unbedingt erforderlich war. Allerdings mussten ihnen zumindest so viele Informationen zur Verfügung gestellt werden, dass sie in der Lage waren, die Bedeutsamkeit von Informationen zu erkennen, die sie entsprechend ihrer Aufgabenstellung erarbeiten sollten. Es war weitestgehend zu vermeiden, dass IM über ihnen bekannt gewordene Tatsachen oder Umstände nur deshalb nicht berichteten, weil sie diese nicht für wichtig hielten. Der notwendige Grad der Informiertheit war von Fall zu Fall unterschiedlich und musste stets am konkreten Sachverhalt entschieden werden. Unter Umständen war es nicht einmal nötig, solchen IM den Namen der interessierenden Person zu nennen.

Hinsichtlich der IM, die direkt an der Person tätig waren, war grundsätzlich davon auszugehen, dass es sich bei dieser Zielperson mit hoher Wahrscheinlichkeit um einen nachrichtendienstlich ausgebildeten, abwehrmäßig eingestellten Menschen handelte. Daraus leiteten sich an die die Auswahl des IM, der direkt an dieser Person tätig werden sollte, hohe Anforderungen ab. Dies waren insbesondere:

- Der IM musste zur konspirativen Arbeit, insbesondere zur Anwendung von Legenden, fähig sein.
- Er musste ausreichende Kenntnisse über die Arbeitsweise westlicher Geheimdienste besitzen, insbesondere was die Vorbereitung und Durchführung von Spionagehandlungen betraf, und eine enge Bindung an das MfS haben.
- Er sollte in den wesentlichsten Persönlichkeitseigenschaften der Zielperson überlegen sein.
- Der IM musste entweder bereits über nutzbare Kontakte zur bedeutsamen beziehungsweise unter OPK stehenden Person verfügen oder aber in der Lage sein, solche Kontakte herzustellen.

Nach Möglichkeit sollten direkt an der Zielperson nur

IM eingesetzt werden, die in der Perspektive auch bei der Bearbeitung der Person in einem OV eingesetzt werden konnten.

Der IM, der unmittelbar am vermuteten nachrichtendienstlichen Gegner tätig werden sollte, musste über diese Person und den erarbeiteten Stand der Informationen weitgehend unterrichtet sein, damit dieser seiner Aufgabenstellung voll gerecht werden konnte. Über eine Reihe von Details einer Information konnte der IM nur dann berichten (und konnte auch nur dann situationsgerecht reagieren), wenn ihm die wesentlichen Zusammenhänge bekannt waren.

Mit der Verantwortung, die dem IM übertragen wurde sowie aus dem ihm vermittelten Wissen verband die Staatssicherheit hohe Anforderungen an die Ehrlichkeit und Zuverlässigkeit des IM. Ehrlichkeit und Zuverlässigkeit waren insbesondere dann immer wieder zu überprüfen, wenn es vor der Bearbeitung bereits enge Beziehungen des IM zur Zielperson gegeben hatte, beziehungsweise wenn sich diese im Verlaufe der Arbeit herausgebildet hatten.[277]

Die Qualität der Tätigkeit mit IM bei der Verdichtung operativer Ersthinweise beziehungsweise bei der Klärung bedeutsamer Anhaltspunkte im Rahmen einer OPK war ein aus Sicht des MfS »entscheidendes Kriterium für die zügige und zielgerichtete Herausarbeitung von Ausgangsmaterialien für OV in Richtung Landesverrat, eine entscheidende Größe für die Erhöhung der

---

277 Juristische Hochschule Potsdam, Sektion Politisch-Operative Spezialdisziplin, Lehrstuhl V: Studienmaterial: Ausgewählte Probleme zum taktisch zweckmäßigen Herangehen an die Überprüfung von Ersthinweisen und die weitere Verdichtung von operativ bedeutsamen Ausgangsmaterialien, die auf das Vorliegen und die Verletzung von Straftatbeständen des Landesverrats hindeuten. Potsdam o. J., BStU-Bibliothek, ST 639 a, S. 5–40.

Effektivität aller operativen Prozesse bei der Bekämpfung des Feindes«[278].

Die Analyse zur Herkunft von Ersthinweisen aus dem Zeitraum 1977 bis 1987 ergibt folgendes Bild:

- Ersthinweise aus dem Operationsgebiet 47 Prozent,
- Ersthinweise durch spezifisch-operative Maßnahmen (vor allem der Abteilung M und der HA III 27 Prozent,
- Ersthinweise aus der Vorgangs-, IM- und Sicherungsarbeit 17 Prozent,
- Ersthinweise aus der Untersuchungstätigkeit des MfS 6 Prozent,
- Ersthinweise von anderen sozialistischen Sicherheitsorganen 3 Prozent.

Aus diesen Zahlen zog der Leiter der HA II folgenden Schluss: »Eine wirkungsvolle Spionageabwehr muss vor allem auf einer qualifizierten Arbeit der Abwehr und der Aufklärung im Operationsgebiet aufbauen, ohne dabei die Abwehrarbeit auf unserem Territorium zu vernachlässigen.«[279]

Was die Zeitdauer unerkannter Spionage betrifft, gab es einzelne Extremfälle, bei denen eine Spionagetätigkeit über Jahrzehnte nicht erkannt werden konnte.

Im Jahr 1986 enttarnte die HA II in Zusammenarbeit mit der Abteilung II der BV Neubrandenburg eine Agentur, die sich bereits 1946 in Westberlin dem Gegner angeboten hatte und in der Folgezeit für den UfJ, die OG und dann bis April 1986 für den BND Spionage betrieb. Diese Agentur hatte die Zugehörigkeit zur SA verschwiegen, war seit 1948 Mitglied einer Blockpartei und von 1963 bis zur Berentung 1971 Leiter einer Me-

---

278 Ebd., S. 40.

279 Referat des Leiters der Hauptabteilung II auf der Dienstkonferenz vom 8. April 1987, BStU ZA MfS HA II Nr. 4865, Bl. 24.

liorationsgenossenschaft. Für die mit großer Intensität durchgeführte Spionagetätigkeit nutzte der Spion seine berufliche und gesellschaftliche Tätigkeit sowie den daraus resultierenden großen Umgangskreis. Er führte seit 1974 jährlich zwei Rentnerreisen in die Bundesrepublik durch, bei denen es zu Treffs mit seinen BND-Verbindungsführern kam. Der Agent hielt sich strikt an alle Sicherheitshinweise des BND.[280] Es handelte sich bei der Agentur um Johannes W., Jahrgang 1906, der unter dem Decknamen »Gerber« für Pullach aktiv war. »Gerber« lieferte zunächst militärische Informationen aus dem Raum Eggesin/Torgelow, über die Bahnstrecke nach Stettin und die landwirtschaftliche Entwicklung der DDR. Im Jahr 1958 stellte der BND die Zusammenarbeit zunächst ein, »da er nicht ausreichend Material beschaffen konnte«[281].

Aus Verärgerung über seine geringe Rente soll Johannes W. 1973 den Kontakt zum BND wieder aufgenommen haben, nachdem er als Rentner in die Bundesrepublik reisen konnte. Pullach setzte den mobilen Rentner von nun an zur Aufklärung von GSSD- und NVA-Standorten ein, unter anderem:

- zur Peene-Werft Wolgast,
- zum NVA-Flugplatz des Jagdfliegergeschwaders Peenemünde,
- zum sowjetischen Flugplatz des Garde-Jagdbomberregiments Rechlin,
- zum NVA-Flugplatz des Kampfhubschraubergeschwaders Basepohl,

---

280 Ebd.

281 Armin Wagner, Matthias Uhl: »Nebenjob beim BND. Rentner und Hausfrauen als Spione«. In: *Spiegel Online*, 24. Februar 2008. Auf. http://www.spiegel.de/einestages/nebenjob-beim-bnd-a-948804.html. Zugriff am 28. September 2017.

- zu Kasernenkomplexen der GSSD in Bernau und Prenzlau sowie
- weiteren Kasernen, Tanklagern, Radar- und Raketenstellungen.

Der Rentner war für den BND insbesondere interessant, weil er:

- zu Treffs in die Bundesrepublik reisen konnte,
- durch sein Rentnerdasein seine Zeit flexibel gestalten konnte und
- mittels seines Pkw mobil war.

Im Jahr 1986 beendete der BND die Zusammenarbeit mit Johannes W. aufgrund seines hohen Alters.[282]

Ein anderer Extremfall wurde im Ergebnis operativer Maßnahmen der HA II und der Abteilung II der BV Halle offenbar. 1985 erfolgte die Festnahme eines amerikanischen Spions aus Westberlin. Diese Agentur betrieb seit 1963 Spionage auf dem Territorium der DDR. Dazu reiste er berufsbedingt auf den Transitstrecken sowie zu Verwandtenbesuchen oder touristischen Aufenthalten in die DDR.[283]

Insgesamt zeigte sich zur Zeitdauer der Spionagetätigkeit von 1977 bis 1987 bei den festgenommenen Spionen folgendes Bild:

- bis zu drei Jahren 40 Prozent der Agenturen,
- drei bis fünf Jahre 22 Prozent der Agenturen,
- 5 bis 10 Jahre 23 Prozent der Agenturen,
- mehr als zehn Jahre 15 Prozent der Agenturen.[284]

---

282 Vgl.: Ebd.

283 Referat des Leiters der Hauptabteilung II auf der Dienstkonferenz vom 8. April 1987, BStU ZA MfS HA II Nr. 4865, Bl. 25 f.

284 Vgl.: Ebd., Bl. 26.

Operative Personenkontrollen

Bei der OPK handelte es sich um einen Aufgabenkomplex zur Überprüfung und Kontrolle von Personen zur gezielten Klärung operativ bedeutsamer Anhaltspunkte. Für eine OPK mussten operativ bedeutsame Anhaltspunkte vorliegen, also in der Regel in der Abwehrarbeit gewonnene, rechtlich bewertete und überprüfte sowie verdichtete Informationen.

Das betraf solche Informationen zu einer Handlung oder Handlungen (Tun oder Unterlassen), die mögliche Begehungsweisen einer gegen die DDR gerichteten Tätigkeit sein konnten, ohne jedoch bereits den Verdacht einer Straftat zu begründen. Anhaltspunkte konnten – unter dem Aspekt der Gewährleistung der staatlichen Sicherheit – Verbindungen zwischen Personen aus der DDR und Personen, Einrichtungen oder Organisationen aus der Bundesrepublik, Westberlin oder anderer kapitalistischer Staaten sein. Relevant waren aber auch Persönlichkeitsmerkmale, die geeignet waren, für den Missbrauch durch Geheimdienste oder andere Stellen und Kräfte.

Die OPK war somit ein Arbeitsprozess zur Klärung derartiger Anhaltspunkte. Mit einer OPK wurden Anhaltspunkte auf Verdachtsmomente der Begehung eines Staatsverbrechens oder einer Straftat der allgemeinen Kriminalität, die einen hohen Grad von Gesellschaftsgefährlichkeit aufwies und in enger Beziehung zu Staatsverbrechen stand beziehungsweise für deren Bearbeitung das MfS zuständig war, geprüft. Dazu waren mittels der OPK weitere Hinweise in be- und entlastender Hinsicht zu erarbeiten und zu verdichten, um den vorliegenden Verdacht justiziabel zu begründen oder zu entkräften. Wurde der Anfangsverdacht einer Straftat begründet, konnte ein OV angelegt werden. Die Ergebnisse der OPK waren in diesem Sinne Ausgangsmaterial für Operative Vorgänge.[285]

Dem MfS oblag grundsätzlich

- die Aufdeckung und Bearbeitung aller feindlichen Angriffe gegen die DDR und ihre Bürger sowie
- die Unterbindung gegnerischer Tätigkeit durch Ausschöpfung der Möglichkeiten und Potenzen der Gesellschaft.

Die Realisierung der Schutz und Aufdeckungsfunktion nahm somit innerhalb des MfS eine bedeutende und dominierende Rolle ein. Unter Beachtung des Grundsatzes, dass die Schutz- und Aufdeckungsfunktion als Einheit zu realisieren war, muss aufgezeigt werden, dass es verschiedene Methoden des Vorgehens hinsichtlich ihrer Durchsetzung gab, die eng miteinander verknüpft waren. Eine Methode bestand für die Staatssicherheit darin, über die Aufdeckung von Einwirkungen des Gegners zur Feststellung von Beteiligten beziehungsweise verantwortlichen Personen zu gelangen (Erscheinung – Person). Eine weitere Methode bestand in der Feststellung solcher Personen, die feindliche Handlungen begehen konnten (Person – Handlung). Dazu gehörten auch Personen, die sich tarnten, um in bestimmten Situationen tätig zu werden.

Schließlich sah es die Spionageabwehr als generell erforderlich an, durch Aufklärung der Pläne, Absichten und Methoden ihrer Gegner direkt zur Erkennung feindlich tätiger Personen zu gelangen.

Die OPK hatte die Aufgabe, Personen, von denen feindliche Handlungen ausgehen konnten, potentielle Kräfte des Gegners beziehungsweise Personen, die der Gegner für seine Ziele ausnutzen konnte, unter Kontrolle zu

---

285 Vgl.: Autorenkollektiv (Hrsg.): *MfS von A bis Z. Ein Lexikon.* Berlin 2011, S. 161 ff.

halten.[286] Sie zielte auf die systematische Erarbeitung operativ bedeutsamer Anhaltspunkte bis zu Verdachtsgründen für eine gegnerische Tätigkeit. Durch die OPK wurden aber auch Informationen über Personen erarbeitet, die für die Unterstützung des MfS geeignet waren. Dies betraf insbesondere die Erarbeitung

- von Ausgangsmaterialien für die Auswahl geeigneter Kandidaten zur Gewinnung als IM/GMS sowie für die Gewinnung anderer Informationsquellen,
- von Hinweisen auf geeignete IM-Kandidaten für den Einsatz im Operationsgebiet,
- von Anhaltspunkten für die Möglichkeit operativer Spiele ins Operationsgebiet,
- des Nachweises der Zuverlässigkeit von Personen, die in bedeutsamen Positionen beziehungsweise zur Lösung besonderer Aufgaben eingesetzt werden sollten.

Aus Sicht des MfS wurden durch die Operative Personenkontrolle zusammen mit der operativen Personenaufklärung auch Voraussetzungen für die Äußere Abwehr geschaffen, durch welche die Aufklärung der Pläne, Absichten und Maßnahmen der gegnerischen Geheimdienste unterstützt wurde. Demzufolge wurde durch die operative Kontrolle von Personen zwar in der Hauptsache Beiträge zur Schutz- und Aufdeckungsfunktion geleistet aber die umfassende Bedeutung und Anwendbarkeit der operativen Personenkontrolle brachte es mit sich, dass auch für andere Funktionen des MfS Beiträge geleistet wurden.[287]

Die operative Kontrolle von Personen durch das MfS

---

286 Vgl.: Werner Paulsen, Herbert Desselmann: Forschungsergebnisse zum Thema: »Die operative Kontrolle von Personen durch die Organe des MfS«. Potsdam 1970, MfS JHS Nr. 21802, Bl. 9 und 15 f.

287 Vgl.: Ebd., Bl. 17 f.

zielte entsprechend des aktiv vorbeugenden Charakters auf:

- die Aufdeckung von Handlungen und die Personen betreffenden Umstände, um Materialien zu erarbeiten, die den Kriterien der Eröffnung von OV entsprachen,
- die Einschränkung und Verhinderung gegnerischer Wirkungsmöglichkeiten, indem beispielsweise Personen kontrolliert wurden, die in bestimmten Situationen Straftaten begehen konnten, die aber durch geeignete und rechtliche Maßnahmen unterbunden werden konnten,
- die Sicherung solcher Personen, die aufgrund ihrer gesellschaftlichen beziehungsweise beruflichen Stellung oder aufgrund bestimmter bedeutsamer Merkmale und Eigenschaften aus der Vergangenheit beziehungsweise ihres aktuellen Wirkens durch gegnerische Dienste angesprochen werden konnten,
- das Erkennen solcher Personen, die aufgrund ihrer Möglichkeiten, ihrer Fähigkeiten und ihrer Eignung als IM oder GMS gewonnen beziehungsweise in anderer Weise in den Informationsgewinnungsprozess des MfS einbezogen oder in bedeutsamen Positionen beziehungsweise zur Lösung besonderer Aufgaben eingesetzt werden konnten.[288]

Bezogen auf den Arbeitsgegenstand der Linie II, aber auch anderer Diensteinheiten, denen Aufgaben der Spionageabwehr oblagen, waren beim Vorliegen von operativ bedeutsamen Anhaltspunkten unter Personenkontrolle zu stellen:

1. Personen mit operativ bedeutsamen Persönlichkeitseigenschaften und –merkmalen, Verhaltensweisen und Verbindungen, bei denen die Möglichkeit gegnerischer Aktivitäten, der Tarnung ihrer feindlichen Grundhal-

---

288 Vgl.: Ebd., Bl. 60.

tung oder ihres Missbrauchs durch den nachrichtendienstlichen Gegner bestand, insbesondere

- Menschen, für die sich Geheimdienste oder andere
  feindliche Zentralen besonders interessierten, die
  vom nachrichtendienstlichen Standpunkt aus interessant und diesen Zentralen bekannt waren, getippt
  oder angesprochen/angeschrieben worden sind,
- Überläufer von westlichen Geheimdiensten und gegebenenfalls von militärischen/polizeilichen Organisationen,
- ehemalige IM, zu denen die Verbindung aufgrund
  ihrer Unzuverlässigkeit abgebrochen worden war,
- Menschen, die in verdächtiger Weise an spionagegefährdeten Objekten auffällig geworden sind oder sich
  in verdächtiger Weise für geheim zu haltende Angaben interessierten,
- Menschen, die verdächtige persönliche oder postalische Verbindungen in die Bundesrepublik, nach
  Westberlin oder in andere NSW-Staaten unterhielten
  beziehungsweise derartige Verbindungen oder Kontakte in der DDR oder während ihres Aufenthaltes im
  Ausland aufnahmen.

2. Personen, die aufgrund ihrer beruflichen oder gesellschaftlichen Aufgaben, ihrer Stellung beziehungsweise Position, ihrer Möglichkeiten, Kenntnisse oder
Fähigkeiten im Blickpunkt des gegnerischen Interesses
standen, bei denen die Dienste Möglichkeiten besaßen, sich ihnen zu nähern sowie Kader, die aufgrund
spezieller dienstlicher Bestimmungen durch das MfS
abgesichert und kontrolliert wurden beziehungsweise
deren Einsatz durch die Staatssicherheit bestätigt werden musste. Dies waren insbesondere Geheimnisträger
(differenziert nach Bedeutung der ihnen zugänglichen
Geheimnisse), NSW-Reisekader, Mitarbeiter von Auslandsvertretungen, Angehörige bestimmter staatlicher

oder gesellschaftlicher Organe, Beschäftige im grenzüberschreitenden Verkehr, Menschen, die als Verhandlungspartner, Messekader, Betreuer oder Dolmetscher
im NSW beziehungsweise der in der DDR tätig waren
oder Personen, die in besonders wichtigen spionagegefährdeten Objekten beziehungsweise Bereichen ständig oder zeitweilig tätig waren, in deren unmittelbarer
Nähe wohnten beziehungsweise Einsichtmöglichkeiten
besaßen je nach Bedeutung der Objekte/Bereiche und
Möglichkeiten der Betroffenen.

Darüber hinaus waren unter Operative Personenkontrolle zu stellen:

- Personen aus dem Operationsgebiet sowie Personen
  mit ständigem Wohnsitz im Staatsgebiet der DDR, deren objektive Möglichkeiten, Eignung und Fähigkeiten für eine inoffizielle Zusammenarbeit mit dem MfS
  durch eine OPK planmäßig überprüft werden sollte,
  wenn dies in besonderen Fällen in Abhängigkeit von
  ihrer Stellung oder Position, der zu erwartenden
  Kompliziertheit der Gewinnung und der Bedeutung
  der durch sie im Rahmen der inoffiziellen Zusammenarbeit mit dem MfS zu lösenden Aufgaben notwendig
  war.
- Personen mit ständigem Wohnsitz im Operationsgebiet, die im Rahmen der Aufgabenstellung des MfS
  zum Schutze der DDR und im Rahmen der vorbeugenden Tätigkeit im Operationsgebiet unter Kontrolle
  zu halten waren, soweit keine unmittelbare Bearbeitung in OV erfolgte.
- Personen, über die ein Kontrollersuchen der Sicherheitsorgane anderer sozialistischer Staaten vorlag.[289]

Die Spezifik der Operativen Personenkontrolle zeigt
sich insbesondere an den folgenden drei Faktoren:

---

289 Vgl.: Ebd., Bl. 65–72.

1. Die OPK war vielfach das Vorfeld für weitere bedeutende Verfahren beziehungsweise Prozesse, wie beispielsweise der Vorgangsbearbeitung oder dem Vorlauf für perspektivvolle Werbungen von IM. Daraus ergab sich für die Staatssicherheit zwingend die Forderung, im Prozess der Personenkontrolle streng auf die Wahrung der Geheimhaltung und Konspiration zu achten und keine leichtfertigen Maßnahmen durchzuführen, die die Gefahr einer Dekonspiration mit sich bringen konnten. Bereits mit der ersten Maßnahme musste davon ausgegangen werden, dass die entsprechende Person Kontakte zu einem Geheimdienst haben konnte. Eine einzige unbedachte oder leichtfertige Maßnahme konnte bereits dazu führen, dass der Dienst gewarnt und der Spion abgeschaltet wurde.

2. Für die operativ bedeutsamen Anhaltspunkte war charakteristisch, dass sie in ihrer Aussagekraft oft gering waren und deshalb vielfach eine mehrfache Deutung zuließen. Für das effektive Vorgehen sowie für den Einsatz der Kräfte und Mittel des MfS konnte dies nachhaltige Folgen haben, wenn beispielsweise zu einem verfrühten Zeitpunkt auf der Grundlage unzureichender objektiver Anhaltspunkte eine ungerechtfertigte und subjektivistische Ausdeutung auf ein spezifisches Delikt hin erfolgte und der Einsatz der Kräfte und Mittel dementsprechend eng ausgerichtet war. So stellte die Staatssicherheit zum Beispiel in der Praxis fest, dass auf der Grundlage unterschiedlichster Anhaltspunkte diese zu einseitig und zu ausschließlich auf mögliche Spionage eingeschätzt und daraufhin bearbeitet wurden, obwohl genauso viele Anhaltspunkte für eine andere Straftat oder für das Nichtvorliegen einer Straftat sprachen.

Kritisch merkte man an, dass es zwar grundsätzlich richtig war, immer die Möglichkeit einer Feindhandlung und insbesondere auch die Eventualität einer Spionagetätigkeit zu sehen und zu prüfen. Allerdings war es aber auch notwendig, dabei real zu bleiben, um nicht Mittel und Kräfte am untauglichen Objekt zu binden beziehungsweise die bedeutsamen Anhaltspunkte in einer falschen Richtung zu bearbeiten.

3. Der Gegenstand der Operativen Personenkontrolle war sehr vielgestaltig. So konnte es sich im Einzelnen handeln um:

- Personen aus der DDR, bei denen vorrangig der Aspekt der Aufdeckung einer (möglichen) Feindtätigkeit dominierte,
- Personen aus der DDR, bei denen hauptsächlich der Aspekt der Verhinderung einer möglichen Feindhandlung stand,
- Personen aus der Westdeutschland, Westberlin und anderen NSW-Staaten, die sich zeitweilig oder besuchsweise in der DDR aufhielten,
- Personen im Operationsgebiet.

Trotz genereller Übereinstimmung in grundsätzlichen Punkten der Kontrolle solcher Personen ergaben sich in einigen Fragen der Kontrollmethodik Unterschiede, die das MfS bei der Organisierung der operativen Personenkontrolle zu berücksichtigen hatte. Es sollen hier einige allgemeine Gesichtspunkte aufgezeigt werden, die sich aus dem unterschiedlichen Gegenstand der OPK für die praktische Durchführung der Kontrollprozesse ergaben:

a) Unter Operativer Personenkontrolle konnten sowohl Personen stehen, die eindeutig negativ, im Sinne einer möglichen Spionagetätigkeit, in das Blickfeld des MfS gerieten oder hauptsächlich aufgrund ihrer Funktion oder Stellung zu sichern waren. Während es sich einerseits um die operative Kontrolle möglicher Spione handelte, ging es andererseits zumeist um Funktionäre oder um Personen in verantwortlicher Tätigkeit, die zu schützen waren und die in dieser konkreten oder in anderen Beziehungen selbst an der Realisierung der Schutzfunktion der DDR teilnahmen oder einbezogen werden konnten.

Hieraus ergaben sich insofern unterschiedliche Züge für die Gestaltung der konkreten Kontrollprozesse, dass sich der Informationsbedarf und davon ableitend der Einsatz der Kräfte und Mittel bei den zu sichernden Personen mehr auf die von außen auf die Personen einwirkenden Einflüsse und Umstände sowie die dadurch eintretenden Wirkungen bei diesen Personen konzentrieren musste, während sich der Informationsbedarf bei den spionageverdächtigen Personen vorrangig auf diese selbst, ihr Verhalten, ihre Verbindungen und Einstellungen bezog.

Bei den zu sichernden Personen konnte es im Einzelfall zweckmäßig und möglich sein, sie in den Komplex der einzuleitenden operativen Maßnahmen aktiv einzubeziehen.

b) Zur Realisierung der Aufgabenstellung »Wer ist wer?« waren vorrangig aus den operativen Schwerpunkten auch jene Personen aufzuklären und bei Vorliegen begründeter bedeutsamer Anhaltspunkte unter OPK zu stellen, die in Schlüsselstellungen der Gesellschaft fungierten.

Das MfS ging davon aus, dass die westlichen Geheimdienste bei der Suche, Aufklärung und Werbung von Agenturen insbesondere für solche Personen Interesse zeigten, die in der DDR in einflussreichen beziehungsweise neuralgischen Positionen tätig waren und von denen eine sehr empfindliche Störung bestimmter Bereiche ausgehen konnte, wenn sie wirksam wurden.

Bei der Aufklärung und Kontrolle derartiger Personen stand zumeist die Erforschung ihrer wahren politischen Einstellung im Vordergrund. Ausgehend von der Erkenntnis, dass Einstellungen verfestigte, relativ stabile Reaktionsbereitschaften sind, leitete die Staatssicherheit daraus ab, wie sich derartige Menschen in zugespitzten Situationen mit großer Wahrscheinlichkeit verhalten würden.

Die Staatssicherheit betrachtete die Erforschung wesentlicher Seiten der ideologischen Einstellung als einen komplizierten Prozess, der in der Regel nur mit erfahrenen und zuverlässigen IM realisiert werden konnte, die in der Lage waren, ein enges Verhältnis zu der Kontrollperson herzustellen. Dies umso mehr, da sich selbst bei feindlich eingestellten Personen vielfach in dem äußeren, unmittelbar sichtbaren Verhalten kaum negative Hinweise feststellen ließen, weil sie in der Regel bestrebt waren, sich zu tarnen.

c) Bei Personen aus der Bundesrepublik, Westberlin oder anderen NSW-Staaten, die sich zeitweilig in der DDR aufhielten, gab es meist Besonderheiten in der Methodik der Durchführung der Operativen Personenkontrolle.

Bei ein- und durchreisenden Personen aus Westdeutschland und Westberlin waren besondere Kontrollmaßnahmen dann erforderlich, wenn es sich um spionageverdächtige Personen oder linke/rechte Extremisten usw. handelte. Während in bestimmten Fällen die Einreise generell unterbunden wurde, machten sich bei einem Teil der namentlich bekannten oder festgestellten Personen lückenlose Kontrollmaßnahmen erforderlich. Um die Wirksamkeit der kombinierten Fahndungs- und Kontrollmaßnahmen zu sichern, war es erforderlich, beginnend von der Grenzübergangsstelle an über alle Aufenthaltsorte und Kontaktstellen zu den entsprechenden Personen, geeignete Kontrollhandlungen durchzuführen. Durch die Operativen Leitzentren der Linie VI wurden die dazu erforderlichen Koordinierungen eingeleitet. Ein bestimmendes Element der Kontrolle zu derartigen Menschen bestand darin, dass in nahezu allen Fällen die Kontrolle ihrer Kontaktpartner in der DDR unmittelbar erforderlich war. Oftmals ergab sich die Bedeutsamkeit ein- oder durchreisender Personen aus der Bundesrepublik beziehungsweise Westberlin gerade aus den von ihnen angeknüpften beziehungsweise aufrechterhaltenen Kontakten. Ein- und durchreisende Personen aus dem anderen kapitalistischen Ausland, insbesondere aus NATO-Staaten, bildeten einen ähnlich bedeutsamen Schwerpunkt bei der Operativen Personenkontrolle. In diesen Fällen trafen im Wesen die gleichen Probleme zu wie bei den Westdeutschen beziehungsweise Westberlinern.

Im Vordergrund mussten bei der Fixierung der Kontrollziele und Kontrollmaßnahmen solche Gesichtspunkte stehen, die mit der Aufdeckung, Unterbindung und Bekämpfung gegnerischer Spionagetätigkeit im Zusammenhang standen. Insbesondere durch die Linie II wurden bei derartigen Ausländern aus NATO-Staaten Kuriertätigkeit, Abschöpfung und ähnliches festgestellt.

d) Bedingt durch die Möglichkeit, zur Verlängerung ihrer Heimatpässe in regelmäßigen Abständen Westberlin aufzusuchen, bildeten die in der DDR wohnhaften Ausländer eine spezifische Personenkategorie, bei deren Kontrolle verschiedene Gesichtspunkte zu berücksichtigen waren.

Die besondere Hervorhebung der in der DDR wohnhaften Ausländer, insbesondere der aus NATO-Staaten, war aus Sicht der Staatssicherheit auf Gründe zurückzuführen, die mit der Persönlichkeitsstruktur und dem Bewegungsspielraum dieser Personen zusammenhingen sowie deren möglicher Nutzung durch die westlichen Geheimdienste.[290]

---

290 Vgl.: Ebd., Bl. 96–103.

Entscheidungen über die Einleitung der Operativen Personenkontrolle wurden auf der Grundlage systematisch erarbeiteter und überprüfter bedeutsamer Anhaltspunkte über relevante Personen getroffen. Darüber hinaus waren Entscheidungen über die Einleitung gezielter Prozesse der Personenkontrolle zu treffen, wenn durch die Tätigkeit anderer, gewissermaßen dienstleistender MfS-Linien, überprüfte Anhaltspunkte bekannt wurden. Das konnten beispielsweise Arbeitsergebnisse der Passkontrolleinheiten der Linie VI sein, die außerhalb der von operativen Diensteinheiten gestellten Fahndungsersuchen lagen. Es konnte sich dabei aber auch um ein- oder mehrmaliges operativ interessantes Verhalten ein- oder durchreisender Personen handeln. Auch die berufliche Tätigkeit beziehungsweise bekanntgewordene Verbindungen oder Beziehungen der ein- oder durchreisenden Personen konnten Ausgangspunkte bilden, durch die nach entsprechenden Überprüfungen Maßnahmen der Personenkontrolle eingeleitet wurden. In ähnlicher Form konnten sich auch zusätzliche Feststellungen der Linie VIII aus Ermittlungs- und Beobachtungsmaßnahmen zu bedeutsamen Ausgangspunkten für die Operative Personenkontrolle entwickeln.

Ausgangspunkte für die Kontrolle von Personen wurden auch durch die speziellen Formen des Zusammenwirkens des MfS mit staatlichen und gesellschaftlichen Einrichtungen oder polizeilichen beziehungsweise militärischen Organen gewonnen. Dieses Zusammenwirken reichte von gemeinsamen aber nach Verantwortungsbereichen abgegrenzten Handlungen bis zum Informationsaustausch. Aber auch aus offiziellen Hinweisen beziehungsweise Eingaben an das MfS oder andere staatliche Organe wurden Ausgangspunkte für die Einleitung der OPK abgeleitet.

Es gelangen über vielfältige Quellen bedeutsame Anhaltspunkte von unterschiedlicher Wertigkeit an die Staatssicherheit. Viele dieser Ausgangsmaterialien wurden zunächst entsprechend den dienstlichen Regelungen in Hinweiskarteien der Auswerter beziehungsweise bei höherer Wertigkeit in der Personen- oder Deliktkartei erfasst. Ein wesentliches Problem bestand darin, die bereits gespeicherten Werte systematisch und rechtzeitig dahingehend zu überprüfen, ob Maßnahmen von Qualität und Umfang der Operativen Personenkontrolle erforderlich waren. Das erforderte die systematische Analyse der gespeicherten und ständig hinzukommenden Informationen auf der Grundlage einer zweckmäßigen Verdichtung der Materialien, mit dem Ziel der Unterbreitung von Vorschlägen, zu welchen Personen solche Überprüfungen notwendig waren, deren Ergebnisse letztlich zur Einleitung einer OPK führen konnten. Es ging in der Spionageabwehr des MfS also auch darum, durch die Tätigkeit mit den gespeicherten Informationen die zielstrebige Verfolgung vorliegender bedeutsamer Anhaltspunkte zu gewährleisten. Dafür trugen die Auswerter, vor allem aber die Leiter der Kreisdienststellen und Abteilungen die Verantwortung.

Die Entscheidung zur Einleitung der Operativen Personenkontrolle hatte im MfS in den

- Hauptabteilungen durch die Leiter der Abteilungen,
- Bezirksverwaltungen/Verwaltungen durch die Leiter der Abteilungen beziehungsweise selbständigen Referate,
- Kreisdienststellen/Objektdienststellen durch die Leiter der Kreis- beziehungsweise Objektdienststellen

zu erfolgen.

Bei Personen in bedeutsamen gesellschaftlichen Positionen im Verantwortungsbereich einer Hauptabteilung beziehungsweise Bezirksverwaltung/Verwaltung hatte der zuständige HA- beziehungsweise BV/V-Leiter zu entscheiden.

Die Bestätigung durch die Leiter der Diensteinheiten beziehungsweise deren Stellvertreter (in den BV/V Stellvertreter Operativ) war notwendig, um die

- den operativen Schwerpunkten der Diensteinheit entsprechenden Personen durch Kontrollmaßnahmen zu erfassen,
- wichtigsten der zu kontrollierenden Personen bei der Arbeitsplanung der Diensteinheit zu berücksichtigen,
- Organisation des Zusammenwirkens und den Einsatz operativ-technischer zu gewährleisten.[291]

Das MfS stützte sich bei der Gewinnung der erforderlichen Informationen zur Deckung des Informationsbedarfes der OPK auf folgende Quellen:

- die IM und GMS,
- die operativen Mittel wie technische Mittel, die Postkontrolle und Postzollfahndung,
- die offizielle Zusammenarbeit mit Einzelpersonen und Kollektiven aus den zu sichernden Bereichen und Objekten,
- die Informationsspeicher des MfS,
- die Speicher anderer staatlicher Organe (VP, Justiz, Abteilung Inneres), Betriebe, gesellschaftlichen Einrichtungen und Organe,
- die inoffiziellen Kräfte der Kriminalpolizei.

Jede der genannten Quellen hatte für die Staatssicherheit zur Realisierung des Informationsbedarfes ihren Wert, wobei die IM und GMS die Hauptkräfte zur zielgerichteten Gewinnung von Informationen waren.

In der Regel wurden zunächst alle im Umgangskreis der zu kontrollierenden Person befindlichen IM und GMS festgestellt, einschließlich derer, die sich der Kontroll-

---

291 Vgl.: Ebd., Bl. 111–115.

person und ihrem Umgangskreis nähern konnten. Von Ausnahmen abgesehen, die sich unter anderem aus der besonders profilierten gesellschaftlichen oder staatlichen Stellung der zu kontrollierenden Person ergaben, wurde angestrebt, zur Ermittlung und Beobachtung des Verhaltens und des Umgangskreises der Person mehrere zuverlässige IM und GMS einzusetzen, sofern dazu nicht komplizierte Umsetzungen oder Neuwerbungen erforderlich waren.

Meistens handelte es sich dabei um die IM und GMS des für die operative Personenkontrolle verantwortlichen Mitarbeiters. Koordinierungen des Einsatzes von IM und GMS anderer Mitarbeiter wurden unter strikter Beachtung des Nutzeffektes durchgeführt. Entsprechend der Orientierung von Minister Mielke ging es auch bei der operativen Kontrolle von Personen um die arbeitsteilige Erfüllung konkreter Aufgaben durch den zielgerichteten Einsatz der IM und GMS.

Als Optimum betrachtete es die Staatssicherheit, wenn unter strikter Wahrung der Geheimhaltung, die Kenntnisse und Informationen aller IM und GMS über Personen, die unter Kontrolle standen, zusammengefasst und dem verantwortlichen Mitarbeiter zur Verfügung gestellt wurden. Hinsichtlich des koordinierten IM/GMS-Einsatzes an einer Person arbeitete das MfS weitestgehend so, dass zielgerichtete Teilaufträge durchgeführt wurden, die vom Vorgesetzten der entsprechenden Mitarbeiter erteilt wurden. In Ausnahmefällen konnte auch die Übergabe eines IM oder GMS, der für die Durchführung der operativen Kontrolle besondere Möglichkeiten besaß, an den mit der Kontrolle beauftragten Mitarbeiter erfolgen. In diesem Fall konnte auch eine Prüfung dahingehend erfolgen, ob nicht die Übergabe der gesamten Kontrollaufgabe einschließlich der Aktenführung an den Mitarbeiter erfolgen konnte, der durch die Führung seines IM/GMS bessere Möglichkeiten zur Realisierung der Kontrollziele besaß.

Für die OPK wurden alle IM-Kategorien gemäß ihrer Möglichkeiten eingesetzt. Meist waren jedoch aufgrund ihres zahlenmäßigen Anteils die IMS eingesetzt. Es gehörte, wie bereits erläutert, zu den wesentlichen Aufgaben des IMS, operativ interessante Personen unter Kontrolle zu halten beziehungsweise zu solchen Personen im Interesse der Klärung der das MfS interessierenden Fragen Verbindung herzustellen.

Prüft oder vergleicht man beispielsweise die in der RL 1/68 für die IMS festgelegten Funktionen mit den bei der Operativen Personenkontrolle zu lösenden Aufgaben, so ergibt sich, dass vielfach bei den durchzuführenden Personenkontrollen der entscheidende Teil an Informationen durch IMS zu realisieren war.

So ließen sich solche, für die Personenkontrolle oft charakteristischen Informationen, wie:

- »Welche Verbindungen unterhielten unter Kontrolle stehende Geheimnisträger in die Bundesrepublik, nach Westberlin oder in andere NSW-Staaten und welchen Charakter trugen diese?«,

- »Wie verhielten sich die unter Kontrolle stehenden Reisekader vor, während und nach kommerziellen Verhandlungen im nichtsozialistischen Ausland?«,

- »Wie verhielten sich die im grenzüberschreitenden Verkehr nach Westdeutschland und Westberlin eingesetzten und unter Kontrolle stehenden Mitarbeiter des Verkehrswesens während ihrer Aufenthalte im Ausland?«,

- »Worin bestehen die Zusammenhänge und Ursachen für das Zusammentreffen der unter operativer Personenkontrolle stehenden Personen mit Bundesbürgern oder Westberlinern auf der Transitstrecke oder in Ostberlin?«, oftmals nur durch IM in Erfahrung bringen. Die besondere Rolle der IM zur Deckung des Informationsbedarfes bei der OPK ergab sich zugleich daraus, dass ein bedeutsamer Teil der das MfS interessierenden Informationen von den zu kontrollierenden Personen (bei geworbenen Spionen instruktionsgemäß) geheim gehalten wurde beziehungsweise nach außen bewusst ein verschleierndes und täuschendes Verhalten gezeigt wurde. Deshalb waren selbst bei Ausschöpfung aller anderen Informationsquellen die IM diejenigen, die in der Regel die bedeutendsten und für die Erhellung der Anhaltspunkte wesentlichen Informationen beschaffen konnten. Weder offizielle noch technische Mittel konnten nach Auffassung der Spionageabwehr die Funktion der IM annähernd ersetzen oder vertreten.

Aus der Vielzahl der Voraussetzungen für den erfolgreichen Einsatz von IM im Rahmen der Personenkontrolle sah es die Staatssicherheit als besonders erforderlich an, dass der IM über folgende Fähigkeiten/Kenntnisse verfügte:

1. Ein Minimum an Kenntnissen über die Kontrollperson. Es sollte sich dabei ausschließlich oder überwiegend um Kenntnisse handeln, die vom jeweiligen IM selbst erarbeitet worden sind (Persönlichkeitsmerkmale und -eigenschaften beziehungsweise typische Verhaltensäußerungen und -gewohnheiten). Erforderlich war es auch, dass der IM spezielle Interessen und Bedürfnisse der zu kontrollierenden Person kannte, sofern sie für den Auftrag relevant waren. Der Grad der Zuverlässigkeit des IM sowie die Bedeutsamkeit der Person bestimmten die Art des Einsatzes und den Grad der Einweisung des IM in die der Spionageabwehr bekannten Informationen. Es konnte unter Umständen erforderlich sein, dass dem IM der Teil der bedeutsamen Anhaltspunkte direkt oder indirekt mitgeteilt wurde, die er für die Realisierung des

Auftrages benötigte. Dabei erhielt der IM nur die Informationen, die er zur Lösung seiner Aufgaben benötigte. Ferner erfolgten Überlegungen dahingehend, wann der IM welche Informationen zu bekommen hatte, damit er nicht zunächst Unnötiges zu früh erfuhr.

2. Operative Fähigkeiten:

a) Die Fähigkeit zur Wahrung der Geheimhaltung und zur Anwendung konspirativer Methoden. Bei der Gewährleistung der Geheimhaltung war in erster Linie zu sichern, dass durch den IM keine unbewusste oder bewusste Offenbarung gegenüber der Kontrollperson erfolgte. Die Anerziehung von Fähigkeiten zur Wahrung der Geheimhaltung und zur Anwendung konspirativer Methoden war Aufgabe des Führungsoffiziers. Das MfS betrachtete es als zweckmäßig, dass IM bei der Vertiefung ihrer Beziehungen zur Kontrollperson zunächst ihre eigenen Interessen und Bedürfnisse weitgehend abschirmten, damit eine allmähliche (scheinbare) Anpassung an die Interessen und Bedürfnisse der zu kontrollierenden Person möglich werden konnte.

b) Zu den konspirativen Methoden, die gegenüber potentiellen Spionen einzusetzen waren, gehörte die Fähigkeit zur Arbeit mit Legenden. Die für die Aufklärung und Kontrolle spezifischer Verhaltensäußerungen beziehungsweise Beziehungen erforderlichen Legenden wurden nach grober Vorgabe durch den Führungsoffizier gemeinsam mit dem IM zu erarbeitet. Durch die gemeinsame Erarbeitung der Legenden konnte gewährleistet werden, dass der IM sie selbst, entsprechend auftretender Situationen, ausbauen konnte.

c) Die Beobachtungs- und Reproduktionsfähigkeit war eine bedeutsame Voraussetzung, an deren Entwicklung mit dem IM systematisch gearbeitet wurde. Ausgehend von den jeweils bestimmenden Komponenten des Wahrnehmungstyps, zu dem der IM gehörte, strebte die

Staatssicherheit an, dass er zur gründlichen und umfassenden Wahrnehmung der wesentlichen Fakten erzogen wurde. Neben der generellen Aufgabe des Trainings der Wiedergabefähigkeit wurde Wert darauf gelegt, dass bei der Berichterstattung exakt getrennt wurde zwischen Feststellungen, belegbaren Meinungen und Annahmen/Vermutungen.

d) Der IM musste über ein bestimmtes Einschätzungs- und Reaktionsvermögen verfügen und in der Lage sein, neue Situationen, insbesondere neu auftretende Personen, selbständig einschätzen zu können, um im Sinne der Zielstellung zweckmäßig zu reagieren. Dazu war es optimal, wenn der IM zumindest das gleiche, besser aber ein höheres intellektuelles Niveau besaß, als der zu Kontrollierende.

e) Der IM musste über ein bestimmtes Anpassungsvermögen verfügen und in der Lage sein, Kontakte herzustellen und diese unaufdringlich zu vertiefen. Dazu gehörten ein sicheres Auftreten und eine entsprechende Redegewandtheit.

f) Letztlich sollten die entsprechenden IM die Fähigkeit zur Selbstkontrolle besitzen sowie Beharrlichkeit und Zielstrebigkeit bei der Auftragserfüllung an den Tag legen.

3. Die Kenntnis der Bedingungen und der Situation, unter denen der IM tätig werden sollte, bildete eine weitere Voraussetzung für den erfolgreichen Einsatz bei der Operativen Personenkontrolle. Der Führungsoffizier musste bereits vor der Auftragserteilung exakte Kenntnisse über gegebenenfalls vorhandene Beziehungen zwischen IM und Kontrollperson besitzen. Das betrachtete das MfS als notwendig, damit ein zweckmäßiger Einsatz erfolgen konnte. Der IM war zunächst vollständig über den zu Kontrollierenden abzuschöpfen, um darauf aufbauend gezielte Aufträge zu erteilen. Der

Führungsoffizier musste auch den Grad der (möglichen) verschiedenartigen Abhängigkeit zwischen IM und Kontrollperson genau kennen (die durch gemeinsame berufliche oder andersartige persönliche Erlebnisse begründet sein konnte), damit eine direkte oder indirekte Offenbarung vermieden werden konnte. Die Bedingungen, unter denen der IM tätig werden sollte, mussten auch bekannt sein, weil beispielsweise durch starke Westverbindungen das Verhältnis zwischen IM und Kontrollperson beeinflusst werden konnte, wenn der IM nicht entsprechend ausgewählt beziehungsweise vorbereitet wurde. Der IM musste, vor allem bei Personen, die als Gefährdete abgesichert wurden, exakte Kenntnisse über die gesellschaftlichen, staatlichen und beruflichen Verpflichtungen besitzen, die der zu Kontrollierende einzuhalten hatte.

4. Die für die operative Personenkontrolle eigesetzten IM mussten über Kenntnisse zu Ziel und Arbeitsweise des nachrichtendienstlichen Gegners verfügen. Die Vorbereitung und Erziehung der IM wurde als grundsätzliche Aufgabe betrachtet und war differenziert zu realisieren.

5. Aus der Vielzahl der Voraussetzungen ist letztlich noch die Disponibilität hervorzuheben. Ein IM musste unter Umständen mehrere Personen in unterschiedlicher Art und Weise kontrollieren können. Daraus ergaben sich besondere Anforderungen für die Erziehung und Auftragserteilung aber auch für die Koordinierung des Kräfteeinsatzes.

Aus den vorhergehend skizzierten Voraussetzungen ergaben sich Folgerungen für die Instruktion und den Einsatz der IM. Die vollständige und erfolgreiche Auftragserteilung war abhängig von:
• den Fähigkeiten und Möglichkeiten des IM,

- den Bedingungen und Faktoren für die Auftragserfüllung,
- dem Verhalten der Kontrollperson.

Insgesamt nahm die Instruktion des IM eine zentrale Rolle ein. Sie beinhaltete die Erarbeitung des zweckmäßigen Vorgehens zur Lösung der jeweils gestellten Aufgabe.

Bei der Instruktion wurde in der Regel differenziert festgelegt, wie sich der IM bei Normübertretungen der Kontrollperson, einschließlich strafrechtlich relevanter Handlungen, zu verhalten hatte. Besondere Umsicht und Überlegung seitens des Führungsoffiziers bei der Instruktion war dann erforderlich, wenn mehrere IM zur Kontrolle einer Person eingesetzt waren. Hierbei mussten zwei Punkten vermieden werden:

1. Die Kontrollperson konnte eine gleiche oder ähnliche Instruktion der IM feststellen.

2. Die IM erkannten sich aus den gleichen Gründen gegenseitig.

In Übereinstimmung mit den Grundmethoden erfolgte der Einsatz der IM durch

- Ermittlung zurückliegender oder aktueller Sachverhalte, die für den jeweiligen Kontrollprozess bedeutungsvoll sein konnten.

- Beobachtungsmaßnahmen. Dabei berücksichtigte das MfS, dass der Kontrollprozess einen Erkennungsprozess darstellte, der vom Unbekannten (Geringfügigen) zum Bekannten führen sollte. Dies hatte für die eingesetzten IM die Konsequenz, dass die Beobachtung von Etappe zu Etappe, also schrittweise, mit jeweils präzisierter Zielstellung, durchzuführen war. Die Beobachtung der Kontrollperson über einen längeren Zeitraum hatte den Vorteil, bei zweckmäßigem Vorgehen typische Verhaltensweisen von untypischen unterscheiden zu können. Die Beobachtung durch IM sollte sich konzentrieren auf die Registrierung beziehungsweise Feststellung:

- mündlicher (verbaler) Äußerungen,
- Handlungen (manuelles, materielles Tätigwerden) sowie des
- Ausdruckgeschehens, insbesondere der Mimik und Gestik.

Mit der Erwähnung der Beobachtung durch IM wurde eine Form des IM-Einsatzes genannt, die als periphere Kontrolle der jeweiligen Personen eine bestimmte Rolle spielte. Weitaus relevanter waren jedoch im Rahmen der Operativen Personenkontrolle die verschiedenen Formen der Herstellung eines Vertrauensverhältnisses, von denen der Kontakt und die Anschleusung bedeutsam waren. Von den vielgestaltigen Formen des Kontakts des IM mit der Kontrollperson wurden seitens der Staatssicherheit als bedeutsam betrachtet:

1. Ein weitgehendes, unaufdringliches »Mitgehen« und »Teilnehmen« an Zusammenkünften sowie ein bestimmtes »Einbezogenwerden« in bedeutsame (strafrechtlich nicht relevante) Angelegenheiten sowie

2. eine möglichst unaufgeforderte »Berichtserstattung« der Kontrollperson an den IM über Teile oder die Gesamtheit der bedeutsamen Sachverhalte.

Die Anschleusung war eine Methode zum Heranführen, Ansetzen beziehungsweise in intensiven Kontakt bringen des IM an den zu Kontrollierenden mittels Legenden und Kombinationen. Im Vergleich zum Kontakt war hierbei eine höhere Zielstrebigkeit und ein größerer Grad der Vertraulichkeit (Kontrollperson zum IM) charakteristisch.

Die Einführung von IM bei zu kontrollierenden Personen war bei der OPK eine Ausnahmeerscheinung, die ihr typisches Anwendungsgebiet in der OV-Bearbeitung hatte. In Einzelfällen konnte diese Maßnahmen bei Personen, die sich stark abschirmten oder abschotteten im Interesse einer wirkungsvollen Kontrolle realisiert werden.[292]

Für die Realisierung der OPK waren zur Informationsgewinnung alle Kräfte und Mittel der Staatssicherheit zweckentsprechend einzusetzen. Damit wurden auch solche Diensteinheiten aktiv, die zum Teil mit besonderen operativ-technischen Mitteln arbeiteten. Hierbei handelte es sich um die Diensteinheiten der Linien M (Postkontrolle), PZF (Postzollfahndung) und 26 (Telefonkontrolle/akustische Überwachung von Räumen).

Es war für den Einsatz dieser Linien typisch, dass durch ihr Wirken Informationen erarbeitet werden konnten, die durch IM nicht oder nur unter großem Zeit- und Kraftaufwand zu erlangen waren. So waren beispielsweise

- Absender und Inhalt bestimmter Postsendungen oder
- der Inhalt von Gesprächen zwischen der Kontrollperson und einzelnen Personen seines Umgangskreises

durch IM/GMS im Arbeits- und Freizeitbereich oftmals schwer zu kontrollieren, durch geeignete operativ-technische Kräfte und Mittel aber schneller, sicherer und konspirativer zu ermitteln. Ob solche Mittel und Methoden eingesetzt wurden und in welchem Umfang dies geschah, musste in jedem Fall vom Leiter der betreffenden Diensteinheit entschieden werden. Dies war notwendig, da der Leiter der Diensteinheit den Überblick über die Gesamtheit der Materialien besaß, zu deren wirksamer Bearbeitung besondere Kräfte und Mittel eingesetzt werden sollten. Durch den Leiter waren auch die für diese speziellen Maßnahmen notwendigen Genehmigungen beim Leiter beziehungsweise Stellvertreter des Leiters der Hauptabteilung beziehungsweise beim zu-

---

292 Vgl.: Ebd., Bl. 150–166.

ständigen Stellvertreter Operativ der Bezirksverwaltung einzuholen sowie Absprachen darüber zu führen, auf welche territorialen beziehungsweise objektmäßigen Schwerpunktbereiche bestimmte Kräfte und Mittel zeitweilig zu konzentrieren waren.[293]

Wesentliche Richtlinien für die Durchführung von OPK waren die RL 1/71 und 1/81 des Ministers für Staatssicherheit.

Im Folgenden werden anhand von Kurzdarstellungen einige OPK beschrieben, um die Bandbreite der Operativen Personenkontrolle durch die Linie II aufzuzeigen.

In der OPK »Lutz« wurde durch die HA II/3 ein mittlerer leitender Vertreter des Berliner Synodalverbandes unter Kontrolle gehalten, der enge Kontakte zu einem Mitarbeiter der Geheimdienstresidentur der Botschaft der USA in der DDR unterhielt.

Die Zielstellung bestand in der Nachweisführung der Arbeit der US-Geheimdienstresidentur der Botschaft der USA in der DDR mit nichtgeworbenen Quellen unter kirchlich engagierten Personen des Berliner Synodalverbandes des Bundes der Evangelischen Kirchen in der DDR. Angestrebt wurde die Erarbeitung von Beweisen der Verbindung der Kontrollperson »Lutz« und seiner Familie zum politischen Untergrund sowie deren geheimdienstliche Inspirierung und Steuerung.[294]

Die Bearbeitung der OPK »Missionar« durch die HA II/3 verfolgte das Ziel, den Charakter von Rückverbindungen zu klären. Unter Kontrolle der Spionageabwehr standen DDR-Bürger, die Kontakt zu einem US-Diplomaten unterhielten, der seinen Einsatz in der DDR

---

293 Vgl.: Ebd., Bl. 170 ff.

294 Vgl.: Arbeitsplan 1989 zu den politisch-operativen Schwerpunkten im Verantwortungsbereich der HA II/3, BStU ZA MfS HA II Nr. 18571, Bl. 141.

beendet hatte.[295] In Zusammenarbeit mit der HA XVI-II/10 (Sicherung der Volkswirtschaft mit Schwerpunkt Maschinen- und Anlagenbau) erfolgte durch die HA II/3 die Bearbeitung der OPK »Komplex« zu einem DDR-Reisekader. Die Zielstellung bestand in der Nachweisführung einer Tätigkeit für den US-Geheimdienst. Der Nachweis sollte über die Vertiefung des operativen Kontaktes sowie einer Überprüfungsmaßnahme während eines Aufenthaltes in der Bundesrepublik erfolgen.[296]

In der OPK »Brücke« der HA II/10 erfolgte in Zusammenarbeit mit dem KfS der UdSSR die Bearbeitung zweier britischer Staatsbürger wegen des Verdachts der geheimdienstlichen Tätigkeit. Die Zielstellung bestand in der eindeutigen Klärung der Verdachtshinweise sowie der Kontrolle der Briten bei Einreisen in die DDR beziehungsweise die UdSSR. Dazu sollten persönliche Zusammentreffen des IM »Springer« mit den Verdächtigen organisiert und Kontrollmaßnahmen in Zusammenarbeit mit dem KfS der UdSSR und den bulgarischen Sicherheitsorganen durchgeführt werden.[297]

Ein erkannter Geheimdienstler der BRD wurde durch die HA II/10 in der OPK »Kastanie« bearbeitet. Die Zielstellung bestand in der Aufklärung eventueller geheimdienstlicher Verbindungen von »Kastanie« zu DDR-Auslandskadern. Zur Realisierung der Zielstellung wurden zielgerichtete Überprüfungsmaßnahmen eingeleitet sowie der infrage kommende Personenkreis an Reisekadern eingeengt.[298]

---

295 Vgl.: Ebd., Bl. 142.

296 Vgl.: Ebd., Bl. 143.

297 Vgl.: HA II/10: Jahresarbeitsplan 1989. BStU ZA MfS HA II Nr. 20862, Bl. 70.

298 Vgl.: Ebd., Bl. 73.

Die OPK »Falk« der HA II/10 ging auf Ausgangshinweise der tschechoslowakischen Sicherheitsorgane zurück. Sie bearbeiteten einen Tschechoslowaken sowie einen Bundesbürger wegen des Verdachts der geheimdienstlichen Tätigkeit. Bei einer identifizierten Verbindung der beiden Personen geriet ein DDR-Militärkader in das Blickfeld der Sicherheitsorgane. Der Mann aus der DDR war Offiziershörer an der Militärakademie der ČSSR und Geheimnisträger, erfasst für die HA I des MfS (Militärabwehr). In Zusammenarbeit mit dem tschechoslowakischen Sicherheitsorgan und der HA I wurden durch die HA II/11 offensive Maßnahmen zur Klärung der Verdachtshinweise und der Verhinderung von Verratshandlungen durch den Militärkader realisiert. Die Hauptmaßnahmen waren auf die Gewinnung eines geeigneten IM zur direkten Bearbeitung des Offiziers ausgerichtet. Des Weiteren erfolgte die Einleitung operativer Kontrollmaßnahmen bei Einreisen eines vermutlichen Kuriers in die DDR beziehungsweise die ČSSR.[299]

Ein ungewöhnlicher Sachverhalt verbarg sich hinter OPK »Kaninchen« der HA II/10. Im engen Zusammenwirken mit dem KfS der UdSSR wurde die in der OPK bearbeitete Person, die seit 1967 illegal in der Sowjetunion lebte, am 20. Februar 1986 in die DDR zurückgeführt und zielgerichteten Befragungen unterzogen. Der Verdacht der feindlichen Tätigkeit bestätigte sich im Ergebnis der realisierten operativen Maßnahmen nicht. Die OPK sollte mit dem Ziel der positiven Nutzung der Kontrollperson als IM abgeschlossen werden.[300]

In der OPK »Rundfunk« wurde durch die HA II/11 ein

---

299 Vgl.: Ebd., Bl. 74.

300 Vgl.: HA II/10: Quartalsbilanz I/86. BStU ZA MfS HA II/10 Nr. 62, Bl. 199.

Angehöriger des Wachkommandos Missionsschutz der VP bearbeitet. Der Spionageabwehr lagen Hinweise auf konspirierte Kontakte zu Verwandten aus dem NSA sowie der Besitz von Zahlungsmitteln der BRD vor. Die Zielstellung der OPK bestand darin, Charakter und Umfang der Verbindung sowie die Herkunft der Zahlungsmittel aufzuklären.[301]

Ein weiterer Angehöriger des WKM wurde in der OPK »Telefon« durch die HA II/11 bearbeitet. Die Bearbeitung des VP-Angehörigen erfolgte aufgrund anonymer Telefonanrufe aus Westberlin und des Verdachts der Verletzung der Geheimhaltungsordnung des MdI. Die Zielstellung der OPK bestand in der Klärung des Charakters der anonymen Telefonanrufe und der Nachweisführung der Verletzung der Geheimhaltungsordnung des MdI.[302]

In der OPK »Fessel« wurde ein Journalist durch die HA II/13 operativ unter Kontrolle gehalten. Bei der Kontrollperson »Fessel« handelte es sich um einen Journalisten, der nach MfS-Erkenntnissen beim BND unter dem Decknamen »Rotfessel« geführt wurde. Gegen ihn wurden mehrfach nicht abgestimmte Operationen des MfS durchgeführt, die dieser offenbar erkannt hatte beziehungsweise von Kontaktpartnern darüber informiert wurde. »Fessel« nutzte seine Aufenthalte in der DDR zur Abschöpfung und Gesprächsaufklärung. Das Ziel der HA II/13 bestand in der Klärung der erneut vorliegenden Hinweise für eine geheimdienstliche Anbindung. Dementsprechend leitete die Spionageabwehr Maßnahmen ein, die in der Aktualisierung von Auskünften der Verbindungen von »Fessel«, speziell in den Bezirk

---

301 Vgl.: Arbeitsplan des Leiters der HA II/11 für das Jahr 1989, BStU ZA MfS HA II Nr. 20862, Bl. 103.

302 Vgl.: Ebd.

Rostock, bestanden. In Zusammenarbeit zwischen der HAII/13 und der Abteilung II der BV Rostock sollten die Maßnahmen bei Aufenthalten im Bezirk Rostock koordiniert werden. Des Weiteren sollte die Verbindung zu einem Werbekandidaten aus dem DDR-Kontaktkreis von »Fessel« weitergeführt werden, um dessen Nutzbarkeit eindeutig bestimmen zu können.[303]

Die HA II/13 realisierte auch die OPK »Nebel«. Bei »Nebel« handelte es sich um einen seit September 1987 in der DDR tätigen Korrespondenten einer britischen Nachrichtenagentur, der enge Kontakte zu vom MfS erkannten Mitarbeiten des britischen und amerikanischen Geheimdienstes in Westberlin sowie in den Botschaften Großbritanniens und der USA in der DDR hatte. Das Ziel bestand in der Erarbeitung des Verdachts einer nachrichtendienstlichen Tätigkeit für einen westlichen Geheimdienst. Dazu sollten die IM »Maxe« und »Zatopek« der HA II/13 sowie der IMB »Tobias« von der Abteilung II der BV Berlin hinsichtlich der Schaffung von ausbaufähigen persönlichen Verbindungen zu »Nebel« und zur qualifizierten Beweisführung zum Einsatz kommen.[304]

In der OPK »Ökologe« der HA II/18 wurde ein ehemaliger Angehöriger des Wachregiments »Feliks E. Dzierżyński« des MfS unter Kontrolle gehalten, da er zu einem Kreis von Studenten der FU Berlin Kontakte unterhielt und darüber hinaus zu Personen, die im Bereich des nichtstaatlichen Umweltschutzes tätig waren. Das Ziel der OPK bestand vorrangig darin, den Charakter der Verbindungen zu den Westberliner Studenten sowie seiner Kontakte zu den Umweltschützern aufzuklä-

---

303 Vgl.: HA II/13: Arbeitsplan 1989. BStU ZA MfS HA II Nr. 29862, Bl. 137.

304 Vgl.: Ebd., Bl. 142 f.

ren.[305] Die Bearbeitung der OPK »Anker« erfolgte durch die HA II/19. Nach eigenen Angaben wurde »Anker« 1983 durch den MAD kontaktiert. Erkannte Aktivitäten seinerseits erweckten beim MfS den Verdacht einer geheimdienstlichen Tätigkeit, wobei das Informationsinteresse auf den BND hindeutete. Die Zielstellung der OPK bestand in der Verdichtung der Verdachtshinweise. Dazu sollten die IM »Janine« und »Andreas Krause« zum Einsatz kommen.[306]

Ebenfalls durch die HA II/19 wurde die OPK »Gärtner« bearbeitet. Das Ehepaar »Gärtner«, Mitglieder der SEW, wurde seit 1985 mehrfach durch das LfV Berlin kontaktiert. Bei »Gärtner« handelte es sich um einen Westberliner Mitarbeiter eines Kreisvorstandes der SEW. Die Zielstellung der Kontrolle durch die HA II/19 bestand in der Feststellung weiterer Aktivitäten des LfV zur vorbeugenden Schadensverhütung. Dazu sollte der IM »Keßling« zum Einsatz kommen und die analytische Aufbereitung der Verbindung »Gärtner« zum operativen Material »Kreuzberg« erfolgen.[307] Im Material »Kreuzberg« wurden Maßnahmen der Polizei und des Verfassungsschutzes gegen Organisationen und Einzelpersonen, darunter SEW-Mitglieder, bearbeitet.

In der OPK »Graf« wurde der Geschäftsführer einer speziellen Firma in der Bundesrepublik durch die HA II/19 kontrolliert. Nach dem Übertritt des BfV-Regierungsdirektors Tiedge 1985 in die DDR meldete »Graf« einen Kontaktaufnahmeversuch mit nachrichtendienstlichem Hintergrund. Es bestand der Ver-

---

305 Vgl.: Arbeitsplan der HA II/18 für das Jahr 1989, BStU ZA MfS HA II Nr. 20863, Bl. 77.

306 Vgl.: Arbeitsplan des Leiters der HA II/19, BStU ZA MfS HA II Nr. 20863, Bl. 86.

307 Vgl.: Ebd., Bl. 91.

dacht, dass es sich lediglich um eine Schutzbehauptung handelte. Das Ziel der OPK bestand in der Klärung der Verdachtsmomente. Als Maßnahmen sollten die Aufklärung seiner Kontakte in der DDR sowie deren Charakter und Kontrollmaßnahmen bei der Einreise in die DDR erfolgen.[308]

Innerhalb der OPK »Lasalle« wurde durch die HA II/19 ein Mitglied des Bundesarbeitskreises »Arbeit und Leben« bearbeitet, der auch gleichzeitig dort Mitglied des Ost-West-Ausschusses war. Diese Einrichtung realisierte den wesentlichen Teil der Studiendelegation in die DDR über die DDR-Institution »Internationales Informations- und Bildungszentrum e.V.« Das Ziel der OPK bestand darin, bedeutsame Anhaltspunkte, die auf eine mögliche geheimdienstliche Nutzung dieser Einrichtung hinwiesen, zu erarbeiteten. Dazu sollten die Kontrolle der Kontakte von »Lasalle« zu »International e. V« und der Einsatz des IM »Alfred Traber« erfolgen.[309]

Natürlich wurden auch in den Abteilungen II der BV und in den KD entsprechende OPK durchgeführt.

Die bezirkliche Spionageabwehr in Dresden führte die OPK »Siedler«. Aufgrund verdichteter Hinweise auf eine Anschleusungskombination des amerikanischen Geheimdienstes war die Bearbeitung einer ehemaligen US-Bürgerin und ihres Ehemannes (DDR-Bürger) zur Klärung der Frage »Wer ist wer« in Abstimmung und Koordinierung mit der HA II/3 zu realisieren.

Die indirekte Aufforderung zur Kontaktaufnahme durch das MfS war zur Durchführung einer operativen Überprüfungskombination zu nutzen. Hierbei sollten unter anderem operativ technische Maßnahmen zum Einsatz kommen, beispielsweise die akustische Überwa-

---

308 Vgl.: Ebd., Bl. 94.
309 Vgl.: Ebd., Bl. 97.

chung in geschlossenen und begrenzt freien Räumen. Der Schwerpunkt war auf die operative Bearbeitung zu legen. Eine mögliche perspektivische inoffizielle Zusammenarbeit durfte lediglich Abschöpfungs- und Überprüfungscharakter tragen.[310]

Von der Abteilung II der BV Gera wurde die OPK »Leo« realisiert. Die weitere operative Aufklärung des DDR-Bürgers »Leo« war auf den Nachweis zu konzentrieren, dass er während seiner Reisen in die Bundesrepublik durch seine dortigen Verwandten einem Geheimdienst zugeführt wurde. Bei der Herausarbeitung weiterer Indizien auf nachrichtendienstliche Verbindungen beziehungsweise Aktivitäten sollte die vorgangsmäßige Bearbeitung aufgenommen werden.[311]

Die Abteilung II der BV Halle bearbeitete die OPK »Ambulanz« gegen das Ehepaar O., dass am Dienstobjekt der BV Halle wohnte und in dieses gute Einsichtmöglichkeiten hatte. Im Rahmen der Anwohneranalyse wurde Frau O. als personeller Schwerpunkt bestimmt, da sie umfangreiche Verbindungen in die Bundesrepublik unterhalten hatte. Diese bestanden in Reisen nach der BRD und Besuch von dort. In der OPK sollten die Frau und ihre Kontaktbeziehungen in die Bundesrepublik aufgeklärt werden. Besondere Relevanz hatten dabei die Verhaltensweisen der Frau O. in Beziehung zum Dienstobjekt der BV vor und nach Reisen in die Bundesrepublik sowie bei Besuch von dort. Der Charakter der Verbindungen von Frau O. konnte durch die Spionageabwehr geklärt werden – er war ohne nachrichtendienstliche Relevanz.

310 Vgl.: HA II/3: Planorientierung 1984 für die Abteilungen II der Bezirksverwaltungen. BStU ZA MfS HA II Nr. 30319, Bl. 50.

311 Vgl.: Planorientierung 1989 – spezieller Teil BV Gera, Abteilung II. BStU MfS HA II Nr. 24317, Bl. 101.

Die im Rahmen der OPK geführten Kontaktgespräche und Ermittlungen ergaben, dass das Ehepaar für eine inoffizielle Zusammenarbeit genutzt werden konnte. Aus der OPK »Ambulanz« wurden die IM »Edith Kiesel« und »Helmut Lorenz«. Aufgrund ihrer Reisemöglichkeiten in die Bundesrepublik wurden sie als IM-Beobachtergruppe zu Observationen und Ermittlungen hinsichtlich Dienststellen der Geheimdienste, deren Mitarbeiter und Wohnobjekte eingesetzt.[312]

Ebenfalls durch die Abteilung II der BV Halle wurde die OPK »Kontrolleur« bearbeitet. Die weitere Aufklärung des unter Kontrolle stehenden Bundesbürgers wurde auf die Herausarbeitung des Verdachtes, dass er seine Aufenthalte in der DDR zur Sammlung politischer und militärischer Informationen nutzt und möglicherweise dabei einen DDR-Bürger abschöpft beziehungsweise einbezieht, ausgerichtet. Es war ein geeigneter IM aus dem Umfeld von »Kontrolleur« in der DDR auszuwählen beziehungsweise zu schaffen und in die Bearbeitung einzuführen.[313]

Operative Vorgänge

Bei OPK und OV waren unterschiedliche Ausgangslagen gegeben und beide operativen Prozesse verfolgten unterschiedliche Ziele. Die OPK-Richtlinie 1/81 legte fest, dass OPK einzuleiten waren, wenn operativ bedeutsame Anhaltspunkte vorlagen, die eine gezielte

---

312 Vgl.: BV Halle: IM-Vorgang VIII 912/82, Bd. I, Bl. 10 f., 47, 57 und Bd. II, Bl. 36.

313 Vgl.: Planorientierung 1989 – spezieller Teil BV Halle, Abteilung II. BStU MfS HA II Nr. 24317, Bl. 98.

Kontrolle von Personen begründeten beziehungsweise erforderten. Die OV-Richtlinie 1/76 dagegen bestimmte, dass OV dann anzulegen waren, wenn der Verdacht der Begehung von Verbrechen gemäß 1. oder 2. Kapitel StGB – Besonderer Teil – oder eine Straftat der allgemeinen Kriminalität, die einen hohen Teil an Gesellschaftsgefährlichkeit aufwies und in enger Beziehung zu den Staatsverbrechen stand beziehungsweise für deren Bearbeitung die Staatssicherheit zuständig war, durch eine oder mehrere bekannte oder unbekannte Personen vorlag.

Ein wesentliches Unterscheidungsmerkmal zwischen OPK und OV bestand also darin, dass in der OPK der Verdacht zu erarbeiten war. Einen Verdacht erarbeiten bedeutete, durch effektive Arbeit an einer Kontrollperson, durch Einsatz operativer Kräfte, Mittel und Methoden solche bedeutsamen Informationen und Beweise zu gewinnen, die eine begründete Einschätzung zuließen, dass die Person wahrscheinlich objektive und subjektive Tatbestandsmerkmale einer Strafrechtsnorm verletzt hatte. Ergab die operative und strafrechtliche Einschätzung, dass dies der Fall war, so waren damit Voraussetzungen für das Anlegen eines OV gegeben.

Das bedeutet also: Bei der OPK war der Verdacht ein Ziel; beim OV hingegen war der Verdacht Voraussetzung für das Anlegen. Die RL 1/81 trug diesem Grundgedanken auch dadurch Rechnung, dass sie prinzipiell eine operative und rechtliche Einschätzung der über eine Person vorliegenden bedeutsamen Informationen forderte. Rechtlich bedeutet, dass die Einschätzung unter Beachtung des DDR-Rechts in der Gesamtheit vorzunehmen war. Die RL 1/81 orientierte zum OPK-Abschluss auf eine operative, rechtliche, insbesondere strafrechtliche Einschätzung. Die strafrechtliche Einschätzung wird an dieser Stelle deshalb betont, da in der OPK intensiv an der Klärung der operativ bedeutsamen Anhaltspunkte gearbeitet wurde und entsprechende Ergebnisse beispielsweise in Gestalt des Verdachts vorliegen konnten. Die RL 1/76 forderte beim Anlegen eines OV eine operative und strafrechtliche Einschätzung vorzunehmen.[314] Innerhalb des MfS betrachtete man die Vorgangsbearbeitung als »die konkreteste, die direkte und offensive Auseinandersetzung mit dem konspirativ arbeitenden Feind«[315].

Relevant für die Spionageabwehr war, dass Ausgangsmaterialien für OV vor allem dort entwickelt wurden, wo

- durch gegnerische Angriffe die größten Gefahren für die innere Sicherheit der DDR hervorgerufen werden konnten,
- der Gegner mit hoher Wahrscheinlichkeit angreifen würde und bedeutende Schädigungen herbeiführen konnte,
- begünstigende Bedingungen und Umstände für die Schädigung der DDR beziehungsweise den Missbrauch, die Ausnutzung und die Einbeziehung von Bürgern der DDR in die Feindtätigkeit vorbeugend zu beseitigen waren.[316]

---

314 Vgl.: Juristische Hochschule Potsdam, Sektion Politisch-Operative Spezialdisziplin, Lehrstuhl I: Lektion zum Thema: »Die Stellung und Funktion der Operativen Personenkontrolle in der politisch-operativen Arbeit«. Potsdam 1981, ohne Signatur, S. 30 f.

315 Juristische Hochschule Potsdam, Sektion Politisch-Operative Spezialdisziplin, Lehrstuhl I: Lehrmaterial zum Thema: »Anforderungen und Wege für eine konzentrierte, offensive und gesellschaftlich wirksame Vorgangsarbeit«. 1. Kapitel: »Die Vorgangsbearbeitung als ein entscheidender Bestandteil der politisch-operativen Abwehrarbeit des MfS und die durch sie zu realisierenden politisch-operativen Zielstellungen«. Potsdam 1978, BStU-Bibliothek, ST 108/I S. 9.

316 Vgl.: RL 1/76, BStU Außenstelle Potsdam, BVfS Potsdam, AKG, Nr. 2044, Bl. 9.

Auch bei den OV spielten die IM und GMS eine entscheidende Rolle. Ihr Einsatz bei der operativen Durchdringung der Schwerpunktbereiche war aus dem Blickwinkel der Linie II insbesondere zu konzentrieren auf das Erkennen und Herausarbeiten von:

- Personen beziehungsweise Personenkreisen, in den Schwerpunktbereichen, auf die sich der Gegner konzentrierte und über die er seine Pläne, Absichten und Maßnahmen durchzusetzen versuchte sowie Möglichkeiten (Wege, Verbindungen, Kontakte) auf diese Personenkreise Einfluss zu nehmen und wirksam zu werden,
- Aktivitäten westlicher Geheimdienste, die gegen Schwerpunkbereiche aktiv wurden.

Auf der Grundlage der dabei erarbeiteten Informationen hatten die Leiter der operativen Diensteinheiten den unterstellten Leitern und Mitarbeitern unter anderem konkret vorzugeben,

- welche Bereiche, Prozesse, Personenkreise und Personen, die innerhalb des Schwerpunktbereiches bedeutenden Einfluss auf die Erfüllung der Schwerpunktaufgaben hatten, durch den konzentrierten Einsatz der operativen Kräfte und Mittel langfristig und kontinuierlich zu sichern waren,
- auf der Grundlage welcher bereits verdichteter und überprüfter Ausgangsmaterialien ein OV anzulegen war,
- wo, wann und wie Informationen an andere Staats- und wirtschaftsleitende Organe, Betriebe, Kombinate und Einrichtungen sowie gesellschaftliche Organisationen und Kräfte zur Einleitung wirksamer vorbeugender Maßnahmen zu übergeben waren.[317]

Grundsätzlich hatten IM/GMS der Linie II zur Feststel-

---

317 Vgl.: Ebd., Bl. 10.

lung und Aufklärung von Hinweisen auf Erscheinungsformen sowie Auswirkungen der gegnerischen Kontakt-
und Stützpunkttätigkeit beizutragen. Von den IM/GMS
war zu erarbeiten:

- wie operativ bedeutsame Kontakte hergestellt, aufrechterhalten und ausgebaut sowie welche Personen
hierzu eingesetzt wurden,
- welche Personen bereits operativ bedeutsame Kontakte hatten beziehungsweise bei welchen Hinweise dazu
vorlagen,
- in welchen Bereichen sich bedeutsame Kontakte konzentrierten,
- welche Auswirkungen eingetreten waren,
- welche westlichen Geheimdienste, andere feindliche
Zentren, Organisationen und Personen besondere
Aktivitäten entwickelten und welche Methoden dabei
zur Anwendung kamen,
- welche Rückverbindungen zur gegnerischen Kontakttätigkeit genutzt wurden,
- welche Kontaktaktivitäten von bevorrechteten Personen ausgingen,
- welche westlichen Geheimdienste, andere feindliche Zentren, Organisationen und Personen bestrebt
waren, feindliche Stützpunkte (Einzelpersonen oder
Gruppen) zu schaffen,
- welche Mittel und Methoden dabei zur Anwendung
kamen und wie sich das stufenweise Vorgehen vollzog,
- an welchen Personen besonderes Interesse bestand
und wo es Anzeichen für die Wirksamkeit feindlichen
Vorgehens gab,
- welche Merkmale diese Personen aufwiesen (bestimmte Persönlichkeitseigenschaften wie Bestechlichkeit oder Karrierismus, dienstliche oder private
Verbindungen zu Personen in Konzernen und anderen

Einrichtungen der BRD beziehungsweise Westberlins und anderen NSW-Staaten oder zu Angehörigen in staatlichen Einrichtungen dieser Länder).

Zur Aufdeckung der Tätigkeit der westlichen Geheimdienste in ihrer gesamten Breite waren IM und GMS im Rahmen dieser Einsatzrichtung zielgerichtet zu beauftragen und zu instruieren. Die Möglichkeiten der IM/GMS waren darüber hinaus zur Erarbeitung von Einschätzungen über Veränderungen im Vorgehen des Gegners, seiner Ziele und Interessen zu nutzen.[318]

Zur zielgerichteten Entwicklung von Ausgangsmaterialien für OV waren im Zusammenhang mit dem zielgerichteten Einsatz der IM/GMS alle anderen operativen Kräfte, Mittel und Methoden den Erfordernissen entsprechend einzusetzen. Dies betraf insbesondere:

- operative Ermittlungen und Beobachtungen zur Feststellung und Überprüfung von Hinweisen auf feindliche Handlungen,
- operative Fahndungsmaßnahmen, vor allem im grenzüberschreitenden Verkehr,
- die Möglichkeiten der Abteilungen M, PZF und 26 zur Feststellung und Aufklärung von Verbindungen,
- operativ-technische sowie kriminaltechnische Mittel und Methoden,
- die Informationsspeicher der Abteilungen M und PZF, der Diensteinheiten der Linie VI zum grenzüberschreitenden Verkehr sowie Informationsspeicher anderer MfS-Diensteinheiten,
- die Möglichkeiten der Linie IX im Rahmen von Ermittlungsverfahren, Vorkommnisuntersuchungen, von Prüfungen nach § 95 (2) StPO[319], der Mitwirkung

---

318 Vgl.: Ebd., Bl. 12 f.

319 Der § 95 StPO regelte die Prüfung von Anzeigen und Mitteilungen. Demnach waren der Staatsanwalt und die Untersu-

an der Mitwirkung an der operativen Vorgangsbearbeitung sowie der Nutzung spezieller Möglichkeiten der Untersuchungsarbeit.

Der Einsatz dieser Kräfte, Mittel und Methoden zur Entwicklung von Ausgangsmaterialien für OV war mit dem Einsatz der IM/GMS zweckmäßig zu kombinieren. Alle Informationen, die im Ergebnis des Einsatzes der IM/GMS sowie anderer operativer Kräfte, Mittel und Methoden zur Durchdringung des Verantwortungsbereiches erarbeitet wurden, waren ständig auf ihre operative und rechtliche Bedeutsamkeit einzuschätzen, zu überprüfen und durch eine qualifizierte analytische, insbesondere Vergleichsarbeit, weiter zu verdichten. Dabei waren alle Hinweise einzubeziehen, die bei Vorkommnisuntersuchungen, operativen Ermittlungen, Sicherheitsüberprüfungen zu Personen, Beobachtungen und der Durchführung operativer Aktionen erarbeitet wurden.

Die Einschätzung, Überprüfung, Analyse und Verdichtung der bereits vorliegenden und zu erarbeitenden Informationen erforderte:

1. Die Bewertung der operativen und rechtlichen Bedeutsamkeit. Beim Treff mit den IM/GMS war herauszuarbeiten, ob die gewonnenen Informationen Hinweise über die innere Sicherheit des Staates gefährdende

---

chungsorgane (im MfS die Linie IX) verpflichtet, jede Anzeige oder Mitteilung entgegenzunehmen und zu überprüfen, ob der Verdacht einer Straftat bestand. Im Ergebnis der Prüfung war darüber hinaus zu entscheiden, ob von der Einleitung eines Ermittlungsverfahrens abzusehen war, die Sache an ein gesellschaftliches Organ der Rechtspflege zu übergeben oder ein Ermittlungsverfahren einzuleiten war. Zu diesem Zweck mussten die notwendigen Prüfungshandlungen vorgenommen werden. Der Verdächtige konnte befragt und, wenn es zu diesem Zweck unumgänglich war, zugeführt werden.

Handlungen enthielten. Herauszuarbeiten war auf der Linie II insbesondere, inwieweit die Informationen Hinweise über westliche Geheimdienste, andere feindliche Zentren, Organisationen und Kräfte enthielten, die vorrangig gegen den Verantwortungsbereich tätig wurden.

2. Die Prüfung der Vollständigkeit und operative Maßnahmen zur Komplettierung. Beim Treff hatte der Führungsoffizier alle Möglichkeiten der IM/GMS zu nutzen, um möglichst vollständige Informationen zu gewinnen beziehungsweise Hinweise zu erarbeiten, mit welchen operative Maßnahmen die spätere Komplettierung erfolgen konnte. Die tiefgründige und umfassende Abschöpfung der IM/GMS unter Beachtung einer objektiven Berichterstattung verlangte eine qualifizierte Entgegennahme und Verarbeitung der Informationen durch den Führungsoffizier. Wichtiges Hilfsmittel waren dabei die 8-W-Fragen (wann, wo, was, wie, womit, warum, wer, wen).

3. Die Überprüfung auf den Wahrheitsgehalt sowie auf Möglichkeiten der Schaffung von Beweisen. Durch die gezielte Befragung der IM/GMS war vor allem zu klären,
• wie sie in den Besitz der Informationen gelangt sind,
• welche Beziehungen zwischen den IM/GMS und den Personen beziehungsweise Sachverhalten, die in der Information genannt worden waren bestanden,
• welchen Personen noch vom Gegenstand der Information Kenntnis hatten,
• wer befragt werden könnte,
• welche Möglichkeiten der Schaffung von Beweisen genutzt werden konnten.

4. Die Festlegung weiterer operativer Maßnahmen. Auf der Grundlage der Einschätzung der gewonnenen Informationen war – soweit erforderlich und möglich – zu entscheiden, welche weiteren Aufträge und Instruktionen den IM/GMS zu erteilen beziehungsweise welche

Sofortmaßnahmen gegebenenfalls einzuleiten waren. Bei der Auswertung der Treffs war zu prüfen und zu dokumentieren, ob der Auftrag durchgeführt wurde und welche weiteren Maßnahmen, insbesondere zur Auftragserteilung und Instruktion der IM/GMS, festzulegen waren. Dabei war zu sichern:

- Das Vergleichen der erarbeiteten Informationen und ihre weitere Überprüfung. Es war zu prüfen, ob die erarbeiteten Informationen dem Auftrag und dem Informationsbedarf entsprachen und ob zur Person beziehungsweise zur Sache bereits Informationen vorlagen. Des Weiteren war zu gewährleisten, dass dazu vor allem die VSH-Kartei und die Kerblochkartei[320] der Diensteinheit beziehungsweise soweit erforderlich, die zentralen Informationsspeicher des MfS sowie die Informationsspeicher der anderen staatlichen Organe genutzt wurden.

- Die Einleitung der erforderlichen Maßnahmen zur Realisierung der Sofortmeldepflicht bei besonders bedeutsamen Informationen entsprechend den gel-

---

320 In einer Kerblochkartei konnten sowohl IM als auch zu bearbeitende Personen erfasst sein. Eventuell anfallendes Material wurde nicht zentral registriert. Die KK-Erfassung galt allerdings in den Informationsspeichern der operativen Diensteinheiten als eine aktive Erfassung. Die Kerblochkartei bestand aus Kerblochkarten. Dies waren Handlochkarten mit zwei gestanzten Lochreihen am Kartenrand. Die Lochreihen waren in Felder und Paare gegliedert, deren Löcher zur Speicherung von Informationen zum Kartenrand hin flach (äußere Reihe) oder tief (innere Reihe) nach einem verbindlichen Schlüssel gekerbt wurden. Kerblochkarten bedurften keiner inneren Sortierung. Bei der Auswertung wurde eine Selektionsnadel in das Loch für das abgefragte Merkmal geschoben und der Kartenblock angehoben oder gekippt. Auf das Merkmal zutreffende Karten fielen dabei heraus. Mit Selektionsgabeln ließen sich mehrere Merkmale gleichzeitig abfragen. Selektionsgeräte für komplexe Abfragen an einem Kartenrand konnten bis zu 350 Kerblochkarten gleichzeitig aufnehmen.

tenden dienstlichen Bestimmungen und Weisungen.

- Die Entscheidung über die Verwertung der Informationen. Dabei war zu sichern, dass alle operativ bedeutsamen Informationen erfasst und so aufbereitet wurden, dass die Speicherung und kontinuierliche Verdichtung ermöglicht wurden.
- Die Entscheidung über einzuleitende operative Maßnahmen. Es war festzulegen, wie die in den Informationen enthaltenen Hinweise zu klären und welche Maßnahmen dazu notwendig waren. Diese Entscheidung bezog sich insbesondere auf den Einsatz der operativen Kräfte, Mittel und Methoden, die Einleitung der OPK, das Anlegen von OV, die Einleitung von vorbeugenden, schadensverhütenden Maßnahmen sowie die Erarbeitung von Informationen an leitende Partei- und Staatsfunktionäre.

Durch die Auswerter war zu sichern:

- Der ständige Vergleich aller neu gewonnenen mit den in der Diensteinheit bereits gespeicherten Informationen, insbesondere zu Tatbestandsmerkmalen, Verbindungen und Angaben zu Personen, mit dem Ziel der Herausarbeitung von Ausgangsmaterialien für OV.
- Die lückenlose Erfassung und Speicherung aller gewonnenen Informationen zu Personen und Sachverhalten.
- Die systematische analytische Arbeit mit den gespeicherten Informationen entsprechend den aktuellen politisch-operativen Erfordernissen.
- Die Übergabe der im Ergebnis der analytischen Arbeit gewonnenen Informationen, die Grundlage für die Entwicklung von Ausgangsmaterialien für OV sein konnten, mit konkreten Vorschlägen für die weitere Bearbeitung an den zuständigen Leiter.
- Die Führung der Übersicht über die Ergebnisse der weiteren Arbeit zur Entwicklung von Ausgangsmate-

rialien und die ständige Information des Leiters der Diensteinheit über den Stand der Bearbeitung.[321]

Durch die operative und strafrechtliche Einschätzung von Ausgangsmaterialien waren Voraussetzungen für begründete Entscheidungen zum Anlegen von OV einschließlich der Festlegung erforderlicher Maßnahmen zu schaffen.

Ausgangsmaterialien waren zur Herausarbeitung ihrer Bedeutung unter anderem nach folgenden Fragestellungen einzuschätzen:

• Welche Ziele werden mit den vermutlich feindlichen Handlungen verfolgt? In welcher Weise werden Ordnung und Sicherheit im Verantwortungsbereich gefährdet?

• Worin besteht die Bedeutung der angegriffenen Bereiche, Prozesse, Personenkreise und Personen für die DDR?

• Welche Pläne, Absichten und Maßnahmen der westlichen Geheimdienste, anderer Zentren, Organisationen und Kräfte waren erkennbar und welche neuen Aspekte werden dabei sichtbar?

• Stellung und Einfluss der verdächtigen Personen, über welche Möglichkeiten zur Herbeiführung von Schäden und gefahren verfügten sie?

• Welche Kontakte und Verbindungen unterhielten sie zu operativ bedeutsamen Personen innerhalb und außerhalb der DDR?

• Welche Mittel und Methoden der Tatdurchführung und Verschleierung wurden von den verdächtigen Personen angewandt?

Ausgangsmaterialien waren hinsichtlich der strafrechtlichen Verantwortlichkeit nach folgenden Fragestellungen einzuschätzen:

---

321 Vgl.: RL 1/76, Bl. 16–19.

- Durch welche Handlungen der verdächtigen Personen wurden welche Straftatbestände möglicherweise verletzt?
- Welche Informationen und Beweise lagen zu den objektiven und subjektiven Anforderungen der verletzten Straftatbestände vor? (Was war bereits bewiesen, was nicht?)
- Welches Entwicklungsstadium und welche Beteiligungsformen waren gegeben?
- Konnte die bearbeitete Person die vermutliche Straftat begangen haben?
- Welche Strafaufhebungs- beziehungsweise Strafausschließungsgründe lagen möglicherweise vor?

Zur weiteren zielstrebigen Bearbeitung des Ausgangsmaterials war zu prüfen:

- Welche operativen Kräfte und Mittel standen für die weitere Bearbeitung zur Verfügung, werden benötigt beziehungsweise mussten geschaffen werden?
- Mit welchen anderen Diensteinheiten des MfS und welchen staatlichen und wirtschaftsleitenden Organen, Betrieben, Kombinaten und Einrichtungen sowie gesellschaftlichen Organisationen war zu welchem Zweck zusammenzuarbeiten beziehungsweise zusammenzuwirken?
- Welche weiteren Informationsquellen und -speicher waren für die weitere Bearbeitung zu nutzen?
- Welche Sofortmaßnahmen waren insbesondere für die Beweissicherung, Verhinderung von Schäden und zur Veränderung der Lage notwendig?

Die HA IX beziehungsweise die Abteilungen IX der BV waren einzubeziehen, wenn die Ausschöpfung der Sachkunde oder der Mittel und Möglichkeiten der Untersuchungsarbeit von Beginn an nötig waren, etwa

- bei rechtlich komplizierten Problemen,
- bei der Notwendigkeit der Durchführung strafprozes-

sualer Maßnahmen und der Mitwirkung des Staatsanwaltes,
- bei spezifischen Problemen der Beweisführung wie
Spurensicherung, Festlegungen für Dokumentierun-
gen und anderen,
- wenn von Beginn an komplizierte, in der Untersuchung fortzuführende Problem der Herauslösung von
IM auftraten,
- bei spezifischen Delikten wie Schleusungen im Transitverkehr,
- wenn an der Begehung der Straftat Diplomaten oder
andere bevorrechtete Personen oder Personen in bedeutenden beruflichen oder gesellschaftlichen Stellungen beteiligt waren beziehungsweise beteiligt sein
konnten.

Wie bereits erwähnt, waren OV dann anzulegen, wenn
der Verdacht der Begehung einer Straftat von Verbrechen gemäß erstem oder zweitem Kapitel des StGB –
Besonderer Teil – oder der allgemeinen Kriminalität,
die einen hohen Grad an Gesellschaftsgefährlichkeit
hatte und in enger Beziehung zu den Staatsverbrechen
stand beziehungsweise für deren Bearbeitung das MfS
zuständig war, durch eine oder mehrere bekannte oder
unbekannte Personen vorlag.

Der Verdacht auf eine der oben genannten Straftaten
lag dann vor, wenn aus überprüften inoffiziellen beziehungsweise offiziellen Informationen und Beweisen
aufgrund einer objektiven, sachlichen, kritischen und
tatbestandsbezogenen Einschätzung mit Wahrscheinlichkeit auf die Verletzung eines Straftatbestandes oder
mehrerer Straftatbestände geschlossen werden konnte.

Das Vorliegen des Verdachts war aus der Gesamtheit
aller überprüften Informationen und Beweisen zu den
objektiven und subjektiven Tatumständen, einschließlich der Täterpersönlichkeit abzuleiten. Dabei waren

alle be- und entlastenden Hinweise zu berücksichtigen. Zur Herausarbeitung des Verdachtes der Verletzung objektiver Tatbestandsmerkmale mussten in der Regel insbesondere überprüfte Informationen und Beweise zu solchen objektiven Umständen der Straftat vorliegen, aus denen Erkenntnisse abgeleitet werden konnten

- zur möglichen Angriffsrichtung, zu den angegriffenen Objekten und Bereichen, gesellschaftlichen Verhältnissen, Erscheinungen und Prozessen,
- zur Art und Weise der Begehung, den dabei zur Anwendung gelangten Mitteln und Methoden der Tatdurchführung und -verschleierung,
- zu den mit der Handlung herbeigeführten oder angestrebten Folgen,
- zum kausalen Zusammenhang zwischen Handlung und herbeigeführten Folgen,
- zu Ort und Zeit der Tatdurchführung unter besonderer Berücksichtigung der politischen Lage,
- zu Kontakten und Verbindungen der Verdächtigen zu westlichen Geheimdiensten, anderen feindlichen Zentren, Organisationen und Kräften, insbesondere bei Staatsverbrechen.

Zur Herausarbeitung der subjektiven Tatbestandsmerkmale mussten in der Regel insbesondere überprüfte Informationen und Beweise vorhanden sein, aus denen auf das Vorliegen solcher subjektiven Umstände der Straftat geschlossen werden konnte, wie:

- schuldhaftes Handeln in Form des Vorsatzes oder der Fahrlässigkeit,
- schadhaftes Verletzen der Rechtspflichten,
- schuldhaftes Herbeiführen der Folgen,
- auf die der Tat zugrunde liegenden Motive und die mit der Handlung verfolgten Ziele,
- Zurechnungsfähigkeit des Verdächtigen beziehungsweise Schuldfähigkeit bei verdächtigen Jugendlichen.

Zur Herausarbeitung des Verdachts mussten wesentliche Seiten der Persönlichkeit des Verdächtigen und deren Entwicklung aufgeklärt sein, wie insbesondere folgende:

- feindliche oder negative Einstellung zur sozialistischen Staats- und Gesellschaftsordnung,
- berufliche und gesellschaftliche Stellung/Qualifikation,
- Persönlichkeitseigenschaften wie Habsucht, Schwatzhaftigkeit, Karrierismus usw., die Anknüpfungspunkte für westliche Geheimdienste, andere feindliche Zentren, Organisationen und Kräfte gewesen sein konnten,
- Abweichen vom gesellschaftsmäßigen Verhalten beziehungsweise von allgemein üblichen gesellschaftlichen oder individuellen Verhaltensweisen oder Gewohnheiten,
- Verbindungen, Kontakte und Beziehungen zu anderen Personen innerhalb und außerhalb der DDR, die negativen Einfluss auf die Persönlichkeitsentwicklung und damit auf die Begehung der Straftat haben konnten.

Zum Zeitpunkt der Entscheidung über das Anlegen eines OV war es nicht erforderlich, dass zu allen objektiven und subjektiven Umständen der Straftat überprüfte Informationen und Beweise vorlagen. Erforderlich waren überprüfte Informationen und Beweise, aus denen tatbestandsbezogene Erkenntnisse über den Verdacht der Begehung einer Straftat gewonnen werden konnten. Besonders geeignete Informationen und Beweise waren unter anderem:

- qualifizierte und überprüfte IM-, Beobachtungs- und Ermittlungsberichte,
- Informationen der Linien M, PZF, 26 und III,
- sichergestellte beziehungsweise kopierte bedeutsame Dokumente,

- Tatortbefundberichte oder kriminaltechnisch gesicherte Spuren,
- Aussagen Inhaftierter, Strafgefangener und Zeugen,
- Befragungsprotokolle,
- gutachterliche Einschätzungen,
- Hinweise, Mitteilungen und Anzeigen von Staats- und wirtschaftsleitenden Organen, Betrieben, Kombinaten und Einrichtungen, gesellschaftlichen Organisationen und Kräften sowie von Bürgern der DDR und anderer Staaten.

Bei der operativen und strafrechtlichen Einschätzung der Ausgangsmaterialien und der in diesem Zusammenhang erfolgten Prüfung der operativen und strafrechtlichen Voraussetzungen für das Anlegen von OV waren die gesicherten Kenntnisse und Erfahrungen über Angriffsrichtungen und -objekte, Pläne, Absichten und Maßnahmen sowie Kräfte, Mittel und Methoden des Gegners, spezifische Begehungsweisen, insbesondere solche der Tarnung und Verschleierung, sowie Informationen zur politisch-operativen Lage im Verantwortungsbereich und zur Persönlichkeit des Verdächtigen gründlich analytisch zu verarbeiten und für eine begründete Entscheidung mit dem im Ausgangsmaterial enthaltenen Tatsachen in Beziehung zu setzen.

Die Entscheidung über das Anlegen von OV war im MfS hoch angebunden und konnte nicht willkürlich durch die operativen Mitarbeiter getroffen werden. Grundsätzlich trafen solche Entscheidungen

- in den Hauptabteilungen der HA-Leiter beziehungsweise seine Stellvertreter,
- im Verantwortungsbereich der Bezirksverwaltungen/ Verwaltungen der BV-Leiter beziehungsweise seine Stellvertreter Operativ.

Für die Bestätigung zum Anlegen eines OV waren dem zuständigen Leiter vorzulegen:

- der Beschluss zum Anlegen,
- der Eröffnungsbericht,
- der erste Operativplan.

Der Eröffnungsbericht hatte zu enthalten:

- die Ergebnisse der operativen und strafrechtlichen Einschätzung des Ausgangsmaterials,
- die Begründung der operativen sowie strafrechtlichen Voraussetzungen für das Anlegen,
- die im OV zu erreichenden Ziele.

Zur Bearbeitung von Personen fremder Staatsangehörigkeit beziehungsweise Bürgern der DDR in besonderen Stellungen und Funktionen war die Zustimmung einzuholen:

- bei bevorrechteten Personen und dem Personal ausländischer Vertretungen in der DDR sowie akkreditierten Korrespondenten vom Leiter der HA II,
- bei Bürgern befreundeter sozialistischer Staaten von den Sicherheitsorganen dieser Staaten über den Leiter der Abt X (Internationale Verbindungen),
- bei Bürgern der DDR in besonderen Stellungen oder Funktionen, wie Abgeordneten der Volkskammer, der Bezirks- und Kreistage, Nomenklaturkadern des Staatsapparates, der SED und anderer gesellschaftlicher Organisationen entsprechend der Nomenklatur vom Minister für Staatssicherheit, seinen zuständigen Stellvertretern oder vom Leiter der BV/V beziehungsweise der zuständigen HA.

Zentrale Operative Vorgänge (ZOV) und dazugehörige Teilvorgänge (TV) waren anzulegen, wenn die angegriffenen Bereiche, Prozesse oder Personen und die verdächtigen Personen zum Verantwortungsbereich mehrerer Hauptabteilungen, Bezirksverwaltungen/ Verwaltungen oder mehrerer Diensteinheiten einer Hauptabteilung beziehungsweise Bezirksverwaltung/ Verwaltung gehörten und deshalb die Zusammenarbeit dieser Diensteinheiten erforderlich wurde beziehungsweise infolge des Umfanges und der Komplexität der gegnerischen Tätigkeit die Konzentration operativer Kräfte und Mittel mehrerer Diensteinheiten erforderlich wurde.

Entscheidungen zum Anlegen von ZOV und TV wurden durch den Minister für Staatssicherheit beziehungsweise seine zuständigen Stellvertreter getroffen. Über das Anlegen weiterer TV zu bereits vorhandenen ZOV war in Abstimmung zwischen dem Leiter der den ZOV führenden HA beziehungsweise BV/V und dem Leiter der HA beziehungsweise BV/V, in dessen Verantwortungsbereich der TV geführt werden sollte, zu entscheiden. Über das Anlegen von ZOV und TV, die ausschließlich im Verantwortungsbereich eine HA beziehungsweise BV/V zu führen waren, entschied deren Leiter.[322]

Die Zielstellungen der Bearbeitung von OV bestanden darin,

- durch eine offensive, konzentrierte und tatbestandsbezogene Bearbeitung die erforderlichen Beweise für den Nachweis des dringenden Verdachtes eines oder mehrerer Staatsverbrechen beziehungsweise einer Straftat der allgemeinen Kriminalität zu erbringen,

- beginnend und im Verlauf der gesamten Bearbeitung rechtzeitig die erkannten oder zu erwartenden gesellschaftsschädigenden Auswirkungen der staatsfeindlichen Tätigkeit beziehungsweise anderer Straftaten weitestgehend einzuschränken oder zu verhindern,

- bereits während der Bearbeitung die eine staatsfeindliche Tätigkeit oder andere Straftaten auslösenden beziehungsweise begünstigenden Bedingungen und Umstände festzustellen, zu beweisen und weitestgehend einzuschränken oder zu beseitigen,

---

322 Vgl.: Ebd., Bl. 25–30.

- die Pläne, Absichten und Maßnahmen westlicher Geheimdienste, anderer feindlicher Zentren, Organisationen und Kräfte umfassend und ständig aufzuklären und durch entsprechende Maßnahmen ihre Realisierung rechtzeitig und wirkungsvoll zu verhindern.

Es war zu sichern, dass die generellen operativen Zielstellungen in den OV realisiert werden konnten. Dazu waren in jedem OV im Eröffnungsbericht und in den Operativplänen konkrete, tatbestandsbezogene und realisierbare Ziele festzulegen.

Der Operativplan war das grundlegende und verbindliche Dokument für die rationelle, effektive sowie konzentrierte Leitung und Durchführung der Bearbeitung von OV.

Die Operativpläne hatten Festlegungen zu enthalten über:

- die im OV zu erreichenden Ziele und die daraus abgeleiteten Etappenziele,
- die vor allem zum Nachweis des dringenden Verdachts zu gewinnenden notwendigen Informationen und Beweise sowie die zu ihrer Erarbeitung erforderlichen Aufgaben und Maßnahmen,
- die dazu legendiert einzusetzenden operativen Kräfte, insbesondere IM, sowie die operativen Mittel,
- das zweckmäßige taktische Vorgehen und Verhalten der operativen Kräfte zur Beweisführung, wobei ein aufeinander abgestimmter und kombinierter Einsatz der operativen Kräfte, Mittel und Methoden in realisier- und kontrollierbarer Weise gesichert werden musste und solche bewährten Maßnahmen den Vorrang hatten, wie die Einführung von IM, Herausbrechen von IM-Kandidaten, operative Legenden und Kombinationen,
- Maßnahmen zur wirksamen Einschränkung der feindlich-negativen Handlungen, zur weitgehenden

Beseitigung begünstigender Bedingungen und Umstände sowie zur Schadensverhütung,

- die effektive Zusammenarbeit mit anderen operativen Diensteinheiten beziehungsweise das erforderliche Zusammenwirken mit staatlichen und wirtschaftsleitenden Organen, Betrieben, Kombinaten und Einrichtungen, gesellschaftlichen Organisationen und Kräften,
- den eventuell erforderlichen Einsatz von zeitweiligen Arbeitsgruppen,
- die Termine und Verantwortlichkeiten für die Realisierung und Kontrolle der Maßnahmen.

Die Leiter hatten zu gewährleisten, dass jeder OV auf der Grundlage eines dem aktuellen Stand der Bearbeitung entsprechenden Operativplanes bearbeitet wurde. Die Mitarbeiter waren bei der Erarbeitung von Operativplänen anzuleiten und zu kontrollieren. Weiterhin hatten die Leiter die inhaltliche und terminliche Durchführung der festgelegten Maßnahmen, die ständige operative und strafrechtliche Bewertung der gewonnenen Informationen, die Erarbeitung von Zwischeneinschätzungen (Sachstandsberichten) und der sich daraus ergebenden Aufgaben und Maßnahmen zu sichern. Bei neuen Erkenntnissen über feindliche Handlungen oder veränderte Bedingungen in der Bearbeitung von OV waren rechtzeitig neue Operativpläne zu auszuarbeiten beziehungsweise die vorhandenen zu präzisieren. Operativpläne waren zu bestätigen:

- in den Hauptabteilungen durch die Leiter der Abteilungen beziehungsweise deren Stellvertreter,
- im Verantwortungsbereich der Bezirksverwaltungen/Verwaltungen durch die Leiter der Abteilungen, Kreis- und Objektdienststellen beziehungsweise deren Stellvertreter.

Bei OV, die von einem übergeordneten Leiter persönlich

angeleitet und kontrolliert wurden, waren die Operativ-pläne von diesem zu bestätigen.[323]

Die Erfahrungen des MfS besagten, dass die »Haupt-kräfte in der Bearbeitung von OV die IM sind und auch bleiben«[324]. Sie waren am umfassendsten in der Lage, in die Konspiration des Gegners einzudringen, diese weit-gehend zu enttarnen, zielgerichtet auf die verdächtigen Personen einzuwirken und solche Informationen und Beweise zu erarbeiten, die eine offensive, tatbestandsbe-zogene Bearbeitung von OV gewährleisteten.[325]

Das MfS unterteilte den Einsatz von IM in OV in ver-schiedene Einsatzrichtungen, die eine erfolgreiche, qualifizierte und offensive Bearbeitung gewährleisten sollten. Generelle Einsatzrichtungen waren:

1. Erarbeitung von Informationen und Beweisen zum Nachweis des dringenden Verdachts von Straftaten. Durch die IM waren Informationen und Beweise zu erarbeiten (be- und entlastende)

- zu den objektiven Tatbestandsmerkmalen wie Ver-haltensweisen, der Art und Weise der Tatausführung, Mitteln und Methoden der Vorbereitung, Durchfüh-rung und Verschleierung, dem Ort und der Zeit der Handlungen, den schädigenden Auswirkungen, der Kausalität zwischen Handlung und eingetretenen Folgen, weiteren geplanten beziehungsweise bereits vorbereiteten Straftaten,

- zu den subjektiven Tatbestandsmerkmalen wie schuld-hafte Verletzung von Pflichten, Einstelllungen und Haltungen der verdächtigen Person zu ihren Pflichtver-

---

323 Vgl.: Ebd., Bl. 31 f.

324 MfS JHS Lehrstuhl I, Hochschuldirektstudium/Fachschulstudi-um Rechtswissenschaft: Studienmaterial Teil II: Bearbeitung von OV. Potsdam 1986, ohne Signatur, Bl. 4.

325 Vgl.: RL 1/76, Bl. 33.

letzungen, Motive für das Handeln, angestrebte Ziele, Einstellungen zu den schädigenden Auswirkungen, Umstände, die schuldhaftes Handeln ausschlossen beziehungsweise beeinträchtigen konnten,

- zur allseitigen Aufklärung der Persönlichkeit, insbesondere ihrer persönlichen Entwicklung, Einstellung zum Staat, zu ihrem Auftreten in der Öffentlichkeit sowie in den Arbeits- Wohn- und Freizeitbereichen, ihrer beruflichen Qualifikation und Stellung, ihren Verbindungen zu anderen Personen inner- und außerhalb der DDR, Lebensgewohnheiten und Charaktereigenschaften.

2. Einschätzung und Begutachtung komplizierter Sachverhalte durch sachkundige IM (Experten-IM), insbesondere zur Erarbeitung und Beurteilung von Beweisen. Experten-IM waren zur Prüfung, sachkundigen Einschätzung und Begutachtung operativer Informationen und Materialien, insbesondere hinsichtlich ihres Beweiswertes einzusetzen.

3. Einleitung und Realisierung schadensverhütender und vorbeugender Maßnahmen. IM waren einzusetzen zur

- Gewinnung von Informationen über die vorhandenen begünstigenden Bedingungen und Umstände für feindliche Handlungen und deren Ausnutzung sowie dadurch verursachte beziehungsweise zu erwartende Schäden und Auswirkungen,

- unmittelbaren Verhinderung feindlicher Handlungen, insbesondere solcher mit hoher Gesellschaftsgefährlichkeit wie beispielsweise Terrorhandlungen,

- Vorbereitung konkreter Maßnahmen zur Wiederherstellung beziehungsweise Aufrechterhaltung von Ordnung und Sicherheit sowie zur Einleitung schadensverhütender und vorbeugender Maßnahmen entsprechend ihrer Möglichkeiten unter Wahrung der Konspiration.

4. Aufklärung westlicher Geheimdienste, anderer feindlicher Zentren, Organisationen und Kräfte. Geeignete IM waren zur Aufklärung erkannter beziehungsweise möglicher Verbindungen der verdächtigen Personen zu westlichen Geheimdiensten, anderen feindlichen Zentren, Organisationen und Kräften einzusetzen. Der Einsatz dieser IM hatte vor allem zu erfolgen zur

- Nachweisführung der feindlichen Tätigkeit – Schaffung und Sicherung von inoffiziellen und offiziellen Beweismitteln,
- möglichst umfassenden Identifizierung und Aufklärung der westlichen Geheimdienste, anderer feindlicher Zentren, Organisationen und Kräfte, ihrer Pläne, Absichten, Mittel und Methoden sowie der Personen, die von ihnen in eine feindliche Tätigkeit einbezogen worden waren beziehungsweise deren Einbeziehung beabsichtigt war,
- Einschränkung und Beseitigung der feindlichen Einwirkungsmöglichkeiten und der sie begünstigenden Bedingungen und Umstände, insbesondere in operativen Schwerpunktbereichen.

5. Realisierung anderer erforderlicher operativer Maßnahmen zur OV-Bearbeitung. Der Einsatz der IM hatte zur Lösung vielfältiger Aufgaben zu erfolgen, wie zur

- umfassenden Kontrolle der verdächtigen Personen in ihren Bewegungsräumen,
- Schaffung von Voraussetzungen für die Einführung von IM beziehungsweise das Herausbrechen von Personen aus Gruppierungen, für operative Legenden und Kombinationen,
- Ermöglichen des Einsatzes der operativen Technik, der kriminaltechnischen Mittel und Methoden, der operativen Beobachtung, der konspirativen Durchsuchung,
- Beschaffung von Schriftstücken und anderen Doku-

menten zu Beweiszwecken aus verschiedenen Einrichtungen und Institutionen.

Auf der Grundlage der dargestellten generellen Einsatzrichtungen wurden die konkreten Einsatzrichtungen der jeweiligen IM zur Bearbeitung des OV durch das MfS festgelegt. Dabei wurden die spezifischen Einsatzrichtungen und das zur Aufgabenerfüllung erforderliche Verhältnis der IM zu den verdächtigen Personen berücksichtigt.

Zur erfolgreichen Bearbeitung von OV waren an die einzusetzenden IM hohe Anforderungen zu stellen. Die IM mussten

- eine solche berufliche oder gesellschaftliche Position aufweisen und über solche spezifischen Persönlichkeitsmerkmale verfügen, die für die zu bearbeitenden Personen von Interesse waren,

- in der Lage sein, sich unauffällig in das Blickfeld der zu bearbeitenden Personen zu bringen, zu ihnen Kontakt herzustellen und ihr Vertrauen zu erwerben,

- den zu bearbeitenden Personen möglichst geistig ebenbürtig oder überlegen zu sein,

- zuverlässig, ehrlich, mit Eigeninitiative und Ausdauer die ihnen übertragenen Aufgaben realisieren,

- ausreichende und konkrete Kenntnisse über das Feindbild sowie über wesentliche Anforderungen an die zu klärenden Straftatbestände haben,

- mit den Grundregeln der Konspiration zur Bekämpfung des Gegners vertraut sein, die qualifizierte Arbeit mit operativen Legenden beherrschen und auf Überprüfungsmaßnahmen des Gegners zweckmäßig reagieren,

- ein solches Einschätzungs- und Reaktionsvermögen besitzen, dass sie in bestimmten Situationen richtig und schnell im Rahmen ihres Auftrages und ihrer Verhaltenslinie entscheiden konnten,

- in erforderlichem Maße – entsprechend der Deliktspezifik – über Spezialkenntnisse verfügen.

Die Einführung von IM in die Bearbeitung von OV war ihrem Wesen nach offensiv und darauf zu richten, qualifizierte, überprüfte, für die im jeweiligen OV zu lösenden Aufgaben geeignete IM an die verdächtige Person mit der Zielstellung heranzuführen, deren Vertrauen zu gewinnen, um Informationen und Beweise über geplante, vorbereitete oder durchgeführte feindliche Handlungen sowie Mittel und Methoden des Vorgehens der verdächtigen Person und ihrer Hintermänner rechtzeitig zu erarbeiten und Voraussetzungen für die vorbeugende Verhinderung beziehungsweise Einschränkung der Handlungen zu schaffen.[326]

Diese Zielstellung konnte vor allem dadurch erreicht werden, indem der eingeführte IM die hergestellten vertraulichen Beziehungen nutzte, um unbemerkt vom Verdächtigen die benötigten Informationen und Beweismittel zu erlangen. Dies konnte zum Beispiel erfolgen, indem der eingeführte IM beauftragt und instruiert wurde, Einblick in eventuell vorhandene Aufzeichnungen des Verdächtigen ohne dessen Wissen zu nehmen, Verstecke in dessen Wohnung zu erkunden und bei möglicher Abwesenheit des Wohnungsinhabers diese konspirativ zu durchsuchen.[327]

Bei der Einführung von IM ging die Staatssicherheit von folgenden Grundsätzen aus:

- Die Einführung von IM war bereits zu Beginn der Bearbeitung des OV vorzubereiten.
- Die Anzahl der in die Bearbeitung eines OV einzufüh-

---

326 Vgl.: Ebd., Bl. 33–36.

327 Vgl.: MfS JHS Lehrstuhl I, Hochschuldirektstudium/Fachschulstudium Rechtswissenschaft: Studienmaterial Teil II: Bearbeitung von OV. Potsdam 1986, ohne Signatur, Bl. 54.

renden IM war stets in Abhängigkeit von den konkreten Erfordernissen und Bedingungen des Nachweises der feindlichen Tätigkeit, der Qualität der zur Verfügung stehenden IM und im Interesse der erfolgreichen Arbeit sowie der Gewährung der Konspiration und Geheimhaltung festzulegen.

- Die Herstellung des Kontaktes und die Festlegung der Beziehungen hatte so zu erfolgen, dass die Interessen, insbesondere die staatsfeindlichen Interessen, so angesprochen wurden, dass die Initiative zur Aufrechterhaltung und Festigung der Beziehungen von den verdächtigen Personen ergriffen wurden und die eingeführten IM durch ihr auf diese Personen abgestimmtes, taktisch zweckmäßiges, natürliches, glaubhaft motiviertes Verhalten deren Vertrauen gewannen.

- Die Einführung der IM wurde erst dann als erfolgreich betrachtet, wenn konkrete Ergebnisse zur Realisierung der Zielstellung der OV erarbeitet werden konnten, wie beispielsweise Informationen und Beweise über Verbindungen der verdächtigen Personen zu westlichen Geheimdiensten oder geplante, vorbereitete beziehungsweise realisierte Straftaten.

Bei der Vorbereitung und Realisierung der Einführung von IM war vor allem zu sichern:

- die sorgfältige Auswahl der für die Einführung geeigneten IM, die dem erarbeiteten Anforderungsbild entsprechende Voraussetzungen und Fähigkeiten hatten beziehungsweise bei denen diese kurzfristig geschaffen werden konnten,

- die Erarbeitung von ausbau- und entwicklungsfähigen operativen Legenden, die es den einzuführenden IM ermöglichten, offensiv auf die verdächtige Person einzuwirken, sowie der erforderlichen Verhaltenslinien und der für die Herstellung und Festigung der Kontakte erforderlichen operativen Kombinationen,

- die sorgfältige Vorbereitung der ausgewählten IM, insbesondere das Einstellen auf die Persönlichkeit sowie die Denk- und Verhaltensweisen der verdächtigen Person, auf die konkreten Einsatzbedingungen, die Aneignung der operativen Legenden und erforderlichen Verhaltenslinien, die Vermittlung erforderlicher Kenntnisse über das konkrete Feindbild, die Deliktspezifik und die möglichen Begehungsweisen, die Vorbereitung auf Überprüfungen durch die verdächtigen Personen,
- die Schaffung erforderlicher Voraussetzungen für die Einführung der IM, wie zum Beispiel die zeitweilige Freistellung von beruflichen Aufgaben, die Schaffung von geeigneten Situationen und Möglichkeiten der Kontaktaufnahme, die Beschaffung und Abdeckung von Dokumenten, Materialien usw.

Nach dem Erreichen konkreter Ergebnisse war weiterhin intensiv auf die Festigung des Vertrauens der verdächtigen Person zu den eingeführten IM hinzuwirken. Durch das Verhalten der IM und die Anwendung geeigneter Legenden und Kombinationen waren gegenüber den verdächtigen Personen Fakten zu schaffen, die diese in ihrem Sinne als Zuverlässigkeits- und Vertrauensbeweise werteten. Bei der Auswahl der IM, im Prozess der Einführung und der Arbeit am OV waren die Möglichkeiten des späteren Herauslösens ständig zu beachten und planmäßig zu schaffen.[328]

Eine weitere Möglichkeit der Werbung von Personen für eine inoffizielle Zusammenarbeit mit dem MfS im Rahmen der OV-Bearbeitung war das Herausbrechen von Personen aus operativ interessanten Gruppierungen. Da die Spione der westlichen Geheimdienste, die gegen die DDR tätig waren, größtenteils als Einzelkämpfer han-

---

328 Vgl.: RL 1/76, Bl. 36–39.

delten und nicht in Gruppen arbeiteten, war das Herausbrechen von Personen kein typischer Arbeitsgegenstand der Linie II und wird hier nicht weiter betrachtet. Die qualifizierte Zusammenarbeit mit den IM, insbesondere die konkrete personen- und sachbezogene Auftragserteilung, Instruktion, Berichterstattung und Auswertung der Berichte musste ununterbrochen auf die offensive Realisierung der Ziele der OV gerichtet sein. Bei der Auftragserteilung und Instruktion waren folgende Grundsätze zu beachten:

- Die Auftragserteilung an die eingesetzten IM hatte insbesondere auf der Grundlage der für sie festgelegten Einsatzrichtungen zu erfolgen.
- Die eingesetzten IM hatten die für die Erfüllung ihrer Aufträge erforderlichen Informationen bei Gewährleistung der Konspiration und Geheimhaltung zu erhalten. Entsprechend den Erfordernissen war gegenüber den IM das Ziel ihres Einsatzes zu legendieren, insbesondere gegenüber IM, deren Zuverlässigkeit noch nicht in vollem Umfang erwiesen war.
- Die IM hatten für die Erfüllung der Aufträge Verhaltenslinien zu erhalten, die es ihnen gestatteten, im Interesse der Erzielung optimaler Ergebnisse relativ selbständig und situationsgemäß zu reagieren. Sie waren mit operativen Legenden auszurüsten, die die zielgerichtete Erfüllung der erteilten Aufträge und den erforderlichen Spielraum für die Anpassung an nicht vorhergesehene Situationen beziehungsweise Reaktionen der verdächtigen Person ermöglichten.
- Die IM mussten die konkreten Bedingungen, unter denen sie Aufträge durchzuführen hatten, möglichst genau kennen.
- Die IM mussten die Gewissheit haben, dass vom MfS alles getan wurde, um ihre Sicherheit und die Konspiration zu gewährleisten.

- Die Aufträge, Verhaltenslinien und Legenden waren so zu gestalten, dass das Herauslösen der IM jederzeit möglich war. Die Gesetzlichkeit war konsequent einzuhalten. Die IM durften nicht provozieren beziehungsweise zu Straftaten anregen. Die scheinbare Beteiligung an Straftaten verdächtiger Personen durfte nur so weit erfolgen, wie es zur Realisierung der Ziele der Bearbeitung unumgänglich war. Sie bedurfte einer gründlichen Prüfung und der Bestätigung des Leiters der Diensteinheit.

- Zu den im OV eingesetzten IM war eine stabile Verbindung zu gewährleisten, die den spezifischen Erfordernissen der Bearbeitung des jeweiligen OV entsprach und den IM die sofortige Verbindungsaufnahme zur Staatssicherheit ermöglichte.

Über die Realisierung der den IM erteilten Aufträge und die erreichten Ergebnisse war eine konkrete, wahrheitsgemäße, alle bedeutsamen Details erfassende Berichterstattung zu gewährleisten. Nach den Treffs hatte sofort die weitere und gründliche Auswertung der gewonnenen Informationen zu erfolgen. Dabei war vor allem herauszuarbeiten:

- Gab es Hinweise auf Handlungen, die sofortmeldepflichtig waren beziehungsweise die Einleitung von Sofortmaßnahmen erforderten?

- Was war möglicherweise als Beweis zu verwenden beziehungsweise welche Hinweise waren vorhanden, wo und unter welchen Umständen Beweise gesichert werden konnten?

- Welche Maßnahmen ergaben sich aus den Informationen des IM für die weitere Bearbeitung des OV beziehungsweise für die Auftragserteilung und Instruktion?

- Gab es Anzeichen für die Verletzung der Konspiration und Geheimhaltung und welche Konsequenzen ergaben sich daraus?

- Gab es Widersprüche in den Informationen des IM in Bezug auf Personen, Personenbeschreibungen, Situationsschilderungen, Erfolge oder Misserfolge, erzielte Ergebnisse, Reaktionen verdächtiger oder anderer Personen beziehungsweise Widersprüche zu bereits vorliegenden Informationen und was konnten die Ursachen dafür sein?

Wie bereits dargelegt, kamen bei der Bearbeitung von OV Legenden und operative Kombinationen zum Einsatz.

Ziel der Anwendung operativer Legenden war der wirksame Einsatz der IM sowie anderer Kräfte, Mittel und Methoden zur offensiven Bearbeitung der OV, insbesondere

- das Eindringen in die Konspiration des Gegners, indem verdächtige Personen durch vorgegebene Motive, Begründungen, Erklärungen und Aussagen veranlasst wurden, Hinweise auf ihre Absichten, Handlungen und Verbindungen preiszugeben,
- die Gewährleistung der Konspiration und Geheimhaltung der Ziele, Absichten und Maßnahmen sowie Kräfte, Mittel und Methoden des MfS.

Bei der Ausarbeitung und Anwendung operativer Legenden war insbesondere von folgenden Grundgedanken auszugehen:

- Grundlagen für die Ausarbeitung operativer Legenden waren die konkrete, mit der Anwendung der Legende verfolgte Zielstellung, die Analyse des OV sowie die gründliche Kenntnis der Persönlichkeit der Zielpersonen, einschließlich ihrer Besonderheiten, Eigenarten und Gepflogenheiten.
- Operative Legenden mussten geeignet sein, die verhaltensbestimmenden Interessen der Zielpersonen anzusprechen um dadurch verhaltenswirksam zu werden.
- Operative Legenden mussten weitgehend auf natür-

lichen und überprüfbaren Grundlegenden aufbauen, den üblichen Gepflogenheiten des Lebens entsprechen sowie möglichst unkompliziert und glaubhaft sein.

- Die wirksame Anwendung von Legenden setzte die gründliche Kenntnis der Möglichkeiten, Fähigkeiten, Eigenschaften und Erfahrungen der IM beziehungsweise der Personen, die mit den Legenden arbeiten sollten, voraus. Sie mussten für den jeweiligen Träger passfähig sowie entwicklungs- und ausbaufähig sein. Vor ihrer Anwendung waren sie durch die Führungsoffiziere mit den einzusetzenden IM zu beraten und auf dieser Grundlage bei Notwendigkeit zu präzisieren.
- Die Anwendung operativer Legenden, die damit erzielten Ergebnisse sowie dabei aufgetretene Komplikationen waren exakt zu dokumentieren.
- Die schematische und wiederholte Anwendung von Legenden war zu vermeiden.

Ziel der Ausarbeitung und Anwendung operativer Kombinationen war die offensive, beschleunigte Bearbeitung von OV, insbesondere

- die Einwirkung mit komplexen, sich gegenseitig bedingenden und ergänzenden sowie aufeinander abgestimmten operativen Maßnahmen auf die verdächtigen Personen, um sie zu Reaktionen zu veranlassen, die Rückschlüsse auf durchgeführte oder geplante gegnerische Tätigkeiten zuließen und die Sicherung beziehungsweise Dokumentierung entsprechender Beweise ermöglichten,
- die beschleunigte und effektive Lösung anderer komplizierter operativer Aufgaben bei Wahrung der Konspiration über die Ziele, Absichten und Maßnahmen, Kräfte, Mittel und Methoden der Staatssicherheit.

Operative Kombinationen waren insbesondere anzuwenden:

- bei komplizierten IM-Werbungen, zur Heranführung von IM an die bearbeiteten Personen, zur Einführung von IM in die OV-Bearbeitung, zur Zusammenführung von IM, zur Überprüfung eingesetzter IM sowie zum Herauslösen von IM aus der Bearbeitung von OV,
- zum Erlangen von kompromittierendem oder anderweitig bedeutsamen Material einschließlich der Beschaffung und Dokumentation notwendiger Vergleichsmaterialien,
- zur Vorbereitung der Anwendung und zur Anwendung operativ-technischer und kriminaltechnischer Mittel und Methoden,
- zur Sicherung strafprozessual verwertbarer Beweise beziehungsweise zu deren Schaffung auf der Grundlage inoffizieller Beweise und Informationen,
- zur Verhinderung geplanter Straftaten,
- zur Identifizierung unbekannter Täter,
- zur Gewährleistung konspirativer Festnahmen und Durchsuchungen,
- zur Desinformation des Gegners.

Bei der Ausarbeitung und Anwendung operativer Kombinationen war insbesondere von folgenden Grundsätzen auszugehen:

- Voraussetzung für die Durchführung operativer Kombinationen war das Vorliegen ausreichender und überprüfter Informationen über den Sachverhalt beziehungsweise die verdächtigen Personen und deren gründliche Analyse. Darauf aufbauend hat die Erarbeitung der jeweiligen Kombination einschließlich der Zielstellung sowie Bestimmung des richtigen Zeitpunktes für ihre Durchführung zu erfolgen. Dabei waren begründete Versionen zu den möglichen Reaktionen der Verdächtigen auf die Maßnahmen des MfS zu erarbeiten und zu bewerten.
- Die operativen Kombinationen einschließlich der

Zielsetzung waren durch die zuständigen Leiter und Führungsoffiziere zu beraten. Die schematische und wiederholte Anwendung der Kombinationen war zu vermeiden. Es war ein vertretbares Verhältnis zwischen Aufwand und zu erwartendem Nutzen zu sichern und davon auszugehen, dass die Ergebnisse das entscheidende Kriterium für den Wert der Kombinationen waren.

- Hauptbestandteil der operativen Kombinationen hatte der zielgerichtete legendierte Einsatz zuverlässiger, bewährter, erfahrener und für die Lösung der vorgesehenen Aufgaben geeigneter IM, der mit der Anwendung anderer Mittel und Methoden exakt abzustimmen war, zu sein.
- Operative Kombinationen waren weitgehend auf natürlichen Umständen und Bedingungen aufzubauen. Die künstlich herbeigeführten Umstände mussten den tatsächlichen Gegebenheiten angepasst sein, auf diesen aufbauen und wie natürliche wirken sowie möglichen Überprüfungen standhalten. Diese Anforderungen waren analog auch an die im Rahmen operativer Kombinationen anzuwendenden Legenden zu stellen.

Die unmittelbare Vorbereitung und Durchführung der operativen Kombinationen hatte auf der Grundlage des zu erarbeitenden Planes zu erfolgen. Der entsprechend der logischen Folge des Ablaufes aufgebaute und mit den beteiligten Diensteinheiten abzustimmende Plan hatte zu enthalten:

- das Ziel der operativen Kombination,
- die kurze Darstellung des zum Verständnis der Kombination notwendigen Sachverhaltes,
- die konkreten Aufgaben und Maßnahmen,
- das komplexe, zeitlich aufeinander abgestimmte Zusammenwirken der operativen Maßnahmen,

- Festlegungen zum Einsatz der IM, ihre Aufträge und Verhaltenslinien sowie Festlegungen zum Verbindungssystem,
- die Verantwortlichkeiten und Termine.

Er war zu bestätigen:

- in den Hauptabteilungen durch die Leiter der Abteilungen beziehungsweise deren Stellvertreter,
- im Verantwortungsbereich der Bezirksverwaltungen/Verwaltungen durch die Leiter der Abteilungen, Kreis- und Objektdienststellen beziehungsweise deren Stellvertreter.

Bei OV, die von einem übergeordneten Leiter persönlich angeleitet und kontrolliert wurden, waren die Operativpläne von diesem zu bestätigen. In politisch-operativ besonders bedeutsamen Fällen, was im Rahmen der Spionageabwehr des Öfteren der Fall war, wurden die Pläne dem Minister für Staatssicherheit Erich Mielke beziehungsweise seinem vor ihm für die Spionageabwehr zuständigen Stellvertreter, Bruno Beater, zur Bestätigung vorgelegt.[329] Die zielstrebige OV-Bearbeitung erforderte im Zusammenhang mit dem Einsatz der IM und der Arbeit mit operativen Legenden und Kombinationen den zweckmäßigen Einsatz aller anderen, der Staatssicherheit zur Verfügung stehenden Kräfte, Mittel und Methoden sowie die Nutzung der Möglichkeiten anderer Staats- und wirtschaftsleitender Organe, Betriebe, Kombinate und Einrichtungen sowie gesellschaftlichen Organisationen und Kräfte. Ihr differenzierter Einsatz war zweckmäßig mit dem IM-Einsatz zu kombinieren und besonders darauf zu richten

- Voraussetzungen für den zielgerichteten und wirksamen Einsatz der IM zu schaffen,

---

329 Vgl.: Ebd., Bl. 40–45.

- die von IM und mit anderen Kräften, Mitteln und Methoden erarbeiteten Informationen zu überprüfen und zu vervollständigen,
- Beweise für die feindlichen Handlungen verdächtiger Personen zu erarbeiten.

Bei den Entscheidungen über ihren Einsatz war auszugehen:

- von den operativen Erfordernissen unter Beachtung des Aufwands im Verhältnis zu den zu erwartenden Ergebnissen,
- von den für den Einsatz dieser Kräfte, Mittel und Methoden jeweils geltenden dienstlichen Bestimmungen und Weisungen.

Zur Bearbeitung von OV waren insbesondere folgende Kräfte, Mittel und Methoden einzusetzen:

- operative Ermittlungen und Beobachtungen durch Kräfte der Linien II und VIII sowie der konkreten vorgangsbearbeitenden Diensteinheit,
- operative Fahndungen nach Personen und Gegenständen unter möglicher Einbeziehung der Fahndungsführungsgruppe des MfS beziehungsweise der Möglichkeiten der Linie VI, der Deutschen Volkspolizei sowie der Organe der Zollverwaltung der DDR,
- konspirative Durchsuchungen, insbesondere zur Feststellung und Dokumentation von Beweisen,
- operative Mittel der Linien M, PZF und 26, insbesondere zur Feststellung, Aufklärung und Dokumentation von Verbindungen sowie geheimdienstlichen Mitteln und Methoden,
- operative Mittel und Methoden der Linie IX sowie anderer Linien und Spezialisten, zum Beispiel für Schriftfahndung,
- Möglichkeiten der Funkabwehr/Funkaufklärung des MfS,
- operativ-technische Mittel zur Überwachung von

Personen und Einrichtungen sowie von Nachrichten-
verbindungen,

- kriminaltechnische Mittel und Methoden,
- spezielle operativ-technische Mittel und Methoden
  des OTS, zum Beispiel zur Erarbeitung von Untersu-
  chungsberichten, Expertisen und Gutachten,
- Nutzung der Informationsspeicher der Linie VI zum
  grenzüberschreitenden Verkehr sowie Informationsspeicher anderer Diensteinheiten.

Zur Gewinnung von erforderlichen Informationen für
die Bearbeitung Operativer Vorgänge waren auch die
Möglichkeiten der Deutschen Volkspolizei, der Zollverwaltung der DDR, anderer Staats- und wirtschaftsleitender Organe, Betriebe, Kombinate und Einrichtungen
sowie gesellschaftlichen Organisationen und Kräfte
zielstrebig zu nutzen.[330]

Im Rahmen der OV-Bearbeitung war gemäß der RL
1/76 die Anwendung von Maßnahmen der Zersetzung
vorgesehen. Dies galt insbesondere für das Hervorrufen
sowie die Ausnutzung und Verstärkung von Widersprüchen beziehungsweise Differenzen innerhalb von
Gruppen, Gruppierungen und Organisationen, die im
Rahmen der politischen Untergrundtätigkeit aktiv waren, um sie zu verunsichern, zu zersplittern und gegebenenfalls ihre Auflösung zu forcieren. Da die Spione
der westlichen Geheimdienste, die gegen die DDR tätig
waren, größtenteils als Einzelkämpfer handelten und
nicht in Gruppen arbeiteten, waren Zersetzungsmaß-
nahmen kein typischer Arbeitsgegenstand der Linie II
und werden hier nicht weiter betrachtet.

Die in OV zur unmittelbaren Bearbeitung des Gegners
eingesetzten IM, denen es gelungen war, in die Konspiration des Gegners einzudringen, gehörten zu den wert-

---

330 Vgl.: Ebd., Bl. 45 f.

vollsten inoffiziellen Kräften der Staatssicherheit. Diese IM mussten möglichst lange für die Realisierung von Aufgaben, insbesondere für die Bearbeitung von OV erhalten bleiben. IM, die über die zur Bearbeitung von OV benötigten Anforderungen verfügten, entwickelten sich im Verlauf einer längeren intensiven Zusammenarbeit und der damit verbundenen Qualifizierung. Die umfangreichen Fähigkeiten und Erfahrungen, über die beispielsweise IMB für die vorgangsbezogene Arbeit im und nach dem Operationsgebiet verfügten, hatten sie vielfach durch die direkte Bearbeitung geheimdienstlich tätiger Personen gewonnen. Die Staatssicherheit ging von der Erkenntnis aus, dass das qualifizierte Herauslösen der IM von großem Wert für die Sicherung der erreichten Qualität des IM-Bestandes war. Je besser es gelang, die in OV eingesetzten IM herauszulösen, umso größer wurde der Bestand an operativ wertvollen und erfahrenen IM.[331]

Unter dem Herauslösen der IM waren vielfältige aktive operative Maßnahmen – insbesondere eine kluge Auftragserteilung und Instruktion der IM – zu verstehen, die im Verlaufe und mit beziehungsweise nach dem Abschluss der Bearbeitung eines OV durchgeführt wurden. Mit ihnen wurden die Ziele verfolgt,

• die Konspiration der im OV eingesetzten IM zu gewährleisten und sie für die weitere Arbeit am Gegner zu erhalten beziehungsweise dafür noch bessere Möglichkeiten zu schaffen,

• durch die Nutzung und Schaffung günstiger Umstände, Bedingungen oder Situationen den Gegner nachhaltig vom IM abzulenken und ihn zu veranlassen,

---

331 Vgl.: MfS JHS Lehrstuhl I, Hochschuldirektstudium/Fachschulstudium Rechtswissenschaft: Studienmaterial Teil II: Bearbeitung von OV. Potsdam 1986, ohne Signatur, S. 145.

die Ursachen für seine Aufdeckung in vom MfS angestrebten Zusammenhängen zu suchen und zu finden,
- die Tatsache sowie die Art und Weise des Einsatzes
der IM gegenüber der bearbeiteten Person, ihrer
Umgebung, den gegnerischen Stellen sowie der Öffentlichkeit zu konspirieren und geheim zu halten,
dadurch die persönliche Sicherheit der IM zu gewährleisten sowie ihr Vertrauen zur Staatssicherheit weiter
zu festigen.[332]

Das Herauslösen der IM war in allen OV als eine
ständige und offensive Aufgabenstellung zu betrachten und durchzusetzen. Es war so früh wie möglich
vorzubereiten und zu planen. Entsprechend des Bear-
beitungsstandes war das Herauslösen kontinuierlich
und zielstrebig, vor allem durch eine gut durchdachte
Auftragserteilung, Instruktion und Legendierung der
IM zu verwirklichen. Auf der Grundlage der exakten
Berichterstattung der IM waren alle Hinweise, die für
das Herauslösen Bedeutung hatten oder haben konnten, herauszuarbeiten und sorgfältig zu nutzen. Ausgehend von der Spezifik des OV waren einzuschätzen
beziehungsweise festzulegen:
- der weitere Einsatz und die wesentlichsten Aufgabenstellungen der/des herauszulösenden IM,
- der Charakter, konkrete Inhalt sowie die Tiefe des
Vertrauensverhältnisses zwischen den IM und den
verdächtigen Personen, die Umstände und Bedingungen, unter denen die IM die bedeutsamen Informationen und Beweise erarbeitet hatten, Art und Umfang
der scheinbaren Beteiligung der IM an Straftaten,
- der Charakter und der Beweiswert der erarbeiteten
Beweise und damit die Beweislage insgesamt,
- die mögliche Nutzung dritter Personen beziehungs-

---

332 Vgl.: Ebd., S. 146.

weise die Schaffung günstiger Umstände, um von den herauszulösenden IM abzulenken.[333]

Es wurde bereits mehrfach betont, dass das Herauslösen der IM mit dem Beginn der Bearbeitung eines OV bei allen operativen Maßnahmen, insbesondere beim Einsatz der IM selbst, bewusst zu beachten und zu organisieren war. Dabei musste in Rechnung gestellt werden, dass mit dem Abschluss eines OV, besonders beim Einleiten strafrechtlicher Sanktionen gegen die verdächtigen Personen, deren Suche nach dem »Verräter in den eigenen Reihen« begann. Oftmals beschäftigten sich die betroffenen Personen und deren Auftraggeber sehr intensiv und lange damit. Deshalb waren vor allem in der Vorbereitung und Durchführung des Abschlusses Operativer Vorgänge weitere Maßnahmen notwendig, die zwingend von IM ab- und in die von der Staatssicherheit gewünschte Richtung hinlenkten. Dabei dufte wiederum der Wert strafprozessual verwertbarer Beweismittel nicht aus den Augen verloren werden.

In der Praxis des MfS hatten sich dazu verschiedene Wege als erfolgreich herauskristallisiert. Bei der Entscheidung über ihre Anwendung war zu berücksichtigen, dass sie in der Regel ihre Wirksamkeit dann erreichten, wenn sie miteinander kombiniert zur Anwendung kamen. Gerade hierdurch wurde der offensive Charakter des Herauslösens gefördert und die Überlegungen des Verdächtigen wurden zwingend vom IM weggelenkt. Bewährte Varianten des Herauslösens von IM waren:

1. Das Organisieren des scheinbar zufälligen Auffindens oder Entdeckens von Beweismitteln.

Die durch die IM und den Einsatz anderer operativer Kräfte und Mittel erlangten Kenntnisse über Örtlichkeiten, an denen belastendes Material (Chiffrierunterlagen,

---

333 Vgl.: RL 1/76, Bl. 49 f.

gesammelte Spionageinformationen, Material zur Aufrechterhaltung des Verbindungswesens) aufbewahrt, mitgeführt, abgelegt oder übergeben wurden, konnten genutzt werden, um zu offiziellen Beweismitteln zu gelangen. Dazu wurden operative Legenden und Kombinationen herausgearbeitet, die zu einem »zufälligen« Auffinden oder Entdecken von Gegenständen, Aufzeichnungen, Dokumenten usw. führten. Das konnte unter anderem durch Brandschutzkontrollen, technische Überprüfungen aller Art, Überprüfungen der Zivilverteidigung zum Zustand von Gebäuden, Katarstrophenschutzmaßnahmen usw. erfolgen. Die genannten und weitere Möglichkeiten mussten so genutzt werden, dass die verdächtige Person tatsächlich zu der Überzeugung gelangte, ihre Tätigkeit wurde zufällig entdeckt. Vor allem galt dies, wenn die Hinweise auf die Verstecke vom herauszulösenden IM stammten. Dies war geraden bei Spionen, die meist aufgrund der von den Geheimdiensten durchgeführten Instruktionen misstrauisch waren, besonders schwierig. Um das »zufällige« Auffinden von Beweismitteln zu organisieren, bedurfte es vielfach der Zusammenarbeit beziehungsweise des Zusammenwirkens mit anderen Diensteinheiten sowie offizieller Kräfte.

2. Der Einsatz von IM, um Zeugen strafbarer Handlungen zu einer Anzeige oder Mitteilung bei den Schutz- und Sicherheitsorganen beziehungsweise zuverlässigen offiziellen Kräften zu bewegen. Die in OV eingesetzten IM konnten beauftragt werden, auf andere Personen, die Zeugen einer gegnerischen Tätigkeit waren (beispielsweise weil sie den Empfang oder das Absetzen von Funksendungen als Außenstehende wahrnahmen), oder anderweitig Kenntnis von Straftaten erhalten hatten so einzuwirken, dass diese bei den Sicherheitsorganen darüber Anzeige erstatteten oder Mitteilung

machten. Dadurch wurden Anlässe geschaffen, die das offizielle Tätigwerden der Staatssicherheit begründeten. Es konnten dabei weitere Personen befragt und Ermittlungen geführt werden. Vielfach war es zweckmäßig, dafür zu sorgen, dass die Tatsche der Anzeige oder Mitteilung der verdächtigen Person bekannt wurde, damit bei ihr die Auffassung entstand, dass dies die »wahren« Gründe für das Bekanntwerden der Straftat waren oder um sie zu weiteren (vom MfS gewollten) Tätigkeiten zu veranlassen.

3. Die Festnahme der verdächtigen Person bei der unmittelbaren Vorbereitung oder Durchführung strafbarer Handlungen (Festnahme auf frischer Tat). Ergaben sich bei der Bearbeitung eines OV konkrete Hinweise darauf, dass eine verdächtige Person Straftaten begehen wollte, so war zu prüfen, ob es zweckmäßig war, sie bei der unmittelbaren Vorbereitung oder Durchführung zu stellen und ihre Festnahme vorzunehmen. Dadurch sollte erreicht werden, dass die Staatssicherheit in den Besitz von offiziellen Beweismitteln einer gegnerischen Tätigkeit gelangte und der Täter unter Ausnutzung des Überraschungsmoments zu Aussagen veranlasst wurde, die eine weitere Beweisführung ermöglichten beziehungsweise die andere günstige Voraussetzungen für das Herauslösen des IM schafften. Die Festnahme auf frischer Tat, beispielsweise bei der Sammlung und Dokumentation von Spionageinformationen in einem Objekt, musste so erfolgen, dass keine Rückschlüsse der verdächtigen Person auf den IM möglich waren, sondern ihre eigene Unvorsichtigkeit, die Wachsamkeit Anderer usw. In der Vernehmungstaktik des Untersuchungsorgans war dies entsprechend auszubauen und zu bekräftigen.

4. Das Einleiten von strafprozessualen Maßnahmen wegen Begehung von Straftaten der allgemeinen Kri-

minalität sowie die Ausnutzung von Kenntnissen über die Verletzung von Rechtsnormen außerhalb des Strafrechts, um dadurch zu Beweisen für eine gegnerische Tätigkeit zu gelangen. Gelang es, in der OV-Bearbeitung auch den Nachweis zu erbringen, dass durch den Täter Straftaten der allgemeinen Kriminalität begangen wurden, so konnten dadurch Voraussetzungen geschaffen beziehungsweise genutzt werden, um im Verlauf der Untersuchung dieser Straftaten und Vergehen zur Feststellung der gegnerischen Tätigkeit zu gelangen. Es ergaben sich somit Möglichkeiten, vom herauszulösenden IM abzulenken.

Diese Variante sollte unter anderem dann zur Anwendung kommen, wenn mit relativ großer Sicherheit davon ausgegangen werden konnte, dass strafprozessuale Maßnahmen (Durchsuchung von Wohnungen, Räumen usw. gem. § 108 ff StPO) folgerichtig und »natürlich« zum Auffinden von Beweismitteln für eine geheimdienstliche Tätigkeit führten. Ein solches Vorgehen war möglich, da durch verschiedene Verdächtige auch Straftaten der allgemeinen Kriminalität begangen wurden. Natürlich war dabei ebenfalls zu gewährleisten, dass Hinweise für die Begehung allgemeiner Kriminalität (die dafür erarbeiteten Beweise) möglichst nicht vom herauszulösenden IM stammten beziehungsweise keine Rückschlüsse auf ihn gezogen werden konnten. Letzteres war beispielsweise dann der Fall, wenn der IM Beweismittel für die Straftaten der allgemeinen Kriminalität unbemerkt vom Verdächtigen gesichert hatte.

In der OV-Bearbeitung wurden verschiedentlich Verletzungen anderer Rechtsnormen, die außerhalb des Strafrechts lagen, festgestellt. Das waren unter anderem Verletzungen des Vertragsrechts, des Urheberrechts oder der Arbeitsschutzbestimmungen. Solche Verstöße konnten sowohl vom Verdächtigen als auch von Personen seines Umfeldes begangen worden sein. Die Untersuchung dieser Rechtsverletzungen bot dem MfS bei geschicktem Vorgehen entsprechende Möglichkeiten, um Hinweise auf nachrichtendienstliche Handlungen zu erarbeiten, die ein Tätigwerden der Staatssicherheit begründeten.

5. Die Befragung Verdächtiger gemäß § 95 StPO. Die Strafprozessordnung der DDR enthielt die Festlegung, dass Personen, die einer Straftat verdächtigt wurden, durch das Untersuchungsorgan befragt und soweit das unumgänglich war, zugeführt werden konnten. Damit waren die gesetzlichen Voraussetzungen gegeben, durch eine Befragung von der verdächtigen Person selbst solche Angaben zu erhalten, die die Einleitung eines Ermittlungsverfahrens beziehungsweise anderer Maßnahmen begründet erlaubten. Die Durchführung von Befragungen als eine strafprozessuale Verdachtsprüfungshandlung konnte in der operativen Arbeit nur durch die Linie IX (Untersuchungsorgan) erfolgen. Demzufolge war die operative Diensteinheit verpflichtet, sich zu diesem Zweck mit der Untersuchungsabteilung zu konsultieren und die Befragung gemeinsam vorzubereiten. Die Anwendung dieser Varianten des Herauslösens setzte das Vorhandensein eines entsprechenden Anlasses für eine Befragung voraus. Die Wahl oder Schaffung eines geeigneten Anlasses durfte es dem Befragten in keinem Fall erlauben, auf den herauszulösenden IM zu schließen. Das Vorgangsmaterial war weiterhin auf Hinweise zu prüfen, die eine gewisse Aussagebereitschaft des Verdächtigen erwarten ließen beziehungsweise die bei einer zweckmäßigen Taktik der Befragung zum Erfolg führen konnten. Bei der Anwendung der Befragung Verdächtiger war zu prüfen, ob der Straftat eine verfestigte feindliche Einstellung zugrunde lag oder nicht. War dies nicht der Fall, konnte die Zweckmäßigkeit einer Überwerbung geprüft werden.

6. Die Festnahme der bearbeiteten Person nach einer vorangegangenen Befragung Dritter. Durch solche strafprozessualen Maßnahmen sollte der Eindruck erweckt werden, dass diese Vernehmungsergebnisse zur Festnahme führten und damit der »Verdacht« des Bearbeiteten bewusst auf andere Personen gelenkt werden konnte. Die Realisierung dieser Variante verlangte ein operativ-taktisches Vorgehen, welches die bearbeitete Person geschickt auf die Vernehmung eines Dritten aufmerksam machte. In der Praxis der Staatssicherheit wurden mit diesem Vorgehen auch dann Voraussetzungen für das Herauslösen von IM erarbeitet, wenn die vernommene Person keine belastenden Angaben machte, bei der bearbeiteten Person jedoch durch die damit verbundenen Umstände und die kurz darauf erfolgte Festnahme die Überzeugung entstand, dass dies aufgrund der Vernehmungsergebnisse erfolgte. In gleicher Weise konnten Befragungen von Bürgern genutzt werden.[334]

Hatte der OV eine bestimmte Stufe der Bearbeitung beziehungsweise Reife erlangt, musste er abgeschlossen werden. Das Ziel des Abschlusses bestand darin,
• die vorliegende und bereits erkannte staatsfeindliche Tätigkeit und andere Straftaten möglichst umfassend zu beweisen und zu unterbinden,
• die konkreten Ursachen, begünstigenden Bedingungen und Umstände durch Einflussnahme auf die dafür zuständigen Staats- und wirtschaftsleitenden Organe, Betriebe, Kombinate und Einrichtungen sowie gesellschaftlichen Organisationen weitgehend auszuräumen,

---

334 Vgl.: MfS JHS Lehrstuhl I, Hochschuldirektstudium/Fachschulstudium Rechtswissenschaft: Studienmaterial Teil II: Bearbeitung von OV. Potsdam 1986, ohne Signatur, S. 176–183.

- weitere feindlichen Handlungen wirkungsvoll vorbeugend zu verhindern und Maßnahmen zur Gewährleistung oder Wiederherstellung von Ordnung und Sicherheit im jeweiligen Bereich einzuleiten beziehungsweise diese zu erhöhen,
- die innere Sicherheit im Verantwortungsbereich maximal zu gewährleisten.

Die Arten des Abschlusses Operativer Vorgänge waren insbesondere:
- die Einleitung eines Ermittlungsverfahrens, zumeist mit Haft,
- die Überwerbung,
- die Anwerbung,
- die Verwendung des Vorgangsmaterials als kompromittierendes Material gegenüber Konzernen, Institutionen und staatlichen Organen der Bundesrepublik und Westberlins,
- die Einleitung spezifischer Maßnahmen gegen bevorrechtete Personen,
- öffentliche Auswertung des Materials beziehungsweise Übergabe des Materials an leitende Partei- und Staatsfunktionäre, verbunden mit Vorschlägen für vorbeugende Maßnahmen zur Gewährleistung von Sicherheit und Ordnung.

Bei jedem OV-Abschluss waren jene Abschlussarten beziehungsweise auch Teilabschlüsse festzulegen, die den größten sicherheitspolitischen Nutzen erbrachten.[335]

Der Abschluss eines OV und die Festnahme einer Agentur wurden seitens der DDR-Spionageabwehr als bedeutsam betrachtet. Der politischen Lageentwicklung entsprechend wurden bestimmte Vorgänge aber nicht nur nach konkreten Strafrechtsnormen abgeschlossen, sondern auf der Grundlage weitreichender staatlicher

---

335 Vgl.: RL 1/76, Bl. 51.

und politischer Interessen. Dabei orientierte man sich an der Forderung Lenins, der einst sagte: »Es ist nicht wichtig, dass ein Verbrechen eine schwere Strafe nach sich zieht, wichtig ist aber, dass kein einziges Verbrechen unentdeckt bleibt.«[336]

Im Stadium des Abschlusses von OV war eine konzentrierte Prüfung und Bewertung des gesamten Materials nach politisch-operativen, strafrechtlichen und strafprozessualen Gesichtspunkten vorzunehmen, um die Voraussetzungen für den Abschluss zu beurteilen und die Art des Abschlusses festzulegen. Dazu war es – insbesondere unter Beachtung der politischen Situation – erforderlich:

- das Vorgangsmaterial analytisch zu durchdringen, um seine politisch-operative und strafrechtliche Bedeutsamkeit festzustellen,
- die Tatbestandsmäßigkeit des im OV erarbeiteten Materials, den Charakter und Umfang der Straftat, ihre Folgen, die Mittel und Methoden ihrer Begehung und Verschleierung sowie die mit der Tat angestrebten Ziele herauszuarbeiten (objektive und subjektive Anforderungen, Beteiligungsformen, Entwicklungsstadien),
- die Beweislage in be- und entlastender Hinsicht einzuschätzen (strafprozessual verwertbare und inoffizielle, direkte und indirekte Beweise, Beweiswert, Beweisführungsmöglichkeiten),
- die Möglichkeiten der Herauslösung der IM beziehungsweise den Stand der dazu bereits eingeleiteten Maßnahmen zu prüfen,
- den Verdächtigen möglichst allseitig sowie den Inhalt und Umfang seiner Verbindungen zu beurteilen.

---

336 Lenin: *Werke*, Bd. 4. Berlin 1963, S. 399. Zitiert nach: Referat des Leiters der Hauptabteilung II auf der Dienstkonferenz vom 8. April 1987, BStU ZA HA II Nr. 4865, Bl. 80.

Im Ergebnis dieser Einschätzung war durch die Leiter vorzuschlagen beziehungsweise zu entscheiden, mit welcher Zielstellung der konkrete OV abzuschließen war, welche Abschlussart die größte gesellschaftliche Wirksamkeit hatte beziehungsweise welcher Nutzeffekt für die weitere operative Arbeit erzielt werden konnte.

Beim OV-Abschluss war durch die vorgangsbearbeitende Diensteinheit – in Abstimmung mit der zuständigen Fachabteilung – ein Abschlussbericht zu fertigen. Dieser musste die erreichten wesentlichen operativen und strafrechtlichen Ergebnisse, insbesondere die geschaffenen Beweise und den erreichten Stand bei der Klärung der Verdachtsgründe und der Herauslösung der IM enthalten sowie den Vorschlag zum Abschluss und die zu wählende Abschlussart begründen. Im Abschlussbericht mussten auch vorgesehene weitere operative Maßnahmen, wie Reisesperren, Einleitung von OPK zu den anderen im OV erfassten Personen ersichtlich sein.

Die Bestätigung des Abschlussberichts und der darin enthaltenen Vorschläge erfolgte

- in den Hauptabteilungen durch die HA-Leiter oder deren Stellvertreter,
- in den Bezirksverwaltungen durch die BV-Leiter oder deren Stellvertreter Operativ auf der entsprechenden Linie.

Der Abschluss von OV war so vorzubereiten und durchzuführen, dass die vorgesehene Zielstellung in hoher Qualität erreicht wurde. Das dazu erforderliche Vorgehen, insbesondere zur Erarbeitung weiterer Beweismittel, zur Schadensverhütung, zur Ausräumung begünstigender Bedingungen und Umstände war festzulegen und durch den zuständigen Leiter zu bestätigen.

Die Einleitung von Ermittlungsverfahren war dem Leiter der Hauptabteilung beziehungsweise Bezirksverwaltung/Verwaltung durch die Untersuchungsabteilungen vorzuschlagen und zu begründen. Angeordnet wurde die Einleitung eines EV durch den Leiter der HA IX beziehungsweise in den Bezirken durch den Leiter der BV/V.

Die Durchführung von Ermittlungsverfahren oblag den jeweiligen Untersuchungsabteilungen der Linie IX und hatte unter strikter Einhaltung der dafür geltenden gesetzlichen Bestimmungen, insbesondere der StPO, zu erfolgen. Die vorgangsbearbeitenden Diensteinheiten und Fachabteilungen hatten mit dem Untersuchungsorgan bei der Einleitung von Ermittlungsverfahren insbesondere festzulegen:

- Art und Weise der Verhaftung oder Festnahme sowie Durchsuchung und Beschlagnahme,
- zu beachtende Umstände in der Erstvernehmung, um eine schnelle Aussagebereitschaft zu erreichen,
- erforderliche Maßnahmen zur Kontrolle der verdächtigen Personen bei EV ohne Haft,
- die unverzügliche Überprüfung von Aussagen und andere Maßnahmen zur Erarbeitung und Sicherung weiterer strafprozessual verwertbarer Beweise sowie den Informationsfluss über alle das EV betreffende Fragen,
- die Weiterführung des Herauslösens von IM,
- Maßnahmen zur Schadensverhütung sowie zur Feststellung von Reaktionen der westlichen Geheimdienste.

Soweit erforderlich, waren solche Entscheidungen auch bei anderen Abschlussarten zu treffen. Bei allen Abschlussarten waren grundsätzlich Konsultationen mit dem Untersuchungsorgan vorzunehmen. Die mit und nach dem Abschluss des OV arbeitsteilig zu realisierenden Aufgaben zur Gewährleistung von Ordnung und Sicherheit sowie zur Ausräumung begünstigender Bedingungen und Umstände hatten dabei im Mittelpunkt zu stehen. Die eingeleiteten Maßnahmen waren durch den Einsatz operativer Kräfte und Mittel zu kontrollieren beziehungsweise zu unterstützen, um auch nach dem Vorgangsabschluss die Realisierung der angestrebten Ziele zu gewährleisten.

Die Durchführung strafprozessualer Maßnahmen oder rechtlicher Sanktionen sowie die verstärkte Einschaltung des Staatsanwaltes im Rahmen der Gesetzlichkeitsaufsicht oblag dem Untersuchungsorgan oder wurde von dort aus veranlasst. Die Übergabe von Materialien an andere Staats- und wirtschaftsleitende Organe, Betriebe, Kombinate und Einrichtungen sowie gesellschaftliche Organisationen hatte entsprechend der grundsätzlichen Weisungen des Ministers für Staatssicherheit zur Informationstätigkeit des MfS an leitende Partei- und Staatsfunktionäre zu erfolgen. Alle Materialien aus den Bereichen der Hauptabteilungen und besonders bedeutsame Materialien aus den Bezirksverwaltungen/ Verwaltungen waren dem Minister zur Entscheidung vorzulegen.

Operative und strafrechtliche Gründe für das Einstellen der OV-Bearbeitung waren gegeben, wenn

- die Verdachtsgründe, die zum Anlegen des OV führten, eindeutig und nachweisbar widerlegt und somit weder Straftaten noch andere Rechtsverletzungen begangen wurden beziehungsweise die Voraussetzungen für eine Strafverfolgung nicht mehr gegeben waren (Verjährung, Tod des Verdächtigen, Zurechnungsunfähigkeit),
- zum Zeitpunkt der Bearbeitung objektiv keine Möglichkeiten vorhanden waren, die Verdachtsgründe zu klären.

Die Leiter der die OV führenden Diensteinheiten hatten zu sichern, dass die Gründe für das Einstellen von OV gewissenhaft geprüft, notwendige vorbeugende oder

der Einhaltung/Wiederherstellung der Gesetzlichkeit dienende Maßnahmen eingeleitet beziehungsweise veranlasst und Abschlussberichte gefertigt wurden. Die Entscheidung über das Einstellen trafen die für das Anlegen und den Abschluss Operativer Vorgänge entscheidungsbefugten Leiter. Durch sie war gleichzeitig zu prüfen, ob zu festgestellten Rechtsverletzungen eine öffentliche Auswertung beziehungsweise die Übergabe von Material an leitende Partei- und Staatsfunktionäre erfolgen sollte.

Abgelegte OV waren, insbesondere bei Bekanntwerden neuer bedeutsamer Tatsachen zur Person und zum Sachverhalt, bei Veränderungen der politisch-operativen Lage sowie daraus resultierender Sicherheitserfordernisse durch die Diensteinheit, die den jeweiligen OV bearbeitete oder in deren Zuständigkeitsbereich die Person tätig wurde, erneut einzuschätzen und auf die Notwendigkeit einer Wiederaufnahme der Bearbeitung zu prüfen.[337]

Die Qualität der Bearbeitung von OV zur schnellen und eindeutigen Identifizierung von Agenturen westlicher Geheimdienste sowie die Unterbindung des Abfließens bedeutsamer Informationen wurden in der HA II als wesentlicher Gradmesser dafür betrachtet, wie man der Verantwortung bei der Federführung der Spionageabwehr gerecht wurde.

Im Jahr 1987 wurde durch die HA II annähernd die gleiche Anzahl von OV bearbeitet, wie 1986. Davon waren 21 Prozent der Vorgänge neu in die Bearbeitung aufgenommen worden, insbesondere durch die Abteilungen 1,3,6 und 13, die 56 Prozent der neu angelegten OV bearbeitet hatten. Die Bearbeitungsrichtung der überwiegenden Anzahl der 1987 bearbeiteten Vor-

---

337 Vgl.: RL 1/76, Bl. 52–55.

gänge dokumentierte die Schwerpunktbestimmung gemäß der DA 1/87 (komplexe Spionageabwehr). So wurden 69 Prozent des Gesamtbestands an OV auf den Nachweis von Verbrechen des Landesverrates und die Bearbeitung von Geheimdienstmitarbeitern und Geheimdienststellen sowie von Agenturen der Dienste ausgerichtet. Weitere 13 Prozent des Gesamtbestandes wurden im Zusammenhang mit der inneren Sicherheit im MfS geführt.

Ausdruck der Tätigkeit war der aus Sicht der Spionageabwehr erfolgreiche Abschluss beziehungsweise die Einstellung von insgesamt 123 OV. Davon wurden

- 25 OV mit der Einleitung von Ermittlungsverfahren abgeschlossen,
- 71 OV wurden mit anderen Maßnahmen abgeschlossen, wie
  - Werbungen von IM,
  - Vorschläge an Partei- und Staatsorgane zur Einleitung von Maßnahmen,
  - Einleitung vorbeugender Maßnahmen zur Gewährleistung der inneren Sicherheit im MfS,
  - spezifische Maßnahmen gegen bevorrechtete Personen,
- 27 OV wurden aufgrund Nichtbestätigung der Verdachtsrichtung eingestellt.

Im Rahmen der eingeleiteten 25 Ermittlungsverfahren wurden in Zusammenarbeit mit anderen Diensteinheiten des MfS insgesamt 34 Personen festgenommen (1986 insgesamt 52 festgenommene Personen). Darunter befanden sich zehn Agenturen westlicher Geheimdienste (1986 insgesamt 12). Von den zehn festgenommen Spionen entfielen

- sieben auf den BND,
- zwei auf den Verfassungsschutz,
- einer auf den US-Geheimdienst ISNCOM.

Darunter waren acht DDR-Bürger und zwei Einwohner Westberlins. Die Hauptangriffsrichtungen stellten sich wie folgt dar:

- Militärspionage fünf Agenturen,
- innere Sicherheit vier Agenturen,
- politisch-ökonomischer Bereich eine Agentur.

Von den vorgangsführenden Abteilungen waren an den Festnahmen von Spionen westlicher Dienste die Abteilungen 1,4,5 und 19 beteiligt.[338]

Einige Kurzbeispiele aus den Jahresarbeitsplänen für 1988 und 1989 zur Bearbeitung von OV:

Die AG Ausländer der HA II bearbeitete den OV »Narbe« zu einer mutmaßlichen Agentur des Verfassungsschutzes. Dieser 1988 entwickelte OV sollte mit einer Überwerbung oder Inhaftierung abgeschlossen werden. Mit dem Abschluss sollten insbesondere Erkenntnisse und Grundlagen zur Aufklärung und Bekämpfung der vermuteten Zuführungspraxis des Verfassungsschutzes von beim Kaufhausdiebstahl gestellten DDR-Bürgern gewonnen werden. Dazu sollte die Erarbeitung einer Abschlussvariante durch offensive Kontaktaufnahme/Verdachtsprüfungshandlung in Abstimmung mit der HA IX/1 erfolgen.

Ebenfalls von der AGA wurde der OV »Scheitan« zu einer mutmaßlichen Agentur (Werber) des israelischen Geheimdienstes in der DDR geführt. Mit Abschluss der laufenden Maßnahmen zur Erreichung der Aussagebereitschaft des mutmaßlich im Auftrag des israelischen Geheimdienstes als Werber unter arabischen Bürgern in der DDR eingesetzten Agenten sollten vermutete, noch aktive Agenten erkannt und Erkenntnisse zu An-

---

338 Vgl.: Rededisposition des Leiters der HA II für die Dienstkonferenz mit den Leitern der Abteilungen/Arbeitsgruppen der Hauptabteilung II am 10. Februar 1988, BStU ZA MfS HA II Nr. 3861, Bl. 23 ff.

griffsrichtungen, Mitteln und Methoden des MOSSAD gewonnen werden. Folgende Maßnahmen waren vorgesehen:

- Abschluss der offensiven Gespräche mit dem bereits wegen krimineller Straftaten inhaftierten mutmaßlichen Agenten,
- Erarbeitung eines Operativplans zur Aufklärung des früheren Verbindungskreises.[339]

Im operativen Sicherungskomplex »Kreis« der HA II/6 erfolgte gemäß Jahresarbeitsplan der HA II/6 von 1988 die vorbeugende Sicherung und Kontrolle einer ehemaligen Agentin des BfV und Ehefrau des verurteilten BfV-Agenten »Kreis« sowie weiterer Verwandter des Ehepaars mit dem Ziel des rechtzeitigen Erkennens und der Verhinderung geheimdienstlicher Aktivitäten gegen diesen Personenkreis. Folgende Maßnahmen sollten realisiert werden:

- in Abstimmung mit der HV A und Zusammenarbeit mit der BV Cottbus bei erneuter Einreise Einleitung vorgangsabschließender Maßnahmen gegenüber dem Westberliner Ehepaar »Emma«, das im Auftrag des BfV Informationen zu »Kreis« und dessen früheren persönlichen Umfeld sammelte,
- Weiterführung der operativen und operativ-technischer Kontrollmaßnahmen und Aufrechterhaltung des persönlichen Kontaktes zur Ehefrau von »Kreis« durch die KD Torgau.[340]

Im Jahresarbeitsplan 1989 der HA II/6 ist vermerkt, dass im operativen Sicherungskomplex »Kreis« und dem OV

---

339 Vgl.: Jahresarbeitsplan der AG Ausländer zu den Schwerpunkten 1989 in der politisch-operativen Arbeit und ihrer Leitung, BStU ZA MfS HA II Nr. 26605, Bl. 138 f.

340 Vgl.: HA II/6: Jahresarbeitsplan 1988. BStU ZA MfS HA II Nr. 28494, Bl. 15.

»Emma« die Kontrolle von Reaktionen des BfV Köln auf die Festnahme und Verurteilung des Agenten »Kreis«, der langjährig für das BfV als Spitzenagent tätig war, erfolgte. Mit der Durchführung der entsprechenden Recherchen auf dem Territorium der DDR wurde vom BfV das Westberliner Ehepaar »Emma« beauftragt. Folgende Maßnahmen sollten realisiert werden:

- Realisierung der bestätigten vorgangsabschließenden Maßnahmen im OV »Emma« in Koordinierung mit der Abteilung II der BV Cottbus bei gegebener operativer Situation,
- Fortsetzung der inoffiziellen Zusammenarbeit mit dem IMS »Berthold«.[341]

Die HA II/9 bearbeitete den OV »Major«. Das Material richtete sich gegen einen Briten und wurde – im Einklang mit dem Maßnahmenkomplex »Diamant« zur britischen Residenz – zum OV entwickelt, mit den Zielen, dem ehemaligen Militäraufklärer aktuelle Unterstützungshandlungen beziehungsweise eine Zugehörigkeit zum SIS nachzuweisen und seine Kontaktaktivitäten gegenüber hochrangigen Informationsträgern zu dokumentieren.[342]

In der HA II/13 wurde der OV »Kumpan« bearbeitet. Dieser richtete sich gegen zwei Mitarbeiter (Korrespondent »Starnberg« und Fotograf »Brasil«) des DDR-Büros eines bundesdeutschen Nachrichtenmagazins. Nach Erkenntnissen des Sicherheitsorgans der ČSSR soll »Starnberg« durch die Einflussnahme des Koordinators für die Geheimdienste im Bundeskanzleramt als Korrespondent in der DDR und anderen sozialistischen Staa-

---

341 Vgl.: HA II/6: Jahresarbeitsplan 1989. BStU ZA MfS HA II Nr. 28494, Bl. 40.

342 Vgl.: HA II/9: Jahresarbeitsplan 1989. BStU ZA MfS HA II Nr. 20862, Bl. 58.

ten eingesetzt worden sein. Das KfS der UdSSR verfügte über Erkenntnisse, dass »Starnberg« für eine US-Militärdienststelle in Westberlin Fotos von Gleisanlagen beschafft haben soll. Nach Erkenntnissen der HA II/13 deckten sich die Informationsinteressen und Aktivitäten von »Starnberg« wiederholt mit Auftragsstrukturen von Agenturen der CIA und des BND. Er unternahm intensive Versuche zur Erlangung hochwertiger interner Informationen aus politischen und ökonomischen Bereichen der DDR, ČSSR, VR Ungarn, VR Bulgarien und SR Rumänien. Das Ziel der Bearbeitung bestand in der Erarbeitung offizieller und inoffizieller Beweise der nachrichtendienstlichen Tätigkeit für einen westlichen Geheimdienst sowie in der vorbeugenden Verhinderung des Abfließens interner Informationen. Folgende Maßnahmen sollten realisiert werden:

- weiterer Einsatz von IM der HA II/13, der HA II/12, der HVA X, der HA XX/4 sowie der Abteilungen XX der BV Dresden und Berlin,
- Einsatz von IM im Operationsgebiet Westberlin zur rechtzeitigen Aufklärung von Plänen, Absichten, Maßnahmen und der vorbeugenden Verhinderung feindlicher Angriffe von »Starnberg« sowie zur Aufklärung des Wohnbereiches und von Kontakten und Anlaufstellen,
- Koordinierung von Maßnahmen zur Beweisführung mit der HA II/AGK und der HVA IX sowie Qualifizierung der operativ-technischen Maßnahmen,
- Erarbeitung von Kontaktanalysen zum DDR-Verbindungskreis des »Starnberg« sowie zum Wohnbereich von »Starnberg« und »Brasil«,
- Werbung eines IM mit Einsatzmöglichkeiten im Operationsgebiet Westberlin.[343]

---

343 Vgl.: HA II/13: Arbeitsplan 1989. BStU ZA MfS HA II Nr. 29862,

Durch die HA II/14 wurde der archivierte OV »Möwe« reaktiviert. Im Rahmen der operativen Nachkontrolle der im AOV bearbeiteten Person wurde festgestellt, dass »Möwe« zielstrebig Rückverbindungen zu Bürgern der DDR im Raum Karl-Marx-Stadt aufbaute. Aufgrund der Persönlichkeit von »Möwe« konnte ein nachrichtendienstlicher Hintergrund nicht ausgeschlossen werden. Durch die Schaffung eines IM aus dem Kreis der festgestellten Rückverbindungen sowie anderer Maßnahmen sollte »Möwe« zur Zielstellung seiner Aktivitäten wieder aktiv bearbeitet werden.[344]

Die HA II/18 bearbeitet den OV »Wanderer«. Der in diesem Vorgang bearbeitete ehemalige PLO-Angehörige, der in Westberlin lebte, stand im Verdacht, Kontakte zum amerikanischen Geheimdienst zu unterhalten. Das Ziel der Bearbeitung bestand in der Nachweisführung seines Kontaktes zum US-Geheimdienst sowie in der Aufklärung eventueller feindlicher Tätigkeit gegen die DDR beziehungsweise gegen in der DDR lebende Angehörige und bestehende Einrichtungen der PLO. Zur weiteren Aufklärung und Bearbeitung des Palästinensers sollte der IM »Viktor« eingesetzt werden. Durch die bis dahin erfolgte Bearbeitung wurde bekannt, dass ein sich in Ostberlin aufhaltender palästinensischer Student guten Kontakt zu der im Vorgang bearbeiteten Person unterhielt. Dieser Student war hinsichtlich seiner Nutzbarkeit aufzuklären und bei Eignung als IM zu werben.[345]

Im OV »Sänger« wurde der ehemalige Geschäftsführer einer speziellen Firma wegen erwiesener Spionage

---

Bl. 140 f.

344 Vgl.: HA II/14: Arbeitsplan für das Jahr 1989. BStU ZA MfS HA II Nr. 20863, Bl. 6.

345 Vgl.: HA II/18: Arbeitsplan für das Jahr 1989. BStU ZA MfS HA II Nr. 20863, Bl. 72.

für den BND durch die HA II/19 bearbeitet. Das Ziel bestand in der Aufklärung und Abwehr geheimdienstlicher Aktivitäten des »Sänger« und der vorbeugenden abwehrmäßigen Sicherung seines ehemaligen Bekanntenkreises unter operativ relevanten Bürgern der DDR. Als Maßnahmen waren die Koordinierung der abwehrmäßigen Bearbeitung mit der HA XVIII und der AG BKK sowie die Anschleusung eines geeigneten IM vorgesehen.

Ebenfalls durch die HA II/19 wurde der OV »Dehlia« geführt. Im OV wurden der ehemalige Geschäftsführer einer speziellen Firma und seine geschiedene Ehefrau bearbeitet. Er stand im Verdacht, im Auftrag eines westlichen Geheimdienstes leitende Funktionäre des zentralen Partei- und Staatsapparates in der DDR abzuschöpfen. Inoffizielle Beweise der Spionagetätigkeit zur geschiedenen Ehefrau für den BND lagen der HA II/19 vor. Das Ziel der Bearbeitung des Verdächtigen bestand in der weiteren Aufklärung und Einschätzung der nachrichtendienstlichen Aktivitäten. Folgende Maßnahmen sollten weiter realisiert werden:

- Einsatz des IM »Tenor« (Abteilung II BV Leipzig) und des IMB »Gertrud Lange«,
- Einsatz operativer Verbindungen zur Einschränkung beziehungsweise Beendigung der Abschöpfungsmöglichkeiten,
- Realisierung operativer Kontrollmaßnahmen bei Einreisen der verdächtigen Personen in die DDR.[346]

Die BV Dresden, Abteilung II, bearbeitete den OV »Doublette« zur Klärung vorliegender Hinweise auf eine geheimdienstliche Tätigkeit des verdächtigen Bundesbürgers. Bei dessen Aufenthalten in der DDR waren

---

346 Vgl.: HA II/19: Arbeitsplan des Leiters der HA II/19. BStU ZA MfS HA II Nr. 20863, Bl. 85 f.

dazu komplexe Kontrollmaßnahmen einzuleiten, die darin bestehen sollten, Indizien und Beweise für das Sammeln von Informationen zu Militärobjekten der GSSD und der NVA durch Eigenerkundung und Abschöpfung zu erarbeiten.[347]

Von der KD Gardelegen wurde der OV »Union« bearbeitet. Die operativen Maßnahmen dieses OV waren auf die Erarbeitung konkreter Anhaltspunkte für eine mögliche nachrichtendienstliche Tätigkeit des Verdächtigen ausgerichtet. In Vorbereitung weiterer Einreisen des Verdächtigen in die DDR wurden Voraussetzungen für komplexe Kontrollmaßnahmen geschaffen. Zur Motivprüfung gezeigter Verhaltensweisen bei DDR-Aufenthalten wurde ein differenzierter IM-Einsatz organisiert.[348]

Die KD Oschatz bearbeitete den OV »Hort«. Die Bearbeitung des verdächtigen DDR-Bürgers wurde schwerpunktmäßig auf die Weiterführung operativ-technischer Maßnahmen sowie auf die Kontrolle und Dokumentation seines Bewegungsablaufes und seiner Treffen mit den im kleinen Grenzverkehr einreisenden Kontaktpartnern aus der Bundesrepublik ausgerichtet. Nach Analyse der erzielten Ergebnisse sollte eine Entscheidung über die nutzbringendste Art des OV-Abschlusses getroffen werden. Die durchzuführenden Maßnahmen wurden mit der HA II/4 und der Abteilung II der BV Leipzig abgestimmt.[349]

Der OV »Taxi« wurde von der KD Wurzen bearbeitet.

347 Vgl.: HA II/4: Planorientierung 1989 – spezieller Teil BV Dresden, Abteilung II. BStU ZA MfS HA II Nr. 24317, Bl. 97.

348 Vgl.: Planorientierung 1989 – spezieller Teil BV Magdeburg, Abteilung II. BStU MfS HA II Nr. 24317, Bl. 91.

349 Vgl.: Planorientierung 1989 – spezieller Teil BV Leipzig, Abteilung II. BStU MfS HA II Nr. 24317, Bl. 96.

Zum Verdächtigen DDR-Bürger wurden in enger Zusammenarbeit mit der sowjetischen Militärabwehr konzentrierte Maßnahmen zum Nachweis einer möglichen geheimdienstlichen Tätigkeit eingeleitet. Schwerpunkte der Bearbeitung bildeten der gezielte Einsatz eines Mitarbeiters der sowjetischen Militärabwehr sowie die Realisierung operativ-technischer Maßnahmen beim Verdächtigen. Nach Analysierung der Ergebnisse sollte über die weitere Perspektive des OV entschieden werden.[350]

Zentrale Operative Vorgänge (ZOV) und darin offensiv einzusetzende IM

Zentrale Operative Vorgänge waren Operative Vorgänge, in denen die zentralisierte, tatbestandsbezogene operative Bearbeitung feindlicher Stellen und Kräfte erfolgte. Der ZOV umfasste den Gesamtprozess der komplexen, koordinierten, aufeinander abgestimmten und auf ein einheitliches Ziel ausgerichteten Bearbeitung. Die Bearbeitung der einzelnen, in enger Wechselbeziehung zueinander stehenden OV als Teile des Ganzen (Teilvorgänge) hatte durch alle an der Bearbeitung beteiligten Diensteinheiten eigenverantwortlich auf der Grundlage einer Bearbeitungskonzeption unter Federführung einer ZOV-führenden Diensteinheit zu erfolgen.[351]
Eine einzelne Diensteinheit der Staatssicherheit konnte

---

350 Vgl.: Ebd.

351 Vgl.: *Wörterbuch der politisch-operativen Arbeit.* Juristische Hochschule, Potsdam 1985, BStU ohne Signatur, S. 462 f.

im Interesse der Gewährleistung der inneren und äußeren Sicherheit der DDR den Forderungen der rechtzeitigen Aufklärung und Vereitelung der Pläne, Absichten, Maßnahmen, Mittel und Methoden im Vorgehen westlicher Geheimdienste nur bedingt gerecht werden. Demgemäß gelang es den westlichen Diensten auf der Grundlage einzelner erfolgreicher OV-Abschlüsse des MfS, die den Nachweis geheimdienstlicher Aktivitäten ermöglichten, eher, entstandene Lücken zu schließen und Niederlagen zu kompensieren, während sie komplexen Gegenmaßnahmen der Linie II, die auf der Grundlage zentralisierten Vorgehens gegen eine Dienststelle, deren Mitarbeiter- und Agenturbestand, wie das an den folgenden Beispielen der ZOV »Süd-West« oder »System« der HA II nachvollziehbar ist, nicht ausweichen konnten.

Gesicherte Erkenntnisse des MfS bestätigten die Effizienz, gegnerische Geheimdienststellen bereits im Operationsgebiet zu bearbeiten und schon an deren Basis in ihre Konspiration und Geheimhaltung einzudringen, weil sich die vorgangsbezogene strafrechtliche Nachweisführung der Spionagetätigkeit und anderer Aktivitäten der westlichen Geheimdienste auf dem DDR-Territorium zunehmend schwieriger gestaltete. Die Dienste versuchten, sich immer wirksamer auf die Mittel und Methoden der MfS-Abwehrarbeit einzustellen und waren bemüht, der strafrechtlichen Relevanz auszuweichen. In der operativen Praxis der Linie II hatte sich als eine geeignete Organisationsform bei der Umsetzung der schwerpunktbezogenen operativen Bearbeitung von Geheimdienststellen der ZOV, an dessen Realisierung meistens mehrere Diensteinheiten einbezogen waren, bewährt. Auf der Grundlage dieser Organisationsform der operativen Bearbeitungsprozesse wurden entscheidende Gegenmaßnahmen dafür geschaffen, die Spionage von westlichen Geheimdienststellen, deren Mitarbeiter und Agenturen zu paralysieren. Die Richtigkeit einer qualifizierten ZOV-Bearbeitung wurde aus Sicht der Staatssicherheit unter anderem an folgenden Beispielen sichtbar:

- Aus dem ZOV »Süd-West« der HA II wurde der Teilvorgang »Kurt« von der Abteilung II einer BV entwickelt, der mit der Inhaftierung eines pensionierten BND-Mitarbeiters abgeschlossen wurde.
- Durch die Schaffung mehrerer IMB (davor IMF) im ZOV »System« der HA II wurde die Tätigkeit einer Dienststelle des BfV paralysiert.
- Im Ergebnis der Bearbeitung der ZOV »Schatulle« und »Pyramide« der HA II und entsprechender Teilvorgänge in einzelnen Abteilungen II der BV konnten in mehreren Bezirken Spione und deren BND-Verbindungsführer enttarnt werden.[352]

Die Bedeutsamkeit und Wertigkeit der ZOV-Arbeit des MfS gegen westliche Geheimdienststellen war im Verhältnis zur OV-bezogenen Bearbeitung auf dem DDR-Territorium sehr deutlich durch die qualitativ unterschiedlichen Möglichkeiten zur Gewährleistung des Offensivcharakters erkennbar. Während auf der Grundlage der OV-Bearbeitung der Nachweis der Spionagetätigkeit in der Regel nur zu einzelnen Personen gelang und die hauptamtlichen Geheimdienstmitarbeiter zumeist latent blieben, galt in Umsetzung der Ziel- und Aufgabenstellungen des ZOV der Angriff des MfS einer Dienststelle des Geheimdienstes in ihrer Gesamtheit, eingeschlossen deren Mitarbeiter- und Agenturbestand,

---

352 Vgl.: Wolfgang Willms: Diplomarbeit zum Thema: »Die Notwendigkeit der politisch-operativen Bearbeitung imperialistischer Geheimdienststellen durch ZOV und daraus erwachsende Probleme für die Suche und Auswahl von IM-Kandidaten«. BStU JHS MF GVS 001-77/83, Bl. 13 ff.

woraus sich Möglichkeiten des Erkennens der Spionage gegen die DDR bereits an der Basis im Operationsgebiet ergaben. Durch die qualifizierte operative Bearbeitung eines Verbindungsführers im Westen war es möglich, mehrere Agenten zu erkennen, deren Wirksamwerden von vornherein paralysiert werden konnte. Ebenso verhielt es sich mit der Kompetenz, vorbeugend und schadensverhütend tätig zu werden sowie Hintermänner, Inspiratoren und aktive Beteiligte aufzuklären und deren Vorgehen rechtzeitig zu verhindern.

Darüber hinaus bot die zentral geführte Bearbeitung der Dienststellen gegnerischer Geheimdienste dem MfS die Möglichkeit einer Effektivitätserhöhung in der operativen Abwehrarbeit, indem

• die verfügbaren Kräfte der HA II und beteiligter Abteilungen II der BV entsprechend den Erforderlichkeiten im Komplex auf die Lösung bedeutsamer Aufgaben angesetzt werden konnten,

• durch das koordinierte Vorgehen der beteiligten Diensteinheiten die Kräfte unter den Bedingungen der Einhaltung der Konspiration und Geheimhaltung zur Vermeidung von Doppelarbeit an einem Schwerpunkt eingesetzt werden konnten,

• für die ZOV-führende Diensteinheit übersichtliche Voraussetzungen der Anleitung und Kontrolle der beteiligten Diensteinheiten, der Gewährleistung des ständigen »Soll-Ist-Vergleiches« gegeben waren sowie unter diesen Bedingungen die notwendige Dislozierung der Kräfte, insbesondere von den Orientierungen erforderlicher Werbungen ausgehend, verantwortungsbewusst vorgenommen werden konnte.

Die Planung, Organisierung und Verwirklichung der ZOV-Arbeit auf der Linie II im und nach dem Operationsgebiet war im Wesentlichen darauf ausgerichtet, die Pläne, Absichten Mittel und Methoden der westlichen

Geheimdienste im Interesse der Schadensverhütung rechtzeitig und beweiskräftig im Komplex aufzuklären, ihre Agenturen auf dem Territorium der DDR nicht länger bestehen zu lassen sowie die Tätigkeit ihrer Dienststellen, Filialen, Residenturen und Agenten zu paralysieren. Auf dieser Grundlage konnte die Einheit der Tätigkeit gegen die Dienste im Operationsgebiet und die daraus resultierende Abwehrarbeit auf Vorgangsbasis in der DDR über die Linie II hinaus entsprechend der Notwendigkeit hergestellt werden und es war unter Federführung der HA II objektiv möglich, die westlichen Geheimdienste bereits an der Ausgangsbasis ihres Handelns empfindlich zu stören.

Neben dieser allgemeinen Zielstellung sollten durch die ZOV-Bearbeitung auf der Linie II folgende Zielstellungen realisiert werden, die eine qualifizierte Leitungstätigkeit und das Vorhandensein eines geeigneten und leistungsfähigen IM-Netzes voraussetzten:

- Aufklärung der Stellung der bundesdeutschen Geheimdienste im Gesamtsystem abgestimmter Geheimdiensttätigkeit im Bereich der NATO und darüber hinaus sowie daraus erwachsende Aufgaben für diese Dienste,
- Herausarbeitung und Aufklärung der Stellung der bundesdeutschen Geheimdienste im System der Bundesrepublik selbst, die Durchdringung staatlicher Stellen, Konzerne und Organisationen einschließlich Hintermänner und Inspiratoren sowie deren strategische und taktische Aufgaben,
- Erkennung und Abwendung der Gefahr von Überraschungsangriffen militärischer Art,
- Feststellung der Struktur und Dislozierung der Dienststellen und Kräfte,
- Aufdeckung wer war wo auf dem Territorium der DDR als Spion für einen Geheimdienst tätig,

- Feststellung der Mittel und Methoden im Verbindungssystems der Geheimdienstzentralen und ihrer Agenten,
- Ermittlung der Aufgaben der Agenturen,
- Feststellung der Mittel und Methoden bei der Suche, Auswahl und Werbung von Agenten,
- schrittweises Beseitigen von Agenten der westlichen Geheimdienste durch Inhaftierung, Überwerbung oder Paralysierung,
- schrittweises Paralysieren der Tätigkeit von Geheimdienststellen, Geheimdienstfilialen und Geheimdienstresidenturen.

Die Staatssicherheit kam aufgrund der langjährigen Praxis in der Abwehrarbeit gegen westliche Dienste zu dem Schluss, dass die Erfolge der OV- und ZOV-Arbeit vor allem durch den Einsatz zuverlässiger und überprüfter IM erzielt wurden. Eine besondere Bedeutung erlangte die IM-Arbeit bei der Umsetzung der Aufgabenstellungen entsprechend den RL 1/68 und 1/79 zur Erarbeitung von Plänen, Absichten sowie Mitteln und Methoden der westlichen Geheimdienste in ihrem Vorgehen gegen die DDR. Zur Erarbeitung derartiger Informationen besaß der Einsatz der operativen Technik wesentliche Grenzen, so dass der Einsatz von Quellen der Staatssicherheit in den Geheimdienststellen des Westens als unerlässlich betrachtet wurde.[353]

Willms untersucht in seiner Diplomarbeit Probleme bei der Bearbeitung von ZOV und kommt zur Erkenntnis, dass »die politisch-operative Wirksamkeit der ZOV-Arbeit im offensiven Kampf der Linie II gegen die Tätigkeit imperialistischer Geheimdienste (…) nur als Einheit mit dem Leistungsvermögen der inoffiziellen Basis einer ob-

---

353 Vgl.: Ebd., Bl. 16–21.

jektiven Beurteilung unterzogen werden« konnte[354] und erkannte, dass es aus diesem Grund teilweise zu einer Unterschätzung der ZOV-Arbeit kam. Die Mitarbeiter fanden dort kein Verhältnis zu ihr, wo kein arbeitsfähiges IM-Netz zur Realisierung dieser Aufgabenstellung existierte. Kritisch bemerkte Willms, dass der »notwendige IM-Bestand nicht den aktuellen Erfordernissen der Abwehrarbeit entspricht«[355] und sieht die Ursache im komplizierten Prozess des Eindringens von IM in die Dienststellen und Agenturnetze der Geheimdienste sowie in der Schwierigkeit der Werbung dort tätiger Personen. Dieser Zustand wirkte sich hemmend auf die praktische Umsetzung der Zielstellung der offensiven Abwehrarbeit im Rahmen der ZOV-Bearbeitung der Geheimdienste aus.

Die Untersuchungen von Willms (geführt im Schwerpunkt auf der Basis von Material der HA II/2 und der Abteilung II der BV Leipzig) ergaben, dass den Hauptteil der operativ bedeutsamen Informationen in der Abwehrarbeit gegen die westlichen Geheimdienste auf ZOV-Basis im Wesentlichen solche IM erbracht hatten, die auf dem Territorium der DDR ansässig waren und entweder von dort aus zeitweilig im Operationsgebiet eingesetzt wurden oder als überworbene Agenten im Sinne der IMB/IMF zum Einsatz kamen. Der Anteil der noch wirksamer einsetzbaren IM der Linie II, die im Operationsgebiet ansässig waren und Möglichkeiten des Eindringens in Dienststellen der Geheimdienste hatten oder periphere Aufgaben realisieren konnten, wurde als zu gering eingeschätzt.

Auch die Ergebnisse bei der Überwerbung von hauptamtlichen Mitarbeitern der Dienste wurden von Willms als unzureichend betrachtet. Diese Einschätzung

---

354 Ebd., Bl. 21.

355 Ebd.

teilt der Autor aus den Erkenntnissen des Aktenstudiums für die Linie II. Hier sind umfangreiche Aktivitäten mit immensem Aufwand erkennbar, die nur äußerst selten zu wirklichen Erfolgen führten, was allerdings nicht ungewöhnlich ist.

Ähnlich stellte sich die Situation auch bei der Einschleusung von IM in die Geheimdienststellen, eingeschlossen Filialen und Residenturen, als auch in deren Agenturnetze dar.

Aus der Sicht der von Willms geführten Untersuchungen waren es folgende ausgewählte Hauptursachen, die, abgesehen von der Leitungstätigkeit, dem geschilderten Zustand zugrunde lagen:

1. Der für die Organisierung der Abwehrarbeit im und nach dem Operationsgebiet auf der Linie II eingesetzte Mitarbeiterbestand war im Wesentlichen quantitativ unzureichend und entsprach zum Teil nicht den qualitativen Erfordernissen. Wenn in einer Abteilung II/BV nur eine Referatsleiter und zwei relativ neue Mitarbeiter mit der Bewältigung der Aufgabenstellungen dieses Arbeitsbereiches beauftragt waren, leiteten sich daraus unmissverständlich die geschilderten Probleme ab. Das war allerdings nicht in allen BV so. Der Autor hat für die BV Berlin insbesondere auf der Linie II/2 einen quantitativ angemessenen und fachlich erfahrenen Mitarbeiterbestand feststellen können (hauptamtliche Mitarbeiter einschließlich in Westberlin eingesetzte HIM-Beobachter).

2. Die für die Realisierung der Gewinnungsprozesse von vor allem im Operationsgebiet ansässigen IM-Kandidaten angewandten Mittel und Methoden – aus Sicht der Gestaltung operativer Grundprozesse, wie IM-Einsatz, Kombinationen und Legendenbildung – waren nicht im erforderlichen Maß auf die den Werbekandidaten eigenen objektiven und subjektiven Faktoren und Eigenschaften eingestellt.

3. Im mittelbaren Zusammenhang mit den Punkten 1 und 2 standen vorhandene Mängel bei der Bearbeitung von operativen Ausgangsmaterialien für die Aufklärung und Gewinnung von IM-Kandidaten, die sich vor allem wie folgt darstellten:

- mangelnde Beachtung der Forderungen der Richtlinien 1/79 und 1/76, insbesondere bei der Arbeit mit Anforderungsbildern für die IM-Kandidaten,
- routinehafte Bearbeitung der operativen Ausgangsmaterialien bis zu einem Punkt – Speicherüberprüfungen, Ermittlungen über DDR-Kontaktpartner – und dann folgende Stagnation in der Bearbeitung,
- quantitativ unzureichende Kontaktaufnahme zu DDR-Gastgebern/Kontaktpartnern sowie Kandidaten aus dem Operationsgebiet, wenn die Voraussetzungen dafür vorhanden waren,
- qualitative Mängel hinsichtlich realisierter Kontaktaufnahmen, besonders im Hinblick auf angewandte Legenden und operatives Verhalten.

In der subjektivistischen Hoffnung, eine Werbung realisieren zu können, die sich relativ unkompliziert gestaltete und einen raschen Erfolg versprach, griffen einige Mitarbeiter spontan nach immer neuen Kontakt- oder Ausgangshinweisen, ließen bereits bearbeitete Materialien unbeachtet und schafften auf der Grundlage dieses Vorgehens eine unvertretbare, nicht mehr überschaubare Breite von Ausgangsmaterialien.

4. Der Bestand an zuverlässigen IM für die Bewältigung von Basisaufgaben war im Operationsgebiet und in der DDR unzureichend. Die Ursachen dafür beruhten im Wesentlichen wiederum in den in den Punkten 1 bis 3 benannten Problemen.[356]

In seiner Untersuchung zur dargestellten Problematik

---

356 Vgl.: Ebd., Bl. 22 ff.

gelangte Willms letztlich zu dem Ergebnis, dass »die Schaffung eines arbeitsfähigen IM-Netzes in der gesamten (...) Breite, folglich nicht nur einzelner IM, wie sie der OV-Arbeit auf dem Territorium der DDR entsprechen würde, (...) besonders für die Bearbeitung der imperialistischen Geheimdienststellen im und nach dem Operationsgebiet auf ZOV-Basis eine unabdingbare Voraussetzung«[357] darstellte.

Aus der Zielstellung der zentralisierten Bearbeitung der westlichen Geheimdienste auf der Linie II im und nach dem Operationsgebiet leitete sich für das MfS die Notwendigkeit einer hohen Konspiration, Geheimhaltung und Sicherheit aller eingesetzten Kräfte sowie Mittel und Methoden ab.

Bereits in der Phase der Suche und Auswahl von IM-Kandidaten ging man im MfS davon aus, dass die westlichen Geheimdienste in ihrem Interesse versuchen würden, die Absichten der Staatssicherheit des Eindringens in ihre Dienststellen und Agenturnetze wirksam zu stören beziehungsweise zu verhindern, indem sie beispielsweise dem MfS von ihnen geworbene Agenten als IM-Kandidaten anboten. Es wurde bei der Staatssicherheit einkalkuliert, dass die Dienste die Regimeverhältnisse der Suche und Auswahl von IM-Kandidaten bis hin zu den Methoden der Aufklärung und Werbung kannten und auf dieser Grundlage versuchten, ihre Interessen zu verwirklichen (Heranschleusen von Doppelagenten usw.) Dies stellte sich dahingehend dar, dass die Zentralen der Geheimdienste, Residenturen, Mitarbeiter und Agenten versuchten, sich möglichst perfekt zu tarnen, um dem Grundsatzbestreben nachzukommen, in die Sicherheitsorgane der DDR und deren inoffizielle Netze einzudringen.

---

357 Ebd., Bl. 24.

Beispielsweise war es den westlichen Geheimdiensten möglich, über das Antrags- und Genehmigungsverfahren der Volkspolizei bei Reisen in die DDR, der Staatssicherheit Personen »anzubieten«, bei denen sie davon ausgehen konnten, dass diese den Such- und Auswahlkriterien des MfS entsprachen. Durch hauptamtliche und inoffizielle Überläufer aus den Schutz- und Sicherheitsorganen der DDR gelangten die Dienste zu derartigen Kenntnissen. Die einen ZOV bearbeitenden Mitarbeiter liefen so Gefahr, die sich »anbietende« Person kennenzulernen, sie aufzuklären und möglicherweise in den Gewinnungsprozess einzubeziehen, wenn sie sich bei der weiteren Realisierung dieses Prozesses als scheinbar geeignet erwiesen hatte.

Aus diesen Gründen wurde in der Regel der Aufklärung der IM-Kandidaten gerade in der Phase der Entscheidungsvorbereitung zwischen Suche und Auswahl große Bedeutung beigemessen. Ein nicht entsprechend überprüfter IM-Kandidat durfte in Anbetracht der Gefahren für die Konspiration, Geheimhaltung und Sicherheit nicht in die Realisierung der Ziel- und Aufgabenstellungen der ZOV-Arbeit einbezogen werden. Davon ausgenommen waren die auf diese Art und Weise angestrebten planmäßigen Maßnahmen der Täuschung und Desinformation des nachrichtendienstlichen Gegners.

Die Unverzichtbarkeit der Gewährleistung von Geheimhaltung, Konspiration und Sicherheit in der zentralen Bearbeitung westlicher Geheimdienste belegten nach Auffassung der Staatssicherheit eindeutig, dass für die qualifizierte Suche, Auswahl und Gewinnung zuverlässiger und ehrlicher IM, besonders solcher, die in die Dienststellen der Geheimdienste und deren Agenturnetze eindringen konnten, beziehungsweise über periphere Bearbeitungsmöglichkeiten verfügten, das Vorhandensein einer qualifizierten IM-Basis im Operationsgebiet und in der DDR unerlässlich war beziehungsweise eine unbedingte Voraussetzung darstellte.

Darüber hinaus hatte sich die Zusammenarbeit mit anderen Diensteinheiten, insbesondere den Linien III, 26, M, PZF und VIII, für die qualifizierte Überprüfung der IM-Kandidaten bewährt.

In der Phase der Entscheidungsfindung für die Auswahl von IM-Kandidaten hatte es sich aus Sicht des MfS als geeignet erwiesen, Überprüfungs- und Aufklärungshandlungen zur Feststellung der Persönlichkeitseigenschaften auf der Basis verwandtschaftlicher beziehungsweise enger freundschaftlicher und vertrauensvoller Beziehungen zu gestalten. Die hierbei tätigen inoffiziellen Kräfte bedurften meist keiner Legendierung für ihr Vorgehen und konnten den Entscheidungsprozess relativ zeitnah herbeiführen, wobei unabhängig vom Ergebnis der Überprüfungen des MfS ein solches Handeln im Hintergrund blieb.

In Umsetzung ähnlich anwendbarer Mittel und Methoden war es bei der Aufklärung von IM-Kandidaten erforderlich, die Wirksamkeit solcher IM weiter zu erhöhen, die unter Anwendung der verschiedenen operativen Legenden Kontakte zu Zielpersonen aufzubauen hatten. Von der Qualität dieser Legenden war es in entscheidendem Maße abhängig, ob der Prüfungsprozess unter den Bedingungen der Konspiration und Geheimhaltung verlief. Auf eines solchen Grundlage konnte weitestgehend verhindert werden, dass sich die Zielperson im Widerspruch zu den Interessen der Staatssicherheit auf die Aufklärungshandlungen des IM einstellte und das MfS täuschte.

in Anbetracht der technisch-elektronischen Möglichkeiten der westlichen Geheimdienste und Polizeiorgane (Datenverbundnetze, Rastersysteme usw.), die zur Enttarnung von IM beitragen konnten, war es aus dem

Blickwinkel der Staatssicherheit erforderlich, bereits beim Such- und Auswahlprozess die objektiven Anforderungen an IM-Kandidaten konsequent zu beachten und vor allem solche IM-Kandidaten auszuwählen, die auf der Grundlage legaler Reisemöglichkeiten und real vorhandener Verbindungen im Operationsgebiet zum Einsatz gebracht werden konnten.

In Anlehnung an die ständige Beachtung abwehrmäßiger Aspekte bei der Aufklärung von IM-Kandidaten im Prozess der Entscheidungsfindung trugen die zuständigen Mitarbeiter eine entsprechende Verantwortung dahingehend, zu prüfen, ob stagnierende Ausgangsmaterialien und die damit verbundenen Personen, die bis zu einer bestimmten Stufe auf der Linie II unter rein abwehrmäßigen Aspekten betrachtet, zumeist routinemäßig (Speicherüberprüfungen und dergleichen) bearbeitet worden sind und dann zur Nutzung den für Organisierung der Arbeit im und nach dem Operationsgebiet verantwortlichen Mitarbeitern angeboten wurden, eine Eignung für die Einbeziehung in den speziellen Arbeitsgegenstand zur Bekämpfung gegnerischer Geheimdiensttätigkeit besaßen.

Eine weitere bedeutsame Seite der Geheimhaltung, Konspiration und Sicherheit war mit der Realisierung von Aufklärungshandlungen im Operationsgebiet verbunden. Die zur Durchführung solcher Zielstellungen eingesetzten IM hatten den Forderungen der Geheimhaltung, Konspiration und Sicherheit zunächst selbst in dem notwendigen Maß zu entsprechen. Es musste gegeben sein, dass diese IM überprüft waren und ehrlich/zuverlässig mit der Staatssicherheit zusammenarbeiteten. Sie unterlagen bei ihren Einsätzen im Operationsgebiet potentiell den Gefahren der dortigen Abwehrarbeit. Ein begangener Fehler oder eine Dekonspiration konnten zur Gefährdung des IM selbst sowie anderer Mittel und

Methoden des MfS führen. Dies konnte sich möglicherweise bis zur Preisgabe von Zielstellungen der ZOV-Arbeit erstrecken. Die Leiter und Führungsoffiziere trugen
die Verantwortung für die Konspiration, Geheimhaltung und Sicherheit solcher IM, woraus entsprechende
Aufgaben für die Qualifizierung und Befähigung für die
Führungsoffiziere erwuchsen.

Die Abstimmung mit den ZOV-führenden Diensteinheit
war für die Bewältigung bedeutsamer Aufgaben der Suche und Auswahl von IM-Kandidaten für die Arbeit im
und nach dem Operationsgebiet unerlässlich. Jedes eigenmächtige und unqualifizierte Handeln war durch die
Leiter und mittleren leitenden Kader (Referatsleiter) im
Sinne der Gewährleistung von Konspiration, Geheimhaltung und Sicherheit aller eingesetzten Kräfte sowie
der Mittel und Methoden zu unterbinden.[358]

Ausgehend von den objektiven Notwendigkeiten und
den damit verbundenen komplizierten Problemen der
wirksamen Bearbeitung westlicher Geheimdienststellen,
deren Mitarbeiter und Agenten durch die zentralisierte
Vorgangsbearbeitung auf der Linie II im und nach dem
Operationsgebiet, wurde in Anbetracht der Lage bei der
Bearbeitung der Geheimdiensttätigkeit aus der praktischen Arbeit der Linie II die Erkenntnis abgeleitet, dass
die in diesem Zusammenhang zu erarbeitenden bedeutsamen Informationen im Wesentlichen nicht durch zwei
oder drei IM erbracht werden konnten. Das Eindringen
in die Dienststellen der Geheimdienste, Filialen, Residenturen und agenturischen Netze als das angestrebte
Nahziel beziehungsweise eine der bedeutsamen Aufgaben der offensiven Abwehrarbeit der Linie II, konnte
nach Auffassung von Willms »nur auf der Grundlage
des Vorhandenseins eines exakt strukturierten und

---

358 Vgl.: Ebd., Bl. 25–30.

dislozierten IM-Netzes erreicht werden, dass im übertragenen Sinn einer Pyramide gleicht und die Schaffung
von IM im Operationsgebiet und auf dem Territorium
der DDR objektiv voraussetzt. Dieses IM-Netz sollte in
der Praxis einem komplizierten Mechanismus gleichen,
bei dem ein Rad den Gang des anderen bedingt und auf
dieser Grundlage das ergebnisträchtige Funktionieren
gesichert ist«[359] Ein anderes Herangehen, so Willms,
würde »einem wissenschaftlichen Arbeitsstil wider-
sprechen und nur auf komplizierten Umwegen oder gar
nicht zur Erfüllung der Aufgabenstellung führen.«[360]
Struktur und Dislozierung des IM-Netzes richteten sich
nach den zu realisierenden Haupt- und Einzelaufgaben,
die in Realität der Entwicklung dem Verhältnis vom
»Niederen zum Höheren, von einer notwendigen Breite
zur Spitze« entsprachen.

Die in der Arbeit der Linie II gegen die Tätigkeit der
westlichen Geheimdienste auf der Grundlage der
ZOV-Arbeit im und nach dem Operationsgebiet zu
realisierenden Haupt- und Detailaufgaben bestimmten
im Wesentlichen die Struktur des IM-Netzes sowie die
Anforderungen an die zu suchenden und auszuwählenden IM-Kandidaten. Der Zusammenhang zwischen den
zu lösenden Aufgaben und den Anforderungen an die
dazu notwendigen IM-Kandidaten durften nicht nur
gedanklich bestehen, sondern musste in schriftlich bi-
lanzierter Form vorliegen (gegebenenfalls als Bestandteil einer bestätigten Bearbeitungskonzeption).

Aus der Sicht von Willms ergaben sich für die ZOV-bearbeitenden Diensteinheiten, deren Leiter und Mitarbeiter sowie für die bereits vorhandenen IM zwei
Hauptsäulen zu realisierender Aufgaben, wovon eine

---

359 Ebd., Bl. 31.
360 Ebd.

die andere wechselseitig bedingte und die Erfüllung der Aufgaben überhaupt voraussetzte. Die zwei Hauptsäulen mussten im Wesentlichen auf die Lösung folgender Hauptaufgaben ausgerichtet sein:

1. Erarbeitung bedeutsamer Informationen aus und über Dienststellen der Geheimdienste sowie deren Tätigkeit mit dem Ziel der Aufklärung ihrer Pläne, Absichten, Maßnahmen, Mittel und Methoden sowie Paralysierung ihrer Tätigkeit zur Gewährleistung der entwicklungsbedingten äußeren und inneren staatlichen Sicherheit.

2. Erarbeitung bedeutsamer Informationen mit dem Ziel der quantitativen und qualitativen Erweiterung des objektiv notwendigen IM-Bestandes, um die unter 1. beschriebenen Aufgaben mit der notwendigen Effektivität lösen zu können.

Im Einzelnen waren unter Beachtung der aufgeführten Hauptaufgaben im Rahmen der zentralisierten Bearbeitung westlicher Geheimdienste durch die ZOV-bearbeitenden Diensteinheiten und deren IM folgende Aufgaben zu realisieren:

- Erarbeitung von operativ bedeutsamen Informationen zum Aufbau, den staatlichen Unterstellungs- und Verbindungsverhältnissen, der Struktur und der Dislozierung der Geheimdienste, eingeschlossen deren Agenturnetze im System der Bundesrepublik und auf dem Territorium Westberlins.

- Erarbeitung der Pläne, Absichten, Mittel und Methoden der auf dem Territorium sozialistischer Staaten eingesetzten Agenten der westlichen Geheimdienste bezüglich ihrer Angriffsrichtungen und damit verletzter Strafrechtsnormen.

- Suchen, Tippen und Aufklären von geeigneten IM-Kandidaten, die bereits in Geheimdienststellen, Filialen, Residenturen und Agentennetzen tätig waren.

- Suchen, Tippen und Aufklären von geeigneten IM-Kandidaten, die Voraussetzungen besaßen, in die Geheimdienststellen, Filialen, Residenturen und Agentennetze eingeschleust zu werden.
- Suchen, Tippen und Aufklären von geeigneten IM-Kandidaten, die Möglichkeiten der peripheren Bearbeitung, vor allem Ermittlungs- Beobachtungs- und Abschöpfungsaufgaben, von Geheimdienststellen, Filialen, Residenturen deren Mitarbeiter und Agenturen hatten.
- Suchen, Tippen und Aufklären von geeigneten IM-Kandidaten, die in der Lage waren, qualifizierte Werbungen im Operationsgebiet durchzuführen.
- Suchen, Tippen und Aufklären von geeigneten IM-Kandidaten, die zur Gewährleistung der Konspiration, Geheimhaltung, Sicherheit und Verbindungswesen tätig werden konnten.
- Suchen, Tippen und Aufklären von geeigneten IM-Kandidaten, die vorrangig auf dem Territorium der DDR ansässig waren und von dort aus problemspezifische Aufgaben wie folgt durchführen konnten:
  - Realisierung zeitweiliger und längerfristiger Einsätze im und nach dem Operationsgebiet zur Lösung von Aufklärungsaufgaben sowie zum Wirksamwerden im Verbindungssystem,
  - Aufklärung von einreisenden Werbekandidaten, deren Werbung und Zuführung,
  - Gewährleistung der Konspiration, Geheimhaltung sowie Sicherheit der Mittel und Methoden der ZOV-bearbeitenden Diensteinheiten des MfS.[361]

Das Hauptproblem der Verantwortung der ZOV-füh-

---

361 Vgl.: Ebd., Bl. 30–35.

den Diensteinheit – linienbezogen war das die HA II – bestand nach Meinung von Willms darin, »noch bessere Voraussetzungen und Möglichkeiten für die wirksame offensive Bekämpfung imperialistischer Geheimdiensttätigkeit zur Umsetzung der Befehle und Weisungen des Genossen Minister – besonders der Richtlinien 1/79 und 1/76 zu schaffen, indem die notwendige Einheit zwischen einer effektiven Arbeit im und nach dem Operationsgebiet und der Schaffung von Möglichkeiten der Bekämpfung des Feindes auf dem Territorium der DDR weiter qualifiziert wird«[362].

Von diesem Hauptproblem und der damaligen Situation ausgehend, war es notwendig, verstärkt solche IM-Kandidaten zu suchen, auszuwählen, aufzuklären und letztlich zu gewinnen, die unmittelbar oder peripher an den Geheimdiensten tätig sein konnten.

Auf der Grundlage der jeweils aktuellen Kenntnisse der ZOV-führenden HA II zu den Kräften, Mitteln und Methoden im Vorgehen der Geheimdienste gegen die DDR, stand vor der HA II zuallererst die Aufgabe, die ZOV-Arbeit konzeptionell zu planen, eine effektive Zusammenarbeit mit den in die Bearbeitung einbezogenen Diensteinheiten zur Umsetzung der Bearbeitungskonzeption zu organisieren und zu gewährleisten, dass die im Plan der Bearbeitung des ZOV bilanzierten Ziele, Aufgaben und Maßnahmen entsprechend der Verantwortlichkeiten planmäßig und termingerecht realisiert werden konnten. Um die Wirksamkeit der ZOV-Arbeit zu erreichen, musste die Zusammenarbeit über den Grad der »Abstimmung« und »Empfehlung« oder des lediglich »Koordinierens« zwischen der HA II und den Abteilungen II der BV hinausgehen. Dabei war es notwendig, führungsseitig solche Regelungen zu treffen,

---

362 Ebd., Bl. 36.

die eine optimale Federführung der Hauptabteilung II in Form von Entscheidungsmöglichkeiten in der Praxis gewährleisteten. Aus der verallgemeinerten Sicht von Willms ergaben sich für die weitere Qualifizierung funktionsfähiger IM-Netze, ausgehend von der Bearbeitung verschiedener ZOV auf der Linie II, für die offensive Auseinandersetzung gegen die Tätigkeit der westlichen Geheimdienste im und nach dem Operationsgebiet, für die federführenden Abteilungen der HA II folgende ausgewählte Verantwortlichkeiten:

1. Erarbeitung und ständige Präzisierung des Bearbeitungsplanes für den jeweiligen ZOV sowie Festlegung von Zielen, Schwerpunktaufgaben und Verantwortlichkeiten für die Bearbeitung der ZOV als Voraussetzung für die Gewährleistung der planmäßigen Erweiterung des IM-Bestandes.

2. Im Rahmen der durch die ZOV-bearbeitenden Diensteinheiten der Bezirksverwaltungen zu realisierenden Ziele und Teilaufgaben war festzulegen, welche IM wo zu suchen, aufzuklären und zu gewinnen waren.

3. Die ZOV-führende Diensteinheit hatte auf der Grundlage ihrer breiten Erfahrungen in der Arbeit gegen die westlichen Geheimdienste Anforderungsbilder für die zu suchenden und auszuwählenden IM-Kandidaten zu erarbeiten, ständig zu präzisieren und den in die ZOV-Bearbeitung einbezogenen Diensteinheiten vorzugeben beziehungsweise selbst danach tätig zu sein.

4. Gewährleistung eines kontinuierlichen Prozesses der Anleitung und Kontrolle der jeweiligen Abteilungen II der BV zur Vermittlung von Erfahrungen und Beseitigung hemmender Faktoren bei der Suche und Auswahl von IM-Kandidaten sowie dabei anzuwendender Mittel und Methoden.

5. Unterstützung der in die Bearbeitung einbezogenen Diensteinheiten der Bezirksverwaltungen bei der Erar-

beitung erforderlicher operativer Kombinationen und Legenden für die qualifizierte Suche, Auswahl, Aufklärung und Gewinnung von IM-Kandidaten.

Mit einer qualifizierten Anleitung der einbezogenen Abteilungen II der BV war unter Beachtung der bedeutsamen Probleme der Geheimhaltung, Konspiration und Sicherheit verbunden, dass Wege für die Auswertung verallgemeinerungswürdiger Erfahrungen bei der Suche, Auswahl und Gewinnung von IM erschlossen und beschritten werden mussten.

Die praktischen Erfahrungen des MfS machten deutlich, dass Kenntnisse zu wirksamen Mitteln und Methoden bei der Suche, Auswahl und Gewinnung von IM-Kandidaten für die zentrale Bearbeitung westlicher Geheimdienste die Grenzen der bezirklichen Verantwortungsbereiche oftmals nicht überschritten und auch von der ZOV-führenden Diensteinheit nicht allgemeingültig vermittelt wurden, so dass auch in dieser Hinsicht ein Zustand des »Auf-sich-allein-gestellt-seins« zu verzeichnen war. So versuchten zum Beispiel zwei territorial nebeneinanderliegende Bezirksverwaltungen durch ihre Abteilungen II mit gegenseitig nicht bekannten und angewandten praktisch wirksamen Mitteln und Methoden die Aufgaben der Bearbeitung in einem ZOV zu realisieren. Diese Mängel in der Gestaltung der operativen Grundprozesse sollten in der Praxis durch die Wahrnehmung der Verantwortlichkeiten der federführenden HA II zugunsten einer qualifizierten Werbungstätigkeit kompensiert werden.

Willms warf in seiner Diplomarbeit auch die Frage auf, ob der für die ZOV-Bearbeitung im und nach dem Operationsgebiet eingesetzte Mitarbeiterbestand quantitativ und qualitativ dahingehend geeignet war, den Anforderungen der notwendigen Erweiterung des IM-Bestandes gerecht zu werden. Und er beantwortet die

Frage selbst, in dem er bemerkt: »Bleibt dieser Zustand bestehen, werden die zu realisierenden Aufgaben einer sehr langwierigen Entwicklung bedürfen. Daraus ergibt sich ein offensichtlicher Widerspruch zwischen den gesellschaftlichen Notwendigkeiten und den vorhandenen Möglichkeiten des Kampfes gegen die imperialistische Geheimdiensttätigkeit im und nach dem Operationsgebiet.«[363]

Die in die ZOV-Bearbeitung einbezogenen Abteilungen II der BV hatten auf der Grundlage der von der ZOV-führenden HA II geplanten Ziel- und Aufgabenstellungen ihre Ziele, Aufgaben, Mittel und Methoden sowie Verantwortlichkeiten dokumentarisch abzuleiten. Die entsprechende Planung war unter Beachtung aller objektiven und subjektiven Bedingungen und Voraussetzungen der jeweiligen Abteilung II/BV zu organisieren und zu realisieren. Im Einzelnen war dabei das quantitative und qualitative Vermögen der eingesetzten Mitarbeiter zu berücksichtigen und eine Bilanzierung der bereits vorhandenen IM und deren Möglichkeiten auf der Grundlage der Bestandsaufnahme vorzunehmen und daraus unter Ausblendung jeglichen Wunschdenkens reale Schlussfolgerungen für die Werbungstätigkeit abzuleiten. Aus den im Rahmen der ZOV-Bearbeitung durchzuführenden Ziel- und Aufgabenstellungen ergaben sich die notwendige Struktur und Dislozierung des IM-Netzes. In der Planung der einbezogenen Diensteinheiten war daraus folgend aufzunehmen, wann, wo, wer, welche Kandidaten, mit welcher Qualität, mit welchen Mitteln, Methoden und Kräften zur Lösung welcher Aufgaben zu suchen, auszuwählen, aufzuklären und entsprechend vorhandener Möglichkeiten zu gewinnen hatte. Dabei hatten die Leiter der entsprechen-

---

363 Ebd., Bl. 40.

den Diensteinheiten zu gewährleisten, dass die Suche und Auswahl von IM-Kandidaten konsequent anhand der Anforderungsbilder erfolgte und Abweichungen zur Vermeidung einer unzulässigen Breite der Ausgangsmaterialien bereits in dieser Phase leitungsseitig abzusprechen und zu bestätigen waren. In der Praxis stellte der Plan für die Lösung der jeweiligen Teilaufgaben zum ZOV einen wesentlichen Bestandteil des Jahresplanes des Referatsleiters dar, der auch Eingang in die Planung des Abteilungsleiters fand. Dies ergab sich daraus, im Rahmen der ZOV-Bearbeitung nicht nur einen oder zwei IM-Kandidaten zu suchen, aufzuklären und zu werben, sondern ein ganzes IM-Netz zu schaffen.

Bei der Qualifizierung der operativen Grundprozesse zur Suche, Auswahl von IM-Kandidaten kam es auf die konsequente Berücksichtigung folgender Probleme an:

1. Durchsetzung der Forderung, nur solche IM zu gewinnen, die objektiv und subjektiv in der Lage waren, bedeutsame Informationen entsprechend der Ziel- und Aufgabenstellungen des ZOV zu erarbeiten. In der Praxis wurde zu oft geworben, was sich irgendwo, in der Regel außerhalb der Schwerpunkte anbot und unkompliziert gewinnen ließ.

2. Im Zusammenhang mit 1. stehend, sollte noch verantwortungsbewusster durchgesetzt werden, dass schwerpunktmäßig nur solche IM-Kandidaten in die Bearbeitung einbezogen wurden, die der IM-Struktur zur Bearbeitung von ZOV entsprachen. Es wurde allerdings als vertretbar betrachtet, in den ZOV-bearbeitenden Diensteinheiten auch solche Kandidaten aus dem Operationsgebiet zu werben, die in der Lage waren, bedeutsame Informationen aus anderen Schwerpunktbereichen zu erarbeiten. Dabei war ein Verhältnis zugunsten der schwerpunktbezogenen ZOV-Bearbeitung zu gewährleisten.

3. Die nach den Kriterien der Anforderungen an die zu bearbeitenden IM-Kandidaten ausgewählten Ausgangsmaterialien waren mit der notwendigen Konsequenz und gewissenhaft auf ihre Verwendbarkeit hin zu prüfen. Dabei war ein rationeller und effektiver Arbeitsstil durchzusetzen. Es sollte systematisch eingeschränkt werden, dass Routinemaßnahmen einen wesentlichen Teil der Überprüfungen ausmachten und es war zu sichern, dass geeignete Mittel und Methoden der Eignungsüberprüfung, wie Einsatz von IM, qualifizierte Ermittlungsführung unter Anwendung geeigneter Kombinationen und Legenden, Einsatz operativ-technischer Maßnahmen oder die Realisierung qualifizierter Kontaktaufnahmen zum Einsatz kamen.

Die in die Bearbeitung von ZOV einbezogenen Abteilungen II der BV hatten sich darauf zu konzentrieren, die notwendige »Breite an Ausgangsmaterialien« auf das erforderliche Maß zu beschränken und von der Praxis Abstand nehmen, immer wieder zu neuen Hinweisen zu greifen, in der subjektivistischen Hoffnung, etwas »leichter lösbares« zu finden, ohne die oft in großer Zahl vorhandenen Materialen zügig, qualifiziert und aufschlussreich geprüft zu haben.

4. In Umsetzung der Leitungstätigkeit war die Vermittlung von Orientierungen und das Ausstrahlen von Impulsen eine der entscheidenden Voraussetzungen für die qualifizierte Bearbeitung von Ausgangsmaterialien zur Schaffung des als notwendig erachteten IM-Bestandes. Dazu gehörte die Gewährleistung einer ständigen Kontrolle der Bearbeitung der IM-Vorläufe und Ausgangsmaterialien durch die verantwortlichen Leiter sowie die Durchführung von Absprachen zu diesen Themen mit den Mitarbeitern, woraus notwendige Entscheidungen und Festlegungen abzuleiten waren.

Wo sich Abteilungs- und Referatsleiter in die Durchführung komplizierter Kontaktaufnahmen und Entwicklung von Materialien unmittelbar und praktisch einbezogen und darüber hinaus selbst bedeutsame Materialien entwickelten, kam es zu mehr praktischer Wirksamkeit und Effektivität bei der Gestaltung dieser operativen Grundprozesse.

5. Die Abteilungs- und Referatsleiter hatten umfassende Anstrengungen bei der Erziehung und Befähigung ihrer Unterstellten zu unternehmen, um Mängel im subjektiven Bereich abzubauen. Das Hauptziel dieser Maßnahmen bestand darin, die Mitarbeiter zu erziehen und sie mit dem erforderlichen fachlichen Wissen auszustatten.

6. Unabhängig von den Festlegungen in der Verantwortlichkeit der ZOV-führenden Diensteinheit hatten die Leiter der in die Bearbeitung einbezogenen Diensteinheiten reibungslos und unkompliziert zu gewährleisten, dass auftretende Probleme und daraus abzuleitende Entscheidungen unmittelbar an die ZOV-führende Diensteinheit herangetragen wurden. Das setzte die Stabilisierung der Kontakte zwischen den verantwortlichen ZOV-führenden und in die Bearbeitung einbezogenen Fachabteilungen II der BV voraus.[364]

Die Struktur des im Folgenden aufgezeigten IM-Netzes für die Bearbeitung von Geheimdienststellen, deren Mitarbeiter und Agenturen im und nach dem Operationsgebiet auf der Linie II entsprach nach Auffassung von Willms den objektiven Erfordernissen der zentralisierten Bearbeitung westlicher Geheimdienste. Es wird dargestellt, wie das IM-Netz zusammengesetzt und teilweise auch disloziert sein sollte, um den Aufgabenstellungen der ZOV-Arbeit zur Erarbeitung bedeutsamer Informationen zu entsprechen sowie den Such- und

---

364 Vgl.: Ebd., Bl. 40–46.

Auswahlprozess der IM-Kandidaten auf der Grundlage von Anforderungsbildern kontinuierlich gestalten zu können.

Bei der Entwicklung der IM-Struktur war davon auszugehen, dass eine in die Bearbeitung des ZOV einbezogene Diensteinheit nur bedingt über die gesamte Breite des IM-Netzes verfügen konnte. In der Praxis sollte der erforderliche Bestand an IM durch die abgestimmte Zusammenarbeit und ein arbeitsteiliges Vorgehen zwischen ZOV-führender und den einbezogenen Fachabteilungen gesichert werden. Bei der Durchführung des Werbungsaufkommens hatten die beteiligten Diensteinheiten entsprechend der Ziel- und Aufgabenstellung der ZOV-Bearbeitung auf der Grundlage der gegebenen Möglichkeiten aufeinander abgestimmte Teilaufgaben zu realisieren, die in ihrer Gesamtheit den Erfordernissen der offensiven Bearbeitung westlicher Geheimdienststellen möglichst umfassend zu entsprechen hatten. Ein arbeitsfähiges IM-Netz der Linie II zur Bearbeitung der westlichen Geheimdienste im und nach dem Operationsgebiet sollte in der optimalen Ausgestaltung wie folgt auszusehen:

<u>IM, die vorrangig im Operationsgebiet ansässig waren:</u>
1. IMB, die als hauptamtliche Mitarbeiter in Geheimdienstzentralen, -residenturen oder –filialen tätig waren. Bei diesen IMB sollte es sich um überworbene Geheimdienstmitarbeiter beziehungsweise um IM handeln, deren Einschleusung in die entsprechenden Stellen gelungen war. Diese IM waren in der Lage, sofern es sich um Geheimdienstmitarbeiter handelte, die aktiv gegen die DDR oder andere sozialistische Staaten arbeiteten, Pläne, Absichten, Mittel und Methoden sowie eingesetzte Kräfte der Dienste aufzuklären und somit für die DDR einen hohen sicherheitspolitischen Nutzen

zu erzielen. Solche IM konnten operativ bedeutsame Informationen über die Aufgabenstellungen der Linie II hinaus erarbeiten und entsprachen somit zuallererst dem komplexen Charakter der Sicherheitserfordernisse. Sie konnten unter gegebenen Bedingungen die Tätigkeit einer Dienststelle paralysieren.

2. IMB, die als Agenten mit westlichen Geheimdiensten zusammenarbeiteten und dabei als Beobachter, Reisespion, Instrukteur oder Kurier beziehungsweise im Fahndungssystem oder im Rahmen der Sicherheit/Geheimhaltung eingesetzt waren. Auch diese IM wurden durch Überwerbung oder Anschleusung (zielgerichtete Blickfeldarbeit), unter konsequenter Beachtung der Angriffsrichtungen sowie der Mittel und Methoden des geheimdienstlichen Vorgehens, geschaffen beziehungsweise lanciert. Diese IM realisierten unter Nutzung der verschiedenen Möglichkeiten Aufgaben zur Erarbeitung operativ bedeutsamer Informationen über Pläne, Absichten, Mittel und Methoden der Geheimdienste. Sie sollten aber auch in der Lage sein, über einen langen Zeitraum Dienststellen der Geheimdienste zu desinformieren, zu desorientieren und unter besonderen Voraussetzungen auch zu paralysieren. Das MfS hatte dahingehend Erfahrungen gemacht, dass BND-Mitarbeiter gegenüber ihren Agenten die Geheimhaltung verletzten und objektivierbare Hinweise zu weiteren Agenten aufgrund ihrer Schwatzhaftigkeit vermittelten. Sowohl die als hauptamtliche Mitarbeiter tätigen IMB als auch die als Agenten der Geheimdienste wirkenden IMB hatten darüber hinaus Möglichkeiten, IM-Kandidaten zu suchen, zu tippen sowie teilweise oder umfassend aufzuklären. Unter Umständen konnten sie auch die notwendigen Voraussetzungen für den Einsatz operativ-technischer Mittel der Staatssicherheit schaffen. Die als hauptamtliche Mitarbeiter der Dienste tätigen

510

Personen waren darüber hinaus in der Lage, unter dieser Flagge[365] auch qualifizierte Werbungen für das MfS durchzuführen, die mit einem hohen Sicherheitsgrad für die auf dieser Grundlage geschaffenen IM verbunden waren. Dabei war allerdings zu beachten, dass dieser »IM« entsprechend der Flagge den tatsächlichen Beziehungspartner nicht kannte und in der Regel aus Sicherheitsgründen auch nicht kennen durfte.

3. IME und IMB zur peripheren Bearbeitung der Geheimdienstmitarbeiter und der Agenturen der Dienste. Diese IM lösten Aufgaben der Erarbeitung bedeutsamer Informationen durch Abschöpfung, Ermittlung und Beobachtung. Sie standen in persönlichen Beziehungen zu den interessierenden Personen beziehungsweise waren in der Lage, solche Verbindungen herzustellen, aufrecht zu erhalten und auszubauen. Durch die Nutzung vorhandener beziehungsweise zu schaffender Möglichkeiten waren diese IM in Verwirklichung ihrer Aufgabenstellung in der Lage, Geheimdienstmitarbeiter oder deren Agenten zu kompromittieren, selbst zu werben oder dem MfS zu Werbung – durch den Einsatz anderer IM – zuzuführen. Auf der Grundlage solcher Verbindungen enttarnten sie Dienststellen der Geheimdienste und konnten weitere Geheimdienstler sowie unter Umständen deren Agenten kennenlernen und dieses Wissen dem MfS übermitteln.

---

365 Eine fremde Flagge war eine spezielle Methode der Werbung und Führung von IM im Operationsgebiet, bei der sich das MfS als eine andere Einrichtung ausgab. Die Werbung unter fremder Flagge wurde insbesondere bei solchen Kandidaten angewandt, bei denen aufgrund ihrer politischen und moralischen Grundhaltung andere Werbungsmethoden aussichtslos erschienen. Hier ist damit gemeint, dass ein als IMB für das MfS tätiger Mitarbeiter eines westlichen Geheimdienstes Personen unter der Flagge dieses Dienstes anwerben sollte, diese in der Realität aber für das MfS tätig sein würden.

Hatten diese IM ein Vertrauensverhältnis zum Geheimdienstmitarbeiter oder Agenten geschaffen, bestanden Möglichkeiten des Eindringens in die Geheimdienste oder als »Agent« angeworben zu werden beziehungsweise den Diensten geeignete IM des MfS »anzubieten«.

4. IME und hauptamtliche IM zur Durchführung von Ermittlungs- und Beobachtungsaufgaben sowie zur Suche, zum Tippen, zur Aufklärung von IM-Kandidaten und anderer interessanter Personen. Diese IM waren in relativ breiter Zahl erforderlich und hatten folgende Aufgaben zu realisieren:

- Feststellung von Objekten der Geheimdienste,
- Enttarnung von Geheimdienstmitarbeitern,
- Enttarnung von Agenten der Geheimdienste,
- Enttarnung von Verbindungen der Geheimdienste zu staatlichen Einrichtungen, Konzernen, Parteien usw.,
- Ermittlung von interessierenden Personen zur Aufklärung der Persönlichkeitsbilder,
- Realisierung von Beobachtungsaufgaben zur Erarbeitung bedeutsamer Informationen über Aktivitäten der Dienste, deren Mitarbeiter und Agenten,
- Tippen von interessierenden Personen, die der genannten IM-Struktur entsprachen beziehungsweise eine anderweitige Bedeutung auf der Grundlage des Informationsbedarfes des MfS besaßen.

Unter Umständen konnten auch diese IM Möglichkeiten schaffen und nutzen, in das Blickfeld der Geheimdienste zu gelangen und im Auftrag der Staatssicherheit von diesen angeworben zu werden. Die betreffenden IM unterhielten zumeist Kontakte und Verbindungen in die DDR und konnten auch dort gesucht, ausgewählt, teilweise aufgeklärt und geworben werden. In diese Gruppen waren auf der Linie II IM einzuordnen, die für einen längerfristigen Einsatz in das Operationsgebiet übersiedelt worden sind.

5. IMK und IME zur Gewährleistung der Konspiration und für den Einsatz im Verbindungswesen. Diese IM trugen zur Gewährleistung der Konspiration, Geheimhaltung und Sicherheit in der Zusammenarbeit mit den vorgenannten IM-Kategorien bei. Sie stellten ihre Wohnungen und andere Räumlichkeiten zur Treffdurchführung zur Verfügung, überließen ihre Anschrift beziehungsweise den Telefonanschluss zur Nutzung für die Nachrichtenübermittlung beziehungsweise Aufrechterhaltung operativer Verbindungen. Dabei war es nicht in jedem Fall erforderlich, dass diese IM den tatsächlichen Beziehungspartner kannten.

In diesem Sinne einzuordnen waren auch IM, die als Kuriere im Verbindungssystem Aufgaben durchführten. Sie mussten über ständige Reisemöglichkeiten in die DDR, andere sozialistische Staaten, oder andere nichtsozialistische Staaten verfügen. Für einen unter 1. genannten IM bot es sich zur Gewährleistung seiner Sicherheit an, unter dem Vorwand geheimdienstlicher Aufgaben einen Kurier zu werben, der ihm mit dem Führungsoffizier des MfS abgesprochen, angeboten wurde. Dieser Kurier sollte durch die Dienststelle des Geheimdienstes als »Agent« für den Einsatz in der DDR, geführt sowie durch den unter 1. genannten IM akzeptiert werden und so in ständiger Verbindung mit dem Primär-IM die anfallenden Kurieraufgaben lösen.

IM, die vorrangig auf DDR-Territorium ansässig waren:

1. IME und hauptamtliche IM, die als Ermittler und Beobachter zur peripheren Bearbeitung der Geheimdienstmitarbeiter, Agenten und anderer operativer Zielpersonen im Operationsgebiet zeitweilig zum Einsatz kamen. Diese IM konnten im Wesentlichen folgende Aufgaben durchführen:

- Aufklärung der äußeren Beschaffenheit interessierender Objekte,
- Identifizierung von Personen, die in den interessierenden Objekten beschäftigt waren,
- Identifizierung von interessierenden Objekten durch Beobachtung operativ relevanter Personen,
- Feststellung interessierender Verbindungen der relevanten Personen bis hin zur Identifizierung von Agenturen der westlichen Geheimdienste,
- Realisierung von Teilaufgaben zur Aufklärung der Persönlichkeitsbilder interessierender Personen,
- Tippen von interessierenden Personen und Realisierung von Aufklärungshandlungen zu den Betreffenden,
- Überprüfung und Erarbeitung von Vorgangs-, OPK- und anderweitig bezogenen Informationen mit dem Ziel der Erarbeitung inoffizieller Beweise und der Schaffung von Voraussetzungen für die Erarbeitung offizieller Beweise, speziell zu Straftaten des 2. Kapitels StGB,
- Realisierung von Maßnahmen für die Gewährleistung des Einsatzes operativ-technischer Mittel des MfS.

In der Praxis verschiedener Diensteinheiten der Linie II hatte es sich bewährt, für die Durchführung derartiger Aufgaben hauptamtliche IM einzusetzen. Besonderes Augenmerk war der Legendierung und Abdeckung dieser IM bei den Grenzpassagen und Aufenthalten im Operationsgebiet zu widmen. Positive Erfahrungen lagen auf der Linie II beim Einsatz von Ausländern (besonders aus westeuropäischen Staaten) vor. Sie besaßen legale Reisemöglichkeiten und unterlagen zumeist keinen intensiveren Kontrollen an den Grenzübergangsstellen auf bundesdeutscher Seite. Praktikabel war hinsichtlich des Einsatzes als Ermittler und Beobachter die Zusammenarbeit mit Invaliden- oder Altersrentnern.

Dabei mussten allerdings die physischen und psychischen Voraussetzungen gegeben sein.

2. IME zur Realisierung von Werbungsaufgaben. Diese IM wurden vorrangig zur Werbung von solchen im Operationsgebiet ansässigen Personen eingesetzt, die über keine Möglichkeiten verfügten, in sozialistische Staaten zu reisen beziehungsweise wo auf dem Territorium der DDR gute Voraussetzungen für das Gelingen einer Werbung, ohne Einsatz eines MfS-Mitarbeiters vorhanden waren. Der Weber war nach Realisierung seiner eigentlichen Aufgabe in der Folge für den geworbenen IM als Instrukteur einsetzbar.

3. IME und hauptamtliche IM, die Instrukteuraufgaben realisierten. Der als Instrukteur tätige IM führte im Auftrag des MfS die inoffizielle Zusammenarbeit mit einem im Operationsgebiet ansässigen IM durch, der nicht in sozialistische Staaten reisen durfte. Er hatte bei der Umsetzung seiner Aufgaben auch teilweise Kurieraufgaben wahrzunehmen. Unter Beachtung besonderer Anforderungen konnten IM mit legalen Reisemöglichkeiten (beispielsweise Alters- oder Invalidenrentner) diese Aufgaben durchführen.

4. IME, die als Kuriere zum Einsatz kamen. Der Kurier realisierte wichtige Aufgaben im Verbindungssystem von der Zentrale zum IM und umgekehrt. Sein Wirksamwerden beschränkte sich auf den grenzüberschreitenden Transport von Unterlagen und Gegenständen. Bei diesen IM konnte es sich wiederum um Alters- und Invalidenrentner bis hin zu Dienstreisenden handeln (Reichsbahnangehörige, Kraftfahrer oder Binnenschiffer im grenzüberschreitenden Verkehr).

5. IMB, die im Auftrag der Staatssicherheit mit einem westlichen Geheimdienst zusammenarbeiteten. Diese IM wurden als tätige Agenten im Ergebnis der Vorgangsarbeit überworben beziehungsweise durch die

Realisierung operativer Kombinationen und Legenden an einen westlichen Geheimdienst herangeschleust und konnten so für die Staatssicherheit wirksam werden.

6. IMS zur Realisierung von Blickfeldmaßnahmen für das Eindringen in das Agenturnetz eines westlichen Geheimdienstes. Diese IM wurden unter Beachtung und zielgerichteter Nutzung vorhandener interessanter Verbindungen auf der Grundlage von operativen Kombinationen und Legenden den Diensten angeboten und sollten sich im Auftrag der Staatssicherheit mit dem Ziel der Erarbeitung von Informationen zu Plänen, Absichten, Mitteln und Methoden der westlichen Geheimdienste anwerben lassen.

In der Praxis hatte sich die Nutzung von Reisekadern, Dienst- und Privatreisenden in das NSW zur Realisierung dieser Zielstellung bewährt, wenn die verschiedenen Interessenbereiche der Geheimdienste konsequent Beachtung fanden. In diesem Zusammenhang wurde der Staatssicherheit deutlich, dass die Dienste sich bietende Möglichkeiten rigoros ausschöpften und sich immer wieder auf Privatkontakte, besonders verwandtschaftlicher Art, für ihre Werbeaktionen konzentrierten.

7. IMS oder IME für die Bearbeitung von einreisenden operativ relevanten Personen. Diese IM klärten auf der Grundlage persönlicher Kontakte, bis hin zu vertraulichen Beziehungen, die Persönlichkeitseigenschaften von interessierenden Personen auf und führten sie dem MfS zur Einleitung oder Fortsetzung des Gewinnungsprozesses zu. Unter günstigen Voraussetzungen konnten diese IM persönlich Werbungen realisieren und die Kontaktpartner dann dem MfS unmittelbaren Fortsetzung der Zusammenarbeit übergeben beziehungsweise zuführen. Die Notwendigkeit der Nutzung und des Einsatzes solcher IM hatte sich aus praktischen Erwägungen im Rahmen der operativen Arbeit

ergeben. Diese IM hatten günstige Möglichkeiten der Aufrechterhaltung der Kontakte, ohne verfrüht den eigentlichen Hintergrund preiszugeben. Bearbeitete ein solcher IM eigene Verwandte, was angestrebt wurde, boten sich daraus entsprechende Vorteile. Darüber hinaus war der IM viel weniger als der Mitarbeiter des MfS zu einem gewissen Distanzverhalten speziell gegenüber weiblichen IM-Kandidaten gezwungen. IM, die Einreisende auftragsgemäß kontaktierten, sollten überörtlich einsetzbar sein und über den erforderlichen Zeitfond verfügen. Eine entsprechende berufliche Tätigkeit beziehungsweise dahingehende Legenden waren elementare Voraussetzungen für den Erfolg auf dieser Ebene. Solche Berufsgruppen wie Freischaffende fast jeglicher Art, Journalisten, Gewerbetreibende, Personen aus staatlichen Organen und Blockparteien sowie gesellschaftlichen Organisationen eigneten sich für solche Einsätze.

8. IMS, IME und hauptamtliche IM zur Führung von Ermittlungen und Beobachtungen zur Realisierung der notwendigen Basisarbeit auf dem DDR-Territorium. Diese IM entlasteten bis zu einem bestimmten Grad die operativen Mitarbeiter, indem sie Ermittlungs- und Beobachtungshandlungen für die Herbeiführung von Entscheidungen zur operativen Nutzbarkeit von einreisenden Personen beziehungsweise beider Seiten des bestehenden Kontaktes realisierten. Auch diese IM konnten unter gegebenen Umständen ihre Aufgaben auf der Grundlage persönlicher Kontakte durchführen. Es war möglich, solche IM zu einer FIM-Gruppe zusammenzuschließen.

9. IM zur Gewährleistung der Konspiration, Geheimhaltung und Sicherheit. Bei diesen IM handelte es sich um Inhaber Konspirativer Wohnungen und Deckadressen sowie IM, die in der Lage waren, die konspi-

rative Tätigkeit anderer inoffizieller Kräfte wirksam abzudecken.[366]

Der Prozess der Suche und Auswahl von IM-Kandidaten für die Qualifizierung des IM-Bestandes zur offensiven und linienspezifischen Bearbeitung westlicher Geheimdienste im und nach dem Operationsgebiet auf der Linie II setzte die Existenz eines qualifizierten Mitarbeiterbestandes und eines bereits arbeitsfähigen IM-Netzes objektiv voraus. Damit waren explizit nicht IM gemeint, die bereits in die Geheimdienste oder ihre agenturischen Netze eingedrungen waren.

Durch eine gewissenhafte Planung und Arbeitsorganisation sowie durch eine kontinuierliche Anleitung, Kontrolle und Qualifizierung der Referatsleiter und Mitarbeiter hatten die Abteilungsleiter zu sichern, dass die gegebenen Möglichkeiten für die Suche und Auswahl von IM-Kandidaten umfassend erschlossen und genutzt wurden. Dabei war eine wirksame Zusammenarbeit mit anderen Diensteinheiten, wie den KD/OD sowie den Linien VI, VII, VIII, IX, XII, XVIII, XX, 26, M, PZF und III und der Abteilung X zu gewährleisten.

An erster Stelle hatte sich der Prozess der Suche und Auswahl auf solche IM-Kandidaten zu konzentrieren, die im Operationsgebiet ansässig waren, um auf dieser Grundlage notwendige Voraussetzungen für die Suche und Auswahl der IM-Kandidaten zu schaffen, die nicht über Kontakte in sozialistische Staaten verfügen durften. Vereinfacht dargestellt, konnte eine qualifizierte Werbung im Operationsgebiet, beispielsweise die Werbung eines IM, der in eine Geheimdienststelle eingeschleust werden sollte, erst dann erfolgen, wenn IM vorhanden waren, die diesen Kandidaten suchen, tippen, aufklären

---

366 Vgl.: Wolfgang Willms: Diplomarbeit, Bl. 48–59.

und weiterbearbeiten konnten. In der Realität konnte solche Aufgaben nicht nur ein IM bewältigen, so dass es eines im und nach dem Operationsgebiet wirksam einsetzbaren IM-Netzes bedurfte.

Eine Grundvoraussetzung für die qualifizierte Suche und Auswahl von IM-Kandidaten war das Vorhandensein bestätigter, in der Regel durch die ZOV-führende Diensteinheit vorgegebener Anforderungsbilder. Die Arbeit mit detaillierten Anforderungsbildern gewährleistete die Konzentration auf Wesentliches und konnte das breit vorhandene »Verzetteln« der Kräfte einschränken.

Aus den Erfahrungen des MfS abgeleitet, war umzusetzen, dass die Nutzung bereits vorhandener IM der verschiedenen Diensteinheiten mit relevanten Verbindungen im und nach dem Operationsgebiet genutzt wurden. Bedeutsame Reserven erkannte die Staatssicherheit in der Ausnutzung aller Möglichkeiten des grenzüberschreitenden Reiseverkehrs, weil hier der natürliche Reisestrom aus der DDR in die Bundesrepublik und Westberlin noch ungenügend erschlossen war. Das betraf besonders die Reisekader, Fernfahrer im grenzüberschreitenden Verkehr, Invaliden- und Altersrentner sowie die in der DDR lebenden Ausländer. Praktische Beispiele hatten dem MfS bestätigt, dass diese Personen gute Möglichkeiten der Bearbeitung der Geheimdienste hatten. Sie unterhielten teilweise nicht nur unmittelbare und mittelbare Verbindungen zu in Geheimdienstobjekten beschäftigten Bundesbürgern oder Westberlinern sondern unterlagen auch verstärkt Aktionen westlicher Dienste personenbezogener Art. Daraus ergaben sich für die Staatssicherheit nutzbare Ansatzpunkte des Eindringens in die agenturischen Netze der Geheimdienste.[367]

---

367 Vgl.: Ebd., Bl. 59 ff.

Für die Suche nach IM-Kandidaten standen dem MfS umfangreiche Quellen und Möglichkeiten inner- und außerhalb des Organs zur Verfügung.

Quellen des MfS stellten dar:
- Informationen der ZOV-führenden Diensteinheit bis hin zu solchen Personen/Kandidaten, die in den Geheimdienststellen und –filialen oder als deren Agenten tätig waren,
- Informationen der Abteilungen II der BV, ausgehend von den jeweils gegebenen Bearbeitungsmöglichkeiten,
- Nutzung von Hinweisen der Linie II bezüglich Kontakten zu diplomatischen Vertretungen und akkreditierten Journalisten/Korrespondenten beziehungsweise zum technischen Personal und anderen Angehörigen,
- Nutzung der bei der AGA vorhandenen Hinweise – eingeschlossen die der Abteilungen II der BV,
- Erarbeitung von Hinweisen durch IM verschiedener Diensteinheiten, die sich ständig oder zeitweilig im Operationsgebiet aufhielten,
- Nutzung inoffizieller Hinweise aus den verschiedensten Diensteinheiten, die vom Territorium der DDR oder des sozialistischen Auslandes aus erarbeitet worden waren,
- Filtrierung des Ein- und Ausreiseverkehrs durch die Linie VI auf der Grundlage von Informationsbedarfsplänen,
- differenzierte Nutzung der Möglichkeiten der Linie VII aus dem Prozess der Ausländeraufnahmeverfahren sowie der Herstellung von Verbindungen des Zusammenwirkens mit den Organen des MdI zur Realisierung der betreffenden Aufgabenstellungen,
- Hinweise der Linie VIII zu Treffs und anderen Kon-

takten an den Transitstrecken und anderen neuralgischen Punkten der Konzentration von Kontakten und Verbindungen,

- Informationen der Linie IX, besonders zur Realisierung von Überwerbungen und Übersiedlungen für einen längerfristigen Aufenthalt im Operationsgebiet sowie anderen Möglichkeiten,
- Hinweise der Abteilung X des MfS zu erkannten und personifizierten Verbindungen oder Kontakten, die aus den verschiedensten Gründen im sozialistischen Ausland durchgeführt worden waren,
- Hinweise der Linie XII und der Arbeitsgruppe Messe zu Messeeinreisen nach Leipzig,
- Hinweise der Linie XVIII aus dem inoffiziellen Bereich der Reisekader,
- Hinweise der Linie XX zu ein- und ausreisenden Teilnehmern an Kongressen oder Tagungen sowie auf der Grundlage anderer internationaler Verbindungen,
- Hinweise der Linien M, PZF, III und 26 zu Verbindungen aus dem grenzüberschreitenden Post- und Fernmeldeverkehr,
- Möglichkeiten der KD/OD ergaben sich aus den dortigen VSH-Karteien, in denen die Aus- und Einreiseanträge zu prüfen und zu verdichten waren sowie durch Nutzung der inoffiziellen und offiziellen Basis in den Verantwortungsbereichen.

In der Praxis waren die Linien VI und M, entsprechend des dort vorliegenden Informationsbedarfes, in der Lage, einen wesentlichen Teil des Informationsaufkommens für die Verwirklichung der Basisarbeit zu realisieren. Dabei gab es allerdings Überschneidungen mit den operativen Interessen anderer Diensteinheiten, beispielsweise der HV A, beginnend bei den Aufgabenstellungen der Linie VI selbst. So kam es beispielsweise vor, dass sich Selbstanbieter aus dem Operationsgebiet mit geheimdienstlichen Informationen an die Passkontrolleure wandten. Diese mussten dann entscheiden, falls keine Erfassung vorlag, ob der Selbstanbieter der HV A oder der HA II übergeben wurde.

Folgende Quellen anderer Schutz- und Sicherheitsorgane wurden genutzt:

- Ein- und Ausreisekarteien der Abteilungen Pass- und Meldewesen der DVP sowie deren listenmäßige Aufbereitung besonders zu beachtender Einreisen von Angehörigen bewaffneter Kräfte und Mitarbeitern staatlicher Einrichtungen der Bundesrepublik und Westberlins,
- Übersichten des MdI zu Antragstellungen auf Entlassung aus der DDR-Staatsbürgerschaft, der Antragstellung auf Übersiedlung sowie der Anträge auf Familienzusammenführung,
- Lückenlose Übersichten der Abteilungen Pass- und Meldewesen der DVP zu den im Verantwortungsbereich aufhältigen Ausländern und deren Reisetätigkeit,
- Informationen der Kriminalpolizei zu dort bekannt gewordenen Bürgern aus dem NSW und Westberlin sowie zu Verbindungshinweisen aus Untersuchungsvorgängen,
- Informationen der Transportpolizei zu Ein- und Ausreisenden aus dem NSW und Westberlin mit interessierenden Verhaltensweisen und Anhaltspunkten,
- Informationen der Zollverwaltung der DDR aus dem grenzüberschreitenden Verkehr, der Transitüberwachung und dem Binnenzollwesen.

Die Nutzung der Speicher des Pass- und Meldewesens der DVP hatte sich als ergiebig erwiesen, weil dort eine fast lückenlose Übersicht der Ein- und Ausreisen im jeweiligen Verantwortungsbereich gegeben war und eine relativ unkomplizierte Vorauswahl von IM-Kandidaten auf der Grundlage von Anforderungsbildern erfolgen konnte. Entsprechende Karteien waren dort namentlich und übersichtlich vorhanden.

Quellen staatlicher und wirtschaftsleitender Organe:
- Es bestanden Möglichkeiten der Nutzung der Potenzen der Abteilungen Inneres bei den Räten der Kreise beziehungsweise der Stadtbezirke. Das betraf insbesondere Informationen zum Komplex der Antragstellungen auf Entlassung aus der DDR-Staatsbürgerschaft, der Antragstellung auf Übersiedlung sowie der Anträge auf Familienzusammenführung.

Diese Informationen personifizierter Art konnten durch die Fachdienststellen auf der Linie II und auch durch die KD eingeholt werden. Darüber hinaus bestanden Informationsmöglichkeiten ähnlicher Art über die Räte der Bezirke beziehungsweise den Magistrat in Ostberlin.
- Das MfAA, die Abteilungen Internationale Arbeit bei den Räten der Bezirke und beim Magistrat der Hauptstadt der DDR hatten rechtzeitig Kenntnis über geplante Aktivitäten von Diplomaten, Korrespondenten und Journalisten in den jeweiligen Verantwortungsbereichen. Diese Quellen konnten auch über den Austausch von Delegationen Auskunft geben.

In der Praxis war der Informationsfluss der verantwortlichen Diensteinheiten des MfS zu diesen Themen an die Linie II, besonders auf Ebene der Bezirksverwaltungen, oftmals nicht im erforderlichen Maß gewährleistet. Daraus ergaben sich des Öfteren eigene Aktivitäten der Spionageabwehr in unvertretbarem Maß.
- Über die wirtschaftsleitenden Organe, Kombinate und Betriebe war es möglich, offizielle Berichte von Reisekadern auszuwerten und Hinweise zu kommerziellen und anderen Verbindungen in das Operationsgebiet personifizierter Art zu erhalten. Auch der

diesbezügliche Informationsfluss war innerhalb der Staatssicherheit nicht überall im erforderlichen Maß gewährleistet.

Das MfS kam zu dem Ergebnis, dass der Komplex der Antragstellungen verschiedenster Art erfolgreich zur Schaffung wertvoller inoffizieller Quellen genutzt wurde.[368]

Quellen gesellschaftlicher Organisationen und Einrichtungen:

• In differenzierter Weise bestanden Voraussetzungen und Möglichkeiten der Filtrierung der internationalen Arbeit der Gewerkschaft sowie der Arbeitsgruppen »International« in den Bezirken der DDR. Von der Nutzung dieser Möglichkeiten konnte zur Vermeidung von Kompromittierungen der internationalen Arbeit dieser Organisationen/Einrichtungen nur unter Wahrung einer hohen Konspiration und Geheimhaltung Gebrauch gemacht werden. Die Linie II besaß auf Ebene der BV einen Überblick über die auf Einladung von »International« einreisenden Bundesbürger.

• In den 1980er Jahren ergaben sich neue Möglichkeiten durch den Jugendtourist-Reiseverkehr der FDJ-Kreis- und Bezirksleitungen sowie des FDJ-Zentralrates in die Bundesrepublik und andere NSW-Staaten. Die KD hatten die Übersichten über den jeweils bestätigten

---

368 Leider ließ sich nicht verifizieren, wie hoch die Verluste der Staatssicherheit bei der Nutzung von übergesiedelten IM auf der Basis von Antragstellungen waren. Neben der erfolgreichen Schaffung von IM, die wertvolle Informationen aus der Bundesrepublik und Westberlin beschafften, wurden dem Verfasser im Rahmen der Forschung auch IM bekannt, die nach erfolgreicher Übersiedlung und Legalisierung den Kontakt zum MfS von sich aus abbrachen.

Touristenbestand. Nachteilig im Sinne der Staatssicherheit war, dass der bestätigte Personenkreis jeweils
nur eine Reise durchführen sollte.[369]

Während bei der Umsetzung des Prozesses der Möglichkeiten der Suche von IM-Kandidaten auf der Grundlage
der Anforderungsbilder die Auswahlkriterien bereits
eine entsprechende Bedeutung erlangten, bildeten sie
im Prozess der Auswahl den Schwerpunkt für die Entscheidungsfindung.
Die Phase zwischen der Suche von IM-Kandidaten und
der Auswahl derer, die weiter zu bearbeiten waren, wurde durch Aufklärungs- und Ermittlungshandlungen auf
DDR-Territorium und im Operationsgebiet gestaltet. Im
Sinne eines »Soll-Ist-Vergleichs« hatten die verantwortlichen Diensteinheiten zu gewährleisten, dass nur solche
Kandidaten in die weitere Bearbeitung einbezogen wurden, die entsprechend erarbeiteter Hinweise zunächst –
bezogen auf die Auswahlphase – weitestgehend den
objektiven und subjektiven Anforderungen entsprachen
und so gesehen vermutlich in der Lage sein würden,
bedeutsame Informationen für die Staatssicherheit zu
erarbeiten. Hierbei durfte im Sinne der Geheimhaltung
und Konspiration nicht zugelassen werden, dass Agenturen westlicher Geheimdienste in das IM-Netz des MfS
eindrangen. Dabei ging die Staatssicherheit davon aus,
dass die westlichen Dienste den Reisestrom in die DDR
nutzten, um ihre Agenturen wirksam auf DDR-Territorium einzusetzen. Daher waren alle Auswahlproble-
me verantwortungsbewusst unter Abwehraspekten zu
betrachten und einzuordnen. Die Umsetzung dieser
Notwendigkeit war mit der Realisierung entsprechender Maßnahmen zu objektivieren. Ein derartiges Her-

---

369 Vgl.: Wolfgang Willms: Diplomarbeit, Bl. 62–68.

angehen an die Realisierung der Aufgaben verhinderte auch die Entstehung einer nicht mehr zu übersehenden Breite von Ausgangshinweisen.

Willms erkannte im Rahmen seiner Untersuchungen, »dass der Aufklärung der IM-Kandidaten in der Phase des Auswahlprozesses noch nicht die erforderliche Aufmerksamkeit beigemessen wird und es die Mitarbeiter teilweise noch vorziehen, die Aufklärung der Persönlichkeitseigenschaften und Merkmale hauptsächlich unter Nutzung ungeeigneter Legenden, hauptsächlich im Rahmen der Kontaktphase auf der Grundlage selbst erarbeiteter Erkenntnisse im Ergebnis der Aussprachen und Treffs zu verwirklichen. Der Kandidat weiß dann zumeist schon, worum es geht und kann sich entgegen unseren Interessen auf die Überprüfungs- und Aufklärungshandlungen einstellen.«[370] Willms vertrat die Ansicht, »dass in der Phase zwischen Suche und Auswahl des IM-Kandidaten, speziell bei Personen aus dem Operationsgebiet, der Legendenbildung für die qualifizierte Kontaktaufnahme zur Aufklärung des Kandidaten eine besondere Bedeutung beigemessen werden muss. Die vorliegenden Hinweise zur Person gehen oftmals über sehr allgemeine Angaben, in der Regel sind es die großen oder kleinen Personalien, nicht hinaus.«[371]

Eine überlegte und verantwortungsbewusste Entscheidungsfindung zur Auswahl eines IM-Kandidaten setze bereits Kenntnisse zur betreffenden Person über den Rahmen der großen und kleinen Personalien hinausgehend voraus. Sich für die weitere Bearbeitung eines Kandidaten in einem IM-Vorlauf beziehungsweise eines weiter zu verdichtenden Ausgangsmaterials verantwortungsbewusst entscheiden zu können, bedeutete im

---

370 Ebd., Bl. 70.

371 Ebd.

Sinne des MfS, auf der Grundlage durchgeführter Aufklärungs- und Ermittlungshandlungen, die noch kein umfassendes Persönlichkeitsbild ergeben mussten, die erforderliche Auswahl nach den vorgegebenen Kriterien treffen zu können.

Unabhängig von der Staatsbürgerschaft des IM-Kandidaten waren aus verallgemeinerter und praktischer Sicht der Linie II die wirksamsten Möglichkeiten der Aufklärung und Ermittlung zu IM-Kandidaten auf dem Territorium der DDR selbst gegeben. Dies stand nach Auffassung von Willms im engen Zusammenhang mit dem Mitte der 1980er Jahre qualitativ noch unzureichenden IM-Bestand im Operationsgebiet und der Gegebenheit, dass die zu bearbeitenden IM-Kandidaten oftmals über Reisemöglichkeiten in die DDR verfügten. Die aus qualitativer Sicht anzustrebende Notwendigkeit, IM-Kandidaten ausschließlich im Operationsgebiet aufklären zu müssen, weil sie die sozialistischen Staaten nicht bereisen durften aber eine wertvolle beziehungsweise operativ bedeutsame Personenkategorie darstellten, war nicht überall auf der Linie II gegeben.

Bei der Aufklärung von einreisenden IM-Kandidaten auf DDR-Territorium hatte es sich aus Sicht der Staatssicherheit bewährt, wenn die Nutzung des DDR-Gastgebers auf der Grundlage einer positiven gesellschaftlichen Einstellung sowie der ehrlichen und zuverlässigen Zusammenarbeit gegeben war. Noch effektiver gestalteten sich diese Möglichkeiten, wenn es sich um Verwandte handelte, die sich auf dieser Basis noch intensiver kannten. Die Erschließung solcher Möglichkeiten, besonders die Nutzung bereits vorhandener IM der einzelnen Diensteinheiten im jeweiligen Verantwortungsbereich, gewährleitete nach Auffassung des MfS einen rationellen Arbeitsstil und die Konzentration auf die Schaffung von Schwerpunktmaterialien. In diesem Zusammenhang war auch zu beachten, dass die DDR-Kontaktpartner kaum umgangen werden konnten. Spätestens in der Phase der Kontaktaufnahme zu ihren Westverbindungen (eingereiste Personen), erhielten sie legendenabhängig Kenntnis von den Aktivitäten der Staatssicherheit.

Die verantwortlichen Mitarbeiter hatten anzustreben, die Aufklärungsergebnisse auf der Grundlage rationell einzusetzender Mittel und Methoden unter Gewährleistung von Konspiration und Geheimhaltung zu erbringen. Dabei war den vorhandenen Möglichkeiten der territorial verantwortlichen Diensteinheiten die gegebene Bedeutung beizumessen. Dort lagen in den VSH-Karteien und Ablagen meist schon operative Hinweise vor, die eine unverzügliche, zeitsparende Entscheidungsfindung ermöglichten. Dazu kam, dass in den Dienststellen oftmals Übersichten über nutzbare und zuverlässige Auskunftspersonen vorlagen, bei denen entsprechende Auskünfte eingeholt werden konnten. Bewährt hatte sich in der Praxis, dass neben den routinemäßigen Aufklärungshandlungen, wie Speicherüberprüfungen, Postkontrollen, Führung allgemeiner Ermittlungen usw. zu Ersthinweisen, die im Prozess der Suche erarbeitet worden sind und in die der Einreisende sowie seine DDR-Gastgeber/Einreiseantragsteller einbezogen wurden, zu den beteiligten Personen auf der Grundlage wirksamer Legenden Kontakt aufzunehmen. Dabei war zu gewährleisten, dass die Zielstellung der Maßnahmen nicht offenbart und keine Möglichkeiten für sie eröffnet wurden, die Staatssicherheit zu täuschen. Zur Verwirklichung dieser Maßnahmen waren haupt- und ehrenamtliche IM, als auch Mitarbeiter des MfS einzusetzen. Im unmittelbaren Kontakt mit den Zielpersonen konnten bereits vorliegende Erkenntnisse zu den Persönlichkeitseigenschaften zeit- und aufwandsarm objektiviert werden.

Die Anforderungsbilder hatten im Prozess der Aufklärungs- und Ermittlungsaufgaben grundsätzlich im Mittelpunkt der Ableitung von zu erarbeitenden Einzelheiten zu stehen und es wurde als effektiver Arbeitsstil betrachtet, sich rechtzeitig von Hinweisen/Ausgangsmaterialien zu trennen und sie nicht weiter in die Bearbeitung einzubeziehen, wenn sie den vorgegebenen Kriterien widersprachen und auch nicht anderweitig verwendbar erschienen. Aus den Erfahrungen der Staatssicherheit heraus hatte sich für die Schaffung der elementaren IM-Basis die weitere Bearbeitung solcher ständig im Operationsgebiet ansässigen Kandidaten bewährt, die in ideologischen und anderen Konflikten zur Bundesrepublik standen, humanistische Ansichten, auch religiös motiviert vertraten, und die durch operativ nutzbare Kontaktpartner zielstrebig weiter bearbeitet werden konnten. Mit solchen Kandidaten war es allerdings kaum möglich, in die Geheimdienststellen unmittelbar einzudringen. Sie besaßen allerdings periphere Bearbeitungsmöglichkeiten.

Zusammengefasst, unter Beachtung der abwehrmäßigen Detailprobleme, trugen folgende Möglichkeiten der effektiven Prüfung von Ausgangsmaterialien zur Entscheidungsfindung für die Auswahl von weiter zu bearbeitenden Materialien auf der Grundlage von Anforderungsbildern verallgemeinerungswürdigen Charakter und waren zum Teil parallellaufend realisierbar:
a) Überprüfung der Kontaktpartner in den Karteien der Linie XII und Realisierung von Einsichtnahmen oder Absprachen mit den betreffenden Diensteinheiten, wenn Erfassungsverhältnisse im MfS vorlagen. Es war anzustreben, dass vorhandene Verbindungen von zuverlässigen inoffiziellen Quellen in Abstimmung mit den IM-führenden Diensteinheiten hinsichtlich ihrer Verwendbarkeit geprüft wurden.

b) Überprüfung der Verbindungspersonen in den Karteien des Pass- und Meldewesens der DVP sowie Karteien der Kriminalpolizei. Verwandte 1. Grades der DDR-Gastgeber beziehungsweise Verbindungspersonen waren herauszuarbeiten und im Sinne von a) mit in die Überprüfungen zur Feststellung ihrer Nutzbarkeit einzubeziehen. Eine auf dieser Basis erschließbare inoffizielle Quelle konnte unter Umständen für die Bearbeitung effektiv genutzt werden, wenn ein direkter Kontakt zur Zielperson vorhanden war oder in geeigneter Weise entwickelt werden konnte.

c) Überprüfungen waren in allen zutreffenden Speichermitteln des MfS durchzuführen und sich ergebende Hinweise auszuwerten. Umfassend waren aus abwehrmäßigen Aspekten, vor allem die im Operationsgebiet ansässigen Personen in den Schriftenfahndungs- und Kfz-Karteien der Linie II und differenziert auch die den Schriftenkarteien der Linie XX zu überprüfen.

d) Führung von aufschlussgebenden Ermittlungen zu den DDR-Kontaktpartnern und differenziert, entsprechend der gegebenen Möglichkeiten, auch zu den Einreisenden selbst. Im Ergebnis der realisierten Ermittlungen musste weitgehend Klarheit darüber bestehen, ob DDR-Bürger zur Bearbeitung der Zielpersonen selbst nutzbar waren, beziehungsweise welche Voraussetzungen für die Kontaktaufnahme durch einen inoffiziellen oder hauptamtlichen Mitarbeiter der Staatssicherheit zum Einreisenden bestanden, um noch offene und interessierende Einzelheiten klären zu können. Dabei sollten die betrieblichen und arbeitsplatzmäßigen Möglichkeiten qualifiziert und effektiv für die Legendenbildung genutzt werden, um über die DDR-Bürger möglichst objektive Angaben zu bekommen. Die offiziellen und inoffiziellen Möglichkeiten der territorial beziehungsweise objektmäßig zuständigen Diensteinheiten waren in die Entscheidungsfindung einzubeziehen. Zur Realisierung dieser Aufklärungs- und Ermittlungsaufgaben hatte sich auf der Linie II der Einsatz hauptamtlicher IM bewährt.

e) Realisierung von Kontaktaufnahmen durch die IM und hauptamtliche Mitarbeiter in Auswertung bereits vorhandener Aufklärungsergebnisse zur weiteren Objektivierung der Persönlichkeitsmerkmale. Die Ausarbeitung der Kontaktlegenden hatte dabei besonders sorgfältig zu erfolgen, um deren Wirksamkeit im Sinne der Erarbeitung objektiver Ergebnisse zu sichern und Voraussetzungen für die mögliche Fortsetzung der aufgebauten Verbindung – Gestaltung des Gewinnungsprozesses – zu schaffen.

f) Zur Komplettierung der Aufklärungsmöglichkeiten waren vorhandene Reserven hinsichtlich der Nutzung gegebener Möglichkeiten anderer Fachabteilungen und Linien des MfS zu erschließen und zu nutzen. Dabei waren insbesondere die Potenzen der Linien VI, VIII, M, PZF und 26 relevant. Im Rahmen der Pass- und Zollkontrolle im grenzüberschreitenden Verkehr war es möglich, bedeutsame Einzelheiten zu den Zielpersonen hinsichtlich ihrer psychischen Eigenschaften sowie auch objektiver Seiten herauszuarbeiten und bereits an dieser Stelle qualifizierte Kontaktaufnahmen vorzubereiten (beispielsweise Feststellung von Widersprüchen zum Zoll- und Devisengesetz, Aufenthaltsorte in der DDR, Wiedereinreisetermine, Fragen zu Hobbys usw.). Die Linie VIII konnte spezifische Maßnahmen durchführen, um abwehrmäßige Aspekte zu klären. Das gleiche traf auf die Nutzung der Abwehrsysteme der Linie II und der KD an militärischen Objekten zu, um dieser Seite der Beachtung abwehrmäßiger Aspekte die entsprechende Bedeutung beizumessen. Über die Linien M, PZF und 26 waren Möglichkeiten vorhanden, objektive Hinweise zu den Einstellungen und Eigenschaften von Zielpersonen zu erarbeiten, wenn man von gegnerischen Blickfeldmaßnahmen absieht.[372]

In der Arbeitspraxis der Staatssicherheit sollte im Interesse einer qualifizierten Arbeit noch umfangreicher gesichert werden, dass IM-Kandidaten zur Gewährleistung des Auswahlprinzips auf dem Territorium der Bundesrepublik oder Westberlins aufgeklärt wurden. Vordergründig war dies objektiv bei den Personen unerlässlich und notwendig, die ständig dort lebten und keine Kontakte in die DDR oder andere sozialistische Staaten pflegten. Das setzte allerdings das Vorhandensein von IM im Operationsgebiet oder dort zeitweilig einsetzbarer, qualifizierter IM, voraus, die mit solchen Aufklärungsaufgaben betraut werden konnten. Oftmals hatten diese IM die Zielpersonen auf der Grundlage persönlichen Bekanntseins für die Staatssicherheit getippt. Die dahingehend auf der Linie II vorhandenen Potenzen entsprachen zu Mitte der 1980er Jahre nicht überall den objektiven Erfordernissen. Wo diese Möglichkeiten gegeben waren, handelte es sich allerdings auch nicht um Kandidaten, die Möglichkeiten des unmittelbaren Eindringens in die Geheimdienststellen hatten, weil sie über mittelbare oder unmittelbare DDR-Kontakte verfügten. Einerseits waren das solche Kandidaten, die durch DDR-IM mit Reisemöglichkeiten in die Bundesrepublik/Westberlin bekannt wurden und im direkten Kontakt bearbeitet werden konnten und andererseits um Bürger des Operationsgebietes, deren dort lebende Kontaktpartner IM des MfS waren, die ihrerseits Verbindungen in die DDR unterhielten.
Aus Sicht des MfS lagen verallgemeinerungswürdige Er-

---

372 Vgl.: Ebd., Bl. 70–76.

fahrungen in der Nutzung von IM vor, die sich von der DDR aus zeitweilig im Operationsgebiet aufhielten und dort unter diesen Voraussetzungen über günstige Möglichkeiten für die Durchführung von Aufklärungs- und Ermittlungshandlungen, verbunden mit der Feststellung von Ansatzpunkten für einen möglichen Gewinnungsprozess, verfügten. Diese vorhandenen Möglichkeiten bezogen sich auf das Vorhandensein persönlicher Verbindungen zwischen dem einzusetzenden IM und der Zielperson im Operationsgebiet.

Als besonders zweckmäßig und effektiv erwies sich nach Erkenntnissen des MfS die inoffizielle Nutzung von zuverlässigen Reisekadern, Fernfahrern im grenzüberschreitenden Verkehr sowie Invaliden- und Altersrentnern. Reisende in dringenden Familienangelegenheiten dagegen waren nur bedingt in der Lage, aufschlussreiche Aufklärungshandlungen in Umsetzung der Zielstellungen zur Objektivierung der Anforderungsbilder zu realisieren, weil sie sich meistens nur einmal für fünf bis acht Tage im Operationsgebiet aufhielten. Nur unter besonders günstigen Umständen konnten auch unter diesen Bedingungen die im Operationsgebiet getroffenen Feststellungen zur Zielperson eine geeignete Komplettierung von Detailproblemen bereits bekannter Einzelheiten sein, wenn der Einsatz von erfahrenen IM durchgeführt wurde. Naturgemäß gestalteten sich vorhandene Kontakte auf verwandtschaftlicher beziehungsweise freundschaftlich-vertrauensvoller Basis ergiebig, wenn sie von zuverlässigen und erfahrenen IM wahrgenommen wurden, deren Berichterstattung objektiven Charakter trug. Diese IM waren befähigt, der Staatssicherheit entscheidungsgeeignete Informationen zukommen zu lassen.

In unmittelbarer Ableitung ergab sich aus den betreffenden Möglichkeiten im Interesse der qualifizierten

Erweiterung des IM-Bestandes die Notwendigkeit, IM zu schaffen, die im Sinne der Basisarbeit zur Umsetzung solcher bedeutsamen Aufgaben im Operationsgebiet eingesetzt werden konnten. Die als Reisekader und Fernfahrer tätigen IM als auch die als Invaliden- und Altersrentner reisenden Quellen lernten während der regelmäßigen Aufenthalte in der Bundesrepublik und Westberlin Menschen verschiedener Schichten kennen, die nicht in jedem Fall wussten, dass es sich bei diesen IM um Bürger der DDR handelte. Daraus erwuchsen zu erschließende Möglichkeiten für das Tippen und die Aufklärung von IM-Kandidaten gleichermaßen. Besondere Bedeutsamkeit erlangten dabei die verwandtschaftlichen Kontakte und damit vorhandene Verbindungen zu anderen Personen, wenn sie den Interessen der Staatssicherheit entsprachen.

Praktische Beispiele belegen, dass Bürger der DDR, die durch die Geheimdienste bei Aufenthalten in der Bundesrepublik und Westberlin angesprochen wurden, Möglichkeiten hatten, an vertraulichen Gesprächen teilzunehmen (Abschöpfungsmöglichkeiten zur Erarbeitung von Informationen) und selbst Verbindungen persönlicher Art zu pensionierten Geheimdienstlern zu unterhalten. Dies ordnete sich dynamisch in die vorhandenen Möglichkeiten der Erarbeitung von Informationen zur Entscheidungsfindung im Auswahlprozess ein. Auch bei den im Operationsgebiet zu erarbeitenden Einzelheiten zu den Persönlichkeitsmerkmalen entsprechend der Anforderungsbilder war den abwehrmäßigen Aspekten der Aufklärungsergebnisse in der Phase der Analyse und Auswertung die erforderliche Aufmerksamkeit beizumessen. Dabei war von den Erkenntnissen der Arbeitsweise der westlichen Geheimdienste hinsichtlich der Nutzung der im Operationsgebiet ansässigen Personen auszugehen. Die IM mussten aus diesem Grunde ihre Aufklärungshandlungen unter den Bedingungen strengster Wahrung von Geheimhaltung und Konspiration umsetzen und dabei auf mögliche gegnerische Aktivitäten operativ dienlich reagieren. Das konnte sich bis zum Eingehen auf Werbungsversuche westlicher Dienste erstrecken, wenn dies der erteilten Instruktion entsprach.

Durch die Abteilungs- und Referatsleiter aber auch bereits durch die operativen Mitarbeiter und eingesetzten IM konnten notwendige Entscheidungen im Rahmen des Auswahlprozesses von IM-Kandidaten entsprechend der Verantwortlichkeiten und Pflichten nur dann getroffen werden, wenn von den subjektiven und objektiven Kriterien der Anforderungsbilder ausgehend, ein objektiv erforderliches Quantum überprüfter Informationen vorlag. Dabei kam es in dieser Phase noch nicht darauf an, alle Einzelheiten der Persönlichkeitsmerkmale und Möglichkeiten der Einleitung des Gewinnungsprozesses umfassend geklärt zu haben. Die Entscheidungsfindung setzte entsprechende Kenntnisse bereits bei den eingesetzten IM voraus, um sich schnell von ungeeigneten Hinweisen zu trennen und das Schwerpunktprinzip im Auswahlprozess auch auf dieser Stufe der Entwicklung zu gewährleisten. In Fortsetzung der Verantwortlichkeitsebene hatte der operative Mitarbeiter im Rahmen des »Soll-Ist-Vergleiches« notwendige Einschätzungen zum Wert der erarbeiteten Ausgangsmaterialien konsequent auf der Grundlage der Anforderungsbilder zu treffen und dem Referatsleiter zur Kenntnis zu geben, wenn seine Entscheidungsmöglichkeiten ausgeschöpft waren.

Die Referatsleiter trugen die Hauptverantwortung für die qualifizierte Entscheidungsfindung im Auswahlprozess. Sie hatten einen kontinuierlichen Arbeitsablauf sicherzustellen, der zur schwerpunktmäßigen Schaffung von Ausgangshinweisen entsprechend der aufgezeigten IM-Struktur im Operationsgebiet und in der DDR beitrug. In enger Zusammenarbeit, Anleitung, Qualifizierung und Kontrolle der Mitarbeiter kam es unter Beachtung der zur Verfügung stehenden Kräfte besonders darauf an, ein »Verzetteln« zu verhindern und in diesem Rahmen nicht zuzulassen, dass ständig neue Hinweise in Bearbeitung genommen wurden, während wertvolle Ausgangshinweise aus verschiedenen, meist subjektiven Gründen, unbearbeitet blieben.

Die Referatsleiter sicherten die Auswahl geeigneter Kandidaten durch konkrete Vorgaben, wo, wie und welche Kandidaten mit welchen Anforderungen, immer von der Gesamtbreite der zu schaffenden IM-Struktur ausgehend, gesucht und aufgeklärt werden mussten. In diesem Rahmen waren Entscheidungsbefugnisse, abhängig vom vorgesehenen Einsatz des jeweiligen Kandidaten, eindeutig festzulegen. Auf dieser Grundlage entschied praxisbezogen zumeist der Abteilungsleiter, ob ein im Operationsgebiet ansässiger Kandidat, der keine Verbindungen in die DDR oder andere sozialistische Länder unterhielt oder unterhalten durfte, nach der gewonnen Übersicht geeignet war, in eine Geheimdienststelle oder in ein Agenturnetz der Dienste einzudringen und ob es zweckmäßig war, diesen Hinweis weiter zu bearbeiten, während der Referatsleiter auf seiner Ebene beispielsweise entschied, ob es gerechtfertigt war, einen Kandidaten für den zeitweiligen Einsatz Operationsgebiet weiter oder ob andere Hinweise vorrangig zu bearbeiten waren.

Unter allen Bedingungen der Entscheidungsfindung kam der Beachtung der bereits genannten abwehrmäßigen Aspekte bei jedem Ausgangshinweis entsprechende Bedeutung zu. Es war bereits in dieser Phase der Bearbeitung von IM-Kandidaten, das heißt vor allem am Anfang zu gewährleisten, dass den westlichen Geheim-

diensten kein Eindringen in das IM-Netz des MfS ermöglicht wurde. Zur Gewährleistung der Ausschaltung
der Doppelagententätigkeit war es vertretbar, von der
Weiterbearbeitung solcher Hinweise auch präventiv Abstand zu nehmen oder die abwehrmäßige Bearbeitung
einzuleiten, wo es erste Anhaltspunkte einer möglichen
Steuerung durch westliche Dienste gab. Das konnten
unter anderem Hinweise aus der Objektsicherung der
Linie II und der KD heraus, dem grenzüberschreitenden
Verkehr, der Schriftenfahndung, den Kfz-Karteien, aus
dem IM-Netz, der Transitsicherung usw. sein. Hinweise solcher Art wurden bekannt, wenn der Prozess der
Aufklärung von Kandidaten in der Phase der Auswahl
konsequent durchgeführt wurde.
In Einheit mit der Entscheidungsfindung für den Auswahlprozess trugen speziell die Referatsleiter eine entsprechende Verantwortung bei der Realisierung der
ständigen Bestandsaufnahme zur Bilanzierung der zu
schaffenden IM-Basis. Daraus ergaben sich Ableitun-
gen für die Konzentration der Kräfte und Mittel auf
die Schwerpunkte der Suche und Auswahl mit dem
Ziel der planmäßigen und systematischen Schaffung
beziehungsweise Erweiterung des qualifizierten IM-Bestandes. Ihre praktische Wirkung fanden die Ergebnisse
der Entscheidungsfindung im Auswahlprozess und der
ständigen Bestandsaufnahme als präzisierte und bestätigte Planaufgaben.[373]

Auch an dieser Stelle einige Kurzbeispiele anhand von
Teilvorgängen der Abteilungen II/BV des ZOV »Offensive« der HA II/4. Der ZOV »Offensive«, angelegt 1985,
richtete sich gegen die Militärspionage des BND.
Die Abteilung II der BV Schwerin führte den TV

---

373 Vgl.: Ebd., Bl. 77–83.

»Schaufler«. In Abstimmung mit der HA II/4 leitete die Schweriner II beim Aufenthalt des Verdächtigen in der DDR geeignete Überprüfungs- und Kontrollmaßnahmen ein. Im Ergebnis dieser Maßnahmen und auf der Grundlage der vorliegenden Ausgangsinformation sollte der TV in Abstimmung mit der HA IX/1 abgeschlossen werden.[374]

In der Abteilung II der BV Magdeburg wurden die TV »Magnet I« und »Magnet II« bearbeitet. Die Maßnahmen zur zielgerichteten sachverhalts- und personenbezogenen Aufklärung der bekannten DDR-Verbindungspersonen des Verdächtigen aus dem TV »Magnet I« waren fortzusetzen. In enger Zusammenarbeit mit der HA II/4 war der zielgerichtete IM-Einsatz bei erneuten Einreisen des Verdächtigen in die DDR zu forcieren. Es wurden alle Voraussetzungen geschaffen, um bei Einreise des Verdächtigen umfassende Kontrollmaßnahmen einleiten zu können, mit dem Ziel der Erarbeitung von Hinweisen auf konkrete nachrichtendienstliche Interessen und Aktivitäten.[375]

Die Cottbusser II führte den TV »Chronist«. Die Bearbeitung des TV auf der Grundlage des vom Leiter der HA II bestätigten Operativplanes in enger Zusammenarbeit mit der HA II/4 und in Auswertung der bis dahin erzielten Arbeitsergebnisse sollte fortgeführt werden. Schwerpunkte der Bearbeitung bildeten die Durchführung komplexer Maßnahmen bei Aufenthalten der bisher herausgearbeiteten Verdächtigen »Chronist I« und »Chronist II« in der DDR sowie die Kontrolle deren DDR-Kontaktpartner mit dem Ziel des Nachweises von

---

374 Vgl.: Planorientierung 1989 – spezieller Teil BV Schwerin, Abteilung II. BStU MfS HA II Nr. 24317, Bl. 89.

375 Vgl.: Planorientierung 1989 – spezieller Teil BV Magdeburg, Abteilung II. BStU MfS HA II Nr. 24317, Bl. 91.

Spionagehandlungen. Die Ergebnisse der Bearbeitung waren ständig mit der vorliegenden Ausgangsinformation zu vergleichen, um eine zweifelsfreie Identifizierung des gesuchten BND-Spions »Chronist« zu ermöglichen.[376]

Durch die Abteilung II der BV Frankfurt/Oder erfolgte die Bearbeitung des TV »Figaro«. Auf der Grundlage des bestätigten Operativplanes in enger Koordinierung mit der HA II/4 war die Bearbeitung auf folgende Schwerpunkte auszurichten:

- Einleitung komplexer Kontrollmaßnahmen bei Aufenthalten des Verdächtigen in der DDR zur Dokumentierung seiner Bewegungsabläufe, insbesondere an militärischen Objekten,
- Weiterentwicklung des zielgerichteten IM-Einsatzes zur Bearbeitung des Verdächtigen und seiner Verbindungen,
- umfassende Aufklärung der DDR-Verbindungen »Fasson« und »Zweig« zur Herausarbeitung des Charakters der Verbindungen sowie des Nachweises einer möglichen Einbeziehung in die geheimdienstliche Tätigkeit von »Figaro« beziehungsweise von ihm ausgehender Abschöpfungshandlungen.[377]

Die Schaffung von geeigneten Bundesbürgern und Westberlinern zur zentralisierten Bearbeitung der Dienste mittels Eindringen in deren Apparate und Agentennetze beziehungsweise die IM-Arbeit an deren Peripherie, gestaltete sich, wie bereits dargestellt, kompliziert. Den theoretischen Ausführungen nun zwei Beispiele aus der Praxis der Abt II der BV Berlin.

---

376 Vgl.: Planorientierung 1989 – spezieller Teil BV Cottbus, Abteilung II. BStU MfS HA II Nr. 24317, Bl. 95.

377 Vgl.: Planorientierung 1989 – spezieller Teil BV Frankfurt/Oder, Abteilung II. BStU MfS HA II Nr. 24317, Bl. 94.

Gegen den BND schuf die Abteilung II der BV Berlin beispielsweise das Operative Ausgangsmaterial »Schubi«. Bei »Schubi« handelte es sich um einen angeblichen Mitarbeiter des Springer-Verlages, der der Spionageabwehr durch Hinweise der HA VI, PKE Bahnhof Friedrichstraße, bezüglich seiner Einreisen in die DDR und seiner journalistischen Aktivitäten als »operativ interessante Person« bekannt wurde. Zu seiner geplanten Einsatzrichtung heißt es im Bericht zum Beschluss über das Anlegen eines IM-Vorlaufs: »Überprüfung und Nutzung einer nachrichtendienstlich interessanten Person und ihrer beruflichen Tätigkeit und Bewegungsmöglichkeit für eine Blickfeldarbeit in der Perspektive und Einsatzrichtung Bundesnachrichtendienst.«[378]

In der folgenden Zeit wurde umfangreich zu »Schubi« ermittelt. Alle Speicher des MfS wurden überprüft und dabei ein zahlenmäßig großer Personenkreis um ihn herum festgestellt. Ein Hinweis auf direkten Kontakt in die DDR konnte nicht erarbeitet werden. Im Bericht vom 26. März 1985 stellte die Berliner II fest:

»Die von ›Schubi‹ angegebene Arbeitsstelle – Springer-Verlag KG, 1 Berlin 33, Heidelberger Platz 3, und seine Betriebszugehörigkeit konnte bisher nicht bestätigt werden. Ausreichende Angaben zum Personal der Firma liegen als Vergleichsangaben vor. Es handelt sich nicht um die Firma Axel Springer! Alle Aktivitäten des ›Schubi‹ im Zusammenhang mit seinen Einreisen in die DDR sind praktisch eingestellt. Seit Mitte 1984 beziehungsweise November 1984 ist er nicht mehr in die DDR eingereist. Der Maßnahmeplan wird weiter realisiert. Im Mai 1985 werden Beobachtungsmaßnahmen

---

378 BV Berlin, Abt. II/2: Bericht über den Beschluss über das Anlegen eines IM-Vorlaufes vom 21. September 1984. BV Berlin AIM 761/87, Bd. 1, Bl. 207.

zu ›Schubi‹ und zur Feststellung seiner Arbeitsstelle eingeleitet.«[379]

In den folgenden Monaten wurde weiter zu »Schubi« ermittelt und Major Schmidt resümiert am 7. November 1985:

»Zusammengefasst muss festgestellt werden, dass im Verlaufe der Bearbeitungszeit vom September 1984 bis zum Oktober 1985 die konkrete Tätigkeit und Arbeitsstelle von ›Schubi‹ nicht ermittelt werden konnte. Die Einstellung der früher häufigen Einreisen von ›Schubi‹ und operative Probleme der Beobachtung im Operationsgebiet erschwerten die Maßnahmen zur Aufklärung und Überprüfung. Die vorliegenden Materialien lassen noch keine Einschätzung der Kontaktmöglichkeiten, d. h. der Kontaktaufnahme-Möglichkeiten zu. ›Schubi‹ ist nach wie vor eine operativ interessante Person, die Aufklärung und Überprüfung mit dem Ziel der Kontaktaufnahme ist fortzusetzen.«[380]

Mitte des Jahres 1986 wurde ermittelt, dass »Schubi« noch immer nicht in die DDR eingereist war. Im Ergebnis der Fahndung an den Grenzübergangsstellen wurde allerdings festgestellt, dass er sich mehrfach im Transit Westberlin–BRD–Westberlin bewegt hatte. In Zusammenarbeit mit der HA II/13 konnte auch ermittelt werden, dass »Schubi« Artikel in der Zeitschrift BUNTE veröffentlich hatte. Major Schmidt kam letztlich zur Einschätzung:

»Unter den derzeitigen Bedingungen der Bewegung von ›Schubi‹ ist eine Kontaktaufnahme innerhalb der DDR

---

379 BV Berlin, Abt. II/2: Bericht zum Stand der Bearbeitung des langfristigen IM-Vorl. »Schubi« vom 26. März 1985. BV Berlin AIM 761/87, Bd. 1, Bl. 222.

380 BV Berlin, Abt. II/2: Bericht zum Stand der Bearbeitung des langfristigen IM-Vorl. »Schubi« vom 7. November 1985. BV Berlin AIM 761/87, Bd. 1, Bl. 234.

fast ausgeschlossen. Es wird vorgeschlagen, im September/Oktober 1986 eine Beratung zur weiteren Bearbeitungsmöglichkeit und zu den Kontaktaufnahme-Varianten zu führen.«[381] Der damalige Leiter der Abteilung II der BV Berlin, Oberstleutnant Heinert, vermerkte unter dem Bericht: »Sollten wir das Material nicht vorerst auf Eis legen – Sein fester Aufenthalt in WB sicher – und Kraft in anderes vorhandenes Material stecken?«[382]

Dem wurde gefolgt und so heißt es im Schlussbericht vom 29. Januar 1987: »Es wird vorgeschlagen, den IM-Vorlauf ›Schubi‹ mangels operativer Handlungsmöglichkeiten zur Kontaktaufnahme vorerst einzustellen und im Archiv der Abteilung XII – gesperrt – abzulegen.«[383] Der Vorschlag wurde vom stellvertretenden Abteilungsleiter, Oberstleutnant Freiberg, bestätigt.

Wesentlich erfolgreicher agierte die Abteilung II der BV Berlin in ihrem IM-Vorgang »Willi«. Der Westberliner lernte im Jahr 1977 in Ostberlin seine spätere Ehefrau kennen. Aus diesem Grunde entschließt er sich in die DDR überzusiedeln und wendet sich in Ostberlin an die zuständigen Stellen, um einen Antrag auf Übersiedlung in die DDR zu stellen. Hierbei kommt es zu einem ersten Kontakt mit dem HIM »Weimar«. Der HIM »Weimar« war in der Rückkehrer- und Zuzugsstelle in Berlin-Pankow, Parkstraße tätig und führte dort Gespräche mit Personen, die in die DDR übersiedeln wollten. Am 15. November 1978 nehmen der HIM »Weimar« und Hauptmann Plischka vom Referat 2 der Abteilung II der

381 BV Berlin, Abt. II/2: Bericht Stand der Bearbeitung des langfri. IM-Vorlauf »Schubi« vom 30. Juni 1986. BV Berlin AIM 761/87, Bd. 1, Bl. 248.

382 Ebd.

383 BV Berlin, Abt. II/2: Schluss-Bericht vom 29. Januar 1987. BV Berlin AIM 761/87, Bd. 1, Bl. 253.

BV Berlin Kontakt zum Westberliner auf und es kommt in der Folgezeit zu zwei weiteren Treffen. Am 26. Januar 1979 wird ein IM-Vorlauf angelegt und am 27. September 1979 verpflichtet sich der Westberliner mündlich unter dem Decknamen »Willi« zur Zusammenarbeit mit dem MfS. »Willi« verbleibt in Westberlin, in diesem Zusammenhang wird die Frau des IM später zu ihm nach dorthin ausreisen.[384]

»Willi« ist Bediensteter der BVG und seine Dienststelle befindet sich in der Potsdamer Straße. Ganz in der Nähe befindet sich eine Dienststelle des LfV (MfS-Deckname »Rollamt«). Das Interesse des MfS ist groß, nutzen doch Verfassungsschützer und BVG-Mitarbeiter die gleiche Kantine. IM »Willi« konnte hier umfangreiche Aufklärungsmaßnahmen realisieren und Tischgespräche mithören. So berichtet er dem MfS über den Inhalt eines Tischgespräches zwischen den Verfassungsschützern »Billerbeck« und »Klepper«.

Seine Berichte umfassen beispielsweise die örtlichen Gegebenheiten (Parkplatz, Zugänge und Sicherungsmaßnahmen) der LfV-Dienststelle. Aufgeklärt wurden ebenfalls dort verkehrende Personen und Fahrzeuge. IM »Willi« stellte diverse Kennzeichen fest, von denen mehrere durch das MfS dem LfV zugeordnet werden konnten. Auch beobachtete er eine in der Nähe befindliche Tiefgarage. Durch die Zuordnung von Kennzeichen kann das MfS die Nutzung der Tiefgarage durch das LfV nachweisen. Festgestellt wurden durch den IM »Willi« auch zwei vor dem LfV-Objekt parkende Fahrzeuge, eines mit Berliner, ein anderes mit Münchner Kennzeichen, die durch das MfS zugeordnet werden konnten. Einer davon ist eine ehemaliger IM des MfS mit Deck-

---

384 Vgl.: IM-Vorgang Reg. Nr. XV/1016/79, Teil 1, Bd. 1, Bl. 10 ff., 13–33, 151–161, 162 ff.

namen »Peter Anders«, die andere Person ist für die HV A, Abteilung VI, erfasst.

Ein anderes Mal beobachtet der IM »Willi« den LfV-Mitarbeiter »Klepper«, wie dieser einen vor dem Objekt geparkten Pkw besteigen will. Dabei erblickte »Klepper« den IM »Willi« und tat so, als handele es sich dabei nicht um sein Fahrzeug. Daraus wurde beim MfS geschlussfolgert, dass es sich um das Privatfahrzeug des Verfassungsschützers handelt. Die Überprüfung des MfS ergab als Halter eine Frau, die diesen Wagen am 30. Juni 1986 zur Einreise nach Ostberlin genutzt hatte.[385]

Da der IM »Willi« ein erfahrener Hobbyfotograf war, kam ihm dieses während seiner IM-Tätigkeit zugute. Zur Berichterstattung reiste der IM »Willi« regelmäßig circa alle vier Wochen mittels Tagesvisum in die DDR ein. Hier traf er sich mit seinen Führungsoffizieren im Konspirativen Objekt »See« (1979–1986) sowie in den Konspirativen Wohnungen »Erna« (1986–1987) und »Feld« (1988–1989).

Die Tätigkeit elementarer der Spionageabwehr zuarbeitender Diensteinheiten

Postkontrolle und Postzollfahndung – die Linie M

Bereits zu Beginn der 1950er nutzten die westlichen Geheimdienste Postsendungen zur Übermittlung von Informationen, Ausrüstungsgegenständen sowie zur

---

385 Vgl.: IM-Vorgang Reg. Nr. XV/1016/79, Teil 2, Bd. 1, Bl. 35 ff., 96 ff., 114 ff., 134 ff., 169 ff., 280 ff.

Versorgung ihrer Agenturen auf dem Territorium der DDR und diese sandten wiederum ihre Spionageinformationen vorwiegend aus den Bereichen Militär, Politik und Wirtschaft an die Zentralen der Dienste. Die Geheimdienste nutzten den Postverkehr von West nach Ost auch zur Übersendung von Geheimschriftmitteln, die zu diesem Zeitpunkt noch recht primitiv waren, Geld und anderen Gegenständen zur Durchführung von Spionageaufträgen, wie zum Beispiel Kleinstfotoapparate. In diesem Zeitraum wurden auch sogenannte Aushaltepakete an die Spione in der DDR zum Versand gebracht, sie enthielten hochwertige Konsumgüter und Lebensmittel. Letztlich wurde auch der Telegrammverkehr geheimdienstlich genutzt, beispielsweise für Treffvereinbarungen der Dienste mit den Agenturen.[386]

Im Gegenzug dazu schuf die Staatssicherheit Strukturelemente zur Kontrolle der Postsendungen in der Ostberliner Zentrale und in den Landesverwaltungen für Staatssicherheit, zunächst als Linie VI a bezeichnet. Die Umbenennung in Linie M (Abteilung M des MfS Berlin sowie Abteilungen M der BV), die bis in den Herbst 1989 hinein unter dieser Bezeichnung arbeitete, erfolgte etwa zur Jahreswende 1951/52.[387]

Am 30. November 1953 erließ Oberst Martin Weikert aus dem Staatssekretariat für Staatssicherheit die Dienstanweisung 41/53 für die Arbeit der Abteilung M. In seiner Präambel bemerkte Weikert: »Westdeutschland und Westberlin sind heute Tummelplätze imperialistischer Geheimdienste geworden. Sie versuchen,

---

386 Vgl.: Rudi Strobel: »Zum Vorgehen der westlichen Geheimdienste beim Missbrauch des Postverkehrs für ihre Spionage- und andere Formen der Feindtätigkeit«. Unveröffentlichter Beitrag, Berlin 1998, o. S.

387 Hanna Labrenz-Weiß: *Abteilung M: Postkontrolle* (MfS-Handbuch). Teil III/19, BStU, Berlin 2005, S. 14.

in der DDR ihre Wühlarbeit zu entfalten und unsere friedliche Entwicklung zu zerstören. Zu diesem Zweck entsenden sie ununterbrochen Spione und Diversanten in unsere Deutsche Demokratische Republik. Über den Postweg versuchen sie (...) Verbindung mit Agenten und Spionen herzustellen.«[388]

Folgende wesentlichen Grundaufgaben wies Weikert der Abteilung M unter anderem zu:

- »Richtiges Studium und Entscheiden des Inhalts der Postsendungen, um Sendungen mit Spionage- oder Agententätigkeit herauszufinden
- Durchführung von Postkontrollen von den im Vorgang zu bearbeitenden Personen zur Unterstützung der operativen Abteilungen
- Karteimäßige Erfassung der Korrespondenz der Bürger der Deutschen Demokratischen Republik mit dem kapitalistischen Ausland.«[389]

Weikert betonte in der genannten Dienstanweisung: »Die Arbeit der Abteilung M ist geheim. Die Einhaltung der Konspiration ist unbedingt zu gewährleisten.«[390]

Bis zum August 1961 wurde von den westlichen Diensten der persönliche Treff mit den Agenturen zum Informationsaustausch und zur Instruktion favorisiert. Nach der Grenzschließung gewann das postalische Verbindungssystem vom Spion zum Geheimdienst und umgekehrt enorm an Bedeutung. Der Leiter der BV Leipzig, Oberst Hans Schneider, bemerkte in der Dienstanweisung 2/1963, dass die Tätigkeit der westlichen Geheimdienste nach dem 13. August 1961 in erheblichem Maße

---

388 MdI, Staatssekretariat für Staatssicherheit: Dienstanweisung Nr. 41/53 für die Arbeit in der Abt. M vom 30. November 1953. BStU ZA MfS-BdL/Dok. Nr. 03017, Bl. 1.

389 Ebd., Bl 2.

390 Ebd.

eingeschränkt wurde und resümierte: »Sie wurden gezwungen, stärker als bisher die legalen Möglichkeiten, wie zum Beispiel Brief- und Paketverkehr, in Anspruch zu nehmen, um die Auftragserteilung, Finanzierung, Ausrüstung mit technischen Mitteln und die Berichterstattung ihrer Agenten in der DDR sicherzustellen. Es ist deshalb notwendig, dass die Bearbeitung der von der Abteilung M erarbeiteten operativen Hinweise von allen Diensteinheiten sowohl vom Standpunkt der Abwehr als auch der Aufklärung größere Aufmerksamkeit und Sorgfältigkeit gewidmet wird.«[391]

Die westlichen Dienste hatten in dieser Zeit gezwungenermaßen die Übermittlung von Informationen vom Spion mittels Geheimschrift intensiviert und qualifiziert. Während in den 1950er Jahren die Informationen teilwiese unverschlüsselt und mit qualitativ minderwertiger Geheimschrift übermittelt wurden, kamen in den 1960er Jahren neue und bessere Mittel und Methoden zur Anwendung.[392]

Die Abteilungen M hatten mit speziellen operativen und wissenschaftlich-technischen Mitteln und Methoden Postsendungen, die im internationalen und nationalen Verkehr der Deutschen Post befördert wurden, zu kontrollieren und auszuwerten. Aus dem Arbeitsgegenstand der Spionageabwehr erfolgte dies mit dem Ziel der:

- Feststellung von geheimdienstlichen Verbindungen sowie von Hinweisen auf die Vorbereitung und Realisierung von weiteren Verratshandlungen,
- Aufdeckung subversiver Aktivitäten von Angehörigen der diplomatischen Vertretungen sowie der ausländischen Publikationsorgane und der in der DDR akkre-

---

391 BV Leipzig, Leiter: Dienstanweisung 2/1963 vom 15. Juli 1963. BStU, ohne Signatur, Bl. 1.

392 Vgl.: Rudi Strobel: Unveröffentlichter Beitrag, Berlin 1998, o. S.

ditierten ständigen Korrespondenten und Reisekorrespondenten aus nichtsozialistischen Staaten und anderen operativ interessierenden Staaten und Westberlin,

- Gewährleistung des Schutzes der Angehörigen der diplomatischen Vertretungen in der DDR, der in der DDR akkreditierten ständigen Korrespondenten und Reisekorrespondenten ausländischer Publikationsorgane vor terroristischen Anschlägen.[393]

Die Kontrolle und Auswertung der Postsendungen hatte auf der Grundlage der

- Aufträge der operativen Diensteinheiten sowie
- der Merkmale an und in Postsendungen, die eine operative Bedeutung besaßen,

zu erfolgen.

Die Abteilungen M hatten zur Realisierung der Aufträge operativer Diensteinheiten folgende Aufgaben zu realisieren:

- Anschriftenfahndung zur Feststellung von Postsendungen an Empfänger, zu denen ein Fahndungsauftrag erteilt wurde,
- Schriftenfahndung zur Identifizierung von Personen und zur Feststellung von Postsendungen an unbekannte Empfänger,
- Merkmalsfahndung zur Feststellung operativ bedeutsamer Postsendungen,
- Sonderkastenleerungen zur Feststellung operativ besonders bedeutsamer Postsendungen,
- Technische Untersuchung von Postsendungen zur Feststellung von Geheimschriften, Geheimschriftmerkmalen, Mikraten, weiteren bedeutsamen Merkmalen und zur Sicherung von Spuren,

---

393 Vgl.: MfS, Der Minister: Dienstanweisung 3/85 zur politisch-operativen Kontrolle und Auswertung von Postsendungen durch die Abteilungen M vom 3. Juni 1985. BStU MfS DSt 103175, Bl. 5.

- Unterstützung operativer Maßnahmen der Diensteinheiten des MfS zur Nutzung der Möglichkeiten, die
sich aus der Arbeitsweise der Deutschen Post und der
Zollverwaltung der DDR ergaben,
- Speicherüberprüfungen.

Die Anschriftenfahndung hatte grundsätzlich nach
dem Empfänger von Postsendungen zu erfolgen. Als
Empfänger waren Personen (Familienname) oder Objekte (im Rechtsverkehr gebräuchliche Bezeichnung)
sowie deren Postanschrift (Land, Postleitzahl, Ort,
Straße/Platz, Hausnummer) anzugeben. Die Anschriftenfahndung ohne Empfängername beziehungsweise
-bezeichnung zur Feststellung von Postsendungen in
einem bestimmten Territorium (Land, Ort, Straße/
Platz) hatte nur in begründeten Einzelfällen zu erfolgen.[394] Da die westlichen Geheimdienste ihre Deckadressen in bestimmten Territorien der Bundesrepublik
und Westberlin konzentrierten, ermöglichten sie der
Linie M eine gezielte Fahndungstätigkeit für diese Bereiche. Viele Jahre waren entsprechende Postleitzahlen
in Bayern, Baden-Württemberg, Westberlin, Hannover und später im Wechsel mit Hessen und Hamburg
Schwerpunktgebiete.[395] Gefahndet wurde aber auch
nach Postsendungen in/aus bestimmte(n) Territorien
in der DDR. So wurden der zuständigen Abteilung
M von der Spionageabwehr beispielsweise bestimmte
Territorien oder Straßenzüge vorgegeben, die an militärischen Objekten lagen. Die Postkontrolle fahndete
dann nach Briefen, die aus der Bundesrepublik oder

---

394 Vgl.: MfS, Der Minister: Ordnung Nr. 11/86 über die Zusammenarbeit zwischen den operativen Diensteinheiten und den
Abteilungen M vom 5. Mai 1986. BStU MfS DSt 103285, Bl. 3 f.

395 Vgl.: Rudi Strobel: Unveröffentlichter Beitrag, Berlin 1998, o. S.

Westberlin in diese Bereiche gingen oder von dort in das NSA abgesandt wurden und untersuchte sie auf geheimdienstlich relevante Merkmale.[396]

In die Anschriftenfahndung waren durch die Linie M folgenden Postsendungen differenziert einzubeziehen:

- Briefsendungen (Briefe und Postkarten),
- Kleingutsendungen (Päckchen und Pakete),
- Telegramme

im internationalen Verkehr – Eingang aus dem und Abgang in das Ausland – und im nationalen Verkehr der Deutschen Post. Maßnahmen der Anschriftenfahndung im nationalen Postverkehr der Deutschen Post zu Anschriften in den Bezirken der DDR waren mit dem Leiter der zuständigen Abteilung M abzustimmen.

Die Anschriftenfahndung hatte zu erfolgen bei Empfängeranschriften

- in der DDR durch die Abteilung M des Bezirkes, in dem der Empfänger wohnte,
- in Ostberlin in der Abteilung des MfS Berlin,
- im Ausland in der Abteilung M des Bezirkes, aus dem die betreffende Postsendung an den ausländischen Empfänger abgeschickt wurde beziehungsweise in der Abteilung M des MfS Berlin, wenn die Postsendung in Ostberlin aufgeliefert wurde. Bei unbekanntem Absendeort in der DDR konnte die Anschriftenfahndung zu den Empfängern im Ausland in allen Abteilungen M eingeleitet werden.

Voraussetzung für die Anschriftenfahndung nach Personen,

- die ihren ständigen Wohnsitz in der DDR hatten, war

---

396 Mitteilung eines ehemaligen Mitarbeiters der HA II vom 26. Juli 2017.

deren aktive Erfassung[397] in der Abteilung XII für die auftraggebende Diensteinheit,

- die ihren Wohnsitz außerhalb der DDR hatten, war deren aktive Erfassung in der Abteilung XII beziehungsweise deren Erfassung in der VSH-Kartei oder die Erfassungsart V in der Zentralen Personendatenbank für die auftraggebende Diensteinheit.

Die Anschriftenfahndung war mittels des Formulars »Fahndungsauftrag für die Abteilung M zu angeführter Empfängeranschrift« bei der zuständigen Abteilung M durch die Leiter von Abteilungen in den Hauptabteilungen und Bezirksverwaltungen sowie die Leiter der Kreis- und Objektdienststellen oder ihrer Stellvertreter zu beantragen.

Bei dringender Notwendigkeit konnte durch die Leiter der auftraggebenden Diensteinheiten die sofortige Beantragung der Anschriftenfahndung mittels Fernschreiben erfolgen. Die von ihnen bestätigten Fahndungsaufträge waren der zuständigen Abteilung M innerhalb von sechs Tagen zu übersenden.

Bei der Beantragung war auf dem Fahndungsauftrag neben dem Empfängernamen beziehungsweise der -bezeichnung und der Postanschrift anzugeben:

- die Sendungsart/-arten,
- die Art der Übergabe der Sendung als Original, wenn eine Entscheidung zum weiteren Verfahren mit der betreffenden Postsendung erforderlich war,
- die besondere Behandlung oder Bearbeitung der betreffenden Postsendungen,
- der Vermerk »Nationaler Postverkehr« bei Empfänger-

---

397 Eine aktive Erfassung war die Nachweisführung in der Abt. XII. Sie galt für Personen aus aktiven Vorgängen (IM, GMS, IM-Kandidaten) bzw. Personen, die in OPK und OV bzw. anderen Vorgängen bearbeitet wurden. Grundsätzlich war für eine Person nur eine Erfassung zulässig.

anschriften in der DDR, wenn nach Postsendungen aus dem nationalen Postverkehr der Deutschen Post gefahndet werden sollte.

Der Bestätigung durch den Leiter der Hauptabteilung beziehungsweise Bezirksverwaltung oder deren Stellvertreter unterlagen Anschriftenfahndungsaufträge

• ohne Empfängername beziehungsweise -bezeichnung,

• zur Übergabeform »Originalsendung«,

• mit Forderungen zur speziellen Behandlung/Bearbeitung der betreffenden Postsendung.

Die Einleitung der Anschriftenfahndung war der auftraggebenden Diensteinheit auf dem Duplikat des Fahndungsauftrages zu bestätigen. Die Laufzeit der Aufträge betrug sechs Monate ab dem Datum der Bestätigung.

Verlängerungen waren vor Ablauf der Laufzeit mittels des Duplikates des Fahndungsauftrages zu beantragen. Entfiel die Notwendigkeit der Anschriftenfahndung, war der Auftrag durch die auftraggebende Diensteinheit sofort mittels des Duplikates des Fahndungsauftrages und dem darauf befindlichen Vermerk – Löschen – bei der zuständigen Abteilung M zu beenden.

War der Fahndungsauftrag durch die Abteilung M nicht zu realisieren, hatte deren Leiter die auftraggebende Diensteinheit darüber zu informieren.

Möglichkeiten zur Sicherstellung von Postsendungen, die in die Anschriftenfahndung nicht einbezogen werden konnten, waren in begründeten Einzelfällen in Beratungen zwischen dem Leiter der auftraggebenden Diensteinheit und dem Leiter der Abteilung M zu prüfen.

Die Übergabe festgestellter Postsendungen zu Anschriftenfahndungen an die auftraggebende Diensteinheit hatte bei

• Briefsendungen als Kopie – auf Anforderung der Diensteinheit als Fotokopie – der geöffneten oder ungeöffneten Sendung,

- Kleingutsendungen als Dokumentation der Empfänger- und Absenderangaben,
- Telegramme als Kopie

zu erfolgen, sofern keine anderslautenden Festlegungen getroffen worden sind beziehungsweise die äußere Gestaltung oder der Inhalt eine Entscheidung über den Verbleib der Sendung erforderlich machten.[398]

Die Schriftenfahndung war in den Abteilungen M

- zur Identifizierung von Personen nach Merkmalen ihrer Handschrift sowie
- zur Feststellung von Postsendungen an unbekannte Empfänger anhand der Merkmale ihrer Hand- und Maschinenschriften

zu erfolgen.

Aufträge zur Schriftfahndung waren formlos schriftlich durch den Leiter der auftraggebenden Diensteinheit an den Leiter der Abteilung M zu richten, in dessen Verantwortungsbereich die Fahndungsmaßnahmen erfolgen sollten. Sie bedurften der Bestätigung durch den Leiter der Hauptabteilung beziehungsweise Bezirksverwaltung oder deren Stellvertreter. Aufträge zur Schriftenfahndung, die überbezirklich realisiert werden sollten, waren in gleicher Weise an den Leiter der Abteilung M des MfS Berlin zu richten. Den Aufträgen waren die Fahndungsunterlagen beizufügen, an die folgende Anforderungen gestellt wurden:

- Vergleichsschriftmaterial in aktueller Form,
- deutliche Erkennbarkeit der Schriftzüge und ihrer charakteristischen Merkmale, zu verwenden waren Originalschriften oder Fotokopien in guter Qualität – Xeroxkopien und Abzüge anderer Kopierverfahren waren ungeeignet,

---

398 Vgl.: Ordnung Nr. 11/86, Bl. 4–8.

- Verwendung der Anschriften und Texte von Postsendungen als Vergleichsschriftmaterial,
- Vergleichsschriftmaterial hatte mindestens eine Seite A 4-Text aufzuweisen.

Der Leiter der Abteilung M hatte in Abstimmung mit dem Leiter der auftraggebenden Diensteinheit über die Art und Weise, den Zeitpunkt und die Zeitdauer der Schriftenfahndungsmaßnahmen zu entscheiden.[399]

In den 1980er Jahren existierte im Bereich Pass- und Meldewesen des PdVP Berlin eine HIM-Fahndungsgruppe der Abteilung M. Sie hatte unmittelbaren Zugang zur Zentralen Meldekartei. Die HIM führten täglich circa 200 bis 250 Handschriftenüberprüfungen in den Karteien und Registrierunterlagen durch. Zur Legendierung erhielten die HIM ein Dienstbuch sowie eine Petschaft des MdI, eine Berechtigungskarte zur Benutzung der Speicher des MdI und eine Aktentasche mit Container. Der Einsatz wurde durch eine Quelle innerhalb der VP abgedeckt.[400]

Aber auch in den Bezirken, ohne dort fest installierte Kräfte, fahndeten Mitarbeiter der Linie M in den Karteien des Pass- und Meldewesens der DVP nach operativ relevanten Schrifturhebern. Ein ehemaliger Angehöriger der Rostocker Abteilung M berichtet darüber: »Nach einer Merkmalstabelle wurde die gesamte Einwohnermeldekartei eines Volkspolizei-Kreisamtes kontrolliert. In verschiedenen Stufen wurde der Kreis der in Frage kommenden Schriften immer enger gefasst. Hier war es ein glücklicher Umstand, dass eine Schreibmaschine im

---

399 Vgl.: Ebd., Bl. 8 f.

400 Vgl.: Roland Wiedmann: »Zu jeder Zeit an jedem Ort. Zur Geschichte der Abteilung M (Postkontrolle) des Ministeriums für Staatssicherheit der DDR«. In: *Ein offenes Geheimnis. Post- und Telefonkontrolle in der DDR*. Museumsstiftung Post und Telekommunikation, Berlin 2002, S. 84.

Privatbesitz in der DDR Seltenheitswert hatte. So waren die meisten Anträge auf Personalausweis (PM 1 a) handschriftlich ausgefüllt. Dadurch stand etwas mehr Material als die Unterschrift zur Verfügung. Ausschlusskriterien waren eher zu vertreten und die Anzahl der operativ-relevanten Personen konnte in Grenzen gehalten werden. Ich hatte anfangs keine Vorstellung davon, dass es einem Menschen möglich sein würde, überhaupt solche Berge von Arbeit zu bewältigen. Und dann noch ein brauchbares Resultat zu erzielen, hielt ich für utopisch. Und doch hatte man Erfolge. Der unglaubliche Aufwand war bereits gerechtfertigt, wenn die Abteilung M überhaupt einen Hinweis liefern konnte, der es in der Folge ermöglichte, einen Spion aufzuspüren und zu dessen Überführung beizutragen.«[401]

Die Merkmalsfahndung umfasste Maßnahmen zur
- operativen Kontrolle von Postsendungen nach äußeren Merkmalen sowie die
- operative Auswertung von Postsendungen nach inneren Merkmalen und inhaltlichen Kriterien entsprechend der Zielstellung der Tätigkeit der Linie M.[402]

Äußere Merkmale waren zum Beispiel:
- als Empfänger waren auf dem Briefumschlag dem MfS bekannte Deckadressen der Geheimdienste genannt,
- der routinehafte und stereotype Aufbau der Anschrift des Empfängers und des Absenders auf dem Briefumschlag,
- die Handschrift des Schreibers des Briefumschlages war mit der Handschrift des angeführten Absenders

401 Gerd Reinicke: ++Öffnen++Auswerten++Schliessen. Die Postkontrolle des MfS im Bezirk Rostock. Herausgegeben vom LStU M-V, Schwerin 2004, S. 20.

402 Vgl.: Dienstanweisung 3/85, Bl. 7.

nicht identisch. Der Umschlag war demzufolge nicht von dem Absender geschrieben,

- Spuren von Radierungen unter der angebrachten Briefmarke und andere Merkmale[403],
- amerikanische Schreibweise von Namen, zum Beispiel »Allan W. Newmann«.

Innere Merkmale waren:

- Druckspuren im Briefpapier,
- Schreibweise des Datums (Spione wurden beauftragt, auf vorgefertigten Briefen das Datum selbst einzusetzen, da die Dienste nicht vorhersehen konnten, wann der Brief abgeschickt werden sollte, wobei deutliche Schriftunterschiede hervortraten. Auch die Ausrüstung mit Schablonen vorgefertigter Ziffern zur Verschleierung der Handschrift konnte das Datums-Merkmal nicht verändern),
- kurze Brieftexte ohne erkennbaren Sinn oder gar Unsinn beziehungsweise Widersprüchen zwischen Absender und Brieftexten (beispielsweise dass der Bewohner einer fernbeheizten Wohnung Kohlen holen musste oder eine 80-jährige Frau einen Kochkurs besuchen wollte),
- amerikanische Schreibweisen, beispielsweise »Ueberfuehrung«.[404]

Die Leiter der Abteilungen M hatten auf der Grundlage zentraler Festlegungen und Orientierungen sowie von Hinweisen und Erkenntnissen territorialer operativer Diensteinheiten

- die umfassende Anwendung der Merkmalsfahndung,
- die laufende Präzisierung der Schwerpunkte, insbesondere im Rahmen der Spionageabwehr,

---

403 Vgl.: Horst More: *Die Abwehr von Spionageangriffen der Geheimdienste der Nato-Staaten gegen die Deutsche Demokratische Republik*, Bl. 4 f.

404 Vgl.: Rudi Strobel: Unveröffentlichter Beitrag, Berlin 1998, o. S.

- die ständige analytische Arbeit zur Feststellung und Verallgemeinerung neuer Merkmale und Merkmalskomplexe

zu gewährleisten.

Zu Postsendungen mit zutreffenden Merkmalen/Inhalten (Merkmalspostsendungen) waren folgende Erstmaßnahmen zu realisieren:

- Überprüfung von DDR-Absendern/-Empfängern auf Existenz (Personifizierung),
- Überprüfung der als DDR-Absender angegebenen existenten Personen auf Schrifturheberschaft (Identifizierung) beziehungsweise Nachweis wechselseitiger postalischer Verbindungen,
- Überprüfung von Absendern und Empfängern in den Informationsspeichern der jeweiligen Abteilung M,
- operative Einschätzung des erarbeiteten Materials und dessen Dokumentation.

Zu Merkmalspostsendungen, die nach der Durchführung der Erstmaßnahmen bedeutsame Informationen darstellten, waren durch die Abteilungen M zu veranlassen:

- Überprüfung personifizierter DDR-Absender/-Empfänger in der Abteilung XII. Bei Notwendigkeit waren auch ausländische Empfänger- beziehungsweise Absenderdaten in der Abteilung XII zu überprüfen.
- Speicherung der dokumentierten postalischen Verbindungen sowie der festgestellten Personalangaben von Absendern und Empfängern in den Informationsspeichern.

Über besonders bedeutsame Merkmalspostsendungen, insbesondere solche, die verdächtig waren, nachrichtendienstliche Verbindungsmittel westlicher Geheimdienste zu sein, war durch den Leiter der Abteilung M des MfS Berlin der Leiter der HA II beziehungsweise durch die Leiter der Abteilungen M der BV der Leiter der jeweiligen Abteilung II zu informieren.

Über bedeutsame Informationen aus Merkmalspostsendungen, die ein sofortiges Reagieren erforderten, hatten die Leiter der Abteilungen M umgehend den Leiter der erfassenden beziehungsweise sachlich, territorial oder objektmäßig zuständigen Diensteinheit in Kenntnis zu setzen. Die Originale der bedeutsamen Merkmalspostsendungen waren während der Bearbeitung, Auswertung und Untersuchung in den Abteilungen M so zu behandeln, dass Bearbeitungsspuren vermieden und vorhandene bedeutsame Merkmale beziehungsweise Spuren erhalten wurden. Das betraf auch Merkmalspostsendungen, die von der Weiterbeförderung ausgeschlossen und an die zuständige Diensteinheit zur weiteren Bearbeitung beziehungsweise als Beweismittel übergeben wurden.

Bedeutsame Merkmalspostsendungen, vor allem die ohne Absender, mit nicht existenten Absendern beziehungsweise nicht identifizierten Schrifturhebern, die nicht sofort operativen Diensteinheiten zugeordnet werden konnten, waren durch die Abteilungen M zu operativen Ausgangsmaterialien zu entwickeln. Operative Ausgangsmaterialien sowie Informationen zu anderen bedeutsamen Merkmalspostsendungen waren durch die Leiter der Abteilungen M mittels Anschreiben und Vordruck M 12 beziehungsweise Vordruck M 12 an die zuständigen Diensteinheiten zu übergeben.[405]

Bei den Sonderkastenleerungen waren durch die Abteilungen M Postsendungen sicherzustellen, die von observierten Personen in Briefkästen eingeworfen oder an Postschaltern aufgegeben wurden. Maßnahmen zur Durchführung von Sonderkastenleerungen waren für Ostberlin bei der Abteilung M des MfS Berlin schriftlich

---

405 Vgl.: Dienstanweisung 3/85, Bl. 7 f.

vom Leiter der auftraggebenden Diensteinheit unter Angabe der Zeitdauer der Observationsmaßnahmen, der Deckbezeichnung sowie der zu verständigenden Mitarbeiter einschließlich deren Telefonnummer zur Erreichbarkeit außerhalb der regulären Dienstzeit zu beantragen.

Maßnahmen zur Durchführung von Sonderkastenleerungen im Zuständigkeitsbereich der Bezirksverwaltungen waren vom Leiter der auftraggebenden Diensteinheit mit dem Leiter der jeweiligen Abteilung M persönlich abzustimmen.

Durch die auftraggebende Diensteinheit war die kurzfristige Übernahme des Sendungsaufkommens nach erfolgter Sonderkastenleerung sicherzustellen.[406]

Im Ostberliner Postfuhramt, dass für die zentrale Briefkastenleerung in der Stadt verantwortlich war, wurde 1968 zur Realisierung von Sonderkastenleerungen die OibE-Gruppe »Adler« installiert. Die OibE waren als Postangestellte legendiert. Die Aufgabe der Gruppe »Adler« bestand darin, in definierten Leerungsbereichen der DDR-Hauptstadt selbständige Sonderkastenleerungen zu realisieren. Die Gruppe stellte noch im gleichen Jahr ihre Wirksamkeit unter Beweis. Bei Leerungen in Friedrichshain und Köpenick wurde postalisches Geheimmaterial festgestellt. Es handelte sich dabei um Karten mit geheimschriftlichen Informationen an Deckadressen des BND. Erstmals führte die Gruppe »Adler« in diesem Rahmen sowohl Einzel- als auch Sonderkastenleerungen durch. Die Überprüfung der Absender erfolgte mit Hilfe der Operativen Vergleichskartei. Nachdem der Kreis der infrage kommenden Einwurfbriefkästen eingeengt wurde, konnte eine Agentur des BND 1969 identifiziert werden. Bis 1971 gelang es in sieben Fällen,

---

406 Vgl.: Ordnung Nr. 11/86, Bl. 9.

Geheimschriften nachzuweisen und den Briefeinwerfer festzunehmen.[407]

Die operativ-technische Bearbeitung und Untersuchung von Postsendungen war unter Anwendung moderner technischer Mittel und Verfahren durchzuführen und umfasste:

- das konspirative Öffnen,
- das konspirative Schließen,
- die Dokumentation (Xerografie, Fotografie),
- das Röntgen,
- die Untersuchung auf und die Sicherung von Spuren,
- das Regenerieren (Beseitigung von Bearbeitungsspuren und eventuellen Beschädigungen).[408]

Die technische Untersuchung von Postsendungen hatte in den Abteilungen M zur Feststellung von:

- Geheimschrift beziehungsweise Geheimschriftmerkmalen,
- Mikraten,
- Merkmalen gegnerischer technischer Maßnahmen,
- kriminaltechnisch verwertbaren Spuren und deren Sicherung, insbesondere für die Identifizierung unbekannter Schrifturheber beziehungsweise Absender von Postsendungen

zu erfolgen. Die Maßnahmen der technischen Untersuchung waren durch die Abteilungen M im Ergebnis der Merkmalsfahndung selbständig beziehungsweise im Auftrag operativer Diensteinheiten durchzuführen.

Eine technische Untersuchung im Auftrag operativer Diensteinheiten setzte grundsätzlich die aktive Erfassung der Empfängerperson oder der Anschrift in der Abteilung XII, die VSH-Erfassung oder Erfassungsart

---

407 Vgl.: Roland Wiedmann in: *Ein offenes Geheimnis*, S. 79 f.

408 Vgl.: Dienstanweisung 3/85, Bl. 11.

»V« in der ZPDB von Personen beziehungsweise Anschriften im Ausland für die auftraggebende Diensteinheit voraus. Weitere Voraussetzungen waren:

- der hinreichende Verdacht einer postalischen nachrichtendienstlichen Verbindung,
- der hinreichende Verdacht gegnerischer Postkontroll-
maßnahmen,
- die Notwendigkeit der Identifizierung anonymer/
pseudonymer Schrifturheber von Postsendungen.

Anträge zur technischen Untersuchung waren schriftlich an den Leiter der Abteilung M zu richten, in dessen
Verantwortungsbereich die Untersuchungen erfolgen
sollten. Sie bedurften der Bestätigung durch den Leiter
der Hauptabteilung beziehungsweise Bezirksverwaltung
oder deren Stellvertreter.[409]

Weitere operative Maßnahmen unter Nutzung der
Möglichkeiten, die sich aus der Arbeitsweise der Deutschen Post und der Zollverwaltung der DDR ergaben,
waren:

- Die Realisierung von Anordnungen des Staatsanwaltes gem. § 109 der StPO zur Beschlagnahme von
Postsendungen gem. § 115 der StPO gegenüber den
zuständigen Dienststellen der Deutschen Post in den
von den Diensteinheiten der Linie IX bearbeiteten Ermittlungsverfahren.
- Die Sicherstellung besonders bedeutsamer Postsendungen auf der Grundlage der sofortigen Einleitung
eines Ermittlungsverfahrens und der Erwirkung der
Postbeschlagnahme durch den Staatsanwalt in Zusammenarbeit mit den Diensteinheiten der Linie IX.
- Der Ausschluss bedeutsamer Postsendungen von der
Weiterbeförderung und offizielle Übergabe an die zu-

---

409 Vgl.: Ordnung 11/86, Bl. 9 f.

ständigen Diensteinheiten des MfS auf der Grundlage der Anordnung über den Postdienst.

- Die Sicherstellung von Postsendungen auf der Grundlage des § 18 der 1. Durchführungsbestimmungen zum Zollgesetz – Zollüberwachungsordnung – und ihre offizielle Verwendung in der für die weitere Tätigkeit günstigsten Variante.
- Die Sicherstellung von Postsendungen beziehungsweise Realisierung anderer Entscheidungen über Postsendungen in der Einfuhr durch zollrechtliche Maßnahmen zur Gesamteinziehung, Teileinziehung oder Rücksendung gemäß den Festlegungen in der Dienstanweisung Nr. 5/84 der Zollverwaltung der DDR und der 1. Durchführungsanweisung dazu.
- Die Überprüfung und Sicherstellung postalischer Belege (Zahlungsbelege, Paketkarten, Telegrammurschriften).
- Andere Maßnahmen unter Nutzung der Möglichkeiten des Postverkehrs.

Die in diesem Zusammenhang durchzuführenden Maßnahmen waren vom Leiter der auftraggebenden Diensteinheit schriftlich zu beantragen und mit dem Leiter der Abteilung M abzustimmen.

Zur Speicherüberprüfung waren durch die Abteilungen M folgende Informationsspeicher zu führen:
- Personenkartei der DDR (M/01) über die postalischen Verbindungen von in der DDR wohnhaften Personen,
- Personenkarte Ausland (M/02) über die über die postalischen Verbindungen von im Ausland wohnenden Personen nach der DDR.

Überprüfungen in den Informationsspeichern M/01 und M/02 waren gemäß den Festlegungen in der Ordnung Nr. 9/80 – Speichernutzungsordnung des MfS – zu beantragen.[410] Die für die Abteilungen M festgelegten Bearbeitungszeiten von 12 Stunden waren konsequent einzuhalten.[411]

Im Jahresarbeitsplan der Abteilung M des MfS Berlin sind für 1983 spezifische Fahndungsaktionen ausgewiesen. Dabei handelte es sich um die Fahndungen im Internationalen Briefverkehr-Abgang

1. Fahndungsaktion »Netz«
• Kategorie »Netz I«
• Kategorie »Netz II«
2. Fahndungsaktion »Energie«
• Kategorien »Energie I«
• »Energie IV«
• »Energie V«

Internationaler Briefverkehr-Eingang

1. Rückläufer zur Kategorie »Netz«
2. »Forschung Eingang«

Bei der Fahndungsaktion mit der Deckbezeichnung »Netz« sollten BND- beziehungsweise BfV-Spione enttarnt werden. Es erfolgte eine Unterteilung in »Netz I« für den BND und »Netz II« für das BfV.

Die Briefe der Kategorie »Netz I«, waren in der Regel an eine Deckadresse gerichtet. Die Postleitzahlenbereiche 22 (Großraum Hamburg), 23 (Lübeck), 28 (Bremen), 29 (Celle), 33 (Bielefeld), 34 (Kassel), 35 (Gießen) 45 (Essen), 49 (Osnabrück), 60 (Frankfurt/Main), 64 (Darmstadt), 66 (Saarbrücken), 80 sowie 81 (Großraum München), 82 (Garmisch-Partenkirchen), 83 (Rosenheim), 85 (Ingolstadt) und 89 (Ulm), betrachtete die Staatssicherheit als Schwerpunkte.

Die Kategorie »Netz II« war auf Agenturen des BfV aus-

---

410 Vgl.: Ebd., Bl. 11 f.

411 Vgl.: Dienstanweisung 3/85, Bl. 13.

gerichtet. Als Schwerpunkte hatte die Staatssicherheit hier die Postleitzahlenbereiche 20 (Hamburg), 34 (Kassel) und 50 (Köln) betrachtet. Aber auch die österreichische Hauptstadt Wien fiel in das Raster.

Die Fahndungsaktion »Energie« war auf die amerikanischen Dienste MI und CIA ausgerichtet.

Die Kategorie »Energie I« zielte auf vom Spion selbst beschriftete Geheimschrift-Briefe an die Postleitzahlenbereiche 10 (Westberlin), 20 (Hamburg), 35 (Gießen), 40 (Düsseldorf), 60-63 (Frankfurter Raum), 70 (Stuttgart), 79 (Freiburg), 80 (München), 85 (Ingolstadt), 87 (Kempten) und 89 (Ulm) ab.

Die Kategorie »Energie IV« richtete sich gegen vom Spion selbst beschriftete Geheimschrift-Briefe, deren Empfängeranschrift in den USA lag.

Die Kategorie »Energie V« konzentrierte sich auf Signalpostkarten zur Ankündigung von Treffs des Agenten mit seinem Agentenführer.[412]

Günther Kratsch, langjähriger Leiter der HA II, äußerte zur Tätigkeit der Linie M wie folgt:

»Die gegnerischen Dienste erfanden in Abständen Details der ›Angriffswaffe‹ postalische geheime Nachrichtenübermittlung und die DDR vervollständigte im sofortigen Nachzug ihre ›Verteidigungswaffe‹ postalisches Fahndungssystem.

Keine der beiden Seiten wollte und durfte diese Waffen außer Dienst stellen. (...) Im Prinzip ging es darum, im brieflichen Postgut nach unbekannten Spionen zu fahnden und diese letztendlich zu identifizieren. Dazu wurden sogenannte Fahndungsmerkmale, die ständig

---

412 Vgl.: Peter Hellström: *Die Postkontrolle der DDR-Staatssicherheit. Aus der Sicht eines Zeitzeugen.* morgana-edition, Berlin 2010, S. 111 f.

nach den neuesten Erkenntnissen ergänzt wurden, zusammengestellt. Ein Spionagebrief der amerikanischen Dienste als auch des BND trug diese Merkmale sowohl außen als auch innen. Äußere Merkmale waren beispielsweise bestimmte Postleitzahlen in der BRD, wie auf dem Briefumschlag die Briefmarken aufgeklebt waren, ob bestimmte Zeichen oder sogen. Mikrate unter den Briefmarken vermutet werden konnten oder ob sachbezogene Schlüsse aus der Absenderangabe zu ziehen waren.

Bei den inneren Merkmalen achteten wir, das MfS, auf Druckspuren in dem Briefpapier, ob das obligatorische Datum auf dem Briefpapier oben rechts mit einer Schablone geschrieben wurde oder Brieftexte kurz gehalten ohne Sinn waren. Viele Spione betrachteten das Abfassen sogenannter Tarntexte auf dem Geheimschriftträger als eine Art Strafarbeit. Besondere Merkmale bei Verbindungen der amerikanischen Dienste waren mitunter die typische amerikanische Schreibweise ›ue‹ statt ›ü‹.

Alle Merkmale erwähne ich nur beispielhaft Es gab noch weitere. Trafen bei der Vorkontrolle Merkmale zu, wurden die ausgewählten Briefe einer nochmaligen Kontrolle unterzogen. Die Mehrzahl wurde dabei als ›vermutlich nicht relevant‹ sofort in den Postweg zurückgegeben. Fehlentscheidungen waren dabei nicht auszuschließen. Die ›Relevanten‹ wurden einer weiteren speziellen Bearbeitung auf Geheimschrift hin unterzogen und in jedem Fall danach auch weitergeschickt.

Hatte sich der Verdacht auf eine geheimdienstliche Verbindung bestätigt, begannen die Vorermittlungen gegen Unbekannt wegen des Verdachts geheimdienstlicher Tätigkeit. Sogenannte Nachfolgebriefe, soweit sie vom MfS erkannt wurden, erleichterten zunehmend die Ermittlungen. Solche Briefe wurden erfahrungsgemäß in

Abständen von 4 bis 8 Wochen erwartet. Ausnahmen waren selbstverständlich möglich.

Nach meiner ›freien Einschätzung‹ konnten bei 80 bis 90 Prozent der Verdachtsbestätigungen die Spione identifiziert werden. Manche Identifizierungen konnten nach 4 Wochen abgeschlossen werden, während andere Spione nach einem Jahr noch nicht gefunden waren. Einzelne Fälle, wie gesagt, wurden überhaupt nicht geklärt.

Die Fahndungsmaßnahmen des MfS wurden entsprechend den praktizierten Methoden und Gewohnheiten der damals gegnerischen Dienste sowohl bei der Eingangs- als auch bei der Ausgangspost durchgeführt.

Sogenannte geheimdienstliche Signalkarten, das waren Postkarten mit bestimmten Bildmotiven und vereinbarten Texten, die eine geheime Mitteilung verschlüsselt enthielten, waren entsprechend dem vorliegenden Erkenntnisstand in die Fahndung mit einbezogen.

Es gab Ausnahmejahre, wo im Ergebnis dieser speziellen Fahndung 50 und mehr Ermittlungsverfahren gegen Spione der amerikanischen Aufklärungsdienste und des BND eingeleitet werden konnten. In der fast 40-jährigen postalischen Fahndungsarbeit des MfS rechnete zu seiner Zeit jeder verantwortliche Mitarbeiter der Spionageabwehr der DDR mit der Einstellung dieser verlustreichen Verbindungsmethode durch die betreffenden Dienste. Außer manchmal einer schwachen Konjunktur geschah nichts Entscheidendes. Dem Tief folgte wieder ein Hoch.«[413]

An anderer Stelle äußerte Kratsch:

»Der BND ließ sich seine Spionage-Briefe an Deckadressen schicken, die in ganz bestimmten Gebieten konzentriert waren. Das wussten wir und sahen uns Briefe in

---

413 Günther Kratsch: *Erinnerungen*. Unveröffentlichtes Manuskript (Archiv des Verfassers).

solche Gegenden genau an. Wir hatten da ausgesproche-
ne Spezialisten, die das manchmal buchstäblich rochen,
wenn ein Geheimdienst seine Hände im Spiel hatte – vor
allem, wenn die CIA beteiligt war. Ich weiß nicht warum,
aber deren Briefen haftete ein sonderbarer Geruch an. Da
hat unser Fachmann bloß einmal dran geschnüffelt und
gesagt: Ami. Und wenn man erstmal einen Verdacht hatte, fand man im Brief ja oft weitere Indizien.«[414]

Strukturelle Veränderungen für die Postkontrolle des
MfS ergaben sich mit dem Befehl 20/83 des Ministers
für Staatssicherheit. Darin befahl Minister Mielke unter
anderem:

- Die operativen Kräfte und Mittel zur Kontrolle und
  Auswertung von Postsendungen der Abteilungen M
  und PZF des MfS Berlin sowie der Abteilungen M
  und Dienststellen PZF der Bezirksverwaltungen zum
  1. Januar 1984 zur selbständigen Abteilung M des MfS
  beziehungsweise in den Abteilungen M der Bezirksverwaltungen zusammenzuführen.
- Die Abteilung PZF des MfS und die Dienststellen PZF
  der Bezirksverwaltungen zum gleichen Zeitpunkt auf-
  zulösen.
- Die Abteilung M des MfS dem Leiter der HA II und
  die Abteilungen M der BV den Leitern der Abteilungen II der BV zu unterstellen.[415]

Die Unterstellung der Linie M unter die Spionageabwehr gilt als Kriterium dafür, dass sich die Linie M
schwerpunktmäßig mit der Fahndung nach geheimdienstlich-postalischen Verbindungslinien beschäftigte.
Zur PZF schreibt Günther Kratsch:

---

414 »Zwei Todfeinde an einem Tisch«. In: *Stern* 42/1994, S. 118.

415 Vgl.: MfS, Der Minister: Befehl 20/83 vom 20. Dezember 1983.
    BStU, ohne Signatur, Bl. 1 und 3.

»Neben der verstärkten Nutzung des brieflichen Postweges zur Informationsübermittlung wurden jetzt [bezogen auf die 1950er/60er Jahre, Anm. d. Verf.] massiv BND-Pakete, getarnt als Geschenksendungen, an in der DDR wohnhafte Spione verschickt. Diese Pakete enthielten:

Funkgeräte für den ein- und zweiseitigen Funkverkehr, Gebrauchs- und Anwendungshinweise für die Inbetriebnahme der Funkgeräte, präparierte Schreibgeräte und präpariertes Papier für die Anfertigung von Geheimschriftinformationen, die per Postbriefe an die Deckadressen des BND zu übersenden waren, präparierte Briefpapierblöcke, die für Geheimschriften geeignet waren, schriftliche Spionageaufträge unter anderem mit der Weisung, an die militärischen Objekte unmittelbar heranzugehen, um verlässliche Informationen aus dem Militärobjekt zu erlangen, sogenannte Waffentafeln, um die erkannte oder ausspionierte Militärtechnik zu identifizieren und sie in Kürzeln in Geheimschrift platzsparend unterzubringen, schriftliche Anweisungen, wie zum Beispiel Spionagebriefe anzufertigen sind und wo sie in die Postkästen zu werfen waren, vorgeschriebene Briefe in Größenordnungen von 10 bis 25 Stück, die einseitig mit dem Tarntext beschrieben waren, während der Spion die Rückseite für die Geheimschrift benutzen sollte, Schablonen für das Nachziehen von Schriftzeichen und nicht zuletzt der Lohn für die Spionagetätigkeit des Agenten.

Alle diese BND-Utensilien waren innerhalb der Geschenkpakete vercontainert, das heißt, sie waren in Gebrauchsgegenständen und Lebensmittelverpackungen eingebaut, eingeschweißt, eingelegt oder irgendwo im Paket eingeschoben. Spionageanweisungen jeglicher Art wurden in stark verkleinerter Form oder als sogenannte Mikrate übersandt. Mikrate hatte der BND fürsorglich unter die Lebens- und Genussmittel eingestreut.

Nach dem Bau der Mauer wurde diese Methode der Übersendung sogenannter nachrichtendienstlicher Hilfsmittel mittels Postpaketen verstärkt durch den BND weiter praktiziert. Hier lagen mit die Ursachen für eine ständige personelle Verstärkung der Spionageabwehr in diesen Jahren. Diese Methoden der Geheimdienste, insbesondere des BND, waren in erster Linie auch dafür verantwortlich, dass im MfS durch Befehl die selbständige Diensteinheit – Postzollfahndung (PZF) – geschaffen wurde. Diese Diensteinheit hatte die Hauptaufgabe, Pakete mit geheimdienstlichem Inhalt herauszufiltern. Durch Mielke persönlich wurde mir die Diensteinheit Anfang der 80iger Jahre in meine Verantwortung übergeben. Da der BND nach unseren Erkenntnissen in den 80iger Jahren diese Methode der Übersendung von nachrichtendienstlichen Hilfsmitteln kaum noch praktizierte, löste ich die Diensteinheit auf. Die Übermittlung von Spionagenachrichten per Post wurde aber fleißig weiter betrieben.«[416]

Rudi Strobel, ein erfahrener Mann der Spionageabwehr und Leiter der Abteilung M des MfS Berlin gelangte zur Einschätzung:

»In allen Jahren wurden den westlichen Geheimdiensten hohe Verluste durch die Spionageabwehr/Postkontrolle zugefügt. Dies führte auch dazu, auf dem Gebiet der BRD keine Personen mehr als Deckadresse zu werben, sondern es wurden Empfängeradressen frei erfunden und mit Hilfe der postalischen Möglichkeit des Nachsende-Antrages, dem Geheimdienst übergeben. Durch die nicht exakte Arbeit der bundesdeutschen Postbeamten beziehungsweise Mitarbeiter der Geheimdienste kam es auch damit zu seltsamen Ereignissen. Nicht sel-

---

416 Günther Kratsch: *Erinnerungen*. Unveröffentlichtes Manuskript (Archiv des Verfassers).

ten kamen die Spionagebriefe als ›unzustellbar‹ zurück in die DDR und die nichtidentischen Absender [meist aus dem Telefonbuch abgeschrieben, Anm. d. Verf.] erhielten diese Briefe und übergaben sie in der Regel der Spionageabwehr des MfS oder der Volkspolizei.«[417]

Und letztlich stellt ein langjähriger Offizier der HA II seine Sicht zur Postkontrolle wie folgt dar:

»Manchmal waren es winzige Anhaltspunkte, die dazu führten: Blindeindrücke beim Schreiben des Geheimtextes, unsinnige Tarntexte oder nicht existierende Absender. Alles was in dieser Richtung verdächtig war, wurde auf Spuren von Geheimschreibmitteln überprüft. Die Wissenschaftler und Techniker des operativ-technischen, also kriminaltechnischen Bereichs hatten die bekannt gewordenen Mittel analysiert. Sie leisteten Erstaunliches, um auch hochwertige Geheimschreibmittel zu erkennen und sichtbar zu machen. So griff eines ins andere. Die Fahndung funktionierte, weil im Zuge der allgemeinen Vergrößerung des Apparates des MfS die Abteilung M aufgebaut wurde. Andererseits gab es diese Aufgabenstellung und jeder gefundene Spionagebrief gab wieder Impulse für die weitere Perfektionierung der Postkontrolle. Ihr Leiter kam übrigens aus der Spionageabwehr. Er war Abteilungsleiter in der HA II und blieb auch als Leiter der Abteilung M dem Chef der Spionageabwehr unterstellt.

Natürlich ist die Postkontrolle ein brisantes Thema. Das MfS setzte sich über das in der Verfassung garantierte Postgeheimnis hinweg. Aber es lohnt eben, die Beweggründe zu kennen. Sicher gab es auch andere, personenbezogene Aufträge zur Postkontrolle, wenn jemand wegen Verdachts einer Straftat gegen die DDR in einem Vorgang operativ bearbeitet wurde. Das bedurfte jeweils

---

417 Vgl.: Rudi Strobel: Unveröffentlichter Beitrag, Berlin 1998, o. S.

der Bestätigung durch mindestens einen stellvertretenden Hauptabteilungsleiter. Der Willkür waren damit enge Grenzen gesetzt. Besondere Kriterien gab es für die Kontrolle des Postverkehrs innerhalb der DDR. Schon aus posttechnischen Gründen waren hier enge Grenzen gesetzt. Die Postkontrolle betraf im Wesentlichen den grenzüberschreitenden Postverkehr. Aber ich will die Postkontrolle nicht schönreden. Jeder verurteilt sie – aber jeder Staat braucht sie.

Aber zurück zu den Geheimdienstbriefen. War eine erste Spur gefunden, brachte die Kontrolle der westdeutschen Deckadresse die Folgebriefe. Sichtbar gemachte Geheimtexte ergaben Anhaltspunkte auf den Schreiber. Der Beweis war schließlich erbracht, wenn ein Schriftgutachten bestätigte, dass die ermittelte verdächtige Person mit dem Schreiber des Geheimtextes identisch ist. Eine ganz exakte Sache, aber wieviel Arbeit oft bis zu diesem Punkt notwendig war, ist schwer zu beschreiben. Besonders schwierig war es, wenn der Geheimtext chiffriert war und als Schriftprobe allein die sichtbar gemachten Zahlenkolonnen vorhanden waren. Trotzdem kapitulierten wir auch dann nicht. Die meisten unbekannten Schreiber wurden gefunden. Manchmal half der Zufall oder ein winziger Fehler des Agenten. Einen fanden wir zum Beispiel nach mehrjähriger vergeblicher Suche dadurch, dass er einen Spionagebrief zusammen mit einer Bestellung von Kondomen an einen Dresdner Versand in den Briefkasten steckte. Die Handschriften waren identisch. Der Absender stand auf dem Bestellbrief. So einfach war plötzlich der Fall. Der Schreiber entpuppte sich als eine Spitzenquelle der CIA, die in der Staatlichen Plankommission der DDR gearbeitet hatte und lange Jahre Informationen über Schwachstellen der DDR-Wirtschaft geliefert hatte. Sie waren Hintergrund für manche Position auf den Embargolisten für Waren, die die DDR dringend brauchte, aber die nicht geliefert werden durften. So war der Kalte Krieg.«[418]

Passkontrolle und Tourismus – die Linie VI

Um den Sicherheitserfordernissen der DDR im Zusammenhang mit dem grenzüberschreitenden Verkehr zu entsprechen, unterlag dieser einer solchen Kontrolle, die gewährleistete, mit hoher Effektivität gegnerische und anderweitig gegen die DDR gerichtete Tätigkeiten aufzudecken, sie bereits im Ansatz zu verhindern beziehungsweise zu bekämpfen. In diesem Prozess bildeten die Gestaltung, Ausstellung und Kontrolle von Grenzübertrittdokumenten, insbesondere von Pässen sowie darin angebrachter Sicht-, Kontroll- und Registriervermerke in Einheit mit den eingesetzten Kräften, Mitteln und Methoden ein wichtiges Instrument.[419]

Die Linie VI nahm eine wichtige Rolle bei der Fahndung nach Agenturen westlicher Geheimdienste ein. Durch die Passkontrolleure war in den einzelnen Tätigkeitsbereichen der Passkontrolleinheiten im Rahmen der Lösung ihrer Aufgaben zur Kontrolle, Überwachung und Sicherung des grenzüberschreitenden Verkehrs ein wesentlicher Beitrag zur Vorbeugung, Aufdeckung und Verhinderung von Spionagehandlungen zu leisten.

Durch die exakte und einheitliche Durchsetzung der in der Passkontrollordnung, der Ordnung zur Technologie der Kontrolle und Abfertigung sowie zur Arbeitsorganisation an den Grenzübergangsstellen und in

---

418 G. F.: *So war das – 36 Jahre im operativen Dienst des MfS*, S. 17 f. (Archiv des Verfassers).

419 MfS Hochschule: Die politische, operative und rechtliche Bedeutung der Pässe und darin angebrachter Sichtvermerke, ihre Entwicklung und Gestaltung sowie Möglichkeiten der Echtheitsbeurteilung an den Grenzübergangsstellen der DDR. Potsdam 1978, S. 21 (Archiv des Verfasser).

anderen dienstlichen Bestimmungen und Weisungen festgelegten Verfahrensweisen, Handlungsabläufen usw. war durch jeden Passkontrolleur zu sichern, dass eine lückenlose Kontrolle aller Personen bei der Grenzpassage erfolgte und die Grenze nur von Personen passiert werden konnte, die im Besitz der dafür erforderlichen korrekten Dokumente waren, es sei denn, es machte sich aus operativen Gründen erforderlich, Personen mit erkannten verfälschten oder nachgeahmten Dokumenten passieren zu lassen, um sie zu observieren. Zwischen der Spionageabwehr und der Passkontrolle gab es eine Zusammenarbeit, um Reisende mit nachrichtendienstlichem Hintergrund zu erkennen und unter Kontrolle zu halten.

Nach dem 13. August 1961 waren insbesondere Kuriere und Instrukteure westlicher Dienste, die mit Spionen in der DDR ohne Reisemöglichkeiten in das NSW zusammenarbeiteten, gezwungen, über Grenzübergangsstellen in die DDR einzureisen. Das bot dem MfS entsprechende Fahndungsansätze. Die Staatssicherheit verfügte über gesicherte Informationen, dass Kuriere und Instrukteure mittels unrechtmäßig ausgestellten[420], verfälschten[421] oder nachgeahmten[422] Dokumenten zu

---

420 Bei unrechtmäßig ausgestellten Dokumenten handelte es sich um solche, die die westlichen Geheimdienste von der Bundesdruckerei oder von Ämtern als Blanko erhielten, um sie für operative Zwecke unter Verwendung von Scheinpersonalien zu nutzen.

421 Bei verfälschten Dokumenten handelte es sich um Pässe, Ausweise, Visa oder andere Legitimationspapiere, die durch Lichtbildauswechslung, Rasur, Überschreibung, Hinzufügung, Blattaustausch oder auf andere Weise verändert wurden.

422 Nachgeahmte Dokumente waren in ihrer Gesamtheit auf der Basis echter Dokumente (Originale) angefertigte Reproduktionen, wobei die Originalähnlichkeit angestrebt wurde.

Fuß oder per Kraftfahrzeug in die DDR einreisten. Möller und Stuchly führen dazu aus:

»Die Einreise derartiger Agenten, fast ausschließlich solcher vom BND, erfolgte vor allem über Grenzübergangsstellen in die DDR-Hauptstadt für Fußgänger, dabei vornehmlich über die GÜSt Bahnhof Friedrichstraße. Angesichts dessen wurde durch die HA VI unter anderem eine repräsentative Anzahl von Passkopien verschiedener Ausstellungsbehörden in der BRD zu Vergleichszwecken gespeichert. Die Vergleiche konzentrierten sich vor allem auf die Seriennummern der Pässe und das Ausstellungsdatum, auf die exakte Anordnung, Schreibweise, Art und Aufteilung der Stempeleindrücke und Vermerke, auf die Gültigkeitsdaten der Pässe, auf charakteristische äußere Merkmale, etwa Perforierung der Lichtbilder, und auf die tatsächliche Existenz der Person unter den im Reisedokument enthaltenen Personalangaben.

Durch eine interne Kommunikation der Passkontrolle zu den Datenspeichern waren Sofortüberprüfungen möglich. Bei entsprechenden Verdachtshinweisen wurden in Reserve gehaltene Observationskräfte sofort zum Einsatz gebracht, um die weiteren Bewegungen während des Aufenthaltes, mögliche Kontaktpartner, weitere konkrete Handlungen unter Kontrolle zu halten. Ziel war es, mögliche Geheimdienstaktivitäten zu erkennen und zu dokumentieren beziehungsweise danach zusätzliche Kontrollmaßnahmen einleiten zu können, zum Beispiel Veranlassung einer Sonderbriefkastenleerung, wenn Briefeinwürfe der verdächtigen Personen festgestellt wurden.

Im Zuge der gezielten Fahndung konnten in einer Reihe von Fällen Unregelmäßigkeiten festgestellt werden, die deutlich machten, dass der BND aus verschiedenen Ausstellungsbehörden der BRD Pässe beschaffte, die oft vom üblichen Original abweichenden Eintragungen aber selbst vornahm. Dadurch konnten, allerdings meist erst im nachhinein, BND-Kuriere mit verfälschten Personaldokumenten festgestellt werden.

Im Allgemeinen wurde bei jedem Einsatz gleicher Kuriere vom BND andere, verfälschte Dokumente genutzt. Es gehörte zur Praxis des BND, solche Dokumente per Post an die jeweiligen Agenten in Westberlin zu schicken. Solche Kuriere waren meist Westberliner – schon wegen der Orts- und Regimekenntnisse. Nach der Rückkehr vom Einsatz hatten sie sich telefonisch bei ihrem BND-Mitarbeiter z. B. in München zurückzumelden und die Auftragserfüllung zu bestätigen.

Die oberflächliche Passausstellung, die Übersendung der Dokumente auf dem normalen Postweg wie auch die telefonische Rückmeldung von Westberlin nach München zeugte von einer mehr als laxen Vorgehensweise der BND-Mitarbeiter – was von der Spionageabwehr des MfS dankend angenommen wurde. Nach der Festnahme eines auf diese Art eingesetzten Kuriers im Dezember 1987, die dem BND dann offenkundig die Wirksamkeit des MfS-Fahndungssystems erkennen ließ, wurden derartige Operationen nicht mehr festgestellt.«[423]

Hinsichtlich der vom BND verwendeten Pässe bemerkt Wagner: »Es konnte eindeutig nachgewiesen werden, dass die vom BND verwandten Pässe nicht von den Behörden der BRD ausgestellt worden waren, sondern aus den Fälschungslabors des BND stammten. Sie hatten alle eine fünfjährige Gültigkeitsdauer und waren noch nie verlängert worden. In diesen Pässen gab es keine Vermerke über Wohnungswechsel, Namensänderungen oder ähnliches. Nie waren der Geburts- und

---

423 Günter Möller, Wolfgang Stuchly in: *Die Sicherheit*, S. 525 f.

der Wohnort identisch. Hinzu kamen Seriennummern aus Großstädten – obgleich der Pass in einer Kleinstadt ausgegeben war. Abweichungen gab es auch bei der Perforierung der Passbilder, Ausstellungsbehörden und der BND benutzten offenkundig zwei verschiedene Maschinen. Ähnlich verhielt es sich bei den Stempeln. All diese Merkmale waren geeignet, erfolgreich zu suchen.«[424]

Anders als der BND verfuhr der amerikanische Geheimdienst mit seinen Kurieren. Ein langjähriger Mitarbeiter der Spionageabwehr erinnert sich:

»Es wurde also ein Kurier geschickt und die Falle schnappte zu. Das Beweismaterial war eindeutig. Auch der Kurier legte ein Geständnis ab, zumindest zum letzten Einsatz, bei dem er gefasst wurde. Er sagte aus, dass er mit falschem Namen eingereist ist und für diesen Zweck vom amerikanischen Geheimdienst einen westdeutschen Personalausweis erhalten hat. Kriminalistik stand bei uns hoch im Kurs. So wurden beide vom Geheimdienst stammenden Ausweise sofort von Experten untersucht. Das Ergebnis war verblüffend: Die Ausweise waren gefälscht. Es gab eindeutige Merkmale. Dem Bundesadler auf Seite 4 fehlte die Kralle! Dazu wurden zwei weitere Fehler ausgemacht. Damit stand fest: Der amerikanische Geheimdienst rüstete seine Agenten mit gefälschten Ausweisen aus und diese waren unverwechselbar zu erkennen. Wer also mit einem solchen Ausweis mit der fehlenden Kralle kam, musste vom amerikanischen Geheimdienst geschickt sein. So einfach war das wieder einmal.

Warum die Amerikaner so wenig Vertrauen zu ihren westdeutschen Bundesgenossen hatten, blieb uns ein Rätsel. Anstatt gefahrlos mit echten Ausweisen zu arbeiten – um die man allerdings irgendjemanden hätte

---

424 Helmut Wagner: *Schöne Grüße aus Pullach*, S. 171 f.

bitten müssen – wurden in den Labors der Amerikaner eigene gedruckt, leider eben nicht perfekt.

Nun wurde nach Reisenden mit solchen Ausweisen gefahndet. Und das funktionierte. Das Regime der Grenzkontrolle war inzwischen durchorganisiert. Alle Kräfte der Passkontrolle waren Mitarbeiter des MfS. Natürlich ging das nicht überall und nicht alle Ausweise konnten unter das Mikroskop gelegt werden. Aber am Bahnhof Friedrichstraße in Berlin entwickelten die Fahnder eine regelrechte Spürnase. Etwa ein halbes Dutzend Mal klappt es.«[425]

Neben der Fahndung nach Dokumenten konzentrierte sich die Passkontrolle aber auch auf die Personen selbst, insbesondere um in Zusammenarbeit mit der Spionageabwehr reisende Spione zu identifizieren, die die Transitstrecken (Autobahn, Straße, Eisenbahn) nutzten.

Die Aktivitäten westlicher Geheimdienste, besonders des BND und der US-Dienste, zur Erkundung der militärischen Lage in der DDR beziehungsweise des dort vorhandenen militärischen Potentials waren von hoher Intensität geprägt. Das betraf vor allem den systematischen Einsatz von Kräften und Mitteln mit dem Ziel, die betreffenden militärischen Bereiche und territorialen Abschnitte möglichst umfassend zu überwachen und eventuelle Veränderungen frühzeitig zu erkennen. Die HA II konnte dahingehend im Zusammenwirken mit anderen Diensteinheiten bedeutsame Erkenntnisse über die Spionagetätigkeit der Dienste auf den durch die DDR führenden Verbindungswegen und Transitstrecken erarbeiten. Mit Beginn der 1970er Jahre war eine dahingehende Tendenz zu verzeichnen,

---

425 G. F.: *So war das – 36 Jahre im operativen Dienst des MfS*, S. 19 (Archiv des Verfassers).

dass sich der Einsatz von Spionen auf den Transitstrecken der DDR, insbesondere im West-West-Verkehr
zwischen der Bundesrepublik und Westberlin, zu
einem wichtigen Teilbereich der Militärspionage
entwickelt hatte, wobei sich in der Arbeitsweise der
Dienste quantitative und qualitative Steigerungen
(größere Breite, bessere Systematik und Exaktheit), die
schließlich zu effektiveren Spionageergebnissen führten, abzeichneten. Durch den Auf- und Ausbau eines
Überwachungssystems auf den Transitstrecken der
DDR wollten die Geheimdienste in erster Linie schnelle Signale über bevorstehende beziehungsweise durchgeführte militärische Aktionen und Maßnahmen des
DDR-Militärs und der GSSD erhalten. Dieser Teilbereich der Militärspionage wies einige Besonderheiten
auf, von denen sich die amerikanischen Dienste und
der BND bestimmte Vorteile versprachen, unter anderem hinsichtlich der Erlangung wichtiger Informationen unter verhältnismäßig risikoarmen Bedingungen.
Solche Besonderheiten waren:
• Die relativ günstigen natürlichen Voraussetzungen für
  die Spionagetätigkeit, wie zum Bespiel
• die territoriale Lage Westberlins,
• der damit verbundene umfangreiche Verkehr auf den
  Eisenbahnlinien, Autobahnen und Fernverkehrsstraßen,
• die Tatsache, dass die betreffenden Transitstrecken
  auch Schwerpunkte im Verkehrsnetz der DDR darstellten und zwangsläufig bei jeder größeren militärischen Bewegung genutzt wurden,
• dem Umstand, dass an die Transitstrecken eine Reihe
  militärischer Objekte und Anlagen angrenzten.
• Die Laufzeiten der Spionagemeldungen vom Spion
  zur Zentrale konnten beträchtlich verkürzt werden,
  was für die Militärspionage besonders bedeutsam war.

- Den Geheimdiensten war es leichter möglich, spezielle Abwehrmaßnahmen des MfS in Verbindung mit den Transitstrecken zu erkunden beziehungsweise ständig zu studieren, so dass kurzfristig erforderliche Instruktionen an die Spione erteilt werden konnten (Umgehung oder Beachtung von Kontrollmaßnahmen an den GÜSt).[426]

Aus den der Staatssicherheit bekanntgewordenen Instruktionen war ersichtlich, dass die Spione auf folgende Verhaltensweisen orientiert wurden:

- Durchführung der Beobachtungen von den jeweiligen Verkehrsmitteln aus, keine ungewöhnlichen Maßnahmen, wie zum Beispiel Abweichen von den offiziellen Fahrtrouten ergreifen,
- Beschränkung der Handlungen auf visuelle Beobachtung,
- keine Aufzeichnungen anfertigen und nicht fotografieren,
- Spionageberichte erst nach Verlassen des DDR-Territoriums verfassen und absenden.

Bei der Abwehrarbeit des MfS wurde festgestellt, dass zwischen den Informationsanforderungen und generellen Instruktionen der Geheimdienste einerseits und den realen Bedingungen sowie den Verkehrswegen beziehungsweise den praktischen Handlungen der Spione andererseits, Widersprüche entstanden. Dies führte teilweise zu bestimmten Verhaltensweisen der Agenten, wie zum Beispiel:

- auffälliges Interesse beim Vorbeifahren an militärischen Objekten (Platzwechsel in Reisezügen und Bussen, langsam fahren auf Straßen),

---

426 Vgl.: BV Potsdam, Abt. II: Sondervorgang Transitstrecke Schiene Griebnitzsee–Schwanheide. BStU Archiv der Außenstelle Potsdam, Allg. S. 124/77, Bl. 23 ff.

- eventuell sofortige schriftliche Notizen nach getroffenen Feststellungen,
- Vortäuschen bestimmter Umstände (Pannen, Pausen), die einen begründeten längeren Aufenthalt vortäuschen sollten.

Solche Verhaltensweisen boten dem MfS Ansatzpunkte in der Abwehrarbeit und der Beweisführung, wie zwei Beispiele verdeutlichen sollen:

- Der Spion L. erhielt beispielsweise den Auftrag, mit Reisezügen kurzfristig von Westberlin aus nach Helmstedt zu fahren und dort mit dem Gegenzug wieder zurückzukehren. Bei diesen Fahrten sollte L. insbesondere Informationen über militärische Objekte und dort vorhandene funktechnische Anlagen sammeln. L. verfügte über funktechnische Kenntnisse. Während der Auftragsdurchführung machte sich L. Notizen auf einer DIN-A5-Karte.
- Ein anderer BND-Spion, der als Fernfahrer ständig zwischen der Bundesrepublik und Westberlin unterwegs war, machte sich laufend in einem kleinen Notizbuch Aufzeichnungen zu militärischen Bewegungen, die er während der Fahrt festgestellt hatte. Wenn er in der Kabine schlief und sein Kollege fuhr, befragte er diesen anschließend, um auch diese Informationen festzuhalten.[427]

Die Reisespione wurden durch die HA II im ZOV »Zugvogel« mit Teilvorgängen in den Bezirksverwaltungen bearbeitet.

In Zusammenarbeit zwischen der Spionageabwehr und der Passkontrolle wurden beispielsweise sogenannte »Kurzfahrer-Analysen« durchgeführt. Darin wurden beispielsweise über einen bestimmten Zeitraum mittels der gespeicherten Reisedaten die sogenannten Kurz-

---

427 Vgl.: Ebd., Bl. 30 f.

fahrer herausgefiltert. Bei der Suche nach Kurzfahrern waren folgende Merkmale relevant:

- Studenten, die in Westberlin studierten und dort auch wohnten,
- Einzelreisende zwischen 20 und 50 Jahren, meist mit auffallend wenig oder keinem Gepäck,
- Personen, die am ersten Tag einreisten, zum Beispiel nach Westberlin oder in die Bundesrepublik, und am gleichen oder zwischen dem zweiten und vierten Tag zurückreisten,
- Personen, die am ersten Tag einreisten und nach vier Tagen nicht zurückreisten (Rückreise über eine andere Transitstrecke oder Flugreise Westberlin–Bundesrepublik oder umgekehrt),
- sämtliche Fernfahrer (Straße), speziell Einzelfahrer,
- sämtliche IDH-Fahrer (Innerdeutscher Handel) in das Gebiet der DDR.

Für das Fahndungsraster waren nicht relevant:

- Personen über 50 Jahre,
- Personen unter 20 Jahre,
- Personen mit Familienangehörigen,
- mehrere verschiedene Personen in einem Pkw (diese wurden vom BND nicht genutzt).

Bei herausgefilterten Personen erfolgte:

- die Überprüfung in der Abteilung XII mittels Suchzettel,
- die Überprüfung sämtlicher früherer Ein- und Ausreisen im Reisedatenspeicher der HA VI,
- die Beschaffung der Originalhandschrift durch Fotokopie des Einreiseantrages,
- die Analyse der Ergebnisse.

Nach der Analyse erfolgte zwischen der jeweiligen Abteilung II/BV und der HA II/4 in der Regel eine Beratung zwecks Verdichtung durch Überprüfung in der Kartei der HA II/4. Auf dieser Basis erfolgte dann die

Entscheidung, welche Personen in den ZOV »Zugvogel« der HA II aufgenommen wurden und die entsprechende Abt II führte die sie betreffenden Teilvorgänge. Im Rahmen der Bearbeitung der Teilvorgänge kam es insbesondere darauf an:

- den Nachweis der Verbindung und Nachrichtenübermittlung zum BND im Operationsgebiet Westberlin oder Bundesrepublik mittels Zielbeobachtungen zu erbringen,
- die Fahndung bei der HA VI einzuleiten, bezüglich der laufenden Information über Ein- und Ausreisen an den GÜSt.

Die »Kurzfahrer-Analysen« wurden wiederholt und dahingehend verglichen, was sich mit vorhergehenden Aktionen deckte. Bei Militärmanövern erfolgten im betreffenden Raum Sonderaktionen.

Die HA II verfügte bereits 1971 über weitreichende Informationen zur Organisierung der Spionage auf den Transitwegen. So unter anderem,

- dass in der Bundesrepublik spezielle Dienststellen des BND gebildet worden waren, die sich mit Transit-Spionage beschäftigten,
- jede BND-Dienststelle bearbeitete gesondert einen oder mehrere Transitwege, die in gleicher Richtung beziehungsweise nebeneinander lagen,
- dass der BND diese Spionagemethode lang und gut vorbereitet hatte,
- dass der BND die Transit-Spionage auf Kuriertätigkeit und Zielbeobachtung ausweitete,
- dass jeder BND-Transitspion mindestens einmal monatlich einen Transitweg durch die DDR bereiste (sogenannter »Vierwochen-Turnus«).

Die BND-Spione wurden beauftragt, über alles zu berichten, was sie bei ihrer Fahrt durch das DDR-Territorium sahen und hörten. Das betraf insbesondere militärische Probleme, Regimefragen, aber auch das Wetter sowie den Straßen- und Streckenzustand.

Nach der Durchreise durch die DDR schrieben beispielsweise Fernfahrer in Westberlin Spionageberichte mit Geheimschriftmitteln auf vorgeschriebene Briefe und schickten diese an Deckadressen in Westdeutschland. Nach Rückkehr von Westberlin in die Bundesrepublik fand dort ein Treff mit dem jeweiligen Verbindungsführer des BND statt, wobei die Transitspione nochmals mündlich berichteten und neue Aufträge sowie Hinweise für die nächste Fahrt erhielten. In diesem Rahmen wurden auch die Modalitäten der Bezahlung abgewickelt. In der Regel fanden die Treffs im Vier-Wochen-Rhythmus statt.

Ein Student aus Westberlin zum Beispiel, der mit der Bahn in die Bundesrepublik fuhr, schrieb dort nach seiner Ankunft direkt einen Spionagebericht und begab sich am jeweiligen Ort zum Treff mit dem Verbindungsführer des BND. Dort berichtete er und übergab er seine Meldung, ergänzte mündlich, erhielt neue Aufträge und Hinweise sowie Geld, um dann nach Westberlin per Zug oder mit dem Flugzeug zurückzukehren. Generell erkannte die Spionageabwehr des MfS folgende Modalitäten:

1. Nach Eintreffen am Bestimmungsort

- schriftliche Berichterstattung mit Geheimschriftmitteln und vorgeschriebenen Briefen an Deckadressen in der Bundesrepublik,

- Treffs am Bestimmungsort, meistens in Gaststätten, mit BND-Angehörigen, die oftmals die Spione vom Bahnhof abholten, dabei mündliche Berichterstattung, neue Aufträge, Hinweise und Bezahlung,

2. Treffs in der Bundesrepublik nach schriftlicher Berichterstattung von Westberlin aus,

3. Treffs mit BND-Mitarbeitern auch in Westberlin,

4. Treffs wenigstens in vier Wochen einmal,

5. jeder Spion hatte für eine Transitfahrt in der Regel die Summe von 120 bis 150 DM erhalten.

Die Spionageabwehr analysierte aus vorliegenden Informationen, dass auf jedem Transitweg (Straße und Autobahn) täglich ein BND-Spion vormittags und ein BND-Spion nachmittags durch die DDR reiste. Auf dem Schienenweg ging man davon aus, dass in jedem Transitzug täglich mindestens eine BND-Agentur durch die DDR fuhr. Es gab Hinweise, dass in Transitzügen auch jeweils zwei Spione zum Einsatz kamen, einer für jede Seite des Zuges.[428]

Es ist davon auszugehen, dass die westlichen Dienste über das konkrete Regime an den Grenzübergangsstellen der DDR informiert waren und Kenntnis davon hatten, dass alle Personen, die die GÜSt passierten, erfasst wurden. Günther Kratsch schreibt dazu:

»Von den Angehörigen der GÜSt wurden wir informiert, dass einige jüngere Menschen aus Westberlin und der BRD mit Transitzügen von Westberlin nach der BRD reisen und mit dem nächstmöglichen Zug wieder nach Westberlin zurückkommen, oder auch umgekehrt. In einigen Fällen kann der Aufenthalt am Zielbahnhof weniger als eine Stunde betragen haben. Diese außergewöhnliche Reisepraxis in der Konzentration von mehreren Fällen, ließen den Verdacht unehrenhafter Geschäfte aufkommen. Auch deshalb, weil bei diesen Reisenden das sonst übliche Reisegepäck vermisst wurde. Mancher dieser sonderbaren Leute hatte nicht einmal einen Aktenkoffer bei sich.

Die Spionageabwehr reiste dann auf Tuchfühlung auf

---

428 Vgl.: BV Potsdam, Abt. II/4: Bericht über die Absprache zum ZOV »Zugvogel« am 4. Februar 1971 in der Hauptabteilung II/4 b. In: Sondervorgang Transitstrecke Schiene Griebnitzsee–Schwanheide. BStU Archiv der Außenstelle Potsdam, Allg. S. 124/77, Bl. 161–166.

dem Gebiet der DDR mit. Die Ergebnisse der Observation waren interessant und eindeutig. Die Verdachtspersonen wurden tatsächlich beim Passieren von Militärobjekten aktiv. Obwohl sonst kaum die Landschaft interessierte, wurden umso auffälliger die Militärobjekte ins Spionagevisier genommen. Da nun nicht alle Objekte an einer Seite der Bahntrasse lagen, mussten entsprechend des BND-Auftrages während der Fahrt laufend die Beobachtungsposition gewechselt werden. Es war so relativ einfach, Beweise für die Durchführung von Militärspionage zu erarbeiten. Die Aussagen der Spione bestätigten erneut die stümperhafte Arbeit des BND und die Missachtung der Sicherheit seiner Agenten.«[429]

Aus der Sicht des BND stellte sich die Situation anders dar. Waldemar Markwardt merkt an: »Das Abwehrsystem aller Ostblock-Staaten, das dem sowjetischen Vorbild nachgebildet und – vor allem in der DDR – auch noch perfektioniert worden ist, ließ dem BND kaum operativen Spielraum.«[430]

Funkabwehr und Funkaufklärung – die Linie III

Wie die Linie M war auch die Linie III als Spezialfunkdienste des MfS ein entscheidendes Element zur Unterstützung der Tätigkeit der Spionageabwehr. Der Linie III (1983 fusionierten die bis dahin selbständigen Abteilungen III/Funkaufklärung und F/Funkabwehr zur HA III) führte Maßnahmen der

• Funkabwehr sowie der
• Funkaufklärung (offensive Funkabwehr)

durch und war damit ein operativ-technischer Dienst-

---

429 Günther Kratsch: *Erinnerungen*. Unveröffentlichtes Manuskript (Archiv des Verfassers).

430 Waldemar Markwardt: *Erlebter BND*, S. 120.

leister für die operativen Diensteinheiten des MfS, vorrangig der HV A und der HA II.

Über spezifische Maßnahmen der Funkabwehr und der Funkaufklärung war es möglich, Agenten westlicher Geheimdienste sowohl in der DDR als auch im Operationsgebiet aufzuspüren.

Funkabwehr

In der Entwicklung des Spionagefunks können folgende Phasen als charakteristisch voneinander unterschieden werden.

1. Einsatz ausgebildeter Funker, die innerhalb einer Gruppe Agenten als Nachrichtenübermittler fungierten. Aus dieser Spezialistenstellung des Funkers ergab sich eine völlige Abhängigkeit der gesamten Gruppe vom Funker und die durch Abwehrorgane immer wieder nutzbare Möglichkeit, über den Funker zur gesamten Gruppe zu gelangen. Solche Methoden des Einsatzes von Funkern in Spionagegruppen waren im 2. Weltkrieg üblich, wurden aber durch westliche Geheimdienste auch danach noch durchgeführt. Beispielhaft sei hier der Funkmeldekopf »Nordost« in den Jahren 1954/55 im Raum Greifswald erwähnt.

2. Ersatz der zur Übermittlung erforderlichen Morsetaste, deren Gebrauch eine spezielle Ausbildung und Kenntnisse voraussetzte, durch verschiedene Gebeautomaten. Der Vorteil bestand darin, dass vom Funker lediglich noch Kenntnisse in der Bedienung des Gerätes und des Chiffrierens erforderlich waren. Parallel dazu wurde von den westlichen Geheimdiensten eine erhebliche Verkürzung der Zeit erreicht, in der sich die Nachricht im Äther befand und die Station damit anpeilbar und der Standort erkennbar war. Diese Entwicklungsetappe umfasste alle westlichen Geheimdienste und reichte bis in das Ende der 1960er Jahre. Am Ende dieser

Umstellungsphase, in deren Verlauf auch einige Übermittlungsmethoden im UKW- und Dezibereich erprobt
wurden, ist ein Entwicklungsstand erreicht worden, der
für den weiteren Spionagefunk als charakteristisch an-
zusehen war und der sich wie folgt darstellte:

- Der einzelne Spion war Nachrichtensammler und
  -übermittler in einer Person, er fungierte als Funker.
- Die Funkübermittlungstechnik war weitgehend vereinfacht und automatisiert worden, wodurch spezifische Gerätekenntnisse entfallen konnten.
- Die Organisation des Spionagefunkverkehrs war auf
  weitgehendste Funktarnung ausgerichtet, um einem
  Zugriff durch das Funkabwehrorgan zu entgehen.
- Funkgeräte, Funkdokumentationen und Chiffrierunterlagen waren auf eine relativ lange Gültigkeitszeit
  ausgerichtet (E-Fall-Vorbereitung).

Diese Entwicklung führte bei den Staatssicherheitsorga-
nen der sozialistischen europäischen Staaten zur Schaffung von Organen zur Bekämpfung der gegnerischen
Aktivitäten im Spionagefunk. Die Spionagefunk-Ab-
wehrorgane der europäischen sozialistischen Staaten
wirkten unter Leitung des Apparates der Koordination
(AdK) abgestimmt und zielgerichtet zusammen. Die
Existenz sowie die Tätigkeit koordiniert tätiger Spio-
nagefunk-Abwehrdienste (SFAD) der sozialistischen
Länder zwang die westlichen Geheimdienste zu Be-
schränkungen in ihrer Aktionsbreite und hat letztlich
dazu geführt, dass sich Entwicklungstendenzen und
Handlungsweisen zur Umsetzung der Ziele und Absichten herauskristallisierten. Die westlichen Dienste waren
gezwungen:

- bei Gefahr der Entdeckung der Potenzen und Quellen
  den Funk als Verbindungsmittel nur dann einzusetzen, wenn dies unumgänglich war und keine andere
  Verbindung hergestellt werden konnte,

- ständig die Funktarnung zu verbessern sowie das Entdeckungsrisiko weitestgehend herabzusetzen.

Die Pläne, Absichten und Handlungen der Dienste auf diesem Gebiet waren im Grundtenor dadurch charakterisiert, dass durch modernste technische Mittel, wie auch durch zweckmäßige Arbeitsprinzipien der Funkagenten, die Verbindungen zwischen Spionen und Zentralen für alle Eventualsituationen und unter allen Umständen gewährleistet sein sollten. Das fand seinen Niederschlag in der Bereitstellung modernster Funktechnik für die Agenturen der westlichen Geheimdienste.

Unter Nutzung der Ergebnisse des wissenschaftlich-technischen Fortschritts wurden laufend neue Geräte entwickelt, erprobt und eingesetzt, die

- eine Reichweite von mehr als 1.000 Kilometer garantierten,

- nur noch ein Minimum an technischen Kenntnissen vom Bediener erforderten und die Inbetriebnahme oder unmittelbare Schulung auf der Basis schriftlicher Instruktionen gestatten (damit entfielen langwierige und risikoreiche Schulungen und es erhöhte sich die persönliche Sicherheit des Spions beziehungsweise er wurde flexibler),

- ein Optimum an vielfältigen Informationen übermitteln konnten und dabei nur ein Minimum an Übertragungszeit benötigten.

Die Entwicklungsfortschritte auf funktechnischem Gebiet hatten dazu geführt, dass die in Europa operierenden westlichen Geheimdienste fast ausnahmslos im Kurzwellenbereich arbeiteten. Sie und ihre Agenturen betrieben mit schnellautomatischen Gebern ausgerüstete und mit Leistungen von circa 10 bis 30 Watt sendende Agentenfunkanlagen, die für eine normale Übermittlung in den 1960er Jahren circa 45 Sekunden, später jedoch viel weniger Zeit (1989 unter einer Sekunde) benötigten.

Im Funkverkehr der Agenten kamen Arbeitsprinzipien zur Anwendung, die eine Entdeckung durch die Spionagefunkabwehr ausschließen sollten. Solche Prinzipien waren:

- Solange andere Verbindungsmöglichkeiten bestanden, hatte sich jeglicher Funkverkehr des Spions auf jährlich ein bis zwei Funktionsüberprüfungen zu beschränken. Dadurch sollte die für den Spannungs- oder Kriegsfall benötigte Funkverbindung und mit ihr die dazugehörige Agentur nicht vorzeitig enttarnt werden.
- Zwischen dem Agenten und der Zentrale wurde nur einseitiger Funkverkehr ohne eine unmittelbare zweiseitige Verbindung abgewickelt.
- Erreichung minimalster Sendezeiten durch
  - schnelle, automatisierte Abstimmvorgänge,
  - Verwendung von Schnellgebern,
  - Vermeidung von Wiederholungen.
- Vermeidung von Wiederholungen betriebstechnischer Daten wie beispielsweise Sendezeiten, Sendetage und Sendefrequenzen, die der Funkabwehr des MfS Voraussagen, sogenannte Arbeitsprognosen und damit die rechtzeitige Einleitung zweckmäßiger Vorbereitungshandlungen für die Ortung der Agentenfunkanlage ermöglichten.
- Anwendung von Tarnmethoden bei der Übermittlung, die der Funkabwehr des MfS die Ermittlung erschwerten beziehungsweise sie verunsichern sollten. Dies waren:
  - neue technische Übertragungsverfahren, beispielsweise die Arbeit »unterhalb des Rauschens«,
  - die Tätigkeit unter Charakteristika, die für geheime Funknetze des jeweiligen Operationsgebietes typisch waren, zum Beispiel Verwendung von Gebern analog der Ausrüstung von Quellen der

Verwaltung Aufklärung des MfNV oder der sowjetischen Aufklärung. Im Jahr 1972 wurde vom MfS ein Doppelagent der Verwaltung Aufklärung des MfNV, der für einen US-Dienst tätig war, festgenommen. Er hatte den Auftrag, den neuesten, von der Verwaltung Aufklärung genutzten schnellautomatischen Geber zum Nachbau zu beschaffen.

Außerdem wurden zur Schaffung eines Vorrats an gebrauchsfähigen, jederzeit einsetzbaren Geräten in Zeiten der politischen Entspannung komplette Geräte, einschließlich Funk- und Chiffrierunterlagen, in die sozialistischen Staaten eingeschleust und eingelagert. Daraus ergaben sich zwei Konsequenzen:

1. Die Bevorratung mit Funkgeräten auf lange Sicht gestattete es den Diensten nicht, die grundlegenden Betriebscharakteristika des Spionagefunks häufig zu ändern, weil sonst die ausgelagerten Geräte wertlos gewesen wären. Damit blieb die Funkcharakteristik des gegnerischen Spions über einen relativ langen Zeitraum stabil.

2. Gelang die Aufspürung solcher Geräte, Funkunterlagen und Betriebsdokumente, bestand die Aufgabe vorrangig nicht in deren Liquidierung, sondern in der von westlichen Diensten unbemerkten Dokumentation. Nur so war es möglich, den Beginn des Einsatzes des Gerätes sowie seinen Standort festzustellen und im Ergebnis funktechnischer-operativer Maßnahmen, den dazugehörigen Spion zu ermitteln.

Zur Bekämpfung westlicher Funkagenten auf dem Territorium der DDR 1955 die Abteilung F geschaffen und war viele Jahre die einzige Diensteinheit der Staatssicherheit, die sich mit Fragen des speziellen Funks beschäftigte. Sie hatte als Spionage-Funkabwehr folgende Aufgaben zu realisieren:

1. Im international abgestimmten, der Abteilung F vom AdK zugewiesenen Kurzwellenfrequenzbereich – der ständig und pausenlos überwacht werden musste – waren alle Aussendungen von Spionagefunkzentralen sowie deren Korrespondenten, also alle Aussendungen von Funkspionen, Funkresidenturen, Funkschulungs- und -ausbildungspunkten aufzufinden und mitzuhören.

2. Jede von der Abteilung F entdeckte Sendung mit Spionagefunkcharakter war noch während der Sendung ohne Zeitverzug mit größtmöglicher Genauigkeit zu peilen und eine grobe Standortbestimmung der Funkstation vorzunehmen.

3. Die im Prozess der Suche und Peilung von Agentenfunkstationen erarbeiteten funktechnischen/funktaktischen Daten (Betriebsfrequenzen, Betriebszeiten, Übermittlungsmethoden mit Inhalt, Peilwerte usw.) waren mit dem Ziel zu analysieren, neue Erkenntnisse für die weitere Qualifizierung der Suche nach Funkspionen zu erlangen.

4. Die zur Lösung der Aufgaben der Spionage-Funkabwehr erforderlichen operativ-technischen Mittel, Geräte und Anlagen waren ständig mit dem Ziel der Erhaltung und Erhöhung der Einsatzbereitschaft und Schlagkraft zu warten, zu pflegen und weiterzuentwickeln. Der Informationsbedarf des AdK war zu erfüllen.

5. Als Bestandteil des Abwehrsystems des MfS arbeitete die Spionage-Funkabwehr bei der

- Fahndung nach entdeckten Funkspionen in der DDR,
- Kontrolle überworbener Funkspione und
- Analyse des Verbindungssystems gegnerischer Geheimdienste

eng mit den zuständigen Diensteinheiten der Linie II des MfS zusammen und koordinierte mit diesen die gesamte Arbeit. Zur Lösung von Aufgaben der Funkfahndung verfügte die Spionage-Funkabwehr über ständig einsatzbereite mobile Funkfahndungsmittel, deren Einsatz außerhalb der Vorgaben des AdK erfolgte.

Da die gegnerischen Dienste unablässig an der Entwicklung wirksamer Tarn- und Schutzmethoden für ihre Funkagenten arbeiteten und das Schwergewicht der Anstrengungen auf die weitere Verringerung der Sendezeit der Funkspione gerichtet war, musste es die Funkabwehr erreichen, dass das für die Erfassung benötigte Zeitlimit noch unter der Sendezeit des Funkagenten blieb.[431]

Mitte der 1960er Jahre wurde die Funkabwehr des MfS auf einen Funkstützpunkt des BND in der DDR aufmerksam. Bei der erfassten Sendung handelte es sich um einen Funkagenten mit der Standardausrüstung des BND, einem Kurzwellensendegerät SP-15. Über die Funkpeilung konnte der Sender grob lokalisiert werden. Sein Standort befand sich nördlich von Berlin. Über technisch-physikalische Maßnahmen konnte der Sender auf den Bereich Oranienburg/Wandlitz/Mühlenbeck näher eingegrenzt werden.

Dies war die Grundlage dafür, dass die Funkabwehr mittels halbstationärer Peilstellen und Gruppen der Nächstfeldfahndung eine Funkfahndung vorbereitete. Das MfS verfolgte das Ziel, durch den Fahndungseinsatz über die gefundene Frequenz und weitere zu ermittelnde Frequenzen wesentlich konkretere Peilungen im Fahndungsraum zu erzielen. Weiterhin sollte den Auswertern aufgrund der vorliegenden Analysen ermöglicht werden, Prognosezeiten zu errechnen. Zur Realisierung

---

431 Vgl.: Horst Männchen, Herbert Friedrich: Forschungsergebnisse zum Thema: »Probleme des Einsatzes spezifischer technisch-physikalischer Mittel und Methoden durch das MfS bei der Abwehr und Aufklärung des ›elektronischen Kampfes‹ in der Klassenauseinandersetzung zwischen Imperialismus und Sozialismus«. BStU MfS JHS Nr. 21825, Bl. 279–290.

des Aufgabenkomplexes wählte/schuf die Funkabwehr die effektivsten Standorte und prüfte die technischen, geografischen und sonstigen Voraussetzungen.

Bereits in dieser Phase gab es ein enges Zusammenwirken zwischen Funk- und Spionageabwehr. Die F zog die II in alle operativ-technischen Maßnahmen mit ein. So war es der Spionageabwehr möglich, durch Recherchen und inoffizielle Maßnahmen bei der Ermittlung des Agenten mitzuwirken.

Im genannten Raum kamen drei halbstationäre Peilstützpunkte zum Einsatz, die Funkfahnder waren als Nachrichtensoldaten der NVA legendiert. Da sich ein solcher Einsatz nicht von heute auf morgen realisieren ließ, mussten neben der Technik auch Wasch-, Koch- und Schlafmöglichkeiten für die Mitarbeiter vor Ort geschaffen werden. Die Legende »NVA-Nachrichtentruppen« war auch für die notwendigen Kontakte in den Ortschaften vom ABV bis zum Konsum wichtig. Letztlich sollte der Agentenfunker durch den Dorfklatsch nicht misstrauisch gemacht werden, da er dann seine Tätigkeit mit Sicherheit eingestellt und seine Technik vernichtet hätte.

Im Raum Zehlendorf, Kreis Oranienburg, war beispielsweise ein halbstationärer Peilstützpunkt im Einsatz. Durch den fast ein Jahr andauernden Einsatz aller beteiligten Kräfte gelang es lediglich eine Sendung des Agenten zu erfassen, zu peilen und auf Magnetband zu sichern. Danach verstummte der Agent wieder. Durch Peilungen konnte der Standort des Agenten nun auf den Ort Wensickendorf begrenzt werden.

Durch operative Maßnahmen der HA II wurde der Kreis möglicher Verdächtiger eingeschränkt. Sie konzentrierten sich letztlich auf den Leiter der Freiwilligen Feuerwehr Wensickendorf. Durch eine operative Kombination konnte er als der gesuchte Funkspion überführt werden. Dazu wurde ein Feuerwehrwettkampf organisiert, den der Wensickendorfer gewann. Natürlich wurde ihm, wie bei Wettkämpfen üblich, ein Pokal überreicht - mit operativer Technik präpariert. Der Spion stellte den Pokal im Wohnzimmer auf und von nun an war die Spionageabwehr akustisch dabei, wenn der Agent W. den Rundspruchdienst des BND abhörte. Als das Material gegen W. genügend verdichtet war und genügend Beweise vorlagen, wurde W festgenommen. Als sein Haus durchsucht wurde, fanden sich Funkgerät und Funkunterlagen an. W. gestand seine Spionagetätigkeit. In seiner Vernehmung klärte sich auch die spärliche Funktätigkeit des Agenten. Er hatte einen Vermessungstrupp der Deutschen Post bemerkt und dessen Tätigkeit fälschlicherweise der Funkabwehr zugeordnet. Die Funksprüche von W. konnten im Nachhinein von der Abteilung XI des MfS entschlüsselt werden.

Der Wensickendorfer traf 1952 ehemalige Kriegskameraden und erhielt durch diese Kontakt zur Organisation Gehlen. Insgesamt betrieb er viele Jahre Militärspionage gegen die DDR. Seine Schwerpunkte waren dabei militärische Objekte im Raum Oranienburg, Ladeburg und Berlin. Seine Aktivitäten galten der Aufklärung dieser Objekte sowie von Truppenbewegungen und Manövern. W. erhielt eine Freiheitsstrafe von 15 Jahren.[432]

Funkaufklärung/Offensive Funkabwehr
Die im Bereich III des 1. Stellvertreters des Ministers, Bruno Beater, geschaffene, erprobte und mit Befehl 20/71 profilierte offensive Funkabwehr war ein wichtiger Arbeits- und Verantwortungsbereich innerhalb der

---

432 Vgl.: Werner Brinkmann: »Funkfahndung des MfS kontra BND«. In: Wolfgang Schwanitz, Reinhard Grimmer: *Wir geben keine Ruhe. Unbequeme Zeitzeugen II*. Berlin 2015, S. 173–184.

Linie III des MfS. Mit funkelektronischen Mitteln und unter Ausnutzung technisch-physikalischer Prozesse konnte die offensive Funkabwehr einen wichtigen Beitrag zu Abwehr- und Aufklärungsaufgaben leisten.

Funktechnische Aufklärung, so Männchen und Friedrich, »beinhaltete das zielgerichtete Erarbeiten von Informationen über das funktechnische Feindpotential, d. h. über die vom Gegner benutzte, geplante oder bei ihm in Entwicklung befindliche Funktechnik, das Speichern dieser Informationen und deren Analyse mit dem Ziel, der Herausarbeitung von Konsequenzen für die weitere Tätigkeit des Ministeriums für Staatssicherheit in der Abwehr und Aufklärung«[433].

Der Funkaufklärung der Linie III des MfS oblag im Schwerpunkt die Informationsgewinnung aus Funk- und Fernmeldeverbindungen der Bundesrepublik. Für die Linie II war dabei insbesondere das Informationsaufkommen aus dem Bereich der Geheimdienste interessant.

In den 1980er Jahren war die Funkaufklärung des MfS insbesondere auf der Grundlage von Informationsbedarfsvorgaben tätig, die ihr von den operativen Diensteinheiten, insbesondere der HV A und der HA II vorgegeben wurden.

So führte die Linie III Operative Zielkontrollen durch. Sie dienten der konkreten Überwachung vorgegebener Telefon/Autotelefon und Telexanschlüssen.

Durch die Abteilungen/Arbeitsgruppen der HA II (seit 1987 in Koordinierung durch die AG K) konnten folgende Maßnahmen bei der HA III eingeleitet werden:

- Zielkontrollaufträge zu Personen und Objekten im
  - nationalen Telefon-/Telexverkehr der Bundesrepublik und Westberlin,

---

433 Horst Männchen, Herbert Friedrich: Forschungsergebnisse, Bl. 352.

- grenzüberschreitenden Telefon-/Telexverkehr der DDR mit der Bundesrepublik und Westberlin,
- grenzüberschreitenden Telefon-/Telexverkehr der DDR mit dem übrigen Ausland im begründeten Ausnahmefall.

Voraussetzungen für die Einleitung von Zielkontrollaufträgen waren:
- die begründete Notwendigkeit bei Berücksichtigung der Kapazitäten der Linie III,
- die aktive Erfassung des zu überwachenden Nutzers der Telefon-/Telexnummer in der Abteilung XII des MfS,
- keine zeitgleiche Realisierung der Maßnahme A (Telefonüberwachung von Teilnehmern des Fernsprechverkehrs der Deutschen Post und anderer drahtgebundener Nachrichtensysteme durch die Linie 26).

Die Zielkontrollaufträge waren im Verfahren der Beantragung durch den jeweiligen Abteilungsleiter sowie den Leiter der HA II oder dessen zuständige Stellvertreter zu bestätigen.

Die Laufzeiten für Zielkontrollaufträge waren zeitlich zu begrenzen auf:

Z = zeitweilig (6 Monate),

N = Normal (2 Jahre),

V = Variabel (vorgegebenes Datum, nicht länger als 2 Jahre).

Nach Ablauf der Laufzeit wurde die Maßnahme in eigener Zuständigkeit durch die HA III gelöscht. Dazu erfolgte keine Rückinformation an die auftraggebende operative Abteilung/Arbeitsgruppe.

Änderungen, vorzeitige Löschungen hatten durch die auftraggebende operative Abteilung/Arbeitsgruppe formlos schriftlich zu erfolgen.

Sobald das Ziel der Maßnahme erreicht war beziehungsweise bei Änderung des Telefon-/Telexanschlusses der Zielperson/des Zielobjektes, war die Löschung des Auftrages vor Ablauf der regulären Laufzeit zu realisieren. Über die neuen Anschlüsse der Zielperson/des Zielobjektes war ein neuer Zielkontrollauftrag einzuleiten. Technisch bedingt bestanden bei Einleitung eines Zielkontrollauftrages bis zu dessen Wirksamwerden circa drei Wochen Zeitdifferenz.

- Überprüfungen zu
  - Handlungen gegnerischer Nachrichtendienste in vorgegebenen Territorien Westeuropas, insbesondere in der Bundesrepublik und Westberlin, in konkreten, eng begrenzten Zeiträumen,
  - Anschlussinhabern der Telefonnetze der Bundesrepublik und Westberlin,
  - Geheimdienst-Mitarbeitern, Geheimdienst-Telefonanschlüssen, Geheimdienstobjekten und Fahrzeugen der Dienste,
  - Personen in der Stimmenbank.[434]

Ein höherer Beamter des BND schrieb zu den Kontrollmaßnahmen der HA III: »Die Computer dieser Diensteinheit enthielten permanent circa 4.500 Namen von BND-Mitarbeitern. Das MfS wusste wohl, dass es hierbei Mehrfachnennungen gab, die aufgrund von Klaranamen, dienstlichen Decknamen, Arbeitsnamen und anderen Tarnnamen herrührten. Mit allen Mitteln der internen Auswertung bis hin zur Auswertung von Stimmkonserven wurden diese Namen durch das MfS abgeglichen, um die Mehrfachnennungen streichen und diese Personen eindeutig identifizieren zu können.«[435]

---

434 Vgl.: HA II, Leiter: 1. Durchführungsbestimmung zur Ordnung Nr. II/3/87: Nutzung der operativ-technischen Möglichkeiten und des Informationsaufkommens der Hauptabteilung III vom 15. Juli 1987. BStU ZA MfS HA II Dok-Nr. 1768, Bl. 7 f.

435 Ullrich Wössner: »Angriffe des MfS auf den Bundesnachrichtendienst«. In: Georg Herbstritt, Helmut Müller-Enbergs: *Das Ge-*

Hohe Verluste erlitt der BND unter den seinen Spionen, die als DDR-Kraftfahrer im grenzüberschreitenden Verkehr tätig waren. Und das hatte einen Grund:

Im September 1979 wurden durch die HA III im Rahmen der Funkkontrolle des BND-Observationskommandos Mitte, Standort Düsseldorf, Observationshandlungen in Hannover festgestellt. Aus der Kommunikation der eingesetzten Observanten ging hervor, dass sich zur gleichen Zeit drei Observationsgruppen in den Städten Hannover, Hamburg und Bremen darauf konzentrierten, bestimmte Personenbewegungen zu erfassen, wobei die Beamten den Schwerpunkt auf quantitative Feststellungen zu dem observierten Personenkreis und die schwerpunktmäßigen Anlaufziele der Zielpersonen richteten. Die Observationsmaßnahmen selbst, konnten durch die HA III in diesem Zeitraum in Hamburg und Bremen nicht festgestellt werden. Auf die Zielrichtung der Aktion konnte aufgrund einer Kontaktaufnahme der Observanten zur Dienststelle des BND in Bremen geschlussfolgert werden. In einem Telefonat eines beteiligten BND-Mitarbeiters, der der HA III unter dem Decknamen »Ambros« bekannt war, wurden Ergebnisse der Maßnahmen ausgetauscht. Das Tätigkeitsfeld von »Ambros« lag nachweislich im Bereich der BND-Spionage gegen die DDR. Dem Gespräch entnahm die HA III, dass der BND mit dem Observationsmaßnahmen zufrieden war und ausreichend Ausgangsmaterial für weitere Handlungen sammeln konnte, wobei insbesondere auf die Ergebnisse in Hamburg verwiesen wurde.

Bis zum Sommer 1980 konnte diese Aktion durch die HA III keiner weiteren Aktion des BND zugeordnet werden.

---

sicht dem Westen zu ... DDR-Spionage gegen die Bundesrepublik Deutschland. Bremen 2003, S. 395.

Ab Jahresmitte 1980 beginnend, wurden durch die HA III Observationsmaßnahmen des Kommandos Mitte in Hamburg festgestellt. In die Handlungen waren von Beginn an die Bremer BND-Fallführer »Odenwald« und »Alex« in die Aktion eingebunden, für die das OKM in Hamburg tätig war. Bereits in der ersten Woche der Funkkontrolle der HA III zu den BND-Aktivitäten konnten konkrete territoriale Handlungsräume der BND-Observanten erkannt werden. Diese waren um den Lohseplatz sowie das Heiliggeistfeld und ferner um den Hauptbahnhof, die Reeperbahn und anderes konzentriert.

Die weitere Kontrolle der Aktivitäten des BND hatte ergeben, dass es sich bei den Zielpersonen um LKW-Fahrer handelte, die fast einheitlich ein Zielobjekt im Bereich des Hamburger Hafens aufsuchten. Bei diesem Zielobjekt handelte es sich um das Büro der Spedition R.I. GmbH Hamburg. Diese Spedition war Anlaufpunkt im Hamburger Hafen für Kraftfahrer aus der DDR und fungierte als Generalvertreter der DDR-Spedition Deutrans. In dieser Funktion vermittelte sie Transportaufträge an Deutrans.

Von Anfang an erleichterten die Observanten des BND der MfS-Spionageabwehr die Identifizierung der Zielpersonen. Sie gaben per Funk Fragmente von Kfz-Kennzeichen, Fahrzeugbeschreibungen (Typ und Farbe) sowie Personenbeschreibungen der Fahrer durch, die die HA III auffing. Bei der ersten zweifelfrei identifizierten Zielperson handelte es sich um einen Lkw-Fahrer aus Marienberg, Bezirk Karl-Marx-Stadt. Zu dieser Person wurden die Ziffernfolge seines Kennzeichens, der Lkw-Typ »Volvo« die Fahrzeugfarbe und eine treffende Personenbeschreibung über Funk durchgegeben. Die Informationen wurden entsprechend verdichtet und es bestätigte sich der Verdacht einer Aktion des BND gegen die DDR. Mit den Ergebnissen der HA III konnte die MfS-Spionageabwehr zügig eine größere Anzahl von BND-Zielpersonen identifizieren und operativ kontrollieren.

Im Frühjahr 1981 erhielt die HA II durch die Abteilung II der BV Karl-Marx-Stadt einen Hinweis über einen ersten Anbahnungsversuch aus diesem Komplex heraus. Ein Kraftfahrer aus Hohenstein-Ernsttal hatte sich bei der dortigen Kreisdienststelle gemeldet und mitgeteilt, dass er in Hamburg zur Militärspionage gegen die DDR geworben werden sollte. Er hatte allerdings von Beginn an kategorisch abgelehnt, so dass eine Nutzung als IMB nicht infrage kam. Die bekannt gewordenen Details in Verbindung mit den Informationen der HA III bestätigten bei der HA II den Verdacht, dass es sich um eine Werbeaktion des BND unter Lkw-Fahrern aus der DDR gehandelt hatte.

Diese Aktion hielt bis 1985 an. Bis dahin wurden durch die HA III fast täglich BND-Funkaktivitäten registriert, die sich dieser Aktion zuordnen ließen und ausgewertet wurden. Die Hauptabteilungen II und III konnten sich professionell auf diese Aktionen einstellen. Dies führte letztlich dazu, dass die Ergebnisse aktuell durch Spezialisten beider Hauptabteilungen ausgewertet und Maßnahmen dahingehend eingeleitet wurden, die Ziel- und Kontaktpersonen des BND lückenlos zu erkennen. MfS-intern erhielt die Aktion die Deckbezeichnung »Perspektive«.

Bei den Zielpersonen des BND handelte es sich um Kraftfahrer aus allen Bezirken der DDR. Die Kontaktierung durch den BND erfolgte einheitlich und stereotyp. Zuerst erfolgte ein gemeinsamer Gaststättenbesuch mit Alkoholkonsum oder auch der Besuch eines Bordells, gelegentlich wurden Geschenke überreicht. Dann wurde über persönliche Schwächen und Ausnutzung primitiven Verhaltens der Kraftfahrer versucht, deren Vertrauen zu erlangen und sie zur Spionage anzuwerben. Dabei wurde durch die Spionageabwehr eine große Intensität des BND festgestellt.

Aufgrund der häufigen, aber meistens nicht konkret vorbestimmbaren Aufenthalte der angeworbenen Kraftfahrer in der Bundesrepublik, hatte die Organisation des Verbindungssystems für den BND eine wesentliche Bedeutung. Dies wurde so gestaltet, dass die geworbenen Spione unter den Kraftfahrern aus der DDR die Nummer eines Telefonanschlusses erhielten, der mit einem automatischen Anrufbeantworter gekoppelt war. Bereits von einem Rastplatz aus oder von einer Be- beziehungsweise Entladestelle kontaktierten sie den Anrufbeantworter und gaben so mögliche Trefftermine und -orte durch. Die Treffs selbst wurden dann von Observationskräften des BND abgesichert. Die über Funk koordinierte Treffabsicherung wurde wiederum durch die Funkaufklärung des MfS erfasst. Auch diese Auswertung führte zur Identifizierung und Enttarnung von Spionen.

In Zeiten, in denen keine Treffs beim BND angekündigt waren, kam es wiederholt vor, dass die Vorgangsführer der Dienststelle »Ring«/Bremen mittels mobiler Technik die Anrufbeantworter auf mögliche Treffankündigungen abhörten. Auch diese Maßnahmen wurden durch die HA III erfasst. Aufgrund der dabei angerufenen Anrufbeantworter, die sich im Vorwahlbereich von Hamburg, Bremen und Stade befanden, war es dem MfS möglich, den Gesamtumfang der Spione zu bestimmen. Dies wurde dadurch begünstigt, dass eine größere Anzahl von geworbenen Lkw-Fahrern mit den gleichen Telefonnummern ausgestattet war. Da dieser Fakt durch die Fahrer nicht als wichtiges Indiz erkannt wurde, gingen sie damit sorglos um. Diese Nummern wurden auf Schmier- und Notizzetteln vermerkt und lagen zum Teil im Führerhaus umher oder wurden am Mann mit sich geführt, unter anderem auch bei der Kontrolle an der Grenze. Solche Zettel konnten im Rahmen operativer Maßnahmen aufgefunden werden und galten als Indiz für einen Kontakt zum BND.

Zum Jahresende 1984 beziehungsweise zum Jahresbeginn 1985 ließen die Maßnahmen der Dienststelle »Ring« gegen Lkw-Fahrer aus der DDR nach. Dies hatte seine Ursache vor allem im Handeln der DDR-Spionageabwehr. Rund 80 Aufklärungshandlungen, Kontaktanbahnungen und Anwerbungen des BND gegen Berufskraftfahrer aus der DDR gelangten der Linie II zur Kenntnis. Eine große Anzahl Betroffener meldete die Kontakte der Staatssicherheit. Es kam auch zu mehreren Festnahmen. Mit wesentlicher Unterstützung der HA III war es der Spionageabwehr gelungen, die Aktion »Perspektive« des BND zu zerschlagen.[436]

Der Leiter der HA II kam 1987 auf einer Dienstkonferenz zu der Einschätzung, dass »in der Aktion ›Perspektive‹ das Agenturnetz des BND unter DDR-Kraftfahrern im grenzüberschreitenden Verkehr vollständig enttarnt und somit die Arbeitsfähigkeit der BND-Dienststelle ›Ring‹ weitgehend paralysiert« worden war.[437] Kratsch merkte weiter an: »Alle noch nicht vom MfS festgenommenen Agenturen unter dem Kreis der DDR-Kraftfahrer im grenzüberschreitenden Verkehr wurden abgeschaltet, darunter natürlich auch unsere IMB.«[438]

Allerdings führte auch anderes unvorsichtiges Verhalten von Mitarbeitern des BND zur Gewinnung von

---

436 Mitteilung eines ehemaligen Mitarbeiters der HA II (Archiv des Verfassers).

437 Vgl.: Referat des Leiters der Hauptabteilung II auf der Dienstkonferenz am 25. November 1987, BStU MfS HA II 3702, Bl. 60.

438 Ebd., Bl. 61.

Informationen durch die Staatssicherheit. So wurde beispielsweise bei lang andauernden Observationen durch mitgeführte mobile Geräte (Autotelefone) Kontakt zu Familienangehörigen aufgenommen. Dies führte beispielsweise zur Enttarnung der BND-Mitarbeiter »Odenwald« und »Alex«. Bekannt wurden dadurch auch Ehepartner sowie Angaben zur familiären Situation.[439] Müller & Mueller berichten darüber, dass die Operation gegen Lkw-Fahrer aus der DDR beim BND den Decknamen »Parkuhr« trug. Weiter heißt es:

»Wolfgang Joachims (ODENWALD) war in Bremen ab 1980 federführend bei der Operation Parkuhr und wurde seiner augenscheinlichen Erfolge wegen 1984 zum Major befördert.«[440]

Aber auch auf anderem Weg gelangte die Spionageabwehr der DDR über die Möglichkeiten der Spezialfunkdienste des MfS zu bedeutsamen Informationen.

Der Leiter der Abteilung III schrieb im August 1982 in einer Information: »Nach sorgfältiger linienspezifischer Aufklärung des gegnerischen Regimes in der BRD bei Speicherabfragen und der Durchführung von vier operativen Handlungen des Nachvollziehens derartiger Speicherabfragen durch Kräfte der Abteilung III mit einem speziellen operativ-technischen Gerät steht fest, dass diese Methode durch das MfS operativ nutzbar ist und zu auswertbaren Ergebnissen führt.«[441]

---

439 Mitteilung eines ehemaligen Mitarbeiters der HA II (Archiv des Verfassers).

440 Peter F. Müller, Michael Mueller: *Gegen Freund und Feind. Der BND: Geheime Politik und schmutzige Geschäfte*. Reinbek 2002, S.432.

441 Abteilung III: Information zur Methode der operativen Nutzung gegnerischer Speicher mit speziellen operativ-technischen Mitteln vom 13. August 1982. BStU ZA MfS HA III Nr. 13732, Bd. 1, Bl. 62.

In der Bundesrepublik wurden vor allem von den Observationsgruppen des BND und des Verfassungsschutzes, des BKA sowie der MEK der Länder aber auch von Detekteien und Zivilpersonen Anfragen an speicherführende Behörden gestellt. Dabei fanden meist Funkfernsprechgeräte (Autotelefone) Verwendung. Die Anfragen bezogen sich auf die Erzielung von Auskünften über

- Fahndungseintragungen,
- Ergänzung/Überprüfung von Personalien,
- Kfz-Halterfeststellungen,
- Erlaubniserteilungen,
- Gewerbeeintragungen usw.

je nach Grund der Überprüfung und Charakter des abgefragten Speichers.

Im Rahmen der Aufklärung des Systems der Speicherabfrage und durch die genannten Handlungen des Nachvollziehens von Abfragen wurden detaillierte Angaben über solche Speicher bekannt, die nutzbar waren und für die Tätigkeit des MfS Bedeutung hatten.

Zur Durchführung der Maßnahmen wurde ein durch Spezialisten der Abteilung III modifiziertes Funkfernsprechgerät (Autotelefon) eingesetzt. Dieses Gerät war frei programmierbar. Jeder beliebige Funkfernsprechanschluss konnte als »Absender« gemäß den vorhandenen Legenden eingestellt werden. Zusätzlich wurden als Standorte bei den durchgeführten Maßnahmen Punkte an der Grenze zur Bundesrepublik gewählt und über Relais tief im Hinterland der BRD gearbeitet. Bei Verwendung von Legenden, die auf echte Funkfernsprechanschlüsse der Polizei beruhten, bestand jeweils eine genaue Kenntnis über deren Standorte und Aktivitäten. Diese Kontrolle darüber wurde mit linienspezifischen Mitteln der III realisiert. Die von den MfS-Spezialfunkdiensten gesammelten Erfahrungen bestätigten, dass unter Kenntnis bestimmter Voraussetzungen und bei deren strikter Einhaltung, bundesdeutsche Speicher-systeme für die Informationsgewinnung systematisch nutzbar waren.

Der Umfang und der Wert der aus den Speicher- und Recherchesystemen erzielten Informationen waren in Abhängigkeit von den Arten der genutzten Speicher und den zu klärenden Sachverhalten unterschiedlich. Der Wert bestand hauptsächlich in der Ergänzung und Vervollständigung von Informationen, um Sachverhalte und/oder Verdachtsmomente zu klären.

Unbedingte Voraussetzungen für das Eindringen in das Speicher- und Recherchesystem der Bundesrepublik waren vor allem:

- die genaue Kenntnis über zu nutzende Speicher ent-sprechend der Ziele der Informationsgewinnung,
- die Kenntnis und Berücksichtigung der Dienstvor-schriften und Datenschutzbestimmungen,
- das Vorhandensein der aktuellen beziehungsweise gültigen Kennwörter für die Speicherabfrage, insbe-sondere die genaue Kenntnis über die territorialen und sachlichen Gültigkeitsbereiche und die aufgrund des Föderalismusprinzips differenzierte Anwendung in den verschiedenen Bundesländern.

Die größten Erfolgsaussichten und gleichzeitig die ge-ringste Gefahr der Dekonspiration war mit der Verwen-dung gültiger Kennwörter verbunden, die hauptsächlich im Ergebnis der linienspezifischen Tätigkeit der Abtei-lung III, zum Teil auch durch die HV A und die HA VII gewonnen worden waren.

Die durch einen IM der HA VII bekannt gewordenen und an die Abteilung III weitergegebenen Kennwörter waren insofern bedeutsam, weil mit ihnen Erläuterun-gen über die Anwendungsbedingungen verbunden waren. Damit wurde eine breitere Ausschöpfung der Speicherarten erzielt, die Legendenbildung erleichtert und die genaue Übersicht über die zu erhaltenden Daten bereits zuvor ermöglicht.

Die der Abteilung III vorliegenden Informationen besagten, dass die für die Speicherabfragen festgelegten Kennwörter unterschiedliche Gültigkeitsbereiche hatten. Sie waren entweder bundesweit gültig oder nur anwendbar auf Länderebene beziehungsweise auf regionale Zuständigkeitsbereiche von Polizeidienststellen der Bundesländer begrenzt.

So waren beispielsweise in Bayern mit einem einheitlichen Kennwort zugleich Speicherabfragen in

• Kfz-Zulassungsstellen,
• Einwohnermeldeämtern,
• Polizeidienststellen

möglich.

Im Ergebnis der Maßnahmen der Abt III wurde deutlich, dass Speicherabfragen ohne das gültige Kennwort telefonisch nur bedingt möglich waren. Durch die aus dem Datenschutzgesetz resultierenden Vorschriften waren die Mitarbeiter der speicherführenden Dienststellen bemüht, die Identität des Anrufers eindeutig festzustellen. Sie fragten entweder nach der Identität (Dienststellenbezeichnung) oder nach Rückrufmöglichkeiten. War beides nicht gegeben, wurde keine Auskunft erteilt, auch wenn durch die Legende eine dringende Situation suggeriert wurde.

Nicht so streng an diese Vorschriften hielten sich vielfach Polizeibeamte von Einsatzleitstellen oder anderen Dienststellen. Die operativen Verbindungsaufnahmen zu den speicherführenden Dienststellen in der Bundesrepublik durch Mitarbeiter der Spezialfunkdienste des MfS erfolgten zumeist unter der Legende, Polizeibeamte zu sein. Dabei wurden Legitimationen als Angehörige von überregional tätigen Spezialdienststellen sowie von örtlich zuständigen Dienststellen genutzt.

Das Kraftfahrt-Bundesamt in Flensburg gab nur dann Auskunft, wenn

- Name, Vorname,
- Geburtsdatum und
- Wohnanschrift

von der angefragten Person genannt werden konnten. Erst durch einen zwei bis drei Stunden später durchgeführten Zweitanruf waren Angaben zu dem auf die Zielperson zugelassenen Fahrzeug (Kennzeichen, Typ, Farbe, Baujahr, Erstzulassung) und zum Führerschein beziehungsweise zu Verkehrsdelikten erhältlich.

Durch das MfS wurde festgestellt, dass die Ergebnisse auch durch Sprache und Erfahrungen sowie psychologisch kluge Verhaltensweisen einschließlich der Beherrschung der üblichen Kommunikationssprachgewohnheiten der mit dieser Aufgabe betrauten Mitarbeiter der Abteilung III beeinflussbar waren.[442]

Die Aktion »Zugriff« wurde von einer äußerst konspitrativ tätigen operativen Gruppe der Abteilung/HA III unter strengster Geheimhaltung durchgeführt. Zur Abfrage von Personendaten begab sich die Gruppe auf den Brocken im Harz oder günstig gelegene Regionen des Thüringer Waldes. Diese Gebiete nahe der Grenze zur Bundesrepublik empfahlen sich für derartige Maßnahmen vor allem durch eine funktüchtige Höhenlage und besaßen den Vorteil, dass Peilungen bundesdeutscher Dienststellen nicht detailliert dahingehend aussagekräftig waren, ob die elektronische Abstrahlung vom DDR-Territorium aus erfolgte oder nicht. Die Gruppe wechselte die Standorte regelmäßig und stellte, scheinbar vom Territorium der Bundesrepublik aus, Verbindungen in das Fernsprechnetz der Bundespost her und telefonierte darüber. Zur Personenerkennung dienten

---

442 Vgl.: Ebd., Bl. 62–65.

existierende Namen, die das MfS Verzeichnissen westdeutscher Polizeidienststellen entnommen hatte. Die
entstandenen Gebühren gingen zu Lasten des für die
jeweils verwendete Kennung zugelassenen Teilnehmers.
Außer Anfragen bei örtlichen Polizeidienststellen, Einwohnermeldeämtern, dem Kraftfahrt-Bundesamt und
Kfz-Zulassungsstellen sowie der Post wurden auch Anrufe bei Zielkontrollpersonen realisiert, um einen Stim-
menvergleich durchführen zu können. Jährlich wurden
rund 1.000 Maßnahmen im Rahmen der Aktion »Zugriff« durchgeführt.[443]

Eine enge Zusammenarbeit zwischen der HA II und
der HA III erfolgte auch auf dem Gebiet der Suche nach
gegnerischen funkelektronischen Aufklärungssystemen
(»Sonden«) auf DDR-Territorium. Bereits 1978 informierte die Aufklärung die Abwehr in einem streng
geheimen Dokument über NATO-Aktivitäten auf dem
Gebiet der Aufklärung durch ferngesteuerte Bodensensoren (Projekt AVID GUARDIAM) mit Grunddaten
des Datenübertragungssystems. Die HV A hatte in Erfahrung gebracht, dass die gemeinsame Studiengruppe
aus Vertretern der USA, Großbritanniens, der BRD und
Frankreichs, die mit der Durchführung einer Analyse
über den Einsatz von Bodensensoren beauftragt war, im
Juli 1977 ihren vorläufigen Abschlussbericht vorgelegt
hatte. Gleichzeitig war vereinbart worden, die Arbeit der
Gruppe um ein Jahr zu verlängern.

In dieser Studiengruppe wurden die Grundlagen und
Methoden für den Einsatz der Sensoren in Mitteleuropa
entwickelt. Der Bericht enthielt einen zusammenfassenden Überblick über die seit 1974 realisierten Untersu-

---

443 Vgl.: Andreas Schmidt: »›Aufklärung‹ des Funkverkehrs und der
Telefongespräche in Westdeutschland – Die Hauptabteilung III«.
In: Hubertus Knabe: *West-Arbeit des MfS. Das Zusammenspiel
zwischen »Aufklärung« und «Abwehr«.* Berlin 1999, S. 233.

chungen auf Initiative der USA zur Auswertung ihrer in Vietnam mit dem Einsatz von Bodensensoren gewonnenen Erfahrungen und deren Nutzung für die NATO. Bodensensoren waren ferngesteuerte, unbediente und miniaturisierte Aufklärungsmittel, die durch ihre Messung seismischer, akustischer und magnetischer Parameter Daten über aufzuklärende Bewegungen, Räume und Objekte sammelten und diese auf dem Funkweg automatisch an eine Auswertezentrale übermittelten. Sie konnten von Hand verlegt, durch die Artillerie verschossen oder durch Flugzeuge über dem Aufklärungsziel abgeworfen werden. Bei der Überwachung von Bewegungen erfolgte ihr Einsatz zumeist in mehreren Gürteln, bei der Raumüberwachung wurden sie nach bestimmten Kriterien über eine Fläche verteilt und bei der Aufklärung von Einzelobjekten möglichst nahe an diese herangebracht. Die komplexen Darlegungen verfolgten schwerpunktmäßig das Ziel, einen Beitrag zum Aufbau eines wirksamen, zuverlässigen und weitgehend automatisierten Systems der Gefechtsfeldaufklärung im Bestand der NATO-Streitkräfte in den 1980er Jahren zu leisten. Als wesentliches Merkmal der angestrebten technischen Konfiguration war daher der ausgedehnte Gebrauch der Anwendungsmöglichkeiten der Mikroelektronik zu erkennen. Dies kam vornehmlich in der Digitalisierung der Sensoren, dem Aufbau von Datenfernübertragungsstrecken zur Auswertezentrale und der Ausstattung der Auswertezentralen mit EDV-Anlagen zur Massendatenverarbeitung zum Ausdruck. Darüber hinaus ließen die Darlegungen erkennen, dass ein Einsatz derartiger Systeme auf dem Territorium sozialistischer Staaten bereits in Friedenszeiten möglich war, was sich bewahrheiten und in der Praxis zeigen sollte. Anhaltspunkte auf die Vorbereitung beziehungsweise Praktizierung derartiger Maßnahmen durch die Installation von Empfangs- und Auswertesystemen im Objekt der Fernmelde-/Elektronischen Aufklärung des USA auf dem Teufelsberg in Westberlin deuteten in diesem Zusammenhang auf eine Einbeziehung der US-Militärmissionen hin.[444]

Aber auch das KfS der UdSSR informierte das MfS zu den Sonden.

Günther Kratsch erinnert sich: »Wir erhielten auf diesem Wege [Zusammenarbeit mit dem KfS der UdSSR, Anm. d. Verf.] zum Beispiel Hinweise, dass die USA Sonden an militärischen Objekten installierten. Diese Sonden zählten, wie viele Fahrzeuge hinein und hinaus fuhren. Sie waren, mit einer Energiequelle versehen, in der Erde vergraben und funkten ihre Angaben zu einem Satelliten, der sie in ein Auswertungszentrum weiterleitete. Solche Sonden entdeckten wir Dank der Hauptabteilung III, der Funkabwehr, am Zentralen Munitionslager der Luftstreitkräfte in der Nähe von Storkow und in der Nähe von Karl-Marx-Stadt. Eine Sonde wurde zufällig gefunden, weil der amerikanische Dienst schlampig gearbeitet hatte. Sie lag in einem TBK (…). Sie lag also in einem am Bahndamm bei Heinersdorf so liederlich angelegtem TBK, dass sie von spielenden Kindern gefunden wurde. Sie kam über die Reichsbahn, wo man feststellte, dass es sich nicht um Signaltechnik handeln konnte, und über die Berliner Kriminalpolizei, bei der man auch nichts mit ihr anfangen konnte, in die richtigen Hände.«[445]

Volker Liebscher, ein ehemaliger Angehöriger der HA III, berichtet darüber, dass »ein spielendes Kind auf einer Müllhalde in der Nähe eines Truppenübungsplatzes

---

444 Vgl.: Hauptverwaltung A, Stellvertreter des Leiters: Schreiben vom 16. Februar 1978 über NATO-Aktivitäten auf dem Gebiet der Aufklärung durch ferngesteuerte Bodensensoren (Projekt AVID GUARDIAM). (Archiv des Verfassers).

445 In: NBI 35/1990, S. 60.

der in der DDR stationierten sowjetischen Truppen in der Dahlener Heide einen sonderbaren künstlichen Ast«[446] aufgefunden hatte. Das Gerät wurde untersucht und konnte als getarntes, mit einem optischen Sensor ausgestattetes elektronisches Spionagegerät erkannt werden. Gemäß Liebscher war es »dazu geeignet, elektronische Zielsucheinrichtungen von Waffensystemen aufzuklären. Es besaß zudem die Fähigkeit, die Aufklärungsergebnisse über Funk abzusenden.«[447]

Die HA III unternahm erfolgreich die Lokalisierung solcher Gerätschaften, indem sie das Territorium der DDR funkelektronisch aufklärte. Dazu wurden 176 Einsätze realisiert, 22 davon waren luftgestützt.[448] Liebscher gelangt zu dem Fazit: »Es hatte sich somit erwiesen, dass es auch ohne operative Hinweise mit den uns zur Verfügung stehenden Mitteln und erarbeiteten Technologien möglich war, solche Geräte im Äther zu finden, sie präzise zu orten und letztlich unwirksam zu machen.«[449]

Im November 1984 informierte der Leiter der HA III den Stellvertreter des Ministers, Generalleutnant Neiber, über eine »spezielle Agentenart des BND«[450].

Die Informationen und Detailangaben dazu waren mit spezifischen Mitteln der HA III in Zusammenarbeit mit der Abteilung XI (Dechiffrierung) erarbeitet worden.

Bei dieser speziellen Agentenart handelte es sich um

---

446 Volker Liebscher: »Funkfahndung des MfS kontra BND«. In: Wolfgang Schwanitz, Reinhard Grimmer: *Wir geben keine Ruhe. Unbequeme Zeitzeugen II.* Berlin 2015, S. 189.

447 Ebd.

448 Vgl.: Ebd. S. 186.

449 Ebd., S. 201.

450 HA III, Leiter: Schreiben vom 6. November 1984 an den Stellvertreter des Ministers, Genossen Generalleutnant Neiber. BStU ZA MfS HA III Nr. 13732, Bd. 2, Bl. 71.

»Stay-behind-Kräfte« (BND-interne Bezeichnung) oder sogenannte »Überrollagenten«. Deren Aufgabe bestand darin, im sich Falle einer militärischen Auseinandersetzung zwischen der NATO und dem Warschauer Vertrag von den WV-Truppen überrollen zu lassen und im Hinterland des potentiellen Gegners auf unterschiedliche Weise nachrichtendienstlich beziehungsweise subversiv tätig zu werden.

Generalmajor Männchen dazu: »Die Schaffung einer derartigen speziellen Agentenkategorie (Überrollquellen) durch den BND beruht mit hoher Wahrscheinlichkeit auf der NATO-Strategie eines angenommenen Erstschlages der Staaten des Warschauer Vertrages. Sie soll den BND befähigen, unter den Bedingungen einer militärischen Auseinandersetzung den erhöhten und veränderten Informationsbedarf allseitig mit authentischen Spionageinformationen zu decken sowie sofort über zuverlässige uns ausgebildete Ausgangsbasen für weiterführende Operationen im gegnerischen Hinterland zu verfügen.«[451]

Auf der Grundlage der zielgerichteten Bearbeitung und Analyse der stabilen geheimen Funkverbindungen zwischen der Funkzentrale des BND und den Überrollagenten waren der HA III konkrete Aussagen zu den »Stay-behind«-Quellen des BND bezogen auf die Aufgabenstruktur und Dislokation sowie zum Verbindungssystem zwischen dem BND und den »Stay-behind«-Quellen möglich.

Bei den Überrollagenten handelte es demnach sich um männliche und weibliche Bundesbürger. Sie waren auf dem Territorium der Bundesrepublik, entlang der Grenze zur DDR und zur ČSSR, wohnhaft. Die Überrollagenten waren in diesem Territorium langjährig an-

---

451 Ebd.

sässig und detailliert ortskundig. Sie handelten einzeln oder als Gruppe von drei bis vier Personen und führten Aufträge im Umkreis von circa 40 Kilometer vom Wohnort durch.

Nach Erkenntnissen der HA III standen 16 bis 20 Agentengruppen regelmäßig über Funk mit der Zentrale des BND in Verbindung. Die tatsächliche Zahl der Überrollagenten sollte sich nach BND-Unterlagen auf 80 Personen belaufen.

Ein Teil der Überrollagenten war für den ein- und zweiseitigen Funkverkehr ausgebildet und mit modernster Funktechnik ausgestattet, die es ermöglichte, Spionagemeldungen im Schnellgebeverfahren (800 Baud) sicher abzusetzen. Sie wurden bereits in Friedenszeiten umfassend, detailliert und unter »E-Fall-Bedingungen« auf die voraussichtlich in einem bewaffneten Konflikt zu realisierenden Aufgaben vorbereitet.

Neben der Funkverbindung als Hauptform des Verbindungssystems dienten auch solche traditionellen Verbindungswege wie TBK sowie der Post-, Paket und Telefonverkehr der Kontaktaufnahme und –realisierung. Weitere Erkenntnisse besagten, dass regelmäßige Treffs zwischen Führungskräften des BND und den Überrollagenten stattfanden, um den persönlichen Kontakt aufrechtzuerhalten sowie Aufträge zu übergeben und Informationen entgegenzunehmen.

Zu insgesamt vier Überrollagenten lagen der HA III verdichtete Standortangaben vor, dass sie in den Großräumen Loccum-Uchte, Wertheim-Altheim, Merklingen-Scharenstetten und Mudau-Fahrenbach disloziert waren. Zu anderen Überrollagenten lagen 1984 Teilerkenntnisse vor.

Bei einem Teil der Überrollagenten war es gelungen, die von der BND-Zentrale an sie gerichteten Funksprüche zu dechiffrieren. Aus der den Überrollagenten im militärischen Konfliktfall angedachten Aufgaben ergab sich aus Sicht des MfS deren Gefährlichkeit. Die Bedeutung dieser Agenten für den BND wurde aus den Aktivitäten für deren ständiges Training deutlich.

Aus Sicht der HA III ergaben sich reale Möglichkeiten, auf der Basis einer abgestimmten Zusammenarbeit und unter Nutzung der Möglichkeiten der HA III sowie der operativen Linien des MfS, in Friedenszeiten dieses Agentennetz des BND im Operationsgebiet aufzuklären. Dazu schlug Männchen folgende Vorgehensweise vor:

1. Mit den Mitteln und Möglichkeiten der HA III sollten die Funkverbindungen dieser Agenten zielgerichtet unter Kontrolle gehalten werden. Besondere Schwerpunkte dabei bildeten:

- die Standortumkreisung der sendenden Agenten mit Hilfe der Funkpeilung,
- die Erarbeitung von verwertbaren Hinweisen aus den dechiffrierten Funksprüchen auf der Linie Zentrale-Agent (die Dechiffrierung eines Teils der Funksprüche ergab sich aus der fehlerhaften Anwendung von Chiffrierunterlagen durch den BND),
- die ständige Aktivitätsanalyse des Funkverkehrs dieser Agenten zur Erkennung von Vorbereitungshandlungen auf besondere Situationen.

2. Mit den Mitteln der HA III sollten die anderen Kommunikationsbeziehungen des BND unter Kontrolle gehalten und analysiert werden, mit dem Ziel, weitere Hinweise zu erhalten, die zur Identifizierung der Agenten beitragen konnten.

3. Die HV A sollte beauftragt werden, evtl. in Absprache mit der HA II, alle Möglichkeiten zu prüfen und zu nutzen, diese Agenten im Operationsgebiet zu identifizieren.[452]

---

452 Vgl.: Ebd., Bl. 71 ff.

Dass sich das MfS dann in der Tat tatsächlich mit der Aufklärung der Stay-behind-Organisation und deren Personal beschäftigte, bestätigt der ehemalige BND-Angehörige Norbert Juretzko, indem er berichtet, von der Staatssicherheit fotografiert worden zu sein. Dem BND-Objekt gegenüber verfügte das MfS über eine konspirative Dependance. »Die Ostaufklärer saßen im Dachfenster und fixierten uns sowie das eine oder andere Dokument mit scharfen Teleobjektiven«[453], berichtet Juretzko.

Juretzko schreibt weiter: »Wir waren eine geheime, paramilitärisch organisierte Truppe, die sich im Falle eines Angriffs aus Richtung Osteuropa überrollen lassen sollte. Angeblich bestand die deutsche Sektion von ›Gladio‹ (…) zu meiner Zeit aus 104 Mitarbeitern und 26 hauptamtlichen Führungspersonen beim BND. Auf dem Höhepunkt des Kalten Krieges sollen es bis zu 75 Hauptamtliche des Geheimdienstes und 500 Helfer gewesen sein.«[454]

Nüchtern resümiert Juretzko zusammenfassend: »Das System [der Stay-behind-Organisation, Anm. d. Verf.] war ein Auslaufmodell, ein Relikt des zu Ende gehenden Kalten Krieges. Es hätte im Ernstfall auch nie funktioniert. Diese bittere Erkenntnis gewannen wir am Ende unserer ›Stay-Behind‹-Tage. Der DDR-Staatssicherheit waren schon lange alle ›Stay-Behind‹-Quellen bekannt.«[455]

453 Norbert Juretzko: *Bedingt dienstbereit. Im Herzen des BND – die Abrechnung eines Aussteigers.* Berlin 2004, S. 90.

454 Ebd., S. 91.

455 Ebd., S. 130.

7. Kapitel

Spionage und deren Abwehr in der Hochzeit des Kalten Krieges

Allgemeines

Die 1950er Jahre waren geprägt von massiven nachrichtendienstlichen Aktivitäten der OG/ des BND und der amerikanischen Nachrichtendienste gegen die DDR. Hier wurde mit harten Bandagen auf beiden Seiten gekämpft, der Kalte Krieg lief auf Hochtouren und für die Linie II des MfS war es die Zeit, in der hunderte von Spionen enttarnt wurden. Günther Kratsch dazu: »Die Zahlen erkannter Spionageangriffe gegen die ehemalige DDR erreichten Rekordwerte. Nach den bis dahin vorliegenden Statistiken wurden jährlich überdurchschnittliche Zahlen bei enttarnten Spionen, sogenannten Selbststellern (DDR – Bürger meldeten die Anwerbung durch den BND oder andere Geheimdienste) und bei der Einschleusung von nachrichtendienstlicher Technik in die DDR erzielt.«[456]

Zur Werbung von Agenturen in der DDR bedienten sich die westlichen Geheimdienste auch unpopulärer und fragwürdiger Mittel und Methoden. Zolling und Höhne schreiben zu diesen Praktiken: »Wie in allen Geheim-

---

456 Günther Kratsch: *Erinnerungen*. Unveröffentlichtes Manuskript (Archiv des Verfassers).

diensten offenbarten sich auch in der Org Lockung und Erpressung nicht selten als gängige Umgangsformen. Sie traten um so peinlicher hervor, je schwieriger es wurde, Agenten für die Org zu finden.(...) Je mehr Agenten jenseits der Elbe benötigt wurden, desto fragwürdiger entwickelten sich die Werbemethoden der Org. Ein Bier in einem West-Berliner Lokal, der Besuch eines Wes-Kinos führte oft schon in das Dickicht der Org und ihrer geheimen Netze. Wie Kopfjäger griffen Gehlens Werber manchmal nach DDR- Bürgern, die West-Berlin besuchten.«[457]

OG und BND setzen in den 1950er Jahren auf Massenwerbung von DDR-Bürgern. Dazu bediente man sich zum Beispiel folgender Mittel:

- Ausnutzung von Rückverbindungen ehemaliger Soldaten der Wehrmacht zu ihren Kriegskameraden in der DDR,
- Nutzung der Verwandtschaftsbeziehungen Westdeutscher in die DDR,
- Rückgriff auf Unterlagen der Befragungsstellen in Flüchtlings- beziehungsweise Auffanglagern mit Unterstützung der Amerikaner zur Realisierung der Anschreibemethode von Personen, die nachrichtendienstlich geeignet erschienen oder wichtige Positionen bekleideten,
- Werbung von DDR Bürgern, welche in der Bundesrepublik und vor allem in Westberlin aufhältig waren, beispielsweise sogenannte Grenzgänger, die in der DDR wohnten und in Westberlin arbeiteten.

Da ein wesentlicher Auftrag die Nachrichtenbeschaffung auf militärischem Gebiet war, boten sich ehemalige

---

457 Hermann Zolling, Heinz, Höhne: *Pullach intern. General Gehlen und die Geschichte des Bundesnachrichtendienstes.* Hamburg 1971, S. 162.

Wehrmachtsangehörige geradezu an, waren sie doch in militärischen Fragen kompetent und konnten mit geschultem Auge beispielsweise Militärtechnik erkennen und klassifizieren. Dazu kam, dass gerade ehemalige Berufssoldaten der Wehrmacht ohnehin eine Abneigung gegen die politischen Verhältnisse in der SBZ/DDR hatten und so als zuverlässige Gewährsleute innerhalb der OG galten.

Die Anschreibemethode funktionierte auf der Grundlage von Einladungen nach Westberlin. Ehemalige DDR-Bürger schrieben für OG unter Legende Verwandte und Bekannte in der DDR an und luden sie nach Westberlin ein. Hier erfolgte dann die Zuführung unter Legende an einen Mitarbeiter des Gehlen-Apparates, der dann meist schon im ersten Gespräch seine wahren Absichten offenbarte.

Die Anschreibemethode blieb dem MfS nicht lange verborgen, da die Aktivitäten sehr massiv und umfangreich waren.

Günther Kratsch betrachtete es folgendermaßen: »Es entwickelte sich ein geheimdienstlicher Massentourismus nach Westberlin und zurück in die DDR.«[458]

Und so umrundeten in den 1950er Jahren »Heerscharen« Gehlens die Kasernen der Sowjetarmee und der bewaffneten Kräfte der DDR, um Informationen zu sammeln. Die Agenten zogen sogar auf Müllkippen um in den Abfällen der Soldaten nach brauchbaren Informationen zu suchen.

---

458 Günther Kratsch: *Erinnerungen*. Unveröffentlichtes Manuskript (Archiv des Verfassers).

Die Aktionen »Feuerwerk« und »Pfeil«

Im Oktober 1953 wurde durch die Spionageabwehr des MfS die Aktion »Feuerwerk« durchgeführt. Hierbei wurden:

- die Filiale X 9592 der Organsation Gehlen in Westberlin beseitigt und
- 108 Spione festgenommen.[459]

Die Autoren des Buches *Geheimdienstkrieg in Deutschland* schreiben dagegen, dass »eine exakte Angabe, wie viele Personen verhaftet wurden (…) kaum möglich« ist, »denn eine namentliche Liste aller in der Aktion ›Feuerwerk‹ Festgenommenen ist weder im Archiv des BStU noch in dem des BND vorhanden.« Aufgrund ihrer Recherchen »konnten bislang 218 Personen namentlich identifiziert werden, deren Festnahme in Zusammenhang mit Ermittlungen der Staatssicherheit gegen die Organisation Gehlen stand«.[460]

Zum aus Sicht der Staatssicherheit erfolgreichen Abschluss der Aktion »Feuerwerk« trugen die Spionageabwehr der BV Dresden und die KD Riesa bei. Der Staatssicherheit gelang es, den unter dem Arbeitsnamen »Grell«, seit Anfang der fünfziger Jahre für die OG tätigen Hans-Joachim Geyer zu überwerben, der zunächst als Informationsbeschaffer und Kurier in der DDR eingesetzt war. Geyer stieg zum stellvertretenden Leiter der Filiale X9592 auf und ist seit 31. Dezember 1952 GM des MfS mit Decknamen »Joe Ball«. Durch ein gutes

---

459 Vgl.: Referat des Leiters der Hauptabteilung II auf der Dienstkonferenz vom 8.April 1987, BStU ZA HA II Nr. 4865, Bl. 20.

460 Ronny Heidenreich et al.: *Geheimdienstkrieg in Deutschland*, S. 133.

Verhältnis zum Filialleiter erfährt er zusätzliche Interna aus der OG, die er gar nicht hätte wissen dürfen. Der GM übergab dem MfS geheime Unterlagen der OG und berichtete über Agenten, Arbeitsweise und Verbindungswege des Gehlens Apparates. Ende Oktober 1953 flüchtet Geyer in die DDR, da er irrtümlicherweise seine Enttarnung befürchtete.

In einer Übersicht der HA II, welche wichtige Vorgänge der Spionageabwehr auflistet, wird die Aktion im Zusammenhang mit dem OV »Soldaten« der ehemaligen Abteilung IV gegen die Filiale X 9592 WB erwähnt. Zum Ergebnis heißt es hier: »Bearbeitung und Liquidierung der Filiale nach Einschleusung des GM ›Geyer‹. Ende 1953, Festnahme und Aburteilung von 101 Spionen.«[461] Die OG-Filiale X 9592 befand sich in Berlin-Schöneberg, Apostel-Paulus-Straße 19.[462]

In einer Einschätzung der OG zum Fall »Geyer« heißt es: »In den Akten der Filiale sind etwa 120 Lebensläufe von in der Ostzone wohnenden Personen vorgefunden worden, die als Quellen in Aussicht genommen waren. Ein großer Teil von ihnen hat in diesen Lebensläufen seine Gegnerschaft gegenüber dem Regime zum Ausdruck gebracht. Ferner reichliches Adressmaterial von in der Ostzone wohnenden Personen, die offenbar angesprochen werden sollten. Wenn man voraussetzt, dass Grell (Geyer) auch Lebensläufe und das Adressmaterial fotokopiert hat, so muss einschließlich der als Quellen tätigen Personen damit gerechnet werden, dass der SSD insgesamt gegen etwa 300 Personen vorgehen wird.«[463]

---

461 BStU, ZA, HA II, 18538, Bl. 21.

462 Vgl.: »Tatsachen über Westberlin«, Kongress Verlag, Berlin 1962, S. 177.

463 Ronny Heidenreich et al.: *Geheimdienstkrieg in Deutschland*, S. 153.

Im Zusammenhang mit der Aktion »Feuerwerk« steht auch die Festnahme von Werner Haase, der unter dem Arbeitsnamen »Fritz Heister« die Filiale 120 A der OG in Westberlin leitete.

Haase wurde im November 1953 festgenommen, als er mit einem anderen OG-Agenten ein Telefonkabel von West- nach Ostberlin verlegen wollte. Dies tat er mit Hilfe eines Modellbootes, dass ein Kabelende durch den Heidekampgraben nach Ostberlin bringen sollte. Haase wollte so eine geheime Telefonverbindung die Sektorengrenze zu seinen Agenten errichten, da die Kurierverbindungen nicht mehr sicher genug erschienen. Auch hier informierte ein GM des MfS, welcher auch für die OG »tätig« war, vorab über die Aktion.

Werner Haase machte in seinen Vernehmungen umfangreiche Aussagen zur Tätigkeit der OG und wurde zu lebenslangem Zuchthaus verurteilt, kam jedoch bereits am 10. Dezember 1956 im Rahmen eines Agentenaustausches frei. Nach BND-Unterlagen, die nach der Freilassung Haases gefertigt wurden, wurde dieser von seinem Begleiter niedergeschlagen und anschließend von der Staatssicherheit über die Sektorengrenze nach Ostberlin verschleppt.[464] Muhle berichtet in ihrer Publikation:

»Haase wurde offenbar verraten, da er in einen Hinterhalt geriet und auf westlicher Seite der Sektorengrenze von einer Einsatzgruppe des MfS überwältigt wurde.«[465] Auch BND-Präsident Gehlen widmet in seinen Memoiren Haase Aufmerksamkeit und schreibt: »Als unsere Bemühungen in allen beschaffenden Zweigen des

---

464 Vgl.: Ebd., S. 112.

465 Susanne Muhle: *Auftrag Menschenraub. Entführungen von Westberlinern und Bundesbürgern durch das Ministerium für Staatssicherheit der DDR.* Göttingen 2015, S. 114.

Dienstes in vollem Gange waren, gelang Wollweber ein zweiter Schlag. In der Nacht vom 13./14. November 1953 wurde der Berliner Verbindungsführer einer anderen Operationsgruppe des Dienstes, Major a. D. Werner Haase, an der Sektorengrenze, jedoch den Spuren nach einwandfrei auf West-Berliner Territorium, von einem SSD-Trupp überfallen und nach Ost-Berlin verschleppt. Ganz im Gegenteil zum Verräter Geyer, dessen Preisgabe vom Gegner auf propagandistischer Bühne ausgenutzt wurde, war es im Fall Haase der Wagemut eines einzelnen, der zu einem weiteren Verlust für den Dienst führte. Haase, ein besonders zuverlässiger, einsatzfreudiger und ideenreicher Mitarbeiter, hatte den Auftrag erhalten, die Verlegung eines Telefonkabels durch einen Kanal an der Sektorengrenze zwischen West- und Ost-Berlin zu erkunden. Es war ausdrücklich angeordnet, dass die riskante Verlegungsaktion erst auf besondere Weisung hin erfolgen sollte. Mit Hilfe des Kabels, einer sogenannten ›Drahtschleuse‹, sollte die Verbindung mit V-Leuten in Ost-Berlin sichergestellt und der immer gefährlicher werdende Kurierweg ersetzt werden. Obwohl Haase die Folgen des Verratsfalles Geyer und die Schutzvorkehrungen des Dienstes bekannt waren, entschloss er sich aus eigenem Antrieb, die Verlegung des Kabels auch ohne Genehmigung seiner vorgesetzten Stelle zu wagen. Haase transportierte das Kabel in der Dunkelheit mit Hilfe eines Spielzeugdampfers über den Kanal. Ihm assistierte ein Mitarbeiter aus Ost-Berlin, der – wie sich später herausstellte – kurz vorher der in der gesamten sowjetischen Besatzungszone verbreiteten Aufforderung des SSD an alle Westagenten, sich unter Zusicherung von Straffreiheit zu stellen, gefolgt war.«[466]

---

466 Reinhard Gehlen: *Der Dienst. Erinnerungen 1942–1971.* Mainz-Wiesbaden 1971, S. 193 f.

Zu Haase vermerkt die MfS-Auflistung: »1953, OV (ehem. Abt. IV), Bearbeitung des Residenten Haase und dessen Festnahme Ende 1953, als er eine Telefonschleuse von WB in die Hauptstadt der DDR installieren wollte. Anschließend Verhaftung von 20 Spionen dieser Filiale. IM ›Richard‹ bedeutenden Anteil.«[467]

Der Aktion »Feuerwerk« folgte nach kleineren Aktionen alsbald die Aktion »Pfeil.« Dazu schreiben Fricke und Engelmann:

»Ende Juli 1954 waren die Vorbereitungen zur Aktion ›Pfeil‹ abgeschlossen. Allein auf der amerikanischen Linie waren für die erste Welle 136 Festnahmen vorgesehen. Am 2. August wurde die Aktion ausgelöst, die erste Verhaftungswelle war im Wesentlichen nach 24 Stunden abgeschlossen. Allerdings führten die Vernehmungen sehr schnell zu weiteren Festnahmen, so dass die Anzahl der Verhafteten in den folgenden Tagen noch weiter anwuchs. Nach Angaben von Mielke auf dem 20. Plenum des ZK wurden schon am ersten Tag der Aktion 274 Personen festgenommen; diese Zahl stieg in den folgenden Tagen und Wochen auf mehr als das Doppelte. Angeblich wurden zwei Filialen und vier Residenturen der Organisation Gehlen sowie vier amerikanische und zwei französische Residenturen ausgeschaltet. 277 Verhaftete wurden von der Staatssicherheit der Organisation Gehlen, 176 den amerikanischen Geheimdiensten und 94 dem französischen Nachrichtendienst zugeordnet. (…)

Unter den Verhafteten waren einige hochrangige Staatsfunktionäre, zum Beispiel ein Abteilungsleiter aus dem Ministerium für Schwerindustrie, der Leiter der Kontrollabteilung des Landwirtschaftsministeriums und ein Direktor der Wasserstraßendirektion, außerdem leiten-

---

467 Ebd.

de Reichsbahnangestellte, unter ihnen der hauptamtliche Vorsitzende der Betriebsgewerkschaftsleitung des Bahnhofs Berlin-Lichtenberg, dem die Staatssicherheit Kontakte zum Ostbüro des DGB vorwarf. Die beiden größten Gruppen bildeten die Arbeiter (78) und Angestellten (70) volkseigener und Privatbetriebe, es folgten die Staatsangestellten (unter Einschluss der Reichsbahn) mit insgesamt 55 und die Gewerbetreibenden mit 29 Festgenommenen.«[468]

Kratsch berichtet auf einer Dienstkonferenz der HA II am 8. April 1987 von 354 festgenommenen Spionen und 29 sichergestellten Funkgeräten.[469]

Gehlens »Genereller Auftrag für Alle«

Im Rahmen der Aktion »Pfeil« wurde im August 1954 der Hauptreferent im Staatssekretariat für Kraftverkehr und Straßenwesen, Karli Bandelow, durch das MfS festgenommen. Bandelow gehörte zu den Festgenommenen, die der OG zugeordnet werden konnten.

Bei Karli Bandelow fanden Mitarbeiter des MfS ein auf Folie mikrokopiertes Schriftstück mit der Bezeichnung »Genereller Auftrag für ALLE«. Der DDR-Schriftsteller Julius Mader bezeichnete diesen Auftrag für Alle als: »Gehlens Geheimdienstprogramm im Kriegsfalle.«[470]

---

468 Karl-Wilhelm Fricke, Roger Engelmann: *Konzentrierte Schläge*. Berlin 1998, S. 49 f.

469 Vgl.: Referat des Leiters der Hauptabteilung II auf der Dienstkonferenz vom 8. April 1987, BStU ZA MfS HA II Nr. 4865, Bl. 21.

470 Julius Mader: *Die graue Hand*. Berlin 1960, S. 175.

Der »Generelle Auftrag für ALLE« hatte folgenden Inhalt:

»1. Erfassung der großen Marsch- und Transportbewegungen des Feindes und dies besonders in den Zeiten und an den Orten beschränkter alliierter Luftbeobachtungsmöglichkeit. Wichtig sind dabei Truppengattung, besondere Kennzeichen und die Nationalität. Nicht interessieren dagegen Kraftfahrzeug- und Transportnummern.

2. Feststellung der Auswirkung alliierter Luftangriffe auf Bahnlinien, Straßen, Brücken, große Telegrafenämter und ähnliches und Beobachtung der entsprechenden Wiederherstellungsarbeiten. Wo entstehen neue Brücken beziehungsweise Großfähren, wo neue Gleisanlagen, neue Straßen usw.

3. Erkennen der Unterkunftsräume der operativen Feindreserven und der Art ihrer Belegung (Truppengattung, Kennzeichen, Nationalität).

4. Erkennen der Zusammenziehung von Eisenbahnleermaterial beziehungsweise von starken motorisierten Transportgruppen.

5. Beobachtung der Brennstoff- und Reparaturlager bei der Eisenbahn.

6. Feststellung feindlicher Vorbereitungen zum Stellungsbau.

7. Erkennen großer feindlicher Neuaufstellungs- und Ausbildungsvorhaben besonders auf Truppenübungsplätzen.

8. Überwachung der Dislozierung der feindlichen Luftwaffe und Beobachtung ihrer Verluste sowie Erkennen der an feindlichen Flugplätzen durch Bombenschäden oder Ausbau eingetretenen Veränderungen.

9. Feststellung der Befehlsstellen hoher feindlicher Kommandobehörden.

10. Erkennen feindlicher Versorgungs- und Instand-

setzungs-Stützpunkte und Erkennen großer feindlicher Nachschubbewegungen mit Bahn oder Kraftwagen. Wie ist insbesondere auch die Belegung der Lazarette? Wo treten Seuchen auf (Zivilbevölkerung eingeschlossen)?

11. Beobachtung von Stimmung, Disziplin und Gesundheitszustand der im rückwärtigen Feindgebiet befindlichen Truppen. Welche Ansatzpunkte bieten sich hier der alliierten Propaganda usw. bei den verschiedenen Nationalitäten, besonders auch bei den deutschen Truppen?

12. Feststellung aller kriegswirtschaftlichen Maßnahmen in der DDR, gleichgültig ob diese von Seiten der Besatzungsmacht oder von Seiten der DDR-Regierung durchgeführt werden. Dabei interessieren einmal der jeweilige Leistungsstand der Wehrwirtschaftsindustrie (Rüstungsbetriebe, energieerzeugende Betriebe, Betriebe der chemischen Grundstoffindustrie und Hydrier-Werke), die Auswirkung alliierter Luftangriffe auf Betriebe sowie die Versuche, ihre Produktion in Gang zu halten. Weiter interessieren rüstungstechnische Neuerungen, besonders die Vorbereitung zur Herstellung neuartiger Waffen und neuartiger Kriegsgeräte.

13. Erfassung der Aufteilung des Menschenpotentials der DDR auf die verschiedenen Sparten der Wirtschaft einerseits und auf Wehrmacht und Wehrmachtshilfsdienst anderseits.

14. Feststellung der polizeilichen und der innen- wie außenpolitischen Maßnahmen der DDR wie der Besatzungsmacht und Bedeutung der sich daraus bei der Bevölkerung ergebenden tatsächlichen wie psychologischen Auswirkungen. Wie ist die Ernährungslage der Bevölkerung?

15. Feststellung der durch alliierte Luftangriffe bei der deutschen Bevölkerung eingetretenen Verluste und Beobachtung der inneren Einstellung der Bevölkerung

gegenüber DDR-Machthabern wie gegenüber den sowjetischen Besatzungsbehörden einerseits und gegenüber den Alliierten anderseits. Welcher, die deutsche Bevölkerung interessierenden Fragen hat sich die westliche Propaganda in diesem Zusammenhang anzunehmen?

Der Punkt 16 besteht aus einem individuellen Sonderauftrag für den jeweiligen Agenten. Beispielsweise erhielt der Gehlen-Agent 9627, Erkunder-Name Paetz, den Sonderauftrag:

Funkmeldungen über Brücken, Funkmeldungswürdig sind:

a) Zerstörung,

b) Wiederaufbau,

c) Ausbau,

d) Neubau,

e) Termin der Fertigstellung,

f) evtl. Einsatz von Fähren von Brücken über 30 m Länge.«[471]

Die auf diesem Weg erarbeiteten Spionagenachrichten sollten die OG und die NATO-Streitkräfte in die Lage versetzen, strategische und taktische Aktionen gegen den militärischen Gegner im Osten zu realisieren.

Agentenfunker und andere Spione

Besonders die amerikanischen Nachrichtendienste und der Gehlen-Apparat schufen sich für den sogenannten E-Fall auf dem Gebiet der DDR ein weit verzweigtes Netz von Funkstützpunkten, dass in der Regel aus langjährig

---

471 Ebd., S. 176 ff.

erprobten Agenten und Personen mit Funkkenntnissen bestand. Sie waren mit Funkanlagen für den Einsatz im E-Fall ausgerüstet. Diese Agentenfunker erhielten Kurzwellen Sende- und Empfangsgeräte beziehungsweise Infrarotsprechgeräte, an denen sie meist in Westberlin, ausgebildet wurden. Weiterhin besaßen sie detaillierte Anweisungen für den kriegsmäßigen Einsatz.

Im Jahr 1955 gelang der Spionageabwehr im OV »Anwerbung« ein weiterer Schlag gegen die westlichen Geheimdienste. Der Funk-Meldekopf Nord-Ost wurde entdeckt und beseitigt. Dabei wurden der Anklamer Elektromeister Wilhelm Lehmann, der in Lehmanns Werkstatt als Reglerspezialist beschäftigte Erich Eich und der Taxifahrer Martin Schneising, allesamt für den englischen Nachrichtendienst tätig, verhaftet.

Schneising, Lehmann und Eich sammelten im Norden der DDR umfangreiche militärische Informationen über Militärtechnik, Flugplätze, Kasernen und Militärkolonnen. Dabei kam ihnen zugute, dass 90 Prozent der Aufträge in Lehmanns Werkstatt Staatsaufträge waren, 60 Prozent davon kamen allein von der Volkspolizei. Die Spionageinformationen wurden in Westberliner Fasanenstraße 71 dem Hauptagenten Müller vom englischen Geheimdienst übergeben.[472]

Lehmann, als Leiter des Meldekopfes stand Eich als technischer Berater zur Seite. Dazu heißt es: »Er hat sein eigenes Radiogerät umgebaut, die kurze Welle auf 50 bis 100 m gelegt und wartet täglich zu einer bestimmten Zeit auf sein Rufzeichen: WPX 28. Ertönt es, dann begibt er sich am nächsten Tag zu Lehmann oder zu einer anderen Stelle, denn ihm stehen noch zwei andere Funkstellen zur Verfügung und sucht die Verbindung mit

---

472 Vgl.: »Meldekopf Nord-Ost schweigt«. ZK der SED, Abt. Agitation und Presse/Rundfunk, o. J., S. 4–7.

der Leitstelle, um deren Aufträge entgegenzunehmen. Er dechiffriert sie, übergibt sie Lehmann, dem Leiter des Meldekopfes und der wiederum lässt sie durch den Kurier Schneising über die angelegten toten Briefkästen den anderen Agenten zur Ausführung übermitteln. Bei Nachrichten an die Leitstelle geht es den umgekehrten Weg.«[473]

Operative Vorgänge wurden zu diesem Komplex in den Bezirksverwaltungen für Staatssicherheit Rostock und Schwerin in Zusammenarbeit mit der HA II geführt. Ein OV der BV Rostock trug die Bezeichnung »Anwerbung.« Dazu heißt es in den Unterlagen des MfS: »Militärspionage, Funkmeldekopf Nord-Ost, umfangreiches Spionagenetz im Norden der DDR liquidiert, Einschleusung zahlreicher Funkagenten, NATO-Geheimdienste, Zentralen: Paris, Kopenhagen und Westberlin.«[474]

Lehmann wurde 1955 zum Tode verurteilt, Eich erhielt lebenslänglich und Schneising 12 Jahre Zuchthaus.[475]

Ebenfalls enttarnt wurden die OG-Agenten Hans Joachim Koch, ein ehemaliger SS-Mann aus Ostberlin und der Lokführer Johann Baumgart aus Forst. Beide gehörten zum Netz des Filialleiters der OG in Westberlin, Wilhelm van Ackern.

Auftrag des Zugführers Johann Baumgart war es, Informationen für die OG auf der Strecke Frankfurt/Oder-Brest-Litowsk zu sammeln. Das betraf Bahnanlagen wie Verladerampen, Gleise und Eisenbahnbrücken aber auch die Transporte selbst, so zum Beispiel Art und Anzahl, Ladung, Zugfolge usw.

Die Informationen übergab Baumgart in Westberlin an

---

473 Ebd., S. 5 f.

474 BStU, ZA, HA II, Nr. 18538, Bl. 18.

475 Vgl.: »Meldekopf Nord-Ost schweigt«. ZK der SED, Abt. Agitation und Presse/Rundfunk, o. J., S. 20.

van Ackern, der hier als »Bruck« und Mitinhaber eines Fotogeschäfts auftritt. Eines Tages sollte Baumgart eine Postkarte mit dem Tarntext: »Peter ist tot, komme sofort« erreichen. Das bedeutete verklausuliert »Gefahr, sofort absetzen.« Diese Postkarte erreichte Baumgart allerdings nicht. Er wurde festgenommen und zu 15 Jahren Zuchthaus verurteilt.[476]

Hans-Joachim Koch war der Leiter eines OG-Funkkopfes im Raum Berlin. Er war von der OG in Westberlin im Funken, Chiffrieren und Dechiffrieren ausgebildet worden. Diese Ausbildung fand im Kleinen Weg in Tempelhof und später in der Berchtesgadener Straße in Wilmersdorf statt. In der DDR sammelte Koch Informationen zu militärisch genutzten Flugplätzen und den dort stationierten Flugzeugtypen, sowie zu Militärtransporten. Aus dem Keller des Hauses, Uhlandstraße 23 in Berlin-Niederschönhausen, funkte Koch seine Aufklärungsergebnisse zur Gegenstelle nach Süddeutschland. Im Pankower-Bürgerpark hatte Koch tote Briefkästen für die Ablage von Nachrichten anderer Agenten im E-Fall angelegt. Drei Jahre war Koch für die OG aktiv, ehe er 1955 festgenommen wurde. Bei seiner Festnahme wurden drei Funkgeräte amerikanischer Herkunft gefunden.[477]

Zu seiner Anwerbung gab Koch vor Gericht zu Protokoll: »Ungefähr im Juli 1962 erhielt ich einen Brief ohne Absender, in dem ich angeblich von einem alten Kriegskameraden aufgefordert wurde, nach Westberlin zu kommen und mich mit ihm an der Ecke See- und Müllerstraße zu treffen, da er mich mal sehen und sprechen wollte. (...) In Westberlin wurde ich plötzlich an dem Treffort von einem mir unbekannten Herrn

---

476 Vgl.: Ebd., S. 10 f.
477 Vgl.: Ebd., S. 12–15.

angesprochen, der sich als Burger vorstellte. Dieser erklärte mir, dass er meine Adresse von einem ehemaligen Kriegskameraden erhalten hätte. Burger fragte mich, ob ich bereit sei, für einen geheimen Nachrichtendienst nach einer entsprechenden Ausbildung als Funker zu arbeiten. Ihm sei bekannt, dass ich bereits bei der SS-Polizeidivision dem Fernsprechtrupp des II. Bataillons angehört habe und deshalb bereits eine Grundlage für die Arbeit als Funker besitze. Im Spätherbst 1952 übergab mich Burger an den Funkausbilder des westdeutschen Geheimdienstes Willi Hochberg. Auch mit diesem traf ich mich in der Woche zweimal. Er bildete mich in einer konspirativen Wohnung in (West-) Berlin-Wilmersdorf, Berchtesgadener Straße 19 aus.«[478]

Zum Vorgang vermerkte die HA II: »Funkspion des BND, Festnahme mit Ehefrau, Sicherstellung von Funkgeräten und Spionageanweisungen sowie von Dokumenten die seine Beteiligung als SS-Mann an Kriegsverbrechen beweisen. Wurde zum Tode verurteilt.«[479]

Infolge dieser Festnahmen erließ Erich Mielke, damals noch 1. Stellvertreter des Ministers, am 19. Januar 1956 die Dienstanweisung Nr. 3/56. In der Einleitung zur DA 3/56 heißt es:

»Im Kampf gegen die Deutsche Demokratische Republik setzen die westdeutschen und ausländischen Agentenzentralen Agentenfunker mit besonders hochqualifizierten Funkgeräten ein. Die Organe der Staatssicherheit haben in den letzten 3 Jahren eine große Anzahl Agentenfunker mit und ohne Funkgeräte festgenommen. Die abgeschlossenen und noch in Arbeit befindlichen operativen Vorgänge sowie die gegen die festgenom-

---

478 »Tatsachen über Westberlin«, Kongress Verlag, Berlin 1962, S. 30 f.

479 BStU, ZA, HA II, Nr. 18538, Bl. 21.

menen Agentenfunker geführten Untersuchungen beweisen, dass ein Teil dieser vom Feind angeworbenen Funker aktiv funkten, andere nur Übungsfunken oder Funken zum Überprüfen der Einsatzbereitschaft der Sendegeräte durchführten. Aus den operativen und Untersuchungsvorgängen wird der Beweis erbracht, dass ein Teil der angeworbenen Funker als sogenannte Schweigefunker in die DDR geschickt wurde und erst im Ernstfall zum Einsatz gelangen soll.

Die Untersuchungen erbrachten außerdem den Nachweis, dass eine Reihe von Sendegeräten in das Gebiet der DDR eingeschmuggelt und vergraben wurde.

Die festgenommenen Agenten waren zum größten Teil ehemalige Funker der faschistischen Armee, Inhaber beziehungsweise Angestellte von Radio-Reparaturwerkstätten, Radiogeschäften sowie Funkamateure oder Personen aus wesensverwandten Berufen.

In Westberlin und Westdeutschland wurde eine Reihe von Agentenzentralen aufgeklärt, die Agenten zu Funkern ausbilden und in die DDR als Agentenfunker oder Funkresidenten einsetzen.

Westdeutsche Funkstationen oder auch andere ausländische Stationen wurden aufgefangen, die in Verbindung mit Agentenfunkern westlicher Agentenzentralen in der DDR standen. Alle Informationen, in deren Besitz das MfS ist, weisen darauf hin, dass die Geheimdienste der Imperialisten in verstärktem Maße Personen anwerben, die über Funkkenntnisse verfügen oder sich für diese Tätigkeit eignen. Bei der Auswahl konzentrieren sie sich auf Invaliden oder ältere, pensionierte, nicht berufstätige Menschen. Die westlichen Agentenzentralen weisen an: ›Invaliden sind deshalb für die Tätigkeit auszuwählen, da solche Personen zum Militärdienst nicht eingezogen werden und sie im Falle eines Krieges die Funkverbindung im Hinterland halten können.‹

Ferner hoffen sie, dass diesem Personenkreis weniger Beobachtung durch die Staatssicherheit geschenkt wird.«[480]

In der DA 3/56 ordnete Erich Mielke unter anderem folgende Maßnahmen an:

- Die HA II war für die Organisierung der gesamten Abwehrtätigkeit gegen Agentenfunker und Funkresidenten im Gebiet der DDR sowie gegen die Feindzentralen, Funkleitstellen, Ausbildungszentren und Schulen sowie Stützpunkte und Basen in Westberlin und Westdeutschland verantwortlich. Die HA II hatte die geeigneten Maßnahmen zur Entlarvung und Zerschlagung sowie der Überwerbung oder geeignete andere operative Kombinationen des Eindringens in die Dienststellen der Agentenzentralen einzuleiten und deren Durchführung sicherzustellen.

- Alle in dieser Richtung anfallenden Informationen, Hinweise oder bereits bestehende Vorgänge und Agenturen waren rechtzeitig und im vollen Umfange der HA II zur Kenntnis zu bringen. Sollte eine Übergabe des Materials oder eines GM an die HA II oder Abteilung II in den BV aus operativen Gründen nicht möglich erscheinen, so waren alle Maßnahmen, besonders die Treffs mit der Agentur, in engster Zusammenarbeit und unter Leitung der HA II durchzuführen. Diese Ausnahme bedurfte nach gewissenhafter Prüfung der Gründe der Bestätigung durch den zuständigen Stellvertreter des Ministers oder, falls keine Einigung erzielt werden konnte, durch den 1. Stellvertreter des Ministers.

- Da die Aufklärung der Tätigkeit von in Betrieb befindlichen Agentensendern oder Funkstationen des

---

480 Vgl.: Dienstanweisung Nr. 3/56, BStU, MfS-BdL / Dok-Nr. 002119 Bl. 1 f.

Feindes durch die Abteilung F geführt wurde, war eine enge Zusammenarbeit und Koordinierung der Maßnahmen zwischen der HA II und der Abteilung F notwendig. Die HA II informierte die Abteilung F über alle interessanten Hinweise zu Agentenfunkern oder Funkstationen unter Wahrung der Konspiration. Umgekehrt informierte die Abteilung F die HA II gleichfalls ohne Verzögerung auch über die geringsten Feststellungen, die die Abteilung F wahrgenommen hatte.

- In der HA II wurde zur Bekämpfung dieser Feindtätigkeit ein besonderes Sachgebiet Funk eingerichtet. Alle Linien, BV und KD hatten in diesen Fragen mit der HA II – Sachgebiet Funk ständig zusammenzuarbeiten.
- Alle Hinweise über das Vorhandensein von Funkstationen des Gegners auf dem Territorium der DDR oder von Personen, die verdächtigt wurden, dass sie einem Agentenfunknetz des Gegners angehörten sowie Funkverbindungsunterlagen und Senderablagestellen, waren der HA II sofort nach Bekanntwerden zu melden, unter Angabe, aus welcher Quelle (eigene inoffizielle Quellen, aufgedeckte TBK, durch Festnahme oder von Überwerbungen) sie stammten. Alle Nachrichten über Funkzentren des Feindes, Funkschulen, Punkten der Ausbildung und Schulung von Agentenfunkern, Informationen über technische Mittel und Methoden der Funkabwehrorgane der kapitalistischen Staaten, Nachrichten über feindliche Funktätigkeit, waren gleichfalls an die HA II zu geben.
- Dokumente und Unterlagen, wie Fotografien, auch solche von Funkstationen, Angaben über Funkverbindungen sowie alle wichtigen Angaben aus Treffberichten von Agenten, die überworben wurden, wozu Rufzeichen, Frequenzen, Zeitpläne, abgesprochene

Funkverbindungs-Codes, Verkehrsabwicklung der Funkverbindung, Reihenfolge des Frequenzwechsels und andere technische Daten gehörten, waren an die HA II zu melden. Ferner Angaben, wie Ort und Zeit, von wo aus die Funkverbindung durchgeführt wurden, Angaben, mit welchen Geheimdiensten der Agentenfunker Verbindung hatte sowie Angaben über den Standort der Zentrale.

- Die Resultate jeder durchgeführten Funkverbindung, Zeit des Beginns und Beendigung des Spruchs, Rufzeichen, Menge der gegebenen und empfangenen Telegramme, Spruchkopf der Funktelegramme usw., zusätzliche Instruktionen der Funkunterlagen, welche die Funker durch die gegnerischen Geheimdienste erhalten hatten, die Verwendung neuer Funkgeräte, die zur Ausgabe angedacht oder schon in Betrieb waren, Reisen von Agentenfunkern nach dem Westen zur Vervollkommnung der Ausbildung und Instruktionen, Schulungswesen und alles, was zum Funkwesen gehörte, war an die HA II, Sachgebiet Funk zu melden.

- Mindestens 24 Stunden vor Inkrafttreten war die Verkehrsabwicklung des Agenten (Datum, Uhrzeit der Tätigkeit, Frequenzen, Rufzeichen des Agenten und der Zentrale) zu melden.

- Alle Informationen, Dokumente, Fotografien über Agentenfunknetze sowie Berichte über Ergebnisse der Untersuchungen über die zum MfS gelangten Funkgeräte übergab die HA II unter Wahrung der Konspiration der Abteilung F.

- Chiffre, Chiffre-Anweisungen und Unterlagen für Chiffre hatte die HA II der Abteilung XI des MfS zu übergeben.

Weiterhin wies Mielke an:

- Operative Maßnahmen gegen festgestellte Agentenfunker waren so durchzuführen, dass sie die vollkommene Aufdeckung ihrer Verbindung und Agententätigkeit erreichten und gleichzeitig die Möglichkeit gaben, einschätzen zu können, ob der Betreffende für eine Überwerbung geeignet war.

- In den Abteilungen II der BV und in der HA II Sachgebiet Funk waren Karteien der in der DDR wohnhaften Funker, die für das MfS von Interesse waren, anzulegen Diese Karteien mussten erfassen: Ehemalige Wehrmachts-, Luftwaffen-, und Marinefunker, Inhaber und Angestellte von Radiowerkstätten und -geschäften, unlizenzierte Funkamateure sowie andere Personen mit Funkkenntnissen, die für die Feindzentralen ein besonderes Interesse darstellten. Die Erfassung musste konspirativ erfolgen. Das Material der Erfassung ehemaliger Funker sowie unlizenzierter Funker, welches bereits in den Bezirksverwaltungen für Staatssicherheit oder den Bezirksbehörden der Deutschen Volkspolizei vorhanden war, war bei der Schaffung dieser Kartei heranzuziehen und auszuwerten. Die Kartei war von den Abteilungen II der BV im Bezirksmaßstab und vom Sachgebiet Funk der HA II im Republikmaßstab anzulegen. Die Karteikarten wurden in den BV in 2 Exemplaren gefertigt, davon war 1 Exemplar an die HA II - Sachgebiet Funk - zu senden. Die Karteikarte musste enthalten: Angaben über die Person des Funkers, den Charakter seines früheren Militärdienstes, seine Funkkenntnisse, die verwandtschaftlichen und anderen Verbindungen sowie Verbindungen nach dem Westen.
- Die Kartei und alles weitere vorhandene Material über diesen Personenkreis und solcher Personen, die für westliche Geheimdienste von Interesse waren, sollten für die Organisierung einer aktiven operativen Tätigkeit der Organe der Staatssicherheit ausgewertet werden. Aus dem Kreis der genannten Personen waren

qualifizierte Quellen anzuwerben, die unter den Funkern Autorität besaßen und über große Verbindungen verfügten. Nach Überprüfung auf ihre Zuverlässigkeit waren diese Quellen als Hauptinformatoren einzusetzen. Durch die Schaffung von wertvollen Quellen und Hauptinformatoren sollte die Entlarvung feindlicher Funkagenturen erreicht werden. Des Weiteren sollten Personen, die sich diesem Personenkreis zum Zwecke der Anwerbung nähern konnten, oder denen das Eindringen in die feindlichen Zentralen in Westberlin und Westdeutschland möglich war, geschaffen werden.[481]

Die Mitarbeiter der Linie II-Sachgebiet Funk waren zu einem Sonderlehrgang zusammenzufassen und auf die Durchführung der von Erich Mielke erlassenen Weisungen in operativer und technischer Hinsicht zu schulen. Verantwortlich dafür waren der Stellvertreter des Leiters der HA II, Oberstleutnant Folk und der Leiter der Abteilung F, Oberstleutnant Zimmermann.

Im April 1957 wurde die Ostberlinerin Gisela G. beim Besuch eines befreundeten Medizinstudenten in Westberlin vom amerikanischen Geheimdienst angesprochen. Nach einer mehrtägigen Bedenkzeit verpflichtete sich Gisela G. zur Zusammenarbeit mit dem Geheimdienst und unterschrieb eine Verpflichtung zur Mitarbeit und Verschwiegenheit. Vom amerikanischen Geheimdienst erhielt sie den Decknamen »Beethoven« und die Telefonnummer 74 42 289, unter der sie Verbindung zum Dienst aufnehmen konnte. Weiterhin instruierte sie der amerikanische Geheimdienst, dass sie sich im Falle einer Festnahme dem MfS anbieten solle.

Die frisch geworbene Agentin traf sich von nun an im Abstand von zwei bis drei Wochen mit einem Mitar-

---

481 Vgl.: Ebd., Bl. 3–8.

beiter des amerikanischen Geheimdienstes in Westberlin. Die Treffs fanden anfänglich in Filmtheatern oder Gaststätten statt, später benutzte man eine Treffvilla des Dienstes in Berlin-Dahlem, Donensteig.

Zum 1. Mai 1957 erhielt die Agentin »Beethoven« den Auftrag, Fotos von der Maidemonstration und der Militärparade der NVA und der Kampfgruppen zu machen. Ein Folgeauftrag war, an der Sektorengrenze acht TBK einzurichten, um im Kriegsfall Spionageinformationen übermitteln beziehungsweise empfangen zu können. Auch hiervon fertigte sie Fotos und Skizzen.

Nach festgestellter Bewährung gemäß Durchführung der ersten Aufträge erhielt die Agentin eine neue Aufgabe. So sollte sie geeignete Stellen an der Sektorengrenze erkunden, an denen unbemerkt Personen und Spionagematerial zwischen West- und Ostberlin geschleust werden konnte. »Beethoven« fand eine geeignete Stelle in der Nähe des U-Bahnhofes Neanderstraße, seit 1960 Heinrich-Heine-Straße und eine weitere im Kanalnetz nahe ihrer Wohnung. Auch hiervon wurden Skizzen und Erläuterungen angefertigt.

Weiterhin wurde »Beethoven« vom amerikanischen Geheimdienst beauftragt, in der DDR Konservendosen, Farbeimer und Schokolade zu kaufen und diese Dinge dem Geheimdienst zu übergeben. Dieser fertigte daraus Container zur Verbringung von nachrichtendienstlichem Hilfsmaterial in die DDR.

»Beethoven« erhielt danach den Auftrag, DDR-Bürger für den amerikanischen Geheimdienst anzuwerben. Vier Personen lehnten dies ab. Daraufhin wurde »Beethoven« zur telefonischen Übermittlung von Anweisungen des amerikanischen Geheimdienstes an in der DDR tätige Agenten eingesetzt.

Im November 1958 wurde die Agentin damit beauftragt, Beziehungen zu Offizieren der NVA herzustellen und sie nach Dienstgeheimnissen auszufragen. Die Durchführung dieses Auftrages wurde unterbrochen, da die Amerikaner die Verbindung zu ihr abbrachen.

Ende 1958 nahmen der amerikanische Geheimdienst die Verbindung wieder auf und die Agentin wurde einer Zuverlässigkeitsüberprüfung am Lügendetektor unterzogen. Danach wurde sie zum Funker für den E-Fall ausgebildet. Ein bis zweimal wöchentlich erfolgte eine Schulung im Geben und Hören von Morsezeichen in Treffwohnungen des amerikanischen Geheimdienstes in Berlin-Dahlem, Wilmersdorf, Charlottenburg und Halensee.

Zu Überprüfungszwecken sandte die Funkleitstelle des amerikanischen Geheimdienstes auf den Wellenlängen 41, 43 und 49 m Funksprüche zu bestimmten Zeiten, welche »Beethoven« mit einem zu diesem Zweckauftragsgemäß gekauften Rundfunkgerät empfangen sollte. Das Rufzeichen der Agentin war »PK 4«, die Sendungen waren an jedem Montag um 6 Uhr und am Mittwoch um 22 Uhr. Außerdem erfolgte eine Ausbildung im Ver- und Entschlüsseln von Funksprüchen unter Verwendung von Codeblöcken des amerikanischen Dienstes.

Nach Beendigung dieser Ausbildung wurde »Beethoven« in der Bedienung eines Funkgerätes vom Typ »RS 6« bestehend aus Sender, Empfänger, Netzanschluss und gekoppeltem Tonband »Phono-Trix« ausgebildet. Mit diesem Funkgerät trat die Funkagentin sieben Mal mit der Funkzentrale des amerikanischen Geheimdienstes in Frankfurt/Main, probeweise in Verbindung. Im April 1959 übernahm »Beethoven« bei mehreren Treffs mit Angehörigen des amerikanischen Geheimdienstes ein Sendegerät, einen Empfänger, einen Stromgleichrichter, mehrere Batterien, Kopfhörer, zwei Tonbänder, eine Funktaste, eine Übungstaste, eine Antenne sowie 16 Codeblöcke. Alle diese Ausrüstungsgegenstände wurden später, bei der Hausdurchsuchung durch das MfS aufgefunden.

Im März 1959 wurde »Beethoven« mit einem Sprechfunkgerät ausgerüstet, dass sie in ihre Wohnung verbrachte. Dort wurde es an einem nach Westberlin liegendem Fenster auf ein Stativ montiert und es wurde eine Probesendung mit einem in der Westberliner Oranienstraße stehenden Funkwagen durchgeführt.

Der amerikanische Geheimdienst setzte seine Agentin auch für verschiedene Fahrten in der DDR ein. So unternahm »Beethoven« eine Kurierfahrt nach Leipzig und warf für dort tätige Agenten Briefe in die Postkästen. Eine andere Aufgabe führte die Agentin nach Zossen und Königs-Wusterhausen. Dort sollte sie bei sowjetischen Einheiten nach Raketenwaffen forschen. Dieser Auftrag war ohne Erfolg, da Raketenwaffen zur damaligen Zeit auf dem Territorium der DDR noch nicht stationiert waren.

Ebenfalls im März 1959 erhielt die Agentin eine Anweisung für das Anlegen von Luftlande- und Abwurffeldern mit dem Auftrag, geeignetes Gelände zu erkunden. Sie schlug ihren Auftraggebern die Umgebung der Wohnung ihrer Tante in Berlin-Buchholz vor und fertigte Ostern 1959 Fotografien des Geländes an. Im Mai 1959 sollte »Beethoven« auf einem Lehrgang nähere Anweisungen für das Anlegen solcher Felder erhalten. Dazu kam es durch ihre Enttarnung und Festnahme am 14. Mai 1959 nicht mehr.

Als sich die Agentin bereits in Untersuchungshaft befand, sandte der amerikanische Geheimdienst am 29. April, 20. Mai, 1. Juni, 8. Juni, 15. Juni und am 22. Juni 1959, jeweils um 22 Uhr Funksprüche an »Beethoven«, die das MfS aufnahm. Der Spruch vom 29. April 1959 konnte entschlüsselt werden und lautete:

»NAECHSTE FACHAUSBILDUNG DIE UNTERNEH-

MEN MUESSEN BETRIFFT DIE GEHEIMSCHRIFT
SIE FAENGT AN SOBALD SIE VON BUNDESGEBIET
ZURÜCKKOMMEN.«

Bei der Agentin »Beethoven« wurde eine Anweisung über die »Auswahl von Landungsfeldern und Abwurffeldern« gefunden, in der es heißt:

»Auswahl von passenden Orten:

Ein annehmbares flaches, ebenes Feld von wenigstens 300 x 300 Meter ist am besten. Falls für die Übernahme von Vorräten Plätze benutzt werden, von denen ein sofortiger Abtransport der Vorräte nicht möglich ist, muss ein geeignetes Versteck in unmittelbarer Nähe vorhanden sein. Falls Bodenverstecke vorgesehen werden, müssen sie so liegen, dass sie auch bei Tage unbeobachtet vorbereitet werden können.

Für den Absprung von Personal ist eine gute Grasscholle – Oberfläche, Stoppel- oder anderer passender Boden, der unbehindert von Zäunen oder Bäumen und frei von grossen Steinen ist, erforderlich.

Innerhalb eines Radius von 5 Kilometern um das AF/lF sollen die Navigationshindernisse über dem Boden niedriger als 150 Meter sein.

Innerhalb eines Radius von 300 Metern vom Rand AF/LF sollen keine Hindernisse sein, d. h. Hochspannungsleitungen, Funktürme usw., worauf ein irrender Fallschirm knurren könnte.

Es ist natürlich selbstverständlich, dass alle Stellen, die als möglicherweise passende LF oder AF ausgewählt werden, von dicht bevölkerten Gebieten weit entfernt liegen sollen, dass sie für mehr als eine Operation möglich sind.«

Ebenfalls für die Amerikaner war Erich K. seit 1955 als Agent aktiv. K brachte es von 1955 bis zu seiner Festnahme im März 1959 auf 36 Treffs mit seinen Auftraggebern und fertigte rund 150 Berichte mit Geheimtinte für den

Funksprechgerät der Agentin Gisela G.

amerikanischen Geheimdienst. Dafür erhielt er circa
12.000 Westmark Agentenlohn.

K. sammelte vor allem Informationen über militärische
Objekte der Nationale Volksarmee und der Sowjetar-
mee und fertigte dazu die entsprechenden Skizzen an.
Weiterhin übermittelte er dem amerikanischen Geheimdienst Informationen über Produktionspläne von
Großbetrieben und legte TBK an. Bei den genannten
Großbetrieben handelte es sich um die Braunkohle-
kombinate Espenhain und Böhlen. Weiterhin lieferte
K. dem amerikanischen Geheimdienst gestohlene Originalunterlagen der Sowjetarmee. Auch seine Frau und
seinen Vater bezog K. in seine Spionageaktivitäten ein.
Ab März 1958 wurde K. als Funkagent ausgebildet, um
anschließend einen Funkstützpunkt in der DDR zu errichten.

Bei der Festnahme von Erich K. wurde bei ihm das Dokument »Abkürzungen für Signale in der Kriegszeit« sichergestellt.

Auch der Diplom-Physiker Franz B. war seit dem Frühjahr 1957 für den amerikanischen Geheimdienst als Spion in der DDR aktiv. Er übergab in Westberlin bei zahlreichen Zusammenkünften detaillierte Informationen über seine Tätigkeit an der Hochschule für Elektrotechnik in Ilmenau. Später fertigte er Berichte über die Forschungsarbeiten des Instituts für Physik, Hochfrequenztechnik und angewandte Physik, insbesondere über den Stand der Arbeiten an elektronisch gesteuerten Rechenmaschinen sowie der durchgeführten Arbeiten auf dem Gebiet der Gasentladungsphysik, im Geheimschreibverfahren.

B. beichtete dem amerikanischen Geheimdienst weiterhin über Namen, Charakteristiken und Reisen von Kollegen der Hochschule für Elektrotechnik Ilmenau.

B erhielt seine Anweisungen vom amerikanischen Geheimdienst auf der Kurzwelle seines Rundfunkgerätes in Form von verschlüsselten Funksprüchen. Zuvor erfolgte eine entsprechende Ausbildung im Ent- und Verschlüsseln von Nachrichten. Franz B. legte weisungsgemäß im Gebiet von Ilmenau TBK an, durch die er mit Geld und Codematerial versorgt wurde.

Für den BND war vom Frühjahr 1956 bis Juni 1959 Walter H. im Einsatz. Der BND-Agent war zur damaligen Zeit auf der Großbaustelle Überseehafen Rostock beschäftigt. H. informierte den BND über Interna aus der Rostocker Warnowwerft. Dabei ging es um das Schiffsumbauprogramm und den Bau von Fahrgastschiffen. Weiterer berichtete H. dem BND über den Schiffsverkehr in Rostock und Warnemünde, über Einheiten der Seestreitkräfte der NVA, über Einheiten der Deutschen Grenzpolizei und über einen Einheit der

Sowjetarmee. Über seine Beobachtungen von Einheiten der Seestreitkräfte und der Deutschen Grenzpolizei fertigte er Fotoaufnahmen.

H. traf sich mit BND-Mitarbeitern häufig in Westberlin. In einer als Treffort genutzten Pension in Charlottenburg berichtete der Spion über seine Aufträge und übergab Material.

Walter H. brachte aber auch mit Geheimschrift versehene Spionagebriefe an eine Westberliner Deckadresse in den Postverkehr. Auch legte er TBK an und wurde durch den BND Anfang Mai 1959 mit einem Kurzwellen-Konverter ausgerüstet, den er in einer Konservendose des staatlichen Handels in das Gebiet der DDR einschleuste.[482]

Auch der Salzwedeler Berufsschullehrer Karl-Heinz Juhnke spionierte zwölf Jahre für die OG beziehungsweise den BND. Juhnke überwand des Öfteren illegal die Grenze der DDR in Richtung BRD und wurde dabei mehrere Male von sowjetischen Kräften verhaftet. Deshalb und wegen anderer Repressalien bildete sich bei Juhnke ein Hassgefühl, welches zum Nährboden für seine Spionagetätigkeit wurde.

1952 tauchte im niedersächsischen Gifhorn ein Gardelegener auf, der dafür bekannt war, mit den Sowjets zusammenzuarbeiten. Juhnke und sein Bruder informierten die Polizei. Nach der Polizei tauchten drei OG-Angehörige auf, die Juhnke fragten, ob er an der Wiedervereinigung Deutschlands interessiert sei. Juhnke war bereit, über Repressalien, Inhaftierungen und über Truppenbewegungen der Roten Armee zu berichten. Bis zum Mauerbau 1961 schreibt Juhnke seine

---

482 Zu den Fällen Gisela G., Erich K., Franz B. und Walter H. vgl.: BStU ZA Nr. 600/59, Bl. 184–236, BStU ZA AU Nr. 314/61, Bd. 1a, Bl. 200, 219–237, BStU ZA AU Nr. 314/61, Bd. 1b, Bl. 56–77.

Beobachtungen in Briefen auf, die er einmal im Monat von Westberlin an die OG beziehungsweise den BND aufgibt. Nach den Ereignissen des 13. August 1961 steigt der Spion auf Spionagebriefe in Geheimschrift um und schickt sie mit der Post an eine Deckadresse. 1964 wird Juhnke enttarnt und verhaftet. Nach seinen Angaben wurde er von Doppelagenten, die für den BND und sowjetischen Geheimdienst arbeiteten, verraten.

Juhnke wurde zu einer lebenslangen Freiheitsstrafe verurteilt und 13. Dezember 1969 ausgetauscht. Er resümiert »Ich würde alles wieder so machen.«[483]

Einen Fall aus dem Jahr 1956 beschreiben Möller und Stuchly wie folgt:

»Im Frühsommer reiste der 45-jährige Ostberliner Paul B. mit dem D-Zug nach Altenburg im Bezirk Leipzig. Mit einer kompletten Anglerausrüstung bestieg er am Bahnhof ein Taxi und ließ sich nach Nobitz bringen. Dort befand sich ein kleines Flüsschen und in unmittelbarer Nähe ein Flugplatz der sowjetischen Luftstreitkräfte.

Der Taxifahrer war IM der KD Altenburg, der vom MfS einen Opel ›Kapitän‹ vermittelt bekam. Selbst passionierter Angler, wusste er, dass in diesem Flüsschen kein Fisch schwamm und roch den ›Braten‹. Er war schließlich ordentlich von seinem Führungsoffizier instruiert worden. Der IM und sein Berliner Fahrgast kamen ins Gespräch. Der Taxifahrer klagte über fehlende Ersatzteile für seinen Opel. B. versprach zu helfen und lud ihn zu einem Besuch nach Berlin ein. B. führte den IM auf direktem Wege dem MI-Mitarbeiter ›Florenz‹ in Berlin Zehlendorf zu, der dabei als Spion für den Flugplatz Altenburg geworben wurde.

Sechs Wochen später wurden zwei Spione des MI-Mit-

483 Vgl.: *Magdeburger Volksstimme*, 6. September 2003.

arbeiters am sowjetischen Militärflugplatz in Werneu-
chen bei Berlin auf frischer Tat gestellt. Sie benannten
B. als ihren Kurier. Der wurde daraufhin observiert und
auf dem Wege von Berlin-Baumschulenweg in Richtung
Neukölln vor der offenen Sektorengrenze festgenommen.«[484]

GM »Rudi« in der Altmark und der amerikanische Geheimdienst

»Rudi« war ein Geheimer Mitarbeiter des MfS, der zum
Schein mit dem amerikanischen Geheimdienst zusammenarbeitete. Am 1. August 1959 erhielt der GM »Rudi«
vom amerikanischen Geheimdienst den Auftrag, die
Grenze im Raum Arendsee aufzuklären. »Rudi« sollte
dabei besonders auf

- die Straßendecken,
- Brücken sowie
- die Streifentätigkeit der Grenzposten achten.

Im MfS wurde daraufhin entschieden, was zu tun ist.
Nach Rücksprache mit der Leitung der HA II, führ-
te »Rudi« am 7.und 8. August 1959 im Beisein seines
Führungsoffiziers, Oberleutnant Pöhland, und nach
Koordinierung mit der zuständigen KD des MfS diesen
Auftrag für den amerikanischen Geheimdienst durch.
»Rudi« berichtete am 3. und 10. September 1959 den
Mitarbeitern des amerikanischen Geheimdienstes »Ni-
kol« und »Malermeister« anhand von Karten und Fotos
zum gestellten Auftrag.
Zu den Bildern von Arendsee Bad und dem Zeltlager

---

484 Günter Möller, Wolfgang Stuchly in: *Die Sicherheit*, S. 507 f.

wollten die Amerikaner Informationen über die Wegebeschaffenheit und vor allem dahingehend, ob die dort befindlichen Wege und Straßen geeignet waren, um sie mit Panzern und schwerer Artillerie zu passieren. Weiterhin interessierte den amerikanischen Geheimdienst, ob sich dort Sumpfgebiete und Unterholz befanden. GM »Rudi« machte zu diesen Punkten wahrheitsgemäße Angaben.

Des Weiteren wurde »Rudi« befragt, ob es möglich sei, dort einzeln oder mit mehreren Personen unauffällig über die Staatsgrenze zu gehen. Auch diese Frage bejahte der GM wahrheitsgemäß.

Zur Ortschaft Ziessau stellten die Amerikaner ähnliche Fragen. Weiterhin interessierte sie, ob dort Posten der Grenzpolizei zu sehen waren und wie weit man über die dort vorhandenen Sperrschilder gehen konnte beziehungsweise ob man von den Posten der Grenzpolizei angehalten wurde.

Interesse bei den Amerikanern weckte auch der Turm bei Arendsee. Sie wollten Höhe und Breite sowie die Stärke der Mauern erfahren.

Auch zum Haus an der Kreuzung der Straße Arendsee-Schrampe wurde der GM »Rudi« befragt. Man wollte von ihm Alter das Alter des Hauses, die Art der Steine und die Stärke der Mauern erfahren. Weiterhin wollten die Amerikaner wissen, ob man 2 cm oder andere schwere Waffen zum Beschuss nötig hätte, ob ein Keller vorhanden sei und wie viele Truppen man evtl. dort unterbringen könnte.

Beim Treff des GM »Rudi« mit den Angehörigen des amerikanischen Geheimdienstes am 10. September 1959 nahmen auch ein Oberst und ein Major in Uniform teil. Der Resident des amerikanischen Geheimdienstes »Nikol« begann mit der Erklärung, dass die beiden Offiziere extra zu Treff erschienen seien, um genauestens über die Umgebung von Arendsee unterrichtet zu werden.

Zunächst musste der GM nochmals eine genaue Beschreibung des Geländes, besonders zwischen Schrampe (DDR) und Schmarsau (BRD), geben. Dabei wollten die Amerikaner die Postendichte der Deutschen Grenzpolizei, ob diese mit oder ohne Hunde gingen, Bewaffnung, Einzel- oder Doppelposten, wissen.

Besonders interessierten sie sich für den Weg Ziessau (DDR)-Lomitz (BRD). Der GM »Rudi« wurde vom Residenten »Nikol« bezüglich des Weges Ziessau-Lomitz nicht instruiert und konnte daher keine genaue Auskunft geben. Den Oberst und den Major ärgerte das sehr und sie fragten »Nikol«: »Warum haben sie nicht gesagt, der Mann soll sehen nach einem Weg für kleine Gruppen?«

Die Amerikaner fragten »Rudi« weiterhin, ob man mit dem Grenzautobus von Arendsee, nach Ziessau, Ziemendorf beziehungsweise Gollensdorf fahren könne und was geschieht, wenn man zum Beispiel in Gollensdorf aussteigt und als einfacher Arbeiter in Richtung Ziemendorf läuft.

Der GM antwortete, dass er dazu keinen Auftrag erhalten hatte, was den Oberst wiederum verärgerte.

Anschließend stellte man »Rudi« die Frage, wo man am besten die Staatsgrenze der DDR in Gruppen übersteigen könnte. »Rudi« gab als Antwort: »In der Nähe von Bömenzien.«

Weiterhin wollte man vom GM wissen, ob, wenn an der Grenze geschossen wird, die gesamte Grenzpolizei in diesem Abschnitt zur Hilfe geschickt wird. Hierzu gab »Rudi« keine konkrete Antwort.

Als Folgeauftrag erteilte »Nikol« den GM »Rudi« 20 bis 25 Jagdmesser mit einer 10 Zentimeter langen Klinge, hergestellt in der DDR, ČSR, Polen oder der UdSSR, zu kaufen. Bei den nächsten Treffs sollte er dann immer bis zu drei Stück mitbringen.

Anschließend kam man nochmals auf die Gegend um Arendsee zu sprechen. Man wollte von »Rudi« wissen, ob eine Gruppe von Männern zwischen Ziemendorf und Gollensdorf nach Westen durchbrechen könnte, wenn gegenüber von Ziemendorf auf westlicher Seite geschossen würde. Außerdem wurde der GM befragt, wie die Wassertiefe der Elbfahrrinne bei Müggendorf sei und ob es möglich wäre, dort die Elbe mit Panzern oder Lkw zu durchfahren oder ob auf der Ostseite Sumpf vorhanden wäre, wo diese Fahrzeuge stecken bleiben könnten.

Des Weiteren fragten die Amerikaner danach, ob die Bauern in Müggendorf vorwiegend Kommunisten oder Großbauern seien, ob Deckungsmöglichkeiten für leichte Kanonen vorhanden wären, wie viele Leute dort wohnten, ob vorwiegend alte oder junge usw.[485]

Zwei GM des MfS im Dienste der Amerikaner

Rolf Ebeling, Maschinenbaustudent aus der DDR, wurde zu Beginn des Jahres 1958 in Berlin-Neukölln von der CIA bei einem Kneipenbesuch angeworben. Ein Fremder sprach ihn an und stellte einen kleinen Nebenverdienst in Aussicht.

Der Fremde telefonierte daraufhin mit einem Freund, welcher auch sofort erschien. Einer der beiden Männer forderte den Studenten auf, Informationen über die Preisgestaltung in der DDR zu liefern. Ebeling erhielt

---

485 Vgl.: Hauptabteilung II/5: Bericht vom 12. September 1959. BStU, ohne Signatur.

10 Mark und die Anweisung, Anfang Februar mit den gewünschten Informationen im Passbüro des amerikanischen Hauptquartiers in der Westberliner Clayallee 170–172 zu erscheinen.

Nach der Rückkehr aus Westberlin offenbarte sich Rolf Ebeling der Spionageabwehr des MfS und wurde nun als Geheimer Mitarbeiter des MfS gegen die CIA tätig. Der GM wurde durch die verantwortlichen Offiziere des MfS auf seinen Auftrag vorbereitet und fand sich zum vereinbarten Zeitpunkt in der Westberliner Clayallee ein. Ein operatives Spiel des MfS gegen die CIA begann. Er erklärte sich gegenüber der CIA bereit für diese zu arbeiten, die Amerikaner ahnten nichts von seiner MfS-Anbindung. Er erhielt von der CIA den Decknamen »Ring« und den Auftrag Informationen über die Stimmung in der Bevölkerung zu sammeln. Die ersten Testaufträge erfüllte »Ring« zur Zufriedenheit der CIA. Neue Aufträge, wie die Erkundung militärischer Geheimnisse, folgten. Weiterhin interessierte sich die CIA für die technischen Daten und Auslieferungstermine der im LEW Hennigsdorf gebauten Lokomotiven. Da »Ring« nach dem Studium im LEW Hennigsdorf als Ingenieur tätig war, wurden auch Fragen über Neuentwicklungen und Probleme im Produktionsprozess seitens der CIA an ihn herangetragen. »Ring« lieferte erstklassige Daten, so glaubte die CIA. Was »Ring« den Amerikanern an Informationen lieferte, wurde vom MfS zuvor geprüft und freigegeben.

Nachdem »Ring« eine Weile für die Amerikaner im Auftrag des MfS tätig war, wurde er im CIA-Objekt Miquelstraße 71, in Westberlin, einem Lügendetektortest unterzogen. Er bestand diesen Test und auch die anderen, die in periodischen Abständen folgten. »Ring« besaß das Vertrauen der CIA.

Er wurde von der CIA auch zum Funker ausgebildet

und lernte das Morsen sowie das Entschlüsseln von Nachrichten. Für den Ernstfall schleuste »Ring« eine Funkausrüstung in die DDR, damit sollte er bei Bedarf Kontakt zum amerikanischen Geheimdienst aufnehmen.

Mit der Grenzschließung am 13. August 1961 legte die CIA »Ring« zunächst auf Eis. Ein halbes Jahr reagierten die Amerikaner nicht auf die Funksprüche »ihres« Agenten. Nach sechsmonatiger Pause warteten auf »Ring«, übermittelt durch TBK in Parks und auf Friedhöfen, neue Aufträge. Nun sollte er für die Amerikaner Personen benennen, die auf Touristenreisen im sozialistischen Ausland von der CIA angesprochen und geworben werden könnten. Außerdem wurde »Ring« auf Reisekader des Außenhandels angesetzt. Zu diesen sollten Charakteristiken angefertigt und Reisetermine in das westliche Ausland übermittelt werden. Dieser Auftrag sollte dazu dienen, die Außenhandelskader bei ihren Reisen im Ausland zu überwachen, um Ansatzpunkte für eine Agentenwerbung zu finden.

»Ring« wurde auch angewiesen, die Militärspionage zu verstärken. Dazu bekam er Erkennungstafeln, auf denen die Militärtechnik der NVA und der sowjetischen Streitkräfte abgebildet war.

Rolf Ebeling lieferte der HA II wichtige Erkenntnisse über die CIA. Nach fast zehn Jahren Doppelleben wurde die »Zusammenarbeit« mit der CIA eingestellt und Ebeling wurde zurückgezogen.[486]

Horst Hesse hatte während seiner Zeit an der unsichtbaren Front viele Decknamen. GM »Jürgen« war er beim MfS, unter den Namen »Lux« und »Horst Berger« arbeitete er für den amerikanischen Geheimdienst MID.

---

486 Vgl.: »Kundschafter im Dienst des Friedens. Unser Mann bei der CIA«. Presseabteilung des MfS, Berlin DDR 1987, o. S.

Am 22. Januar 1954 wandte sich der Magdeburger Arbeiter Horst Hesse an die dortige Bezirksverwaltung für Staatssicherheit. Er hatte einen Brief von seinem ehemaligen Magdeburger Nachbarn Voigt erhalten, der jetzt in Westberlin lebte. Voigt bat Horst Hesse, ihn doch in Westberlin einmal zu besuchen. Hesse machte dieser Brief misstrauisch, als Genosse der SED informierte er die Staatssicherheit.

In der Abteilung II der BV Magdeburg entschloss man sich, dass Problem offensiv anzugehen. Aus Horst Hesse wurde der GM »Jürgen«, der für das MfS gegen einen amerikanischen Geheimdienst tätig werden sollte. Dass es sich um einen amerikanischen Geheimdienst handelte, war allerdings zu diesem Zeitpunkt noch nicht bekannt. Der GM »Jürgen« erhielt von seinem Führungsoffizier den Auftrag, näheres über Voigt in Erfahrung zu bringen und auf einen Werbungsversuch einzugehen.

Bereits beim ersten Treffen mit Voigt in Westberlin bestätigte sich, dass der ehemalige Nachbar aus Magdeburg für einen Geheimdienst tätig war. Folglich wollte er Hesse anwerben, wohnte dieser doch in der Nähe eines Verladebahnhofes, der häufig von der Sowjetarmee genutzt wurde. Da Horst Hesse auch über militärische Kenntnisse verfügte, schien er der ideale Mann für eine militärische Spionagetätigkeit zu sein. Dass Voigt hier den GM »Jürgen« des MfS anwarb, konnte dieser nicht ahnen. GM »Jürgen« unterschrieb eine Verpflichtungserklärung und erhielt von den Amerikanern zunächst den Decknamen »Lux.« Die Agentenkarriere des Horst Hesse begann. »Lux« sollte nun als Kurier tätig werden und militärische Informationen, vor allem über Truppenbewegungen, liefern. Um den Informationsbedarf des MID zu decken, lieferte »Lux« vom MfS präpariertes Material und vertiefte so das Vertrauensverhältnis zum amerikanischen Geheimdienst. Für die Amerikaner wurde Horst Hesse auch dadurch interessanter, weil er eine Tätigkeit als Instrukteur beim GST-Bezirksvorstand Magdeburg aufnahm.

Es kam zu einer Reihe von weiteren Treffen und es stellte sich nun für Hesse und das MfS heraus, dass es die amerikanische MID war, der den GM »Jürgen« angeworben hatte.

GM »Jürgen« erhielt von der Staatssicherheit den Auftrag, Informationen über die MID zu sammeln. Hierbei ging es insbesondere um die Strukturen und Methoden der MID und seine in der DDR tätigen Agenturen. Außerdem sollte der GM »Jürgen« sein Vertrauensverhältnis zur MID weiter festigen und seine Position ausbauen. Perspektivisch sollte er auch Kontakt zu Leitenden MID-Mitarbeitern gewinnen. Dazu machte ihn die Staatssicherheit zu einem der erfolgreichsten »Westagenten« der damaligen Zeit in der DDR. Horst Hesse lieferte umfangreiches Material über die Magdeburger Kasernen der Sowjetarmee. Die Fotos, die Hesse den Amerikanern übergab, fertigten Mitarbeiter der Magdeburger Spionageabwehr.

Die Magdeburger Abteilung II schmiedete neue Pläne und es wurde veranlasst, dass sich der GM »Jürgen« am 11. August 1954 nach Westberlin absetzte. Hesse fuhr mit dem Zug in den Westteil Berlins und schilderte, dass er aus der DDR geflüchtet sei, da sich in Magdeburg die Kriminalpolizei nach ihm erkundigt hätte. Das MfS verbreitete in Hesses Umfeld die Legende, dass er aus der DDR geflohen sei. Er wurde offiziell aus der Partei ausgeschlossen und seine Wohnung wurde durchsucht. Dass seine Wohnung aus Gründen der Tarnung tatsächlich durchsucht wurde, stellte sich als äußerst wichtiger Faktor heraus, denn einer seiner Magdeburger Nachbarn war ebenfalls für die Amerikaner tätig und die

MID wurde über die Aktivitäten der DDR-Organe nach der »Flucht« Hesses informiert.[487]

In der DDR stellte man die Angelegenheit 1987 offiziell anders dar. Hier heißt es zur Flucht Hesses: »Eines Abends wurde Resident Voigt von einem guten Kumpel (einem DDR- Kundschafter) in eine Westberliner Nachtbar eingeladen. Währenddessen drang eine unbekannte Person – Horst Hesse – in die Voigtsche Wohnung ein und entwendete Agentenlisten und andere wichtige Unterlagen. In der MID-Zentrale war man schockiert: Hesse konnte nicht mehr in die DDR zurück, andere Agenten waren in Gefahr.«[488]

Bei der MID wurde man hinsichtlich der Flucht des Agenten »Lux« nicht misstrauisch. Man versteckte ihn eine Woche in Westberlin und flog ihn dann nach Frankfurt am Main aus. Er arbeitete von nun an hauptamtlich für die MID-Dienststelle Würzburg und erhielt die Identität »Horst Berger«.

Auch hier bewährte sich Hesse, seine Aufgabe bestand darin, amerikanische Agenten in der DDR zu rekrutieren. Dazu heißt es: »Man nannte ihn nun an Berger, und dieser studierte von jetzt an Fotokopien von Telegrammen und Briefen, in denen DDR-Bürger Verwandte in der BRD und Westberlin von anstehenden Besuchen informierten. Nach seinen Vorschlägen wurden aus diesem Kreise Agenten angeworben.«[489]

»Horst Berger« MID-Karriere entwickelte sich rasant und so wurde er alsbald Abteilungsleiter Werbung der Dienststelle Würzburg und Spitzenquelle der MfS-Spio-

---

487 Vgl.: Peter Böhm: FOR EYES ONLY. Die wahre Geschichte des Agenten Horst Hesse. Berlin 2016, S. 79.

488 »Kundschafter im Dienst des Friedens. Die Blitzkarriere des Agenten Berger«. Presseabteilung des MfS, Berlin DDR 1987, o. S.

489 Ebd.

nageabwehr. Mit dem GM »Jürgen« hatte sich die Linie II des MfS eine erfolgreich arbeitende Objektquelle im MID geschaffen.

Im MfS wurde dann später festgelegt, die Auflösung der MID-Dienststelle Würzburg zu realisieren und deren Agentenkartei in die DDR zu verbringen. Zu Pfingsten 1956 wurde der Plan umgesetzt. Von Ostberlin aus machten sich die GM »Donner« und »Teddy« mit einem Mercedes auf den Weg nach Würzburg. In Würzburg selbst hatte der GM »Jürgen« alles entsprechend vorbereitet.[490]

In der MID-Dienststelle in der Eisenmannstraße 4 stellte das Trio dann fest, dass sich die Tresore an Ort und Stelle nicht öffnen ließen. Man entschloss sich daraufhin, die Tresore ungeöffnet in den Mercedes zu verladen und sich auf den Weg zu machen. Letztlich kam man mit den wichtigen Unterlagen in der DDR an.

Nun war Eile geboten, ehe die MID das Verschwinden von »Horst Berger« mit der Agentenkartei bemerken und die betroffenen Spione warnen konnte.

In einer Übersicht des MfS ist zu dieser Aktion niedergeschrieben: »1956 OV Aktion ›Sonnenschein‹. MID Dienststelle Würzburg, Aufdeckung der Spionagetätigkeit dieser MI – Dienststelle durch Einschleusung des Gen. Hesse sowie durch GM ›Melitta Sommer‹ (Ehefrau eines MID-Residenten dieser Dienststelle).«[491] Weiterhin waren an dieser Aktion laut dieses internen MfS-Papiers noch die GM »Schütte« und »Winzer« beteiligt.

Dass die HA II mit dem GM »Melitta Sommer«, der Ehefrau eines Residenten, noch einen weiteren Zugang

---

490 Vgl.: Gert Breitenbach: »Donner & Blitz«. In: Gotthold Schramm (Hrsg.): *Der Botschaftsflüchtling.* Berlin 2006, S. 117.

491 BStU ZA HA II Nr. 18538, Bl. 21.

zur MID-Dienststelle Würzburg hatte, ist bis heute weitgehend unbekannt.

Horst Hesse verstarb am 16.12.2006 in Schwedt/Oder.

Günther Kratsch berichtete 1987 in einem Referat, dass im Mai 1956 die Aktion »Sonnenschein« gegen die MID-Dienststelle Würzburg realisiert wurde. Konkret führt er dazu aus: »Es konnten

- 2 Panzerschränke dieser Dienststelle mit Material sichergestellt
- und 130 Spione festgenommen

werden. Den Grundstein für den Einsatz des Genossen Hesse beim US-Geheimdienst hatte die Abteilung II der Bezirksverwaltung Magdeburg gelegt.«[492]

Die Rolle von Horst Hesse wurde in der DDR der Öffentlichkeit zunächst verschleiert dargestellt und seine Anbindung an das MfS verschwiegen. Die Aussage: »Der ehemalige Agent des MID und Mitarbeiter der Würzburger Zentrale, Horst Hesse, der freiwillig in die DDR kam und sich den Sicherheitsorganen der DDR stellte«[493], unterstreicht dieses. In der Folgezeit lockerte man die Geheimhaltung um Horst Hesse. So gab es Veröffentlichungen und Interviews über ihn beziehungsweise mit ihm[494], und 1986 widmete ihm der Kinderbuchverlag Berlin das Buch *Der Kundschafter* von Werner Bauer.[495]

---

492 Vgl.: Referat des Leiters der Hauptabteilung II auf der Dienstkonferenz vom 8. April 1987, BStU ZA MfS HA II Nr. 4865, Bl. 21.

493 »Agentenfunkstelle Görzenberg antwortet nicht mehr«. Bezirksleitung Suhl der SED, Abteilung Agit.-Prop., o. J., S. 13.

494 Vgl.: »Ich bin der Mann, der ›Berger‹ war!« Lesematerial für die tschekistische Traditionspflege und die Öffentlichkeitsarbeit der Bezirksverwaltung für Staatssicherheit Frankfurt (Oder), o. J., S. 36–54.

495 Vgl.: Werner Bauer: *Der Kundschafter*. Der Kinderbuchverlag Berlin, DDR 1986.

Einer breiten Öffentlichkeit wurde die Handlung um Horst Hesse durch den Film *For Eyes Only* bekannt. Neben dem Film erschien MfS-intern eine 102-seitige Broschüre, in deren Einleitung es heißt: »Um vielen Mitarbeitern eine bleibende Erinnerung an diesen Film zu schaffen, wurde von der HA Kader und Schulung – Abteilung Schulung – in Zusammenarbeit mit der Abteilung Agitation das literarisch gestaltete Drehbuch herausgegeben.«[496]

Der ehemalige Oberst des MfS, Harry Mittenzwei, zur Zeit des Rückzugs von Hesse in der HA II tätig, erinnert sich an seine Einbindung:

»Eines Morgens fand ich beim Dienstantritt neben meinem Schreibtisch einen gewaltsam aufgebrochenen Tresor. Das war der berühmte Würzburger Panzerschrank. Für einen Schrank war er etwas klein, aber sein Inhalt hatte es in sich. (…) Unbewusst hatte ich an dieser Aktion mitgewirkt. Bei uns war es üblich, ohne in alle Zusammenhänge eingeweiht zu sein, andere Diensteinheiten zu unterstützen, wenn deren eigene Kapazität bei der Durchführung bestimmter Maßnahmen nicht ausreichte. Das traf auch hier auf mich zu. In einer Wohnung in Alt-Stralau saß ich am Vorabend auftragsgemäß an einem Telefon, hatte auf einen Anruf zu warten und die eingehende Information weiterzuleiten. In den mittleren Abendstunden klingelte das Telefon. Ein Heinz meldete: ›Der Onkel Karl ist ins Krankenhaus eingeliefert worden, ihm geht es aber den Umständen entsprechend gut.‹ Das war das Kennwort der geglückten Aktion in Würzburg. Meine Mission war, nachdem ich das weiter vermittelt hatte, beendet.

Jetzt stand ich nun vor diesem Panzerschrank. Ich sollte

---

496 »for eyes only«. Ohne Jahr und sonstige Angaben, S. 9 (Archiv des Verfassers).

den Inhalt sichten und registrieren. Die in ihm gewesenen Aktenordner waren aber schon entnommen. Was ich da noch vorfand war aber auch nicht zu verachten. Neben verschiedenen Papieren, die nur der Kenner einordnen konnte, fand ich eine beträchtliche Menge von Blankoausweisdokumenten. Da waren Bundespersonalausweise, Presseausweise der verschiedenen Agenturen, Ausweise von Ämtern und Institutionen und als Höhepunkt Hausausweise der Zentrale des Bundesnachrichtendienstes in Pullach bei München. Dazu fand ich alles, was nötig war, um diese Dokumente auszufüllen und gültig zu machen.«[497]

Kundschafter Horst Hesse

---

497 Harry Mittenzwei: »Meine amerikanische Zeit«. In: Wolfgang Schwanitz, Reinhard Grimmer: *Unbequeme Zeitzeugen. Erinnerungen von MfS-Angehörigen*. Berlin 2014, S. 309 f.

Bedeutende Spionagevorgänge in den 1950er Jahren im Bezirk Franfurt/Oder

Der Bezirk Frankfurt/Oder war aufgrund seiner Nähe zu Polen und der im Bezirk stationierten Einheiten der bewaffneten Kräfte der DDR und der Sowjetarmee ein Schwerpunkt der Spionagetätigkeit der westlichen Geheimdienste. Außerdem war der Bezirk wegen der durch die Sowjetarmee durchgeführten Truppen – und Nachschubtransporte, welche mit der Bahn über Polen durchgeführt wurden, für die westlichen Geheimdienste von Bedeutung.

Durch die Abteilungen II, IX und XIX der BV Frankfurt/Oder wurde 1954/55 der Eisenbahner Willi G. operativ bearbeitet, der für die OG tätig war. G. warb im Auftrag der OG andere Agenturen an, unter anderem einen weiteren Eisenbahner und seine damals 22-jährige Freundin, die ebenfalls bei der Reichsbahn beschäftigt war. G. soll neben der Spionage vorrangig gegen das Eisenbahn-Transportwesen und Truppentransporte die Absicht gehabt haben, die Züge Moskau-Berlin und Berlin-Warschau, welche sich am Bahnhof Fürstenwalde begegneten, zusammenfahren zu lassen. Außerdem soll G. ernsthafte Vorbereitungen für eine Sprengung der Eisenbahnbrücke Frankfurt/Oder-Slubice betrieben haben.

Ebenfalls 1954 wurde durch die Abteilungen II und IX der BV Frankfurt/Oder der OG-Spion Otto K. bearbeitet. K. hatte in Erkner/Woltersdorf ein Fuhr- und Taxiunternehmen und den Auftrag, Personen zu schleusen, die als Spione und Kuriere in Polen tätig waren. Außerdem warb K. seine beiden Söhne, den Autowerkstatt-Besitzer Karl S. aus Woltersdorf/ Rüdersdorf sowie den Sägewerksbesitzer Edgar S. aus Kienitz an der Oder zur aktiven Spionage für die OG an. Von Kienitz aus wurden Spione und Kuriere mit einem Schlauchboot über die Oder nach Polen geschleust. Alle nach Polen geschleusten Personen waren bewaffnet. Besonders oft wurde der für die OG tätige Heinz L. aus Westberlin geschleust.

Für den amerikanischen Geheimdienst waren die Spione P. und G. aus Mescherin bei Schwedt an der Oder tätig. Das Duo wurde 1955/56 durch die Abteilungen II und IX der BV Frankfurt / Oder und die KD Angermünde bearbeitet. Die Amerikaner erteilten den Agenturen P. und G. den Auftrag, dass Grenzgebiet an der Oder beiderseitig aufzuklären. Beide trafen auch aktive Vorbereitungen für Grenzschleusungen von und nach Polen. Weiterhin waren beide zur Militärspionage eingesetzt.

Wegen aktiver Militärspionage wurde 1955/56 die KD Fürstenwalde operativ gegen Horst B. tätig. B. wurde durch die OG angeworben und später dem amerikanischen Geheimdienst übergeben. Er war bei der Deutschen Reichsbahn, vorrangig auf dem Bahnhof Fürstenwalde eingesetzt. Auftrag des Agenten B. war die Aufklärung von Truppentransporten und von militärischen Objekten in Fürstenwalde. Ein Verwandter des B. war der westdeutsche Politiker L., der in diesem Zusammenhang nach Fürstenwalde und nach Heinersdorf im Kreis Fürstenwalde einreiste.[498]

498 Informationen des ehemaligen Mitarbeiters der BV Frankfurt/ Oder, Kurt. W.

Ein in die DDR eingereister Spion des BND fotografierte militärische Objekte und Transporte; die Mikrofilme versteckte er in diesem Container seiner Schuhe.

Weitere bedeutende Operationen der Spionageabwehr in den 1950er Jahren

Im Jahr 1955 führte die HA II die Aktion »Frühling« gegen den englischen Geheimdienst durch. Im engen Zusammenwirken mit den sowjetischen Sicherheitsorganen war es der Staatssicherheit gelungen, circa 200 Spione des englischen Geheimdienstes in der DDR festzunehmen. Das MfS erhielt bei der Aktion »Frühling« Hinweise des KfS, die vermutlich auf die Tätigkeit des sowjetischen Kundschafters im SIS, George Blake, zurückzuführen waren.

Agenturen der CIA wurden durch die HA II ab 1955 im OV »Gärtner«, Reg. Nr.: 153/55 registriert. Im OV »Gärt-

ner« wurden mehrere Agenten der CIA, die als Schleuser
tätig waren, bearbeitet und festgenommen. Als wichtigste
OV-Personen waren zwei Familien aus Schöneiche und
jeweils eine Familie aus Berlin und Petershagen erfasst.
Der Vorgang wurde mit der Festnahme der Personen aus
Schöneiche, Petershagen und Berlin abgeschlossen und
galt als einer der wichtigsten Vorgänge auf dem Gebiet
der Schleusungen von CIA-Agenten über das Gebiet der
DDR nach der ČSSR, Polen und der UdSSR.

In den Jahren 1955, 1956 und 1957 führte die HA II
die Aktionen »Pentagon« und »Doktor« gegen den
amerikanischen Geheimdienst MID durch. Hierbei
wurde ein Resident des MID durch den GM »Bach« in
die DDR geschleust und sein Agentennetz liquidiert.
Auf Flugblättern wurden bestimmte Dienststellen des
US-Geheimdienstes entlarvt. Dabei handelte es sich um
die Dienststellen in Berlin-Lichterfelde, Carstenstraße
46 a, und Berlin-Charlottenburg, Grolmannstraße 47.
Eine besondere Maßnahme stellte dar, dass seitens der
HA II in Westberliner Zeitungen Annoncen aufgegeben wurden, in denen Häuser, die der amerikanische
Geheimdienst nutzte, zum Kauf angeboten worden waren. Mit Hilfe des GM »Bach« gelang es, einen Teil der
Funkagenten des MID zu erkennen und entsprechende
Abwehrmaßnahmen einzuleiten. Der GM »Bach« wurde von einer US-Dienststelle als Autowäscher eingesetzt und konnte zum Kurier entwickelt werden. Seine
Aufgabe bestand auch darin, Funkagenten in die DDR
einzuschleusen.

Eine weitere Operation an der die GM »Bach«, »Falke«,
»Alfred Neumann«, »Reinhardt« und »Antje« beteiligt
waren, führte die HA II gegen die Anschreibemethode
des MI durch. Dabei wurde in das Kurier- und Verbindungssystem des MI eingedrungen und eine große Anzahl von Anschreibebriefen an DDR-Bürger konfisziert.

Die HA II schätzte ein, dass die Werbetätigkeit des MI weitestgehend paralysiert worden war.

Von 1955 bis 1957 wurde die CIC-Dienststelle in Berlin-Lichterfelde/West, Spindelmühler Weg 27 durch die HA II unter der Bezeichnung »Rote Spinne« bearbeitet. Das MfS schätzte ein, dass diese Dienststelle für einen eventuellen Tag X arbeitet. Diese CIC-Dienststelle führte in der DDR ein Agentennetz sowie Funkstützpunkte. Auch war das Anlegen von Waffenlagern in der DDR vorgesehen, was aber nicht mehr realisiert werden konnte. Durch den konzentrierten Einsatz von 32 GM des MfS (HA II, Abteilung II der BV und anderer HA des MfS) wurde die Tätigkeit der Dienststelle 1957 paralysiert und die Dienststelle stellte die Arbeit ein. Es erfolgte die Festnahme eines Residenten dieser Dienststelle, ein anderer Mitarbeiter trat in die DDR über.

In den Jahren 1957/58 bearbeitete die HA II die CIA in Westberlin in den OV »Wespennest« und »Contra.« Die HA II resümierte: »In die Zentrale des US-GD in Westberlin durch Patrioten eingedrungen, Liqudierung umfangreicher Spione.«

Von 1955 bis Anfang der 1960er Jahre bearbeitete die HA II die CIA und den MI auf dem Territorium von Westberlin in den OV »Verräter«, »Schlag« und »Verschwörer« sowie im ZOV »Unbekannt.« Die konzentrierte Bearbeitung dieser Schwerpunktvorgänge erfolgte durch »Hinweise der Freunde« (KfS) sowie durch »spezifisch operativ-technische Maßnahmen.« Es erfolgte die Festnahme mehrerer Spione aus Berlin, Bernau, Ilmenau und Oranienburg. Diese betrieben militärische, ökonomische und politische Spionage gegen die DDR.

Einige ZOV, mit deren Bearbeitung 1956 begonnen wurde, sind bis 1976 fortgeführt worden.[499]

---

499 Zu den hier aufgeführten Vorgängen vgl.: BStU, ZA, HA II

Die 1960er Jahre –
grundlegende Veränderungen
nach der Grenzschließung

In den 1960er Jahren erfolgten auf der Linie II umfangreiche Veränderungen, die sich vor allem mit der Grenzschließung begründeten Joachim Schumann nennt als Beginn für diese Umstrukturierungsmaßnahmen bereits das Jahr 1962 und führt dazu aus: »Erkannt wurde anhand der Arbeitsergebnisse nach dem 13.08.1961, dass im Rahmen von Strukturveränderungen innere und äußere Abwehr stärker getrennt werden mussten. Mit dieser Abgrenzung wurde in der Hauptabteilung II im zweiten Halbjahr 1962 begonnen und auch in den Abteilungen II der Bezirksverwaltungen in Angriff genommen. Eine entscheidende Orientierung wurde in der im Mai 1962 durchgeführten Dienstkonferenz der Linie II gegeben. Wie aus Analysen der Linie in der nachfolgenden Zeit hervorgeht, bewährte sich diese Trennung und schlug sich in konkreten Arbeitsergebnissen nieder. So konnten unter anderem neue IM mit Feindverbindung geschaffen und auch die Arbeit im Operationsgebiet wesentlich verbessert werden.«[500]
1960/61 wurden durch die HA II eine Reihe von Maßnahmen getroffen, um die im System der Inneren Abwehr noch vorhandenen Lücken, die trotz erfolgreicher Maßnahmen gegen westliche Geheimdienste noch bestanden, weitestgehend zu schließen und insgesamt eine weitere Verbesserung der Abwehrarbeit zu erreichen.

Nr.18538, Bl. 14, 17 ff.

500 Joachim Schumann: Diplomarbeit zum Thema: »Erarbeitung eines Entwurfs zur Chronik der Hauptabteilung II für die 3. Entwicklungsetappe 1960–1969«. BStU JHS 21287, Bl. 42 f.

Dazu gehörten unter anderem:

- die Verstärkung der analytischen Tätigkeit,
- das bessere Eindringen in die Hauptverbindungswege der Agenten in enger Zusammenarbeit mit anderen Diensteinheiten und Linien, insbesondere den Abteilungen F und M,
- die weitere Qualifizierung der Absicherung von militärischen Objekten.

Der Hauptanteil der Abwehrarbeit bestand in der Sicherung militärischer Objekte.

Auf dem Gebiet der Abwehrarbeit hinsichtlich ökonomischer Spionagetätigkeit kam es nur in geringen Umfang zu Verbesserungen. Für die westlichen Geheimdienste war hier noch eine breite Angriffsfläche vorhanden.[501]

Die 1960er Jahre waren in der HA II vor allem von den Sicherungsmaßnahen an der DDR-Staatsgrenze am 13. August 1961 geprägt. Diese Sicherungsmaßnahmen kamen, da sie unter strengster Geheimhaltung geplant waren, auch für die Mitarbeiter des MfS, bis auf wenige Ausnahmen, überraschend. Mitarbeiter der HA II waren beispielsweise aktiv am Bau der Grenzsicherungsanlagen im Raum Altglienicke beteiligt. Da die westlichen Geheimdienste durch den Mauerbau gezwungen waren, die Arbeitsweise mit ihren Agenten in der DDR zu verändern, ergaben sich daraus auch Konsequenzen für die Linie II des MfS. Auch auf dem Gebiet der äußeren Abwehr war die Linie II gezwungen, sofort bestimmte Maßnahmen einzuleiten. So fuhr der Leiter der HA II, Oberst Grünert, mit Mitarbeitern die Grenze ab, um günstige Stellen zu erkunden, die für das Ein- beziehungsweise Ausschleusen von GM des MfS geeignet waren.[502]

---

501 Vgl.: Ebd., Bl. 15.

502 Vgl.: Ebd., Bl. 21.

Schumann schätzt in seiner Diplomarbeit ein: »Die neue Situation stellte an das MfS insgesamt und an die Hauptabteilung II völlig neue Anforderungen und Aufgaben. Sie brachte Probleme und Schwierigkeiten, die ein Umdenken in der Arbeit erforderten. Genauso wie der Feind musste sich das MfS auf die neuen Kampfbedingungen einstellen.«[503]

Die Maßnahmen des 13. August 1961 stellten auch eine Zäsur in der Tätigkeit des BND dar. Ein BND-Mitarbeiter wird dazu im Kölner Magazin *Capital* wie folgt zitiert: »Ohne Mauer war der Auftrag einfach. Basis war Westberlin, Stützpunkt aller westlichen Geheimdienste, eine unangreifbare Insel im feindlichen Hinterland. Die Geschichte der Spionage kennt keine bessere Basis. Geworben wurde gleich nebenan in der DDR. Und die Anwerbung von Vertrauensleuten war so einfach wie ein normaler Geschäftsabschluss. Einzige Schwierigkeit: Die zu finden und nach (West-) Berlin zu holen. Führung und Versorgung der Agenten lief über Westberlin. Man begegnete sich im direkten Treff. Gefahren wie Funk, Kuriere, tote Briefkästen waren ausgeschaltet. Und das ganze war billig.«[504]

Damit war es nach dem 13. August 1961 vorbei. Mit den Sicherungsmaßnahmen der DDR am 13. August 1961wurde auch ein empfindlicher Schlag gegen die westlichen Dienste geführt. Sie waren gezwungen, ihre Spionagetätigkeit unter den veränderten Umständen neu zu organisieren. Es ergaben sich aber auch neue Bedingungen für die Spionageabwehr.

Günther Kratsch äußerte sich dazu auf einer Dienstkonferenz wie folgt:

»Im Ergebnis zielstrebiger Vorgangsarbeit gelang es,

---

503 Ebd., Bl. 21.

504 In: *Capital* 8/1968, S. 67/68.

dem Feind erneut empfindliche Verluste zuzufügen. Dafür beispielhaft folgende Zahlen und Fakten:

- Vom 13. August 1961 bis zum 31. Dezember 1965 wurden 146 Spione des BND liquidiert.
- Bis etwa 1970 konnte im wesentlichen die uns bekannte, vor dem 13. August 1961 geschaffene Agenturbasis der imperialistischen Geheimdienste in der DDR liquidiert werden.«[505]

Anfang der 1960er Jahre wurden die Agentennetze der westlichen Geheimdienste zur Spionage gegen die DDR quantitativ erweitert. Neben der Anwerbung von DDR-Bürgern wurden Flüchtlinge aus der DDR und bundesdeutsche Bürger zur Spionage angeworben und ausgebildet.

Eine Forcierung erfolgte auch in der Ausbildung von Agentenfunkern im zweiseitigen Funk sowie in der Ausrüstung der Spione mit Geheimschreibmitteln. Der Minister für Staatssicherheit, Erich Mielke, schätzte auf der 14. Tagung des ZK der SED im November 1961 ein: »Es ist bezeichnend, dass die Agenten vor allem des amerikanischen Geheimdienstes verstärkt mit modernen für kriegsmäßige Bedingungen konstruierten Funkgeräten und zahlreichen anderen Hilfsmitteln der Spionage und Diversion ausgerüstet wurden. So wurden allein im ersten Halbjahr 1961 20 Prozent mehr Funkstützpunkte des westdeutschen und des amerikanischen Geheimdienstes zerschlagen als im gesamten Jahr 1959.«[506]

Durch Abwehroperationen, die erfolgreich gegen westliche Dienste geführt wurden und an denen die HA II

---

505 Vgl.: Referat des Leiters der Hauptabteilung II auf der Dienstkonferenz vom 8. April 1987, BStU MfS HA II 4865, Bl. 21.

506 Erich Mielke: *Sozialismus und Frieden – Sinn unseres Kampfes.* Berlin 1987, S. 49.

wesentlich beteiligt war, kam es zu zahlreichen Festnahmen von Spionen, insbesondere des amerikanischen aber auch des englischen Geheimdienstes. Dadurch entstand bei diesen Diensten eine starke Verunsicherung. Im Jahr 1960 wurden schlagartig 147 Spione des amerikanischen Geheimdienstes inhaftiert. Dieser führte daraufhin Massenabschaltungen von Agenten durch. Das Verhalten der amerikanischen Geheimdienstmitarbeiter gegenüber ihren Agenten war von Misstrauen geprägt, dadurch mussten sich einzelne Agenten in Westberlin einem Lügedetektortest unterziehen.

Der englische Geheimdienst leitete ebenfalls nach der Festnahme einer hohen Zahl von Agenten eine Überprüfung des eigenen Apparates ein und wechselte einen Teil seiner in Westberlin tätigen hauptamtlichen Mitarbeiter aus.[507]

Durch die Schläge, die die Spionageabwehr den westlichen Geheimdiensten versetzte, waren diese gezwungen ihre Tätigkeit gegen die DDR qualitativ zu verbessern.

Eine bedeutende Maßnahme in diesem Zusammenhang war die Erhöhung der Konspiration bei den Geheimdienstoperationen. Eine weitere Maßnahme war die Modernisierung des Verbindungssystems und der Ausrüstung der Agenten mit modernen technischen Mitteln.

Bezüglich der Vorbereitungsmaßnahmen des BND kommt Schumann zu der Einschätzung: »Ausdruck für die Vorbereitung des Agentennetzes auf die eventuelle Schaffung einer entmilitarisierten Freien Stadt Berlin, wie auch für den Kriegsfall war, das Verbindungssystem so auszugestalten, dass es auch bei Kampfhandlungen funktionieren sollte.«[508]

---

507 Joachim Schumann: Diplomarbeit, Bl. 9.

508 Ebd., Bl. 10.

Dazu wurden von der Hauptabteilung II 1960 folgende Erkenntnisse erarbeitet:

- Fast alle Agenturen, insbesondere die des BND, wurden im einseitigen Funk ausgebildet und mit den notwendigen Mitteln ausgestattet.
- Ein Teil der Agenten erhielt eine Ausbildung im zweiseitigen Funk und wurde mit entsprechenden Empfangs- und Sendegeräten ausgerüstet.
- Alle Agenturen wurden im Geheimschreibverfahren ausgebildet und mit entsprechenden Mitteln ausgestattet.
- In Westberlin, der DDR und der BRD wurden verstärkt TBK angelegt.
- Verwandte und Bekannte von Agenturen in Westberlin wurden als Anlaufstellen, Kuriere und Deckadressen vorgesehen.
- Für Agenten wurden Westberliner Personalausweise ausgestellt, die diesen im E – Fall zur Verfügung standen.
- Zuverlässige Agenten wurden als V-Mann-Führer (sog. Leitpersonen) vorbereitet, um auf dem Territorium der DDR bei Bedarf aktiv werden zu können.
- Festlegung von Treffpunkten auf dem Gebiet der DDR.

Darüber hinaus war zu erkennen, dass der BND im Rahmen seiner Planungsvorbereitung jeden Agenten mit einer konkreten Detailaufgabe, beispielsweise als Leitperson, Kurier oder Funker ausstattete. An den Treffs nahmen den Agenturen unbekannte Mitarbeiter des Dienstes teil, die sich nicht am Gespräch beteiligten, sondern die Agenten genauestens studierten. Das MfS ging davon aus, dass diese der Zentrale zuarbeiteten, um festzulegen, wie der Einsatz unter besonderen Bedingungen zu erfolgen hatte.

Eine weitere Veränderung wurde beim BND auf dem

Gebiet des Agentenfunks festgestellt, insbesondere durch den Einsatz sogenannter Schweigefunker. Mitte des Jahres 1960 wurden diese aktiv zur Lösung bestimmter Aufgaben herangezogen. Dies ließ jedoch gegen Ende des Jahres wieder nach und zum großen Teil wurden längere Treffpausen vereinbart. In dieser Zeit wurden nur die vereinbarten Pausenzeichen gegeben und Briefverkehr über Deckadressen abgewickelt. Sie erhielten den Auftrag, bestimmte Teile ihrer Funkgeräte (Kurzwellengeräte amerikanischer Herkunft) zu vernichten und bekamen dafür moderne Geräte mit Schnellgeber.

An Funkausrüstungen wurde ein Kleinstsendegerät sowie die Verwendung des DDR-Kleisupers »Ilmenau 210« in Verbindung mit Konverter für den einseitigen Funk bekannt. Neu in der Nachrichtenübermittlung beziehungsweise der Übermittlung von Spionagesendungen war die Anwendung der Mikrofotografie. Den Spionen wurden dazu präparierte Fotoapparate des Typs »Werra III« und ein Mikroskop mit 80facher Vergrößerung übergeben. [509]

In der HA II lagen Erkenntnisse dahingehend vor, dass die Geheimdienste unter anderem stark an Sekretärinnen in wichtigen Stellungen interessiert waren. Verstärkt wurden in diesem Zeitraum auch Agenturen an interessante Personen herangeschleust, um ein Vertrauensverhältnis herzustellen und diese abzuschöpfen, ohne sie anzuwerben. Dieses aufzudecken gestaltete sich als besonders schwierig. An Agenten wurde der Auftrag erteilt, sich als gesellschaftlich aktive und fortschrittliche Bürger zu tarnen, möglichst der SED beizutreten. Auch durch den US-Geheimdienst wurden trotz zahlreicher Verluste von Spionen und damit verbundener

---

509 Vgl.: Ebd., Bl. 10 f.

starker Verunsicherungen die Vorbereitungen auf den E-Fall unvermindert fortgesetzt und die technischen Mittel zur Ausstattung der Agenturen modernisiert. In einzelnen TBK wurden Funkgeräte und Waffen für den E-Fall deponiert.

Einige Agenten erhielten auch eine Ausbildung in der Handhabung von Handfeuerwaffen.

Einer Quelle der HA II gegenüber wurde die Übergabe eines Gerätes für den Einbau in einer wichtigen technischen Anlage zur Orientierung für Bombenflugzeuge angekündigt. In einem weiteren Fall sollte ein Spion ein wichtiges Objekt der SDAG Wismut erkunden, um eine günstige Stelle für die Zerstörung beziehungsweise Lahmlegung der Produktion im E-Fall zu finden. [510]

Erich Mielke führte in seinem Diskussionsbeitrag auf der 14. Tagung des ZK der SED im November 1961 zu den Aktivitäten der westlichen Dienste aus: »Eine außergewöhnlich hohe Anzahl von Spionen des Gehlen-Geheimdienstes und des amerikanischen Geheimdienstes wurde mit sogenannten generellen Aufträgen zur Spionage gegen die Nationale Volksarmee und gegen Einheiten der Sowjetarmee in der DDR, zur Auskundschaftung von Luftlandeplätzen und Abwurffeldern für den sogenannten Ernstfall und zur intensiven Erforschung von Straßen, Schienen- und Wasserwegen, Brücken, Kraftwerken und wichtigen Industrieanlagen eingeschleust.«[511]

Im Anschluss nannte Mielke das Beispiel des amerikanischen Agenten Anton Hoffmann der: »nachdem er mit amerikanischen Militärflugzeugen nach Westberlin befördert worden war, in insgesamt 11 Fällen mit gefälschten Ausweisen, Spezialkameras und anderen Spionage-

---

510 Vgl.: Ebd., Bl. 13.

511 Erich Mielke: *Sozialismus und Frieden*, S. 49

hilfsmitteln zur Durchführung von Spionageaufträgen in das Gebiet der DDR eingeschleust wurde« [512].

Durch den Bau der Mauer in Berlin waren die westlichen Geheimdienste gezwungen, die nachrichtendienstliche Arbeit den vorhandenen Umständen anzupassen, wollten sie ihre Agenturen in der DDR weiterhin nutzen. Die Dienste hatten mit der neuen Situation erhebliche Schwierigkeiten. Das betraf vor allem die Gewinnung neuer Agenturen und das Verbindungssystem zu den bereits vorhandenen Spionen. Das Verbindungssystem der Geheimdienste zu den Agenten auf der anderen Seite der Mauer musste schnell und sicher funktionieren, wollte man die politischen und militärischen Auftraggeber auf einem aktuellen Stand über die Situation in der DDR halten.

Mit gesteigerter Intensität wurde versucht, die neu entstandene Situation zu bewältigen. Man suchte nach Lücken und Schwachstellen im Sicherungssystem. Das geschah unter anderem durch die Nutzung der Autobahn zwischen Westberlin und der Bundesrepublik oder durch Kontaktaufnahme zu Bürgern der DDR, welche sich aus unterschiedlichen Gründen im westlichen Ausland aufhielten.

Dem BND gelang es als einem der ersten westlichen Geheimdienste, mit den Maßnahmen des 13. August 1961 umzugehen und sich auf die neue Situation einzustellen. Das gelang dem BND vor allem dadurch, dass er bereits vor den Sicherungsmaßnahmen an der DDR-Staatsgrenze einen Großteil seiner Agenturen mit neuen technischen Mitteln ausgerüstet hatte.

Nach der Bekanntgabe des Gesetzes über die Einführung der allgemeinen Wehrpflicht in der DDR im Jahr 1962 erteilte der BND seinen Agenturen in der DDR unver-

---

512 Ebd.

züglich den Auftrag, die mit diesem Gesetz im Zusammenhang stehenden Fragen aufzuklären, zum Beispiel:

- Für welche Termine werden Gestellungsbefehle ausgestellt?
- Zu welchen Truppengattungen werden Soldaten einberufen und wo erfolgt die Meldung?
- Anzahl der täglich gemusterten Personen.[513]

Beim englischen Geheimdienst stellte sich die Situation anders dar. Ihm war es nach Einschätzung des MfS durch die Festnahme mehrerer seiner Agenturen in der DDR, Ende 1961/Anfang 1962 noch nicht gelungen, seine Quellenlage zu stabilisieren. Mitte 1962 stellte er seine Verbindung zu Spionen, die vor dem 13. August 1961 geworben worden waren, ein.[514]

Die HA II/2 schätzte ein:

»Der englische Geheimdienst hat zur Zeit noch Schwierigkeiten, seine Lage zu stabilisieren. Er führt seine feindliche Tätigkeit noch sehr vorsichtig aus und ist auf Sicherheit und Konspiration in seiner Arbeit bedacht:

Trotzdem stand auch beim britischen Geheimdienst die Erneuerung des Spionagenetzes in der DDR und der dazu erforderlichen Hilfspersonen in Westberlin und Westdeutschland im Vordergrund.

In den Dienststellen des britischen Geheimdienstes in Westberlin fanden umfangreiche strukturelle und personelle Veränderungen statt.«[515]

Auch zum amerikanischen Geheimdienst konnten durch die HA II Informationen erarbeitet werden, die die verstärkte Auswechslung von Geheimdienstmitarbeitern belegten.[516]

---

513 Vgl.: Joachim Schumann: Diplomarbeit, 23 f.

514 Vgl.: Ebd., Bl. 24.

515 Ebd., Bl. 24 f.

516 Vgl.: Ebd., Bl. 25.

Ende 1961 und im Jahr 1962 versuchten die westlichen Geheimdienste ihre Tätigkeit gegen die DDR zu forcieren. Im Vordergrund stand dabei die Wiederherstellung und Festigung der abgerissenen Verbindungen zu ihren Agenturen in der DDR sowie der Aufbau des Verbindungssystems entsprechend der entstandenen Lage.

Die Spionageabwehr des MfS registrierte 1962 folgende Hauptangriffsrichtungen der westlichen Geheimdienste gegen die DDR:

Auf militärischem Gebiet konzentrierten sich die Geheimdienste insbesondere auf die Erkundung von:

- Raketenwaffen,
- Radaranlagen und Flugplätzen, einschließlich Luftabwehr,
- Truppenverschiebungen und Stationierung,

wobei in allen Fragen der Schwerpunkt auf Einheiten der in der DDR stationierten Truppen der Sowjetarmee lag.

Auf ökonomischem Gebiet lag das Interesse besonders auf solchen Betrieben und Institutionen, die für die Verteidigung und ökonomische Stärkung der DDR von Bedeutung waren. Hierzu gehören auch die Zusammenarbeit der DDR mit anderen sozialistischen Staaten im Rahmen des RGW sowie die Handelsverbindungen der DDR mit kapitalistischen und unabhängigen Nationalstaaten. Insbesondere wurde Wert auf Informationen über Importe von Rohstoffen aus diesen Ländern und deren Bedeutung für die Volkswirtschaft der DDR gelegt. Einen breiten Raum nahmen bei der ökonomischen Spionage die Fragen der Arbeitsproduktivität, neuer Technik und Planerfüllung ein. Bei allen Geheimdiensten war starkes Interesse an der Versorgungslage in der DDR vorhanden.

Auf politischem Gebiet zeigte sich bei allen westlichen Geheimdiensten verstärktes Interesse an den Beschlüssen von Partei und der Regierung sowie insbesondere zur Stimmung der Bevölkerung und einzelner Funktionäre zu diesen Beschlüssen. Besonders großes Interesse war dabei an allen Fragen festzustellen, die mit der weiteren Sicherung der Staatsgrenze im Zusammenhang standen. Bei all diesen Fragen erkannte die Staatssicherheit, dass die Erkundungen zu diesen Problemen letztlich das Ziel verfolgen, schwache Stellen zu finden, um in Partei- und Staatsorgane einzudringen.[517]

Die Anweisungen des BND aus dieser Zeit an seine DDR-Agenturen forderten zur umfangreichen Aufklärung der DDR auf militärischem, politischem und ökonomischem Gebiet auf. Dazu heißt es in einer Anweisung an einen Spion in der DDR:

»Die von uns benannten und Dir bekannten Objekte [militärischen, Anm. d. Verf.] sind immer und mit allen nur erdenklichen Einzelheiten wichtig. Denke nur nicht, dass uns dies und jenes nicht interessieren könnte, auch kleine Veränderungen möchten wir wissen. Auch alles, was Du sonst so unterwegs und an den bekannten Orten siehst. Ebenso interessieren alle mitgehörten Gespräche. Die Objekte streng auseinanderhalten, damit keine Verwechslungen vorkommen. Zu allem, was neu erscheint, eine sehr genaue Beschreibung und Skizze übersenden ... Welche Funktionen hast Du in der Partei und Organisationen? Gib laufend aktuelle Mitteilungen von diesen Organisationen, besonders von Partei ...

Wie ist die Situation in der Partei Deines Betriebes, finden Überwachungen oder Bespitzelungen statt? Welche Rolle spielt die Kampfgruppe bei der Durchsetzung von Parteibeschlüssen ...

Berichte ausführlich über Deine Erkenntnisse über Einblickmöglichkeiten in Direktiven des ZK der SED.

---

517 Vgl.: Ebd., Bl. 25 f.

Sind im Betrieb für Partei oder Betriebskampfgruppen in der Zeit um den 17. Juni besondere Alarmmaßnahmen angeordnet und welche?

In welchen VEB werden Geräte nach russischen Lizenzen hergestellt? Wo erfolgt die Fertigung? Materialbelieferung aus Ost und West.

Welche Engpässe bestehen in der Fertigung? Gerätetypen und technische Daten, Ort der Technologie, Stückzahlen der Geräte, Preise und Abnehmer. Berichte laufend über organisatorische Änderungen im Werk, Fertigungsverlagerungen, Änderungen im Entwicklungsprogramm, Stellenbesetzungen.

Berichten Sie alles über die in ihrem Wohngebiet gelegene MfS-Dienststelle. Genaue Lage, Kfz.-Nr., Mitarbeiter. Arbeiten Sie noch für das MfS? Wenn ja, Konkretes über Einzelaufträge, in welchen Objekten gegen wen?«[518]

Eine wichtige Rolle bei der politischen Spionage gegen die DDR spielten zu dieser Zeit auch die Bundesnachrichtenstellen des Verfassungsschutzes.

Das MfS analysierte, dass die Bundesnachrichtenstellen, die seit langem im Vergleich zum LfV Berlin mit konspirativeren und zum Teil moderneren Mitteln und Methoden arbeiteten, zu diesem Zeitpunkt die Hauptorgane des BfV zur Entwicklung der politischen Spionage gegen die DDR darstellen. Diese Einschätzung resultierte aus der im letzten Halbjahr 1962 erfolgten Mobilisierung von bis dahin nur ganz allgemein genutzten Verbindungen und deren Einsatz für umfangreiche und detaillierte Aufträge sowie aus dem eindeutig festgestellten starken Bemühen, neue Quellen in der DDR sowie im grenzüberschreitenden Verkehr und der gesamtdeutschen Arbeit zu schaffen. Auch die Spionagetätigkeit gegen das MfS, seine Objekte, Mitarbeiter

---

518 Ebd., Bl. 27 f.

sowie das inoffizielle Netz wurden weiter forciert. Unter den erkannten Spionen des BfV war ein hoher Anteil ehemaliger IM des MfS, die vom Verfassungsschutz überworben worden waren.[519]

Durch Festnahmen und zuverlässige GM mit Feindverbindung kam das MfS zu Informationen, dass sich die westlichen Dienste nach dem 13. August 1961 in ihrer Werbungstätigkeit auf folgende Schwerpunkte konzentrierten:

- Personen aus der DDR, die in der Lage waren, Reisen in die Bundesrepublik, Westberlin und andere NSW-Staaten durchzuführen, unter anderem Angestellte der Außenhandelsorgane der DDR, Wissenschaftler, Angestellte des Verkehrswesens im grenzüberschreitenden Verkehr sowie ausländische Bürger, die in der DDR wohnten, arbeiteten beziehungsweise studierten.
- In der Bundesrepublik und Westberlin Personen, die die DDR verlassen hatten aber auch auf Landesbürger, die sie nach der Anwerbung und Ausbildung als Rückkehrer beziehungsweise Erstzuziehende getarnt mit konkreten Aufträgen in die DDR eingeschleust werden konnten oder aufgrund ihrer vorhandenen Kontakte zu DDR-Bürgern zur Kontaktanbahnung geeignet waren.
- Personen aus dem westlichen Ausland, die aus beruflichen und anderen Gründen die Möglichkeit hatten, in die DDR einzureisen.[520]

Die HA II kam zu der Erkenntnis, dass es im zweiten Halbjahr 1962 nur Einzelfälle gab, wo die westlichen Geheimdienste, insbesondere der BND und der französische Dienst, Werbungen auf dem Gebiet der DDR

519 Vgl.: Ebd., Bl. 29.
520 Vgl.: Ebd., Bl. 36 f.

vornahmen. 1963 war dagegen wieder ein ansteigen von Werbungen in der DDR zu verzeichnen. Zu diesem Zweck wurden die zur Werbung vorgesehenen Personen, in der Mehrzahl waren diese durch bereits tätige Agenten getippt worden, brieflich auf die Werbung vorbereitet und bei Zusage angeworben. Diese Briefe beförderten ausschließlich Kuriere. Es wurde aber auch die Methode angewandt, dass der BND Verwandte und Bekannte aus der Bundesrepublik beauftragte, die betreffenden Personen anzusprechen und zu werben.

Das BfV ging nach MfS-Erkenntnissen dazu über, unter Ausnutzung von Verwandten und Bekannten in der Bundesrepublik Bürger der DDR allmählich in die Spionagetätigkeit einzubeziehen, wobei das Mittel der Korrumpierung oder der Versand von Paketen für Gefälligkeiten angewandt wurden.[521]

Weiterhin waren die westlichen Geheimdienste ständig darum bemüht, dass Verbindungswesen zu den Agenturen in der DDR weiter zu festigen und auszubauen.

Hauptsächlich angewandte Methoden waren die postalische Übersendung sowohl von Nachrichten an die Zentrale, als auch von Anweisungen, Spionagehilfsmitteln und Geld an die Agenturen. Dazu wurden verstärkt Verwandte und Bekannte als Deckadressen genutzt. Pakete an die Agenten wurden auch als Wideraufnahme der abgerissenen Verbindung genutzt. Zu diesem Zeitpunkt erfolgte auch die Verfeinerung der Geheimschriftverfahren. Nach Erkenntnissen des MfS widmete der BND der sicheren Übermittlung von Spionagemeldungen große Aufmerksamkeit. Des Weiteren war er bestrebt, besonders sein Geheimschriftverfahren laufend zu vervollständigen, um dadurch ein Eindringen der Staatssicherheit ein eindringen zu erschweren. Bis Mitte

---

521 Vgl.: Ebd., Bl. 37.

1963 wurden dem MfS insgesamt 13 Geheimschreibverfahren bekannt, die der BND an seine Spione ausgegeben hatte. An besonders zuverlässige Agenturen gab der BND vorgeschriebene Briefe aus, auf diesen Briefen war der Tarntext bereits vorgeschrieben und auf den Spion zugeschnitten worden. Der größte Teil der Spionageanweisungen des BND an seine Spione in der DDR wurde im ersten Halbjahr 1963 in Form von Mikraten und Folien übersandt. Diese Mikrofolien hatten ungefähr die Größe einer Streichholzkuppe, wobei aber auch größere Folien festgestellt worden waren. Die Übersendung der Folien erfolgte zum größten Teil mit Paketen. Der Spion las dann beispielsweise mit Hilfe eines Schülermikroskops oder einer Lupe die Anweisungen.

Im zweiten Halbjahr 1963 zeichnete sich deutlich ab, dass der BND den postalischen Weg als schwächstes Glied seines Verbindungssystems bewertete und davon ausging, dass das MfS einen Schwerpunkt seiner Abwehrmaßnahmen auf dieses Gebiet konzentrieren würde. Verschiedene Agenturen erhielten von der Zentrale schriftliche Mitteilungen, in denen sie offen auf die Kontrollmaßnahmen der Staatssicherheit hingewiesen wurden. Diese Mitteilungen wurden gleichzeitig mit der Vereinbarung weiterer Sicherungsmaßnahmen verbunden. Dies waren unter anderem:

- die Verwendung existierender Absender,
- die Verwendung von vorgeschriebenen Briefen,
- die Vermeidung von Fingerabdrücken,
- die Verwendung billiger, holzartiger Briefumschläge sowie
- der Hinweis, im Schräglicht zu prüfen, ob durch das Schreiben des Geheimschrift-Textes Druckspuren sichtbar wurden.

Darüber hinaus konnte durch das MfS herausgearbeitet werden, dass der BND alle eingehenden Spionagebriefe nach Spuren einer Kontrolle untersuchte und aller verdächtigen Merkmale (beispielsweise auch die Laufzeit der Briefe) genau registrierte. Kam der BND durch seine Überprüfungen zum Schluss, dass ein Brief kontrolliert worden war, reagierte er sofort mit einer vorübergehenden Abschaltung des Spions.

Weiterhin wurde auch das ein- und zweiseitige Funksystem ausgebaut und neue automatische Schnellgeber eingesetzt. Überwiegend bestand die Verbindung Zentrale-Spion im einseitigen Funkverkehr. Die Agenturen wurden mit in der DDR handelsüblichen Radiogeräten ausgerüstet, um den Funkempfang ohne Zusatzgeräte zu ermöglichen.

Das gesamte Rufnummernsystem wurde umgestellt, so dass jede BND-Agentur, die an den Rundspruchdienst angeschlossen war, eine neue Rufnummer erhalten hatte.

Die Dienste gingen auch verstärkt wieder dazu über, mit TBK und Kurieren zu arbeiten. Seit der Grenzschließung entsprach das alte Kuriersystem offensichtlich nicht mehr den Anforderungen des BND. Die Kuriere orientierten sich seit dem vor allem auf die Nutzung der Transitwege durch die DDR und die Einreisegenehmigungen. So konnten zum Bespiel solche Kuriere des BND wie Jochen B. festgenommen werden, die als Bundesbürger und Transitreisende Spionageanweisungen und –nachrichten sowie Spionagehilfsmittel in die DDR einschleusten. Der Spion Hans P. hatte nach Instruktionen des BND an der Transitstrecke Hamburg-Westberlin ein Versteck für Spionageergebnisse und neue Aufträge eingerichtet.

Nach Erkenntnissen der HA II wurden vom 13. August 1961 bis 31. Dezember 1964 insgesamt 76 Kurierverbindungen zu Spionen und GM mit Feindverbindung registriert. im Jahr 1964 war diese Verbindungsart wieder am

Absinken. Der BND hatte an den Kurierverbindungen den Hauptanteil. Die Kuriertreffs dienten im Wesentlichen zur Übergabe nachrichtendienstlicher Hilfsmittel, der Übergabe von Geld und schriftlichen Anweisungen zur Festigung des Kontaktes zum Geheimdienst, der Verbindungsaufnahme sowie der Instruktion und Schulung. Nur als zuverlässig eingeschätzte Agenturen, die einen hohen Nutzeffekt besaßen, wurden mit einer solchen Verbindung versehen.

Beim BfV beispielsweise musste der Agent zur Vorbereitung des Treffs mit einem unbekannten Kurier ein Passfoto an die Zentrale senden. Ein Teil der Kuriere, die mit den Spionen in einem Verwandtschaftsverhältnis standen, wurden unbewusst als Kuriere genutzt.

Alle Geheimdienste, mit Ausnahme des BfV, nutzten zum Materialtransport über die Grenze entsprechende Container, zumeist in Form von handelsüblichen Gegenständen.

Erkenntnisse der Linie II ergaben, dass keiner der vor dem 13. August 1961 von den Agenturen selbst angelegten TBK auch tatsächlich genutzt worden war. Kuriere legten neue TBK an und befüllten diese. Erst danach erfolgte meist durch Funk die Benachrichtigung an den Spion mit der Aufforderung, ihn entsprechend der Lagebeschreibung zu leeren. In diesem Zeitraum wurden die TBK nur einseitig genutzt. Das bedeutet, sie wurden ausschließlich zur Übermittlung von Geld, Wertgegenständen, Anweisungen und Spionagehilfsmitteln von der Zentrale zum Spion genutzt. Insgesamt 39 Prozent der Spione und GM mit Feindverbindung hatten neben anderen Verbindungsmitteln über TBK Verbindung zur Zentrale des entsprechenden Geheimdienstes. Vom 13. August 1961 bis zum 31. Dezember 1964 wurden insgesamt 262 TBK vom MfS festgestellt, wobei auch hier 1964 die Anzahl wieder rückläufig war. Die absolute Mehrheit der festgestellten TBK der westlichen Geheimdienste befand sich im freien Gelände, besonders auf Landstraßen, in Wald- und Parkgeländen sowie Friedhöfen. Konkrete Markierungen waren Kilometersteine, Telefon- und Leitungsmasten, Jagenbezeichnungen, einzelne markante Bäume, Parkbänke und Gräber. Eine Besonderheit gab es beim amerikanischen Geheimdienst, dessen TBK sich vornehmlich auf Friedhöfen, Ruinengrundstücken, Baustellen, Museen oder in öffentlichen Toiletten befanden. Container im freien Gelände waren Erdstecker, Patronen, Hülsen, Hammerstiele, Fettspritzen und Holzgriffe.

Vom BND und dem französischen Geheimdienst wurden auch sogenannte rollende TBK, zumeist in Interzonenzügen genutzt. Neu war in dieser Zeit die Nachrichtenübermittlung mittels Haftcontainer durch den amerikanischen Geheimdienst. Diese wurden an Fahrzeugen befestigt, die regelmäßig nach Ostberlin fuhren und ständig an der gleichen Stelle parkten. Die Besitzer dieser Fahrzeuge hatten keine Kenntnis, dass ihre Kfz für geheimdienstliche Zwecke benutzt worden waren.

Da die Schulung und Instruktion der Spione nur noch in Einzelfällen bei persönlichen Treffs möglich war, wurden Uniform- und Waffentabellen zu den Militärspionen übersandt. Der US-Geheimdienst rüstete seine Agenturen zum Teil mit Ausschnitten topografischer Karten aus.[522]

Die vorgenannten Erkenntnisse zu den neuen Angriffsrichtungen, den angewandten Mitteln und Methoden der westlichen Geheimdienste wurden durch die Linie II insgesamt sowie andere Linien des MfS erarbeitet. Die Staatssicherheit betrachtete sie als »Grundlage für

---

522 Vgl.: Ebd., Bl. 38–42.

eine erfolgreiche Abwehrarbeit und die Durchkreuzung feindlicher Pläne und Absichten.«[523]

Zum Netz der GM des MfS muss bezogen auf den Anfang der 1960er Jahre betont werden, dass dieses nicht immer entsprechend den neuen Erfordernissen der operativen Arbeit qualifiziert war und noch zu wenig auf spionagegefährdete Objekte sowie das Eindringen in die westlichen Geheimdienste ausgerichtet war.

Die vorhandenen Möglichkeiten zur inneren und äußeren Abwehr wurden nicht von allen Linien des MfS effektiv genutzt. Des Weiteren musste das Verbindungswesen zu den GM im Operationsgebiet neu gestaltet werden. Diese Erfahrungen bildeten die Grundlage für die Dienstanweisung 3/63 des Ministers für Staatssicherheit zur weiteren Qualifizierung der Spionageabwehr.[524]

Zu einem Misserfolg in dieser Zeit zählte zum Beispiel die Inhaftierung eines GM der HA II, der als Werber tätig war, durch bundesdeutsche Sicherheitsorgane und die damit im Zusammenhang stehende misslungene Werbung des hauptamtlichen Mitarbeiters des LfV Berlin, St., durch das MfS.[525]

Im ersten Halbjahr 1962 wurden auf der Linie II insgesamt 184 Spione festgenommen. Im folgenden Halbjahr konnten 91 Spione unschädlich gemacht werden. Der Großteil davon waren Spione des amerikanischen Geheimdienstes und des BND. Im Jahr 1963 wurden insgesamt 229 Spione inhaftiert. Davon waren 73 Spione des BND, 59 des amerikanischen Geheimdienstes und 28 des BfV. Die Festnahmen erfolgten zum Teil im Rahmen von der Hauptabteilung II geleiteten DDR-weiten Aktionen.[526]

---

523 Ebd., Bl. 42.

524 Vgl.: Ebd., Bl. 44.

525 Vgl.: Ebd., Bl. 45.

526 Vgl. Ebd.

Im zweiten Halbjahr 1963 registrierte die HA II strukturelle, personelle und methodische Veränderungen in der Arbeitsweise des BND, was mit Auswirkungen auf das agenturische Netz in der DDR verbunden war. Der BND war bemüht, in der DDR ein Agentennetz mit höheren Qualitäten und Sicherheitsgarantien aufzubauen. Im ersten Halbjahr 1964 schaltete der BND weitere Agenturen in der DDR ab oder beendete die Zusammenarbeit mit ihnen im beiderseitigen Einverständnis. Dabei spielten folgende Faktoren eine Rolle:

- ungenügende Arbeitsergebnisse,
- auftretende Komplikationen, Fehler und Unsicherheitsfaktoren im Verbindungssystem,
- Vermutung eines operativen Spiels des MfS,
- vorbeugende Abschaltung, wenn der begründete Verdacht auf ein in absehbarer Zeit mögliches erkennen des Agenten durch das MfS bestand
- eigener Vorschlag des Agenten, die Verbindung aus den verschiedensten Gründen abzubrechen.[527]

Für die HA II trat deutlicher hervor, »dass der BND stärker als bisher nach den Ursachen der Festnahmen und dabei besonders nach bestehenden Lücken im Verbindungssystem forschte (bessere Abwehrarbeit). Offensichtlich war, dass der BND versuchte, ein besseres Verhältnis zwischen Aufwand und Nutzen herzustellen. Hatte der BND 1956 1.245 hauptamtliche Mitarbeiter, so waren es 1963 bereits 2.500 und 1965 3.000.«[528]

Wie die HA II/4 Anfang 1965 analysierte, »war die Entwicklung in der Arbeitsweise des BND im Wesentlichen abgeschlossen. Es zeichnete sich ab, dass die einzelnen BND-Dienststellen unter einer zentralisierten Leitung arbeiteten und bei der Organisierung der Feindtätigkeit

---

527 Vgl.: Ebd., Bl. 55.

528 Ebd., Bl. 56.

eine gewisse Generallinie befolgten. Der BND widmete sich voll und ganz den Fragen der Auftragserteilung, der Schulung und der Aufrechterhaltung der zweiseitigen Verbindung mit dem Ziel:

- bei jeder politischen Situation die exakte und nutzbringende Informationstätigkeit des Agentennetzes zu gewährleisten
- und die eigenen Mittel und Methoden im Sinne der weiteren Konspirierung zu verbessern.

Ferner forderte der BND seine Agenten ständig auf, die sogenannten Spannungsmerkmale zu beachten, um dadurch einen ständigen Überblick über die Stimmung der Bevölkerung und besondere Vorkommnisse in der DDR zu erhalten.«[529]

Bereits 1964 stellte die HA II eine Angriffsziel der westlichen Geheimdienste fest, dass bis zum Ende des MfS fortbestehen sollte. Durch zuverlässige IM wurde dem MfS bekannt, dass Legaten und Reisekader, die sich im kapitalistischen Ausland aufhielten, ein besonderes Angriffsziel der westlichen Geheimdienste bildeten. Hierzu gab es damals konkrete Feststellungen in Dänemark, Indien und besonders in Griechenland.

Die West-Geheimdienstler arbeiteten äußerst hartnäckig bei der Aufklärung und Werbung solcher DDR-Bürger. Zur Kontaktaufnahme wurde mit Hilfe von Verhandlungspartnern der DDR-Reisekader angeblich zufällige Zusammentreffen organisiert. Auch offizielle Empfänge wurden zum Kennen lernen genutzt.

Insbesondere der amerikanische Geheimdienst nutzte alle sich bietenden Möglichkeiten, um Kontaktaufnahmen, Werbungen und nach Erfolg auch die persönlichen Treffs im NSA durchzuführen.[530]

---

529 Ebd., Bl. 56 f.

530 Vgl.: Ebd., Bl. 66 f.

Durch die HA II konnten Mitte der 1960er Jahre neben der allseitigen Ausnutzung seiner Agenturen weitere Erkenntnisse über neue Methoden der westlichen Geheimdienste erarbeitet werden. Das betraf unter anderem das enge Zusammenwirken der Geheimdienste, ihre Abstimmung und Koordinierung bei der Tätigkeit gegen die DDR und andere sozialistische Staaten.

Die erfolgreiche Bekämpfung der westlichen Geheimdienste führte allein in den Jahren 1964 und 1965 zur Enttarnung und Festnahme von 150 Agenten der beiden aktivsten gegen die DDR operierenden Geheimdienste, des BND und der CIA.[531]

In einer Analyse des MfS über Spionagevorgänge der Jahre 1964 und 1965 wurde beispielsweise festgestellt, dass etwa 80 Prozent der in diesem Zeitraum vom MfS inhaftierten BND-Agenten und etwa 60 Prozent der festgenommenen Agenten der CIA Aufträge zur Militärspionage erhalten hatten. Dabei wurden selbst Spitzenagenturen und Personen, denen eine Erfüllung solcher Aufträge aufgrund ihrer beruflichen und gesellschaftlichen Stellung kaum zumutbar war, derartige Anweisungen zur Militärspionage erteilt. Bei fast allen im Jahre 1964 enttarnten und inhaftierten Agenten westlicher Geheimdienste ergab die Untersuchung, dass diese neben anderen Aufträgen zur Erkundung des militärischen Potentials der DDR und ihrer militärischen Verbündeten eingesetzt waren.[532]

Im Jahre 1966 wurden nach einer Analyse der HA II 53 Spione westlicher Geheimdienste enttarnt.[533] Unter ihnen

---

531 Vgl.: Hochschule des MfS: Studienmaterial zur Geschichte des Ministeriums für Staatssicherheit, Teil V. Potsdam 1980, BStU Bibliothek St 553/V S. 95.

532 Vgl.: Ebd.

533 Vgl.: Joachim Schumann: Diplomarbeit, Bl. 73.

war der Elektroingenieur Günter Laudahn, der von der CIA den Auftrag erhalten hatte, in die DDR einzureisen und einen Piloten der NVA zu veranlassen, mit einem Abfangjäger vom Typ MiG 21, fahnenflüchtig zu werden.[534] Außerdem wurde der BND-Spion Franz Pankraz enttarnt, der einen Funkmeldekopf organisierte.[535] Zu seiner Ausrüstung zählten zwei vierteilige Funksende- und -empfangsgeräte vom Typ 12 WG, die er an verschiedenen Stellen deponiert und speziell für einen stationären und mobilen Einsatz vorbereitet hatte. Außerdem fand man bei Pankraz zwei Gewehre, zwei Pistolen einen Revolver sowie eine größere Menge Munition. Während seiner Tätigkeit für den BND erhielt er durch dessen Blindfunknetz über 100 Direktiven und setzte auch mehrmals seine Funkgeräte in Betrieb. Pankraz hatte im VEB Funkwerk Berlin Wirtschafts- und Militärspionage betrieben und war außerdem im Bezirk Frankfurt/Oder als Reiseagent aktiv. In seinem Betrieb war er außerdem Kampfgruppenkommandeur. Des Weiteren war er damit beauftragt worden, aus dem Kreis ehemaliger Wehrmachtsfunker weitere Agentenfunker anzuwerben.[536]

Grundlage für die erfolgreiche Abwehrarbeit der HA II in den 60er Jahren waren erfolgreich geführte OV und ZOV, die kontinuierliche Arbeit mit geheimen Mitarbeitern mit Feindverbindung und Nachrichtenspiele, die gegen westliche Geheimdienste geführt wurden.

Dadurch konnten die neu angewandten Mittel und Methoden der Geheimdienste erkannt und aufgedeckt

---

534 Vgl.: Ebd., Bl. 72.

535 Vgl.: Ebd.

536 Vgl.: Albrecht Charisius, Julius Mader: *Nicht länger geheim. Entwicklung, System und Arbeitsweise des imperialistischen deutschen Geheimdienstes.* Militärverlag der DDR, 3. überarbeitete und ergänzte Auflage, Berlin 1978, S. 308.

werden. Die erkannten Schwächen der westlichen Geheimdienste wurden von der Spionageabwehr des MfS zielgerichtet ausgenutzt und in die Verbindungssysteme von BND, CIA usw. eingedrungen.

Durch eine Reihe sichergestellter Originaldokumente, insbesondere des BND und der US-Geheimdienste, konnten Einzelheiten über die Pläne dieser Dienste gegen die DDR und ihrer Verbündeten aufgeklärt und verhindert werden.

Unter maßgeblichem Anteil der HA II konnten 1967 insgesamt 104 Agenturen westlicher Geheimdienste enttarnt werden. Darunter befanden sich 30 Spione von US-Geheimdiensten, 38 Agenturen bundesdeutscher Geheimdienste und 9 französische sowie 4 britische Agenten. Davon waren 28 Agenten mit militärischer, 16 mit politischer und zwei mit ökonomischer Spionage beauftragt, 14 waren Kuriere oder Werber.[537] Dabei handelte es sich um mehrere Spitzenquellen.

Unter ihnen war Adolf-Henning Frucht, Direktor des Instituts für Arbeitsphysiologie am Deutschen Zentralinstitut für Arbeitsmedizin, der für einen amerikanischen Geheimdienst tätig war. Er betrieb Spionage auf dem Gebiet der Forschung und Entwicklung chemischer Kampfstoffe und verhinderte, dass SED-Mitglieder am Institut beschäftigt wurden. Außerdem gab es Hinweise darauf, dass er die Forschungsarbeit einseitig auf die Sportphysiologie orientierte.[538]

Neben Frucht wurde ein seit 1959 für den BND tätiger Spion an der Bergakademie in Freiberg enttarnt. Der wissenschaftliche Mitarbeiter war auf dem Gebiet der Militärspionage aktiv. Ein Verwandter fungierte als Kurier.

---

537 Vgl.: Joachim Schumann: Diplomarbeit, Bl. 80.

538 Vgl.: Ebd., Bl. 80 f.

Im Bezirk Cottbus war eine Agentengruppe des BfV aktiv. Sie befassten sich hauptsächlich mit der Aufklärung und Ermittlung von Personen, die die DDR verlassen hatten. Mehrere Personen wurden nach Erkenntnissen der Staatssicherheit von ihnen korrumpiert und abgeschöpft, unter ihnen der Leiter eines VPKA.[539]

1967 gelang es dem MfS auch, einen Spion im VEB Industriewerk Ludwigsfelde zu enttarnen. Dies gelang nur durch einen immensen Zeit- und Kräfteaufwand, der in zweieinhalbjähriger Vergleichsarbeit von circa 4.000 Unterlagen und Schriftstücken zum Erfolg führte.[540]

Das einseitige Funkverbindungssystem wurde neben den TBK immer mehr das Hauptverbindungsmittel von der Zentrale zum Spion. Eine entsprechende Analyse der Staatssicherheit hatte ergeben, dass 1967 alle Spione des BND und über 50 Prozent der des US-Geheimdienstes sowie des französischen Dienstes damit ausgerüstet waren. Durch Funküberwachungsmaßnahmen konnte festgestellt werden, dass der BND zu diesem Zeitpunkt 140, der US-Geheimdienst über 90 und der französische Dienst zehn einseitige Funklinien betrieb, deren Frequenzbereiche das Territorium der betrafen. Ende 1965 hatte der BND und der US-Geheimdienst mit der Um- und Neuausrüstung ihrer Agenturen mit technisch moderneren volltransistorisierten quarzgesteuerten Spezialempfängern begonnen. Sie waren gegenüber älteren Modellen von geringeren Ausmaßen, der Empfang war nicht ortsgebunden und sie waren mit Kopfhörern ausgestattet, was eine höhere Sicherheit gewährleisten sollte. Die Dienste waren auch bemüht, die DDR mit einem Netz von Funksendestützpunkten zu überziehen, welche im E-Fall zum Einsatz kommen soll-

---

539 Vgl.: Ebd., Bl. 81.
540 Vgl.: Ebd., Bl. 84.

ten. Der BND hatte 1967 circa 25 bis 30 Prozent seiner Agenturen mit Funksendegeräten ausgerüstet. Durch den US-Geheimdienst war 1965 mit dem Neuaufbau der zweiseitigen Funkverbindung begonnen worden. Sämtliche zweiseitigen Funknetze arbeiteten mit halbautomatischen Schnellgebern. Betrug die Sendedauer mit den alten Geräten 45-90 Sekunden, so konnte sie jetzt auf 10-20 Sekunden reduziert werden.

Der postalische Verbindungsweg vom Spion zur Zentrale wurde mittels Geheimschriftmittel und vorgefertigter Briefe unter Anwendung des Fünfergruppen-Zifffernschlüssel durchgeführt.[541]

Erhöhte Aktivitäten, vor allem des BND, registrierte die Linie II des MfS im Zusammenhang mit den Ereignissen in der ČSSR 1968. Nach Unterlagen des HA II »erklärte der BND die Situation ab Anfang Mai 1968 zur Spannungszeit und forderte über seine einseitigen Funkverbindungen nachdrücklich und ständig Informationen über Spannungsmerkmale, entsprechend den im Besitz der Spione befindlichen Vorwarnaufträgen«[542].

Das gleiche strategische Vorgehen war beim US-Geheimdienst festzustellen. Agenturen der westlichen Geheimdienste in der DDR wurden verstärkt auf die Feststellung von militärischen Bewegungen, besonders in den südlichen Bezirken der DDR orientiert. Sie wurden durch ihre Auftraggeber aufgefordert, die zugewiesenen militärischen Objekte verstärkt zu kontrollieren. An Spione aus verschiedenen DDR-Bezirken wurde der Auftrag erteilt, Erkundungsfahrten in die Bezirke Dresden und Karl-Marx-Stadt durchzuführen und über die dort getroffenen Feststellungen umgehend zu berichten.[543]

---

541 Vgl.: Ebd., Bl. 83 f.

542 Ebd., Bl. 90.

543 Vgl.: Ebd.

Durch das MfS wurden 1968 insgesamt 34 Spione und Agenten festgenommen, darunter 21 effektive Spione, acht Mittäter und fünf Kuriere. Der Großteil (17) war von US-Geheimdiensten angeworben worden, acht vom BND, fünf vom BfV und vier vom französischen Geheimdienst. Neun Spione waren mit militärischer Spionage beauftragt, sieben mit politischer und zwei mit ökonomischer Spionage.[544]

Aktionen gegen den Verfassungsschutz und den BND in den 1960er Jahren

Als großen Erfolg sah das MfS die Aktion »Konterschlag« an, die von Januar bis März 1963 gegen das Landesamt für Verfassungsschutz Berlin geführt wurde. Grundlage für die Aktion »Konterschlag« war die zielstrebige Bearbeitung des ZOV »Signal.« Der ZOV »Signal« war im Dezember 1961 angelegt worden, um das LfV Berlin und seine Angehörigen zu bearbeiten. Einen Schwerpunkt bildete dabei der LfV-Mitarbeiter St. Dieser sollte auf der Basis kompromittierenden Materials als Quelle für die HA II geworben werden.

Die Werbung schlug fehl, da der GM, der die Werbung durchführen sollte, bei dieser Aktion im Operationsgebiet festgenommen wurde. Im Rahmen der Aktion »Konterschlag« konnte der festgenommene GM durch Kräfte der HA II in die DDR zurückgeführt werden.

Durch eine gründliche Auswertung und Analyse war es der HA II im Rahmen der Aktion »Konterschlag«

---

544 Vgl.: Ebd., Bl. 93.

außerdem gelungen, die Schwächen im Verbindungssystem des BfV, des LfV Berlin und der BUNAST Berlin
hinsichtlich in der DDR geführten Spione zu erkennen
und operativ zu nutzen. Durch diese Arbeit konnte das
gegnerische Agentennetz innerhalb Ostberlins und in
der DDR erfolgreich aufgeklärt werden.[545]
Die Dienststellen des Verfassungsschutzes versuchten
aufgrund der im August 1961 entstandenen Situation,
unter Einsatz nachrichtendienstlicher Hilfsmittel, ein
unpersönliches Verbindungssystem zu den in der DDR
vorhandenen Agenturen aufzubauen.
Der HA II gelang es, dass Netz des Verfassungsschutzes
zu enttarnen und auf dem Territorium der DDR konnten
über 20 Spione des Verfassungsschutzes festgenommen
werden. Insgesamt wurden 26 Ermittlungsverfahren
eingeleitet.
Mit den festgenommenen Spionen, die vorwiegend zur
politischen Spionage eingesetzt wurden, hatte der Verfassungsschutz versucht, die Blockparteien der SED zu
unterwandern. Schwerpunkt dabei war die LDPD.
Entscheidend an der Aktion war seitens der HA II der
GM »Erika« beteiligt. »Erika« arbeitete inoffiziell mit
dem MfS zusammen und war ebenfalls mit Wissen des
MfS für den Verfassungsschutz tätig. »Erika« wurde
durch den Verfassungsschutz mit nachrichtendienstlichen Hilfsmitteln ausgestattet, was die HA II in die Lage
versetzte, diese nachrichtendienstlichen Hilfsmittel zu
untersuchen und zu analysieren. Dadurch gelang es der
HA II in das Verbindungssystem des Verfassungsschutzes mit seinen Agenturen in der DDR einzudringen.[546]
Das MfS verfügte vor der Aktion Konterschlag über

---

545 Vgl. Ebd., Bl. 45 f.

546 Vgl.: MfS ZA HA II Nr. 18538, B. 20 und Joachim Schumann:
   Diplomarbeit, Bl. 46.

neun GM im LfV Berlin. Drei von ihnen wurden nach der Aktion zurückgezogen. Im Jahr 1964 verfügte das MfS dann immer noch über drei GM im LfV Berlin (»Flame« von der HV A, GM »Werner« und GM »Fred Strauch« von der HA II).«[547]

Der HA II/4 war es durch die konsequente Bearbeitung des ZOV »Schreiber« und des ZOV »Lawine« gelungen, in das Verbindungssystem des BND einzudringen. Maßgeblich beteiligt am erfolgreichen Abschluss der beiden ZOV war der damalige Abteilungsleiter II / 4, Günther Kratsch. Der BND hatte in diesem Zeitraum hohe Verluste zu verzeichnen. Vom 13. August 1961 bis zum 15. März 1964 konnten insgesamt 217 BND-Spione durch die Staatssicherheit festgenommen werden. Darunter befanden sich 94 Militärspione, 22 in Agenturen in Richtung ökonomische Spionage sowie 15 in Richtung politische Spionage tätige Spione. Weiterhin konnten 10 Kuriere des BND festgenommen werden. Diese Erfolge wurden insbesondere durch die Arbeit von GM mit Feindverbindung erzielt. Anfang 1964 verfügte die Linie BND der HA II allein über 45 GM mit Feindverbindung.[548] Es kam jedoch zu mehreren Abschaltungen durch den BND, der die eingehenden Spionagemitteilungen aufgrund von unkorrekter und oberflächlicher Berichterstattung genauestens analysierte und dementsprechend reagierte, wie das Beispiel des GM »Schäfer« zeigt. Dieser erhielt die Mitteilung: »Risiko steht nicht mehr in einem verantwortbaren Verhältnis zum Ergebnis ihrer Arbeit. Aus Sorge um Ihre Sicherheit die Bitte, Arbeit endgültig einzustellen.«[549]

Erfolgreich entwickelte sich auch die Arbeit mit sog.

---

547 Vgl.: Hanna Labrenz-Weiß: *Hauptabteilung II: Spionageabwehr*, S. 45 f.

548 Vgl.: Joachim Schumann: Diplomarbeit, Bl. 47.

549 Ebd.

operativen Spielen, das heißt, dass bekannt gewordene Verbindungssystem des Spions zur Zentrale des Geheimdienstes wurde nach der Festnahme der Agentur aufrechterhalten. Dadurch konnten durch die Linie BND der HA II zehn Kuriere/Instrukteure festgenommen, ein Kurier überworben sowie neun weitere identifiziert werden.[550]

Im Auftrag des MfS – Beispiele von GM mit Feindverbindung in den 1960er Jahren

Der GM »Walde« der HA II führte mehrmals wöchentlich dienstliche Kontrollen an einem von der DDR verwalteten Objekt in Westberlin durch. »Walde« hatte auch den Auftrag, in Westberlin nach Arbeitskräften für dieses Objekt zu suchen. Bei der Suche nach Personal kam der GM Ende 1961 mit Westberliner Senatsdienststellen in Verbindung. Bei einem dienstlichen Aufenthalt in Westberlin wurde der GM »Walde« von einem der HA II bekannten Mitarbeiter des LfV Berlin angesprochen. Der LfV-Mitarbeiter stellte sich unter der Legende: »Mitarbeiter des Senats, Abteilung Arbeitskräftelenkung« vor und machte den Vorschlag, Arbeitskräfte für das Objekt zu beschaffen.

Der Verfassungsschützer äußerte den Wunsch, den Kontakt zum GM »Walde« beizubehalten und weitere Aussprachen auf der Ebene gesamtdeutscher Kontakte zu führen. »Walde« stimmte dem Ansinnen des Berliner Verfassungsschützers auftragsgemäß zu.

---

550 Vgl.: Ebd.

Nach der Entstehung eines persönlichen Vertrauensverhältnisses begann der LfV-Mitarbeiter politische Spionageaufträge an den GM zu stellen und gab sich nun als Mitarbeiter der Senatsabteilung für gesamtdeutsche Fragen aus. Gleichzeitig begann der Verfassungsschützer in zunehmenden Maße die Konspirierung in der Zusammenarbeit durchzusetzen, außerdem erhielt der GM einen Decknamen. Durch das Doppelspiel des GM »Walde« war die Spionageabwehr in der Lage, dass Informationsinteresse des LfV Berlin festzustellen.

Der schon im Zusammenhang mit dem ZOV »Signal« und der Aktion Konterschlag erwähnte Mitarbeiter des LfV Berlin, St., stand 1962 mit dem GM »Willi« der Abteilung II der BV Rostock in Verbindung. Der Verfassungsschützer hatte von der Zusammenarbeit des GM »Willi« mit der Rostocker Spionageabwehr keine Kenntnis und erteilte »Willi« den Auftrag, von der in der DDR verbliebenen Mutter einer nach Westberlin geflüchteten DDR-Bürgerin mehrere tausend DM »Entschädigung« für seine Spionageaufgaben in Empfang zu nehmen.

Der GM »Paule«, österreichischer Staatsangehöriger aber in der DDR aufgewachsen, flüchtete im Januar 1963 nach Westberlin. Dort erfolgte seine Anwerbung in der Sichtungsstelle Berlin-Dahlem, Sven-Hedin-Straße 9–11. »Paule« wurde in die DDR zurückgeschickt mit dem Auftrag, dort wieder ansässig zu werden und im Bereich Löbau/Bautzen Militärspionage zu betreiben.

Im Jahr 1963 erhielt die HA II Kontakt zu einem Selbststeller. Dieser war Handelsvertreter und lebte seit circa 25 Jahren als Deutscher vorwiegend in südamerikanischen Staaten. Seit zwei Jahren lebte er in den USA. Er unternahm viele Reisen, unter anderem nach Kuba und in die DDR. Die Visastempel dieser beiden Staaten in seinem Pass wurden zum Anlass genommen für seine

Ausweisung aus den USA, die im Juli 1963 erfolgte. Seine Frau befand sich jedoch weiter in den USA. Die Tatsache, dass er sich um sie sorgte, wurde vom US-Geheimdienst als Anlass zur Werbung genutzt. Noch in den USA erhielt er die Telefonnummer einer Dienststelle des amerikanischen Geheimdienstes in Frankfurt/ Main. Dort erfolgte dann auch die Werbung, verbunden mit einer Verpflichtung und einer Überprüfung auf dem Lügendetektor. Er erhielt den Auftrag, alles zu unternehmen, um von der DDR aus nach Kuba oder einem anderen südamerikanischen Staat zu reisen, um dort Spionage durchzuführen.[551]

Spionage in der Schorfheide

Die Schorfheide, im territorialen Verantwortungsbereich der BV Frankfurt/Oder gelegen, war aufgrund der Dislozierung verschiedener Objekte der bewaffneten Organe der DDR und der sowjetischen Streitkräfte ein Schwerpunkt der Militärspionage westlicher Geheimdienste.

Im OV »Iltis« der BV Frankfurt/Oder wurde der Planungsleiter des Staatlichen Forstwirtschaftsbetriebes »Schorfheide«, N., wegen Militärspionage und Sabotage bearbeitet. Er war von 1955 an bis 1961 die für die OG/ den BND tätig. Der Agent N. hatte nach Erkenntnissen des MfS folgende Spionageaufträge erhalten:

- Erkundung und Analysierung der politisch-moralischen Einheit der Bevölkerung sowie der ökonomischen Basis,
- Erkundungen über die Bautätigkeit und die Lage im Erdölkombinat Schwedt/Oder,

---

551 Vgl.: Ebd., Bl. 108–111.

- Sammlung von Informationen über die Lage in der Forstwirtschaft,
- Beobachtung und Erkundung von Kasernen, Flugplätzen und anderen militärischen Objekten sowie des Zustandes und der Kampfstärke der Kampfgruppen in den Forstbetrieben,
- Erkundung der Lage im Sonderjagdgebiet des MfS und der NVA sowie der Erholungsheime der NVA und des MfS, konkret welche Funktionäre halten sich dort auf usw., mit dem Ziel, diese im Ernstfall zu beseitigen.

Konkret handelte es sich bei den Erholungsheimen um Wolletz (MfS) und Hubertusstock (NVA).[552]

Weiter sollte N. in den Wäldern der Schorfheide Luftlandeplätze, Waffenabwurfplätze und Waffenverstecke erkunden sowie wichtige Objekte der nationalen Verteidigung aufklären. Des Weiteren fertigte er für Pullach Beurteilungen über Mitarbeiter des StFB Joachimsthal an und übermittelte seinem Auftraggeber Informationen über das Betriebsgeschehen. N berichtete auch über den Waldzustand, Standorte verschiedener Anpflanzungen, Dickungen, Kahlflächen und fertigte dazu umfangreiches Skizzenmaterial an.

Um geeignete Waffenverstecke zu finden, führte N. auf dem Gelände der alten Burg Grimnitz Grabungen durch. Hierbei sollten vor allem alte Gänge gefunden werden, um zu prüfen, ob sich diese als Waffenversteck eignen.

---

552 Vgl.: Fred Weisheimer: Diplomarbeit zum Thema: »Untersuchen Sie am OV ›Iltis‹ den unzertrennbaren Zusammenhang zwischen Spionage, Kriegsvorbereitung und Konterrevolution. Welche Schlussfolgerungen ergeben sich aus diesen Erkenntnissen für die Organisierung der vorbeugenden Arbeit gegen Spionage bei der Absicherung militärischer Objekte und militär-strategischer Räume?« BStU, JHS MF 27, Bl. 4 f.

Für den E-Fall hatte N. den Auftrag, nach einem genauen Zeitplan an den von ihm erkundeten Luftlandeplätzen Leuchtsignale zu geben und die bei der Luftlandung abgesetzten Kräfte zu den Sammelplätzen zu führen. Die Telefonzentrale des StFB sollte er in einen Meldekopf verwandeln und das Kartenmaterial des Betriebes, besonders Messtischblätter, an die in bestimmten Räumen konzentrierten gegnerischen Kräfte übergeben.

N. wurde vom Gehlen-Apparat instruiert, fortschrittlich aufzutreten und gesellschaftliche Funktionen zu übernehmen. Dadurch gelang es ihm, die Funktion des Vorsitzenden des Stadtausschusses der Nationalen Front in Joachimsthal zu bekleiden, außerdem erhielt er eine verantwortliche Position in der Kampfgruppe seines Betriebes.[553]

N. und andere Angehörige des StFB Joachimsthal fügten der DDR auch großen wirtschaftlichen Schaden zu. So verursachte er als Planungsleiter des Betriebes systematisch ein völliges Durcheinander in der Planungswirtschaft. Wichtige Planteile, wie der Plan »Neue Technik«, wurden nicht aufgestellt. Allein im Jahr 1960 entstand dadurch ein Schaden von circa 1 Million Mark.

Nach Ermittlungen der Staatssicherheit wurden durch die »Planung« des N. große Kahlschläge verursacht, die Wiederaufforstung wurde bewusst nicht durchgeführt, wodurch hohe Mehrkosten entstanden waren. Die vorhandene Technik des StFB wurde nicht oder nur ungenügend genutzt, vorhandene Arbeitskräfte wurden absichtlich falsch und unproduktiv eingesetzt. Außerdem stellte sich durch die Ermittlungen des MfS heraus, dass

---

553 Vgl.: Diskussionsbeitrag des Leiters der BVfS Frankfurt/Oder auf der 6. Bezirksdelegiertenkonferenz am 21. Juni 1962, Bl. 5 f. (Archiv des Verfassers).

Investitionen nicht zweckentsprechend vorgenommen worden waren.

Die Berichterstattung wurde laufend gefälscht. Es kam zu ständigen Doppelberechnungen im Einschlag, im Absatz und in den Beständen. Es wurde über Arbeiten und Leistungen berichtet, die überhaupt nicht erbracht worden waren. Durch diese Falschmeldungen wurde das Ausmaß der produktionslosen Holzbodenflächen vertuscht. N. vernichtete Unterlagen, die die tatsächlichen Zustände aufzeigten.

Unter Ausnutzung seiner Funktion beschaffte N. für den bundesdeutschen Auslandsnachrichtendienst umfangreiche Unterlagen über die Ausdehnung und die Lage des Erdölverarbeitungswerkes Schwedt. Aus anderen Arbeitsergebnissen des MfS war bekannt geworden, dass der BND teilweise über die Großbaustellen in Schwedt informiert war und erhöhte Anstrengungen unternahm, um konkrete Spionageangaben zu erhalten.[554]

Zusammenfassend schätzte die Staatssicherheit ein, dass dem Staat »ein unmittelbar messbarer Schaden von circa 1,4 Millionen Mark« zugeführt wurde und dass »der große Schaden, der in den Jungbeständen angerichtet wurde, sich noch in 60 Jahren auswirken und damit den Gesamtschaden auf circa 3 Millionen Mark erhöhen wird«[555].

Schwere Vorwürfe richtete die Staatssicherheit auch an die vorgesetzten Dienststellen des StFB Joachimsthal, so unter anderem an die Unterabteilung Forstwirtschaft beim Rat des Bezirks Frankfurt/Oder. Ihr wurde vorgeworfen, die Kontrolltätigkeit massiv vernachlässigt zu haben.

---

554 Vgl.: Ebd., Bl 12.

555 Ebd., Bl. 8.

8. Kapitel

BEARBEITUNG DES MfS DURCH WESTLICHE NACHRICHTENDIENSTE UND INNERE SICHERHEIT DES MfS

Für die innere Sicherheit in der Staatssicherheit war anfangs das Selbständige Referat 4 der HA II zuständig. Aus dem SR 4 der HA II wurde 1960 die Abteilung XXI, die 1980 aufgelöst wurde. Im Zuge von Strukturveränderungen in der HA II und der Auflösung der Abteilung XXI wurde 1980 die HA II/1 geschaffen. Aufgabe dieser Diensteinheit war die Gewährleistung der inneren Sicherheit im hauptamtlichen und inoffiziellen Mitarbeiterbestand des MfS aber auch in den inoffiziellen Netzen anderer Schutz- und Sicherheitsorgane. Die Überprüfung und Bearbeitung verdächtiger MfS-Angehöriger, die Abwehr gegnerischer Eindringversuche in die Staatssicherheit, die Bearbeitung von Überläufern aus dem MfS, einschließlich Ermittlungen im Operationsgebiet, gehörten zum Tätigkeitsfeld.

Der Leiter der HA II hatte gegenüber dem Minister für Staatssicherheit hinsichtlich operativ bedeutsamer Informationen, Materialien und Vorgängen, die die innere Sicherheit des MfS betrafen, ständig auskunftsbereit zu sein.

Das Hochziel der westlichen Geheimdienste, die gegen die DDR tätig waren, bestand darin, Angehörige des MfS zu werben und damit in den Apparat der Staatssicherheit einzudringen.

Dadurch befanden sich das MfS in Form seiner Mitarbeiter und IM, Dienststellen, Mittel- und Methoden von Anfang am im Visier der westlichen Geheimdienste, wie der folgende Spionageauftrag zur Aufklärung des MfS belegt.

Dieser Spionageauftrag wurde dem US-Agenten Z. im Oktober 1965 durch Kurier übermittelt. Darin heißt es:

- »Berichte über SED und SSD haben Vorrang,
- Näheres über Zusammenstellung vom SSD-Hauptquartier,
- Namen der Mitglieder sowie Geburtsorte, und Geburtsdatum (auch Bilder),
- Bemerkungen über überzeugte SED/SSD – Männer, die Schwächen haben: Trinker, Verschwender, Rauschgiftige, Frauen, Homosexuelle usw.,
- Bemerkungen über nicht überzeugte SED/SSD – Männer, die evtl. von unserer Seite angesprochen werden können,
- Bemerkungen über Zusammenarbeit zwischen SED und SSD.«[556]

Auch der US-Spion A. äußerte sich in einer Vernehmung zu seinen Spionageaufträgen. Er erhielt im Laufe der Zeit bis 1964 Beschaffungsaufträge zu folgenden Punkten:

- Mitteilungen über Personen, Wohnung, richtige Namen, Charakteristik, Verwandte im Westen oder sonstigem Ausland, Art der Tätigkeit, allgemeine Beurteilung, ob bestechlich.
- Struktur und Arbeitsweise der jeweiligen Dienststelle der Sicherheitsorgane. Genaue Berichterstattung über die mir gestellten Aufgaben.

---

556 Rudi Sonntag, Hein Kasel: Diplomarbeit zum Thema: »Erkenntnisse über Angriffe der imperialistischen Geheimdienste gegen das MfS und einige Grundpositionen der auf ihre vorbeugende Verhinderung, ihr rechtzeitiges Erkennen und ihre wirksame Bekämpfung gerichteten Abwehrarbeit«. MfS JHS MF GVS 160-118/74, Bl. 88.

- Übergabe von Desinformationen durch den Mittelsmann L., die sich aus der Aufgabenstellung der DDR und ČSSR ergaben.
- Mitteilungen über Personen, die direkt oder indirekt mit den Sicherheitsorganen zu tun hatten.
- Vorschläge zu Personen, die für eine Mitarbeit für den amerikanischen Geheimdienst gewonnen werden könnten (zum Einsatz gegen die Sicherheitsorgane der sozialistischen Länder).
- Mitteilung über Beschaffungsmöglichkeiten von Informationen, die von ihm selbst, ohne Einschaltung anderer Personen beschafft werden konnten.
- Mitteilungen über Personen, die die DDR verlassen hatten und Angaben über die Sicherheitsorgane machen konnten.[557]

Dem MfS war natürlich bekannt, dass die westlichen Nachrichtendienste im hohen Maße an solchen Personen interessiert waren, die für das MfS hauptamtlich oder inoffiziell tätig waren beziehungsweise auf andere Art und Weise Berührungspunkte mit der Staatssicherheit hatten. Die Geheimdienste versuchten in die Reihen des MfS einzudringen, dafür Ansatzpunkte zu finden und Schwachstellen aufzudecken.

Ihre Informationen über Struktur, Personal und Arbeitsweise des MfS bezogen die westlichen Geheimdienste unter anderem durch:

- Agenturen im hauptamtlichen Mitarbeiterbestand des MfS,
- Agenten im Bestand ehemaliger Mitarbeiter des MfS,
- fahnenflüchtige hauptamtliche Mitarbeiter des MfS,
- überworbene IM und durch in das IM-Netz des MfS eingeschleuste Spione (Doppelagenten),
- auf Angehörige der Staatssicherheit angesetzte Spione,

---

557 Vgl.: Ebd., Bl. 90.

zum Beispiel aus dem Kreis der offiziellen Verbindungen des MfS sowie im Verwandten- und Bekanntenkreis der Mitarbeiter,

- Agenturen, die im Rahmen von Komplexaufträgen Informationen über die Arbeitsweise, Angehörige und Methoden des MfS erarbeiten sollten,
- IM, die die DDR verlassen hatten und die durch ihre konspirative Zusammenarbeit und darüber hinaus durch ihre berufliche oder gesellschaftliche Tätigkeit Kenntnisse über Arbeitsweise, Angehörige und Methoden des MfS erhielten,
- aus der Staatsbürgerschaft der DDR entlassene Personen,
- gezielte Befragungen und Vernehmungen möglichst aller in die Bundesrepublik geflüchteter Personen (einschließlich Fahnenflüchtiger aus anderen Schutz- und Sicherheitsorganen sowie Verwandte und Bekannte von Angehörigen des MfS), und aller legal in die Bundesrepublik ziehenden DDR-Bürger,
- DDR-Besucher aus der Bundesrepublik, Westberlin oder anderen nichtsozialistischen Staaten, die aus eigenem Willen ihnen bekannt gewordene Fakten über das MfS an die Geheimdienste weitergaben, sogenannter »positiver Verfassungsschutz«,
- Mitarbeiter von in der DDR zugelassenen Wirtschaftsbüros und Niederlassungen von Reisebüros oder anderen Institutionen nichtsozialistischer Staaten,
- Diplomaten und andere bevorrechtete Personen (MI und MVM)
- DDR-Bürger, die privat oder dienstlich in nichtsozialistische Länder reisten und während ihres Aufenthaltes von Mitarbeitern staatlicher Institutionen, Leitern oder Angehörigen von Wirtschaftsunternehmen usw. beziehungsweise durch Bekannte und Verwandte oder auf sie angesetzte Agenten befragt oder abgeschöpft wurden,

- in der DDR wohnende Ausländer, die in nichtsozialistische Staaten reisen konnten,
- Bürger sozialistischer Staaten mit Verbindungen in nichtsozialistische Staaten, die Kontakt zu Angehörigen des MfS oder deren Verwandte/Bekannte hatten und
- Fernmelde-/elektronische Aufklärung.[558]

Die Leiter der Diensteinheiten des MfS hatten im Interesse der Gewährleistung der inneren Sicherheit, insbesondere durch Erziehung und Befähigung der ihnen unterstellten Angehörigen zur Geheimhaltung, Wachsamkeit, Disziplin und Ordnung, die Voraussetzungen dafür zu schaffen, dass den westlichen Geheimdiensten weder im Dienst- noch im Freizeitbereich Angriffsmöglichkeiten geboten wurden. Wichtig war in diesem Zusammenhang, dass Angriffsversuche rechtzeitig erkannt wurden.

Hauptanliegen bei der Gewährleistung der inneren Sicherheit im MfS war das Verhindern des Eindringens westlicher Nachrichtendienste in die Organe der Staatssicherheit. Dieses Hauptanliegen bezog sich auf das gesamte inoffizielle Netz und die hauptamtlichen Mitarbeiter.

Die Linie II war aber auch für die Sicherung der inoffiziellen Basis des Bereiches Aufklärung des MfNV und des Arbeitsgebietes I der Kriminalpolizei verantwortlich.

In der Dienstanweisung 1/87 war als eine grundlegende Zielstellung der komplexen Spionageabwehr des MfS festgelegt:»Gewährleistung des wirksamen Schutzes der Angehörigen, Zivilbeschäftigten und ehemaligen Angehörigen des MfS, des Bereiches Aufklärung des MfNV und des Arbeitsgebietes I der K sowie ihrer Familienangehörigen und engen Verbindungen, der Verhinderung

---

558 Vgl.: Ebd., Bl. 7 ff.

des Eindringens der Geheimdienste über die operative Basis in die Konspiration dieser Organe und des Schutzes ihrer Mittel und Methoden vor geheimdienstlichen Angriffen.«[559]

Weiterhin war die HA II/1 für die Aufklärung und Verhinderung feindlicher Handlungen gegen Angehörige und Einrichtungen der Dienststelle des KfS im Sondergebiet Karlshorst sowie die operative Durchdringung und Sicherung der Sektion Kriminalistik an der Humboldt-Universität zu Berlin verantwortlich.[560]

Die wichtigsten westlichen Nachrichten- und Geheimdienste verfügten über spezielle Bereiche, die sich mit der Planung, Koordinierung, Durchführung und zentralen Auswertung von Angriffen gegen die Sicherheitsorgane beziehungsweise Nachrichtendienste der Warschauer Vertragsstaaten befassten. Diese speziellen Strukturelemente wurden allgemein mit dem Begriff Gegenspionage bezeichnet.

Die Untersuchungen des MfS über die Tätigkeit der westlichen Geheimdienste machten deutlich, dass »es Festlegungen und Vereinbarungen zum gemeinsamen Vorgehen gegen das MfS zwischen den verschiedenen Geheimdiensten der BRD und der NATO-Partner, insbesondere dem US-Geheimdienst«[561] gab.

Des Weiteren schreiben Sonntag und Kasel: »Die Kenntnisse über die imperialistischen Geheimdienste sagen aus, dass jeder dieser Geheimdienste über eine zentrale Erfassung und Auswertung der erhaltenen Spionagein-

---

559 DA 1/87 zur Gewährleistung des komplexen Vorgehens bei der Abwehr geheimdienstlicher Angriffe gegen politische, ökonomische und militärische Bereiche – Spionageabwehr – vom 13. Februar 1987, BStU MfS BdL/Dok. Nr. 005266, Bl. 8.

560 Vgl.: Gliederung der Abteilungen und Gleichgestellte der HA II, Abteilung 1, BStU ZA MfS HA II Nr. 28540, Bl. 18 f.

561 Rudi Sonntag, Hein Kasel: Diplomarbeit, Bl. 5.

formationen verfügt. Die Geheimdienste werden dadurch in die Lage versetzt, umfassende und detaillierte Angaben über spezielle Angriffsobjekte zu erhalten, so auch über die Organe des MfS.«[562]

Der Hauptanteil derartiger Aktivitäten gegen die Staatssicherheit ging von den Geheimdiensten der Bundesrepublik, hier speziell vom BND und vom BfV aus.

Sonnenfeld schreibt dazu: »Zum Zwecke einer gesteuerten und zielgerichteten Spionagetätigkeit gegen die Sicherheitsorgane der Länder des sozialistischen Lagers, insbesondere gegen die Deutsche Demokratische Republik, besteht innerhalb der Gruppe für Abwehr beim Bundesnachrichtendienst die III-F-Arbeit.«[563]

Das MfS erkannte, dass die Aktivitäten der westlichen Nachrichtendienste ausgerichtet waren auf:

• das Eindringen in das IM-Netz zur Schaffung von Verrätern und Überläufern sowie

• die Führung von Gegenoperationen mit Doppelagenten.

Im Rahmen der Spionageabwehr/Gegenspionage betrachteten die Geheimdienste der Bundesrepublik die sogenannte Methodenanalyse zu:

• Werbemethoden,

• Ausbildung,

• Verbindungssystem

• Technischen Hilfsmitteln

des MfS als wichtige Basis ihrer Tätigkeit gegen das MfS.[564]

---

562 Ebd., Bl. 9.

563 Walter Sonnenfeld: Diplomarbeit zum Thema: »Die Ausnutzung der Verwandtschafts- und Bekanntschaftskreise der Mitarbeiter des Ministeriums für Staatssicherheit durch den Bundesnachrichtendienst mit der Zielstellung der Verbindungsaufnahme zu Mitarbeitern des Ministeriums für Staatssicherheit«. BStU, MfS JHS MF GVS 160-107/ 68, Bl. 7.

564 Vgl.: Anleitungsmaterial zur politisch-operativen Fachschulung

Bei den westlichen Diensten standen nach MfS-Erkenntnissen weiterhin im Mittelpunkt:

- die Auswertung von gewonnenen Erkenntnissen im Rahmen der Steuerung von Doppelagenten sowie der Aussagen von Selbststellern und anderen Verrätern,
- die Nutzung von Spionen aus den verschiedensten politischen und ökonomischen Bereichen der DDR zur Informationsgewinnung über:
  - ▶ Aktivitäten des MfS,
  - ▶ Mitarbeiter und IM des MfS,
  - ▶ Dienststellen und Wohngebietskonzentrationen von MfS-Angehörigen.«[565]

Der Leiter der HA II machte zur inneren Sicherheit auf der Dienstkonferenz am 8. April 1987 Ausführungen zu 63 abgeschlossenen Vorgängen und anderen Materialien aus dem Zeitraum 1983 bis 1986. Demnach waren Zielpersonen geheimdienstlicher Angriffe:

- IM des MfS 63 Prozent, davon Doppelagenten 21 Prozent,
- Mitarbeiter von Schutz- und Sicherheitsorganen 17 Prozent, davon Mitarbeiter des MfS 11 Prozent,
- ehemalige Mitarbeiter des MfS 10 Prozent,
- Verwandte von Mitarbeitern/ehemaligen Mitarbeitern des MfS 10 Prozent.

Nachweisbar traten dabei in 66 Prozent der analysierten Materialien Geheimdienste in Erscheinung, davon

- überwiegend BND und Verfassungsschutz,
- aber auch Geheimdienste der USA, Frankreichs und der Schweiz.[566]

---

für IM-führende operative Mitarbeiter: »Die Gewährleistung der inneren Sicherheit im IM-Bestand und einige sich daraus ergebende Konsequenzen für das abwehrmäßige Denken und Verhalten der IM-führenden Mitarbeiter«. BStU, Bibliothek, ST 198, Bl. 6.

565 Vgl.: Ebd.

566 Vgl.: Referat des Leiters der Hauptabteilung II auf der Dienstkonferenz vom 8. April 1987, BStU ZA MfS HA II Nr. 4865, Bl. 136.

Seit Beginn der 1980er Jahre versuchten der BND und das BfV mit konzeptionellen, strukturellen und personellen Maßnahmen die Arbeit gegen das MfS qualitativ zu verbessern.

Die HA II analysierte das arbeitsteilige Vorgehen der bundesdeutschen Geheimdienste BND, BfV und MAD wie folgt:

- Die Zielstellung des unmittelbaren Eindringens in die Schutz- und Sicherheitsorgane der DDR, verbunden mit der Schaffung von Innenquellen und Überläufern war Domäne des BND. Dieser konzentrierte sich in seinen Gegenoperationen nach Einschätzung der HA II, weitgehend auf die offensive Bearbeitung solcher Fälle/IM, bei denen günstige Voraussetzungen zum unmittelbaren Eindringen in die Schutz- und Sicherheitsorgane der DDR vorhanden waren.

- Das BfV und der MAD konzentrierten sich als Abwehrorgane auf die im und nach dem Operationsgebiet eingesetzten IM des MfS und des BA des MfNV. Das BfV schuf sich Agenturen im IM-Netz vorwiegend in Form der Überwerbung von Selbststellern beziehungsweise Personen, die im Rahmen der Abwehrarbeit in das Blickfeld gerieten.

- Der MAD schuf seine Agenturen auf der gleichen Grundlage wie der Verfassungsschutz, jedoch keine unter DDR-Bürgern. Diese Kräfte wurden nach Einschätzung der MfS-Spionageabwehr ausschließlich zur Aufklärung des MfS und des BA des MfNV eingesetzt.[567]

Zum Wissen der westlichen Dienste über die Staatssicherheit schreiben Sonntag und Kasel:

»Bei der Einschätzung der Feindtätigkeit der imperialistischen Geheimdienste gegen unser Organ, ist davon

---

567 Vgl.: Ebd., Bl. 138 f.

auszugehen, dass sie umfangreiche Kenntnisse über die Aufgaben, Struktur, den Bestand der Angehörigen und die Arbeitsmethoden des MfS besitzen.« [568]

Dieser Einschätzung stehen die von Fricke 1984 veröffentlichten Mitarbeiterzahlen des MfS entgegen. Fricke schreibt bezüglich der hauptamtlichen Mitarbeiter des MfS: »Dem Stand vom Sommer 1979 entsprechend, wird der Personalbestand der Staatssicherheit auf 17.000 Offiziere, Unteroffiziere und Zivilbeschäftigte beziffert. (...) Die Zahl der hauptamtlichen Mitarbeiter in den frühen achtziger Jahren dürfte noch höher liegen. Experten beziffern sie auf 20.000.« [569]

Tatsächlich war die Zahl der hauptamtlichen Mitarbeiter des MfS zu diesem Zeitpunkt wesentlich höher. Gieseke beziffert sie 1979 mit 72.227, 1980 mit 75.138 und 1981 mit 78.529. [570]

Grundsätzlich ist allerdings unter aller Beschaffungsmöglichkeiten der westlichen Geheimdienste davon auszugehen, dass diese aufgrund ihres breitgefächerten Informationsaufkommens durchaus umfangreiche Kenntnisse über die Staatssicherheit hatten, so wie es Sonntag und Kasel analysiert hatten, es ihnen allerdings in Detailfragen oftmals an präzisen Informationen fehlte.

In ihrer gesamten Aufklärungstätigkeit gegen das MfS konnten die westlichen Geheimdienste begünstigende Umstände nutzen, die sich ihnen aus den objektiven Existenzbedingungen der Staatssicherheit und seiner Angehörigen boten.

---

568 Rudi Sonntag, Hein Kasel: Diplomarbeit, Bl. 7.

569 Karl Wilhelm Fricke: *Die DDR Staatssicherheit. Entwicklung, Strukturen, Aktionsfelder*. Köln 1984, S. 51

570 Vgl.: Jens Gieseke: *Die hauptamtlichen Mitarbeiter der Staatssicherheit. Personalstruktur und Lebenswelt 1950–1989/90*. Berlin 2000, S. 556 f.

Begünstigend für die Dienste bei der Aufklärung des MfS wirkte sich beispielsweise aus, dass die Staatssicherheit ein staatliches Organ war, dessen Dienststellen offiziell gekennzeichnet waren (Ministerium, BV, KD/OD). Das vereinfachte den gegnerischen Diensten entsprechende Beobachtungen an diesen Liegenschaften, speziell hinsichtlich der Mitarbeiter, welche die Dienststellen betraten oder verließen sowie zur Erfassung der Kfz, die in die Objekte ein- beziehungsweise ausfuhren.

Ein weiterer begünstigender Faktor war zum Beispiel, dass ein großer Teil der Mitarbeiter des MfS, vor allem in den Großstädten, in Wohnkonzentrationen/Wohnobjekten der Staatssicherheit wohnten, was der Bevölkerung in der Regel bekannt war. Sie nutzten auch die dort vorhandenen Einkaufs- und Dienstleistungseinrichtungen sowie gastronomische Einrichtungen. Auch hier waren Ansatzpunkte zur Bearbeitung von MfS-Mitarbeitern vorhanden.

Aber auch der Einsatz von Handwerkern aus Betrieben des zivilen Sektors oder Fensterputzern in Dienstobjekten des MfS (die zwar unter Aufsicht ihre Arbeiten ausführten) bot westlichen Geheimdiensten die Möglichkeit der Gewinnung von Informationen, da solche Handwerker und Dienstleistungsmitarbeiter beispielsweise über die Lage und Beschaffenheit der Häuser und Räume im Objekt sowie über die dort vorhandenen Mitarbeiter Auskunft geben konnten.

Abschließend sind in diesem Zusammenhang die Verwandten und Bekannten der MfS-Mitarbeiter zu nennen. Teilweise erhielten diese Besuch aus dem westlichen Ausland oder reisten selbst privat beziehungsweise dienstlich dorthin. Damit boten auch sie den Diensten entsprechende Anknüpfungspunkte.[571]

---

571 Vgl.: Rudi Sonntag, Hein Kasel: Diplomarbeit, Bl. 21 f.

Von Bedeutung in Bezug auf die innere Sicherheit auch, dass die Mitarbeiter in größeren Städten von der dort herrschenden relativen Anonymität profitierten. In den Kreisen stellte sich die Situation anders dar. Hier vergrößerten und intensivierten sich die Kenntnisse Außenstehender über die MfS-Angehörigen, über bestehende und vermutete Verbindungen der KD, über die außerdienstlichen Beziehungen und gesellschaftlichen Aktivitäten der Angehörigen sowie über die Lage der KD, den Fahrzeugbestand, Objekte der Naherholung und die konkrete Wohngegend der Mitarbeiter. Die KD-Mitarbeiter standen mehr als anderswo im öffentlichen Interesse. Verzweigte verwandtschaftliche Beziehungen und ein in der Regel seit der Kindheit bestehender Bekanntenkreis erhöhten objektiv die Möglichkeiten der Informationsbeschaffung über den persönlichen Bereich der Angehörigen und der Charakterisierung ihrer Persönlichkeit. Die Handlungen der KD-Mitarbeiter wurden von ihrer Umwelt immer im Zusammenhang mit der Aufgabenstellung und Tätigkeit des MfS in Verbindung gebracht, unabhängig davon, ob sie im Dienst- oder Freizeitbereich geschahen. Dies traf in gewissem Umfang auch auf die Verwandten der Angehörigen des MfS zu.[572]

Das IM-Netz war nach Einschätzung der Spionageabwehr ständig den Angriffen westlicher Geheimdienste ausgesetzt. Grundsätzlich ging es den westlichen Diensten dabei um:

• die Einschleusung von Agenturen in das IM-Netz,
• die umfassende Aufklärung des IM-Netzes,
• die Identifizierung von IM.

Dabei richteten sich diese Angriffe der Dienste vordringlich auf IM aus dem Operationsgebiet sowie IM

---

572 Vgl.: Ebd., Bl. 23.

aus der DDR, welche zeitweilig im Operationsgebiet eingesetzt waren.

Das Eindringen in das inoffizielle Netz der Staatssicherheit nahm bei den westlichen Nachrichtendiensten eine Schlüsselstellung zur Bearbeitung des MfS ein. Man wusste dort, dass es äußerst kompliziert war, einen ideologisch gefestigten hauptamtlichen Mitarbeiter des MfS zu werben, was meist auch nur auf dem Territorium der DDR möglich war. Bei den IM boten sich wesentlich günstigere Voraussetzungen für eine erfolgreiche Werbung, gerade bei den im Operationsgebiet wohnhaften oder zeitweilig dort eingesetzten IM. Unter diesem Personenkreis engagierten sich vor allem der BND und das BfV bei der Schaffung von Überläufern und Doppelagenten.

Die Erfahrungen des MfS besagten, dass die westlichen Geheimdienste seit jeher die Methode der Anschleusung in das inoffizielle Netz des MfS praktizierten. Sie nutzten dabei die sich aus der offiziellen Tätigkeit des MfS ergebenden Verhältnisse und Umstände, die erkannten Arbeitsmethoden der Staatssicherheit bei der Gewinnung von IM sowie die festgestellten operativen Absichten und Ziele des MfS im Operationsgebiet. Daraus ergab sich eine Vielzahl von Möglichkeiten für die Geheimdienste, durch ihre Agenturen direkt mit dem MfS in Verbindung zu kommen. Nach Einschätzung der HA II konnten dies sein:

- Anlaufen von offiziellen Dienststellen des MfS.
- Anschleusung über staatliche und gesellschaftliche Einrichtungen. Darunter fielen in erster Linie der Staatsapparat sowie die Parteien und Massenorganisationen, wobei es typisch war, dass der kommunale Bereich, die VP, die Zollorgane, die Grenzsicherungskräfte und im besonderem Maße Rückkehrstellen genutzt wurden.

- Ausnutzung abwehrspezifischer Maßnahmen des MfS unter anderem von Sicherungskräften durch auffälliges Verhalten an spionagegefährdeten Objekten.
- Ausnutzung der sich aus der Zielstellung für das MfS ergebenden Aufgaben im Operationsgebiet (Blickfeldarbeit, z. B. über Reise- und Touristenverkehr, offizielle Wirksamkeit von Journalisten, Handelsverbindungen u. ä.).«[573]

Sonntag und Kasel führen eine Reihe von Beispielen aus der Praxis an, in denen die Dienste versuchten, ihre Agenten an das MfS heranzuschleusen.

So wurde der Mitarbeiter des italienischen Geheimdienstes SID, »Alberto«, beim auftragsgemäßen Fotografieren militärischer Objekte in der Hauptstadt der DDR durch die VP festgenommen und dem MfS zugeführt.

Der Agent des französischen Geheimdienstes K., wurde in Ausnutzung der Interessen der Staatssicherheit an Fremdenlegionären, in das Blickfeld des MfS gebracht.

Der Agent des BfV, M., nahm über die Abteilung Inneres eines örtlichen Rates brieflichen Kontakt zur zuständigen KD auf. Zu ihm daraufhin übermittelten Treffterminen erschien er nicht, sondern lief die Anmeldung des MfS in der Normannenstraße an, um Verbindung zur Zentrale zu erhalten.

Der BND-Agent O. wurde durch die Herstellung wirtschaftlicher Kontakte und unter dem Vorwand, neue Waffensysteme der NATO-Streitkräfte beschaffen zu können, in das Blickfeld des MfS gebracht. Dabei ging der BND von den dort vorliegenden Erkenntnissen aus, dass bei Unternehmen, die im Bereich der Bewaffnung und Ausrüstung tätig waren, unweigerlich die Staatssicherheit in Erscheinung trat.[574]

---

573 Vgl.: Rudi Sonntag, Hein Kasel: Diplomarbeit, Bl. 32 f.

574 Vgl.: Ebd., Bl. 33 f.

Vielfältige Möglichkeiten der Erkenntnisgewinnung über Arbeitsweise, Zielstellungen, Kräfte sowie Mittel und Methoden des MfS erwarben sich die westlichen Nachrichtendienste auch durch die:

- Offenbarung von IM bei der Konfrontation mit Geheimdiensten im Ergebnis von Fahndungsmaßnahmen beziehungsweise im Zusammenhang mit begangenen strafbaren Handlungen (Kompromate),
- freiwillige Offenbarung von IM (Verratshandlungen) gegenüber den Sicherheitsbehörden der Bundesrepublik (im Operationsgebiet),
- Durchführung von Webeoperationen gegenüber Auslands- und Reisekadern der DDR, bei denen eine inoffizielle Verbindung zum MfS vermutet wurde,
- umfassende Abschöpfung von DDR-Bürgern, die legale Basen westlicher Nachrichtendienste aufsuchten und ihre inoffizielle Verbindung zum MfS offenbarten,
- intensive Befragung von IM, die die DDR auf dem Wege der Ausreise oder der Republikflucht verlassen hatten, beim Notaufnahmeverfahren und bei speziellen Befragungen durch westliche Geheimdienste.[575]

Bei der Anwendung von Kompromaten (echte oder gefälschte Mittel, eine Person unter Druck zu setzen, um sie nachrichtendienstlich zu nutzen) praktizierten BND und Verfassungsschutz nach Einschätzung der HA II vor allem zwei Methoden:

1. Durch langfristige Observation und andere Überwachungsmaßnahmen im Operationsgebiet wurden festgestellte Verhaltensweisen, wie außereheliche Intimbeziehungen, Verstöße gegen Zoll- und Devisen-

---

575 Vgl.: Referat des Leiters der Hauptabteilung II auf der Dienstkonferenz vom 8. April 1987, BStU ZA MfS HA II Nr. 4865, Bl. 140.

bestimmungen sowie Kaufhausdiebstähle dokumentiert und der betreffenden Zielperson vorgelegt. Die Kontaktierung erfolgte in der Regel durch Ansprachen und Legitimierung auf offener Straße sowie damit verbundenem Aufsuchen einer Gaststätte, um mit dem IM einen Sachverhalt zu besprechen. Zugeschnitten auf die Persönlichkeit der Zielperson erfolgte bereits in dieser Phase die Aufforderung zur Zusammenarbeit. Festgestellt wurde auch die Forderung nach weiteren Zusammenkünften, in denen dann die Aufforderung zur Zusammenarbeit erfolgte.

2. DDR-Bürger, die beim Aufenthalt im Operationsgebiet strafbare Handlungen begingen, meist waren das Kaufhausdiebstähle, und die noch nicht unter Kontrolle der Geheimdienste standen, wurden im Rahmen der polizeilichen Vernehmung mit dem zwischenzeitlich informierten Geheimdienst konfrontiert. Oft wurde diesen DDR-Bürgern generell eine inoffizielle Verbindung zum MfS unterstellt und diese zur Offenbarung gedrängt.[576]

Wie dabei vorgegangen werden konnte, zeigt das folgende Beispiel aus den USA:

Im Rahmen des IREX-Programms weilte ein international anerkannter Agro-Chemiker einer DDR-Universität zu einem längerfristigen Aufenthalt in den USA. Bereits zu Beginn des Aufenthaltes stellte er fest, dass ihm große Aufmerksamkeit gewidmet wurde. Mehrere jüngere Personen verfolgten seinen Tagesablauf und fotografierten ihn gelegentlich. Nach mehreren Wochen wurde der Professor auf dem Postamt von einer ihm unbekannten männlichen Person zielgerichtet angesprochen. Dieser Mann zeigte sich gegenüber dem Professor gut informiert und erkundigte sich, wie er in die USA gekom-

---

576 Vgl.: Ebd., Bl. 142 f.

men sei, wo er arbeite, mit welchem Spezialgebiet er sich beschäftige, ob es ihm in den USA gefiele, ob er in den USA bleiben wolle, da er hier viel Geld verdienen könne. Der Professor entzog sich einem weiteren Gespräch mit der Bemerkung, dass er nicht in den USA bleiben wolle und sich derartige Belästigungen verbitte.

Wenige Tage später tätigte der Professor in einem Supermarkt noch einige Einkäufe. Seine Tasche legte er in den Einkaufswagen. Bei der Auswahl der gewünschten Waren war der Einkaufswagen mit der Tasche mehrfach kurzzeitig außer unmittelbarer Kontrolle. An der Kasse bezahlte er seinen Einkauf. Unmittelbar danach wurde er von einer männlichen Person am Verlassen der Kaufhalle gehindert und genötigt, in einen separaten Raum zu gehen. Dort befanden sich bereits drei weitere männliche Personen, die den Professor sofort des Diebstahls bezichtigten. In aggressiver und rüder Form wurde er aufgefordert, seine Tasche zu leeren. Zum Erstaunen des Professors befanden sich in seiner Tasche eine Stange Zigaretten und Zigarren. Und das ausgerechnet bei einem Nichtraucher. Ohne auf die Proteste zu reagieren, wurde die Polizei verständigt und der Professor zum nächsten Revier gebracht. Ohne ihm die Möglichkeit einer Rechtfertigung zu geben, wurde er wie ein Krimineller behandelt, erkennungsdienstlich fotografiert und es erfolgte die Abnahme von Fingerabdrücken. Danach wurde er in eine Zelle eingesperrt. Auf seine Proteste reagierten sie nicht. Nach einigen Stunden erst stellte ihm ein Polizist Fragen zur Person. Am nächsten Tag wurde der Professor gegen Kaution freigelassen.

Mit Unterstützung der DDR-Botschaft, die der Professor umgehend unterrichtete, wurde das angedrohte Gerichtsverfahren niedergeschlagen. Doch damit war die Aktion noch nicht beendet. Eine Woche nach der Verhaftung wurde der Professor auf dem Universitätsgelände erneut von der unbekannten männlichen Person angesprochen und gefragt, ob er es sich inzwischen anders überlegt habe und nun doch in den USA bleiben werde. Da sich der Professor jede weitere Belästigung verbat, entfernte sich diese Person.

Unmittelbar vor der Rückkehr in die DDR wurde der letzte Abwerbungsversuch unternommen, diesmal telefonisch. Der Anrufer nannte keinen Namen und versuchte, ein Treffen zu vereinbaren.«[577]

Wie schnell ein im Operationsgebiet eingesetzter IM in Fahndungsmaßnahmen der bundesdeutschen Sicherheitsbehörden gelangen konnte und damit Ansatzpunkte für das Eindringen in das IM-Netz bot, zeigt das folgende Beispiel:

Ein IM übernachtet nach Erledigung eines operativen Auftrags und nach seiner Rückkehr aus einem dritten Land in einer Pension. Die Wirtin verwechselt den IM mit einer Person, nach der gerade im Fernsehen in der Sendung Aktenzeichen XY ungelöst öffentlich gefahndet wurde und erstattet umgehend Meldung bei der Kriminalpolizei. Bei der Vernehmung stellt sich zwar die Verwechslung heraus, da der IM aber ein operatives Dokument bei sich hatte, richtet sich nun der Verdacht gegen ihn wegen terroristischer Aktivitäten. Der IM, der dieser Belastung nicht gewachsen war, bekennt sich sofort als DDR-Bürger und gibt seinen operativen Auftrag preis.[578]

---

577 Ministerium für Staatssicherheit, Presseabteilung: »Reise- und Auslandskader im Fadenkreuz imperialistischer Geheimdienste«. Berlin Januar 1987, S. 21 f.

578 Fritz Kobbelt, Helga Weser, Rainer Kaden: Forschungsergebnisse zum Thema: »Das Erkennen der objektiven und subjektiven Fehlhandlungen übersiedelter inoffizieller Mitarbeiter im Operationsgebiet als eine Grundlage für die Realisierung einer erfolgreichen Aufklärungstätigkeit des MfS«. BStU, MfS, JHS 21883-1, Bl. 190.

Wie bereits erwähnt, war auch die freiwillige Offenbarung von IM des MfS eine Möglichkeit für die Dienste umfangreiche Erkenntnisse über die Staatssicherheit und deren IM-Netz zu gewinnen.

Diese Art und Weise in die Konspiration das MfS einzudringen, war oftmals mit der Überwerbung des IM als Doppelagent und der Durchführung einer G-Operation (Gegenoperation) verbunden.

Nachdem der BND etliche Misserfolge bei der Werbung von Agenturen auf dem Territorium der DDR zu verzeichnen hatte, wurde vor allem unter dem BND Präsidenten Klaus Kinkel dazu übergegangen, Werbungsversuche schwerpunktmäßig außerhalb der eigentlichen Zielländer durchzuführen. Der BND verlegte den Schwerpunkt seine Werbungsaktivitäten von DDR-Bürgern westwärts.

Ins Visier dieser Aktivitäten gerieten dadurch vor allem die Reise- und Auslandskader. Das waren DDR-Bürger, die aus dienstlichen Gründen in das NSW reisen konnten. Außerhalb des Territoriums der DDR war für den BND das Risiko gering, diese Personen für eine Spionagetätigkeit gegen die DDR anzusprechen. Dazu ein Beispiel:

Mit den Worten: »Guten Tag Herr Doktor, hätten Sie einen Augenblick Zeit?«, verstellten auf offener Straße in Bonn zwei Mitarbeiter des BND einen in Fachkreisen weithin bekannten Wissenschaftler – Professor, Historiker an der Akademie der Wissenschaften der DDR – den Weg und baten ihn zu einem Gespräch. Der Professor hielt sich zu diesem Zeitpunkt im Auftrage seines Institutes offiziell zu Studienzwecken in der Bundesrepublik auf und war auf dem Weg zu einer Forschungseinrichtung.

Die Überraschung ausnutzend, ließen die BND-Mitarbeiter ihm keine Möglichkeit, sich der Situation zu entziehen. Sie veranlassten ihn, in ihr Auto zu steigen, und mit ihnen zu einem Restaurant zu fahren. Dort gaben sie vor, man wolle sich ganz einfach mal mit ihm über bestimmte Dinge unterhalten. Nach Fragen zur politischen Situation und zu Entwicklungen in der BRD und in der DDR gaben die BND-Leute bald zu erkennen, worin ihre Absicht bestand. Sie stellten Fragen zur Person, zu seiner wissenschaftlichen Arbeit, zur Tätigkeit seines Institutes und meinten, im BND gäbe es eine ganze Akte über ihn und man wisse weit mehr über ihn als man bisher gesagt habe. Aus der Gesprächsführung seitens der BND-Angehörigen ging unmissverständlich hervor, dass der Professor während seines Aufenthaltes in der Bundesrepublik ständig unter Beobachtung gestanden hatte. Bereits bei der Einreise hatte er bei der Grenzkontrolle ausführlich die Etappen seiner Reise angeben müssen.

Ziemlich unvermittelt – erneut auf Überraschung aus – wurde der Professor im Verlauf des Gesprächs dann direkt aufgefordert, mit dem BND zusammenzuarbeiten. Obwohl der Professor dieses Ansinnen strikt abgelehnt hatte, versuchten es die Geheimdienstler stets wieder von neuem und boten auch finanzielle Hilfe für die Beschaffung von Literatur an.

Bis zu seiner Abreise aus der Bundesrepublik bot der Professor durch sein umsichtiges Verhalten und konsequentes Auftreten den BND-Mitarbeitern – obwohl sie ihm unaufhörlich nachstellten – keinen Angriffspunkt für ihr werbendes Vorgehen.

Zwei Jahre später. Der Professor war zu Studienzwecken ins Bundesarchiv nach Koblenz gereist. Nachdem ihm am Abend bei der Ankunft im Hotel durch den Nachtportier ein Anruf eines ihm unbekannten Herrn avisiert worden war, klopfte es gegen 22 Uhr – gerade als er schlafen gehen wollte – an der Hotelzimmertür. Als er öffnete, drängten sich zwei Männer in das Zimmer, Mitarbeiter des BND. Der eine war bereits an dem Werbungsversuch von vor zwei Jahren beteiligt gewesen. Der Professor verwahrte sich entschieden gegen die neuerliche Ansprache und forderte, indem er zur Tür gehen wollte, die Geheimdienstler zum Verlassen des Zimmers auf. Diese widersetzten sich der Aufforderung, drängten ihn ins Zimmer zurück und versuchten, ein Gespräch in Gang zu bringen beziehungsweise einen neuen Gesprächstermin zu vereinbaren. Ihren Aufforderungen versuchten sie mit Warnungen Nachdruck zu verleihen, wie zum Beispiel:

• seine wissenschaftliche Karriere hänge doch von Reisen in den Westen ab oder

• wenn er die Ständige Vertretung der DDR in Bonn von diesem Zusammentreffen informiere, dann wäre das seine letzte Reise in die BRD gewesen, er solle doch an seine wissenschaftliche Zukunft denken.

Am nächsten Tag warteten die BND-Angehörigen vergeblich auf den Professor. Er hatte die Ständige Vertretung der DDR in Bonn informiert und war abgereist. Schutz und Unterstützung wurden ihm gewährt, auch für alle weiteren Reisen.[579]

Auch unter den IM des MfS gab es Menschen, die DDR auf dem Wege der Ausreise oder Flucht verlassen hatten. Der erste Weg in der Bundesrepublik führte diese Personen meist in Aufnahmelager, wo eine intensive nachrichtendienstliche Befragung durch die Geheimdienste erfolgte. Hier stand der IM nun vor der Frage, seine Zusammenarbeit mit dem MfS zu offenbaren oder zu verschweigen. Letzteres konnte bei einem bekanntwerden unangenehme Folgen haben, bei-

---

579 Ministerium für Staatssicherheit, Presseabteilung: »Reise- und Auslandskader im Fadenkreuz imperialistischer Geheimdienste«. Berlin Januar 1987, S. 18 f.

spielsweise den Verdacht einer gezielten Übersiedlung durch das MfS.

Aktive oder ehemalige IM, die ihr Wissen bei diesen Befragungen offenbarten, besaßen für die westliche Geheimdienste einen hohen Informationswert. Sie wurden bei Preisgabe ihrer Tätigkeit für das MfS, sowohl im Zeitraum des Aufnahmeverfahrens als auch danach bei weitergehenden speziellen Prüfungen durch die westlichen Dienste intensiv und bis ins kleinste Detail befragt. Damit bot sich den Geheimdiensten ein beträchtliches Potential zur Gewinnung umfangreicher Informationen über Mittel, Methoden, Zielstellungen und Arbeitsweisen des MfS.

Insgesamt handelte es sich bei den IM, die die DDR ungesetzlich verließen fast ausschließlich um Überraschungsfälle. Es waren meist IM, bei denen man mit einer solchen Handlung nicht rechnete, teilweise arbeiteten sie schon viele Jahre inoffiziell mit dem MfS zusammen. In manchen dieser Fälle besaßen diese IM das »blinde Vertrauen« ihres Führungsoffiziers, was sich begünstigend auf solche Vorkommnisse auswirkte.[580]

Im Dezember 1988 setzte sich ein IM einer KD der BV Schwerin in die Bundesrepublik ab und die Abteilung II der BV Schwerin analysierte, dass dieser während seiner zehnjährigen IM-Tätigkeit 11 operative Mitarbeiter von 5 verschiedenen Diensteinheiten, 5 IMK, 10 Telefonnummern und mehrere Kraftfahrzeugkennzeichen der Staatssicherheit kennenlernte. Im Rahmen seines vielseitigen Einsatzes zur:

- Aufklärung der französischen Botschaft,
- Aufklärung interessanter Verbindungen zum Bundesgrenzschutz und zur Bundesmarine,
- Kontrolle einer OPK-Person,

---

580 Vgl.: Peter Brosch: Diplomarbeit, Bl. 36.

- Aufklärung von Antragstellern auf ständige Ausreise in die BRD,
- Sicherung eines Freizeitobjektes führender Repräsentanten der DDR,
- Sicherung einer Ausbildungsstätte,
- Sicherung eines Ausländerkonzentrationspunktes

wurden diesem IM umfangreiche Kenntnisse über spezifische Mittel, Methoden und Informationsinteressen des MfS bekannt. Bedenklich stimmte die Schweriner Spionageabwehr, dass es sich hierbei um keinen Ausnahmefall handelte.[581]

Dass dem so war, zeigt auch ein Beispiel aus der Abteilung II der BV Magdeburg. Dort setzte sich der IMB »Schuster« am 21. Oktober 1987 bei einer Reise nach Westberlin ab. Der IMB »Schuster« wurde durch die Abteilung II der BV Magdeburg geführt und zeitweilig durch die HV A II/1 genutzt.

Das operative Wissen des IMB »Schuster« dürfte für die westlichen Geheimdienste von Interesse gewesen sein. Der IM war seit 1984 für das MfS inoffiziell tätig. Von 1985 bis 1987 reiste der IM 16 mal in das Operationsgebiet (BRD) und zweimal nach Ungarn. Dadurch konnten Informationen erarbeitet werden, von denen 20 durch die HV A mit »wertvoll« bewertet wurden.[582]

Im März 1984 fand zwischen der HA II/2 und der Abteilung II/1 der BV Magdeburg eine Absprache zu operativen Problemen und zur Verbesserung der Arbeit im und nach dem Operationsgebiet statt.

»Die HA II/2, Gen. Schierhorn und Gen. Röhr schätzten ein, dass der IM Vorgang ›Schuster‹ langfristig und ziel-

---

581 Vgl.: Ebd., Bl. 38 f.

582 Vgl.: BV Magdeburg, Abt. II: Vorschlag zur Einstellung der Zusammenarbeit mit dem IM »Schuster«. Reg.-Nr. VII/60/84 vom 5. Mai 1988. BStU ASt Magdeburg, AIM 954/88, Bd. 1, Bl. 285 f.

gerichtet zur Durchführung von Blickfeldarbeit aufgebaut werden sollte, da es insgesamt eine Reihe operativ interessante Anhaltspunkte gibt, die einer Blickfeldarbeit entgegenkommen.«[583]

Auch bei »Schuster« wurde nach seiner Flucht konkret analysiert, über welches operative Wissen er verfügte und welche Mitarbeiter des MfS er kannte. Die Magdeburger II kam zu dem Ergebnis:

»Der ehemalige IM lernte nachfolgende Mitarbeiter des MfS kennen:

- Oberst Hille, Klarname/persönlich, 1. Stellv. d. Ltr. d. BV
- Major Schlippes, Klarname/persönlich, HV A II/1;
- Major Baumgarten, Klarname/persönlich, Abt II/2.

Darüber hinaus lernte der Verräter die IMK/KW ›Alice‹, Reg.-Nr. VII/1029/86 unpersönlich/Klarnamen kennen. In dieser IMK/KW wurden die Treffs durchgeführt.

Im Rahmen der inoffiziellen Zusammenarbeit lernte der Verräter den spezifischen Informationsbedarf der HV A II/1 sowie den Informationsbedarf der Abt. II kennen.«[584]

Setzte sich ein IM in das NSW ab, so wurden dessen Rückverbindungen in die DDR unter Kontrolle gehalten, was vor allem durch M-Maßnahmen und Maßnahmen der Linien III und 26 erfolgte. Dabei ging es insbesondere darum, den Aufenthaltsort festzustellen, Motive der Flucht zu ergründen, den Verratsumfang zu ermitteln und evtl. die Chancen auszuloten, den IM zur Rückkehr in die DDR zu bewegen.

---

583 BV Magdeburg, Abt. II/1: Rapport vom 8. März 1984. AIM 954/88, Bd. 1, Bl. 370.

584 BV Magdeburg, Abt. II: Vorschlag zur Einstellung der Zusammenarbeit mit dem IM »Schuster«. Reg.-Nr. VII/60/84 vom 5. Mai 1988. BStU ASt Magdeburg, AIM 954/88, Bd. 1, Bl. 287.

Insgesamt ergaben sich für die Staatssicherheit aus der ständig zunehmenden Anzahl der Privat- und Dienstreisen von IM in das Operationsgebiet höhere Anforderungen an die Gewährleistung der inneren Sicherheit. Mit dem kontinuierlich steigenden Reiseverkehr zwischen der DDR und der Bundesrepublik, der auch das IM-Netz betraf, erschloss sich westlichen Nachrichtendiensten ein großes Potential zur Erlangung von Informationen über das MfS und seine IM. Hier spielten besonders das Befragungswesen gegenüber ehemaligen DDR-Bürgern und die Offenbarung von IM eine entscheidende Rolle. Dadurch konnten IM, welche sich aus operativen Gründen, dienstlich oder privat in der Bundesrepublik aufhielten, mit den westlichen Geheimdiensten konfrontiert werden. Reiste ein IM privat oder dienstlich (im Sinne seines regulären Beschäftigungsverhältnisses außerhalb des MfS) in die Bundesrepublik, so war das auch von der Zustimmung des Führungsoffiziers abhängig. Der Führungsoffizier hatte im Vorfeld der geplanten Reise einzuschätzen, ob es sicherheitspolitisch bedeutsame Faktoren gab, die im Zusammenhang mit dem Aufenthalt des IM im Operationsgebiet die persönliche Sicherheit des IM oder die innere Sicherheit des MfS gefährdeten. Gab es Sicherheitsbedenken seitens der Staatssicherheit, so hatte der IM-führende Mitarbeiter nach Möglichkeiten zu suchen, dass der IM die Reise entweder nicht durchführte oder eine zielgerichtete, den Sicherheitserfordernissen des IM und des MfS entsprechende Beauftragung und Instruktion zu realisieren.

Aktivitäten in Vorbereitung der Zustimmung zu Privatreisen von IM setzten mit der Informierung der Führungsoffiziere über die Reiseabsichten ein. Der Zeitraum bewegte sich dabei nach Analyse von Klinger im Rahmen von zwei bis 25 Wochen. Danach setzten folgende Überprüfungsmaßnahmen ein:

- Überprüfung des Reiseziels in den Speichern der Linien XII, M und VI, soweit keine aktuellen Erkenntnisse vorlagen,
- Einschätzung des IM hinsichtlich seiner Standhaftigkeit (gegenüber einer Überwerbung durch westliche Geheimdienste oder Bestechlichkeit) und ideologischer Festigkeit,

und je nach Lage:

- Überprüfungen des IM aufgrund von Anzeichen auf Unehrlichkeit beziehungsweise Unzuverlässigkeit,
- Maßnahmen des Führungsoffiziers hinsichtlich der Durchführung gezielter Schritte zur Feststellung möglicher Hinweise auf die Gefährdung der persönlichen Sicherheit, wie sie sich aus der inoffiziellen Zusammenarbeit des IM mit dem MfS ergeben konnten (Dekonspirationen, Treffs im dekonspirierten KW usw.).[585]

In einer internen Analyse der Abteilung II der BV Neubrandenburg äußerten IM-führende Mitarbeiter, »dass man kaum Einfluss auf die Genehmigung von Reisen der IM nehmen kann, bei denen ein Reisegrund gemäß den geltenden Bestimmungen vorliegt, wobei die Legitimität solcher Anliegen nicht angezweifelt wird«[586].

Es war also selbst dem MfS nicht ohne weiteres möglich, IM Privat- oder Dienstreisen in den Westen zu versagen. In solchen Fällen besaß das MfS lediglich ein sicherheitspolitisches Einspruchsrecht gegenüber dem letztlich entscheidenden MdI und den diesen nachgeordneten Bereichen Inneres in den Räten der Bezirke

---

585 Vgl.: André Klinger: Diplomarbeit zum Thema: »Die Verantwortung der operativen Diensteinheiten für die Gewährleistung der inneren Sicherheit des MfS im Zusammenhang mit Privatreisen von IM in das Operationsgebiet«. BStU, JHS 21465, Bl. 16 f.

586 Ebd., Bl. 19.

und Kreise. Das MfS konnte sein Veto aus folgenden Gründen einlegen:

- es handelte sich um ehemalige IMB, zu denen die Verbindung von westlichen Nachrichtendiensten aus ungeklärten Gründen abgebrochen wurde,
- die IM besaßen umfangreiches operatives Wissen (Mitarbeit an OV, kannten viele andere IM und operative Mitarbeiter),
- es handelte sich um ehemalige HIM oder FIM,
- es bestand der Verdacht, dass der IM die Reise nutzten will, um die DDR zu verlassen.[587]

Zur Verhinderung von gegnerischen Einbrüchen in das inoffizielle Netz des MfS hatte sich auch der Einsatz operativer Technik bewährt. Für solche operativ-technischen Maßnahmen war das Referat 1 der Arbeitsgruppe Koordinierung, auch als Arbeitsgruppe Medium bezeichnet, zuständig. Die AG Medium hatte Dienstsitz in Berlin-Karlshorst, Lehndorfstraße. Die fünf Angehörigen dieses Referates hatten »spezifische operativ-technische Überprüfungsmaßnahmen zur Gewährleistung der Sicherheit des IM-Netzes des MfS und zur Erhöhung der Effektivität bei der Bearbeitung und beim Abschluss von OV«[588] durchzuführen.

Gab es einen Verdacht, dass ein IM mit einem westlichen Geheimdienst kooperieren könnte, wurden dem IM beim Treff mit dem MfS eine Reihe anstehender und unklarer Fragen gestellt beziehungsweise Probleme in detaillierter Form durchgesprochen. Die Fragen und Antworten wurden mit Hilfe operativer Technik aufgezeichnet. Da-

---

587 Vgl.: Ebd., Bl. 20.

588 Struktur und Stellenplan der HA II vom 26. September 1988, BStU ZA MfS HA II Nr. 28540, Bl. 17 sowie HA II, AG K: Zimmerbelegungsplan vom 6. Februar 1989, BStU ZA MfS HA II Nr. 30628, Bl. 7.

nach wurden bestimmte Gesprächspassagen geprüft und ausgewertet. Dabei konnten sich Auffälligkeiten ergeben. Beispielsweise konnte auch das Aktionsniveau des IM mit Fortgang des Treffgespräches weiter absinken. Das konnte unter anderem darauf zurückgeführt werden, dass der IM zum Beispiel bestimmte Unkorrektheiten in der Zusammenarbeit mit dem MfS beziehungsweise in der Berichterstattung einräumte.

Der Einsatz dieser spezifischen Arbeitsmethode bedurfte der Bestätigung des Leiters der HA II beziehungsweise seiner Stellvertreter und war mit dem Leiter der AG K abzustimmen. Die Anwendung dieser Überprüfungsmaßnahme erfolgte unter der Deckbezeichnung »Medium.« [589]

Doppelagenten

Allgemeines

Das MfS definierte den Doppelagenten als:

»Spion eines imperialistischen Geheimdienstes, der unter Tarnung einer scheinbaren inoffiziellen Zusammenarbeit mit dem MfS subversive Aufgaben seines Auftraggebers gegen das MfS realisiert. Die feindliche Tätigkeit des Doppelagenten ist unmittelbar gegen die politisch-operative Einsatzfähigkeit, Kampfkraft und Zuverlässigkeit des MfS gerichtet. Grundsätzliche Ziel- und Angriffsrichtungen des Doppelagenten sind:

• systematische Erkundung der Pläne, Absichten und Maßnahmen des MfS,

---

589 Referat des Leiters der Hauptabteilung II auf der Dienstkonferenz am 25. November 1987, BStU, ZA MfS HA II 3702, S. 150.

- Feststellung und Enttarnung von Kundschaftern im Operationsgebiet sowie inoffizieller Kräfte, Mittel und Methoden, um daraus Ansatzpunkte für gezielte subversive Angriffe gegen das MfS zu erlangen,
- Aufklärung und Bearbeitung von Angehörigen des MfS sowie deren Familien und Bekannten mit der Absicht, durch Aufweichung und Zersetzung oder Schaffung beziehungsweise Sammlung und Nutzung kompromittierenden Materials Werbungen zum direkten Eindringen in das MfS durchzuführen beziehungsweise geheim zu haltende Informationen über die Sicherheitsorgane und andere gesellschaftliche Bereiche sowie über die Strategie und Taktik der Partei- und Staatsführung durch nachrichtendienstliche Abschöpfung zu gewinnen oder gezielt Verratshandlungen vorzubereiten,
- Feststellung offizieller und konspirativer Objekte des MfS, um Angehörige des MfS beziehungsweise IM zu identifizieren und Ansatzpunkte für eine weitere Bearbeitung zu schaffen,
- Desorientierung der Arbeit der Sicherheitsorgane mit dem Ziel, die Kampfkraft, vor allem in Konfliktsituationen, zu lähmen beziehungsweise durch Ablenkung von der Realisierung der Hauptaufgaben die Absichten und Maßnahmen des MfS zu durchkreuzen.

Die Hauptmethoden der Schaffung von Doppelagenten bestehen in der:
- Anschleusung von Spionen an Dienststellen des MfS, an Institutionen und Einrichtungen, zu denen das MfS offizielle Kontakte unterhält, sowie Angehörige des MfS, deren Verwandte und Bekannte und an inoffizielle Kräfte,
- Überwerbung im Operationsgebiet tätiger IM.«[590]

---

590 MfS, Hochschule: *Wörterbuch der politisch-operativen Arbeit.*

Der wesentliche Faktor, der den Doppelagenten charakterisierte war, dass er die Beziehung zum MfS im Auftrag eines gegnerischen Geheimdienstes nutzte, um gegen das MfS tätig zu werden.

Felber charakterisiert das Wesen der Doppelagententätigkeit wie folgt: »Bei dem sich in den Reihen der inoffiziellen Mitarbeiter des MfS befindlichen Doppelagenten handelt es sich um einen Agenten, der sowohl vom MfS als auch von einem feindlichen Geheimdienst geworben wurde, sich jedoch aus verschiedenen Motiven dem Feind verschrieben hat und im Auftrage des imperialistischen Geheimdienstes gegen das MfS und die DDR arbeitet. Dabei ist es unerheblich, ob der Doppelagent dem MfS seine Verbindung zum imperialistischen Geheimdienst mitteilte oder nicht. Die entscheidenden Kriterien für den im MfS gebräuchlichen Begriff des Doppelagenten sind der Verrat gegenüber dem MfS und die ›Ehrlichkeit‹ gegenüber dem imperialistischen Geheimdienst.«[591]

Erich Mielke wies auf einer Dienstkonferenz 1972 darauf hin: »Wir müssen klar und nüchtern einschätzen, dass der Gegner mit großer Intensität darauf hinarbeitet, Kenntnisse über die Maßnahmen, Mittel und Methoden der Arbeit unseres Ministeriums und der Sicherheitsorgane anderer sozialistischer Länder zu erlangen. Wir müssen mit davon ausgehen und können die Augen nicht davor verschließen, dass es dem Gegner in einigen Fällen gelungen ist, in unser IM-Netz im Operationsgebiet einzudringen und IM zu überwerben, ohne dass

---

Potsdam 1985, BStU, ohne Signatur, S. 78 f.

591 Horst Felber: Forschungsergebnisse zum Thema: »Psychologische Grundsätze für die Zusammenarbeit mit IM, die im Auftrage des MfS außerhalb des Territoriums der DDR tätig sind. Untersuchungen an IM der äußeren Spionageabwehr bei direkter Konfrontation mit den feindlichen Geheimdiensten«. BStU, JHS 21798, Bl. 147.

wir immer wissen, um welche Personen es sich konkret handelt.«[592]

Ziel der Diensteinheiten des MfS zur Gewährleistung der inneren Sicherheit war es: »jeden Versuch des Gegners zum Aufbau von Doppelagenten im Ansatz zu erkennen, um zielgerichtet wirksame Gegenmaßnahmen organisieren zu können.[593]

Die Arbeit der westlichen Geheimdienste mit Doppelagenten bildete einen Schwerpunkt bei der Bearbeitung des MfS. Hillenhagen, Seidel und Engelmann schreiben dazu:

»Es ist belegt, dass die imperialistischen Geheimdienste der BRD, vor allem der Verfassungsschutz, große Anstrengungen unternehmen, in die Konspiration des MfS einzudringen, insbesondere die inoffiziellen Kräfte im Operationsgebiet und in der DDR zu erkennen und für ihre eigenen nachrichtendienstlichen Interessen nutzbar zu machen, d. h. sie als Agenten anzuwerben und in einer Gegenoperation gegen das MfS zu führen.«[594]

Die erfolgreiche Aufklärung und Bekämpfung der Pläne und Maßnahmen des Gegners hing nach Einschätzung des MfS: »in starkem Maße von der Wirksamkeit der

---

592 Helmut Feist, Peter Lewerenz: Forschungsergebnisse zum Thema: »Über die Gefährlichkeit und die Methoden der Arbeit der feindlichen Geheimdienste mit Doppelagenten gegen das inoffizielle Netz und die Organe des MfS. Die Bedeutung und die Möglichkeiten des rechtzeitigen Erkennens und der zielstrebigen Bearbeitung von Doppelagenten für den Schutz und die Sicherheit der operativen Arbeit«. BStU JHS 21837, Bl. 6.

593 André Klinger: Diplomarbeit, Bl. 10.

594 Horst Hillenhagen, Jürgen Seidel, Stefan Engelmann: Forschungsergebnisse zum Thema: »Die Qualifizierung der politisch-operativen Arbeit des MfS zur Bekämpfung der Doppelagententätigkeit des Verfassungsschutzes der BRD«. BStU, MfS JHS 21991, Bl. 9.

eingesetzten konspirativen Kräfte Mittel und Methoden des Ministeriums für Staatssicherheit ab. Diese Wirksamkeit und Schlagkraft kann durch die Feindtätigkeit der Doppelagenten wesentlich beeinträchtigt werden. Es ist deshalb von entscheidender Bedeutung, die Doppelagenten der imperialistischen Geheimdienste rechtzeitig und umfassend zu erkennen und zu bekämpfen.«[595]

Der hohe Grad der Gefährdung der inneren Sicherheit des MfS und die Qualifizierung der Doppelagententätigkeit als offensive Spionagemethode durch die westlichen Dienste erforderten eine aus zentraler Sicht des MfS zu leitende und organisierende Bekämpfung.

In der DA 1/87 des Ministers für Staatssicherheit war eine Informationspflicht an die HA II geregelt, wenn sich Verdachtshinweise hinsichtlich einer Doppelagententätigkeit bei IM ergaben. Diese Informationspflicht beruhte:

- auf der Federführung der HA II bei der komplexen Bekämpfung der Spionage,
- auf der spezifischen Verantwortung der HA II bei der Abwehr geheimdienstlicher Angriffe gegen das MfS,
- auf den Erfahrungen der HA II bei der erfolgreichen Bekämpfung von Doppelagenten.

Die Meldepflicht über Verdachtshinweise auf eine Doppelagententätigkeit an die HA II war unabhängig vom Grad der Relevanz der Verdachtshinweise gegeben.

Die Verantwortung der HA II umfasste folgende grundsätzliche Aufgabenstellungen:

- die Erarbeitung einer Sicherheitsanalyse des IM-Vorganges, bei besonderer Wertung und Einschätzung der vorliegenden Verdachtshinweise,
- die sicherheitspolitische Einschätzung des Führungsoffiziers in enger Zusammenarbeit mit der HA Kader

---

595 Helmut Feist, Peter Lewerenz: Forschungsergebnisse, Bl. 6.

und Schulung und dem Leiter der Diensteinheit, die den der Doppelagententätigkeit verdächtigen IM führte,

- die Entscheidung beziehungsweise die Beantwortung in der Auswertung der Analysen und Einschätzungen aufgeworfenen Fragen:

  ▶ die Bestätigung oder Nichtbestätigung des Verdachtes der Doppelagententätigkeit,

  ▶ der Grad der unmittelbaren Gefährdung der inneren Sicherheit des MfS,

  ▶ die grundsätzliche Entscheidung über das weitere Vorgehen (Aufnahme der operativen Bearbeitung oder Abbruch der Verbindung zum IM),

  ▶ die Entscheidung über die Einbeziehung oder Nichteinbeziehung des Führungsoffiziers in die operative Bearbeitung,

  ▶ die Prüfung der Notwendigkeit der Einleitung operativer Kontroll- und Sicherheitsmaßnahmen zum Führungsoffizier und anderer am Vorgang arbeitender Kräfte,

  ▶ die verbindliche Festlegung der durchzuführenden Aufgaben und Maßnahmen unter besonderer Beachtung der Einleitung von Sofortmaßnahmen und der Verantwortlichkeiten.

Unter Sofortmaßnahmen war zu verstehen:

- die Einleitung von Maßnahmen zum Schutz und zur Sicherheit des Führungsoffiziers und gefährdeter operativer Querverbindungen,
- die legendierte Verhinderung von operativen, beruflichen und privaten Reisen von Kurieren/Instrukteuren in das NSW,
- die Einleitung von Kontroll- und Sicherungsmaßnahmen zum Führungsoffizier,
- die Einleitung von Kontroll- und Sicherungsmaßnahmen zu IMK/KW, KO, DA, DT und der im Haushalt

lebenden Familienangehörigen, insbesondere die Verhinderung von Ausreisen in das NSW,

- die Unterbindung von Treffs mit anderen IM in der IMK/KW, beziehungsweise dem KO, in welcher der verdächtige IM getroffen wurde,
- die Realisierung von operativ-technischen Überprüfungsmaßnahmen in der genutzten IMK/KW beziehungsweise dem KO.[596]

Der Leiter der HA II machte auf der Dienstkonferenz am 8. April 1987 aufschlussreiche Aussagen zur Doppelagentenproblematik. Günther Kratsch äußerte:

»Mit dem ganzen nötigen Ernst müssen wir uns den statistischen Aussagen stellen, dass es sich bei etwa 20 Prozent der 1977 bis 1986 unschädlich gemachten Agenturen um aktive IM, also um Doppelagenten, beziehungsweise ehemalige IM (im weiteren spreche ich nur von Doppelagenten) handelt.

Wie bei den insgesamt liquidierten Spionen wird deutlich, dass auch die Doppelagententätigkeit vor allem von den BRD-Geheimdiensten ausgeht. Hier sind die Mehrzahl der Feindaktivitäten, dies entspricht auch seiner wichtigsten Aufgabenstellung, dem Verfassungsschutz zuzuordnen (er spricht von ›CM‹ – ›Counter Man‹).

Dabei zeigen sich in den letzten 5 Jahren im Vergleich mit den Jahren von 1977–1981 einige Tendenzen, die unserer besonderen Aufmerksamkeit bedürfen:

- Die Anzahl festgenommener Doppelagenten ist in den letzten 5 Jahren größer geworden.
- Es ist ein Anstieg festgenommener Doppelagenten unter DDR-Bürgern festzustellen.

Für diese Entwicklung sind mehrere Faktoren aus-

---

596 Vgl.: Horst Hillenhagen, Jürgen Seidel, Stefan Engelmann: Forschungsergebnisse, Bl. 91–94.

schlaggebend, die im Einzelfall konkret zu bewerten sind. Ich sehe hier vor allem:

- die verstärkten Angriffe der imperialistischen Geheimdienste gegen das MfS und seine inoffizielle Basis,
- gewachsene Abwehrqualität unsererseits,
- aber auch mangelnde Wachsamkeit und unkritisches Verhalten bei der Führung von IM, vor allem bei den auf unserem Territorium, praktisch ständig unter unseren Augen lebenden IM.

Ich möchte besonders herausstellen, dass in den vergangenen 10 Jahren nur in Einzelfällen Verdachtshinweise zu solchen Agenturen herausgearbeitet wurden, die diese IMB führten.

Zum Beispiel lösten Zweifel am Wahrheitsgehalt der Berichterstattung eines im Operationsgebiet lebenden IMB der BV Rostock umfangreiche Überprüfungen aus und führten zu seiner Entlarvung. Den nötigen kritischen Blick für einen IMB aus dem Operationsgebiet hatten aber auch die Genossen der Abteilung II der Bezirksverwaltung Suhl. Sie selbst stellten eine Offenbarung ihres IMB bei BRD-Geheimdiensten bereits konkret in Rechnung und arbeiteten sofort konstruktiv mit uns [der HA II, Anm. d. Verf.] bei der Entlarvung des Doppelagenten zusammen. (...).

Bezüglich der Staatsangehörigkeit der 1977–1986 entlarvten Agenturen zeigt sich:

- Bürger der DDR – 43 Prozent,
- Bürger der BRD – 42 Prozent,
- Einwohner Westberlins – 11 Prozent,
- Andere Staatsangehörige – 4 Prozent.«[597]

---

597 Referat des Leiters der Hauptabteilung II auf der Dienstkonferenz vom 08. April 1987, BStU MfS HA II Nr. 4865, Bl. 27 f.

Zu den konkreten Zielstellungen der westlichen Ge-
heimdienste bei der Arbeit mit Doppelagenten und
Einsatzrichtungen von Doppelagenten gegen das MfS

Mit dem Einsatz von Doppelagenten verfolgten die westlichen Geheimdienste die Absicht, das MfS, seine Ziele und Aufgaben, seine Mittel und Methoden, die hauptamtlichen und inoffiziellen Mitarbeiter möglichst schon von der DDR aus zu erkennen und zu bearbeiten.

Nach Feist und Lewerenz wurden Doppelagenten »auch zur Spionage- und Sabotagetätigkeit und für die verschiedensten anderen Formen der Feindtätigkeit«[598] eingesetzt.

Die Absichten und Zielstellungen der westlichen Geheimdienste beim Einsatz von Doppelagenten konnten sehr vielschichtig sein. In einigen Vorgängen umfassten sie eine breite Palette von allgemeinen Zielstellungen und Aufgaben für die Doppelagenten, in anderen Vorgängen konnten durch das MfS nur wenige, aber dafür meist sehr viel konkretere Aufgabenstellungen für die Doppelagenten festgestellt werden. In der Regel verfolgten die Geheimdienste mit dem Einsatz von Doppelagenten mehrere Zielstellungen gleichzeitig. Doppelagenten, die nur auf eine einzige Aufgabe orientiert waren, bildeten die Ausnahme.

Die Aufgaben der Doppelagenten reichten von der allgemeinen Aufklärung der Aufgaben und Arbeitsweisen des MfS und der dabei eingesetzten Kräfte und Mittel bis zu langfristig angelegten, komplizierten Kombinationen mit spezifischer Zielstellung, wie der Spionagetätigkeit unter Abdeckung eines Kontaktes zum MfS und dem Eindringen in den Apparat der Staatssicherheit. Dabei traten in unterschiedlichem Maße sowohl westliche Ab-

---

598 Helmut Feist, Peter Lewerenz: Forschungsergebnisse, Bl. 30.

wehr- als auch Aufklärungsdienste sowie angeschleuste Agenten als auch überworbene IM in Erscheinung.[599]

Mit der Unterstützung von Doppelagenten versuchten die Dienste die Arbeitsmethoden und operativ-technischen Mittel des MfS aufzuklären. Durch die Analyse von Doppelagentenvorgängen erkannte die Staatssicherheit das Interesse der gegnerischen Geheimdienste an folgenden Mittel und Methoden der operativen Arbeit:

- Methoden der Gewinnung und des Einsatzes von IM: Auswahl und Aufklärung von Werbekandidaten, Verlauf der Werbung, Ausbildung und Anleitung der IM, Methoden der Einschleusung in operativ interessante Objekte, Methoden der Übersiedlung von IM, Übersiedlungen über dritte Länder ins Zielgebiet.
- Methoden des Verbindungswesens: Treffverlauf, Instrukteurverbindung, Benutzung von TBK und Einsatz von Kurieren, Benutzung von operativen Grenzschleusen.
- Zusammenwirken des MfS mit den Sicherheitsorganen anderer sozialistischer Staaten: Austausch von Informationen, gemeinsame Kombinationen.
- Zusammenwirken der anderen Sicherheitsorgane der DDR mit dem MfS (Volkspolizei, Grenzkontrollorgane usw.): Kontrollmaßnahmen an der Grenze zur Bundesrepublik und nach Westberlin, Ausnutzung anderer staatlicher und gesellschaftlicher Organe der DDR durch das MfS, Abdeckung der operativen Tätigkeit des MfS durch diese Organe.
- Konspirative Objekte und Wohnungen, Deckadressen und Decktelefone.
- Operativ-technische Mittel und ihre Handhabung: Geheimschreibmittel, ein- und zweiseitiger Funkverkehr sowie Funkgeräte, Chiffre, Container, operative

---

599 Vgl:. Ebd., Bl. 30 f.

Fototechnik, IR-Technik, operative Abhörtechnik, Benutzung von operativen Dokumenten.[600]
Um ihre Ziele zu erreichen, mussten die Doppelagenten der westlichen Dienste ein bestimmtes Verhaltensmuster anwenden. Sie erschienen zum Teil häufig unangemeldet zu Treffs, um die Einsatzbereitschaft der MfS-Mitarbeiter zu testen und ständig neue Mitarbeiter und Objekte kennen zu lernen. Sie liefen aber auch Dienststellen der anderen Sicherheitsorgane, zum Beispiel der Volkspolizei, an, um das System des Zusammenwirkens und der Benachrichtigung zu erkunden. Des Weiteren klärten Konspirative Objekte und Deckadressen des MfS auf. Andere Doppelagenten meldeten den Verlust operativer Mittel und Materialien um dadurch einen anderen Ersatz für die »verlorenen« Dinge zu erhalten. Sie drängten aber auch auf eine Vervollkommnung der operativ-technischen Ausbildung und auf die Ausrüstung mit neuen und moderneren nachrichtendienstlichen Mitteln (vor allem Funkgeräte und Mikratkameras). Manche Doppelagenten forderten die Ausrüstung mit operativen Dokumenten. Andere wiederum bestanden auf Schleusungen an der Staatsgrenze West oder in Berlin beziehungsweise studierten den Ablauf und die Formalitäten des grenzüberschreitenden Verkehrs.[601]
Das MfS analysierte, dass neben einigen Vorgängen, in denen die US-Geheimdienste auftraten, in fast allen anderen Fällen der bundesdeutsche Verfassungsschutz agierte.[602] Das Interesse an den Mitteln und Methoden der Tätigkeit des MfS, vor allem im und nach dem Operationsgebiet, entsprach der Funktion des Verfassungsschutzes als Abwehrorgan der Bundesrepublik.

---

600 Vgl.: Ebd., Bl. 31 f.

601 Vgl.: Ebd., Bl. 32 f.

602 Vgl.: Ebd., Bl. 33.

Die durch Doppelagenten gesammelten Erkenntnisse über Mittel und Methoden des MfS erleichterten den gegnerischen Abwehrdiensten das Aufspüren und die Bearbeitung des inoffiziellen Netzes im Operationsgebiet und verursachten allein dadurch einen beträchtlichen operativen und materiellen Schaden für die Staatssicherheit, ohne dass die Doppelagenten besondere Mühe oder Mittel anwenden mussten.

Ein weiterer Schwerpunkt des Einsatzes von Doppelagenten, war die Erkundung der operativen Ziele und Aufgaben des MfS. Kamen Agenturen westlicher Geheimdienste mit dem MfS in Kontakt, so richtete sich das Interesse dieser Dienste zunächst auf die Beantwortung der Frage, mit welchem konkreten Organ des MfS man es zu tun hatte. Von der Beantwortung dieser Frage konnten die Geheimdienste ableiten, welche Erkenntnisse für sie potentiell zu gewinnen waren, wie die Aufgabenstellung an den Doppelagenten formuliert werden musste und welche Aufgaben seitens des MfS an den Doppelagenten zu erwarten waren. Zur genauen Bestimmung der konkreten Organe des MfS benötigten die westlichen Geheimdienste ständig aktuelles Vergleichsmaterial und aktuelle Spionageinformationen. Bereits unter diesem Aspekt gewann die Aufklärung der Ziele und Aufgaben der Diensteinheiten des MfS Bedeutung für die gegnerischen Geheimdienste.

Die Erkundung der Ziele und Aufgaben der Staatssicherheit hatte aber auch unter dem Aspekt der Feststellung von Angriffsrichtungen und Schwerpunkten der Aufklärungsarbeit des MfS im Operationsgebiet eine große Bedeutung für die Verfassungsschutzämter der Bundesrepublik. Die gegnerischen Geheimdienste leiteten Angriffsrichtung und Schwerpunkte der operativen Arbeit des MfS von den Aufgabenstellungen, die die Doppelagenten vom MfS erhielten, von der Reaktion der Staatssicherheit auf die von den Doppelagenten angebotenen oder angedeuteten Möglichkeiten zur Informationsbeschaffung oder zur Personenbearbeitung sowie von der Reaktion der Staatssicherheit auf die von den Doppelagenten gelieferten oder nicht gelieferten Informationen und den erfüllten oder nicht erfüllten Aufträgen ab.

Um die Zielstellung der westlichen Dienste zu erreichen, boten die Doppelagenten ihre Möglichkeiten und Verbindungen in der Regel pauschal an und überließen es der Staatssicherheit, daraus die konkreten Aufgabenstellungen zu entwickeln. Die Erfüllung der vom MfS gestellten Aufgaben wurde von den Doppelagenten aber meist unter verschiedenen Begründungen hinausgezögert. Die Doppelagenten warteten oftmals mit immer wieder neuen, angeblich interessanten Möglichkeiten auf, um das Interesse des MfS allseitig zu testen. Weiterhin beabsichtigten die Doppelagenten das MfS von seinen Hauptaufgaben beziehungsweise Zielstellungen, die den westlichen Geheimdiensten besonders unangenehm waren, abzulenken und die Aufgabenstellung der Staatssicherheit in eine von ihnen gewünschte Richtung zu lenken. Durch die Vorspiegelung immer neuer Hinweise und Möglichkeiten testeten die Doppelagenten, mit welcher Konsequenz die Mitarbeiter des MfS an bestimmten Aufgabenstellungen festhielten. Sie verlangten zum Teil konkrete Aufgabenstellungen, um so zu erfahren, was das MfS an dem betreffenden Objekt oder am Informationsgegenstand besonders interessierte und welche Kenntnisse über das Objekt oder den Sachverhalt bereits vorhanden waren.

Die Doppelagenten versuchten auch zu erfahren, ob sich in ihrer Umgebung weitere IM des MfS befanden, welche Aufgaben diese hatten und ob weitere IM eingesetzt wurden. Sie interessierten sich auch dafür, wie die von ihnen gelieferten Informationen von der Staatssicherheit eingeschätzt wurden.

Die westlichen Geheimdienste verfolgten aber auch Aktivitäten des MfS, einen IM in ein bestimmtes Objekt einzuschleusen, um das Interesse der Staatssicherheit an diesem Objekt zu erkunden.[603]

Feist und Lewerenz stellten heraus: »Ein Interesse an der Erkundung der operativen Ziele und Aufgaben der Organe des MfS haben vor allem die Organe des westdeutschen Verfassungsschutzes in ihrer Eigenschaft als Abwehrorgane. Sie treten in fast zwei Dritteln aller einschlägigen Doppelagentenvorgänge auf.«[604]

Die westlichen Geheimdienste nutzten ihre Doppelagenten auch für Nachrichtenspiele gegen das MfS oder zur Lancierung von Desinformationen. Mit der Lancierung von Desinformationen verfolgten die westlichen Geheimdienste das Ziel, die Staatssicherheit zu täuschen und die Wirksamkeit deren operativer Arbeit zu beeinträchtigen.

Große Anstrengungen unternahmen die Geheimdienste, um das inoffizielle Netz des MfS im Operationsgebiet möglichst umfassend aufzuklären und die einzelnen IM und ihre Verbindungen im Operationsgebiet und in die DDR (Residenten, Kuriere, Instrukteure) zu erkennen. Dazu setzten sie in starkem Maße ihre Doppelagenten ein.

Das Ziel bestand darin, die erkannten IM entweder sofort zu verhaften oder unter Kontrolle zu bringen, um sie zu einem günstigen Zeitpunkt zu verhaften oder geeignete IM auszuwählen und für eine Tätigkeit gegen das MfS zu überwerben. Die Dienste versuchten gleichzeitig, die inoffizielle Basis des MfS in der DDR aufzuklären (KW-Inhaber, Deckadressen usw.) und be-

---

603 Vgl.: Ebd., Bl. 33–36.

604 Ebd., Bl. 36.

reits von der DDR aus in das inoffizielle Netz des MfS einzudringen.

Um ihre Absichten zu verwirklichen, schlugen die Geheimdienste unter anderem folgende Wege ein, die in vom MfS analysierten Doppelagentenvorgängen erkannt worden waren:

- Sie verlangen von den IM bei Überwerbungen eine lückenlose Offenbarung aller ihnen bekannten IM im Operationsgebiet und in der DDR, sowie aller KW, Deckadressen und Kontaktpersonen.

- Die gegnerischen Geheimdienste studierten und observierten die zu den Doppelagenten eingesetzten Werber, Kuriere, Instrukteure des MfS, um evtl. weitere Verbindungen dieser IM im Operationsgebiet festzustellen. In vielen Fällen wurden diese IM allerdings schon kurze Zeit nach ihrem Erkennen verhaftet, wenn die westlichen Abwehrorgane ihre Aufgaben und Verbindungen durch eine intensive Bearbeitung aufgeklärt hatten.

- Die Doppelagenten wurden an erkannte oder vermutete IM des MfS herangeschleust, um sich deren Zusammenarbeit mit dem MfS bestätigen zu lassen, ihre Aufgabenstellung und Verbindungen kennenzulernen und belastendes Material zu sammeln.

- Die Doppelagenten drängten auf den Anschluss an Residenturen oder auf Instrukteurtreffs im Operationsgebiet, weil sie angeblich nicht mehr in die DDR kommen konnten oder unter anderen Vorwänden, um die Residenturen aufzuspüren oder Instrukteure beziehungsweise Kuriere in das Operationsgebiet zu locken.

- Von den Doppelagenten wurden interessante Personenhinweise angeboten. Sie verlangten den Einsatz von Werbern, die den Kontakt übernehmen und die Person bearbeiten sollten.

- Die Doppelagenten interessierten sich dafür, ob die

von ihnen getippten oder zugeführten Personen von der Staatssicherheit geworben wurden und welche Aufgaben sie erhielten.

- Die Doppelagenten boten sich an, Personenhinweise für das MfS zu erarbeiten, als Instrukteure oder Kuriere zu tätig zu werden, IM des MfS bei sich aufzunehmen und zu legendieren, ihre Wohnung als KW zu nutzen usw.
- Im Auftrag der Geheimdienste bearbeiteten und studierten die Doppelagenten über längere Zeit erkannte IM des MfS und versuchten sie zu korrumpieren, um Ansatzpunkte für eine Überwerbung zu finden oder zu schaffen.
- Die Doppelagenten gaben Hinweise oder Informationen über Personen, welche von den Diensten für IM des MfS gehalten wurden, um die Reaktion der Staatssicherheit zu testen.
- Die Geheimdienste versuchten, Bürger der DDR (zum Beispiel Reisekader), von denen vermutet wurde oder bekannt war, dass sie IM des MfS waren, aufzuklären und zu bearbeiten. Das traf besonders dann zu, wenn zu ihnen durch Westdeutsche ein verwandtschaftliches oder ein anderes, enges Verhältnis bestand.
- Die Doppelagenten hatten den Auftrag, Namen und Anschriften von KW und Deckadressen sowie Nummern von Decktelefonen in der DDR zu sammeln und aufzuklären.
- Besonders gefährlich waren Doppelagenten, die als IM an operativen Grenzschleusen arbeiteten. Durch ihre spezielle Tätigkeit lernten sie eine große Zahl von verschiedenen IM kennen, die bundesdeutsche Abwehrbehörden unbewusst zu verschiedenen anderen IM oder ganzen Residenturen führen konnten.[605]

---

605 Vgl.: Ebd., Bl. 40 ff.

Die Aufklärung und Bearbeitung operativer Mitarbeiter des MfS stellte für die westlichen Geheimdienste eine wichtige Aufgabe dar. Das Ziel bestand darin, die Führungsoffiziere zu korrumpieren oder Kompromate gegen sie zu schaffen und sie damit unter Druck zu setzen, um sie letztendlich zur Zusammenarbeit bewegen zu können. Die Dienste und ihre Doppelagenten versuchten, dieses Ziel mit folgenden Mitteln zu erreichen:

- Die Doppelagenten achteten bei Treffs vor allem auf Besonderheiten und Angewohnheiten im Verhalten der MfS-Mitarbeiter und unternahmen Versuche, diese zu fotografieren.

- Sie probierten, etwas über die Familien- und Wohnverhältnisse der Mitarbeiter, sowie über ihre Anschrift, Telefonnummer und ihren Pkw zu erfahren.

- Sie versuchten weiterhin, Klarnamen, Dienstgrad und die Dienststelle der Mitarbeiter zu erkennen und interessierten sich für ihre Einstellung zur Arbeit, ihre bisherige Laufbahn, ihre Vorgesetzten und vor allem für Hinweise, die auf ihre Unzufriedenheit schließen ließen.

- Die Doppelagenten studierten die Arbeitsweise der MfS-Mitarbeiter und versuchten zu erkennen, wie fest ihr politisches Bewusstsein war und wo es evtl. Zweifel oder Abweichungen gab.

- Sie testeten die Mitarbeiter des MfS, um ihre Neigungen und Schwächen zu erkennen, beispielsweise das Verhältnis zu Frauen, zum Alkohol, zum Geld oder eventuelle Sammlerleidenschaften.

- Die Doppelagenten lockten die Führungsoffiziere zu Trefforten, wo diese von gegnerischen Observanten fotografiert werden konnten.

- Die operativen Mitarbeiter wurden durch kleinere oder auch größere Geschenke für sich oder ihre Frauen zu korrumpieren versucht.

Die Geheimdienste leiteten gelegentlich auch umfangreiche Kombinationen ein, die sich über mehrere Jahre
hinziehen konnten und an denen mehrere Doppelagenten beteiligt waren, um bestimmte Mitarbeiter des MfS
aufzuklären und zu bearbeiten. So waren zum Beispiel
der CIA, vermutlich durch die Preisgabe eines ehemaligen Angehörigen der Staatssicherheit, Anschrift und
Klarnamen eines anderen MfS-Mitarbeiters und von
dessen Verwandten in der Bundesrepublik bekannt
geworden. Bei diesen Verwandten wurden zunächst Ermittlungen über den Mitarbeiter geführt. Zur gleichen
Zeit hatte der Mitarbeiter Kontakt zu zwei noch uner-
kannten Doppelagenten, die ihn im Auftrag der CIA
aufklären sollten. Sie beabsichtigten, ihn aktiv zu bearbeiten, indem sie versuchten, ihn unter anderem mit
pornografischen Fotos und mit wertvollen Briefmarken
zu korrumpieren. Gleichzeitig wurde ein IM des Mitarbeiters, der sich in der Bundesrepublik in Haft befand,
über ihn befragt. Kurz darauf erhielt der MfS-Angehörige eine Karte aus der Bundesrepublik, angeblich von
seinem Onkel, in der ihm der Erhalt eines vorgenannten
Briefes unterstellt wurde. Danach schickte die CIA einen Brief direkt an die Dienststelle des Mitarbeiters beziehungsweise an seinen Vorgesetzten, wobei versucht
wurde, den Mitarbeiter zu verleumden, indem ihm Fehler in vielen Vorgängen (darunter auch solchen, die er
gar nicht kennen konnte) und persönliche Schwächen
(Ausnutzung seiner IM zur persönlichen Bereicherung,
hören von Westsendern) vorgeworfen wurden. Schließlich demaskierte die CIA zwei Jahre später einen dieser
Doppelagenten selbst als Agentur der CIA, um durch
dessen Angaben den Eindruck zu erwecken, als habe
der Mitarbeiter doch einmal Kontakt zur CIA gehabt.[606]

---

606 Vgl.: Ebd., Bl. 48 ff.

Die Herstellung der Verbindung zum MfS

Hinsichtlich der Beantwortung dieser Frage kristallisierten sich aus der Tätigkeit der Linie II zwei wesentliche Hauptrichtungen heraus:

- an das MfS herangeschleuste feindliche Agenturen und
- von westlichen Nachrichtendiensten überworbene IM.

Nach Grau unterschied das MfS folgende Arten der Doppelagententätigkeit:

- ein vom Feind erkannter IM im OG wurde mittels Druck, Täuschung, Erpressung oder anderen Methoden überworben,
- ein IM beging Verrat, offenbarte sich dem Gegner und ließ sich überwerben,
- die Staatssicherheit gewann eine Person für die Zusammenarbeit, die bereits Agent eines Geheimdienstes war und sich dem MfS direkt oder indirekt, das heißt über IM im Operationsgebiet, interessant machte,
- Selbststeller, die vom Geheimdienst den Auftrag erhielten, sich als Agent zu offenbaren, mit dem Ziel, vom MfS geworben zu werden und danach weiter für den Gegner zu arbeiten,
- der Geheimdienst überwarb einen IM der Staatssicherheit, ohne dass dieser dem MfS etwas davon mitteilte,
- das MfS erkannte einen Agenten, überwarb ihn, und dieser offenbarte sich mit dem Ziel, weiter mit dem MfS im Auftrage des Gegners zusammenzuarbeiten (Tripleagent),
- in der Arbeit mit IMF/IMB beschloss das MfS, die Verbindung zum Geheimdienst abzubrechen, der IM arbeitete jedoch ohne das Wissen des MfS weiter mit dem Gegner zusammen.[607]

---

607 Vgl.: Heinz Grau: Diplomarbeit zum Thema: »Wie können Dop-

Bei den von westlichen Geheimdiensten an das MfS herangeschleusten Agenturen handelte es sich vielfach um ausgewählte und sorgfältig auf ihre Aufgaben vorbereitete Agenten.

Das erste und notwendige Teilziel der gegnerischen Dienste beim Einsatz ihrer Agenturen gegen die Staatssicherheit bestand in der Schaffung und Festigung eines auf Vertrauen und dem Interesse des MfS beruhenden, möglichst festen und dauerhaften Kontaktes der betreffenden Person zum MfS. Ein solcher Kontakt war unumgänglich für ein erfolgreiches Wirken der westlichen Dienste, der Nachteil für sie bestand allerdings darin, dass die an das MfS herangeschleusten Agenturen bestimmte Aktivitäten entfalten mussten, um mit der Staatssicherheit in Kontakt zu kommen. Damit wurden Ansatzpunkte geschaffen, die bei korrekter beziehungsweise detaillierter Arbeit und Prüfung jedes neuen Kontaktes seitens des MfS zur Aufdeckung der gegnerischen Absichten schon in der Kontaktphase führen konnten.

Die Geheimdienste versuchten, ihre Agenturen in dieser Phase so in das Blickfeld des MfS zu bringen und durch tatsächliche oder vorgetäuschte Kontakte, Kenntnisse und Möglichkeiten das Interesse der Staatssicherheit an diesen Agenten zu wecken, dass sich das MfS veranlasst sehen sollte, den Kontakt aufzunehmen und die betreffenden Personen für eine inoffizielle Mitarbeit zu werben.

Die Dienste nutzten für die Kontaktanbahnung ihre Erkenntnisse über die Aufgaben und Methoden der Kontaktarbeit des MfS. Aus diesen Erkenntnissen leiteten sie ab, über welche angeblichen interessanten Möglich-

---

pelagenten imperialistischer Geheimdienste schnell erkannt und bearbeitet werden, die in das IM-System des Ministeriums für Staatssicherheit auf der Linie II, Äußere Abwehr, eingeschleust wurden?« BStU JHS MF GVS 160-54/70, Bl. 8 f.

keiten ihre Agenturen verfügen mussten und an welche Personen oder Institutionen sie herangeschleust werden mussten, um der Staatssicherheit aufzufallen und deren Interesse zu wecken.

Die Kombinationen zum Anschleusen von Agenturen an das MfS spielten sich meist in der DDR ab. Bei den angeschleusten Agenten handelte es sich überwiegend um Bürger der Bundesrepublik und anderer nichtsozialistischer Staaten.

Um ihre Agenturen in das Blickfeld des MfS zu bringen und auf sie aufmerksam zu machen, mussten die Geheimdienste bestimmte äußere Umstände schaffen oder ausnutzen. Die äußeren Merkmale des Versuchs einer Anschleusung waren das direkte Selbstanbieten beziehungsweise das indirekte Selbstanbieten. Die Organe der Staatssicherheit und andere staatliche beziehungsweise gesellschaftliche Stellen wurden immer wieder von Personen aus dem westlichen Ausland aufgesucht, die sich direkt zur Zusammenarbeit mit dem MfS anboten. Solchen direkten Selbstanbietern gegenüber war man skeptisch und besonders wachsam, denn unter ihnen befanden sich auch zahlreiche gegnerische Agenturen, die sich im Auftrag westlicher Dienste zur Zusammenarbeit mit dem MfS anboten. Es musste allerdings auch berücksichtigt werden, dass nicht jede Person, die auf diesem Weg den Kontakt zum MfS suchte, ein Agent provocateur war oder im gegnerischen Auftrag beziehungsweise aus feindlichen oder persönlichen beziehungsweise betrügerischen Motiven handelte. Es konnte sich dabei auch um Menschen handeln, die aus politischen, persönlichen aber auch aus materiellen Gründen ehrlich bereit waren mit dem MfS zusammenzuarbeiten.[608] Für die HA II seien dahinge-

---

608 Vgl.: Helmut Feist, Peter Lewerenz: Forschungsergebnisse, Bl. 52–55.

hend vor allem Karl Gebauer (IM »Klaus Reuter«) und Joachim Krase (IM »Fiedler«) erwähnt. Auch die HV A des MfS gewann aus den Selbstanbietern Top-Quellen wie Alfred Spuhler (»Peter«) oder Klaus Kuron (»Stern«). Beim MfS setzte sich die Erkenntnis durch, dass es falsch wäre, jeden Selbstanbieter grundsätzlich abzuweisen und auf die Zusammenarbeit mit Selbstanbietern generell zu verzichten.[609]

Moths und Möhwald schätzten bezogen auf die HA VI zu Selbstanbietern ein: »Der größte Teil der direkten Anbieter konnten in der Vergangenheit in der HA VI als ehrliche und zuverlässige inoffizielle Mitarbeiter eingeschätzt werden.«[610]

Es ist davon auszugehen, dass diese Aussage zum Großteil auch für andere Diensteinheiten des MfS zutreffend war.

Bei den Organen, welche direkte Selbstanbieter anliefen, handelte es sich zum Beispiel um das MfS selbst, die Volkspolizei, Grenzkontrollorgane, Aufnahmeheime, Organe der SED beziehungsweise der Blockparteien, Räte der Kreise und Bezirke, Außenhandelsunternehmen oder Vertretungen der DDR im Ausland. Entweder sprachen die direkten Selbstanbieter dort persönlich vor, wandten sich an Einzelpersonen, von denen sie wussten, dass diese bei den entsprechenden Institutionen/Organen tätig waren oder schrieben die angedachten Dienststellen an.

Die direkten Selbstanbieter begründeten ihren Entschluss sich anzubieten und ihre Bereitschaft zur Zu-

---

609 Vgl.: Ebd., Bl. 55.

610 Peter Moths, Walter Möhwald: Fachschulabschlussarbeit zum Thema: »Politisch-operative Aufgaben bei Personen, die sich im grenzüberschreitenden Verkehr an der GÜSt zur Zusammenarbeit mit dem MfS anbieten«. MfS JHS VVS 160-469/72, Bl. 17.

sammenarbeit mit dem MfS durch verschiedene politische, materielle oder persönliche Motive. Die Motive/ Legenden konnten sehr vielfältig sein und reichten von Bekenntnissen zur DDR und zum Marxismus/Leninismus bis zum Angebot, für Geld sämtliche Aufträge zu erledigen.

Aus den von Feist und Lewerenz untersuchten Vorgängen ließen sich folgende übereinstimmende Kriterien für die Bezeichnung einer Person als direkter Selbstanbieter ableiten:

- Die betreffende Person wandte sich direkt an das MfS oder ein anderes staatliches beziehungsweise gesellschaftliches Organ der DDR oder an einen Mitarbeiter eines solchen Organs.
- Die Initiative zum Kontakt ging von der Person selbst aus, gegnerische Agenturen ergriffen diese Initiative im Auftrag des Geheimdienstes.
- Die Person war von vornherein bereit zur bewussten konspirativen Zusammenarbeit.
- Diese Bereitschaft wurde von der Person selbst und direkt zum Ausdruck gebracht und verschiedenartig begründet.[611]

Dementsprechend formulierten sie: »Feindliche Agenten sind dann als direkte Selbstanbieter zu bezeichnen, wenn sie im Auftrage des Feindes einen direkten Kontakt zu den Organen des MfS oder anderen staatlichen oder gesellschaftlichen Organen der DDR herstellen und diesen Organen gegenüber selbst ihre Bereitschaft zur konspirativen Tätigkeit zugunsten der DDR zum Ausdruck bringen und motivieren. In der operativen Praxis wird anstelle des Begriffs direkter Selbstanbieter

---

611 Vgl.: Helmut Feist, Peter Lewerenz: Forschungsergebnisse, Bl. 57.

mitunter auch der Begriff Anläufer verwendet.«[612] Direkte Selbstanbieter waren nach Erkenntnissen des MfS relativ leicht zu erkennen. Aus dem Zustandekommen des Kontaktes wurden in der Regel in jedem Vorgang erste wichtige Schlussfolgerungen für die Einschätzung der Zuverlässigkeit der Kontaktperson gezogen.

Diese Zuverlässigkeit wurde dann stark in Zweifel gezogen, wenn die Initiative zum Kontakt eindeutig von der Kontaktperson ausging. Direkten Selbstanbietern wurde seitens der Mitarbeiter des MfS zunächst mit begründetem Misstrauen begegnet. Eine solche Kontaktperson wurde besonders eingehend überprüft und später als IM oft mit bestimmten Vorbehalten eingeschätzt. Die Methode des direkten Selbstanbietens von Agenturen war für die gegnerischen Geheimdienste mit einigen Nachteilen verbunden. Die Geheimdienste waren sich dieser Nachteile offensichtlich im Laufe der Zeit immer mehr bewusst geworden. Die Methode des direkten Selbstanbietens trat in der Praxis immer seltener auf. Der Höhepunkt lag nach den Erkenntnissen von Feist und Lewerenz um das Jahr 1960. Danach wurden nur noch wenige Vorgänge bekannt, in denen sich später erkannte gegnerische Agenturen direkt an staatliche oder andere Organe der DDR wandten und sich zur Zusammenarbeit anboten.[613]

Häufiger trat dagegen in der Praxis die Methode des indirekten Selbstanbietens gegnerischer Agenturen auf. Die taktischen Varianten, wie und wo die gegnerischen Agenten in das Blickfeld des MfS rückten, waren sehr vielfältig und konnten bestehen in:

• Briefwechseln oder Gesprächen über interessante Probleme mit Verwandten oder Bekannten in der DDR,

---

612 Ebd., Bl. 56.

613 Vgl.: Ebd., Bl. 58.

von denen die Agenten annahmen, dass sie offizielle oder inoffizielle Kontakte zum MfS hatten.

- Anfragen bei DDR-Organen zu den Möglichkeiten einer Übersiedlung in die DDR, eines Studiums in der DDR oder eines Erfahrungsaustausches mit wissenschaftlichen Einrichtungen oder Wirtschaftsorganen.
- Interessanten Angaben während der Einreisen an den Grenzübergangsstellen oder während des Aufenthaltes in Aufnahmeheimen sowie dem Mitführen von relevanten Ausweisen, Dokumenten oder anderen Materialien.
- Beschwerden bei Organen der DDR sowie Begehung geringfügiger krimineller Delikte und angebliche Bereitschaft zur Wiedergutmachung.

Der grundlegende Unterschied zum direkten Selbstanbieter bestand darin, dass der indirekte Selbstanbieter seine Kontaktabsichten verschleierte und die Initiative zur Kontaktherstellung dem MfS überließ, indem er geschickt solche Personen oder Einrichtungen auf sich aufmerksam machte, von denen die Geheimdienste begründet annahmen, dass sie Agenten für das MfS tippten oder zuführten.[614]

Feist und Lewerenz definierten die Bezeichnung indirekte Selbstanbieter folgendermaßen: »Feindliche Agenten sind dann als indirekte Selbstanbieter zu bezeichnen, wenn sie im Auftrage des Feindes bestimmte vorhandene oder bewusst geschaffene Kontakte zu Personen oder Einrichtungen der DDR, die nach Meinung des Feindes Verbindungen zum MfS haben könnten, oder andere Gegebenheiten dazu ausnutzen, um die Organe des MfS auf sich aufmerksam und sich operativ interessant zu machen. Dabei zeigen die Agenten Elemente der Ansprechbarkeit und deuten eine bestimmte Bereitschaft

---

614 Vgl.: Ebd., Bl. 59 f.

zur konspirativen Tätigkeit zugunsten der DDR an. Sie verfolgen damit das Ziel, sich tippen oder zuführen zu lassen, dass MfS zur Kontaktherstellung zu veranlassen und sich anwerben zu lassen.«[615]

Die westlichen Nachrichtendienste gingen davon aus, dass es in allen staatlichen und Wirtschaftsorganen, Parteien und Massenorganisationen der DDR Personen gab, die offiziell oder inoffiziell mit dem MfS zusammenarbeiteten und denen es oblag, aus den ihnen bekannt gewordenen NSW-Bürgern solche Personen auszuwählen, aufzuklären und zu tippen, die für eine konspirative Tätigkeit geeignet erschienen. Genutzt wurden auch Verwandte und Bekannte in der DDR und im Westen, von denen die Geheimdienste annahmen, dass sie Kontakt zum MfS hatten oder, dass sie dem MfS berichten würden. Die Dienste gingen weiter davon aus, dass alle Einreisenden, vor allem zu Messen und in den Aufnahmeheimen von der Staatssicherheit auf ihre Verwendbarkeit überprüft und in vielen Fällen angesprochen wurden. Daher versuchten die Geheimdienste, ihre Agenturen an solchen Stellen in Erscheinung treten zu lassen, von denen sicher war, dass die Organe des MfS auf die betreffenden Personen aufmerksam werden würden.

Die Dienste versuchten also, ihren Agenturen solche Umstände zu schaffen, beziehungsweise vorhandene zu nutzen, die die Aufmerksamkeit der genannten Personen und Institutionen der DDR erregten und sie veranlassten, die Agenten zu tippen beziehungsweise anzusprechen. Dazu gehörte in der Regel zunächst die Schaffung eines unverdächtig und begründet erscheinenden privaten, beruflichen oder politischen Kontaktes zu DDR-Bürgern oder -Institutionen. Der nächste

---

615 Ebd., Bl. 60.

Schritt war dann die wie unbeabsichtigt oder zufällig wirkende, jedoch gezielte Offenbarung interessanter Möglichkeiten, Kenntnisse oder Kontakte, über die die Selbstanbieter angeblich im Westen verfügten und die ebenso geschickt verschleierte Andeutung der eventuellen Bereitschaft, für das MfS tätig zu werden. Die gegnerischen Agenturen warteten auf den Kontaktversuch durch das MfS und verhielten sich bei der Kontaktaufnahme abwartend, überrascht oder unentschlossen, um ihr angebliches Desinteresse am Kontakt zu demonstrieren und alle Aktivitäten den Mitarbeitern des MfS zu überlassen. Mit diesen Verhaltensweisen erreichten die Agenturen der westlichen Geheimdienste, dass man ihnen nicht schon auf Grund der Umstände der Kontaktherstellung von vornherein misstraute.

Die indirekten Selbstanbieter stellten für das MfS eine wesentlich schwerer zu durchschauende und deshalb gefährlichere Kategorie der Doppelagenten dar.[616]

Die westlichen Dienste nutzten zum Anschleusen ihrer Agenturen an das MfS nicht nur die in den bisherigen Ausführungen beschriebenen Personen und Einrichtungen innerhalb und außerhalb der DDR, sondern versuchten, dafür auch die von ihnen erkannten oder vermuteten IM des MfS im Operationsgebiet zu nutzen, denen sich ihre Agenten direkt oder indirekt anboten, um sich tippen oder zuführen zu lassen. Dies geschah, ohne dass die IM den wahren Charakter dieser Kombination erkannten.

In einigen Fällen wurden die Agenturen an IM des MfS in der DDR herangeschleust. Das betraf vorrangig Verwandte oder ehemalige Freunde. So besuchte zum Beispiel ein Agent eines bundesdeutschen Geheimdienstes seinen Cousin in der DDR, von dem er durch Dekons-

---

616 Vgl.: Ebd., Bl. 60 ff.

piration desselben wusste, dass er für das MfS tätig war. Wegen des positiven Auftretens und der interessanten Möglichkeiten seines Cousins aus der Bundesrepublik, berichtete der IM seinem Führungsoffizier beim nächsten Treff vom Sachverhalt. Der IM schätzte seinen Cousin sehr positiv ein und schlug ihn zur Werbung vor. Das MfS überprüfte den Cousin und erkannte das Doppelspiel.

Eine andere Agentur eines bundesdeutschen Geheimdienstes hatte bis zum Verlassen der DDR mit einem anderen IM zusammen für die sowjetische Militäraufklärung GRU gearbeitet. Einige Jahre später schickte er über seine Mutter in der DDR kleine Geschenke an den IM und spielte diesem »zufällig« durch das Packpapier seine Adresse zu. Als sich der DDR-IM brieflich für die Geschenke bedankte, betonte der Agent in dem sich entwickelnden Schriftverkehr seine positive Haltung zur DDR und ließ anfragen, ob er trotz des Verlassens der DDR dorthin kommen könnte. Als der IM dies zusicherte, kam der Agent zu Besuch und spielte auf die frühere gemeinsame Tätigkeit für die GRU an.

Mit der beschriebenen Methode der Zuführung von Agenturen durch IM des MfS, wurden diese IM unbewusst zu Helfern westlicher Geheimdienste. Die Staatssicherheit schätzte diesen Aspekt als sehr gefährlich ein.[617]

Dies resultierte unter anderem daraus, weil die IM von den Agenturen über den wahren Charakter getäuscht wurden, die Angaben des IM über die getippte Person anfangs aber oftmals die einzige Grundlage für die Einschätzung der Kontaktperson war.

Wenn die Umstände des Zustandekommens des Kontaktes zwischen den IM und den Agenturen nicht tiefge-

---

617 Vgl.: Ebd., Bl. 63.

hend überprüft wurden oder vom Gegner so geschickt gestaltet werden konnten, dass sie keinerlei Verdacht erregten, entstand auf Grund der Tatsache, dass die Agenturen durch zuverlässige IM des MfS als geeignet und vertrauenswürdig eingeschätzt worden waren, zunächst der Eindruck, zuverlässige Personen geworben zu haben.

Die Anzahl der auf diese Art und Weise an das MfS herangeschleusten Agenturen war objektiv begrenzt durch die Anzahl der von den westlichen Abwehrorganen erkannten oder vermuteten IM des MfS.

Der Hauptgrund für die geringe Anzahl erkannter Doppelagenten der westlichen Geheimdienste, die auf dem Weg des Heranschleusens an erkannte oder vermutete IM in das inoffizielle Netz des MfS eingedrungen waren, lag darin begründet, dass diese Methode bei geschickter Anwendung durch die Dienste äußerst schwierig zu erkennen und die Dunkelziffer hoch war.

Wenn die gegnerischen Agenturen und ihre Auftraggeber nicht bereits in der Kontaktphase und danach erkennbare Fehler machten, wurden die Doppelagenten meist erst erkannt, wenn Vorkommnisse im Vorgang des IM, der den Doppelagenten zugeführt hatte, die wahre Rolle des Doppelagenten erkennen ließen. In den Fällen, wo es den Diensten zum Beispiel um die Etablierung aktiver Spione im inoffiziellen Netz des MfS oder in der DDR ging, wurde es vermieden, durch eine abwehrmäßige Bearbeitung des zuführenden IM einen Verdacht auf seinen Doppelagenten zu lenken.

Die westlichen Geheimdienste beschritten zum Anschleusen ihrer Agenturen an das MfS nicht nur den Weg der unbewussten Zuführung durch erkannte oder vermutete IM, sondern setzten zum Einschleusen neuer Agenturen in das inoffizielle Netz der Staatssicherheit auch ihre bereits tätigen Doppelagenten ein. Dieser Weg

des Heranschleusens von Agenturen bot den Geheimdiensten die günstigsten Möglichkeiten. Die Dienste konnten qualitativ hochrangige und sorgfältig vorbereitete Agenturen ins Spiel bringen, weil sie sich nicht die Mühe machen mussten, einen unverdächtigen Kontakt zu einen erkannten IM des MfS aufzubauen und den IM über den wahren Charakter des Agenten zu täuschen. Eine wesentliche Voraussetzung mussten die Geheimdienste jedoch berücksichtigen um erfolgreich agieren zu können: Sie mussten davon überzeugt sein, dass ihr Doppelagent wirklich ehrlich für sie arbeitet und dass das MfS diesem Doppelagenten nach wie vor vertraute. In der Praxis der Staatssicherheit ließ die Tatsache, dass IM eigenmächtig neue, häufig recht undurchsichtige Kontaktpersonen zuführten, oftmals den ersten Verdacht auf Doppelagententätigkeit dieser IM aufkommen. Es wurden dem MfS neben scheinbar interessanten Personen, die sich für eine Zusammenarbeit eignen konnten, oftmals auch solche Personen zugeführt (beispielsweise Verwandte des Doppelagenten), die angeblich eine abgerissene Verbindung im Auftrag des Doppelagenten wiederherstellen sollten oder die zum MfS kamen, weil der Doppelagent angeblich gefährdet war und nicht selbst Verbindung zum Führungsoffizier aufnehmen konnte. Diese Personen machten sich dabei selbst interessant und versuchten so, sich vom MfS anwerben zu lassen. Die Anzahl der erkannten, mit Hilfe von Doppelagenten herangeschleusten Agenturen, war nach Einschätzung von Feist und Lewerenz relativ gering.[618]
Die im Folgenden dargestellte Erscheinung stellt aus dem Blickwinkel der bisherigen Ausführungen einen Grenzfall dar.

---

618 Vgl.: Ebd., Bl. 64 ff.

Im Rahmen ihrer Aufgabenstellungen wurden von allen operativen Diensteinheiten des MfS in der DDR und im Operationsgebiet eine Vielzahl unterschiedlicher Kontakte zu interessanten Personen hergestellt. Unter der großen Zahl von Kontaktpersonen befanden sich selbstverständlich auch Agenturen der westlichen Geheimdienste. Im Unterschied zu den bisher erläuterten Kategorien von herangeschleusten Doppelagenten hatten diese Agenturen aber nicht das unmittelbare Ziel, mit dem MfS in Kontakt zu kommen. Ihre Aufgabenstellung lag in einer anderen Richtung. Es konnte sich dabei um Agenten gegnerischer Abwehrorgane oder Spione, Instrukteure, Kuriere usw. von Geheimdiensten handeln. Letztere waren in der Regel bemüht, Kontakten zum MfS auszuweichen. Es konnte aber auch im Interesse der Dienste liegen, auf eventuelle Kotakt- und Werbungsversuche der Staatssicherheit einzugehen, wenn die bisherige Aufgabenstellung der gegnerischen Agenturen dadurch nicht gefährdet wurde, sondern einen solchen Kontakt zuließ, der sich in manchen Fällen hervorragend zur Abdeckung der eigentlichen geheimdienstlichen Zielstellung eignete.

Es hing dann von der Bedeutung der ursprünglichen Aufgabenstellung und der Funktion der Agentur ab, in welchem Maße sie den neuen Kontakt für den Geheimdienst nutzte.

Die Dienste rechneten in manchen Fällen von vornherein damit, dass ihre Agenturen dem MfS auffielen und angesprochen werden konnten, weil dort allgemein bekannt war, welche Personengruppen das Interesse der Staatssicherheit erweckten. Die entsprechenden Agenturen der Geheimdienste hatten deshalb oftmals die Anweisung, auf eventuelle Kontaktversuche des MfS zunächst einmal einzugehen. Erkannten die Dienste, dass es sich um eine gezielte operative Bearbeitung ihrer Agenturen handelte, konnten sie von Fall zu Fall entscheiden, ob die Agenten den Kontakt weiterpflegen oder abbrechen sollten.

Es handelte sich bei diesen Fällen nicht um eine gezielte Anschleusung, sondern um eine sporadische Ausnutzung sich bietender Gelegenheiten durch die Dienste. Aus der Sicht des MfS war das aber umso gefährlicher, da die Initiative zum Kontakt vom MfS selbst ausging und die Doppelagenten im bestimmten Maße das Vertrauen der Staatssicherheit genossen. Dies erschwerte das Erkennen ihrer eigentlichen Handlungen und bot den Doppelagenten in manchem Fall günstige Möglichkeiten, ihre Aktivitäten unter Abdeckung des Kontaktes zum MfS noch zu verstärken.[619]

Wie die herangeschleusten Agenturen das Interesse des MfS erweckten

Zwischen den äußeren Umständen, die die westlichen Geheimdienste nutzten, um ihre Agenturen in das Blickfeld des MfS zu rücken und den Methoden, mit denen sie die Agenten aus der Sicht des MfS interessant erscheinen ließen, bestand – auch in zeitlicher Hinsicht – ein untrennbarer Zusammenhang. In der Regel mussten die Dienste in dem Augenblick, in dem sie ihre Agenturen direkt oder indirekt an das MfS oder seine IM heranschleusten, auch ein Interesse an ihren Agenten erwecken, wenn diese nicht auf Desinteresse oder Ablehnung stoßen sollten. Die Geheimdienste nutzten dabei die ganze Palette von Möglichkeiten, Fähigkeiten und Eigenschaften, von denen sie wussten, dass sie von der Staatssicherheit zielgerichtet bei Personen aus dem Operationsgebiet gesucht wurden. In den meisten Fällen wurden gleichzeitig oder nacheinander mehrere

---

619 Vgl.: Ebd., Bl. 66 f.

Faktoren ins Spiel gebracht, um die Person des Agenten für das MfS interessant zu machen. Sofortiges Interesse der Staatssicherheit erregten Personen, die vor oder bei der Kontaktaufnahme Angaben über eine frühere oder noch bestehende offizielle oder inoffizielle Verbindung zu westlichen Geheimdiensten machten. Unter diesen Personen befanden sich auch Selbststeller, die eine nachrichtendienstliche Tätigkeit gegen die DDR zugaben, sei es eine frühere, gegenwärtige oder geplante. Wenn Angaben über eine Tätigkeit für westliche Geheimdienste gemacht wurden, dann waren sie in der Regel so geartet, dass die Agenturen auf Grund ihrer Angaben strafrechtlich nicht belangt werden konnten. Gewöhnlich offenbarten die Agenten einen früheren, angeblich abgebrochenen nachrichtendienstlichen Kontakt zu einem Geheimdienst oder noch bestehende offizielle, berufliche oder verwandtschaftliche Verbindungen zu Mitarbeitern westlicher Dienste. Die betreffenden Personen motivierten ihre Angaben mit gewonnenen politischen Einsichten, mit moralischen Bedenken, mit dem Willen zur Wiedergutmachung oder mit materiellen Interessen und boten dem MfS entweder direkt oder versteckt an, die Möglichkeiten, die sich aus den Kontakten ergaben, für die Staatssicherheit zu nutzen.

Die gezielte Offenbarung früherer oder bestehender Verbindungen zu westlichen Geheimdiensten hatte für diese Dienste den Nachteil, dass sie damit selbst und von Anfang an den Verdacht nahe legten, diese Bindungen könnten noch aktiv und im Auftrag der Dienste offenbart worden sein. Solche Agenturen mussten mit verstärktem Misstrauen und tiefgehenden Überprüfungen seitens des MfS rechnen, was ihren Aktionsradius erheblich einschränkte. Die Geheimdienste waren deshalb offensichtlich schon in den 1960er Jahren von dieser Methode abgegangen und wandten andere Verfahrensweisen an, um ihre Agenturen interessant zu machen. Die überwiegende Mehrzahl der angeschleusten und später erkannten Doppelagenten machte vor oder während der Kontaktaufnahme Angaben zum Beruf, zur Tätigkeit und Arbeitsstelle oder zum Wohnort und wurde dadurch für die Arbeit der Staatssicherheit interessant. Die Angaben erfolgten mehr oder weniger direkt, manchmal wurden sie wie unbeabsichtigt oder zufällig gemacht.

Die meisten Agenten motivierten die Bereitwilligkeit ihrer Aussagen gleichzeitig mit vorgetäuschter progressiver Gesinnung. Die Palette der von den Agenturen angedeuteten oder offen angebotenen, nutzbaren Voraussetzungen und Möglichkeiten war sehr umfangreich. So wurden unter anderem folgende Berufe, Arbeitsstellen oder Gründe angegeben:

- Angestellter des Verfassungsschutzes,
- Angehöriger der Bundeswehr,
- Beamter des Bundesinnenministeriums,
- Arbeiter in der Druckerei des Bundesverteidigungs-ministeriums,
- Angestellter eines Elektrokonzerns;
- Besitzer einer Fabrik in der Nähe eines Militärflughafens,
- Mitarbeiter von Dienststellen der Westmächte,
- Redakteur in einer Rundfunkanstalt,
- Waffenhändler und Schieber,
- ehemaliger Bankdirektor,
- Ingenieur und Raketenspezialist,
- Selbständiger Wirtschaftsjournalist und Bildreporter,
- Gaststättenbesitzer im Grenzgebiet oder
- Wohnung gegenüber dem Eingang eines militärischen Objektes.[620]

---

620 Vgl.: Ebd., Bl. 70.

Dies waren insgesamt alles Berufe, Tätigkeiten oder andere operativ nutzbare Voraussetzungen, von denen die westlichen Geheimdienste mit Sicherheit das Interesse des MfS annehmen konnten.

In anderen Vorgängen offenbarten die herangeschleusten Agenturen bestimmte Kontakte zu interessanten Personenkreisen oder Objekten beziehungsweise ließen persönliche Eigenschaften erkennen, die sie für bestimmte operative Funktionen geeignet erscheinen ließen (zum Beispiel als Werber).

Auch hier traf zu, dass die Agenten ihre Angaben oft durch die Vortäuschung positiver politischer Motive untermauerten und dass die interessant erscheinenden Beziehungen und persönlichen Eigenschaften sehr viel vielgestaltig waren, so unter anderem:

- Kontakte zu Bundeswehroffizieren,
- intime Verhältnisse zu operativ interessanten Personen,
- Bruder beim MAD,
- umfangreiche geschäftliche Verbindungen in westliche Länder und zu deren Botschaften in der Bundesrepublik.

Die Staatssicherheit stellte allgemein fest, dass fast alle Selbstanbieter bestimmte politisch-ideologische Beweggründe für ihr Handeln anführten und dementsprechend auf angeblich politisch-ideologischer Grundlage geworben wurden. Dazu kam in einigen Fällen auch materielle Interessiertheit. In Ausnahmefällen machten sich die Agenturen dadurch beim MfS vertrauenswürdig, dass sie auf jegliche politische Motivation ihres Schrittes verzichteten und eine reine Ware-Geld-Beziehung anstrebten.[621]

---

621 Vgl.: Ebd., Bl. 70 f.

Erkennen und Bearbeiten von Doppelagenten im IM-Bestand des MfS

Bei der Gewinnung von IM in der DDR beziehungsweise im Operationsgebiet und in der Zusammenarbeit mit ihnen bestand eine Hauptaufgabe seitens des MfS darin, die wahre Einstellung, die Motive für die Zusammenarbeit, die Entwicklung des Persönlichkeitsbildes und andere wichtige Fragen zur Person aufzuklären und ständig exakt zu analysieren.

In diesem Zusammenhang war es zum Beispiel für die Führungsoffiziere der IM wichtig zu wissen, dass ein Doppelagent in der Zusammenarbeit mit dem MfS ein kompliziertes Doppelleben führen musste.

Grau kam zu der Einschätzung, »dass die feindlichen Handlungen eines DA [Doppelagenten, Anm. d. Verf.] in der Endkonsequenz zu dessen Enttarnung führen können, da wir die Feindtätigkeit bei intensiven Überprüfungen erkennen können«[622], und stellte gleichzeitig heraus: »Es ist ein Erfahrungswert, dass alle DA dem MA [Mitarbeiter des MfS, Anm. d. Verf.] politisch positiv gegenübertreten, so dass es hierbei keine direkten Möglichkeiten zur Entlarvung gibt.«[623]

Durch die Zusammenarbeit mit der Staatssicherheit mussten die Doppelagenten ein kompliziertes Doppelleben führen. In der Persönlichkeit des Doppelagenten existierte der entscheidende Widerspruch zwischen Zusammenarbeit mit dem MfS und der nur vorgegebenen progressiven Einstellung in Form der Bereitschaft zur Kooperation mit der Staatssicherheit und der wirklichen Einstellung des Doppelagenten und der Zusammenarbeit mit einem westlichen Geheimdienst. Deshalb musste der Doppelagent immer darauf bedacht sein, sich zu

---

622 Heinz Grau: Diplomarbeit, Bl. 16.

623 Ebd.

tarnen und beim MfS nicht negativ aufzufallen, was jedoch bei den westlichen Diensten zu »handwerklichen« Fehlern und zu seiner Enttarnung führen konnte. Die Nervenanspannung und das Doppelleben, die ständige gespannte Aufmerksamkeit und die im Unterbewusstsein vorhandene Erwartung, eines Tages enttarnt zu werden, konnten zu Fehlern im Verhalten seitens des Doppelagenten führen.

Wollte man einen Doppelagenten erkennen, so mussten neben dem Studium und der Analyse der Persönlichkeit im Prozess der Zusammenarbeit sowie der tiefgründigen Überprüfung des Materials vor allem seine Handlungen außerhalb des Treffs mit dem MfS-Führungsoffizier geprüft werden, wobei sich unter anderem folgende Möglichkeiten boten:

- Arbeitete ein IM aus dem Operationsgebiet mit den westlichen Geheimdiensten zusammen, so musste der betreffende IM auch eine Verbindung zum Dienst unterhalten, die es seitens des MfS aufzudecken galt.

- Der verdächtige IM war in allen Lebensbereichen, vor allem jedoch in der Freizeit und im Privatleben, zu überprüfen, weil dadurch die Möglichkeit bestand, dass er zum Beispiel in der Familie die Vorsichtsmaßnahmen, die ihn als Doppelagenten gegenüber dem MfS schützen sollten, nicht beachtete und dabei seine Konspiration verletzte.

- Das Studium der finanziellen Verhältnisse im Operationsgebiet konnte Aufschluss darüber geben, dass die Einnahmen des verdächtigten IM in keinem Verhältnis zu den Ausgaben standen.

- Andere Widersprüche konnten bezüglich der Stellung des Doppelagenten auf der Arbeit, im Wohngebiet, zu anderen Menschen und sich selbst auftreten, was bei einer gründlichen Überprüfung bekannt werden konnte.

Zum Erkennen von Doppelagenten war es notwendig, die Überprüfungen von verdächtigen IM im Operationsgebiet, also schwerpunktmäßig in der Bundesrepublik durchzuführen, um Ansatzpunkte für eine Doppelagententätigkeit zu finden. Überprüfungshandlungen in der DDR führten nur in den seltensten Fällen zu brauchbaren Ergebnissen, sprich zum unmittelbaren Nachweis der Doppelagententätigkeit. Doppelagenten zu erkennen, zu bearbeiten und letztendlich zu enttarnen war nach Ansicht des MfS sehr schwierig, da sie Kenntnisse vom Geheimdienst und dem MfS besaßen sowie von beiden Seiten geschult wurden.[624]

Hinsichtlich der Ausbildung/Qualifizierung von Doppelagenten durch die Geheimdienste beobachtete das MfS zwei Tendenzen.

Einerseits befähigten die Dienste ihre Doppelagenten bei der Auftragserteilung, indem sie sie anleiteten beziehungsweise instruierten, wie sie bei der Realisierung von Aufgaben taktisch klug vorgehen konnten und stellten sie umfassend auf das MfS, seine Mitarbeiter und Arbeitsmethoden ein. Andererseits unterließen die Geheimdienste auch eine allumfassende Schulung beziehungsweise Ausbildung ihrer Doppelagenten, da sie wollten, dass diesen Part das MfS übernahm, um so die Arbeitsmethoden und bestimmte Schwerpunkte kennen zu lernen. Sie versuchten damit aber auch zu verhindern, dass die Doppelagenten durch unbedachte Äußerungen dekonspiriert wurden oder diese sich selbst unbewusst durch geheimdienstlichen Sprachgebrauch dem MfS gegenüber verdächtig machten.

Die Geheimdienste unternahmen Anstrengungen, um ihre Doppelagenten in größtmöglicher Sicherheit zu wiegen. Mit vorwiegend psychologischen Methoden

---

624 Vgl.: Ebd., Bl. 16 ff.

wirkten sie beruhigend auf sie in der Form ein, dass ihnen nichts passieren könne und dass es keine Hinweise auf eine eventuelle Bearbeitung durch die Staatssicherheit gäbe. Damit stärkten sie ihr Selbstvertrauen, was jedoch sehr häufig zu einer Unterschätzung des MfS führte.[625]

Neben der tiefgründigen Analyse des vom IM erarbeiteten operativen Materials und anderen Möglichkeiten bot vor allem der persönliche Treff des Führungsoffiziers mit dem IM oder der KP eine gute Gelegenheit, Unregelmäßigkeiten und Widersprüche in der Zusammenarbeit mit dem MfS festzustellen. Dabei hatte der Führungsoffizier stets zu untersuchen, warum sich der IM so und nicht anders verhielt, denn jeder Mensch reagiert auf bestimmte Erscheinungen der Umwelt anders, woraus geschlussfolgert werden konnte, dass auch nicht jede Unregelmäßigkeit ein Merkmal für eine Doppelagententätigkeit sein musste. Bei der Durchführung persönlicher Treffs, der Realisierung gestellter Aufträge und der Berichterstattung darüber konnten sich jedoch die Merkmale häufen beziehungsweise verstärken, wodurch sich intensive Überprüfungen des IM notwendig machten. Solche Merkmale konnten zum Beispiel sein:

- Unpünktliches Erscheinen am Treffort bei Abgabe widerspruchsvoller Gründe.
- Plötzliche Unterbrechung der Trefftätigkeit, ebenso wie unangemeldetes Erscheinen zum Treff oder Verkürzung der Treffabstände ohne dringende Notwendigkeit. Um die Bearbeitung des MfS so effektiv als möglich zu gestalten, waren die westlichen Geheimdienste daran interessiert, die Treffabstände der Doppelagenten mit dem MfS so kurz als möglich zu halten.

---

625 Vgl.: Ebd., Bl. 19.

- Bewegung verdächtiger Personen am Treffort auf dem Territorium der DDR, aber auch bei Instrukteurtreffs im Operationsgebiet, zum Beispiel Erscheinen von Observanten.
- Besonders intensive, Verdacht erregende Selbstsicherung des IM auf dem Weg zum Treff. Dahinter konnte sich die innere Erregung des Doppelagenten verbergen, dass er evtl. vom Geheimdienst oder vom MfS beobachtet wurde.
- Unkonzentriertes, nervöses Auftreten während des Treffs.
- Übervorsichtigkeit oder zu große Selbstsicherheit des IM gegenüber dem Führungsoffizier.
- Beim Einsatz von Ausländern durch amerikanische Geheimdienste erkannte die Staatssicherheit eine Methode darin, dass die Doppelagenten gegenüber dem Führungsoffizier des MfS Verständigungsschwierigkeiten vortäuschten, um ihn zu veranlassen, dass er noch einmal exakt den Auftrag sowie die Verhaltensweise bei dessen Realisierung erläuterte. Damit wurde das Ziel verfolgt, dass dann der Führungsoffizier mehr an Wissen preisgab als es die Konspiration zuließ.[626]

Aber nicht nur schlechthin bei der Organisierung und Durchführung von Treffs konnten Verdachtsmerkmale in Erscheinung treten, sondern auch konkret bei der Auftragserteilung und Instruktion. Da die Doppelagenten dahingehend beauftragt waren, die Angriffsrichtungen und Absichten des MfS exakt aufzuklären, mussten sie zwangsläufig Fragen an den Führungsoffizier stellen. Diesbezüglich konnten die folgenden Verhaltensweisen der IM von Bedeutung sein:

- Intensives Fragen nach Ziel und Zweck der erteilten Aufträge.

---

626 Vgl.: Ebd., Bl. 21 f.

- Vortäuschen angeblicher Unklarheiten, um nähere und umfassendere Erläuterungen zu erhalten.
- Versuche der Ablehnung von Aufträgen bei bestimmten Sachverhalten, zum Beispiel wenn die Aufträge direkt gegen Dienststellen und Mitarbeiter der westlichen Geheimdienste gerichtet waren. Die Ablehnung konnte auch auf indirektem Wege erfolgen, indem plötzlich der Funkspruch mit dem entsprechenden Auftrag angeblich nicht gehört wurde.
- Forderung nach mehr, wichtigeren und qualifizierteren Aufträgen bei Übertreibung der Fähigkeiten, Leistungseigenschaften, Stärken und objektiven Möglichkeiten zum Erhalt interner Informationen (Der Doppelagent wollte sogenannte »operative Knüller« bearbeiten).[627]

Der Stellvertreter des Leiters der HV A, Generalmajor Fruck, wies in einem Referat an der Schule der HV A darauf hin, dass der Informationsfluss der IM ständig und über größere Zeiträume hinweg überprüft werden muss, um Unregelmäßigkeiten und Widersprüche in der Auftragserfüllung sowie der Berichterstattung festzustellen. Die Arbeitsergebnisse der IM stellten nach Ansicht Frucks das Hauptkriterium für die Einsatzbereitschaft dar. Deshalb war auf folgende Erscheinungen besonderes Augenmerk hinsichtlich der Überprüfungen des MfS zu legen:

- Unberechtigte Unterbrechung der Auftragserfüllung mit fadenscheiniger Begründung.
- Auftretende Widersprüche zwischen den Kenntnissen und Fähigkeiten der IM und ihren erbrachten Leistungen, Widersprüche zwischen Ausbildung und Arbeitsergebnissen, Erfüllung der Aufträge über das Ziel hinaus.

---

627 Vgl.: Ebd., Bl 23.

- Unkonkrete widerspruchsvolle Berichte über wichtige Sachverhalte.
- Schlechte Anfertigung von Geheimschreib-Texten und Berichterstattung während des Treffs aus der Erinnerung heraus.
- Übergabe von schwer überprüfbaren Informationen und Desinformationen, teilweise drückten die Doppelagenten in Verbindung mit der Übergabe der Mitteilungen aus, dass sie der Führungsoffizier bei Zweifeln am Wert und der Richtigkeit unterrichten sollte – der Geheimdienst wollte damit wissen, wie seine Desinformationen vom MfS aufgenommen wurden oder ob Verdachtsmomente seitens der Staatssicherheit entstanden waren.
- Oberflächliche Routinearbeit gepaart mit übertriebener Selbstsicherheit nach dem Motto »mir kann doch bei der Auftragserfüllung und der Grenzpassage nichts passieren«.
- Ungenügende Konsequenzen bei der Auftragserfüllung. Der IM erfüllte seine Aufträge nicht vollständig, obwohl bei aller Konsequenz seine Sicherheit und Konspiration gewahrt blieben. Ausdruck war ferner eine zögernde Materiallieferung, die ihre Ursache darin hatte, dass das Material, welches der Doppelagent dem MfS liefern sollte, erst vom Geheimdienst bestätigt werden musste, daher traten häufig Zeitverluste in auf.
- Operativ interessant waren solche Berichte der IM, in denen sie darlegten, dass sie eine Person kennen lernten, für die sich einmal der Geheimdienst oder Dienststellen der Armee und der Polizei interessiert hatten. Bei den Personen konnte es sich um gegnerische Agenturen handeln, die den IM bearbeiten sollten oder bereits überworben hatten.
- Gesicherte Erkenntnisse des MfS hatten aufgezeigt,

dass Doppelagenten unter Umständen West-Geheimdienstler zur Überwerbung anboten und damit zum
Ausdruck brachten, dass der Angehörige des westlichen Geheimdienstes forderte, ein maßgeblicher
Vertreter des MfS möge dazu in das Operationsgebiet
reisen. Es bestand dann die Absicht den IM oder den
OibE des MfS seitens des Geheimdienstes zu werben
beziehungsweise zu überwerben.

- Verlust operativen Materials, operativ-technischer
  Mittel oder Dokumente mit widerspruchsvollen Begründungen, beziehungsweise Vernichtung des Materials ohne Aufforderung durch das MfS.
- Bei geäußerten Absichten der Konservierung durch
  das MfS oder des Abbruchs der Verbindung zum IM
  aus Gründen mangelnder Informationsbeschaffung
  versuchten Doppelagenten dies mit Versprechen der
  Besserung des Zustandes geschickt zu verhindern,
  weil sie vom Geheimdienst beauftragt worden waren,
  auf jeden Fall die Verbindung zum MfS zu halten.
- Beim konsequenten Festhalten seitens des MfS an der
  Auftragslinie sorgten die westlichen Geheimdienste
  mitunter dafür, dass der Doppelagent zu einer neuen
  Arbeitsstelle versetzt wurde, um zu verhindern, dass
  weiterhin wichtiges Material in die Hände der Staatssicherheit gelangte. Die Doppelagenten legendierten
  einen solchen Umstand meist als eigenmächtigen
  Arbeitsplatzwechsel oder mit besseren Verdienstmöglichkeiten.
- Oft erhielten IM vom MfS den Auftrag zur Beobachtung und zum Fotografieren von Geheimdienststellen und deren Mitarbeiter im NSW. Die Aufträge
  wurden von den Doppelagenten mitunter so präzise
  erfüllt, dass auf die Mithilfe/Unterstützung der Dienste geschlossen werden konnte. Bei der Erfüllung des
  Auftrages umgingen die Doppelagenten die Sicher-

heitsvorkehrungen der Geheimdienste, ohne das sie »erkannt« wurden.

- Doppelagenten übergaben oft Spielmaterial, welches zwar den Tatsachen entsprach, aber veraltet oder von allgemeiner Natur war.

- Oft reisten Doppelagenten nach Durchführung des Treffs mit dem MfS ein zweites mal nach Ostberlin ein, um weitere Aufträge für westliche Dienste zu erfüllen (Kuriertätigkeit usw.).

- Doppelagenten arbeiteten mit zu gut gefertigten Containern für Mikrate und Fotonegative, die den Schluss zuließen, dass sie von westlichen Geheimdiensten angefertigt worden waren.

- Es gab Beispiele von Doppelagententätigkeit seitens des amerikanischen Geheimdienstes, wo diese das MfS bei seiner Arbeit gegen die Bundesrepublik und andere NATO-Staaten »nur« studierten, ohne aktiv einzugreifen und diese Arbeit zu unterbinden. Der amerikanische Geheimdienst wurde dadurch aus Konkurrenzgründen Nutznießer der Arbeit des MfS.[628]

Nach Einschätzung des MfS, boten Doppelagenten ständig interessant und wertvoll erscheinende Sachverhalte an, um das MfS von Schwerpunktaufgaben abzulenken und mit nebensächlichen Fragen zu beschäftigen, andererseits aber auch, um Pläne und Methoden der Realisierung kennen zu lernen.

Deshalb sollte solchen Verdacht erregenden Merkmalen besondere Aufmerksamkeit geschenkt werden, wie:

- Sprunghaftigkeit in der Auftragserfüllung durch laufend neue, interessante Wahrnehmungen ohne Erfüllung des eigentlichen, ursprünglichen Auftrages. Dem MfS wurden von Doppelagenten Personen getippt, die

---

628 Vgl.: Ebd., Bl. 23–26.

vorher von westlichen Diensten als Agenten angeworben worden waren.

- Das beiläufige Anschneiden interessanter Fragen, um dann der Staatssicherheit die Initiative bei der Erläuterung zu überlassen.
- Besonders der amerikanische Geheimdienst organisierte über Doppelagenten Nachrichtenspiele, die zur Folge hatten, dass das MfS gegenüber NATO-Staaten, welche Konkurrenten der USA waren, Maßnahmen eingeleitet hatte, ohne das die USA oder ihre Geheimdienste in Erscheinung traten. »Wertvolle« Informationen brachten dem Doppelagenten vorher oft das Vertrauen des MfS ein.
- Zuführung von interessanten, für eine Werbung seitens des MfS geeignete Personen ohne Aufforderung der Staatssicherheit, um diese kurzfristig Reaktionen und Entscheidungen zu veranlassen.[629]

Neben den bereits genannten Merkmalen für den Verdacht einer Doppelagententätigkeit gab es weitere, die den Charakter von Forderungen trugen. Mit Hilfe dieser Forderungen versuchten die Geheimdienste, ihre vorhandenen Kenntnisse über das MfS zu vervollständigen, um ihrerseits aktive Maßnahmen gegen das Sicherheitssystem des MfS durchzuführen. Solche Forderungen konnten sein:

- Anforderung neuester operativ-technischer Mittel zur Materialbeschaffung, Sicherung und Übermittlung. Oft wurde vom Doppelagenten gefragt, wie alt die Mittel waren und ob sie dem neuesten Stand entsprachen. Mit dieser Frage sollte unter anderem der Wert des Doppelagenten eingeschätzt werden.
- Forderungen nach Ausbau des Verbindungssystems, um Instrukteure, Kuriere, KW/KO und Funk kennen

---

629 Vgl.: Ebd., Bl. 26 f.

zu lernen. Zur besseren Vorbereitung der Forderungen erschienen die Doppelagenten teilweise unregelmäßig zum Treff und täuschten Arbeitsüberlastung, Krankheit, Konspirations- und Sicherheitsfragen vor.

• Stellen höherer finanzieller und materieller Forderungen, um den persönlichen Wert des Doppelagenten einzuschätzen. Dabei konnte es Erscheinungen dahingehend geben, dass die Forderungen mit der Bedingung verbunden wurden, bei Nichterfüllung die Verbindung zum MfS abzubrechen. Damit wurden seitens der Doppelagenten Einschüchterungs- und Druckversuche gegen den Führungsoffizier unternommen. Im Widerspruch zu den erhöhten Geldforderungen standen oft die hohen Bargeldbeträge, die die Doppelagenten beim Treff mit sich führten.

Hinter finanziellen und materiellen Forderungen eines Doppelagenten konnte sich jedoch auch ein psychologisches Problem verbergen, nämlich die Angst, auf irgendeiner Seite festgenommen zu werden. Weil das Risiko sehr hoch war, forderten Doppelagenten teilweise von beiden Seiten hohe finanzielle beziehungsweise materielle Zuwendungen.[630]

Großes Interesse hatten die Doppelagenten auch an der Person des Führungsoffiziers. Das betraf vor allem seine Persönlichkeit, sein familiäres Umfeld, seine Dienststellung, seinen Dienstgrad und die Struktur seiner Diensteinheit. Die Werbung eines Mitarbeiters des MfS hätte in der Endkonsequenz die Krönung der Bemühungen westlicher Dienste, vor allem des BND, des BfV oder der CIA dargestellt.

Daher beauftragten insbesondere diese Dienste ihre Doppelagenten unter anderem in folgende Richtungen:

• Durch erhöhtes Interesse für die Belange des Füh

---

630 Vgl.: Ebd., Bl. 28 f.

rungsoffiziers wollten sich die Geheimdienste umfassende Kenntnisse über das MfS und seine Mitarbeiter verschaffen. Dazu dienten geschickt aber zum Teil auch naiv gestellte Fragen.

- Die Doppelagenten versuchten, konspirativ aber auch offen Einsicht in die Treffunterlagen beziehungsweise andere Dokumente des Führungsoffiziers zu nehmen.
- Bei Abwesenheit des Führungsoffiziers versuchten Doppelagenten Aufklärungsgespräche mit den Inhabern von KW/KO bei Anbahnung kumpelhafter Verhältnisse zu führen.[631]

Die Führungsoffiziere waren angehalten, zu IM, besonders zu denen aus dem Operationsgebiet ein wachsames und korrektes Verhältnis herzustellen und zu pflegen. Kumpelhafte und kritiklose Verhältnisse zwischen Führungsoffizier und IM boten nach Ansicht des MfS »die beste Möglichkeit, den MA umfassend aufzuklären, Abhängigkeitsverhältnisse und Kompromate zu schaffen sowie den MA zu Konspirationsverletzungen zu zwingen.«[632]

Hinsichtlich einer eventuellen Doppelagententätigkeit hatten die Führungsoffiziere auch Veränderungen im Verhalten der IM zu erkennen und zu analysieren. Verhaltensänderungen sollten durch eine ständige tiefgründige Persönlichkeitsanalyse erkannt werden und konnten sich wie folgt äußern:

- Der IM vertrat plötzlich stärker gegnerische Argumente oder äußerte eine positive politische Einstellung.
- Der IM hatte plötzlich Interesse/kein Interesse an finanziellen oder anderen Zuwendungen.
- Er täuschte Unkenntnis über Fragen vor, die er objektiv hätte beantworten können.

---

631 Vgl.: Ebd., Bl. 29.

632 Ebd.

- Er führte einen finanziell und moralisch ausschweifenden Lebensstil.
- Bei fast allen Doppelagenten gab es Widersprüche in den Angaben zur Person und zum persönlichen Leben, die früher ermittelten oder gegenüber dem MfS gemachten Angaben stimmten mit später geäußerten oder ermittelten nicht überein.
- Doppelagenten litten teilweise psychologisch unter dem zweifachen Misstrauen – dass des westlichen Geheimdienstes und dass der Staatssicherheit – was sie seelisch stark belastete und für das MfS feststellbar war.
- Bei der konspirativen Einsichtnahme in Notizbücher des Doppelagenten durch den Führungsoffizier wurden stellenweise Vermerke über operative Ereignisse, wie Treffs, Funkempfang usw. festgestellt.
- Doppelagenten wurden in der Bundesrepublik/Westberlin kriminell, ohne dass die Polizei etwas gegen sie unternommen hatte.[633]

Hinsichtlich von Merkmalen auf Doppelagententätigkeit galt es für den Führungsoffizier die richtigen Relationen zu finden. Nach Ansicht des MfS durften IM, die, politisch-ideologisch, psychologisch oder operativ bedingt gewisse Mängel aufwiesen, keinesfalls pauschal zu Doppelagenten erklärt werden. Vielmehr kam es bei Widersprüchen und Unregelmäßigkeiten darauf an, sehr schnell zielgerichtete Überprüfungsmaßnahmen durchzuführen, um tatsächliche Doppelagenten im IM-System festzustellen.[634]
Wurden im Prozess der Zusammenarbeit mit IM Merkmale von Doppelagententätigkeit festgestellt, erhielten die Maßnahmen, Mittel und Methoden der Überprü-

---

633 Vgl.: Ebd., Bl. 30 f.

634 Vgl.: Ebd., Bl. 31.

fung eine entscheidende Bedeutung. Es machte sich dabei erforderlich, ständig neue, ideenreiche Maßnahmen auszuarbeiten, um mit deren Hilfe Anzeichen von Doppelagententätigkeit festzustellen und entsprechende Schlussfolgerungen zu ziehen.

Überprüfungen von IM waren kein einmaliger Akt, sondern wurden als ständiger Prozess betrachtet, da Überprüfungsergebnisse schnell überholt sein konnten und damit nicht mehr aktuell und aussagekräftig waren. Eine der wichtigsten Aufgaben, um zu erkennen, ob es sich um einen Doppelagenten handelte oder nicht, bestand in der tiefgründigen Analyse des Materials über einen längeren Zeitraum hinweg. Diese Analyse musste sich auf die Vergangenheit und auf den gegenwärtigen Prozess der Zusammenarbeit beziehen. Bereits während des Treffs mit dem der Doppelagententätigkeit verdächtigten IM sollte der Führungsoffizier dessen Material analysieren. Die Analyse war hinsichtlich der Treffauswertung und der dabei erhaltenen Berichte fortzusetzen. Die intensive analytische Tätigkeit gab der Staatssicherheit Aufschluss darüber, ob im vom IM übergebenen Material Widersprüche vorhanden waren. Ein zeitlicher Vergleich der eingegangenen Informationen aus dem Operationsgebiet konnte auf Unregelmäßigkeiten im Informationsfluss aufmerksam machen, die evtl. dadurch entstehen konnten, dass der Geheimdienst die Informationen erst bestätigte, ehe sie vom Doppelagenten an das MfS übergeben wurden.

Beim Vergleich zwischen gegenwärtigen und früheren Angaben zu Personen oder Sachverhalten konnten ebenfalls Widersprüche hervortreten.

Die Analyse des Materials umfasste auch, während des Treffs und danach exakt zu prüfen, wie der IM in dessen Besitz kam beziehungsweise ob er überhaupt objektiv in der Lage war, dieses Material zu erhalten oder zu beschaffen. Die Analyse des Materials hatte außerdem solche Fragen und Punkte zu umfassen wie:

- Wo konnten sich Anknüpfungspunkte für westliche Dienste ergeben haben, um mit dem IM in Verbindung zu kommen? Anknüpfungspunkte konnten zum Beispiel das Verlassen der DDR seitens des IM und dadurch folgende Befragungen durch westliche Geheimdienste sein.
- Häufige Einreisen in die DDR zum Treff, die von westlichen Abwehrorganen registriert wurden.
- Strafverfahren gegen IM im Operationsgebiet aufgrund krimineller Delikte.
- Persönliche oder berufliche Verbindungen des IM zu Personen und Objekten, die von westlichen Geheimdiensten abwehrmäßig gesichert/bearbeitet wurden.

Bei der Materialanalyse waren, wie bereits dargelegt, Vergleiche zwischen Auftragserteilung, -erfüllung und vorhandenen Möglichkeiten durchzuführen. Dafür eignete sich besonders Vergleichsmaterial, welches bereits in Objekt- und Operativvorgängen, aber auch in Sachakten und offiziellen Dokumentationen wie Adress- und Telefonbüchern vorhanden war. Oberflächliche Überprüfungen zum Beispiel nur in bundesdeutschen Adressbüchern genügten keinesfalls den Anforderungen. Als günstig erwies sich nach Ansicht des MfS bestimmte Sachverhalte oder Personalien direkt im Operationsgebiet zu überprüfen.

Es war notwendig, dass der verdächtige IM in der Zusammenarbeit mit der Staatssicherheit nur auf solche Aufgaben gelenkt werden durfte, deren Grundlagen er selbst schuf. Diese Aufgaben sollten, für den Gegner sichtbar, einen gewissen Prozesscharakter tragen. Daneben konnten Kontrollaufträge zur weiteren Überprüfung erteilt, aber auch die Berichterstattung zu »alten Problemen« unter Legende wiederholt werden. Entsprechend der vorhandenen Verdachtsgründe mussten die Fragen der allseitigen Materialanalyse erweitert und konkretisiert werden. Dabei war unbedingt erforderlich, dass bei vermuteter Doppelagententätigkeit alle Hinweise des IM und zum IM dokumentiert wurden, da diese bei der tiefgründigen Material- und Persönlichkeitsanalyse in der Perspektive Bedeutung erlangten.[635]

Das Studium des operativen Materials und der Persönlichkeit des IM musste sorgsam, systematisch, kritisch und objektiv betrieben werden, um die wahren Ursachen für ein bestimmtes Verhalten zu erkennen. Bei der Ursachenforschung war vordergründig zu klären:

- Wie ist der verdächtige IM in das Blickfeld des MfS geraten?
- Welche Personen waren dem Doppelagenten bekannt, für die sich das MfS interessierte?
- Welche Instrukteure, Kuriere und Verbindungsmittel kannte der verdächtigte IM? Diese Analyse diente vorrangig der Sicherung des IM-Systems im Operationsgebiet und in der DDR.
- Welche Personen nahmen unmittelbaren Einfluss auf die Willensbildung und die Entscheidungsfindung des verdächtigten IM?

Das Ziel der Überprüfungen bestand in der Bestätigung und Vervollkommnung des Wissens über den IM. Dabei sollte sich aber nicht nur auf die o. g. Fragen konzentriert werden. Der IM war als Persönlichkeit in seinem Gesamtverhalten in den Vordergrund der Analyse zu rücken. Daraus ergab sich ein komplexes und umfassendes Studium des IM, angefangen bei der Persönlichkeit mit allen Charaktereigenschaften, Stärken und Schwächen, über das gesamte persönliche Leben bis in die Vergangenheit.

---

635 Vgl.: Ebd., Bl. 33 ff.

Als günstig erwies sich das Studium der Persönlichkeit während des Treffs mit dem verdächtigten IM. Hierbei konnten das Gesamtverhallten eingeschätzt und Veränderungen festgestellt werden. Bei Veränderungen musste den Führungsoffizier interessieren, wann und warum diese eintraten, welche Einflüsse auf den IM wirkten usw.

Eine dominierende Rolle bei der Einschätzung des IM spielten die Charaktereigenschaften als verfestigte Verhaltensdispositionen des Menschen, die ihn unter bestimmten Bedingungen in ähnlicher Weise reagieren ließen. Es war ferner für die objektive Einschätzung der Persönlichkeit wichtig zu wissen, ob der IM verlogen, doppelzünglerisch oder aktiv mit verdächtig übermäßigem Eifer auftrat. Die Verlogenheit eines IM brauchte allerdings noch lange kein Beweis für eine Doppelagententätigkeit sein. Hier galt es, tiefgründige Untersuchungen zu führen.

Neben dem Studium der Charaktereigenschaften mussten die Motive für die Zusammenarbeit mit dem MfS in die Betrachtungen einbezogen werden. So waren starke finanzielle Interessen oder hohe Risikobereitschaft als Motive für die Zusammenarbeit mit dem MfS ebenfalls noch kein Beweis dafür, dass es sich bei dem entsprechenden IM um einen Doppelagenten handelte.

Erst die komplexe, ständige Überprüfung der Persönlichkeit des IM im Prozess der Zusammenarbeit mit der Staatssicherheit, aber auch losgelöst davon, brachte in der Regel den Beweis dafür, ob es sich bei dem verdächtigten IM um einen Doppelagenten handelte oder nicht. Dann erst kam der Führungsoffizier in die Lage, Widersprüche im Verhalten des IM aufzudecken.

Die analytische Tätigkeit nur während persönlicher Treffs durchzuführen, hätte einen einseitigen Prozess dargestellt. Vielmehr kam es darauf an, auch die Vergangenheit des IM und seine persönlichen Angaben im Vergleich zu den Aufklärungsergebnissen mit einzube- ziehen. Hier traten bei allen Doppelagenten Widersprü- che auf, die Anlass zu weiteren Untersuchungen gaben.

Die Maßnahmen der gegnerischen Konspiration galt es seitens des MfS durch intensive analytische Tätigkeit zu erkennen. Dabei hatte der Führungsoffizier die Fakten und Beweise streng von seinen persönlichen Vermu- tungen zu trennen, um die Persönlichkeit des IM, wie sie in seiner objektiven Realität existierte, tiefgründig zu analysieren und den IM nicht grundlos der Doppel- agententätigkeit zu beschuldigen.

Die Überprüfung verdächtiger IM aus dem Operati- onsgebiet konnte nur mittels eins komplexen Systems inoffizieller Kräfte, Mittel und Methoden im Operati- onsgebiet erfolgen.

Zur Durchführung der Kontroll- und Überprüfungs- maßnahmen waren daher zuverlässige und überprüfte IM mit ausgeprägten operativen Erfahrungen, konspi- rativen Fähigkeiten sowie der notwendigen psychologi- schen Eignung zum Einsatz zu bringen.

Gute Voraussetzungen einen verdächtigen IM aus dem Operationsgebiet zu kontrollieren, hatten andere IM, die ebenfalls im Operationsgebiet lebten und mit dem MfS zusammen arbeiteten. Diese IM waren in der Lage, den vermutlichen Doppelagenten über einen längeren Zeitraum hinweg umfassend aufzuklären und zu überwachen, woraus sich Hinweise auf verdächtige Verbindungen im nachrichtendienstlichen Sinne erge- ben konnten. Erfahrungen der Spionageabwehr des MfS besagten, dass Doppelagenten einen Teil ihrer Frei- oder Arbeitszeit für die Aufrechterhaltung der Verbindung zum Geheimdienst oder zur Durchführung von Aufträ- gen nutzten. Deshalb war es notwendig, die Hinweise des verdächtigen IM, die er über die Gestaltung der

Frei- und Arbeitszeit gab, genau zu überprüfen. Da sich Doppelagenten in dieser Zeit im Operationsgebiet, durch Unterschätzung der Arbeitsweise der Staatssicherheit, relativ unbeobachtet fühlten, verletzten sie teilweise ihre Konspiration, was dem MfS Hinweise zur Bestätigung des Verdachts der Doppelagententätigkeit geben konnte. Ferner erzielten eingesetzte IM des MfS wertvolle Ergebnisse, wenn sie den Verdächtigen an äußerlich harmlos erscheinenden Dingen überprüften.

Neben der Kontrolle des Verdächtigen durch zuverlässige IM hatten aber auch solche Maßnahmen wie Beobachtungen, konspirative Durchsuchungen, der Einsatz operativ-technischer Mittel und kriminalistischer Methoden, zum Beispiel der Personenidentifizierung und die Anwendung der Daktyloskopie Bedeutung. So führten beispielsweise eingeleitete Beobachtungen des Ortes von Kontrolltreffs mit verdächtigen IM im Operationsgebiet oder eines TBK oft dazu, dass Observationen westlicher Dienste festgestellt wurden oder überhaupt das Gesamtverhalten des IM beim Aufsuchen solcher Orte analysiert werden konnte.

Die dargestellten Möglichkeiten der Bearbeitung verdächtiger IM im Operationsgebiet führten aus Sicht der Spionageabwehr nur zu brauchbaren Ergebnissen, wenn sie komplex im Rahmen operativer Kombinationen angewandt wurden. Durch operative Kombinationen wurde der IM zu Reaktionen und Handlungen veranlasst, die der Führungsoffizier studieren konnte und aus denen sich weitere Möglichkeiten der Bearbeitung oder gar die Bestätigung des Verdachts der Doppelagententätigkeit ergaben.[636]

Die Führung eines der Doppelagententätigkeit verdächtigen oder gar erkannten IM forderte vom Führungsof-

---

636 Vgl.: Ebd., B.. 36–39.

fizier ein hohes Maß an Erfahrung und Fingerspitzen-
gefühl. Der Führungsoffizier hatte den verdächtigen IM
so zu führen, dass dieser beziehungsweise der entsprechende westliche Dienst den Verdacht des MfS unter
keinen Umständen bemerkten. Die Bearbeitung war aus
der Sicht des MfS nur dann gewährleistet, »wenn der
Doppelagent nicht nach seiner Feindtätigkeit befragt
wird, bevor der endgültige Nachweis geführt wurde.«[637]
Bei vermuteter oder erkannter Doppelagententätigkeit
eines IM oder einer Kontaktperson war die Verbindung
seitens des MfS grundsätzlich so lange aufrecht zu erhalten, wie es:

- zur Erlangung ausreichenden Beweismaterials für die
  Entlarvung und Überführung des Doppelagenten,
- zur Sammlung von Informationen oder
- zur Führung eines offensiven Nachrichtenspiels

erforderlich war.

Die Zusammenarbeit erforderte ferner vom Führungsoffizier und dessen Vorgesetzten:

- größte Gewissenhaftigkeit, Wachsamkeit und Konspiration,
- eine straffe Konzentration der operativen Zusammenarbeit und Bearbeitung,
- ein solches Verhalten vom Führungsoffizier, dass der
  Gegner vom Verdacht des MfS und seiner Bearbeitung keine Kenntnis erhält,
- eine enge Koordinierung aller operativen Maßnahmen mit der HA II.

Außerdem waren leitungsmäßige Entscheidungen darüber notwendig, was mit dem Doppelagenten geschehen
sollte, wenn seine Doppelagententätigkeit umfassend
nachgewiesen worden war.[638]

---

637 Ebd., Bl. 40.

638 Vgl.: Ebd., Bl. 41.

Ein wichtiger Punkt unter diesem Aspekt war die Gestaltung der Treffs und damit im Zusammenhang stehende Maßnahmen. Untersuchungen des MfS zeigten, dass sich IM, die nach längerer Zeit wieder zum persönlichen Treff mit dem Führungsoffizier in die DDR einreisten, in den ersten 30 Minuten des Treffs unsicher waren. Diese Zeit der Unsicherheit traf auch auf Doppelagenten zu, weil sie nicht wussten, ob dem MfS ihre Doppelagententätigkeit möglicherweise schon bekannt war. Dieser Umstand, gerade auf dem Territorium der DDR, stellte für die Staatssicherheit einen großen Vorteil dar. Treffs mit erkannten Doppelagenten im Operationsgebiet konnten nicht generell ausgeschlossen werden. Hier allerdings fühlte sich der Doppelagent sicherer als beim Treff in der DDR oder in anderen sozialistischen Staaten. Treffs mit erkannten Doppelagenten im Operationsgebiet wurden nur in begründeten Ausnahmefällen bei Einleitung umfangreicher Sicherungsmaßnahmen durchgeführt. Sie mussten mit zuverlässigen IM oder einer Beobachtergruppe des MfS abgesichert werden, damit Observationen westlicher Abwehrorgane sofort erkannt werden konnten und dem Instrukteur des MfS eine möglichst ungehinderte Rückkehr in die DDR möglich war.

Treffs mit erkannten Doppelagenten in der DDR boten auch den Vorteil der umfassenden Kontrolle der betreffenden Person. Dadurch ergaben sich Möglichkeiten zur Einleitung zielgerichteter Maßnahmen. Solche Maßnahmen konnten unter anderem sein:

- die Einführung von IM aus der DDR in die Bearbeitung mit dem Ziel der Schaffung einer Feindverbindung,
- die operative Fahndung an der Grenzübergangsstelle und nachfolgende Einleitung einer Beobachtung, um festzustellen, ob der Doppelagent zum Zweck der

Durchführung von Aufträgen westlicher Geheimdienste ein zweites Mal in die DDR einreiste,

- die konspirative Durchsuchung der Taschen und Notizbücher des Doppelagenten in der KW/dem KO,
- der Einsatz operativ-technischer Mittel in der KW/ dem KO, um den Treffverlauf, die Reaktionen des Doppelagenten auf Äußerungen des Führungsoffiziers zu erkennen und zu dokumentieren.

Große Beachtung hatte der Führungsoffizier dem Umstand zu widmen, wenn sich verdächtige Personen am Treffort aufhielten, oder sich Komplikationen in der Vorbereitung und Durchführung des Treffs ergaben. Das MfS stellte zum Beispiel fest, dass sich bei der Organisierung von Treffs auf dem Territorium der DDR verdächtige Personen am Treffort aufhielten, die den Versuch unternahmen, den Doppelagenten und seinen Führungsoffizier zu fotografieren.

Um die Sicherheit des Führungsoffiziers zu erhöhen und die Bearbeitung des Doppelagenten intensiver zu gestalten, sah es die Staatssicherheit als ratsam an, einen zweiten Mitarbeiter am Treff mit dem Doppelagenten teilnehmen zu lassen. Voraussetzung dafür war, dass der Doppelagent diesen Mitarbeiter bereits kennen musste, um die Teilnahmen nicht unnatürlich erscheinen zu lassen. So konnte beispielsweise der Referatsleiter teilnehmen, der in der Vergangenheit bereits bei Treffkontrollen anwesend war oder den Führungsoffizier bei Urlaub oder Krankheit vertreten hatte. Ziel beim Einsatz eines zweiten Mitarbeiters war es, dass ein Mitarbeiter das Verhalten des Doppelagenten studierte und sich auf Widersprüche konzentrierte, während der eigentliche Führungsoffizier entsprechend der Treffvorbereitung tätig wurde.

Die Treffs mit erkannten Doppelagenten waren weiterhin in den KW/KO durchzuführen, die dem Doppelagenten bereits bekannt waren. Keinesfalls durften dem Doppelagenten neue KW/KO bekannt werden.[639]

Während des Treffs hatte der Führungsoffizier größten Wert auf eine detaillierte Berichterstattung zu legen, ohne sein persönliches Verhalten zu verändern. Das erforderte eine exakte analytische Tätigkeit, die solche Fragen beinhalten musste, wie der Doppelagent in den Besitz der internen Informationen gekommen war oder ob er die Legenden gewissenhaft angewandt und eingehalten hatte. Dabei durfte der Doppelagent nicht mit allem Nachdruck auf erkannte Widersprüche aufmerksam gemacht werden, ebenso waren intensive, zielgerichtete und verdächtige Zwischenfragen seitens des Führungsoffiziers zu vermeiden. Vielmehr musste der Führungsoffizier vom Doppelagenten das Material entgegennehmen und auf den »hohen Wert« für das MfS verweisen. Arbeitete der Doppelagent auf materieller Basis mit dem MfS zusammen, so durften ihm keinesfalls weniger finanzielle Zuwendungen für die »interessanten Informationen« übergeben werden. Es war für den Führungsoffizier ratsam, den Doppelagenten zu belobigen und zu prämieren, um damit das »Vertrauen« des MfS zu ihm zu bekunden und seine Selbstsicherheit zu stärken.

Es war wesentlich, dass die Informationen des Doppelagenten dahingehend eingeschätzt wurden, ob sie für die Staatssicherheit operativ bedeutsam, aktuell, wahr, zuverlässig und vollständig waren. Die Einschätzung der Informationen nach den genannten Kriterien bildete gleichzeitig mit die Grundlage für die Erarbeitung der Materialanalyse über einen längeren Zeitraum. Die Auswertung der Berichte hinsichtlich dieser Anforderungen war notwendig, da Doppelagenten echtes und

---

639 Vgl.: Ebd., Bl. 42 ff.

fingiertes Material lieferten. Bei genauer Prüfung der Informationen des Doppelagenten und intensiver analytischer Bearbeitung in Verbindung mit zentralen Erfahrungswerten kam das MfS in die Lage zu erkennen, welche Informationen der Doppelagent als Desinformation übergab beziehungsweise welche den Tatsachen entsprachen.

Da die westlichen Geheimdienste Desinformationen sowie Tatsachenmaterial übergaben und die Grenzen zwischen beiden oft fließend waren, musste daraus die Schlussfolgerung gezogen werden, keine aktiven operativen Maßnahmen des MfS im Operationsgebiet auf Grundlage dieser Informationen zu organisieren. Maßnahmen auf solch zweifelhafter Basis erhöhten die Unsicherheitsfaktoren des Systems der Äußeren Abwehr im Operationsgebiet.

Die Auftragserteilung und Instruktion war so zu gestalten, dass der Doppelagent weiter überprüft werden konnte. Ziel dabei war es, den Umfang seiner Tätigkeit gegen das MfS in Erfahrung zu bringen. Positive Ergebnisse erzielte die Staatssicherheit dabei, wenn

- der Gegner zu kurzfristigen Entscheidungen gezwungen worden war,
- sich der Geheimdienst versprach, das IM-System des MfS im Operationsgebiet zu erkennen,
- vom Doppelagenten Originaldokumente zum Beweis seiner mündlichen Hinweise verlangt wurden.[640]

Überwerbung von Doppelagenten

Hatte das MfS einen Doppelagenten erkannt, stand es vor der Entscheidung, wie der Vorgang weiter bearbeitet oder abgeschlossen werden sollte.

Zum einen war eine weitere Zusammenarbeit mit dem

---

640 Vgl.: Ebd., Bl. 44 ff.

Doppelagenten möglich, um den nachrichtendienst-lichen Gegner zu desinformieren. Von westlichen Ge-heimdiensten wurden oft Nachrichtenspiele organisiert. Sie waren bereit, jahrelang mit dem MfS zu »spielen«, wenn sie dadurch die Möglichkeit hatten, in das IM-Netz der Staatssicherheit im Operationsgebiet einzudringen. Dadurch lernten sie die Angriffsrichtungen, Kräfte, Mit-tel und Methoden in umfassender Weise kennen.

Umgekehrt desinformierte das MfS die westlichen Dienste ebenso, um sie zu studieren, und zu desorgani-sieren. Dadurch hatte die Staatssicherheit die Gelegen-heit, den Gegner ständig zu beschäftigen und ihn von den eigentlichen operativen Schwerpunkten abzulen-ken. Mit diesen Maßnahmen wurde das MfS in die Lage versetzt, den Wert des Doppelagenten in den Augen des Gegners einzuschätzen, aber auch den entsprechenden Dienst zu verunsichern und Zweifel an seinem Ge-währsmann zu schüren.

Als schwierigstes Problem erschien die Zusammenstel-lung der Informationen an den Doppelagenten, weil diese zwar für den Geheimdienst nach außen überprüf-bar aber in ihrem Kern unüberprüfbar sein mussten.

Eine andere Möglichkeit, einen Doppelagentenvorgang abzuschließen war der Abbruch der Verbindung zum vermutlichen Doppelagenten. Dieser Abbruch konnte auf zwei Wegen erfolgen:

• systematisch, das heißt allmählich und eventuell unter der Legende der Konservierung über einen längeren Zeitraum,

• durch eine direkte, offene Befragung zur vermuteten Doppelagententätigkeit mit anschließender Ein- und Durchreisesperre für das Territorium der DDR.

Der Abbruch der Verbindung sollte dann realisiert wer-den, wenn trotz umfangreicher Überprüfungsmaßnah-men gegen vermutliche Doppelagenten keine konkreten

Ergebnisse erzielt wurden und seitens des MfS große Zweifel nicht abgebaut werden konnten und dadurch erhalten blieben. Unter diesen Umständen barg eine weitere Zusammenarbeit zu viele Unsicherheitsfaktoren. Diese Entscheidung war mit einer exakten Einschätzung des Wertes des verdächtigen IM für die weitere Zusammenarbeit mit dem MfS verbunden.

Möglich war auch eine weitere Zusammenarbeit und Bearbeitung des Doppelagenten mit dem Ziel:

- aktive Maßnahmen gegen westliche Geheimdienste im Operationsgebiet einzuleiten, evtl. in Koordinierung mit der HA II oder der HV A X,
- der Inhaftierung bei schwerem Verrat,
- der nochmaligen Überwerbung, jedoch nur bei vollem lückenlosem Geständnis und großem operativem Nutzen,
- der »blinden Ausnutzung« zur Herstellung einer Feindverbindung durch einen anderen zuverlässigen IM.

Der Vorteil einer Inhaftierung bestand nach Ansicht der Staatssicherheit darin, dass der westliche Geheimdienst einen Agenten verlor und das MfS in den Vernehmungen die konkreten Angriffsrichtungen, Kräfte, Mittel und Methoden erfahren konnte. Dabei wurde die Sicherheit des MfS sowie seines IM-Systems im Operationsgebiet und in der DDR schlagartig erhöht. Ein Nutzeffekt entstand aber nur dann, wenn die Beweise der Doppelagententätigkeit vor der Festnahme lückenlos erbracht worden waren. Fehlten entsprechende Beweise, so kam es oft nur zu Teilgeständnissen des Doppelagenten und die Effektivität dieser Maßnahme wurde in Frage gestellt. Die konspirative Nachweisführung durfte nicht überstürzt werden. Keinesfalls durften erst die Festnahme und die anschließende Vernehmung die Beweise erbringen.

Eine nochmalige Überwerbung des Doppelagenten stellte eine risikoreiche Angelegenheit dar und konnte nur bei Vorhandensein bestimmter Bedingungen beziehungsweise Voraussetzungen erfolgen. Grundvoraussetzung war ein lückenloses Geständnis der Doppelagententätigkeit gegen die Staatssicherheit und wertvolle Hinweise zu Mitarbeitern, Objekten, Mitteln und Methoden westlicher Geheimdienste. Damit im Zusammenhang wurde auch die Bekanntgabe von Agenturen im Operationsgebiet und in der DDR vorausgesetzt, wenn der Doppelagent von solchen Personen wusste. Weiterhin konnte ein Doppelagent überworben werden, wenn dadurch größere operative Ziele des MfS erreichbar waren, beispielsweise das Eindringen in einen westlichen Geheimdienst. Die Überwerbung eines Doppelagenten setzte aber auch die Garantie voraus, dass der erkannte Doppelagent von nun an ehrlich mit dem MfS zusammenarbeitete und sich gegenüber westlichen Diensten nicht erneut offenbarte. Es musste auch gewährleistet sein, dass der Doppelagent psychologisch in der Lage war, eine nochmalige Überwerbung durch das MfS gegenüber westlichen Diensten zu verbergen.[641]

Die Bearbeitung von Doppelagenten – ein Beispiel aus der Praxis: »Heinz Richter«[642]

Am 15. September 1972 reiste ein Bundesbürger aus Frankfurt am Main, über eine Grenzübergangsstelle im Bezirk Magdeburg, mit seinem Pkw in die DDR ein. An

---

641 Vgl.: Ebd., Bl. 59 ff.

642 Die Darstellungen zum Doppelagenten »Heinz Richter« beziehen sich auf: Hans-Joachim Biesecker: Diplomarbeit zum Thema: »Die operative Bearbeitung von Doppelagenten, dargestellt am Beispiel des IM-Vorganges ›Heinz Richter‹ der Abteilung II der Bezirksverwaltung Magdeburg«. BStU JHS MF GVS 160-107/68, Bl. 5–51.

der GÜSt bat er den Passkontrolleur um ein Gespräch mit einem verantwortlichen Offizier der DDR Sicherheitsorgane. Im darauf folgenden Gespräch mit einem Offizier der Abteilung VI der BV Magdeburg teilte der Bundesbürger mit, dass er auf dem Flugplatz in Frankfurt am Main beschäftigt sei, Zugang zu geheimen Unterlagen habe und bereits Kartenmaterialien sowie Fotokopien bei sich führe, die er den Sicherheitsorganen der DDR übergeben wolle.

Als Motiv für seine Handlungsweise gab er an, dass er mit den Verhältnissen in der Bundesrepublik hinsichtlich der sozialen Unsicherheit nicht einverstanden sei und sich durch die Übergabe von Material Möglichkeiten für eine eventuelle Übersiedlung in die DDR eröffnen wolle. Er gab weiterhin an, dass er sich erhoffe, durch die Übergabe von Unterlagen eine Einreisegenehmigung mit dem Pkw zu seinen Verwandten nach Stendal zu erhalten, da eine Bahnfahrt mit der gesamten Familie zu umständlich sei.

Im Ergebnis des Gesprächs wurde durch die Abteilung VI die Abteilung II der BV Magdeburg um 10 Uhr verständigt, die den »Frankfurter« gegen 12 Uhr an der GÜSt übernahm. Den Mitarbeitern der Magdeburger II teilte er im Gespräch als Motivation für seine Handlungsweise im Wesentlichen das gleiche mit, ohne dass sich dabei Widersprüche auftaten.

Da der Bundesbürger Material von Interesse übergab und in der Lage war, weiteres operativ interessantes Material zu beschaffen, wurden auch unter Berücksichtigung dessen, dass er die Verbindung zum MfS möglicherweise im Auftrag eines westlichen Geheimdienstes hergestellt haben könnte, weitere Aussprachen in Ostberlin mit ihm vereinbart.

Als Legende sollte der Bundesbürger angeben, dass er zu einem ihm bekannten Briefmarken- und Münzhändler fahre, mit dem er in der Vergangenheit schon einige Geschäfte abgeschlossen hatte.

Weil auf Grund der Art und Weise der Aufnahme der Verbindung zum MfS die Möglichkeit einer gezielten Verbindungsaufnahme im Auftrag eines Geheimdienstes nicht ausgeschlossen werden konnte, wurde festgelegt, bei den künftigen Zusammentreffen mit ihm nur über Probleme zu sprechen, die aus seinen eigenen Angaben resultierten und ihm auch nur Aufträge zur Ergänzung und Präzisierung seiner eigenen Informationen zu erteilen. Diese Festlegung wurde getroffen, damit aus der Auftragserteilung heraus nicht vorzeitig die Kenntnisse, Interessen und Zielobjekte des MfS offenbart wurden.

Zur Aufklärung und Überprüfung des Bundesbürgers wurden zunächst folgende Maßnahmen festgelegt:

- Überprüfung des Bundesbürgers in allen Speichern des MfS und der anderen Sicherheitsorgane.
- Aufgrund der eigenen Angaben waren eingehende Überprüfungsmaßnahmen zur Person des Bundesbürgers im Operationsgebiet sowie in Stendal, wo seine Verwandten wohnten, und von wo er 1959 die DDR verlassen hatte, durchzuführen.
- Bei den zukünftigen Zusammenkünften mit dem Mann aus Frankfurt am Main musste danach getrachtet werden, dass Motiv für die Zusammenarbeit mit der Staatssicherheit eindeutiger herauszuarbeiten. Es war zu überprüfen, ob neben den bekannten Motiven nicht die Möglichkeit der auftragsgemäßen Verbindungsaufnahme im Interesse eines westlichen Geheimdienstes vorhanden war.
- Bei den Zusammenkünften war weiter herauszuarbeiten und zu analysieren, welche objektiven und subjektiven Voraussetzungen der Bundesbürger besaß, die es rechtfertigten, ihn mit der Perspektive einer späteren Werbung als IM weiter zu bearbeiten.

- Durch intensives Studium der Person bei weiteren Zusammenkünften sollte festgestellt werden:
  - ▸ Wie stand er bestimmten Aufträgen des MfS gegenüber?
  - ▸ Welche Lösungswege schlägt er zur Beschaffung operativ interessanter Unterlagen vor?
  - ▸ Stimmen diese mit seinen Möglichkeiten und Fähigkeiten überein?
  - ▸ Treten in seinen Aussagen Widersprüche auf?
  - ▸ Wie ist seine Weltanschauung, wie steht er zu konkreten Erscheinungen der Machtverhältnisse in der Bundesrepublik?

Alle Informationen des Bundesbürgers wurden zur Überprüfung und zur Einschätzung der operativen Verwertbarkeit zur HA II und zur HV A übersandt.

Der Entschluss, den Kontakt zu ihm auszubauen, ihn aufzuklären und mit dem Ziel einer eventuellen Werbung als IM zu überprüfen wurde deshalb gefasst, weil Frankfurt am Main, der Arbeits- und Wohnort des Bundesbürgers, als Schwerpunktbereich für die Arbeit der Abteilung II der BV Magdeburg in das Operationsgebiet galt und demzufolge die Bearbeitung der Geheimdienstobjekte, speziell des US-Geheimdienstes in Frankfurt am Main, den weiteren Ausbau der IM-Basis notwendig machte.

Im Ergebnis der eingeleiteten Ermittlungen und Überprüfungen sowie der durchgeführten Zusammenkünfte konnte ein umfassendes Persönlichkeitsbild erarbeitet werden. Unter anderem wurde bekannt, dass die betreffende Person:

- Angehöriger der Waffen-SS-Division »Prinz Eugen« war,
- 1958 in die DDR übersiedelte, 1959 aber wieder in die Bundesrepublik ging,
- seit 1967 in der zentralen Reproduktionsabteilung des Rhein-Main-Flughafens tätig war

- sich bei Besuchen in der DDR unauffällig verhalten
  hatte.

In operativer Hinsicht konnte nach fünf Zusammenkünften, die in einem Zeitraum von zehn Monaten
durchgeführt wurden, eingeschätzt werden, dass der
Bundesbürger stets pünktlich unter Einhaltung der
Konspiration und strenger Beachtung der Verhaltens-
hinweisen zu den Treffs erschienen war.

Die ihm auf Grund seiner Informationen erteilten Aufträge realisierte er sehr gut und ließ dabei Eigeninitiative
sowie Einsatzbereitschaft erkennen. Die erarbeiteten Informationen wurden nach eingehender Prüfung seitens
der HV A und der HA II als sehr wertvoll eingeschätzt,
waren von großem Wert und von hoher Aussagekraft.
Widersprüche traten weder bei den Ermittlungen in der
DDR und im Operationsgebiet, noch in der Zusammenarbeit mit dem MfS bei den Zusammenkünften, speziell
bei der Berichterstattung über die Realisierung der Aufgaben auf. Es konnten keinerlei Anzeichen festgestellt
beziehungsweise erarbeitet werden, die darauf hindeuteten, dass er im Auftrag eines Geheimdienstes die Verbindung zum MfS aufgenommen hatte beziehungsweise
im Auftrag eines Dienstes mit der Staatssicherheit zusammenarbeitete.

Ausgehend von der Aufgabenstellung der Abteilung II
der BV Magdeburg hinsichtlich der Bearbeitung von
in Frankfurt am Main dislozierter Dienststellen des
US-Geheimdienstes und dort tätiger Geheimdienstmitarbeiter wurde eingeschätzt, dass der Bundesbürger zur
Lösung dieser Aufgabe nach entsprechender Ausbildung eingesetzt werden könne. Er hatte weiterhin gute
Voraussetzungen zur Aufklärung interessanter Personen im Raum Frankfurt/Main sowie zur Kontrolle des
militärischen Teils des Rhein-Main-Flughafens.

Auf Grund der vorliegenden Ermittlungsergebnisse und

der Ergebnisse in der Zusammenarbeit wurde nach eingehender Analyse des vorhandenen Materials festgelegt, den Bundesbürger als IM zu werben. Die Werbung erfolgte am 14. Juli 1973 auf der Basis der materiellen und persönlichen Interessiertheit. Der Bundesbürger wählte sich für die Zusammenarbeit mit dem MfS den Decknamen »Heinz Richter«.

Im Werbungsgespräch zeigte sich, dass »Heinz Richter« starkes Interesse an finanziellen Zuwendungen hatte, weshalb ihm unmissverständlich mitgeteilt wurde, dass die Staatssicherheit seine Arbeit zwar honorieren würde, die Höhe der finanziellen Anerkennung aber von der Qualität seiner Informationen abhängig war.

In der ersten Zeit der Zusammenarbeit wurde er weiterhin zur Konkretisierung seiner eigenen Informationen und zur Erfüllung von Aufgaben, die sich aus diesen Informationen ergaben, eingesetzt. Im Ergebnis der Realisierung stellte das MfS fest, dass eine gute Auftragserfüllung zu verzeichnen war und der IM unter Wahrung der Regeln der Konspiration stets pünktlich zum Treff erschien. In der Zusammenarbeit konnten keine Widersprüche zwischen seinen mündlichen und schriftlichen Informationen sowie in seinem Verhalten bei den Treffs festgestellt werden. Die eingeleiteten Überprüfungen zu den Informationen von »Heinz Richter« erbrachten keine Anzeichen auf Unehrlichkeit. Sie wurden von der HV A und der HA II als sehr wertvoll eingeschätzt und entsprachen in ihrem Wahrheitsgehalt teilweise den bereits den aus anderen Quellen vorliegenden Informationen. Nach der durchgeführten Ausbildung und Überprüfung wurde in der Zusammenarbeit mit »Heinz Richter« damit begonnen, ihn entsprechend der Zielstellung der Werbung einzusetzen. Der IM wurde zum Beispiel beauftragt, Informationen über den amerikanischen Teil des Rhein-Main-Flughafens zu beschaffen und dort tätige Bundesbürger aufzuklären. Nachdem ersichtlich war, dass »Heinz Richter« diese Aufgaben gut erfüllte, wurde er zielgerichtet zur Aufklärung des IG-Farben-Hauses und dort tätiger Amerikaner eingesetzt, sowie zur Aufklärung interessanter Personen, die Verbindungen in diese Objekte und zu Angehörigen der US-Armee hatten.

Im Rahmen seiner Möglichkeiten wurde der IM weiterhin damit beauftragt, Objekte der US-Armee im Raum Frankfurt/Main aufzuklären. Da auch bei der Realisierung dieser Aufgabenstellungen keinerlei Anzeichen von Unzuverlässigkeit beim IM festzustellen waren, erhielt er den Auftrag, ein Arbeitsverhältnis in einem Objekt der US-Armee aufzunehmen. Über das amerikanische Arbeitsamt wurden dem IM mehrere Arbeitsstellen vorgeschlagen. Nach Rücksprache zwischen der Abteilung II der BV Magdeburg und der HA II wurde festgelegt, dass der IM in einer bereits bekannten Druckerei der US-Armee, in der sich auch eine Dienststelle des US-Geheimdienstes befand, ein Arbeitsverhältnis aufnehmen sollte.

Nach Vorstellung in diesem Objekt teilte der IM dem MfS mit, dass er Zeugnisse über eine berufliche Ausbildung als Drucker vorlegen müsse. Da er bereits nach dem Krieg in einer Druckerei gearbeitet hatte, wurde ihm operativ vom MfS ein entsprechendes Zeugnis beschafft, worauf »Heinz Richter« im März 1974 in der Druckerei zu arbeiten begann. In der Druckerei wurden fast alle Druckerzeugnisse der US-Armee in Europa wie zum Beispiel Instruktionen, Dokumente und Ausweise hergestellt. Gleichzeitig war im Objekt auch eine Druckerei des US-Geheimdienstes untergebracht.

In seiner Tätigkeit als Drucker hatte der IM sehr gute Möglichkeiten, interessantes Material für das MfS zu beschaffen. Nachdem er sich in seine neue Tätigkeit eingearbeitet hatte, erhielt er folgende Aufträge:

- Aufklärung der dort tätigen Bundesbürger,
- Beschaffung von operativ verwendbaren Druck-
  erzeugnissen,
- Feststellung der genauen Standorte und Dienststellen
  der US-Armee,
- Aufklärung der Dienststelle des US-Geheimdienstes
  und der darin tätigen Personen.

Bis zu dieser Phase der Zusammenarbeit erfüllte der IM
»Heinz Richter« seine Aufträge zur vollen Zufriedenheit. Es wurden keine Anzeichen der Dekonspiration
bekannt und es gab auch keine Anzeichen der Unehrlichkeit des IM. Im Interesse der Verbesserung des
Verbindungswesens und eines reibungslosen Informationsflusses wurde der IM operativ-technisch ausgebildet
und mit der notwendigen Ausrüstung versehen.

Nachdem »Heinz Richter« zielgerichtet zur Aufklärung
der Objekte sowie der dort tätigen Personen eingesetzt
wurde und erste Ergebnisse der Aufklärung vorlagen,
teilte er dem MfS im Juli 1974 mit, dass ihm sein Arbeitsverhältnis gekündigt worden sei. Beim Treff berichtete
er dann, dass ihm in einer Aussprache mitgeteilt worden war, dass im Objekt Rekonstruktionsmaßnahmen
durchgeführt und die zuletzt eingestellten Mitarbeiter
entlassen werden müssten.

Zu dem Zeitpunkt, als der Treff stattfand, hatte der IM
bereits eine neue Arbeitsstelle. Er war als Drucker in
der Bundesanstalt für Flugsicherung angestellt worden.
Beim nächsten Treff konnte anhand der Berichterstattung des IM eingeschätzt werden, dass er auf seiner neu-
en Arbeitsstelle sehr gute Möglichkeiten hatte, dem MfS
Informationen über sämtliche geplante Manöver der
NATO-Luftwaffe zu beschaffen. In seiner Eigenschaft
als Drucker fertigte er die erforderlichen Unterlagen
jeweils 14 Tage vor den geplanten Manövern an, worin
Ort, Zeit, und Nationalität der teilnehmenden Streit-

kräfte enthalten waren. Als der IM auch hier konkrete Aufträge zur Aufklärung der Dienststelle und der dort tätigen Personen erhielt beziehungsweise als festgelegt wurde, dass er regelmäßig und rechtzeitig über geplante Manöver an die Zentrale zu berichten hat, war zu verzeichnen, dass er diese Aufgaben nicht mehr so gewissenhaft und gründlich realisierte. Angeblich war es dem IM aus Zeitgründen und Aspekten seiner eigenen Sicherheit nicht immer möglich, die Staatssicherheit über geplante Manöver rechtzeitig zu unterrichten.

Die Aufträge zur Aufklärung von Objekten, zum Beispiel vom IG-Farben-Haus oder von Emigrantenorganisationen sowie Aufträge zur Aufklärung interessanter Personen wurden durch den IM weiterhin realisiert. Immer öfter brachte der IM beim Treff zur Sprache, dass er zu wenig Geld verdiene und zeigte stärkeres Interesse an finanziellen Zuwendungen, indem er unter anderem die Auslagen, die er zur Realisierung von Aufträgen hatte, hochschraubte.

Nach einer eingehenden Instruktion über die zu realisierenden Aufträge zur Aufklärung der Bundesanstalt für Flugsicherung und zur rechtzeitigen Information an die Zentrale über geplante Manöver teilte der IM beim nächsten Treff mit, dass er in der in der Bundesanstalt für Flugsicherung nicht länger arbeiten könne, da sein Aufgabengebiet von der Bundeswehr übernommen werden würde. Bei diesem Treff brachte er wiederum zum Ausdruck, dass er überall arbeiten werde aber dann vom MfS einen Gehaltszuschuss erwarte, was mit der Begründung, dass er für die Höhe seiner Entlohnung selbst sorgen müsse, abgelehnt wurde.

Im November 1974 fing »Heinz Richter« als Drucker in einer Dienststelle der Landesregierung Hessen in Frankfurt/Main zu arbeiten an. Seitens der Staatssicherheit bestand an dieser Behörde wenig Interesse.

Zum gleichen Zeitpunkt, als der IM von der Druckerei der US-Armee gekündigt wurde, traten in seinem
Verhalten, speziell beim Treff mit dem Führungsoffizier sowie in seinen Argumentationen zu bestimmten
Aufträgen Veränderungen ein, die von bisherigen
Verhaltensweisen des IM abwichen. So brachte »Heinz
Richter« immer öfter Befürchtungen hinsichtlich seiner
persönlichen Sicherheit bei der Durchführung von Aufträgen des MfS zum Ausdruck und gab zu bedenken, ob
es nicht besser sei, ein Verbindungssystem über Kuriere
aufzubauen beziehungsweise die Treffs in der Bundesrepublik durchzuführen. In diesem Zusammenhang war
der IM auch bestrebt, seine technische Ausrüstung zu
erweitern, was seitens des MfS abgelehnt wurde.

Entgegen der Bedenken hinsichtlich seiner Sicherheit
waren grobe Verletzungen der Konspiration in der Zusammenarbeit durch den IM »Heinz Richter« begangen
worden. So zeigte er ein leichtsinniges, den Regeln der
Konspiration widersprechendes Verhalten beim Transport von operativen Materialien, brachte mehrmals fer-
tig geschriebene Berichte mit zum Treff und versuchte
dieses Verhalten damit zu begründen, dass die Kon-
trollorgane der Bundesrepublik oberflächlich arbeiten
würden, weshalb für ihn keine Gefahr bestünde. Es kam
auch vor, dass »Heinz Richter« außer der Reihe zum
Treff erschien und dies dann als Irrtum oder als Versehen seinerseits darstellte.

Immer stärker machte sich bei den Treffs mit dem MfS
das Bestreben, größere finanzielle Zuwendungen vom
MfS zu erhalten, bemerkbar.

Im Verhältnis des IM zum Führungsoffizier waren Bemühungen zu erkennen, enge und persönliche Kontakte
herzustellen. »Heinz Richter« zeigte starkes Interesse für
persönliche Belange des MfS-Mitarbeiters und brachte
mehrmals Geschenke mit zum Treff.

Grobe Verletzungen der Konspiration traten im Verbindungswesen des IM zur Zentrale auf. So waren auf einer Reihe von Briefen so starke Blindabdrücke zu erkennen, dass man Teile der Information lesen konnte. Trotz mehrfacher intensiver Schulungen durch die zuständige Diensteinheit konnten diese Mängel nicht vollständig beseitigt werden. Der IM begründete diese mit der Art seines Schreibens und nahm sie zum Anlass für die Untermauerung der Notwendigkeit das Verbindungswesen zu verändern. Bei den Schulungen traten diese Mängel jedoch nicht auf.

Zur Auftragserfüllung schätzte die Staatssicherheit ein, dass der IM grundsätzlich zur Durchführung seiner Aufträge bereit war und jeden Auftrag annahm.

Das Ziel der Werbung, ihn in ein Objekt der US-Armee einzuschleusen und dann zielgerichtet zur Bearbeitung von Dienststellen und Personen des US-Geheimdienstes einzusetzen, wurde nach anfänglichen Teilerfolgen nicht erreicht.

Bestimmte Aufträge, zum Beispiel die Aufklärung der US-Druckerei sowie der Bundesanstalt für Flugsicherung und der dort tätigen operativ interessanten Personen konnten ab einer bestimmten Stufe nicht weiter realisiert werden, da der IM dann jeweils ein anderes Arbeitsverhältnis aufnahm. Aufträge zur Aufklärung von Personen und US-Objekten im Raum Frankfurt/Main wurden vom IM realisiert.

Aufgrund der Analyse der bisherigen Zusammenarbeit mit dem IM »Heinz Richter« wurde nach einer Beratung zwischen der Abteilung II der BV Magdeburg und der HA II des MfS im Dezember 1974 festgelegt, den IM wegen Verdacht der Doppelagententätigkeit zu bearbeiten. Die eingeleiteten Überprüfungen zum IM »Heinz Richter« hatten folgendes Ergebnis:

Die Analyse der bisher vom IM erarbeiteten Informationen erbrachte keine direkten Hinweise, die Rückschlüsse auf eine eventuelle Unehrlichkeit des IM zuließen. Sie waren von operativem Wert, aktuell und wurden durch die gezielte Beauftragung des IM durch den Führungsoffizier vom IM erarbeitet, ohne das Widersprüche zu erkennen waren.

Festgestellt wurde bei der Analyse der Informationen des IM und der bisherigen Zusammenarbeit, dass der Teil der Informationen mit internem Charakter und hoher Wertigkeit etwas zurückgegangen war. Die der HV A und der HA II zur Auswertung und Überprüfung übergebenen Informationen des IM wurden nach wie vor als operativ wertvoll eingeschätzt und bestätigten in einigen Fällen bereits vorhandene Informationen. Mehrere der Informationen von »Heinz Richter« wurden von der HV A als sehr wertvoll eingeschätzt.

Das Studium und die Überprüfung des IM beim Treff ergaben ebenfalls, ausgehend von seiner Berichterstattung und der Mitarbeit beim Treff sowie bei der Absprache von Aufträgen, keine direkten Hinweise für eine Unehrlichkeit. Bei den Treffs mit dem IM wurden wiederholt Probleme behandelt, die bei vorangegangenen Treffs Gegenstand der Berichterstattung waren, ohne dass sich »Heinz Richter« dabei in Widersprüche verstrickte oder abweichende Schilderungen gab. Es entstand seitens der Staatssicherheit nie der Eindruck, dass er bestimmte Aufgaben nicht selbst realisierte. Ausgehend von seiner Persönlichkeit und den in der bisherigen Zusammenarbeit gezeigten charakterlichen Veranlagungen sowie der festgestellten bisherigen Verhaltensweisen konnte allerdings beobachtet werden, dass ein Nachlassen der Eigeninitiative des IM zu verzeichnen war, was sich in der teilweise ungenügenden Erfüllung von gezielten Aufträgen und in der nicht vollen Ausschöpfung seiner Möglichkeiten bemerkbar machte.

Unter Berücksichtigung dessen, dass der IM »Heinz Richter« hinsichtlich der Verdachts der Doppelagententätigkeit bearbeitet wurde, mussten die Informationen des IM und sein Verhalten bei den Treffs unter dem Gesichtspunkt betrachtet werden, dass es sich hierbei eventuell um »Spielmaterial« beziehungsweise um eine gezielte Verhaltensinstruktion eines westlichen Dienstes handelte. Diese Schlussfolgerung wurde durch die Ergebnisse der anderen Überprüfungsmaßnahmen bestätigt.

Entgegen seinem Verhalten zum Anfang der Zusammenarbeit kam bei den Treffs immer mehr das Bestreben des IM zum Vorschein, vom MfS finanzielle Zuwendungen zu erhalten, die in keinem realen Verhältnis zu seinen Auslagen und den Ergebnissen seiner Arbeit für die Staatssicherheit standen.

Die Überprüfung des IM bei den Treffs ließ weiterhin erkennen, dass sich auch sein Verhalten hinsichtlich der Wahrung der Konspiration veränderte und im Verlauf der Zusammenarbeit trotz intensiver Instruktionen grobe Verstöße gegen die Regeln der Konspiration zu verzeichnen waren. So unterbreitete der IM zum Beispiel solche Vorschläge zur Lösung von Aufträgen, die ein sorgloses und oberflächliches Herangehen an die Aufgabe, entgegen seinem Verhalten zum Anfang der Zusammenarbeit, erkennen ließen. Immer öfter waren in den Informationen des IM »Heinz Richter« an die Zentrale Verstöße gegen die Regeln der Konspiration festzustellen, wie beispielsweise:

- Blindabdrücke auf dem Tarntext, die teilweise lesbar waren oder
- ungenügende Verschlüsselung von Namen und Adressen.

Trotz mehrfacher eindringlicher Schulungen und Hinweisen wurden vom IM »Heinz Richter« die wichtigsten und primitivsten Grundregeln in der Handhabung des Geheimschreibverfahrens nicht berücksichtigt. Der nach erfolgter Wiederholungsausbildung eingegangene Geheimschrift-Träger wies sehr starke Blindabdrücke auf. Der Charakter dieser Blindabdrücke war so ausgeprägt, dass die geheime Nachricht ohne Hilfsmittel lesbar war.

Im krassen Gegensatz dazu stand, dass der IM »Heinz Richter« am 7. Januar 1974 ganztägig in die Handhabung eines Geheimschreibmittels eingewiesen worden war und die praktischen Übungen mit Erfolg durchführte. Am Ende dieser Einweisung konnte eingeschätzt werden, dass der IM die Handhabung des Geheimschreibmittels beherrschte.

In seinem Verhalten bei den Treffs war der IM zu selbstsicher und sorglos. Er zeigte kaum noch Angstgefühle beziehungsweise hatte keine Bedenken hinsichtlich seiner persönlichen Sicherheit.

Die Überprüfung in der Abteilung VI der BV Magdeburg ergab, dass der IM nicht immer die festgelegten Reisetermine einhielt und zu den Treffs oft einen Tag früher einreiste beziehungsweise einen Tag später ausreiste.

Durch die Abteilung VIII der BV Magdeburg sowie durch eine gezielte Befragungen bei der Grenzpassage konnte festgestellt werden, dass der IM intime Verbindungen zu weiblichen Personen in Berlin und Leipzig unterhielt. Diesen Personen gegenüber gab er sich als Bundesbürger zu erkennen und machte Angaben zu seiner Person, die im krassen Widerspruch zu den Regeln der Konspiration standen.

Aufbauend auf sein Interesse an weiblichen Bekanntschaften wurde Anfang 1975 bei einem Aufenthalt des IM »Heinz Richter« in Berlin, der zur Treffdurchführung genutzt wurde, der weibliche IM »Betti« an ihn herangeschleust. Durch diesen weiblichen IM konnten Hinweise zu bestimmten Verhaltenseigenschaften erarbeitet werden, die krasse Verletzungen der Konspiration darstellten und die bereits getroffene Feststellung über ein zu sorgloses und selbstsicheres Auftreten des IM »Heinz Richter« bestätigten. So berichtete »Heinz Richter« gegenüber dem IM »Betti«, dass er Pilot bei der Lufthansa sei, Verwandte in Stendal sowie Berlin habe und das er nicht in der DDR leben möchte, da er ihm der Lebensstil hier nicht behagen würde beziehungsweise er andere politische Ansichten habe. Weiterhin teilte er »Betti« mit, dass er einen blauen Opel-Rekord besitze und zeigte starkes Interesse mit »Betti« in Verbindung zu bleiben. Es kam zum Austausch der Adressen.

Im Januar und März 1975 wurden durch die Beobachtergruppe »Peter Jörg« in Frankfurt/Main zwei Beobachtungen des IM »Heinz Richter« durchgeführt, mit dem Ziel, festzustellen, ob der IM zu den vereinbarten Sendeterminen der Zentrale zu Hause war und die durchgegebenen Sendungen im einseitigen Funk empfing. Bei beiden Beobachtungen stellten die eingesetzten Beobachter fest, dass »Heinz Richter« zum Zeitpunkt der Sendungen zwar zu Hause war aber die Sendungen nicht abhörte, da er bei den unter einem Vorwand erfolgten Telefonanrufen der Beobachter selbst am Apparat war und sich auf die geführten Gespräche ohne Anzeichen von Ungeduld und Eile einließ. Da bekannt war, dass »Heinz Richter« kein Tonbandgerät zur Aufzeichnung der Sendungen besaß, war offensichtlich, dass er die Funksendungen, die für ihn bestimmt waren, nicht selbst empfangen konnte. Bei nach den Funksendungen erfolgten Treffs mit »Heinz Richter« bestätigte er jeweils den Empfang der Sendungen und berichtete über darin enthaltene Aufträge.

Neben diesen Beobachtungsergebnissen erwies sich als

verdächtig, dass der IM in einem Fall am Tag nach der Sendung nicht zur Arbeit fuhr. Durch mehrere Kontrollen stellte das MfS fest, dass er den ganzen Tag über nicht auf seiner Arbeitsstelle erschienen war, obwohl er keinen Urlaub hatte und sich auch erst gegen 17 Uhr wieder in seiner Wohnung einfand.

Am 23. April 1975 wurde an den IM »Heinz Richter« im Rahmen einer operativen Kombination ein Funkspruch mit einer kurzfristigen Treffvereinbarung und dem Auftrag, sofort das Objekt einer Emigrantenorganisation in Frankfurt/Main aufzuklären, gesandt. Über die Ergebnisse sollte »Heinz Richter« beim nächsten Treff berichten. Für die Durchführung des Auftrags hatte der IM zwei Tage Zeit, da er anschließend zum festgelegten Treff fahren musste.

Entsprechend des Überprüfungsplanes wurde der IM »Heinz Richter« gleichzeitig durch die Beobachtergruppe »Peter Jörg« am 23. April 1975 unter operative Kontrolle genommen. Ziel dieser Maßnahme war es, den IM durch die kurzfristige Auftragserteilung und Treffvereinbarung zu Reaktionen zu veranlassen, die Rückschlüsse auf seine Ehrlichkeit und vermutete Doppelagententätigkeit zuließen.

Durch die Beobachter konnte festgestellt werden, dass »Heinz Richter« zum Zeitpunkt der Funksendung zwar wiederum zu Hause war aber offensichtlich den Funkspruch nicht empfing, da er beim Kontrollanruf erneut selbst am Telefon war und sich auf ein längeres Gespräch einließ, ohne Unruhe oder Eile zu zeigen. Am darauf folgenden Tag fuhr der IM zur gewohnten Zeit mit dem Pkw von seiner Wohnung in Richtung Arbeitsstelle, wobei ihn die Beobachter nicht mehr unter Kontrolle halten konnten. Überprüfungen an seiner Arbeitsstelle ergaben, dass er dort den ganzen Tag nicht anwesend war und sein Fernbleiben auch nicht entschuldigt hatte.

Die Beobachtung des von »Heinz Richter« aufzuklärenden Objektes der Emigrantenorganisation durch
drei IM der Beobachtergruppe »Peter Jörg« ergab, dass
der IM »Heinz Richter« weder am 24. April 1975 noch
am 25. Mai 1975 an diesem Objekt in Erscheinung trat.
Nach Einschätzung der Beobachter hätten sie den IM
auf jeden Fall gesehen, da sie günstige Beobachtungspunkte besetzten und die Zielperson ihnen aus den Beobachtungen im Januar und März 1975 gut bekannt war.
Beim Treff am 26. April 1975 berichtete der IM »Heinz
Richter« über den Empfang der Funksendung und die
Realisierung des Auftrages. Die Angaben zum Auftrag
waren dabei allgemein gehalten und beinhalteten nicht
die konkrete Situation am Objekt, wie sie durch die Beobachtergruppe »Peter Jörg« festgestellt wurde. Aus der
Befragung des IM »Heinz Richter« beim Treff konnte
seitens des MfS erarbeitet werden, dass er angeblich in
der letzten Zeit weder Urlaub noch freie Tage hatte und
jeden Tag auf seiner Arbeitsstelle war.
Die durchgeführte Überprüfungsmaßnahme erbrachte
im Zusammenhang mit den Ergebnissen anderer Überprüfungsmaßnahmen den Beweis, dass der IM »Heinz
Richter« in der Zusammenarbeit mit der Staatssicherheit unehrlich war. Hinzu kam, dass der IM sein Bemühen verstärkt hatte, den Kontakt zum Führungsoffizier
zu vertiefen. In persönlichen Gesprächen war das Bestreben des IM zu erkennen, die Haltung des Führungsoffiziers zu politischen Aspekten, weiblichen Personen
und zu Geschenken zu testen. Solche Momente waren
am Anfang der Zusammenarbeit seitens des IM »Heinz
Richter« nicht zu verzeichnen gewesen. Besonders die
Tatsachen des Beschenkens musste bei dem Bestreben
des IM nach finanziellen Zuwendungen vom MfS als
ungewöhnlich und dem Charakter des IM als wesens-
fremd angesehen werden.

Darüber hinaus zeigte »Heinz Richter« verstärktes Interesse an einer Veränderung des Verbindungswesens vom IM zur Zentrale, was er mit den ständig auftretenden Mängeln (Blindabdrücke beim Geheimschreibverfahren) begründete.

Nach eingehender Analyse der bisher bei der Überprüfung des IM erarbeiteten Ergebnisse und der bisherigen Arbeit des IM wurde von der Abt II der BV Magdeburg gemeinsam mit der HA II eingeschätzt, dass es sich bei dem IM »Heinz Richter« um einen Doppelagenten handelte.

Im Wesentlichen basierte diese Einschätzung der Staatssicherheit auf folgenden Verdachtsmomenten:

- Der IM bot sich 1972 selbst zur Zusammenarbeit mit dem MfS an, dies konnte bereits im Auftrag eines westlichen Geheimdienstes erfolgt sein.
- Das Motiv der Zusammenarbeit beruhte ausschließlich auf der materiellen Interessiertheit des IM und wurde vom »Heinz Richter« im Laufe der Zusammenarbeit immer stärker in den Vordergrund gerückt. Aus dem gleichen Motiv konnte es durchaus der Fall sein, dass er sich einem westlichen Dienst angeboten hatte und in dessen Auftrag die Zusammenarbeit mit dem MfS aufrechterhielt. Ausgehend vom Persönlichkeitsbild des IM musste von der Staatssicherheit eingeschätzt werden, dass er für Geld alles macht und sich aus diesem Grund auch beim MfS zur Zusammenarbeit anbot. Sein Drang nach finanziellen Zuwendungen unterstrich diese Tatsache.
- Die kurzfristige Kündigung in der US-Dienststelle in Frankfurt/Main sowie der Arbeitswechsel in der Bundesanstalt für Flugsicherung erfolgte zu einem Zeitpunkt, als der IM zur zielgerichteten Aufklärung der Dienststellen und der dort tätigen Personen beauftragt worden war. Aus den Erfahrungen der Staats-

sicherheit ließ sich mit hoher Gewissheit einschätzen, dass es sich hierbei um eine gesteuerte Aktion eines westlichen Geheimdienstes handelte, da er sonst wertvolles Material hätte liefern müssen. Unter diesem Gesichtspunkt musste auch die sonst gute Auftragserfüllung des IM gesehen werden, soweit sie bestimmte Aufklärungsmaßnahmen von Objekten der US-Armee beziehungsweise der Emigrantenorganisationen betraf. Ausgehend von den realen Möglichkeiten, die der IM durch seine Arbeit in der US-Dienststelle beziehungsweise in der Bundesanstalt für Flugsicherung hatte, stand das tatsächliche Ergebnis seiner Arbeit für das MfS in keinem zufrieden stellenden Verhältnis.

- Nach anfänglich zufriedenstellender inoffizieller Zusammenarbeit traten immer öfter Verletzungen der Regeln der Konspiration, besonders im Verbindungswesen, auf. In geradezu unverantwortlicher Weise wurde durch den IM das Geheimschreibmittel gehandhabt, obwohl er bei den Schulungen während der Treffs damit richtig umgehen konnte. Auch die Nichtbefolgung von Weisungen führte zu Verletzungen der Regeln der Konspiration, indem »Heinz Richter« außerhalb der festgelegten Treffzeit zum Treff erschien. Darüber hinaus transportierte er operatives Material in seinem Pkw in leichtfertiger Art und Weise. Im Zusammenhang mit den Verletzungen der Konspiration unterbreitete der IM Vorschläge, dass Verbindungssystem umzugestalten und zum Beispiel über Kuriere zu arbeiten. Das MfS sollte gezwungen werden, dass Verbindungssystem zum IM »Heinz Richter« zu verändern, um dem nachrichtendienstlichen Gegner neue Mittel und Methoden sowie andere inoffizielle Kräfte zu offenbaren. Die aufgetretenen Konspirationsverletzungen, die aufgrund des vorhandenen Wissens und der Fähigkeiten des IM nie hätten auftreten dürfen, deuteten darauf hin, dass sie bewusst begangen wurden. Die aufgezeigten Verletzungen der Regeln der Konspiration standen im krassen Widerspruch zu seinem sonstigen Verhalten und mussten als gelenkte Maßnahmen eines Geheimdienstes angesehen werden.

- Das Auftreten des IM beim Treff und auch bei seinen Aufenthalten in der DDR insgesamt stand im krassen Widerspruch zu den Behauptungen, dass er um seine persönliche Sicherheit besorgt sei. Ein solch sorgloses und leichtfertiges Auftreten, wie es sich bei »Heinz Richter« zeigte, sowie die groben Verletzungen der Konspiration, zum Beispiel beim Transport von Material, bei der Passage der Grenzübergangsstelle oder beim Nichtbeachten von Verhaltensregeln konnte sich nur ein Mensch erlauben, der die westlichen Sicherheitsbehörden nicht zu fürchten brauchte, da er mit ihnen zusammenarbeitete.

- Als gezielte Aktion eines westlichen Dienstes musste auch die Tatsache gewertet werden, dass der IM versuchte, Informationen über persönliche Belange des Führungsoffiziers zu erarbeiten und diesem Geschenke mitbrachte, was im krassen Widerspruch zu seinen Charaktereigenschaften und sonstigen Gewohnheiten stand und nicht mit seinem finanziellen Interesse vereinbar war.

- Die im Januar, März und April 1975 durchgeführten Beobachtungen in Verbindung mit anderen operativen Maßnahmen erbrachten den Beweis, dass der IM »Heinz Richter« die Funksendungen der Zentrale nicht selbst empfing. Da er jedoch bei den Treffs beziehungsweise auf postalischem Wege über die per Funk erteilten Aufträge berichtete, konnte mit Sicherheit davon ausgegangen werden, dass die Funksprüche von einem Geheimdienst empfangen und anschließend mit dem IM durchgesprochen wurden. Erhärtet wurde dies noch dadurch, dass der IM in zwei Fällen am Tag der Sendung nicht zur Arbeit fuhr und auch nicht entsprechend des Auftrages am aufzuklärenden Objekt in Erscheinung trat, obwohl er zu verstehen gab, an diesen Tagen gearbeitet zu haben.

- Aus der Analyse der Zusammenarbeit mit dem IM »Heinz Richter« wurde geschlussfolgert, dass er vermutlich nach seiner Einstellung in dem Objekt der US-Armee Verbindung zum Geheimdienst (vermutlich zum US-Geheimdienst) bekam. Die Schlussfolgerung konnte deshalb gezogen werden, weil gerade zu diesem Zeitpunkt Mängel in der operativen Arbeit begannen. Der Wechsel der Arbeitsstellen bei Beginn des zielgerichteten Einsatzes des IM und das Auftreten der Mängel musste vom Führungsoffizier unter diesem Gesichtspunkt als gelenkte Aktion eines westlichen Geheimdienstes eingeschätzt werden.

Unter Berücksichtigung der bestehenden politischen Lage - zwischen der DDR und der Bundesrepublik fanden auf Regierungsebene Verhandlungen statt, die durch Maßnahmen des MfS (Festnahme des Bundesbürgers »Heinz Richter«) nicht beeinträchtigt werden durften – wurden zwischen der Abteilung II der BV Magdeburg und der HA II des MfS in Berlin geeignete Maßnahmen zum Abschluss des Vorganges und zur Unterbindung weiterer geheimdienstlicher Aktivitäten des Doppelagenten »Heinz Richter« festgelegt.

Von einer Inhaftierung des IM »Heinz Richter« wurde aus den bereits dargelegten Gründen Abstand genommen. Von einem operativen Spiel wurde ebenfalls abgesehen, da eingeschätzt werden konnte, dass der Aufwand in keinem realen Verhältnis zum Nutzen gestanden hätte. Der Vorgang wurde im Endeffekt unter Beachtung bestimmter Sicherungsmaßnahmen eingestellt. Es wurde auch darauf verzichtet, die nachrichtendienstlichen Hilfsmittel (Container, Geheimschreibmittel und Schlüsselrolle) einzuziehen, da diese Dinge unter den gegebenen Umständen bereits dekonspiriert waren.

Die KD Stendal wurde von der Doppelgängerrolle des IM »Heinz Richter« informiert mit der Maßgabe, die dort wohnenden Verwandten des IM unter Kontrolle zu halten. Es wurde über alle Personen eine M-Kontrolle eingeleitet.

Die Zusammenarbeit mit den Inhabern der KW, in denen Treffs mit dem Doppelagenten erfolgten, wurde abgebrochen. Gleichzeitig wurde mit den KW-Inhabern ein Gespräch geführt, in dem sie von der Doppelagententätigkeit des IM unterrichtet wurden und Hinweise erhielten, wie sie sich bei eventuell anbahnenden Kontakten beziehungsweise beim Verdacht einer Beobachtung zu verhalten hatten. Eine Instruktion wurde diesen KW-Inhabern auch für mögliche Reisen in das Operationsgebiet gegeben.

Es wurden weiterhin alle Diensteinheiten des MfS verständigt, in deren Zuständigkeitsbereich der IM persönliche Kontakte geknüpft hatte. Im Interesse der weiteren operativen Kontrolle des ehemaligen IM wurde seine Wohnanschrift in Frankfurt/Main unter M-Kontrolle gestellt und »Heinz Richter« an allen Grenzübergangsstellen in Einreisesperre gelegt.

Die G-Operationen des Verfassungsschutzes – eine spezifische Form der Doppelagententätigkeit gegen das MfS

Die Führung von Gegenoperationen stellte eine der Hauptmethoden der Spionageabwehr des Verfassungsschutzes in der Arbeit gegen das MfS dar. Bei der Erlangung von Informationen mit Hilfe von Doppelagenten handelte es sich um das effektivste Vorgehen, weil:

- den Angaben überführter IM des MfS im Rahmen eines Ermittlungsverfahrens mit prinzipiellen Zweifeln begegnet wurde und es ihnen selbst bei vorbehaltloser Offenbarung immer an Systematik und Aktualität fehlte,
- den Aussagen eines Offenbarers nach unmittelbar erfolgter Kontaktierung oder Werbung lediglich Erkenntnisse über die konkret abgelaufene Variante, nur wenig jedoch über Zielstellungen, Perspektiven, beteiligte Mitarbeiter usw. entnommen werden konnte.

Nach Ansicht der Spionageabwehr des Verfassungsschutzes ließ sich ein kontinuierlicher Erkenntnisgewinn über die Arbeitsweise, das heißt über Kräfte, Mittel und Methoden der Nachrichtendienste und Sicherheitsorgane sozialistischer Länder nur mit Hilfe von Doppelagenten in einer langfristig gesteuerten Gegenoperation erarbeiten. Der Verfassungsschutz definierte den Begriff Gegenoperation als: »die Fortführung einer erkannten geheimdienstlichen Verbindung einer Person (Agent) zu einem gegnerischen Nachrichtendienst (GND) unter der Kontrolle und Steuerung dieses Agenten durch die Spionageabwehr.«[643]

Eine andere Definition lautet: »Die G-Operation dient dazu, den Angriff des GND zu steuern, seinen Schwerpunkt zu erkennen, den Schaden zu begrenzen, vor allem aber Erkenntnisse über Arbeitsweise und ND-Potential zu gewinnen. Die G-Operation wird als nachrichtendienstliches Mittel im Sinne des § 3 Abs. 2 VerfSchG verstanden. Der für eine G-Operation überworbene Agent wird ›Counterman‹ (CM) genannt. Er wird in seiner Rolle als Agent des GND mit Spielmaterial ausgestattet.«[644]

---

643 Vgl.: Horst Hillenhagen, Jürgen Seidel, Stefan Engelmann: Forschungsergebnisse, Bl. 12.

644 Archiv des Verfassers.

Bezogen auf die G-Operationen des Verfassungsschutzes gegen das MfS handelte es sich bei einen CM um einen nicht hauptberuflichen Mitarbeiter des Verfassungsschutzes, der aber zugleich auch hautamtlicher oder inoffizieller Mitarbeiter des MfS war.

Zur Verbesserung der nachrichtendienstlichen Arbeit wurde im Rahmen einer Fachtagung der Spionageabwehr des Verfassungsschutzes am 26. November 1981 der Beschluss gefasst, eine einheitliche Konzeption zur Führung von Gegenoperationen zu erarbeiten. Diese Konzeption lag seit 1983 als VS-Dokument beim Verfassungsschutz vor und wurde entsprechend realisiert. Das MfS schätzte ein, dass diese generellen Richtlinien zum Aufbau und zur Führung von Gegenoperationen gegen die Nachrichtendienste und Sicherheitsorgane der sozialistischen Staaten auch nach dem Übertritt des BfV-Regierungsdirektors Hansjoachim Tiedge, im August 1985, nicht wesentlich verändert werden konnten.[645]

Die Staatssicherheit ging davon aus, dass die Entscheidung über die Aufnahme einer Gegenoperation nicht unbedeutend von der Einstellung des jeweiligen Präsidenten des BfV, der Leiter der LfV und der Leiter der Abteilung Spionageabwehr in Verbindung mit Auseinandersetzungen über Einfluss- und Führungspositionen oder Erfolgszwängen abhängig war. So beobachtete das MfS dass unter dem BfV-Präsidenten Richard Meier (1975–1984) eine nachrichtendienstliche Offensive mit Hilfe von Doppelagenten gegen die Sicherheitsorgane sozialistischer Staaten geführt wurde, die durch den damaligen Abteilungsleiter IV (Spionageabwehr) des BfV, Heribert Hellenbroich, volle Unterstützung erfuhr.

---

645 Vgl.: Horst Hillenhagen, Jürgen Seidel, Stefan Engelmann: Forschungsergebnisse, Bl. 12 f.

Die Führung von Gegenoperationen wurde seinerzeit durch die Leitung des BfV als unverzichtbare und
wirksamste Methode zur Gewinnung von aktuellen und
objektiven Erkenntnissen über die Arbeitsweise und die
Sicherheitsorgane der sozialistischen Staaten überhaupt
betrachtet.

Mit der Führung von Gegenoperationen verfolgte der
Verfassungsschutz weiterhin folgende Ziele:

- Frühzeitiges Erkennen der Angriffsrichtungen und
  nachrichtendienstlich relevanter Schwerpunkte gegen
  die Bundesrepublik.

- Einengung des operativen Handlungsspielraumes
  sozialistischer Sicherheitsorgane, besonders des MfS
  und die nachrichtendienstliche Kontrolle ihrer operativen Handlungen.

- Erarbeitung aktueller Erkenntnisse über Kräfte, Mittel
  und Methoden der sozialistischen Sicherheitsorgane,
  insbesondere zu charakteristischen Merkmalen des
  gegen die Bundesrepublik eingesetzten IM-Netzes
  sowie dessen operativ-technische Ausstattung und
  zu den Mitarbeitern, offiziellen sowie konspirativen
  Einrichtungen und Objekten beziehungsweise Strukturen.

- Aufnahme einer langfristigen und zielgerichteten
  Bearbeitung von operativen Mitarbeitern des MfS
  mit dem Ziel der Realisierung ihrer Festnahme oder
  Werbung.

- Eindringen in das System des Verbindungswesens,
  der Systematik bei der Auswahl von Reisewegen und
  Dokumenten als Grundlage für gezielte Kontroll- und
  Suchmaßnahmen von IM der sozialistischen Sicherheitsorgane.[646]

Hansjoachim Tiedge bemerkte: »Diese Operationen

---

646 Vgl.: Ebd., Bl. 14 ff.

versetzten den Verfassungsschutz in die Lage, einem aktiven Agenten bei der Spionage zuschauen zu können, beobachten zu können, wie der Gegner einen Agenten führte, welche Aufträge er ihm erteilte, welche Hilfestellung er ihm bei der Beseitigung bestimmter Schwierigkeiten gab, welche Verbindungswege er ihm eröffnete und welche Personen er zu seiner Steuerung einsetzte.[647] Das MfS bemerkte nach dem Übertritt Tiedges: »Die vor allem seit Ende der 70er Jahre realisierten Festnahmen und insbesondere die im Zusammenhang mit dem Übertritt des ehemaligen Regierungsdirektors des BfV Tiedge bekannt gewordenen Doppelagenten unterstreichen den erheblichen geheimdienstlichen Stellenwert, den der Feind der Arbeit mit Doppelagenten beimisst. Wenn auch nach unseren Erkenntnissen und in der Selbstdarstellung des Verfassungsschutzes der Übertritt Tiedges zur Zerschlagung des CM-Netzes führte, ist dennoch davon auszugehen, dass der Verfassungsschutz alles unternimmt, um ein neues arbeitsfähiges CM-Netz aufzubauen.«[648]

Weiter schätzte man in der Normannenstraße 1987 ein, dass durch eine qualifizierte Arbeit der HV A und der HA II dem Gegner in den letzten Jahren empfindliche Schläge zugeführt wurden. Es sollte allerdings nicht übersehen werden, dass die Lage zur Bekämpfung der Doppelagententätigkeit dadurch gekennzeichnet war, dass ihre Entlarvung in unzureichendem Maße auf die analytische Arbeit beziehungsweise auf Ergebnisse von Überprüfungsmaßnahmen der IM basierte.[649]

---

647 Hansjoachim Tiedge: *Der Überläufer. Eine Lebensbeichte.* Berlin 1998, S. 250.

648 Horst Hillenhagen, Jürgen Seidel, Stefan Engelmann: Forschungsergebnisse, Bl. 16 f.

649 Vgl.: Ebd., Bl. 18.

Diese Einschätzung des MfS lässt den Schluss zu, dass Doppelagenten westlicher, speziell bundesdeutscher Dienste, größtenteils durch Quellen des MfS in diesen Diensten enttarnt wurden. Diese Interpretation stützt auch der ehemalige Leiter der HV A IX/C, Oberst a. D. Klaus Eichner, indem er mitteilte: »Ich interpretiere diese Aussage auch so - und es entspricht der Realität. Wirklich gesicherte Aussagen kamen nur durch die Quellen, natürlich insbesondere von Klaus Kuron. Sie konnten zwar dem Doppelagenten nicht vorgeworfen werden, aber sie machten die Untersuchungsführer sicher, dass sie auf dem richtigen Weg sind.«[650]

Eine aussagekräftige Anmerkung zu Festnahmen von CM durch das MfS macht auch Hansjoachim Tiedge: »1979 - Hellenbroich war vier Jahre Abteilungsleiter - war die Zahl [der Gegenoperationen, Anm. d. Verf.] wieder auf neunzig (!) gestiegen, um dann erneut auf dreißig bis vierzig abzusinken. Der Rückgang war die Folge mehrerer Festnahmen von CM in der DDR nach 1979, die zeitlich aber vor Kurons Engagement für die HV A lagen und daher nicht auf ihn zurückgingen. Ursache für diese Erfolge war vermutlich die nachrichtendienstliche Tätigkeit des stellvertretenden MAD-Chefs, Oberst Joachim Krase, für das MfS.«[651]

Oberst Joachim Krase arbeitete, wie bereits geschildert, als IM »Fiedler« mit der HA II inoffiziell zusammen und war in gemeinsame G-Operationen des Verfassungsschutzes mit dem MAD eingebunden beziehungsweise hatte entsprechende Kenntnis.

Der Verfassungsschutz deklarierte seine Doppelagententätigkeit ausschließlich als reine Abwehroperation,

---

650 Mitteilung von Klaus Eichner vom 16. März 2007 an den Verfasser.

651 Hansjoachim Tiedge: Der Überläufer, S. 251 f.

deren Beginn und Ende sowohl vom nachrichtendienstlichen Interesse des MfS, als auch von der Einschätzung des Verfassungsschutzes zur Vertretbarkeit der Führung einer Gegenoperation bestimmt wurden.

Die Auftragsinstruktion der Doppelagenten durch den Verfassungsschutz berücksichtigte zwar die Sicherheit des CM, war aber nach Darstellung des MfS in ihrem Wesen und in der Zielstellung offensiv und erfolgsorientiert. Das Selbstverständnis des Verfassungsschutzes zur Führung von Gegenoperationen war nach Auffassung der Staatssicherheit letztendlich eine »demokratische Bemäntelung« für die tatsächlich offensive Angriffsmethode gegen die sozialistischen Schutz- und Sicherheitsorgane.[652]

Hinsichtlich des Beginns einer Gegenoperation des Verfassungsschutzes konnten vom MfS folgende Schwerpunkte erarbeitet werden:

- die Offenbarung einer bestehenden nachrichtendienstlichen Verbindung unterschiedlichen Stadiums,
- die Überwerbung nach erfolgter Bearbeitung durch die Spionageabwehr des Verfassungsschutzes,
- die Überwerbung nach Einleitung eines Ermittlungsverfahrens,
- die Übernahme einer laufenden Gegenoperation eines anderen Dienstes infolge Zuständigkeit und
- gemeinsame Führung einer Gegenoperation, beispielsweise mit dem MAD.[653]

Die größte Häufigkeit für den Beginn einer Gegenoperation des Verfassungsschutzes stellte die Offenbarung einer nachrichtendienstlichen Verbindung dar. Nach Angaben Tiedges machten die Offenbarer einen Pro-

---

652 Vgl.: Horst Hillenhagen, Jürgen Seidel, Stefan Engelmann: Forschungsergebnisse, Bl. 20 f.

653 Vgl.: Ebd., Bl. 23–27.

zentsatz von 95 Prozent aus, während nur 5 Prozent der G-Operationen ihren Ursprung in Verdachtsfällen hatten.[654]

Schlomann hingegen schreibt: »Sorgfältige Statistiken des Bundesamtes für Verfassungsschutz – die verständlicherweise allerdings nur bekanntgewordene Fälle berücksichtigen können – ergeben aber, dass während der letzten zehn Jahre etwa 62 Prozent aller zur Spionage Angeworbenen sich freiwillig westdeutschen Polizei- oder Sicherheitsbehörden stellten. Bemerkenswerterweise hat die Zahl dieser ›Selbstgesteller‹ sich etwa seit 1977 auf durchschnittlich 75 Prozent erhöht und seit vergangenem Frühjahr erneut sehr zugenommen.«[655]

Tiedge kommentierte nach seinem Übertritt in die DDR den hier erkennbaren Unterschied der Zahlen Schlomanns zu seinen Angaben mit der Absicht, »die Leistungsfähigkeit der Spionageabwehr des Verfassungsschutzes aufzuwerten und die Zahl der Gegenoperationen aus Verdachtsfällen zu erhöhen.«[656]

Als Offenbarer gab die durch das MfS angesprochene oder bereits geworbene Person dem Verfassungsschutz ihre nachrichtendienstliche Verbindung freiwillig und im Prinzip vor Aufnahme direkter Tätigkeiten für das MfS preis. Nach Prüfung möglichst vieler Angaben, Sachverhalte und Umstände wurde dann über die Aufnahme einer G-Operation durch den Verfassungsschutz entschieden.

Dabei war seitens des MfS der Umstand beachtenswert, dass der Verfassungsschutz bei den Offenbarungen auch

---

654 Vgl.: Ebd., Bl. 28.

655 Friedrich-Wilhelm Schlomann: *Operationsgebiet Bundesrepublik. Spionage, Sabotage und Subversion.* München 1984, S. 103.

656 Horst Hillenhagen, Jürgen Seidel, Stefan Engelmann: Forschungsergebnisse, Bl. 28.

davon ausging, dass es sich möglicherweise um eine aktive Maßnahme der Staatssicherheit handeln konnte. Bei Befragungen der betreffenden Person wurden des Öfteren der Vorhalt einer gezielten Kontaktaufnahme durch das MfS gemacht und mit Konsequenzen gedroht. Dabei ging der Verfassungsschutz davon aus, dass in derartigen Fällen das MfS die bestehenden Verbindungen beenden würde.

Die Mehrzahl der Personen, die eine nachrichtendienstliche Verbindung offenbarte, tat dies unmittelbar nach erfolgter Kontaktaufnahme oder Werbung durch die Staatssicherheit.

Eine Gegenoperation konnte, wie bereits erwähnt, auch nach erfolgter Bearbeitung durch die Spionageabwehr des Verfassungsschutzes und anschließender Überwerbung ihren Anfang nehmen.

Im Rahmen der gezielten Verdachtsfallbearbeitung wurde entsprechend der erarbeiteten Ergebnisse auch geprüft, ob einen mögliche Eignung der bearbeiteten Person – unter Beachtung des Verhältnisses von Aufwand und Nutzen – für den Aufbau einer G-Operation vorlag. Ursachen für die Aufnahme der Bearbeitung konnten sein:

- die Aufarbeitung aller Erkenntnisse zur Person beziehungsweise vorliegender Verdachtshinweise,
- methodischen Maßnahmen gegen das IM-Netz des MfS (Suchmaßnahmen u. ä.),
- methodischen Maßnahmen zur Reiseüberwachung und
- allgemeinen Hinweisen.

Die erzielten Ermittlungsergebnisse bildeten die Grundlage, die Verdachtslage zu prüfen und ein relativ objektives Bild über die betreffende Person zu fertigen.

Die Entscheidung für die Aufnahme einer Gegenoperation aus einer Verdachtsfallbearbeitung heraus erfolgte jedoch erst im Rahmen der abschließenden Befragung der verdächtigten Person – der sogenannten geheimdienstlichen Befragung. Unter Vorhalt des Verdachtes der nachrichtendienstlichen Tätigkeit erfolgte die konkrete Prüfung der Eignung der jeweiligen Person für eine Gegenoperation.

Das MfS verfügte über Erkenntnisse, dass durch den Verfassungsschutz, vor allem bei DDR- Bürgern, eine solche geheimdienstliche Befragung mit anschließendem Versuch der Überwerbung auch in Drittländern durchgeführt wurde (mit und ohne Kenntnis des jeweiligen Landes-Geheimdienstes). Das MfS wusste, dass der Verfassungsschutz bei Zeitdruck auch Entscheidungen traf, die nicht immer durch gezielte Überprüfungsmaßnahmen gesichert waren. Gab der befragte DDR-Bürger beispielsweise an, zur Zusammenarbeit mit dem Verfassungsschutz bereit zu sein, aber in Kürze einen unaufschiebbaren Treff mit dem MfS zu haben, so wurde im Sinne der Glaubhaftigkeit der Darlegungen des zukünftigen Doppelagenten für die Treffdurchführung entschieden. In der Regel wurden, wenn es die operativen Bedingungen zuließen, die Treffs durch den Verfassungsschutz observiert und in Einschätzung seines Verlaufes über die weitere Perspektive der Gegenoperation entschieden. Der Verfassungsschutz war bestrebt, den sich entwickelnden Doppelagentenvorgang weiterzuführen.

Eine andere Variante für den Beginn einer Gegenoperation war die Überwerbung nach Einleitung eines Ermittlungsverfahrens. Nicht jeder erkannte nachrichtendienstliche Kontakt wurde durch die bundesdeutschen Abwehrorgane auf seine Nutzbarkeit überprüft. Auch durch die Staatsschutz-Dienststellen der Polizei konnten Sachverhalte erkannt und beispielsweise an die Generalbundesanwaltschaft weitergeleitet werden.

Nach den Zusammenarbeitsrichtlinien zwischen den Sicherheitsbehörden der Bundesrepublik bestand die Möglichkeit, im Interesse der Spionageabwehr über den Generalbundesanwalt die Ermittlungen gegen eine Verdachtsperson einzustellen. Durch die Spionageabwehr des Verfassungsschutzes wurde dann geprüft, inwieweit Mitwisserkreis und Relevanz die Basis für die Aufnahme einer Gegenoperation zuließen. Dabei bestand allerdings die Pflicht, den Sachverhalt gegenüber dem Generalbundesanwalt und dem polizeilichen Staatsschutz als »VS-Geheim« einzustufen.

Der Verfassungsschutz konnte aber auch eine bereits begonnene Gegenoperation eines anderen Dienstes infolge seiner Zuständigkeit übernehmen. Gegenoperationen, die durch »befreundete« Dienste begonnen wurden, konnten in ihrem Verlauf eine Entwicklung nehmen, dass die Zuständigkeit der betreffenden Dienste in die des Verfassungsschutzes übergehen konnte. Dabei wurde vor der Fortführung solcher Gegenoperationen ihr bisheriger Verlauf, der Umfang des an die Staatssicherheit übergebenen Materials, die gegenwärtigen nachrichtendienstlichen Bedingungen und Möglichkeiten des Doppelagenten sowie der evtl. noch zu erreichende Erkenntnisgewinn geprüft. Nach Erkenntnissen des MfS stellten solche Fälle jedoch Ausnahmeerscheinungen dar. Oft lehnten die beteiligten CM die weitere Arbeit und damit die Übergabe an den Verfassungsschutz aus Sicherheitsgründen ab. Ein weiteres Ablehnungskriterium waren allerdings auch die verfassungsschutzeigenen Sicherheitskriterien (Mitwisserkreis usw.).

Aus den durch die Staatssicherheit mit Festnahme abgeschlossenen OV war bekannt, dass der MAD den CM-Vorgang (»Melder«) an den Verfassungsschutz übergab, nachdem der CM aus der Bundeswehr ausgeschieden war. Dem CM wurde die Übergabe an den Verfassungsschutz damit begründet, dass der MAD im Falle seines Ausscheidens aus der Bundeswehr gesetzlich nicht mehr für diese Gegenoperation zuständig sei. Einen Sonderfall stellte die gemeinsame Führung einer Gegenoperation dar. Im Falle einer nicht eindeutig definierbaren Zuständigkeit und bei Bestehen von relevanten Zusammenhängen der Gegenoperation zum Verfassungsschutz und zu einem anderen »befreundeten« Dienst (zum Beispiel zum MAD) konnte in Ausnahmefällen eine Gegenoperation auch gemeinsam geführt werden.

In der Praxis entstanden dabei allerdings Probleme in der Zusammenarbeit, insbesondere auf Grund der unterschiedlichen Interessenlagen der jeweiligen Dienste und bei der Bestimmung von Entscheidungsmajoritäten. Im Verfassungsschutz sind solche Fälle seinerzeit lediglich akademisch diskutiert worden. Die daraus resultierenden Festlegungen waren somit in der Zeit der Existenz des MfS ohne jeden praktischen Wert.[657]

Negativ, hinsichtlich eventueller gemeinsamer Gegenoperationen, wirkte sich das Misstrauen aus, welches das BfV gegenüber dem MAD hegte. »Keine Fallführung mehr bei Kenntnis des MAD« hatte der damalige BfV-Vizepräsident Hellenbroich 1982 festgelegt. Auslöser war eine Analyse des BfV, welche sich mit CM befasste, die vom MfS festgenommen worden waren. Bei all diesen festgenommenen CM gab es eine Gemeinsamkeit – die Kenntnis des MAD von der jeweiligen G-Operation. Das BfV vermutete ein Leck bei den Kollegen des MAD.[658] Als die Rolle Krases später klar wurde, bestätigte sich dies. Der Verfassungsschutz beschränkte sich bei der Suche und Auswahl von geeigneten Kandidaten für Gegenoperationen auf die dargestellten Zugänge.

---

657 Vgl.: Ebd., Bl. 23–27.

658 Vgl.: Hansjoachim Tiedge: *Der Überläufer*, S. 282.

Seitens des Verfassungsschutzes gab es allerdings auch Überlegungen, zur zielgerichteten Blickfeldarbeit mit Hilfe des sogenannten »*Agent provocateur*«, die in der nachrichtendienstlichen Praxis allerdings keine Umsetzung fanden, da diese Art des Vorgehens der Rechtsauffassung des Verfassungsschutzes und dessen nachrichtendienstlichen Auftrag entgegenstanden. So gab es von Seiten des LfV Schleswig-Holstein Bemühungen, eine Aktion »Lockvogel« zu starten, was aber bei den Fachtagungen der Abteilung Spionageabwehr mehrfach abgelehnt wurde.[659]

Zu den Realisierungskräften der Gegenoperation im Verfassungsschutz zählten neben dem CM:

• der Fallführer,

• der Ermittler und

• der Auswerter.

Der Fallführer spielte in einer G-Operation seitens der hauptberuflichen Verfassungsschützer zweifellos die wichtigste Rolle. Im Verfassungsschutz als Fallführer eingesetzt zu werden bedeutete, sich »umfangreiche Erfahrungen in der Spionageabwehr als Verdachtsfallbearbeiter oder Ermittler erworben zu haben« und durch Speziallehrgänge an der Schule des Verfassungsschutzes in die Führung von Doppelagenten eingewiesen worden zu sein. An das Persönlichkeitsbild des Fallführers wurden hohe Anforderungen gestellt. So sollte dieser unter anderem unbekannte Personen für sich und sein dienstliches Anliegen gewinnen können, besonnen und verschwiegen sein aber auch über ein gewisses Durchsetzungsvermögen verfügen.[660]

Der Kontakt zwischen dem Doppelagenten und seinem

659 Vgl.: Horst Hillenhagen, Jürgen Seidel, Stefan Engelmann: Forschungsergebnisse, Bl. 29.

660 Vgl.: Ebd., Bl. 30.

Fallführer hing nach Auffassung des Verfassungsschutzes wesentlich von dessen Fähigkeit ab, auf den CM einzugehen. Der Fallführer sollte den Kontakt zum CM nicht privatisieren, um im Falle einer Festnahme den Informationsfluss an das MfS auf ein Minimum zu reduzieren.

Für die Spionageabwehr des Verfassungsschutzes spielte bei den subjektiven Charakteristika des Fallführers die sogenannte »Berichtsehrlichkeit« eine besondere Rolle. Der Verfassungsschutz vertrat die Auffassung: »Die Sicherheit einer Gegenoperation ist ohne schnelle, umfassende und ehrliche Berichterstattung nicht zu gewährleisten. Jeder verschwiegene Fehler in der Fallführung kann zur Gefährdung des CM führen.«[661]

Unter dem Aspekt der Sicherheit wurden auch einige Forderungen gesehen, wie:

- Der Fallführer durfte die Dienststelle des Verfassungsschutzes am Tage des Treffs nicht aufsuchen, selbst wenn der Treff mit dem CM erst nach der Dienstzeit stattfand. Ein Fakt, der auf den Schutz vor Überprüfungsmaßnahmen des MfS im Operationsgebiet schließen lässt.

- Der Fallführer nutzte neben Decknamen unter anderem auch Tarnkennzeichen für den beim Treff eingesetzten Pkw.

- Im Falle der Festnahme des CM sollte der zuständige CM-Führer für einen mehrjährigen Zeitraum aus der Fallführung herausgelöst und die von ihm geführten CM abgeschaltet werden. Dabei wurde davon ausgegangen, dass durch das MfS die Enttarnung des Doppelagenten zu einem früheren Zeitpunkt erfolgte und der Fallführer samt seiner nachrichtendienstlichen Verbindungen aufgearbeitet worden war.[662]

---

661 Ebd., Bl. 31.

662 Vgl.: Ebd., Bl. 31 f.

Zur Realisierung der für die Entscheidungsfindung zur Aufnahme einer Gegenoperation erforderlichen Ermittlungs- und Überprüfungshandlungen war unter Umständen neben der Ermittlungstätigkeit des Fallführers die Einbeziehung eines erfahrenen Ermittlers notwendig. An den Ermittler wurden besondere Anforderungen gestellt, da die zu führenden Ermittlungen als äußerst sicherheitsempfindlich galten. Zwischen Ermittler und Fallführer erfolgten regelmäßige Absprachen, da nur ihm (dem Fallführer) der gesamte Sachverhalt und daraus entstehende Konsequenzen für eventuelle Sicherheitsprobleme bekannt und einschätzbar waren.

Letztlich hatte der Ermittler einen Bericht zu fertigen, der neben den Ergebnissen, die Art und Weise, sowie die Legenden seiner Ermittlungshandlungen zu enthalten hatte.

In der Praxis – so der in die DDR übergelaufene BfV-Regierungsdirektor Tiedge bei seinen Befragungen durch das MfS – wurde dieses Verfahren auch oft genutzt, um fehlgeschlagene Gegenoperationen ursächlich auf die Art und Weise der Ermittlungshandlungen zurückzuführen und damit eigene Fehlhandlungen zu kaschieren.[663]

Der Auswerter hatte im Rahmen der Gegenoperation eine Doppelfunktion. So war er in erster Linie für das Erfassen, Sammeln und Analysieren der durch die Operation erbrachten Informationen verantwortlich. In zweiter Linie stellte er für den Fallführer den wichtigsten Partner im Rahmen der laufenden Führungsarbeit dar. Fallführer und Auswerter arbeiteten oft über Jahre als Team eng zusammen.

Bei der Entstehung und der Weiterführung von Gegenoperationen wurde insbesondere durch die hohe Anzahl der Festnahmen seitens der Staatssicherheit, besonders

---

663 Vgl.: Ebd., Bl. 33.

in den 1980er Jahren, immer wieder die Frage nach der »operativen Sicherheit« aufgeworfen. Unter operativer Sicherheit verstand der Verfassungsschutz: »Die Gesamtheit aller Maßnahmen, die zur Geheimhaltung seiner Zusammenarbeit mit dem CM sowie der personellen und materiellen Sicherheit der Beteiligten und eingesetzten Objekte oder Sachen erforderlich sind.«[664] Von besonderer Bedeutung für den Verfassungsschutz waren die Ergebnisse der im Vorfeld einer Gegenoperation aber auch bei bereits laufenden Gegenoperationen geführten Überprüfungen. Die geführten Überprüfungen durften grundsätzlich nicht zu Lasten der Sicherheitslage des Doppelagentenvorganges gehen, weiterhin war der Mitwisserkreis auf die absolut notwendigen Personen zu beschränken. Daraus schlussfolgerte die Staatssicherheit, dass sich zwangsläufig Grenzen der Überprüfungsmaßnahmen ergeben mussten.[665]

Das MfS analysierte anhand der geheimdienstlichen Praxis, dass es den gegnerischen Abwehrorganen nicht gelangt, den oben genannten Grundsatz optimal umzusetzen. Um eine reale Aussage zur Sicherheitslage der zukünftigen Gegenoperation treffen zu können, bediente sich der Verfassungsschutz im Wesentlichen folgender Methodik:

- der Hintergrundermittlung,
- der Observation und
- der nachrichtendienstlichen oder geheimdienstlichen Befragung.

Diese Methodik diente der Erarbeitung, Erfassung, Analyse und Auswertung aller für die G-Operation unter dem Aspekt der Sicherheit wesentlichen Lebensumstände des künftigen CM.

---

664 Ebd., Bl. 35.

665 Vgl.: Ebd.

Die Hintergrundermittlung umfasste alle für die Sicherheit der Gegenoperation wesentlichen Lebensumstände des CM wie:

- Herkunft, Vergangenheit, Ausbildung,
- politische Vergangenheit/Einstellung,
- Vorstrafen,
- Lebensverhältnisse, finanzielle Situation,
- Lebensgewohnheiten, Charakter,
- Eigenschaften und Fähigkeiten,
- berufliche Tätigkeit,
- familiäre Verhältnisse usw.[666]

In einigen Fällen wurden auch Ermittlungen zum künftigen CM bei Behörden, wie Standesämtern, Kfz-Zulassungsstellen, Meldeämtern aber auch bei Banken und Versicherungen geführt. Diese Ermittlungen wurden mit Skepsis betrachtet, da sie im Widerspruch zur Sicherheit des CM standen. Hansjoachim Tiedge äußerte gegenüber dem MfS: »Ich war eigentlich immer gegen solche Art von Ermittlungen. Dennoch waren einige LfV anderer Auffassung und handelten entsprechend.«[667]

Besonderer Wert wurde auf die Zugangsmöglichkeiten des CM zur Informationsbeschaffung gelegt. Dieser Bereich fand bei der Beurteilung vor der Aufnahme einer Gegenoperation und während des Verlaufes starke Beachtung. Der Verfassungsschutz war deshalb stets bemüht, die Zugangsbreite des künftigen oder bereits tätigen CM aktuell und detailliert zu prüfen, was seine Bedeutung bei der kontinuierlichen Wertung von Aufwand und Nutzen sowie für die Grundhaltung der Gegenoperation hatte.

Da der Verfassungsschutz nur selten präzise einschätzen konnte, inwieweit durch das MfS eine umfassende Beur-

---

666 Vgl.: Ebd., Bl. 34 f.
667 Ebd., Bl. 36.

teilung der realen Informationsmöglichkeiten des CM möglich war, bestand immer das Risiko hinsichtlich des Umfanges der freigegebenen Informationsqualität und /Informationsquantität. Den Aufklärungshandlungen und Möglichkeiten zur detaillierten Lageeinschätzung im Rahmen des einzelnen Vorgangs durch das MfS räumte die Spionageabwehr des Verfassungsschutzes bedeutende Potenzen ein.

Sehr wichtig für die Einschätzung waren die »persönlichen und beruflichen Kontakte in den Machtbereich des gegnerischen Nachrichtendienstes. Die Eignung des CM hängt aber auch von der Qualität und dem Umfang seiner Bindungen in den kommunistischen Machtbereich ab.« [668] Diese Einschätzung traf die Spionageabwehr des Verfassungsschutzes generell im Rahmen der für die Gegenoperation bedeutsamen Wirkfaktoren.

Ergaben die Ermittlungen, dass die persönlichen oder auch beruflichen Kontakte in die DDR oder andere sozialistische Staaten einen solchen qualitativen Stand hatten, dass der künftige CM seine Verbindungen aus persönlichen oder geschäftlichen Motiven nicht abbrechen konnte oder wollte, wurde die Aufnahme einer Gegenoperation zumindest stark in Zweifel gezogen. Oft kam es dann zur Nichtaufnahme oder zum Abbruch der Gegenoperation, da sie als sehr schwer oder überhaupt nicht steuerbar eingeschätzt wurde.

Bei kommerziellen Verbindungen des CM wurden durch den Verfassungsschutz bei Festnahme, Enttarnung oder Beendigung der Gegenoperation materielle Verluste bei den CM selbst sowie den betreffenden bundesdeutschen Firmen befürchtet. Nach Tiedges Aussagen gegenüber der Staatssicherheit waren Personen, die intensive Handelsverbindungen mit der DDR

---

668 Ebd., Bl. 37.

unterhielten, für eine nachrichtendienstliche Tätigkeit schwer zu gewinnen.[669]

Die Analyse der durch das MfS geführten exekutiven Maßnahmen gegen eine Vielzahl von CM ließ den Verfassungsschutz erkennen, dass die Forderung nach optimaler Sicherheit maßgeblich durch den Kreis der vom CM wissenden Personen mitbestimmt wurde. Daher war die Zahl der Mitwisser auf ein notwendiges Minimum zu reduzieren, obwohl man beim Verfassungsschutz der Auffassung war, dass die optimale Sicherheit oft subjektiv ausgelegt wurde und dadurch der Kreis von Mitwissern in der Regel zu groß war. Dass die Sicherheitsmaßnahmen allesamt durch exzellent positionierte Quellen des MfS in den bundesdeutschen Abwehrorganen unterlaufen wurden, wusste man beim BfV und den LfV vor dem Ende der Staatssicherheit nicht.

Die Maßnahmen zur Gewährleistung der Sicherheit von CM betrafen nach inoffiziellen Erkenntnissen des MfS auch die »befreundeten Dienste« wie den BND und den MAD, bis hin zu umfangreichen Maßnahmen innerhalb des Verfassungsschutzes, einschließlich des NADIS. Beim NADIS handelte es sich um ein nichtöffentliches automatisiertes Datenverbundsystem der Verfassungsschutzbehörden des Bundes (BfV) und der Länder (LfV). So wurden besonders im NADIS Sicherheitsmechanismen eingeschaltet, die Erkenntnisse zu CM bei entsprechenden Anfragen nicht zuließen, das heißt die Verkartung des CM wurde negativ beantwortet und die erfassende Dienststelle erhielt hinsichtlich der Überprüfung Auskunft.[670]

Einen besonderen Fall der Überprüfungsmaßnahmen zu einem künftigen CM stellte die Observation dar. Die

669 Vgl.: Ebd., Bl. 37 f.

670 Vgl.: Ebd., Bl. 38.

Observation wurde vom Verfassungsschutz als Methode zur Gewinnung von Erkenntnissen zur Person (Tätigkeit, Hobbys, Bekanntenkreis u. v. m.) angewandt. Das MfS schätzte ein, dass der Verfassungsschutz der Observation als Methode zur Aufklärung der Person des CM unrealistische Potenzen einräumte und diese hinsichtlich der Effektivität überbewertete. Trotzdem war man sich bei der Staatssicherheit darüber im Klaren, dass die Observation seitens des Verfassungsschutzes professionell betrieben wurde. Eine Quelle des MfS dazu: »Die Observanten des BfV, aber auch der LfV sind gut ausgebildete Leute, die viel von ihrem Handwerk verstehen. Ihre Ausrüstung kann man als nahezu perfekt bezeichnen, werden sie doch immer zuerst mit neuesten technischen Geräten und leistungsstarken Fahrzeugen ausgestattet.«[671]

Observationsmaßnahmen des Verfassungsschutzes kamen sowohl bei Offenbarungsfällen als auch im Ergebnis von Bearbeitungsmaßnahmen enttarnter IM des MfS zur Anwendung. Um ein optimales Überprüfungsergebnis zu erzielen, waren Observationszeiträume bis zu einem dreiviertel Jahr üblich. Observationen wurden mitunter auch bei laufenden Gegenoperationen durchgeführt. Diese Maßnahmen dienten zur Prüfung der Sicherheitslage aber auch zur Feststellung, ob der CM ehrlich mit dem Verfassungsschutz zusammen arbeitet.

Alle Observationsmaßnahmen des Verfassungsschutzes wurden nach Einschätzung von Seidel, Hillenhagen und Engelmann auf das Operationsgebiet beschränkt. Es waren »keine Observationshandlungen des Verfassungsschutzes in sozialistischen Ländern bekannt«[672].

Die nachrichtendienstliche Befragung (G-Befragung) hatte im Rahmen der geführten Ermittlungen eine

---

671 Ebd., Bl. 39.
672 Ebd., Bl. 40.

Schlüsselstellung inne. Sie musste in Präzisierung der bisher geführten Ermittlungen über die persönliche Eignung und die nachrichtendienstliche Relevanz Grundlage für die Entscheidungsfindung bezüglich der Aufnahme einer Gegenoperation sein.

BfV und BND erarbeiteten gemeinsam »Hinweise für die Befragung von Personen aus dem östlichen Machtbereich«. Diese Richthinweise enthielten im Teil A Angaben zur Person und im Teil B Angaben zum Sachverhalt. Der Fragenkomplex umfasste folgende Bereiche:

- Art und Weise der Kontaktanbahnung und Werbung durch das MfS,
- Art und Weise der Verpflichtung zur Zusammenarbeit,
- Ausstattungsgrad (Deckname, Legende, operativ-technische Mittel),
- System des Verbindungswesens,
- Umfang der nachrichtendienstlichen Ausbildung und Instruktion,
- Operativ-technische Verfahren,
- Auftragsstruktur, Finanzierung,
- Bekannt gewordene Personen, Objekte und sonstige Einrichtungen des MfS.

Weiter waren solche relevanten Fragen zu beantworten und einzuschätzen, wie:

- Intelligenz,
- Auftreten und Benehmen (allgemein),
- Verhalten bei der Befragung (speziell),
- charakterliche Einschätzung,
- besondere Eigenschaften.

Alle Daten und Hinweise, die bestimmte Rückschlüsse zuließen, waren getrennt vom Ergebnis der Sachbefragung zu registrieren. Das gesamte Befragungsergebnis wurde als VS-Geheim eingestuft. Daraus schlussfolgerte die Staatssicherheit, »dass durch die Spionageabwehr [des Verfassungsschutzes, Anm. d. Verf.] einerseits eine gründliche und möglichst viele Bereiche erfassende Sicherheitsüberprüfung vor Aufnahme und auch bei laufender Gegenoperation angestrebt wird, andererseits werden im Rahmen der geführten Ermittlungshandlungen immer wieder Konspirationsverluste in Kauf genommen«[673].

Für die Aufnahme einer G-Operation waren letztendlich neben den bereits dargestellten Faktoren entscheidend:

- die Sicherheit der Vorganges nach Einschätzung der Spionageabwehr des Verfassungsschutzes und
- das Verhältnis von Aufwand (möglicherweise entstehender Schaden) und Nutzen (Erkenntnisgewinn).

Umfang und Intensität der Überprüfungshandlungen waren auch wesentlich davon abhängig, ob es sich bei dem zukünftigen CM um einen BRD- oder DDR-Bürger handelte.

Untersuchungen des MfS zu von bundesdeutschen Sicherheitsbehörden enttarnten oder exekutiv beendeten Doppelagentenvorgängen ergaben, dass circa 95 Prozent der Personen Bundesbürger und circa 5 Prozent DDR-Bürger waren.[674]

Durch die Spionageabwehr des Verfassungsschutzes wurden DDR-Bürger, die sich offenbart und zur Zusammenarbeit mit dem BfV/den LfV bereit erklärt hatten, als wesentlich wertvollere Position als Bundesbürger eingeschätzt. Seidel, Hillenhagen und Engelmann kamen zur Einschätzung: »Durch den Verfassungsschutz werden alle sich bietenden Möglichkeiten zur Überwerbung von DDR-Personen genutzt, zumal sie sich ohnehin nur sehr selten bieten.«[675]

---

673 Ebd., Bl. 42.

674 Vgl.: Ebd., Bl. 43.

675 Ebd., Bl. 44.

Hatte der DDR-Bürger bei seiner Offenbarung gegenüber dem Verfassungsschutz solche gravierenden Aussagen zu seiner MfS-Anbindung gemacht, dass er bei Enttarnung in der DDR mit strafrechtlichen Maßnahmen rechnen musste, schien er für die Aufnahme einer G-Operation bestens geeignet.

Der Verfassungsschutz schätzte allerdings auch ein, dass bei der Mehrzahl der angesprochenen DDR-Bürger die politisch-ideologische Grundhaltung derartig gefestigt war, dass sich nur wenig Aussicht auf eine erfolgreiche Überwerbung bot.

Es war dem Verfassungsschutz kaum möglich, generelle Aussagen zur Arbeit mit DDR-Bürgern als Doppelagenten zu treffen. Weiterhin kam der Umstand dazu, dass die wenigen DDR-Positionen, die der Verfassungsschutz nach Aussagen Tiedges hatte, »als so wertvoll eingestuft wurden, dass die durch sie gewonnenen Erkenntnisse strengster Geheimhaltung oblagen und nicht der allgemeinen Auswertung zugänglich gemacht worden waren«[676].

Die dargestellten Methoden der Aufklärung des CM wurden einzeln beziehungsweise in Kombinationen realisiert. Die Ermittlungsergebnisse wurden in einer zusammenfassenden Einschätzung vor Entscheidungsfindung durch den Fallführer dem Gruppenleiter vorgelegt. Bei Bedarf leitete der Gruppenleiter die Einschätzung zur Herbeiführung einer Entscheidung weiter an den Abteilungsleiter IV des BfV (Spionageabwehr) beziehungsweise an den Präsidenten des BfV beziehungsweise die Leiter der Ämter für Verfassungsschutz in den Bundesländern.[677]

War die Entscheidung dahingehend gefallen, dass man

---

676 Ebd., Bl. 45.

677 Vgl.: Ebd., Bl. 45.

sich beim Verfassungsschutz entschlossen hatte die Gegenoperation aufzunehmen, musste der Werbekandidat erst einmal kontaktiert und bei Erfolg überworben werden.

Die Kontaktaufnahme zum künftigen CM wurde durch den Verfassungsschutz als wesentlicher Arbeitsschritt charakterisiert. Ihr ging zumeist eine langfristige Observation beziehungsweise Ermittlung voraus, womit eine optimale Variante für eine erfolgreiche Kontaktaufnahme festgestellt werden sollte.

Bei der Kontaktaufnahme wurden seitens des Verfassungsschutzes Methoden angewandt, die vom feinfühlig-menschlichen Geschäftsangebot bis zum Vorhalt des Strafmaßes und der Möglichkeit, dem durch eine Zusammenarbeit zu entgehen, reichten.

Der Verfassungsschutz sah große Erfolgsaussichten in den Fällen, wo keine politisch-ideologische Basis zur Zusammenarbeit mit dem MfS vorhanden war und/oder tiefe menschliche Beziehungen zu dem Kontaktpartner des MfS (zum Beispiel Liebesbeziehungen beziehungsweise sogenannte »Sekretärinnenfälle«) bestanden. Die Verfassungsschützer gingen nach Erkenntnissen des MfS davon aus, dass bei vorwiegend materieller Basis einer Zusammenarbeit mit der Staatssicherheit in aller Regel eine Überwerbung durch den Verfassungsschutz möglich wäre.

Der Verfassungsschutz räumte in für ihn wichtigen Fällen dem Werbekandidaten eine Bedenkzeit für die Zustimmung einer CM-Tätigkeit ein. Bei der Werbung von Bundesbürgern ging der Verfassungsschutz grundsätzlich von zwei Varianten und unterschiedlichen Handlungsweisen aus. Man unterschied zwischen Offenbarern ohne vorherige nachrichtendienstliche Tätigkeit für das MfS und der Überwerbung von nachrichtendienstlich straffällig gewordenen Bundesbürgern.

Hatte sich ein in der DDR von der Staatssicherheit angesprochener Bundesbürger formal zur Zusammenarbeit mit dem MfS bereit erklärt oder eine durch das MfS beabsichtigte Werbung erkannt und er offenbarte den entsprechenden Sachverhalt gegenüber dem Verfassungsschutz, ohne bereits nachrichtendienstlich aktiv geworden zu sein, konnte die Spionageabwehr des Verfassungsschutzes folgende Beratungsmodelle vorschlagen:

- Der Verfassungsschutz konnte dem Bundesbürger raten, sich jeder nachrichtendienstlichen Zusammenarbeit mit dem gegnerischen Nachrichtendienst zu widersetzen. Diese Variante kam vor allem zur Anwendung, wenn sich der Offenbarende prinzipiell positiv zum Verfassungsschutz verhielt aber über solche privaten, wirtschaftlichen oder sonstigen Verbindungen in die DDR verfügte, die eine qualifizierte Steuerung einer G-Operation nicht zuließen.

- Der Verfassungsschutz konnte dem Betroffenen die Strafbarkeit weiterer Kontakte erläutern und mit einem Strafverfahren drohen. Dadurch sollte ein Abbruch der Wirkungslinie des MfS in die Bundesrepublik oder deren Übernahme und Steuerung durch den Verfassungsschutz erwogen werden.

- Bei Eignung des Betroffenen für eine G-Operation unternahm der Verfassungsschutz alle Anstrengungen, um den Kontakt zum MfS unter seiner Steuerung fortzusetzen und eine G-Operation zu entwickeln. Bei der Entwicklung einer G-Operation war für den Verfassungsschutz die Feststellung der Motivlage zur Zusammenarbeit bedeutsam. Die akzeptierten Motive reichten dabei von Geldgier, Abenteuerlust, Neugier, dem Wunsch zur Selbstbestätigung bis zu Interessen, sich Kontakte in die DDR zu erhalten. Motive, aus Hass gegen den Kommunismus nachrichtendienstlich zu arbeiten, wurden in der Regel abgelehnt. Solche Kandidaten waren emotional meist nicht in der Lage, ein »Vertrauensverhältnis« zum MfS aufzubauen. Lehnte der Offenbarer die Zusammenarbeit mit dem Verfassungsschutz gegen das MfS ab, sollte der Fallführer bestrebt sein, den Kandidaten umzustimmen.[678]

Bei der Überwerbung von in nachrichtendienstlicher Hinsicht straffällig gewordenen Bundesbürgern waren andere Aspekte entscheidend. Gelangte der Verfassungsschutz bei bereits geheimdienstlich tätigen Bundesbürgern zu der Einschätzung, dass der Informationsgewinn höher als der eingetretene Schaden sein konnte, erfolgte eine Ansprache des Betroffenen. Dabei war es unerheblich, ob die entsprechende Person Offenbarer oder identifizierter IM des MfS war. Diese Ansprache konnte durchaus mit einer Pression bezüglich eines Strafverfahrens verbunden sein. Die Staatssicherheit verfügte über Erkenntnisse, dass jeder aktive Verfassungsschützer leugnen wird, dass Druck angewandt wurde.[679]

Nach der erfolgten Zusage zur Kooperation mit dem Verfassungsschutz sollte eine Verpflichtung der betreffenden Person angestrebt werden. In der Regel wurde dem neu geworbenen CM eine schriftliche Verpflichtung abverlangt.

Einen herausragenden Platz nahm die Konzipierung der Ansprache bei Werbungsversuchen von DDR-Bürgern ein. Der Verfassungsschutz räumte, wie bereits erwähnt, einem DDR-Bürger als Zielperson einen hohen Stellenwert als Doppelagent ein. Es wurde beim Verfassungsschutz als großer Erfolg angesehen, wenn es gelang, einen Kurier oder Instrukteur des MfS zu überwerben. In einem solchen Fall war der Verfassungsschutz bereit,

---

678 Vgl.: Ebd., Bl. 46–49.
679 Vgl.: Ebd., Bl. 50.

auch hochwertige Informationen aus der eigenen Behörde preiszugeben. Allerdings war die Aufnahme des
Kontaktes zu einem DDR-Bürger immer mit einem hohen Risiko für die bundesdeutsche Abwehr verbunden.
Ansprachemöglichkeiten, die sich aus laufenden
G-Operationen ergaben, waren weitaus mehr risikobehaftet, da hierbei ständig die Gefahr bestand, dass
durch die Ansprache der CM enttarnt werden konnte.[680]
Die positiven Erfahrungen des Verfassungsschutzes
bei Überwerbungsversuchen von DDR-Bürgern waren
nach Ansicht des MfS »äußerst gering«.[681]
Es gab in der Praxis Fälle, in denen der Verfassungsschutz versuchte, über CM bekannt gewordene Instrukteure des MfS durch intensive Befragung zur Preisgabe
ihrer Verbindungen zur Staatssicherheit zu bewegen
und danach zu überwerben Dazu zwei Beispiele:

- In einem Hotelzimmer in der Bundesrepublik wurde
  der Instrukteur »Drossel« einer längeren und mit Dro-
  hungen verbundenen Befragung unterzogen. »Drossel« gab seine Zusammenarbeit mit dem MfS zu, gab
  seinen Auftrag preis und nannte die Telefonnummer
  seines Führungsoffiziers. »Drossel« ließ sich durch
  den Verfassungsschutz anwerben und informierte das
  MfS nach seiner Rückkehr über den Kontakt mit dem
  Verfassungsschutz.

- In Wien wurde der Instrukteur »Heer« durch Beamte
  des Verfassungsschutzes vor der Wahrnehmung eines
  geplanten Treffs angesprochen. Man konfrontierte
  »Heer« bezüglich der Tatsache einer Zusammenarbeit mit dem MfS. »Heer« verriet seinen Auftrag und
  stimmte einer Fahrt nach München zu, hier kam es zu
  einem Treffen mit einem leitenden Beamten des Bay-

---

680 Vgl.: Ebd., Bl. 50 ff.

681 Ebd., Bl. 52.

erischen Landesamtes für Verfassungsschutz. »Heer«
ließ sich durch den Verfassungsschutz anwerben und
informierte die Staatssicherheit nach seiner Rückkehr
in die DDR unehrlich über die Konfrontation mit dem
Verfassungsschutz. »Heer« teilte dem MfS seine Infor-
mationspreisgabe und die erfolgte Anwerbung durch
den Verfassungsschutz nicht mit. Erst die Aussagen
des in die DDR übergelaufenen Hansjoachim Tiedge und die daraufhin erfolgte Befragung von »Heer«
klärten den tatsächlichen Vorgang auf.

Sowohl »Drossel« als auch »Heer« gaben an, aus Angst
vor einer Inhaftierung Informationen preisgegeben und
einer Anwerbung durch den Verfassungsschutz mit dem
Ziel der Rückkehr in die DDR zugestimmt zu haben.[682]

War die Möglichkeit im Rahmen einer G-Operation
gegeben, einen Instrukteur oder Kurier des MfS zu
überwerben, war zunächst zu entscheiden, in welchem
konkreten Verhältnis Für und Wider hinsichtlich der
geplanten Ansprache standen.

Gegen eine Ansprache stand, dass bei negativem Verlauf – bei Festnahme des IM – ohnehin auch die G-Operation beendet werden musste. Auch eine vermeintlich
gelungene Ansprache barg viele Unwägbarkeiten in
sich, so dass eine Weiterführung von Treffs des CM in
der DDR mit dem MfS als äußerst bedenklich beurteilt
wurde. Andererseits ging der Verfassungsschutz davon
aus, dass operative Reisekader grundsätzlich nur eine
Quelle im Operationsgebiet führten, so dass der Wert
einer solchen Ansprache begrenzt war.

Für eine Überwerbung sprach, dass Kuriere beziehungsweise Instrukteure durch ihre oft langjährige Tätigkeit
für die Staatssicherheit über eine Fülle von Erkenntnissen verfügten, die weit über den konkreten Rahmen der

---

682 Vgl.: Ebd., Bl. 52 f.

G-Operation hinausgingen. Die Verfassungsschützer nahmen an, dass die Führungsoffiziere des MfS gegenüber DDR-IM offener und mitteilsamer waren, als gegenüber Bundesbürgern, die als IM für die Staatssicherheit tätig waren. Dieses mögliche Wissen stand dem Verfassungsschutz aber nur im Falle einer operativen Lösung zur Verfügung, da sich IM im Falle einer Festnahme meist auf die Angabe ihrer wahren Identität beschränkten. Wenn die Entscheidung zur Ansprache eines DDR-Bürgers gefällt wurde, sollte die Werbung nicht auf ideologischer Basis erreicht werden. Vielmehr sollte dem DDR-Bürger zu verstehen gegeben werden, dass er als Straftäter ermittelt wurde und es sein Gesprächspartner in der Hand hatte, ob exekutive Maßnahmen eingeleitet werden.

Als Schutzmaßnahme wurde dabei verschwiegen, dass die Erkenntnisse zum DDR-Bürger aus dem Verrat des CM resultierten. Es wurde dem DDR-Bürger gegenüber der Eindruck erweckt, dass man durch methodische Suchmaßnahmen (die beispielsweise unter den Bezeichnungen »Wirbelsturm«, »Passat«, »Hausfreund«, »Krokus« oder »Wachholder« liefen) auf ihn aufmerksam wurde. Dieser Eindruck wurde zum Teil noch verstärkt durch Bemerkungen wie, der DDR-Bürger habe während seines Aufenthaltes in der Bundesrepublik Fehler gemacht. Da der Verfassungsschutz bei DDR-Bürgern von der besonderen Bedeutung der Überzeugung mit Hilfe von subjektiv zugeschnittenen Argumenten ausging, sollte die Entscheidungsfindung des künftigen CM gestützt werden durch Hinweise wie:

• es mit einem Abwehrdienst zu tun zu haben und somit nicht zur aktiven Spionage gegen die DDR herangezogen zu werden,
• Konsequenzen seitens des hinter ihm stehenden MfS als Folge der Konfrontation in der Bundesrepublik hinsichtlich des Fortfalls künftiger NSW-Reisen,

- im Falle seiner Kooperation wie geplant seine Familie wieder sehen zu können, andernfalls würde sich dieses Wiedersehen erheblich hinauszögern,
- im Verfassungsschutz einen zuverlässigen Partner zu haben, der vom Gesetzgeber den Auftrag erhalten habe, sich für die Erhaltung der freiheitlich-demokratischen Grundordnung und die Freiheit des Einzelnen einzusetzen und nicht, wie die Dienste der DDR, vor allem das MfS, nur oder in erster Linie ein Machterhaltungsfaktor für eine vom Volk nicht gewollte Funktionärsclique sei.[683]

Grundsätzlich anders ging der Verfassungsschutz mit DDR-Reisekadern, die tatsächlich im Rahmen von methodischen Maßnahmen, wie zum Beispiel Reisewegsuchmaßnahmen, identifiziert worden waren, um. Hier erübrigte sich jegliche Rücksichtnahme auf eine vorhandene G-Operation und es standen keine Erkenntnisse über die vorangegangene Tätigkeit für das MfS zur Verfügung.

Bei den Reisekadern ging der Verfassungsschutz davon aus, dass Reisekader aus Betrieben, Institutionen und Einrichtungen der DDR irgendwie geartete Beziehungen zum MfS haben mussten. Den Verfassungsschützern war jedoch bewusst, dass es sich längst nicht bei allen Reisekadern um IM des MfS handelte. Die Spionageabwehr des Verfassungsschutzes unterschied:
- persönliche Bekanntschaften mit MfS Mitarbeitern,
- persönliche und offizielle Kontakte zu den entsprechenden Abwehroffizieren des MfS in Betrieben, Institutionen und Einrichtungen der DDR sowie
- Nutzung der Reisekader durch das MfS, ohne das eine inoffizielle Zusammenarbeit vorlag.

Weiter ging der Verfassungsschutz davon aus, dass IM

---

683 Vgl.: Ebd., Bl. 53 ff.

des MfS im Sinne der Abwehr zur Sicherung der DDR und der Aufklärung tätig waren. Die von der Spionageabwehr des Verfassungsschutzes als IM eingeordneten Personen standen in der Konsequenz in ihrem besonderen Blickpunkt. Eine Person zu überwerben setzte die sichere Erkenntnis voraus, dass sie von nachrichtendienstlicher Relevanz war. Die unsichere Kenntnis von Sachverhalt und Person führte beim Verfassungsschutz dazu, dass gegen DDR-Reisekader im Sinne der Überwerbung für eine Doppelagententätigkeit nur selten vorgegangen wurde.

Tatsache war jedoch, dass DDR-Reisekader in den Karteien der Abteilung IV (Spionageabwehr) des BfV erfasst wurden. Grundlage dafür waren die dem BfV durch den BGS zur Verfügung gestellten Erfassungsbögen.

Eine Speicherung der DDR-Reisekader im NADIS wurde jedoch in der Regel nicht vorgenommen. Eine entsprechende NADIS-Verkartung erfolgte nur dann, wenn ein nachrichtendienstlicher Verdacht vorlag.[684]

Gelang es dem Verfassungsschutz, einen CM zu werben und es begann eine G-Operation, so musste diese gesteuert werden. Die Steuerung einer G-Operation stellte einen komplizierten und äußerst sensiblen Prozess dar. Die Spionageabwehr des Verfassungsschutzes verstand unter dem Begriff Steuerung die Einflussnahme auf die Art und Weise der Auftragserfüllung sowie die Beauftragung und Instruktion des Doppelagenten und nachrichtendienstlich-organisatorischen Maßnahmen, um das MfS zu einem von ihr gewünschten Verhalten zu veranlassen.

Entscheidende Probleme entstanden nach Ansicht der Staatssicherheit für den Verfassungsschutz bei der Auftragserfüllung der durch das MfS den Doppelagenten

---

684 Vgl.: Ebd., Bl. 55 f.

erteilten Aufträge, denn es galt, jeden Auftrag bezüglich des Maßes seiner Erfüllung zu beurteilen. Das wurde umso schwieriger, da der Verfassungsschutz generell von weitergeführten Überprüfungsmaßnahmen des MfS ausging und ihm nicht bekannt war, in welcher Qualität die Staatssicherheit den Grad der Auftragserfüllung beurteilen konnte.

Die Steuerung eines CM beinhaltete gleichermaßen die Zielstellung des Erkenntnisgewinns als auch das prinzipielle Risiko, Ansatzpunkte zum Erkennen der Doppelagententätigkeit für das MfS zu liefern.

Die Steuerung der G-Operation gestaltete sich für den Verfassungsschutz noch problematischer, wenn der CM Zugang zu qualitativ hochwertigen Informationen hatte. Für den Verfassungsschutz war in solchen Fällen nur selten in vollem Umfang einschätzbar, inwieweit der Erkenntnisgewinn hochwertiger, als die preisgegebenen Informationen waren.

Dadurch ergaben sich für den Verfassungsschutz zwangsläufig Probleme für eine qualifizierte Steuerung der G-Operation, denn bei guten Zugängen war der CM schwer steuerbar. Der Umfang seiner Auftragserledigung war für den Verfassungsschutz kaum einzuschätzen. Außerdem galt der Grundsatz, dass der Verfassungsschutz der Staatssicherheit keine nachrichtendienstlichen Zugänge eröffnen sollte, die das MfS vermutlich bis dahin noch nicht besessen hatte.[685]

Der Verfassungsschutz schätzte hinsichtlich der qualifizierten Steuerung einer G-Operation ein: »Eine Operation kann taktisch nur gesteuert werden, indem die Erfüllung bestimmter Aufträge hinausgezögert oder völlig abgelehnt wird.«[686]

---

685 Vgl.: Ebd., Bl. 57 f.

686 Ebd., Bl. 58.

Das setzte allerdings voraus, dass der CM durch den Verfassungsschutz mit Erklärungen für sein Verhalten vertraut gemacht werden musste, die ihm in der Regel nicht selbst überlassen und ausführlich mit ihm besprochen wurden. Diese Erklärungen mussten für das MfS schlüssig und nachvollziehbar sein. Oft wurden dabei Argumente wie Zeit beziehungsweise Geldmangel angeführt. Hier wurden die Grenzen des Verfassungsschutzes sichtbar, denn der mit der G-Operation erhoffte Informationsgewinn über grundsätzlich methodische Fragen des MfS wurde in Frage gestellt.

Erkannte der Verfassungsschutz, dass das MfS durch das jeweilige Material einen erheblichen Informationsgewinn erzielte, konnte der Abbruch der G-Operation in Betracht gezogen werden. Nochmals sei aber angemerkt, dass der Verfassungsschutz selbst Informationen über den eigenen Apparat preisgab, wenn er sich einen größeren Gewinn als Verlust versprach.[687] Dies war beispielsweise bei der G-Operation »Keilkissen« der Abteilung IV des BfV der Fall. Dem CM »Keil«, der auch als IM »Wieland« für die HV A IX des MfS tätig war, wurden zur Weiterleitung an das MfS vom BfV nahezu 800 Personenangaben aus dem NADIS übergeben.[688]

Bei personengebundenen Aufträgen des Doppelagenten durch das MfS, ging der Verfassungsschutz davon aus, dass die auftraggebende Diensteinheit des MfS erkannt werden konnte. Durch analytische Tätigkeit innerhalb des Verfassungsschutzes wurde versucht, den nachrichtendienstlichen Hintergrund des MfS Auftrages zu ermitteln und festzustellen:

• inwieweit es sich um eine Zielperson der Staatssicherheit zum Zwecke der späteren Werbung handelte und

---

687 Vgl.: Ebd.

688 Vgl.: *Der Spiegel* 27/1993, S. 33.

wie sicherheitspolitisch relevant der Sachverhalt für die Bundesrepublik war beziehungsweise

• inwieweit es sich um ein Abwehrproblem des MfS handeln konnte.

Die Zielperson des MfS wurde in jedem Fall in das NADIS eingespeichert. Nach Erkenntnissen der Staatssicherheit wurden seitens des Verfassungsschutzes in der Regel keine weiteren Abwehrmaßnahmen zur Zielperson des MfS eingeleitet, um jegliche Gefährdung der G-Operation auszuschließen. Bei einer erheblichen Gefährdung der bundesdeutschen Sicherheitsinteressen musste mit gezielten Abwehrmaßnahmen gerechnet werden, im Extremfall wurde die G-Operation abgebrochen.

In der Regel wurde der CM bei der Auftragsrealisierung für das MfS durch den Verfassungsschutz nicht unterstützt. Es gab allerdings Einzelfälle, in denen der Fallführer beispielsweise mit dem CM militärische Aufklärungshandlungen realisierte. Die beabsichtigte Informationsübergabe des CM an das MfS wurde durch den Verfassungsschutz bestätigt.

Einen weiteren Schwerpunkt im Rahmen der Steuerung einer G-Operation stellte die Beauftragung und Instruktion des CM durch den Verfassungsschutz dar.

Die Inhalte der Auftragserteilung wurden nicht einmalig festgelegt, sondern entwickelten sich mit dem CM-Vorgang weiter. Der Verfassungsschutz befand sich in diesem Rahmen fast immer im Entscheidungszwang. Den Sicherungsanforderungen des Verfassungsschutzes zu entsprechen, hieße letztendlich, den CM immer passiv zu halten.

Der CM wurde beauftragt, sich die vom MfS für ihn speziell erarbeitete Auftragsstruktur, die erteilten Anweisungen zum Sicherheitsverhalten für die operative Arbeit einschließlich Treffdurchführung genauestens einzuprägen. Die CM sollten sich an die von der Staatssicherheit gegebenen Instruktionen halten und dem Verfassungsschutz diese zur Kenntnis geben. Die CM durften keine eigenmächtigen Handlungen durchführen, um ihre Erkenntnisse zum MfS insgesamt beziehungsweise zu den Führungsoffizieren zu erweitern. In der Praxis gab es jedoch Fälle, wo sich nicht an diese Vorgaben gehalten wurde. Diese Fälle wurden vom MfS als Eigenmächtigkeiten des CM beziehungsweise des Fallführers, nicht aber als Verhaltensorientierung des Verfassungsschutzes gewertet.[689]

Dem CM wurde durch den Verfassungsschutz erläutert, dass er sich grundsätzlich an die vom MfS Verhaltens- und Sicherheitsrichtlinien zu halten hatte. Dazu war erforderlich, dass der CM laufend über den aktuellen Stand der nachrichtendienstlichen Ausbildung durch das MfS berichtete. Damit strebte der Verfassungsschutz einen Erkenntnisgewinn zur Methodik und zu eventuellen Ziel- beziehungsweise Angriffsrichtungen des MfS an. Gleichzeitig wurde der CM aber auch durch den Verfassungsschutz zu Bereichen wie:

- Legenden,
- Verhalten beim Treff und
- Berichterstattung

geschult.

Legenden wurden durch den Verfassungsschutz als besonders wichtig angesehen. Die Legende sollte möglichst mit dem CM zusammen erarbeitet und weiterentwickelt werden. Für den Verfassungsschutz bestand das Problem, nach erfolgter Überwerbung das ursprüngliche Motiv zur Zusammenarbeit des CM mit dem MfS scheinbar aufrecht zu erhalten beziehungsweise den

---

689 Vgl.: Horst Hillenhagen, Jürgen Seidel, Stefan Engelmann: Forschungsergebnisse, Bl. 59 f.

Erfordernissen der Vorgangsführung anzupassen. Das brachte oft Schwierigkeiten im psychischen Bereich des CM mit sich, hatte er sich doch durch die Überwerbung von seinem ursprünglichen Motiv der Zusammenarbeit mit dem MfS gelöst. Dieser Widerspruch führte oftmals zwangsläufig zu Handlungsweisen, die in der Summe Ansatzpunkte des Verdachts der Doppelagententätigkeit beim MfS darstellten. Im Extremfall stellte das MfS in der Praxis eine Sorglosigkeit im Sicherheitsverhalten des Doppelagenten fest, die im Widerspruch zur erfolgten Ausbildung stand. Bei der festgestellten Sorglosigkeit im Sicherheitsverhalten konnte es sich beispielsweise um die Organisation der Reisewege, die Containerbenutzung oder die Treffdisziplin handeln.

Der Treff des CM mit dem MfS stellte immer wieder Spannungsfelder der G-Operation dar. Deshalb wurde dem Verhalten des CM beim Treff mit dem Führungsoffizier des MfS oder mit einem Kurier beziehungsweise Instrukteur des MfS seitens des Verfassungsschutzes äußerste Aufmerksamkeit geschenkt. Nach Ansicht des Verfassungsschutzes entschied jeder Treff des CM mit dem MfS über die Qualität der G-Operation und damit insbesondere des Informationsflusses.

Generell waren CM des Verfassungsschutzes angehalten, sich bei den Zusammenkünften mit MfS-Mitarbeitern scheinbar kooperativ und situationsgerecht hinsichtlich Fragen der sicherheitsmäßigen Gestaltung des Treffs, der Abläufe und der Auftragserteilung zu verhalten. Dabei hatte der CM die prinzipielle Aufgabe, alle Details passiv zu registrieren. Es durften keine Notizen oder andere Dokumentationen angefertigt werden. Der CM durfte weder persönliche Gegenstände des MfS-Führungsoffiziers durchsuchen, noch den Führungsoffizier oder den Treffort fotografieren. Jegliche Observation des Führungsoffiziers war dem CM strengstens untersagt.

Hier rechnete der Verfassungsschutz richtigerweise mit Absicherungsmaßnahmen des MfS.

Dennoch gab es in der Praxis immer wieder Fälle, in denen CM von der vorgegebenen Linie abwichen. Interessant für die Staatssicherheit war dabei, dass durch den Verfassungsschutz, soweit ihm bekannt, darauf mit dem Abbruch der laufenden G-Operation reagiert wurde. Der CM wurde abgeschaltet, auch wenn keine Anzeichen des Erkennens der erfolgten Handlung durch das MfS vorlagen und die Informationen des CM von Wert waren. Das MfS war der Überzeugung, dass der Verfassungsschutz diese Gegenoperationen ausschließlich aus Sicherheitsgründen abgebrochen hatte, auch wenn er diese Maßnahme damit begründete, dass solche Handlungen im Widerspruch zum gesetzlich formulierten Auftrag standen.[690]

Der Verfassungsschutz argumentierte: »Der CM ist geheimer Mitarbeiter der Spionageabwehr und kein Aufklärungsagent.«[691]

Bei Treffs mit dem MfS spielte für den CM auch das nachrichtendienstliche Verhalten eine entscheidende Rolle. Der CM wurde instruiert, alles zu unterlassen, was dem MfS Ansatzpunkte einer Schulung durch den Verfassungsschutz bieten konnte.

Der CM sollte:

- bei seinen Gesprächen mit dem Führungsoffizier übertriebene Neugier vermeiden,
- alle Handlungen unterlassen, die den Führungsoffizier kompromittieren konnten,
- dem Eindruck entgegenwirken, den Führungsoffizier auf seine Ehrlichkeit oder Ansprechbarkeit ausforschen zu wollen,

---

690 Vgl.: Ebd., Bl. 61–64.

691 Ebd., Bl. 64.

- im Kontakt mit dem MfS sich ständig bewusst sein, für die Spionageabwehr (des Verfassungsschutzes) zu arbeiten und zu wissen, dass Enttarnung zu Bestrafung führte.[692]

Bei Treffs des CM mit dem Verfassungsschutz, besonders bei Schulungen, waren durch den Fallführer alle Fachbegriffe nachrichtendienstlicher Art zu meiden. Damit wollte man das Verwenden von nachrichtendienstlichen Termini durch den CM bei Treffs mit dem MfS verhindern.

Der Berichterstattung des CM kam im Prozess der G-Operation ebenfalls eine wesentliche Bedeutung zu, da sie unter anderem die Grundlage des Informationsflusses darstellte und eine kontinuierliche Analyse der Sicherheitslage des Doppelagenten zuließ.

Die schnelle und gründliche Berichterstattung stellte für den Verfassungsschutz ein wichtiges Hilfsmittel zur Führung der G-Operation dar. Ohne die Berichterstattung des CM konnte der Verfassungsschutz keine konkreten Aussagen zum MfS oder zu sicherheitsrelevanten Vorkommnissen machen. Der Verfassungsschutz kalkulierte nach Erkenntnissen der Staatssicherheit den Fall der Festnahme seiner CM bewusst ein. Daraus resultierte, dass in den Schulungsmaßnahmen und bei der Instruktion der CM das Verhalten im Falle einer Festnahme durch das MfS einbezogen wurde.[693]

Beim Verfassungsschutz war man sich darüber im Klaren: »Ohne entsprechende Vorbereitung durch den CM-Führer ist kein CM einer geschickt geführten Vernehmung [durch das MfS, Anm. d. Verf.] gewachsen.«[694] Nach Ansicht des Verfassungsschutzes waren Vorhalte

---

692 Vgl.: Ebd.

693 Vgl.: Ebd., Bl. 64 f.

694 Ebd., Bl. 65.

für einen westlichen Dienst tätig zu sein gegenüber dem CM durch den Führungsoffizier oder andere ihm bekannte Mitarbeiter der Staatssicherheit gegebenenfalls auch als Test des MfS zu bewerten, dem kein konkreter Verdacht zugrunde liegen musste.

Wie verfestigt eine derartige Instruktion sein konnte, wurde im Zusammenhang mit der Festnahme des Doppelagenten »Prinz« deutlich. »Prinz« wurde am Treffort in Jena durch seinen Führungsoffizier aufgefordert, zu einem Treff mit dem Vorgesetzten nach Berlin mitzufahren. Diese Aufforderung diente als Legende für die geplante Zuführung von »Prinz«. Der Doppelagent »Prinz« wertete die Befragung durch die HA IX/1 in einem konspirativen Objekt der HA II als Überprüfungsmaßnahme des MfS. Erst nach 14 Tagen Untersuchungshaft machte »Prinz« Aussagen über seine Verbindungen zum Verfassungsschutz.[695]

Hinsichtlich der Vorbereitung des CM auf eine Festnahme durch das MfS wurden durch den Verfassungsschutz folgende inhaltliche Schwerpunkte gesetzt:

- Den CM wurde verdeutlicht, dass ihre Tätigkeit gegen die DDR als Spionage betrachtet wird und daher mit empfindlichen Strafen bedroht war.
- Den CM wurde die Haftsituation in der DDR erörtert und es wurde versichert, dass entgegen anders lautenden Darstellungen, vor allem durch die Medien, jede Angst vor Folter und Schlägen unbegründet ist.[696]

Der Fallführer hatte Diskussionen über eine Festnahme durch das MfS so zu führen, dass dem CM geholfen wurde, Angst abzubauen.

Tiedge sagte gegenüber dem MfS aus, dass die meisten Doppelagenten auch nach Hinweis auf einen Austausch

---

695 Vgl.: Ebd.

696 Vgl.: Ebd., Bl 65 f.

deutlichen Respekt vor den DDR-Justizorganen hatten.[697]

Die CM wurden durch den Verfassungsschutz aber auch dahingehend instruiert, wie sie sich bei einer Vernehmung durch das MfS verhalten sollten. Die Aussage einer Quelle gegenüber dem MfS gibt Auskunft, dass »bei diesen Belehrungen nicht zu dick aufgetragen wird, denn ein CM, den man vorbehaltlos über seine Risiken und auf das auf-sich-allein-Gestellt sein in der DDR hinweisen werde, müsste, wenn er seine Sinne beisammen hat, dem Verfassungsschutz die Zusammenarbeit aufkündigen.«[698]

In der Praxis stellte die Staatssicherheit fest, dass die Mehrzahl der festgenommenen CM keine Instruktionen für den Verhaftungsfall seitens des Verfassungsschutzes erhalten hatte. So erklärte sich das MfS, dass diese häufig sehr schnell aussagebereit waren und durch Aussagebereitschaft für sich einen günstigen Ausgang erhofften. Tiedges Aussagen gegenüber dem MfS waren dagegen anders lautend. Er äußerte: »Sicherlich ist in vielen Fällen nicht mit direkten Worten auf den möglichen Exekutivfall eingegangen worden, aber es gibt doch eine ganze Reihe von Fällen, in denen von Haftentlassenen erklärt wurde, dass ihnen die Vorbereitungen der Spionageabwehr [des Verfassungsschutzes, Anm. d. Verf.] auf eine mögliche Festnahme doch geholfen haben, sich auf die Mitarbeiter des MfS einzustellen.«[699]

Der scheinbare Widerspruch zwischen der vom MfS festgestellten »Nichtinstruktion« der CM für den Verhaftungsfall und der Aussage Tiedges begründete die Staatssicherheit damit, »dass die Intensität der Schulun-

697 Vgl.: Ebd., Bl. 66.

698 Ebd., Bl. 67.

699 Ebd., Bl. 67.

gen durch den Verfassungsschutz in sehr unterschiedlicher Qualität, vor allem durch die Fallführer der Landesämter geführt werden.«[700]

Eine G-Operation erforderte eine Reihe nachrichtendienstlich-organisatorischer Maßnahmen. Diese dienten vorrangig der Sicherheit des CM und der Geheimhaltung in der Operation. Die Spionageabwehr des Verfassungsschutzes arbeitete dabei mit Tarnbezeichnungen. Es wurde unterschieden in:

• Arbeitsname,
• Tarnname,
• Deckname und
• Tarnbezeichnung.

Der Fallführer war dem CM unter einem Arbeitsnamen bekannt. Der CM nutzte den Arbeitsnamen des Fallführers bei der Kommunikation, so zum Beispiel beim Führen von Telefongesprächen.

Den Fallführern des Verfassungsschutzes standen zur Legitimation folgende personengebundenen Dokumente zur Verfügung:

• Dienstausweis des Verfassungsschutzes,
• Dienstausweis des Bundesministeriums des Innern,
• auf den Arbeitsnamen ausgestellte Dokumente wie Personalausweis, Führerschein, Fahrzeugschein und anderes.[701]

Als Hansjoachim Tiedge im August 1985 in die DDR übertrat, tat er dies an der Grenzübergangsstelle Marienborn/Eisenbahn mit Reisepass, ausgestellt auf seinen Arbeitsnamen Tappert und mit seinem Dienstausweis des BfV, ausgestellt auf seinen Klarnamen.[702]

Der Tarnnamen war der Alias-Name (West) für den CM

---

700 Ebd.

701 Vgl.: Ebd., Bl. 67 f.

702 Vgl.: Hansjoachim Tiedge: *Der Überläufer*, S. 422.

im Verkehr mit dem CM-Führer und der Dienststelle des Verfassungsschutzes. Er durfte nicht als Tarnnamen erkennbar sein. Der Tarnnamen musste den CM für den CM-Führer und dessen Vertreter identifizierbar machen, sollte aber gegenüber Außenstehenden die Identität des CM verschleiern. Er durfte im Schriftverkehr nicht verwendet werden.

Als Decknamen wurde der Name oder die Bezeichnung verstanden, die der Doppelagent für die »Zusammenarbeit« mit dem MfS nutzte.

Für jede G-Operation verwandte der Verfassungsschutz außer den genannten Bezeichnungen zusätzliche Tarnbezeichnungen für den jeweiligen Fall. Diese zusätzliche Verschleierung diente der dazu, den Schriftverkehr und die Aktenführung zu erleichtern. Der CM durfte diese Fallbezeichnung nicht erfahren.

Unter bestimmten Umständen ergab sich für den Verfassungsschutz die Notwendigkeit zu prüfen, ob eventuell dritte Personen, wie zum Beispiel Ehefrauen oder Eltern in die G-Operation eingewiesen und zum Stillschweigen verpflichtet werden mussten. Die Information von dritten Personen hinsichtlich einer G-Operation widersprach den Grundprinzipien der Spionageabwehr des Verfassungsschutzes zum Mitwisserkreis, wurde aber bei bestimmter Ergebniserwartung realisiert, was allerdings eine Ausnahme darstellen sollte. Der Verfassungsschutz erkannte, dass unter Umständen die Einweihung der Ehefrau in die G-Operation förderlich sein und den CM stimulieren konnte. Die Verfassungsschützer versprachen sich dadurch vor allem einen sicherheitsbewussten Umgang des CM mit dem Risiko.

Die Analyse abgeschlossener Untersuchungsvorgänge im MfS wies jedoch eindeutig aus, dass die vom Ver-

fassungsschutz deklarierte Ausnahme die Regel war.[703]
Zu nachrichtendienstlich-organisatorischen Maßnahmen des Verfassungsschutzes hinsichtlich des Umganges mit operativ technischen Mitteln des MfS analysierten die Spezialisten aus der Normannenstraße folgende Details: Vom MfS ausgehändigte operativ-technische Mittel wie Funkgeräte, Container usw. wurden dem CM grundsätzlich belassen, da der Doppelagent diese ständig handhaben musste. Bei bestehenden Instrukteurverbindungen wurden seitens des Verfassungsschutzes außerdem Kontrollen befürchtet. Allerdings wurden durch den Verfassungsschutz Untersuchungen an diesen operativ-technischen Mitteln durchgeführt, was die Gefahr in sich barg, dass diese Hilfsmittel beschädigt, verbraucht oder für die Staatssicherheit feststellbar verändert wurden. Aus den genannten Gründen beschränkte sich der Verfassungsschutz in der Regel auf das Fotografieren der operativ-technischen Mittel des MfS.[704]

Ein Abweichen von der Regel wurde in der G-Operation »Keilkissen« mit dem CM »Keil«/IM »Wieland« praktiziert. Die G-Operation »Keilkissen« wich in mehreren Punkten von der Normalität ab. Der IM »Wieland« war seit 1959 für das MfS tätig, als er von der Spionageabwehr des BfV 1980 überworben und zum CM »Keil« wurde. Die Überwerbung durch die BfV-Beamten Tiedge und Kuron teilte der IM »Wieland«/ CM »Keil« umgehend seinen HV A-Führungsoffizieren in Ostberlin mit und arbeitete von nun an als sogenannter Tripleagent für das MfS gegen das BfV. Eine weitere Besonderheit an der G-Operation »Keilkissen« war auch, dass die seitens des BfV maßgeblich beteiligten Beamten Klaus Kuron

703 Vgl.: Horst Hillenhagen, Jürgen Seidel, Stefan Engelmann: Forschungsergebnisse, Bl. 68 f.

704 Vgl.: Ebd., B. 69 f.

und Hansjoachim Tiedge später selbst Kontakt zum MfS hatten. Das Abweichen von der Regel bezüglich der operativ-technischen Mittel in der G-Operation »Keilkissen« bestand darin, dass nach der Überwerbung des CM »Keil«, dessen Funksprüche, die ihm das MfS sandte, von der Spionageabwehr des Verfassungsschutzes empfangen wurden.

Hansjoachim Tiedge selbst äußerte sich zum Funkempfang durch das BfV für den CM »Keil« in der G-Operation »Keilkissen« wie folgt: »Wen immer er [›Keil‹, Anm. d. Verf.] erreichte [telefonisch beim BfV, Anm. d. Verf.], den Wortlaut des in meiner Arbeitseinheit mitgehörten Funkspruchs sagte ihm keiner, nur, ob ein umgehender Treff erforderlich war oder ob es Zeit hatte, bis ›Kluge‹ [Klaus Kuron, Anm. d. Verf.] sich routinemäßig mit ihm in Verbindung setzte. Den Wortlaut erfuhr er dann bei diesem Treff. Was hier geschah, verstieß nicht nur gegen das große, das verstieß schon gegen das kleine Einmaleins der Fallführung (...) Aber in diesem Fall gab es so viel ungewöhnliches, soviel Einmaliges, dass es auf solche, wenn auch elementaren Verstöße gegen die Sicherheit des CM schon gar nicht mehr ankam. An sich gilt es als eisernes Gesetz, dass jeder Agent seine Funksprüche selbst am Radio hört.«[705]

Wichtig für den Verfassungsschutz bei der Steuerung einer G-Operation waren Erkenntnisse über die Arbeitsweise des MfS zum Erkennen von Doppelagenten. Die Erkenntnisse zu solchen Maßnahmen flossen mit hohem Wertanteil in alle Maßnahmen zur Steuerung des CM ein. Der Verfassungsschutz war der Auffassung, dass Kenntnisse dieser speziellen Informationslage helfen konnten, die Methodik zum Erkennen von G-Operationen durch das MfS zu erschweren.

---

705 Hansjoachim Tiedge: *Der Überläufer*, S. 256.

Nach Einschätzung des Verfassungsschutzes wurde der Verdacht einer Steuerung durch bundesdeutsche Abwehr- beziehungsweise Sicherheitsbehörden beim MfS vor allem durch folgende Verdachtsmomente hervorgerufen:

- wiederholte Verschiebung der Treffs, widerwillige und zögernde Treffdurchführung,
- Vorschlag für Treffs außerhalb des kommunistischen Machtbereiches,
- die deutliche Erinnerung des CM an frühere Unterhaltungen,
- die Art und Weise der Auftragserfüllung unter Berücksichtigung der Zugangslage des CM.

Zu den vom Verfassungsschutz erkannten oder vermuteten Maßnahmen des MfS gegen einen erkannten oder vermuteten CM gehörten zum Beispiel:

- Überprüfung des CM am Wohnort und Arbeitsplatz,
- Festellen von Unregelmäßigkeiten in seinem Leben,
- Prüfung seiner Ehrlichkeit durch den Vergleich der Angaben des CM über sein Privat- und Berufsleben mit eigenen Erkenntnissen,
- Erteilung von Kontrollaufträgen,
- kurzfristige Anberaumung von Treffs,
- Observationen.[706]

Wie die dargestellte Bearbeitung des Doppelagenten »Heinz Richter« zeigt, lag der Verfassungsschutz mit seiner Einschätzung hinsichtlich der Überprüfungsmethoden des MfS bei erkannter oder vermuteter Doppelagentätigkeit richtig.

Im Verfassungsschutz schätzte man ein: »Es muss damit gerechnet werden, dass die Wohnung eines CM durchsucht und sein Telefon überwacht wird. Daher ist

---

706 Vgl.: Horst Hillenhagen, Jürgen Seidel, Stefan Engelmann: Forschungsergebnisse, Bl. 70 f.

der Doppelagent zu befragen, ob er dem gegnerischen Nachrichtendienst seine Wohnungsschlüssel aushändigen muss.[707]

Bei der Staatssicherheit war man der Meinung, dass der Verfassungsschutz den Überprüfungshandlungen des MfS »einen großen, teilweise aber überzogenen Respekt« zollte.[708]

Beim BfV und in den LfV vertrat man die Ansicht, dass die CM zu ihrer eigenen Sicherheit im Wesentlichen durch Mittel und Methoden des Verfassungsschutzes unberührt bleiben sollten, um dem MfS keine Ansatzpunkte zur Enttarnung zu bieten. Das galt auch hinsichtlich der Ausstattung des CM mit Mitteln des unpersönlichen Verbindungswesens.

So wurden neben der Telefonnummer des Fallführers nur in Ausnahmefällen DDR-Bürgern technische Hilfsmittel wie Geheimschreibmittel übergeben. Der Verfassungsschutz hatte zur Herstellung von Geheimschreibmitteln und anderen nachrichtendienstlichen Hilfsmitteln keine eigenen Möglichkeiten. Für die Beschaffung solcher Hilfsmittel musste sich der Verfassungsschutz an befreundete Dienste, meist an den BND, wenden.

Die Inanspruchnahme befreundeter Dienste widersprach jedoch der Sicherheitsauffassung des Verfassungsschutzes bei G-Operationen. Dies erklärt, warum die Aushändigung nachrichtendienstlicher Hilfsmittel an CM nur in Ausnahmefällen realisiert worden war.[709]

Ein anderer Aspekt war das Risiko des Besitzes solcher Hilfsmittel bei einem CM, der in der DDR mit dem MfS in Verbindung stand.

Unpersönliche Verbindungen spielten bei G-Operatio-

---

707 Ebd., Bl. 71.

708 Ebd.

709 Vgl.: Ebd., Bl. 72.

nen eine relativ untergeordnete Rolle. Die persönliche Verbindung, in Form eines persönlichen Treffs, war allerdings von zentraler Bedeutung. Andererseits aber stellte der persönliche Treff in den Augen der Verfassungsschützer, aufgrund der als sehr weit reichend eingeschätzten Kontroll- und Überwachungsmaßnahmen der Staatssicherheit, eine wesentliche Gefahrenquelle in der G-Operation dar. Das MfS ging davon aus, dass persönliche Treffs von CM aus der DDR mit dem Fallführer des Verfassungsschutzes, ausschließlich im westlichen Ausland stattfanden.[710] Dazu mussten die CM aus der DDR über entsprechende Reisemöglichkeiten verfügen. In Vorbereitung des Treffs wurde vom Fallführer eine umfassende Planung des Treffgeschehens gefordert, die durch Vorgesetzte genehmigungspflichtig war.

Der zu erstellende Treffplan umfasste alle zeitlich-organisatorisch geplanten Abläufe und die wesentlichen Treffinhalte. Dem richtigen Treffort wurde dabei große Aufmerksamkeit gewidmet. Er hatte den Anforderungen an einen:

- Führungstreff zur Vorbereitung und Auswertung nachrichtendienstlicher Handlungen des CM,
- Materialübergabetreff, zur Übergabe von Informationen oder einem
- Betreuungstreff, zur Kontaktsicherung zum CM zwischen Einsätzen im Gebiet der DDR

zu entsprechen. Der Treffplan musste weiterhin den objektiven und subjektiven Bedingungen der G-Operation Rechnung tragen. Dabei wurden in die Treffplanung auch Legenden einbezogen, um den Möglichkeiten einer gezielten Observation des MfS Rechnung zu tragen. Diese Legenden beinhalteten unter anderem die Art und Weise der Bekanntschaft von Fallführer und CM sowie

---

710 Vgl.: Ebd., Bl. 73.

den Anlass des Zusammentreffens. Das MfS analysierte, dass diese Probleme in der Praxis zwar geplant, jedoch mit zunehmender Dauer der G-Operation als Routine behandelt wurden.[711]

Innerhalb des Verfassungsschutzes galt der Grundsatz, dass der Treffort vom Fallführer bestimmt wird. Dies bezog sich auch auf vom CM kurzfristig angeforderte Treffs. Die Leitung des Verfassungsschutzes orientierte die CM-Führer darauf, eine Woche vor und nach dem Treff des Doppelagenten mit dem MfS auf ein Zusammentreffen mit dem CM zu verzichten. Dazu heißt es: »Im Höchstfalle soll der CM am Tage nach seiner Rückkehr aus der DDR anrufen und sich melden. Die ist allerdings oft mehr eine persönliche Absprache zwischen CM und Fallführer, um ihn zu beruhigen, wenn der CM vom DDR-Treff wieder wohlbehalten zurück ist.«[712]

Eine solche Verfahrensweise lässt auf eine Unterschätzung der operativen Möglichkeiten der Linie III (Funkaufklärung/Funkabwehr) zur Identifizierung von Doppelagenten schließen.

Die Treffs zwischen Fallführer und CM wurden in der Regel in Gaststätten, Parks oder Ähnlichem durchgeführt. Die teilweise geübte Praxis des sogenannten Autotreffs auf Parkplätzen wurde vom Verfassungsschutz als nachrichtendienstlich unseriös abgelehnt. Hinzu kam der Umstand, dass »die Fallführer bei der Auswahl von Trefforten nicht immer vom praktischen Wert des Treffortes ausgehen, sondern statt dessen oft von persönlichen Neigungen und so versuchen, das Angenehme mit dem Dienstlichen zu verbinden«[713].

Bei der Durchführung von Treffs in Gaststätten oder

---

711 Vgl.: Ebd., Bl. 73.

712 Ebd., Bl. 74.

713 Ebd., Bl. 74.

Lokalen war der CM-Führer angehalten, als erster die Örtlichkeit aufzusuchen, um einen geeigneten Platz auszusuchen.

Der Fallführer ließ sich während des Treffs vom CM ausführlich berichten und fertigte dabei umfangreiche schriftliche Notizen an. Auch die Schallaufzeichnung (zum Beispiel mittels Diktiergeräten) wurde in der Praxis realisiert. Zur Tarnung der nachrichtendienstlichen Treffdurchführung wurden beispielsweise Prospektmaterialien und ähnliche Dinge auf dem Tisch ausgebreitet. Der CM unterschrieb in der Gaststätte auch Quittungen für empfangene Zahlungsmittel und fertigte bei Notwendigkeit auch selbst Berichte an. Die Treffdauer in Gaststätten betrug in der Regel max. ein bis zwei Stunden.[714]

Hatte der CM dem Verfassungsschutz Informationen geliefert, mussten diese entsprechend ausgewertet werden. Der analytischen und synthetischen Aufarbeitung der Ergebnisse einer G-Operation wurde eine hohe Bedeutung beigemessen, liefen doch hier letztendlich die Ergebnisse der Gegenoperation zusammen.

Beim Verfassungsschutz erfolgte die Auswertung fast aller G-Operationen zentral durch das BfV. Man vertrat die Auffassung: »Gegenoperationen sind nur dann nachrichtendienstlich sinnvoll und sicherheitsmäßig richtig zu führen, wenn man die gesammelten Informationen richtig und vollständig erfasst und dem BfV zum Vergleich mit anderen Erkenntnissen zur Verfügung gestellt werden.«[715]

Dabei spielte die Berichterstattung des CM und deren tiefgründige Analyse für den Prozess der Auswertung eine Schlüsselrolle. Eine sinnvolle Nutzung der Er-

---

714 Vgl.: Ebd.

715 Ebd., Bl. 75.

kenntnisse aus Gegenoperationen war nach Ansicht des Verfassungsschutzes nur möglich, wenn

- die fallführenden Landesbehörden (LfV) das BfV vollständig, genau und rechtzeitig informierten sowie
- das BfV alle ihm zur Verfügung stehenden Möglichkeiten nutzte und das Ergebnis den Landesbehörden zuleitete.[716]

Absolvierte der CM einem Treff mit dem MfS, waren folgende Dokumentationen zu fertigen:

Der Treffbericht: Dieser hatte zu beinhalten:
- Angaben zu Ort, Zeit und Bedingungen, Verpflichtung, beteiligten Personen/Beschreibung der beteiligten Personen,
- Telefonnummern, Kfz-Nummern, Unterbringen des CM im Hotel und in Objekten durch das MfS,
- Ausstattung des CM mit nachrichtendienstlichen Hilfsmitteln durch das MfS,
- Funkverkehr, Bezahlungsmodus, Verbindungswesen, Warnsysteme,
- Angaben hinsichtlich des nächsten Treffs.

Der Treffreisebogen: Auf diesem waren zu vermerken:
- kurze Angaben zum Charakter der G-Operation,
- Reisewege des CM (Hin- und Rückreise),
- Übernachtungsfragen und
- Termine.

Chronologischer Ablauf:
- Erfassung aller Umstände, zum Beispiel Treffen von Bekannten, Verwicklung in bestimmte Ereignisse usw., die durch die Reiseberichtsbögen nicht erfasst wurden.

Im Mittelpunkt der Treffberichte des Verfassungsschutzes standen die inhaltlichen Probleme des Treffs mit

---

716 Vgl.: Ebd., Bl. 76.

dem Führungsoffizier der Staatssicherheit. Erfasst werden sollten dabei Angaben zu:

- Treffatmosphäre/Treffteilnehmer,
- Reaktion des MfS auf die Art und Weise der Auftragserledigung durch den CM,
- Art und Weise der Auftragserteilung sowie deren Zielrichtung,
- Reaktion auf die Steuermomente der Spionageabwehr des Verfassungsschutzes (zum Beispiel Legenden zum Verhalten/Auftragserledigung usw.).

In einem weiteren Teil des Treffberichtes wurde die Treffgestaltung des Fallführers vom Verfassungsschutz mit dem CM behandelt. So hatte der Fallführer Angaben zu machen über:

- Wege des CM zum Treff,
- benutzte Verkehrsmittel,
- Trefforte und Legenden,
- Zweck und Charakter des Treffs,
- Art und Weise des Umgangs mit dem CM (konspirativ oder auch gesellschaftlich).

Dabei erstreckte sich der Umfang der Berichterstattung sowohl auf den nachrichtendienstlichen Aspekt, wie auch auf Lebensumstände, psychologische und physiologische Situation des CM sowie auf Einschätzung zum Motivationsgefüge zur Zusammenarbeit mit dem Verfassungsschutz, aber auch mit dem MfS. An die Genauigkeit der Berichte wurden durch die Spionageabwehr des Verfassungsschutzes hohe Anforderungen gestellt. Besonderes Interesse wurde dabei den Erkenntnissen über das MfS zu:

- Führungsoffizieren,
- Telefonnummern,
- Deckadressen,
- Konspirativen Objekten und Wohnungen,
- Fahrzeugen,

- Auftragserteilung und
- andere Interna

geschenkt.

Fallführer und Auswerter waren Partner und in gleicher Weise der Sicherheit des CM verpflichtet. Der Aufgabenbereich des Auswerters beinhaltete:

- angefallene Informationen mit vorhandenen Erkenntnissen zu vergleichen,
- Erkenntnisse in einer dem Quellenschutz gerecht werdenden Weise zu erfassen und zu speichern,
- den Bericht des CM zu analysieren und damit den Fall und die Sicherheit des CM zu bewerten.

Die Spionageabwehr des Verfassungsschutzes nutzt im Rahmen des Bundes und der Länder das NADIS, um mit Hilfe verschiedener Dateiprogramme eine Vielzahl von nachrichtendienstlichen Fakten in den folgenden Speichern zu erfassen, zu speichern und zu vergleichen.

Das NADIS setzte sich wie folgt zusammen:

▶ <u>Personenzentraldatei (PZD):</u> Erfassung von Personaldaten und Adressen.

▶ <u>P-1-Datei:</u> Erfassung von numerischen Daten personenbezogener oder nicht personenbezogener Art wie Telefonnummern und Kraftfahrzeugkennzeichen.

▶ <u>Objektzentraldatei (OZD):</u> Erfassung von Organisationen, die in verfassungsschutzrechtlicher und damit unter anderem in nachrichtendienstlicher Weise bekannt geworden sind. Dies betraf Parteien, Verbände, Firmen, Publikationen und anderes mehr.

▶ <u>Merkmaldatei (PZ):</u> Erfassung hauptamtlicher und inoffizieller Mitarbeiter sozialistischer Sicherheitsorgane, die operativ in der Bundesrepublik tätig waren. Existierten von diesen Personen konkrete Personaldaten wurden diese auch in der PZ-Datei gespeichert. Die PZ-Datei erfasste:

- Personenbeschreibungen,
- Besondere Merkmale,
- Funktionen,
- Auftragsrichtung etc.

► <u>Sachgebietsdatei O-1</u>: Mit Hilfe dieser Datei wurden alle Daten erfasst, die in den folgenden Bereichen Eingang fanden:

- Methodik (O-1-M): Treffmodalitäten, Reisewege, Führungs- und Verbindungswesen, operativ-technische Mittel und anderes mehr,
- Werbungen (O-1-W): Werbungen und Werbungsversuche (außer G-Operationen),
- Auftragserteilung (O-1-A): Auftragsstruktur des MfS im Bereich politische Spionage, Wirtschaftsspionage, Militärspionage, Gegenspionage, Personenaufklärung und Schleusungen,
- die Art und Weise der Auftragserteilung.

Obwohl grundsätzlich alle NADIS-Partner ungehindert Zugang zu den gespeicherten Datensätzen hatten, war es im Interesse der Sicherheit einer laufenden G-Operation durch die Spionageabwehr des Verfassungsschutzes jedoch möglich, bestimmte Datensätze für den allgemeinen Zugang zu sperren. Das bezog sich unter anderem auf:

- Personalangaben zum Führungsoffizier des MfS,
- Telefonnummern des MfS,
- Einrichtungen und Objekte des MfS,
- sonstige spezifische Daten, die durch die G-Operationen über das MfS gewonnen wurden.

Die Sperrung dieser Daten wurde durch die Abteilung IV des BfV direkt vorgenommen.

Auf Anfrage nach gesperrten Datensätzen erhielten die NADIS-Nutzer entweder die Auskunft »NEGATIV« oder nur allgemein zugängliche Daten. In einem speziellen Benachrichtigungsverfahren erhielt die fallführende Stelle Kenntnis von der Anfrage. Sie war dann verpflichtet, den Anfragegrund zu ermitteln.

Neben den Datenspeicherungssystemen wurden nach Kenntnis des MfS in der Abteilung IV des BfV zusätzliche spezielle Arbeitskarteien durch die Auswerter geführt, die weitergehende Arbeitsinformationen zum MfS wie:

- Mitarbeiter,
- IM,
- Adressen,
- Verbindungen,
- Vergleichsergebnisse und
- numerische Daten

enthielten. In sogenannten Merkmalerfassungsbögen wurden solche Erkenntnisse gespeichert.

In jeder G-Operation kam dem Auswertungsbericht hohe Bedeutung zu. Er enthielt alle Angaben zum nachrichtendienstlichen Sachverhalt, zu den beteiligten Personen sowie eine Stellungnahme zur weiteren Fallführung.

Mit Hilfe des Auswertungsberichtes sollte der Fallführer des Verfassungsschutzes in die Lage versetzt werden, seine laufende Führungsarbeit inhaltlich zu qualifizieren und organisatorisch zu effektivieren. Besonderer Wert wurde dabei auf die Einschätzung zur operativen Sicherheit der G-Operation gelegt. Die Auswertungsberichte wurden dem Fallführer terminlich so vorgelegt, dass eine Beurteilung noch vor der nächsten Treffreise des CM in die DDR möglich war.

Tiedge schätzte ein, dass die hier dargestellten Formen der Berichterstattung und der Auswertung nachrichtendienstlich relevanter Informationen gewissermaßen eine Idealform darstellte und es in der Praxis in jedem Falle von der Qualität der Fallführung abhing, in wie weit diese Idealform erreicht werden konnte.

Aus den Erfahrungen der Praxis leitete das MfS ab, dass tatsächlich durch die Auswertung der Spionageabwehr des Verfassungsschutzes nur solche Fakten informativ gespeichert wurden, die MfS-Interna darstellten. Darüber hinaus wurden von den CM gefertigte Berichte beispielsweise zu politischen und ökonomischen Fragen der DDR lediglich zur Aktenablage gebracht. Es erfolgte keine weitere Auswertung oder systematische Weitergabe an »befreundete Dienste«, wie den BND. Dem MfS wurde bekannt, dass Ausarbeitungen von CM zu solchen Themenkomplexen von den Fallführern oft nicht einmal gelesen wurden.

Daraus ergab sich, dass der Wert einer G-Operation ausschließlich auf Qualität und Quantität der Erkenntnisse zur Organisation, Struktur, Mitarbeitern, technischen Mitteln sowie der Methodik des MfS abgeleitet wurde.[717]

Ursachen für die Beendigung einer G-Operation durch den Verfassungsschutz konnten folgende Faktoren sein:
- Zeitdauer der G-Operation,
- persönliche Umstände,
- Sicherheitsbedenken,
- das Ziel der G-Operation wurde erreicht,
- die geplante Zielstellung der G-Operation konnte nicht erreicht werden.

Der Verfassungsschutz ging davon aus, dass die G-Operation bei Enttarnung beziehungsweise Festnahme des CM in jedem Falle abgebrochen werden musste und die

---

717 Vgl.: Ebd., Bl. 76–82.

»Fürsorgepflichten« des Verfassungsschutzes dann einsetzten.

Ein Sonderfall ergab sich aus der Notwendigkeit eine laufende G-Operation zu beenden, die zu einem Verdachtsfall wurde und deren nachrichtendienstliche Relevanz einen exekutiven Abschluss erforderte. In solchen Fällen konnte oft eine weitere Informationsfreigabe an die Staatssicherheit durch den Verfassungsschutz nicht mehr verantwortet werden.

Nach Ansicht der Spionageabwehr des Verfassungsschutzes war das Beenden der G-Operation ein aktiver Vorgang, der nur in enger Zusammenarbeit mit dem CM selbst gestaltet werden konnte. Dabei legte der Verfassungsschutz besonderen Wert auf eine:

- Herauslösung des CM aus der nachrichtendienstlichen Verbindung, ohne eine Dekonspiration der G-Operation,
- weitere Verschleierung der G-Operation vor dem MfS,
- Verhinderung einer Beschränkung der persönlichen und beruflichen Folgen für den CM und seine nächsten Angehörigen.

Zur Gewährleistung der oben genannten Zielstellungen zur Beendigung einer G-Operation, vor allem aber der Verschleierung gegenüber dem MfS, wurde mit dem CM eine Legende erarbeitet, die zum einen die Notwendigkeit der Beendigung der Zusammenarbeit mit dem MfS glaubhaft begründete und zum anderen eventuellen Überprüfungen standhielt.

Zu seiner eigenen Sicherheit sollte der CM diesbezügliche Erklärungen nicht beim Treff in der DDR abgeben. Vielmehr sollte dies vom Territorium der Bundesrepublik aus geschehen. Die Gründe für die Versagung einer weiteren Zusammenarbeit mussten nach Ansicht des

Verfassungsschutzes fallbezogen sein. Sie konnten sich in diesen Bereichen bewegen:

- Unangemessenheit der Aufträge,
- Zweifel an der Aufrichtigkeit des MfS,
- persönliche Ablehnung der am Vorgang beteiligten Mitarbeiter des MfS,
- Risiko der Enttarnung,
- unzureichende Honorierung,
- physische und psychische Belastungen.

In der Praxis wurden der Staatssicherheit folgende Abschaltlegenden des Verfassungsschutzes bekannt, die ihr telefonisch oder schriftlich mitgeteilt wurden:

- Der Doppelagent sah bei weiteren Reisen in die DDR seine persönliche Sicherheit gefährdet beziehungsweise eine Gefährdung für seine weitere berufliche Perspektive.
- Befragung durch die Abwehrorgane der Bundesrepublik nach Gründen seiner Reisen in die DDR.
- Erhalt anonymer Anrufe, mit der Aufforderung, alle seine nachrichtendienstlichen Hilfsmittel zu vernichten, da seine Sicherheit in der Bundesrepublik gefährdet sei.
- Sicherheitsbelehrungen auf seiner Arbeitsstelle, einschließlich Untersagungen weiterer Einreisen in die DDR.
- Erfolgte oder geplante berufliche Umsetzungen, die weitere Einreisen in die DDR oder andere sozialistische Staaten nicht mehr gestatten.
- Zufällige Zusammentreffen mit Berufskollegen oder Bekannten während ihrer Reisen in die DDR oder Westberlin. Das betraf vor allem solche Personen, die aus beruflichen Gründen (Angehörige der Bundeswehr oder Beamte von Polizei und Staatsorganen) entweder nicht in die DDR reisen durften oder derartige Reisen vorher ihrer Dienststelle melden mussten.

- Vortäuschung einer nervlichen Überbelastung durch den Doppelagenten.

Es wurden also scheinbar objektive und subjektive Begründungen unter dem Aspekt der nicht mehr oder nur unzureichend gewährleisteten Sicherheit als Argumentation genutzt.

Der Verfassungsschutz zahlte dem abgeschalteten CM in der Regel eine Prämie in Form einer einmaligen Zahlung in Höhen von circa 1.000 DM pro Jahr der Zusammenarbeit. Weitere Ausgleichszahlungen konnten für persönliche oder berufliche Nachteile, die sich aus der Beendigung der G-Operation ergaben, gezahlt werden. Der CM hatte die den Empfang des Geldes zu quittieren.

Die Abschalterklärung kam einer Entpflichtung der aktiven Zusammenarbeit mit dem Verfassungsschutz, nicht aber der generellen Entpflichtung gleich und erfolgte schriftlich.

Diese Erklärung musste unter anderem Folgendes enthalten:

- die erneute Kontaktaufnahme des MfS dem Verfassungsschutz mitzuteilen,
- beabsichtigte Reisen in den »kommunistischen Machtbereich« anzuzeigen,
- über die Verbindung zum MfS und zum Verfassungsschutz Stillschweigen zu bewahren.

Nach Beendigung einer G-Operation wurde dem ehemaligen CM durch den Verfassungsschutz nahe gelegt, im Interesse der eigenen Sicherheit nicht mehr in die Deutsche Demokratische Republik oder andere sozialistische Länder zu reisen.

Durch den Verfassungsschutz wurde nach der Beendigung der G-Operation eine lose Verbindung mit dem ehemaligen CM angestrebt, um dadurch auf nachrichtendienstlich relevante Veränderungen reagieren zu können.

Oft wurde CM im Rahmen der Abschalterklärung eine Zusatzerklärung abverlangt, dass er »keine weiteren Forderungen gegenüber dem BfV geltend machen wird«. Diese Zusatzerklärung führte des Öfteren zu Unstimmigkeiten zwischen CM und Fallführer. Die CM fühlten sich dann »wie der Mohr, der seine Schuldigkeit getan hat«.

Die Fallführer waren in solchen Fällen instruiert, eine Einigung mit dem ehemaligen CM zu erzielen.[718]

Bearbeitung hauptamtlicher Mitarbeiter des MfS durch westliche Geheimdienste und Sicherung hauptamtlicher Mitarbeiter des MfS

Die Angehörigen der Staatssicherheit hatten die in der »Verpflichtung für den Dienst im MfS« übernommenen Pflichten und festgelegten Verhaltensweisen zur Gewährleistung der Wachsamkeit und Geheimhaltung ständig und gewissenhaft zu beachten. Sie hatten zur offensiven und vorbeugenden Unterbindung aller Angriffe und Aktivitäten der westlichen Geheimdienste ihr gesamtes persönliches Verhalten innerhalb und außerhalb des Dienstes verantwortungsbewusst und umsichtig auszurichten auf

• die Erfordernisse hoher Wachsamkeit zur allseitigen Gewährleistung der Sicherheit des MfS und der eigenen persönlichen Sicherheit,

---

718 Vgl.: Ebd., Bl. 87–91.

- die lückenlose Geheimhaltung aller Tatsachen, Sachverhalte und Zusammenhänge des Dienstes im MfS gegenüber Personen, Institutionen und Publikationsorganen außerhalb der Staatssicherheit,
- die ständige und umfassende Wahrung ihrer persönlichen Unantastbarkeit.

Die sich aus der Pflicht zur Geheimhaltung ergebende Schweigepflicht umfasste insbesondere alle dienstlichen Angelegenheiten und dienstlichen Aufgaben sowie Auskünfte über Dienststellen und Angehörige der Staatssicherheit oder Personen, die für das MfS tätig waren.

Die Schweigepflicht galt gegenüber allen Personen, einschließlich Familienangehörigen, gegenüber Gerichten, Untersuchungsorganen außerhalb des MfS sowie anderen staatlichen und gesellschaftlichen Organen und Institutionen.

Die Angehörigen der Staatssicherheit hatten bei der Gestaltung der Beziehungen untereinander ständig die Prinzipien der Wachsamkeit und Geheimhaltung und der Sicherheit des MfS zu gewährleisten. Sie waren nicht berechtigt, sich Kenntnisse über Tatsachen, Sachverhalten und Zusammenhänge des Dienstes im MfS zu verschaffen, die außerhalb der eigenen festgelegten dienstlichen Pflichten lagen und hatten anderen Angehörigen dienstliche Tatsachen, Sachverhalte und Zusammenhänge nur bei Vorliegen dienstlicher Notwendigkeit und im erforderlichen Umfang zu vermitteln.

Die Angehörigen der Staatssicherheit hatten dem Leiter der Abteilung beziehungsweise Gleichgestellten unverzüglich schriftlich Meldung zu erstatten über

- unvorhergesehene Kontakte zu Personen aus nichtsozialistischen Staaten oder Westberlin einschließlich der Versuche der Kontaktaufnahme über Institutionen oder dritte Personen.
- den Eingang von Postsendungen oder anderen Mit-

teilungen aus nichtsozialistischen Staaten oder Westberlin, die an sie oder Personen, die ständig oder
überwiegend zur häuslichen Gemeinschaft gehörten,
gerichtet waren.

- erhaltene Kenntnis über vorgesehene, eingeleitete
oder durchgeführte Ausreisen von engen Verwandten
(Ehepartner/Verlobte(r), Eltern, Kinder, Geschwister
und deren Ehepartner) sowie anderen Personen, die
ständig oder überwiegend zur häuslichen Gemeinschaft gehörten oder zu denen enge persönliche Verbindungen bestanden, in nichtsozialistische Staaten
oder nach Westberlin beziehungsweise beabsichtigte
oder durchgeführte Einreisen von Personen aus
nichtsozialistischen Staaten oder Westberlin zu dem
genannten Personenkreis beziehungsweise anderweitige beabsichtigte oder durchgeführte Zusammentreffen in der DDR oder im sozialistischen Ausland.
- erhaltene Kenntnis über Aufnahme und Beendigung
von Tätigkeiten durch vorgenannte Verwandte beziehungsweise Personen des engen Umgangskreises,
bei denen diese zur Erfüllung der dienstlichen beziehungsweise beruflichen Aufgaben Kontakte zu Personen aus nichtsozialistischen Staaten oder Westberlin
aufnehmen mussten, wie Reisekader, Außenhandelskader, Diplomaten oder Sportler.
- weitere bekanntgewordene oder vermutete Verletzungen
der Prinzipien der Wachsamkeit und Geheimhaltung.

War in begründeten Ausnahmefällen ein Kontakt zu
Personen aus nichtsozialistischen Staaten oder Westberlin voraussehbar und unumgänglich, war dazu beim
Leiter der Abteilung beziehungsweise Gleichgestellten
die Genehmigung zu beantragen. Diesen war danach
schriftlich über das Zusammentreffen zu berichten.[719]

---

719 Vgl.: MfS: Auszug aus der Ordnung Nr. 8/82 – Innendienstord-

Diese strengen Maßgaben zum dienstlichen und persönlichen Verhalten der Mitarbeiter sollten ein Eindringen westlicher Dienste beziehungsweise solche Versuche erschweren und verhindern und, falls dies nicht gelang, den Schaden begrenzt halten.

Das MfS ging grundsätzlich davon aus: »Die Geheimdienste unternehmen große Anstrengungen die Kampfkraft des MfS zu lähmen, um der Erhöhung der Schlagkraft entgegenzuwirken. Im Mittelpunkt aller Angriffe gegen die Organe und Einrichtungen des MfS steht die personelle Substanz, stehen unsere Mitarbeiter.«[720]

Die Flucht des HV A- Oberleutnants Werner Stiller im Januar 1979 nach Westberlin stellte eine Zäsur in der Arbeit zur Gewährleistung der inneren Sicherheit dar. Günther Kratsch äußerte sich zu den darauf folgenden Maßnahmen wie folgt: »Da wurde die innere Sicherheit erhöht und vieles ganz neu geregelt.«[721] Damit im Zusammenhang stand die Bildung der HA II/1 im Jahr 1980. Die Aussage Werner Großmanns, dem letzten Leiter der HV A, dass im Zusammenhang mit der Flucht Stillers, in der HA II »eine neue Diensteinheit gebildet« wurde, »die ausschließlich für die Bearbeitung der Aufklärung zuständig war«[722], ließ sich nicht verifizieren. Die Zuständigkeit der HA II/1 war jedenfalls nicht auf die HV A beschränkt.

Für die Gewährleistung der inneren Sicherheit im

---

nung – vom 1. Oktober 1982. BStU, ohne Signatur, Bl. 19 f.

720 Heinz Schulz: Diplomarbeit zum Thema: »Zu einigen Problemen der vorbeugenden Bekämpfung der gegen Mitarbeiter des MfS gerichteten Angriffe imperialistischer Geheimdienste«. JHS MF VVS 160-71/71, Bl. 4.

721 »Zwei Todfeinde an einem Tisch«. In: Stern 42/1994.

722 Werner Großmann mit Peter Böhm: Der Überzeugungstäter. Berlin 2017, S. 160.

hauptamtlichen Personalbestand des MfS, das Verhindern von Einbrüchen des Gegners, sowie die Überprüfung und Bearbeitung von MfS-Mitarbeitern, welche im Verdacht standen, Dienstgeheimnisse zu verraten oder gar für einen westlichen Geheimdienst tätig zu sein war die HA II/1 in Zusammenarbeit mit dem Bereich Disziplinar der HA Kader und Schulung verantwortlich. Auf der Ebene der BV war die Abteilung II ausdrücklich nicht in diese Aufgabenstellung einbezogen. Erforderliche Maßnahmen in den BV wurden in Abstimmung mit der HA II/1 durch die Arbeitsgruppen Sonderfragen der Abteilungen Kader und Schulung der BV realisiert.[723]

Die DA 1/87 legte fest, dass der Leiter der HA II in Abstimmung mit dem Leiter der HA Kader und Schulung, »die Abwehr geheimdienstlicher Angriffe gegen Angehörige, Zivilbeschäftigte und ehemalige Angehörige des MfS, deren Ehepartner, Kinder, Eltern, Schwiegereltern und im Haushalt lebende Personen sowie weitere Verwandte und Bekannte zu denen enge Beziehungen bestehen«[724] zu gewährleisten hatte.

Innerhalb des MfS ging man, von einem »aktiven Bestreben der imperialistischen Geheimdienste, in das MfS einzudringen« aus.[725] Das galt vor allem auch für die hauptamtlichen Mitarbeiter. Einbrüche westlicher Geheimdienste in den Bestand der hauptamtlichen Mit-

---

723 Vgl.: Referat des Leiters der Hauptabteilung II auf der Dienstkonferenz vom 8. April 1987, BStU MfS HA II Nr. 4865, Bl. 151.

724 DA 1/ 87, BStU, ZA MfS-BdL Nr. 005266, Bl. 20.

725 Manfred Prusseit: Diplomarbeit zum Thema: »Die Arbeit der Diensteinheiten des MfS mit Kadern auf Perspektive entsprechend der Dienstanweisung 1/73 und die Verantwortung der Kaderorgane unter besonderer Berücksichtigung der Erfordernisse der inneren Sicherheit des MfS entsprechend den gegenwärtigen und künftigen Klassenkampfbedingungen«. BStU MF VVS 001-329/78, Bl. 7.

arbeiter sollten verhindert werden, indem: »nur solche Kader in den politisch-operativen Dienst des MfS zur Einstellung zu bringen sind, die über die erforderlichen Verhaltens- und Leistungseigenschaften verfügen und in der bisherigen Entwicklung unter Beweis gestellt haben, dass sie treu und zuverlässig zur Partei der Arbeiterklasse stehen.«[726]

Erich Mielke forderte diesbezüglich: »Wir brauchen Kader, die entsprechend ihrer persönlichen Entwicklung und Persönlichkeitsreife, ihrer politischen Einstellung und Überzeugung, ihrer charakterlichen und moralischen Qualitäten sowie dem Charakter ihrer persönlichen Beziehungen über die notwendigen Voraussetzungen verfügen, um erfolgreich den Kampf gegen den Feind führen zu können.«[727]

Sollte eine Person in das MfS eingestellt werden, so wurden diese Person, ihre Verwandten und der Bekanntenkreis umfangreich und detailliert überprüft. Zur Überprüfung von Personen, welche im MfS zur Einstellung gelangen sollten, erfolgte auch der Einsatz von IM. In solchen Fällen, wo IM zur Aufklärung von Einstellungskandidaten eingesetzt wurden, konnten zur Beurteilung der Eignung beziehungsweise Nichteignung des Kandidaten wesentliche Informationen erarbeitet werden. Das folgende Beispiel verdeutlicht aus der Sicht der Staatssicherheit die Wirksam- und Bedeutsamkeit des IM-Einsatzes bei der Aufklärung von Einstellungskandidaten:

---

726 Ebd.

727 Diskussionsbeitrag des Genossen Minister auf der Delegiertenkonferenz der Parteiorganisation der Hauptabteilung Kader und Schulung, 1976. In: Peter Winning: Diplomarbeit zum Thema: »Die Einbeziehung von IM/GMS in die zuverlässige Aufklärung von Kadern für den Dienst im MfS als ein Erfordernis der Einschätzung der Kader zur Gewährleistung der inneren Sicherheit des MfS«. BStU MF 72/77, Bl. 8.

»Im Ergebnis der von IM/GMS erarbeiteten und bestätigten Informationen wurde von der Einstellung des
Kandidaten Abstand genommen, obwohl die offiziellen
Informationen für eine Einstellung sprachen. Die offiziell befragten Quellen schätzten die Kandidatin sinnge-
mäß wie folgt ein:
Charakterlich ist Genossin X ruhig, sachlich und wird
als bewusst auftretend eingeschätzt. Vom Wesen her tritt
sie bescheiden und anständig auf. Ihr Bekanntenkreis
trägt ausschließlich positiven Charakter. Verbindungen
nach Westberlin, der BRD und dem übrigen nichtsozialistischen Ausland bestehen nicht. Im Wohngebiet hat
sie einen guten Leumund und in moralischer Hinsicht
wurde nichts Nachteiliges bekannt.
Im Gegensatz dazu erarbeiteten die zielgerichtet eingesetzten IM folgende Informationen:
Die X hat persönliche Bindungen zu einem Literatur-
professor aus Chile. Am ... wurde die X in Begleitung
eines griechischen Seemannes gesehen. Die X hat sich
stets um intensive Kontakte mit Ausländern bemüht,
zumindest zu einem Chilenen hat sie nachweislich intime Beziehungen unterhalten. Mit hoher Wahrscheinlichkeit ist der Vater ihres Kindes Ausländer.«[728]
Solche tiefgehenden Informationen waren offiziell kaum
beschaffbar. Frau X wurde nicht in das MfS eingestellt,
da sie für die innere Sicherheit einen Risikofaktor darstellte.
Wenn entsprechende Kaderermittlungen oberflächlich
geführt wurden konnte das für die innere Sicherheit im
MfS weit reichende Folgen haben, wie der Fall Sta. zeigt.
Dazu heißt es:
»So wurde z. B. der Sta. nach seiner Lehrzeit als Wach-
und Sicherungsposten in einer BV eingestellt. Der

---

728 Peter Winning: Diplomarbeit, Bl. 28 f.

Vorschlag zur Einstellungsbearbeitung kam von einem Verwandten, der Angehöriger des MfS ist. Die nur oberflächlich durchgeführten Ermittlungen ergaben ein positives Bild. Nicht beachtet wurde, dass der Sta. bis zu seiner Lehre die westliche Lebensweise verherrlichte, Umgang mit Rowdys hatte und von zu Hause negativ beeinflusst wurde. Auch während seiner Lehre änderte er sich wenig zu seinen Gunsten. Er fiel durch übermäßigen Alkoholgenuss auf und hatte weiterhin Umgang mit negativen Personen in seinem Wohnort. Sta. musst in Unehren aus dem MfS ausscheiden und sofort inhaftiert werden, da seine Anwerbung durch einen Agenten des BfV vor seiner Einstellung in das MfS bekannt worden war.«[729]

Die direkte Bearbeitung von hauptamtlichen Mitarbeitern des MfS war wesentlicher Bestandteil der Tätigkeit westlicher Geheimdienste, die gegen die DDR operierten.

Sonntag und Kasel schreiben in ihrer Diplomarbeit: »Welchen Stellenwert die Bearbeitung von Mitarbeitern des MfS bei den [westlichen, Anm. d. Verf.] Geheimdiensten einnimmt und mit welcher Sorgfalt und Qualität an die Durchführung der dazu notwendigen Arbeiten herangegangen wird, beweist die vom sonst Üblichen abweichende Tatsache, dass hauptamtliche Mitarbeiter dieser Geheimdienste nicht nur in einem Fall auf dem Gebiet der DDR zur Werbung und Steuerung von Agenten im MfS eingesetzt wurden.«[730]

Die Dienste waren an der Schaffung von Quellen im Bestand der hauptamtlichen Mitarbeiter des MfS interessiert weil diese hochwertige und umfassende Informationen über IM sowie Mittel und Methoden der Arbeit

---

729 Rudi Sonntag, Hein Kasel: Diplomarbeit, Bl. 63.

730 Ebd., Bl. 29.

des MfS weitergeben konnten. Dazu besaß ein operativer Mitarbeiter des MfS ein wesentlich umfangreicheres und detaillierteres Wissen als ein IM. Eine gut platzierte Quelle westlicher Geheimdienste in der Spionageabwehr des MfS wäre in der Lage gewesen, einen gewissen Teil der Abwehrarbeit zu paralysieren und beispielsweise gefährdete Agenturen der Dienste zu benennen.

Durch die in Zusammenarbeit zwischen der HA II und der HA Kader und Schulung/Bereich Disziplinar aufgeklärten unterschiedlichen Verratshandlungen von Mitarbeitern des MfS, deren Verwandten und ehemaligen Mitarbeitern konnten folgende Ursachen/Motivation nachgewiesen werden:

- politisch-ideologische Labilität,
- negative politisch-ideologische Beeinflussung durch Verwandte und Bekannte, sowie Kontaktpartner in der BRD,
- vollständige Orientierung auf Westmedien,
- Egoismus/Unehrlichkeit,
- unbefriedigtes Erfolgsstreben,
- Geldgier und übersteigertes Konsumdenken,
- Geldschulden,
- kriminelle Delikte,
- Konflikte in der Familie und im Arbeitskollektiv,
- außereheliche Intimbeziehungen,
- Angst vor Konsequenzen im Zusammenhang mit Fehlverhaltensweisen.[731]

Diese Handlungen und Verhaltensweisen, nach denen westliche Dienste suchten, boten günstige Ansatzpunkte für die Bearbeitung von Mitarbeitern des MfS sowie deren Verwandten und Bekannten. Gerade die Schwächen der Mitarbeiter und Disziplinverstöße versuchten die

---

731 Vgl.: Referat des Leiters der Hauptabteilung II auf der Dienstkonferenz vom 8. April 1987, BStU MfS HA II Nr. 4865, Bl. 155.

Geheimdienste für ihre Angriffe auf die personelle Substanz des MfS zu nutzen. Das Schaffen von Druckmitteln und Abhängigkeitsverhältnissen waren Methoden der Dienste bei versuchten Werbungen von MfS-Mitarbeitern. Dazu schreibt Schulz in seiner Diplomarbeit: »Sie legen hierbei besonderen Wert darauf, dass die Moral- und Disziplinverstöße u. a. dem MfS nicht bekannt werden. Damit wird beabsichtigt, dass diese den Geheimdiensten bekannt gewordenen Faktoren als Druckmittel erhalten bleiben. Die Wirkung solcher Druckmittel erlischt in dem Moment, wo sie dem MfS bekannt sind und geklärt wurden. Hier ist aber zu beachten, dass diese auch im Hinblick auf das öffentliche Ansehen oder der Ehefrau geschaffen werden können. Trotz Bekannt werden von Verstößen beim MfS kann in solchen Fällen dies als Druckmittel bestehen bleiben. Daraus ergibt sich notwendigerweise, dass die Kenntnis von Disziplinverstößen u. a. dem dienstlichen Leiter ermöglicht, begünstigende Bedingungen einzuschränken und Moral- und Disziplinwidrigkeiten auszuräumen.«[732]

Die Spionageabwehr ging davon aus, dass die westlichen Geheimdienste jede sich bietende Lücke zu nutzen versuchten. Günther Kratsch schätzte dazu ein: »Objektiv kann jeder Mitarbeiter des MfS Angriffsziel sein, auch wenn er bei sich persönlich dafür keine Ansatzpunkte sieht. Wir müssen uns auch der Tatsache bewusst sein: Wenn unsere Genossen verstärkt im Operationsgebiet arbeiten, dann sind sie auch verstärkt Angriffen des Feindes ausgesetzt.«[733]

Die westlichen Geheimdienste, insbesondere die CIA

---

732 Heinz Schulz: Diplomarbeit, Bl. 18.

733 Referat des Leiters der Hauptabteilung II auf der Dienstkonferenz vom 8. April 1987, BStU MfS HA II Nr. 4865, Bl. 156.

und der BND, setzten Agenturen zur Aufklärung von MfS-Mitarbeitern auf dem Territorium der DDR ein.

Ein durch die Abteilung II der BV Potsdam 1967 abgeschlossener Vorgang gegen den BND macht ersichtlich, welche Aufgaben diese Spione bei der Aufklärung von hauptamtlichen MfS-Mitarbeitern hatten:

»Mitarbeiter, die Dienstobjekte verlassen, sind zu beobachten, um die Wohnanschriften festzustellen und wenn möglich, diese fotografieren. Herstellung von Kontakten zu Mitarbeitern mit dem Ziel, diese aufzuklären und für eine Verbindungsaufnahme mit dem Geheimdienst zu gewinnen. Im Einzelnen bezog sich die Aufklärung auf die Feststellung folgender Faktoren beziehungsweise Beschaffung von Dokumenten wie:

Name, Vorname, Dienstgrad, Dienststelle, dienstliche Aufgaben des Mitarbeiters, Personenbeschreibung des Mitarbeiters, Einschätzung der Eheverhältnisse wenn verheiratet, Wohnanschrift, Beschaffung eines Bildes sowie des Dienstausweises, Parteidokument und anderer Ausweise für den Geheimdienst.«[734]

Eine weitere Methode des BND zur Werbung von MfS-Angehörigen bestand in der Durchführung von Briefaktionen. Dazu bemerkt Günther Kratsch in seinen Erinnerungen:

»Es war Ende 1984. In einer Leitungsbesprechung der Spionageabwehr wurden die Angriffe gegnerischer Geheimdienste, insbesondere des Bundesnachrichtendienstes auf die innere Sicherheit des MfS einer Analyse unterzogen (...). In der Leitung der Spionageabwehr wurde aufgrund aller vorliegenden akuten Hinweise eindeutig konstatiert, dass die BND-Aufklärung finales Interesse hat, auch weiterhin Agenturstützpunkte im MfS zu schaffen.

---

734 Heinz Schulz: Diplomarbeit, Bl. 10.

Die Frage von Mielke war immer wieder an mich, ob der BND oder ein anderer Geheimdienst bereits Erfolge erzielt hat und womöglich seine schriftlichen Befehle und Weisungen, die in jenen Jahren reichlich erlassen wurden, beim Präsidenten des BND schon auf dem Tisch liegen. Derartige Fragen brachte er mit der Flucht von Stiller in Verbindung, der bekanntlich ›streng geheime‹ Dienstdokumente mitgenommen hat und dem BND seinerzeit übergab.

Gleichzeitig beinhalteten diese Dialoge mit ihm immer wieder vordergründig zynische Bemerkungen an meine Adresse, dass die Spionageabwehr im Fall Stiller versagt habe. Mit mehr persönlichem Engagement von mir hätte nach seiner Meinung die Flucht verhindert werden können. Er hatte sogar Recht.

Ob der BND oder ein anderer Geheimdienst im MfS nun tatsächlich personelle Strukturen unterhielt, konnte ich ihm nicht sagen. Es war aber aufgrund der breiten Angriffswelle nicht auszuschließen, dass Treffer im Ziel landeten. Mielke machte mich am Schluss derartiger Gespräche immer wieder persönlich dafür verantwortlich, dass MfS von gegnerischen Geheimdienstpositionen frei zu halten.

Auf der Spionageabwehr lag gleichfalls politischer Druck. Obwohl keine ›Maulwurfinformationen‹ über das konkrete Vorgehen des BND in Richtung MfS zu dieser Zeit vorlagen, wurde in der Lagebesprechung beschlossen, vor Weihnachten im Zentrum Berlins Postbriefkästen unter Kontrolle zu nehmen, die erfahrungsgemäß vom BND bei ähnlichen Aktionen benutzt wurden.

Wir trauten dem BND einfach zu, kurz vor Weihnachten entsprechende Werbungsbriefe zu verschicken in der Hoffnung, die bevorstehende Feiertagsruhe bei dem ins Visier genommenen MfS-Mitarbeiter für positive

Überlegungen zu nutzen. Positive Entscheidung für eine Zusammenarbeit mit dem BND, besser gesagt.

Psychologisch war diese Zeit vor Weihnachten besonders gut geeignet. Auch Mitarbeiter des MfS gehen ›in sich‹ und können dabei zu durchaus neuen Überlegungen hinsichtlich ihres Lebens kommen. Die Ruhe ausstrahlende Weihnachtszeit verschafft den Menschen eben den erforderlichen Freiraum, Lebensperioden kritisch meist ohne Polemik zu analysieren.

Davon gingen wir aus und trafen die Vorbereitungen.

Wir hatten uns nicht getäuscht. In den Postbriefkästen konnten an einem Tag circa zwölf briefliche Angebote des BND an Mitarbeiter des MfS sichergestellt werden. Einige der angeschriebenen Mitarbeiter wohnten im damaligen Bezirk Dresden. Die Angebote für eine zukünftige Zusammenarbeit mit dem BND beruhten ausschließlich auf finanzieller Basis. Es wurden bis zu einer Million DM für eine dementsprechende Entscheidung geboten.

Als Entscheidungshilfe waren jedem Brief um die tausend DM in bar beigelegt. Vor Weihnachten ein gutes Zubrot für ohnehin erhöhte Ausgaben. Der BND hatte nicht schlecht gedacht.

Nach der Beratung wurde entschieden, die Briefe nicht weiterzuschicken, um die MfS – Mitarbeiter nicht in eine prekäre Situation zu bringen. Wir informierten die Mitarbeiter, dass sie als Werbekandidaten vom BND auserwählt sind, zeigten ihnen die Briefe und das Geld. Das schaffte Vertrauen. Übereinstimmend war die Meinung aller, dass dem BND ihre Namen, die Anschrift und die Tätigkeit durch übersiedelte ehemalige DDR-Bürger bekannt wurden.

Im Nachhinein konnten durch intensive Ermittlungen die BND-Agenten festgestellt werden, die die Werbebriefe über die damaligen Grenzkontrollpunkte in

Berlin zu den Briefkästen brachten. Einer dieser Kuriere war achtmal, immer mit anderen Personalpapieren, in die DDR eingereist.

Ein weiterer BND-Briefträger hatte starke Nerven. Er war Student und verdiente sich beim BND den Lebensunterhalt. Durch Schusseligkeit hatte er den Werbebrief zusammen mit seinen Einreisepapieren in den Postkasten geworfen. Eine peinliche Angelegenheit. Aber er hatte Mut. Einem Streifenposten der Volkspolizei, der auf ›Tour‹ war, sprach er ob seines Malheurs an. Der VPer besorgte den zuständigen Postler, der den Briefeinwurfkasten außer der vorgeschriebenen Zeit öffnete, um nach dem amtlichen Vergleich der Dokumente mit dem Westler bekam er sie zurück und konnte seines Weges ziehen. Ein Stein rutschte von seinem Herzen. Der BND setzte den Agenten nicht mehr nach der DDR ein. Wir warteten vergebens.«[735]

Helmut Wagner veröffentlichte den Text eines solchen Spionagebriefes in seinem Buch. Darin hieß es:

»Wir geben Ihnen die Möglichkeit, ein neues Leben zu beginnen! Sollten Sie sich mit dem Gedanken tragen, die DDR verlassen zu wollen, so erhalten Sie durch uns die Möglichkeit, in einem Land der westlichen Welt ihrer Wahl eine neue Heimat zu finden. Für den neuen Lebensstart erhalten Sie von uns die Summe xxx Mark oder in der Währung des Landes, das sie als Ihren künftigen Wohnsitz wählen. Als Gegenleistung erwarten wir die Übergabe von Informationen, Dokumenten oder anderer wichtiger Unterlagen. Wir überlassen alle weiteren Entscheidungen Ihnen, insbesondere wann Sie diesen Schritt unternehmen. Zur Verbindungsaufnahme erhalten Sie die nachgenannte Adresse. Die Telefon-

735 Günther Kratsch: *Erinnerungen*. Unveröffentlichtes Manuskript (Archiv des Verfassers).

nummer, über die Sie uns ebenfalls erreichen können, sollten Sie aus Sicherheitsgründen nur außerhalb der DDR benutzen.

Mit den besten Wünschen für eine gedeihliche Zusammenarbeit

Ihr Bundesnachrichtendienst.«[736]

Wagner benennt auch die Geldsummen, die der BND für die konkrete Dienststelle im MfS bot: »Eine Million DM bot man einem Referatsleiter Aufklärung, 750.000 DM einem Kreisdienststellenleiter, 500.000 DM einem Referatsleiter MfS, 250.000 DM einem Hauptsachbearbeiter MfS, 150.000 DM einem Sachbearbeiter MfS.«[737]

Die Anschreibemethode wurde als Mittel zur Werbung von hauptamtlichen Mitarbeitern des MfS beibehalten. Auf der Dienstkonferenz der Linie II im April 1987 berichtete der Leiter der HA II von einem weiteren Fall: »Aktuelles Beispiel dafür, dass jeder Mitarbeiter Angriffsziel sein kann, ist die auf postalischem Weg erfolgte Kontaktaufnahme des BND zu einem Mitarbeiter des MfS, wobei vom BND Schriftstücke und Unterlagen fabriziert wurden waren, die dokumentieren sollten, dass der Mitarbeiter bereits Kontakt zu einem imperialistischen Geheimdienst habe und sich mit dem Vorsatz zum Verrat tragen würde. Um den Mitarbeiter zunächst zu verunsichern und dann einzuschüchtern, war vom BND eine schrittweise Eskalierung der Druckausübung konzipiert worden.«[738]

In einer Rededisposition vom Februar 1989 äußerte sich der Leiter der HA II erneut zur Anschreibemethode des BND:

736 Helmut Wagner: *Schöne Grüße aus Pullach*, S. 168.

737 Ebd.

738 Referat des Leiters der Hauptabteilung II auf der Dienstkonferenz vom 8. April 1987, BStU MfS HA II Nr. 4865, Bl. 156.

»Nachdem bereits von 1984 bis 1986 vom BND verstärkt Einzelaktionen gegen die innere Sicherheit des MfS vorgetragen wurden, unternahm der BND Ende 1987 eine stabsmäßig vorbereitete konzentrierte Aktion gegen Angehörige des MfS.

Im Rahmen dieser konzentrierten Aktion wurden mehrere Mitarbeiter beziehungsweise ehemalige Mitarbeiter in verschiedenen Bezirken der Republik vom BND mit dem Ziel der ›rückhaltlosen Offenbarung ihrer beruflichen und gesellschaftlichen Tätigkeit‹, einer ›zeitlich begrenzten, offenen und ehrlichen Zusammenarbeit‹ sowie eines ›späteren, selbständig‹ oder mit Hilfe des BND organisierten ›Übertritts in die BRD‹ angeschrieben. Die Anschreiben enthielten aus der Sicht des Feindes lukrative Angebote, wie finanzielle Zuwendungen in bedeutender Höhe und die ›berufliche und soziale Integrierung in einem westlichen Land freier Wahl‹, einschließlich für die ganze Familie.

Die Brutalität des Feindes kommt hierbei in der ›Warnung‹ zum Ausdruck, »sich nicht den DDR – Behörden gegenüber zu offenbaren, da sonst eine gnadenlose Familienverfolgung« einsetze. Der BND verstieg sich in einem Falle sogar in der Behauptung, man sei »nicht nur detailliert über die Verwandtschaftsverhältnisse sondern auch über berufliche und dienstliche Aufgaben im Bilde« und besitze »daher die vielfältigsten Kontroll- und Einwirkungsmöglichkeiten.«[739]

Es muss bei dieser Thematik auch erwähnt werden, dass Mitarbeiter der Staatssicherheit durch ihr eigenes Verhalten in das Visier von Geheimdiensten gerieten. Die

---

[739] Rededisposition des Leiters der HA II für die Dienstkonferenz im Februar 1989 zum gegenwärtigen Stand der Durchsetzung der Dienstanweisung 1/87 des Genossen Minister und daraus resultierender Aufgabenstellungen und Orientierungen, BStU, ohne Signatur, Bl. 139.

Staatssicherheit verzeichnete eine Reihe von Verstößen gegen die Wachsamkeit, Geheimhaltung und Konspiration.

Hier war vor allem das Freizeitverhalten einiger Mitarbeiter nicht den Erfordernissen angepasst. Dazu ein Beispiel:

»Hervorzuheben ist in diesem Zusammenhang das Verhalten eines bereits seit mehreren Jahren dem MfS angehörenden Mitarbeiters, der bei Gaststättenaufenthalten zu einem Kontaktpartner eines Angehörigen der Botschaft Frankreichs in der DDR wurde, der der Hauptabteilung II als Mitarbeiter des französischen Geheimdienstes bekannt ist. Der betreffende Mitarbeiter wusste von der diplomatischen Tätigkeit des Franzosen, erstattete aber über seinen Kontakt keine Meldung.«[740]

Auch in dem folgenden Fall musste das MfS, hier der Bereich Disziplinar der HA Kader und Schulung, gegen einen Mitarbeiter aus den eigenen Reihen tätig werden. Am 2. Februar 1989 wurde der Bereich Disziplinar durch die Abteilung XX der BV Berlin darüber informiert, dass ein Offiziersschüler der HA III/13 homosexuell veranlagt ist und Kontakte zu anderen, ebenfalls homosexuell veranlagten Personen in Ostberlin unterhielt.

In diesem Zusammenhang wurde bekannt, dass der MfS-Angehörige seinem Umgangskreis gegenüber Angaben über seine Tätigkeit bei der Staatssicherheit und den Aufgaben seiner Diensteinheit machte, was bis zu speziellen Details einiger Projekte der HA III/13 reichte. Ursächlich dafür war, dass der Offiziersschüler bestrebt war, seine Person aufzuwerten und in den Mittelpunkt zu stellen. Auch dem Lebensgefährten seiner Mutter verriet er Interna über seine Tätigkeit im MfS und den

740 Referat des Leiters der Hauptabteilung II auf der Dienstkonferenz vom 8. April 1987, BStU MfS HA II Nr. 4865, Bl.

Aufgabenstellungen und Möglichkeiten seiner Diensteinheit.

Im Zuge der Ermittlungen stellte sich heraus, dass besonders zwei Homosexuelle über detaillierte Angaben:

- zum Dienstregime,
- der Lage des Dienstobjektes,
- zu Problemen des Speicherzugriffs,
- zur Überwachung, Abschöpfung und Verarbeitung von Daten aus der Bundesrepublik durch das MfS mittels NSW-Technik

verfügten.

Der Bereich Disziplinar der HA Kader und Schulung hielt fest: »Es ist jedoch darüber hinaus nicht auszuschließen, dass aufgrund des starken Besuches Westberliner Homosexueller in einschlägig bekannten Gaststätten in der Hauptstadt der DDR (Name geschwärzt) Kontakte zu derartigen Personen bei seinen regelmäßigen Gaststättenbesuchen hatte.«[741]

Am Ende der Ermittlungen wurde durch den Bereich Disziplinar in Abstimmung mit dem Leiter der HA III vorgeschlagen, aufgrund des hohen Geheimhaltungsgrads der preisgegebenen Informationen, von der Einleitung eines Ermittlungsverfahrens abzusehen und den Offiziersschüler aus disziplinarischen Gründen aus dem Dienst im MfS zu entlassen. Weiter wurde vorgeschlagen, den Mann im zivilen Bereich in Arbeit zu bringen und ihn in die inoffizielle Tätigkeit der für seine zukünftige Arbeitsstelle zuständigen operativen Diensteinheit einzubinden.

Mitarbeiter, die aus disziplinarischen Gründen aus dem MfS entlassen werden mussten, wurden des Öfteren, so

---

741 HA Kader und Schulung, Bereich Disziplinar, Abt. 2: Bericht vom 20. Februar 1989. Auf: http://www.snafu.de/bstu/1989/tage/03/0103dok1.htm. Bl. 42–51. Zugriff am 13. August 1999.

es sich anbot und keine verfestigte negative Grundhaltung zur DDR und zum MfS bestand, als IM (auch als hauptamtliche IM) an das Organ gebunden.

Weitere Beispiele von groben Verletzungen der Wachsamkeit, Geheimhaltung und Konspiration nennt Sonnenfeld in seiner Diplomarbeit. Dazu ein Auszug aus dem Schlussbericht zum Beschuldigten T., Mitarbeiter des MfS von 1954 bis 1962 in einer KD der BV Potsdam: »Der Beschuldigte vernachlässigte in den Jahren 1958 bis 1962 fortgesetzt in starkem Maße die Wachsamkeit, indem er gegenüber seiner Ehefrau sowie der Zeugin J. umfangreiche militärische Geheimnisse des Ministeriums für Staatssicherheit preisgab.

Aufgrund seiner Schwatzhaftigkeit informierte er seine Ehefrau darüber, dass 2 Agenten aus dem Kreisgebiet, deren Verfahren zum Teil öffentlich ausgewertet wurden, aufgrund seiner Arbeit entlarvt und festgenommen werden konnten.

Darüber hinaus erfuhr seine Ehefrau von ihm, dass mehrere Bürger aus dem Kreis X. freiwillig die Sicherheitsorgane unterstützen, und da der Beschuldigte wiederholt seit 1958 mit einem freiwilligen Mitarbeiter des Ministeriums für Staatssicherheit entgegen bestehender Befehle in seiner Wohnung Unterredungen führte, erhielt seine Gattin auch davon Kenntnis, dass dieser Mann ebenfalls mit dem Ministerium für Staatssicherheit zusammenarbeitet.

In einem noch viel größeren Umfang offenbarte der Beschuldigte gegenüber der Zeugin J. militärische Geheimnisse des MfS.

Aufgrund seiner intimen Beziehungen zu der Zeugin hatte er ihr gegenüber ein solches Vertrauen, dass er ihr im Verlaufe des Jahres 1961 umfangreiche Dienstgeheimnisse anvertraute. Im Verlaufe von mehreren Gesprächen offenbarte ihr der Beschuldigte insgesamt

9 Personen, aus dem Kreisgebiet, die freiwillig die Tätigkeit der Sicherheitsorgane unterstützten. Von denen nannte er ihr 6 Namen und gab der Zeugin über alle neun freiwilligen Mitarbeiter Anhaltspunkte über deren persönliche Entwicklung beziehungsweise berufliche Tätigkeit.

In diesem Zusammenhang gebrauchte T. gegenüber der J. laufend interne Bezeichnungen des Ministeriums für Staatssicherheit, wie sie nur innerhalb der einzelnen Dienstzweige verwandt werden durften.

Mehrere dieser Personen zeigte der Beschuldigte der Zeugin , wenn sie diesen zufällig auf der Straße begegneten. Zu diesen freiwilligen Mitarbeitern gehörte eine weibliche Person, die mit dem Leiter der Kreisdienststelle zusammenarbeitete und von deren Existenz der Beschuldigte nur auf Grund besonderer Umstände erfahren hatte.

Des weiteren verletzte T. in mehreren Unterhaltungen mit der Zeugin seine Schweigepflicht, indem er ihr Einzelheiten bezüglich 2 Arbeitsmethoden preisgab, die durch das Ministerium für Staatssicherheit in Westberlin und Westdeutschland zur wirksamen Bekämpfung der Agententätigkeit der Geheimdienste angewandt wurden.

Darüber hinaus verriet er der J. 5 weitere Arbeitsmethoden der Sicherheitsorgane, die der strengen Geheimhaltung unterliegen und noch nicht einmal aus Gründen der Konspiration sämtlichen Angestellten des Ministeriums für Staatssicherheit bekannt sind.

Unter anderem sprach er mit ihr über kriminalistische Mittel, und da Frau J., wie sie in ihrer zeugenschaftlichen Vernehmung aussagte, die Anwendung einer bestimmten Arbeitsmethode anzweifelte, brachte T. zur Erhöhung seiner Glaubwürdigkeit zweimal dienstliche Unterlagen mit, die er ihr zur Kenntnis gab.

Im Verlaufe der Jahre 1961/62 unterrichtete der Beschuldigte laufend die Zeugin J. über einzelne Vorkommnisse in der Dienststelle des Ministeriums für Staatssicherheit in X., wobei er verschiedene Mitarbeiter ihr gegenüber charakterisierte, ihr von deren familiären Schwierigkeiten sowie vereinzelte Verstöße gegen die Moral und Ethik berichtete und ihr Einzelheiten über die Arbeitsbedingungen sowie verschiedentlich geplante Maßnahmen in der Dienststelle mitteilte.

Weiterhin setzte T. die Zeugin J. im Verlaufe des Jahres 1961 von 2 Personen in Kenntnis, die durch ihn der Agententätigkeit entlarvt und festgenommen wurden.

In weiteren Gesprächen nannte er ihr insgesamt 3 Personen aus dem Kreis X., die bei den Sicherheitsorganen in Verdacht einer feindlichen Tätigkeit standen, wobei er sie teilweise über die bestehenden Verdachtsmomente sowie über die durch das Ministerium für Staatssicherheit eingeleitete Überprüfungsmaßnahmen informierte.

Darüber hinaus verletzte der Beschuldigte militärische Geheimnisse des Ministeriums für Staatssicherheit, indem er der Zeugin wiederholt Einblick in dienstliche Unterlagen gewährte.

So nahm er sie im Sommer 1961 auf einer Fahrt nach Potsdam mit, wo er die Bezirksverwaltung des Ministeriums für Staatssicherheit aufsuchte und unterwegs zeigte er seiner Freundin einen Beobachtungsauftrag.

Kurze Zeit später gab er bei einer Zusammenkunft unberechtigt Einblick in einen Beobachtungsbericht, obwohl ihm bekannt war, dass derartige dienstliche Unterlagen der strengsten Geheimhaltung unterliegen.«[742]
Der nachfolgend geschilderte Fall wog noch schwerwiegender, da hier ein Mitarbeiter der Staatssicherheit

---

742 Walter Sonnenfeld: Diplomarbeit, Bl. 62 ff.

Interna an eine Person verriet, die durch das MfS wegen Agententätigkeit bearbeitet wurde. Auszug aus dem Schlussbericht des Beschuldigten H., Mitarbeiter des MfS von 1951 bis 1966:

»Der Beschuldigte H traf im Zeitraum von 1955 bis zuletzt [1966, Anm. d. Verf.] wiederholt mit seiner Tante, Erika L., die die Tätigkeit des Ministeriums für Staatssicherheit freiwillig unterstützte, aus dienstlichen und verschiedentlich auch aus persönlichen Gründen zusammen.

Bei diesen Zusammenkünften offenbarte er der Genannten fortgesetzt unberechtigt Dienstgeheimnisse des Ministeriums für Staatssicherheit und verletzte damit seine Schweigepflicht als Offizier dieses Sicherheitsorgans.

Im Verlauf mehrerer mit ihr geführter Gespräche hatte der Beschuldigte der Zeugin L. konkrete Einzelheiten über im Interesse seiner erfolgreichen Tätigkeit gegen die Feinde der Deutschen Demokratischen Republik geheim zuhaltende Arbeitsmethoden des Ministeriums für Staatssicherheit zur Aufspürung von Agentenfunkern und seine damit im Zusammenhang stehende Schulung sowie Spezialausbildung als Offizier dieses Ministeriums berichtet.

Des weiteren gab H. der Genannten bekannt, welche spezifischen Aufgaben ihm persönlich bei der Bekämpfung der Agententätigkeit gestellt wurden, wie er diese unter Einbeziehung bestimmter Personen mit Spezialkenntnissen löste und in welchem Raum sich seine sowie die Operationsgebiete dieser Personen befinden.

Weiterhin informierte der Beschuldigte die L. über Namen, Dienstgrade und Dienststellen von insgesamt 3 seiner Vorgesetzten und über die Stärke des Personalbestandes seiner Diensteinheit.

Als H. im Jahre 1959 von seinem Vorgesetzten die Weisung erhielt, sich aus Sicherheitsgründen zeitweilig von der L. fernzuhalten, da bei ihr Verdachtsmomente auf Unehrlichkeit sowie Unzuverlässigkeit festgestellt wurden, setzte sich der Beschuldigte aus Überheblichkeit über diese Weisung hinweg und gab danach der Genannten davon Kenntnis, was er im Einzelnen über die konkreten Zusammenhänge von seinen Vorgesetzten erfuhr. H. traf auch in der Folgezeit mit der L. zusammen und teilte ihr weiterhin Einzelheiten über seinen dienstlichen Einsatz im Rahmen der zuständigen Bezirksverwaltung mit, wobei er ihr gleichzeitig seinen neuen Arbeitsbereich und die Lage einer speziellen Dienststelle der Sicherheitsorgane nannte. Als Gründe für sein derartiges unverantwortliches Handeln gibt der Beschuldigte H. an, aus Geltungsbedürfnis und Schwatzhaftigkeit bei Gesprächen die L. über Dienstgeheimnisse des Ministeriums für Staatssicherheit informiert zu haben.

In ihrer Zeugenvernehmung sagte die Agentin L., die in einem gesonderten Ermittlungsverfahren bearbeitet wird, dazu aus, dass sie den Beschuldigten H. bei ihrer Spionagetätigkeit seit 1956 für einen imperialistischen Geheimdienst als Abschöpfungsquelle benutzte und die ihr von H. offenbarten Dienstgeheimnisse des Ministeriums für Staatssicherheit an den imperialistischen Geheimdienst auslieferte.

Des Weiteren hatte der Beschuldigte seit dem Jahre 1953 wiederholt seine Ehefrau unerlaubt über dienstliche Angelegenheiten des Ministeriums für Staatssicherheit Mitteilung gegeben.

Im Zusammenhang damit gab H. der Genannten konkrete Einzelheiten seiner im Ministerium für Staatssicherheit erhaltenen Spezialausbildung, seiner Aufgabenstellung bei der Aufspürung von Funkagenten und bei der Sicherung der Verkehrswege nach Westberlin sowie Westdeutschland und die Bezeichnung sowie

Aufgaben von 3 speziellen Diensteinheiten des Ministeriums für Staatssicherheit bekannt.

Er informierte seine Ehefrau über technische Maßnahmen der Sicherheitsorgane zur Ermittlung des Standortes von Agentenfunkstationen, über Mittel und Arten der Durchführung der Aufgaben einer besonderen operativen Diensteinheit des Ministeriums für Staatssicherheit und über Einzelheiten der Aufklärung sowie der darauf folgenden Verhaftung eines Funkagenten imperialistischer Geheimdienste.

Außerdem nannte der Beschuldigte dieser Zeugin unter Verletzung seiner Schweigepflicht Namen, Wohnanschrift und berufliche Tätigkeit von insgesamt 4 Personen, die die Sicherheitsorgane bei der Lösung ihrer Aufgaben auf freiwilliger Grundlage unterstützen und machte die Selben bei Begegnungen danach persönlich mit seiner Ehefrau bekannt.

Weiterhin setzte H. die Genannte davon in Kenntnis, mit welcher Zielsetzung ein bestimmtes Objekt des Ministeriums für Staatssicherheit gebaut wurde und für welche operativen Maßnahmen einer speziellen Diensteinheit der Sicherheitsorgane dasselbe Verwendung findet.

In gleicher Art und Weise offenbarte der Beschuldigte H. etwa seit 1960 gegenüber einer weiteren weiblichen Person unberechtigt Dienstgeheimnisse des Ministeriums für Staatssicherheit. Auch dieser Person machte er im Verlaufe mehrerer Gespräche mit ihr konkrete Angaben über sein Aufgabengebiet und seine Aufgabenstellung sowie über seine Spezialausbildung als Offizier des Ministeriums für Staatssicherheit.«[743]

Neben den Mitarbeitern selbst boten auch deren Verwandte und Bekannte Ansatzpunkte zur Informationsbeschaffung durch die Geheimdienste. Das Herausbre-

---

743 Ebd., Bl. 65 ff.

chen eines Angehörigen aus den Reihen des MfS wurde von den westlichen Nachrichtendiensten als ein äußerst komplizierter Vorgang betrachtet. Aus diesem Grund konzentrierten sich die Dienste auch auf Verwandte und Bekannte von Mitarbeitern der Staatssicherheit, um durch deren Nutzung und mit deren Hilfe Hinweise für Anknüpfungspunkte zu erhalten. Ziel dabei war die Annäherung an den MfS-Mitarbeiter. Die westlichen Geheimdienste konnten auf Verwandte/Bekannte von MfS Mitarbeitern unter anderem aufmerksam werden durch:

- Reisen dieser Personen in das NSA,
- postalische Verbindungen in das NSA,
- Befragung nach Übersiedlung/Flucht in die Bundesrepublik,
- Verwandtschaftsbeziehungen in die Bundesrepublik/ Westberlin,
- Aufklärungshandlungen in Wohnkomplexen des MfS.

Die Geheimdienste konzentrierten sich dabei nicht alleinig auf Verwandte in der DDR, sondern auch Verwandtschaftsverhältnisse im Ausland.

Sonntag und Kasel gingen davon aus, dass »eine relativ große Anzahl von Angehörigen des MfS Verwandte im Operationsgebiet hat.«[744]

Primär bemühten sich die Dienste allerdings um die Verwandten von MfS-Angehörigen in der DDR. Sie gingen richtigerweise davon aus, dass für die Mitarbeiter des MfS ein Kontaktverbot zu den Westverwandten bestand und dass es nach Kontaktversuchen aus dem Operationsgebiet Abwehrreaktionen geben würde. Einen Fall von versuchter Kontaktaufnahme aus dem NSA verdeutlicht dieser Fall:

»Die in der Schweiz wohnende Na., Stiefschwester eines

---

744 Rudi Sonntag, Hein Kasel: Diplomarbeit, Bl. 51.

Angehörigen des MfS, versuchte seit längerem, briefliche Verbindung und seit 1970 persönlichen Kontakt zu ihrem Verwandten zu erhalten.

Diese Frau verkehrte 1945 bei den US-Besatzungstruppen in Westberlin, verzog aber noch im selben Jahr in die westlichen Besatzungszonen und von dort nach der Schweiz. Der Verwandte im MfS hatte mit ihr seit 1951 keinen persönlichen Kontakt mehr. Er war bereits zu dieser Zeit Angehöriger der bewaffneten Organe der DDR (VP/MfS).

Da die Na. anfangs keine Angaben über den Wohnort ihres Stiefbruders hatte, unternahm sie alle Anstrengungen, um über in der DDR wohnende Verwandte die Wohnadresse ausfindig zu machen. Beginnend vom Ort, in dem der Stiefbruder 1951 bei Abbruch der Verbindung wohnte, stellte sie die derzeitige Adresse fest. Ihre weiteren Versuche, persönlichen Kontakt zu erhalten, schlugen fehl. Bei ihren Kontaktversuchen erhielt sie Verbindung zum erwachsenen Sohn ihres Stiefbruders, mit dem sie in der Folgezeit ein intimes Verhältnis herstellte (sie ist 15 Jahre älter als ihr Neffe). Durch den Sohn wurde bekannt, dass seine Tante von der Tätigkeit seines Vaters als Angehöriger des MfS Kenntnis hatte und sie bestrebt war, nachdem andere Versuche fehlschlugen, über ihn Verbindung herzustellen. Als auf diesem Wege auch keine Verbindung zustande kam, betrieb sie aktiv die Republikflucht ihres Neffen, mit dem Ziel, ihren Stiefbruder im MfS zu diskreditieren.«[745]

Flüchteten Verwandte oder Bekannte von MfS-Angehörigen in die Bundesrepublik, so konnte es auch geschehen, dass diese Personen im Auftrag eines Geheimdienstes in die DDR zurückgeschickt wurden. Ein Beispiel hierfür ist der Einsatz des US-Agenten Pa.:

---

745 Ebd., Bl. 51 f.

»Pa. wurde nach seiner Republikflucht im Aufnahmelager Gießen geworben und in die DDR zurückgeschickt, da er in unmittelbarer Nähe einer MfS-Dienststelle wohnte und verwandtschaftliche Verbindung zum MfS hatte. Bis zu seiner Inhaftierung trieb er umfangreiche Spionage über das MfS. Unter anderem lieferte er an den US-Geheimdienst:

- Aufklärungsergebnisse über Angehörige des MfS sowie Charakteristiken über moralisch labile Angehörige,
- Fotografien über Angehörige,
- die genaue Lage der Dienststellen des MfS,
- Informationen über die Struktur, interne Bezeichnungen und Arbeitsmethoden des MfS.«[746]

Die Fahndung nach »Borste« und »Schakal« – die HA II hatte das Nachsehen

In den Abendstunden des 18. Januar 1979 flüchtet der Oberleutnant des MfS, Werner Stiller, Angehöriger des Sektors Wissenschaft und Technik der HV A, über die Grenzübergangsstelle Bahnhof Friedrichstraße nach Westberlin. Stiller hatte mehrfach großes Glück, und Günther Kratsch sagte ihm 1994: »Dabei waren wir schon ziemlich dicht an Ihnen dran.«[747]

Zum einen hatte er nach Dienstschluss ungehindert Zugang zu den Räumlichkeiten seiner Diensteinheit und es gelang ihm, in das Sekretariat seines Abteilungsleiters einzudringen. Dort öffnete er gewaltsam einen Blech-

---

746 Ebd., Bl. 55.

747 »Zwei Todfeinde an einem Tisch«. In: *Stern* 42/1994, S. 118.

schrank und entnahm dienstliche Unterlagen. Wichtig für seine Flucht waren hierbei Blankovordrucke zum Betreten der Gepäckschleuse des Bahnhofs Friedrichstraße. Den Stahlschrank seines Abteilungsleiters versuchte Stiller vergeblich zu öffnen.

Stiller, der nach Planungen des BND mittels falschem und in der DDR in einem TBK bereits hinterlegten Pass in die Bundesrepublik ausgeschleust werden sollte, entschloss sich spontan zur Flucht über den Bahnhof Friedrichstraße und füllte so, wie er das des Öfteren vorher getan hatte, ein Formular zum Betreten der Gepäckschleuse aus. Da sich die dienstlichen Bestimmungen zum Ausfüllen dieses Formulars geändert hatten und Stiller dies nicht beachtete, fiel er dem zuständigen Mitarbeiter der PKE auf. Auf seinen Fehler hingewiesen, fand Stiller eine plausible Ausrede und der PKE-Offizier drückte ein Auge zu. Dadurch konnte Stiller passieren und gelangte mit der U-Bahn nach Westberlin.

Als am nächsten Morgen der Einbruch in das Sekretariat bemerkt wurde, kam es im SWT der HV A zu umfangreichen Maßnahmen. Ein Sachstandsbericht gibt über die konkrete Situation wie folgt Auskunft:

- 7.50 Uhr, Hauptmann Dr. Bertag, der Referatsleiter Stillers, bemerkte beim Betreten seines Dienstzimmers, Nr. 510, dass sein Stahlschrank nicht mehr an Ort und Stelle stand, die Klinke nach unten hing und Schadensmerkmale am Schrank vorhanden waren. Neben dem Schrank lagen zwei Metallmeißel, mit denen versucht worden war, den Schrank gewaltsam zu öffnen.

- 7.52 Uhr, Hauptmann Dr. Bertag informiert den Leiter der Abteilung XIII, Oberstleutnant Jauck.

- 7.55 Uhr, die Sekretärin des Abteilungsleiters meldet, dass ihr Panzerschrank im Zimmer Nr. 508 gewaltsam geöffnet vorgefunden wurde.

- 8.10 Uhr, Oberstleutnant Jauck meldet den Vorfall dem Leiter des SWT, Oberst Vogel. Die erste Prüfung ergab, dass aus dem Stahlschrank der Sekretärin folgende Unterlagen entnommen worden waren:
  - ➢ zwei besondere Dienstaufträge, Exemplare 113599 und 113600,
  - ➢ ein DDR-Reisepass (nur für Gepäckschleusung verwendbar) Exemplar 00197,
  - ➢ eine Berechtigungskarte für das Betreten aller GÜSt, Exemplar 00197,
  - ➢ Telefonverzeichnis des SWT aller Mitarbeiter namentlich und aller Leiter und Vorzimmer der HV A-Abteilungen ohne Namensangabe,
  - ➢ Nach Prüfung der Kasse wurde das Fehlen von 7.180 DM festgestellt.

8.25 Uhr, Meldung an die HA Kader und Schulung über das Vorkommnis. In Zusammenarbeit mit der HA KuSch wurde die Vollzähligkeit der Abt XIII und der übrigen Abteilungen überprüft. Im Ergebnis wurden drei Abwesende festgestellt, davon befanden sich zwei Mitarbeiter im Urlaub. Nicht nachgewiesen wurde der Aufenthalt von Oberleutnant Stiller.

- 8.40 Uhr, Einleitung der Fahndung zu den entwendeten Dokumenten. Im Ergebnis wurde festgestellt, dass eine männliche Person mit dem gestohlenen Dokument Nr. 00197 und dem besonderen Dienstauftrag Nr. 113599 am 18. Januar 1979 um 21.05 Uhr die GÜSt Friedrichstraße passiert hatte. Bei der Überprüfung von Stillers Panzerschrank wurde das Fehlen seiner Pistole AP 9, Nr. BE 4430 und sieben Schuss Munition festgestellt.

- 9 Uhr, Hauptmann Dr. Bertag setzt sich telefonisch mit Stillers Ehefrau in Verbindung. Sie teilte mit, dass sich ihr Ehemann am 18. Januar 1979 gegen 17 Uhr zur Erledigung dienstlicher Aufgaben nach Dresden begeben wollte.

- 9.30 Uhr, Befragung der Angehörigen der Abteilung XIII zum Verbleib Stillers. Der Offizier vom Dienst, Hauptmann Kupfer, und eine Sekretärin hatten Stiller am 18. Januar 1979 im Dienstgebäude der HV A gesehen. Er entnahm dem Schlüsselkasten seiner Abteilung Schlüssel und gab diese etwa 20 Minuten später wieder ab.
- 10.15 Uhr, Einleitung der Post- und Telefonkontrolle zu Stiller und seiner Ehefrau.
- 11 Uhr, Ergebnis der Fahndung nach Stillers Dienstwagen, Typ Wartburg, Kennzeichen IP 82-55. Der Pkw wurde auf dem Parkplatz gegenüber dem Hotel *Metropol* aufgefunden.
- 14 Uhr, Befragung der PKE-Kräfte, die sich am 18. Januar 1979 im Dienst befanden. Sie bestätigten, dass am gleichen Tag gegen 21.05 Uhr eine männliche Person mit den entwendeten Dokumenten die GÜSt Richtung Westberlin passiert hatte. Sie konnten allerdings keine exakte Personenbeschreibung abgeben. Die von ihnen genannten Personenmerkmale schlossen die Möglichkeit ein, dass es sich um Stiller gehandelt hatte. Sicher waren die Passkontrolleure dahingehend, dass die Person eine Aktentasche und einen mittelgroßen Koffer bei sich hatte.
- 22 Uhr, weiteres Ergebnis der Überprüfung des Stahlschrankes der Sekretärin des Abteilungsleiters im Zimmer Nr. 508. Es wurden 18 Geheime Verschlusssachen entwendet.
- 22.45 Uhr, weiteres Ergebnis der Stahlschrank-Überprüfung des Abteilungsleiters. Es wurden die Materiallisten der Abteilung XIII an die Abteilung V (Wissenschaftlich-Technische Auswertung) gestohlen.

Zur Sicherung des MfS hatte Erich Mielke unter anderem folgende Maßnahmen befohlen:

- Sperrung aller Dienstobjekte des MfS für den Dienstausweis Stillers,

- Umstellung wichtiger Telefonanschlüsse der HV A,
- Einziehung der Grenzdokumente durch die Abteilung VI der HV A,
- Prüfung inwieweit die Familie Stillers in einem Objekt des MfS untergebracht werden konnten, um sie gegnerischen Maßnahmen zu entziehen.[748]

Zu diesem Zeitpunkt stand die Enttarnung Stillers und seiner Geliebten unmittelbar bevor. Stiller und Helga Michnowski gerieten durch die Fahndung nach Spionen wie folgt in die Ermittlungen der Staatssicherheit:

Im Rahmen der durch die HA II/5 bei der Linie M eingeleiteten Fahndungsaktion »Netz« wurde mit Poststempel 22. August 1978, 20 Uhr durch die Abteilung M Berlin ein geheimdienstlich verdächtiger Brief festgestellt. Empfänger: H. Bolzing, D 3352 Einbeck 1, Neddenstraße 75, Absender: G. Möller, DDR 102 Berlin, Holzmarkstraße 75.

Die Überprüfungsmaßnahmen hatten ergeben, dass es sich nach vorliegenden Erkenntnissen um einen vorgefertigten Brief des BND handeln konnte. Die Untersuchung in der Abteilung 34 des OTS bestätigte diesen Verdacht durch den Nachweis einer für den BND typischen Geheimschrift (129 5er Gruppen).

Eingeleitete Maßnahmen:

- Überprüfung und Registrierung der Deckadresse im ZOV »Tanne«,
- Einleitung von Post- und Paketkontrolle über die Adresse im Republikmaßstab,
- Fahndung nach dieser Adresse im Rahmen der bereits laufenden Fahndungsaktion »Adler« durch die Abteilung M Berlin,
- Handschriftenfahndung nach den vom Spion vorlie-

---

748 Vgl.: MfS, HA II: Sachstandsbericht. BStU ZA HA II Nr. 36560, Bl. 8–14.

genden Ziffern im Postabgang Berlin durch die Abteilung M.

Die zweite Sendung an die gleiche Adresse wurde im Rahmen der Aktion »Adler« im Leerungsaufkommen des Briekastens »Alex« am alten Centrum-Warenhaus Alexanderplatz am 21. September 1978 festgestellt. Im Kasten befanden sich weitere 251 Postsendungen, die in der Zeit von 11 bis 16 Uhr aufgegeben worden waren. Der tatrelevante Brief wurde ungeöffnet in die Bundesrepublik weitergeleitet. Ausgehend vom Aufgabeort wurde die Version erstellt, dass »Borste« im Raum Alexanderplatz wohnte oder tätig war.

Eingeleitete Maßnahmen:

- Dokumentation des Leerungsaufkommens und Überprüfung der Sendungen nach den Ziffern von »Borste«,
- Karteimäßige Erfassung der Absender der Privatpostsendungen und handschriftliche Überprüfung der erwachsenen Familienangehörigen anhand der PM 1 (Anträge auf Personalausweis) nach den vorliegenden Ziffern,
- Veranlassung der intensiven Suche nach weiteren Brieflinien des Spions im Leerungsaufkommen.

Wiederum am Briekasten »Alex« wurde am 5. Oktober 1978 einen den äußeren Merkmalen nach verdächtiger Brief festgestellt. Empfänger: Fritz Haak, D 6478 Nidda 1, Karlsbader Straße 3, Absender: Rolf Hecker, 102 Berlin 2, Karl-Marx-Allee 11 a. Im Leerungsaufkommen befanden sich weitere 82 Sendungen, die in der Zeit von 16 bis 20 Uhr zum Versand gebracht worden waren. Die operativ-technische Bearbeitung des Briefes durch die Abteilung 34 des OTS führte zum Nachweis einer Geheimschrift (165 Ziffern-Gruppen), identisch mit der Geheimschrift an die Deckadresse Bolzing. Die bisherige Version, dass »Borste« im Bereich des Alexanderplatzes tätig war oder wohnte und ökonomische oder politische Spionage betrieb, erhärtete sich aus Sicht der HA II/5.

Eingeleitete Maßnahmen:

- Überprüfung und Registrierung der Deckadresse im ZOV »Tanne« sowie Einleitung der Post- und Paketkontrolle,
- Einleitung der Maßnahme »Flug« durch die Abteilung M zum Briefkasten »Alex« bei gleichzeitiger Verkürzung der Leerungszeiten ab 21. November 1978.
- Dokumentation der Sendungen, Überprüfung nach Tatziffern und Einarbeitung der Absender in die Vergleichskartei.

Am 26. Oktober 1978 wurde eine weitere Postsendung an die Deckadresse Bolzing festgestellt. Sie befand sich im Aufkommen des Postamtes 102 Berlin, Rathausstraße unter weiteren 2353 Postsendungen der dort befindlichen zwei Briefkästen aus der Zeit von 14 bis 19.30 Uhr. Der Tatrelevante Brief wurde ungeöffnet weitergeleitet.

Eingeleitete Maßnahmen:

- Dokumentation der 2353 Postsendungen und handschriftlicher Ziffernvergleich,
- Überprüfung der Absender in der Vergleichskartei der zwei bisher vorliegenden Leerungsaufkommen und Einspeicherung der neu in Erscheinung getretenen Absender von Privatsendungen,
- Einleitung entsprechender Maßnahmen zur zukünftigen Trennung des Briefaufkommens der zwei Briefkästen des Postamtes 102 und Verkürzung der Leerungszeiten,
- Beschleunigung der Maßnahme »Flug« zum Kasten »Alex« und Prüfung der Möglichkeit der Einleitung der Maßnahme »Flug« am Postamt 102 und Handschriftenüberprüfung der Absenderfamilien anhand der PM 1,
- Ausdehnung der Ziffernfahndung auf den Bereich der Abteilung PZF Berlin.

Erhöhte Aktivität durch »Borste« zeigte sich am 13. November 1978. Wiederum im Postamt 102 Berlin brachte »Borste« zwei Geheimschriftbriefe an die Deckadressen Bolzing und Haak zum Versand. Beide befanden sich im Gesamtleerungsaufkommen des Postamts aus der Zeit von 15 bis 19 Uhr unter 2.700 Sendungen.

Eingeleitete Maßnahmen:

- Dokumentation des Gesamtaufkommens und ziffernmäßige Handschriftenüberprüfung desselben,
- Einspeicherung der Privatabsender in die Vergleichskartei.

Am 4. Dezember 1978 wurde bei der Bearbeitung von Telegrammurschriften des Postamtes 102 Berlin eine Telegramm festgestellt, welches am 30. November 1978, 10 Uhr an die Deckadresse Bolzing mit folgendem Text aufgegeben worden war:

»Kann Deinen Wunsch leider nicht erfüllen – Platzkarte wird nicht an DDR-Bürger ausgegeben. Bitte antworte bald – Gruß Gisi.«

Der angegebene Absender war mit dem der vorgeschriebenen Decksdressen-Brieflinie Fritz Haak identisch. Vom Bestimmungspostamt Nidda 1 erfolgte noch am Übermittlungstag Rückmeldung, dass eine Telegrammzustellung nicht möglich war, da Empfänger und Hausnummer unter der angegebenen Anschrift unbekannt waren.

Eingeleitete Maßnahmen:

- Erweiterung der Handschriftenfahndung bei den Abteilungen M und PZF Berlin auf die erstmals vorliegende Druckschrift des Spions,
- Überprüfung aller handschriftlichen Belege von Postkunden dieses Tages, die an den Schaltern des Postamtes 102 aufgegeben wurden (Postanweisungen, Zahlkarten, Schecks, Einschreibesendungen, Paketkarten usw.).

- Überprüfung der Postangestellten, die das Telegramm entgegengenommen hatte, in der Richtung, ob sie unter Legende angesprochen werden konnte, um Hinweise zur aufgebenden Person zu erhalten. Hiervon musste letztlich aus Sicherheitsgründen Abstand genommen werden.

Am 8. Dezember 1978 wurde bei der Überprüfung der Telegrammurschriften ein weiteres Telegramm an die Deckadresse Bolzing mit gleicher Schrift festgestellt. Aufgegeben wurde es am 7. Dezember 1978 um 19.45 Uhr im Postamt 1055 Berlin, Marienburger Straße. Der Textinhalt lautete:

»Helga hat die Reisepapiere am 7.12. um 10.30 Uhr in Leipzig abgeschickt. Viele Grüße Gisi.«

Aus dem Zusammenhang beider Telegrammtexte leitete die Spionageabwehr folgende Versionen ab:

- »Borste« hatte am 7. Dezember 1978 im D-Zug Leipzig–Mönchengladbach, fahrplanmäßige Abfahrtszeit 10.29 Uhr, einen rollenden TBK mit wichtigen Nachrichten für den BND bestückt.
- Oder es kamen Einreisedokumente für einen Kurier/Instrukteur zum Versand.
- Der Spion war in einem von den Straßen Dimitroffstraße, Greifswalder Straße, Prenzlauer Allee und Heinrich-Roller-Straße begrenzten Gebiet des Stadtbezirkes Prenzlauer Berg wohnhaft und arbeitete im Stadtbezirk Mitte oder umgekehrt.

Eingeleitete Maßnahmen:

- Unter Berücksichtigung der Tatsache, dass die Deckadresse Bolzing nicht existent war und der BND noch keine Kenntnis vom Telegramm haben konnte, wurden die am 7. Dezember 1978 eingesetzten Wagons dieses Zuges der Bundesbahn vom 11. bis 13. Dezember 1978 in Leipzig und Frankfurt/Oder nach dem vermuteten TBK untersucht. Ein entsprechendes

Versteck konnte jedoch nicht gefunden werden. Die Untersuchung des Packwagens konnte nicht realisiert werden, da er ausgetauscht worden war und bis dahin nicht wieder in der DDR zum Einsatz kam.

- Erfassung aller bevorstehenden Einreisen von Bürgern der Bundesrepublik und Westberlins nach Berlin Prenzlauer-Berg und Leipzig, anhand der Unterlagen der VP vom 11. bis 13. Dezember 1978.
- Handschriftenfahndung nach dem Schrifturheber der Telegramme in der PM 1-Kartei »Prenzlauer Berg« der Abteilung M Berlin.
- Handschriftliche Überprüfung der gespeicherten und neu aufkommenden Postbelege der Postämter 1055 und 102 Berlin nach der gleichen Handschrift durch die Abteilung M Berlin.
- Legendierte Kontaktaufnahme und Aussprache mit der Postangestellten, die das Telegramm entgegengenommen hatte, um eine Personenbeschreibung vom Aufgebenden zu erhalten. (Die Aussprache brachte keine auswertbaren Hinweise).
- Einleitung der Handschriftenfahndung bei der Abteilung PZF Berlin am 22. Dezember 1978.

Mitte Dezember 1978 wurde im Rahmen der Funkabwehr eine äußerst rege Sendetätigkeit für die Rufnummer 688 im Rundspruchdienst des BND festgestellt. Durch Vergleichsarbeit zum Vorgang »Borste« konnte ein möglicher Zusammenhang herausgearbeitet werden, verbunden mit der Schlussfolgerung, dass es sich um einen wichtigen Spion, der im politisch-ökonomischen Bereich tätig ist, handeln konnte.

Am 19. Dezember 1978 übergab die Abteilung M verdächtiges Handschriftenmaterial (vier ausgefüllte Paketkarten) vom Postamt 1055 Berlin sowie eine PM 1 und einen fotokopierten Brief mit Merkmalen zur Telegrammschrift »Borste«. Diese Postbelege vom November/Dezember

1978 trugen den Absender Helga Michnowski, Waldstraße 26, Oberhof. Aufgrund der genannten Feststellungen wurden die Tatschriften »Borste«, einschließlich der Telegramme am 20. Dezember 1978 der Abteilung 32 des OTS übergeben. Im Ergebnis dieser Untersuchung wurde in der Expertise 78/1803 vom 3. Januar 1979 eingeschätzt, dass Helga Michnowski

- wahrscheinlich Schrifturheber der zwei vorgelegten Telegramme war und
- als Schreiber der Geheimschriftbriefe (Ziferngruppen) wahrscheinlich nicht infrage kam.

Ausgehend vom Untersuchungsergebnis und der daraus gezogenen Schlussfolgerung, dass es sich um zwei Spione handeln konnte, wurde die Version abgeleitet, dass Helga Michnowski

- zwischenzeitlich nach Berlin verzogen war
- oder sich häufig bei Verwandten oder Bekannten in Berlin aufhielt.

Eine entsprechende polizeiliche Anmeldung konnte nicht festgestellt werden. Bei den insgesamt 16 in Berlin ermittelten Personen namens Kroß, dem Geburtsnamen von Helga Michnowski, die zu ihr möglicherweise in Beziehung stehen konnten, konnten keine Schriftähnlichkeiten zum Tatmaterial herausgearbeitet werden.

Zur weiteren Präzisierung und Klärung des Sachverhalts wurden am 11. und 12. Januar 1979 Ermittlungen über Helga Michnowski bei der Abteilung VI der BV Suhl und mit deren Unterstützung in Oberhof geführt. Auch die Beschaffung einer weiteren Handschrift wurde realisiert. Als wesentliche Ermittlungsergebnisse waren zu verzeichnen:

- Michnowski ist verwitwet und hat seit einem halben Jahr einen Freund in Berlin, der im Ministerium für Chemische Industrie in der Forschung tätig sein soll. Sie besucht diesen so oft es ihr möglich ist in Berlin.

- Bei früheren Besuchen in Oberhof fuhr er einen blaugrauen Pkw »Wartburg«, jetzt einen »Lada 1500«. Die Adresse des Freundes hatte sie nicht preisgegeben.
- Helga Michnowski hat bis zum 21. Januar 1979 Urlaub, da das Hotel aufgrund der Witterungsbedingungen geschlossen war, sie hält sich in Berlin auf.
- Ein 1977 durch die PKE des Flughafens Schönefeld kopiertes Notizbuch von Helga Michnowski, welches drei Berliner Adressen enthielt.
- Es lagen bei der Abteilung VI der BV Suhl einige allgemeine Berichte über Gespräche mit ihrem in der Bundesrepublik wohnhaften Bruder vor, geführt bei dessen Einreisen in die DDR.

Das in Suhl beschaffte Handschriftenmaterial (Kaderakte, Briefkopie, Notizbuch) wurde am 16. Januar 1979 erneut der Abteilung 32 des OTS übergeben. Im Ergebnis der Untersuchung wurde in der Expertise 79/0078 die Aussage aufrechterhalten, dass Helga Michnowski

- wahrscheinlich die zwei Telegramme geschrieben hatte, jedoch eine zufällige Konfiguration der Schriftzeichen nicht mit Sicherheit ausgeschlossen werden konnte,
- wahrscheinlich die Zifferntexte der Geheimschriftbriefe nicht geschrieben hatte.

Allerdings folgte die HA II nun zunächst einmal einer falschen Spur, denn eine der bekanntgewordenen Berliner Verbindungspersonen von Michnowski wies eine starke Schriftähnlichkeit zu den Ziffern von »Borste« auf. Laut Meldekartei der VP handelte es sich dabei um einen politischen Mitarbeiter des FDGB. Entsprechende Maßnahmen zur Beschaffung weiterer Schriften dieser Person wurden umgehend eingeleitet.

Am 11. Januar 1979 fand die Abteilung M. Berlin im allgemeinen Postaufkommen einen verdächtigen Brief, Empfänger: Familie Karl Vandrey, D 3450 Holzminden,

Absender: Reiner Franz, 102 Berlin, Karl-Marx-Allee 19, mit dem Poststempel 10, 79-19. Das Schreibdatum des Tarntextes lautete 14. Dezember 1978. Es wurde weiter festgestellt, dass an diese Adresse bereits am 13. Dezember 1978 (Poststempel) vom gleichen Schrifturheber ein Brief zum Versand kam. Beide Sendungen wurden durch die Abteilung M Berlin operativ-technisch bearbeitet.

Die Abteilung 34 des OTS bestätigte am 15. Januar 1979 die Briefe vom 23. Dezember 1978 und 4. Januar 1979 als Geheimschrift-Träger. Die gesicherten Geheimschriften beider Briefe (64 und 99 5er Gruppen) konnten eindeutig »Borste« zugeordnet werden. Aufgrund der außerordentlich hohen Aktivitäten des Spions sowie der vorliegenden Aussagen über die wahrscheinliche Schrifturheberschaft von Helga Michnowski wurden unter Zugrundelegung der Ermittlungsergebnisse zu ihrer Person folgende Maßnahmen unter Berücksichtigung der Version, dass ihr Freund in der Gegend um die Marienburger Straße wohnhaft war, durchgeführt:

- Erfassung aller der in diesem Bereich geparkten Pkw des Typs »Lada 1500« und Überprüfung der Halter dieser Fahrzeuge nach Handschrift und Beruf,
- Kontrolle der abfahrenden D-Züge Berlin-Meiningen dahingehend, ob sich unter den Reisenden dieser Züge Helga Michnowski befindet und sie von einer männlichen Person verabschiedet wurde.

Diese Maßnahmen verliefen ergebnislos.

Die Überprüfung des Schriftaufkommens des Postamtes 1055 durch die Abteilung M Berlin erbrachte am 18. Januar 1979 zwei Briefe von Helga Michnowski vom 16. Januar 1979 an ihren Bruder in Rödental/BRD mit Absenderangabe von Oberhof. Die beiden Briefe beinhalteten ohne jeglichen Text:

- acht Passbilder von Helga Michnowski,

- vier Passbilder ihres Sohnes,
- je ein Antrag zum Erwerb der Fahrerlaubnis der genannten Personen,
- eine Bescheinigung über die Teilnahme an der DRK-Ausbildung von Helga Michnowski,
- vier Einzahlungsbelege (Postanweisung) über je 1.000,- Mark
- Bescheinigung einer Gutschrift von 200.- DM für Helga Michnowski.

Durch die eingeleitete Postkontrolle zu ihren Bruder wurde am 19. Januar 1979 eine Ansichtskarte von Oberhof auf mit dem Poststempel Berlin 10, 79-1. der Textinhalt lautete:

»Die herzlichsten Urlaubsgrüße, denn so kann man es nennen, sendet Euch Eure Helga. Habe bis Monatsende frei. Das Hotel hat geschlossen.«

Als Schrifturheber wurde eindeutig Helga Michnowski identifiziert.

Aus dem Inhalt der beiden Briefe an ihren Bruder vom 16. Januar 1979 wurde abgeleitet, dass Helga Michnowski aktive Vorbereitungen zur Flucht aus der DDR traf. Daraufhin wurden am 19. Januar 1979 umfangreiche Maßnahmen zur weiteren Aufklärung von Helga Michnowski/»Borste« und zur Verhinderung des Verlassens der DDR eingeleitet.[749] Stiller und Michnowski bewegten sich auf extrem dünnen Eis. Insbesondere die Aufgabe eines Telegramms vom Postamt in der Marienburger Straße (in dieser Straße war Stiller häufig aktiv, da er hier über eine konspirative Wohnung verfügte), die Verwendung des Klarnamens Helga und die Nachlässigkeiten des BND im Zusammenhang mit den Deckadresse Bolzing gefährdeten beide erheblich.

---

749 Vgl.: HA II/5: Bericht vom 8. Februar 1979 ZOV »Tanne« – Vorgang «Borste«. BStU ZA XV/5660/85, Bl. 275–283.

Nach Angaben Stillers, hatte der BND bemerkt, dass die abgesandten Spionagebriefe kontrolliert wurden.[750] Warum der BND darauf nicht reagierte sieht Stiller darin begründet, weil der BND glaubte: »dass mein Spionagefall in Wirklichkeit ein Spiel von Ost-Berlin und ich so eine Art Doppelagent wäre.«[751] Die geplatzte Materialübergabe an den BND per Zug kommentiert Stiller wie folgt: »Als wir kurz vor dem Einsatz den Fahrplan prüften, um zu entscheiden, wo Helga ein- und wo aussteigen sollte, trauten wir unseren Augen nicht: Bei dem angegeben Zug handelte es sich um einen Interzonenzug, der auf dem Gebiet der DDR gar nicht hielt. Ich bekam einen Riesenschreck. Auf welche Partner hatte ich mich da eingelassen.«[752]

Angehörige der HA II unternehmen vom 19. bis 23. Januar 1979 eine weitere Dienstreise nach Oberhof. Diese steht unter Leitung von Oberst Werner Klippel, einem Stellvertreter Kratschs. Zwei Hauptaufgaben sollten realisiert werden.

Einleitung von Kontroll- und Überprüfungsmaßnahmen zu Helga Michnowski und deren Sohn vor Wiederaufnahme ihrer Arbeit am 21. Januar 1979 im Interhotel *Panorama*, Durchführung weiterer konspirativer Aufklärungsmaßnahmen zur Person Michnowski und deren Verbindungen unter Nutzung offizieller und inoffizieller ittel und Möglichkeiten mit dem Ziel, bereits vorhandene Informationen zu konkretisieren und weitere Hinweise zu erarbeiten, um genaue Anhaltspunkte zu ihrem Bekannten in Berlin in Erfahrung zu bringen. Dazu sollten folgende Maßnahmen der BV Suhl realisiert werden:

---

750 Vgl.: »Zwei Todfeinde an einem Tisch«. In: *Stern* 42/1994, S. 119.
751 Ebd.
752 Werner Stiller: *Der Agent*, S. 95.

- Speicherüberprüfung und Soforteinleitung spezifischer Kontrollmaßnahmen in den Abteilungen II und
VI beziehungsweise M und 26 der BV Suhl und der
PZF der BV Erfurt sowie der KD Bad Salzungen zu
Helga Michnowski und ihrem Sohn Michael sowie zu
ihren bis dahin bekanntgewordenen Verbindungen,
- Einleitung von Sondermaßnahmen durch die Abteilungen M beziehungsweise XX wie Durcharbeitung
der vorhandenen postalischen Belege (Paketkarten
und Telegrammurschriften) in Oberhof, da die Abteilung 32 des OTS Handschriften benötigte, die unter
den gleichen Bedingungen wie die Telegramme geschrieben wurden.

Dazu wurden die Wohnung und das Telefon von Helga
Michnowski durch die Abteilungen VIII und 26 unter
operativer Kontrolle gehalten. Damit waren bis zum
20. Januar 1979, 13 Uhr, die wichtigsten Kontroll- und
Sicherungsmaßnahmen eingeleitet worden, um bei
Erscheinen von Helga Michnowski in ihrer Wohnung,
sie war zu diesem Zeitpunkt nicht in Oberhof und das
Hotel hatte geschlossen, mittels Maßnahme 26 A eine
mögliche telefonische Verbindung zu ihrem Berliner
Bekannten festzustellen und die Beobachtung bei eventueller Abreise aus Oberhof zu gewährleisten.

Ebenfalls am 20. Januar 1979 meldeten sich beim Stellvertreter Operativ der BV Suhl, Oberst Storch, zwei Angehörige des MfS Berlin. Einer stellte sich als Kaderverant-
wortlicher der HV A vor, der andere gehörte der HA IX,
dem Untersuchungsorgan, an. Beide suchten eine Person
welche sie in einer dringenden Angelegenheit zu befragen hätten. Im weiteren Gespräch wurde festgestellt, dass
es sich dabei um Helga Michnowski handelte und diese
im Zusammenhang mit dem Verratsfall Stiller stand.

Im Folgenden erfolgten in Oberhof umfangreiche Maßnahmen, wie:

- die konspirative Durchsuchung der Wohnung von Helga Michnowski,
- die Sicherung ihrer Fingerabdrücke in der Wohnung,
- die Sichtung eines zurückgesandten Paketes mit vier Kristallgegenständen (das Paket wurde vom Zoll beanstandet und zurückgesandt).[753]

Nach Helga Michnowski und ihrem Sohn wurde indes gefahndet. Sie konnten sich nach Warschau absetzen, hielten sich vom 16. bis 20. Januar 1979 dort auf und gelangten von Warschau aus mit diplomatischer Unterstützung in die Bundesrepublik.

Die Ermittlungen der HA II in Zusammenarbeit mit den polnischen Sicherheitsorganen hatte ergeben, dass Helga Michnowski und ihr Sohn am Abend des 20. Januar 1979 gegen 20 Uhr die Botschaft der BRD in Warschau betreten hatten. Durch die Vorlage von Bildmaterial wurden sie von den polnischen Posten identifiziert. Rund 25 Minuten nachdem sie in der Botschaft angekommen waren, erschien der Botschaftsrat für politische Angelegenheiten im Gebäude der Vertretung. Nach Einschätzung der polnischen Sicherheit ein absolut ungewöhnlicher Vorgang. Die polnischen Sicherheitsorgane konnten letztendlich nicht klären, ob und wie die beiden Personen die Botschaft verlassen hatten. Als diese Information am 26. Januar 1979 an das MfS übergeben worden war, stand allerdings sicher fest, dass sich Michnowski und ihr Sohn nicht mehr in der Botschaft aufhielten.

Weitere Überprüfungen des polnischen Sicherheitsorgans ergaben, dass sich Helga Michnowski und Sohn vom 16. bis 20. Januar 1979 im Hotel *Syrena* in War-

---

753 Vgl.: HA II/5: Bericht vom 27. Januar 1979 zur Dienstreise vom 19.–23. Januar 1979 zur BV Suhl. BStU ZA XV/5660/85, Bl. 268–274.

schau aufgehalten hatten. Insbesondere übergaben die Polen folgende Informationen:

- Helga Michnowski war dort unter ihrem Geburtsnamen Kroß angemeldet.
- Es handelte sich bei dem Hotel um eines der Kategorie »untere Klasse«, indem keine Anmeldeformulare durch die Gäste ausgefüllt wurden und die Erfassung lediglich listenmäßig durch Personal und Gäste erfolgte,
- Durch Helga Michnowski wurde in dieser Zeit ein Telefongespräch in die Bundesrepublik geführt, Vorwahl 09563.
- Am 19. und 20. Januar 1979 fiel Helga Michnowski dem Hotelpersonal durch die Zahlung außergewöhnlicher Trinkgelder auf.
- Sie verließ am 20. Januar 1979 zwischen 13 und 15 Uhr das Hotel *Syrena* mit unbekanntem Ziel, Hinweise über Gepäck, Bekleidungsstücke und Kontaktpersonen konnten nicht erarbeitet werden.[754]

Der langjährige Leiter der HV A, Markus Wolf, bemerkte zur Flucht Stillers: »Sein konkretes Wissen – als Oberleutnant gehörte er zu den niedrigsten Chargen im operativen Dienst – konnte nur begrenzten Schaden anrichten, unüberschaubar waren jedoch die Folgen seines Einbruchs in das Sekretariat der Abteilung. In den verschwundenen Ordnern befanden sich Listen, die nebst kurzen Inhaltsangaben der Informationen die Decknamen der betreffenden Quellen aufführten. Außerdem waren Ordner mit Befehlen, mit Dienstanweisungen und mit Referaten Minister Mielkes verschwunden, die

---

754 Vgl.: HA II/1: Information der polnischen Sicherheitsorgane zur Person Michnowski, Helga vom 12. Februar 1979. BStU ZA HA II, Nr. 38700, Bl. 2 f.

als geheime oder vertrauliche Verschlusssachen klassifiziert waren.«[755]

Der Nachfolger Wolfs, Werner Großmann, sieht die Flucht Stillers dramatischer: »Der Verrat Stillers ist für die HV A ein schwerer Schlag. Ein Universitätsprofessor in der Bundesrepublik und ein Atomphysiker in Frankreich werden verhaftet. 14 Mitarbeiter können wir warnen. Sie flüchten in die DDR ...«[756]

Die Gerüchte und Spekulationen über den Fall Stiller hielten sich über Jahre. Dem BND lag daran zu suggerieren, mit Stiller hätte man über eine Quelle im MfS verfügt, die über Jahre erfolgreich für die Pullacher tätig war. Auf dem Rücken des unter Federführung des BND geschriebenen Buches *Im Zentrum der Spionage* heißt es: »Werner Stiller, ehemaliger Offizier im Dienst des Ministeriums für Staatssicherheit der DDR, war über Jahre als Top-Agent für den Bundesnachrichtendienst tätig.«[757] Und auch *Der Spiegel* schreibt in seiner Ausgabe 10/79 zum Fall Stiller: »seit Jahren arbeitet der MfS-Offizier mit Bundesnachrichtendienst zusammen.«[758]

Müller und Mueller kommen 2002 zum Fazit: »Das operative Hochziel Innenquelle konnte der BND bei Stiller nicht lange durchhalten.« [759] Stiller selbst benennt in seinem im Jahr 2010 erschienenem Buch die ersten aktiven Handlungen für den BND (Leerung eines TBK

755 Markus Wolf: *Spionage-Chef im geheimen Krieg*. München 1997, S. 300.

756 Werner Großmann: *Bonn im Blick*. Berlin 2001, S. 85.

757 Werner Stiller: *Im Zentrum der Spionage*. Bergisch Gladbach 1989, Buchrückseite.

758 *Der Spiegel* 10/79, S. 72.

759 Peter F. Müller; Michael Mueller: *Gegen Freund und Feind*, Reinbeck bei Hamburg 2002, S. 435.

im Plänterwald) mit »Anfang Juli 1978«.[760] Damit ist die langjährige Innenquelle des BND in der HV A widerlegt.

Die HA II/6 des MfS beschäftigte sich noch lange mit den Nachwirkungen des Übertritts von Stiller. Im Jahresarbeitsplan der HA II/6 für das Jahr 1988 heißt es:

»Mit dem Ziel der Prüfung des Verdachtes einer geheimdienstlichen Tätigkeit beziehungsweise des rechtzeitigen Erkennens und der Verhinderung geheimdienstlicher Angriffe erfolgt die politisch-operative Kontrolle von Bürgern der DDR – vorwiegend aus dem Bereich Wissenschaft – die durch Verratshandlungen von »Schakal« in das Blickfeld imperialistischer Geheimdienste und insbesondere des BND gerieten, im SOV »Zange«.[761]

In der HA II war man sich einig: »Es darf nicht noch einmal ein Fall Stiller passieren.«[762]

Sicherung ehemaliger hauptamtlicher Mitarbeiter des MfS

Jeder Nachrichtendienst beziehungsweise Sicherheitsorgan ist sich darüber im Klaren, dass seine ehemaligen Mitarbeiter für gegnerische Dienststellen interessant sind. Dieses Interesse erhöht sich noch, wenn bekannt wurde, dass die betreffenden ehemaligen Mitarbei-

---

760 Werner Stiller: *Der Agent*, S. 81.

761 Jahresarbeitsplan 1988 der HA II / 6 vom 20.11.1987, BStU ZA MfS – HA II, Nr. 28494, Bl. 10.

762 BStU ZA MfS HA II Nr. 20947, Bl. 48.

ter nicht freiwillig, sondern aus disziplinarischen o. a. Gründen entlassen worden sind.

Die Notwendigkeit der vorbeugenden Sicherung ehemaliger Angehöriger des MfS leitete sich durch das innere Sicherheitsbedürfnis des MfS zur Wahrung der Geheimhaltung der von den ehemaligen Angehörigen des MfS während ihrer Dienstzeit erworbenen Kenntnisse und ihren Wissens über operative Zusammenhänge, Mittel und Methoden der Arbeit sowie über den Aufbau und die Struktur der Aufklärungs- und Abwehrorgane des MfS und des Kaderbestandes ab.

Die Sicherung ehemaliger hauptamtlicher Mitarbeiter des MfS war zuletzt in der Dienstanweisung 5/84 des Ministers für Staatssicherheit und der 1. Durchführungsbestimmung zur DA 5/84 des Leiters der Hauptabteilung Kader und Schulung geregelt. Minister Erich Mielke legte in der DA 5/84 fest: »Die vorbeugende politisch-operative Sicherung und Kontrolle der ehemaligen Angehörigen des Ministeriums für Staatssicherheit ist vor allem darauf zu richten, alle Ansatzpunkte für subversive Angriff des Feindes rechtzeitig zu erkennen, gegnerische Aktivitäten zu unterbinden und den Schutz der Staatsgeheimnisse und der konspirativen Mittel und Methoden des Ministeriums für Staatssicherheit zu gewährleisten.«[763]

Für die HA II ergab sich eine konkrete Verantwortung daraus, dass der Minister für Staatssicherheit vom Leiter der HA II in Abstimmung mit dem Leiter der HA KuSch »über schwerwiegende politisch-operative oder kaderpolitisch bedeutsame Sachverhalte mit erheblicher Gefährdung der inneren Sicherheit des Ministeriums

---

763 DA 5/84 über die politisch-operative Sicherung und Kontrolle der ehemaligen Angehörigen des Ministeriums für Staatssicherheit vom 1. November 1984, BStU ZA DSt 103106, Bl. 1.

für Staatssicherheit, die sich aus der politisch-operativen Sicherung und Kontrolle beziehungsweise operativen Bearbeitung ehemaliger Angehöriger ergeben«[764] zu informieren war.

Schwerpunkte bei der differenzierten Sicherung, Kontrolle und Bearbeitung stellten die ehemaligen Mitarbeiter dar, die:

- aus disziplinarischen Gründen,
- wegen mangelnder Erfüllung der Dienstpflichten,
- wegen Nichteignung für den Dienst im MfS mit bedeutsamen Hintergrund,
- wegen ungenügender Voraussetzungen für den Dienst als Berufsunteroffizier beziehungsweise Berufsoffizier,
- aus anderen in der Dienstlaufbahnordnung des MfS genannten Gründen mit operativ oder kaderpolitisch bedeutsamen Hintergrund

aus dem MfS entlassen worden waren.[765]

Der Leiter der HA KuSch wies an, dass zu Personen, die aus den genannten Gründen aus dem MfS entlassen werden sollten, bereits in der Vorbereitung der Entlassung

- mögliche Gefährdungsmomente für die innere Sicherheit des MfS und
- potentielle Angriffsrichtungen für den Feind

herauszuarbeiten und daraus die Kontrollziele und Maßnahmen zur Sicherung, Kontrolle und operativen Bearbeitung abzuleiten waren.[766]

Wurden Mitarbeiter des MfS aus den oben genannten Gründen entlassen, hatte das zuständige Kaderorgan einen Maßnahmeplan zu erarbeiten. Grundlage für die Einschätzung zur Erarbeitung von Maßnahmeplänen waren unter anderem solche Sachverhalte, wie:

---

764 Ebd., Bl. 2.

765 Vgl.: Ebd., Bl. 3.

766 Vgl.: 1. Durchführungsbestimmung zur DA 5/ 84, Bl. 1.

- begangene Straftaten, insbesondere Militärstraftaten, die nicht zu einer Strafe mit Freiheitsentzug führten beziehungsweise zu denen aus operativen Gründen kein Ermittlungsverfahren durchgeführt oder dieses eingestellt wurde,
- konspirative Kontakte und Verbindungen in das NSA, insbesondere in die BRD und nach Westberlin, einschließlich durch nächste Verwandte, bei denen ausgehend von Art und Charakter sowie Begehungsweise nachrichtendienstliche Aktivitäten nicht ausgeschlossen werden können,
- nicht den Erfordernissen der inneren Sicherheit entsprechende Einstellungen und Haltungen sowie Unsicherheit und Unehrlichkeit bei der Klärung von die innere Sicherheit betreffenden Sachverhalten,
- zu erwartende gegen die DDR und das MfS gerichtete feindliche beziehungsweise negative Aktivitäten, wie Übersiedlungsersuchen, Offenbarung von Staatsgeheimnissen und sonstigen geheim zu haltenden Tatsachen, individuelle und öffentlichkeitswirksame verleumderische Aktivitäten,
- mögliche Verratshandlungen gegen die DDR.[767]

Die Personenkontrolle beziehungsweise Bearbeitung ehemaliger Angehöriger der Staatssicherheit war in OPK oder in Sonder-Operativ-Vorgängen vorzunehmen, insbesondere bei:

- schwerwiegenden operativen Sachverhalten mit erheblicher Gefährdung der inneren Sicherheit des MfS, wie Verdacht auf Verratshandlungen einschließlich Geheimnisverrat sowie bei Übersiedlungsersuchen nach nichtsozialistischen Staaten und Westberlin,
- Entlassungen aus dem Strafvollzug,

---

767 Vgl.: Ebd., Bl. 1 f.

- kaderpolitisch bedeutsamen Faktoren, insbesondere Erscheinungen gegnerischer Kontakttätigkeit,
- politisch-ideologischen Aufweichungserscheinungen.[768]

Die operative Kontrolle ehemaliger MfS-Angehöriger in einer OPK hatte durch die zuständige operative Diensteinheit nach Bestätigung durch deren Leiter in Abstimmung mit dem zuständigen Kaderorgan zu erfolgen.

An den Leiter der HA KuSch war bei der Einleitung der OPK ein Exemplar des Einleitungsberichtes und des Maßnahmeplanes zu übersenden. Nach der Realisierung der OPK erhielt der Leiter der HA KuSch ein Exemplar des Abschlussberichtes oder einen Vorschlag über die weitere operative Bearbeitung.

Bei operativ bedeutsamen Sachverhalten hatte der Leiter der HA KuSch mit dem Leiter der HA II die erforderlichen Maßnahmen zur weiteren operativen Bearbeitung abzustimmen.

Die operative Bearbeitung von ehemaligen Angehörigen der Staatssicherheit in SOV erfolgte nur durch spezialisierte Diensteinheiten. Solche Diensteinheiten waren die HA II, spezielle Strukturelemente der HA KuSch sowie die Arbeitsgruppen für Sonderaufgaben der Abteilungen KuSch bei den BV des MfS. Das Anlegen eines SOV war auf der Grundlage des Eröffnungsberichtes und des Operativplanes durch den Leiter der HA II beziehungsweise durch den Leiter der HA KuSch zu bestätigen.[769]

Die Einleitung eines Ermittlungsverfahrens mit oder ohne Haft gegen ehemalige Angehörige des MfS war durch den Leiter der HA KuSch beziehungsweise durch den Leiter der HA II und den Leiter der HA IX (Untersuchungsorgan) zu bestätigen.

---

768 Vgl.: DA 5 / 84 , Bl. 5 f.

769 Vgl.: Ebd., Bl. 6.

Bei der Einleitung von Ermittlungsverfahren zu besonders bedeutsamen oder die innere Sicherheit des MfS in hohem Maße gefährdender Sachverhalte hatte der Leiter der HA IX dies vom Minister für Staatssicherheit bestätigen zu lassen.

Bei der vorbeugenden Sicherung ehemaliger Angehöriger des MfS kam es vor allem darauf an:

- ihr erworbenes Wissen über operative Zusammenhänge und Sachverhalte,
- ihre theoretischen und praktischen Fähigkeiten und Fertigkeiten über die Mittel und Methoden der Feindbekämpfung und
- ihre erworbenen Kenntnisse über den Aufbau und die Struktur der Organe des MfS und seines Kaderbestandes

vor den Angriffen westlicher Geheimdienste zu schützen.[770]

Die Schwerpunktbestimmung zur vorbeugenden Sicherung der ehemaligen Angehörigen des MfS war abhängig von der Analysierung:

- des Grades der Geheimnisträger,
- den Entlassungsgründen,
- den politischen und charakterlichen Positionen,
- den während und nach der Dienstzeit im MfS bekannt gewordenen bedeutsamen Kontakt- und Verbindungsproblemen,
- den bestehenden Rückverbindungen in das MfS,
- der Entwicklung nach der Entlassung

der ehemaligen Angehörigen im Einzelnen beziehungs-

---

[770] Vgl.: Manfred Michel: Diplomarbeit zum Thema: »Zur Erhöhung der Wirksamkeit der vorbeugenden Sicherung ehemaliger Angehöriger des MfS gegen Angriffe der imperialistischen Geheimdienste durch differenzierte Anwendung und Durchsetzung der Richtlinie 1/71 des Genossen Minister«. BStU, JHS MF GVS 160-113/74, Bl. 9.

weise in ihrer Kombination bezogen auf den konkreten operativen Sachverhalt vorzunehmen.[771]

Die Praxis der Bearbeitung ehemaliger hauptamtlicher Mitarbeiter nach der Entlassung aus dem MfS stellt Manfred Michel in seiner Diplomarbeit anhand von Untersuchungen im Bereich der BV Gera ausführlich dar. Im von Michel untersuchten Analysezeitraum (1. Januar 1958 bis 31. Dezember 1972) wurde zu 15,4 Prozent der ehemaligen Angehörigen der BV Gera die Einleitung operativer Kontrollmaßnahmen festgelegt.[772] Michel schätzt in diesem Zusammenhang ein: »Diese Anzahl der Festlegungen zur Einleitung operativer Kontrollmaßnahmen ist im Hinblick auf die Gesamtzahl der ehemaligen Angehörigen der BV Gera relativ hoch.«[773] Daraus schlussfolgerte der MfS-Offizier: »Im Interesse der Durchsetzung des Schwerpunktprinzips in der politisch-operativen Arbeit, der Erhöhung ihrer Effektivität und der Verhinderung der Zersplitterung der operativen Kräfte und Möglichkeiten der operativen Diensteinheiten ergibt sich zwangsläufig die Aufgabenstellung zu prüfen, inwieweit eine so hohe Anzahl der festgelegten operativen Kontrollmaßnahmen über ehemalige Angehörige des MfS nach ihrer Entlassung aus dem Organ notwendig beziehungsweise vertretbar ist.«[774]

Die dazu durchgeführten Untersuchungen hatten ergeben, dass bei der Entscheidungsfindung zur Einleitung operativer Kontrollmaßnahmen im Wesentlichen von den Sicherheitsbedürfnissen ausgegangen worden war. In der Regel wurde die Festlegung der einzuleitenden

---

771 Vgl.: Ebd., Bl. 24.

772 Vgl.: Ebd., Bl. 25.

773 Ebd.

774 Ebd.

Kontrollmaßnahmen bei solchen ehemaligen Angehörigen entschieden:

- die auf Grund der Beurteilung ihrer Gesamtpersönlichkeitsentwicklung im MfS,
- den dabei erkannten labilen bis negativen Charaktereigenschaften und Einstellungen,
- den daraus resultierenden nicht gefestigten politisch-ideologischen und charakterlich-moralischen Qualitäten,
- dem Vorliegenden operativer Hinweise, wie bekannt gewordene zweifelhafte oder ungeklärte Kontakt- und Verbindungsprobleme in das NSA, besonders in die BRD sowie in der DDR,
- den der Entlassung aus dem MfS zugrunde liegenden bedeutsamen Vorkommnissen und Sachverhalten

berechtigte Zweifel an ihrer politischen Zuverlässigkeit und damit an der Wahrung der von ihnen während der Zugehörigkeit zum MfS erlangten Geheimnisse aufkommen ließen. Dabei wurde davon ausgegangen, dass diese ehemaligen Angehörigen objektiv als mögliche Angriffsbasis für die von den westlichen Geheimdiensten gegen die Staatssicherheit insgesamt verfolgten Ziele und Absichten geeignet und damit als besonders gefährdet einzustufen waren.

Zur Dokumentierung dieser Aussage sollen hier nachfolgend einige wesentliche Ergebnisse der Erhebung dargelegt werden. Diese Angaben beziehen sich auf die Gesamtzahl der eingeleiteten operativen Kontrollmaßnahmen über ehemalige Angehörige der BV Gera. Von diesen ehemaligen Angehörigen der BV Gera hatten:

- 46,8 Prozent konkrete Kenntnisse über die IM-Arbeit entsprechend der Richtlinien, die Vorgangsbearbeitung und andere operative Mittel und Methoden,
- 45,2 Prozent wurden direkt aus operativen Diensteinheiten entlassen,

- 98,3 Prozent wurden aus disziplinarischen Gründen beziehungsweise wegen Nichteignung entlassen,
- 43,7 Prozent erhielten ein- oder mehrmalig während ihrer Dienstzeit Disziplinarstrafen,
- 16,1 Prozent erhielten ein- oder mehrmalig Parteistrafen,
- 16,2 Prozent unterhielten ein- oder mehrmalig während ihrer Dienstzeit direkte oder postalische Verbindungen beziehungsweise Kontakte zu Personen aus dem NSA,
- 40,5 Prozent unterhielten während ihrer Dienstzeit ungeklärte zweifelhafte Verbindungen und Kontakte zu Personen mit operativ relevanten Merkmalen in der DDR.

Nach ihrer Entlassung aus dem MfS hatten von diesen ehemaligen Angehörigen der BV Gera:

- 25,6 Prozent persönlich und postalisch Verbindungen zu Personen aus dem NSA aufgenommen. Der Zuwachs der Verbindungen in das NSA von 16,2 Prozent während der Dienstzeit im MfS auf 25,6 Prozent nach der Entlassung entfiel dabei auf solche ehemaligen Angehörigen, über die weder bei der Aufklärung als Kader für das MfS kaderpolitische Hinweise noch während der Dienstzeit Kontakt- und Verbindungsprobleme bekannt geworden waren. Diese Verbindungen waren deshalb aus operativer Sicht besonders zu beachten.
- 17,8 Prozent eine gesellschaftlich negative Entwicklung genommen,
- 11,3 Prozent begingen Straftaten der allgemeinen Kriminalität und
- 4,9 Prozent wurden OV beziehungsweise Vorlaufakten Operativ bearbeitet.«[775]

Ehemalige Mitarbeiter des MfS konnten bei operativer

---

[775] Vgl.: Ebd., Bl. 25 ff.

Notwendigkeit in einer OPK bearbeitet werden. In der Präambel der Richtlinie 1/71 heißt es:
»Um die ständige und wirksame Erhöhung der Zuverlässigkeit des Gesamtsicherheitssystems des Ministeriums für Staatssicherheit und seiner Teilsicherungssysteme zu gewährleisten, ist es erforderlich, bei Konzentration auf die politisch-operativen Schwerpunkte die potentiellen Kräfte des Gegners beziehungsweise die Personen, die der Gegner für seine Ziele ausnutzen könnte, durch zielgerichteten Einsatz der Kräfte, Mittel und Methoden des Ministeriums für Staatssicherheit, insbesondere des IM/GMS-Systems, unter operative Kontrolle zu stellen. Es ist zu gewährleisten, dass Wirkungsmöglichkeiten des Feindes rechtzeitig erkannt und ausgeschaltet werden können, um Überraschungen durch den Gegner auszuschließen. Gleichzeitig muss die operative Personenkontrolle zum besseren Erkennen und zur qualifizierten Nutzung der operativen Basis sowie zur Erhöhung der Wirksamkeit anderer politisch-operativer Prozesse beitragen.«[776]

Die Anwendung der OPK-Richtlinie 1/71 zur vorbeugenden Sicherung gefährdeter ehemaliger Angehöriger des MfS hatte sich unter Beachtung der politisch-operativen Schwerpunkte vorrangig auf solche ehemaligen Angehörigen des MfS zu konzentrieren, die aufgrund

- ihrer während der Dienstzeit im MfS erworbenen spezifischen und anderer geheim zu haltender Kenntnisse und Fähigkeiten,
- ihrer politisch-ideologischen, moralischen und charakterlichen Schwächen,
- ihren zweifelhaften Verbindungen,

---

776 MfS: Richtlinie 1/71 über die operative Personenkontrolle. BStU MfS BdL-Dok. 2600, Bl. 1.

- den bekannt gewordenen Kontakt- und Verbindungsproblemen in das westliche Ausland

mögliche Ansatzpunkte für das Herantreten westlicher
Geheimdienste boten.

Das Ziel der OPK musste entsprechend ihrem aktiv vorbeugenden Charakter in der Anwendung hinsichtlich
gefährdeter ehemaliger Angehörige des MfS auf die

- Aufdeckung von Verhaltensweisen und Handlungen
  ehemaliger Angehöriger der Staatssicherheit, deren
  Umstände und Zusammenhänge die dem Sicherheitsbedürfnis des MfS entgegenstanden,
- Einschränkung und Verhinderung gegnerischer Wirkungsmöglichkeiten gegen ehemalige Angehörige des
  MfS,
- Sicherung solcher ehemaligen Angehörigen der
  Staatssicherheit, die aufgrund ihrer Tätigkeit im MfS
  beziehungsweise den konkreten Umständen und Zusammenhängen ihrer Entlassung aus dem MfS in das
  Blickfeld gegnerischer Geheimdienste geraten konn-
  ten,

ausgerichtet sein.[777]

Die operative Kontrolle gefährdeter ehemaliger Angehöriger der Staatssicherheit war mit operativen Kräften,
Mitteln- und Methoden, insbesondere dem zielstrebigen Einsatz qualifizierter IM sowie erfahrener und
befähigter operativer Mitarbeiter unter Beachtung der
nachrichtendienstlichen Kenntnisse der ehemaligen
Angehörigen bei strikter Wahrung der Konspiration
durchzusetzen.[778] Gerade der letzte Teil des Satzes hatte
eine hohe Bedeutung, da die Bearbeitung ehemaliger
MfS-Mitarbeiter dadurch erschwert wurde, dass diese
die Mittel und Methoden der Staatssicherheit selbst

---

777 Vgl.: Manfred Michel: Diplomarbeit, Bl. 42 f.

778 Vgl.: Ebd., Bl. 44.

kannten und ihre Handlungen anpassen konnten. So war es zum Beispiel äußerst schwierig, einen IM an einen ehemaligen Mitarbeiter des MfS anzuschleusen, der einst selbst IM führte.

Die Richtlinie 1 / 71 unterscheidet unter Punkt 3.4. Kontrollziele zwischen ständiger und zeitweiliger Kontrolle.[779]

Das betraf auch die Kontrolle ehemaliger Angehöriger des MfS. In Anwendung der OPK-Richtlinie auf ehemalige Angehörige der Staatssicherheit sollte die ständige Kontrolle

- bei der Überprüfung solcher Hinweise, die zum Anlegen einer Vorlaufakte Operativ beziehungsweise eines OV über den ehemaligen Angehörigen des MfS führen konnten,

- solcher ehemaligen Angehöriger des MfS, die wegen Staatsverbrechen verurteilt wurden und bei denen sich eine negative beziehungsweise feindliche Grundposition zur gesellschaftlichen Entwicklung in der DDR herausgebildet hatte,

- solcher ehemaliger Angehöriger des MfS, bei denen auf Grund vorhandener politisch- ideologischer und moralischer Schwächen in Verbindung mit labilen beziehungsweise negativen Charaktereigenschaften (Schwätzer, Prahler, Neigung zum Alkohol, wiederholt begangener krimineller Straftaten) eine permanente Gefahr der nachrichtendienstlichen Abschöpfung ihrer während ihrer Zugehörigkeit zum MfS erworbenen Dienst- und Staatsgeheimnisse durch westliche Geheimdienste bestand,

angewandt werden.

Die zeitweilige Kontrolle ehemaliger Angehöriger des MfS sollte bei folgenden Aspekten angewandt werden:

---

779 Vgl.: RL 1/71, Bl. 12 f.

- unmittelbar mit dem Tag der Entlassung aus dem MfS zur Überprüfung der Reaktionen des betreffenden ehemaligen Angehörigen,
- bei ehemaligen Angehörigen, die wegen während ihrer Dienstzeit in der Staatssicherheit begangener krimineller Straftaten verurteilt und aus der Haft entlassen wurden,
- bei ehemaligen Angehörigen, zu denen negative beziehungsweise feindlich eingestellte Bürger Verbindung suchten beziehungsweise ständig oder zeitweilig unterhielten,
- bei Hinweisen über periodisches Zusammentreffen mehrere ehemaliger Angehöriger der Staatssicherheit beziehungsweise Herausbildung von Gruppierungen,
- bei Reisen von ehemaligen Angehörigen in das sozialistische Ausland, wenn es Hinweise gab, dass sie sich dort mit Bürgern aus der Bundesrepublik/Westberlin beziehungsweise dem anderen kapitalistischen Ausland treffen wollen,
- bei zweifelhaften Einreisen von Bürgern aus der Bundesrepublik/Westberlin und dem anderen kapitalistischen Ausland zu ehemaligen Angehörigen der Staatssicherheit,
- bei der Absicherung ehemaliger Angehöriger des MfS, die auf Grund ihrer labilen beziehungsweise tendenziell negativen Verhaltensweisen und zersetzenden Einstellungsgefüges eine latente Angriffsbasis für Geheimdienste boten als periodische Kontrollprüfung
- im Sinne der Vorgabe der OPK-Richtlinie für den Prozess der Auswahl, Überprüfung und Gewinnung von IM/GMS aus diesem Personenkreis, wenn die Notwendigkeit gegeben war.[780]

---

780 Vgl.: Ebd., Bl. 65 ff.

Die operative Personenkontrolle gegen ehemalige Mitarbeiter des MfS war einzustellen, wenn folgende Kriterien gegeben waren:
- der die Einleitung der OPK begründete Sachverhalt hatte sich nicht bestätigt beziehungsweise war eindeutig geklärt worden und erforderte keine weiterführende Entscheidung,
- der ehemalige Angehörige der Staatssicherheit wurde im Ergebnis der über ihn durchgeführten OPK als IM oder GMS geworben,
- der ehemalige MfS-Angehörige verhielt sich nach seiner Entlassung entsprechend den Erfordernissen zur Gewährleistung der inneren Sicherheit,
- die Gründe, die zur Eröffnung führten, hatten sich bestätigt und die Bearbeitung erbrachte weitere bedeutsame Hinweise, die die Entscheidung – Anlegen eines OV – erforderten.

Ergab sich aus dem Prozess der OPK die Notwendigkeit zum Anlegen eines OV, so war über den Leiter der Abteilung KuSch der jeweiligen BV die HA KuSch, Bereich Disziplinar, als federführendes Organ bei der Sicherung und Bearbeitung ehemaliger Angehöriger des MfS zu informieren.[781]

Letztlich brachte Michel in Erfahrung, dass nach Angaben der HA KuSch »nur 0,12 Prozent der Gesamtzahl der ehemaligen Angehörigen des MfS in Vorlaufakten Operativ beziehungsweise Operativvorgängen bearbeitet wurden.«[782]

Ein Vorgang, bei dem eine ehemalige hauptamtliche Mitarbeiterin des MfS in das Visier westlicher Geheimdienste geriet, war der Vorgang »Kellner.« Bei »Kellner« handelte es sich um eine ehemalige Mitar-

---

781 Vgl.: Ebd., Bl. 67.
782 Ebd., Bl. 44.

beiterin einer Einrichtung des Medizinischen Dienstes des MfS.

Der Leiter der HA II thematisierte auf der Dienstkonferenz am 8. April 1987 den Vorgang Kellner und merkte an: »Aufgrund der ablehnenden Haltung der ›Kellner‹ zur militärischen Disziplin und Ordnung kam es schon bald nach ihrer Einstellung in den Medizinischen Dienst zunehmend zu Schwierigkeiten, die mehrfach Anlass von Aussprachen mit ihr waren. Hinzu kamen Enttäuschungen in ihrem persönlichen Leben. So beendete sie 1982 das Zusammenleben mit dem Vater ihrer Tochter. Ab Mitte 1984 lebte sie mit einem wegen ungesetzlichen Grenzübertritts vorbestraften DDR-Bürger zusammen, der ein Ersuchen auf Übersiedlung nach Westberlin gestellt hatte. Gegenüber ihrer Dienststelle verheimlichte die ›Kellner‹ den Kontakt zu dieser Person, deren Beeinflussung sie in der Folgezeit unterlag und sich zunehmend mit Feindargumentation westlicher Massenmedien identifizierte.

Im April 1986 übersiedelte der Freund legal nach Westberlin und die ›Kellner‹ reichte ihre Entpflichtung aus dem Dienst im MfS ein. Im Mai 1986 stellte die ›Kellner‹ ebenfalls einen Antrag auf Übersiedlung nach Westberlin, um dort – wie vorher mit dem Freund abgesprochen – mit diesem ein gemeinsames Leben zu gestalten. Im Juni 1986 wurde sie auf der Straße von einem USA-Bürger aus Westberlin angesprochen, der Kenntnis von ihrer Übersiedlungsabsicht und ehemaligen MfS-Zugehörigkeit besaß. Er bot ihr Unterstützung bei einem ungesetzlichen Verlassen der DDR an. Die ›Kellner‹ nahm dieses Angebot an und es erfolgten insgesamt zwei weitere Treffen mit diesem Ausländer in deren Verlauf sie:

• Instruktionen zur Vorbereitung und Durchführung ihres ungesetzlichen Grenzübertritts,

• Bekleidungsstücke westlicher Herkunft sowie

- einen verfälschten BRD-Reisepass mit Visaeinlage entgegennahm.

Mit diesem Reisedokument als BRD-Bürgerin getarnt, versuchte die ›Kellner‹ am 4. Juli 1986 unter Mitnahme ihrer Tochter über die Grenzübergangsstelle Bahnhof Friedrichstraße nach Westberlin zu gelangen.

Nach eigenen Aussagen hatte sie den Ausländer, der sie kontaktierte, durch ihre im MfS erworbenen allgemeinen Kenntnisse über die Feindtätigkeit als Mitarbeiter eines westlichen Geheimdienstes oder als Angehörigen der USA-Besatzungstruppen in Westberlin eingeordnet. Dabei war ihr bewusst, dass solche Institutionen ein Interesse an ihrer Person wegen ihrer bis Mai 1986 ausgeübten Tätigkeit im MfS haben könnten.«[783]

Übersiedlungsersuchende mit Verbindung zum MfS

Die Problematik der Übersiedlungen von Bürgern der DDR in das NSA und damit im Zusammenhang stehende Fragen gingen an den Mitarbeitern und ehemaligen Mitarbeitern des MfS nicht vorüber. Die Übersiedlungsersuchenden mit direkter oder indirekter Verbindung zur Staatssicherheit waren vor allem vom Standpunkt der inneren Sicherheit her ein Problem. Gingen sie in den Westen, wurde möglicherweise durch die Befragung westlicher Geheimdienststellen Wissen über das MfS offenbart. Übersiedlungsersuchende mit Verbindung zum MfS waren:

---

783 Referat des Leiters der Hauptabteilung II auf der Dienstkonferenz vom 8. April 1987, BStU MfS HA II Nr. 4865, Bl. 152 f.

- ehemalige Angehörige des MfS,
- in einem verwandtschaftlichen oder engen bekannt-schaftlichen Verhältnis zu aktiven Angehörigen des MfS stehende beziehungsweise
- in einem verwandtschaftlichen Verhältnis zu ehemali-gen Angehörigen des MfS stehende Personen.[784]

Im Januar 1984 wurde innerhalb der HA KuSch eine Lageeinschätzung auf dem Gebiet der Übersiedlungser-suchenden mit Verbindung zum MfS erarbeitet. Diese Lageeinschätzung machte deutlich, »dass die vom Feind inspirierten Versuche zum Verlassen der DDR auch Wirkungen bei ehemaligen Angehörigen und bei Ver-wandten von aktiven und ehemaligen Angehörigen des MfS zeigten. Zu diesem Zeitpunkt waren 226 Bürger mit Verbindung zum MfS als Übersiedlungsersuchende in Erscheinung getreten. Unter diesen Personen befanden sich 104 Bürger mit einer verfestigten negativen bis feindlichen Einstellung zur DDR, so dass Entschei-dungsvorlagen zur Übersiedlung in nichtsozialistische Staaten und Westberlin vorbereitet wurden.«[785]

Für die innere Sicherheit im MfS waren auch die folgen-den Ausführungen relevant.

---

784 Vgl.: Dieter Berghof: Diplomarbeit zum Thema: »Die poli-tisch-operative Verantwortung der Kaderorgane des MfS zur weiteren Verbesserung einer schwerpunktorientierten, diffe-renzierten und einheitlichen Bearbeitung von Übersiedlungs-ersuchenden, die Angehörige des MfS waren bzw. von Bürgern, welche in einer verwandtschaftlichen oder engen bekanntschaft-lichen Beziehung zu Angehörigen oder ehemaligen Angehöri-gen des MfS stehen und Ersuchende auf Übersiedlung sowie der Kontrolle der Rückverbindungen zur rechtzeitigen und erfolgreichen vorbeugenden Abwehr feindlicher Angriffe gegen die innere Sicherheit des MfS«. BStU, GVS MfS 0016, MfS HA KuSch, Nr. 706, Bl. 6.

785 Ebd., Bl. 7.

»Die generelle Aufgabe, Übersiedlungsversuche zurück-
zudrängen, konnte jedoch auch bei den Personen, die
in Verbindung mit dem MfS stehen, nicht erreicht werden, sondern es ist auch hier eine weitere Zunahme zu
verzeichnen. Gab es im Dezember 1984 1.071 Übersiedlungsersuchende, waren es Ende 1985 bereits 1.549 und
im Dezember 1986 steigerte sich die Anzahl auf 2.408.
Im Dezember 1987 wurden im Bereich Disziplinar insgesamt 3.188 Übersiedlungsersuchen registriert.
Davon sind 2172 Verwandte von Angehörigen des MfS,
395 Verwandte von ehemaligen Angehörigen des MfS,
249 Verwandte von Angehörigen des Wachregiments
F. E. Dzierzynski und 372 Ersuchende auf Übersiedlung
waren selbst Angehörige des MfS. Von diesen ehemaligen Angehörigen sind 5 Prozent als Berufsoffiziere,
24,7 Prozent als Berufsunteroffiziere und 70,3 Prozent
als UaZ im MfS tätig gewesen. Lediglich 169 Abstand-
nahmen von Übersiedlungsersuchen konnten seit 1984
erreicht werden.«[786]
Diese Zahlen verdeutlichen, dass die inneren Probleme
der DDR auch vor den Angehörigen der Staatssicherheit
nicht Halt machten und sie beziehungsweise ehemalige
Mitarbeiter auch direkt betrafen.
Man analysierte weiterhin, dass sich unter diesen Lagebedingungen die Angriffe auf die Staatssicherheit weiter
erhöhen würden, um möglichst umfassende Voraussetzungen zur gezielten Bearbeitung des MfS zu schaffen,
Innenquellen zur Gewinnung von Spitzeninformationen
zu platzieren und Angehörige zum Verrat zu bewegen.
Um diese Zielstellungen realisieren zu können, würden
die von Geheimdienstspezialisten geplanten und sorgfältig aufeinander abgestimmten Maßnahmen in der Regel

---

786 Ebd., Bl. 8.

langfristig, oft über Jahre hinweg, vorgetragen werden.[787]
Berghof schreibt weiter in seiner Diplomarbeit: »Die
bisher [1988, Anm. d. Verf.] übergesiedelten 992
DDR-Bürger, die in Verbindung mit dem MfS stehen,
bilden objektiv eine Grundlage zur Informationsbeschaffung des Gegners, welche er für die vorgenannte
Zielstellung nutzt. Es muss davon ausgegangen werden,
dass die Mehrzahl dieser Bürger entweder aus einer
feindlichen Einstellung zur DDR oder aus Angst, den
Aufbau einer neuen Existenz zu gefährden, ihr vorhandenes Wissen zu Angehörigen/ ehemaligen Angehörigen oder zum MfS preisgeben und bereit sind, gezielte
Rückverbindungen, die den Interessen der Geheimdienste dienen, aufzunehmen, aufrechtzuerhalten oder
weiter auszubauen. Diese daraus möglicherweise entstehende Gefahr für die innere Sicherheit des MfS wird
auch dadurch unterstrichen, dass sich unter den bisher
übergesiedelten Bürgern 19 ehemalige Berufsoffiziere
und Berufsunteroffiziere sowie 76 ehemalige UaZ des
MfS befinden.«[788]
Waren Mitarbeiter des MfS von Übersiedlungsersuchen
im Verwandten-/Bekanntenkreis betroffen, wurden mit
ihnen offensive Kadergespräche durchgeführt.
In Durchführung dieser offensiven Kadergespräche, so
schätzt Berghof ein, »ist es darüber hinaus bereits in der
Phase des Bekanntwerdens des Übersiedlungsversuches
gelungen, die ›betroffenen‹ Mitarbeiter und ihre Familienangehörigen als aktive Partner zur Gewährleistung
der inneren Sicherheit des MfS und zu ihrem persönlichen Schutz zu gewinnen …«[789]
Auch mit ehemaligen Mitarbeitern des MfS, aus deren

---

787 Vgl.: Ebd., Bl. 8 f.

788 Ebd., Bl. 9.

789 Ebd., Bl. 18.

Verwandtenkreis Personen ein Ersuchen auf Übersiedlung gestellt haben, wurden Gespräche geführt.

Wollten ehemalige Angehörige des MfS selbst Übersiedeln oder beabsichtigten dies, waren gemäß der DA 5/84 des Ministers für Staatssicherheit OPK einzuleiten oder die operative Bearbeitung in SOV aufzunehmen.

Berghof macht klar, »dass mit jedem dieser ehemaligen Angehörigen des MfS Gespräche zu führen sind, wo sie eindeutig darauf hingewiesen werden, dass für sie keine Übersiedlung in das NSA in Frage kommt. Sie sollten nachhaltig so beeinflusst werden, dass sie von der Absicht oder vom Übersiedlungsersuchen Abstand nehmen.«[790]

Durch den Bereich Disziplinar der HA KuSch war darauf Einfluss zu nehmen, dass die Rückverbindungen übergesiedelter Bürger, die in Verbindung mit dem MfS standen, durch die zuständigen Diensteinheiten unter Kontrolle gehalten wurden. Es waren aktive Kontrollmaßnahmen zu Personen durchzuführen, von denen Gefahren für die innere Sicherheit im MfS ausgehen konnten.

Wurde im Ergebnis der eingeleiteten Kontrollmaßnahmen festgestellt, dass sich aus der Übersiedlung des Verwandten oder engen Bekannten des Angehörigen oder ehemaligen Angehörigen keine weitere Gefährdung der inneren Sicherheit des MfS oder für den »betroffenen« Angehörigen ergab, oder waren keine bedeutsamen Rückverbindungen übergesiedelter ehemaliger Angehöriger des MfS zu erwarten, die das MfS gefährdet hätten, waren die Kontrollmaßnahmen einzustellen.

Weiterhin hatte der Bereich Disziplinar der HA KuSch die Realisierung von Schwerpunktaufgaben zu gewährleisten. Dabei konnte es sich beispielsweise um

---

790 Ebd.

die Sicherung von Führungskadern handeln, aus deren Verwandten oder engem Bekanntenkreis Personen in das NSA übersiedelten oder aber auch die Bearbeitung von Schwerpunktübersiedlungsersuchenden mit erheblicher Gefährdung der inneren Sicherheit des MfS in SOV sowie die Durchführung von OPK.

Der Bereich Disziplinar der HA KuSch hatte aber auch Rückgewinnungsgespräche mit ausgewählten ehemaligen Angehörigen des MfS, die selbst Ersuchende auf Übersiedlung waren, zu führen. Hierbei handelte es sich um Personen, die über bedeutsame Kenntnisse zum MfS verfügten, die bei ihrer Preisgabe die Arbeit der Staatssicherheit erheblich beeinträchtigt hätten.[791]

Die Bearbeitung von Einbrüchen der Geheimdienste im Bereich Aufklärung des MfNV und im Arbeitsgebiet I der Kriminalpolizei

Der Bereich Aufklärung[792] des MfNV und das Arbeitsgebiet I der Kriminalpolizei waren Organe außerhalb des MfS, die mit konspirativen Mitteln und Methoden arbeiteten.

Der Leiter der HA II bemerkte 1986: »Wie aktuelle operative Erkenntnisse zeigen, werden die Versuche des

---

791 Vgl.: Ebd., Bl. 40–43.

792 Der Begriff »Bereich Aufklärung« wurde seit 1984 verwandt, davor wurde die Militäraufklärung von 1964 als »Verwaltung Aufklärung« bezeichnet.

Feindes zur Schaffung von Verrätern aus dem Kreis der Auslands- und Reisekadern auch zunehmend und in voller Breite auf den Mitarbeiterbestand der bewaffneten Organe der DDR konzentriert.«[793]

Das hatte Auswirkungen auf die HA II, die für die Abwehrarbeit zu geheimdienstlichen Aktivitäten westlicher Dienste gegen Kräfte des Bereiches Aufklärung des MfNV und des Arbeitsgebietes I der K richteten, verantwortlich war.

Im Rahmen der Sicherung des BA des MfNV arbeitete die HA II/1 mit der Unterabteilung 2 der Abteilung Äußere Abwehr der HA I des MfS zusammen. Die HA I/Abt. AA/UA 2 war eine Diensteinheit der Militärabwehr des MfS für die Abwehrarbeit innerhalb der Armeeaufklärung. Zwischen der HA II und der HA I gab es eine Vereinbarung bezüglich der Sicherung des Agenturnetzes der Militäraufklärung.[794] So überprüfte die HA II in Zusammenarbeit mit der HA I/Abt. AA/UA 2 das agenturische Netz der Armeeaufklärung. Dabei wurden beispielsweise Aufstellungen zu agenturischen Kräften, bei denen Sicherheitsbelastungen zu verzeichnen waren, erarbeitet.

Zu den AM »Reda«/»Raglan« der Abteilung 20 wurde die OPK »Kaiser« geführt.

Das AM-Ehepaar »Reda«/»Raglan« arbeitete im gleichen US-Objekt, wie die verhafteten AM »Reis«/»Ries« und wurde mit hoher Wahrscheinlichkeit in die Untersuchungen und Recherchen der gegnerischen Ab-

---

793 Rededisposition des Leiters der Hauptabteilung II, Genossen Generalleutnant Kratsch, für die Arbeitsberatung mit dem Leiter des Departments II des Ministeriums des Innern der VR Polen, Direktor Oberst Sereda, Januar 1986, BStU, ZA HA II/10 710, Bl. 175.

794 Vgl.: Bodo Wegmann: *Die Militäraufklärung der NVA*. Berlin 2005, S. 555.

wehrorgane eingezogen. Im Ergebnis der Einschätzung der AM-Analyse durch die HA II/1 erfolgte die Erfassung im ZOV »Schleicher«. Bearbeitungsmöglichkeiten seitens des MfS waren durch den IMS »Kurt Mimel«, Treffs in der DDR und durch den Einsatz operativer Technik gegeben.[795]

In das Visier der Spionageabwehr des MfS gerieten auch die AM »Olivet«/»Oleander« der Abteilung 18/1. der Militäraufklärung. Die HA II/1 erarbeitete am 18. Januar 1982 einen unpersonifizierten Hinweis auf einen Doppelagenten im EMA beziehungsweise EZA Hamburg, wo die AM einst tätig waren. Die hohen sicherheitsmäßigen Belastungen ergaben sich durch:

- die Kontaktanbahnung und 1. Phase der Zusammenarbeit,
- keine Legende für Reisetätigkeit nach Westberlin (Treffanreise),
- beide Töchter sowie die erste, bereits verstorbene Ehefrau und die zweite Ehefrau hatten Kenntnis von der Zusammenarbeit,
- sporadische Aufgabenerfüllung,
- mehrfach Verbindungsabbruch,
- mehrfach Verstöße/Vorkommnisse im Verbindungswesen,
- dekonspirierende Verhaltensweisen gegenüber Freunden/Wohnungsnachbarn.

Zum damaligen Zeitpunkt erfolgte der Einsatz als Ermittler/Werber und die Zuführung der Tochter (AM »Orchidee«), die damals ebenfalls im EZA Hamburg in der Datenverarbeitung tätig war. Bearbeitungsmöglichkeiten für das MfS ergaben sich aus dem Einsatz des

---

795 Vgl.: Aufstellung der agenturischen und inoffiziellen Mitarbeiter des Bereiches Aufklärung des MfNV, bei denen Sicherheitsbelastungen zu verzeichnen sind, vom 27. Dezember 1988, BStU, ZA HA I Nr. 1607, Bl. 52.

IMS »Reinhard Schult« und bei der Treffdurchführung, die zum damaligen Zeitpunkt in Jugoslawien erfolgte.[796] Sicherheitsbedenken bestanden auch zu den im operativen Material »Pilot« bearbeiteten OB »Atanas« und »Anta« der Abteilung 14 des Bereichs Aufklärung. Die Auswertung einer Maßnahme der Abteilung M des MfS vom 23. Januar 1986 ergab, dass die Mutter des »Pilot« möglicherweise beim BfV oder einem LfV tätig war. Weiter wurde zu »Pilot« folgendes erarbeitet:

- äußerst mangelhafte Treffdisziplin,
- unregelmäßiger Funkempfang,
- Aufgabenerfüllung zur Objektbeobachtung weist schlechte Qualität auf beziehungsweise wurde nicht realisiert,
- mehrfach Vorladung zum MAD während seiner aktiven Zeit bei der Bundeswehr,
- falsche Anwendung von Geheimschreibmitteln,
- geringe Erarbeitung von Personenhinweisen trotz mehrmaliger Auftragserteilung,
- trotz Verbot weitere Nutzung von Verbindungselementen.

Für 1988 war vorgesehen, dass die Militäraufklärung eine Entscheidung über die weitere Bearbeitung des Vorgangs oder den Abbruch fällen sollte. Bearbeitungsmöglichkeiten für das MfS ergaben sich aus den zweimal im Jahr geplanten Treffs, wobei die Treffdurchführung vorher nicht kalkulierbar war. Inoffizielle Kontrollmöglichkeiten waren im erforderlichen Maße gegeben, weiterhin wurden Kontrollmaßnahmen bei der HA VI des MfS veranlasst.[797] Zur Sicherung des Agenturnetzes der Armeeaufklärung führte die HA II/1 den bereits erwähnten ZOV »Schlei-

---

796 Vgl.: Ebd., Bl. 59.

797 Vgl.: Ebd., Bl. 56 f.

cher.« Im Rahmen des ZOV »Schleicher« wurde der Kölner Journalist Peter Felten, der bei der Kölnischen Rundschau tätig war, bearbeitet. Dieser erhielt im Sommer 1974 einen Brief aus der DDR, Absender Rosemarie Marianne A., 102 Berlin. Frau A. bot Felten im Auftrag der »Arbeitsgemeinschaft für Wirtschaftsjournalistik« eine nebenamtliche Beschäftigung als Korrespondent an. Sollte Felten am Angebot interessiert sein, müsse zunächst ein persönliches Gespräch stattfinden. Der Journalist konsultiert daraufhin einen bekannten Kriminalbeamten, der die Offerte als nachrichtendienstliche Anbahnung wertet und erhält daraufhin Kontakt zum BfV. Ein Verfassungsschützer legt Felten nahe, auf das Angebot aus Ostberlin einzugehen. Felten wird das Gespräch mit dem Verfassungsschützer später als »ideologischen und leicht erpresserischen Exkurs« bezeichnen.[798]

Nach Absprache mit dem Verfassungsschützer Dieckmann reist der Journalist am 25. September 1974 nach Ostberlin, Treffpunkt ist das Hotel *Berolina*.[799] Hier traf er auf Offiziere der Verwaltung Aufklärung des MfNV und stimmte einer inoffiziellen Zusammenarbeit zu. Aus diesem Treffen entstand der AM-Vorgang »Herne«, den die UA 10/2 der Verwaltung Aufklärung führte.[800] Nun begann eine G-Operation gegen die Armeeaufklärung, Felten wurde im BfV als CM »Lese« geführt. Für die Verwaltung Aufklärung soll Felten militärische Informationen erarbeiten, unter anderem zur Stabrahmenübung der NATO »Wintex« und zum Bunker Olzheim.[801]

---

798 Peter Felten: *Doppelagent im Kalten Krieg*. Aachen 2014, S. 21 ff.

799 Vgl.: Ebd., Bl. 24.

800 Vgl.: Bodo Wegmann: *Die Militäraufklärung der NVA*, S. 595.

801 Vgl.: Peter Felten: *Doppelagent im Kalten Krieg*, S. 31.

Im Rahmen der Abwehrarbeit des MfS wurde der AM-Vorgang »Herne« durch die HA II/1 einer tiefer gehenden Prüfung unterzogen und es stellten sich Anzeichen heraus, dass »Herne« mit dem Verfassungsschutz zusammenarbeitete. Helmut Wagner schreibt zu diesem Vorgang, dass die neu Geworbenen der Militäraufklärung in der HA II überprüft wurden. »Dazu erhielt die HA II alle von der HA III aufgezeichneten Telefonate, die mit dem Bundesamt und den Landesämtern für Verfassungsschutz geführt wurden. Das MfS nutzte die Marotte dieser Ämter, dass von ihnen geführte Doppelagenten sich nach dem Treff in Ostberlin sofort mit ihren Führungsoffizieren in Verbindung setzten.«[802] Diese Tatsache soll Felten, der in seiner Zusammenarbeit mit der Verwaltung Aufklärung nur vom BfV freigegebenes Spielmaterial übergab, zum Verhängnis geworden sein. Die HA II beendete die G-Operation des BfV durch die Festnahme von Peter Felten am 16. August 1979.[803] Felten wurde in der DDR zu zwölf Jahren Haft verurteilt aber bereits am 19. März 1981 gegen Christel Guillaume ausgetauscht.

Ein weiterer Doppelagent, der gegen die Verwaltung Aufklärung tätig war, war »Melder.«
Der Doppelagent »Melder«, der als Material- und Bewirtschaftungsgast an Bord eines Zerstörers der Bundesmarine eingesetzt war, hatte den zu ihm postalisch aufgenommenen Kontakt seinem militärischen Vorgesetzten bei der Bundesmarine gemeldet. Daraufhin erhielt der MAD von der Angelegenheit Kenntnis und nahm ebenfalls Kontakt zu »Melder« auf.
Der MAD warb »Melder« schriftlich und bereits vor der

---

802 Helmut Wagner: *Schöne Grüße aus Pullach*, S. 100.
803 Vgl.: Peter Felten: *Doppelagent im Kalten Krieg*, S. 47.

ersten Kontaktaufnahme der Verwaltung Aufklärung an. Der MAD beauftragte »Melder« sich für eine inoffizielle Zusammenarbeit mit der DDR-Militäraufklärung anwerben zu lassen.

Nach Ablauf seiner vierjährigen Dienstzeit bei der Bundesmarine wechselte »Melder« in den öffentlichen Dienst und wurde Sachbearbeiter in einem Einwohnermeldeamt der Hansestadt Hamburg. Mit dem Ausscheiden aus der Bundesmarine endete die Zuständigkeit des MAD und »Melder« wurde an den Verfassungsschutz übergeben.[804] »Melder« wurde durch die Ermittlungen der Spionageabwehr enttarnt.

Auch »Dom« war als Doppelagent des Bundesamtes für Verfassungsschutz gegen die Verwaltung Aufklärung des MfNV tätig. »Dom« wurde am 24. März 1983 festgenommen.

Nach dem Schulabschluss erlernte »Dom« den Beruf eines kaufmännischen Angestellten und meldete sich 1966 freiwillig zur Bundeswehr, wo er bis zum Dezember 1967 diente und den Dienstgrad Obergefreiter erreichte.

Im Jahre 1973 schloss »Dom« als graduierter Betriebswirt eine Fachhochschule in Mönchengladbach ab und erlangte damit gleichzeitig die Hochschulreife. Später studierte er an der Universität in Köln Betriebswirtschaft. Dieses Studium war bei seiner Festnahme 1983 noch nicht abgeschlossen.

Durch »Dom« wurde 1981 im »Kölner Stadtanzeiger« eine Annonce hinsichtlich Interesses an einer Nebenbeschäftigung aufgegeben. Auf dieser Grundlage wurde die Verwaltung Aufklärung des MfNV auf »Dom« aufmerksam. Die Militäraufklärung kontaktierte »Dom«

---

804 Vgl.: Horst Hillenhagen, Jürgen Seidel, Stefan Engelmann: Forschungsergebnisse, Bl. 132.

unter einer Legende und warb ihn im Januar 1982 zur Zusammenarbeit an. Bereits im Februar 1982 nahm das BfV Kontakt zu »Dom« auf.

Zu diesem Zeitpunkt hatten bereits Zusammenkünfte mit der der Verwaltung Aufklärung des MfNV stattgefunden. Die Kontaktaufnahme erfolgte durch einen Anruf, in dessen Verlauf »Dom« zu einem Gespräch in das BfV in Köln bestellt wurde. Hier sollte »Dom« über seine Reisetätigkeit und Verbindungen in die DDR berichten. »Dom« kam dieser Aufforderung nach und offenbarte seinen Kontakt zu einem DDR-Nachrichtendienst.

Im März 1982 wurde »Dom« erneut durch einen BfV-Mitarbeiter kontaktiert. Bei diesem Treffen wurde »Dom« unter Druck gesetzt, ihm wurden Vorhaltungen wegen Unterlassung der Meldepflicht gemacht, sowie berufliche und strafrechtliche Konsequenzen angedroht. Aus Angst vor strafrechtlichen Konsequenzen und persönlichen Nachteilen stimmte »Dom« im Treffverlauf zu, künftig gegen die DDR zu arbeiten.[805]

Ein weiterer Fall betraf den Bundesbürger »Lützow«. Im April 1980 annoncierte der Hobbyfotograf »Lützow« die Übernahme von Fotoaufträgen in einer bundesdeutschen Zeitung. Auf dieser Grundlage wurde er durch die Verwaltung Aufklärung des MfNV kontaktiert, eine freie Mitarbeit bei der Erarbeitung eines Katalogwerkes über technische und naturwissenschaftliche Sehenswürdigkeiten angeboten und eine Zusammenkunft in Ostberlin vereinbart.

Bercits während des ersten Kontaktgespräches legte der Hobbyfotograf von ihm gefertigte Natur- und Landschaftsaufnahmen sowie Aufnahmen von Gleisanlagen

---

805 Vgl.: Ebd., Bl. 162 f.

der Bundesbahn vor. Gleichzeitig verwies er auf fernmeldetechnische Bauwerke, die auf Fotos abgebildet waren und erkundigte sich nach dem wahren Charakter der ihm vorgeschlagenen Zusammenarbeit.

Im Ergebnis des Kontaktgespräches wurde »Lützow« beauftragt, in freier Wahl Probeaufnahmen von geeigneten Objekten anzufertigen. In weiteren Zusammentreffen übergab er Aufnahmen von infrastrukturellen Objekten (Eisenbahnanlagen, Wasserkraftwerke beziehungsweise Teile eines Flugplatzes) und nicht wie festgelegt von technischen und naturwissenschaftlichen Sehenswürdigkeiten. Des Weiteren versuchte er, sich mit Angaben militärischen Charakters interessant zu machen.

Nach Eröffnung der Legende erklärte sich »Lützow« für eine inoffizielle Zusammenarbeit mit der Militäraufklärung bereit und bot das Fotografieren militärischer Objekte an. Er erfüllte alle Aufträge zum Fotografieren militärischer Objekte pünktlich, umfassend und in guter Qualität. Obwohl er verbal sein Sicherheitsbedürfnis wiederholt zum Ausdruck brachte, handelte er bei der Auftragserfüllung äußerst risikovoll und ohne erkennbare Sicherheitsbedenken. Er überstieg dabei beispielsweise Objektumzäunungen.

Nach zweijähriger aktiver Zusammenarbeit meldete »Lützow«, dass er durch einen Verfassungsschützer aufgesucht und nach seinen Reisen nach Ostberlin befragt worden sei. Daraufhin wurde die Zusammenarbeit mit »Lützow« seitens der Verwaltung Aufklärung des MfNV eingestellt.

Durch die Aussagen Tiedges nach dessen Übertritt in die DDR wurde dem MfS bekannt, dass »Lützow« während eines Treffs, eigenmächtig handelnd, das Notizbuch seines Führungsoffiziers der Armeeaufklärung im Treffobjekt abfotografiert hatte. »Lützow« wurde aufgrund dieser Eigenmächtigkeit auch vom Verfassungsschutz abgeschaltet, da eine Überprüfungsmaßnahme der Staatssicherheit befürchtet wurde. Obwohl es sich bei »Lützow« seitens des Verfassungsschutzes um einen wertvollen CM handelte und die Dokumentation des Notizbuches solche Informationen hervorbrachte, die dem Verfassungsschutz ein offensives Vorgehen gegen den Führungsoffizier ermöglicht hätte, wurde die G-Operation sofort beendet. Dem CM wurde vorgeworfen, durch seine eigenmächtigen Handlungen, die nicht dem erteilten Auftrag entsprachen, die Sicherheit der G-Operation in höchstem Maße gefährdet zu haben. Die dadurch entstandenen Sicherheitsrisiken waren für den Verfassungsschutz unüberschaubar geworden.[806]

Die HA II war aber nicht nur an der operativen Bearbeitung von Personen beteiligt, die inoffiziell für die Verwaltung Aufklärung/den Bereich Aufklärung tätig waren, sondern auch wenn deren Berufssoldaten sich westlichen Diensten anboten oder überlaufen wollten. Der wohl bekannteste Fall dieser Art, ist der im SOV »Bär« von der HA II bearbeitete Winfried Baumann, geb. Zakrzowski, auch bekannt als »Roter Admiral«. Der »Rote Admiral« war aber in Wirklichkeit kein Admiral, sondern lediglich Fregattenkapitän, der in den 1960er Jahren die Abteilung 8 der Armeeaufklärung leitete. Dadurch hatte er Einblick in eine Reihe agenturischer Vorgänge, die in seiner Abteilung bearbeitet oder von ihm selbst entwickelt worden waren.
Aufgrund von Persönlichen- und Alkoholproblemen wurde Zakrzowski am 31. August 1970 aus der Verwal-

---

806 Vgl.: Horst Hillenhagen, Jürgen Seidel, Stefan Engelmann: Forschungsergebnisse, Bl. 183 f.

tung Aufklärung und dem aktiven Wehrdienst der NVA entlassen und in die Reserve versetzt.[807]

Solche Entlassungen waren stets mit einem Sicherheitsrisiko verbunden, denn es bestand die Gefahr, dass sich die Entlassenen ungerecht behandelt fühlten, frustriert waren und aus dieser Situation heraus ihr operatives Wissen gegnerischen Nachrichtendiensten preisgaben.

Zakrzowski wurde nach der Entlassung nicht fallengelassen, sondern erhielt eine neue Aufgabe beim Nationalrat der Nationalen Front. Der ehemalige Fregattenkapitän aber bekam sein Leben und den Alkohol nicht in den Griff, seine Frau ließ sich scheiden und er geriet auf die »schiefe Bahn.« Wegen krimineller Delikte wie Diebstahl und Scheckbetrug wurde am 23. Dezember 1973 ein Haftbeschluss erlassen, in dessen Folge Zakrzowski festgenommen wurde. Er erhielt eine Freiheitsstrafe von einem Jahr.[808]

Nach der Haftentlassung arbeitete Zakrzowski bei der FDGB-Zeitung »Tribüne«, lernte eine neue Frau kennen und heiratete diese. Da er den Namen seiner neuen Frau annahm, hieß er nun Baumann. Aber auch diese Ehe wurde bald wieder geschieden, was vor allem daran lag, dass Baumann weiter trank.

Im Jahre 1976 lernte Baumann die Ostberliner HNO-Ärztin Christa-Karin Schumann kennen. Die Ärztin trug sich mit dem Gedanken die DDR zu verlassen, Baumann sollte ihr dabei behilflich sein. Schumanns Bruder wusste ebenfalls von den Plänen, dass seine Schwester die DDR verlassen wollte. Über ihn wurde circa 1977 ein Kontakt für Baumann zum BND hergestellt. Dort glaubte man, einen hochkarätigen DDR-Nachrichtendienstler an

---

807 Vgl.: Bodo Wegmann: *Die Militäraufklärung der NVA*, S. 596.

808 Vgl.: Norbert F. Pötzl: *Basar der Spione*. Spiegel Buchverlag 1997, S. 256.

der Angel zu haben und stimmte einer Zusammenarbeit zu. Als erste Informationen übermittelte Baumann den Pullachern Wissen über einige AM-Vorgänge der Verwaltung Aufklärung, die er noch aus seiner aktiven Dienstzeit kannte. Damit wollte er gegenüber dem BND sein Wissen über Interna aus der Verwaltung Aufklärung des MfNV und seine Zuverlässigkeit unter Beweis stellen. Er wollte den BND erst einmal »anfüttern« und stellte weitere Informationen nach Ausschleusung aus der DDR durch den BND in Aussicht. In Pullach wusste man zu diesem Zeitpunkt noch nicht, dass man es mit einem ehemaligen, alkoholkranken Nachrichtendienstler der DDR zu tun hatte, der schon einige Jahre nicht mehr aktiv war und keine aktuellen Informationen liefern konnte. Pullach stellte eine spätere Ausschleusung in Aussicht.

Ende des Jahres 1978 wurde ein nachrichtendienstliches Verbindungssystem vom BND zu Baumann/Schumann aufgebaut. Als der Bruder zu Weihnachten 1978 in die DDR reiste, übergab er im Auftrag des BND nachrichtendienstliche Hilfsmittel, unter anderem ein Funkgerät, Materialien zum Ver- und Entschlüsseln von Nachrichten, Geheimschreibmittel und vorgeschriebene Briefe. Des Weiteren wurde ihnen eine Deckadresse des BND übergeben, an die die Briefe, welche Informationen für den BND enthielten, gesandt werden sollten. Außerdem wurde das Agentenduo beauftragt, sich ein bestimmtes Radio mit gespreizter Kurzwelle zu kaufen, um am Rundspruchdienst des BND angeschlossen zu werden. Dazu wurden finanzielle Mittel übergeben. Helmut Wagner beschreibt die Aktivitäten zu Anfang des Jahres 1979: »Im Januar 1979 übernahm Frau Schumann die praktischen Aufgaben im Verbindungssystem zwischen Baumann und der BND Zentrale.«[809]

---

809 Helmut Wagner: *Schöne Grüße aus Pullach*, S. 118.

Sie empfing und entschlüsselte die vom BND gesand-
ten Funksprüche und war auch das Schreiben und den
Versand der Geheimschreibbriefe zuständig. Es dauerte
nicht lange, da fiel der Abteilung M des MfS im Rahmen der Fahndung nach postalischen Verbindungssystemen westlicher Geheimdienste ein Brief auf, der auf
den ersten Blick gewöhnlich erschien aber dennoch
das Misstrauen der M-Fahnder weckte. Der Brief entsprach hinsichtlich seiner Beschriftung den bekannten
BND-Fahndungsmerkmalen. Außerdem lag die Deckadresse in einem Postleitzahlenbereich, von dem die
Staatssicherheit wusste, dass er ein Schwerpunkt bei der
Nutzung von Deckadressen des BND war.
Daraufhin setzten die üblichen Ermittlungen ein. Zuerst wurde der Absender überprüft. Schnell stellte sich
heraus, dass dieser fiktiv war. Als nächstes wurde der
Brief dem OTS des MfS zur Untersuchung übergeben.
Im Ergebnis technischer Untersuchungen der Abteilung
34 des OTS wurde der Nachweis erbracht, dass der Brief
Träger eines Geheimschreibmittels ist, welches dem MfS
bereits lange bekannt war.
Dazu schreiben Möller und Stuchly: »Beim BND offenbarte sich dem MfS traditionelle Unbeweglichkeit
hinsichtlich des Einsatzes optimierter GKP [Geheim-
schreibkopierpapier, Anm. d. Verf.]. Selbst den hin-
länglich bekannten BND-Spionen Baumann (›Roter
Admiral‹) und Stiller wurden zur Anfertigung von
Geheimschrift auf vorgeschriebenen Briefen die vom
OTS seit mindestens 1960 klassifizierte GKP-Sorte
Nr. 4 übergeben. Das ebenfalls vom OTS klassifizierte
konspirative Nachweisverfahren zur GKP-Sorte 4 trug
bezeichnenderweise die Deckbezeichnung ›007‹.«[810]
Da auch der Briefkasten ermittelt werden konnte, in

810 Günter Möller, Wolfgang Stuchly in: *Die Sicherheit*, S. 518.

dem der Spionagebrief eingeworfen wurde, erfolgte eine lückenlose Observation dieses Briefkastens, der sich in Berlin-Mitte, Leipziger Straße befand. Nach entsprechenden Briefeinwürfen von in Frage kommenden Personen, wurden Sonderkastenleerungen durchgeführt, um den Schrifturheber bei Einwurf sofort zu ermitteln. Nach ein paar Wochen ging Christa-Karin Schumann, wohnhaft in der Leipziger Straße 46, in die Falle des MfS. Durch die Übergabe eines dem MfS bereits bekannten Geheimschreibmittels seitens des BND und dem mehrfachen Einwurf von Spionagebriefen in denselben Briefkasten, dazu noch in unmittelbarer Wohnortnähe, begingen beide Seiten schwerwiegende Fehler im nachrichtendienstlichen Verbindungssystem. Die folgenden Ermittlungen im Umfeld von Christa-Karin Schumann führten rasch zum ehemaligen Fregattenkapitän der Militäraufklärung. Es stellte sich im Zuge der Ermittlungen heraus, dass Baumann Namen von AM der Militäraufklärung, die im Operationsgebiet tätig waren, preisgegeben hatte. Nach Wegmann waren mindestens acht AM-Vorgänge betroffen, von denen aber einige schon vor Jahren abgeschaltet oder konserviert worden waren.[811]

Im MfS überlegte man nun, wie und zu welchem Zeitpunkt man Baumann/Schumann verhaften wollte. Insbesondere ging es darum, die betroffenen AM unverzüglich nach der Festnahme des Duos in die DDR zurückzuziehen.

Am 6. Juni 1979 wurden Winfried Baumann und Christa-Karin Schumann verhaftet, die von Baumann dem BND übermittelten Quellen der Militäraufklärung konnten sich rechtzeitig absetzen.

Allerdings verriet Baumann auch den Namen des

---

811 Vgl.: Bodo Wegmann: *Die Militäraufklärung der NVA*, S. 597.

Bundeswehr-Oberst Siegfried Petrelli, der niemals für die Militäraufklärung der DDR tätig gewesen ist. Sein Name wurde Baumann durch Informationen eines westdeutschen Hochstaplers bekannt, der Petrelli als einen »Informanten« benannt hatte. Der Oberst wurde unschuldig verhaftet und kam in Untersuchungshaft. Nach der Wende wurde Petrelli seine völlige Unschuld bestätigt.[812]

Das Verwirrspiel um Petrelli wurde allerdings vom ehemaligen Amtschef des MAD, Gerd-Helmut Komossa, in seinem 2007 erschienen Buch fortgesetzt. Komossa schreibt unter der Überschrift »Spionage stört die Harmonie bei der Kieler Woche«:

»Unser MAD-Schiff schaukelte auf bewegtem Wasser, und man wird nichts verkehrt machen, wenn man die Stimmung unter den Teilnehmern an dieser besonderen Art einer Regatta als gehoben bezeichnen würde, nicht unähnlich der beim Ausflug an das Große Meer. Da kam ein Ruf aus rauher Kehle: ›Herr General, ein Anruf aus Pullach!‹ Es war mein Partner Dr. Klaus Kinkel, der hier bei dieser vergnüglichen Party störte. Klaus Kinkel schien erregt zu sein. Was war nun passiert? Schlimm war es schon, dass sich Kinkel für die Kieler Wochen entschuldigen ließ und nun auch noch zu stören wagte. Kinkel hatte einen Überläufer aus der DDR, es war ein Oberleutnant Stiller, so hieß es, und der wusste einiges zu berichten, was nicht nur für unseren Dienst hochinteressant war, sondern vor allem die hohe Politik interessieren musste. Doch was Kinkel mir berichtete, das war schon ein Kabinettstückchen. Unter den zahlreichen Agenten, die Stiller gegenüber dem BND enttarnt hatte, war ein guter alter Kamerad von mir aus der Zeit gemeinsamer Generalstabsausbildung an der Führungs-

---

812 Vgl.: Ebd., S. 599.

akademie in Hamburg-Blankenese. ›Nehmen Sie ihn sofort fest, Herr Komossa!‹, forderte Kinkel. Doch das durfte ich ja eigentlich nicht direkt, weil Festnahmen nicht in die Befugnisse des Chefs des MAD fielen. Also ging alles dann seinen normalen Lauf und Weg, und ich übergab den Fall Petrelli zunächst einmal zum Vollzug der Polizei. An Bord ging die Feier weiter.«[813]

Fälschlicherweise wird hier der Fall Petrelli mit dem Überlaufen Stillers in Verbindung gebracht. Der SWT-Offizier hatte keine Berührungspunkte zum Oberst der Bundeswehr. Unklar bleibt auch, warum Komossa nicht darüber berichtet, dass der Fall Petrelli letztendlich auf einer Fehlinformation beruhte und der Oberst zu Unrecht in die Ermittlungen geraten war. Ganz im Gegenteil: Dadurch, dass Petrelli Amateurfunker war und Komossa schreibt, »Dass er diese Gerätschaften nutzte, um unser Land zu verraten, wäre mir damals nicht direkt in den Sinn gekommen«[814], wird suggeriert, Petrelli hätte tatsächlich Landesverrat begangen.

Erwähnenswert im Zusammenhang mit dem SOV »Bär« sind noch zwei Ausschleusungsversuche des BND, die Winfried Baumann, Christa-Karin Schumann und deren Kinder in den Westen bringen sollten. Der erste scheiterte im April 1979 in Budapest, als der BND-Kurier Horst Hering, BND-Deckname »Sissi«, die Auszuschleusenden über Ungarn nach Österreich, mittels vom BND gefälschter Papiere schleusen sollte. Baumann war allerdings erst gar nicht mit nach Budapest gereist. Weiterhin stellte sich heraus, dass die Papiere vom BND schlecht gefälscht waren und eine Ausschleusung wenig erfolgreich schien. Die Aktion

---

813 Gerd-Helmut Komossa: *Die deutsche Karte*, S. 144.

814 Ebd., S. 145.

wurde abgebrochen, Christa-Karin Schumann kehrte in die DDR zurück.

Im Mai 1979 traf sich Hering mit Christa-Karin Schumann in Ostberlin und unterrichtete sie darüber, dass eine Ausschleusung nun über Polen und Flug nach Österreich erfolgen sollte.

Am 12. Juni 1979 reiste Hering nach Polen und deponierte in einem Schließfach des Posener Bahnhofs für die Auszuschleusenden die gefälschten Papiere und entsprechendes Westgepäck. Zuvor, Baumann und Schumann waren zu diesem Zeitpunkt bereits festgenommen, nahm die HA II mittels eines Operativen Spiels Verbindung zum BND auf. Da der BND noch nicht wusste, dass der »Rote Admiral« und seine Partnerin bereits verhaftet waren, reagierte er auf den von Frau Schumann unter Regie der HA II verfassten Brief und schickte den Kurier Hering nach Posen. Damit saß er in der Falle. Am 16. Juni 1979 wurde Horst Hering in Polen verhaftet.

Durch die Verhaftung von Baumann/Schumann und des Kuriers Hering wurde der SOV »Bär« von der HA II/1 abgeschlossen. Der »Rote Admiral« wurde vom Militärobergericht Berlin am 9. Juli 1980 zum Tode verurteilt und am 18. Juli 1980 in Leipzig erschossen.

Christa-Karin Schumann wurde zu einer Freiheitsstrafe von l5 Jahren verurteilt und am 12. August 1987 in die Bundesrepublik ausgetauscht.

Der BND Kurier »Sissi«/Horst Hering erhielt eine lebenslängliche Freiheitsstrafe, wurde aber bereits am 1. Mai 1982 in die Bundesrepublik ausgetauscht.

Im MfS wurde die publizistische Darstellung des Falles in der Bundesrepublik genauestens verfolgt und ausgewertet.[815]

---

815 Vgl.: Winfried Baumann, Christa-Karin Schumann: Informationen Presse, BStU ZA MfS HA II Nr. 19967.

Im SOV »Kröte« wurde durch die HA II/1 der Oberfähnrich Hans-Walter Bos bearbeitet. Bos war als Instrukteur und Kraftfahrer vom November 1980 bis zum
15. September 1983 beim DDR Militärattaché der DDR
in der Schweiz tätig. Seine Aufgaben im Auslandsappa-
rat Bern waren unter anderem:

- die Beschaffung von Aufklärungsangaben zu den
  Streitkräften der Schweiz und ihren führenden Per-
  sönlichkeiten,
- die Auswertung und Erarbeitung von Meldungen und
  Dokumenten zur agenturischen Lage in der Schweiz,
- die Schaffung von Kontakten und Personenhinweisen
  zu operativ interessanten Personen,
- die Personenermittlung,
- die Erarbeitung von unpersönlichen Verbindungselementen.[816]

Bos wurde zum Jahreswechsel 1982/83 bei einem La-
dendiebstahl ertappt. Er musste eine Strafe von 50
Schweizer Franken zahlen, der Ladendetektiv des Kauf-
hauses zog allerdings die Polizei hinzu, die die Personalien von Bos notierte. Der Oberfähnrich meldete diesen
Vorfall in der DDR-Botschaft nicht. Für den Schweizer
Geheimdienst stellte das Fehlverhalten von Bos eine
willkommene Möglichkeit dar, ihn anzuwerben. Wagner schreibt zum Fall Bos:

»Zum Zeitpunkt der Anwerbung besaß Bos Spareinla-
gen von etwa 100.000 Mark der DDR – er setzte sie
aufs Spiel für einen gestohlenen Gegenstand, der keine
10 Franken wert war. Vom Schweizer Geheimdienst
erhielt er keinerlei Zuwendungen. Als Bos 1984 nach
Wien versetzt wurde, vereinbarte er mit dem Schweizer
Geheimdienst einen Treff in einem Restaurant in Wien.

---

816 Vgl.: Peter Veleff: *Spionageziel Schweiz*. Zürich 2006, Doku-
     ment 2, S. 210.

Bis zu seiner Festnahme fanden etwa drei bis vier solcher Treffs mit zwei Mitarbeiterinnen statt. Nach einem solchen Treff im Herbst 1984 wurde Bos auf der Straße von zwei BND-Leuten angesprochen. Sie wiesen sich aus, gaben zu verstehen, dass sie um seine nachrichtendienstliche Tätigkeit wüssten und diese der DDR-Vertretung melden würden, wenn er nicht auch für sie arbeiten würde. Die beiden übergaben ihm die Kopie einer Seite aus dem Münchner Telefonbuch, auf dem die Nummer der BND-Zentrale verzeichnet war. Bos sollte sich dort informieren, ob die beiden BND-Mitarbeiter seien. Das tat er.«[817]

Wegmann stellt zum Fall Bos fest: »Bos lieferte seitdem Informationen über die VA, ihre Aufklärung aus Legalpositionen und vor allem den MAA in der Schweiz. Das MfS stellte schon bald eine erhebliche Zunahme von Observations- und anderen nachrichtendienstlichen Maßnahmen gegen DDR-Personal in der Schweiz fest, ohne sie sich erklären zu können.«[818]

Das Wissen, welches Bos als Instrukteur/Kraftfahrer des MAA in der Schweiz hatte, war durchaus brisant und von hohem Wert für westliche Nachrichtendienste.

Nach dem Einsatz in der Schweiz wurde Bos in die DDR zurückversetzt und war im Zentrum der Militäraufklärung in der Oberspreestraße tätig. In diesem Zeitraum soll der Schweizer Nachrichtendienst, um die Führung seiner Quelle in der DDR zu gewährleisten, den BND eingeschaltet haben.[819] Bos lieferte nun zahlreiche, ihm zugängliche Dokumente in den Westen.

Im Jahre 1984 wurde Oberfähnrich Bos zum MAA nach Wien versetzt. Dort wurde bei der DDR-Delegation für

---

817 Helmut Wagner: *Schöne Grüße aus Pullach*, S. 175 f.

818 Bodo Wegmann: *Die Militäraufklärung der NVA*, S. 600.

819 Vgl.: Ebd.

die Abrüstungsverhandlungen ein Kraftfahrer benötigt. Auch bei diesem Auslandseinsatz erwies sich Bos als wichtige Quelle. Dazu schreibt Wagner: »Über Bos erhielt der BND genaue Einblicke zum Vorgehen der Warschauer Vertragsstaaten bei den Wiener Abrüstungsverhandlungen. Er kopierte die von ihm beförderten Unterlagen und verriet alles, was ihm unter die Finger kam: Charakteristiken von Mitarbeitern der Berner und Wiener DDR-Botschaft, Einschätzungen von Angehörigen der NVA, des Militärattaché-Apparates.«[820]

Beim Einsatz von Bos in Wien wurden, wie zuvor in der Schweiz, verstärkte Aktivitäten westlicher Nachrichtendienste gegen Angehörige der DDR-Botschaft festgestellt. Aber auch Bos kam das MfS auf die Spur und nahm ihn 1985 fest.

Der Leiter der HA II MfS informierte im Januar 1986, den Leiter der polnischen Spionageabwehr, Oberst Sereda, über den SOV »Kröte« wie folgt:

»Unser jüngster Vorgangsabschluss ist die Festnahme eines gefährlichen BND-Spions, ebenfalls aus den Reihen der NVA (Oberfähnrich des Bereiches Aufklärung des MfNV). Er war seit 1984 als Kraftfahrer des Leiters des militärischen Teils der Wiener Abrüstungsverhandlungen der DDR in Wien eingesetzt Seine Kontaktierung erfolgte im September 1984 auf offener Straße in Wien. Für 10.000 DM die ihm bei der Anwerbung übergeben wurden, ließ er sich vom Feind kaufen.

Nach bisherigen Untersuchungsergebnissen fanden bis zum Zeitpunkt der Festnahme circa 8 Feindtreffs in Hotels in Wien statt. Mit Mitteln zur unpersönlichen Aufrechterhaltung war er bereits weitgehend ausgerüstet. Der Spionageauftrag des BND konzentrierte sich vor allem auf:

---

820 Helmut Wagner: *Schöne Grüße aus Pullach*, S. 176.

- Das Fotokopieren aller ihm zugänglichen Dokumente,
- Beschaffung von Informationen zum Verhältnis zwischen den Delegationen der UdSSR und der DDR sowie zur Verhandlungstaktik der UdSSR-Delegation,
- Übermittlung jeglicher Hinweise zur Tagung in Sofia und zum bevorstehenden Gipfel in Genf,
- Charakterisierung von NVA-Angehörigen und der Regimeverhältnisse an der DDR-Botschaft.«[821]

Ursächlich für die Festnahme des Oberfähnrichs Hans-Walter Bos war die enge Zusammenarbeit der HA II mit der HV A. Durch eine Quelle der HV A im BND mit Zugang zum Quellencomputer, erfuhr die HV A, dass in Pullach vermehrt GVS-Unterlagen der NVA, sowie Material über die Verhandlungspositionen der DDR/des WV bei den Wiener Abrüstungsverhandlungen und andere Dokumente auftauchten. Es ist wahrscheinlich, dass die Quelle »Peter« der HV A IX für die Enttarnung des Oberfähnrichs Bos verantwortlich war. »Peter« hatte Zugriff auf Quellencomputer des BND und fragte regelmäßig im Auftrag der HV A die Quellenlage in der DDR und anderen WV-Staaten ab. Der Computer enthielt zwar keine Klarnamen aber im BND war es üblich, eine Quellenbeschreibung zu vermerken. Dazu waren im Speicher die Titel der Informationen und die Zeit der Feststellung vermerkt. Mit einer gewissen Häufung solcher Angaben war es dann nicht mehr schwer für die Spionageabwehr die Quellen zu identifizieren.[822] Die HV A informierte umgehend die HA II und HA II/1

---

821 Rededisposition des Leiters der Hauptabteilung II, Genossen Generalleutnant Kratsch, für die Arbeitsberatung mit dem Leiter des Departments II des Ministeriums des Innern der VR Polen, Direktor Oberst Sereda, Januar 1986, BStU, ZA HA II/10 Nr. 710, Bl. 176.

822 Hinweis von Klaus Eichner vom 6. Dezember 2001.

übernahm die Ermittlungen im SOV »Kröte«. Aufgrund der übermittelten Informationen und der Prüfung, welche Personen Zugang zu diesen Unterlagen hatten, wurde alsbald der Oberfähnrich Bos ermittelt.
Bos wurde 1987 zu lebenslanger Haft verurteilt und kam im Zuge der Ereignisse in der DDR 1990 frei.

Ein anderer Verratsfall aus dem militärdiplomatischen Bereich des Bereichs Aufklärung wurde durch die HA II/1 im SOV »Baron« bearbeitet. Oberstleutnant Horst Godehard, Gehilfe des Militärattachés der DDR in Polen nutzte seine dienstliche Verwendung 1985 und stellte einen Kontakt zur BRD-Botschaft in Warschau her. Godehard wollte sich in die Bundesrepublik absetzen und bot seine Zusammenarbeit an. Sein Doppelspiel währte allerdings nur kurz.
Durch die Überwachung von Kommunikationsverbindungen der bundesdeutschen Botschaft in Warschau, erhielt das MfS den Ersthinweis zum Doppelspiel Godehards. Dazu schreibt Wegmann: »Wie in allen Fällen solcher Selbstanbieter gaben sich die Diplomaten hinhaltend, während AA und BND informiert wurden. Kaum war das verschlüsselte Schreiben abgesandt worden, hatte das Ende des Doppelspiels begonnen. Die HA III des MfS fing die Mitteilung aus der Botschaft ab. Sie konnte dechiffriert werden.«[823]
Der Leiter der HA II des MfS unterrichtete den Leiter der polnischen Spionageabwehr, Oberst Sereda, und teilte ihm folgendes mit:
»Im Mai 1985 fasste ein im Militärattachéapparat unserer Botschaft in Warschau tätiger Stabsoffizier der NVA den Entschluss zur Fahnenflucht. Er nutzte verschiedene diplomatische Anlässe, um Mitarbeitern der BRD-Botschaft

---

823 Bodo Wegmann: *Die Militäraufklärung der NVA*, S. 602.

in der VR Polen seine Absichten zu unterbreiten. Während weiterer Zusammenkünfte im Rahmen diplomatischer Empfänge in Vertretungen anderer Staaten sowie in Gaststätten drängte er die Mitarbeiter der BRD-Botschaft auf Unterstützung zur schnellen Realisierung seines Entschlusses. Ihm wurde vollste Unterstützung zugesagt. Um den diplomatischen Status der BRD-Diplomaten nicht zu gefährden, sei sein Anliegen an die ›zuständigen Stellen‹ in der BRD vermittelt worden. Die zügige, kontinuierliche Bearbeitung vom Ersthinweis an und unter Einhaltung strengster Konspiration führte zur Verhinderung eines Verratsfalles nicht nur von erstrangiger militärischer, sondern auch von erheblicher politischer Bedeutung. Und das um so mehr, da die Realisierung der Fahnenflucht auch unter Ausnutzung des Territoriums der VR Polen erfolgt wäre.«[824]

Die SOV-Person »Baron« wurde am 2. September 1985 verhaftet und vom Militärobergericht Berlin zu zehn Jahren Haft verurteilt.

Das AG I der Kriminalpolizei hatte ebenfalls einen Fall zu verzeichnen, wo sich ein Mitarbeiter westlichen Diensten anbot. Da das AG I der K dienstlich nur in der DDR agierte, war es allerdings davon weniger betroffen als die Militäraufklärung.

Auf einer Ungarnreise bot sich am 19. April 1984 der Oberleutnant des Dezernats I der Kriminalpolizei der BDVP Neubrandenburg, Dietmar Eberhard, telefonisch der Botschaft der Bundesrepublik in Ungarn an. Der Anruf des Oberleutnants erfolgte um 12:22 Uhr, er

---

824 Rededisposition des Leiters der Hauptabteilung II, Genossen Generalleutnant Kratsch, für die Arbeitsberatung mit dem Leiter des Departments II des Ministeriums des Innern der VR Polen, Direktor Oberst Sereda, Januar 1986, BStU, ZA HA II/10 Nr. 710, Bl. 175 f.

verlangte den Sicherheitsbeauftragten der Botschaft zu sprechen und wurde verbunden.

Dem Sicherheitsbeauftragten teilte er mit, dass er »sehr aufgeregt sei und sich in einer dringenden, sehr persönlichen Angelegenheit« an ihn wende. Weiterhin machte Eberhard in diesem Telefonat die Bemerkung, dass er »sehr vorsichtig sprechen müsse, da er Offizier eines Schutz- und Sicherheitsorgans der DDR« sei. Der Sicherheitsbeauftragte erklärte Eberhard, dass er in dieser Angelegenheit zur Botschaft kommen müsse.

Daraufhin fragte der Kriminalist, ob beim Betreten der Botschaft Kontrollen durchgeführt würden, wobei der Sicherheitsbeauftragte diese Frage mit »bisher nie« beantwortete.

Eberhard drängte auf ein sofortiges Erscheinen um 13:00 Uhr und fragte nochmals hinsichtlich eventueller Kontrollen am Tor, »da er das aus der DDR so kenne und selbst bei diesem Organ tätig ist.« Erneut versicherte der Sicherheitsbeauftragte dem Oberleutnant, dass »bisher nie« kontrolliert wurde.

Eberhard machte gegenüber dem Sicherheitsbeauftragten die Bemerkung, dass er »seinen Dienstausweis dabei habe«, der ihn »unweigerlich dekonspirieren würde«.[825]

Das Telefongespräch war ein eklatanter Fehler, denn auch hier wurden die Telefonverbindungen der BRD-Botschaft überwacht. Eberhard bot bei dem anschließenden Gespräch in der Botschaft, Informationen und seine Zusammenarbeit an, außerdem machte er Angaben über seine dienstliche Tätigkeit bei der Neubrandenburger BDVP. Als Gegenleistung wollte er aus der DDR ausgeschleust werden.

---

825 Das Telefongespräch des Eberhard mit dem Sicherheitsbeauftragten der Botschaft wird im MfS-Schulungsfilm *Sirene BND* wiedergegeben und wurde auf dieser Basis verschriftlicht.

Die ungarische Spionageabwehr übergab den Inhalt des Telefonats und die Fotos von der Kontaktaufnahme der HA II des MfS, zur operativen Bearbeitung. Der OV »Sirene« wurde angelegt.

Eine sofortige Einschätzung des Materials durch die HA II ergab eine hohe Gefährdung der staatlichen Sicherheit. Es wurde geschlussfolgert, dass ein Offizier der Schutz- und Sicherheitsorgane Verrat begehen will. Die Zielstellung der HA II bestand darin, den Verrat zu verhindern, wozu entsprechende Maßnahmen eingeleitet wurden.

Zuerst wurden bei der HA VI des MfS entsprechende Unterlagen zu Reisen nach Ungarn eingesehen. Es wurden alle erwachsenen männlichen Bürger der DDR, die sich am 19. April 1984 in der UVR aufhielten, erfasst. Danach wurden jene Personen herausgearbeitet, die als Angehörige der bewaffneten Organe oder als IM des MfS, des MdI oder der Verwaltung Aufklärung des MfNV tätig sind oder waren.

Insgesamt wurden die Unterlagen von 65.000 Reisenden gesichtet, wovon 10.000 Personen karteimäßig erfasst wurden. Außerdem erfolgte eine Analyse der Tonaufzeichnung des Telefonats mit der Botschaft. Die Einschätzung ergab, dass es sich um eine etwa 30 Jahre alte, männliche Person, eher etwas jünger, handelte. Diese Person stammte der Stimme nach aus dem Raum Magdeburg/Halle oder den nördlichen Bezirken der DDR. Anzeichen für eine Verstellung der Stimme lagen nicht vor. Diese Einschätzung, insbesondere die Aussage zum Alter und den Aufenthaltsorten wurde zur weiteren Differenzierung herangezogen. Dadurch konnte der in Frage kommende Personenkreis auf circa 6.000 reduziert werden.

Durch laufende Speicherüberprüfungen und in intensiver Zusammenarbeit mit anderen Linien und

Diensteinheiten des MfS wurden aus dem reduzierten Personenkreis 80 aktive beziehungsweise ehemalige Angehörige der bewaffneten Organe und IM herausgefiltert. Sofortige Ermittlungen zu den entsprechenden Personen führten dazu, dass in einem Zeitraum von nur 14 Tagen relevante Hinweise zu insgesamt drei Personen erarbeitet werden konnten. Dabei handelte es sich um:

- einen ehemaligen Mitarbeiter des MfS,
- einen Angehörigen der NVA,
- einen Offizier der BDVP Neubrandenburg.

Weitere Ermittlungen führten dann alsbald zu Eberhard und dessen Festnahme. In der Zeit, in der das MfS nach Eberhard fahndete, hatte der BND bereits eine Verbindung zu ihm hergestellt. Dazu bemerkt Wagner: »Eine Tante seiner Ehefrau reiste als Rentnerin in die Bundesrepublik und wurde an ihrem Besuchsort von jemandem angesprochen, der sich als Urlaubsbekanntschaft des angeheirateten Neffen ausgab und diesem einige Geschenke mitgab: ein Radiogerät für RSD-Empfang und ein Kleinsttonbandgerät mit Kassetten. In einem Kinderspielzeug, das als Container vorgerichtet war, befanden sich Spionageanweisungen, Unterlagen zum Ver- und Entschlüsseln von RSD-Sprüchen, ein Decktelefon, Geheimschreibmittel und 1.000 DM. Bis zur Ausschleusung Ende 1984 sollte Oberleutnant Eberhard fünf besprochene Minikassetten und drei Filme mit 36 Aufnahmen liefern.«[826]

Aufgrund der Ermittlungen der Spionageabwehr und der damit verbundenen, zügigen Enttarnung, war es Dietmar Eberhard nicht möglich Informationen aus der DDR an den BND zu übermitteln. Ende Mai 1984 erfolgte die Festnahme, Eberhard wurde zu 15 Jahren Freiheitsentzug verurteilt.

---

826 Helmut Wagner: *Schöne Grüße aus Pullach*, S. 177 f.

Koordinierungsschwierigkeiten – der IMB–Vorgang »Rene Braun«

Der Vorgang des IMB »Rene Braun« zeigt auf, welche konkreten Schwierigkeiten es innerhalb des MfS hinsichtlich der Überprüfungstätigkeit zur inneren Sicherheit geben konnte. Die KD Prenzlauer Berg arbeitete mit dem Westberliner-IM zusammen.

Am 2. Mai 1981 reiste der spätere IM mit einem polnischen Staatsbürger über die GÜSt Friedrichstraße in die DDR ein, um einen in Ostberlin lebenden polnischen Staatsbürger, den J. St., zu besuchen. Dabei lernte »Rene Braun« die Ehefrau des Polen, die U. St. kennen.

Der J. St., ein Invalidenrentner, reiste häufig in den Westen und ging dort nach Erkenntnissen des MfS schwerer körperlicher Arbeit nach.

Der spätere IM »Rene Braun« reiste am 24. Mai 1981 erneut zur Familie St. und ab dem 14. August 1981 regelmäßig zur U. St. nach Ostberlin ein, da es zwischenzeitlich zu einem intimen Verhältnis zwischen dem IM und der U. St. kam. Da der IM regelmäßig nach Ostberlin einreiste, geriet er als operativ interessante Person in das Blickfeld der HA VI/Operativdienststelle Berlin.

Die U. St. reichte in der Folge die Scheidung ein und der ihr Mann verblieb in Westberlin beziehungsweise später in der Bundesrepublik. Der IM teilte diesen Sachverhalt einem Mitarbeiter der PKE am 11. Mai 1982, während einer Grenzpassage mit. Dieser Sachverhalt wurde noch am gleichen Tag genutzt, um mit »Rene Braun« ein Kontaktgespräch zu führen. Seit dieser Zeit erfolgte die Aufklärung in einem operativen Material durch die HA VI/OPD. Zu diesem Zeitpunkt war er allerdings für die HV A erfasst. Da der Westberliner wiederholt mit einer

Zeitüberschreitung bei der Ausreise in Erscheinung trat, wurde er in Einreisesperre gelegt und die Erfassung von der HA VI/OPD übernommen.

Bei der letzten Zeitüberschreitung am 1. Juni 1982 erfolgte auf der Volkspolizei-Inspektion Prenzlauer Berg eine Befragung und Belehrung. Während dieser Befragung schilderte »Rene Braun« seine Lebensumstände, seine Kontakte zu in West- und Ostberlin lebenden polnischen Staatsbürgern sowie seine generelle Zielstellung in die DDR überzusiedeln und die U. St. zu heiraten.

Auf der Grundlage dieser Angaben erfolgte noch am selben Tag ein legendiertes Kontaktgespräch durch einen Mitarbeiter der KD Prenzlauer Berg. Im Ergebnis des Gesprächs und nach vorheriger Abstimmung mit der HA VI/OPD schätzte die Staatssicherheit ein, dass sich der Westberliner für eine mögliche inoffizielle Zusammenarbeit eignete. Aus diesem Grund erfolgte die Übernahme des Erfassungsverhältnisses durch die KD Prenzlauer Berg sowie die weitere Aufklärung in einem IM-Vorlauf mit Kontakt. Im Ergebnis der Aufklärung erfolgte am 10. Dezember 1983 die Werbung des IM.

Der IMB »Rene Braun« wurde hauptsächlich eingesetzt zur:

- Aufklärung operativ bedeutsamer polnischer Staatsbürger, die in Westberlin lebten und aktiv die Sympathisanten beziehungsweise Angehörige der Gewerkschaftsorganisation »Solidarnosc« unterstützten und dazu das Territorium und Bürger der DDR nutzten,
- Bearbeitung von DDR-Bürgern, die Vorbereitungshandlungen zum Verlassen der DDR mittels Ausschleusung unternahmen, insbesondere das Eindringen des IM in das Verbindungssystem zwischen den Auftraggebern in Westberlin und den schleusungswilligen DDR-Bürgern,
- Vorbereitung auf seinen Einsatz zur Bearbeitung von

Personen aus dem Operationsgebiet Westberlin, die mit der Planung und Organisierung der Ausschleusung von Bürgern der DDR beschäftigt waren und von der KD Prenzlauer Berg in OV bearbeitet wurden. Diese Einsatzvorbereitung erfolgte auf der Grundlage der Realisierung der ersten beiden Einsatzrichtungen des IM, wo er nachgewiesen hatte, dass er für das Heranführen, die Vertrauensgewinnung und spätere Bearbeitung von gegnerischen Kräften des Operationsgebietes aus Sicht des MfS geeignet war. Ausschlaggebend war dabei auch, dass der IM nach Erkenntnissen der Staatssicherheit bei der Auftragserfüllung zu den ersten beiden Einsatzrichtrungen nicht in das Blickfeld gegnerischer Abwehrorgane geraten war.

Die inoffizielle Zusammenarbeit wurde zweimal unterbrochen, da sich der IM in Westberlin in Haft befand. Während der Haftzeit wurde er durch operativ-technische Mittel nach bestehenden Möglichkeiten des MfS unter Kontrolle gehalten. Das erfolgte konkret durch die Maßnahmen 26 A und M, also der Telefon- und Postkontrolle. Es wurden keine Anzeichen einer Dekonspiration bekannt, die Inhaftierungen konnten nach Einschätzung der Staatssicherheit auch nicht in ein mögliches taktisches Vorgehen gegnerischer Abwehrorgane eingeordnet werden.

Seit Ende 1985 wurde »Rene Braun« darauf vorbereitet, über eine Reihe von Einzelmaßnahmen, Kontakt zum Westberliner Schleuser Ta. aufzunehmen. Die Vorbereitungen erstreckten sich über einen längeren Zeitraum und wurden unter strikter Beachtung der Sicherheit durchgeführt. Günstig für die geplante Kontaktaufnahme war die Tatsache, dass direkt neben der Wohnung des Ta. eine Wohnung frei wurde, deren Bezug durch den IM ohne weiteres legendierbar war. Der IM erhielt vom MfS den Auftrag, in diese Wohnung einzuziehen.

Mitte 1986 konzentrierte sich der Einsatz des IM auf den Einzug in die genannte Wohnung. Ziel der Staatssicherheit war es, durch den Einzug des IM die Wohnung des Schleusers unter Kontrolle zu halten und so Absprachen, Treffen und andere Aktivitäten des Ta. und seiner Helfer personell und inhaltlich zu erfassen. Allerdings konnte die Planung des MfS nicht realisiert werden, da es dem IM nicht gelang, bei der entsprechenden Wohnungsbaugesellschaft die Genehmigung zum Bezug der Wohnung zu erhalten. »Rene Braun« berichtete dem MfS diese Tatsache jedoch nicht und um seinen Misserfolg hinsichtlich der Wohnung zu kompensieren, beschloss er selbständig, Bedingungen zu schaffen, um eine Kontaktaufnahme zu Ta. realisieren zu können. So beobachtete »Rene Braun« nicht auftragsgemäß in unregelmäßigen Abständen das Wohnhaus des Ta. von der Straße aus. Diese Handlungen unternahm der IM, obwohl er bei der Auftragserteilung/Instruktion wiederholt darauf hingewiesen worden war, dass der Ta. unter Umständen durch Kräfte der Westberliner Kriminalpolizei unter Beobachtung stehen könne.

Im Dezember 1986 stellte der IM dann fest, dass er in Westberlin beobachtet wurde. Kurze Zeit später erfolgte seine Zuführung und Befragung beim Staatsschutz. Schwerpunkte der Befragung waren:

- seine offensichtlich durch Beobachtungskräfte festgestellten häufigen Aufenthalte am Mariendorfer Damm,
- seine häufigen Einreisen in die DDR,
- seine Beziehungen zu der U. St., wobei die westlichen Abwehrorgane bereits umfassende Kenntnisse über die St. hatten,
- mögliche Kontakte zum MfS.

Nach seiner letzten Befragung im Dezember 1986 stellte der IM erneut eine Beobachtung fest. Der Beobachtung entzog sich »Rene Braun« und reiste nach Ostberlin ein.

Seit dieser Zeit verhielt sich der IM nach Auffassung der Staatssicherheit teilweise widersprüchlich.

Nach eingehender Befragung des IM, einer Abstimmung mit der BKG und der Abteilung II der BV Berlin, wurde die geplante Zielsetzung mit dem IM nicht weiter realisiert. Der IM erhielt den Auftrag, keinerlei Aktivitäten hinsichtlich des Ta. zu entwickeln und das Vorgehen der Westberliner Abwehrorgane weiter unter Kontrolle zu halten.

Im Februar/März 1987 wurde der IM erneut durch den Staatsschutz in Westberlin befragt. Inhaltlich ähnelte die Befragung der vom Dezember 1986, nur deren Ausgang verlief anders. Der IM erhielt ein Angebot zur Zusammenarbeit, was er entsprechend seiner Instruktion durch das MfS ablehnte.

Der IM berichtete seinem Führungsoffizier von der KD Prenzlauer Berg zu dieser Befragung und dem Angebot zur Zusammenarbeit. Daraufhin wurde »Rene Braun« einer gründlichen Befragung durch das MfS unterzogen, parallel dazu wurden Überprüfungsmaßnahmen durch die Abteilung II der BV Berlin, die HA II/1 und die HA IX/5 eingeleitet.

Die wesentlichen Ergebnisse dieser Befragung sowie der Kontroll- und Überprüfungsmaßnahmen waren:

- es konnten beim IM keine Anzeichen auf Doppelagententätigkeit festgestellt werden,
- nach den Angaben des IM und den vorliegenden Erkenntnissen des MfS wurde er tatsächlich vom Westberliner Staatsschutz befragt, Mitarbeiter, Räumlichkeiten, Telefonnummern usw. konnten identifiziert und zugeordnet werden,
- ob überhaupt und mit welcher Zielstellung der IM für eine Zusammenarbeit mit Westberliner Sicherheitsbehörden geworben werden sollte, konnte nicht geklärt werden,

- der Ta. stand tatsächlich in unregelmäßigen Abständen unter Beobachtung von Kräften der Westberliner Polizei,
- welcher Umstand letztendlich dazu führte, dass der IM in das Blickfeld der gegnerischen Sicherheitsbehörden geriet und dadurch Befragungen und Überprüfungen unterzogen wurde, konnte nicht eindeutig geklärt werden.

Negativ zur Klärung wirkten sich nach Ansicht des MfS die teilweise oberflächliche und widersprüchliche Berichterstattung des IM aus.

Insgesamt konnte zum damaligen Zeitpunkt durch das MfS geschlussfolgert werden, dass der IM schon zu einem früheren Zeitpunkt in des Blickfeld der Westberliner Sicherheitsbehörden geraten war, ohne dass diese jedoch eine konkrete Verbindung zum MfS nachweisen konnten.

Diese Tatsache und seine eigenmächtige Beobachtung im Bereich Mariendorfer Damm, wo er offensichtlich in die Beobachtungsmaßnahmen der Westberliner Polizei geriet, führten vermutlich zu der bekannten offensiven Vorgehensweise der Westberliner Abwehrorgane gegen den IM.

Eine eindeutige Klärung dieses Sachverhalts konnte jedoch zum damaligen Zeitpunkt nicht herbeigeführt werden. Zur Gewährleistung der inneren Sicherheit im MfS und zur persönlichen Sicherheit des IM wurde die inoffizielle Zusammenarbeit mit »Rene Braun« am 1. August 1987 vorläufig eingestellt. In Abstimmung zwischen der KD Prenzlauer Berg und der Abteilung II der BV Berlin wurde der IM einer Nachkontrolle unterzogen, um mögliche Gefährdungsmomente für die innere Sicherheit zu erkennen und zu beseitigen.

Durch ein Ermittlungsersuchen der HA I/AA/UA 2 zur DDR-Bürgerin U. St. wurde im Juni 1988 bekannt, dass trotz eines bestehenden aktiven Erfassungsverhältnisses zur St. seit 1982 für die KD Prenzlauer Berg eine Kontrollzielfahndung der HA III im Auftrag der HA I durchgeführt wurde. Obwohl der HA III nachweisbar das Erfassungsverhältnis der St. für die KD Prenzlauer Berg bekannt war, wurden die entsprechenden Informationen zur St. und zum IM »Rene Braun« der HA I übergeben. Damit entstand der KD Prenzlauer Berg ein erheblicher Informationsverlust, der die Sicherheit des IM und die innere Sicherheit des MfS gefährdete.

Die durch die KD Prenzlauer Berg daraufhin durchgeführten Untersuchungen erbrachten das Ergebnis, dass bereits während der Kontaktierung des IM durch das MfS im Jahre 1982 der HA I und auch der HA II bekannt war, dass die Freundin des IM, die U. St. dem BfV als Deckadresse eines sozialistischen Aufklärungsdienstes bekannt war. Dies gab ein Sachverständiger des BfV 1981 während einer Hauptverhandlung vor dem Bayerischen Oberlandesgericht bekannt, wo gegen eine agenturische Verbindung der Verwaltung Aufklärung des MfNV verhandelt wurde. Bei der Enttarnung und der Festnahme dieses agenturischen Mitarbeiters der Militäraufklärung wurde die Adresse der St. als Deckadresse festgestellt. Der Sachverständige des BfV gab an, dass die St. bereits seit Anfang der 1970er Jahre im Blickfeld des BfV stand. Dieser Sachverhalt wurde der KD Prenzlauer Berg während der gesamten Zeit der inoffiziellen Zusammenarbeit mit dem IM nicht bekannt. Die St. war 1982 in der Abteilung XII des MfS nicht erfasst, eine Erfassung wurde erst im Juni 1982 für die KD Prenzlauer Berg realisiert. Alle zur St. eingeleiteten Überprüfungsmaßnahmen brachten keine Hinweise auf den dargestellten Sachverhalt. Lediglich in der Kontaktphase zum IM 1982 gab es von »Rene Braun« einen Hinweis, dass die St. bereits vor 1982 Kontakte zu Mitarbeitern eines sowjetischen Sicherheitsorgans unterhalten haben soll. Dieser Sachverhalt wurde 1982 überprüft und konnte durch den Verbindungsoffizier des KfS nicht bestätigt werden.

Im Nachgang schätzten die Verantwortlichen der KD Prenzlauer Berg ein, dass diese einmaligen Äußerung der St. hinsichtlich der Verbindung zu einem sozialistischen Sicherheitsorgan stimmig war. Es gab jedoch für die KD Prenzlauer Berg zum damaligen Zeitpunkt keine Veranlassung, diese Äußerung weiter zu untersuchen, zumal sie durch keinerlei Überprüfungsergebnisse bestätigt wurde.

Für die KD Prenzlauer Berg stand nun fest, dass bereits die im April 1982 durchgeführte Befragung des IM durch den Westberliner Staatsschutz hinsichtlich seiner häufigen Einreisen zur U. St. mit der Tatsache im Zusammenhang stand, dass die St. dem BfV als Mitarbeiterin eines sozialistischen Sicherheitsorgans bekannt war. Allein durch diese Tatsache, die der IM-führenden Diensteinheit bis Juni 1988 unbekannt blieb, stand der IM »Rene Braun« bereits seit 1982 im Blickfeld Westberliner Sicherheitsbehörden. Da der IM aber offensichtlich keine Kontakte zur Staatssicherheit zugegeben hatte, wurde nach Ansicht des MfS versucht, ihn zu werben, um aus der Sicht der Westberliner Abwehrorgane eine endgültige Klärung des Verhältnisses zur St. herbeizuführen.

Trotz der Tatsache, dass der IM sich nicht an die Verhaltensrichtlinie gehalten hatte, eigenmächtig handelte und auch teilweise widersprüchliche Angaben zu Detailfragen machte, zweifelte das MfS nicht daran, dass das Vorgehen der Westberliner Sicherheitsbehörden gegen den IM auf sein Verhältnis zur St. beruhte. Diese Schlussfolgerung wurde auch durch die Tatsache begründet, dass »Rene Braun« im Dezember 1987 durch Geheimdienststellen der in Westberlin stationierten Besatzungstruppen befragt wurde, wo auch wieder sein Verhältnis zur St. eine maßgebliche Rolle spielte. Bekannt wurde diese Tatsache durch die HA III, wobei die KD Prenzlauer Berg wieder nicht informiert worden war. Beziehungen des IM zum MfS spielten bei dieser Information keine Rolle, woraus die Staatssicherheit zusätzlich schlussfolgerte, dass »Rene Braun« seine inoffizielle Tätigkeit für das MfS gegenüber den gegnerischen Abwehrorganen nicht preisgegeben hatte.

Während des Einsatzes war der IM nicht im Besitz von operativer Technik und hatte keine Kenntnis von spezifischen Methoden des MfS. Ausgenommen davon waren die Avisierungsmöglichkeiten an der GÜSt, von denen allerdings kein Gebrauch gemacht wurde und die Treffdurchführung in KW. Zur Aufrechterhaltung der Verbindung zum MfS war der »Rene Braun« im Besitz der Rufnummern 5933903 – ODH KD Prenzlauer Berg – und 5933907 – Führungsoffizier.

Der IM kannte die Mitarbeiter:

- Oberstleutnant Köhler, KD Prenzlauer Berg, als »Michael«,
- Hauptmann Gläß, KD Prenzlauer Berg, als »Thomas«,
- Major Seidler, Abteilung II, als Mitarbeiter des MfS persönlich. Die Zusammenarbeit erfolgte in den KW
- »Kapitän«, Zusammenarbeit 1986 eingestellt,
- »Cyprian«, keine Gefährdung festgestellt,
- »Plato«, keine Gefährdung festgestellt, Zusammenarbeit wurde 1989 aus Altersgründen eingestellt.

Da die realen Möglichkeiten der operativen Nachkontrolle für die KD Prenzlauer Berg erschöpft waren und eine Gefährdung der inneren Sicherheit des MfS nicht mehr gegeben war, wurde die operative Nachkontrolle eingestellt und der Vorgang als nicht gesperrte Ablage im Archiv der Abteilung XII abgelegt. Aus der Sicht des KD Prenzlauer Berg lag eindeutig eine fehlerhafte Ar-

beitsweise der HA II beziehungsweise der HA III vor.[827]
Der Abschlussbericht gelangte dem Leiter der BV Berlin, Generalmajor Hähnel zur Kenntnis. Dieser sandte am 15. Juni 1989 ein Schreiben an den Leiter der KD Prenzlauer Berg, Oberstleutnant Faßler, und forderte Präzisierungen und Stellungnahmen zu verschiedenen Punkten.[828]
Dahingehend fertigten Oberstleutnant Köhler und Hauptmann Gläß einen Ergänzungsbericht. Sie berichteten darin, dass eine Abstimmung der Leitung der Kreisdienststelle mit dem Leiter der Abteilung II erfolgt sei. Zu Fragen der Kontrolle des IM mittels operativ-technischer Mittel gaben die beiden Offiziere an:

- Durch die realisierte Maßnahme 26 A während der Inhaftierung 1983 wurden der Staatssicherheit im Ergebnis wesentliche Tatschen zum Grund und Ablauf des Strafvollzuges sowie den Einstellungen und Verbindungen des IM in der DDR und im Operationsgebiet bekannt. Eine Dekonspiration bezogen auf die inoffizielle Zusammenarbeit mit dem MfS wurde während dieser Maßnahme nicht bekannt.
- Durch die realisierten Maßnahmen der Abteilung M während der Inhaftierungen 1983 und 1985 zu den bekannten Anschriften in der DDR und der jeweiligen Justizvollzugsanstalt in Westberlin wurde eine Dekonspiration ebenfalls nicht bekannt.

Zum Telefonat des IM aus Westberlin über die öffentliche Einwahl der KD Prenzlauer Berg nahmen die beiden Offiziere ebenfalls Stellung. Demnach meldete sich

---

827 Vgl.: KD Prenzlauer Berg: Abschlussbericht zum IMB-Vorgang »Rene Braun«, Reg.-Nr. XV/4651/82, vom 1. Juni 1989. BStU AIM 4507/89 G, Teil I, Bd. 1, Bl. 19–28.

828 Vgl.: Leiter BV Berlin: Schreiben zum IMB »Rene Braun« vom 15. Juni 1989. BStU AIM 4507/89 G, Teil I, Bd. 1, Bl. 29.

der IM nach seiner Inhaftierung aus einer in der JVA befindlichen Telefonzelle beim ODH der KD Prenzlauer Berg (Dienstobjekt Prenzlauer Allee). Dabei teilte der IM lediglich mit, dass er erkrankt sei und einige Zeit nicht kommen könne. Er meldete sich nur mit seinem Vornamen und benutzte den Vornamen des Führungsoffiziers.

Der IM hatte jedoch die unmissverständliche Weisung, die KD nur vom Territorium der DDR aus anzurufen. Dass sich der IM nicht an die Instruktion gehalten hatte, begründete er damit, wonach ein solches kurzes Gespräch nicht abgehört werden könne. Der IM handelte hier eigenmächtig und entgegen der Instruktion. Es gab jedoch keine Anzeichen, dass der Anruf im Auftrag westlicher Sicherheitsbehörden erfolgt war. In der weiteren Zusammenarbeit meldete sich »Rene Braun« nicht mehr von Westberlin aus.

Zum Abbruch der Zusammenarbeit und zu weiteren Einreisen in die DDR äußerten sich Köhler und Gläß ebenfalls. Demgemäß fand der letzte Treff am 1. August 1987 statt. Bei diesem Treff wurde ihm mitgeteilt, dass eine weitere inoffizielle Zusammenarbeit nicht mehr möglich sei. Die Zusammenarbeit wurde aber noch nicht abgebrochen. »Rene Braun« sollte sich bei erneuter Konfrontation mit den Sicherheitsbehörden in Westberlin vom Territorium der DDR aus bei seinem Führungsoffizier melden. Da sich der IM bis Februar 1988 nicht bei der KD Prenzlauer Berg gemeldet hatte, jedoch regelmäßig nach Ostberlin eingereist war, wurde in Abstimmung mit der Abteilung II der BV Berlin entschieden, keine Verbindung mehr zu »Rene Braun« aufzunehmen. Am 15. August 1989 wurde der KD Prenzlauer Berg durch einen Anruf der Abteilung VI der BV Berlin bekannt, dass der IM zollrechtlich auffallen war. Die Zollverwaltung Berlin beabsichtigte eine Reisesperre gegen den IM zu verhängen. Diesem Vorhaben wurde durch die Staatssicherheit zugestimmt. Aufgrund der fehlerhaften Arbeitsweise der HA II beziehungsweise der HA III schlugen Köhler und Gläß vor, den Sachverhalt auf der Leitungsebene der Abteilung II beziehungsweise der Abteilung III der BV Berlin mit der HA II beziehungsweise HA III zu klären, um eine Wiederholung der Gefährdung der inneren Sicherheit des MfS zukünftig auszuschließen.[829]

Das Befragungswesen der westlichen Geheimdienste – Schwerpunkt Gewinnung von Informationen zum MfS

Die Befragungsstellen in der Bundesrepublik Deutschland und in Westberlin stellten für die westlichen Geheimdienste wichtige Quellen zur Beschaffung von Informationen dar. Hier wurde durch die Aussagen vieler Befragter ein komplexes Gesamtbild zur Situation in den sozialistischen Staaten geschaffen. Schwerpunkte dabei waren Informationen zu:

• militärischen,
• politischen,
• ökonomischen und
• nachrichtendienstlichen

Fragen. Eichner und Dobbert bemerken dazu: »Alle

---

829 Vgl.: KD Prenzlauer Berg: Ergänzung zum Abschlussbericht IMB-Vorgang »Braun«, Reg.-Nr. XV/4651/82, vom 16. August 1989. BStU AIM 4507/89 G, Teil I, Bd. 1, Bl. 30 f.

Flüchtlinge aus der DDR und Übersiedler aus anderen Ostblock-Staaten mussten in den Aufnahmelagern Befragungen der Geheimdienste in ›Sichtungsstellen‹ oder ›Vorprüfstellen‹ über sich ergehen lassen. In der Regel hatten dort der Verfassungsschutz und der BND, die Amerikaner und meist auch die englischen und französischen Geheimdienste ihre Befrager platziert.«[830]

Für die Linie II des MfS war das Befragungswesen der westlichen Geheimdienste von operativem Interesse. Erkenntnisse der Spionageabwehr besagten, dass in der Bundesrepublik, unter anderem in München, Oberursel und Westberlin, Dienststellen existierten, die sich dem Befragungswesen widmeten. Diese Dienststellen hatten wiederum Außenstellen in den Notaufnahmelagern wie Berlin-Marienfelde, Fiedland oder Zirndorf.

Die Befragung von Flüchtlingen, Kriegsheimkehrern und Übersiedlern nahm in der unmittelbaren Nachkriegszeit ihren Anfang. Daran waren die amerikanischen, englischen und französischen Nachrichtendienste, sowie die Organisation Gehlen beteiligt.

»Das Anfang 1958 zunächst von den Geheimdiensten der BRD, USA und Großbritanniens gemeinsam initiierte Befragungswesen entwickelte sich später zur BND-geführten ›Hauptstelle für Befragungswesen‹ in München …«[831] Erwähnt werden muss in diesem Zusammenhang auch die Beteiligung des Verfassungsschutzes am Befragungswesen.

Der HA II war bereits Anfang der 1970er Jahre aus vorliegenden Hinweisen bekannt, dass sich in der Bundesrepublik, vermutlich in Heidelberg, eine spezielle Dienststelle des US-Geheimdienstes befand, die aus-

---

830 Klaus Eichner, Andreas Dobbert: *Headquarters Germany. Die US-Geheimdienste in Deutschland.* Berlin 2001, S. 204.

831 Günter Möller, Wolfgang Stuchly in: *Die Sicherheit*, S. 459.

schließlich gegen die Sicherheitsorgane der sozialistischen Staaten tätig war. Diese Dienststelle konzentrierte sich dabei auf folgende Aufgaben:

- Einschleusung von Agenten in die Sicherheitsorgane,
- Feststellung von Mitarbeitern der einzelnen Abteilungen dieser Sicherheitsorgane,
- Feststellung der Aufgabenbereiche dieser Mitarbeiter,
- Aufklärung der Absichten und Ziele sowie der dazu durchzuführenden Maßnahmen, insbesondere dabei gegen die BRD und die NATO,
- Einleitung von Gegenmaßnahmen auf Grund der von eingeschleusten Agenten erhaltenen Spionageinformationen,
- Aufklärung des inoffiziellen Netzes der Sicherheitsorgane der sozialistischen Länder in der BRD,
- Sichtung und Überprüfung von Vorschlägen für die Werbung von Spionen des amerikanischen Geheimdienstes, um ein Eindringen der Sicherheitsorgane der sozialistischen Länder zu verhindern.[832]

Diese spezielle Abteilung des US-Geheimdienstes arbeitete eng mit den US-Geheimdienststellen

- »Abteilung zur Befragung von Flüchtlingen« München-Giesing, Trauensteiner Straße/Sintpertstraße,
- »Joint Refugea Operations Centre« (JROC) Berlin-Zehlendorf, Sven-Hedin-Straße 9–11 und
- den Mitarbeitern des US-Geheimdienstes in den Sichtungsstellen in Gießen und Berlin-Marienfelde zusammen.[833]

Aus dem Lager Berlin-Marienfelde wurden täglich besonders interessante Flüchtlinge in das JROC überstellt. Hier arbeiteten Befragergruppen der westlichen Geheimdienste, einschließlich des BND. Aufgabe dieser

---

832 Vgl.: Rudi Sonntag, Hein Kasel: Diplomarbeit, Bl. 11.

833 Vgl.: Ebd., Bl. 12.

Befragergruppen war die Erstellung von Befragungsberichten, Personendossiers und Pläne zur nachrichtendienstlichen Gewinnung weiterer Kandidaten aus dem Umkreis des Flüchtlings.[834]

Das Interesse der westlichen Geheimdienste für das MfS konzentrierte sich vor allem auf:

- die Struktur des MfS,
- das Erkennen seiner Mittel- und Methoden,
- offizielle Objekte (Lage, Beschaffenheit, Sicherung),
- den Bestand der Angehörigen des MfS,
- die IM und Konspirativen Objekte,
- Angaben zu Personen, die für das MfS von Interesse waren,
- das Zusammenwirken des MfS mit anderen Sicherheitsorganen der DDR und sozialistischer Staaten sowie
- die offizielle Zusammenarbeit mit staatlichen und gesellschaftlichen Institutionen und Organisationen.[835]

Zwischen der speziellen Dienststelle, die in Heidelberg vermutet wurde, und den bekannten Dienststellen der US-Geheimdienste in München-Giesing, Westberlin und Gießen erfolgte eine Abstimmung und Koordinierung der Maßnahmen gegen das MfS, um Doppelgleisigkeit bei der Bearbeitung zu vermeiden und Fehlschläge zu verhindern.

Im Ergebnis der Vernehmungen der Personen und unter Ausnutzung günstiger Umstände, erfolgten Anwerbungen mit dem Ziel der Bearbeitung des MfS durch Rückschleusungen. Ein Beispiel dazu nennen Sonntag und Kasel: »Nach dem Verrat aller ihm durch seine ehemalige Tätigkeit im MfS bekannten Tatsachen in der

---

834 Vgl.: Klaus Eichner, Andreas Dobbert: *Headquarters Germany*, S. 208.

835 Vgl.: Rudi Sonntag, Hein Kasel: Diplomarbeit, Bl. 13.

Sichtungsstelle in Westberlin, wurde der A. vom amerikanischen Geheimdienst angeworben und in die DDR zurückgeschleust, mit dem Auftrag, Kontakt zu einem ihm bekannten Angehörigen des MfS herzustellen.«[836]

Eine andere Variante war die Anwerbung von Personen in den Befragungsstellen, die ehemals für das MfS tätig waren oder Verbindungen dorthin hatten, mit dem Ziel, diese aus der Bundesrepublik zur Bearbeitung von MfS-Angehörigen einzusetzen. Auch hierzu ein Beispiel: »Der fahnenflüchtige E. machte gegenüber dem US-Geheimdienst in einer Sichtungsstelle und dem BND, dem er zur weiteren Zusammenarbeit übergeben wurde, umfassende Angaben zu Dienststellen, Angehörigen, Methoden usw. des MfS. Aufgrund seiner Kenntnisse über negative Erscheinungen bei ihm bekannten Angehörigen des MfS, insbesondere auf politisch-ideologischem und moralischem Gebiet, die als günstige Ansatzpunkte eingeschätzt wurden, erfolgte seine Anwerbung durch den BND mit dem Ziel, diese Angehörigen des MfS systematisch vom Operationsgebiet aus zu bearbeiten und zur Spionagetätigkeit zu gewinnen.«[837]

Eine Dienststelle, die sich ebenfalls dem Befragungswesen widmete, ist das »Interservice Refugea Coordination Detachment« (IRCD) gewesen. Diese Dienststelle hatte ihren Sitz in einem BfV-Objekt in der Kölner Melorstraße. Beim IRCD handelte es sich um eine Dienststelle, die speziell Informationen zur Gegenspionage und Spionageabwehr erarbeitete, erfasste und verdichtete. Das erklärte die starke Präsenz der westdeutschen Dienste BfV, MAD und BND aus dem Arbeitsbereich »Gegnerische Dienste« und der »Counterintelligence«- Bereiche

---

836 Ebd., Bl. 14.
837 Ebd., Bl. 15.

der Geheimdienste der Westalliierten.[838] Eichner und
Dobbert schreiben dazu aus Sicht der HV A IX: »Lange
rätselten wir über die Funktion dieser Dienststelle. Keiner der in die DDR zurückgekehrten Flüchtlinge war je
dort befragt worden.«[839]

Bereits Mitte der 70er Jahre hatte die HA II konkrete
Informationen und Kenntnisse zu zum IRCD. Sonntag
und Kasel bemerkten bereits 1974: »Die Bedeutung die
die imperialistischen Geheimdienste einer koordinierten und systematischen Bearbeitung der Dienststellen,
besonders aber der Angehörigen und Zivilbeschäftigten
des MfS (…) beimessen, wird am Beispiel des Bestehens
einer koordinierten Befragungs- und Auswertungs-
gruppe der US- und BRD Geheimdienste (CIA, MI,
OSI, BND, BfV und MAD) unter der Bezeichnung Interservice Refugea Coordination Detachment mit Sitz
in Köln sichtbar.[840]

Das IRCD war für die Vernehmung von Republikflüchtlingen und Übersiedlern mit umfangreichen Kenntnissen auf politischem, ökonomischen, militärischen und
vor allem nachrichtendienstlichen Gebiet verantwortlich.

Das Schwergewicht lag auf Fahnenflüchtigen aus dem
MfS und auf Personen, die durch ihre direkte Verbindung einen entsprechenden Einblick in die Tätigkeit des
MfS erhalten hatten. Die Befragungen der entsprechenden Personen wurden intensiv durchgeführt und konnten sich unter Umständen auf die Dauer eines Jahres
erstrecken.

Der HA II lagen Informationen vor, dass der betref-

---

838 Vgl.: Klaus Eichner, Andreas Dobbert: *Headquarters Germany*,
S. 208.

839 Ebd.

840 Rudi Sonntag, Hein Kasel: Diplomarbeit, Bl. 16.

fende Personenkreis während des Aufenthaltes im Bereich des IRCD von anderen Republikflüchtlingen und Übersiedlern isoliert wurde. Außerhalb der Unterkunft durften sie sich in der Regel nur in Begleitung von Geheimdienstmitarbeitern bewegen. Mit den Befragungen beim IRCD war zumeist auch die Überprüfung der Glaubwürdigkeit durch den Polygraf-Test verbunden, die vom US-Geheimdienst geleitet wurden.

Innerhalb des IRCD erfolgte ein umfangreicher Informationsaustausch zwischen den beteiligten Geheimdiensten. Jeder beteiligte Geheimdienst erhielt detaillierte Informationen zu der jeweils befragten Person und deren Angaben sowie Gesamtübersichten zu Personenbefragungen.

Im IRCD wurden sogenannte Informationsmemoranden über bestimmte Probleme und Bereiche des MfS erarbeitet, unter anderem über:

- die Struktur und Arbeitsweise,
- die Angriffsrichtungen im Operationsgebiet,
- die Abwehrarbeit in der DDR,
- die eingesetzten Mittel- und Methoden,

die dann an die im IRCD vereinigten Geheimdienste weitergereicht wurden. Die nachrichtendienstliche Nutzung einer befragten Person stand vorrangig dem westlichen Geheimdienst zu, der diese im Rahmen seiner Tätigkeit dem IRCD zuführte.[841]

Wie die Zusammenarbeit innerhalb der westlichen Geheimdienste in der Praxis funktionierte, stellen Sonntag und Kasel am Beispiel des vom MfS inhaftierten Offiziers des italienischen Geheimdienstes »Servizio Informazioni Difesa« (SID) »Alberto« dar. Dazu heißt es:

---

841 Vgl.: Ebd., Bl. 16 ff.

»In Zusammenarbeit des italienischen, englischen und US-Geheimdienstes, unter späterer Einbeziehung auch des französischen Geheimdienstes, wurde der ›Alberto‹ nach 1 ½ jähriger Vorbereitung und entsprechender Legendierung und unter Ausnutzung bekannter Methoden der Kontaktierung von Personen durch das MfS an unser Organ geschleust. Ziel der Anschleusung war, nach Herstellung eines Vertrauensverhältnisses durch das MfS, an die sowjetischen Sicherheitsorgane übergeben zu werden, um zu einem späteren Zeitpunkt im Mittelmeerraum zum Einsatz zu kommen, das dort vermutete inoffizielle Netz kennen zu lernen und zu zerschlagen. Gleichzeitig sollte in der Phase der Zusammenarbeit mit dem MfS und der Vorbereitung seiner Übergabe an das KGB das Verhältnis und das Zusammenwirken beider Sicherheitsorgane studiert werden.[842]

Die Erkenntnisse über das Befragungswesen der westlichen Geheimdienste wurden in der HA II und in den Abteilung II der BV ständig aktualisiert und erweitert. Am 7. November 1988 verfasste die AKG der HA II eine vom Leiter der HA II bestätigte Leiterinformation über »Aktuelle politisch-operative Erkenntnisse zum Befragungswesen imperialistischer Geheimdienste in der BRD und Berlin-West.«[843]

Man schätzte in diesem Dokument ein, dass das Befragungswesen der westlichen Geheimdienste auf dem Territorium der Bundesrepublik und in Westberlin erheblich an Bedeutung gewonnen hatte. Das Befragungswesen erwies sich demnach als fester Bestandteil des Systems der

---

842 Ebd., Bl. 18.

843 Leiterinformation über »Aktuelle politisch-operative Erkenntnisse zum Befragungswesen imperialistischer Geheimdienste in der BRD und Berlin-West« vom 7. November 1989, BStU ZA HA II AKG Nr. 4210.

Spionagetätigkeit der Geheimdienste der BRD, der USA, Großbritanniens und Frankreichs.[844]

Der besondere Stellenwert des Befragungswesens unter den damaligen Lagebedingungen resultierte nach der Auffassung der HA II daraus, dass, bis auf wenige Ausnahmen, alle erwachsenen ehemaligen Bürger der DDR, die mit staatlicher Genehmigung in die Bundesrepublik oder nach Westberlin übersiedelten oder dort nach Flucht aus der DDR ansässig geworden waren, im Rahmen des Aufnahmeverfahrens Befragungen durch Dienststellen westlicher Geheimdienste unterzogen wurden. Dabei nutzten die Geheimdienste ihre über Jahrzehnte gewonnenen Erfahrungen und Erkenntnisse auf diesem spezifischen Gebiet der Informationsgewinnung voll aus, wobei es sich für sie als wesentlich erwies, dass die Übersiedelten in der Regel davon ausgingen, dass die Befragung für ihren Aufenthalt und ihre Entwicklung im Westen von großer Bedeutung war. Sie gaben deshalb zumeist bereitwillig und in vollem Umfang ihr gesamtes Wissen preis.

In der Leiterinformation wurde explizit darauf hingewiesen, dass in den Aufnahmelagern sowie weiteren in der Bundesrepublik und Westberlin dislozierten Dienststellen und Einrichtungen des Befragungswesens »Mitarbeiter der BRD-Geheimdienste BfV und BND sowie der Geheimdienste der USA, Großbritanniens und Frankreichs gedeckt eingesetzt« [845] waren.

Die Befragungen wurden nach Einschätzung der HA II durch die führenden NATO-Geheimdienste vorrangig genutzt zur:

- allseitigen und umfassenden Gewinnung der Kenntnisse der ehemaligen DDR-Bürger über strategisch

---

844 Vgl.: Ebd., Bl. 354.

845 Ebd.

bedeutsame gesellschaftliche Bereiche der DDR und anderer sozialistischer Staaten, über für die Abwehr- und Aufklärungsarbeit des Gegners bedeutsame Personen sowie Regimefragen,

- Schaffung von Voraussetzungen für die Organisierung geheimdienstlicher Angriffe gegen die DDR und die anderen sozialistischen Staaten.

Von besonderer Bedeutung waren für die westlichen Geheimdienste in den Befragungen dabei Personen, die für sie einen »hohen Informationswert« besaßen, wie:

- ehemalige Angehörige bewaffneter Organe (in Abhängigkeit insbesondere von Dienststellung, Dauer und Zeitraum ihrer Zugehörigkeit),
- IM oder ehemalige IM, die ihre inoffizielle Zusammenarbeit mit dem MfS oder anderen Schutz- und Sicherheitsorganen preisgaben,
- Personen in ehemals wichtigen beruflichen oder gesellschaftlichen Stellungen.[846]

Bedeutsam waren weiterhin Menschen, unter deren Rückverbindungen in die DDR sich solche Zielpersonen befanden, die objektiv und subjektiv für eine geheimdienstliche Tätigkeit geeignet erschienen oder wo Ansatzpunkte für ein Überlaufen gesehen wurden und damit vor allem ein hoher politischer Schaden für die DDR verbunden war.

In den Befragungen ehemaliger DDR-Bürger konzentrierten sich die westlichen Geheimdienste auf:

- die Erlangung jeglicher Hinweise zum MfS,
- Kenntnisse zu militärischen Objekten und Angehörigen der bewaffneten Organe der DDR sowie der GSSD,
- Kenntnisse zu wichtigen politischen und ökonomischen Bereichen der DDR,

---

846 Vgl.: Ebd., Bl. 354 f.

- Bekannte und Verwandte des Befragten in der DDR und anderen sozialistischen Staaten, insbesondere unter Angehörigen des MfS und anderer bewaffneter Organe, im Partei- und Staatsapparat tätige Personen sowie aus Bereichen der Objekt-Umwelt-Beziehungen militärischer Einrichtungen,
- den politischen und beruflichen Entwicklungsweg sowie die Gründe und den Verlauf der Übersiedlung beziehungsweise der Flucht aus der DDR.

Bereits die Erstbefragungen gingen nach Erkenntnissen der Spionageabwehr zumeist über routinemäßige Fragen hinaus und forderten bis in Einzelheiten gehende Informationen von den ehemaligen DDR-Bürgern.

Die Aussagen der Befragten Personen wurden in unterschiedlichster Form unter anderem durch:

- Fertigung von umfangreichen Notizen durch den Befrager,
- Aufnahme des Gesprächs mittels Tonband,
- Anfertigung eines Protokolls im Ergebnis der Abarbeitung eines Fragespiegels

festgehalten.

Zur Konkretisierung der Aussagen arbeiteten die Befrager meist mit Stadtplänen, Landkarten, Bild- und Waffentafeln. In den meisten Fällen wurde die betreffende Person aufgefordert, selbst Skizzen über interessierende Objekte anzufertigen beziehungsweise vorliegende Unterlagen zu ergänzen oder zu berichtigen.

Grundsätzlich erfolgte bereits in den Aufnahmelagern eine Befragung zu möglichen eigenen Verbindungen zu Sicherheitsorganen und denen anderer Personen, wobei nach Erkenntnissen der Staatssicherheit auch mit dem Vorhalt einer solchen Verbindung gearbeitet wurde. Vordergründige diesbezügliche Fragen waren:

- Besteht Kontakt zum MfS?
- Wurden sie vom MfS angeworben?

- Kennen sie DDR-Bürger oder ehemalige DDR-Bürger, die mit dem MfS zusammenarbeiten beziehungsweise bei denen ein Verdacht der Zusammenarbeit mit dem MfS besteht?
- Sind ihnen Mitarbeiter beziehungsweise Dienststellen des MfS bekannt?[847]

Der HA II lagen Informationen vor, nach denen derartige Fragen oftmals damit verbunden wurden, dass die ehemaligen DDR-Bürger einen Vordruck unterschreiben sollten, womit sie erklärten, keine Kontakte zum MfS oder anderen Schutz- und Sicherheitsorganen zu unterhalten.

Frühere IM, die sich in bedeutender Zahl unter den ehemaligen DDR-Bürgern befanden, beziehungsweise übersiedelte IM, wurden bei Bekanntgabe ihrer Tätigkeit für die Staatssicherheit, sowohl im Zeitraum des Aufnahmeverfahrens als auch bei weitergehenden speziellen Prüfungen durch die Geheimdienste intensiv und bis ins kleinste Detail befragt. Dadurch bot sich den Geheimdiensten ein beträchtliches Potential zur Gewinnung von Informationen über Mittel, Methoden, Zielstellungen und Arbeitsweisen des MfS.

Durch die Preisgabe von ehemaligen DDR-Bürgern bekannt gewordener oder vermuteter Verbindungen anderer Personen zum MfS, einschließlich dabei überzogener Aussagen bei Befragungen, konnten wiederum andere DDR-Bürger bei westlichen Geheimdiensten in den Verdacht geraten, für die Staatssicherheit tätig zu sein. Dabei bestand für das MfS die Gefahr, dass diese DDR-Bürger bei operativen, also im Auftrag der Staatssicherheit durchgeführten, beruflichen oder privaten Reisen in das nichtsozialistische Ausland mit westlichen Diensten und Abwehrorganen konfrontiert werden konnten.

---

847 Vgl.: Ebd., Bl. 355 f.

In diesem Zusammenhang war es bedeutsam, dass der Verfassungsschutz zur Intensivierung der Suche nach IM des MfS manuelle und elektronische Vergleichskarteien zur Überprüfung und Verdichtung von Aussagen ehemaliger DDR-Bürger auf- und ausgebaut hatte.

Darüber hinaus verfügten die ehemaligen Bürger der DDR nach Ansicht der HA II teilweise auch über Informationen, insbesondere zum persönlichen Umfeld und zum Freizeitbereich von Mitarbeitern des MfS, ohne das eine offizielle oder inoffizielle Verbindung zum MfS bestanden hatte.

Ein weiterer Schwerpunkt, vor allem der bundesdeutschen Geheimdienste, waren, Befragungen von aus dem Strafvollzug der DDR entlassenen Häftlingen. Bei der Befragung dieser Personen standen folgende Interessen im Mittelpunkt:

- die Feststellung von Werbungshandlungen des MfS gegenüber dem Befragten,
- bei ehemaligen Spionen die Erarbeitung von Hinweisen über Mittel und Methoden des MfS zur Aufspürung und Entlarvung derselben,
- die Erarbeitung von Angaben über andere inhaftierte Spione.[848]

Erkenntnisse aus der IM- und Vorgangsarbeit der Linie II machten deutlich, dass ein beachtlicher Teil erkannter Werbungen westlicher Geheimdienste ihren Ausgangspunkt im geheimdienstlichen Befragungswesen, vor allem in der rigorosen Nutzung dabei bekannt gewordener Rückverbindungen, hatten. Die Anwerbung von geheimdienstlich befragten Personen erfolgte sowohl noch während des Aufnahmeverfahrens, unmittelbar danach als auch Jahre später. Bei Werbungshandlungen nach Abschluss des Aufnahmeverfahrens, so analysierte

848 Vgl.: Ebd., Bl. 356 f.

die HA II, fanden Kontaktaufnahmen vorrangig außerhalb der Befragungsstellen statt. Mit einem geworbenen ehemaligen DDR-Bürger stand den Geheimdiensten unter Nutzung von dessen Rückverbindungen mit dem Ziel der kurz-, mittel oder langfristigen Gewinnung von Agenturen sowie der Schaffung von Voraussetzungen für weitere Handlungen eine Person zur Verfügung,

- die die Zielperson genau kannte,
- mit deren Hilfe die Reaktion der Zielperson auf einen möglichen Werbeversuch eingeschätzt und die zweckmäßigste Vorgehensweise festgelegt werden konnte,
- die die Werbung der Zielperson bei Zusammentreffen im sozialistischen Ausland beziehungsweise bei späteren Wiedereinreisen in die DDR realisieren konnte,
- die die Zielperson dem Geheimdienst bei dienstlichem oder privatem Aufenthalt im Operationsgebiet zuführen konnte.

Über die Erstbefragungen hinaus wurden besonders interessierende Personen während des Aufnahmeverfahrens, aber auch nach Monaten beziehungsweise zu einem noch späteren Zeitpunkt in speziellen Befragungsstellen der Geheimdienste konkreteren Befragungen unterzogen. Das geschah sowohl durch die direkte Vermittlung der betreffenden Dienststelle des Geheimdienstes im Aufnahmelager als auch durch schriftliche Vorladungen. Den bestellten Personen wurden dabei entstandene Kosten ersetzt.[849]

Operativen Erkenntnissen der Staatssicherheit zufolge wurden vom BND gezielt ehemalige DDR-Bürger, die in der Regel das Aufnahmeverfahren durchlaufen hatten und danach über einen Wohnsitz in der Bundesrepublik verfügten, überwiegend mittels Anschreiben in offizieller Form zum Aufsuchen der Befragungsstelle aufgefor-

---

849 Vgl.: Ebd., Bl. 357 f.

dert. In solch einem Schreiben hieß es unter anderem: »Es ist die Aufgabe der Hauptstelle für Befragungswesen, für die Bundesrepublik wichtige Informationen über fremde Länder zu sammeln und auszuwerten. Dies ist ein wichtiger Beitrag für die Sicherheit unseres Landes. Sie können uns dabei helfen.«[850]

Von der Befragungsstelle des Geheimdienstes der US-Landstreitkräfte INSCOM in München erhielten die zur Befragung vorgesehenen Personen in der Regel ebenfalls eine Einladung. Darin wurde unter anderem mitgeteilt, dass sich die Dienststelle mit Forschungsaufgaben im Rahmen der Zusammenarbeit innerhalb der NATO befassen würde. An den Befragungen im zentralen INSCOM-Objekt in München beteiligten sich nach Erkenntnissen der HA II alle US-Geheimdienste.

Vorladungen zu der in Westberlin stationierten INSCOM-Befragungsstelle erfolgten unter Verwendung der Bezeichnung »Amerikanische Registrierstelle für Ausländer«. Mit der Begründung einer Registrierung oder Befragung wurden Personen, für die die US-Geheimdienste Interesse zeigten, zu diesem Objekt bestellt oder dorthin vermittelt.

Insgesamt konnte die HA II feststellen, dass die Geheimdienste der führenden NATO-Staaten durch das Befragungswesen einerseits aktuell und für die risikolos detaillierte Spionageinformationen in erheblichen Umfang und Breite gewinnen konnten und andererseits in der Lage waren, sofort auf zentrale Informationsinteressen zu reagieren. Gleichzeitig erhielten die Dienste umfangreiche Möglichkeiten zur Überprüfung von durch agenturführende Bereiche erarbeiteter Informationen.

Darüber hinaus waren die die westlichen Abwehr- und Aufklärungsdienste durch das Befragungswesen in der

---

850 Ebd., Bl. 358.

Lage, ständig ihre Fahndungskriterien nach IM des MfS zu vervollkommnen. Sie betrieben eine umfassende und detaillierte Dossierarbeit, deren Ergebnisse oftmals erst nach Jahren zu geheimdienstlichen Aktionen gegen die Zielpersonen genutzt wurden.[851]

Die Geheimdienste der führenden NATO-Staaten konnten dabei jederzeit auf die in den Aufnahmelagern vorhandenen und gespeicherten Unterlagen zurückgreifen. Welche umfangreichen Möglichkeiten sich daraus ergaben, verdeutlicht die Aussage des Leiters des Aufnahmelagers Gießen:

»Wir haben alle Akten aller Aufnahmeverfahren seit 1950, teilweise Unterlagen aus der Zeit ab 1945 und circa fünf bis sieben Millionen Karteikarten, sortiert nach Namen und früheren Heimatorten der meisten Flüchtlinge und Übersiedler.«[852]

Aus den Erkenntnissen zum Befragungswesen westlicher Nachrichtendienste ergaben sich für die Linie II folgende Aufgabenstellungen:

- Zur rechtzeitigen Aufklärung, vorbeugenden Verhinderung und wirksamen Abwehr der Angriffe westlicher Geheimdienste, die ihren Ausgangspunkt im Befragungswesen hatten, waren die erarbeiteten Informationen bei der HA II zusammenzuführen, zu analysieren und im Rahmen der Verantwortung für die Federführung der komplexen Spionageabwehr und in Abstimmung mit anderen zuständigen Diensteinheiten zu nutzen für:

die operative Bearbeitung entsprechender Ausgangsmaterialien und Sachverhalte,

die Organisierung der operativen Arbeit im und nach dem Operationsgebiet, insbesondere für zielgerichtete

---

851 Vgl.: Ebd., Bl. 358 f.
852 Ebd., Bl. 359.

offensive Maßnahmen gegen westliche Geheimdienste unter besonderer Berücksichtigung dessen, dass diese Geheimdienste über umfangreiche Regimekenntnisse zu den sozialistischen Staaten verfügten.

- Die Dienststellen, Mitarbeiter, Informationsinteressen, bevorzugte Zielgruppen sowie Vorgehensweise der westlichen Geheimdienste bezüglich des Befragungswesens waren noch intensiver und exakter aufzuklären. Die Erarbeitung von Erkenntnissen zu Werbeoperationen der Geheimdienste im Rahmen des Befragungswesens stellte dabei einen Schwerpunkt dar. Von besonderer Bedeutsamkeit waren alle Hinweise zu Personen, die vertiefenden Befragungen in Dienststellen westlicher Geheimdienste unterzogen wurden, sowie Informationen, die zur Identifizierung von Geheimdienstmitarbeitern beitragen konnten. Operative Maßnahmen anderer Abwehrdiensteinheiten des MfS zur weiteren Aufklärung von Dienststellen und Mitarbeitern des Befragungswesens bedurften der Abstimmung mit der HA II. Die Koordinierung mit der HV A, der ZKG und anderen zuständigen Diensteinheiten erfolgte durch die HA II.

- Im Zusammenhang mit der Übersiedlung von IM und ehemaligen IM sowie von Verwandten und Bekannten von Angehörigen des MfS nach der Bundesrepublik und Westberlin waren in verstärktem Maße Fragen der Gewährleistung der inneren Sicherheit des MfS zu beachten. Es musste insbesondere rechtzeitig und umfassend eingeschätzt werden, welches Wissen den westlichen Geheimdiensten bei Verrat zufließen konnte. Die daraus resultierenden operativen Maßnahmen waren zügig einzuleiten.

- In der Zusammenarbeit mit IM, die im Rahmen offensiver Maßnahmen auf eine Übersiedlung vorbereitet wurden, war an die Konspiration ein hoher Maßstab

986

anzulegen. Es war insbesondere zu beachten, was den westlichen Geheimdiensten durch Aussagen übersiedelter ehemaliger DDR-Bürger bereits bekannt sein beziehungsweise durch mögliche spätere Übersiedlung anderer Personen werden konnte. Des Weiteren waren IM, die im Auftrag des MfS in die Bundesrepublik oder nach Westberlin übersiedelt werden sollten, auf die Befragungen einzustellen, damit sie diesen standhalten und Widersprüche, Unsicherheiten usw. vermeiden konnten.

- Unter Beachtung des Umstandes, dass die westlichen Geheimdienste durch das Befragungswesen vielfältige Informationen an tatsächlichen oder vermuteten Verbindungen von DDR-Bürgern zum MfS erhielten sowie zunehmender dienstlicher, privater oder operativer Aufenthalte von IM im Operationsgebiet waren die in den entsprechenden dienstlichen Dokumenten festgelegten Anforderungen an die Konspiration in der Zusammenarbeit mit IM konsequent durchzusetzen. IM, die in das Operationsgebiet reisten, waren gründlich zu instruieren, wie sich bei Konfrontation mit den dortigen Abwehrbehörden zu verhalten hatten.

- Zur Verhinderung der Schaffung von Agenturen durch westliche Geheimdienste und anderer Verratshandlungen sowie zur zeitlich begrenzten operativen Anschleusung von IMB an die Dienste waren Rückverbindungen von Verrätern und von für den Gegner bedeutsamen Übersiedlungen durch geeignete Maßnahmen unter Kontrolle zu halten. Diese Kontrollmaßnahmen waren in Abhängigkeit des möglichen Stellenwertes des Übersiedelnden beim Geheimdienst und der operativen Bedeutsamkeit der Rückverbindungen über einen längeren Zeitraum durchzuführen beziehungsweise periodisch zu wiederholen.

- Bei Rückkehren aus der Bundesrepublik oder Westberlin, einschließlich bei im Rahmen von aktiven Rückgewinnungsmaßnahmen des MfS zurückgekehrter Personen, war auch nach einem nur kurzfristigen Aufenthalt in der Bundesrepublik oder Westberlin in Zusammenarbeit mit den zuständigen Diensteinheiten zu prüfen, ob diese Personen im Auftrag eines westlichen Geheimdienstes in die DDR zurückgekehrt sind. Vor allem jene Rückkehrer, die vertiefenden Befragungen in Dienststellen der Geheimdienste unterzogen wurden, waren umfassend zur Gewinnung von weiteren Erkenntnissen über Objekte und Mitarbeiter sowie die Arbeitsweise dieser Dienststellen zu nutzen.[853]

Sicherung des Sondergebiets Karlshorst

Im *Lexikon der Geheimdienste* findet man unter Karlshorst folgende Eintragung:
»Stadtteil Berlins, umgangssprachlich und auch im Geheimdienstjargon Synonym für MGB / KGB-Hauptquartier in der SBZ und späteren DDR«[854]
Im Bereich Karlshorst, konkret in der Zwieseler Straße, befand sich die Vertretung des KfS der UdSSR in der DDR. Dies war die größte Residentur der sowjetischen Staatssicherheit außerhalb der UdSSR. Andrew und Mitrochin bezeichnen die Residentur des KfS in

---

853 Vgl.: Ebd., Bl. 359 ff.

854 Helmut Roewer, Stefan Schäfer, Matthias Uhl: *Lexikon der Geheimdienste im 20. Jahrhundert.* München 2003, S. 231.

Karlshorst als »größtes Spionagezentrum außerhalb der UdSSR.«[855]

Bailey, Kondraschow und Murphy schreiben über das Karlshorster Areal:

»Dieses Gelände, das schon seit Kriegsende ein wichtiger Stützpunkt war, entwickelte sich zum Zentrum der Sowjets in Deutschland: MGB- und KGB-Auslandsaufklärung, GRU und die wichtigsten Zielobjekte der BOB-Atomenergieoperationen waren dorthin verlegt worden. Auf einer Fläche von zweieinhalb Quadratkilometern befanden sich die Büros, Dienstleistungseinrichtungen und Wohnhäuser der bedeutendsten Sowjets in Deutschland.«[856]

Das die westlichen Geheimdienste an einem solchen Komplex Interesse haben mussten, liegt auf der Hand. Dementsprechend wurde das Sondergebiet Karlshorst vom MfS unter Abwehraspekten gesichert.

Mit dem Befehl Nr. 294/57 vom 16. September 1957 befahl der Minister für Staatssicherheit in der HA II das Sonderreferat 4 zu schaffen. Zum Leiter dieses Referats wurde Oberstleutnant Heinz Tilch ernannt, sein Stellvertreter wurde Major Karl Krug.

Das Sonderreferat 4 der HA II hatte alle Hinweise, Informationen und Vorgänge federführend zu bearbeiten, die darauf hinwiesen, »dass Geheimdienste der Imperialisten versuchen, in die Dienststellen des MfS Berlin, der Berliner Verwaltung sowie in die sowjetischen Dienststellen in Karlshorst einzudringen«[857]

---

855 Christopher Andrew, Wassili Mitrochin: *Das Schwarzbuch des KGB.* Propyläen Verlag, 1999, S. 536.

856 George Bailey, Sergej Kondraschow, David Murphy: *Die unsichtbare Front. Der Krieg der Geheimdienste im geteilten Berlin.* Propyläen Verlag, 1997, S. 323.

857 Befehl Nr. 294/57 vom 16. September 1957, BStU ZA MfS – BdL/ Dok.-Nr. 000480, Bl. 1 f. Bemerkenswert an diesem Dokument

Erich Mielke begründete die Schaffung des SR 4 der HA II wie folgt:

»Zur Bekämpfung der Versuche der Geheimdienste der verschiedenen imperialistischen Staaten, um die Objekte des MfS und der sowjetischen Dienststellen in Karlshorst Agenturen zum Zwecke des Eindringens, der Beobachtung von außen oder der Organisierung anderer feindlicher Tätigkeit zu schaffen, ist es notwendig, die bisher von mehreren Dienststellen des MfS durchgeführte Abwehrarbeit einem speziellen Referat zu übertragen.«[858]

Alles vorhandene Material, welches die operative Arbeit des neu geschaffenen SR 4 der HA II betraf, war bis zum 1. Oktober 1957 durch die Hauptabteilungen und Abteilungen des Ministeriums und der Verwaltung Groß Berlin an den Leiter der HA II persönlich zu senden. Alle anderen BV und KD des MfS hatten ebenfalls zu melden, wenn derartiges dort Material vorhanden war.

Weiterhin befahl Erich Mielke im genannten Befehl:

»Alle Hinweise, Informationen und Vorgänge, die die sowjetischen Dienststellen Karlshorst betreffen, werden durch gemeinsame Absprache und Festlegung der Maßnahmen mit dem zuständigen sowjetischen Freund bearbeitet.«[859]

Außerdem waren die bisher mit der Bearbeitung derartiger Vorgänge betrauten vier Mitarbeiter der Verwaltung Groß Berlin, KD Lichtenberg, mit sofortiger Wirkung zum SR 4 der HA II zu versetzen.[860]

---

ist, dass hier Generalleutnant Mielke bereits unter der Bezeichnung Ministerium für Staatssicherheit – Der Minister – in Erscheinung tritt. Seine Ernennung zum Minister für Staatssicherheit erfolgte jedoch allerdings erst am 1. November 1957.

858 Ebd., Bl. 1.

859 Ebd., Bl. 2.

860 Vgl.: Ebd.

Die Aktivitäten Mielkes zur Absicherung des Sondergebiets Karlshorst genau zu diesem Zeitpunkt haben einen Hintergrund. In Karlshorst wohnten auch führende Köpfe des DDR-Apparates, so der Generalmajor Karl Linke, Chef des militärischen Nachrichtendienstes, zu diesem Zeitpunkt als Verwaltung für Koordinierung bezeichnet. Linke wohnte im Sperrgebiet Karlshorst im Bodenmaiser Weg 20, in unmittelbarer Nähe der sowjetischen Residentur. Aufgrund seiner Position hatte die CIA Interesse an seiner Person. Es gelang den Amerikanern 1956 ihre Quelle »A 9«, Anna Kubiak, als Haushälterin bei Linke zu platzieren. Als Linkes Frau am 16. Juni 1957 nach Bulgarien reiste und er tagsüber seinen Dienst versah, hatte Anna Kubiak Zeit, dass Haus nach interessanten Dokumenten und Aufzeichnungen zu durchsuchen. Da Linke die Angewohnheit hatte, wichtige Papiere zu Hause aufzubewahren, kam seine mangelnde Wachsamkeit »A 9« entgegen. Als der Generalmajor am 29. Juni 1957 vom Dienst heimkehrte, fand er ein an ihn gerichtetes Kuvert vor. Darin bedankte sich die CIA für seine »freundliche Unterstützung« und versuchte ihn mittels 10.000 Westmark zum Übertritt zu bewegen. Linke blieb allerdings in Ostberlin.[861] Seine Haushälterin hatte sich in den Westen abgesetzt. Wagner berichtet zu den weiteren Maßnahmen: »Im Zuge der Ermittlungen gerieten über 250 Personen aus dem deutschen Hilfspersonal in Karlshorst ins Fadenkreuz der Staatssicherheit. Einmal alarmiert, arbeitete das MfS effektiv und deckte weitere Westverbindungen auf.«[862]

---

861 Vgl.: Bodo Wegmann: *Die Militäraufklärung der NVA*, S. 79 f.

862 Armin Wagner: »Karl Linke. NVA-Geheimdienstchef im Visier des Gegners«. In: Dieter Krüger, Armin Wagner (Hrsg.): *Konspiration als Beruf. Deutsche Geheimdienstchefs im Kalten Krieg*. Berlin 2003, S. 154.

In den 1970er Jahren war die HA II/6 war für die Sicherung des Sondergebietes Karlshorst verantwortlich.[863] Mit Schaffung der HA II/1, ging 1980 die Verantwortung für die politisch-operative Sicherung des Sondergebietes Berlin-Karlshorst an das Referat 4 dieser Abteilung über. Dieses Referat hatte 1989 fünf Mitarbeiter. [864] Seinen Dienstsitz hatte das Referat zusammen mit dem VP-Revier 172 Z, in der Waldowallee 37/39 in 1157 Berlin.[865]

Der Leiter der HA II war nach der DA 1/87 grundsätzlich verantwortlich für:

»die politisch-operative Abwehrarbeit im Sicherungsbereich Karlshorst und die Gewährleistung der zentralen Abstimmung der operativen Bearbeitung von Personen, zu denen Hinweise auf feindlich-negative Handlungen gegen diesen Bereich vorliegen, sowie der zentralen Abstimmung grundsätzlicher Fragen mit der zuständigen Dienststelle des KfS der UdSSR«[866].

Was der Minister für Staatssicherheit in der DA 1/87 befohlen hatte, war durch den Leiter der HA II für seinen Verantwortungsbereich umzusetzen. Generalleutnant

---

863 Vgl.: Frank Mosig: Diplomarbeit zum Thema: »Zu einigen Problemen der Organisierung einer effektiveren Abwehrarbeit zur Außensicherung von Dienst- und Wohnobjekten des Ministeriums für Staatssicherheit gegen Angriffe imperialistischer Geheimdienste«. BStU, MfS JHS MF GVS 160-46/71, Bl. 13.

864 Zimmerbelegungspläne der HA II, BStU, MfS HA II Nr. 30627, Bl. 22.

865 Vgl.: Arbeitsordnung Nr. II /1/ 89 zur politisch- operativen Abwehrarbeit im Sicherungsbereich Berlin-Karlshorst, BStU MfS HA II Nr. 23759, Bl. 13.

866 DA 1/87 zur Gewährleistung des komplexen Vorgehens bei der Abwehr geheimdienstlicher Angriffe gegen politische, ökonomische und militärische Bereiche – Spionageabwehr – vom 13. Februar 1987, BStU ZA DSt 103354, Bl. 8.

Kratsch ordnete in der Arbeitsordnung Nr. II/1/89 zur politisch-operativen Abwehrarbeit im Sicherungsbereich Karlshorst an:

»Die politisch-operative Abwehrarbeit im Sicherungsbereich Karlshorst ist gemäß den Weisungen des Genossen Minister zu konzentrieren auf

• die komplexe politisch-operative Außensicherung der Vertretung des KfS der UdSSR in der DDR, weiterer Dienstobjekte des KfS der UdSSR, der Wohnobjekte der Angehörigen dieser Dienststellen, der gesellschaftlichen Einrichtungen sowjetischer Staatsangehöriger, von Objekten der Westgruppe der sowjetischen Streitkräfte;

• den wirksamen Schutz von Staatsbürgern der UdSSR, die in den genannten Einrichtungen tätig sind, vor Angriffen imperialistischer Geheimdienste und anderen feindlichen Stellen und Kräften.«[867]

In die Abwehrarbeit im Sicherungsbereich Karlshorst war auch die Innen- und Außensicherung des VP-Reviers 172 Z und die Außensicherung von Objekten des MfS sowie anderer zentraler staatlicher Organe einzubeziehen.[868] Dabei handelte es sich um insgesamt 67 Objekte, größtenteils durch das MfS und sowjetische Einrichtungen genutzt. Zu verzeichnen sind aber auch diplomatische Objekte wie das lybische Volksbüro und die Botschaft der Mongolischen Volksrepublik in der DDR. Andere Immobilien waren rein zivil genutzt, beispielsweise als Postamt, Kaufhalle oder Schule.[869]

---

867 Arbeitsordnung Nr. II/1/89 zur politisch-operativen Abwehrarbeit im Sicherungsbereich Berlin-Karlshorst, BStU MfS HA II Nr. 23759, Bl. 12.

868 Vgl.: Ebd.

869 Vgl.: Übersicht über die in der Anlage 1 numerisch ausgewiese-

Die Abwehrarbeit im Sicherungsbereich Karlshorst hatte des Weiteren die vielfältigen Wechselbeziehungen zwischen dem Sicherungsbereich und dem angrenzenden Territorium des Stadtbezirks Berlin-Lichtenberg, Ortsteil Karlshorst (Sicherungszone), schwerpunktmäßig zu berücksichtigen. Zu beachten waren auch die operativ-bedeutsamen Wechselbeziehungen zwischen dem Sicherungsbereich Karlshorst und:

- dem übrigen Territorium der Hauptstadt der DDR, Berlin,
- den Bezirken der DDR,
- dem Operationsgebiet und
- dem sozialistischen Ausland.

Die Abwehrarbeit im Sicherungsbereich Karlshorst war auszurichten auf:

- die umfassende Beherrschung der Lage im Sicherungsbereich unter allen Lagebedingungen,
- die vorbeugende Verhinderung, Aufklärung und Bekämpfung von Angriffen westlicher Geheimdienste sowie anderer feindlicher Stellen und Kräfte gegen den Sicherungsbereich,
- die Untersuchung beziehungsweise Bearbeitung anderer bedeutsamer Vorkommnisse, Handlungen und Erscheinungen, einschließlich ausgewählter Delikte der allgemeinen Kriminalität.«[870]

Die Abwehrarbeit der HA II/1 im Sicherungsbereich Karlshorst erforderte eine enge und abgestimmte Zusammenarbeit mit der Dienststelle des KfS der UdSSR sowie mit anderen Diensteinheiten des MfS, die Berüh-

---

nen Objekte im und in unmittelbarer Nähe des Sicherungsbereiches Berlin-Karlshorst, BStU MfS HA II Nr. 23759, Bl. 23 ff.

870 Vgl.: Arbeitsordnung Nr. II/1/89 zur politisch-operativen Abwehrarbeit im Sicherungsbereich Berlin-Karlshorst, BStU MfS HA II Nr. 23759, Bl. 13.

rungspunkte zum Bereich hatten. Innerhalb des Sicherungsbereichs hatten verschiedene Diensteinheiten des MfS, wie bereits erwähnt, Dienstobjekte. Dazu kamen zahlreiche Konspirative Objekte.

Der HA II/1 war es im Sicherungsbereich Karlshorst ausdrücklich untersagt, aus dem Kreis der zu schützenden Bürger der UdSSR IM zu werben beziehungsweise zu diesen Personen operative Kontakte zu unterhalten. Weiterhin war es auch verboten, dass die HA II/1 diese Personen operativ bearbeitete oder kontrollierte.[871] Die Bearbeitung dieser Personen oblag einzig und allein der sowjetischen Staatssicherheit. Das MfS hatte operative Hinweise zu Bürgern der UdSSR, die aus der Arbeit der Spionageabwehr ergeben hatten, an das KfS der UdSSR zu übergeben. Die weitere Bearbeitung erfolgte durch die sowjetische Staatssicherheit.

Umgekehrt verhielt es sich anders. Das KfS der UdSSR unterhielt innerhalb des Sicherungsbereiches und in der DDR insgesamt inoffizielle Verbindungen zu DDR-Bürgern. Über das Netz, welches die sowjetischen Sicherheitsorgane in Karlshorst unterhielten, ist bisher nichts bekannt, auch die HA II hatte in diese Strukturen keinen offiziellen Einblick. Eine interessante Bemerkung machte Werner Großmann zu Eberhard Lehmann, der in Karlshorst wohnhaft gewesen ist. Großmann schreibt:

»Der Oberst arbeitete in der HA II, der Spionageabwehr, wo er ziemlich eng mit der I. Hauptverwaltung des KGB liiert war.«[872]

In der Arbeitsordnung II/1/89 war auch klar vorgegeben, wie die IM-Arbeit im Sicherungsbereich Karlshorst zu gestalten war. Der Leiter der HA II gab vor:

»Das Referat 4 der Hauptabteilung II/1 hat über ein qua-

---

871 Vgl.: Ebd., Bl. 13 f.

872 Werner Großmann: *Bonn im Blick*, S. 177.

lifiziertes Netz an Inoffiziellen Mitarbeitern zu verfügen, das entsprechend der ihm übertragenen politisch-operativen Verantwortung disloziert und strukturiert ist, gemäß den Erfordernissen der Lage ständig ergänzt wird und mit dem zielorientiert und effektiv zu arbeiten ist.«[873] Dieses Netz sollte bestehen aus:

IMB mit Verbindung zu westlichen Geheimdiensten oder anderen gegnerischen Stellen und Kräften, die subversive Pläne, Absichten und Maßnahmen gegen Dienststellen des KfS, Einrichtungen und Bürger der UdSSR im Sicherungsbereich Karlshorst verfolgten. Es sollten vor allem wirksame kurzzeitige operative Maßnahmen mit IMB zu realisiert werden, die es ermöglichten,

- rechtzeitig Angriffsrichtungen, Zielpersonen und -objekte sowie die Vorgehensweisen der Geheimdienste gegen den Sicherungsbereich schwerpunktmäßig aufzuklären,
- Ausgangshinweise für die Identifizierung von Agenturen westlicher Dienste, die gegen den Sicherungsbereich agierten, zu erarbeiten,
- den Informationsabfluss über den Sicherungsbereich vor allem an die westlichen Geheimdienste verantwortungsbewusst zu steuern und zu kontrollieren,
- Ansatzpunkte für weitere offensive Maßnahmen zu erarbeiten.

Dazu waren Werbungen sowohl unter DDR-Bürgern als auch unter Bundesbürgern und Westberlinern sowie unter weiteren ausgewählten Ausländern zu realisieren. Ohne Zustimmung der zuständigen Dienststelle des KfS der UdSSR durften über IMB mit Verbindung zu

---

873 Arbeitsordnung Nr. II/1/89 zur politisch-operativen Abwehrarbeit im Sicherungsbereich Berlin-Karlshorst, BStU MfS HA II Nr. 23759, Bl. 14.

Geheimdiensten oder anderen gegnerischen Stellen und Kräften keine geheim zu haltenden Informationen preisgegeben werden, die Dienststellen, Einrichtungen und Bürger der UdSSR im beziehungsweise aus dem Sicherungsbereich betrafen.

IMB zur Bearbeitung von OV. Dafür waren solche Kandidaten auszuwählen und zu werben, die disponibel eingesetzt werden konnten und eine zügige und kontinuierliche Bearbeitung Verdächtiger sowie vor allem auch die Erarbeitung von eindeutigen Beweisen für die Feindtätigkeit gewährleisteten.

IMS unter den Bewohnern des Sicherungsbereiches und der Sicherungszone sowie weiteren Bürgern der DDR und Ausländern mit operativ bedeutsamen Beziehungen zum Sicherungsbereich. Diese IMS mussten in der Lage sein,

- gegnerische Angriffe, die sich vor allem aus dem Sicherungsbereich und der Sicherungszone ergeben, zu erkennen,
- andere bedeutsame Vorkommnisse, Handlungen und Erscheinungen festzustellen,
- Kontroll-, Überprüfungs- und Absicherungsprozesse wahrzunehmen.

IMK/KW außerhalb des zu sichernden Bereiches. Die Schaffung und Nutzung von IMK/KW im Sicherungsbereich Karlshorst war aus Gründen der Gewährleistung der Konspiration nicht statthaft.«[874]

In den personenbezogenen Bearbeitungs- und Kontrollprozessen im Rahmen von OV und OPK bezüglich des Sicherungsbereichs waren geeignete IM zum Einsatz zu bringen, in ausgewählten operativen Materialien auch spezifische operative Technik.

---

874 Vgl.: Ebd., Bl. 14 f.

Bearbeitungs-, Kontroll- und Überprüfungsprozesse zur aussagekräftigen und umfassenden Klärung der Frage »Wer ist wer?« waren vor allem zu beziehen auf:

- Personen, die im Sicherungsbereich mit bedeutsamen Handlungen aufgefallen waren, welche einen spionageverdächtigen Hintergrund nicht ausschlossen,
- Personen des Operationsgebietes, die Verbindungen und Kontakte in den Sicherungsbereich unterhielten,
- Im Sicherungsbereich ansässige beziehungsweise hineinwirkende feindliche, oppositionelle und andere negative Kräfte,
- Antragsteller auf ständige Ausreise in das NSA, die im Sicherungsbereich ansässig waren, beziehungsweise in bedeutsamer Relevanz zum Sicherungsbereich standen,
- im Sicherungsbereich wohnhafte Personen, die aus dienstlichen, touristischen oder privaten Gründen in das NSA reisten,
- Konzentrationen jugendlicher Personenkreise im Sicherungsbereich beziehungsweise solche, die in operativer Relevanz zum Sicherungsbereich standen.[875]

Erlangte die HA II/1 in dieser Hinsicht bedeutsame Ersthinweise, waren diese zu prüfen und zu verdichten. Das Ziel der Prüfung und Verdichtung bestand darin, OAM, insbesondere für OV und OPK zu entwickeln.

In diesem Zusammenhang stellten die zu sichernden Bürger der UdSSR auch wieder eine Besonderheit dar. Die HA II/1 hatte die Kontroll-, Bearbeitungs- und Überprüfungsprozesse ausschließlich auf diese Stellen und Kräfte auszurichten, von denen die Angriffe auf die Bürger der UdSSR ausgingen. Wollte die Spionageabwehr des MfS Maßnahmen, die eine aktive Einbeziehung der UdSSR-Bürger erforderten, durchführen, so

---

875 Vgl.: Ebd., Bl. 15 f.

war dies mit dem Verbindungsoffizier des KfS zu beraten und zu entscheiden.[876]

Die Zusammenarbeit mit der zuständigen Dienststelle des KfS war kontinuierlich zu gestalten und weiter zu vertiefen, wobei folgende Schwerpunkte im Mittelpunkt standen:

- die Abstimmung grundsätzlicher Fragen der Zusammenarbeit zur koordinierten Abwehrarbeit im Sicherungsbereich Karlshorst,
- der Informationsaustausch zur Lageentwicklung im zu sichernden Bereich,
- die personen- und sachverhaltsbezogene Abstimmung zu OV, OPK und OAM,
- die Konzipierung und Realisierung gemeinsamer operativer Maßnahmen bis hin zu Aktionen im Rahmen der Arbeit im und nach dem Operationsgebiet,
- die Realisierung von Unterstützungsersuchen des KfS der UdSSR,
- die Abstimmung von Maßnahmen im Rahmen von Aktionen und Einsätzen, insbesondere zu gesellschaftlichen Höhepunkten und Staatsfeiertagen der UdSSR und der DDR.[877]

Es liegt auf der Hand, dass die HA II/1 auch mit den Diensteinheiten zusammenzuarbeiten hatte, die im relevanten Bereich in Karlshorst Objekte unterhielten beziehungsweise deren Verantwortung die Organisation der Abwehrarbeit im Sicherungsbereich Karlshorst tangierte.

Besonders betraf das die Zusammenarbeit mit der BV Berlin und deren KD Lichtenberg, die die Abwehrarbeit in der Sicherungszone, also auf dem Territorium des Stadtbezirkes Berlin- Lichtenberg, Ortsteil Karlshorst,

---

876 Vgl.: Ebd., Bl. 16.
877 Vgl.: Ebd., Bl. 16 f.

wahrzunehmen hatten. Der Leiter des Referates 4 der
HA II/ 1 hatte mit dem Leiter der KD Lichtenberg in regelmäßigen Abständen Konsultationen zur Lage, sowie
zu gemeinsamen operativen Maßnahmen durchzuführen.

Der Leiter der HA II legte fest, dass mit KD Lichtenberg
eine Kooperationsvereinbarung abzuschließen sei. Darin waren exakte Festlegungen zu fixieren:

- zur unverzüglichen Übergabe aller bedeutsamen Informationen, die den Sicherungsbereich Karlshorts
  betrafen, an die HA II/1, Referat 4,
- zur Gewährleistung eines ständigen aktuellen Informationsflusses über bedeutsame Personen, Sachverhalte und Vorkommnisse in der Sicherungszone,
  die die Einschätzung und Beherrschung der Lage im
  Sicherungsbereich beeinflussen konnten, an die HA
  II/1, Referat 4,
- zur Informationsübergabe an die KD Lichtenberg,
  insbesondere bezogen auf bedeutsame Personen,
  Sachverhalte und Vorkommnisse, die die Lage in der
  Sicherungszone tangierten,
- zur abgestimmten gemeinsamen Realisierung operativer Maßnahmen.«[878]

Eine enge Zusammenarbeit wurde auch mit dem VP-Revier 172 Z realisiert. Der Leiter des Referates 4 der HA
II/1 unterhielt zum Leiter des VPR 172 Z offizielle Arbeitskontakte. Über das Zusammenwirken mit dem VPR
172 Z war zu gewährleisten, dass alle für die Abwehrarbeit im Sicherungsbereich relevanten Informationen,
die durch die Deutsche Volkspolizei erarbeitet worden
waren, dies betraf auch andere Struktureinheiten des
MdI, dem Diensthabenden des VPR 172 Z übermittelt
wurden. Der Diensthabende des VPR 172 Z hatte die-

---

878 Vgl.: Ebd., Bl. 17 f.

se Informationen umgehend an das Referat 4 der HA II/1 weiterzugeben. Außerhalb der regulären Dienstzeit hatte der Diensthabende des VPR 172 Z diese Informationen unverzüglich an die Operative Lagegruppe der HA II/Stab, die im Dienstkomplex Normannenstraße untergebracht war, zu übermitteln.

Das Referat 4 der HA II/1 hatte das VPR 172 Z bei der Aufrechterhaltung der öffentlichen Ordnung und Sicherheit sowie bei der Untersuchung von Straftaten der allgemeinen Kriminalität zu unterstützen. Diese Unterstützung galt auch für die gründliche Prüfung von Vorkommnissen, wenn eine Beteiligung von Bürgern der UdSSR, die im Sicherungsbereich wohnten, gegeben war. Die Übergabe von Informationen an die Deutsche Volkspolizei erfolgte unter strenger Wahrung der Konspiration und Geheimhaltung.

Werbungen von IM und GMS aus dem Personalbestand der Deutschen Volkspolizei waren nur bei operativer Notwendigkeit, insbesondere zur Gewährleistung der Sicherheit des VPR 172 Z, zu realisieren.

Neben den Arbeitskontakten innerhalb des MfS und zur VP hatte das Referat 4 der HA II/1 entsprechende Kontakte zu anderen Partnern des Zusammenwirkens zu halten. Das waren unter anderem die Leiterin des Postamts Berlin-Karlshorst, der Leiter der Kommunalen Wohnungsverwaltung Berlin-Lichtenberg, die Direktorin der 3. POS Berlin-Lichtenberg sowie die Vorsitzenden der Kleingartenanlagen in unmittelbarer Umgebung.[879]

Festlegungen gab es auch dahingehend, wie mit wichtigen Meldungen bezüglich des Sicherungsbereiches und der Sicherungszone innerhalb der HA II zu verfahren war. Meldungen über bedeutsame Vorkommnisse,

---

879 Vgl.: Ebd., Bl. 18 f.

Handlungen und Erscheinungen im Sicherungsbereich Karlshorst sowie der Sicherungszone, soweit sie Auswirkungen auf die Beherrschung der Lage im Sicherungsbereich hatten beziehungsweise haben konnten, waren während der Dienstzeit über den Leiter der HA II/1 an den zuständigen Stellvertreter des Leiters der HA II und außerhalb der Dienstzeit an die Operative Lagegruppe der HA II/Stab zu übermitteln.

Besonders bedeutsame Meldungen waren unverzüglich dem Leiter der HA II zur Entscheidungsfindung vorzulegen. Das betrifft insbesondere Informationen zu:

- Angriffen westlicher Geheimdienste auf Dienststellen des KfS, Einrichtungen und Bürger der UdSSR, Objekte des MfS und anderer staatlicher Organe im Sicherungsbereich,
- weiteren bedeutsamen Vorkommnissen, Handlungen und Erscheinungen, die die Lage im zu sichernden Bereich wesentlich beeinflussten.[880]

Zur Garnision Karlshorst gehörten auch Einheiten der GSSD. Für die Außensicherung dieser Objekte waren die Abteilung II der BV Berlin sowie die territorial zuständige KD verantwortlich.

Ein IM, der zur Verhinderung von Spionageangriffen gegen diese Objekte eingesetzt wurde, war der IMS »Erich«. Das Referat 1 der Abteilung II der BV Berlin klärte Anfang des Jahres 1988 in einem IM-Vorlauf mit dem Decknamen »Pionier« den ABV eines VPR hinsichtlich seiner Eignung als IM auf. Im Bericht vom 27. Januar 1988 führte Oberleutnant Höppner zum Anlegen des IM-Vorlaufs folgende Gründe auf:

- Schaffung einer Schlüsselposition im Anliegerbereich der sowjetischen Garnision in Berlin-Karlshorst zur

---

880 Vgl.: Ebd., Bl. 20.

Verbesserung der operativen Sicherung der Verantwortungsbereichs,

- Unterstützung bei der Schaffung von Ausgangsmaterial für die inoffizielle Durchdringung des Bereichs,
- Sicherung kurzer Informationsflüsse bei sicherheitspolitischen Vorkommnissen und Erscheinungen.[881]

Die Abteilung II der BV Berlin nahm 3. Februar 1988 und am 26. Februar 1988 mit dem im IM-Vorlauf »Pionier« aufgeklärten Volkspolizisten Kontakt auf.

Oberleutnant Höppner erklärte »Pionier«, dass das MfS konkrete Verantwortlichkeiten, bezogen auf das Militärobjekt Karlshorst habe. Dieses Objekt grenzte unmittelbar an den Verantwortungsbereich des ABV. »Pionier« nannte in diesem Zusammenhang, dass nahezu täglich Kontrollfahrten der westlichen Besatzungsmächte am Objekt festgestellt worden sind.[882]

Am 23. März 1988 erhielt der ABV einen ersten Auftrag durch die Abteilung II/1 der BV Berlin.

Durch eine Information der KD Köpenick vom 11. Februar 1988 wurde der Abteilung II der BV Berlin bekannt, dass der Jugendliche R. gegenüber der Abteilung K der VPI Köpenick angegeben hatte, im Auftrag der Besatzung eines französischen MI-Fahrzeuges im Dezember 1987 in das Objekt der Garnision Karlshorst eingedrungen zu sein und dort Fotoaufnahmen gemacht zu haben, wozu eine Infrarotkamera genutzt wurde.[883]

Der Kontaktperson »Pionier« war dieser Sachverhalt bis dahin nicht geläufig. Es war ihm auch nicht bekannt, ob es zutreffen konnte, dass an jedem Donnerstag zwischen

---

881 IM Vorgang »Erich«, BStU ASt Berlin AIM 5288/91, Teil I, Bd. 1.

882 Vgl.: Ebd., Bl. 131 f.

883 Vgl.: Abt. II/1: Aktenvermerk vom 23. März 1988 zu einer Information der KD Köpenick vom 11. Februar 1988. IM Vorgang »Erich«, BStU ASt Berlin, AIM 5288/91, Teil II, Bd. 1, Bl. 4 f.

16 und 17 Uhr ein französisches MI-Fahrzeug am Vorplatz des Objektes (Zufahrt: Straße An der Wuhlheide) stand. »Pionier« wollte zu den anstehenden Punkten seine VP-Helfer konkret befragen beziehungsweise orientieren, dass sie derartiges in Zukunft beachten sollten.[884]

Am 28. Juni 1988 verpflichtete sich der ABV zur inoffiziellen Zusammenarbeit mit dem MfS. Aus dem IM-Vorlauf »Pionier« wurde nun der IM-Vorgang mit dem Decknamen »Erich.« Die Umregistrierung erfolgte innerhalb des MfS am 8.Juli 1988.

Im Zuge der Werbung als IM erhielt »Erich« durch die Spionageabwehr folgenden Komplexauftrag:

»Dem inoffiziellen Mitarbeiter ›Erich‹ wird im Rahmen der spezifischen Sicherung der sowjetischen Militärobjekte- und Einrichtungen in der Hauptstadt sowie deren Personalbestandes durch das MfS nachfolgende Auftragsstruktur und Informationsbedarf übertragen. Der Einsatz für das MfS erfolgt unter Ausnutzung der volkspolizeilichen Aufgabenstellungen, offiziellen Möglichkeiten und Befugnisse, besonders der umfangreichen Einbeziehung der freiwilligen Helfer und anderer Quellen bei strengster Wahrung der Konspiration und Abgrenzung zur dienstlichen Tätigkeit. Es handelt sich hierbei um einen politischen Auftrag, der weitestgehend in konspirativer Weise und mit konspirativen Mitteln zu erfüllen ist.

Hauptinhalt ist die Organisierung einer zuverlässigen Ordnung und Sicherheit im dienstlichen Verantwortungsbereich, des lückenlosen und aktuellen Informationsflusses zu allen Vorkommnissen, Erscheinungen, Hinweisen und Sachverhalten, sowie die Erarbeitung von Informationen und Hinweisen zu allen Arten von Angriffen, Aufklärungshandlungen, Kontakten und In-

---

884 Vgl.: Ebd.

teressenbekundungen an und zu sowjetischen Objekten/ Einrichtungen und deren Personalbestand, besonders solche, die auf konspirative und gedeckte Methoden/ Vorgehensweisen hindeuten. Im Einzelnen umfasst die Auftragsstruktur und der Informationsbedarf folgende Probleme:

- Allgemeine Vorkommnisse und kriminelle Tatbestände bei denen sowj. Militärangehörige beziehungsweise SU-Bürger als Geschädigte, Täter oder Tatbeteiligte auftreten beziehungsweise bei denen Bezugspunkte zu den sowj. Objekten erkennbar sind. Hierbei interessieren besonders Motivation, Hintergründe und Zielsetzung der Vorkommnisse/Straftaten sowie Momente und Möglichkeiten des gezielten Missbrauchs für politische oder feindliche Angriffe.

- Vorkommnisse/Tatbestände, die sich gegen die sowj. Objekte beziehungsweise einzelne SU-Bürger richten und bei denen eine eindeutige negative politische beziehungsweise feindliche Zielsetzung erkennbar ist.

- Konzentrierte Anlauf- und Kontaktstellen sowj. Militärangehöriger und anderer SU-Bürger wie Gaststätten, Verkaufseinrichtungen und Dienstleistungsbetriebe. Art und Umfang derartiger Kontakte. Sicherheitspolitische Einschätzung der Einrichtungen, besonders des Personalbestandes.

- Versorgungs-, Patenschafts- und Dienstleistungsbeziehungen zwischen sowj. Objekten und Betrieben/ Einrichtungen der DDR, Art, Umfang und Charakter dieser Beziehungen. Wer sind die DDR-Personen, die unmittelbaren Kontakt zu den sowj. Objekten und deren Vertretern unterhalten? Welche Vorkommnisse beziehungsweise negative Erscheinungen treten im Rahmen dieser Kontaktbeziehungen auf?

- DDR-Personen, die über enge Beziehungen zu den sowj. Objekten beziehungsweise einzelnen SU-Bürgern verfügen. Art, Umfang und Charakter des Kontaktes (arbeitsmäßig, gesellschaftlich, privat, verwandtschaftlich). Ergeben sich aus dem Kontakt und den bekannten Angaben zu DDR-Bürgern Gefahrenmomente? Sind darunter Personen mit stabilen NSA-Kontakten?

- Inhalt und Umfang der ›Nachbarschaftsbeziehungen‹ zu den Wohnhäusern- und Blöcken, wo SU-Bürger mit DDR-Bürgern zusammen wohnen und sich objektive Berührungspunkte ergeben. Welche Personen verfügen über besonders enge ›Nachbarschaftsbeziehungen‹?

- Inhalt und Umfang der ›Nachbarschaftsbeziehungen‹, die sich aus der territorialen Lage zwischen dem sowj. Militärobjekt und der Str. an d. Wuhlheide und den angrenzenden Betrieben/Einrichtungen der DDR ergeben. Besonderheiten hierzu und sicherheitspolitische Einschätzung. Inwieweit können sich hieraus Gefahrenmomente ergeben?

- Personen aus dem Anlieger- und Anwohnerbereich sowjetischer Objekte mit operativ bedeutsamen Merkmalen. Dazu zählen Rückkehrer, Zuziehende, Personen mit umfangreichen NSA-Verbindungen, wegen politischer Delikte Vorbestrafte, kriminell und asozial gefährdete Personen, mehrfach angefallene Personen in verschiedenster Weise, Personen mit provokativem Verhalten und zur Gruppenbildung neigend, Antragsteller auf Übersiedlung, Personen mit häufigen Sonderreisen, aber auch Reisekader und Dienstreisende ins NSA. Personen mit interessanten Tätigkeiten und Arbeitsstellen (Fotografen, Geheimnisträger), Personen mit widersprüchlichen Lebens- und Verhaltensweisen, mit interessanten Hobbys und ausgeprägter grenzüberschreitender Freizeitgestaltung wie Taubenzüchter, Briefmarkensammler, Amateurfunker. Weiterhin Personen mit Charaktereigenschaften, die sie auffällig machen und missbrauchen lassen, wie Verherrlichung der westlichen Konsumideologie, oder mit prowestlicher und negativ politischer Grundhaltung, Personen, die aus Verärgerung in Opposition zum Sozialismus stehen.

- Personen aus dem NSA, besonders WB, die über stabile Beziehungen zu den Anwohner- und Anliegerbereichen der sowj. Objekte verfügen und häufig dorthin Einreisen tätigen. Art, Inhalt und Umfang der Kontakte, wer sind die DDR-Bezugspersonen beziehungsweise -Objekte. Bedeutsame Begleitumstände, interessante Merkmale, Regelmäßigkeiten, verdächtige Verhaltensweisen wie Versuche, den DDR-Besuch teilweise zu verschleiern, eine verwandtschaftliche Bindung vorzutäuschen, wo keine ist, eine andere Interessenlage gezeigt wird, als sich aus dem Kontakt normalerweise ergibt, Kontakte beziehungsweise Kontaktierungsversuche dieser Bürger zu SU-Bürgern/sowj. Militärpersonen, auch über Drittpersonen.

- Verhaltensweisen und Handlungen der Angehörigen der westlichen Militärinspektionen, insbesondere Aufklärungs-, Beobachtungs- und Dokumentationstätigkeiten, provokatives und störendes Auftreten, bevorzugte Aufenthaltsorte, Sammeln von Gegenständen und Schriftgut, Ansprechen sowj. Militärangehöriger, tätliche Angriffe gegen sie und rowdyhaftes Benehmen im öffentlichen Verkehr.

- Verhaltensweisen und Handlungen von Personen, die Merkmale/Indizien einer objekt- beziehungsweise personengebundenen Aufklärungstätigkeit/Militärspionage beinhalten. Das können sein: Die Bekundung unnatürlicher Neugier/Interesses für Probleme der Sowjetarmee und deren Personal, das Suchen und Aufbauen von Bezugspunkten zu derartigen Perso-

nen, visuelle Beobachtungshandlungen in der Nähe
von Objekten und Wohnhäusern, unmotivierte Spa-
ziergänge, regelmäßige Besuche in den angrenzenden
Räumen, besonders dort, wo Kontroll- und Einsichtmöglichkeiten bestehen, das Ausnutzen natürlicher
Bedingungen für wiederholten Aufenthalt an interessanten Stellen (Renntage). Verbindungsaufnahme
und das Abschöpfen von Drittpersonen, die über
SU-Kontakte verfügen. Das Anbahnen materieller
und krimineller ›Geschäftskontakte‹ zu sowj. Mili-
tärangehörigen zu besonders günstigen Bedingungen.
Das Herausstellen freundschaftlicher Gefühle zur
Sowjetarmee bei der Kontaktherstellung bei gegentei-
liger politischer Grundposition.«[885]
Der IMS »Erich« war bis zur Auflösung des MfS für die
Abteilung II der BV Berlin zur Spionageabwehr im Bereich der Garnison Karlshorst eingesetzt.

---

885 IM Vorgang »Erich«, BStU ASt Berlin AIM 5288/91, Teil I, Bd.
1., Bl. 61 ff.

ABKÜRZUNGSVERZEICHNIS

A	Abwehrarbeit
A/I	Auswertung/Information
AA	Auswärtiges Amt der Bundesrepublik Deutschland/Äußere Abwehr der Hauptabteilung I des Ministeriums für Staatssicherheit
Abt.	Abteilung
Abt. 26	Überwachung von Telefonen und Räumen
Abt. M	Postkontrolle
Abt. II	Spionageabwehrabteilung einer Bezirksverwaltung
ABV	Abschnittsbevollmächtigter (der Deutschen Volkspolizei)
AdK	Apparat der Koordination
AF	Abwurffeld
AFIA	*Air Force Intelligence Agency* (Geheimdienst der US-Luftwaffe)
AfNS	Amt für Nationale Sicherheit (kurzfristige Nachfolgeorganisation des Ministeriums für Staatssicherheit)
Afu	Außenfunker (des Bundesnachrichtendienstes)
AG BKK	Arbeitsgruppe Bereich Kommerzielle Koordinierung
AG	Arbeitsgebiet/Arbeitsgruppe
AGA	Arbeitsgruppe Ausländer
AGK	Arbeitsgruppe Koordinierung
AGL	Arbeitsgruppe des Leiters
AGM/S	Arbeitsgruppe des Ministers/Sicherheit
AGS	Arbeitsgruppe Sonderaufgaben
AKG	Auswertungs- und Kontrollgruppe
AM	Agenturischer Mitarbeiter
ANBw	Amt für Nachrichtenwesen der Bundeswehr
ANC	*African National Congress*
AOV	Archivierter Operativer Vorgang
ASA	*Army Security Agency* (ältere Bezeichnung)

BA	Bereich Aufklärung (des Ministeriums für Nationale Verteidigung)
BdL	Büro der Leitung
BdL II	Büro der Leitung II (Diensteinheit zur Betreuung und operativen Sicherung der Beziehungen der Sozialistischen Einheitspartei Deutschlands zur Deutschen Kommunistischen Partei und Sozialistischen Einheitspartei Westberlins)
BDVP	Bezirksbehörde der Deutschen Volkspolizei
BfV	Bundesamt für Verfassungsschutz
BGL	Betriebsgewerkschaftsleitung
BGS	Bundesgrenzschutz
BKG	Bezirkskoordinierungsgruppe (einer Bezirksverwaltung des MfS)
BND	Bundesnachrichtendienst (Auslandsnachrichtendienst der Bundesrepublik Deutschland)
BO	Berufsoffizier
BO-OibE	Berufsoffiziere-Offiziere im besonderen Einsatz
BOB	*Berlin Operation Base*
BRD	Bundesrepublik Deutschland
BStU	Der/Die Bundesbeauftragte für die Unterlagen des Staatssicherheitsdienstes der ehemaligen Deutschen Demokratischen Republik
BU	Berufsunteroffizier
BU/Fä/BO	Berufsunteroffiziere/Fähnriche/Berufsoffiziere
B U / F ä / BO-UMA	Berufsunteroffiziere/Fähnriche/Berufsoffiziere-Unbekannte Mitarbeiter
BUNAST	Bundesnachrichtenstelle des Verfassungsschutzes
BV	Bezirksverwaltung des Ministeriums für Staatssicherheit
BVG	Berliner Verkehrsgesellschaft
bzgl.	bezüglich
CIA	*Central Intelligence Agency*
CM	Counterman
ČSSR	Tschechoslowakische Sozialistische Republik
DA	Doppelagent/Deckadresse/Dienstanweisung
DDR	Deutsche Demokratische Republik
DGB	Deutscher Gewerkschaftsbund

DIA	*Defense Intelligence Agency* (Nachrichtendienst der US-Armee)
DKP	Deutsche Kommunistische Partei
DRK	Deutsches Rotes Kreuz
EB	Eigene Beobachtung
EDV	Elektronische Datenverarbeitung
E-Fall	Ernstfall (bezogen auf eine militärische Auseinandersetzung)
EMA	Einwohnermeldeamt
EZA	Einwohnerzentralamt
F	Funkabwehr
Fä	Fähnrich
FDGB	Freier Deutscher Gewerkschaftsbund
FDJ	Freie Deutsche Jugend
FIM	Führungs-IM
G/P	Grundsatz/Protokoll
GD	Geheimdienst/e
Gestapo	Geheime Staatspolizei
GFP	Geheime Feldpolizei
GHD	Geheimdienst/e
GHI	Geheimer Hauptinformator
GI	Geheimer Informator
GKP	Geheimschreibkopierpapier
GM	Geheimer Mitarbeiter
GMS	Gesellschaftlicher Mitarbeiter für Sicherheit
GRU	*Glawnoje Raswedywatelnoje Uprawlenije* (sowjetische/russische Militäraufklärung)
GS	Geheimschreib-/Geheimschrift
GSSD	Gruppe der Sowjetischen Streitkräfte in Deutschland
GST	Gesellschaft für Sport und Technik
GT	Grenztruppen (der DDR)
GÜSt	Grenzübergangsstelle
GV	Generalvertretung (des BND)
HA	Hauptabteilung (des Ministeriums für Staatssicherheit)
HA I	Hauptabteilung I (Militärabwehr, in der Nationalen Volksarmee als »Verwaltung 2000« bezeichnet)

HA II	Hauptabteilung II (Spionageabwehr)
HA III	Hauptabteilung III (Funkabwehr/Funkaufklärung)
HA VI	Hauptabteilung VI (Passkontrolle/Tourismus)
HA VII	Hauptabteilung VII (Sicherung des Ministeriums des Innern und seiner Organe)
HA VIII	Hauptabteilung VIII (Beobachtung/Ermittlung/Festnahme)
HA IX	Hauptabteilung IX (Untersuchungsorgan)
HA IX/1	Hauptabteilung IX/1 (Untersuchungsorgan in Sachen Spionage)
HA XIX	Hauptabteilung XIX (Sicherung des Verkehrswesens)
HA XVIII	Hauptabteilung XVIII (Sicherung der Volkswirtschaft)
HA XX	Hauptabteilung XX (Sicherung des Staatsapparats/Bekämpfung des politischen Untergrunds)
HA XXII	Hauptabteilung XXII (Terrorabwehr)
HA KuSch	Hauptabteilung Kader und Schulung
HdSWK	Haus der Sowjetischen Wissenschaft und Kultur
HIM	Hauptamtlicher Inoffizieller Mitarbeiter
HV A	Hauptverwaltung Aufklärung (Auslandsnachrichtendienst des Ministeriums für Staatssicherheit)
HV A/IX	Hauptverwaltung Aufklärung/Abteilung IX (verantwortlich für die Äußere Abwehr, Gegenspionage)
IM	Inoffizieller Mitarbeiter (des Ministeriums für Staatssicherheit)
IMB	Inoffizieller Mitarbeiter der Abwehr mit Feindverbindung bzw. zur unmittelbaren Bearbeitung im Verdacht der Feindtätigkeit stehender Personen
IME	Inoffizieller Mitarbeiter im bzw. für einen besonderen Einsatz
IMF	Inoffizieller Mitarbeiter der inneren Abwehr mit Feindverbindungen zum Operationsgebiet
IMK	Inoffizieller Mitarbeiter zur Sicherung der Konspiration und des Verbindungswesens
IMK/DA	Inoffizieller Mitarbeiter zur Sicherung der Konspiration und des Verbindungswesens/Deckadresse

IMK/DT	Inoffizieller Mitarbeiter zur Sicherung der Konspi-ration und des Verbindungswesens/Decktelefon
IMS	Inoffizieller Mitarbeiter zur Sicherung eines gesell-schaftlichen Bereichs oder Objekts
IMV	Inoffizieller Mitarbeiter zur unmittelbaren Bearbei-tung und Entlarvung von im Verdacht der Feindtä-tigkeit stehenden Personen
INR	*Bureau of Intelligence and Research* im State Depart-ment (Nachrichtendienst des US-Außenministeri-ums)
INSCOM	*Intelligence and Security Command* (zentraler Ge-heimdienst der US-Landstreitkräfte)
IPZ	Internationales Pressezentrum
IR	Infrarot
IRCD	*Interagency Refugee Coordination Detachment* (al-liierte Befragungsstelle in Köln für Überläufer aus sozialistischen Sicherheitsorganen)
IREX	*International Research Exchange Program* (USA-Programm für den internationalen Wissen-schaftleraustausch)
JHS	Juristische Hochschule (des Ministeriums für Staatssicherheit)
JROC	Joint Refugee Operations Center (zentrale alliierte Befragungsstelle in Westberlin)
JVA	Justizvollzugsanstalt
K	Kriminalpolizei
K5	Arbeitsgebiet der Kriminalpolizei, welches sich in der unmittelbaren Nachkriegsphase mit »Straf-taten anderer Art« beschäftigte (Verstöße gegen Befehle der Sowjetischen Militäradministration in Deutschland, Verstöße gegen Anordnungen des Kontrollrats, Sabotage gegen den demokratischen Neuaufbau)
KD	Kreisdienststelle (des Ministeriums für Staatssi-cherheit)
KfS	Komitee für Staatssicherheit (beim Ministerrat der UdSSR, auch als KGB bezeichnet)
KGB	*Komitet Gossudarstwennoi Besopasnosti* (sowjeti-scher In- und Auslandsgeheimdienst)

KgU	Kampfgruppe gegen Unmenschlichkeit
KK	Kerblochkartei
KO	Konspiratives Objekt
KP	Kontaktperson
KPdSU	Kommunistische Partei der Sowjetunion
KÜNAST	Küstennachrichtenstelle (des Verfassungsschutzes)
KW	Konspirative Wohnung
LEW	Lokomotivbau Elektrotechnische Werke
LF	Landungsfeld
LfV	Landesamt/Landesämter für Verfassungsschutz
LKA	Landeskriminalamt
MA	Mitarbeiter
MAA	Militärattaché-Apparat
MAD	Militärischer Abschirmdienst
MdI	Ministerium des Innern (der DDR)
MEK	Mobiles Einsatzkommando
MfAA	Ministerium für Auswärtige Angelegenheiten (der DDR)
MfNV	Ministerium für Nationale Verteidigung (der DDR)
MfS	Ministerium für Staatssicherheit (der DDR)
MGB	*Ministerstwo Gossudarstwennoi Besopasnosti* (Ministerium für Staatssicherheit der UdSSR 1946–1954)
MI	Militärinspektion/*Military Intelligence*
MID	*Military Information Division* (United States)
MOSSAD	*Mossad Letafkidim Meyouchadim* (Zentralinstitut für Aufklärung und Sonderaufgaben Israel)
MVM	Militärverbindungsmission
n. b.	nicht bekannt
n. n.	*nomen nominandum*
NADIS	Nachrichtendienstliches Informationssystem
NATO	*North Atlantic Treaty Organization*
ND	Nachrichtendienst
NDV	Nachrichtendienstliche Verbindung
NIC	*Naval Intelligence Command* (Geheimdienst der US-Marine)
Nr.	Nummer
NS	Nationalsozialismus/Niedersachsen

NSA	Nichtsozialistisches Ausland/*National Security Agency*
NSW	Nichtsozialistisches Wirtschaftsgebiet
NVA	Nationale Volksarmee (der DDR)
NVR	Nationaler Verteidigungsrat (der DDR)
OAM	Operatives Ausgangsmaterial
OB	Objektbeobachter
OD	Objektdienststelle (des Ministeriums für Staatssicherheit)
ODH	Operativer Diensthabender
OES	Operativer Einsatzstab
OG	Operationsgebiet/Organisation Gehlen
OibE	Offizier im besonderen Einsatz
OKH	Oberkommando des Heeres
OKM	Observationskommando Mitte (des Bundesnachrichtendienstes)
OKW	Oberkommando der Wehrmacht
OPD	Operativ-Dienststelle
OPK	Operative Personenkontrolle
OSS	*Office of Strategic Services*
OTS	Operativ-Technischer Sektor (des Ministeriums für Staatssicherheit)
OV	Operativer Vorgang
OZD	Objektzentraldatei (des Verfassungsschutzes)
PA	Personalausweis
PKE	Passkontrolleinheit
Pkw	Personenkraftwagen
PLO	*Palestine Liberation Organization* (Palästinensische Befreiungsorganisation)
PO	Parteiorganisation
P-Unterlagen	Personalunterlagen
PZD	Personenzentraldatei (des Verfassungsschutzes)
RGW	Rat für Gegenseitige Wirtschaftshilfe
RIAS	Rundfunk im amerikanischen Sektor (von Westberlin)
RL	Richtlinie
RSHA	Reichssicherheitshauptamt

S	Spionage
SA	Sturmabteilung (der NSDAP)
SBZ	Sowjetische Besatzungszone
SD	Sicherheitsdienst (der SS)
SDAG	Sowjetisch-Deutsche Aktiengesellschaft
SED	Sozialistische Einheitspartei Deutschlands
SEW	Sozialistische Einheitspartei Westberlins
SFAD	Spionagefunk-Abwehrdienste
SfS	Staatssekretariat für Staatssicherheit (der DDR)
SID	*Servizio Informazioni Difesa* (ehemaliger italienischer Nachrichtendienst)
SIS	*Secret Intelligence Service* (britischer Auslandsgeheimdienst)
SMAD	Sowjetische Militäradministration in Deutschland
SOV	Sonderoperativvorgang
sowj.	sowjetische
SR	Selbständiges Referat/Sozialistische Republik
SS	Schutzstaffel
SSD	Staatssicherheitsdienst (in der BRD verbreitete Bezeichnung für das Ministerium für Staatssicherheit)
StFB	Staatlicher Forstwirtschaftsbetrieb
StGB	Strafgesetzbuch
Stv.	Stellvertreter
StV/StäV	Ständige Vertretung (der BRD in der DDR)
SU	Sowjetunion
SWAPO	*South-West Africa People's Organisation*
SZ	Sicherheitszeichen
TBK	Toter Briefkasten
TV	Teilvorgang
U	Unbekannt/Untersuchung
UA	Unterabteilung
UaZ	Unteroffizier auf Zeit
UFJ/UfJ	Untersuchungsausschuss freiheitlicher Juristen
UMA	Unbekannter Mitarbeiter
US	United States
USA	United States of America
UVR	Ungarische Volksrepublik

V	Verwaltung (des Ministeriums für Staatssicherheit – Diensteinheiten, die Bezirksverwaltungen gleichgestellt waren; es existierten die »Verwaltung Wismut« und die »Verwaltung Groß-Berlin« als Vorgänger der »Bezirksverwaltung Berlin«)
VA	Verwaltung Aufklärung (des Ministeriums für Nationale Verteidigung)
VerfSchG	Verfassungsschutzgesetz
VP	Volkspolizei
VPI	Volkspolizei-Inspektion
VPKA	Volkspolizei-Kreisamt
VPR	Volkspolizei-Revier
VR	Volksrepublik
VRB	Volksrepublik Bulgarien
VSH	Vorverdichtungs-, Such- und Hinweiskartei
WB	Westberlin
WKM	Wachkommando Missionsschutz (des Präsidiums der Volkspolizei Berlin)
WR	Wachregiment »Feliks E. Dzierżyński« (des Ministeriums für Staatssicherheit)
ZB	Zivilbeschäftigte/r
ZK	Zentralkomitee
ZKG	Zentrale Koordinierungsgruppe (des Ministeriums für Staatssicherheit)
ZOV	Zentraler Operativer Vorgang
ZPDB	Zentrale Personendatenbank